2022
年度版

国家一般職［大卒］教養試験
過去問500

◆平成24年度から「教養試験」は「基礎能力試験」に名称が変更されましたが,本書では「教養試験」と表記しています。
◆本書は,平成20年度から令和２年度の過去問を収録しています。
◆科目の並び順は,実際試験の出題科目順を参考にしています。
◆令和２年度試験の問題は,出題された順番どおりに巻頭にまとめて掲載しています。令和元年度以前の問題は基本的に科目ごとに新しい年度から順に並べてあります。

資格試験研究会編
実務教育出版

国家一般職［大卒］試験ガイド

①試験概要

試験のアウトラインを説明する。
国家公務員試験に関する情報は人事院のウェブサイト（https://www.jinji.go.jp/saiyo/saiyo.html）で随時公表されているので，チェックしておこう。

■試験制度の変更

平成24年度から新たな採用試験が実施され，旧「国家Ⅱ種試験」は「国家一般職大卒程度試験」に再編された。また，従来の「教養試験」は「基礎能力試験」に名称が変更され，知識よりも論理的思考力や応用力を試す問題が重視されている。

なお，例年，6月中旬に第1次試験，7月に官庁訪問の日程で実施されていたが，令和2年度（2020年度）は新型コロナウイルス感染症の影響により，例外的に次ページの概要表の日程（官庁訪問は9月）で実施された。

■1次試験の種目・方法

①基礎能力試験（多肢選択式，2時間20分）

公務員として必要な基礎的な能力（知能および知識）についての筆記試験で，全区分共通の問題が出題される。

出題数は40問で，知能分野27問（文章理解，判断推理，数的推理，資料解釈），知識分野13問（自然・人文・社会〔時事を含む〕）を解答する。

②専門試験（多肢選択式，建築以外の区分は3時間，建築は2時間）

各試験の区分に応じて必要な専門的知識などについての筆記試験。

行政区分の場合は，3時間で，16科目（計80問）から8科目（計40問）を選択し解答する。

③専門試験（記述式，行政・建築以外の区分は1時間，建築は2時間）

各試験の区分に応じて必要な専門的知識などについての筆記試験。それぞれの関連する領域における一般的な課題について論述する。

④一般論文試験（1時間）

行政区分でのみ行われる。一般的な行政に携わる者として必要な文章による表現力，課題に関する理解力などについての短い論文による筆記試験で，出題数は1題。字数制限は特に定められていないが，B4サイズの用紙で1,600字程度である。

過去の出題内容は，平成30年度は生産年齢人口減少に伴う生産力低下に影響されず，経済成長を実現するために解決すべき課題，その課題の解決のために必要な取組みなどを述べるもの，令和元年度はキャッシュレス化の推進の必要性や意義，その推進のために必要な取組みを述べるものであった。2年度出題例は，巻頭㊱・㊲ページ参照。

なお，1次試験で実施される一般論文試験および専門試験（記述式）は，1次試験合格者を対象に評定したうえで，最終合格者決定の際に他の試験種目の成績と総合される。

■2次試験の種目・方法

人物試験

人柄，対人的能力などについての個別面接が行われる。受験者の情報によれば，試験時間は15分程度，試験官は3人である。

■最終合格から採用まで

最終合格者は，試験の区分ごとに作成する採用候補者名簿（3年間有効）に記載される。各府省等では，採用候補者名簿に記載された候補者の中から，面接などを行って採用者を決定するというシステムになっている。

なお，志望する府省等に関する知識を深めるとともに，各府省等が行うこの採用面接に自分を呼んでもらうための自己PRの重要な機会が「官庁訪問」である。採用機関は，官庁訪問を通じて，訪問者が適した人材であるかどうかなどをチェックするので，あらかじめ，志望する府省・採用機関のホームページ等から，業務説明，官庁訪問等の日時・場所・参加方法・予約の受付等の採用関係情報を得たうえで，積極的に官庁訪問を行い，自分をアピールすることが大切である。2年度の場合，官庁訪問は9月3日から開始されたが，本府省と異なり，地方機関への採用の場合，地域によっては，官庁訪問のルールに一部変更を加える場合があるので注意してほしい。

■合格者の決定方法

人事院では，情報公開の一貫として，「国家公務員採用一般職試験（大卒程度試験）合格者の決定方法」を公開している（２年度試験の詳細は，https://www.jinji.go.jp/saiyo/siken/ippannsyoku_daisotsu/daisotsuteido_ippannsyoku/kettei15.pdf）。

①筆記試験の得点は，各試験種目の素点ではなく，試験種目ごとに平均点，標準偏差を用いて算出した「標準点」を用いている。

②人物試験は，各受験者についてＡ～Ｅの５段階で評価し，各段階の標準点を算出している。

③各試験種目の配点比率（カッコ内は建築区分のもの）は以下のとおり（専門試験〔記述式〕と一般論文試験はどちらか一方のみ）。

試験種目	基礎能力試験	専門試験（多肢選択式）	専門試験（記述式）	一般論文試験	人物試験
配点比率	$\frac{2}{9}\left(\frac{2}{9}\right)$	$\frac{4}{9}\left(\frac{2.5}{9}\right)$	$\frac{1}{9}\left(\frac{2.5}{9}\right)$	$\frac{1}{9}$	$\frac{2}{9}\left(\frac{2}{9}\right)$

④筆記試験の各試験種目の「基準点」は，多肢選択式試験では原則として満点の30％とし，記述式試験では個別に定めている。基準点に達しない試験種目が１つでもある受験者は，他の試験種目の成績にかかわらず不合格となる。

⑤１次試験合格者は，基礎能力試験と専門試験（多肢選択式）が基準点以上である者について，両試験種目の標準点を合計した得点で決定される。

⑥最終合格者は，１次試験合格者のうち，一般論文試験または専門試験（記述式）が基準点以上であり，かつ，人物試験がＡ～Ｄの評価である者について，１次試験を含むすべての試験種目の標準点を合計した得点で決定される。

令和２年度国家一般職大卒程度試験の概要

受付期間	インターネット４月３～15日
受験資格	1　平成２年４月２日～平成11年４月１日生まれの者 2　平成11年４月２日以降生まれの者で次に掲げるもの (1)　大学を卒業した者および令和３年３月までに大学を卒業する見込みの者ならびに人事院がこれらの者と同等の資格があると認める者 (2)　短大または高専を卒業した者および令和３年３月までに短大または高専を卒業する見込みの者ならびに人事院がこれらの者と同等の資格があると認める者
採用予定数	4,600名
勤務地	（行政区分）全国を９つに分けた地域ごとの採用で勤務地はおおむねその地域内。 ※ただし，本府省への採用については，関東甲信越地域以外の地域からも採用が可能である。 （技術系区分）勤務地は全国各地。

試験日 試験種目		試験日	試験種目	解答時間
	第１次	8月9日(日)	基礎能力試験(多肢選択式)	2時間20分
			一般論文試験	行政…1時間
			専門試験(記述式)	行政・建築以外 1時間（建築は2時間）
			専門試験(多肢選択式)	3時間（建築は2時間）
	第２次	9月9日～9月25日のうちの指定日	人物試験(個別面接)	

合格者発表日	第１次合格者	9月2日
	最終合格者	10月13日

令和２年度試験区分別実施結果

※競争率＝１次受験者数÷最終合格者数

試験区分		申込者数（人）	１次受験者数（人）	１次合格者数（人）	最終合格者数（人）	競争率（倍）
行政	北海道地域	1,035	656	535	314	2.1
	東北地域	1,652	1,023	645	325	3.1
	関東甲信越地域	9,382	5,378	2,310	1,572	3.4
	東海北陸地域	2,761	1,761	939	518	3.4
	近畿地域	3,265	1,966	948	566	3.5
	中国地域	1,500	938	716	480	2.0
	四国地域	1,020	633	430	248	2.6
	九州地域	2,821	1,776	933	605	2.9
	沖縄地域	744	492	209	143	3.4
	行政小計	24,180	14,623	7,665	4,771	3.1
電気・電子・情報		427	240	203	136	1.8
機械		293	182	160	106	1.7
土木		1,200	709	624	306	2.3
建築		201	99	95	46	2.2
物理		303	204	180	129	1.6
化学		557	304	271	177	1.7
農学		766	437	361	190	2.3
農業農村工学		206	125	121	46	2.7
林学		388	245	237	124	2.0
合計		28,521	17,168	9,917	6,031	2.8

② 出題分析

令和2年度　教養試験

No.	科目		出題内容（択一式・全問解答）	難易度
1	文章理解	現代文	内容把握（松井孝典『我関わる、ゆえに我あり』）	S
2			内容把握（飯沢耕太郎『写真的思考』）	A
3			内容把握（渡邊二郎「構造と解釈」〈『渡邊二郎著作集 第9巻』所収〉）	B
4			内容把握（好井裕明『違和感から始まる社会学』）	C
5			文章整序（藤本一勇　ヒューマニティーズ『外国語学』）	A
6			空欄補充（國分功一郎『中動態の世界――意志と責任の考古学』）	C
7		英文	内容把握（地中海で救助される難民への人道支援）	C
8			内容把握（アーサー＝コナン＝ドイル卿生誕160周年を記念する硬貨）	B
9			内容把握（植物と菌類の協力関係）	C
10			文章整序（ワークライフバランスを巡るヨーロッパでの議論）	B
11			空欄補充（ヨーロッパ人とは何者か）	B
12	判断推理		命題（6か国語の中に通訳できる言語がある者の在籍状況）	C
13			対応関係（8人の総務，企画，営業，調査の4つの部への配置）	B
14			位置関係（8人の10階建ての2つの建物内での移動）	B
15			対応関係（5種類計15枚のクッキーを5人で分ける場合）	B
16			試合の勝敗（10人での将棋トーナメントの対戦結果）	B
17			対応関係（7人が所属する4つのプロジェクト）	B
18			折り紙（正方形の紙を折って両面から開いて潰した一部を切って広げた形）	B
19			立体構成（4か所で折れ曲がった筒の中の鏡に反射して見える図形）	B
20	数的推理		場合の数（3グループで行う受付業務を異なるグループで行える最大日数）	B
21			流水算（2地点を往復する船の静水時の速さと川の流れの速さの比）	B
22			一次関数（フルーツA，Bの栽培費と輸送費から求められる販売額合計の最大値）	B
23			連立方程式（A国とB国の両方を旅行した者の数）	B
24			比（歯車Aが5周する間に歯車Cが回転する角度）	B
25	資料解釈		職業ごとの従事者数と男女比，従事者に占める未婚者割合調査（棒グラフ，散布図）	B
26			ある試験の2016年度と2019年度の地域別実施結果（数表）	B
27			6回のオリンピックの種類別メダル獲得数（棒グラフ，折れ線グラフ，数表）	B
28	時事		医療等（熱中症，エボラウイルス病，麻疹，手足口病，がんゲノム療法）	B
29			日本の教育等（電子端末普及率，外国語，部活動，入試改革，教員の働き方改革）	B
30			日本の税制（国際観光旅客税，軽減税率制度，各種控除，たばこ税，酒税）	C
31	自然科学	物理	気体の状態変化（熱力学第一法則，気体の内部エネルギー，断熱変化）	C
32		化学	高分子化合物（生分解性高分子，吸水性高分子，PET，グルコース等）	B
33		生物	生物の代謝（ATP，酵素，異化・同化，光合成，呼吸・発酵）	A
34	人文科学	日本史	桃山～明治時代における日本の外交等（朝鮮，琉球・清，開国，通商条約）	B
35		世界史	18～19世紀のヨーロッパ（七年戦争，ナポレオン，ウィーン体制，クリミア戦争等）	B
36		地理	日本の地形（U字谷，氾濫原，扇状地，天井川，岩石海岸，リアス海岸）	B
37		思想	近現代の思想家（フーコー，ミル，ハンナ＝アーレント，サルトル，キルケゴール）	B
38	社会科学	法律	日本の国会議員の特権等（不逮捕特権，免責特権，歳費等）	B
39		経済	国際通貨体制（金本位制，ニクソン・ショック，プラザ合意等）	C
40		政治	日本の地方自治等（各種委員会，行政改革，地方議会，条例，自主財源）	B

※科目の分類は小社による。
※難易度：S（特に難しい），A（難しい），B（普通），C（易しい）

令和元年度 教養試験

No.	科目	出題内容（択一式・全問解答）	難易度
1	文章理解・現代文	内容把握（奥村隆「社会と社会学」（奥村隆編著『はじまりの社会学－問いつづけるためのレッスン－』所収））	C
2	文章理解・現代文	内容把握（内井惣七『進化論と倫理』）	A
3	文章理解・現代文	内容把握（堀越祐一『豊臣政権の権力構造』）	C
4	文章理解・現代文	内容把握（宇沢弘文『経済学は人びとを幸福にできるか』）	B
5	文章理解・現代文	文章整序（鷲田清一『哲学の使い方』）	B
6	文章理解・現代文	空欄補充（白水智『古文書はいかに歴史を描くのか　フィールドワークがつなぐ過去と未来』）	B
7	文章理解・英文	内容把握（映画における使用言語の多様性）	B
8	文章理解・英文	内容把握（新しい言語習得の臨界期に関する新事実の発見）	C
9	文章理解・英文	内容把握（カリフォルニア州における新しい建築基準）	B
10	文章理解・英文	文章整序（言語の自由につながる思考の自由）	A
11	文章理解・英文	空欄補充（ウォーキングとランニングの効果の比較）	C
12	判断推理	命題（研究室の学生の所持品）	C
13	判断推理	対応関係（５人のアルバイトの日程）	B
14	判断推理	集合（生活習慣についての調査）	B
15	判断推理	位置関係（４階建てマンションに住む８人の部屋）	B
16	判断推理	対応関係（３種類の乗り物の３社への貸し出し）	B
17	判断推理	対応関係（７人の血族関係）	A
18	判断推理	軌跡（円内を回転する正方形の頂点の軌跡）	B
19	判断推理	立体構成（直交する同じ大きさの２つの輪の切断）	B
20	数的推理	確率（７個の玉の色の配置が左右対称となる確率）	B
21	数的推理	比・割合（パーティーにおける２種類の飲み物）	B
22	数的推理	商と余り（６で割ると４余り，７で割ると５余り，８で割ると６余る正の整数）	C
23	数的推理	数量問題（徒競走の結果によるメダルの受渡し）	B
24	数的推理	数量問題（ある条件に従って算出される計算結果）	B
25	資料解釈	防災に関する意識調査（グラフ×２）	C
26	資料解釈	５か国の2014～2018年における国内総生産・物価上昇率（数表）	B
27	資料解釈	漁港背後集落の人口と高齢化率の推移・漁港背後集落の状況（グラフ・数表）	C
28	時事	近年の自然環境や科学技術（火星大接近，二酸化炭素排出量，ドローン等）	A
29	時事	日本の成人の年齢要件等（選挙権・被選挙権，未成年者取消権等）	B
30	時事	祝日・休暇等（即位日等休日法，体育の日，年次有給休暇等）	B
31	自然科学・物理	光の性質（速度，波長と散乱，横波と偏光板，回折と干渉，屈折）	B
32	自然科学・化学	レアメタル（リチウム，白金，チタン，タングステン，バリウム）	A
33	自然科学・生物	動物の行動（反射，走性，かぎ刺激，慣れ，条件反射，刷込み）	C
34	人文科学・日本史	大戦間の日本経済等（金解禁，化学工業，農業，昭和恐慌，新興財閥）	A
35	人文科学・世界史	17～19世紀のインド（プラッシーの戦い，シパーヒーの反乱，インド帝国等）	B
36	人文科学・地理	諸外国の農工業等（カナダ，メキシコ，ベトナム，シンガポール等）	B
37	人文科学・思想	中国の思想家（孔子，墨子，孟子，荘子，朱子）	B
38	社会科学・法律	日本の司法（違憲審査権，裁判官の身分保障および懲戒処分，裁判員）	C
39	社会科学・経済	2000年以降の日本の経済・財政事情（中小企業，社会保障関係費等）	B
40	社会科学・政治	世界の軍縮等（INF全廃条約，非核兵器地帯条約，対人地雷禁止条約等）	C

※上記の科目の分類は小社による。
※難易度：S（特に難しい），A（難しい），B（普通），C（易しい）

平成30年度 教養試験

No.	科目		出題内容（択一式・全問解答）	難易度
1	文章理解	現代文	内容把握（山本 清『アカウンタビリティを考える――どうして「説明責任」になったのか』）	C
2	文章理解	現代文	内容把握（佐藤洋一郎『食の人類史』）	C
3	文章理解	現代文	内容把握（橋本 治『知性の顚覆――日本人がバカになってしまう構造』）	C
4	文章理解	現代文	内容把握（丸山康司『再生可能エネルギーの社会化――社会的受容性から問いなおす』）	C
5	文章理解	現代文	内容把握（真木悠介『時間の比較社会学』）	B
6	文章理解	現代文	空欄補充（伊藤邦武『プラグマティズム入門』）	C
7	文章理解	英文	内容把握（温室効果ガス対策の成果の兆し）	C
8	文章理解	英文	内容把握（石炭産業が衰退した街）	C
9	文章理解	英文	内容把握（貿易改革と労働者保護政策の必要性）	B
10	文章理解	英文	文章整序（手紙に封をする理由）	C
11	文章理解	英文	空欄補充（深層学習による犯罪者の識別）	B
12	判断推理		命題（市町村の各地区の施設，面積，人口）	A
13	判断推理		対応関係（借り物競争）	B
14	判断推理		順序関係（6人が本を読み始めてから読み終わるまでに要した時間）	B
15	判断推理		対応関係（レストランでとった昼食のメニュー）	B
16	判断推理		数量条件からの推理（遊園地の2種類のセット券の組数）	A
17	判断推理		位置関係（6室からなるアパートの当番）	B
18	判断推理		軌跡（棒状の図形の一部が描く軌跡）	A
19	判断推理		正多面体（切頂二十面体の双対図形）	B
20	数的推理		確率（3球すべてをバットに当てる確率）**[問題不掲載]**（※）	―
21	数的推理		平面図形（網掛け部分の図形の面積）	B
22	数的推理		比・割合（5人で分けた缶ジュースの本数）	B
23	数的推理		一次方程式（2種類の製品の製造を行っていた作業員の人数）	B
24	数的推理		比・割合（店舗の来客数，当該期間の日数）	A
25	資料解釈		国営銀行・民間銀行の債権総額と不良債権率の推移（グラフ）	B
26	資料解釈		旅行や行楽を行った人の割合（数表）	B
27	資料解釈		バターの流通経路と業種別消費量（チャート図，数表）	A
28	時事		日本における通信や放送（電波の周波数，5G，準天頂衛星等）	A
29	時事		日本の近年の法や条約（民法改正，皇室典範特例法，水俣条約等）	C
30	時事		各国の近年の情勢等（アメリカ，イギリス，フランス，ドイツ，中国）	C
31	自然科学	物理	原子核や放射線（原子核，放射性崩壊，α線・β線，X線等）	B
32	自然科学	化学	有機化合物（アルコール，エーテル，アルデヒド，ケトン，カルボン酸）	A
33	自然科学	生物	植物の環境応答（植物ホルモン，屈性・傾性，光周性等）	B
34	人文科学	日本史	明治・大正期の文学（坪内逍遥，尾崎紅葉，白樺派・新思潮派等）	B
35	人文科学	世界史	20世紀以降のアメリカ合衆国（ベトナム戦争，冷戦の終結，イラク戦争等）	B
36	人文科学	地理	人口や居住（アネクメーネ，人口革命，少子高齢化，首位都市等）	B
37	人文科学	思想	古代ギリシャの思想家（ストア派，ソクラテス，プラトン等）	A
38	社会科学	政治	日本の行政（行政権，中央省庁，行政委員会，独立行政法人等）	C
39	社会科学	経済	第二次世界大戦以降の日本経済（農地改革，税制改革，好景気等）	B
40	社会科学	社会	科学技術の活用（eガバメント化，再生可能エネルギー，クローン技術等）	B

（※）人事院より「出題に誤りがあり、正答がないことが判明した」旨の発表があったため、掲載していません。

上記の科目の分類は，小社が独自に行ったものです。
※難易度：S＝特に難しい，A＝難しい，B＝普通，C＝易しい

平成29年度　教養試験

No.	科目		出題内容（択一式・全問解答）	難易度
1	文章理解	現代文	内容把握（阿部志郎・河 幹夫『人と社会』）	B
2			内容把握（長谷川 宏『ことばへの道』）	A
3			内容把握（溝口明則『数と建築』〈鹿島出版会〉）	B
4			内容把握（佐藤亜紀『小説のストラテジー』）	B
5			文章整序（飯田 高『法と社会科学をつなぐ』）	C
6			空欄補充（阿部謹也『学問と「世間」』）	C
7		英文	内容把握（「歩きながらの会議」の効果）	B
8			内容把握（ランサムウェアによるハッキング被害）	C
9			内容把握（世界の貧困層の現状と農村地帯への社会援助）	B
10			文章整序（日本語の書記法の複雑さ）	B
11			空欄補充（都市への集住と移民問題）	C
12	判断推理		形式論理（推論Ａ～Ｄのうち論理的に正しいもの）	A
13			順序関係（文化祭に参加したＡ～Ｅの５人が見た各クラスの発表）	B
14			対応関係（家具付きの２部屋で暮らす７匹の子ヤギが隠れた場所）	B
15			対応関係（５つの団体に行った小学校の校庭の夜間貸し出し希望調査）	B
16			発言からの推理（ラベルが貼られたＡ～Ｅの５つの箱のうちの空箱）	B
17			対応関係（正六角形の人工池の周囲の６つの花壇に咲く花）	B
18			折り紙（２回谷折りした正方形の透明なシートにもともと描かれていた直線）	B
19			立体構成（正方形の枠の形の影ができる立体となるような小立方体の組合せ）	A
20	数的推理		確率（Ａ～Ｇの７つのバレーボールチームのうちＡが４勝以上する確率）	B
21			平面図形（直線lと接する円Ａ，Ｂ，ＣのうちのＡの半径）	B
22			整数関係（３回に分けて必要個数だけ購入した消耗品の購入の仕方）	C
23			場合の数（$a^2+ab+ac+bc-315=0$を満たす素数a, b, cの組合せ）	B
24			割合（都市Ａ，Ｂの住民の統計調査によるＡとＢの総人口の差）	B
25	資料解釈		ある企業の各年末時点での全社員の情報通信機器の保有率（グラフ）	B
26			全国およびＡ県における医療施設数，病床数の推移（数表）	B
27			ある年のＡ～Ｄ県の人口100万人当たりの社会教育施設数（グラフ，数表）	A
28	時事		わが国における自然災害等（地震，活火山，台風，集中豪雨，防災基本計画）	A
29			わが国の農業や食（産業別就業者割合，食料自給率，米価，JAS法，耕作放棄地）	A
30			国際的な会議や組織，協定（国連防災世界会議，AIIB，TPP，伊勢志摩サミット等）	B
31	自然科学	物理	電流と磁場（磁力線の定義，電流がつくる磁場，電磁誘導）	C
32		化学	化学結合や結晶（イオン結合，共有結合，電気陰性度，分子結晶，金属結合）	B
33		生物	バイオテクノロジー（遺伝子組換え，プラスミド，PCR法，電気泳動，アグロバクテリウム）	B
34	人文科学	日本史	わが国の20世紀前半の動き（第一次世界大戦，石井・ランシング協定，政党内閣，国際連盟，浜口内閣）	B
35		世界史	19世紀のアジア諸国（中国，インド，朝鮮，ベトナム，タイ，オスマン帝国）	B
36		地理	世界の諸地域（東南アジア，ヨーロッパ，ラテンアメリカ，アフリカ）	C
37		思想	近現代の欧米の思想家（ジェームズ，ヴェーバー，ハイデッガー，フロム，ロールズ）	A
38	社会科学	法律	日本国憲法の基本的人権（法の下の平等，教育を受ける権利，経済の自由，プライバシーの権利等）	C
39		経済	財政（財政の三機能，ポリシーミックス，ビルトイン・スタビライザー，フィスカルポリシー）	C
40		政治	発展途上国への援助等（後発発展途上国，DAC・IDA，南南問題，UNCTAD，累積債務問題）	A

上記の科目の分類は，小社が独自に行ったものです。
※難易度：Ｓ＝特に難しい，Ａ＝難しい，Ｂ＝普通，Ｃ＝易しい

平成28年度 教養試験

No.	科目		出題内容（択一式・全問解答）	難易度
1	文章理解	現代文	内容把握（村野四郎『現代詩を求めて』）	B
2			内容把握（苅谷剛彦「教育過程と教室空間・学校空間」〈天野郁夫 ほか『教育社会学』所収〉）	C
3			内容把握（内田隆三「資本のゲームと社会変容」〈山之内靖 ほか『ゆらぎのなかの社会科学』所収〉）	B
4			内容把握（池内了『科学の限界』）	A
5			空欄補充（高辻正基『知の総合化への思考法』）	C
6			文章整序（根本美作子『眠りと文学』）	C
7		英文	内容把握（なぜ人々は科学問題において専門家の意見を受け入れないのか）	A
8			内容把握（長時間労働の改善案）	B
9			内容把握（アイルランドの銀行事情）	C
10			文章整序（ペンギンの体温調節法）	C
11			空欄補充（過去の価格との比較が消費を左右すること）	B
12	判断推理		命題（ある学級の生徒の日々の生活）	B
13			対応関係（4社が行う採用説明会への男女5人の学生の参加状況）	B
14			順序関係（運動会での借り物競走）	B
15			位置関係（地下1階，地上7階のオフィスビルでの勤務階）	B
16			対応関係（6都市に住む6人の居住地・メールの送受信状況）	A
17			対応関係（ハイキングコースで休憩を取った地点）	A
18			折り紙と重ね合わせ（正方形を4回折り，着色部分を切り取って広げたときの形）	A
19			正多面体（正四面体の一面と同じ大きさのタイルを敷き詰めた床を回転移動する正四面体）	B
20	数的推理		確率（6個のLED電球を取り付けたパネルの点灯状態が，3ケタかつ3の倍数となる確率）	B
21			三角形（長方形の対角線で折ったときにできる図形の線分の長さ）	B
22			不等式（3つのサイズのさやから取り出した豆の数と4人の年齢）	B
23	判断推理		操作の手順（環状線の目的の駅に着く時間）	B
24	数的推理		連立不等式（復刊希望の投票結果）	B
25	資料解釈		広告費の対前年増減率と構成比（グラフ，増加率）	C
26			全国および北海道の生乳の用途別処理量（数表，増加率）	B
27			チャイルドシート使用状況（グラフ，指数・構成比）	C
28	時事		日本の教育政策等（中学校夜間学級，教育委員会，学習指導要領，教科書検定等）	B
29			日本における地方活性化等（ふるさと納税，マイナンバー制度，地方創生交付金等）	B
30			日本の医療等（iPS細胞，新薬，危険ドラッグ，後発医薬品，悪性新生物）	B
31	自然科学	物理	仕事の原理（空欄補充）	B
32		化学	取扱いに注意が必要な物質（塩化水素，赤リン・黄リン，リチウム，水銀等）	A
33		生物	遺伝の法則（独立の法則，遺伝子型の判断，分離の法則の例外，ABO式血液型等）	B
34	人文科学	日本史	江戸幕府の政策・年代順（武家諸法度，綱吉，田沼，幕政改革）	B
35		世界史	16～17世紀のヨーロッパ（イギリス，フランス，神聖ローマ帝国，スペイン，ロシア）	B
36		地理	世界の大地形（変動帯，広がる境界，海嶺，褶曲，ずれる境界）	A
37		思想	日本の近代思想（中江兆民，夏目漱石，西田幾多郎，吉野作造）〈空欄補充〉	C
38	社会科学	法律	日本の情報の管理・保護（個人情報保護法，情報公開法，特定秘密保護法等）	B
39		経済	為替（外国為替相場，ブレトン・ウッズ体制，プラザ合意，為替介入等）	C
40		政治	日本の選挙制度（参議院議員通常選挙，期日前投票制度，選挙権・被選挙権等）	C

上記の科目の分類は，小社が独自に行ったものです。
※難易度：S＝特に難しい，A＝難しい，B＝普通，C＝易しい

令和2年度試験 出題例

国家一般職［大卒］

No. 1

教養試験

文章理解　現代文（内容把握）　令和２年度

次の文の内容と合致するものとして最も妥当なのはどれか。

現代とは，137億年の時空で，宇宙，地球，生命，文明を語ることができる時代です。137億年の時空という視点に立つことで，我々が知らない領域がどこにあるのか，我々は何を分かっていないのかを，ようやく知ることができるようになった時代に，我々は生きているということです。

我々は他と関わることで自らの世界を築いてきました。ホモ・サピエンスの歴史がそのことを物語っています。常にその時々の生活空間，あるいは自らの内部モデルの境界線を踏み越え，その外に出て，関わっていくことで，自らの時空を拡げてきたのです。

その営みは，知の世界でいえば「辺境に普遍を探り続けてきた」ということになります。普遍を探るとは，拡大する時空の中で，自らの知の限界を問い直すという行為です。それは，他との関わりの中で我という存在の意味を問うことでもありました。人間圏の拡大を振り返れば，むしろ，そのことのために，我々は拡大を繰り返してきたのではないかとさえ思えます。

「我々はどこから来たのか　我々は何者か　我々はどこへ行くのか」

人間圏がひとつの岐路に立っていた19世紀の終わり，ゴーギャンが絵画を通して投げかけた問いに対して，21世紀に生きる我々は，こう答えたいと思います。すべての答えは，「我々がどこに行こうとしているのか」の中にある，と。地球を俯瞰する視点を持った人類として，我々は，こう答えるべきなのです。

もちろん，それは，新たな岐路に立つ人間圏の未来に対する答えでもあります。「我々はどのような人間圏を築こうとしているのか」

文明に関するすべての問いかけの答えは，すべてここに行き着きます。

今，我々は，時空の境界とどのように関わろうとしているかを問われています。その時空とは137億年の時空です。その時空との関わりの中で普遍を探り続けること，すなわち我々とは何かを問い続けることこそ，我々が存在することの意味なのではないでしょうか。

「我関わる，ゆえに我あり」――。

人間は，人間が存在することの意味を，他との関わりの中で問うていく存在です。人間とは何か。それに対する答えは，我々が普遍を探る，自らの思索と行動の中にこそあるのです。

1　人間は，137億年の時空の中で，宇宙，地球，生命を解明できる存在として歴史を刻んでおり，知の世界の普遍を探ることで，原理原則を発見してきた。

2　我々は，活動範囲を広げて自らの知の限界を問い直すことで，他と関わり自らの世界を築いていくことができるようになってきた。

3　地球を俯瞰する視点を持つホモ・サピエンスは，他との関わりの中でこそ，自らの存在意義を見いだすことができる。

4　19世紀は，不確実性の時代であり，ゴーギャンが「我々はどこへ行くのか」などの問題提起をしたが，そこには21世紀になって登場する時空との関わりという観点は含まれていなかった。

5　人間圏が肥大化すれば，自らの内部モデルの境界線を越えた外側にも大きな影響を及ぼすことになり，自らの知の限界を問い直す活動が徐々に困難となっていく。

出典：松井孝典『我関わる、ゆえに我あり』

人間は，境界線を踏み越え外に出て他と関わることで自らの世界を築き，我々という存在の意味を探り続けてきた。137億年の時空の境界にいる現在，その時空の境界とどのように関わるか，そして我々とは何かを問い続ける思索と行動こそが，人間が存在する意味ではないか，と述べた文章。

1．「地球を俯瞰する視点を持った人類」とはあるが，「俯瞰（ものごとの全体像をとらえる）する」ことと，宇宙や地球を「解明」することとは別の問題である。また，人類が「原理原則を発見してきた」という記述は本文中には見られない。

2．「他と関わり自らの世界」を築くという営みが「知の世界」で行われると，「自らの知の限界を問い直す」という行為になるのだから，「知の限界を問い直す」ことで「自らの世界を築いていくことができるように」なったという方向性を示すのは誤り。

3．妥当である。

4．19世紀の終わりは「人間圏がひとつの岐路に立っていた」とはあるものの，19世紀が「不確実性の時代」だったかどうかは本文中で明確に言及されていない。また，ホモ・サピエンスの歴史として常に「時空を拡げてきた」ことから，「時空との関わり」は「21世紀になって登場」したわけではない。21世紀の現代になって，「137億年の時空」や「地球を俯瞰する視点」を持つことができるようになったというだけである。

5．境界線を越えた外にかかわっていくことで，「自らの知の限界を問い直」し「人間が存在することの意味を」問うという営みが議論の対象であり，外側への影響は問題として取り上げられていない。また，人間圏が拡大しても，「普遍を探り続ける」とあるため，「徐々に困難となっていく」とするのは誤り。

正答　3

国家一般職［大卒］

No. 2 教養試験 文章理解 現代文（内容把握） 令和2年度

次の文の内容と合致するものとして最も妥当なのはどれか。

Ｔ氏やＳ氏の写真を見ていると「シャーマンとしての写真家」という存在のあり方がほのかに見えてくるような気がする。いうまでもなく，古代世界におけるシャーマンは，神話的な空間においてその感受性をさまざまなやり方で研ぎ澄まし，高度に磨き上げていった。彼らは歌や，踊りや，占いや，楽器の演奏や，絵を描くことなどを通じて，向こう側とこちら側，夢の世界と現実世界とを媒介し，結びあわせようとしてきたのだ。

写真家もまた，カメラを呪具として用いて未知の世界に踏み込み，そこに渦巻いている統御不能な力の源泉に触れ，そのメッセージを受けとって，われわれに「写真的思考」の形で伝えようとしているのではないだろうか。かけ離れたもの同士を互いに結びつけ，特殊なものに普遍性を付与し，偶然を必然化し，見えないものを感知していくような神話的な想像力が，その有力な武器になることはあらためていうまでもないだろう。

未開社会のシャーマンは，驚きと奇蹟に満ちた自然と人間の社会とを媒介する重要な役目を果たしていたのだが，国家が成立し，宗教が誕生してからはむしろ社会の片隅に追いやられていった。だがその末裔は，目立たぬ形で活動を続けていた。中世以降，鉱脈や水脈を探るために杖を手に山の中を歩き回っていた鉱山師，すなわちダウザー（dowser）たちもその系譜に位置づけられるだろう。

《中　略》

ダウザーたちは杖を通じて鉱脈や水脈が発する見えないエネルギーの波動を感じとり，それを自らの深層意識と照応させて，杖の動きとして発現させようとする。むろんそれは誰にでもできるわけではなく，一人前のダウザーとして認められるには，厳しい修行（ダウジングの前に唱える呪文や杖の操作法の習得など）とともに，もともと彼らの中に内在する資質が必要だった。

科学と魔術が一体化した鉱山師たちのダウジングの行為は，形を変えて写真撮影の行為の中に受け継がれているのではないだろうか。杖の先に感じる微かな気配，不可視の生命力の身じろぎを，写真家たちはシャッターを押す指の感触に変えて，受けとめようとしているのだ。写真家にとっての水脈とは，いうまでもなく心を揺さぶる「決定的瞬間」のイメージであろう。どうやら優れた写真家たちには，必ずそのような水脈を感知する，ダウザーとしての高度な能力が備わっているようだ。

神話的想像力に裏打ちされた「写真的思考」の水脈が枯渇する時，写真という表現の媒体の命脈も尽きる。だが，それほど心配する必要はないかもしれない。多くの現代写真家たちの中に，シャーマン＝ダウザーの資質を色濃く受け継ぐ者たちが次々にあらわれてきているからだ。社会が混乱を極め，バランスを失い，あらゆる場所に不均衡な歪みが広がりつつあるいま，逆にその補償作用のように「シャーマンとしての写真家」の存在意義が高まりつつあるのではないか。

希望を失うことはない。写真という鳥はまだ高く，風を切って飛び続けている。

1　古代世界におけるシャーマンは，現代の写真家のように驚きと奇蹟に満ちた自然と人間の社会とを媒介することを通じて，未開の夢の世界と現実世界との橋渡しをしてきた。

2　ダウザーは，社会で存在感が薄れたシャーマンに代わり，経験的に獲得した資質を用いて，自然界に渦巻く統御不能な力を杖の動きとして発現させようとする。

3　写真家は，シャーマンとダウザーから直に受け継いだ，偶然を必然化し，エネルギーの波動と深層意識を照応することで科学と魔術を一体化する技術の伝承者である。

4　シャーマン＝ダウザーとしての資質を有する写真家は，不可視のものを捉える高度な感受性と共に，カメラを呪術的な媒体として用いることで決定的瞬間を表現しているといえる。

5　社会の不均衡が目立ち，写真的思考の命脈がむしろ存続せざるを得ないことにより，優れた現代の写真家には補償作用として神話的想像力が宿る。

出典：飯沢耕太郎『写真的思考』

写真家はカメラを呪具として用いて，神話的想像力に裏打ちされた写真的思考の形で，未知の世界の心揺さぶる「決定的瞬間」をわれわれに伝えようとしている。自然と人間の社会を媒介するシャーマンや，杖を通じて鉱脈や水脈を発見するダウザーの行為が，形を変えて写真家の写真撮影の行為に受け継がれており，バランスを失った現代社会では「シャーマンとしての写真家」の存在意義は高まりつつあるかもしれないと述べた文章。

1.「自然と人間の社会とを媒介する」ことと，「夢の世界と現実世界との橋渡し」をすることは，シャーマンの役目として同内容を言い換えたものであるから，前者を「通じて」後者を行うとするのは不適切。

2. 第4段落に，「もともと彼らの中に内在する資質」とあり，資質を「経験的に獲得した」とすると「内在する」という記述と矛盾する。

3. 筆者は，写真家の写真撮影の行為をシャーマンやダウザーにたとえて「受け継がれている」と述べているだけなので，「直に受け継いだ」「技術の伝承者」とするのは，本文の趣旨から外れている。

4. 妥当である。

5. 優れた写真家の神話的想像力とは，「水脈を感知する，ダウザーとしての高度な能力」であって，「内在する資質」と考えられるから，社会が不均衡化したことの補償作用として宿るものではない。

正答　4

国家一般職［大卒］

No. 3 教養試験 文章理解 現代文（内容把握） 令和2年度

次の文の内容と合致するものとして最も妥当なのはどれか。

構造という概念は一般にはいろいろな場面で用いられる。解釈学的な，あるいは存在論的な哲学においても構造ということは語られる。しかし，レヴィ=ストロースに発する現代の構造主義や，また今日広く流布している常識に準拠して言えば，構造は通常，とりわけ近代科学，しかも近代の自然科学の精神によって，「科学的法則」という形で見出され認識されてくるところの，諸事象の「客観的」「必然的」な仕組みのことと解されることが多く，またそれは必至でもある。何しろ，私たちは，17世紀に生じた科学革命以来，近代科学を学問の理想と考え，その発展を推進し，またそれの技術的享受を今日大規模な形で目の当たりにしているからである。構造と言えば，科学の，しかも近代の自然科学の観点に立って捉えられた構造のみが有効であり，他の見方もこれを範としなければならない，とする考え方は，今日濃厚に人々の脳裡に浸透しているように思う。しかし，この近代科学的な認識における構造概念は，どのような特色を持つのであろうか。またそれは絶対的なものであろうか。むしろそこには重大な問題点が潜んでいないであろうか。私たちは今，この枢要かつ困難な大問題の前に立っている。

一般に，科学的認識は，いかにそれが華々しい成果を生み出そうとも，根本的には二つの限界を持っている。一つには，科学は必ずある方法的道具立てにおいて問題事象に接近し，おのれの角度によって当該事象を切り取り，重要な側面のみを「抽き出し」，他の側面は捨象する。科学は，本質的に，「抽象的」であり，一面的であらざるをえない。したがって科学が進歩すれば，必ず「細分化」が起こり，科学は「個別諸科学」としてしか存在しえない。そのために，近時のようにいかに「学際的」研究の必要が叫ばれようとも，しかし科学の上記の本質性格は払拭しえない。したがって，科学は事象の「全体性」への見通しをどうしても欠きやすい。ここに全体性というのは，単なる諸部分の総和のことではなく，自己と世界の生きた全体性の「原理的」考察の意味において言われている事柄である。そしてこのこととも結び付いて，二つには，科学は，「客観的」な事実の確認に終始し，そうした事実に対して人間が「主体」としていかにかかわるべきかという価値や行為，さらには自己と世界の存在の意味といった問題局面には，何の指示をも与えてくれない。こうして，科学とは別の知が，私たち人間にはどうしても必要になる。それは，自己と世界の存在の原理的全体を見通しつつ，その中に生きる主体としての人間の在り方を熟慮する知恵の営みである。これが本当の意味における「哲学」なのである。

1 解釈学的な哲学における構造とは，近代科学の観点から捉えられた諸事象の客観的な仕組みのことであり，このため，私たちは近代科学を学問の理想と考え，その発展を推進している。

2 科学が有する限界が認識された今，諸構造の中に解体され個別諸科学となった科学には，科学とは別の哲学が必要であり，科学はやがて哲学に統合されねばならない。

3 科学は，本質的に抽象的で一面的であらざるを得ないため，学際的研究の必要が叫ばれた結果，科学の細分化が起こり，事象の全体性への見通しを欠きやすくなった。

4 科学は，本質的には自己と世界の原理的全体を見通すことができず，自己と世界の存在の意味を導くことができないため，私たちには「哲学」が必要である。

5　人間は，科学的認識を獲得し哲学的に熟慮することで，人間が事実に対して主体としていかに関わるべきかという価値や行為を科学的認識により与えられるようになる。

解説

出典：渡邊二郎「構造と解釈」（『渡邊二郎著作集 第９巻 解釈・構造・言語』所収）

近代科学的な認識における構造とは「科学的法則」という形で認識される諸事象の「客観的」「必然的」な仕組みのことであるが，こうした構造概念には重大な問題点が潜んでおり，それは，そもそも「科学的認識」に，全体性への見通しを欠きやすいという限界と，「主体」としての人間の在り方は論じないという限界があることから生じている，と述べた文章。

1．「近代科学の観点から捉えられた諸事象の客観的な仕組み」は，現代の構造主義や今日の常識における構造のとらえ方であり，「解釈学的な哲学における構造」とするのは，誤り。

2．前半は正しいが，科学とは別に必要とされる知として「哲学」が挙げられているのであり，科学が「やがて哲学に統合される」べきかどうかについては，本文中になんら言及はない。

3．「科学の細分化」は，科学の進歩とともに必然的に起こったのであり，「学際的研究の必要が叫ばれた結果」ではない。

4．妥当である。

5．科学は，客観的な事実の確認に終始するため，「人間が『主体』としていかにかかわるべきか」という問題には「何の指示をも与えてくれない」とあり，それらが「科学的認識により与えられるようになる」とするのは誤り。

正答　4

国家一般職［大卒］

No.4 教養試験 文章理解 現代文（内容把握） 令和2年度

次の文の内容と合致するものとして最も妥当なのはどれか。

本書執筆の動機となった原風景は，ここまで何度も触れてきた私たちの姿だ。

それは道路を歩いているとき，駅のホームで電車を待っているとき，満員電車で立っているとき，友達とお茶をしているときなど，隣にどのような他者がいるのかほとんど気にすることなく，一心にスマホの画面を眺めている，私たちの姿だ。

至便のメディアであるスマホを通して自由に多様な情報を入手し，遠くにいる知り合いと言葉をかわし，退屈な時間を過ごすためにゲームに熱中する。それぞれが別のことに専心し，異なる時間や意味を生きている瞬間だろう。

こうした多様性が達成されているはずの光景に対して，私は何ともいえない気持ち悪い“均質さ”を感じてしまうのだ。

スマホの画面に集中し，画面からあふれる情報とだけ交信する姿。この不気味な一様さ，均質さはいったい何だろうか。

《中　略》

考えてみれば，スマホは単なる便利な情報機器にすぎない。しかしこの機器が私たちの身体に対して，「このように生きなさい」といわんばかりの規範や規律を押しつけ，私たちは，その強制する力をとくにあやういとも感じないままに，従順に従っているように思える。

もしそうした規律や規範のなかに，「私（スマホのこと）を通して初めて世界が理解できるし，他者ともつながることができるのだから，私の言うことはすべて正しく，それに従いなさい」とでもいうような中身が醸成されていくとすれば，これはもう不気味で恐ろしい近未来のSF的日常が，私たちの前に出現することになるだろう。

そんな心配はしなくてもいいよ，過剰な心配にすぎないよ，という声が聞こえてきそうだが，私は別にスマホを拒絶しているのではない。そうではなく，なんらかの〈外〉からの力に対して，すぐに許容し，順応し，従順に従ってしまう私たちの身体こそが問題ではないだろうかと，危惧しているのだ。

1　現代は誰もがスマホを通して情報と交信することができるが，むしろ自由に多様な情報を入手することができなくなっている。

2　多様性が受け入れられ，達成された結果，皆が他者との関わりを一切断って，一心にスマホの画面を眺める均質さが生まれたという本末転倒な現象が起きている。

3　今後，スマホが自律的に進化していき，いずれスマホが人類を支配するような，近未来のSF的日常が出現するだろう。

4　スマホは単なる情報機器にすぎないと意識することが，〈外〉からの力にすぐに順応しないための第一歩である。

5　不気味な一様さや均質さに何の違和感も持たず，与えられた規範や規律をすぐに許容し，順応してしまうことが問題である。

解説

出典：好井裕明『違和感から始まる社会学　日常性のフィールドワークへの招待』

隣の他者を気にせず一心にスマホの画面を眺めている私たちの姿は，多様な情報を入手し，それぞれが別のことに専心し，異なる時間や意味を生きているという意味で多様性を達成しているはずなのに，不気味な均質さが感じられるのは，スマホが私たちに規範や規律を押しつけ，その強制力を疑問に思わず従順に従っていることが不気味だからと，外からの力に従順に従ってしまう私たちの身体を問題視した文章。

1．第３段落に「スマホを通して自由に多様な情報を入手し」とあるため，「入手することができなくなっている」とするのは誤り。

2．「隣にどのような他者がいるのかほとんど気にすることなく」とはあるが，第３段落にスマホを通して「遠くにいる知り合いと言葉をかわし」とあるため，「他者との関わりを一切断って」とまではいえない。

3．第７段落で，スマホに支配される近未来のSF的日常が出現する可能性は述べられているが，スマホが「自律的に進化」するという記述はないので，不適切。

4．第８段落で，私たちの身体が〈外〉からの力に従順に従ってしまうことが危惧されているが，スマホに対しどう対処するかまでは言及されていない。

5．妥当である。

正答　5

国家一般職［大卒］

No. 5

教養試験

文章理解　現代文（文章整序）　令和2年度

次の［　　］の文の後に，A～Eを並べ替えて続けると意味の通った文章になるが，その順序として最も妥当なのはどれか。

> 言語の他者性は，本来的に「未来」へ開かれている。なぜなら「未来」こそがもっとも他者的なものだからである。

A：その意味では，過去・現在の延長上に数直線化し，計算可能な「未来」概念ではなく，過去・現在・未来のいずれの時点においても，そのつど計算不可能なものとして立ち現れる「四次元」目の時間を根源的な「未来」概念として設定すべきだろう。

B：記憶された過去は過去の出来事そのものではないし（さらに平凡な意味でも記憶は「風化」する），現在の本当の姿ほど，現在を生きる人間にとって把握できないものはない。

C：もちろん，過去や現在も他者的ではある。

D：しかし，「未来」という概念には，プログラム化しえない不確定要素，計算不可能な決定不可能性が必然的に含まれている。

E：むしろ未来のほうが，現在から好き勝手に意志し，意味づけ，さらに誘導可能（かもしれない）という意味では，他者性が少ないのかもしれない。

1　A→C→D→E→B
2　A→D→C→B→E
3　C→A→B→D→E
4　C→B→E→D→A
5　C→E→B→A→D

解説

出典：藤本一勇　ヒューマニティーズ『外国語学』

言語の他者性について，過去や現在も他者的であり，未来は現在から意味づけできるという意味では他者性が少ないといえるものの，未来には計算不可能な決定不可能性が含まれていることから，過去・現在の延長上にある計算可能な未来ではなく，過去・現在・未来の時点において計算不可能な「四次元」の時間を「未来」と考えるべき，と述べた文章。

つながりが見つけやすいものをグループ分けし，接続語や指示語も手がかりに，選択肢と比較して考える。まず選択肢を見ると１番目はＡかＣになる。Ａでは「その意味で」の「その」が，冒頭の囲みの文の何をさしているかがわからないため，不適切。Ｃは「もちろん」以下で，冒頭の話題である他者性が当然過去や現在にも該当すると述べており，論理的につながっているため１番目にふさわしい。ここで，正答は**3**〜**5**に絞られる。２番目はＡかＢかＥだが，Ａは「その意味では」の示す内容が不明なので不適切。Ｂは過去・現在の他者性についての説明，Ｅは未来のほうが「誘導可能」という意味では（過去・現在より）他者性が少ないと述べているため，どちらも可能である。そこでＡ，Ｄも見ると，ＤはＥの内容に対し，逆接の指示語「しかし」によって，未来には誘導可能ではなく「計算不可能な」可能性があることを述べ，ＡはＤの内容をさらに説明していることから，Ｅ→Ｄ→Ａとなる。

したがって，正答はＣ→Ｂ→Ｅ→Ｄ→Ａと続く**4**である。

正答　4

国家一般職［大卒］ No. 6 教養試験

文章理解　現代文（空欄補充）　令和２年度

次の文のA，Bに当てはまるものの組合せとして最も妥当なのはどれか。

現在，脳神経科学やそれに影響を受けた分野では，行為における意志の役割に強い疑いの目が向けられている。とはいえ，意志を行為の原動力と見なす考え方が否定されたのはこれがはじめてではない。哲学において，意志なるものの格下げをもっとも強く押し進めたのは，17世紀オランダの哲学者，スピノザである。

意志概念に対するスピノザのアプローチを理解するうえで忘れてならないのは，彼が，しばしばその主張として紹介される「自由意志の否定」には留まらなかったということである。

たしかにスピノザは，「自由な意志」という概念を斥け，この世界とわれわれの心身を貫く必然性に則って生きることをよしとした。スピノザによれば，意志は「自由な原因」ではない。それは「強制された原因」である。すなわち，私が何ごとかをなすのは，何ごとからも自由な自発的意志によってではない。いかなる物事にも，それに対して作用してくる原因があるのだから，意志についてもそれを決定し，［　A　］がある。人々がそのことを認めようとしないとすれば，それは，彼らが自分の行為は意識しても，［　B　］のことは意識していないからに過ぎない。

こうしてスピノザは簡潔かつ説得的に，「行為は意志を原因とする」という考えを斥けた。

だが，スピノザの考察は「自由意志の否定」をもって終わるのではない。スピノザは，にもかかわらずなぜわれわれは，「行為は意志を原因とする」と思ってしまうのか，と問うことを怠らない。

	A	B
1	何ごとかを志向するよう強制する原因	行為へと決定する原因
2	何ごとかを志向するよう強制する原因	行為がもたらす結果
3	何ごとからも制約を受けない条件	自由意志が行為に働きかける作用
4	何ごとからも制約を受けない条件	行為がもたらす結果
5	自由意志が行為に働きかける作用	行為へと決定する原因

解説

出典：國分功一郎『中動態の世界———意志と責任の考古学』

スピノザは，人が何かをするのは何ごとからも自由な意志からではなく，意志にも意志を決定し強制する原因があると考え，「行為は意志を原因とする」という考えを斥け，さらにはなぜ人が「行為は意志を原因とする」と思うのかまで問うた，と述べた文章。

Aの前までで，スピノザによれば，人が何かをするのは「何ごとからも自由な自発的意志によってではない」とあるので，Aを含む文も同様の内容になる。Aの直前で「いかなる物事」にも「作用してくる原因があるのだから」と述べているので，意志についても「物事」と同様に「作用してくる原因がある」という内容が入る。したがって，「何ごとかを志向するよう強制する原因」が入る。「何ごとからも制約を受けない条件」は，むしろ「自由な」「自発的」意志に近い意味なので不適切。「自由意志が行為に働きかける作用」は，そもそもスピノザは自由意志を否定しているので不適切。ここで，正答は**1**か**2**となる。Bには人が意識しないものが入る。本文全体で行為と行為の原因との関係が論じられており，Bの直前で「行為」については「意識」しているとあることから，Bは「行為へと決定する原因」が入るのが妥当である。「行為がもたらす結果」については，本文になんら言及がないため，不適切。

よって，正答は**1**である。

正答 1

国家一般職[大卒] No. 7 教養試験

文章理解　英文（内容把握）　令和2年度

次の文の内容と合致するものとして最も妥当なのはどれか。

UNHCR, the UN Refugee Agency, is today calling on European governments to allow the immediate disembarkation of 507 people recently rescued on the Central Mediterranean who remain stranded*1 at sea. Many are reportedly survivors of appalling abuses in Libya and are from refugee-producing countries. They are in need of humanitarian assistance and some have already expressed an intention to seek international protection.

"This is a race against time," said Vincent Cochetel, UNHCR Special Envoy for the Central Mediterranean. "Storms are coming and conditions are only going to get worse. To leave people who have fled war and violence in Libya on the high seas in this weather would be to inflict suffering upon suffering. They must be immediately allowed to dock, and allowed to receive much-needed humanitarian aid."

151 people remain on board an NGO's boat while 356 people more have been rescued in recent days by a rescue ship of another NGO. A port of safety should be immediately provided and responsibility shared amongst States for hosting them after they have disembarked.

Many European leaders expressed their shock at the events last month when more than 50 people died in an airstrike on a detention centre in Tajoura, Libya, and as many as 150 others died in the largest Mediterranean shipwreck*2 of 2019. These sentiments must now be translated in to meaningful solidarity with people fleeing from Libya. This includes providing access to territory and asylum procedures to people seeking international protection.

Nearly 600 people have died or gone missing on the Central Mediterranean in 2019. In comparison to the Central Mediterranean, far more people are arriving, and far fewer people dying, on the Western and Eastern Mediterranean routes.

（注）　*1strand：立ち往生する　　*2shipwreck：難破

1　UNHCRは，ヨーロッパ各国政府と協力して中央地中海で遭難していた人々を救助したが，507人はまだ海上に取り残されている。

2　Cochetel氏は，暴力から逃れてきた人々を悪天候の中で海上に留めておくことは，更なる苦痛を与えることになるため，人道的援助が必要であるとしている。

3　UNHCRは，リビアで国内避難民のための保護センターを運営しており，空爆を逃れた多数の人々を保護している。

4　ヨーロッパ各国の指導者達は，国内世論の反発が大きいため，リビアから逃れてきた人々に上陸の許可を与えることや難民として受け入れることは困難であると表明した。

5　難民がリビアからヨーロッパに渡るに当たっては，西地中海を通るルートの方が，中央地中海を通るルートよりも命を落とす危険性が高い。

解説

出典：“UNHCR urgent Europe to allow 507 rescued passengers to disembark”, UNHCR Website, News Release on 13 August 2019

全訳〈国連の難民機関であるUNHCR（国連難民高等弁務官事務所）は今日，ヨーロッパ各国政府に対し，このたび中央地中海で救助されたまま海上で立ち往生している507人の即時の下船を許可するよう，要請を行っている。報告によれば，多くがリビアにおける不当で劣悪な扱いから逃れてきた人たちであり，難民を生み出している国々から出国した人たちである。彼らは人道支援を必要としており，一部はすでに国際的な保護を求める意志を表明している。

「これは時間との闘いです」とヴァンサン＝コシュテル中央地中海担当特使は語った。「嵐が近づいており，状況は悪化する一方です。リビアでの内戦や暴力から逃れてきた人たちをこの天候で公海上に留め置くことは，苦難の上にさらに苦難を課すことになります。彼らは直ちに港に停泊し，至急必要な人道的援助を受けることを許されなければなりません」

151名がNGOの救命艇に乗ったままであり，一方でここ数日の間にさらに356名が，別のNGOの救難船によって救出されている。直ちに安全な港を提供し，彼らが下船した後の受入れに各国が責任を分担する必要がある。

先月リビアの（首都トリポリ郊外の）タジューラにある移民収容センターへの空爆で50名超が死亡し，さらに150名もの人が地中海で起こった2019年最大の難破事故で亡くなった一連の出来事については，多くのヨーロッパの指導者がその衝撃を言葉にした。こうした所感は今，リビアから逃れてきている人々との意味ある連帯の言葉へと変換されなければならない。これには，国際的な保護を求める人たちへ上陸の許可を与えたり亡命の手続きをとったりすることが含まれる。

中央地中海では，2019年に600名近くが亡くなるか行方不明となっている。中央地中海に比べ，西地中海あるいは東地中海経由ではるかに多くの人々が到着しており，死者ははるかに少ない〉

1．海上に取り残されているのは507人ではなく151人で，一方，356人はすでに救出されていると述べられている。また，救助はNGOの活動によって行われたものであり，UNHCRがヨーロッパ各国政府と協力して救助したとは述べられていない。

2．妥当である。

3．このような内容はまったく述べられていない。本文にある，リビアのタジューラにある移民収容センターとは，欧州に渡る中継地としてのリビアにアフリカ各国から集まってくる人々が収容されていた施設であり，リビア内戦に巻き込まれる形で空爆の犠牲となった。本文ではそこまでの背景は説明されていないが，本肢のように，UNHCRが運営する国内避難民の保護センターであり，空爆を逃れた人々を保護していると読み取れる記述は一切ない。

4．上陸の許可や難民の受け入れの必要性をUNHCRや筆者が主張していることは述べられているが，ヨーロッパ各国指導者の否定的な反応については述べられていない。

5．西地中海ルートと中央地中海ルートについて，リビアからヨーロッパに渡る難民に限ってその安全性を比較した記述はない。地中海経由で（アフリカ大陸から）ヨーロッパに渡る人々について，中央地中海に比べて西地中海および東地中海経由のほうがはるかに人数が多く死者も少ないと述べられている。

正答 2

国家一般職[大卒]

No. 8 教養試験

文章理解　英文（内容把握）　令和2年度

次の文の内容と合致するものとして最も妥当なのはどれか。

Fictional British detective Sherlock Holmes is probably one of the most popular and well-known detectives in literary history. Known for his brilliant analytical skills and ability to decipher complicated clues, the consulting sleuth* has been depicted on screen 254 times and even holds the Guinness World Record for the most portrayed literary human character in film & TV. Hence, it is not surprising to hear that the Royal Mint, responsible for producing coins in the United Kingdom, has honored the iconic detective with a commemorative coin.

Released on May 22, 2019, in honor of creator Sir Arthur Conan Doyle's 160th birthday, the 50 pence (75 cent) coin features a silhouette of Holmes, complete with the detective's famous deerstalker hat and calabash pipe, on one side and Queen Elizabeth II on the other. Surrounding Holmes' image are some of his most popular mysteries including, *The Hound of the Baskervilles, The Sign of the Four*, *The Valley of Fear*, as well as the sleuth's debut novel — *A Study in Scarlet*.

The tiny lettering of the titles, which require a magnifying glass to read, may seem like a mistake caused by the attempt to cram in too much in a small space. However, the coin's designer, Steve Raw, says he deliberately put them all there to bring out the "inner detective" in fans. He explains, "Naturally, the only way to solve 'the mystery of the text' is by using that essential piece of equipment always carried by the intrepid sleuth: a magnifying glass."

《中　略》

Born in Edinburgh, Scotland on May 22, 1859, Doyle was a trained doctor running a clinic, before discovering his passion for writing. Holmes' character was based on Dr. Joseph Bell, a renowned forensic scientist at Edinburgh University, whom Doyle studied under. Following the tremendous success of *A Study in Scarlet*, which was published in 1887, the imaginative author penned four novels and 56 short stories, the last in 1927, starring the detective and his sidekick, Dr. Watson. In addition to the screen adaptations, Holmes, whose mysteries continue to entertain and fascinate fans young and old, has been featured on radio dramas, live stage, and even computer games.

The United Kingdom's fun tradition of featuring fictional characters on currency began in 2016, when the Royal Mint celebrated Beatrix Potter's 150th birthday with limited edition coins featuring characters from the author's iconic children's story, *The Tale of Peter Rabbit*. In 2018, to mark his 60th birthday, the adorable Paddington Bear appeared on a set of commemorative coins available for purchase on the government agency's website. We wonder who will be next!

（注）　*sleuth：探偵

1 Sherlock Holmesは，作者のArthur Conan Doyleの生誕160周年に当たる2019年，登場した作品の発行部数が最も多かったキャラクターとしてギネス世界記録に認定された。

2 Sherlock Holmesの記念硬貨には，彼の小道具でもあった虫眼鏡と共に，彼が登場する代表作の一節が刻まれている。

3 Arthur Conan Doyleは，医師として診療所を開業していた時期があり，師事していた法医学者を基にSherlock Holmesのキャラクターを作った。

4 Sherlock Holmesが登場する最初の作品は，*A Study in Scarlet*であり，出版された当時，本の売行きはよくなかったが，その後の映画は大ヒットした。

5 英国において，記念硬貨に架空のキャラクターを刻むのは，それまでPeter Rabbitなどの企画はあったが，実際に発行されたのはSherlock Holmesが初めてであった。

解説

出典："Popular British Detective Sherlock Holmes Honored On The Royal Mint's New Commemorative Coin", DAKSHA MORJARIA

全訳〈イギリス生まれの架空の探偵シャーロック＝ホームズは，文学史の中でおそらく最も人気があり，よく知られた探偵の一人である。卓越した分析力と，複雑な手がかりを解き明かす能力で知られるこの顧問探偵は，これまで254回映画に登場し，映画やテレビで最も多く取り上げられた文学上の人物として，ギネス世界記録までも持っている。それゆえ，イギリスで硬貨を発行する権限を持つ王立造幣局が，国を象徴するようなこの探偵に記念硬貨で敬意を表したと聞いても，驚くには当たらない。

作家のアーサー＝コナン＝ドイル卿の生誕160年を記念して2019年５月22日に発行されたこの50ペンス（75セント）硬貨は，この探偵につきものである鳥打帽とカラバッシュ（ひょうたん）製のパイプも描かれたシャーロック＝ホームズの姿を片面に，もう一方の面には女王エリザベス２世を配している。ホームズの肖像の周囲に記されているのは，彼の推理小説の中でも非常に人気の高い作品である「バスカヴィル家の犬」「四つの署名」「恐怖の谷」，そしてこの探偵のデビュー作である「緋色の研究」などのタイトル群である。

このタイトル群のごく小さな文字を読むためには拡大鏡が必要であり，狭いスペースに多くを詰め込もうとした失敗のように思えるかもしれない。だが，硬貨のデザインを担当したスティーブ＝ロー氏は，ファンの心の中にある「内なる探偵」を引き出そうと意図的にそれらを配置したのだと語る。彼は，「言わずもがなですが，『文書の謎』を解く唯一の手段は，あの大胆不敵な探偵がいつも身に着けていた不可欠の道具，つまり虫眼鏡（拡大鏡）を使うことですから」と説明している。

〈中略〉

1859年５月22日にスコットランドのエディンバラで生まれたドイルは，診療所を開業する熟練した医師だったが，後に書くことへの情熱を見いだした。ホームズの性格は，ドイルが師事したエディンバラ大学の有名な法医学者であるジョセフ＝ベル博士をもとにしている。1887年に発表された「緋色の研究」が大成功を収めたのをきっかけに，この想像力豊かな作家は，探偵とその相棒であるワトソン博士が登場する４つの長編小説と56の短編小説を執筆し，最後の作品は1927年に書かれた。その推理小説群は今も老若男女のファンを楽しませ，魅了し続けており，ホームズは映画版のほかにも，ラジオドラマや舞台，さらにはコンピュータゲームにまで取り上げられている。

架空の人物を通貨に登場させるという，イギリスの遊び心ある伝統は2016年に始まったものだ。この年，王立造幣局はビアトリクス＝ポターの生誕150年を祝って，この作家の代表作である童話「ピーターラビットのおはなし」のキャラクターたちを配した限定版の硬貨を発行した。2018年には，その生誕60周年を祝って，愛らしい熊のパディントンが記念硬貨セットに登場し，造幣局のウェブサイトで購入することができた。いったい次は誰が登場するのだろう！〉

1．シャーロック＝ホームズがギネス世界記録に認定されていることは述べられているが，それは「映画やテレビで最も多く取り上げられた文学上の人物として」であり，作品の発行部数の多さが理由ではない。また，2019年は彼の記念硬貨が発行された年として述べられており，ギネス世界記録に認定された年は述べられていない。

2．記念硬貨に刻まれているのは，ホームズが登場する代表作の「タイトル」であり，作品の一節ではない。また，それらを読むためには拡大鏡（虫眼鏡）が必要と述べられており，虫眼鏡が硬貨に刻まれているとは述べられていない。

3．妥当である。

4．前半部分は正しいが，後半部分が誤り。最初に発表された「緋色の研究」は大成功を収めたと述べられている。

5．記念硬貨に架空のキャラクターを刻む試みは2016年に始まり，その最初がピーターラビットだったと述べられている。企画段階の話に終わらず，実際に限定版の硬貨が発行されたことが述べられている。

正答　3

No. 9 教養試験

文章理解　英文（内容把握）　令和2年度

次の文の内容と合致するものとして最も妥当なのはどれか。

Unseen to most of us, almost all plants form below-ground interactions with beneficial soil microbes[*1]. One of the most important of these partnerships is an interaction between plant roots and a type of soil fungi[*2] called arbuscular mycorrhizal fungi.

The fungi form a network in the soil and provide the plant with soil minerals, such as phosphorus[*3] and nitrogen. In return, the fungi receive sugars from the plant. This cooperation between plants and fungi is crucial for plant growth, including of many crops. Plants sometimes even get up to 90% of their phosphorus from these soil fungi.

In collaboration with a team of international researchers, we set out to better understand plant cooperation. We wanted to know why some relationships of plants with soil fungi flourish and others collapse.

This involved analysing a large database of plant-fungal interactions containing thousands of species and using computer models to reconstruct the evolutionary history of the partnership. We found that despite having successfully cooperated for over 350 million of years, partnerships among plants and soil fungi can break down completely.

Once we knew that that plant-fungus[*2] cooperation could fail, we wanted to understand how and why the relationship breaks down. We found that in most cases the plants were replacing the fungi with another cooperative partner who did the same job, either different fungi or bacteria. In the other cases, plants had evolved an entirely different way of obtaining the required minerals — for instance, they had become carnivorous plants which trap and eat insects.

Our study shows that despite the great potential benefits of the relationship, cooperation between plants and fungi has been lost about 25 times. It is quite crazy that such an important and ancient collaboration has been abandoned so many times. So why did this happen?

One explanation is that in some environments, other partners or strategies are more efficient sources of nitrogen or phosphorus, driving a breakdown of previously successful cooperation between plants and fungi.

For instance, carnivorous plants are often found in very nutrient-poor bogs. Even an ancient beneficial fungus, specialised in efficiently shuttling nutrients to their partner plants simply cannot get the job done there. So, plants evolve a different way to get their nutrients: trapping insects.

（注）　[*1]microbe：微生物　[*2]fungi：（fungus の複数形）菌類　[*3]phosphorus：リン

1 植物は，土壌の菌類からミネラルを受け取る一方，土壌の菌類に対して水や酸素を与えている。

2 国際的な研究チームは，植物と土壌の菌類との協力関係や，食虫植物が昆虫を捕まえるメカニズムを明らかにした。

3 植物と土壌の菌類の協力関係は，3億5千万年以上続いており，これまで，その関係が解消されたことはない。

4 食虫植物は，土壌の菌類との協力関係に加えて，昆虫を捕まえる機能を進化させたと考えられている。

5 植物は，環境に応じて，より効率的に栄養を得るための方法を採ってきたと考えられている。

解説

出典："Plant relationships breakdown when they meet new 'fungi'", University of Oxford Science Blog, 1 May 2018

全訳〈私たちの大多数には見えないが，ほぼすべての植物は，有益な土壌微生物（善玉菌）と地中で作用し合う関係にある。こうした協力関係の中で最も重要なものの一つに，植物の根と，アーバスキュラー菌根菌と呼ばれる土壌菌類の一種の間で行われるやり取りがある。

この菌は土壌にネットワークを形成し，植物にリンや窒素など土壌のミネラルを供給する。そのお返しに，菌は植物から糖を受け取る。植物と菌のこの協力関係は，多くの作物を含む植物の成長にとって不可欠のものである。ときに植物は，そのリンの最大90％をこうした土壌菌類から得ている。

国際的な研究者チームとの共同作業により，私たちは植物の協力関係をもっと理解しようと試みた。私たちは，ある種の植物と土壌菌類との関係は成果を上げ，ほかの場合は関係が崩れてしまうのはなぜかを知りたいと思った。

その作業には，何千種もの植物と菌類の相互作用についての大量のデータを分析し，コンピュータモデルを使ってこの協力関係の進化上の歴史を再構成する必要があった。私たちがわかったのは，3億5千万年以上にわたって協力が成功を続けているにもかかわらず，植物と土壌の協力関係は完全に崩れてしまう可能性もあるということだった。

植物と菌類の協力関係が失敗に終わる可能性があると知ると，今度は私たちは，なぜ，またどのように関係が崩れるのかを理解したいと思った。私たちがわかったのは，ほとんどの場合，植物が菌類の代わりに，同じ仕事をする別の協力的な提携者，具体的には他の菌類またはバクテリアに乗り換えているということだった。そのほかの事例では，植物は必要なミネラルを得るまったく別の方法を発達させていた。たとえば，昆虫を捕まえて食べる食虫植物になっていたのだ。

私たちの研究が示すところでは，両者の関係が大きな利益をもたらす可能性があるにもかかわらず，植物と菌類の協力関係はこれまでおよそ25回失われてきた。こんなにも大事で昔からある共同作業がそれほど何度も放棄されてきたとは，まったく正気の沙汰とは思えない。ならばなぜそれが起こったのだろうか。

一つの説明は，ある種の環境においては，他の協力相手や戦略のほうが窒素やリンの供給源としてより効率的であり，結果として，以前はうまくいっていた植物と菌類の協力関係が破綻してしまったというものだ。

たとえば，非常に栄養分に乏しい沼地では，しばしば食虫植物が見られる。協力相手の植物に栄養分を効率的に運ぶことに特化した，昔からある善玉菌ですらも，そこではまったく役割を果たすことができない。そこで，植物は栄養分を得る別の方法，つまり虫を捕まえるという手段を発達させたのだ〉

1．土壌の菌類は，植物から糖を受け取ると述べられている。

2．「食虫植物が昆虫を捕まえるメカニズム」については述べられていない。

3．前半部分は正しいが，後半部分については，これまで25回ほど関係が解消されてきたという研究結果が述べられている。

4．食虫植物は，ある種の環境の下で土壌の菌類との協力関係を解消した植物が進化したものであると述べられている。

5．妥当である。

正答　5

国家一般職［大卒］ No. 10 教養試験

文章理解　英文（文章整序）　令和２年度

次の［　　］と［　　］の文の間のア～オを並べ替えて続けると意味の通った文章になるが，その順序として最も妥当なのはどれか。

> Work four days a week, but get paid for five?

ア：Many organizations in Europe are cutting workweeks, though not wages, from 36 hours (five days) to 28 hours (four days) to reduce burnout and make workers happier, more productive, and more committed to their employers.

イ：The measure is still heavily debated, with proponents saying it created jobs and preserves work-life balance and critics saying it reduces the competitiveness of French firms.

ウ：Leading today's trend is the Netherlands, where the average weekly working time (taking into account both full-time and part-time workers) is about 29 hours ― the lowest of any industrialized nation, according to the OECD.

エ：It sounds too good to be true, but this debate is front and center within numerous European economies, not only because of a culture shift toward accommodating flexible working but also because some evidence suggests it's good for business.

オ：The four-day workweek is not a new idea: France implemented a reduction of working hours (*les 35 heures*) almost 20 years ago to create better work-life balance for the nation.

> Dutch laws passed in 2000 to protect and promote work-life balance entitle all workers to fully paid vacation days and maternity and paternity leave.

1　ア→イ→オ→エ→ウ
2　ウ→ア→オ→イ→エ
3　ウ→エ→イ→ア→オ
4　エ→ア→オ→イ→ウ
5　エ→ウ→イ→ア→オ

解説

出典："Will the 4-Day Workweek Take Hold in Europe?", Ben Laker and Thomas Roulet

全訳〈週４日働いて，でも給料は５日分？

エ：うますぎる話に聞こえるかもしれないが，これは数多くのヨーロッパの国内で最も注目されている議論だ。それは柔軟な働き方を受け入れる方向へ向かう文化的変化だからというだけでなく，それが事業のためにもよいことを示す証拠があるからだ。
ア：ヨーロッパの多くの組織が，働きすぎを減らして従業員をより幸せにし，生産性を高め，より雇用主に貢献できるよう，賃金を減らさずに週の労働を36時間（5日）から28時間（4日）に減らしつつある。
オ：週4日労働というのは何も新しい考え方ではない。フランスではほぼ20年前に，この国にとってよりよいワークライフバランス（仕事と余暇のバランス）を生み出そうとして，労働時間の削減（週35時間）を実施している。
イ：この措置は今も激しい論争の的となっている。支持者はそれによって雇用が創出されワークライフバランスが保たれていると言い，批判者はフランスの会社の競争力が減退していると言っている。
ウ：現在のトレンドを先導しているのはオランダで，OECD（経済協力開発機構）によると，そこでは週平均労働時間は（フルタイムとパートタイムの両方を入れて）約29時間と，先進各国の中では最少である。
ワークライフバランスを保護し促進するために2000年に可決されたオランダの法は，すべての労働者に減額なしの有給休暇と出産育児休暇をとる権利を与えている〉

選択肢を見るとア，ウ，エのいずれかで始まっている。冒頭の囲みの文は，「1週間に4日働くが，5日分の給料が支払われる？」という意味であり，エのIt sounds too good to be trueは「それはうますぎて本当のこととは思われない」という意味なので，Itが前文の内容をさしていると考えれば，冒頭の文にスムーズにつながる。また，アも「ヨーロッパの多くの組織が……週の労働を36時間（5日）から28時間（4日）に減らしつつある」というのが文の骨格で，コンマで挿入されたthough not wagesはthough they are not cutting wages「賃金は削減していないが」の意味ととれるので，冒頭の文につながる内容である。一方，ウは「現在のトレンドを先導しているのはオランダで…」で始まり，1週間の平均労働時間が約29時間という記述はあるが，5日分の賃金への言及はなく，冒頭の文に続けるには唐突な感じがある。また，末尾の囲みの文にあるDutchは「オランダの」の意味を表す形容詞なので，ウはむしろ並べ替えの最後に置くのが自然ではないかと推測できる。したがって，この時点で**2**と**3**，および**5**もウの位置が不自然であることから，正答の候補から外れる。

その他の文を見ると，イとオの文はFrench，Franceという語があることから，フランスの事例が紹介されていることがわかる。イの主語The measureは「その対策」という意味なので，オ→イと並べるのが妥当であると推測できる。

1は，アの文が「ヨーロッパの多くの組織が……」で始まるのに対して，フランスに限定した話であるイが続くのは不自然である。さらにイ→オの後にエを続けるのも，this debate「この議論」がさすものが不明であり，またここで再びヨーロッパ各国の話になっているのは不自然である。したがって**1**も正答の候補から外れる。

残る**4**は，エを最初に置くことで，this debateは主語Itとともに冒頭の文をさすことになり，続くアにも違和感なくつながる。そして，オの「週4日労働は新しい考えではない」で，ここまでの話題を受けて具体的にフランスの事例を紹介するという流れになる。さらに，オ→イからウと続けることで，フランスの事例からオランダの事例に話題が移って末尾の囲みの文に自然につながり，全体の流れが自然に通る。

したがって，正答はエ→ア→オ→イ→ウと続く**4**である。

正答 4

国家一般職［大卒］

No. 11

教養試験

文章理解　英文（空欄補充）　令和2年度

次の文の ＿＿＿ に当てはまるものとして最も妥当なのはどれか。

The idea that there were once "pure" populations of ancestral Europeans, there since the days of woolly mammoths, has inspired ideologues since well before the Nazis. It has long nourished white racism, and in recent years it has stoked fears about the impact of immigrants: fears that have threatened to rip apart the European Union and roiled politics in the United States.

Now scientists are delivering new answers to the question of ＿＿＿. Their findings suggest that the continent has been a melting pot since the Ice Age. Europeans living today, in whatever country, are a varying mix of ancient bloodlines hailing from Africa, the Middle East, and the Russian steppe.

The evidence comes from archaeological artifacts, from the analysis of ancient teeth and bones, and from linguistics. But above all it comes from the new field of paleogenetics*. During the past decade it has become possible to sequence the entire genome of humans who lived tens of millennia ago. Technical advances in just the past few years have made it cheap and efficient to do so; a well-preserved bit of skeleton can now be sequenced for around $500.

（注）　* paleogenetics：古遺伝学

1 who Europeans really are and where they came from
2 why woolly mammoths went extinct
3 why ancient Europeans migrated repeatedly
4 what causes the new discrimination
5 how far "pure" Europeans have traveled

解説

出典：“The Birth of Europe：Genetic Tools Tell What’s in the Melting Pot”, Andrew Curry

全訳〈かつてマンモスの時代からヨーロッパの地には，祖先となる「純粋な」ヨーロッパ人たちがいたという考えは，ナチスが登場するずっと以前から特定のイデオロギーの信奉者を刺激する発想となってきた。それは長い間白人至上主義をはぐくみ，近年では移民の影響に関して恐怖感をかき立てている。それは欧州連合（EU）を引き裂くほどの脅威となり，アメリカの政治的混乱のもととなっている。

現在科学者たちは，ヨーロッパ人とはいったい何者か，そして彼らはどこから来たのかという問いへの新たな解答を出そうとしている。彼らの知見が示すところでは，この大陸は氷河時代から人種のるつぼであった。そして，どの国であれ，今日居住しているヨーロッパ人は，アフリカ，中東，そしてロシアのステップ（大草原）地帯に出自を持つ古い血筋のさまざまな混合種であるとのことだ。

その証拠は，考古学上の人工遺物，祖先の歯や骨の分析，そして言語学に由来するものだが，とりわけ新しい分野である古遺伝学に負うところが大きい。この10年の間に，何万年も前に暮らしていた人間の全ゲノム配列を決定することが可能になった。わずかここ数年の技術の進歩により，それがより安価で効率的にできるようになった。保存状態のよい骨格の断片があれば，今では500ドル前後で全ゲノム配列を決定することが可能だ〉

第１段落第１文で，昔からヨーロッパの地には，祖先となる「純粋な」ヨーロッパ人たちがいたという考えがあり，それが歴史的に特定のイデオロギーの信奉者を刺激する発想となってきたという，本文の主題が述べられている。続く第２文では，このような考えが昔から白人至上主義思想をはぐくむ土壌となってきたこと，また現在では欧米で移民排斥運動の背景となっていることが述べられている。

これに対して，空所を含む第２段落第１文は「現在科学者たちは，［　　　］という問いへの新たな解答を出そうとしている」という意味で，続く第２文以降では，ヨーロッパ大陸が氷河時代から人種のるつぼであったこと，また，今日居住しているヨーロッパ人は，アフリカや中東やロシアの草原地帯に出自を持つ古い血筋のさまざまな混合種であるという，科学者の知見が示されている。

さらに第３段落では，科学者がこのような結論に至った証拠について，特に古遺伝学という新しい分野からのアプローチを取り上げて述べられている。

以上のことから，空所に入る内容は，第１段落で述べられる内容のうち社会問題的な部分ではなく，今日いるさまざまなヨーロッパ人のルーツとなる「『純粋な』ヨーロッパ人」の部分に関するものであることが推測できる。

選択肢の意味はそれぞれ，**1**「ヨーロッパ人とはいったい何者か，そして彼らはどこから来たのか」，**2**「なぜマンモスは絶滅したのか」，**3**「なぜ古代のヨーロッパ人は繰り返し移住したのか」，**4**「何が新たな差別を引き起こすのか」，**5**「『純粋な』ヨーロッパ人はどれくらい遠くまで移動したのか」で，このうち第２段落第２文以降の内容に自然につながるものは**1**のみ。

よって正答は**1**である。

正答　1

国家一般職［大卒］

No. 12　教養試験

判断推理　命　題　令和2年度

ある会社における，英語，ドイツ語，フランス語，スペイン語，中国語，ロシア語を通訳できる者の在籍状況について次のことが分かっているとき，論理的に確実にいえるのはどれか。

○　ドイツ語を通訳できる者は，フランス語を通訳できる。
○　スペイン語を通訳できる者は，中国語を通訳できる。
○　フランス語を通訳できる者は，中国語を通訳でき，かつ，ロシア語を通訳できる。
○　英語を通訳できない者は，ロシア語を通訳できない。

1　英語を通訳できる者は，フランス語を通訳できる。
2　ドイツ語を通訳できる者は，英語を通訳できる。
3　フランス語を通訳できない者は，スペイン語を通訳できない。
4　スペイン語を通訳できない者は，中国語を通訳できない。
5　ロシア語を通訳できない者は，英語を通訳できない。

解説

与えられている4命題を論理式で表すと，

A：「ドイツ語→フランス語」
B：「スペイン語→中国語」
C：「フランス語→（中国語∧ロシア語）」
D：「$\overline{\text{英語}}$→$\overline{\text{ロシア語}}$」

である。これらA～Dの対偶をそれぞれE～Hとすると，

E：「$\overline{\text{フランス語}}$→$\overline{\text{ドイツ語}}$」
F：「$\overline{\text{中国語}}$→$\overline{\text{スペイン語}}$」
G：「$\overline{\text{(中国語∨ロシア語)}}$→$\overline{\text{フランス語}}$」
H：「ロシア語→英語」

となる。また，命題Cを分割すると，

C_1：「フランス語→中国語」
C_2：「フランス語→ロシア語」

となり，それぞれの対偶は

G_1：「$\overline{\text{中国語}}$→$\overline{\text{フランス語}}$」
G_2：「$\overline{\text{ロシア語}}$→$\overline{\text{フランス語}}$」

である。各選択肢について，これらA～Hによる三段論法の成立を検討すればよい。

1．「英語→」となる命題が存在しないので，推論することができない。
2．正しい。命題A，C_2，Hより，「ドイツ語→フランス語→ロシア語→英語」となり，「ドイツ語を通訳できる者は，英語を通訳できる」は確実に推論できる。
3．命題Eより，「$\overline{\text{フランス語}}$→$\overline{\text{ドイツ語}}$→」となるが，その先が推論できない。
4．「$\overline{\text{スペイン語}}$→」となる命題が存在しないので，推論することができない。
5．命題G_2，Eより，「$\overline{\text{ロシア語}}$→$\overline{\text{フランス語}}$→$\overline{\text{ドイツ語}}$→」となるが，その先が推論できない。

正答　2

国家一般職［大卒］ No. 13 教養試験

判断推理 対応関係 令和2年度

ある会社は，総務部，企画部，営業部，調査部の四つの部から成り，A～Hの８人が，四つの部のいずれかに配属されている。A～Hの８人の配属について次のことが分かっているとき，確実にいえるのはどれか。

○ 現在，総務部及び企画部にそれぞれ２人ずつ，営業部に３人，調査部に１人が配属されており，Cは総務部，D及びEは企画部，Hは調査部にそれぞれ配属されている。

○ 現在営業部に配属されている３人のうち，直近の人事異動で営業部に異動してきたのは，１人のみであった。

○ 直近の人事異動の前には，各部にそれぞれ２人ずつが配属されており，A及びCは，同じ部に配属されていた。

○ 直近の人事異動で異動したのは，A，C，F，Hの４人のみであった。

1 Aは，現在，営業部に配属されている。
2 Cは，直近の人事異動の前には，営業部に配属されていた。
3 Fは，直近の人事異動の前には，総務部に配属されていた。
4 Gは，現在，総務部に配属されている。
5 Hは，直近の人事異動の前には，営業部に配属されていた。

解説

現在，Cは総務部，DおよびEは企画部，Hは調査部にそれぞれ配属されているが，直近の人事異動で異動したのはA，C，F，Hの４人のみである。ここから，D，Eは人事異動前も企画部に配属されていたことになる。また，現在営業部に配属されている３人のうち，直近の人事異動で営業部に異動してきたのは１人のみなので，２人は人事異動前も異動後も営業部であるが，これはB，G以外にいない。人事異動前にCが配属されていたのは総務部ではなく，営業部（B，G）でもなく，企画部（D，E）でもないので調査部である。同様に，人事異動前にHが配属されていたのは総務部である。ここまでが次の**表Ⅰ**である。人事異動前にAとCは同じ部に配属されていたので，Aは調査部に配属されており，Fは総務部に配属されていたことになる。そうすると，人事異動によりFは営業部に配属され，Aは総務部に配属されている（**表Ⅱ**）。この**表Ⅱ**より，正答は**3**である。

表Ⅰ

	異動前	異動後	異動
A			○
B	営業部	営業部	
C	調査部	総務部	○
D	企画部	企画部	
E	企画部	企画部	
F			○
G	営業部	営業部	
H	総務部	調査部	○

表Ⅱ

	異動前	異動後	異動
A	調査部	総務部	○
B	営業部	営業部	
C	調査部	総務部	○
D	企画部	企画部	
E	企画部	企画部	
F	総務部	営業部	○
G	営業部	営業部	
H	総務部	調査部	○

正答 3

国家一般職［大卒］ No. 14 教養試験

判断推理 位置関係 令和2年度

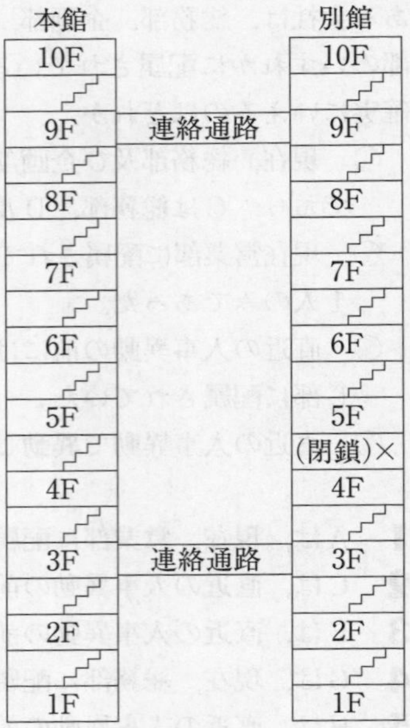

図のように，共に1階～10階まである本館と別館から成るホテルがある。ホテルの各階は階段でつながっており，本館と別館の3階どうし，9階どうしをつなぐ連絡通路があるが，現在，別館の4階と5階をつなぐ階段が閉鎖されている。

本館の互いに異なる階にいるA～Eの5人の従業員は，階段と連絡通路のみを使って，最短経路で別館の互いに異なる階に移動した。次のことが分かっているとき，確実にいえるのはどれか。

ただし，階段の数は，1階と2階のように，上下の階をつなぐものを1階段と数えるものとする。

本館		別館
10F		10F
9F	連絡通路	9F
8F		8F
7F		7F
6F		6F
5F		5F
		(閉鎖)×
4F		4F
3F	連絡通路	3F
2F		2F
1F		1F

○　Aが使った階段の数の合計は，ホテルの本館から別館への移動としてあり得る中で最も多いものであった。

○　Bが使った階段の数は，上りも下りも共に3階段分であった。

○　Cは上り階段も下り階段も使ったが，上り階段の数は下り階段の数の3倍であった。

○　Dが移動前にいた階とCが移動後にいた階は同じ階であったが，DはCよりも使った下り階段の数が3階段分多かった。

○　Eが使った階段は本館も別館も下りで，その数は合計で3階段分であった。

1　Aは，本館の10階から移動した。
2　Bは，別館の5階に移動した。
3　Cは，本館の4階から移動した。
4　Dは，別館の8階に移動した。
5　Eは，別館の1階に移動した。

解説

「Aが使った階段の数の合計は，ホテルの本館から別館への移動としてあり得る中で最も多い」ので，これは，「本館１Ｆ→９Ｆ連絡通路→別館５Ｆ」である。「Bが使った階段の数は，上りも下りも共に３階段分」であるが，これを３Ｆ連絡通路を使って行うことは不可能である。したがって，Bは「本館６Ｆ→９Ｆ連絡通路→別館６Ｆ」である。「Cは上り階段も下り階段も使ったが，上り階段の数は下り階段の数の３倍」なので，使った連絡通路は９Ｆでなければならない。上りが３階段だと本館６Ｆからとなり，Bと同じ階からの移動となってしまう。１Ｆから９Ｆまででも８階段しかないので，上り６階段，下り２階段ということになり，Cは「本館３Ｆ→９Ｆ連絡通路→別館７Ｆ」である。「Dが移動前にいた階とCが移動後にいた階は同じ階であったが，DはCよりも使った下り階段の数が３階段分多かった」ので，Dが移動前にいたのは本館７Ｆである。また，Dは使った下り階段がCより３階段多い５階段である。そうすると，Dは「本館７Ｆ→３Ｆ連絡通路→別館２Ｆ」である。「Eが使った階段は本館も別館も下りで，その数は合計で３階段分」であるが，別館７ＦはC，別館２ＦはDなので，Eは「本館４Ｆ→３Ｆ連絡通路→別館１Ｆ」でなければならない。

よって，正答は**5**である。

本館		別館
10F		10F
9F	連絡通路	9F
8F		8F
7F D		7F C
6F B		6F B
5F		5F A
		(閉鎖)×
4F E		4F
3F C	連絡通路	3F
2F		2F D
1F A		1F E

正答　5

国家一般職［大卒］ No. 15 教養試験

判断推理 対応関係 令和2年度

A～Eの5人は，友人からもらったお土産のクッキーを分け合うことにした。クッキーは，図のように，三つの区画に5種類ずつ計15枚あり，それぞれの区画に上からチョコ，バニラ，ミント，モカ，ストロベリーの並び順で入っている。5人は，順番に1人3枚ずつクッキーを取ることにした。次のことが分かっているとき，確実にいえるのはどれか。

ただし，クッキーを取る際には，三つの区画のどこから取っても，二つ以上の区画から取ってもよいが，常に各区画の1番上のものから取るものとする。また，5人はクッキーの種類の並び順をあらかじめ知っているものとする。

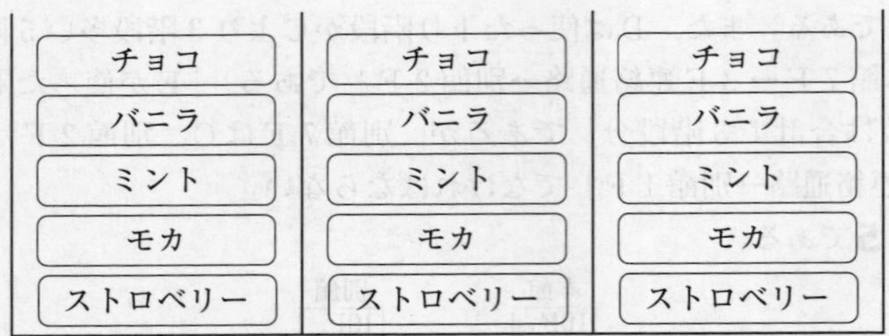

○ Bは，ミントを2枚選ぶこともできたが，ミントが苦手なので1枚も選ばなかった。
○ Dは，Aの直前にクッキーを取り，チョコを1枚，バニラを1枚，ミントを1枚選んだ。
○ Eはミントを2枚，モカを1枚選んだ。
○ Eの直前にクッキーを取った者と，直後に取った者は，ストロベリーを選んだ。

1 1番目にクッキーを取った者はCであった。
2 1番目にクッキーを取った者はチョコを2枚選んだ。
3 2番目にクッキーを取った者はモカを1枚選んだ。
4 3番目にクッキーを取った者はAであった。
5 3番目にクッキーを取った者はバニラを1枚選んだ。

解説

Dはチョコを1枚，バニラを1枚，ミントを1枚選んでいるので，Dがクッキーを取った状態は次の**図Ⅰ**のようになる（どの区画でもよい）。「Bは，ミントを2枚選ぶこともできたが，ミントが苦手なので1枚も選ばなかった」とあるので，Bがクッキーを取る直前の状態は**図Ⅱ**のようになっている。この状態でBはミントを1枚も選ばないので，Bが選んだのはバニラ1枚，モカ1枚，ストロベリー1枚である（**図Ⅲ**）。Eはミントを2枚，モカを1枚選んでいるので，**図Ⅳ**となる。AはDの次に選んでいるので，チョコ2枚，バニラ1枚でなければならず，この結果，Cはモカ1枚，ストロベリー2枚である（**図Ⅴ**）。これにより，クッキーを選んだ順は，「D→A→B→E→C」と決まる。

よって，正答は**5**である。

図Ⅰ

チョコ	チョコ	D チョコ
バニラ	バニラ	D バニラ
ミント	ミント	D ミント
モカ	モカ	モカ
ストロベリー	ストロベリー	ストロベリー

図Ⅱ

チョコ	チョコ	D チョコ
バニラ	バニラ	D バニラ
ミント	ミント	D ミント
モカ	モカ	モカ
ストロベリー	ストロベリー	ストロベリー

図Ⅲ

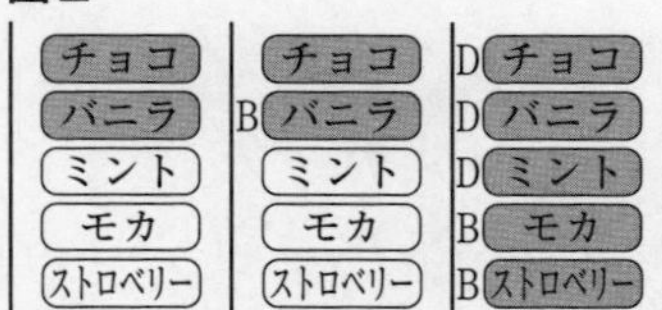

図Ⅳ

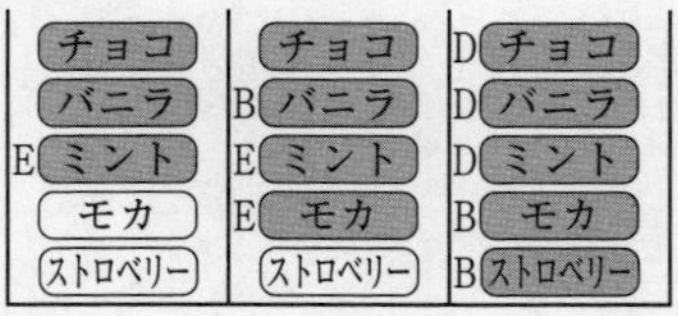

チョコ	チョコ	D チョコ
バニラ	B バニラ	D バニラ
E ミント	E ミント	D ミント
モカ	E モカ	B モカ
ストロベリー	ストロベリー	B ストロベリー

図Ⅴ

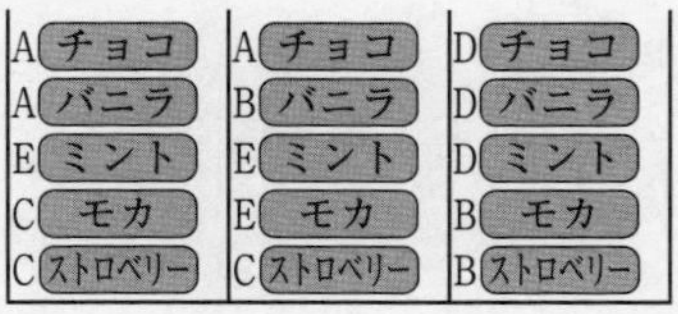

A チョコ	A チョコ	D チョコ
A バニラ	B バニラ	D バニラ
E ミント	E ミント	D ミント
C モカ	E モカ	B モカ
C ストロベリー	C ストロベリー	B ストロベリー

正答 5

国家一般職［大卒］ No. 16 教養試験

判断推理　試合の勝敗　令和２年度

A～Jの10人は，将棋のトーナメント戦を行った。トーナメントの形式は図のとおりであり，空欄にはG～Jのいずれかが入る。次のことが分かっているとき，確実にいえるのはどれか。

○　ちょうど２勝したのは３人であった。
○　ＢとＩは準決勝で対戦し，その勝者は優勝した。
○　Ｆは，ＥともＪとも対戦しなかった。
○　ＧとＨはそれぞれ１試合目で負けたが，Ｈはその試合で勝っていたら次は準決勝であった。

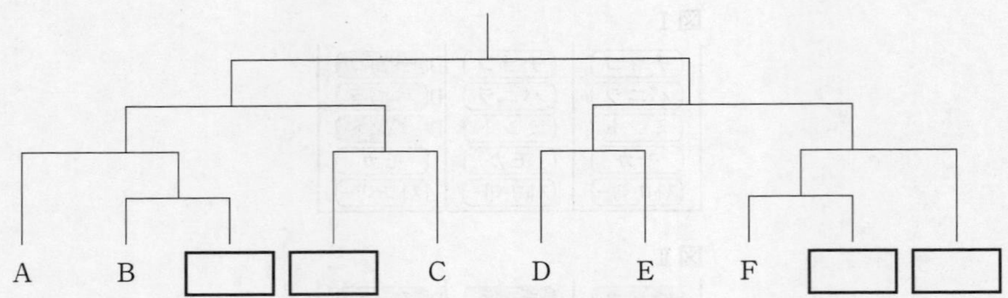

1　ちょうど１勝したのは１人であった。
2　ＧはＣに負けた。
3　Ｆは準優勝であった。
4　ＩはＤと対戦した。
5　Ｊは１試合目で勝った。

解説

まず，ＢとＩは準決勝で対戦しているので，ＩはＣと対戦して勝っている。Ｈは１試合目で負けているが，その試合で勝っていたら，次は準決勝だったので，Ｈはトーナメント表の右端である。そうすると，Ｆの１回戦の対戦相手はＪではないのでＧということになり，Ｆは１回戦でＧ，２回戦でＨに勝っている。また，Ｊは１回戦でＢに負けている。そして，ＦはＥと対戦していないので，Ｆが準決勝で対戦したのはＤである。１勝もしていないのは，Ａ，Ｊ，Ｃ，Ｅ，Ｇ，Ｈの６人である。優勝したのはＢかＩのどちらかであるが，Ｂが優勝したとすると，Ｉが１勝しかしていないことになり，２勝したのが３人という条件を満たせない。Ｉが優勝したとすると，準決勝でＤがＦに勝てばＢ，Ｄ，Ｆの３人が２勝ということになり，条件を満たす。これにより，トーナメント戦の結果は次図のようになり，正答は**4**である。

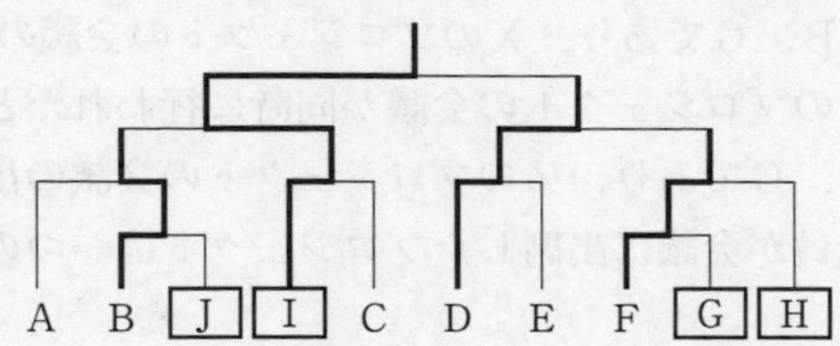

正答 4

国家一般職［大卒］

教養試験

No.17 判断推理 対応関係 令和2年度

ある課にはW～Zの四つのプロジェクトがあり，それぞれのプロジェクトにはA～Gの７人のうちの何人かが所属している。次のことが分かっているとき，確実にいえるのはどれか。

ただし，A～Gは，所属しているプロジェクトの会議が同時に行われた場合，そのうちの一つにのみ出席したものとし，また，所属している別のプロジェクトの会議が同時に行われる以外の理由で会議を欠席した者はいないものとする。

○ A～Gのうち，１人は全てのプロジェクトに所属しており，他の６人は二つのプロジェクトに所属している。

○ ある日の午前にW，Xのプロジェクトの会議が同時に行われたとき，Wのプロジェクトの会議の出席者はA，B，Gであり，Xのプロジェクトの会議の出席者はC，Dであった。

○ 同日の午後にY，Zのプロジェクトの会議が同時に行われたとき，Yのプロジェクトの会議の出席者はE，F，Gであり，Zのプロジェクトの会議の出席者はB，Cであった。

○ この日，所属する全員が会議に出席したプロジェクトは一つのみであった。

1 Bは，全てのプロジェクトに所属している。
2 Dは，全てのプロジェクトに所属している。
3 Gは，全てのプロジェクトに所属している。
4 Wのプロジェクトに所属しているのは，A，B，C，Gの４人である。
5 Yのプロジェクトに所属しているのは，D，E，F，Gの４人である。

解説

まず，W，X，Y，Zそれぞれの会議の出席者は次の**表Ⅰ**のとおりである。A，Dは，午後の会議Y，Zのどちらにも出席していないので，A，DはY，Zのプロジェクトに所属していない。つまり，AはW，Xのプロジェクトに所属しており，Xの会議を欠席している。そして，DはW，Xのプロジェクトに所属しており，Wの会議を欠席している。また，E，Fは午前の会議W，Xのどちらにも出席していない。つまり，E，FはW，Xのプロジェクトに所属していない。これにより，E，FはY，Zのプロジェクトに所属しており，Zの会議を欠席している。ここまでで，W，X，Zの会議には欠席者がいるので，所属する全員が会議に出席したプロジェクトはYである（**表Ⅱ**）。B，CはYのプロジェクトに所属していないので，所属しているプロジェクトは2つであり，BはXのプロジェクトに所属しておらず，CはWのプロジェクトに所属していない。この結果，すべてのプロジェクトに所属しているのはGである（**表Ⅲ**）。

よって，正答は**3**である。

表Ⅰ

	W	X	Y	Z
A	○			
B	○			○
C		○		○
D		○		
E			○	
F			○	
G	○		○	

表Ⅱ

	W	X	Y	Z
A	○	△	×	×
B	○		×	○
C		○	×	○
D	△	○	×	×
E	×	×	○	△
F	×	×	○	△
G	○		○	

表Ⅲ

	W	X	Y	Z
A	○	△	×	×
B	○	×	×	○
C	×	○	×	○
D	△	○	×	×
E	×	×	○	△
F	×	×	○	△
G	○	○	○	○

○：出席
△：欠席
×：所属していない

正答　3

国家一般職[大卒]

No. 18

教養試験

判断推理　折り紙　令和2年度

図のように，正方形の紙を破線部分で2回折った後，袋を開いて潰すように折ることを表裏両方で行ったものから，黒塗りの部分を切り取って除いた。残った部分を広げたときの形として最も妥当なのはどれか。

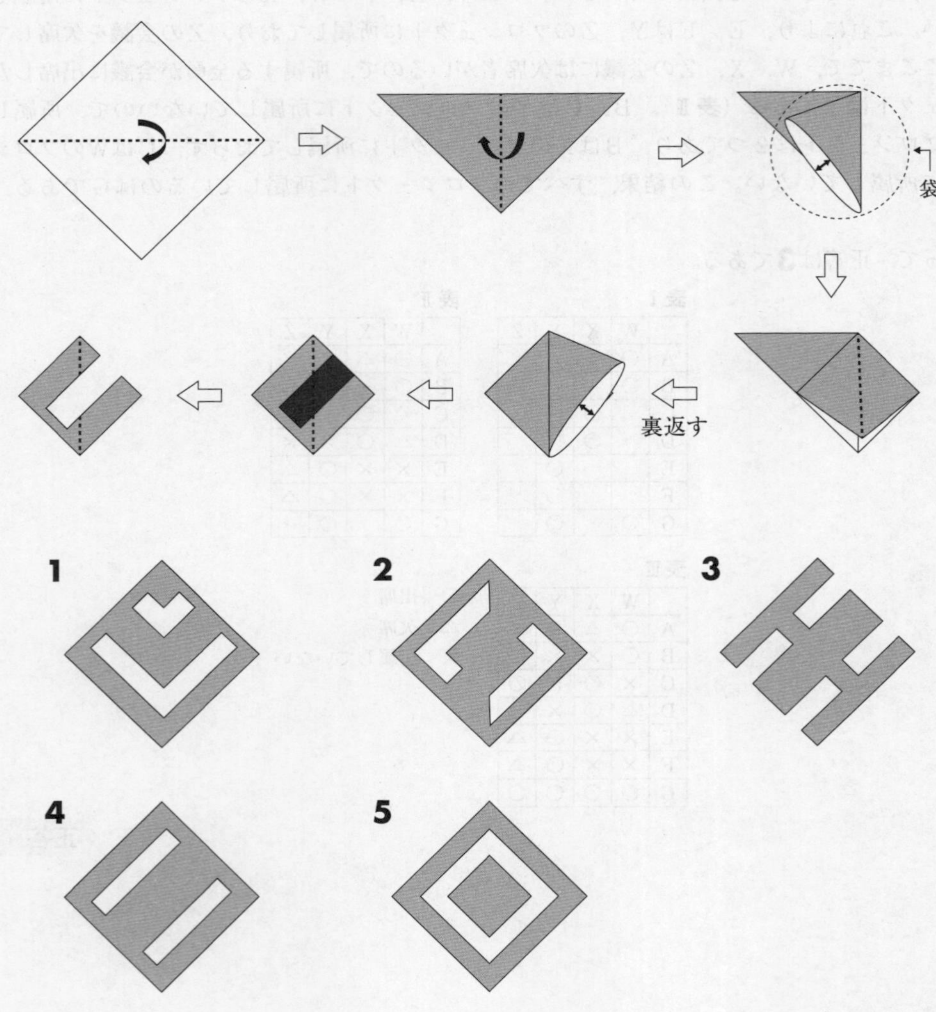

解説

折り紙の問題では，折った状態から次のａ～ｆのように順次開いていくのが基本である。この問題では，袋状に開いてこれを潰すという作業があるが，最終的に折った状態からそのまま開いていけばよい。大きなＶ字部分が存在することが把握できれば，解答には困らないであろう。

よって，正答は**1**である。

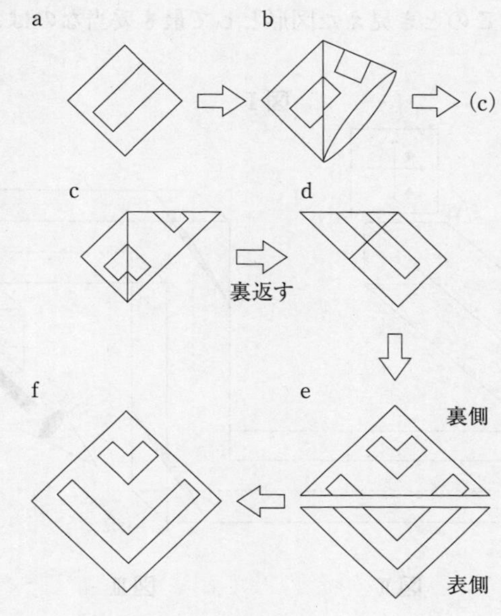

正答 1

判断推理 立体構成 令和2年度

図Ⅰのように，４か所で直角に折れ曲がった筒があり，それぞれの角に，図Ⅱのように壁面に対して45°の角度で鏡が設置されている。いま，図Ⅲのような紙に描かれた図形を，●印が左上になるようにして筒の一方の端Aに置き，もう一方の端Bから筒の内部を見たとき，鏡に反射した後の図形が見えた。このとき見えた図形として最も妥当なのはどれか。

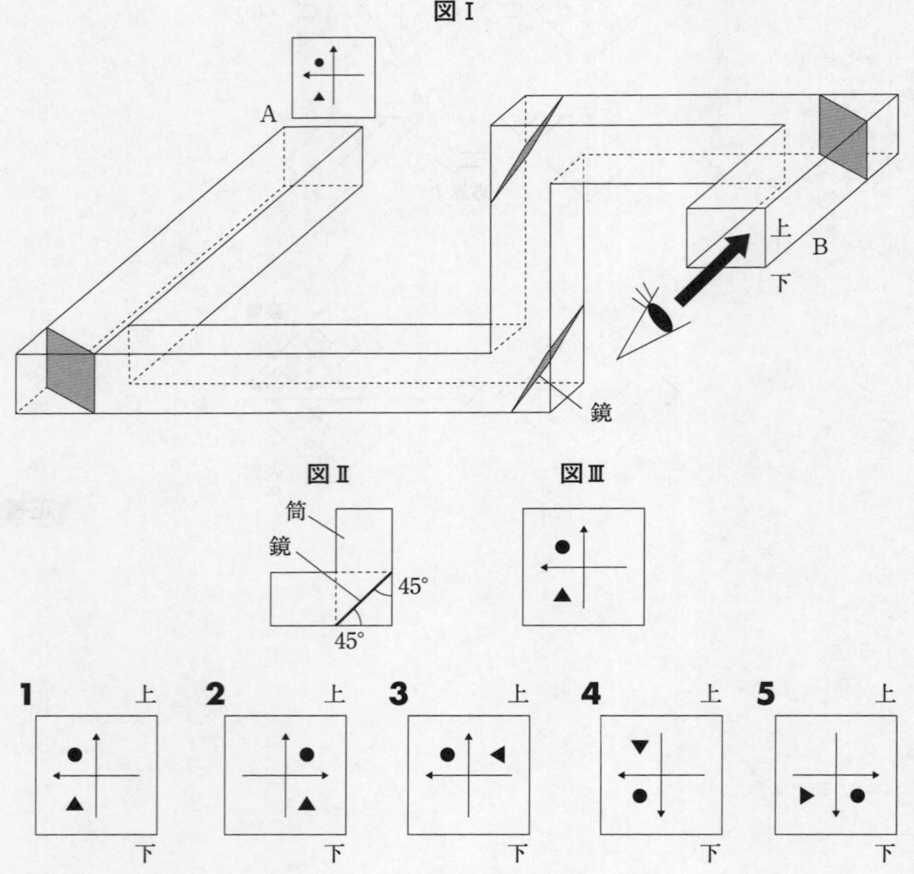

1 上 下

2 上 下

3 上 下

4 上 下

5 上 下

解説

1枚目の鏡に映るのは，左右が反転した像である（選択肢**2**の図が該当する）。2枚目の鏡では，1枚目の鏡と左右が反転するので，2枚目の鏡に映るのは，2枚の鏡を介さずに見た場合と同様に見えることになる（元に戻って，**1**の図が該当する）。このように，常に左右が反転した状態で映るので，3枚目の鏡は1枚目の鏡と同様に映り，4枚目の鏡は2枚目の鏡と同様に映る。この4枚目の鏡に映る像を見れば，4枚の鏡を介さずに見た場合と同様に見えるので，見える図形は●印が左上にある。

よって，正答は**1**である。

正答 1

国家一般職
［大卒］

教養試験

No. 20 数的推理　場合の数　令和２年度

あるイベント会場に，職員８人，アルバイト４人の合わせて12人のスタッフがいる。４人のスタッフが１グループとなって受付業務を行うが，そのうちの１人は必ず職員でなければならない。１グループが１日ずつ受付業務を行うとき，異なるグループで受付業務を行うことができるのは最大で何日間か。

ただし，グループのスタッフ４人のうち少なくとも１人が異なれば，異なるグループとして数えるものとする。

1　106日間
2　212日間
3　392日間
4　494日間
5　848日間

解説

４人のスタッフのうち，職員が１人，アルバイトが３人となるのは，職員の選び方が８通り，アルバイト３人の選び方が，${}_4C_3={}_4C_1=4$より，４通りなので，$8\times4=32$より，32通りある。

職員が２人，アルバイトが２人となるのは，${}_8C_2\times{}_4C_2=\frac{8\times7}{2\times1}\times\frac{4\times3}{2\times1}=168$より，168通りである。

職員が３人，アルバイトが１人となるのは，${}_8C_3\times4=\frac{8\times7\times6}{3\times2\times1}\times4=224$より，224通りである。

職員４人となるのは，${}_8C_4=\frac{8\times7\times6\times5}{4\times3\times2\times1}=70$より，70通りである。

したがって，全部で$32+168+224+70=494$より，494通りあるので，最大で494日間行うことが可能である。

よって，正答は**4**である。

正答　4

国家一般職[大卒] No. 21 教養試験

数的推理　流水算　令和2年度

川の上流に地点A，下流に地点Bがあり，船がその間を往復している。船の先頭が，Aを通過してから川を下ってBを通過するまで25分かかり，また，船の先頭が，Bを通過してから川を上ってAを通過するまで30分かかる。このとき，静水時の船の速さと川の流れの速さの比はいくらか。

ただし，静水時の船の速さ及び川の流れの速さは一定であるものとする。

	船	川
1	10	1
2	11	1
3	12	1
4	13	1
5	14	1

解説

静水時の船の速さをx，川の流れの速さをyとすると，下りの速さは（$x+y$），上りの速さは（$x-y$）である。地点Aから地点Bまで下るのに25分，地点Bから地点Aまで上るのに30分かかっており，下りと上りの時間の比は，25：30＝5：6である。速さの比と時間の比は逆比の関係にあるので，$(x+y):(x-y)=6:5$，$6(x-y)=5(x+y)$，$6x-6y=5x+5y$，$x=11y$となる。この，$x=11y$より，$x:y=11:1$となる。

よって，正答は**2**である。

正答　2

数的推理　一次関数　令和 2年度

ある農家では，２種類の高級なフルーツＡ，Ｂを栽培・販売しており，フルーツ１個当たりの栽培費，輸送費及び販売価格はそれぞれ表のとおりである。栽培費の総額の上限は240万円，輸送費の総額の上限は160万円であるとき，フルーツＡ，Ｂの販売額の合計の最大値はいくらか。

（単位：千円）

	栽培費	輸送費	販売価格
フルーツＡ	8	4	18
フルーツＢ	6	5	15

1　570万円
2　600万円
3　630万円
4　660万円
5　690万円

解説

フルーツAの栽培個数をx，フルーツBの栽培個数をyとすると，栽培費に関して，$8x+6y\leqq 2400$，輸送費に関して，$4x+5y\leqq 1600$が成り立つ（単位：千円）。$8x+6y\leqq 2400$より，$y\leqq -\frac{4}{3}x+400$，$4x+5y\leqq 1600$より，$y\leqq -\frac{4}{5}x+320$なので，これを座標平面上に表すと，それぞれの直線の下側が条件を満たす部分であり，次の図Ⅰとなる。そして，両者の条件を満たす範囲は，２本の直線とx軸，y軸で囲まれた灰色部分の四角形となる。これに販売価格に関する，$18x+15y=k$におけるkの最大値は，$18x+15y=k$，つまり，$y=-\frac{6}{5}x+\frac{k}{15}$が２本の直線の交点Pを通るときに得られる。点Pの座標は，$-\frac{4}{3}x+400=-\frac{4}{5}x+320$，$\frac{8}{15}x=80$，$x=150$，$y=200$である（図Ⅱ）。

したがって，$18x+15y=18\times 150+15\times 200=2700+3000=5700$（千円）となり，フルーツA，Bの販売額の合計の最大値は570万円である。

よって，正答は**1**である。

図Ⅰ

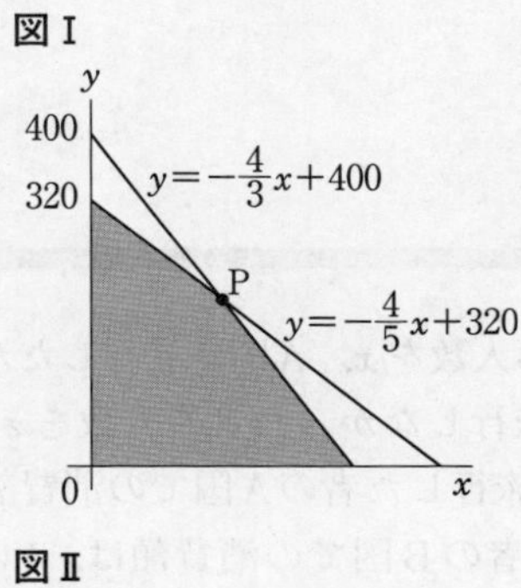

図Ⅱ

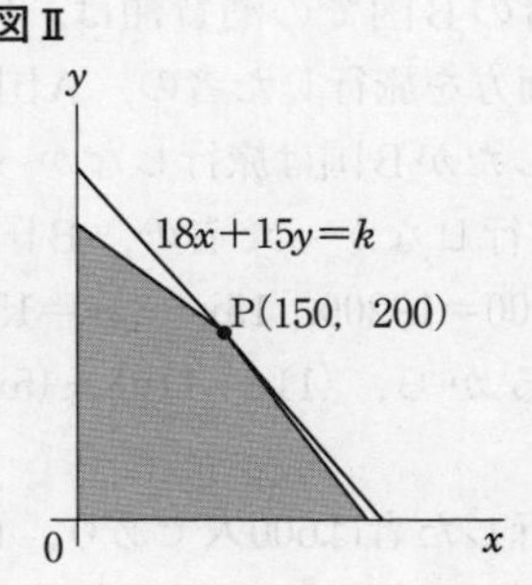

正答　1

No. 23 数的推理 連立方程式 令和2年度

ある年にＡ国とＢ国を旅行した者の平均消費額を調査した。Ａ国を旅行した者は800人，Ｂ国を旅行した者は1,000人であり，次のことが分かっているとき，Ａ国とＢ国の両方を旅行した者は何人か。

○ Ａ国を旅行した者のＡ国での平均消費額は，９万円であった。
○ Ａ国を旅行したがＢ国は旅行しなかった者のＡ国での平均消費額は，15万円であった。
○ Ｂ国を旅行した者のＢ国での平均消費額は，12万円であった。
○ Ｂ国を旅行したがＡ国は旅行しなかった者のＢ国での平均消費額は，18万円であった。
○ Ａ国とＢ国の両方を旅行した者のＡ国での平均消費額とＢ国での平均消費額の合計は，15万円であった。

1 200人
2 300人
3 400人
4 500人
5 600人

解説

Ａ国とＢ国の両方を旅行した者の人数をx，Ａ国を旅行したがＢ国は旅行しなかった者の人数をy，Ｂ国を旅行したがＡ国は旅行しなかった者の人数をzとする。$x+y=800$，$x+z=1000$より，$z=y+200$である。Ａ国を旅行した者のＡ国での消費額は，800人で平均９万円だから，総額7,200万円，Ｂ国を旅行した者のＢ国での消費額は，1,000人で平均12万円だから，総額12,000万円である。Ａ国とＢ国の両方を旅行した者の，Ａ国での平均消費額とＢ国での平均消費額の合計は15万円，Ａ国を旅行したがＢ国は旅行しなかった者の，Ａ国での平均消費額は15万円，Ｂ国を旅行したがＡ国は旅行しなかった者の，Ｂ国での平均消費額は18万円だから，$15x+15y+18(y+200)=7200+12000=19200$，$15x+33y=15600$，$5x+11y=5200$である。$x+y=800$より，$11x+11y=8800$となるから，$(11x+11y)-(5x+11y)=8800-5200=3600$，$6x=3600$，$x=600$となる。

よって，Ａ国とＢ国の両方を旅行した者は600人であり，正答は**5**である。

<table>
<tr><td colspan="2" rowspan="2"></td><td colspan="2">A</td><td colspan="2"></td></tr>
<tr><td>○</td><td>×</td><td>人数</td><td>総額</td></tr>
<tr><td rowspan="2">B</td><td>○</td><td>x</td><td>z</td><td>1,000</td><td>12,000</td></tr>
<tr><td>×</td><td>y</td><td></td><td></td><td></td></tr>
<tr><td></td><td>人数</td><td>800</td><td></td><td></td><td></td></tr>
<tr><td></td><td>総額</td><td>7,200</td><td></td><td></td><td></td></tr>
</table>

正答 5

国家一般職［大卒］

教養試験

No. 24 数的推理 比・割合 令和2年度

図は，歯が一つずつ噛み合いながらそれぞれ一方向にのみ回転する三種類の歯車を示す模式図である。歯車Aの歯数は48であり，それぞれの歯には1から48までの番号が時計回りに順に振られているが，歯車B及び歯車Cの歯数は不明である。また，歯車Aは反時計回りにのみ回転する。

次のことが分かっているとき，歯車Aがちょうど5周する間に歯車Cが回転する角度はおよそいくらか。

○ 歯車Aが回転を始めたとき，図の矢印が指す位置には1番の歯があった。

○ 歯車Bがちょうど1周する間に，歯車Aは2周した後3周目に入っており，矢印が指す位置には5番の歯があった。

○ 歯車Bがちょうど3周する間に，歯車Cはちょうど5周した。

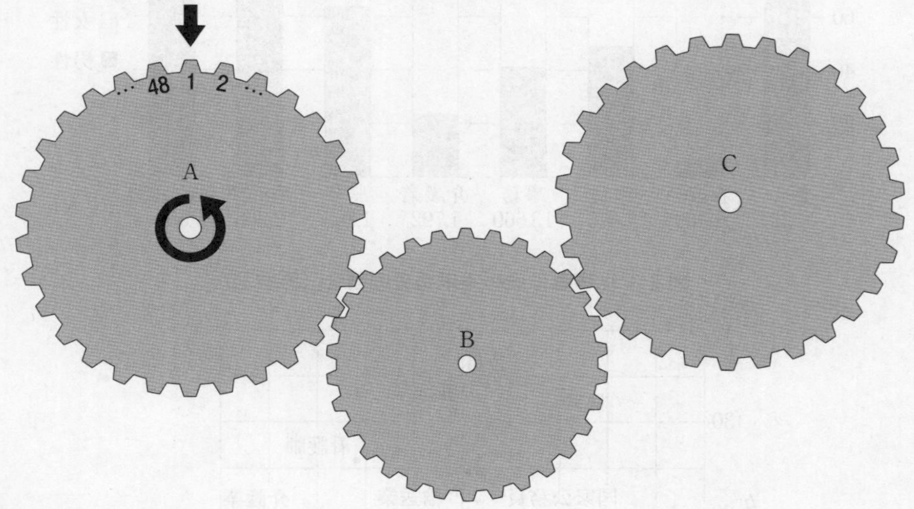

1 960°
2 1080°
3 1200°
4 1320°
5 1440°

解説

歯車Bがちょうど1周する間に，歯車Aは3周目で矢印の位置に5番の歯があったので，歯車Bの歯数は，48×2＋4＝100より，100である（歯車Aは1周すると矢印の位置に1が来るので，さらに歯数4個分回転している）。歯車Bがちょうど3周する間に，歯車Cはちょうど5周するので，100×3÷5＝60より，歯車Cの歯数は60である。歯車Aが5周すると，48×5＝240より，歯数240個分動く。これは，歯車Bでも歯車Cでも同様なので，歯車Cも歯数240個分動く。240÷60＝4より，歯車Cはちょうど4回転する。360×4＝1440より，その回転角度は1440°である。

よって，正答は**5**である。

正答 5

国家一般職［大卒］ 教養試験

No.25 資料解釈 未婚者割合調査 令和2年度

図Ⅰ，Ⅱは，職業ごとの従事者数及び男女比，職業ごとの従事者に占める未婚者の割合（男女別）についての調査の結果を示したものである。これらから確実にいえるのはどれか。

ただし，複数の職業に従事している者はいないものとする。なお，既婚とは未婚ではないことを指す。

図Ⅰ　従事者数及び男女比

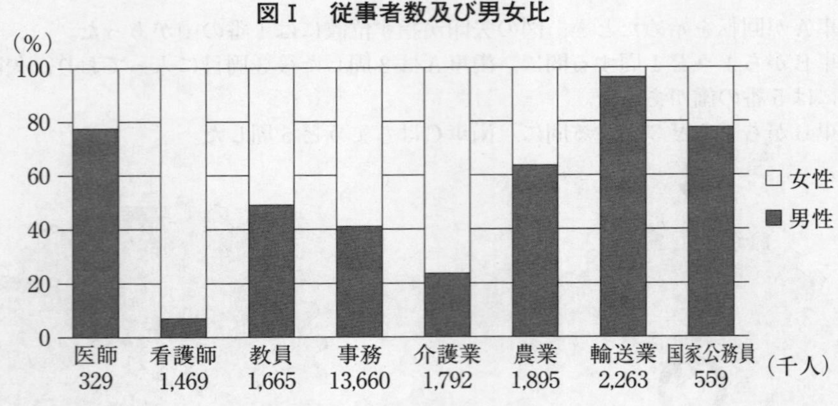

図Ⅱ　従事者に占める未婚者の割合（男女別）

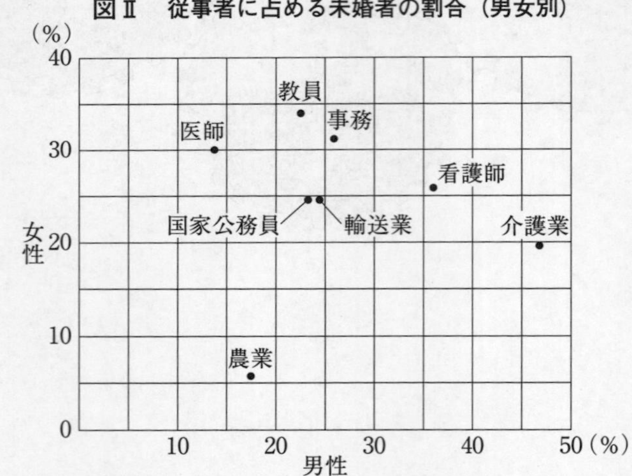

1　未婚の男性の教員の人数は，既婚の女性の農業の人数よりも多い。

2　既婚の女性の医師の人数は，未婚の男性の医師と未婚の男性の看護師を合わせた人数よりも多い。

3　八つの職業についてみると，未婚の男性の人数が最も多いのは，輸送業である。

4　男女を合わせた未婚率についてみると，医師は介護業よりも低い。

5　八つの職業についてみると，男女を合わせた未婚率が最も高いのは，国家公務員である。

解説

1．未婚の男性の教員の人数は，1665×0.5×0.23≒1600×0.5×0.25＝200より，200人程度である。既婚の女性の農業の人数は，1895×0.37×0.94≒1800×0.37＝666より，600人以上であり，既婚の女性の農業の人数のほうが多い。

2．既婚の女性の医師の人数は，329×0.22×0.7≒330×0.22×0.7≒51より，約51人である。未婚の男性の医師と未婚の男性の看護師を合わせた人数は，329×0.78×0.14＋1469×0.05×0.36≒330×0.78×0.14＋1470×0.05×0.36≒36＋26＝62より，約62人である。したがって，未婚の男性の医師と未婚の男性の看護師を合わせた人数のほうが多い。

3．事務の男性は輸送業の男性の2倍以上いる。未婚率はほぼ等しいので，未婚の男性の人数は輸送業より事務のほうが多い。

4．正しい。医師の場合，男性の未婚率が13％程度，女性の未婚率が30％であるが，医師全体の約78％が男性なので，男女を合わせた未婚率は17～18％程度である。介護業の場合，男性の未婚率が47％程度，女性の未婚率が19％程度なので，男女を合わせた未婚率は19％より高い。したがって，男女を合わせた未婚率について見ると，医師は介護業よりも低い。

5．事務，看護師は男女とも国家公務員より未婚率が高いので，男女を合わせた未婚率も国家公務員より高い。

正答　4

国家一般職［大卒］

No. 26

教養試験

資料解釈 試験の地域別実施結果 令和２年度

表は，ある試験の2016年度と2019年度の実施結果をＡ～Ｅの地域別に示したものである。これから確実にいえるのはどれか。

なお，申込倍率は，申込者数が合格者数の何倍であるかを示す比率である。

実施地域	2016年度			2019年度		
	合格者数（人）	合格者のうち女性の割合（％）	申込倍率	合格者数（人）	合格者のうち女性の割合（％）	申込倍率
A	461	37.3	4.4	473	40.0	3.5
B	709	39.6	6.0	641	40.7	5.4
C	390	40.0	4.3	486	44.9	3.2
D	534	39.1	6.2	689	43.8	4.0
E	164	42.7	6.2	200	45.5	3.8

1　2019年度の女性の合格者数は，いずれの地域も2016年度のそれと比べて増加している。

2　2019年度の申込者数は，いずれの地域も2016年度のそれと比べて減少している。

3　2019年度の申込者数で，2016年度のそれと比べた減少率が最も大きかった地域は，Ｄである。

4　2019年度の女性の合格者数で，2016年度のそれと比べた増加率が最も大きかった地域は，Ｅである。

5　2019年度の女性の申込者数が最も多かった地域は，Ｄである。

解説

1．Ｂ地域では，709×0.396＞641×0.407であり，2019年度の合格者は2016年度から減少している。

2．正しい。申込者数は，「合格者数×申込倍率」で求められる。Ｂ地域では合格者数も申込倍率も2016年度より2019年度のほうが小さい数値なので，申込者数は減少している。Ａ地域では461×4.4＞473×3.5，Ｃ地域では390×4.3＞486×3.2，Ｄ地域では534×6.2＞689×4.0，Ｅ地域では164×6.2＞200×3.8であり，2019年度の申込者数は，いずれの地域も2016年度のそれと比べて減少している。

3．Ｄ地域とＥ地域とを比べると，合格者数の増加率はＤ地域のほうが大きく，申込倍率の減少率はＥ地域のほうが大きい。つまり，2019年度の申込者数で，2016年度のそれと比べた減少率は，Ｄ地域よりＥ地域のほうが大きい。

4．ここでもＤ地域とＥ地域とを比べると，合格者数の増加率はＤ地域のほうが大きく，合格者のうちの女性の割合についても，Ｄ地域のほうが増加率が大きい。つまり，2019年度の女性の合格者数で，2016年度のそれと比べた増加率は，Ｅ地域よりＤ地域のほうが大きい。

5．申込者数の性別ごとの人数はわからないので判断できない。

正答　2

国家一般職[大卒]

No.27 教養試験

資料解釈　オリンピックの種類別メダル獲得数　令和2年度

図は，1996～2016年のオリンピック競技大会における，男女別の我が国のメダル獲得数及び男女それぞれの獲得したメダルに占める金メダルの割合を示したものであり，表は，これらの大会における我が国のメダル獲得数を種類別に示したものである。これらから確実にいえるのはどれか。

なお，これらの大会において，男女混合種目ではメダルを獲得していない。

図　男女別メダル獲得数及び獲得したメダルに占める金メダルの割合

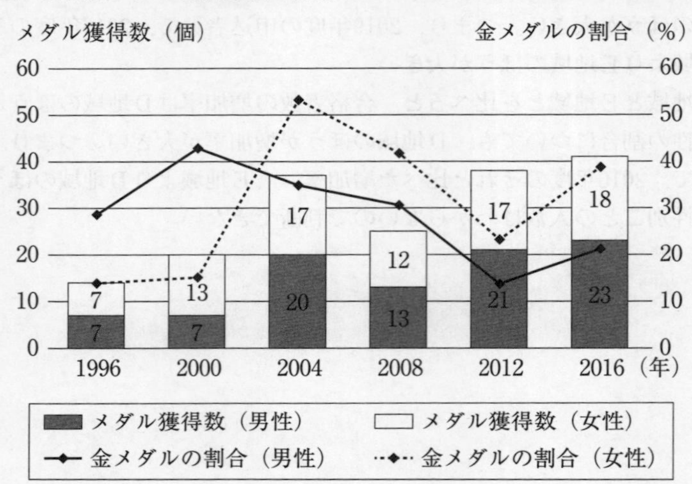

表　種類別メダル獲得数

（単位：個）

	1996年	2000年	2004年	2008年	2012年	2016年
金メダル	3	5	16	9	7	12
銀メダル	6	8	9	8	14	8
銅メダル	5	7	12	8	17	21

1　1996～2016年について金メダルの獲得数を男女別に比較すると，1996年は男性の方が多かったが，2000年以降は一貫して女性の方が多かった。

2　1996～2016年についてみると，獲得したメダルに占める銀メダルの割合が最も低かったのは1996年で，最も高かったのは2012年である。

3　1996～2016年について金メダルの獲得数を男女別にみると，最も多かったのは男性も女性も2016年である。

4　2000年の女性のメダル獲得数についてみると，銀メダルと銅メダルをそれぞれ少なくとも3個以上獲得している。

5　2012年の男性のメダル獲得数についてみると，銀メダルと銅メダルをそれぞれ少なくとも5個以上獲得している。

解説

1．2000年の場合，メダル獲得数は女性が男性の２倍未満であるが，金メダルの割合は男性が女性の２倍を超えている。つまり，男性の金メダル数のほうが多い。

2．2012年の場合，(7＋14＋17)×0.4＝15.2＞14より，獲得したメダルに占める銀メダルの割合は40％未満である。これに対し，1996年は，(3＋6＋5)×0.4＝5.6＜6であり，獲得したメダルに占める銀メダルの割合は40％を超えており，1996年のほうが高い。

3．2016年は，男性が23×0.22≒5，女性が18×0.39≒7である。これに対し，2004年は，男性が20×0.35＝7，女性が17×0.53≒9であり，男女とも2004年のほうが多い。

4．正しい。2000年における女性の金メダル獲得数は，13×0.15≒2より，２個である。残り11個のうち，銀メダルが８個だったとしても，３個の銅メダルを獲得していることになる。したがって，銀メダルと銅メダルをそれぞれ少なくとも３個以上獲得している。

5．2012年における男性の金メダル獲得数は，21×0.14≒3より，３個である。残り18個のうち14個が銀メダルだった場合，銅メダルは４個しか獲得していないことになる。

正答　4

国家一般職
[大卒]
No.
28
教養試験

時事　医療等　令和2年度

医療等に関する記述として最も妥当なのはどれか。

1　熱中症は，温度や湿度の高い中で，体内の体温調節機能が十分に働かなくなるなどして発症する障害の総称であり，特に，高齢者や子どもが熱中症になりやすいとされている。2018年，文部科学省は児童・生徒等の熱中症対策として特別の交付金を創設し，全国の公立小中学校等への空調の設置を支援した。

2　エボラウイルス病（エボラ出血熱）は，エボラウイルスによって引き起こされる，空気感染が主な感染経路である致死率の高い感染症である。2019年には，中国での流行に対して世界保健機関（WHO）が緊急事態を宣言したほか，我が国でも感染者が確認された。

3　麻疹（はしか）は，麻疹ウイルスによって引き起こされる感染症である。ワクチンが存在しないため，近年世界的に感染が拡大しており，我が国でも毎年春から初夏にかけて流行がみられる。感染力が非常に強いが，感染経路が空気感染ではなく飛沫感染であるため，手洗いやマスクが有効な予防法である。

4　手足口病は，原因となるウイルスが複数存在する感染症で，手足や口に発疹が現れ，両側の頬が腫れるのが特徴的な症状である。子どもよりも大人が発症しやすく，我が国では毎年冬を中心に流行し，とりわけ2019年には大規模な流行がみられた。

5　がんの新たな治療法として近年注目されているがんゲノム医療は，がん患者の遺伝子変異を調査・特定し，その遺伝子に重粒子線を繰り返し照射して破壊することでがんの治療を行うものである。非常に高額な治療法であり，2019年末現在，我が国の公的医療保険の対象とはなっていない。

解説

1．妥当である。2018年夏，記録的猛暑が日本列島を襲い，熱中症で救急搬送される例が相次ぎ，校外授業を受けた小学生が死亡に至る事件もあった。こうした事態を受け，文部科学省は1年限定で「ブロック塀・冷房設備対応臨時特例交付金」を創設し，全国の公立小中学校の空調設置を支援した。

2．エボラウイルスは空気感染しない。発症した患者の血液や体液，嘔吐物などに接触することによって感染する。エボラ出血熱はアフリカで流行している感染症で，2019年にWHOが緊急事態を宣言したのは中国ではなく，コンゴ民主共和国における流行についてである。過去に日本で感染者が確認された事例はない（2020年8月現在）。

3．麻疹(しん)や風疹（三日はしか）については，麻疹風疹混合ワクチン（MRワクチン）があり，予防接種が実施されている。麻疹は空気感染するため，手洗いやマスクだけでは有効な予防法にはならない。なお，空気感染とは，大気に漂っている乾燥した状態のウイルス（飛沫核(ひまつ)）や，ウイルスが付着した土壌や埃を吸い込むことによって感染することである。

4．手足口病は，大人が感染することもあるものの，主に子どもが感染する感染症で，感染者の多くは5歳未満である。夏風邪の一種で，夏に流行する感染症である。手足口病に有効なワクチンはないが，飛沫感染，すなわち患者の口から出る飛沫などを吸い込むことによって感染するので，手洗いやうがい，物品の消毒などが有効な予防法となる。

5．がんゲノム医療とは，がんの遺伝子を詳しく検査し，個々の患者のがん細胞の遺伝子変異に対応した治療を行うこと。個別化医療（テーラーメイド医療）の一種である。本肢の内容は，重粒子線治療に関するものである。がんゲノム医療は，2019年から遺伝子検査の一部が公的医療保険の適用対象となっている。

正答 1

国家一般職［大卒］ No. 29 教養試験

時事　日本の教育等　令和2年度

我が国の教育等に関する記述として最も妥当なのはどれか。

1 2019年，文部科学省は「新時代の学びを支える先端技術活用推進方策」を発表した。この方策では，児童・生徒全員に電子端末を配布して自宅からでも授業に参加できる態勢を整え，学校への登校を任意とすることなどが提唱された。また，このための電子端末の普及は全国一律に進んでおり，2017年度末時点で，児童・生徒１人につき１台程度の普及率となっている。

2 2017年，学習指導要領が改訂され，2020年度より，従来小学校高学年から教科として実施されていた「外国語」が，小学校低学年から実施されることとなった。また，中学校において第二外国語が教科として必修となるなど，語学力の強化が重要視されている。

3 部活動については，2018年，スポーツ庁が運動部活動のガイドラインを，文化庁が文化部活動のガイドラインを定めた。これらのガイドラインでは，部活動について，週当たり２日以上の休養日を設け，土曜日か日曜日の少なくとも一方を休養日とすることが基準として示された。

4 現在，高大接続改革の一環として大学入学者選抜改革が進められており，2020年度から，従来の大学入試センター試験に代わり，共通第一次学力試験が実施されることとなっている。この試験では，思考力や表現力を中心に評価することとされており，国語と数学はマークシート式問題から記述式問題に移行することとなっている。

5 2019年，教員の働き方改革について，中央教育審議会より答申が提出された。この答申では，教員の超過勤務の上限を民間企業と同様の原則月100時間未満かつ年720時間未満としたガイドラインの遵守を求めるとともに，時間外勤務手当の代わりに給料月額の10％を基準とする調整額を支給することを求めた。

解説

1．児童・生徒全員に電子端末を配布するとしたのは，2019年末発表の「GIGA スクール構想」である。この方策で児童・生徒全員の登校を任意とすることは提唱されていない。また，電子端末の普及は一律には進んでおらず，地域間格差が生じている。普及率も児童・生徒1人につき1台となってはいない。2019年3月の時点における教育用 PC の普及率は，児童・生徒5.4人当たり1台である。

2．新学習指導要領によって，小学校高学年は教科として「外国語」を学習することになった。それ以前は正式な教科ではない，「外国語活動」として外国語を学習していた。「外国語活動」は，小学校中学年で実施されることになった。また，中学校で第二外国語が教科として必修になったという事実はない。

3．妥当である。いずれのガイドラインにも，部活動の時間は平日では長くとも2時間程度，学校の休業日でも3時間程度とすることとされた。

4．まず，「共通第一次学力試験」の部分が誤りで，正しくは「大学入学共通テスト」である。共通第一次学力試験は「共通一次」の正式名称で，大学入試センター試験の導入以前に実施されていた基礎学力試験。大学入学共通テストの国語や数学で記述式問題が導入される予定だったのは事実だが，問題の一部で，マークシート式問題がすべてなくなるわけではなかった。記述式問題については採点の公平性が確保されないなどの批判があり，英語の民間テスト導入と同じく，導入は見送りとなった。

5．働き方改革関連法により，民間企業の時間外労働は原則として月45時間以内，年360時間が上限となっている。答申が遵守を求めるとした文部科学省策定のガイドラインでも，教員の超過勤務時間の上限は原則として月45時間以内，年360時間とされている。教員に時間外勤務手当や休日勤務手当が支給されず，代わりに教職調整額が支給されるのは従来からある制度で，答申もこの枠組みを前提としている。ただし，現状では調整額は給与月額の4％であり，この点については，必要に応じて中長期的課題として検討すべきとしている。

正答　3

国家一般職
[大卒]
No.
30
教養試験

時事　日本の税制　令和2年度

我が国の税制に関する記述として最も妥当なのはどれか。

1　国際観光旅客税は，出国税とも呼ばれ，海外旅行や出張で日本を訪れた外国人が日本を出国する際に課される税で，2019年に新たに導入された。出国者は，航空機への搭乗や乗船の直前に1,000円相当の税金を納めなければならない。また，2021年からは，海外に出発する日本人にも国際観光旅客税が適用されることが決定している。

2　2019年，消費税率が８％から10％に引き上げられるとともに，消費税率の引上げに伴う日々の生活への影響を緩和するため，軽減税率制度が導入された。軽減税率の対象品目は，酒類・外食を除く飲食料品や，定期購読契約された週２回以上発行される新聞である。消費税率の引上げによる増収分は，社会保障に充てられることとなっている。

3　配偶者の収入が一定額以下の世帯を対象に所得税を減免する配偶者控除は，配偶者の勤労意欲を阻害しているとの指摘があり，2020年分以降の所得税については，配偶者控除が廃止されることとなった。また，高額所得者の勤労意欲を高めるため，所得税額の計算をする際に，総所得金額等から一定額を差し引くことができる基礎控除の仕組みを創設することとした。

4　たばこ税は，道府県たばこ税，市町村たばこ税の二つに分けられ，たばこ製造者や輸入取引業者が納税義務者となっている直接税である。2020年，健康増進法の一部を改正する法律が全面施行され，新たに国税となるたばこ特別税が課されることとなったほか，加熱式たばこ区分の新設，消費税と同じ従価税への変更などが行われた。

5　酒税については，従来，酒類間の税負担の公平性を図る観点から，酒類の品目にかかわらず同じ税率が適用されていた。しかし，ビールなどの蒸留酒類の消費が好調であることを受け，2017年度の税制改正において，2020年以降段階的に，ビールの税率を引き上げる一方，それまでビールと同じ税率が適用されていた発泡酒やいわゆる「新ジャンル」については税率を引き下げることとした。

解説

1．国際観光旅客税は，日本を出国する者に課される税で，外国人だけでなく日本人も2019年の導入当初から課税対象となっている。通常は，国際旅客運送事業者（航空会社などのこと）が航空券などの発券時に価格に上乗せする形で税を徴収する。

2．妥当である。なお，近年は電子版の新聞も発行されているが，これは軽減税率の対象外である。

3．配偶者控除とは，所定の要件を満たす配偶者のいる納税者が，一定の所得控除を受けられる制度のこと。この制度が2020年分から廃止されたという事実はない。また，基礎控除の仕組みは従来からある。配偶者控除に関しては，2018年分から納税者本人の合計所得金額が900万円を超えると所得控除額が段階的に引き下げられ，1000万円を超えると控除が受けられなくなった。一方，従来は配偶者の所得が103万円以下の納税者でないと配偶者控除は受けられなかったが，配偶者の年収が103～150万円の納税者も配偶者控除と同等の配偶者特別控除が受けられることになった（それ以上の年収では控除額が段階的に引き下げられる）。

4．2020年以前より，たばこには道府県たばこ税と市町村たばこ税のほか，国たばこ税とたばこ特別税，消費税が課税されている。そもそも，たばこ税は間接税である。基本事項だが，納税義務者と実際に税を負担する人が同じ税を直接税，異なる税を間接税という。改正健康増進法は受動喫煙防止のために制定された法律であって，税に関する法律ではない。加熱式たばこの区分が設けられたのは，2018年度の税制改正による。たばこ税が従価税になったという事実もない。たばこ税は従来通り従量税，すなわち本数に応じて課税されている。

5．従来より，酒税はビール，清酒，ワイン，チューハイ，ウイスキーなど，品目に応じて異なる税率が適用されている。ビールは清酒やワインなどと同じく醸造酒の一種である。蒸留酒とは製造過程で蒸留を要する酒類で，例としてウイスキーや焼酎などがある。また，発泡酒や新ジャンル（「第３のビール」とも呼ばれている）の消費拡大を受け，2017年度の税制改正において，2020年から段階的にビールの税率を引き下げる一方，発泡酒や新ジャンルの税率を引き上げ，2026年にはビール類の税率を一本化することになっている。

正答　2

物理　気体の状態変化　令和２年度

次は，気体の状態変化に関する記述であるが，A～Dに当てはまるものの組合せとして最も妥当なのはどれか。

空気をピストンの付いたシリンダーに入れ，勢いよくピストンを引くと，容器の内部が白く曇ることがある。

この現象は，熱力学第１法則によって説明することができる。まず，気体内部のエネルギーの変化ΔUは，気体に加えられた熱量Qと外部から気体に加えられた仕事Wの［ A ］である。この現象では，勢いよくピストンを引いたことでシリンダー内部の空気が膨張した。短時間の出来事であり，熱の出入りがほとんどなく，［ B ］とみなせるため，Qは0である。また，空気は膨張することで外部に仕事をしたので，Wは［ C ］となる。すると，ΔUも［ C ］となり，シリンダー内部の空気の温度が［ D ］した。このため，シリンダー内部の空気中の水蒸気が水滴に変わり，シリンダー内が白く曇ったのである。

	A	B	C	D
1	和	等温変化	負	上昇
2	和	断熱変化	負	下降
3	差	等温変化	正	下降
4	差	断熱変化	正	上昇
5	差	断熱変化	負	上昇

解説

A：物体を構成する原子や分子などの粒子は，不規則な運動を繰り返していて，この運動は物体の温度が高くなればなるほど激しくなることから，熱運動と呼ばれている。原子や分子などの粒子は熱運動の運動エネルギーを持つほか，粒子間どうしで働く力の位置エネルギーも持っていて，これらの総和を，この物体の内部エネルギーと呼び，記号Uで表す（単位はJを用いる）。

本問では「気体内部のエネルギー」と表記しているが，以下，これを単に「内部エネルギー」と呼ぶ。

また，内部エネルギーUの変化量を$\varDelta U$で表す。一般に内部エネルギーUは，物体の温度が高いほど大きな値をとり，温度が上昇すれば，$\varDelta U>0$（Uは増加），温度が下降すれば，$\varDelta U<0$（Uは減少）となる。熱力学第１法則は，内部エネルギーUを変化させる原因としては，物体が外部から受け取る熱量Qと，外部から加えられる仕事Wの２つがあり，内部エネルギーの変化量$\varDelta U$は，QとWの和に等しいことを述べたものである。熱力学第１法則を式で表すと，次のようになる。

$\varDelta U=Q+W$　……①

①式で，QとWの符号に注意したい。高等学校の教科書では，物体が熱を吸収する場合には$Q>0$，熱を放出する場合には$Q<0$のようにQの符号を定めている。また，Wの符号は，物体が外部から仕事をされた場合は$W>0$，外部に対して仕事をした場合は$W<0$と定めている。本問におけるQとWの符号も教科書の記述に準拠している。

B：物体の状態変化が熱の出入りがないようにして行われるとき，この状態変化を断熱変化という。気体の場合には，熱の出入りがなくてもその体積は大きく変化しうるので，固体や液体と比べて著しい断熱変化が起こりうる。なお，等温変化というのは，物体の温度を一定に保ったまま行われる状態変化である。空欄のDに該当しうる語を見ると，温度については「上昇」か「下降」で，等温変化には当てはまらないため，ここに着目してBは「断熱変化」と選ぶこともできる。

C：断熱変化では$Q=0$であるから，熱力学第１法則を表す①式は，次のようになる。

$\varDelta U=W$　……②

気体（本問ではシリンダー内部の空気）が膨張すると，ピストンに対して気体が仕事をする。これは，気体が外部に対して仕事をする場合に相当するから，$W<0$である。ゆえに，②式より$\varDelta U<0$となり，内部エネルギーUは減少することがわかる。

D：内部エネルギーUは気体の温度が高いほど大きな値となるから，内部エネルギーの減少は，気体の温度の下降を意味する。

以上から，A～Dに当てはまる語句は，A：和，B：断熱変化，C：負，D：下降，となり，正答は**2**である。

正答　2

国家一般職［大卒］ No. 32 教養試験

化学 高分子化合物 令和2年度

高分子化合物等に関する記述A～Dのうち，妥当なもののみを挙げているのはどれか。

A：生分解性高分子は，微生物や生体内の酵素によって，最終的には，水と二酸化炭素に分解される。生分解性高分子でつくられた外科手術用の縫合糸は，生体内で分解・吸収されるため抜糸の必要がない。

B：吸水性高分子は，立体網目状構造を持ち，水を吸収すると，網目の区間が広がり，また，電離したイオンによって浸透圧が大きくなり，更に多量の水を吸収することができる。この性質を利用して，吸水性高分子は紙おむつや土壌の保水剤などに用いられる。

C：テレフタル酸とエチレンの付加重合で得られるポリエチレンテレフタラート（PET）は，多数のエーテル結合を持つ。これを繊維状にしたものはアクリル繊維と呼ばれ，耐熱性，耐薬品性に優れ，航空機の複合材料や防弾チョッキなどに用いられる。

D：鎖状構造のグルコースは，分子内にヒドロキシ基を持つので，その水溶液は還元性を示す。また，蜂蜜や果実の中に含まれるフルクトースは，多糖であり，糖類の中で最も強い甘味を持ち，一般的にブドウ糖と呼ばれる。

1 A，B
2 A，C
3 B，C
4 B，D
5 C，D

解説

A：妥当である。代表的な生分解性高分子化合物であるポリ乳酸は，単量体（モノマー）がエステル結合で多数結合したもので，自然界において微生物やその体内に存在する酵素によってエステル結合が加水分解され，最終的には二酸化炭素と水に分解される。自然界に廃棄されるおそれのある釣り糸や農業用フィルムなどのほか，以前から外科手術用の縫合糸にも用いられており，いずれもそのまま放置しても分解される利点がある。

B：妥当である。ポリアクリル酸ナトリウムは分子内に，部分的に架橋構造を設けた立体網目状構造を持ち，1g当たり1,000g程度の水を吸収してゲル状になる性質を有するので，吸水性高分子化合物と呼ばれる。これは水分により電離して生じた分子内の$-COO^-$が，互いに電気的に反発して分子が大きく広がろうとする力と架橋構造による広がりを抑制する作用とのバランスにより，立体網目状構造部分に水分子が水和されて保持されるからである。また，浸透作用により，外側の濃度が薄い部分から内部の濃い部分へ水が入り込もうとする性質も手伝っている。一度，吸収された水は多少の圧力をかけてもしみ出さない。この性質を利用して，紙おむつや生理用ナプキンのほか，土木工事・砂漠など乾燥地帯の緑化のための土壌保水剤などに用いられている。

C：ポリエチレンテレフタラート（PET）は，テレフタル酸とエチレングリコールを縮合重合させたもので，多数のエステル結合を持つ。身近には飲料用の容器や衣料にも使われる。アクリル繊維は，アクリロニトリルを主成分として酢酸ビニルやアクリル酸メチル$CH_2=CHCOOCH_3$など他の単量体と共重合してアクリル系繊維として使われる。耐熱性，耐薬品性に優れ，複合材料や防弾チョッキ・安全軍手・作業着などに用いられるのは，芳香族ポリアミドで，たとえば，p-フェニレンジアミンとテレフタル酸ジクロリドから合成されるケブラー®が有名である。

D：グルコース（ブドウ糖）は，水中でα-グルコース，β-グルコース，鎖状構造の3つの状態で共存している。このうち，鎖状構造にはアルデヒド基（ホルミル基）を持つので，水溶液は還元性を示す。フルクトースは多糖ではなくグルコースと同じ単糖に分類され，糖類の中で最も強い甘味を持つ点は正しいが，和名で果糖と呼ばれる。

以上から，妥当なものはAとBであり，正答は**1**である。

正答 1

国家一般職［大卒］ No. 33 教養試験

生物　生物の代謝　令和２年度

生物の代謝に関する記述として最も妥当なのはどれか。

1 アデノシン三リン酸（ATP）は，塩基の一種であるアデニンと，糖の一種であるデオキシリボースが結合したアデノシンに，３分子のリン酸が結合した化合物であり，デオキシリボースとリン酸との結合が切れるときにエネルギーを吸収する。

2 代謝などの生体内の化学反応を触媒する酵素は，主な成分がタンパク質であり，温度が高くなり過ぎるとタンパク質の立体構造が変化し，基質と結合することができなくなる。このため，酵素を触媒とする反応では一定の温度を超えると反応速度が低下する。

3 代謝には，二酸化炭素や水などから炭水化物やタンパク質を合成する異化と，炭水化物やタンパク質を二酸化炭素や水などに分解する同化があり，同化の例としては呼吸が挙げられる。

4 光合成の反応は，主にチラコイドでの光合成色素による光エネルギーの吸収，水の分解とATPの合成，クリステでのカルビン・ベンソン回路から成っており，最終的に有機物，二酸化炭素，水が生成される。

5 酒類などを製造するときに利用される酵母は，酸素が多い環境では呼吸を行うが，酸素の少ない環境では発酵を行い，グルコースをメタノールと水に分解する。このとき，グルコース１分子当たりでは，酸素を用いた呼吸と比べてより多くのATPが合成される。

解説

1. ATP（アデノシン三リン酸）を構成する糖は，デオキシリボースではなくリボースである。また，多くのエネルギーが貯えられるのは2か所のリン酸どうしの結合場所で，その結合が切れるときに多くのエネルギーが放出されるため，高エネルギーリン酸結合と呼ばれる。

2. 妥当である。酵素が触媒として作用する場合，酵素の活性部位に基質が結合し，酵素－基質複合体となって活性化エネルギーが引き下げられることで反応が促進される。酵素タンパク質が高温にさらされると，タンパク質の立体構造が変化して活性部位も変形するため，基質が結合できなくなり，反応速度は著しく低下する。このようにタンパク質が熱で変性すると，酵素は失活する。

3. 二酸化炭素や水などの低分子の無機物から，炭水化物やタンパク質などのより複雑な有機物を合成する過程は同化であり，逆に複雑な有機物を水や二酸化炭素などの低分子の無機物に分解する過程が異化である。同化の例が光合成であり，異化の例が呼吸である。

4. 光合成のカルビン・ベンソン回路が存在するのは，葉緑体のストロマと呼ばれる液状部分である。クリステはミトコンドリア内膜が内側に突き出している部位で，その膜上には電子伝達系が存在する。光合成の反応では，最終的には有機物（グルコース），水，そして酸素が生成される。

5. 酵母が酸素の少ない状態でグルコースを基質として行う発酵はアルコール発酵であり，エタノールと二酸化炭素が生成される。このとき合成されるATPは，グルコース1分子当たりおよそ2ATPであるが，グルコース1分子を酸素を用いて呼吸で分解すると，およそ38ATPが合成され，約19倍の合成量になる。

正答 2

国家一般職［大卒］

No. 34 教養試験

日本史 桃山～明治時代における日本の外交等 令和 2年度

桃山時代から明治時代における我が国の外交等に関する記述として最も妥当なのはどれか。

1 豊臣秀吉が2度の朝鮮出兵を行った結果，江戸時代を通じて我が国と朝鮮は長く国交が断絶した状態にあったが，明治新政府の成立を契機に対馬藩を窓口として国交の正常化が実現し，日清戦争が始まるまでの間，数回にわたって朝鮮通信使が派遣されてきた。

2 江戸幕府は，戦国時代末期に島津氏に征服された琉球王国に対して，明との貿易を禁止したが，明が滅びて清が建国されると，琉球王国は清の冊封を受けるとともに朝貢貿易を再開したことから，江戸幕府は我が国と清との交易を全面的に禁止した。

3 18世紀にロシアの南下政策に危機を感じた江戸幕府は，伊能忠敬に蝦夷地，樺太の地図作成を命じた。樺太の帰属は日露間の大きな問題であり，樺太・千島交換条約で樺太南半分の領有権を得る代わりに千島列島の領有権を放棄することでその問題を解決した。

4 19世紀中頃，米国使節のペリーは，黒船を率いて江戸湾入口の浦賀に来航し，開国を求める国書を渡し，翌年，その回答を求め再び来日した。江戸幕府は，下田・箱館の開港，漂流民の救助，米国に対する最恵国待遇の供与等を内容とした日米和親条約を結んだ。

5 江戸時代に長崎の出島でオランダのみと行われていた西洋諸国との貿易は，日米修好通商条約の締結後，スペイン，ポルトガル，オランダ，英国とも通商条約を締結し，大きく拡大した。これら4か国との条約では，日米修好通商条約で認められなかった我が国の関税自主権が認められた。

解説

1．江戸時代を通じて朝鮮とは国交があった。1607年，徳川家康は朝鮮との講和を実現して国交が回復し，文禄・慶長の役での朝鮮人捕虜の送還が実施された。以後，江戸時代を通じて12回の使節が朝鮮から派遣され，第３回までは回答兼刷還使，第４回以降は通信使と呼ばれた。1609年に対馬藩主の宗氏と朝鮮との間で己酉約条が結ばれ，対馬藩を仲立ちとする国交・通商が行われたが，明治維新後は対馬藩を窓口とする国交は成立していない。対馬藩は廃藩置県により廃止され，江戸時代に持っていた家役としての対朝鮮外交は明治政府に接収された。日本は幕末のペリー来航以後，列強の脅威の下で開国したが，朝鮮は鎖国政策を維持し，日本の国交要求に対しても，これを拒否していた。そこで日本は江華島事件（1875年）をきっかけとして軍事力を背景に日朝修好条規を結んで朝鮮を開国させた（1876年）。

2．幕府は琉球王国に明との貿易を禁止していない。1609年，島津氏は琉球を事実上征服したが，琉球王国の政治や風俗を認め，明との朝貢貿易も維持させた。それは国交を回復できなかった明との仲介役を期待しての措置であり，その関係は明が清に変わっても継続された。また，江戸幕府が清との交易を全面的に禁止したことはなく，江戸時代を通じて，清は国交のない通商の国と位置づけられていた。

3．伊能忠敬は樺太の地図作成を行っていない。また，幕末にロシアと結んだ日露和親条約（1855年）では，千島列島について，択捉島以南を日本領，ウルップ島以北をロシア領とし，樺太は両国雑居地として国境を定めなかった。明治政府は，樺太・千島交換条約（1875年）を結んで，日本は樺太に持っていた全権利を譲り，その代償としてウルップ島以北シュムシュ島までの18島を譲り受けた。なお，樺太南半分（北緯50度以南）の領有権は，日露戦争の結果，ポーツマス条約（1905年）で獲得したものである。

4．妥当である。

5．日米修好通商条約（1858年）の締結後，新たに通商条約を締結した国はオランダ・ロシア・イギリス・フランスであり（安政の五カ国条約），スペイン・ポルトガルは入っていない。また，日本の関税自主権が認められたのは1911（明治44）年の日米新通商航海条約である。

正答　4

国家一般職［大卒］

No. 35

教養試験

世界史　18～19世紀のヨーロッパ　令和2年度

18世紀から19世紀にかけてのヨーロッパに関する記述として最も妥当なのはどれか。

1　18世紀半ば，プロイセンのフリードリヒ二世は，長年敵対関係にあったイタリアと同盟してオーストリアに侵攻し，資源の豊富なアルザス・ロレーヌを奪って領土とした。その後，オーストリアは英国と同盟して七年戦争を起こし，アルザス・ロレーヌを取り戻した。

2　19世紀初頭，クーデタによって権力を握ったナポレオンは，ナポレオン法典を制定して地方分権や封建制を強化したほか，トラファルガーの海戦でプロイセンに勝利し，皇帝に即位した。しかし，その後自らもロベスピエールらのクーデタにより失脚し，処刑された。

3　19世紀前半，ヨーロッパの秩序再建を討議するために，メッテルニヒの主催の下，諸国の代表が参加したウィーン会議が開催された。この会議ではフランス革命以前の諸君主の統治権の回復を目指す正統主義が原則とされ，革命や政治変革を防止するためのウィーン体制が成立した。

4　19世紀半ば，ロシアは領土拡大を狙うオスマン帝国によって侵攻され，クリミア戦争が始まった。この戦争では，ウィーン体制の維持のためプロイセンとフランスがロシアを支援したことから，ロシアは勝利してオスマン帝国から不凍港を手に入れた。

5　19世紀には，自然科学分野においては，メンデルが進化論を，コントが史的唯物論を唱えるなど，科学的考察への志向が強まった。一方，芸術分野においては，ルノワールなどの印象派画家が生まれるなど，個人の自然な感情などを重視する自然主義が台頭し，科学的視点はあまり重視されなかった。

解説

1. プロイセンのフリードリヒ２世（大王，在位：1740～86年）がオーストリアに侵攻したのはオーストリア継承戦争（1740～48年）であり，イタリアではなくフランスと同盟して，アルザス・ロレーヌではなくシュレジエンを獲得した（アーヘン条約）。その後，オーストリアのマリア=テレジア（在位：1740～80年）がイギリスではなく，長年敵対関係にあったフランスのブルボン家と同盟して（外交革命），シュレジエンを奪回しようとしたのが七年戦争（1756～63年）である。しかし奪回には成功せず，最終的にシュレジエンはプロイセン領となった（フベルトゥスブルク条約）。

2. ナポレオン（1769～1821年）が権力を握ったクーデタ（ブリュメール18日のクーデタ）は1799年11月で，19世紀初頭ではなく18世紀末である。彼が制定したナポレオン法典（1804年３月公布）は，法の下の平等，私的所有権の絶対，契約の自由など，革命の成果を定着させたもので，地方分権や封建制を強化したものではない。また，トラファルガーの海戦は1805年10月で，ナポレオンが皇帝に即位したのは1804年５月であるから本肢の記述は順序が逆になっている。また，トラファルガーの海戦は，ネルソンが指揮するイギリス艦隊に敗北した戦いで，これによりナポレオンのイギリス侵攻計画は挫折した。ナポレオンはワーテルローの戦い（1815年）に敗れて投降し，南大西洋の孤島セントヘレナ島に流されて，1821年にそこで亡くなったので，処刑されたのではない。

3. 妥当である。

4. クリミア戦争（1853～56年）は，南下政策を推進しようとするロシアが，オスマン帝国内のギリシア正教徒の保護を名目にオスマン帝国と開戦した戦争である。この戦争は，ロシアの南下を阻止するためにイギリス・フランスがオスマン帝国を支援したため，ロシアが敗れ，南下政策は阻止された。

5. 進化論を唱えたのはダーウィン（1809～82年）である。メンデル（1822～84年）は「遺伝の法則」を発見したチェコ（当時オーストリア領）の修道院長である。史的唯物論はマルクス（1818～83年）とエンゲルス（1820～95年）によって確立された唯物論に基づく歴史観である。コント（1798～1857年）はフランスの哲学者で，社会学の創始者である。ルノワール（1841～1919年）は19世紀後半に活躍した印象派の画家である。「個人の自然な感情などを重視する」のは19世紀前半のロマン主義である。

正答　3

国家一般職［大卒］ No. 36 教養試験

地理　日本の地形　令和2年度

我が国の地形に関する記述として最も妥当なのはどれか。

1　河川が上流で岩石を侵食し，下流へ土砂を運搬して堆積させることにより，様々な地形が作られる。山地の急流では侵食・運搬作用が働き，これに山崩れや地滑りなどが加わることで，横断面がU字型をしたU字谷が形成される。そこに上流からの土砂が堆積すると氾濫原が作られる。

2　河川が山地から平野に出ると，侵食された砂礫（れき）のうち，軽い砂から順に堆積する。氾濫のたびに河川は流路を変え，礫は扇状に堆積し，扇状地が形成される。湧水を得やすい扇央は畑や果樹園などに利用されやすく，水を得にくい扇端には集落が形成されやすい。

3　河川の氾濫が多い場所では，堤防などで河川の流路が固定されることがある。このため，砂礫の堆積が進んで河床が高くなり，再び氾濫の危険が高まる。更に堤防を高くしても河床の上昇は続くため，周囲の平野面よりも河床が高い天井川が形成されることがある。

4　河川が運んできた土砂や別の海岸の侵食により生じた土砂が沿岸流によって運搬され，堆積することにより岩石海岸が形成される。ダムや護岸が整備されると，河川により運搬される土砂が増加するため，海岸侵食が進んで海岸線が後退することがある。

5　土地の隆起や海面の低下によって海面下にあった場所が陸地になると，谷が連続して海岸線が入り組んだリアス海岸が形成される。平地が少なく内陸との交通も不便であり，内湾では波が高いため，養殖業や港が発達しにくい。

解説

1．河川によって山地が深く刻まれた谷は，断面がV字型をしたV字谷である（U字谷は氷食により形成される)。この下流では，河川沿いに土砂が堆積して谷底平野が作られる。さらに下流域で洪水時に河川の氾濫によって形成される地形全体（自然堤防や後背湿地など）を「氾濫原」という。

2．河川が山地から平野に出ると，重い砂礫（されき）から順に堆積する。扇状地の扇央は伏流するため水が得にくく，伝統的に果樹園や畑，林地などに利用されてきた。扇端は湧水するので集落や水田が分布する。

3．妥当である。

4．河川が運搬してきた砂や近くの海岸で侵食された礫が沿岸流で運ばれて堆積すると砂州ができる。なお，ダムや護岸が整備されると，河川により運搬される土砂が減少するので，海岸線が後退することがある。岩石海岸は，露出した岩石からなる海岸である。

5．土地の隆起や海面の低下によって海面下にあった場所が陸地になったのは，離水海岸（海岸平野など）である。リアス海岸は山地や丘陵が沈水して谷の下流域に海水が侵入してできた，複雑に入り組んだ海岸である。平地が少なく，内陸との交通が不便であるが，内湾は波が穏やかなため，養殖業や良港が発達する。津波が起こると被害が大きくなる。

正答　3

国家一般職［大卒］

No. 37 教養試験

思想　近現代の思想家　令和2年度

近現代の思想家に関する記述として最も妥当なのはどれか。

1　実存主義の代表的な思想家であるロールズは，『監獄の誕生』などを著した。彼は，近代の監獄パノプティコンは，囚人に看守の視線を内面化させ，支配に服従する従順な主体を形成するとし，権力が身体を統制するそのような仕組みは学校や工場においてもみられるとした。

2　功利主義の代表的な思想家であるJ. S. ミルは，『功利主義』などを著した。彼は，快楽には質と量があり，量が同一でも質に差があれば，高級な快楽の方が優れているとし，また，精神的快楽は肉体的快楽よりも質的に優れているとする質的功利主義を主張した。

3　プラグマティズムの代表的な思想家であるベンサムは，『人間の条件』などを著した。彼は，人間の活動力の形態を「労働」，「仕事」，「活動」に区分し，言葉を媒介にした相互的な意思疎通により公共的な場をつくり出す「活動」を重視した。

4　批判的合理主義の代表的な思想家であるハンナ＝アーレントは，『存在と無』などを著した。彼女は，人間を規定する一般的な本質というものはなく，人間は自己の主体的な選択と決断によって生きると考え，「実存は本質に先立つ」と表現した。

5　構造主義の代表的な思想家であるフッサールは，『あれかこれか』などを著した。彼は，知性や観念は，人間が生活において実践的な問題を解決するための道具であると考え，問題解決のために知性を働かせることや自由な討論を行うことを重視した。

解説

1．構造主義（後にポスト構造主義）の哲学者フーコーの思想に関するもの。ロールズは，公正としての正義を唱え，すべての人に自由と機会が平等に与えられ，その結果生じる格差は，自由な競争が社会のすべての人の生活を改善することにつながる限りでのみ受け入れられると説いた。

2．妥当である。

3．ハンナ＝アーレントの思想に関するもの。ベンサムは功利主義の思想家で，幸福を増やすものを善とし，幸福を減らすものを悪とする功利性の原理を唱え，より多くの人々により多くの幸福をもたらせば，社会全体が幸福になるという「最大多数の最大幸福」を説いた。

4．実存主義の思想家サルトルの思想に関するもの。

5．『あれかこれか』は実存主義の思想家キルケゴールの著書で，真理は客観的に認識されるものではなく，それぞれが人生において「あれか，これか」の選択をせまられ，自ら決断することを通して主体的真理が見いだされると説いた。知性を日常生活における問題解決のための道具と考えたのはプラグマティズムの哲学者デューイである。フッサールは現象学を提唱した哲学者。

正答　2

国家一般職［大卒］

No. 38

教養試験

法律　日本の国会議員の特権等　令和２年度

我が国の国会議員の特権等に関するＡ～Ｄの記述のうち，妥当なもののみを挙げているのはどれか。

Ａ：国会の会期前に逮捕された国会議員は，その議員が所属する議院の要求があれば，会期中は釈放しなければならない。

Ｂ：国会議員は，議院で行った演説，討論又は表決について院外で責任を問われない。一方，政党がその党員である国会議員の発言や表決について責任を問い，除名等を行うことは可能である。

Ｃ：憲法が国会議員に免責特権を保障している趣旨に照らし，国会議員でない国務大臣や委員会に出席して答弁を行う国家公務員にも，法律により免責特権が認められている。

Ｄ：国会議員は，法律の定めるところにより国庫から相当額の歳費を受けるが，この歳費は在任中減額又は自主返納することはできない。

1　Ａ，Ｂ
2　Ａ，Ｃ
3　Ａ，Ｄ
4　Ｂ，Ｃ
5　Ｃ，Ｄ

解説

A：妥当である。両議院の議員は，法律の定める場合を除いては，国会の会期中逮捕されず，会期前に逮捕された議員は，その議院の要求があれば，会期中これを釈放しなければならない（憲法50条）。

B：妥当である。両議院の議員は，議院で行った演説，討論または表決について，院外で責任を問われない（憲法51条）が，ここで免責される「責任」とは，民事・刑事責任などの法的責任をさすので，それ以外の責任追及である政党による除名等は可能である。

C：議員の自由な討論・表決を保障する趣旨で認められた免責特権は国会議員の特権であるので，国会議員でない国務大臣や委員会に出席して答弁を行う国家公務員には，免責特権は認められていない。

D：両議院の議員は，法律の定めるところにより，国庫から相当額の歳費を受ける（憲法49条）が，この歳費は在任中減額または自主返納することができる。

以上から，妥当なものはAとBであり，正答は**1**である。

正答 1

国家一般職［大卒］

No. 39 教養試験

経済　国際通貨体制　令和２年度

1930年代から1980年代までの国際通貨等の動向に関する記述として最も妥当なのはどれか。

1　1930年代には世界恐慌の影響による不況への対策として，各国は，輸入品を安く大量に獲得するための激しい為替の切上げ競争を行った。この結果，為替相場も乱高下し世界貿易は不均衡となったため，各国は金本位制を導入し為替相場の安定化を図った。

2　第二次世界大戦後の国際経済秩序であるブレトン＝ウッズ体制の下で，国際通貨基金（IMF）などの国際機関の設立と同時期に変動為替相場制が導入された。また，同体制を支えるため，金とドルとの交換が停止されるとともに，米国のドルが基軸通貨とされた。

3　1970年代初頭，米国の経済力が他の先進諸国を圧倒し，金準備高も増大していく中，米国は，ベトナム戦争への介入を契機として，金とドルの交換を保証したため，外国為替市場は安定に向かった。

4　1970年代末，外国為替市場では為替投機が活発化したため，固定為替相場制を維持することが困難となり，主要各国はスミソニアン協定を結び変動為替相場制に移行した。また，為替相場の安定化に伴い，IMF 加盟国が担保なしに通貨を引き出せる特別引出権（SDR）制度は廃止された。

5　1980年代前半，米国は，国内の金利の上昇に伴いドル高となり，経常収支が赤字となった。このため，1980年代半ばに主要先進国の間でプラザ合意が交わされ，ドル高を是正するため各国が協調して為替介入が行われることとなった。

解説

1．世界恐慌後，各国は不況対策・貿易収支の改善として輸出産業を刺激するために為替の切下げ競争を展開した。その結果，世界的に金本位制は崩壊し管理通貨制度へ移行した。

2．第二次世界大戦後のブレトン＝ウッズ体制では，変動為替相場制（変動相場制）ではなく，固定為替相場制（固定相場制）が導入された。また，アメリカのドルが基軸通貨とされた点は正しいが，金または金との交換が保証されるドルによって自国通貨の交換比率を保証するものであった。

3．1970年代初めには，ヨーロッパ諸国や日本が経済的に台頭する中，アメリカはベトナム戦争への介入などにより，金保有量を減少させ，1971年には金とドルの交換を停止させた（ニクソン・ショック）。これを受けて，外国為替市場は不安定化した。

4．1971年８月のニクソン・ショックを受け，1971年12月，金に対してドルを切り下げるなどして固定相場制の維持を図るスミソニアン協定が合意された。しかし，1973年から各国が変動相場制へ移行すると，1976年のキングストン合意で変動相場制への移行が認められた。また，1970年にIMFが，金・ドルにかわる準備資金として運用開始したSDR制度は廃止されていない。

5．妥当である。

正答　5

国家一般職［大卒］ No. 40 教養試験

政治　日本の地方自治等　令和2年度

我が国の地方自治等に関する記述として最も妥当なのはどれか。

1　地方公共団体には，議決機関として議会や教育委員会などの各種の委員会が，執行機関として首長が存在している。議会の議員と首長は，住民の直接選挙によって選ばれるが，各種委員会の委員は，二元代表制の原則にのっとって，議員の中から首長が任命することとなっている。

2　地方公共団体の事務は，自らが主体的に行う自治事務と，国から委任された機関委任事務に分けられる。近年，国が主体的に行う業務の一部は機関委任事務に移行されており，国道の管理，パスポートの発行，帰化の許可などは，「三位一体の改革」が行われた際に機関委任事務に移行された。

3　地方議会の議員の任期は4年であるが，住民による直接請求で有権者の一定数の署名をもって議会の解散を請求することができる。また，議会が首長の不信任案を可決した場合，首長は議会を解散することができる。

4　条例とは，地方議会の議決により成立する地方公共団体の法規であり，国の法律よりも厳しい規制を定める「上乗せ条例」の成立には，憲法の規定により，議会の議決に加えて住民投票（レファレンダム）で過半数の同意が必要である。

5　地方財政の自主財源には，地方税と地方債がある。しかし，多くの地方公共団体は自主財源だけで歳出を賄うことができないため，地方交付金や国庫支出金なども財源となっている。さらに，財政再生団体となった地方公共団体は，赤字公債を発行することができるようになる。

解説

1．わが国の地方公共団体には，議決機関として議会が，執行機関として首長と教育委員会などの各種の委員会（行政委員会）が設置されている。教育委員会の委員は，議会の同意を得て首長が任命しているが，地方公共団体に設置される行政委員会のすべてに首長による任命制が導入されているわけではない。また，議員が教育委員会などの委員を兼職することは禁止されている。

2．わが国の地方公共団体における事務は，現行では自治事務と法定受託事務に区分されている。機関委任事務は，1999年の地方分権一括法の制定に伴い，2000年に廃止された。それ以降，国が主体的に行う業務の一部は法定受託事務に移行されており，かつて機関委任事務だった国道の管理，パスポートの発行などが地方分権一括法により法定受託事務に移行された。帰化の許可は法務大臣が行う国の事務である。「三位一体の改革」は2000年代に実施された地方財政改革のことで，国から地方への税源移譲，地方交付税の見直し，国庫補助負担金の廃止・縮減を一体的に行おうとするものであった。本肢はその点でも誤りである。

3．妥当である。原則として有権者の３分の１以上の署名を集めれば，選挙管理委員会に議会の解散請求ができる。さらに議会に３分の２以上の議員が出席し，そのうち４分の３以上の議員が賛成すれば，首長の不信任決議が成立する。成立後10日以内に限り，首長は議会を解散できる。

4．条例とは，地方議会の議決により成立する地方公共団体の法規である。国の法律よりも厳しい規制を定める「上乗せ条例」については，地方議会の議決があれば制定可能である。これは，本来条例は国の法律の範囲内で制定されるのが望ましいが，環境など地域の特性が強く反映される事柄については，「上乗せ条例」が認められる，とする解釈に基づく。なお，いかなる条例も地方議会の議決によって成立し，それに加えて住民投票（レファレンダム）を要するものはない。

5．わが国の地方公共団体の自主財源は，主に地方税であり，依存財源が地方交付税や国庫支出金，地方債などである。財政再生団体となった地方公共団体は，再生振替特例債として，総務大臣の同意を得て，赤字公債を発行できるようになるので，本肢のその部分の記述は正しい。また，赤字公債に関しては，臨時財政特例債として，地方交付税の不足分を補塡する目的で各地方自治体が発行するものもある。こちらは総務大臣の同意が必要ではあるものの，当該地方公共団体が財政再生団体とならなくても発行が認められている。

正答　3

令和２年度　一般論文試験

行政区分の一次試験で行われる。
出題数１題。
答案用紙はB4サイズで1,600字見当。
解答時間は１時間。

我が国では，2040年頃には，いわゆる団塊ジュニア世代が高齢者となり，高齢者人口がピークを迎える一方，現役世代が急激に減少する。そこで，2018年10月に設置された「2040年を展望した社会保障・働き方改革本部」の取りまとめにおいて，「健康寿命延伸プラン」が作成され，2016年時点において男性では72.14年，女性では74.79年となっている健康寿命を，2040年までに男女ともに３年以上延伸し，75年以上にすることが目標として掲げられた。なお，健康寿命とは，平均寿命から寝たきりや認知症など介護状態の期間を差し引いた期間である。

このような状況に関して，以下の図①，②，③を参考にしながら，次の⑴，⑵の問いに答えなさい。

⑴　我が国が健康寿命の延伸に取り組む必要性について，あなたの考えを述べなさい。
⑵　健康寿命の延伸を阻害する要因は何か，また，健康寿命を延伸するために国としてどのような取組が必要となるか。あなたの考えを具体的に述べなさい。

図①　健康寿命と平均寿命の推移

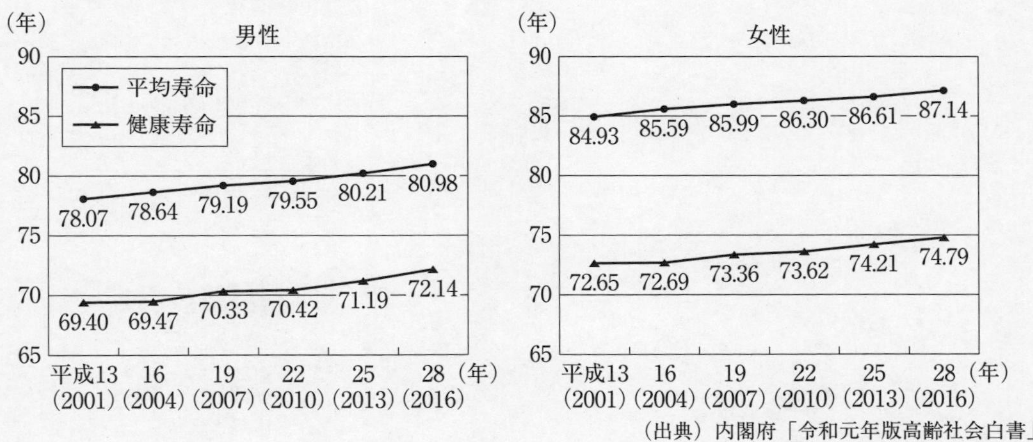

（出典）内閣府「令和元年版高齢社会白書」

図②　あなたは，何歳頃まで収入を伴う仕事をしたいですか（2014年）

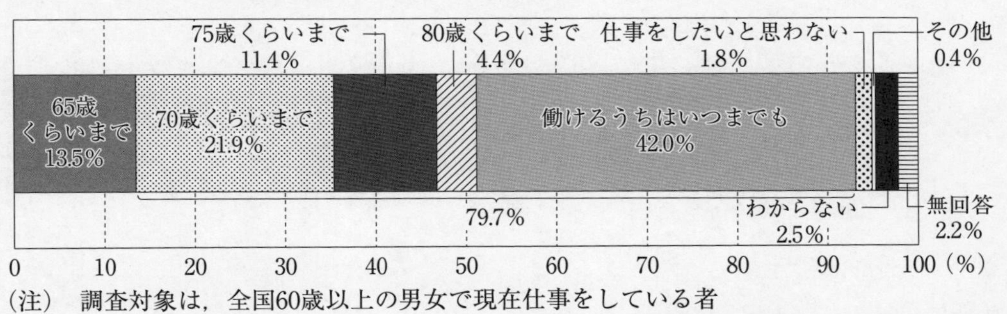

（注）　調査対象は，全国60歳以上の男女で現在仕事をしている者

（出典）内閣府「令和元年版高齢社会白書」を基に作成

図③　65歳以上の要介護者等の介護が必要となった主な原因（2016年）

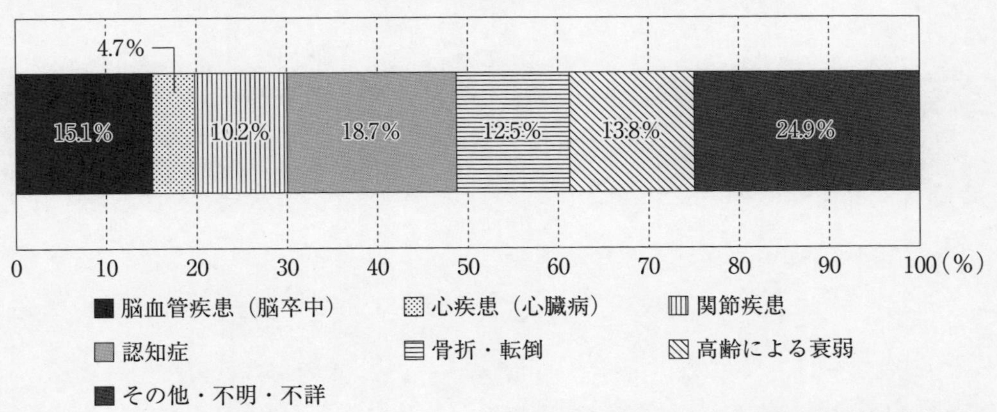

（出典）内閣府「令和元年版高齢社会白書」を基に作成

国家一般職［大卒］教養試験

過去問＆解説 No.1～No.460

国家一般職［大卒］ No. 1 教養試験

文章理解　現代文（内容把握）　令和元年度

次の文の内容と合致するものとして最も妥当なのはどれか。

社会学における「理論」とは，それなしには理解不可能な現実を理解するための道具であり，調査した事実によっていつも試され，更新されていく。逆にどんな調査にも「理論」が不可欠であり，調査を計画するさいにも，調査結果からなにかを導き出すにも，物差しで筋道立てて考えてみる，という「理論」が必要だ。社会学は「調査」と「理論」のあいだをいつも往復する運動である。

「調査」と「理論」を往復するというのはなんだか面倒で，現場で調べることと，それをもとに考えることのベクトルは異なるから，矛盾するように思ったり引き裂かれるように感じたりすることがある。だから「調査か理論か」と考える立場もあるが，むしろ「調査も理論も」と考えてその「あいだ」を往復するとき，社会学はいちばん生産的なものになるだろう。これは，社会学をめぐるほかの「あいだ」についてもいえる。

社会学には，一方で「科学」をめざすベクトルがある。自然科学（たとえば「空気」や「重力」を対象とする）が自然を外部から観察し，数量化し，法則を発見しようとするのと同じように，人間と社会を観察し，数量化し，法則化しようとする。そのために「調査」をし，「理論」をつくることの価値は，コントがいうように，社会の「法則」を見つけて制御可能なものにすることをめざすならば，じつに大きい。自然科学としての医学が，人体を観察してその「法則」を発見し，それによって治療を行えるようになるのと同じだ。

と同時に，社会学は社会のなかで生きる人々が「物語」を紡ぎ出していること，その物語なしには人間も社会も存立できないことにつねに注目している。家族でも会社でも国家でも，そこに生きるひとりひとりが，自分が生きていることや他人と一緒に生きることについてなんらかの物語を自分に語りかけ，共同して物語を制作している。私の物語，家族の物語，国家の物語。ほかの社会科学がそれほど重視しない社会と人間がもつこの側面は，たとえば文学が鋭敏にとらえてきたものだ。だが，文学は「物語」の水準にとどまり，自然科学的なベクトルはもたない。これに対して，社会学は「科学」へのベクトルと「物語」へのベクトルの双方をもち，「科学か物語か」ではなく「科学も物語も」という二重焦点を往復するとき豊穣なものとなるだろう。

1　社会学では，「調査」と「理論」の両方を考えることが求められ，その研究の軸足は，研究ごとに「調査」と「理論」の「あいだ」のどこかに置かれることになる。

2　「調査」と「理論」を分業することは，有用な情報を選び出すのには時間がかかるが，多くの情報を集められるので，社会の「法則」を見つけることに寄与する。

3　社会の「法則」を見つけて制御可能なものにすることと，個人や集団が生きている「物語」を見いだすことは，それぞれ社会学にとって重要である。

4　「科学」を優先しようとすると正確性を，「物語」を優先しようとすると一般性を犠牲にしなければならず，これら双方に折り合いをつけようとする過程が社会学に価値を与える。

5　社会学においては，「科学」と「物語」のどちらからアプローチすることも許容されるが，生きている人間を扱う学問なので，「物語」を起点とする研究が高い評価を受けやすい。

出典：奥村 隆「社会と社会学」（奥村隆編『はじまりの社会学ー問いつづけるためのレッスンー』所収）

社会学の性質について述べた文章。第３段落第１文の「社会学には，一方で」という表現に着眼して，文章構成をつかみ，第２段落後半の「調査も理論も」，第４段落末の「科学も物語も」という主張を押さえて解く。

1．社会学は「『調査』と『理論』のあいだをいつも往復する運動である」（第１段落）と述べており，研究の軸足が「研究ごとに『調査』と『理論』の『あいだ』のどこかに置かれることになる」という言及はない（第１～２段落）。

2．調査と理論を「分業する」ことについては述べていない。

3．妥当である（第３～４段落）。

4．社会学は「科学」へのベクトルと「物語」へのベクトルの「双方」を持つと述べているが，「正確性」や「一般性」を「犠牲」にする，などの言及はない（第３～４段落）。

5．「社会学は『科学も物語も』という二重焦点を往復するとき豊穣なものとなるだろう」（第４段落）という記述はあるが，「『物語』を起点とする研究が高い評価を受けやすい」という観点は示されていない。

正答 3

国家一般職［大卒］ No.2 教養試験

文章理解　現代文（内容把握）　令和元年度

次の文の内容と合致するものとして最も妥当なのはどれか。

進化論的な道徳起源論によれば，アリやハチの本能的行動と同様，人間の道徳という営みも進化の産物である。ただし，同じく進化の産物である優れた脳を有する人間は，社会生活を支える道徳のために独特の道具立てを獲得した。すなわち，ルースが言うところの「中道的」な方策――行動の細目までは本能的に規定されていないが，ある程度の利他的・協調的な傾向性を備え，その傾向性を発揮するためには特有の感情による拘束力を伴う規則をもってみずからの行動を規制するという方策――である。また，ダーウィンは，人間の社会的本能から発する欲求は，場合によれば他の一時的な欲求より強度が弱いかもしれないが，社会的本能の永続性ゆえに特有の印象を生み出し，それが「良心」を支える道徳感情になると主張した。このように，いずれの見解によっても「道徳性」の核心には特有の道徳感情が認められている。したがって，単なる好き嫌いという欲求と道徳感情を伴う欲求とは，普通の人々にあっては主観的にみて質的な区別があると認められて当然である。ただし，進化の産物についてはいつもそうであるように，道徳的資質や道徳感情には個人によって少しずつの違いがあることは銘記しておかなければならない。場合によれば，道徳感情がきわめて希薄である人がいても不思議ではないし，同一個人でも，あるときは利他性が強く働き，あるときは利己性が強く働くことが当然ありうる。

かくして，道徳的な価値や規範と非‐道徳的な価値や規範とは，それらのもととなる欲求や規範自体に道徳感情が伴うか伴わないかという基準で大まかに区別される。そこで，同じような基準で，道徳的規範の正当化とその他の規範の正当化とが区別できるはずである。骨子のみを述べるなら，道徳感情の裏づけを持つ欲求に基づいてある規範がホッブズ流の論法により正当化できるなら，この規範は道徳的規範として正当化可能である。この特徴づけは粗筋のみのものであり，複雑さを生み出すいくつかの要因を考慮に入れた作業をまだ行なう必要がある。例えば，われわれは道徳感情を伴う欲求も伴わない欲求も持ち，場合によってはそれらが対立するなかで行為決定をしなければならないのだから，これらの欲求の強弱によって，正当化される行為は変わるかもしれない。また，自分の欲求だけでなく他者の欲求も考慮しなければならないところに道徳のポイントがあることは，進化論的知見によっても裏づけられている。

1　道徳感情は，道徳的な価値を共有した者どうしで社会を形成してきた人間の進化の産物であり，利他的・協調的な社会的本能がもたらす良心によって支えられている。

2　人間は進化の過程において，道徳のための具体的行動を本能的に規定するのではなく，個人差はあるとしても，道徳感情に支えられた規範によって行動を律する方策を獲得した。

3　進化論的な道徳起源論の立場に立てば，人間は，より道徳性の高い者が生き残って進化を続けてきていることから，他者の欲求を考慮できる利他性が強くなっていくことが予想される。

4　道徳的な価値や規範は，人間の進化の過程で行われてきた道徳感情を伴う欲求と伴わない欲求の狭間での意思決定を経て，時代背景に応じて変化し，進化してきた。

5　人間は道徳性により本能的に拘束されていることから，その行動は概ね道徳的規範として正当化できるものの，他者の欲求も考慮に入れなければ，真の意味で道徳的とはいえない。

解説

出典：内井惣七『進化論と倫理』

進化論的な道徳起源論では，「道徳性」の核心に「特有の道徳感情」が認められており，道徳感情を伴うか伴わないかという基準で，道徳的規範と非－道徳規範とを区別することができると述べた文章。「また」「このように」「したがって」「かくして」「そこで」などの接続詞や副詞に注目し，要点をつかんで解きたい。

1．道徳感情を「道徳的な価値を共有した者どうしで社会を形成してきた人間の進化の産物」とする言及は本文にない。また，「利他的・協調的な社会的本能がもたらす良心」という部分も誤り。ルースの「中道的」な方策は「ある程度の利他的・協調的な傾向性を備え」たものだが，「社会的本能」や「良心」はダーウィンの用語であり，二者の理論が混同されている。

2．妥当である（第１段落～２段落第１文）。

3．「より道徳性の高い者が生き残って進化を続けてきている」という淘汰の観点や，「他者の欲求を考慮できる利他性が強くなっていく」という獲得形質の観点は，示されていない。

4．道徳的な価値や規範が「時代背景に応じて変化し，進化してきた」という話題は，本文にはなく，「道徳感情を伴う欲求と伴わない欲求の狭間での意思決定を経て」という部分も誤り。

5．人間の欲求には道徳感情を伴う欲求も伴わない欲求もあり，行動規範には道徳的なものも非－道徳的なものもある（第２段落）から，人間の行動が「概ね道徳的規範として正当化できる」とはいえない。

正答　2

文章理解　現代文（内容把握）　令和元年度

次の文の内容と合致するものとして最も妥当なのはどれか。

本能寺の変以降，秀吉による氏姓授与は本格化する。授与は豊臣姓ではなく羽柴名字からはじめられるが，名字は「家」の称号であるから，羽柴名字授与者の出現は，秀吉と擬制的一族関係を有する羽柴「家中」の形成を意味する。

豊臣大名の羽柴名字呼称は天正10年10月堀秀政を初例とし，以降同13年中頃までには丹羽・細川・前田・蒲生といった旧織田系の有力大名が秀吉から羽柴名字を与えられる。彼らは秀吉にとっては「此以前御傍輩又は御存知之者共」という存在で，いわば秀吉とは同格であったが，羽柴名字を与えられることによって秀吉の「御一家」と位置づけられた。秀吉は「傍輩」であった旧織田系有力大名を新たに「家」論理によって再編したのであり，これによって織田期における「傍輩」関係を解消，自身を「羽柴家」の家父長に据えた新体制構築への道を踏み出したと言える。

《中　略》

先述したように，羽柴名字授与によって秀吉の擬制的一族である「羽柴侍従」が誕生したわけだが，では豊臣姓創出以前において彼らの姓はどうであったか。擬制的一族関係構築の上で名字の同化は重要な条件だが，姓は名字よりさらに根本的なものであり，その同化なくして擬制的一族体制は完全なものとは言えまい。秀吉は関白任官時には藤原姓，それ以前は平姓を称していたが，秀吉と異なる姓を称する武家が羽柴名字を授与された場合，秀吉との関係は「異姓同名字」になってしまう。これは擬制的一族体制を大名編成の根幹とする豊臣政権にとっては，解消せねばならない大きな問題であったのではないか。実際，豊臣姓創出以前においては，秀吉と異姓同名字の関係にある者が多く存在したのであり，名字のみでなく姓をも同化することにより擬制的一族体制をより完全なものにしようと秀吉が考えたとしても不思議ではないであろう。

《中　略》

なぜ秀吉は新姓を創出する必要があったのか，関白任官時の藤原姓にとどまって「藤原姓羽柴秀吉」として，藤原姓羽柴名字の大名を創出してもよかったのではないかという疑問も生じるであろう。しかしそれでは，藤原姓の武家集団を大量に生み出すことになる。近衛家の養子として藤原へ改姓し，さらには藤原氏長者ともなった秀吉ではあるが，「摂関家」としては同格の存在である藤原五摂家はなおも健在であり，その総領たる氏長者の地位を秀吉の血統が独占していける根拠は全くなかった。したがって藤原姓を称し官位を有する武家集団を創出してしまうと，藤原摂関家の権威上昇にもつながる可能性すらあったと言える。秀吉にとって，自己の権威のみを確実に向上させるためには新姓の創出こそが最善の方策だったのであり，豊臣姓創出の理由はその点からも説明できよう。

1　秀吉は，本能寺の変以降，従来は自らと同格であった旧織田系大名に名字を授与することで，自らを擬似的な織田家当主とする主従関係を構築した。

2　羽柴名字を授与された大名は擬制的に一族とされたが，以前より従者であった大名は資格に欠けるとして名字が授与されず，郎党的存在にとどまった。

3　名字より根本的なものである姓の同化を通じて血縁関係を強固にすることにより，秀吉が姓を藤原姓や豊臣姓に改める際に生じた「異姓同名字」の問題の解決が図られた。

4　豊臣政権による大名への豊臣姓の授与は，羽柴名字の授与により形成しようとした家父長制原理に基づく擬制的一族関係を補完するものであった。

5　藤原姓羽柴名字大名の創出は，武家集団をも影響下に置いた藤原摂関家による政権奪取につながる懸念があることから，藤原姓内部での格差を固定化するため，豊臣姓が新たに創出された。

解説

出典：堀越祐一『豊臣政権の権力構造』

秀吉による氏姓授与について述べた文章。秀吉自身を家父長に据えた擬制的一族体制は，羽柴名字の授与だけでは完全なものとはならず，豊臣姓を創出する必要があったという事情について論じている。第３段落の第２文の「その同化なくして……」と，第５文の「姓をも同化することにより……」という反復内容を捉えて解きたい。

1．「自らを擬似的な織田家当主とする」という部分が誤り。「自身を『羽柴家』の家父長に据えた」とあり（第２段落），旧織田系の有力大名は，羽柴名字を与えられることにより，「秀吉の『御一家』と位置づけられた」のである。

2．「以前より従者であった大名」が「（羽柴）名字を授与されず，郎党的存在にとどまった」という記述はない。

3．「血縁関係を強固にすることにより」という部分が誤り。秀吉は，氏姓授与により，「家」の論理による擬制的一族体制の構築を企てたのであり，これは，血縁関係にない者をも一族とするための方策といえる。

4．妥当である（第３段落）。

5．藤原摂関家が「武家集団をも影響下に置い」ていたという記述は本文にない。また，「藤原姓内部での格差を固定化するため」という部分も誤り。秀吉自身の権威のみを確実に向上させるために，豊臣姓の創出が必要となったのである。

正答　4

国家一般職［大卒］ 教養試験 No. 4

文章理解　現代文（内容把握）　令和元年度

次の文の内容と合致するものとして最も妥当なのはどれか。

スミスの『道徳感情論』は，ハチスン，ヒュームの思想を敷衍(ふえん)して，共感（sympathy）という概念を導入し，人間性の社会的本質を明らかにしようとしたのであった。人間性のもっとも基本的な表現は，人々が生き，喜び，悲しむというすぐれて人間的な感情であって，この人間的な感情を素直に，自由に表現することができるような社会が新しい市民社会の基本原理でなければならないと考えた。しかし，このような人間的感情は個々の個人に特有なもの，あるいはその人だけにしかわからないという性格のものではなく，他の人々にとっても共通のものであって，お互いに分かち合うことができるようなものである。このような共感の可能性をもっているということが人間的感情の特質であって，人間存在の社会性を表現するものでもある。

この，人間的な感情を素直に，自由に表現することができるような社会が，新しい市民社会の基本原理でなければならない。しかし，このような市民社会を形成し，維持するためには，経済的な面である程度ゆたかになっていなければならない。健康で文化的な生活を営むことが可能になるような物質的生産の基盤がつくられていなければならないとスミスは考えて，それから20年の歳月を費やして，『国富論』を書き上げたのである。

スミスの『国富論』に始まる古典派経済学の本質を極めて明快に解き明かしたのが，1848年に刊行されたジョン・スチュアート・ミルの『経済学原理』（*Principles of Political Economy*）である。その結論的な章の一つに定常状態（Stationary State）という章がある。ミルのいう定常状態とは，マクロ的に見たとき，すべての変数は一定で，時間を通じて不変に保たれるが，ひとたび社会のなかに入ってみたとき，そこには，華やかな人間的活動が展開され，スミスの『道徳感情論』に描かれているような人間的な営みが繰り広げられている。新しい製品がつぎからつぎに創り出され，文化的活動が活発におこなわれながら，すべての市民の人間的尊厳が保たれ，その魂の自立が保たれ，市民的権利が最大限に保障されているような社会が持続的（sustainable）に維持されている。このようなユートピア的な定常状態を古典派経済学は分析の対象としたのだとミルは考えたのである。

国民所得，消費，投資，物価水準などというマクロ的諸変数が一定に保たれながら，ミクロ的にみたとき，華やかな人間的活動が展開されているというミルの定常状態は果たして，現実に実現可能であろうか。この設問に答えたのが，ソースティン・ヴェブレンの制度主義の経済学である。それは，さまざまな社会的共通資本（social common capital）を社会的な観点から最適な形に建設し，そのサービスの供給を社会的な基準にしたがっておこなうことによって，ミルの定常状態が実現可能になるというように理解することができる。

1　スミスが提唱した共感という概念は，各人固有の人間的感情の中から共通のものを見いだし，人々が協調することで市民社会の形成・維持の基盤となるものである。

2　古典派経済学では，人間的な感情を自由に表現できるという基本原理を実践することで，経済的な豊かさが維持されるような社会が理想とされている。

3　古典派経済学における定常状態とは，経済活動が一定の割合で拡大を続けながら，『道徳感情論』で理想とされた華やかな人間的活動が展開される状態である。

4　社会的共通資本の最適化は，活発な経済的・文化的活動の下，市民的権利を最大限に保障する社会の持続的な維持に寄与するものとされている。

5 ソースティン・ヴェブレンの制度主義の経済学は，社会的な観点から，実現可能な定常状態を定義し，国民所得などの諸変数に従って社会的共通資本を建設・供給するための学問である。

解説

出典：宇沢弘文『経済学は人びとを幸福にできるか』

古典派経済学の観点を説明する文章。スミスの「共感」，ミルの「定常状態」，ヴェブレンの「社会的共通資本」などの用語について，言葉の入れ替えや因果関係の転倒がないかどうかをチェックして解く。

1．「共感」という概念は，それだけでは，「市民社会の形成・維持の基盤」といえる要件を満たしていない。「共感の可能性を持っているということが人間的感情の特質であって，人間存在の社会性を表現するもの」（第１段落）であり，「市民社会」の形成・維持のためには，「物質的生産の基盤」がつくられていなければならない（第２段落）。また，「各人固有の人間感情の中から共通のものを見いだし」という部分も正確ではない。各人に固有なものの中から共通のものを見いだすという経緯をたどる必要性はなく，「他の人々にとっても共通のものであって，お互いに分かち合うことができるような」（第１段落）人間的感情が想定されている。

2．因果関係が逆である。スミスに始まる古典派経済学では，人間的な感情を自由に表現できるという市民社会の基本原理を形成し，維持するためには，経済的な面である程度豊かになっていなければならないのである（第２段落）。

3．「定常状態」は，「すべての変数は一定で，時間を通じて不変に保たれる」状態であり，「一定の割合で拡大を続け」るとは述べていない（第３，４段落）。

4．妥当である（第３，４段落）。

5．ヴェブレンの制度主義の経済学は，「社会的共通資本を社会的な観点から最適な形に建設し，そのサービスの供給を社会的な基準にしたがっておこなうことによって，ミルの定常状態が実現可能になる」とする理論であり，社会的共通資本を「国民所得などの諸変数に従って」建設・供給するとは述べていない（第４段落）。

正答 4

国家一般職［大卒］ No. 5 教養試験

文章理解　現代文（文章整序）　令和元年度

次の［　　　］の文の後に，A～Dを並べ替えて続けると意味の通った文章になるが，その順序として最も妥当なのはどれか。

> 哲学はまぎれもなく一つの行為である。が，それをことさらに哲学の実践（プラークシス）というからには，それはなにかある目的ないしは志向性をもった活動であるということである。

A：理論と実践，この二分法に深く囚われるところがあったからである。
B：けれども，哲学をことさらに実践として捉えるときには，そこにはややねじれた背景がある。
C：そういう意味ではすべての学問が実践であるということができるはずである。
D：哲学は，理論のなかの理論，つまりテオーリア（観想）といういとなみであって，なにか具体的な目的の実現や効用をめざすプラークシス（実践）からはもっとも遠いものであるという了解が，これまで哲学を志向する者たちのあいだで共有されてきたからである。

1　B→C→A→D
2　C→A→B→D
3　C→B→D→A
4　D→A→B→C
5　D→B→A→C

解説

出典：鷲田清一『哲学の使い方』

冒頭の文章では，哲学をことさらに「実践（プラークシス）」としてとらえることについて述べている。

A～Dにざっと目を通し，話の方向性や二項対比などの図式の有無を確認すると，Aでは「理論と実践」の二分法を挙げており，この対比の図式は，Dの，哲学は「理論のなかの理論，つまりテオーリア（観想）」であり，「プラークシス（実践）からはもっとも遠いもの」という図式と重なる。これに対して，Bの「哲学をことさら実践として捉えるときには……」やCの「すべての学問が実践」という記述は，「実践」に焦点が合わせられている。

AとDは「理論と実践」という対比で話題を同じくしており，一つのまとまりをなしているから，A→DあるいはD→Aとつながると考えられる。

また，文章展開を考えると，逆接の接続詞がBの「けれども」しかないことから，本文全体は，「哲学（学問）は，実践」⇒「理論と実践の対立」という流れになると考えられる。

そこで，冒頭の文章→C「すべての学問が実践」→B「けれども，哲学をことさらに実践として捉えるときには，……ややねじれた背景がある」とつなぐと，一まとまりの内容となり，後に「ややねじれた背景」の説明としてAとDを置くことができる。

選択肢を見ると，**3**のC→B→D→Aは，前半と後半のまとまりもよく，破綻のない展開となっている。

よって，正答は**3**である。

正答　3

No. 6 教養試験 文章理解 現代文（空欄補充） 令和元年度

次の文の［　　　］に当てはまるものとして最も妥当なのはどれか。

史料は必ずしも［　　　　　　　　　］のである。活字史料に欠けるこうした類の情報があって，初めて解明できることがらも多いのである。とすれば，活字史料は簡便ではあるが，より詳細な情報を必要とする場合には充分ではないということになる。

ちなみに，活字より豊富な情報をもつものとして，史料の写真が挙げられる。写真なら筆跡も字配りもわかるし，色の再現が正確なら墨色も印色もわかる。が，それでも原本と比較すると，やはり再現することのできない部分がある。紙の質感，微妙な裏面の文字写りなどは原本でなくてはわからない。破損も虫喰い穴や大きな破れなどはわかるが，紙質の劣化はわかりにくい。かつてある史料所蔵者の方が，「写真かコピーをとっておけば，原本は捨ててしまってもかまわないでしょう」と言うのを聞いたことがある。だが，やはりそういうわけにはいかない。本物でなければわからないことがらは多いし，何よりも実物であることの価値は何物にも代え難い。活字史料には内容情報を手軽に扱える便利さがあるし，写真史料にはより多くの情報が含まれてはいるけれども，やはりとうてい実物のもつ価値や迫力には敵わないのである。

1　文字内容だけが重要なのではない
2　求めている情報が書かれているとはかぎらない
3　活字化されるとはかぎらない
4　写真では代替することができない
5　すべてが現代まで伝わっているわけではない

解説

出典：白水 智『古文書はいかに歴史を描くのか　フィールドワークがつなぐ過去と未来』

実物史料の重要性について述べた文章。選択肢の語句がすべて「～ない」と否定語で結ばれているので，対比の図式を作り，本文の趣旨と合うものを選ぶ。

空欄のある第１文は，「史料は必ずしも［　　　］のである」というもの。続いて，「活字史料に欠けるこうした類の情報があって，初めて解明できることがらも多いのである。とすれば，活字史料は簡便ではあるが，より詳細な情報を必要とする場合には充分ではないということになる」と述べており，「活字史料に欠けるこうした類の情報」，活字史料は「充分ではない」など，活字史料に欠ける情報について述べていることがわかるが，前の文の空欄に入る語句が「～ない」と否定語で終わっているため，「こうした類の情報」の指示内容が見つからず，第１文と第２文との間には飛躍があると考えられる。そこで，第２段落にも目を通し，本文の趣旨と合うものを考えることにする。

第２段落では，活字より豊富な情報を持つものとして「史料の写真」を挙げているが，「写真かコピーをとっておけば，原本は捨ててしまってもかまわない」というわけにはいかないと述べ，活字史料も写真史料も「とうてい実物のもつ価値や迫力には敵（かな）わないのである」と結論づけている。「活字史料には内容情報を手軽に扱える便利さがある」が「実物」には敵わないという内容が，第１段落の内容を補足するものとなっており，空欄部に入るものとしては，**1**の「文字内容だけが重要なのではない」が，最もふさわしい。

1．妥当である（上記の解説参照）。
2．本文では，「活字」（＝書かれている内容）と「実物」とが対比されており，内容情報の範囲については問題とされていない。
3．活字化されるか否かという論点は本文にない。
4．写真については，第２段落冒頭に「ちなみに」とあり，活字史料との類比で取り上げられているにすぎず，空欄のある第１段落を埋めるものとしては話題が異なる。
5．「現代まで伝わっている」こととそうでないことという時間軸における対比では，本文の「活字」と「実物」との対比を捉えられず，焦点が合わない。

正答　1

文章理解 判断推理 数的推理 資料解釈 時事 物理 化学 生物 地学

国家一般職 [大卒] No. 7 教養試験

文章理解 英文（内容把握） 令和元年度

次の文の内容と合致するものとして最も妥当なのはどれか。

As several studies have pointed out, diversity is a multidimensional concept. Stirling's definition of diversity includes a combination of three components: variety, balance and disparity. Variety refers to the number of different categories defined; specifically for films, we may ask, how many languages can be identified in the cinematographic production of a country? Balance refers to the extent to which these categories are represented: what percentages of each language are used in films? And disparity refers to the degree of dissimilarity that exists between the different categories: how different are the languages used? Thus, the larger the number of categories and the more balanced and disparate the categories, the more diverse the system.

Data on 54 and 52 countries for 2012 and 2013, respectively, show that several countries have produced feature films in several languages (e.g. Spain, Morocco, South Africa and Switzerland) catering to*1 the diversity of their social and linguistic constituents. In other cases, production companies in countries with small populations and minority languages seek a wider dissemination*2 of their products by producing films in languages other than the local one (e.g. Sweden and Slovakia).

《中　略》

Taking into consideration both the variety of languages and the degree of their presence (or balance) (while leaving aside the complex parameter of disparity), India — with 22 official languages and approximately 2,000 unofficial languages — has the world's highest linguistic diversity in its cinematographic production. The films are mainly monolingual, produced in Chennai, Hyderabad, Mumbai and Thiruvananthapuram.

In spite of its large linguistic diversity, four languages accounted for 59% of India's film production during the 2012-2013 biennium*3: Tamil, Telugu, Hindi and Malayalam. However, no one language in India had a share of more than 17 percentage points, which reveals a balance among the languages with a strong presence in film production. In foreign language production, only 19 movies were made in English over the same period.

(注)　*1cater to：要求を満たす　　*2dissemination：普及　　*3biennium：２年間

1 Stirlingによる定義では多様性は３段階で構成されており，映画における言語の多様性については，そこで使用される言語の種類の多さが最も重要である。

2 スウェーデンやスロバキアなどでは，社会的背景や言語の異なる国民の多様性を反映した映画が複数の言語で製作されている。

3 国内に多くの言語を抱える大国で，話者が少ない言語の映画を製作している会社は，作品が広く普及するよう，映画を複数の言語で製作している。

4 インドは，映画製作において，使用言語数やその均衡の点から世界で最も言語の多様性に富み，どの言語で製作された映画も国内で製作された映画全体に占める割合は２割を超えない。

5 インドで製作される映画の約６割は公用語で製作され，いずれの作品も四つの公用語で鑑賞することができる一方，外国語に翻訳された作品の本数は少ない。

解説

出典：UNESCO institute for Statistics, "Diversity and the film industry (An analysis of the 2014 UIS Survey on Feature Film Statistics)"

全訳〈いくつかの研究が指摘しているように，多様性とは多次元にわたる概念である。スターリングによる多様性の定義は，３つの構成要素を含んでいる。すなわち，種類（の多さ），バランス，そして不均衡である。種類とは，定義されている異なるカテゴリー（範疇(はんちゅう)）の数を表す。映画に特定していえば，ある国における映画製作にいくつの言語を確認することができるだろうか，と私たちは問えるだろう。バランスとは，これらのカテゴリーが表現されている程度を表す。すなわち，映画の中でそれぞれの言語が使われている割合は何パーセントか，というのがこれに当たる。そして不均衡とは，異なるカテゴリー間に存在する相違の度合いを表す。すなわち，使われている言語は互いにどのくらい異なっているのか，というのがこれに当たる。このように見ると，異なるカテゴリーの数が多く，よりバランスがとれ，より不均衡度が高いほど，その組織体系はより多様であるといえる。

2012年および2013年における，それぞれ54例と52例のデータが示すところによると，国内の社会的および言語的に多様な構成員の要求を満たすよう，長編映画をいくつかの言語で製作している国は数か国ある（たとえばスペイン，モロッコ，南アフリカ，スイスなど)。他の事例では，人口が小規模で複数の少数言語を持つ国の製作会社が，地元の言語以外でも映画製作を行うことで製作物のより広い普及を図っている（たとえばスウェーデンやスロバキアなど)。

《中略》

言語の種類の多さとその存在の度合い（つまりバランス）を考慮すれば（複雑な要素である不均衡は別として)，22の公用言語とおよそ2,000の非公用言語を抱えるインドが，映画製作において世界で最高の言語多様性を有しているといえる。インドの映画は主としてチェンナイ，ハイデラバード，ムンバイ，ティルバナンタプラムで，単独の言語で製作されている。

その言語多様性の幅広さにもかかわらず，2012～2013年の２年間におけるインド国内の映画製作では，４つの言語で59パーセントを占めていた。すなわち，タミル語，テルグ語，ヒンディー語，マラヤーラム語である。しかしながら，インドにおいては17パーセントを超える数字の割合を占めた言語は１つもなく，このことは，言語間のバランスが映画製作において強く作用していることを明らかにしている。外国語による製作では，同じ期間に英語で作られた映画はたった19作品だった〉

1．映画における言語の多様性について，種類（の多さ)，バランス，不均衡という多様性の３要素のうちどれが最も重要かを論じる記述は見られない。

2．「社会的背景や言語の異なる国民の多様性を反映した映画が複数の言語で製作されている」国の例として本文で挙げられているのは，スペイン，モロッコ，南アフリカ，スイスである。スウェーデンやスロバキアは，国内の映画製作会社が，自社の地元の言語だけでなく他の国内の少数言語でも製作を行っている国の例として挙げられている。

3．本文では，スウェーデンやスロバキアなど，「国内に多くの言語を抱える大国」ではなく「人口が小規模で複数の少数言語を持つ国」について，製作会社が作品が広く普及するよう，映画を複数の言語で製作していると述べられている。

4．妥当である。

5．本文で述べられているのは，インド国内で製作された映画の約６割（59パーセント）が，タミル語，テルグ語，ヒンディー語，マラヤーラム語の４つの公用語で占められているという内容で，約６割の作品のいずれもが４つの公用語で鑑賞できるという記述はない。外国語である英語で作られた映画の本数の少なさは述べられているが，「外国語に翻訳された作品」については述べられていない。

正答　4

文章理解　英文（内容把握）　令和元年度

次の文の内容と合致するものとして最も妥当なのはどれか。

A great deal of evidence suggests that it is more difficult to learn a new language as an adult than as a child, which has led scientists to propose that there is a "critical period" for language learning. However, the length of this period and its underlying causes remain unknown.

A new study performed at Massachusetts Institute of Technology (MIT) suggests that children remain very skilled at learning the grammar of a new language much longer than expected — up to the age of 17 or 18. However, the study also found that it is nearly impossible for people to achieve proficiency similar to that of a native speaker unless they start learning a language by the age of 10.

"If you want to have native-like knowledge of English grammar you should start by about 10 years old. We don't see very much difference between people who start at birth and people who start at 10, but we start seeing a decline after that," says Joshua Hartshorne, an assistant professor of psychology at Boston College, who conducted this study as a postdoc at MIT.

People who start learning a language between 10 and 18 will still learn quickly, but since they have a shorter window before their learning ability declines, they do not achieve the proficiency of native speakers, the researchers found. The findings are based on an analysis of a grammar quiz taken by nearly 670,000 people, which is by far the largest dataset that anyone has assembled for a study of language-learning ability.

"It's been very difficult until now to get all the data you would need to answer this question of how long the critical period lasts," says Josh Tenenbaum, an MIT professor of brain and cognitive sciences and an author of the paper. "This is one of those rare opportunities in science where we could work on a question that is very old, that many smart people have thought about and written about, and take a new perspective and see something that maybe other people haven't."

《中　略》

Still unknown is what causes the critical period to end around age 18. The researchers suggest that cultural factors may play a role, but there may also be changes in brain plasticity that occur around that age.

"It's possible that there's a biological change. It's also possible that it's something social or cultural," Tenenbaum says. "There's roughly a period of being a minor that goes up to about age 17 or 18 in many societies. After that, you leave your home, maybe you work full time, or you become a specialized university student. All of those might impact your learning rate for any language."

1　今回の調査研究により，ネイティブスピーカーと同様の言語能力を習得できる期間は，以前の研究で明らかになっていた期間に比べて短いことが分かった。

2　言語学習能力が衰えるまでに十分な時間を確保することが言語学習にとって重要であり，ネイティブスピーカーと同様の言語能力を習得するためには，言語学習を始める時期は早ければ早いほどよい。

3　言語学習にとって重要な時期がどれくらい続くかは，今回初めて実施した文法，スピーキング，ライティングを組み合わせた試験によって，明らかになった。

4　Tenenbaum 教授によれば，先人達が取り組み続けてきた課題に新しい視点や新しい発見を得ることができたので，今回の調査研究は，科学においてまれな機会であった。

5　今回の調査研究により，言語学習にとって重要な時期が18歳頃に終わる原因として，社会生活の変化が脳に与える影響があることが分かった。

解説

出典：Ann Trafton, "Cognitive scientists define critical period for learning language"

全訳〈大人になって新しい言語を学ぶことは子どもの頃に学ぶのに比べてより難しい，ということが大量の証拠によって示されており，それによって科学者は，言語学習には「臨界期」があると提唱するようになっている。しかしながら，この期間の長さと根底にある原因については，いまだにわかっていない。

マサチューセッツ工科大学（MIT）によって行われた新たな研究では，子どもが新しい言語の文法を学ぶのに非常に優れた才能を示す時期は17歳あるいは18歳までという，考えられていたよりもずっと長い期間続くことが示されている。しかし，その研究によって同時にわかったことは，言語学習は10歳までに始めなければ，ネイティブスピーカー並みに堪能なレベルに達するのは不可能であるということだ。

「ネイティブ並みの英語の文法の知識を持ちたいと思うなら，10歳頃までに始めたほうがよいです。生まれたときから始める人と10歳で始める人の間では，あまり違いは見られないのですが，それより後では落差が見られるようになります」と，MIT の博士研究員だったときにこの研究を行い，現在はボストン大学の心理学准教授であるジョシュア＝ハーツホーン氏は語る。

10歳から18歳の間に言語を学び始める人は，飲み込みはまだ早いものの，学習能力が衰えるまでの期間がより短いため，ネイティブスピーカーの堪能さを身につけることはない，ということが研究者たちによってわかった。この研究結果は，67万人近くの人々が受けた文法テストの分析に基づいたものであり，これは，言語学習能力の研究を目的に集められたまとまったデータとしては，これまでをはるかにしのぐ最大の規模である。

「この，臨界期がどの時点まで続くのかという疑問に答えるのに必要となるデータをそろえるのが，これまでは非常に難しかったのです」と，MIT で脳科学および認知科学の教授を務め，この論文の著者でもあるジョッシュ＝テネンバウム氏は語る。「これは，非常に古くからあって多くの優秀な方々が考え著述してきた疑問に私たちが取り組み，新たな視点でこれまで誰も見てこなかった面を見ることのできるような，科学におけるめったにない機会です」

《中略》

いまだに不明なのは，臨界期が18歳頃に終わる原因は何か，ということだ。文化的な要因が作用しているのではないかと研究者たちは述べているが，その年齢の辺りで起こる脳の柔軟性の変化も関係があるのかもしれない。

「生物学的な変化があるという可能性はあります。また，それが社会的あるいは文化的な変化であるという可能性もあります」とテネンバウム氏は語る。「おおざっぱに言って，多くの社会では，だいたい17，８歳までが未成年という期間です。それが過ぎると家を離れたり，あるいはフルタイムで働いたり，大学生となって専門の道に進んだりします。そういったことがみな，人が言語を学べる度合いに影響を与えているのかもしれません」〉

1．「言語学習は10歳までに始めなければ，ネイティブスピーカー並みに堪能なレベルに達するのは不可能であるということだ」という記述はあるが，「以前の研究で明らかになっていた期間」に関する記述はないので，「10歳まで」という期間が従来考えられていたよりも短いのかどうかは判断できない。

2．「ネイティブ並みの英語の文法の知識を持ちたいと思うなら，10歳頃までに始めたほうがよい」という提言は述べられているが，「早ければ早いほどよい」という記述はなく，また「言語学習能力が衰えるまでに十分な時間を確保することが言語学習にとって重要」といった内容の主張は述べられていない。

3．今回の研究のもととなった試験については「67万人近くの人々が受けた文法テスト」と述べられているのみで，スピーキングやライティングについてはまったく言及がない。

4．妥当である。

5．今回の研究論文の一著者である大学教授の発言の中に，原因の可能性として脳の柔軟性などの生物学的変化，社会的変化，文化的変化が挙げられているが，「社会生活の変化が脳に与える影響」については言及がない。また，これらはあくまで教授の考える可能性を述べているのであって，今回の調査研究によって原因がわかったという記述は本文中にない。

正答　4

国家一般職［大卒］

No. 9 教養試験 文章理解 英文（内容把握） 令和元年度

次の文の内容と合致するものとして最も妥当なのはどれか。

Builders in California will be required to fit solar panels on most new homes from 2020 under new construction standards adopted on Wednesday — the first such move in the United States — that could provide a big boost to the solar industry.

The decision, adopted unanimously by the five-member California Energy Commission, is part of the state's efforts to fight global climate change. It came despite estimates it would raise the upfront cost of a new home by nearly $10,000.

The commission estimated this will add about $40 to monthly mortgage payments but will compensate for that by saving residents $80 a month on energy bills.

"We cannot let Californians be in homes that are essentially the residential equivalent of gas guzzlers*1," Commissioner David Hochschild said ahead of the vote.

The new codes include updates to building ventilation*2 and lighting standards. They are collectively expected to reduce the state's greenhouse gas emissions by 700,000 tons over three years, a level equal to taking 115,000 cars off the road.

The vote was a major win for the solar installation industry, which already counts California as its biggest market. Demand for solar equipment in the state could rise by 10 percent to 15 percent because of the new standards.

California has one of the most ambitious mandates for renewable energy in the country, with a goal of sourcing half of its electricity needs from renewable sources by 2030. At the end of 2017, it had reached about 30 percent, according to the commission.

（注） *1gas guzzler：燃費の悪い自動車　*2ventilation：換気

1 カリフォルニア州は再生可能エネルギーの導入に最も積極的な州の一つであり，2020年以降に新築される住宅の多くに太陽光パネルの設置を求める新しい建築基準は，全米初のものである。

2 新しい建築基準が施行されれば，太陽光パネルの需要は10～15％増加する一方，建築費が増加することで住宅を新築する人は減少するので，景気が悪くなると考えられている。

3 既存の住宅では，太陽光パネルの設置に約1万ドル掛かるが，毎月約80ドルの売電収入が見込めるので，長期的には太陽光パネルの設置費用を十分に回収できると試算されている。

4 エネルギー委員会は，換気や照明の基準を見直して温室効果ガスの排出量を削減することに成功し，次の気候変動対策として，燃費の悪い自動車の台数を削減することを検討している。

5 2030年までに電力需要の半分を再生可能エネルギーで賄うという，全米共通の目標を達成する見込みの州は，カリフォルニア州を含めて，2017年末時点で約3割に達している。

解説

出典："California first state to require solar on new homes", (2018/5/21 Japan Times) Reuters

全訳〈水曜日に採択された新しい建築基準により，カリフォルニア州の建築業者は，2020年以降に新築される大半の住宅に太陽光パネルの設置を求められることになる。これは，そのような決定としては全米初のものであり，太陽光発電産業にとっては大きな後押しとなるだろう。

５名から成るカリフォルニア州エネルギー委員会の満場一致で採択されたこの決定は，世界的な気候変動に立ち向かおうという州の取組みの一環である。これにより新築住宅の初期費用は１万ドル近く増加するという試算にもかかわらず，決定は採択された。

エネルギー委員会の試算では，これにより住宅ローンの支払いが月約40ドル増えることになるが，居住者はエネルギー代（電気代）が月80ドル節約できることで十分に補える，とのことだった。

「私たちはカリフォルニアの市民を，実質的に燃費の悪い自動車の住宅版といっていい家に住まわせておくわけにはいきません」と，採決に先立ってデイビッド=ホックスチャイルド委員は語った。

新しい規則には，建物の換気と照明の基準の見直しも含まれている。これにより，全体で今後３年の間に州内の温室効果ガス排出量を70万トン削減できると見込まれている。これは路上から11万5,000台の車がなくなった場合の削減量に相当する。

すでにカリフォルニア州を最大の市場と見込んでいる太陽光パネル設置関連業界にとっては，この採決は大きな勝利だった。新しい基準のおかげで，州内の太陽光発電装置への需要は10パーセントから15パーセント増える可能性がある。

カリフォルニア州は2030年までに電力需要の半分を再生可能なエネルギー源からの供給で賄うという目標を掲げており，再生可能エネルギーに最も果敢に取り組む義務を負っている州の一つだ。委員会によれば，2017年末にはその率は約30パーセントに達していたとのことだ〉

1．妥当である。

2．前半については正しいといえるが，後半について，「住宅を新築する人は減少する」「景気が悪くなる」といった予測は述べられていない。費用については，新築住宅の初期費用の増加により住宅ローンの支払い額は増えるが，電気代が安くなるので十分カバーできるだろうと述べられている。

3．本文で述べられているのは新築住宅に太陽光パネルを設置した場合の費用の試算であり，初期費用は１万ドル近く増加するが電気代は月80ドル節約できるため，設置費用は十分に回収できると述べられている。既存の住宅の太陽光パネル設置費用や，「売電収入」については述べられていない。

4．本文では，換気や照明の基準の見直しを含む新しい規則により，今後３年間で自動車11万5,000台分の排出量に相当する温室効果ガスが削減できるという見込みが述べられている。よって基準の見直しによる削減効果が出るのはこれからであり，また本文中の「燃費の悪い自動車」は既存の住宅の比喩表現にすぎず，自動車の台数の削減に関する記述もないため不適。

5．カリフォルニア州が2030年までに電力需要の半分を再生可能エネルギーで賄うという目標を持っていることは正しいが，「全米共通の目標」との記述はなく，そこまでの大きな割合を目標として掲げている州は少数であることが読み取れる。また，本文に「2017年末には約30パーセント」とあるのは，カリフォルニア州が掲げた「2030年までに半分（５割）」という目標について，すでに約３割までは達成しているということであり，全州の約３割という意味ではない。

正答　1

国家一般職［大卒］ 教養試験

No. 10 文章理解 英文（文章整序） 令和元年度

次の［　　］と［　　］の文の間のア～エを並べ替えて続けると意味の通った文章になるが，その順序として最も妥当なのはどれか。

> It is a common saying that thought is free. A man can never be hindered from thinking whatever he chooses so long as he conceals what he thinks. The working of his mind is limited only by the bounds of his experience and the power of his imagination.

ア：If a man's thinking leads him to call in question ideas and customs which regulate the behaviour of those about him, to reject beliefs which they hold, to see better ways of life than those they follow, it is almost impossible for him, if he is convinced of the truth of his own reasoning, not to betray by silence, chance words, or general attitude that he is different from them and does not share their opinions.

イ：Moreover it is extremely difficult to hide thoughts that have any power over the mind.

ウ：But this natural liberty of private thinking is of little value. It is unsatisfactory and even painful to the thinker himself, if he is not permitted to communicate his thoughts to others, and it is obviously of no value to his neighbours.

エ：Some have preferred, like Socrates, some would prefer today, to face death rather than conceal their thoughts.

> Thus freedom of thought, in any valuable sense, includes freedom of speech.

1　ア→エ→ウ→イ
2　イ→ア→ウ→エ
3　イ→エ→ア→ウ
4　ウ→ア→エ→イ
5　ウ→イ→ア→エ

解説

出典：J. B. Burry, “A HISTORY OF FREEDOM OF THOUGHT”, International Debate Education Association

全訳〈よく知られたことわざに「考えるのは自由だ」というものがある。自分が考えている内容を胸に秘めている限り，人はなんであろうと，自分が考えたいことを考えるのを妨げられることはありえない。人の思考作用は，その人の経験の幅と想像力によってのみ制限される。

ウ：しかしこの，個人の思考が本来持っている自由は，それ自体ではほとんど価値のないものである。その自由は，もし考えている人が自分の考えを他者に伝えることを許されていなければ，その人自身にとって満足できるものではなく，苦痛ですらあるし，周囲の人間にとっては明らかにまったく価値のないものだ。

イ：加えて，頭から離れないほどの強い思いを隠しておくことは極めて困難である。
ア：もしある人がその考えによって，自分の周囲の人々の行動を規定している発想や慣習に疑念を抱き，彼らの持っている信念を拒否し，彼らが従っている生き方よりもよい生き方を思い描くまでに至っているならば，自分の考え方が理にかなっていると確信している限り，彼が口をつぐんだり，うっかり思いを言葉にしたり，あるいは自分は彼らとは違う人間なので彼らの意見は共有しない，といった態度を普段からとることで考えを暴露したりせずにいられることはほとんど不可能である。
エ：かつてソクラテスのように，自分の考えを胸に秘めておくくらいなら死をも受け入れるという人たちが存在し，また今日もそのような人たちは存在している。

このように，思想の自由というものは，何かの価値があるという意味においては，言論の自由をも含んでいるのである〉

選択肢を見るとア，イ，ウのいずれかで始まっている。アは条件を表す If で始まる長い一文で，前後関係を判定する手がかりとなる接続詞や指示語が見当たらないため，とりあえず後回しとし，イとウを読み比べる。イの Moreover は「さらに，そのうえ」という意味で，前述の内容を支持する情報を追加するときに用いられる副詞。これに対してウの But は逆接の接続詞である。冒頭の囲みの段落は，「考えるのは自由〔無料〕だ」ということわざに始まり，人の考えは自分の胸に秘めておく限りは何物にも妨げられないという内容が述べられている。これに逆接の But で始まるウを続けると，「しかしこの本来の自由は……ほとんど価値のない」となって，以下の内容に自然につながる。これに対して，イは「頭から離れないほどの強い思いを隠しておくことは極めて困難である」という内容で，前述の内容を支持するような追加情報とはいえないので，Moreover でつなぐのは不自然である。よって，**2**および**3**は候補から外して，先を読み進む。

ウの第2文は，It is unsatisfactory and even painful ... , and it is obviously of no value ～「それ（＝個人の思考が本来持っている自由）は……満足できるものではなく，苦痛ですらあるし，～明らかにまったく価値のないものだ」という構造である。これに対してイの it is extremely difficult to ...「……することは極めて困難である」は，文頭の Moreover を介してウに自然につながる内容になっている。一方，アは複雑な構造の一文だが，主節となる文の骨組みは it is almost impossible for him ... not to ～「彼が～しないことはほとんど不可能である」の部分で，文全体の主旨は「もしある人がその考えによって『自分は周囲とは違う』という確信に至っているなら，それを（胸に秘めたまま）外に明かさずにいることはほとんど不可能である」という内容である。これは，イの「頭から離れないほどの強い思いを隠しておくことは極めて困難である」という内容を具体的説明で言い換えたものと考えられるので，ウ→イ→アと並べると文章の流れが自然になる。**4**および**1**の順番では，イの Moreover が前と自然につながらず，またイとアが分断されてアのほうが先にくるため，流れが不自然である。

以上より**5**が残るが，最後までの流れを確認すると，アに続く内容としてエの「自分の考えを胸に秘めておくくらいなら死をも受け入れるという人たちが存在し，また今日もそのような人たちは存在している」は妥当で，最後の囲みの文「このように，思想の自由は……言論の自由をも含んでいる」にも自然につながる。

したがって，正答はウ→イ→ア→エと続く**5**である。

正答 5

国家一般職 [大卒]

教養試験

No. 11 文章理解 英文（空欄補充） 令和元年度

次の文のア，イに当てはまるものの組合せとして最も妥当なのはどれか。

Running and walking are both excellent forms of exercise. Those who regularly do either typically have healthier hearts, stronger bones and lower body weights than their sedentary counterparts.

The Physical Activity Guidelines issued by the Department of Health and Human Services call for a minimum of 150 to 300 minutes per week of moderate activity or 75 to 150 minutes of vigorous activity.

So does it matter whether you get those minutes walking or running? Arguments can be made for both — and which is right for you depends on your goals and your current fitness level.

"The key difference between running and walking is how many calories you are burning — [ア] of exercise," says Paul D. Thompson, chief of cardiology at Hartford Hospital and a professor of medicine and preventive cardiology at the University of Connecticut.

For a 160-pound person, walking at a brisk, 3.5-mph (mile per hour) pace for 30 minutes will burn about 156 calories. But running at a 6-mph pace for that same 30 minutes will burn more than twice as many calories (about 356).

"Running is a less-efficient movement and it's more demanding on the body, so it burns more calories per minute," Thompson says. "But if you've got the time to walk long enough to burn the equivalent calories, then walking is fine."

That said, if your ultimate goal is to lose weight, chances are that neither running nor walking alone is going to do the trick. "Exercise on its own is not the best way to lose weight," Thompson says. "Research has shown that it needs to be done [イ]."

	ア	イ
1	not per mile, but per minute	along with calorie restriction
2	not per mile, but per minute	with a focus on whole body exercise
3	not per mile, but per minute	with your strong will at home continuously
4	not per minute, but per mile	along with calorie restriction
5	not per minute, but per mile	with your strong will at home continuously

解説

出典：“Is running better than walking ? It depends on your goals.”, The Washington Post, September 10, 2018

全訳〈ランニングとウォーキングは，ともに優れた運動の形である。定期的に行う人たちは，座っていることの多い同類の人たちに比べると往々にしてより心臓が健康で骨が強く，また体重が少ない。

（アメリカ）保健福祉省が発行する身体活動ガイドラインによると，週に最低で150分から300分の適度な運動と，75分から150分の激しい運動が必要とされている。

では，その時間ウォーキングをするのとランニングをするのとで違いはあるのだろうか。どちらについても議論の余地があり，どちらが適切なのかはあなたの目的や現在の健康レベルによって異なる。

「ランニングとウォーキングの重要な違いは，運動の$_{ア}$距離1マイル当たりではなく，1分当たりにどれだけのカロリーを消費しているかです」と，ハートフォード病院の心臓医療部長であり，コネティカット大学で医学および予防心臓病学の教授も務めるポール＝D＝トンプソン氏は語る。

160ポンド（約73キログラム）の人の場合，時速3.5マイル（約5.6キロメートル）のペースで30分間早足で歩くと，約156カロリーを消費する。しかし同じ30分間を時速６マイル（約9.7キロメートル）のペースで走ると，その２倍以上のカロリーを消費する（約356カロリー）。

「ランニングはより効率の悪い動きであり，体により負荷がかかるため，１分当たりのカロリー消費量が多いのです」とトンプソン氏は語る。「ただ，同等量のカロリーを消費するのに十分な距離を歩くだけの時間があるのでしたら，歩いてもかまいません」

とはいえ，もしあなたの最終的な目的が減量であるなら，ランニングだけでもウォーキングだけでも効果が表れない可能性がある。「運動だけというのは，減量する最善の方法ではありません」とトンプソン氏は語る。「研究の結果，運動はイカロリー制限とともに行われる必要があるということがわかっています」〉

空欄までの３段落では，ランニングとウォーキングが優れた運動であることを述べたうえで，両者のうちどちらをするのがよいのかは，各人の目的や現在の健康レベルによって異なると述べられている。

そのうえで，空欄アを含む第４段落は，「ランニングとウォーキングの重要な違いは，運動の［ア］……どれだけのカロリーを消費しているかだ」という発言で始まっており，選択肢の候補は not per mile, but per minute「１マイル当たりではなく，１分当たり（に）」，not per minute, but per mile「１分当たりではなく，１マイル当たり（に）」の２つである。続く第５段落には，「160ポンド（約73キログラム）の人の場合，時速3.5マイル（約5.6キロメートル）のペースで30分間早足で歩くと，約156カロリーを消費する。しかし同じ30分間を時速６マイル（約9.7キロメートル）のペースで走ると，その２倍以上のカロリーを消費する（約356カロリー）」とあり，これは前段落の具体例だと考えられる。ここでは，30分という同じ単位時間でのウォーキングとランニングのカロリー消費量の違いが述べられているので，空欄には前者の not per mile, but per minute が適切である。

この違いを踏まえて，第６段落では「ランニングのほうがカロリー消費量は多いが，長い距離を歩く時間があるのならウォーキングでもよい」，つまり，時間が限られているならランニング，時間の余裕があるのならウォーキングでより長い時間を歩けば，カロリー消費の点では同様の効果が得られることが示唆されている。

空欄イを含む最終段落は That said,「そうはいっても，とはいえ」で始まり，もし最終的な目的が減量なら，ランニングにしろウォーキングにしろ，運動だけでは十分ではないと述べられている。空欄を含む最終文は「研究の結果，運動は［イ］行われる必要があるということがわかっている」という意味で，選択肢の候補は along with calorie restriction「カロリー制限とともに」，with a focus on whole body exercise「全身の運動に重点を置いて」，with your strong will at home continuously「強い意志を持って，家庭で継続的に」の３つである。このうち文脈に合うのは along with calorie restriction のみで，ほかの２つは第２文の発言「運動だけでは十分ではない」と矛盾する内容になるため不適切。

よって，空欄に当てはまる語句は，ア：not per mile, but per minute，イ：along with calorie restriction となり，正答は**1**である。

正答　1

国家一般職［大卒］
教養試験

No. 12 文章理解 現代文（内容把握） 平成30年度

次の文の内容と合致するものとして最も妥当なのはどれか。

株式会社制度の発展により所有と経営が分離されると，会社の業務運営を行う経営者は株式を所有する出資者に対してアカウンタビリティを負うことになり，受託資本の管理運用責任を果たすことが求められる。このため，会計報告に資本がどの程度増加し，出資者に分配するかの情報を提供する機能が必要になる。会計学や簿記論で資本取引と損益取引の区分が強調されるのは，株主持ち分たる資本が維持されているか，当期において利益が生じているかを明らかにすることが株主に対する経営者のアカウンタビリティの基本になるからである。

つまり，企業における経営者の株主に対する責任は，受託財産の記録，計算，報告を正確に行う簿記上の責任と，実質資本維持がなされているかの資本運用責任から構成される。前者は会計担当者の経営者への財務会計上の責任，つまり財務報告の作成者の利用者に対する責任であり，後者は経営者が株主に負う責任であって，両者を合わせて財務的アカウンタビリティといってよい。

《中　略》

企業は利益極大化を図るかどうかはともかく，利益という財務的な尺度で業績を把握することができるから，財務的アカウンタビリティを果たしたかが基本である。複式簿記による記録・測定がアカウンタビリティの確保でも重要な役割を担っている。

他方，政府等の公的部門では納税者・国民から調達した資源をどのように使用したかを正確に記帳し，その記録の正確性を保証するだけでは，納税者や国民に対するアカウンタビリティを果たすことにならない。財務的な利益をあげることが目的でなく，国民福祉や公共価値を増進することが目的であるからである。管理的及びプログラム・アカウンタビリティを果たすことがより重要な責務となる。公的部門で利益を確保するには，支出を抑え，収入を増やせばよいから，必要な事業を実施せず増税や使用料値上げをすれば可能である。こうした利益＝財政黒字状態が公的部門の本来の成果を示していないことは明らかであろう。また，企業の社会や経済における役割が高まるに従い，株主や債権者以外に顧客，地域住民，政府等多くの利害関係者を有し，社会的責任を負うようになる。こうした企業の社会的影響や貢献度を測定し，伝達することが会計的にも求められ，アカウンタビリティも企業単独のコーポレートなものから社会的・公共的なものに拡大する。

1　所有と経営が分離されると，経営者は出資者に対して，管理的アカウンタビリティよりも，受託資本の管理運用責任を果たす財務的アカウンタビリティの方を負うことが求められる。

2　企業に利益が生じていれば，資本運用責任が果たされているため，経営者の出資者に対する財務的アカウンタビリティは果たされている。

3　会計担当者が経営者に対して負う責任は，経営者が株主に対して負う責任と異なり，社会的・公共的なものを含むようになってきた。

4　公的部門では，記録の正確性を保証するのみでは国民に対するアカウンタビリティを果たすことにならず，管理的及びプログラム・アカウンタビリティを果たすことが必要になる。

5　公的部門におけるアカウンタビリティとは，地域住民などの利害関係者への社会的影響や貢献度を測定し，伝達することである。

解説

出典：山本 清『アカウンタビリティを考える――どうして「説明責任」になったのか』

企業と政府等の公的部門におけるアカウンタビリティについて述べた文章。第４段落はじめの「他方」に着眼して，企業と公的部門において重要となるアカウンタビリティの相違をとらえてから選択肢を吟味したい。

1．企業は，もとより「財務的アカウンタビリティを果たしたかが基本」であり（第３段落），「管理的アカウンタビリティ」は，政府等の公的部門における重要な責務として挙げられている（第４段落）から，所有と経営の分離に伴い，後者より前者のほうを負うことが求められるとはいえない。

2．全体的に誤り。アカウンタビリティは説明責任であり，「利益が生じている」だけではこれを果たしたことにはならない。また，経営者の出資者に対する財務的アカウンタビリティは，簿記上の責任と資本運用責任から構成されると述べており（第２段落），資本運用責任が果たされているだけでは，財務的アカウンタビリティが果たされているとはいえない。また，株主に対する経営者のアカウンタビリティとしては，「利益が生じている」かという点だけでなく「資本が維持されているか」という点を明らかにする必要がある（第１～２段落）。

3．「会計担当者が経営者に対して負う責任」については，「財務会計上の責任」が挙げられているが，これは，「受託財産の記録，計算，報告を正確に行う簿記上の責任」であり（第２段落），「経営者に対して負う責任」として「社会的・公共的なものを含む」とはいえない。第４段落で，企業の社会や経済における役割が高まるに従い，「企業の社会的影響や貢献度を測定し，伝達することが会計的にも求められ，アカウンタビリティも企業単独のコーポレートなものから社会的・公共的なものに拡大する」と述べているが，これは企業の社会的責任である。

4．妥当である（第４段落）。

5．全体的に誤り。「地域住民などの利害関係者への社会的影響や貢献度を測定し，伝達すること」は，企業の社会的責任であり（第４段落末），政府等の「公的部門におけるアカウンタビリティ」については，資源の使用についての正確な記録と「管理的及びプログラム・アカウンタビリティ」とを挙げる必要がある（第４段落）。

正答 4

国家一般職［大卒］

No.13 教養試験 文章理解 現代文（内容把握） 平成30年度

次の文の内容と合致するものとして最も妥当なのはどれか。

懐石を支えた茶の文化は，チャという植物や木，紙，タケなどモンスーンの気候帯に固有の植生に支えられた文化でもある。茶室というしつらえそのものが木の文化の産物である。木の椀，箸，膳などの什器類も木の文化の産物であるといってよい。このようにみれば，和食の文化が，日本列島の気候風土やそれに育まれた文化によって支えられてきたことは明白である。

和食の背景の一番奥にある思想の底流にも，輪廻の思想はじめ東洋の思想が流れている。そして，これらの思想体系自身がモンスーンの風土に育まれた多様な生物群に支えられてきたことを考えれば，和食の文化は日本の「風土」に支えられてきたというべきであろう。無形文化遺産に登録された和食のこころとは，日本の風土の，食というかたちでの発現にほかならないのである。そしてなによりも大切なことは，「文化遺産」つまり放置すればやがては消失してしまう危険性があるという認識を持つことなのではないだろうか。

世界文化遺産の登録をめぐって，和食とはなにか，たとえば，カレーライスやラーメンは和食かそうでないかという議論があった。さらには，和食の大きな要素が出汁（だし）にあるということで，出汁，うま味をめぐる議論もある。しかし，登録されたのは和食のメニューなのでもなければ，出汁や特定の食品なのでもない。登録されたのは文化なのだ。しかもそれが文化として根づいてきたのは，和食の文化が環境にもやさしく日本の風土にマッチしてきたからにほかならない。いくら和食がヘルシーだからといって，海の向こうの人びとから金にもの言わせて世界中から食材を買いあさって調理したところで，それはもはや文化としての和食でも何でもない。和食の再認識は，じつは日本の風土の再認識でなければならない。これがわたしの出した結論である。同時に，日本に限らず，それぞれの地域の食文化と風土の再認識でなければならない。

このように，食とは，地球システムのなかでの人類の営みなのであって，いくら技術が進んだところでこの根本原則が変わることはない。これを都合よく制御しようという現代社会の試みは，いったん動きだせばあとは永遠に動きつづける「永久機関」を作ろうという試みと何ら変わるところはなく，破綻は目に見えている。

1　木の文化は，地域の気候帯に固有の植生に支えられて形成されており，日本では，木の文化の産物である什器類が懐石を支えた。

2　和食の底流に流れる東洋の思想は，輪廻の思想とモンスーンの風土に育まれた多様な生物群への敬意とが混ざり合って生まれた。

3　和食の文化の大きな要素は出汁やうま味にあり，無形文化遺産に登録されず放置されれば，和食の文化は消失するという危機意識があった。

4　和食は日本の風土に支えられて文化として根付いており，和食の再認識には日本の風土の再認識が必要とされる。

5　和食は環境に優しく，海外でも受け入れられているが，地域の食文化を消失させないように制御しようとする試みは，現代においても困難である。

解 説

出典：佐藤洋一郎『食の人類史』

和食の文化と日本の風土との結びつきについて述べた文章。第２段落後半の「和食の文化は日本の『風土』に支えられてきたというべきであろう。無形文化遺産に登録された和食のこころとは，日本の風土の，食というかたちでの発現にほかならない」，第３段落後半の「和食の再認識は，じつは日本の風土の再認識でなければならない」などの主張を読み取って正答の選択肢を探したい。

1．「地域の気候帯に固有の植生に支えられ」たというのは，「茶の文化」についての説明である。それの証左として，茶室や木の碗，箸，膳などの什器類が木の文化の産物であることを指摘している（第１段落）のであり，「茶の文化」と「木の文化」をそのまま入れ替えることはできない。また，「懐石を支えた」のは「茶の文化」であり（第１段落），木の文化の産物である什器類は，茶の文化を構成するものとして述べられているので，これらの什器類が，「茶の文化」という枠組みをとばして直接「懐石を支えた」とするのはおかしい。

2．和食の思想の底流に東洋の文化が流れているという指摘はあるが（第２段落），その東洋の思想がどのように生まれたかという点については言及がない。

3．文化遺産の登録を巡っては，「和食の大きな要素が出汁にあるということで，出汁，うま味をめぐる議論もある」（第３段落）とあるが，第２段落に「なによりも大切なことは，……放置すればやがては消失してしまう危険性があるという認識を持つことなのではないだろうか」と筆者の主張を述べており，一部の議論と筆者の意見提示を一つながりのものとして述べている点が誤り。

4．妥当である（第２～３段落）。

5．「和食は環境にもやさし」いという主張はあるが（第３段落），「海外でも受け入れられている」という言及はない。また，「制御しようとする試み」については，「食とは，地球システムのなかでの人類の営み」であるのに，これを「都合よく制御しようという現代社会の試み」では「破綻は目に見えている」と述べており（第４段落），選択肢の「地域の食文化を消失させないように制御しようとする試み」は，挙げられていない。

正答　4

国家一般職
[大卒]

No.14 教養試験

文章理解　現代文（内容把握）　平成30年度

次の文の内容と合致するものとして最も妥当なのはどれか。

「労働者のあり方」という観点からしたら，近代工業社会は，生まれ続ける失業者をすくい上げるために「新しい産業」を作って来たという面もある。つまり，労働者の安定が帝国主義の発展を支えて来たという一面もあるけれど，でもその「発展の形」は飽和状態に来た。

かつて産業とは「物を作ること」だった。物を大量に作って売る――そうすれば利益を得ることが出来る。そういうことが可能だった時代には，市場というものが無限に近い広さを持っているもののように思われた。でも当然，それは無限ではない。

需要を生み出すマーケットが無限に近い広大さを持っていると思われた時期には，物を作り出すための資源の有限が言われた。つまり，エネルギー資源の確保ということだが，これは「需要は無限にある」ということを前提にしている。その時代には「石油の枯渇」が心配されて，まさか現在のような「石油のだぶつきと値下がり」が起きるとは思わなかった。

人が「需要」と考えるものは往々にして「欲望」のことで，「人の欲望が無限である以上，需要もまた無限に存在して，であればこそ“物”を作り出す産業も不滅だ」と考えられていた。それは，実は「物が足りなくて困ることがある」という「それ以前の時代」の考え方で，「物が余ってしまう未来」のことを頭に置いていない。だから，「人の需要は無限に存在し続けて，マーケットもまた無限に近く続いて広大だ」ということが，うっかり信じられてしまう。

「それは飢餓の時代の世界観である」と言ってしまうと，「世界にはまだ飢餓が存在している」と言われてしまうかもしれない。しかし，産業は「需要」と向かい合うもので，「飢餓」と向かい合うものではない。飢餓と向かい合ったって一銭の得にもならないのだから，利潤を求める「産業」というものは，飢餓なんかには向き合わない。飢餓と向かい合って「なんとかしなければ」と考えるのは「人の善意」で，産業なんかではない。そこに「メリット」を発見しない限り，産業は飢餓と向かい合わない。そして，一方に飢餓と窮乏があったとしても，「無限の需要」を習慣的に夢見てしまう産業は，知らない間に「物が余ってしまう社会」を作り出してしまう。

1　かつて産業とは物を作って市場で売ることであり，その市場は無限の広さを持っていたが，資源の有限が言われると，市場の広さは無限ではなくなった。

2　石油の枯渇が回避された結果，需要が無限にあることを前提としたエネルギー資源の確保が行われ，物が余ってしまう社会が作り出された。

3　飢餓の時代の世界観に基づくと，人の需要は無限に存在するので物を作り出す産業も不滅であるという考え方となる。

4　産業は，飢餓とは向き合わないが，一度飢餓にメリットを発見すると，何とかしなければと考え，そこに人の善意が生まれる。

5　かつては，労働者の安定のために新しい産業が作られてきたが，物が余ってしまう未来では，世界に存在する飢餓を求めて新しい産業が作られる。

解説

出典：橋本 治『知性の顚覆——日本人がバカになってしまう構造』

近代の産業観について述べた文章。需要は無限であり，市場は無限に近い広さを持っているというのは，物が足りなかった時代の考え方であり，現実には市場は無限ではなく，「無限の需要」を求める産業は知らない間に「物が余ってしまう社会」を作り出してしまうと論じている。

1．2点誤り。まず，市場が「無限の広さを持っていたが」「無限ではなくなった」と，実際上の変化としてとらえている点が誤り。「無限に近い広さを持っているもののように思われた。でも当然，それは無限ではない」（第2段落末），「うっかり信じられてしまう」（第4段落末）などの言明がある。また，「資源の有限」は，市場が無限に近い広さを持っていると思われた時期に言われたのであり，「資源の有限が言われると，市場の広さが無限ではなくなった」としている点も誤り。

2．需要が無限にあることを前提としたエネルギー資源の確保は，「石油の枯渇が回避された結果」行われたわけではなく，「物が足りなくて困ることがある」という考え方によるものである（第3～4段落）。

3．妥当である。

4．産業は「飢餓とは向き合わない」という部分は第5段落の内容に合致するが，「なんとかしなければ」と考えるのは飢餓と向き合う「人の善意」であり，「産業」ではないと述べている（第5段落）。

5．前半の「労働者の安定のために新しい産業が作られてきた」という部分は，第1段落の近代工業社会の特性と合致するが，後半の「物が余ってしまう未来」で「世界に存在する飢餓を求めて新しい産業が作られる」という言及は本文にはない（第4～5段落）。

正答　3

国家一般職［大卒］

No. 15　教養試験

文章理解　現代文（内容把握）　平成30年度

次の文の内容と合致するものとして最も妥当なのはどれか。

技術は社会に受け入れられることによって普及する。その意味では社会が技術を選択していることになるが，普及の程度やあり方によっては，逆に技術が社会を支配する要因ともなりうる。

選択と支配という関係性の逆転をもたらしている要因は技術の作動条件である。あらゆる技術には作動条件というものが存在し，単独では機能を発揮できない。たとえば刃物のような原始的な道具であっても，それを使いこなす身体能力が作動条件となる。原始的な道具と近代技術の違いを指摘するとすれば，後者が生身の人間の身体能力に依存しない方向で進化していることである。その結果として個人の身体能力や感覚などに依存しない形で技術は機能を発揮できるようになっている。その一方で高度化する技術の作動条件は複雑化し，これ自体が社会の一部を構成し始める。

技術が社会に普及した結果，逆に社会が技術に依存するような現象もある。電気に即して考えてみよう。現在の日本では明かりが必要な時には照明をつけるだけで用が足りる。そのために必要なのはスイッチ一つであり，単純な操作で誰でも使えるようになっている。操作の手軽さと機能の多様性という点において，技術による人工的環境は人類史上まれな水準に達しているといってよいだろう。その背景に存在するのは様々な技術群であり，これが消費者の利便性を支えている。社会基盤としての電気の作動条件となっているのが発電所や送電網などであり，これらが整えられてはじめて電気を簡便に利用することが可能になる。また化石燃料や原子力といった高密度のエネルギー源を使用する発電技術によって，電気は時間帯を問わずに利用することが容易になった。その結果，電気は他のエネルギー媒体よりも優位性を持つようになり，様々な技術が電気の供給を前提とするものへと置き換わってきた。当初の用途は熱や光であったが，家電製品のようにしだいに社会基盤としての電気を前提とする新たな商品やサービスが生み出されてきた。これらを前提として私たちの生活やライフスタイルがある。

このように技術が普及するにしたがって，社会基盤としての重要性も高まってきた。その一方で技術の利用に必要な作動条件も複雑化してきた。道具の段階における作動条件は使用者の身体能力が多くを占めており，道具が利用者の発達を促すような関係性もあった。また道具そのものも単純であったため，比較的容易に再現することが可能であった。

1　複雑化した技術の作動条件を前提とする人工的環境の下で人間が生活することは，選択と支配という関係性の逆転をもたらす要因となっている。

2　電気を前提とする新たな商品は，手軽な操作を提供することで，人間が電気を簡便に利用することを可能にし，原始的な道具よりも優位性を持つ。

3　人間は，個人の身体能力や感覚に依存しないライフスタイルを確立したことで，電気を前提とする新たな商品やサービスを生み出してきた。

4　消費者の利便性を追求した結果，電気の作動条件が発電所や送電網などであるように，あらゆる技術の作動条件が複雑化してきた。

5　技術には，普及の程度や在り方により，社会を支配する要因となる可能性があるほか，社会に依存される現象も存在し，技術の社会基盤としての重要性も高まっている。

解説

出典：丸山康司『再生可能エネルギーの社会化——社会的受容性から問いなおす』

技術と社会の関係について述べた文章。技術の普及と作動条件の複雑化の関係を取り上げて論じている。**1**～**4**は因果関係について述べているが，細かい吟味に入る前に，第1段落と第2段落以降の各段落の冒頭に目を通し，議論の大枠をつかむと速く解ける。

1．第2段落で，「選択と支配という関係性の逆転をもたらしている要因」は「技術の作動条件である」と述べており，「複雑化した技術の作動条件を前提とする人工的環境の下で人間が生活すること」を要因とするのは，飛躍がある。

2．人間が電気を簡便に利用することが可能になるのは，「社会基盤としての電気の作動条件となっている発電所や送電網など」が整えられてからであり，「電気を前提とする新たな商品」が生み出されるようになったのは，電気が社会基盤となってからである（第3段落）。また，電気は他のエネルギー媒体よりも優位性を持つようにな」ったという記述はあるが，「電気を前提とする新たな商品」が「原始的な道具よりも優位性を持つ」とは述べていない（第2～4段落）。

3．順序が逆である。「電気を前提とする新たな商品やサービス」が生み出されてきたのは，電気が社会基盤となってからであり，「これらを前提として私たちのライフスタイルがある」と論じている（第3段落）。

4．「消費者の利便性」は「様々な技術群」に支えられている（第3段落）が，消費者の利便性の追求は，本文には「あらゆる技術の作動条件が複雑化してきた」原因としては挙げられていない。

5．妥当である（第1，第3～4段落）。

正答　5

国家一般職［大卒］ No.16 教養試験

文章理解　現代文（内容把握）　平成30年度

次の文の内容と合致するものとして最も妥当なのはどれか。

近代的自我の文学の到達点であるプルーストの小説は，あの目ざめの「最初の瞬間」，「自分が誰であるかを知らず，何者でもなく，新しく，何にでもなれる状態にあり，脳はそれまで生きてきたあの過去というものを含まず空虚になっている」そのような瞬間からくりかえしはじまっている。

死への抵抗，長い，毎日の，必死の抵抗……しかもその死は，断片的，継起的な死であって，われわれの一生の全持続にわりこむ。〔『花咲く乙女たちのかげに』〕

われわれの人生の持続にわりこむ死，「断片的，継起的な」死とはどういう死なのだろうか。それは瞬間ごとにわれわれの実存を帰無し，次の瞬間には見知らぬ他者をわれわれの内に生みだすかもしれないような死だ。

「われ信ず」「われ思う」「われ感ず」ということは近代世界の熟成してゆくそれぞれの世紀において，人間が自分自身の存在感，実存のリアリティをとりもどすために要請し，発見してきた条件法であった。それらはけっして観念の中の小理屈ではなく，それぞれの時代の人びとにとって，なまなましく強迫的な条件法であったということが，まず理解されねばならない。これらの生きられる条件法の基礎にあるものは，カルヴァンからデカルトを経てプルーストに至る近代的自我の全歴史につきまとってきたひとつの〈おびえ〉，ひとつの不信，ひとつの喪失，あるいは疎外の感覚である。

彼らの存在感は，たえずあらたに風を送らねば消えはててしまう炎のように不安定なものだ。信仰や思惟や感覚は，このような炎をたえずよみがえらせる生命の風のさまざまなかたちに他ならない。これらの時代の内部の人びとが自己の存在証明のために，これらさまざまな条件法をその主題として追求してきたことは当然であるが，近代をその総体として問題とするわれわれにとって，主題は反転されねばならない。それぞれの世紀の〈解決形態〉の底にある問いそのものの場を問いかえすということ，すなわち，これらの条件法なしには主体が持続する実在感をもちえぬという，時間と自我との双対的な解体感自体がまず主題化されねばならない。

1　プルーストの小説は，近代の人々が何者でもないという目覚めの瞬間を繰り返し，それまで生きてきた過去を捨て去るという状態を描いたことで，近代的自我の文学の到達点となった。

2　人生の持続に割り込もうとする死に対し，人々が必死に抵抗するのは，死によって自分が永遠に実存しなくなり，見知らぬ他者に取って代わられるというおびえがあるためである。

3　近代世界の人々は，不安定な自分自身の存在感を取り戻すため，それぞれの時代において自分の存在を証明するような信仰・思惟・感覚における条件法を求めてきた。

4　「われ信ず」という信仰上の強迫的な教えは，近代世界が熟成するとともに疎外の感覚を募らせた人々によって否定され，「われ感ず」という感覚上の解決形態に置き換えられた。

5　主体が持続するための条件法が，それぞれの時代において観念の中の小理屈ではないことを理解することによって，我々は近代をその総体として問題とすることができる。

解説

出典：真木悠介『時間の比較社会学』

近代人の存在感の不安定さについて述べた文章。プルーストの小説に記された「断片的，継起的な死」について解釈し，筆者の問題意識を提示している。「条件法」などの難しいことばが出てくるが，「……とはどういう死なのだろうか」という問いが掲げられており，文章構成はシンプルである。この問いに対する解釈を読み取って解くことが肝要となる。

1．プルーストの小説が「近代的自我の文学の到達点である」という点は，本文冒頭に記されており，その小説の中で，近代人である「自分」が「何者でもないという目覚めの瞬間を繰り返し」描いたという点も第1文の内容に合致するが，「脳はそれまで生きてきたあの過去というものを含まず空虚になっている」目ざめの瞬間を描いたのであり，「それまで生きてきた過去を捨て去るという状態を描いた」とは述べていない。

2．「死によって自分が永遠に実存しなくなり，見知らぬ他者に取って代わられるというおびえがある」という部分が誤り。本文で取り上げられている「死」は，「われわれの人生の持続にわりこむ死」「断片的，継起的な死」であり，それは「瞬間ごとにわれわれの実存を帰無し，次の瞬間には見知らぬ他者をわれわれの内に生み出すかもしれないような死だ」と述べている（第1～3段落）。

3．妥当である（第4～5段落参照）。

4．「われ信ず」と「われ感ず」は，本文では並列されており，一方が否定されて他方の形態に「置き換えられた」という関係性は記されていない。また，「われ信ず」は，「われ思う」「われ感ず」と並列されて「人間が自分自身の存在感，実存のリアリティをとりもどすために要請し，発見してきた条件法」であり，「なまなましく強迫的な条件法であった」とは述べられているが，「信仰上の強迫的な教え」のようなものとはされていない（第4～5段落）。

5．「主体が持続するための条件法が，それぞれの時代において観念の中の小理屈ではない」という部分は第4～5段落の内容に合致するが，本文にはこのことが「まず理解されねばならない」と記されており，これを理解するだけでは「近代をその総体として問題とすることができる」とまではいえず，飛躍がある。第5段落で，「近代をその総体として問題とするわれわれにとって，主題は反転されねばならない」と述べており，筆者の問題意識は，「これらの条件法なしには主体が持続する実在感をもちえぬという，時間と自我との双対的な解体感自体がまず主題化されねばならないという点にある。

正答　3

国家一般職［大卒］ No. 17 教養試験

文章理解　現代文（空欄補充）　平成30年度

次の文の［　　　］に当てはまるものとして最も妥当なのはどれか。

われわれは道徳的な問題や政治的判断に関しても，科学的な問題と同じようなアプローチが可能であるといわれれば，そうした考えには相当に抵抗感があり，不信感をもつにちがいない。というのも，道徳的な善や悪，法的な正義や不正は，科学が自然のなかに見出す法則とはまったく別の意味での，道徳的原則や法的原理によって，判定されているように思われるからである。道徳の原理などが神的な起源をもつのか，人間理性のうちにあるのか。このことはもちろん道徳哲学・法哲学の重大な問題ではある。しかし，それが自然界の法則とはまったく別のものであるのは，はじめから自明なことではないのか。

デューイはこのような発想に対して，それは自明どころか，反対にまったく誤っているのだと主張する。というのも，彼の理解では自然の内なる法則や規則というものも，実際には探究の現時点での「保証つきの言明可能性」に従ったものでしかないのであるから，それ自体として永遠的かつ客観的に存在するものではない。

それとまったく同様に，道徳や社会の規則もまた，［　　　］有効性が確かめられている，人間どうしの社会的な活動のルール，人々の結びつきの規則にすぎないからである。道徳や法的正義などの価値判断に関して，理性であれ神であれ，何らかの絶対的な根拠や源泉を求めようとすることは，科学についての認識論的反省の場合と同様に，「傍観者的知識観」にもとづいた伝統的哲学がひきずってきた，誤った保守主義，無益な「確実性の追求」という誤謬に陥る，ということに他ならないのである。

1　古いパラダイムの破棄と新しいパラダイムの形成による累積的な進歩によって
2　あらゆる社会に永遠に妥当する真理ではなくて，この時代，この社会において
3　自然界の法則が永遠的かつ客観的であるのとは異なり，認識論的反省をふまえて
4　民主主義など政治的体制の形態にかかわらず，確実性を追求する伝統的哲学にもとづいて
5　神的な起源をもとうとも，人間理性のうちにあろうとも，別の意味での原理によって

文章理解
判断推理
数的推理
資料解釈
時事
物理
化学
生物
地学

解説

出典：伊藤邦武『プラグマティズム入門』

道徳や社会の規則と科学が自然界に見いだす法則との共通点を取り上げた文章。

空欄のある第3段落の第1文は，「それとまったく同様に，道徳や社会の規則もまた，[　　　]有効性が確かめられている，人間どうしの社会的な活動のルール，人々の結びつきの規則にすぎないからである」というもので，その主語は「道徳や社会の規則」であり，「それとまったく同様に」「もまた」とあるのだから，前段落と共通する内容のものを選ぶ必要がある。後の説明を読むと，続く第2文には，「何らかの絶対的な根拠や源泉を求めようとすることは，……誤った保守主義，無益な『確実性の追求』という誤謬に陥る，ということに他ならないのである」と述べており，この段落の趣旨は，道徳や社会の規則にも「絶対的な根拠や源泉」は求められないというものであることがわかる。

前の第2段落では，デューイの主張を挙げており，「自然の内なる法則や規則というものも，実際には探求の現時点での『保証つきの言明可能性』に従ったものでしかないのであるから，それ自体として永遠的かつ客観的に存在するものではない」と述べている。「現時点での『保証つきの言明可能性』に従ったものでしかない」という要点を押さえて，選択肢を吟味したい。

1．「古い」パラダイムか「新しい」パラダイムかという論点は，提示されていない。

2．妥当である。「あらゆる社会に永遠に妥当する真理ではなくて，この時代，この社会において」有効性が確かめられているものとすると，第2～3段落の趣旨に合致する。(上記の解説参照)

3．自然界の法則と異なる点を指摘しているのではないから，誤りである。

4．「確実性を追求する伝統的哲学にもとづいて」という観点が誤り。本文では「伝統的哲学がひきずってきた，……，無益な『確実性の追求』」を「誤謬」と断じている。

5．「神的な起源をもつのか，人間理性のうちにあるのか」という問題は，第1段落で取り上げられている観点であり，第2段落以降では，このような「原理」を求める発想を否定しているのだから，第2～3段落の趣旨と反対の内容になってしまう。第3段落では，「絶対的な根拠や源泉を求めようとすること」を「無益な『確実性の追求』という誤謬」と呼んでいる。

正答　2

国家一般職［大卒］

No. 18 教養試験 文章理解 英文（内容把握） 平成30年度

文章理解 判断推理 数的推理 資料解釈 時事 物理 化学 生物 地学

次の文の内容と合致するものとして最も妥当なのはどれか。

Atop Earth's largest active volcano, an alarm bell has tolled unheeded for six decades. In 1958, Scripps Institution climatologist Charles Keeling began making precise measurements of atmospheric carbon dioxide concentrations at Mauna Loa Observatory. Back then, Earth's atmosphere clocked roughly 310 parts per million（ppm）of carbon dioxide. It took just a year for Keeling to spot a now-familiar upward trend.

"You can think of it as taking planetary vital signs," says Ralph Keeling, who continues his father's work at Scripps today. The news isn't good. In April 2017, carbon dioxide hit 410 ppm, a 50 percent increase from pre-Industrial Revolution levels. And it's been increasing roughly 3 ppm per year, a record rate. Last year, 175 countries agreed to reduce emissions via the Paris Agreement, which — optimistically — could hold global temperatures to an increase of 1.5 degrees Celsius since pre-industrial levels.

"We are almost there already," says glaciologist*1 Eric Rignot of the University of California, Irvine. "I think at some point, people will realize we've already passed it."

Our current emissions trajectory*2 locks Earth into a carbon dioxide level of at least 450 ppm, Ralph Keeling says. And burning fossil fuels at the same increasing rates through 2050 would drive those levels to their highest point in 50 million years, according to an April study in *Nature Communications*. Add a few more centuries of similar emissions, and carbon dioxide levels rise to those not seen in 420 million years, causing unprecedented sea level rise.

Keeling doesn't think it'll come to that. New efficiency standards and cleaner energy are already reducing emissions in the U.S. and other countries. If such efforts register at Mauna Loa, it could show humans still have some control. "It's been an alarm bell so far — the curve," Keeling says. "But if we start to take positive steps, it can become a sign of progress and hope."

（注） *1 glaciologist：雪氷学者　*2 trajectory：軌跡

1 大気中の二酸化炭素の濃度は，1958年に正確な測定が始められたが，その頃には既に，濃度は産業革命以前の水準の1.5倍となっていた。

2 Charles Keeling がマウナ・ロア観測所で二酸化炭素の濃度測定を始めた目的は，地球上の新たな生命の兆候を発見するためであった。

3 パリ協定では，地球の気温上昇を産業革命以前の水準から1.5℃高い水準までにとどめることとされたが，同協定の発効の5年後には，初めてこの水準を超える見込みである。

4 化石燃料の使用量は2050年まで同じ割合で増加し続けるが，地球の二酸化炭素の濃度は，今後減少が見込まれ，現在の水準がこの5,000万年で最大と予想されている。

5 Ralph Keeling によれば，米国等では，新しい効率基準と，よりクリーンなエネルギーのお陰で，温室効果ガス排出量が既に減少している。

解説

出典：Eric Betz, "What Carbon Really Costs"

全訳〈世界最大の活火山の頂上では，非常ベルが顧みられないままに60年間鳴り続けてきた。1958年，スクリプス研究所（訳注：アメリカで生物医療科学の研究と教育を行っている，非営利の医療研究施設）の気候学者であるチャールズ＝キーリング氏は，（ハワイの）マウナ=ロア観測所で大気中の二酸化炭素濃度の詳細な計測をし始めた。当時，大気中の二酸化炭素濃度はおよそ310ppm（＝0.031%）を記録していた。今ではなじみのある上昇傾向をキーリング氏が発見するまでには，ちょうど1年を要した。

「それは，惑星のバイタルサイン（生命徴候。人間の場合は脈拍，呼吸，体温，血圧をさす）を測っているようなものとお考えください」と，現在スクリプスで父親の仕事を引き継いでいる，ラルフ＝キーリング氏は語る。最新の状況は芳しくない。2017年4月，二酸化炭素濃度は410ppmを記録し，産業革命以前の水準から50％の増加となった。そして，1年ではおよそ3ppmの増加と，過去最大の割合となった。昨年，175か国がパリ協定に沿って排出量を減らすことに合意した。それにより，楽観的見通しでは，地球の気温を産業革命以前の水準から1.5℃高い水準までにとどめられることになる。

「私たちは，すでにほぼその水準まで来ています」と，カリフォルニア大学アーバイン校に所属する雪氷学者のエリック＝リグノット氏は語る。「おそらくどこかの時点で，私たちは人類がその水準をすでに超えてしまったことに気づくことになると思います」

私たちの現在の排出量をもとに軌跡を描くと，地球が少なくとも450ppmの二酸化炭素濃度となることは逃れられない，とラルフ＝キーリング氏は語る。また，（オンライン誌の）「ネイチャー・コミュニケーションズ」に4月に掲載された研究によると，化石燃料を今と同じ増加割合で2050年まで燃やし続けると，その水準は過去5000万年での最高点にまで達するだろうとのことだ。同様の排出量があと何百年分か加われば，二酸化炭素濃度は過去4億2000万年なかったほどの高い水準にまで上昇し，結果として過去に例を見ないほどの海面上昇が起こることになる。

キーリング氏は，そこまでの事態に至るとは考えていない。新しい（車の燃費などの）効率基準と，よりクリーンなエネルギーによって，すでにアメリカや他の国々では排出量が減少している。そのような努力がマウナ=ロアで記録となって現れれば，人間にはまだ制御可能であることが示されることになる。「これまでのところ，この曲線は非常ベルでしたが」とキーリング氏は語る。「もし私たちが前向きな措置を講じることを始めるなら，それは進歩や希望のしるしにもなるのです」〉

1．前半部分は正しいが，その頃すでに濃度が産業革命以前の水準の1.5倍となっていたのではなく，2017年4月に，産業革命以前の水準から50％の増加，つまり1.5倍になったと述べられている。

2．チャールズ＝キーリング氏が測定を始めた目的については述べられていない。息子のラルフ＝キーリング氏の発言にvital signsとあるが，これは「地球上の新たな生命の兆候」という意味ではなく，また目的を述べた文でもない。

3．前半部分については，楽観的見通しの場合として本文でも述べられているが，後半部分について，「発効の5年後」という具体的な文言は本文中にはなく，「（将来）どこかの時点で……その水準をすでに超えてしまったことに気づく」ことになるだろうとの発言が引用されている。

4．本文で述べられているのは，「（仮に）化石燃料を今と同じ増加割合で2050年まで燃やし続けると」「その（＝2050年時点の）水準は過去5000万年での最高点にまで達することになる」という予想である。また，現在多くの国で排出量が減少していることは最終段落で述べられているが，地球の二酸化炭素濃度について「今後減少が見込まれ」るという予想は述べられていない。

5．妥当である。

正答　5

国家一般職［大卒］ No. 19 教養試験

文章理解　英文（内容把握）　平成30年度

次の文の内容と合致するものとして最も妥当なのはどれか。

The first thing that catches the eye at the Coal Heritage Museum in Madison is a small but striking image of a miner hovering over a city. With his arms rested on his waist, the deity-like miner uses his helmet lantern to illuminate the city.

The message isn't meant to be subtle. "A lot of miners take pride in it," says Carl Dunlap, who spent 40 years as a coal miner and now mans the front desk of the museum.

He's right. Coal was discovered in West Virginia in 1742, just a few miles from where the museum sits, and it became central to the state's economy in the 19th century when the Industrial Revolution sent demand soaring. Eventually, all but two of the state's 55 counties became a source for the black rock. Coal powered the nation through World War Ⅱ and was critical during the energy crisis in the 1970s, when Middle Eastern sheiks*1 embargoed*2 the sale of oil. Demand peaked in 1988, when coal provided nearly 60% of U.S. electricity.

There were ups and downs in the decades that followed, but in the past 10 years the decline began to resemble a death spiral. West Virginia produces 60% of the coal that it did a decade ago and employs about 12,000 people as coal miners — down from more than 64,000 in the 1970s. The effects extend far beyond the people working directly in the industry. Revenue from a state tax on coal production — a key source of funding for local communities — is expected to decline from more than $420 million in 2012 to $151 million by 2018.

It's market forces that make this moment the most challenging time in the coal industry's long history — and a key reason why energy analysts are skeptical of any promise to bring it back. The development of fracking opened up once unreachable reserves of natural gas and has slashed its price by two-thirds since 2008.

（注）　*1 sheik：首長　　*2 embargo：～の貿易を禁止する

1　石炭産業は街に大きな利益をもたらしたが，産業が衰退した現在では，イルミネーションが美しい博物館に多くの観光客が訪れるなど，観光業が栄えている。

2　19世紀に産業革命が起こり，石炭の需要が急上昇したため，ウェストヴァージニア州の55の郡の全てで採掘が開始され，同州全域で石炭が産出された。

3　中東諸国による石油の禁輸によって石油が不足したため，石炭が米国の電力の約60％を賄っていた1970年代に，その需要はピークを迎えた。

4　ウェストヴァージニア州の石炭産業は，ここ10年の衰退は甚だしく，生産量と炭鉱労働者が減少し，税収を減少させ，様々な人々に影響を及ぼしている。

5　専門家によると，天然ガスの価格は石炭の価格の３分の２まで低下しており，今後石炭産業が復活することは難しいと予想される。

解説

出典：Justin Worland,“Coal's Rocky Road”

全訳〈マディソンにある石炭文化遺産博物館でまず最初に目を引くものは，上空に漂いながら市を見下ろす，小さいが人目を引く１人の鉱夫の像である。両手を腰の脇に置いたその神々しい姿の鉱夫は，ランタン付きのヘルメットで市を明るく照らしている。

込められたメッセージにそれほど奥深い意図があるわけではない。「多くの炭鉱労働者が仕事に誇りを持っているということです」と，カール＝ダンラップ氏は語る。彼は炭鉱労働者として40年を過ごし，今は博物館のフロント係を務めている。

彼の言うことは正しい。ウェストヴァージニア州では，石炭は1742年に，博物館のある場所からほんの数マイルのところで発見され，産業革命で需要がうなぎ登りだった19世紀には州の経済の中心となった。最終的に，州内の郡のうち２つを除いたすべての郡が，その黒い石の産地となった。石炭は第二次世界大戦の期間を通じて国の動力資源となり，中東の首長らが石油を禁輸した1970年代のエネルギー危機の期間にも重要な役割を果たした。需要がピークを迎えた1988年には，アメリカの電気の60％近くが石炭（による火力発電）によって供給されていた。

その後の数十年間は何度かの浮き沈みがあったが，この10年の間に，衰退が負の連鎖（悪循環）の様相を呈し始めた。ウェストヴァージニア州では石炭の生産量が10年前の60％に減り，炭鉱労働者として雇用される人の数も，1970年代の６万４千人超から約１万２千人にまで減少した。その影響は，石炭産業で直接働く人をはるかに越えて広がっている。石炭の生産に課される州税から得られる税収は，地域経済にとって重要な資金源だが，2012年の４億2,000万ドル超から，2018年には１億5,100万ドルにまで減少する見込みだ。

石炭業界の長い歴史の中で，いま現在が最も厳しい時代となっているのも，この業界が盛り返すどんな見込みにもエネルギー専門家が懐疑的である主たる理由も，市場原理というものである。フラッキング（水圧破砕法。圧力をかけて岩盤に裂け目を生じさせ，シェールガスやシェールオイルを採掘する）の発達によって，かつては到達不可能だった場所に蓄えられた天然ガスが開発され，そのため天然ガスの価格は2008年以降で３分の２も下落したのだ〉

1．石炭産業が衰退した現在，観光業が栄えているという記述は，まったくない。博物館についても，「イルミネーションが美しい」「多くの観光客が訪れる」とは述べられていない。

2．石炭について「産業革命で需要がうなぎ登りだった19世紀」と述べられているが，これは19世紀に産業革命が起こったということを必ずしも意味しない。また，ウェストヴァージニア州の55の郡のすべてではなく，「2つの郡を除くすべての郡」が石炭の産地となったと述べられている。

3．前半部分については正しいが，後半部分について，石炭の需要のピークは1988年，また石炭がアメリカの電力の約60％を賄ったのもその年のこととして述べられており，1970年代のことではない。

4．妥当である。

5．天然ガスの価格は「2008年以降で３分の２」下落した，つまり約10年前の天然ガスの価格の３分の１にまで下落したと述べられている。石炭の価格との比較は述べられていない。

正答　4

国家一般職［大卒］ No. 20 教養試験

文章理解　英文（内容把握）　平成30年度

次の文の内容と合致するものとして最も妥当なのはどれか。

Evidence shows that opening of economies to trade, especially in the late 20th century, boosted incomes and living standards across advanced and developing countries. Since the early 2000's, however, the pace of opening has largely stalled*1, with too many existing trade barriers and other policies that favor chosen domestic industries over the broader economy remaining in place, and new barriers being created. Such policies can cause a chain reaction, as other countries adopt similar measures with the effect of lowering overall growth, reducing output, and harming workers.

Reinvigorating*2 trade, packaged with domestic policies to share gains from trade widely, needs to be a key priority. One part of this is to remove trade barriers and reduce subsidies and other measures that distort trade. Stepping up trade reform is essential to reinvigorate productivity and income growth, both in advanced and in developing countries.

But these reforms also require thinking in advance and during implementation about those workers and communities that are being negatively affected by structural economic changes. Even though job losses in certain sectors or regions have resulted to a larger extent from technology than from trade, thinking in advance about the policy package that shares trade gains widely is critical for the success of trade reforms. Without the right supporting policies, adjustment to structural changes can bring a human and economic downside that is often concentrated, sometimes harsh, and has too often become prolonged.

This is why governments must find better ways of supporting workers. Each country needs to find its own mix of policies that is right for their circumstances. Approaches such as a greater emphasis on job search assistance, retraining, and vocational training can help those negatively affected by technology or trade to change jobs and industries. Unemployment insurance and other social safety nets give workers the chance to retool.

（注） *1stall：停滞する　　*2reinvigorate：～を再び活気付ける

1 20世紀後半，先進国と発展途上国の間で貿易が活発になったことで，先進国と発展途上国の間の所得と生活水準の格差は，ますます拡大した。

2 国内産業の保護と経済成長は両立できるので，両者を追求することで，経済成長を低下させ，生産高を減らし，労働者を害する現在の連鎖反応を断ち切ることができる。

3 生産性と所得の伸びを回復させるには，貿易改革が不可欠であり，貿易障壁を取り除くことや，貿易をゆがめる補助金などを削減することが考えられる。

4 ある特定の分野や地域での雇用の喪失は，貿易ではなく技術発展によってもたらされているので，貿易改革と雇用に関する政策は，切り離して考える必要がある。

5 各国政府は，求職援助や職業訓練を行い，セーフティネットを用意することで，国民が現在の仕事を辞めることなく，同じ産業内で生産性を高められるようにすべきである。

解説

出典：Joint Statement by the Heads of the IMF, World Bank and WTO on the Need to Reinvigorate Trade to Boost Global Economic, IMF PRESS RELEASE No.17/264

全訳〈証拠が示すところによると，特に20世紀後半において，経済を開放し貿易をすることで，先進国でも発展途上国でも所得と生活水準が大きく向上している。しかしながら，2000年代前半以降，開放のペースは概して停滞しており，その要因としては既存の貿易障壁が多すぎること，またほかにも，選ばれた国内産業をより開かれた経済よりも優遇する政策が残存していること，そして新たな障壁が築かれつつあることが挙げられる。そのような政策は連鎖反応を引き起こしかねない。というのは，他国も同様の手段を採用し，結果として全体の成長は低下し，生産高は減少し，労働者に害を及ぼすからである。

国内政策とセットで貿易の再活性化を行い，貿易からの収益を幅広く共有するようにする政策が主要優先事項となるべきだ。その一環として，貿易障壁を取り除き，また貿易をゆがめる補助金その他の措置は削減する必要がある。貿易改革の推進は，先進国においても発展途上国においても，生産性を再び活性化させ所得を伸ばすうえで不可欠なものである。

だが同時に，これらの改革は，行う前および実施している間，経済の構造改革によって負の影響を被っている労働者や地域のことも考えながら行う必要がある。ある特定の分野や地域での雇用の喪失は，貿易というよりは技術（の発展）に負う部分が大きいものだが，貿易による収益を幅広く共有するような総合的政策を事前に考えておくことは，貿易改革を成功させるための重要な要素である。適切な支援政策がなければ，構造改革への適応によって人的および経済的なマイナス面がもたらされる可能性がある。そのしわ寄せはしばしば一部に集中し，ときに過酷であり，また長期にわたる例がこれまであまりに多かった。

だからこそ，政府は労働者支援のよりよい方策を見いださなければならない。それぞれの国が，自国の状況に適した独自の政策の組合せを見いだす必要がある。求職援助や再研修，職業訓練などにより重点を置いた手法をとることで，技術の発展や貿易の負の影響を受けた人々が仕事を変えたり他産業に移ったりするのを助けることができる。失業保険その他の社会的セーフティネットは，労働者が自己変革をする機会を与える〉

1．本文で述べられているのは，「特に20世紀後半において，経済を開放し貿易をすることで，先進国でも発展途上国でも所得と生活水準が大きく向上している」という内容である。先進国と発展途上国の間の所得と生活水準の格差に触れた記述はない。

2．本肢後半のような事象は，貿易障壁など国内産業保護の政策を各国が追求した結果起きることとして述べられており，それを防ぐための自由貿易の重要性を述べている。「国内産業の保護と経済成長は両立できる」という趣旨の記述は本文中にない。

3．妥当である。

4．本文では，「ある特定の分野や地域での雇用の喪失は，貿易というよりは技術（の発展）に負う部分が大きい」と述べられており，貿易の影響を否定してはいない。ゆえに，「求職援助や再研修，職業訓練などにより重点を置いた手法をとることで，技術の発展や貿易の負の影響を受けた人々が仕事を変えたり他産業に移ったりするのを助けることができる」と述べられており，貿易改革と雇用に関する政策を切り離して考えるべきとの記述はない。

5．**4**の解説で述べた部分，および本文最終文より，政府の政策については「……人々が仕事を変えたり他産業に移ったりするのを助ける」「労働者が自己変革をする機会を与える」ようにすべきものと述べられており，「現在の仕事を辞めることなく，同じ産業内で……」という趣旨の記述はない。

正答　3

文章理解
判断推理
数的推理
資料解釈
時事
物理
化学
生物
地学

国家一般職［大卒］ No. 21 教養試験

文章理解　英文（文章整序）　平成30年度

次の［　　　］の文の後に，ア～オを並べ替えて続けると意味の通った文章になるが，その順序として最も妥当なのはどれか。

> Most people seal the envelope before posting a letter. If asked why, then some immediate responses would probably include comments like ‘I don’t know really’, ‘habit’, ‘why not?’ or ‘because everyone else does’.

ア：Clearly anyone wanting to send confidential, or maybe even just personal, messages via email needs to find some other means of protecting them. One common solution is to use cryptography [*1] and to encrypt [*2] the message.

イ：If we sent our letters in unsealed envelopes then anyone who gained possession of the envelope would be able to read its contents. Whether or not they would actually do so is a different issue.

ウ：It is a fast means of communication but, of course, there are no envelopes to protect the messages. In fact it is often said that sending email messages is like posting a letter without an envelope.

エ：More reasoned responses might include ‘to stop the letter falling out’ or ‘to stop people reading it’. Even if the letters do not contain any sensitive or highly personal information, many of us like to think that the contents of our personal correspondence are private and that sealing the envelope protects them from everyone except the intended recipient.

オ：The point is that there is no denying that they would be able to if they wanted to. Furthermore, if they replaced the letter in the envelope then we would not know they had done so. For many people the use of email is now an alternative to sending letters through the post.

（注）　[*1] cryptography：暗号法　　[*2] encrypt：～を暗号化する

1　エ→イ→オ→ウ→ア
2　エ→ウ→イ→ア→オ
3　エ→オ→ウ→ア→イ
4　オ→イ→ア→ウ→エ
5　オ→エ→イ→ア→ウ

解説

出典：Fred C. Piper, Sean Murphy, “Cryptography : A Very Short Introduction”

全訳〈たいていの人は手紙を投函する前に封筒に封をする。理由を尋ねられれば，とっさに出てくる反応はおそらく「なんとなく」「習慣で」「いけないの？」あるいは「みんなやってるから」という類の発言だろう。

エ：それよりは考えたうえでの反応は，「手紙が落ちるのを防ぐため」あるいは「人に読まれるのを防ぐため」といったものかもしれない。たとえ手紙の内容に内密にすべきことや重大な個人情報が含まれていなくても，私たちの多くは，自分の私信の中身は私的なものであり，封筒に封をすることは宛名の相手以外の誰にも読めないようにすることだと考えたがる。

イ：仮に私たちが封筒に封をしないで手紙を送れば，その封筒を手にした人は誰でも，その中身を読むことができるだろう。その人が実際にそうするかどうかは，また別の問題だ。

オ：大事なことは，彼らがそうしたいと思えばそうすることができることは否定できない，ということだ。

さらには，仮に彼らが封筒の中の手紙を入れ替えても，彼らがそうしたことを私たちは知りようがないだろう。多くの人にとって，Eメールの使用は今ではポストを通じて手紙を送ることに代わる手段だ。

ウ：それは意思疎通が速くできる手段ではあるが，当然のこと，そのメッセージを保護する封筒は存在しない。実際，Eメールでメッセージを送ることは封筒なしで手紙を投函するようなものだ，とよくいわれる。

ア：たとえ秘密のメッセージであれ，単なる個人的な私信であれ，Eメールを通じて送りたいと思うならば，それを保護する何かほかの手段を見つける必要があるのは明らかだ。よく行われる1つの解決策は，暗号技術を使ってメッセージを暗号化することだ〉

選択肢を見るとエかオのいずれかで始まっているため，冒頭の段落に続くものとしてまずこの2つを読み比べる。冒頭の段落は，たいていの人は手紙を投函する前に封筒に封をするが，理由を尋ねれば，とっさの反応はおそらく「なんとなく」「習慣で」といったものだろう，という内容である。エは More reasoned responses might include …「より考えられた反応は，……といったものを含むかもしれない」と始まっており，名詞 responses や動詞 include が冒頭の段落第2文と共通していること，また以下に続く2つの〈to＋動詞の原形〉が「～するため」と「目的」を表すことから，冒頭の段落を受けて，「より考えられた反応」として目的を述べる文が挙げられている，と考えれば自然につながる内容である。これに対して，オは The point is that …「ポイントは……ということである」と始まっており，続く there is no denying that …「……ということは否定できない」以降の that 節，they would be able to if they wanted to「彼らはそうしたいと思えばそうすることができるだろう」が具体的にどんな行動をさしているのかが問題になる。もしこの文が冒頭の段落に続くとすると，they は第1文の Most people をさし，be able to や wanted to の後には seal the envelope が省略されていると考えるしかない。ところが，これだと「たいていの人は封筒に封をしようと思えばできるだろう」という文になってしまい，冒頭の段落第1文の「たいていの人は手紙を投函する前に封筒に封をする」という事実を述べた文と矛盾する。したがって，冒頭の段落にはエを続けるのが自然で，**4**と**5**は候補から外れる。

次に，残った選択肢を見ると，エの後にはイ，ウ，オのいずれかが続いている。エの第2文は，「たとえ手紙の内容に内密にすべきことや重大な個人情報が含まれていなくても，私たちの多くは，自分の私信の中身は私的なものであり，封筒に封をすることは宛名の相手以外の誰にも読めないようにすることだと考えたがる」という意味である。一方，イの第1文は「仮に私たちが封筒に封をしないで手紙を送れば，その封筒を手にした人は誰でも，その中身を読むことができるだろう」という意味なので，エに自然につながる内容である。これに対して，ウは「それは意思疎通が速くできる手段ではあるが……」と始まっており，エに続けると It が何をさしているのか不明であるし，内容的にも関連がないので不自然である。また，オの第1文は，上述のように「ポイントは，彼らがそうしたいと思えばそうすることができることは否定できないということだ」という意味で，これをエに続けると，they は many of us をさすと考えられるが，「そうしたい」「そうする」の内容が「封筒に封をする」をさすと考えても「考えたがる」をさすと考えても話のつじつまが合わない。したがって，エの後にはイが続くと考えられ，**2**と**3**が候補から外れる。

残った**1**をさらに吟味していくと，イの第2文「その人が実際にそうする（＝封のしていない封筒を開けて中の手紙を読む）かどうかは，また別の問題だ」の後にオが続くことで，オの第1文は「ポイントは，彼らが封筒を開けて手紙を読みたいと思えば読めることは否定できないということだ」となって意味が自然につながる。さらに，オの第3文の email を受けて，ウの It is a fast means of communication …へと続くことになるので，「それ（＝Eメール）は意思疎通が速くできる手段ではあるが……」となってやはり意味が自然につながる。そして，ウの「Eメールには，メッセージを保護する封筒は存在しない」という問題提起を受けて，最後にアの暗号化の話が続くことになるので，全体の意味が通ることがわかる。

よって，正答はエ→イ→オ→ウ→アと続く**1**である。

正答 1

国家一般職 [大卒] No. 22 教養試験

文章理解　英文（空欄補充）　平成30年度

次の文の［　　　］に当てはまるものとして最も妥当なのはどれか。

Deep learning builds a "neural network", loosely modelled on the human brain. This is composed of hundreds of thousands of neurons organised in different layers. Each layer transforms the input, for example a facial image, into a higher level of abstraction, such as a set of edges at certain orientations and locations. This automatically emphasises the features that are most relevant to performing a given task.

Given the success of deep learning, it is not surprising that artificial neural networks can distinguish criminals from non-criminals — if there really are facial features that can discriminate between them. The research suggests there are three. One is the angle between the tip of the nose and the corners of the mouth, which was on average 19.6 per cent smaller for criminals. The upper lip curvature was also on average 23.4 per cent larger for criminals while the distance between the inner corners of the eyes was on average 5.6 per cent narrower.

At first glance, this analysis seems to suggest that outdated views ［　　　　　　］ are not entirely wrong. However, it may not be the full story. It is interesting that two of the most relevant features are related to the lips, which are our most expressive facial features. ID photos such as the ones used in the study are required to have neutral facial expression, but it could be that the AI managed to find hidden emotions in those photos.

1 that computers can surpass human in intelligence
2 that criminals can be identified by physical attributes
3 that deep learning can be used to recognize faces
4 that facial expressions can be read by human brains
5 that neural networks can distinguish criminals from non-criminals

解説

出典：Leandro Minku, "Will AI ever understand human emotions?"

全訳〈ディープラーニング（深層学習）は，おおよそ人間の脳を模した「ニューラルネットワーク」を築くものである。このネットワークは，異なる層に分かれて組織化された何十万というニューロン（神経単位）から成り立っている。それぞれの層は，たとえば顔の像のような入力情報を，より抽象度の高いもの，たとえば特定の位置と方向性を持つ一辺の集合のようなものへと変換する。これにより，ある与えられた課題を実行するのに最も関連のある特徴が，自動的に強調されることになる。

ディープラーニングの成功を思えば，人工のニューラルネットワークが犯罪者と犯罪者でない人を識別することができる――もし本当に彼らを区別する顔の特徴があるのならば，だが――というのは驚きではない。研究によると，特徴の差は３点あることが示されている。１つは，鼻先と口の両端とが作る角度で，犯罪者の場合は平均して19.6％狭かったという。また，上唇の湾曲部分が犯罪者の場合は平均して23.4％大きく，他方，両目の内側の端どうしの間の距離は平均して5.6％狭かったという。

一見するとこの分析は，犯罪者は身体的特徴によって見分けることができるという古くさい物の見方が，あながち間違いではなかったことを示しているかのように思える。だがしかし，話はそれだけにとどまらないかもしれない。興味深いことに，最も関連のある特徴のうち２つは唇に関するものであり，唇は私たちの顔の特徴の中で最も表現にかかわる部位である。研究でも使われたような身分証明写真は，感情を表に出さない表情をすることが求められるが，AI（人工知能）はそうした写真の中に，どうにかして隠された感情を読み取ることができたかもしれないのだ〉

空欄を含む第３段落第１文の主語はthis analysis「この分析」なので，まずはこれが何をさしているかに気をつけながら，前の２つの段落の要点を押さえていく。第１段落はDeep learning「ディープラーニング」で始まっている。ディープラーニング（深層学習）とは，狭義には「4層以上の多層ニューラルネットワークによる機械学習手法」と定義されている。ニューラルネットワークとは，人間の脳の神経細胞をモデルとした情報処理システムのことだが，多層構造のニューラルネットワークに大量の画像・音声・テキストデータなどを入力することで，コンピュータがデータに含まれる特徴を各層で自動的に学習していく，その手法がディープラーニングである。本文では，顔の画像認識を例に挙げて，ディープラーニングとはどのようなものかの概略が説明されている。

第２段落第１文は，Given the success of deep learning「ディープラーニングの成功を思えば」で始まり，このディープラーニングによって，ニューラルネットワークは犯罪者と犯罪者でない人の顔の特徴を識別することができるという研究成果が，話題として提示される。続く第２文は「研究によると，特徴の差は３点あることが示されている」という意味で，以下の文章で，この研究が明らかにした「犯罪者に特有な顔の特徴」が３点，具体的に述べられている。

以上を踏まえると，第３段落第１文の主語this analysisとは，第２段落第２文から最終文までの研究成果をさしていることがわかる。次に，この文全体の構造を考えると，述語となる動詞句はseems to suggest「示唆しているように思われる」，目的語は続く接続詞that以下，空所を含んで文末までだと考えられる。that節中では，areが述語動詞であることから，空所は前のoutdated views「時代遅れの見解」とともに節中の主語を形成することになる。選択肢がいずれもthatで始まっていることに着目すると，このthatはいわゆる「同格のthat」で，「［　　　　］という時代遅れの見解」という意味になると考えられる。文全体では，「一見したところ，この分析は，［　　　　］という時代遅れの見解が，完全に誤りではないということを示唆しているように思われる」という意味になる。

５つの選択肢の意味はそれぞれ，**1**．「コンピュータは知性において人間を越えることができる」，**2**．「犯罪者は身体的特徴によって特定することができる」，**3**．「ディープラーニングは顔を認識するのに利用することができる」，**4**．「顔の表情は人間の脳が読むことができる」，**5**．「ニューラルネットワークは犯罪者と犯罪者でない人を識別することができる」。このうち，**1**，**3**，**5**は「時代遅れの見解」といえるような内容ではないので，**2**と**4**が残るが，**2**を入れると，犯罪者は身体的特徴によって特定できる（見分けることができる）という昔ながらの考えは，分析結果と同じ結論を示しているため誤りとはいえない，となって意味が通る。**4**は「人間の脳」の部分が第２段落の研究結果とは関係がないため，「この分析が示唆していること」として意味が通らない。

よって，正答は**2**である。

正答　2

国家一般職［大卒］ No. 23 教養試験

文章理解　現代文（内容把握）　平成29年度

次の文の内容と合致するものとして最も妥当なのはどれか。

現在の日本社会は，社会保障制度の議論のなかで，さまざまな難問に直面しています。そこには二つの要素が存在しています。ひとつは，「利用者とサービス提供者の間で，費用負担とサービス提供における循環がきちんと成り立っているか」「そうした循環について，国民や社会が共通の理解をしているのか」ということです。そこで理解が得られなければ，循環の輪は切れてしまい，いくら高邁な理想を掲げても成り立たなくなってしまうのです。

もうひとつは，「循環が成り立つために必要な財源が確保できているのか」ということです。そこでの議論としては，「総体としての費用がより必要ならば，制度による負担を増やすべきではないか」という意見もあるし，「総体の費用を抑えなければ，循環そのものが成り立たなくなってしまう」といった意見もあるでしょう。

しかしながら，制度はただ単に循環を成り立たせるために存在しているわけではありません。利用者に対するサービスの提供を成り立たせるために制度が活用されて初めて，利用者と提供者の間の循環が生まれるのです。この循環が成り立たなくなれば，制度が成り立たなくなる可能性もあります。そして，制度が成り立たなくなれば，福祉サービスそのものが担えなくなってしまうのです。

換言すれば，制度を成り立たせるためには，利用者とサービス提供者との間の循環を成り立たせるしかありません。しかしながら，社会に暮らすすべての人がこのことに納得しているのでしょうか。ひょっとしたら，誰一人として納得していないかもしれません。そうしたときに，循環をつぶすのではなく，どうしたら循環が成り立つよう納得してもらえるのか。そこで生まれてくる命題は，「皆が仲間だ」と思えるような社会にしていかなければならないということです。

「皆が仲間だと思える社会」を実現すること，その下支えとしての制度がきちんと設計され運用されていることは，筆者の願望であり希望でもあります。これは，“実践から生まれた哲学”であり，いま，まさに求められていることだろうと思います。従来の社会福祉の分野は，“困ったときは相身互い”といった環境のなかで循環を保とうとしてきました。しかし，現在では，その循環を成り立たせるために，制度そのものがきちんと構築されていなければならないのです。

1　従来の福祉サービスでは，利用者とサービス提供者との間で費用とサービス内容の契約を結ぶことによって，福祉サービスを維持することが重視されていた。

2　社会保障制度は，掲げられる理想が高ければ高いほど，制度による負担について国民や社会からの理解を得やすいため，制度の維持が可能になる。

3　高齢化が著しい現在の日本では，社会保障制度について，全体の費用を抑えることで費用負担とサービス提供における循環を保つ考え方が主流である。

4　利用者がサービスを受けられるようにするために社会保障制度が活用されなければ，費用負担とサービス提供における循環が成り立たず，制度も成り立たない可能性がある。

5　皆が仲間だと思える社会を実現するためには，社会の構成員全員が納得するサービスに焦点を絞ることによって成り立っている循環を保つよう，制度が構築される必要がある。

解説

出典：阿部志郎・河 幹夫『人と社会』

現在の日本の社会保障制度に関する議論を取り上げた文章。福祉サービスを維持していくためには制度を成り立たせる必要があり，このためには，国民や社会から理解を得て「費用負担とサービス提供の循環」を成り立たせていく必要があると論じている。第1段落と第2段落の論点を区別したうえで，「循環」と「制度」の連関をつかみ，選択肢を検討しながら因果関係をチェックするという手順で解くとよい。

1．従来の福祉分野については，第5段落で「“困ったときは相身互い”といった環境のなかで循環を保とうとしてきました」と述べている。「契約」による福祉サービス維持が重視されていたという言及はない。

2．制度による負担についての，国民や社会の理解に関する直接的な言及はなく，全体的に誤り。なお，第1段落で，費用負担とサービス提供における循環について，国民や社会の共通の理解を得られなければ「循環の輪は切れてしまい，いくら高邁な理想を掲げても成り立たなくなってしまうのです」（第1段落）と述べ，第3段落以降で，「この循環が成り立たなくなれば，制度が成り立たなくなる可能性もあります」として，循環を成り立たせるために国民や社会に納得してもらう方策について論じている。

3．「全体の費用を抑える」必要があるという意見は第2段落で取り上げているが，この考え方が主流であるとは述べていない。また，本文では「高齢化」には触れていない。

4．妥当である（第3段落）。

5．手段と目的の関係が逆になっている。「皆が仲間だと思える社会を実現する」必要があるのは，循環が成り立つように，社会に暮らすすべての人に納得してもらうため（第4段落）であり，そうしなければ，制度そのものも成り立たなくなるから（第3～5段落）である。

正答　4

国家一般職［大卒］ No. 24 教養試験

文章理解　現代文（内容把握）　平成29年度

次の文の内容と合致するものとして最も妥当なのはどれか。

芸術は独創的なものだ，という。独創的でなければならぬ，ともいう。

が，絵でも彫刻でも音楽でも舞踊でも演劇でも，なにからなにまですべて独創的だということはありえない。独創的なところが目につきやすいからそう思えるだけで，独創の反対概念が模倣だとすれば，独創は模倣のうえにしかなりたたない。模倣に徹しきることで既存のものを超えるような作品もまた，独創的と呼ぶに値する。伝統のおそろしさは，そういう模倣を強制し，また可能にするところにある。伝統を生かすということは，伝統を超えるというまさにその努力において伝統にふかく交わり，その交わりのなかであらたな伝統をつくりだしていくということとべつのことではない。いい加減な模倣からはいい加減な独創しか生まれず，いい加減な独創はいい加減な模倣に満足する，というのが古今に変わらぬ芸術上の真理で，そういう独創や模倣は，伝統を支えることもつくりかえることもなく，伝統のなかに埋もれていくだけだ。もっとも反伝統的に見えるものがもっとも伝統的であるという逆説は，芸術の世界ではめずらしいものではない。後期セザンヌの連作「サント・ヴィクトワール山」における独創は，印象派に一定の集約を見た絵画の伝統に身を浸し，それを技術的にも思想的にもくぐりぬけることによってはじめて得られたものだ。人間が時代の子だというヘーゲルの名言は，芸術にも，いや芸術だからこそいっそうよく，当てはまる。

詩や小説など，言語の芸術についても事情は変わらない。時代を超える詩や小説は時代にふかくかかわることによってしか生まれない。既存のものを真に超克するには，これを単純に否定するのではなく，自己のうちに否定的に生かしつつさらなる高次の段階にむかわねばならない，と力説したのはヘーゲルだったが，詩や小説は既往の文学的現実にたいし，まさにこれを否定的に生かしつつ，さらなる高次の段階にむかうことによって芸術的な自立性を獲得するのである。

芸術的な自立を志向する文学者たちは，みずからの言語表現のありようをふかく省察せざるをえない。現実を文学的に克服するとは，なによりもまず，表現にかかわる問題なのだから。言語表現が，ひろい意味での現実世界を超えた独自の価値を提起しうるか否か，もっといえば，独自の価値として存在しうるか否かが，文学が文学として自立しうるか否かの基本条件だといってよい。

1　独創は模倣の上に成り立つものであり，独創的と呼ぶに値する芸術作品は，模倣しきれなかった部分を新たに創作することで生み出される。

2　伝統を超えるためには，伝統を徹底的に模倣し，その中から新たな伝統を作り出すことが必要であり，その方法によってのみ伝統が生かされる。

3　いい加減な模倣からはいい加減な独創しか生まれないのは芸術上の普遍的な真理であるが，そのような独創や模倣であっても，伝統を作り替えることができる。

4　時代を超える詩や小説は，時代に深く関わることによってのみ生まれ，既存のものを超えるためには，これを否定的に生かしつつ高次の段階に向かう必要がある。

5　文学者たちは，芸術的な自立を目指して，現実とかけ離れた空想的な世界で，自らの言語表現が独自の価値として存在し得るか否かを深く省察している。

解説

出典：長谷川 宏『ことばへの道』

芸術における独創と文学における自立の条件について述べた文章。既存のものを真に超克するには，その現実と深く関わり，これを否定的に生かしつつさらなる高次の段階へと向かわねばならないと論じている。「～のうえにしかなりたたない」「～に徹しきることで…」「まさに」「ふかく交わり」「ふかくかかわることによってしか生まれない」「～しうるか否かの基本条件」などの目印となる表現に着目しながら，論旨をつかみたい。

1．「模倣しきれなかった部分を新たに創作する」という部分が誤り。筆者は「独創は模倣のうえにしかなりたたない」（第２段落）と述べており，「独創的と呼ぶに値する」作品については，「模倣に徹しきることで既存のものを超えるような作品」も「独創的と呼ぶに値する作品」として挙げている。

2．既存のものを超克するには，「自己のうちに否定的に生かしつつさらなる高次の段階にむかわねばならない」（第３段落）という論旨をとらえておらず，要点を欠いている。第２段落に「伝統を生かすということは，伝統を超えるというまさにその努力において伝統にふかく交わり，その交わりのなかであらたな伝統をつくりだしていくこととべつのことではない」とあり，単に，模倣したもの中から新たな伝統を作り出すというのでは足りない。

3．前段は正しいが後段が誤り。いい加減な独創や模倣は，「伝統を支えることもつくりかえることもなく，伝統のなかに埋もれていくだけだ」と論じている（第２段落）。

4．妥当である（第３段落）。

5．第４段落で，「芸術的な自立を思考する文学者たちは，みずからの言語表現のありようをふかく省察せざるをえない」と述べているが，文学者たちが実際にこのように「省察している」とは述べていない。また，「現実とかけ離れた空想的な世界で」という部分も誤り。「ひろい意味での現実世界を超えた独自の価値を提起しうるか否か」（第４段落）とあるが，第３段落で「詩や小説は既往の文学的現実にたいし，まさにこれを否定的に生かしつつ，さらなる高次の段階にむかうことによって芸術的な自立性を獲得するのである」と述べており，現実と深く関わる必要がある。

正答　4

国家一般職［大卒］ No. 25 教養試験

文章理解　現代文（内容把握）　平成29年度

次の文の内容と合致するものとして最も妥当なのはどれか。

建築や都市を計画し，設計する過程では，あらゆる場面に「数」が介在している。数えること，計測すること，計算を行うことは，数なしに成り立たない行為である。人類は数を手段とすることで齟齬のない計画をつくり上げ，壮大な規模をもつとともに精緻な建築群を生みつづけてきた。数は手段にすぎないが，数のふるまいをよく理解することなしには，都市や建築を計画し，つくり続けることは不可能であった。しかし遺構のなかに，それらを生み出した設計の方法を探ろうとするとき，方法の特質を，数を扱う技法の一種であるとみて，あらためて検討されたことは皆無である。その原因は，古代の数を扱う世界といえども，私たちと同じ数学――素朴なものであるにしても――を用いていたという，疑われることのない前提があり，検討すべき問題として認識されることがなかったためである。つまり数学は普遍性をもち，時空間を超えた存在と捉えられてきたためである。

しかし数の捉え方，扱い方は，文明や文化，時代によって少しずつ異なっていた可能性がある。たとえば古代では，数はただちに自然数，正の整数だけを意味しており，私たちが当然のことと考えている分数や小数の概念は，独特なものであり，限られた地域にしか存在しなかった。小数はメソポタミア以外では見られず，ピタゴラス学派の「数学」は分数を認めようとしなかったのである。もっとも，メソポタミアの「小数」は，私たちが考える小数と同じものとみるのにためらいを感ずるものであるし，古代ギリシアの「数学」が認めなかった「分数」も，私たちの一般分数とは異なるエジプト風の「単位分数」であった。

数の概念すら，私たちと異質なものであったのだから，これを扱う態度や考え方に，私たちの常識と異なる性格が含まれていたとしても不思議ではない。そればかりでなく，私たちが当然と思えるような現実と数の関係，つまり対象を数として捉えるという行為のなかに，大きな違いが含まれていることも予想される。これらは数に注目しているだけでは理解できず，行為の文脈，つまり技術の様相を俯瞰しつつ判断すべきものである。

1　建築計画や都市計画に基づく設計に当たり，精緻な建築群を生み続けるためには，数学に普遍性を持たせなければならないという認識があった。

2　遺構が建築された古代においては，小数や分数といった数の概念が文明や文化によって異なっていたが，設計方法は共通していた。

3　遺構が建築された当時の設計方法がこれまで検討されてこなかったのは，現代と異なる数の概念が古代の建築や都市の計画時に用いられていたためである。

4　古代の遺構の設計技術の様相を俯瞰するには，数の捉え方や対象の捉え方について，現代と比較し，相違点を見付ける必要がある。

5　遺構が建築された当時の数の概念は，現代のそれとは異質であり，数を扱う態度や考え方も現代の常識と異なる性格を持つことが推測できる。

出典：溝口明則『数と建築』（鹿島出版会）

古代の設計技術における数の扱い方を探る文章。古代の遺構の設計方法を，数を扱う技法という観点からとらえ，数の扱い方の相違について考えている。設計の方法がこれまで数を扱う技法としてとらえられてこなかったのは，「私たちと同じ数学」を用いていたという前提があるからだという第１段落後半の指摘をとらえて解くことが肝要となる。

1．「数学に普遍性を持たせなければならないという認識があった」という指摘はない。

2．「設計方法は共通していた」という部分が誤り。筆者は，設計の方法の特質を，数を扱う技法として見ているから，数の扱い方が異なれば，設計方法にも相違が生じることになる（第１～２段落）。

3．遺構が建築された当時の設計方法が数を扱う技法の一種としてこれまで検討されてこなかったのは，当時「現代と異なる数の概念」が用いられていたためではなく，「私たちと同じ数学」を用いていたという前提があったからである（第１段落）。

4．「古代の遺構の設計技術の様相を俯瞰するには」どうする必要があるかという視点は示されていない。

5．妥当である（第２～３段落）。

正答　5

文章理解
判断推理
数的推理
資料解釈
時事
物理
化学
生物
地学

国家一般職［大卒］ No. 26 教養試験

文章理解　現代文（内容把握）　平成29年度

次の文の内容と合致するものとして最も妥当なのはどれか。

物語は，言語がしばしばそう言われてきたのと同様，小説の素材です。ただし，言語が発話者の意のままにひねり回されることを拒絶するのと同様，物語も好きな形に捏ね上げられる訳ではありません。物語の展開もそうですし，そこから引き出される記述も同様です。

創作という行為は，蠟の上に印を押して形を刻むように，頭の中の観念（アイデア）を素材に押し付けて形作ることだ，という勘違いは，実作者には何の役にも立ちません。というより，これは創作という行為と接点を持たない人間の空想だと言ってもいいでしょう。素材には性質があり，方向性があります。ごく通常の創作においても，まず観念があり，それから素材を見繕って，観念に沿うよう形作る，ということはほとんどないでしょう。おそらく，素材に直面した瞬間，観念は調整を余儀なくされるでしょうし，それに続く作業の間も，形成されつつある形と素材を見ながら，観念は調整され続ける筈です。もっとありそうなのは，素材の出現と観念の出現が同時に起ることです。その場合でも，素材の声を聞き，素材の要求に耳を傾け，素材の反応を確かめながらでなければ，何一つ完成することはできません。

ただしこれは，素材の言いなりになる，ということではありません。小説の場合は特に顕著ですが，怪しげな言霊信仰，お筆先信仰で物語を野放しにして，ろくな作品ができた例はありません。無意識を信奉するのもどうかと思います。無意識とは言語の廃棄物の投棄現場なりとする心理学が正しいとしたら，そんなところから出て来るものがどうしようもなく紋切り型で凡庸なのは，結果を見るまでもなく明らかです。ただ，言語や概念が人間の頭の中に，配管工事業者の倉庫のように詰まっているとすると，棚の間に転げ落ちたジョイントやパイプが，夜中に勝手に転げ回っては無意味な配管を組み上げていると想像することは，ある妥当性を持っているような気がします。かつて耳にした言葉や，目にした物や，偶発的な事物の連鎖や，生まれて以来流し込まれ続けたフィクションの型などが，頭の中で勝手に動き回り，合うというだけの理由で繋がって，半分水に浸かったまま錆びている訳です。使えるか，といえば，使えはしません。が，この種の惰性で動くだけのものは，素材や観念に投影されて見えることがしばしばです。採用するか，排除するか――これは純審美的に判断されるべき問題でしょうし，その上で，なかなかいいし，可能だ，ということになれば，用心しいしい使えばいいのです。

1　物語は好きな形に捏ね上げられるわけではないが，素材の持つ性質や方向性に無意識に従えば，実作者の観念のままに形作ることができるようになる。

2　創作とは，創作という行為と接点を持たない人間にとっては，素材を観念に押し付けて形作ることであるが，実作者にとっては，観念を素材に押し付けて形作ることである。

3　小説の創作においては，素材の言いなりになることで別の観念が生み出されるが，それを採用するか否かは，実作者によって純審美的に判断されるべき問題である。

4　頭の片隅に投棄物のように転げ落ちた言語や概念が，勝手に転げ回っているうちに紋切り型でない物語へ生まれ変わると想像することは，妥当性を持っている。

5　かつて耳にした言葉や目にした物などが合体し，素材や観念に投影されて見えることがあるが，そのようなものも判断によっては創作に使用される。

解説

出典：佐藤亜紀『小説のストラテジー』

小説の創作過程について述べた文章。創作は「頭の中の観念（アイデア）を素材に押し付けて形作ることだ」というのは「勘違い」だとして，実作者が向き合う素材と観念の関係について論じている。筆者が否定している考え方をとらえると，誤りの選択肢を消去できる。

1．第３段落で「無意識を信奉するのもどうかと思います」と述べており，本肢の「……に無意識に従えば，……できるようになる」という論調は，筆者の主張に反する。また，筆者は「形成されつつある形と素材を見ながら，観念は調整され続ける筈です」と論じており，「実作者の観念のままに形作る」という考えに異議を唱えている。

2．創作を「観念を素材に押し付けて形作ること」とするのは，「創作という行為と接点を持たない人間の空想」であり，実作者のものではない。同時に，「創作という行為と接点を持たない人間にとっては，素材を観念に押し付けて形作ることである」という部分も誤り。

3．「素材の言いなりになることで別の観念が生み出される」としている点が誤り。創作においては「素材の声を聞き，素材の要求に耳を傾け，素材の反応を確かめながら」進める必要があるが（第２段落），「ただしこれは，素材の言いなりになる，ということではありません」と述べている（第３段落第１文）。

4．第３段落に「言語や概念が人間の頭の中に，配管工事業者の倉庫のように詰まっているとすると，棚の間に転げ落ちたジョイントやパイプが，夜中に勝手に転げ回っては無意味な配管を組み上げていると想像することは，ある妥当性を持っているような気がします」とあるが，「紋切り型でない物語へ生まれ変わる」とは述べていない。「無意識とは言語の廃棄物の投棄現場なりとする心理学が正しいとしたら，そんなところから出て来るものがどうしようもなく紋切り型で凡庸なのは，結果を見るまでもなく明らかです」（第３段落）と述べている。

5．妥当である（第３段落後半）。

正答　5

No.27 教養試験 文章理解 現代文（文章整序） 平成29年度

次の□の文の後に，A～Fを並べ替えて続けると意味の通った文章になるが，その順序として最も妥当なのはどれか。

トレードオフの関係とは，「両立しない関係」のことを指す。通常，ある利益を得ようとすれば，別の利益を犠牲にしなければならない。

A：すなわち，ただ乗りを禁じて発明による利益を発明者に帰属させるしくみである。発明に向けた活動が行われれば，発明者その人にとっても利益になるばかりでなく，産業の発展にも寄与するだろう。

B：このトレードオフの概念は，法律家にとっては決して馴染みのない概念ではない。そう意識しているにせよいないにせよ，法律家は長らくトレードオフの問題と闘ってきている。

C：そのように考えると，法制度の多くはトレードオフに対処するための試みと位置づけられる。特許法を例にして簡単に説明しておこう。特許法は，発明者の権利を保護することを通じ，発明へのインセンティブを人々に与える制度だ，と一般に言われる。

D：法理論にもトレードオフは登場する。いわゆる「利益衡量」の考え方は，対立する諸利益を比較したうえでより大きい利益をもたらす選択肢を支持するアプローチであり，実質的にはトレードオフの話と同じである。不可侵の価値や通約不可能な価値を認めない限りは，事あるごとにトレードオフの関係とつきあうことになろう。

E：もしかすると，他の分野に従事している人たちよりもずっと多様な種類のトレードオフの問題に悩まされてきたのかもしれない。裁判官は，原告と被告のどちらを勝たせるかというトレードオフに直面する。弁護士は，相手方に対してなしうる主張のうちのいずれを展開するかというトレードオフに直面する。

F：たとえば，引っ越しのアルバイトでお金を稼ごうとすると，同じ時間帯に勉強することは放棄せざるをえなくなる。トレードオフの関係においては，一方の目標値を上げると別の目標値は下がる。

1 C→A→B→E→F→D
2 C→D→A→F→E→B
3 F→B→E→D→C→A
4 F→C→A→D→E→B
5 F→C→B→A→D→E

解説

出典：飯田 高『法と社会科学をつなぐ』

「トレードオフ」の関係について述べた文章。選択肢を見ると，1番目はCかFである。冒頭の文章では「トレードオフの関係とは，『両立しない関係』のことを指す」と述べており，「たとえば……」と始まるFでは，冒頭の趣旨に合致する例が挙げられ，「一方の目標値を上げると別の目標値は下がる」とまとめている。これに対してCは「そのように考えると，法制度の多くは……」と，冒頭文では取り上げていない法律の話題へと話を進めており，飛躍があって1番目として適当ではない。したがって，1番目はFである。

次に，Fから始まる**3**，**4**，**5**を見ると，2番目にくるのはBかCである。そこでBとCを読むと，どちらも法律に関する話題が取り上げられているが，Bでは「このトレードオフの概念は，法律家にとっては……」と，冒頭文→Fでの「トレードオフ」という言葉の説明を受けて新たな話題へと発展させているのに対し，CはFで出てきていない法律の話題を前提として発展させており，ここでも飛躍がある。F→Bとしたほうが話の運びが丁寧なので，**3**に沿って読んでみる。

3（F→B→E→D→C→A）のB→Eは，Eが主語のない文で始まっているが，裁判官と弁護士の例が挙げられており，法律家について述べていることがわかる。内容も，B「法律家にとっては決して馴染みのない概念ではない。……法律家は長らくトレードオフの問題と闘ってきている」→E「もしかすると，他の分野に従事している人たちよりもずっと多様な種類のトレードオフの問題に悩まされてきたのかもしれない。裁判官は，……。弁護士は，……」と，EはBを受けてこれを説明するものとなっており，B→Eはしっかりとつながっている。

3の後半については，Dで「法理論にもトレードオフは登場する」として「利益衡量」を取り上げており，B→Eの法律家の仕事の話から，今度は法理論へと話題を移している。

次のCの「そのように考えると，法制度の多くはトレードオフに対処するための試みと位置づけられる」という文中の「法制度の多くは」という部分も，B→E→Dを受けた内容となっており，今度は飛躍がない。C→Aは，「発明者の権利」→「発明者」の利益という共通語があり，Aは，Cの例示の「特許法」について言い換えて説明するパートとなっている。

3は，冒頭文→F→B「トレードオフの概念」，B→E「法律家は……トレードオフの問題と闘ってきている」→D「法理論にもトレードオフは登場する」→C「法制度の多くはトレードオフに対処するための試み」，C→A「特許法」と，破たんのない運びとなっていることが確認できる。

4，**5**は，EとBがつながっておらず，話の展開の順序が整っていないから，妥当な順序とはいえない。したがって，**3**が最も妥当である。

なお，一番目を特定した後，B→EとC→Aのまとまりを見つけてから**3**を確認していくという手順で解くこともできる。

正答 3

国家一般職［大卒］

No. 28　教養試験　文章理解　現代文（空欄補充）　平成29年度

次の文の［　　　］に当てはまるものとして最も妥当なのはどれか。

「世間」と社会の違いは，「世間」が日本人にとっては変えられないものとされ，所与とされている点である。社会は改革が可能であり，変革しうるものとされているが，「世間」を変えるという発想はない。近代的システムのもとでは社会改革の思想が語られるが，他方で「なにも変わりはしない」という諦念が人々を支配しているのは，歴史的・伝統的システムのもとで変えられないものとしての「世間」が支配しているためである。

「世間」が日本人にとってもっている意味は以上で尽きるわけではない。「世間」は日本人にとってある意味で所与と考えられていたから，「世間」を変えるという発想は全く見られなかった。明治以降わが国に導入された社会という概念においては，西欧ですでに個人との関係が確立されていたから，個人の意志が結集されれば社会を変えることができるという道筋は示されていた。しかし「世間」については，そのような道筋は全く示されたことがなく，［　　　　　　　　］と受けとめられていた。

したがって「世間」を変えるという発想は生まれず，改革や革命という発想も生まれえなかった。日本人が社会科学的思考を長い間もてなかった背景にはこのような「世間」意識が働いていたからなのであり，わが国の社会科学の歴史を描くにはこの「世間」意識の影響を無視してはならない。日本の歴史の中で，大化の改新と明治維新，そして第二次世界大戦の敗北とその後の改革は，すべて外圧から始まった改革であり，自ら社会改革の理想に燃えた努力の結果ではなかった。わが国の社会科学が自らの明治以降の展開を十分に描くことができなかったのは，まさに歴史的・伝統的なシステムを無視して近代史を描こうとしたところから生じている。

1　社会という概念もないため，個人の意志を結集することはできないもの
2　西欧からの外圧をもってしても日本人の中では「なにも変わりはしない」
3　独自に社会を変えることで「世間」を変えることもできるのではないか
4　「近代的システム」と同様に人工的に構築され，社会とともに変革されるべきもの
5　「世間」は天から与えられたもののごとく個人の意志ではどうにもならないもの

解説

出典：阿部謹也『学問と「世間」』

「世間」と社会の違いを取り上げた文章。文脈をとらえながら焦点を考えていく。

第１段落では，「世間」は「日本人にとっては変えられないものとされ，所与とされている」と指摘し，「社会は改革が可能であり，変革しうるものとされているが，『世間』を変えるという発想はない」と述べている。

第２段落では，「所与と考えられていたために，『世間』を変えるという発想は全く見られなかった」としたうえで，明治以降導入された「社会」という概念においては，「個人の意志が結集されれば社会を変えることができるという道筋は示されていた」という点を挙げ，「しかし『世間』については，そのような道筋は全く示されたことがなく，［　　］と受けとめられていた」と続けている。「しかし」という逆接の接続詞で始まっているから，選択肢のうち，前の文との対比をなす考え方となるものを選ぶ必要がある。

第３段落は，「したがって『世間』を変えるという発想は生まれず，改革や革命という発想も生まれえなかった」と始まっており，空欄部には，「世間」を変えるという発想が生まれなかった理由となる考え方が入ることになる。

1．「社会という概念もないため」という部分が誤り。わが国に導入された「社会」という概念については第２段落に記されている。

2．「外圧」については第３段落に言及があるが，空欄のある第２段落の文脈には当てはまらない。

3．方向性が誤り。「『世間』を変える」という発想は生まれなかったのである。

4．**3**と同様，方向性が誤り。「変革されるべきもの」とは考えられていなかった。

5．妥当である。直前の文で取り上げている「個人の意志」という視点が入っており，「個人の意志ではどうにもならないもの」とすると，文脈にきちんと当てはまる。

正答　5

国家一般職［大卒］ No. 29 教養試験

文章理解 英文（内容把握） 平成29年度

次の文の内容と合致するものとして最も妥当なのはどれか。

They don't require yoga pants or a shower, but the research is clear: Walking meetings count as exercise.

"If corporations were to adopt this ubiquitously, you just start to think of those health benefits adding up," says James Levine, co-director of obesity solutions at the Mayo Clinic and Arizona State University. "It's an amazingly simple thing and it costs nothing."

Walking meetings are typically held with two or three people over a set route and period — often 30 minutes. They can take place at a nearby park or even in office hallways. Some people are using walking meetings to boost their daily step counts. Others are spurred by mounting research on the physical and mental benefits of being more mobile at work.

One of the few studies on walking meetings demonstrated their potential. The three-week study, co-written by Dr. Alberto J. Caban-Martinez, a physician and scientist at the University of Miami, showed a 10-minute gain among the 17 participants in weekly physical activity after they added walking meetings.

The more participants engaged in moderate physical activity at work, the less likely they were to miss work for health reasons, according to the study, published in the journal Preventing Chronic Disease. Being sedentary*1 for long stretches is linked with obesity, Type 2 diabetes*2 and a range of other conditions.

Most Americans get less than the recommended 150 minutes a week of moderate-intensity aerobic activity, such as brisk walking. Previous studies have shown that walking for as little as 15 minutes a day can add up to three years of life expectancy. The 2015 federal dietary guidelines suggested people use walking meetings to increase physical activity.

Meetings, phone calls and email have come to consume more than 90% of the working time of managers and some other workers, such as consultants. Many of those meetings and calls could be conducted while walking, experts say.

Although standing desks have received attention in recent years, standing burns scarcely more calories than sitting, according to a study of 74 people by researchers at the University of Pittsburgh. The study found that walking for 15 minutes burns an average of 56 calories, compared with 20 calories for sitting at a laptop computer and 22 for standing.

（注） *1 sedentary：座りっぱなしの　*2 diabetes：糖尿病

1 運動を兼ねて歩きながら会議を行うと，コストをかけずに，立ったまま作業を行うのと同程度のカロリーを消費する。

2 歩きながら行う会議は，一般的に2，3人で行われ，これを会社で導入すれば，健康上の利益の増加につながるという意見がある。

3 研究によると，座ったままストレッチをするよりも，近くの公園や社内の廊下で運動する方が，肉体的にも精神的にも健康に良いことが分かった。

4 研究によると，歩きながら行う会議を1日15分以上行うと肥満や糖尿病などになりにくいことが分かった。

5 仕事中に歩きながら会議や電話を行っている者の9割が，経営者やコンサルタントのような職種の者である。

解説

出典："The Office Walk-and-Talk Really Works", THE WALL STREET JOURNAL

全訳〈対象者はヨガパンツを履く必要もシャワーを浴びる必要もないのだが，調査の結果は明らかだ。つまり，歩きながらの会議は運動といえるというものだ。

「もし仮に会社が至るところでこれを採用するようなことになれば，それが健康上の利益の増加につながるときっと思うようになりますよ」と，メイヨー・クリニック（訳注：米国ミネソタ州を本拠とする総合病院）とアリゾナ州立大学が取り組む肥満解消プログラムの共同責任者を務めるジェームズ=レヴィーン氏は語る。「驚くほど単純なことで，一切お金はかからないのですから」

歩きながらの会議は，2，3人で一定のルートを一定時間—— 30分のことが多い——をかけて行われるのが典型的だ。近所の公園で，あるいはオフィスの廊下ですらも行うことができる。ある人たちは，毎日の歩く歩数を増加させるために歩く会議を利用している。またある人たちは，職場でより動くようにすることは肉体的精神的な恩恵をもたらすという調査結果が徐々に増えていることに促されて取り入れている。

歩きながらの会議に関する数少ない研究の一つが，それに秘められた可能性を明らかにした。マイアミ大学に所属する内科医で科学者のアルベルト・J・カバン=マルティネス博士らが3週間にわたる研究を記した論文では，17人の参加者が歩きながらの会議を取り入れたところ，週の身体活動の時間は10分増加した。

『慢性病予防』という雑誌に掲載されたこの研究によると，参加者が職場で適度な身体活動を行う時間を増やすほど，健康上の理由で欠勤する頻度は低下する傾向が見られた。長い時間座りっぱなしでいることが，肥満や2型糖尿病その他一連の病状につながっているということだ。

推奨されているのは，早歩きのような中程度の有酸素運動を1週間に150分行うことだが，ほとんどのアメリカ人の運動量はこれを下回っている。これまでの研究では，1日たった15分のウォーキングを行うだけでも寿命を3年延ばすという可能性が示されている。2015年版の国の食生活ガイドラインでは，身体活動を増加させる手段として歩きながらの会議の活用が提言された。

管理職やそれ以外のコンサルタントなどの就業者の労働時間の90％以上が，会議と電話とEメールに費やされるようになっている。そうした会議や電話の多くは歩きながら行うことも可能である，と専門家は語る。

近年ではスタンディングデスク（立ち机）が注目を集めてきたが，ピッツバーグ大学の研究者たちによる74名を対象とした研究によれば，立っていることで消費されるカロリーは座っている場合とほとんど変わらない。この研究の結果わかったことは，15分間のウォーキングで平均56カロリーを消費するのに対して，座ったままでノートパソコンを使う場合は20カロリー，立ったままでノートパソコンを使う場合は22カロリーの消費にとどまるということだ〉

1．「コストをかけずに」の部分は正しいが，カロリー消費に関する部分は誤り。最終段落に，立ったままの作業はウォーキングと比べて半分以下にとどまることが述べられている。

2．妥当である。

3．「座ったままストレッチをする」ことについてはまったく述べられていない。本文中のfor long stretches (of time) は「長時間」の意味。また，近くの公園や社内の廊下であっても，歩きながらの会議を行えば肉体的にも精神的にも健康によいということは述べられているが，そうした場所での「運動」とほかの何かを比較した記述はない。

4．「1日15分のウォーキングを行うだけでも寿命を3年延ばす可能性がある」「長い時間座りっぱなしでいることが，肥満や2型糖尿病その他一連の病状につながっている」という記述はあるが，「歩きながら行う会議を1日15分以上行う」ことと，その効果に関する記述はない。

5．「管理職やそれ以外のコンサルタントなどの就業者の労働時間の90％以上が，会議と電話とEメールに費やされるようになっている」という記述はあるが，本肢のような内容はまったく述べられていない。

正答　2

国家一般職［大卒］ No. 30 教養試験

文章理解　英文（内容把握）　平成29年度

次の文の内容と合致するものとして最も妥当なのはどれか。

Grayson Barnes had just started working at his father's law firm a year and a half ago when a message popped up on one of his computer screens: all the files on the firm's network had been encrypted* and were being held hostage. If Barnes ever wanted to see them again, he'd have to pay $500 in the Internet currency Bitcoin within a few days. If he didn't, everything would be destroyed. "It wasn't just a day's worth of work," Barnes says. "It was the entire library of documents."

Barnes called the police and then the FBI, but the investigators he spoke to told him there was nothing they could do. If he paid, there was no guarantee he'd get the files back. If he didn't, there was little chance of pressing criminal charges, since many hackers live abroad. Two days later, his firm paid up and the files were unlocked.

This, says Juan Guerrero, a senior security researcher, is why so-called ransomware attacks have become ubiquitous in the past two years. From a criminal's perspective, they're low budget and have a high success rate. Instead of going after high-value, heavily fortified systems, like those of banks or other corporations, ransomware allows even low-skill hackers to go after easy targets: small businesses, schools, hospitals and average PC users.

Cybersecurity experts estimate that there are now several million such attacks per year on American computers. The House of Representatives was targeted in May, and in recent months ransomware has shut down at least three health care centers, including a Los Angeles hospital that ultimately paid roughly $17,000 to regain access to its patients' records. School districts and even police departments are increasingly being hit.

While law-enforcement officials have the tools to remove some ransomware, in most cases, users like Barnes find themselves stuck between two bad options. Barnes says he and his colleagues are now better prepared. "Everything is backed up now," he adds. "It's not happening again."

（注） * encrypt：（データ）を暗号化する

1 Barnesの勤務先のコンピュータネットワークに侵入し，ファイルを消去するような攻撃を加えた者の目的は，コンピュータ内の個人情報を盗み取ることであった。

2 Barnesの勤務先はランサムウェアによる攻撃を受けたとき，犯人の要求に応じたが，今では，Barnesたちはデータのバックアップを取っており，攻撃に対して備えができている。

3 犯罪者にとって，ランサムウェアを使った攻撃は，高額の費用や高いハッキングの技術を必要とするが，攻撃を高い確率で成功させることができる。

4 上級セキュリティ研究者によれば，ランサムウェアによる攻撃は，銀行や小規模事業者，個人などよりも，学校や病院，警察といった公的機関が対象になりやすいという。

5 警察はランサムウェアを取り除くソフトウェアを開発し，ランサムウェアによる事件を解決できるようになったが，多くの場合，被害者はハッカーの要求に従ってしまう。

解説

出典："Why thieving hackers are fans of the classic ransom note", TIME

全訳〈グレイソン=バーンズが父親の法律事務所で働き始めてからまだ1年半しかたっていなかったが，彼はあるときコンピュータの画面にメッセージが表示されるのを目にした。それは，会社のネットワーク上のすべてのファイルが暗号化され，人質状態に置かれているというものだった。再びそれらのファイルを見たいと思うなら，バーンズは数日以内にインターネット通貨のビットコインで500ドルを支払わなくてはならない。もし支払わなければ，すべて消滅するだろうというのだ。「1日もあれば作れるような資料なんかじゃありません」とバーンズは語る。「書類を保存した書庫の全部だったのです」

バーンズは警察に電話し，それからFBI（連邦捜査局）にも電話したが，彼が話した捜査官たちからは何もできることはないと言われた。仮にお金を支払ってもファイルを取り戻せる保証はない。取り戻せないからといって，多くのハッカーは海外に住んでいるため刑事告訴はほとんど困難だ。2日後，彼の会社は全額の支払いに応じ，ファイルは暗号化を解除された。

こんな具合なので，いわゆるランサムウェアによる攻撃はここ2年で至るところで見られるようになっている，と上級セキュリティ研究者のフアン=ゲレーロ氏は語る。犯罪者から見れば，低予算で成功率の高い方法なのだ。銀行や他の大企業にあるような高価で防御の固いシステムを攻撃することはせず，ランサムウェアはスキルの低いハッカーであっても簡単な標的を攻撃することを可能にしている。標的は小規模事業者や学校，病院，そして個人のパソコンユーザーなどだ。

サイバーセキュリティの専門家は，現在アメリカにあるコンピュータにはその種の攻撃が年間数百万件あると概算している。5月には下院議会が標的となり，ここ数か月ではランサムウェアによって少なくとも3か所の地域医療センターが一時休業している。そのうち，ロサンゼルスのある病院では患者の記録へのアクセスを回復するため，最終的におよそ1万7,000ドルを支払った。地域の学校や警察までもが攻撃されるケースが増加している。

捜査当局は一部のランサムウェアを取り除くツールを持っているが，ほとんどの場合，バーンズのようなユーザーは2つの悪い選択肢の間で板挟みになってしまう。バーンズは，自分も同僚も今はきちんと備えができていると語る。「資料はすべてバックアップ済みです。もう二度とあのようなことは起こしません」〉

1. バーンズの勤務先のコンピュータネットワークに侵入し，攻撃を加えた者の目的については，述べられていない。また，ファイルを暗号化して見られないようにしたという記述はあるが，「消去した」とは述べられていない。

2. 妥当である。

3. ランサムウェアを使った攻撃は，犯罪者にとっては「低予算で成功率の高い方法」であると述べられている。また，スキルの低いハッカーであっても攻撃が可能であると述べられていることから，「高額の費用や高いハッキングの技術を必要とする」の部分が誤り。

4. 上級セキュリティ研究者に言及した段落では，ランサムウェアによる攻撃の対象について，防御の固いシステムを持つ銀行や大企業ではなく，小規模事業者や学校，病院，個人が標的になっていると述べられている。別の段落では，地域の学校や警察も標的になっていることも述べられてはいるが，公的機関のほうが私企業や個人よりも対象になりやすいとはいえず，そのような区分けによる比較もされていない。

5. 警察が一部のランサムウェアを取り除くツールを持っていることは言及されているが，警察がそのような「ソフトウェアを開発し，ランサムウェアによる事件を解決できるようになった」とは述べられていない。また，被害者は「2つの悪い選択肢」，すなわち身代金を支払うか膨大なデータファイルを失う危険を冒すかという選択肢の間で板挟みになることが述べられ，バーンズの事例や，またハッカーの要求に従ってお金を支払ったロサンゼルスの病院の事例が述べられているが，他の被害者のとった行動については言及がなく，従わなかったケースがどれほどあるかはわからない。したがって，上記2例をもって「多くの場合，被害者はハッカーの要求に従ってしまう」とはいえない。

正答　2

文章理解
判断推理
数的推理
資料解釈
時事
物理
化学
生物
地学

国家一般職［大卒］

No. 31 教養試験

文章理解　英文（内容把握）　平成29年度

次の文の内容と合致するものとして最も妥当なのはどれか。

The share of people living in poverty around the world has dropped in the past three decades, but over a quarter of the world's population still doesn't earn enough to have reliable access to food. And a billion people are extremely poor, earning less than $1.25 a day.

That's according to the United Nations' Food and Agriculture Organization's (FAO) 2015 State of Food and Agriculture report. The report finds marked improvements in some areas — including parts of Asia, where urbanization and economic growth have been significant in recent decades. But it also shows that poverty persists across the developing world, and sub-Saharan Africa, where almost half the population is extremely poor, continues to struggle.

《中　略》

The Zambia Child Grant program is one example of successful social assistance. In areas with the highest rates of extreme poverty and child mortality, the program gives money to households with children under five years old. This measure has improved food security throughout the country, since beneficiaries have expanded agricultural production on their lands.

Targeting rural areas for social protections is strategic, since most of the world's poor live in rural areas where a majority of people work in agriculture. The poor rely on agriculture for their livelihoods and spend a large portion of their incomes on food, says FAO economist André Croppenstedt. That's why investing in agriculture is key to addressing poverty and hunger.

Other economic growth spurs agricultural development, too, Croppenstedt says. As incomes and food demand rise in rapidly growing cities, so too does agricultural productivity. More infrastructure investments in rural areas help improve output too.

1　貧困で苦しむ人々の割合は，過去30年で急増しており，世界のおよそ４分の１以上の国において，十分な食料を買うための収入がない人々に対する支援が課題となっている。

2　2015年の国連食糧農業機関（FAO）報告書によれば，現在，急激な経済成長に伴う所得格差が広がっているアジアや，発展途上国のサハラ以南のアフリカにおいて，貧困層が拡大している。

3　ザンビアでは，５歳以下の子どもが住む農家に対し，子どもの養育係を雇用するための手当を支給したことで，農家が農業に専念できるようになり，農業生産性が向上した。

4　世界の貧困層の多くは，人々の大半が農業に従事している地域に住んでいるため，農村を支援することが重要であり，農業への投資は貧困対策や飢餓対策への鍵となる。

5　農村を発展させ，貧困をなくすためには，公共事業を行うことによって農村に住む人々の収入を向上させ，農村の人口を増加させることが重要である。

解説

出典："Four Charts That Illustrate The Extent Of World Poverty", NATIONAL GEOGRAPHIC

全訳〈世界の貧困状態で生活している人々の割合は過去30年で減少しているが，世界の人口の4分の1を超える人々が，今なお食料の調達を確保できるほど十分な収入を得ていない。そして10億人が極度の貧困，つまり収入が1日1.25ドルを下回る状態にある。

これは国連の食糧農業機関（FAO）が発行した，2015年の「国連食糧農業機関（FAO）報告書」によるものだ。この報告書からは，ここ数十年で都市化と経済成長が顕著なアジアの一部地域のように，目立った改善を見せた地域がいくつかあることがわかる。だが同時に，発展途上の国々では今も貧困が継続しており，サハラ砂漠以南の地域では人口のほぼ半数が極貧状態にあって苦しみ続けていることも報告書は示している。

《中略》

ザンビア子ども助成金プログラムは，社会援助がうまくいっている一例だ。極貧状態と子どもの死亡率が最も高い地域において，このプログラムは5歳未満の子どものいる家庭に現金を支給している。この措置によって，受益者は自分の土地で農業生産を拡大したために国全体の食糧安全保障は向上した。

社会保護に当たって農村地帯にねらいを定めるのは，戦略的な方策だ。というのは，世界の貧困層のほとんどは，大半が農業に従事する農村地帯に住んでいるからだ。貧困層は生計手段を農業に依存しており，収入の大部分を食料に費やす，とFAOのエコノミストであるアンドレ=クロッペンシュテット氏は語る。それゆえ，農業への投資は貧困と飢餓の問題に対処するうえでの鍵となるのだ。

他の分野での経済成長は農業の発展をも促す，とクロッペンシュテット氏は語る。急速に成長する都市で所得と食料需要が高くなると，農業生産性も上昇する。農村へのインフラ投資を増やすことで，生産高の向上にも貢献できるのだ〉

1．世界の貧困で苦しむ人々の割合は，過去30年で減少していると述べられている。また，「世界の人口の4分の1を超える人々」についての記述はあるが，「世界のおよそ4分の1以上の国」について，本肢のような記述は本文中にない。

2．2015年のFAO報告書に関する記述としては，都市化と経済成長が顕著なアジアの一部地域においては貧困が改善したと述べられている。また，サハラ以南のアフリカについては，「人口のほぼ半数が極貧状態にあって苦しみ続けている」と述べられているが，貧困層が拡大しているという記述はない。

3．本肢のような内容は，本文中にはまったく述べられていない。ザンビアでは，「5歳未満の子どものいる家庭」に現金を支給したことで，農地を持つ人々は農業生産を拡大する余裕が生まれ，結果として「食糧安全保障」が向上したと述べられている。

4．妥当である。

5．本文で述べられているのは，世界の貧困層のほとんどが農村地帯に住んでいるという実情から，農村地帯に支援の手を差し伸べたり農業に投資することが，貧困と飢餓の問題を解決する鍵となるということである。農村へのインフラ投資によって生産高を向上させるという記述はあるが，「公共事業を行うことによって農村に住む人々の収入を向上させ，農村の人口を増加させることが重要」といった内容は述べられていない。

正答　4

No. 32 文章理解 英文（文章整序） 平成29年度

次の［　　　］の文の後に，ア～オを並べ替えて続けると意味の通った文章になるが，その順序として最も妥当なのはどれか。

> In face-to-face conversations, in the absence of pencil and paper, the Japanese resort to pantomime: they use the right index finger as a 'pencil' to 'write' the kanji in the air or on the palm of the left hand. But often this too fails, and a person must use an appropriate common word as a label for the kanji.

ア：No wonder, then, that in 1928 George Sansom, an authority on Japan, remarked of its writing system: 'There is no doubt that it provides for a fascinating field of study, but as a practical instrument it is surely without inferiors.'

イ：For example, of the dozens of kanji that can be read *to*, only one can also stand for the noun '*higashi*'（'east'）; this character is then readily labelled as *higashi to iu ji*, 'the character *higashi*'.

ウ：When, however, a kanji has only one reading, and you wish to describe it, you have a problem. To identify the kanji that stands for *to* in 'sato'（'sugar'）, you cannot do much more than to say something like, 'It's the one used in the last syllable of the word for sugar.'

エ：A modern authority, J. Marshall Unger, added recently: 'In a broad sense, over the centuries, Japanese script has "worked". Japanese culture has not flourished *because of* the complexities of its writing system, but it has undeniably flourished in spite of them.'

オ：If that does not trigger the memory of the person you are talking to, you must go back to the shape: 'It's the kanji with the "rice" radical on the left, and the tang of "Tang* dynasty" on the right.'

（注）　* Tang：唐（中国の王朝）

1　ア→イ→オ→ウ→エ
2　ア→エ→ウ→オ→イ
3　イ→ウ→オ→ア→エ
4　イ→オ→ア→エ→ウ
5　イ→オ→ウ→エ→ア

解説

出典：Andrew Robinson, “Writing and Script”

全訳〈面と向かっての会話の中で，鉛筆と紙がない場合，日本人は手まねという手段に頼る。右手の人差し指を「鉛筆」とし，漢字を空中あるいは左手の手のひらに「書く」のだ。だがしばしばこうしてもうまくいかず，その漢字のラベルとして適切な汎用語を使わなければならなくなる。

イ：たとえば，「トウ」と読める何十もの漢字の中で，「ひがし」（東）という名詞をも表せる漢字は1つしかない。そこで，この漢字は自然の成り行きで「『ひがし』という字」というラベルが貼られることになる。

ウ：だが，ある漢字に1つの読みしかなく，それを言葉で説明したいと思う場合は，問題が生じる。「サトウ」（砂糖）の「トウ」を表す漢字を特定するには，たとえば「砂糖という言葉の後のほうに使われている漢字」などと言う以外にない。

オ：もしそうしても話し相手の記憶を呼び起こすことにならなければ，漢字の形に戻って説明しなければならない。「左側は『米へん』で，右側は中国の王朝にある『唐』という字」といった具合だ。

ア：日本についての権威であるジョージ=サンソムが，1928年に日本語の書記法を評して「間違いなく魅力的な研究分野を与えてくれるものだが，実用的な手段としてはこれに劣るものはないことは確かだ」と言ったのも無理はない。

エ：現代の権威であるJ. マーシャル=アンガーは，近年これに付言して次のように語った。「広い意味で言えば，何世紀もの間日本語の書き文字はうまく機能してきた。日本文化は，その書記法の複雑さ『ゆえに』繁栄したわけではないが，その複雑さ『にもかかわらず』繁栄したといえることに疑いの余地はない」〉

選択肢を見るとアかイのいずれかで始まっているため，冒頭の段落に続くものとしてまずこの2つを読み比べる。冒頭の段落では，日本人は会話で人に漢字を説明するときにpantomime「パントマイム，無言劇」を使うということがまず述べられる。コロン（：）以下の具体的説明から，pantomimeとはここでは漢字を指でなぞって書くことをさしていることがわかる。続く文では，それで相手にわかってもらえない場合，その漢字を表す「ラベル」として適切な言葉を使って説明する必要があることが述べられる。

アの文は，日本についての権威と称されている学者が日本語の書記法を評して語った言葉が引用されており，冒頭のNo wonder, ……は「……なのは不思議ではない」という意味。一方，イの文はFor example「たとえば」で始まり，続く内容は冒頭の段落第2文の具体例として自然につながるものであることがわかる。この時点でまだ断定はできないが，アよりはイを最初に置くのがよさそうである。

次に，イが最初にくる選択肢を見ると，イに続くものはウかオのいずれかである。イの「『トウ』と読める数ある漢字の中で，『東』のように別の独自の読みがある漢字は，読みを説明すればよい」という内容に対して，ウは逆接のhowever「しかしながら」を挟んで，「漢字に1つの読みしかない場合，たとえば『糖』の字は『砂糖のトウ』のように説明しなければならない」という内容なので，うまくつながる。一方，オは「それでもうまく伝わらなければ，漢字の形に戻って『米へんに中国の王朝の唐という字』のように説明しなければならない」という内容で，これは「糖」の字の説明の方法であるから，オはウの後にこなければならない。したがってイ→ウ→オとなるのが自然であり，**4**と**5**は正答の候補から外れる。

残った**3**を見ると，オの後にはアの日本についての権威がかつて語った言葉が続き，最後にエが置かれている。エはA modern authority …… added recently「現代の権威……が最近付け加えた」と始まっているので，これはアに続くものとしてふさわしい。したがって，イ→ウ→オ→ア→エと続く流れはいずれも問題なく，自然につながる。他方，**1**はオ→ウの部分が上述の理由で不適切であり，また**2**はエ→ウおよびオ→イのつながりが明らかにおかしいので，自然な流れにはならない。

よって，正答は**3**である。

正答　3

国家一般職[大卒] No. 33 教養試験 文章理解 英文（空欄補充） 平成29年度

次の文のア，イに当てはまるものの組合せとして最も妥当なのはどれか。

The world's population is becoming increasingly urban. Sometime in 2007 is usually reckoned to be the turning point when city dwellers formed [ア] for the first time in history. Today, the trend toward urbanisation continues: as of 2014, it's thought that 54% of the world's population lives in cities — and it's expected to reach 66% by 2050. Migration forms a significant, and often controversial, part of this urban population growth.

In fact, cities grow in three ways, which can be difficult to distinguish: through migration (whether it's internal migration from rural to urban areas, or international migration between countries); the natural growth of the city's population; and the reclassification of nearby non-urban districts. Although migration is only responsible for one share of this growth, it varies widely from country to country.

In some places, particularly in poorer countries, migration is the main driver of urbanisation. In 2009, UN Habitat estimated that three million people were moving to cities every week. In global gateway cities such as Sydney, London and New York, migrants make up over a third of the population. The proportion in Brussels and Dubai is [イ].

The 2015 World Migration Report (WMR) by the International Organisation for Migration argued that this mass movement of people is widely overlooked amid the global concern about urbanisation. And the report considers the widespread challenges, in terms of service provision, for the growing numbers of people moving into cities around the world.

	ア	イ
1	the majority of the global population	even greater, with migrants accounting for more than half of the population
2	the majority of the global population	even greater, with children accounting for more than half of the population
3	the majority of the global population	extremely small, with tourists accounting for less than a tenth of the population
4	the minority of the global population	even greater, with tourists accounting for more than half of the population
5	the minority of the global population	extremely small, with migrants accounting for less than a tenth of the population

出典："The world's urban population is growing", THE CONVERSATION

全訳〈世界の人口はますます都市に集まるようになっている。通例では，2007年のある時点が，歴史上初めて都市居住者が（ア）世界人口の過半数を形成するに至った転換点と考えられている。今日，都市化の傾向は続いている。2014年時点で，世界人口の54％が都市に住んでいると考えられており，2050年までにその数字は66％に達すると予測されている。この都市の人口増加の見逃せない要因であり，しばしば議論の的となっているのが移民の問題である。

実際のところ，都市の人口が増加する過程には3つの形態があるが，それらを明確に分けることは難しい。それらはすなわち，移民を通じて（農村地帯から都会への国内の移動と，国家間の国をまたぐ移動を含む），都市人口の自然増を通じて，そして近隣の都市でない地域の再区分を通じてである。移民はこの増加の一翼を担っているにすぎないが，そのありようは国ごとに大きく異なる。

一部の地域，特により貧困の度合が高い国においては，移民は都市化の主要因である。2009年，国連ハビタット（訳注：国際連合人間居住計画。1978年，国連総会によってケニアのナイロビに設立された，都市化と居住の問題に取り組む国連機関）は，週ごとに300万人が都市に移動していると概算した。シドニーやロンドン，ニューヨークのような世界的な玄関口となっている都市では，移民の占める割合が人口の3分の1を超えている。ブリュッセルやドバイではその割合は（イ）さらに大きく，移民が人口の半数を超えている。

国際移住機関による「2015年版世界移住報告書（WMR）」の主張によれば，この大規模な人の移動は，都市化の問題への懸念が世界的に広がる中，多くの人によって黙認状態にある。そして報告書では，世界中で増加している都市へ移動する人たちにとっての，サービスの提供という観点から見た，広範囲に及ぶ諸課題を検討している〉

2か所の空欄について当てはまるフレーズの組合せを問う問題だが，選択肢を見ると空欄アについては実質2択となっていることをまず押さえる。

まず第1段落では，第1文で「世界の人口はますます都市に住むようになっている（＝都市に集中している）」という，本文のテーマが述べられている。空欄アを含む第2文は，Sometime in 2007（「2007年のいつか」）が主語で，the turning pointまでが主節を構成する受け身の文になっている。when以下は，ここでは主語のSometime in 2007を先行詞とする関係副詞節で，「都市居住者が歴史上で初めて［ア］を形成した（2007年のいつか）」という意味になる。2つの選択肢の意味はそれぞれ，the majority of the global population「世界人口の過半数〔大多数〕」，the minority of the global population「世界人口の少数派」で，第1文の内容を踏まえれば，前者が適切であるとわかる。

第2段落では，世界人口の都市化の重要な要因が移民であることが述べられている。そして続く第3段落にかけて，移民が都市化にどの程度寄与しているかは国ごとに異なるとして，第3段落第2，3文で国連ハビタットがはじき出した数字を引用し，シドニー，ロンドン，ニューヨークといった都市では移民の占める割合が人口の3分の1を超えていると述べられる。空欄イを含む第4文は，「ブリュッセルやドバイでは，その割合は［イ］である」という意味で，5つの選択肢はそれぞれ，**1**. even greater, with migrants accounting for more than half of the population「さらに大きく，移民が人口の半数を超える状態で」，**2**. even greater, with children accounting for more than half of the population「さらに大きく，子どもが人口の半数を超える状態で」，**3**. extremely small, with tourists accounting for less than a tenth of the population「極めて小さく，観光客が人口の10分の1を下回る状態で」，**4**. even greater, with tourists accounting for more than half of the population「さらに大きく，観光客が人口の半数を超える状態で」，**5**. extremely small, with migrants accounting for less than a tenth of the population「極めて小さく，移民が人口の10分の1を下回る状態で」という意味である（いずれもwith以下は「付帯状況」を表す分詞構文）。このうち，子どもや観光客の割合に言及している**2**～**4**は，前文の第3文と対照的な内容にならないので不適切。残るは**1**と**5**だが，どちらが適切であるかは，ブリュッセルとドバイが国際都市であることを考慮すれば前者が妥当ではないかと推察できるものの，本文の内容だけでは決定打に欠ける。ただし，**5**は，アの部分が前述のように不適切であるため正答とはなりえず，結果として**5**が消え**1**が残ることになる。

よって，ア＝the majority of the global population，イ＝even greater, with migrants accounting for more than half of the populationで，正答は**1**である。

正答　1

No. 34 文章理解 現代文（内容把握） 平成28年度

次の文の内容と合致するものとして最も妥当なのはどれか。

詩は言葉の芸術であるといわれています。そういえば音楽は音の芸術であり，絵画は色彩と線の芸術です。言葉が詩という芸術をつくる唯一の素材であることにおいては，全く絵画や音楽における色や音の場合と同じですが，その素材そのものの機能や在り方においては本質的にちがうものです。絵画や音楽の素材は，それ自体なんの「意味」ももちませんが，詩の素材は「意味」をもっているということです。いいかえれば，絵画や音楽においては意味のない素材によって，芸術という意味の一宇宙を創るのですが，詩においては，それを形成する素材の一つ一つが，既にことごとく意味の一小宇宙をもっているということです。

そういう点で，詩の創造の手続はきわめて複雑です。音楽や造型美術の創造と，詩の創造と，どちらがむずかしいかということは別問題ですが，その方法に全く異なった配慮が必要とされねばならないのはこのためです。

絵をかく場合と，詩を書く場合，そのやり方に全く勝手のちがったものを感じさせられるのは，一つに，こうした素材の本質的な相違によるものです。詩の造型には感覚ばかりでなく，各素材の小宇宙をつづり合わせる論理が必要とされるからです。いずれにもせよ，色彩や音に無関心である人に，ロクな絵や音楽が出来ないと同様に，言葉に無関心であったり，鈍感である人にロクな詩が書けないことはいうまでもありませんが，詩の素材である言葉の在り方には，このように他芸術の素材とは根本的な相違があることを，まずその配慮の根底におく必要があると考えられます。

さて，人々は誰でも毎日の日常生活の中で，意志や感情を伝えるための実用的な道具として，言葉をきわめて無関心に，そして習慣的にとりあつかっています。この場合の言葉のもつ意味は極端に単純化されています。いや単純であればある程生活上の用をたす道具としては便利で理想的であるといえます。一つの言葉がただ一つの意味しかもたないことが，生活の用を便ずるには，もっとも能率的だからです。こうした日常生活上の便宜主義は，言葉のもっている複雑微妙で，本質的な性格を知らず知らずのうちに単一化しているのです。つまり言葉のもっている機能の一つの面だけが，その習慣性によって異常に発達し，手ずれして，言葉が本来的にもっていた他の複雑な機能は，ことごとく退化してしまっているといってよいでしょう。

1 詩の素材となる言葉の一つ一つは既に意味の小宇宙を持っており，詩の創造には，感覚のみならず，それらの小宇宙をつづり合わせる論理が求められる。

2 詩の創造の手続は極めて複雑で，音楽や造型美術の創造よりもはるかに多くの困難が伴うが，これは言葉が詩という芸術をつくる唯一の素材であるということに起因している。

3 詩の創造では，絵や音楽の場合とは異なり，まず素材への関心を持つことが重要であり，言葉に無関心であったり鈍感である人にロクな詩は書けない。

4 言葉は意志や感情を伝えるための実用的な道具でもあることから，人々は，日常生活上の便宜のために，言葉の持っている本質的な性格を意図的に単一化している。

5 言葉は本来的に複雑微妙な機能を有しているが，日常生活においてその機能は退化してしまっており，そのことが詩の創造を困難なものにしている。

解説

出典：村野四郎『現代詩を求めて』

詩の創造の特殊性を取り上げた文章。絵画や音楽などとの相違点を挙げ，詩の素材である言葉の機能の複雑さを指摘している。詩の素材である言葉は「意味」を持っており，「詩においては，それを形成する素材の一つ一つが，既にことごとく意味の一小宇宙をもっている」（第1段落末）という点を押さえてから解答に当たりたい。

1．妥当である。第1，第3段落に合致する。

2．「詩の創造の手続は極めて複雑で」あるという点は正しいが，「音楽や造形美術の創造よりもはるかに多くの困難が伴う」という点が誤り。第2段落で，「どちらがむずかしいかということは別問題」としている。選択肢の前段が誤りである以上，この原因について述べた後段は意味をなさないが，後段の「言葉が詩という芸術をつくる唯一の素材である」という点は正しい（第1段落）。

3．「絵や音楽の場合とは異なり」という部分が誤り。第3段落で「色彩や音に無関心である人に，ロクな絵や音楽が出来ないと同様に，言葉に無関心であったり，鈍感である人にロクな詩が書けないことはいうまでもありませんが」と述べており，「素材への関心を持つこと」の重要性においては，他の芸術との相違は認めていない。

4．「意図的に」という点が誤り。言葉の「意志や感情を伝えるための実用的な道具でもある」という側面については，第4段落で述べているが，「こうした日常生活上の便宜主義は，言葉のもっている複雑精妙で，本質的な性格を知らず知らずのうちに単一化しているのです」と述べている。

5．「そのことが詩の創造を困難なものにしている」という部分が誤り。言葉の持つ「複雑微妙な機能」と，日常生活においてその機能が「退化してしまって」いることについては第4段落で述べているが，このことと「詩の創造」における「困難」との関わりについての言及はない。本文では，「詩の創造」においては，その素材である「言葉」について他の芸術の素材とは異なった「配慮」が必要とされる（第2～第3段落）と述べるにとどまっている。

正答　1

国家一般職［大卒］ No. 35 教養試験

文章理解　現代文（内容把握）　平成28年度

次の文の内容と合致するものとして最も妥当なのはどれか。

教室にはたいてい黒板の類がある。その近くには，ほとんどの場合，教卓が置かれている。こちらが，この部屋の「前方」である。そこに立つ人（すなわち「教師」）が，「前を向きなさい」と指示した場合，どちらを向けばよいのか。このような問いかけに，ほとんど自動的にそこにいる人びとの身体が反応するほど，教室という空間の特徴は，空間の向きを自明のものとして特定している。

このようにして部屋の向きが決まる。その部屋にいる「教師」以外の他の多数の人びと（すなわち「生徒」）は，「前」を向いて，「教師」に対面する。黒板，教卓，机，椅子，そして壁という物理的な資源の並び方，置かれ方に特定の形式をもつ教室空間の特徴は，そこにいる人びとに対して，どこが自分の占めるべき場所なのかを，暗黙のうちに示し，そこにいることを強制している。

このような配置は，そこで行われるコミュニケーションが，前方から後方へという流れを中心に行われることを前提にしている。いいかえれば，黒板の前に立つ人が，メッセージを発する中心であり，その人物に向かい合う複数の人びとは，その受け手である。こうした関係は，教室の空間的な特徴によってあらかじめ決められている。

「前を向きなさい」という発話が，〈教師の話を聞きなさい〉とか，〈黒板に書いたことに注目しなさい〉といった特定の意味を帯びるのも，このような教室空間の特徴によっている。「前」に立つ人が発するメッセージを，「後」にすわっている人びとが受け取る。教室空間の特徴は，そこでどのようなスタイルのコミュニケーションが行われるのかを前提につくられているのであり，逆にいえば，教室の空間的特徴によって，そこに置かれた人びとのコミュニケーションのあり方に特定のかたちが与えられるということである。

一人の大人が，複数の子どもを相手にメッセージを発し，そのメッセージを子どもたちは，集団として一斉に受け取る。このようなコミュニケーション・スタイルは，多少のバリエーションをもちながらも，私たちが通常慣れ親しんでいる教育という営みの基本的な形式を示している。ひとつの社会がつぎの世代に継承すべき文化を伝達する。若い世代が将来社会の成員として必要になる知識や行動の様式を身に付けさせる。このような目的で行われる，世代間のコミュニケーションのあり方のひとつの様式として，学校の教室という空間では，先に述べたような形式のコミュニケーションが遂行される。

1　教師が「前を向きなさい」と指示した場合に，生徒が黒板の方を向くのは，教師が教室の「前方」にいることが暗黙の前提となっているからである。

2　黒板，教卓，机，椅子などの並び方や置かれ方によって，教室の空間的な特徴は様々なスタイルを持ち，特定の意味を帯びてくる。

3　「前を向きなさい」という教師の発話は，教室以外では，〈教師の話を聞きなさい〉や〈黒板に書いたことに注目しなさい〉といった意味を持たない。

4　教室で行われるコミュニケーションが，前方にいる教師から後方にいる生徒へという特定の形を持つのは，教室の空間的な特徴によっている。

5　教育は，世代間コミュニケーションの一つの様式であり，子どもと大人が向かい合うという教室の空間的特徴によって，文化を伝達しやすくなっている。

解説

出典：苅谷剛彦「教育過程と教室空間・学校空間」(天野郁夫，藤田英典，苅谷剛彦著『教育社会学』所収)

教室空間の特徴について述べた文章。教室は，黒板，教卓，机，椅子などの配置によりあらかじめ「向き」が特定されており，黒板や教卓が置かれているほうが「前方」と了解されている。このような空間は，「前」に立つ人が発するメッセージを，「後」にすわっている人が受け取るというスタイルのコミュニケーションが行われることを前提につくられており，このスタイルは「教育」の基本的な形式を示している，と論じている。

1．教師の「前を向きなさい」という指示に生徒が黒板のほうを向くのは，黒板や教卓が置かれているほうが「前方」と了解されており，「教室という空間の特徴」が「空間の向きを自明のものとして特定している」(第1段落) からである。第2段落に「……教室空間の特徴は，そこにいる人びとに対して，どこが自分の占めるべき場所なのかを，暗黙のうちに示し，そこにいることを強制している」とあり，どちらが「前」かは，教室空間の特徴によってあらかじめ決められている (第4段第1文も参照)。

2．「黒板，教卓，机，椅子などの並び方や置かれ方によって，……様々なスタイルを持」つとしている点が誤り。本文は，「黒板，教卓，机，椅子，そして壁という物理的な資源の並び方，置かれ方に特定の形式をもつ教室空間の特徴」(第2段落) を取り上げており，教室空間の多様性を挙げるものではない。

3．「『前を向きなさい』という教師の発話」は，第2段落と第4段落で取り上げられているが，「教室以外」についての言及はない。

4．妥当である (第2～4段落)。

5．教室の空間的特徴は，子どもと大人が単に「向かい合う」のではなく，「『前』に立つ人が発するメッセージを，『後』にすわっている人びとが受け取る」(第4段落) というところにある。

正答　4

国家一般職［大卒］ No. 36 教養試験

文章理解　現代文（内容把握）　平成28年度

次の文の内容と合致するものとして最も妥当なのはどれか。

広告をもっとも一般的な条件において規定するなら，それは「商品についての言説(discours)」であるということになろう。この規定には二重の意味がある。一つは，広告が需要喚起の観点から「商品」について訴求しており，経済資本の活動に相関していることである。二つは，広告が「言説」であり，さまざまな媒体（メディア）を通じて，言葉や映像や音楽などの記号により何かを表現し，語っており，社会的なコミュニケーションの活動に相関していることである。重要なのは，広告において経済資本の活動と言説の活動という二つの過程が密接に結びついていることである。広告の言説は資本の活動を通じて人びとの欲望の流れに浸透する。広告の言説は，(a)人びとの欲望の対象として商品を記号化し，意味づけると同時に，(b)そのような記号活動を通じて分節された欲望の〈場〉を，一つの社会的な現実として構成していくのである。

しかしながら，広告が最初からこのような社会現象であったわけではない。広告が顕著に社会性を帯びた現象となるのは，資本と言説という二つの力が合成して「消費社会」という欲望の領域が生み出されるときである。欲望は単なる必要の形式ではない。必要の限度を超え，新しい現実を生み出すのが欲望である。資本の力がこのような欲望の流れを触発し，消費の領域をひらいていくとき，そして言説が十分な密度で人びとの欲望のゲームを表現するとき，広告は深い意味で社会的な現象になる。このように欲望のゲームが解き放たれるのは，資本の活動が高度化し，ある「過剰の次元」に到達したときである。資本の営みが単に利潤獲得という合目的性に支配されているとき，欲望は生産の機能的な関数にとどまるからである。

資本の活動を個別的に見れば，そこには利潤の獲得・極大化という目的が設定されている。また，社会全体の富という見地からみれば，生産される価値の増大ということが要請されるのかもしれない。だが，現代社会では合理的な基準では測りがたい価値の膨張や収縮がみられる。また，増殖すべき価値の実体というのも，人間の欲望や労働，倫理とかかわりのないものであったりする。人間学的な基準を超えたシステム全体の膨張のなかで，資本の活動は一定の合目的性によって規定できず，ゲームと呼ぶしかない過剰な現実性として大きくせりだしているのである。

1　広告は，もともと需要喚起の観点から単にある商品について訴求するものであったが，人々の欲望に触発され，商品を記号化するものとなった。

2　広告は，経済資本の活動と言説の活動とに相関しており，資本と言説の力が合わさって，欲望の領域が生み出されることで，社会性を帯びた現象となる。

3　資本の営みが利潤の獲得・極大化という合目的性に支配されると，広告は深い意味で社会的な現象となり，資本の活動が過剰な次元に到達する。

4　社会全体の富という見地から資本の活動を見ると，人々の欲望は生産の機能的な関数にとどまっており，生産されるべき価値が不明瞭となっている。

5　資本の活動が，人間の欲望や労働，倫理と関わりのない価値の実体を増殖させ，広告を社会的なコミュニケーション活動に結び付けた。

解説

出典：内田隆三「資本のゲームと社会変容」（山之内 靖［ほか］編『ゆらぎのなかの社会科学』所収）

広告と消費社会について論じた文章。資本と言説とが密接に結びついて「消費社会」が生まれるとき，広告は「顕著に社会性を帯びた現象」となると述べ，人々の「欲望のゲーム」が解き放たれ，資本の活動がある「過剰な次元」に到達した現代社会の特徴を取り上げている。資本の活動が「言説の活動」と結びつくことで，欲望が新しい現実を生み出していく，という点をとらえることが肝要である。

1．全体的に誤り。本文では，広告が「欲望に触発され」るとは述べていない。また，「商品を記号化」するという点については，「広告の言説」に言及する必要がある（第１段落）。

2．妥当である（第２段落）。

3．前半は「消費社会」が生み出される前の段階であり，「消費社会」成立の段階について述べた後半と結びつかない。広告が「深い意味で社会的な現象」となるのは，「資本と言説という二つの力が合成して『消費社会』という欲望の領域が生み出されるとき」であり，まだ「資本の営みが利潤の獲得・極大化という合目的性に支配され」ている段階では，「欲望は生産の機能的な関数にとどま」り（第２段落末），資本の活動は「過剰の次元」に到達していない（第２段落）。

4．「社会全体の富」という見地が，資本の活動を個別的に見る視点と混同されている。人々の欲望が「生産の機能的な関数にとどま」るのは，「資本の営みが単に利潤獲得という合目的性に支配されているとき」（第２段落末）である。「社会全体の富という見地」を挙げた第３段落第２文は並立の接続詞「また」で始まっており，「利潤獲得」と「生産される価値」は，別々の観点から取り上げられたものである。

5．「言説」の活動を挙げていない点が誤り。広告と「社会的なコミュニケーション活動」との結びつきは，広告が「言説」であるところから生じており（第１段落），「増殖すべき価値の実体」が「人間の欲望や労働，倫理とかかわりのないものであったりする」（第３段落）のも，「資本の活動」のみでは説明できない（第１～３段落）。

正答　2

国家一般職［大卒］ No. 37 教養試験

文章理解　現代文（内容把握）　平成28年度

次の文の内容と合致するものとして最も妥当なのはどれか。

非線形世界をくまなく探るには限界がある。二点間を結ぶ曲線は無数にあるから，いったん非線形性を許容してしまうと無限の可能性があり，それを全部調べ尽くさないと理解できたことにはならないからだ。しかし，人間が研究を行えるのは部分であり，それだけですべてを代表させることができないのも事実である。私たちは，非線形世界に足を踏み入れられるようになったが，その広大さ，奥深さに圧倒されている状態と言えるだろう。従来から推し進めてきた科学の方法に大きな限界を感じざるを得ない，というのが現状なのではないだろうか。

従来から推し進めてきた科学の方法とは「要素還元主義」のことである。ある現象を目の前にしたとき，その系（システム）を部分（要素）に分け，あるいはより根源的な物質を想定し，それらの反応性や振る舞いを調べて足し合わせれば全体像が明らかになるという手法のことだ。部分の和が全体であり，より根源的な世界では法則はより純粋で単純に立ち現れると考えてきた。そして，原因と結果は一直線で結ばれる，とも。この方法は見事に成功し，ほとんどの科学はこの方法に準拠していると言っても過言ではない。実際，近代科学が成立して以後，科学は要素還元主義でわが世の春を謳歌した。科学は因果関係について明快な答えを出してくれる，という現代の科学信仰の源泉はここにある。

要素還元主義が成功したのは，すべての過程を線形に帰着させることによって問題を簡明化し，その範囲で威力を発揮できたためである。別の言い方をすれば，線形として扱える範囲の問題に限り，非線形の問題は「複雑系」として後回し（当面は取り扱わない）としてきたのだ。科学は成功した顔だけ見せて，成功しない部分は頬かむりしたとも言えよう。しかし，現実に私たちが当面する問題の多くは非線形が重要な役割を果たしている。とはいえ，それはなかなか解けないから，脇においておくしかない。ここにおいて，万能ではない科学をどう考えるのかが問われることになった。

1　非線形世界をくまなく探るには，根源的な物質を想定し，それらの反応性や振る舞いを調べて足し合わせることで全体像を明らかにしていく必要がある。

2　ある現象の系（システム）を部分（要素）に分けていく科学の方法は，人間が研究を行えるという点において，非線形世界を探る方法とは異なる。

3　私たちが当面する問題の多くは非線形が重要な役割を果たしており，全ての過程を線形に帰着させてきた要素還元主義には，大きな限界があるように感じられる。

4　原因と結果が一直線で結ばれると考える要素還元主義は，私たちが科学に対して，因果関係について明快な答えを出すことを期待したために成功した。

5　非線形の問題を後回しにしてきた科学は，非線形が重要な役割を果たしていることが明らかになったことで，私たちの信仰を失った。

解説

出典：池内 了『科学の限界』

科学の限界について論じた文章。従来から推し進めてきた要素還元主義の成功の裏で後回しにされてきた「複雑系」の問題を扱う難しさを取り上げている。要素還元主義は，原因と結果を一直線で結び，線形として扱うことによって成功したが，「現実に私たちが当面する問題の多くは非線形が重要な役割を果たしている」。しかし，無限の可能性のある「非線形」の世界をくまなく探るには限界があるため，「万能ではない科学をどう考えるのかが問われることになった」と論じている。「非線形」の問題の重要性と難しさ（第1，第3段落）に注目し，これと対比される要素還元主義の特徴（第2～3段落）をとらえて解く必要がある。

1．これは，非線形世界を探る方法ではなく，要素還元主義の手法について述べたものである（第2段落）。

2．「人間が研究を行えるという点において」が誤り。「人間が研究を行えるのは部分であり」（第1段落），無限の可能性がある非線形世界をくまなく探るには限界があるが，「私たちは，非線形世界に足を踏み入れられるようになった」とあり，人間が「非線形世界を探る」研究を行えないわけではない。

3．妥当である。本文全体で論じているテーマであり，第3段落にまとめられている。

4．要素還元主義が成功したのは，「すべての過程を線形に帰着させることによって問題を簡明化し，その範囲で威力を発揮できたため」である（第3段落）。

5．「私たちの信仰を失った」という部分が誤り。筆者は，「現実に私たちが当面する問題の多くは非線形が重要な役割を果たしている。とはいえ，それはなかなか解けないから，脇においておくしかない。ここにおいて，万能ではない科学をどう考えるのかが問われることになった」（第3段落）と，議題として取り上げており，「現代の科学信仰」（第2段落末）が失われたとはしていない。

正答 3

No. 38 教養試験

文章理解 現代文（空欄補充） 平成28年度

次の文の［　　　］に当てはまるものとして最も妥当なのはどれか。

正しい直感が生まれるためにはまず，［　　　　　　　　　］が必要である。科学者がある問題を長い間にわたって集中的に考えていて，散歩に出かけたときなどに，ふとインスピレーションが湧くことがあるが，これが正しい直感になる場合が多い。よく知らない問題に対する単なる思いつきは幼稚であり，ほとんどの場合に間違える。このような思いつきを奨励することは，発想法の一つとして必ずしも馬鹿げたことではないと思うが，直感とは無縁のものであることを強調しておきたい。

専門の科学者ではなくても，たとえば経験を積んだ開業医が患者の顔色や表情を見ただけでどこが悪いか見通すとか，将棋のプロが一目で難しい局面の優劣を判断したり，敏腕な刑事が何かちょっとしたことが気にかかり，これが端緒となって事件が解決するということがよくある。この場合は，長年月の経験から“第六感”が働き，何かが手がかりになって“臭い”と感じたわけである。これらの比較的単純な直感は，明らかに帰納や推定，あるいはアナロジーを使っている。

特別な知識に精通することは，その知識が無意識化され，直感の基礎になるのだと思われる。ちょうどスポーツの鍛錬によって，筋肉の運動が自動化・無意識化されるように，知能の鍛錬は思考を自動化・無意識化すると考えられる。

1 その問題に関わる知識に精通していること
2 帰納や推定の手法を正しく理解しておくこと
3 あらゆる思考を自動化・無意識化しておくこと
4 思考を一たび停止して周囲に目を向けてみること
5 単に知っているだけでなく実際に経験を積んでいること

解説

出典：高辻正基『知の総合化への思考法』

空欄部が第１文にあるので，第２文以下の説明に合致するものを選ぶ。

空欄のある一文は，「正しい直感が生まれるためにはまず，[　　　]が必要である」というもので，空欄部には「正しい直感」が生まれるための条件として第一に挙げられるものが入ることになる。

第２文では「科学者がある問題を長い間にわたって集中的に考えていて」「ふとインスピレーションが湧くことがあるが，これが正しい直感になる場合が多い」と述べており，第 3～4 文では，「よく知らない問題に対する単なる思いつきは幼稚であり，ほとんどの場合に間違える」と述べ，このような思いつきは「直観とは無縁のものである」と断じている。ここでは，科学者などの専門家が「ある問題を長い間にわたって集中的に考えていて」浮かんだものと，「よく知らない問題に対する」思いつきとが対比されているから，この図式に当てはまる選択肢を選ぶ必要がある。

第２～３段落を確認すると，第２段落では，「経験を積んだ開業医」「将棋のプロ」「敏腕な刑事」などの例を挙げて，「長年月の経験から“第六感”が働」いたとしている。第３段落では「特別な知識に精通すること」が「直観の基礎になるのだと思われる」と述べ，「知能の鍛錬」が「思考を自動化・無意識化すると考えられる」と加えている。いずれも，第１段落で述べた「長い間にわたって集中的に考えていて」「ふとインスピレーションが湧くことがあり，これが正しい直感になる場合が多い」という見解を補強する内容となっており，第２～３段落の趣旨を踏まえると，筆者は，「正しい直感が生まれるため」にはまず，特別な知識に精通することが必要だと主張していることがわかる。

以上より，空欄に当てはまるものとしては，**1**「その問題に関わる知識に精通していること」が最も妥当である。

1．妥当である。

2．第２段落末で「これらの比較的単純な直感は，明らかに帰納や推定，あるいはアナロジーを使っている」と述べているが，この前には「長年月の経験から“第六感”が働き，何かが手がかりになって“臭い”と感じたわけである」とある。筆者は，「帰納や推定」に用いられる知見のほうに注目しているのであって，その「手法」の「理解」については述べていない。

3．「特別な知識に精通することは，その知識が無意識化され，直感の基礎になるのだと思われる」「知能の鍛錬は思考を自動化・無意識化すると考えられる」（第３段落）と述べているが，「あらゆる思考」を「自動化・無意識化しておく」必要があるとは述べていない。

4．「思考を一たび停止して周囲に目を向けてみること」は，「散歩に出かけたときなどに，ふとインスピレーションが湧くことがある」（第１段落）という例に符合するが，本文ではこのような行動や環境の変化については重ねて述べておらず，「正しい直感」が生まれるための条件として重視されていない。「よく知らない問題に対する単なる思いつき」では「正しい直感」にはならないから，それ以前にある問題についてよく知っていることが重要となる。

5．「単に知っているだけ」か「実際に経験を積んでいる」かについては，本文では対比されておらず，これらを分けている点が誤り。

正答　1

文章理解 判断推理 数的推理 資料解釈 時事 物理 化学 生物 地学

国家一般職［大卒］ 教養試験

No.39 文章理解 現代文（文章整序） 平成28年度

次の［　　］の文の後にＡ～Ｆを並べ替えて続けると意味の通った文章になるが，その順序として最も妥当なのはどれか。

> カフカの描き出す世界を一言で形容するとすれば，なるほど不条理という言葉が最も適しているかもしれない。だがカフカは，不条理を単に不条理として描出しようとしたわけではない。《中　略》身に覚えのないことを，当たり前のことのように思わされてしまうことの不条理なのだ。

Ａ：ところが，人間の記憶のきわめて興味深いところは，それが完全ではないということなのだ。人間は忘れる。

Ｂ：人間は一秒一秒，ただ時間のなかを進みながら生きていくだけではない。記憶という特殊な能力を発達させているため，生きた時間を記憶しながら生きていくというひどくややこしいことをする。

Ｃ：このように，記憶という危なっかしい能力に頼る人間には，身に覚えのないことでも認めてしまうということが，いくらでもありうるのである。

Ｄ：だから，身に覚えのないようなことを言われても，自分の記憶にはないけれども，単に自分が忘れただけのことで，本当はそうなのかもしれない，と考えてしまう。

Ｅ：ではどうして身に覚えのないことが，当たり前のことのように思えてしまうのか。それは人間に記憶というものが備わっているからである。

Ｆ：たとえば自分の周囲の人全員に，酔っぱらったときの自分の醜態を聞かせられたら，絶対にそんなことはしていないといつまでも言い張ることはできないだろう。

1　Ｂ→Ａ→Ｄ→Ｅ→Ｆ→Ｃ
2　Ｄ→Ｃ→Ｂ→Ａ→Ｆ→Ｅ
3　Ｅ→Ｂ→Ａ→Ｄ→Ｆ→Ｃ
4　Ｅ→Ｄ→Ｃ→Ａ→Ｂ→Ｆ
5　Ｆ→Ｃ→Ｅ→Ｄ→Ｂ→Ａ

出典：根本美作子『眠りと文学』

冒頭に置かれた文章では，カフカの描き出す世界の「不条理」について，「身に覚えのないことを，当たり前のことのように思わされてしまうことの不条理なのだ」と述べている。

選択肢を見ると，Ｅで始まるものが２つ，Ｃで終わるものが２つあり，これらの位置が正しいかどうかを考えながら，検討していく。

Ａ～Ｆをざっと見ていくと，全体として「記憶」が話題に挙げられており，Ｃ，Ｄ，Ｅで，「身に覚えのない（ような）こと」について述べている。「記憶」が新しい話題として取り上げられているパートを探すと，Ｅで，「ではどうして身に覚えのないことが，当たり前のことのように思えてしまうのか。それは人間に記憶というものが備わっているからである」と述べ，冒頭部分の文章の「身に覚えのないこと」の話題から「記憶」へと発展させている。Ｅ以外のパートでは，「記憶」は新しい話題ではなく既知情報として取り上げられており，冒頭の文章からつながらない。したがって，１番目にくるものとしては，Ｅが最も適当である。

次に，逆接の接続詞「ところが」で始まるＡと，まとめの接続詞「このように」で始まるＣを確認すると，Ａでは，「（人間の記憶が）完全ではない」「人間は忘れる」という点を取り上げている。Ｃでは，「このように，記憶という危なっかしい能力に頼る人間には，身に覚えのないことでも認めてしまうということが，いくらでもありうるのである」と，Ｅで提起された問題を，Ａと同様の観点からまとめている。文章の大きな流れは，Ｅ→Ａ→Ｃという順序になっているから，Ｃ→Ａという順序になっている選択肢は誤りであり，**3**が残る。

そこで，Ｅ→Ａ→Ｃという順序になっている**3**を確認していくと，Ｂでは，Ｅで新たに取り上げられた「人間に記憶というものが備わっている」という点について説明している。そして，Ａで「ところが，……完全ではない」と転換し，Ｄで「だから，身に覚えのないようなことを言われても，……，本当はそうなのかもしれない，と考えてしまう」と，Ａの帰結を述べている。「たとえば……」と始まるＦは，「酔っぱらったとき」を例に挙げて「そんなことはしていないといつまでも言い張ることはできないだろう」と述べ，Ｄを説明する内容となっている。Ｃで，Ｅからの話題をまとめ，Ｅ→Ｂ→Ａ→Ｄ→Ｆ→Ｃで，冒頭の文章で取り上げられたテーマについてひとまとまりの論考が示されており，**3**は，文章全体の流れが整っている。

よって，正答は**3**である。

正答　3

国家一般職［大卒］ No. 40 教養試験

文章理解　英文（内容把握）　平成28年度

次の文の内容と合致するものとして最も妥当なのはどれか。

The “science communication problem” has yielded abundant new research into how people decide what to believe — and why they so often don’t accept the expert consensus. It’s not that they can’t grasp it, according to Dan Kahan of Yale University. In one study he asked 1,540 Americans, a representative sample, to rate the threat of climate change on a scale of zero to 10. Then he correlated that with the subjects’ science literacy. He found that higher literacy was associated with stronger views — at both ends of the spectrum. Science literacy promoted polarization[*1] on climate, not consensus. According to Kahan, that’s because people tend to use scientific knowledge to reinforce their worldviews.

Americans fall into two basic camps, Kahan says. Those with a more “egalitarian[*2]” and “communitarian” mind-set are generally suspicious of industry and apt to think it’s up to something dangerous that calls for government regulation; they’re likely to see the risks of climate change. In contrast, people with a “hierarchical” and “individualistic” mind-set respect leaders of industry and don’t like government interfering in their affairs; they’re apt to reject warnings about climate change, because they know what accepting them could lead to — some kind of tax or regulation to limit emissions.

In the United States, climate change has become a litmus test that identifies you as belonging to one or the other of these two antagonistic[*3] tribes. When we argue about it, Kahan says, we’re actually arguing about who we are, what our crowd is. We’re thinking: People like us believe this. People like that do not believe this.

Science appeals to our rational brain, but our beliefs are motivated largely by emotion, and the biggest motivation is remaining tight with our peers. “We’re all in high school. We’ve never left high school,” says Marcia McNutt. “People still have a need to fit in, and that need to fit in is so strong that local values and local opinions are always trumping[*4] science. And they will continue to trump science, especially when there is no clear downside to ignoring science.”

（注）　[*1] polarization：二極化　[*2] egalitarian：平等主義の　[*3] antagonistic：対立する
[*4] trump：～を負かす

1　科学的な問題について，専門家の間で一致した意見が人々にすぐに受け入れられないのは，その内容が高度であり，理解し難いからである。

2　科学に関する知識が豊富である人ほど，平等主義的な考え方に疑問を持っており，政府による規制が行き過ぎていると感じている。

3　調査によれば，米国人には個人主義的な考え方に基づいて行動する人が多く，気候変動に関心を持たない傾向がある。

4　米国では，気候変動をどのように考えるかによって，考え方が対立している二つの集団のどちらに属しているかが分かる。

5　科学は，私たちの合理的な精神に訴えかけるため，感情によって信念が左右されたとしても，最終的には，非科学的な意見は排除される。

解説

出典：“Why science is so hard to believe”, The Washington Post

全訳〈「科学コミュニケーション問題」というテーマは，人は何を信じるかをどのようにして決めるのか，そしてさらには，なぜ人は往々にして専門家の一致した結論を受け入れることをしないのか，ということに関する新たな研究を数多く生み出してきた。イェール大学のダン=カハン教授によると，それは理解力がないということではない，という。ある研究において，彼は代表サンプルである1,540人のアメリカ人に対して，気候変動の脅威を0から10の段階で格付けするよう求めた。それから彼は，その結果と被験者の科学リテラシーとを関連づけた。彼が見いだした結果は，リテラシーが高いほど，より強い見解につながる，つまり見解が両極端に分かれるということだった。気候に関しては，科学リテラシーは意見が一致する方向へではなく，意見を二極化させる方向へと作用したのだ。カハン氏によると，人は自分の世界観を強化するために科学知識を用いる傾向があることがその理由だという。

アメリカ人は基本的に2つのグループに分かれる，とカハン氏は語る。より「平等主義的」で「共産社会主義的」な物の考え方をする人たちは，総じて産業界に対して懐疑的であり，政府の規制が必要となるような何か危険なことをたくらんでいるのだと考える傾向にある。そうした人たちは，気候変動のリスク面を見ようとしがちだ。これに対して，「階級主義的」で「個人主義的」な物の考え方をする人たちは，産業界のリーダーたちを尊敬し，彼らの業務活動に政府が介入するのを好まない。そうした人たちは，気候変動に関する警告を拒絶する傾向にある。なぜなら，警告を受け入れることでどんなことにつながるかを彼らは知っているからだ。それは，何かの形の税金や，排出を制限する規制といったことである。

アメリカ合衆国においては，気候変動の問題は，ある人が対立するこれら2つの集団のどちらに属するかを見定めるリトマス試験のようになっている。その問題を議論するとき，私たちは自分が誰であるのか，どういう連中とつながっているのかについて議論しているに等しい，とカハン氏は語る。私たちは「自分のような人たちはこれを信じている」「ああいう人たちはこれを信じていない」といった考え方をしているのだ。

科学は私たちの理性ある頭脳に働きかけるが，私たちの信念は主として感情が動機となって形づくられる。そしてその動機となる最大の要因は，同質集団と密接に関わり続けることだ。「私たちはみな高校生のままで，高校を卒業してなどいないのです」と，マルシア=マクナット氏（訳注：「サイエンス」誌編集長で，2016年7月より米国科学アカデミー（NAS）会長）は語る。「相変わらず仲間とうまく調和する必要があって，その調和の要求が強すぎるために，局所的な価値観や意見が常に科学に打ち勝ってしまうのです。そうした人たちはこれからも，科学を無視することの明らかなマイナス面が特段ない場合は，科学を負かし続けるでしょう〉

1．現代のアメリカにおいては，人々の科学リテラシーが高いほど，専門家の一致した意見の評価において（重視する人と無視する人の）両極端に分かれる傾向にあるという研究結果が述べられていることから，「内容が高度であり，理解しがたい」ことが理由ではない。

2．科学に関する知識が豊富である人ほど，平等主義的な考え方をする人と，政府による規制を嫌うような（階級主義的・個人主義的な）考え方をする人の二極に分かれやすいと述べられている。

3．平等主義的な考え方に基づいて気候変動を重視する人と，個人主義的な考え方に基づいて気候変動を無視する人の2つのグループに大きく分かれることが述べられているが，後者のほうが割合が多いことをうかがわせる記述はない。

4．妥当である。

5．科学は合理的な精神に訴えかけるという部分は正しいが，後半部分については，信念は感情によって左右されるために，信念を形づくる最大の要因となる同質集団との関わりが強すぎると，局所的な価値観や意見が科学に打ち勝ってしまうと述べられている。

正答　4

国家一般職［大卒］ No. 41 教養試験

文章理解 英文（内容把握） 平成28年度

次の文の内容と合致するものとして最も妥当なのはどれか。

The culture of "time macho" — a relentless competition to work harder, stay later, pull more all-nighters, travel around the world and bill the extra hours that the international date line affords you — remains astonishingly prevalent among professionals today. Nothing captures the belief that more time equals more value better than the cult of billable hours afflicting[*1] large law firms across the country and providing exactly the wrong incentives for employees who hope to integrate work and family. Yet even in industries that don't explicitly reward sheer quantity of hours spent on the job, the pressure to arrive early, stay late, and be available, always, for in-person meetings at 11 a.m. on Saturdays can be intense. Indeed, by some measures, the problem has gotten worse over time: a study by the Center for American Progress reports that nationwide, the share of all professionals — women and men — working more than 50 hours a week has increased since the late 1970s.《中　略》

Long hours are one thing, and realistically, they are often unavoidable. But do they really need to be spent at the office? To be sure, being in the office *some* of the time is beneficial. In-person meetings can be far more efficient than phone or e-mail tag; trust and collegiality[*2] are much more easily built up around the same physical table; and spontaneous conversations often generate good ideas and lasting relationships. Still, armed with e-mail, instant messaging, phones, and videoconferencing technology, we should be able to move to a culture where the office is a base of operations more than the required locus[*3] of work.

Being able to work from home — in the evening after children are put to bed, or during their sick days or snow days, and at least some of the time on weekends — can be the key, for mothers, to carrying your full load versus letting a team down at crucial moments. State-of-the-art videoconferencing facilities can dramatically reduce the need for long business trips. These technologies are making inroads, and allowing easier integration of work and family life. Yet our work culture still remains more office-centered than it needs to be, especially in light of technological advances. One way to change that is by changing the "default rules" that govern office work — the baseline expectations about when, where, and how work will be done.

（注）　[*1] afflict：～を悩ます　[*2] collegiality：同僚間の協調・協力関係
[*3] locus：場所，位置

1　職場に遅くまで残って長時間働くことを評価する傾向は，最近は大幅に改善されているものの，大企業には依然として見られる。

2　研究によれば，労働時間に見合った報酬が支払われていないという問題は，1970年代後半から深刻化している。

3　対面形式の会議では，雑談して会議が長引いてしまうことがあるが，メールのやりとりは，効率的で，良いアイディアを生むこともある。

4　育児中の者は，重要な仕事で責任を果たせるよう，日頃から仕事の量を調整しておく必要がある。

5　仕事と家庭の両立は，最新のテレビ会議の設備等により行いやすくなっているが，職場にいることがいまだに重視されている。

解説

出典："Why Women Still Can't Have It All", THE ATLANTIC

全訳〈「時間のマッチョ」，つまり，より懸命に働き，遅くまで居残り，何日も徹夜をし，世界中を飛び回り，日付変更線がもたらしてくれる追加の時間をも支払い請求に乗せるといったことをどこまでも競うような文化は，今もなお知的職業に従事する人の間で驚くほど広範囲に見受けられる。かける時間が多いほど生み出す価値は増大するという信念が最も如実に表れているのが，この時間を支払い請求可能なものとして崇(あが)める文化であり，全国の大手法律事務所を悩ませ，仕事と家庭を両立させようと望む被雇用者たちに完全に間違った発奮材料を与えているものだ。だが，純粋に仕事に費やした時間の長さに応じて報酬が支払われることが明確でないような業界においてすら，早く出社し，遅くまで居残り，毎週土曜の午前11時に行われる対面形式の会議に常に備えるよう迫られる重圧は並大抵ではない。それどころか，見方によってはこの問題は時代を経て悪化しているともいえる。というのは，アメリカ進歩センター（訳注：米国民主党系のシンクタンク）の調査研究によると，全国で男女を問わず，週に50時間を超えて働くあらゆる知的職業従事者の割合は，1970年代後半以降増加しているのだ。《中　略》

労働時間の長さは，それ自体一つの問題であり，現実的にはなかなか避けられないものだ。だが，本当にそれだけの時間をオフィスで費やす必要があるのだろうか。確かに，「ある程度」の時間をオフィスで過ごすことは有益である。対面形式の会議は電話やメールのやり取りよりもずっと効率的であり，物理的に同じテーブルを囲んだほうが同僚間の信頼や協力関係もはるかに容易に築かれる。また，自然発生的な会話からはしばしば名案や長続きする関係が生まれるものだ。それでもなお，eメールやインスタントメッセージ，電話，テレビ会議の技術などを駆使して，私たちはオフィスが必須の仕事場所ではなく業務の拠点であるような文化への移行を可能にすべきなのだ。

家庭からの勤務，たとえば子どもを寝かしつけた後の夜間や，病気の日や雪の日，あるいは週末の一部の時間だけでも家での仕事が可能になることが，働く母親にとっては，大事なときに周囲に迷惑をかけずに自分の仕事をすべてこなせる鍵となるだろう。最新のテレビ会議の設備は，出張で遠出する必要性を劇的に減少させるだろう。こうした技術は浸透しつつあり，仕事と家庭の両立が楽になることを可能にしている。とはいえ，技術の進歩を考慮してもなお，私たちの仕事文化は必要以上にオフィスが中心になったままである。これを変える一つの方法は，オフィスの仕事をつかさどる「デフォルトルール」，すなわちいつ，どこで，どのように仕事がなされるのかについて，求められる最低水準を変更することから始めることだ〉

1．職場に遅くまで残って長時間働くことを評価する傾向が，最近は大幅に改善されているという記述はない。また，その傾向が依然として見られることは述べられているが，「大企業」に限定する記述はない。

2．「労働時間に見合った報酬が支払われていないという問題」についてはまったく述べられていない。むしろ，働く側が目いっぱいまで働いて報酬の支払い請求をすることの問題点が述べられている。

3．会議の形式については，むしろ対面形式のほうが電話やメールのやり取りよりも効率的であり，他の利点もあることが述べられている。

4．「育児中の者」について限定した記述はない。働く母親にとっては，在宅勤務の時間を増やせることが重要な仕事で責任を果たせる鍵になると述べられているが，「責任を果たせるよう，日頃から仕事の量を調整しておく必要がある」とは述べられていない。

5．妥当である。

正答　5

国家一般職［大卒］ No. 42 教養試験

文章理解 英文（内容把握） 平成28年度

次の文の内容と合致するものとして最も妥当なのはどれか。

I sit writing this on a bank holiday, one of nine such public holidays we have in Ireland every year. Many of them coincide with religious holidays, such as Christmas Day, but most are bonus holidays that have their origins in the 1870s, when the government — then British — decided banks should close on specific days of the year. This meant businesses would shut too and overworked Victorian labourers would get some well-earned rest.《中　略》

Sadly, the bank holiday is one of only a few things we have to be grateful for when it comes to the banks, especially in Ireland where people are still counting the cost of the near-collapse of our banking system in 2008.

There are many idioms around banking and finance in English. Many of them get across the idea of trust and security — which is why you put your money in the bank in the first place. When you are "banking on" something, you are depending on it. "You can take that to the bank," you might be told when being assured of something. Credit itself means trust and when you find something "incredible" it means you don't believe it — you don't credit it to be true. Credit in finance is the trust placed in you to pay back money that you've borrowed.

Banks borrow money from one another as well, of course, but all that ground to a halt with the "credit crunch" of 2007-2008, when the banks suddenly stopped trusting each other. Much of the banking vocabulary that has crept into English since the global financial crisis centres around mistrust and fear.《中　略》

Financial institutions were facing huge losses and these "zombie banks" were kept on artificial life support by governments. Many were considered "too big to fail" and what we all believed to be the rules of capitalism were suspended as billions in public funds were pumped into private companies in taxpayer-backed "bailouts."

The €64 billion rescue of the Irish banks has cost every Irish citizen €9,000 in wage cuts and tax hikes. It's enough to ruin your bank holiday.

1　1870年代のアイルランドにおいて，当時の政府は，宗教的な祝日とは別に銀行を休業にする特別な日を設けるべきだとして，年に9日のバンクホリデーを定めた。

2　アイルランドでは，2008年に銀行システムが崩壊寸前となり，銀行の救済のため，公的資金が投入され，それは今も国民の負担となっている。

3　銀行にまつわる英語のイディオムは信用を表すものが多いが，それらは，世界金融危機により生じた銀行に対する不信や恐れを払拭しようとする動きから生まれた。

4　世界金融危機による莫大な損失を埋めるため，アイルランドでは，私企業から集めた資金をつぎ込んで新しい銀行システムを構築するという措置が採られた。

5　世界金融危機以降，多くの銀行が実質破綻し，アイルランド国民は今も預金を自由に引き出すことができないため，せっかくのバンクホリデーも台無しになっている。

解説

出典：Mike Dwane, "Bank holidays and bailouts", The Japan Times ST：August 28, 2015

全訳〈私はこれを，バンクホリデー（祝日）に腰を落ち着けて書いている。アイルランドでは毎年9日ある，そのような公休日の中の1日だ。それらのうちの多くがクリスマスのような宗教的な祝日と重なっているが，大半は1870年代，当時はイギリス領であったのだが，時の政府が1年のうちの特定の日に銀行を休業にすべきだと決定したときに端を発する，特別に設けられた休日である。このことは事務所や店も休業となるということを意味し，働きすぎのビクトリア朝の労働者たちも，もらって当然の休みを取れたのだった。《中　略》

悲しいことだが，銀行のこととなると，私たちが感謝しなければならないことは，バンクホリデーくらいしかない。とりわけ，2008年に銀行制度が崩壊寸前にまで至った痛手を人々が今なお受けているアイルランドにおいてはそういえる。

英語には銀行および金融業にまつわるイディオムが数多くある。それらの多くは，信用と安心感という概念が伝わるものだ。それがあるからこそ，そもそもあなたは銀行にお金を預けるわけだが。あなたが何かを「当てにして（banking）」いるとき，あなたはそれを頼りにしているということだ。あなたが何かを保証されているとき，「銀行のお墨付きだ」と言われるかもしれない。クレジット（credit）は，それ自身では信用を意味するため，あなたが何かを「信じられない（incredible）」と感じるときは，あなたがそれを信じていないということだ。つまり，あなたはそれが真実だということに信用を置けないのだ。金融におけるクレジットとは，あなたが借りたお金を返すという，あなたに置かれた信用のことだ。

銀行は銀行どうしで互いにお金の貸し借りを行うこともあるのはもちろんだが，2007年から08年にかけての信用収縮の際には，銀行が突如として互いを信用しなくなったことでその機能がすべて停止してしまった。世界金融危機以降に英語で次第に使われるようになった銀行に関する語彙の多くが，不信と恐れの感情を中心とするものとなっている。《中　略》

（当時）金融機関は巨額の損失に直面しており，これらの「ゾンビ銀行」は政府によって人工救命装置につながれた状態になった。多くの銀行が「大きすぎてつぶせない」と見なされ，納税者が支援する「救済措置」によって何十億もの公的資金が私企業に注ぎ込まれる中，私たちが皆資本主義のルールと信じていたものが一時無効状態になった。

この640億ユーロに上るアイルランドの銀行群を救済する措置によって，アイルランドの市民は1人当たり9,000ユーロを賃金カットや増税によって負担することとなった。これはあなたのバンクホリデーを台無しにするには十分な額だ〉

1．1870年代のアイルランドにおいて，当時の（イギリス）政府がバンクホリデーを定めたことは正しいが，現在あると述べられている年に9日のバンクホリデーのうちの「大半が」と述べられていることから，9日すべてが当時定められたのではないことが読み取れる。また，「多くが……宗教的な祝日と重なっている」と述べられていることから，「宗教的な祝日とは別に」年に9日というのも誤りであることがわかる。

2．妥当である。

3．銀行にまつわる英語のイディオムについては，従来は信用を表すものが多かったが，世界金融危機以降は不信や恐れを表すものが多くなったと述べられている。

4．「私企業から集めた資金をつぎ込んで新しい銀行システムを構築するという措置」ではなく，「（納税者から集めた資金である）公的資金をつぎ込んで破綻寸前の銀行群を救済するという措置（＝旧来の銀行システムを維持する措置）」がとられたと述べられている。

5．アイルランド国民が今も預金を自由に引き出すことができないという記述はまったくない。銀行を救済するためにとられた措置によって，アイルランド市民1人当たり9,000ユーロの負担が生じたために，最終段落ではその額をさして「バンクホリデーを台無しにするには十分な額」と述べているのである。

正答　2

国家一般職［大卒］ No. 43 教養試験 文章理解 英文（文章整序） 平成28年度

次の［　　］と［　　］の文の間に，ア～エを並べ替えて続けると意味の通った文章になるが，その順序として最も妥当なのはどれか。

Penguins, like other birds that live in a cold climate, have adaptations to avoid losing too much heat and to preserve a central body temperature of about 40℃.

ア：However, penguins also have'counter-current heat exchangers'at the top of the legs. Arteries[*1] supplying warm blood to the feet break up into many small vessels[*2] that are closely allied to similar numbers of venous[*3] vessels bringing cold blood back from the feet.

イ：Humans can do this too, which is why our hands and feet become white when we are cold and pink when warm. Control is very sophisticated and involves the hypothalamus[*4] and various nervous and hormonal systems.

ウ：The feet pose particular problems since they cannot be covered with insulation in the form of feathers or blubber, yet have a big surface area (similar considerations apply to cold-climate mammals such as polar bears).

エ：Two mechanisms are at work. First, the penguin can control the rate of blood flow to the feet by varying the diameter of arterial vessels supplying the blood. In cold conditions the flow is reduced, when it is warm the flow increases.

Heat flows from the warm blood to the cold blood, so little of it is carried down the feet.

（注） [*1] artery：動脈　[*2] vessel：（血液などを通す）管　[*3] venous：静脈の
[*4] hypothalamus：視床下部

1　ア→イ→ウ→エ
2　ア→ウ→イ→エ
3　ア→ウ→エ→イ
4　ウ→エ→ア→イ
5　ウ→エ→イ→ア

解説

出典：Mick O'Hare, "Why Don't Penguin's Feet Freeze ? "

全訳〈ペンギンは寒い気候の土地で生きる他の鳥類同様，体の熱を失いすぎることを避け，中心部の体温をほぼ40度に保つような適応能力を持っている。

ウ：ペンギンの足は羽や脂肪のような断熱効果を持つもので覆われておらず，しかも表面積が広いために，特有の問題を引き起こす（ホッキョクグマのような寒冷気候に生きる哺乳類においても同様のことが考えられる）。

エ：（そのために）2つのメカニズムが働いている。第一に，ペンギンは血液の供給路である動脈管の直径を変化させることで足へと向かう血流の割合を制御する能力を持っている。寒冷下では血流の量が減少し，暖かいときは量が増加するのだ。

イ：これは人間も行うことができ，私たちの手や足が寒いときは白くなり，暖かいときはほの赤くなるのはそのためだ。この制御のメカニズムは非常に精緻なもので，視床下部とさまざまな神経とホルモンの仕組みに関わっている。

ア：しかしながら，ペンギンには両脚の最上部に「対向流熱交換器」もある。温かい血を足に供給する動脈は多くの細い血管に枝分かれしており，それらは足から冷たい血を戻す役割を担う，ほぼ同数の静脈管と緊密に絡み合っている。

温かい血から冷たい血へと熱が流れるため，足まで運ばれる熱はほとんどなくなる（訳注：ゆえに，体から失われる熱量は少なくて済む）のだ〉

選択肢を見るとアかウのいずれかで始まっているため，冒頭の文に続くものとして，まずこの2つを読み比べる。冒頭の文は，ペンギンの体は中心部の体温が約40度に保たれるよう，寒冷地に適応しているという内容。アは逆接を表す副詞 however「しかしながら」で始まっており，続く文章はやや専門的な内容なのでわかりにくいが，脚の動脈が温かい血を下の足へと送り，静脈は反対に足からの冷たい血を上へと送るというのがおおよその主旨。これだけでは冒頭の文と逆接でつながる内容かどうか決め手に欠ける。一方ウは，ペンギンの足へと話題が移っており，文頭に接続語句がないため冒頭の文に続けるとやや唐突にも感じられるが，やはり決め手に欠ける。そこで残りのイ，エも合わせた全体の流れで改めて判断することになる。

イ，エの中に手がかりになりそうな語句を探すと，イの冒頭に Humans can do this, too「人間もこれをすることができる」とあり，その後に関係代名詞 which で始まる「私たちの手や足が寒いときは白くなり，暖かいときはほの赤くなるのはそのためだ」という内容が続いている。which の先行詞は前のコンマまでの文全体と考えられるので，冒頭の this がさすものは which 以下と類似した内容で，かつ「ペンギンがすることができる」事柄であり，それがイの前で説明されていると推測できる。一方エでは，冒頭に Two mechanisms「2つのメカニズム」とあり，第2文で First, the penguin can ……「第1に，ペンギンは……することができる」と説明されているので，エはイの前にくること，また「2つ目のメカニズム」に関する説明がエの後に続くことが推測できる。そこで改めてアとウを検討すると，アの第1文の penguins also have …… 以下が「2つ目のメカニズム」に当たると判断できる。

以上を踏まえてエ→イ→アという流れにすれば，イの this はエの第2，3文をさすものとして自然につながり，またアの However は「1つ目のメカニズムは人間にもある。しかしながら，ペンギンには……もある」というつながりを示す逆接語となって，やはり自然な流れになる。アの第2文と与えられた最終文とのつながりも問題ない。

したがって，この流れを含む選択肢は**5**のみであり，冒頭の文にはウが続くことになる。ペンギンの体は寒冷地に適応している（冒頭の文），だが足には特有の問題があり（ウ），それを解消するために2つのメカニズムが働いている（エ），というのが前半の流れであり，下線のように補って考えれば論理的な整合性もはっきりする。

よって正答は**5**である。

正答 5

No. 44 文章理解 英文（空欄補充） 平成28年度

次の文のア，イに当てはまるものの組合せとして最も妥当なのはどれか。

Consider your current consumption of milk and wine. Now imagine that two new taxes will be introduced tomorrow. One will cut the price of wine by 50 percent, and the other will increase the price of milk by 100 percent. What do you think will happen? These price changes will surely affect consumption, and many people will walk around slightly happier and with less calcium. But now imagine this. What if the new taxes are accompanied by induced amnesia* for the previous prices of wine and milk? What if the prices change in the same way, but you do not remember what you paid for these two products in the past?

I suspect that the price changes would [ア] on demand if people remembered the previous prices and noticed the price increases; but I also suspect that without a memory for past prices, these price changes would have a trivial effect, if any, on demand. If people had no memory of past prices, the consumption of milk and wine would [イ], as if the prices had not changed. In other words, the sensitivity we show to price changes might in fact be largely a result of our memory for the prices we have paid in the past and our desire for coherence with our past decisions — not at all a reflection of our true preferences or our level of demand.

（注） * amnesia：記憶喪失

	ア	イ
1	have a tiny influence	increase gradually in number
2	have a tiny influence	remain essentially the same
3	make a huge impact	become exceptionally different
4	make a huge impact	increase gradually in number
5	make a huge impact	remain essentially the same

解説

出典：Dan Ariely,“Predictably Irrational”

全訳〈現在のあなたの牛乳とワインの消費量を考えてほしい。さて，明日2つの新しい税が導入されるとしよう。1つはワインの価格を50パーセント低下させ，もう1つは牛乳の価格を100パーセント上昇させることになる。あなたは何が起こると思うだろうか。これらの価格の変化は確実に消費に影響を与え，多くの人が以前より少々幸せな気分と，カルシウムが不足した状態で歩き回ることになるだろう。だが，ここで次のことを考えてほしい。その新税が，以前の牛乳とワインの価格の記憶を消し去る作用を伴っていたらどうだろう。価格がこのように変化しても，過去にこれら2つの商品にいくら払っていたかを覚えていないとしたら？

私は，もし人々が以前の価格を覚えていて価格の上昇に気がつくならば，価格の変化は需要に莫大な影響を与えるのだろうと思う。しかし同時に私は，過去の価格についての記憶がないならば，これらの価格の変化は需要に対して，あったとしてもささいな影響しか与えないのだろうと思う。もし人々に過去の価格の記憶がなければ，あたかも価格が変わっていないかのように，牛乳とワインの消費量は基本的に同じままだろう。つまり，私たちが価格の変化に示す敏感さは，実際のところ大部分は過去に私たちが支払ってきた価格の記憶や，私たちの過去の意思決定と一貫性を持たせたいという願望の結果であるかもしれないということだ。それは私たちの本当の好みや，私たちの必要のレベルではまったくないということだ〉

2か所の空欄について当てはまる動詞句の組合せを問う問題だが，選択肢を見ると空欄アについては2つ，空欄イについては3つの動詞句からの選択になっていることをまず押さえる。

まず第1段落の内容を概観すると，牛乳とワインを例に，両者の価格が変化した場合に予想される消費行動の変化を述べ，最後の2文で「もし，この2つの商品に価格変化の前はいくら払っていたかを覚えていないとしたらどうだろう」と問題提起している。これを受けて第2段落では，提起した問題に対する筆者の予測を述べている。

空欄アを含む第1文の前半は，that の後の the price changes 以下が仮定法過去（「もし～なら，……だろう」）になっていることを押さえる。選択肢は have a tiny influence「ごく小さな影響を与える」，make a huge impact「莫大な影響を与える」の2つであるが，セミコロン（；）以下の第1文後半の内容が「過去の価格についての記憶がないならば，これらの価格の変化は需要に対して，あったとしてもささいな影響しか与えないのだろうと思う」となっていることから，前半は対照的な内容，すなわち「もし人々が以前の価格を覚えていて価格の上昇に気がつくならば，価格の変化は需要に莫大な影響を与えるのだろう」という文になると考えられる。したがって，make a huge impact が適切である。

空欄イを含む第2文は，空欄までがやはり仮定法過去の文になっている。条件節（If ～の部分）は「もし人々に過去の価格の記憶がなければ」という意味なので，主節は第1文の後半と同じ内容の言い換え表現になることが予測できる。選択肢は increase gradually in number「次第に増大する」，remain essentially the same「基本的に同じままである」，become exceptionally different「例外的に違ったものになる」の3つであるが，空欄の後の as if 以下が「あたかも価格が変わっていないかのように」という意味であることを考え合わせると，「もし人々に過去の価格の記憶がなければ，牛乳とワインの消費量は基本的に同じままだろう」という文になると考えられる。したがって，remain essentially the same が適切。

よって，ア＝make a huge impact，イ＝remain essentially the same となり，正答は**5**である。

正答　5

国家一般職［大卒］ No. 45 教養試験

文章理解 現代文（内容把握） 平成27年度

次の文の内容と合致するものとして最も妥当なのはどれか。

未来は，やって来るだろうか。もちろん，ある意味では「未来はやって来る」。たとえば，一週間後に友人と会う約束をする。その未来は一日一日と近づいてきて，実際にその日になり，友人と会っていっしょに食事をする。同じように，数分先の未来も，何年も先の未来も，刻々と近づいてきて，実際にその瞬間が訪れる。たしかに，「未来はやって来る」。

しかし，別の意味では「未来はやって来ない」。いや，「やって来ないということに，未来としての未来の核心がある」。未来は，やって来てしまうと現在に変わってしまって，もう未来ではなくなってしまう。そこでは，未来性は失われる。その代わり，まだやって来ない時点が，新たな未来となる。そして，「まだ……ない」という未来性は，次々と新たな未来へと受け渡されていく。その受け渡しを通じて，「未来としての未来」は残り続ける。そのような意味で，「未来はいつまでもやって来ない」。いや，「いつまでもやって来ないということに，未来としての未来の核心がある」。

《中　略》

「未来としての未来」であっても，それに思いを馳(は)せることはできるのではないか。一週間後に友人と会うところを思い描く。何年も先の未来を予測する。地球滅亡の日を想像する。あるいは，予想もつかないようなまったく新しい未来が訪れることを期待する。そのように思いを馳せるとき，未来は未来のまま思い描かれていて，現在に変わってはいない。こうして，「未来としての未来」も，思い描くことはできるのではないか。

たしかに，そのように未来に思いを馳せることはできるし，実際にそうしている。しかし，そのように思い描かれた未来は，その未来性の核心部分を失ってしまう。というのも，未来の未来性の中には，「現在のどんな思いもけっして及びようがない」ということが，含まれているからである。

思い描き・予想・想像・期待・計算などによって表象される未来は，すべて「現在の思い」である。その表象どおりの未来が訪れている限りは，現在と未来はすんなり連続しているように見える。しかし，往々にして「現在の思い」は裏切られる。裏切られてはじめて，「未来についての表象」は，その現在の時点のものにすぎなかったのであり，けっして未来には触れえていなかったことを思い知らされる。

1　誰かと実際にある経験を共有することによって，未来が事前に想像したとおりのものであったかを確認することができる。

2　未来をどのような意味で捉えるかは様々であっても，未来がやって来るかどうかという問いに対する回答に違いは見られない。

3　やって来ないということに，未来としての未来の核心があり，それが次々と新たな未来へと受け渡されていくことで，「未来としての未来」は残り続ける。

4　「未来としての未来」であれば何年も先の未来であっても，現在との連続性を失うことなく思いを馳せることができる。

5　現時点での知識や想像力を用いれば未来の姿を表象することができるため，「未来としての未来」が「現在の思い」を裏切ることはけっしてない。

解説

出典：入不二基義『足の裏に影はあるか？ないか？』

「未来」の未来性について述べた文章。「未来」は，そのとらえ方により，「やって来る」とも「やって来ない」ともいえるが，「やって来ない」というところに「未来としての未来」の核心があり，未来への想像はすべて「現在の思い」にすぎないと論じている。抽象的な内容だが，「未来性」の「核心」をとらえれば，解答は容易である。

1．他者との経験の共有によって可能になる事柄については，記されていない。第１段落で「友人と会う約束」をしてその友人と会うという例が挙げられているが，「実際にその瞬間が訪れる」例にすぎない。

2．「未来がやって来るかどうか」という問いには，「未来」のとらえ方により，「未来はやって来る」（第１段落）という答えと，「未来はやって来ない」（第２段落）という答えがあり，「回答に違いは見られない」というのは誤りである。

3．妥当である。第２段落に合致する。

4．「未来としての未来」とは，「やって来ない」という性質を持つものであり，いつにおいても，「現在との連続性」はない（第２～５段落）。

5．現時点で表象された未来は「現在の思い」にすぎず，「（現在のどんな思いもけっして及びようがない）未来としての未来」と「現在の思い」はそもそも接点がないため，前段と後段の因果関係が成り立たない（第４～５段落）。

正答　3

No.46 文章理解 現代文（内容把握） 平成27年度

次の文の内容と合致するものとして最も妥当なのはどれか。

衰亡論には，不思議に人を惹きつけるものがある。昔から今まで人々は，過去の文明について，あるいは現在の文明について，種々の角度から衰亡を論じて来た。代表的な題材であるローマについて言うなら，それはくり返し研究の対象になって来たし，またローマの衰亡との類推で，そのときの文明の運命が論じられて来た。それに，ローマが存在していたときに提出されたローマ衰亡論をあわせ考えるなら，ローマ衰亡論はほぼ二千年にわたって人々の関心を集めて来たことになる。その他の文明についての衰亡論も多い。実際，衰亡論のなかった文明や時代というものは存在しないと言ってよい。

それは衰亡論が人間のもっとも基本的な関心事に触れているからである。すなわち，衰亡論はわれわれに運命を考えさせる。人間はだれでも未来への不安と期待の二つを持っている。それはわれわれが有限な存在だからであろう。人間はだれでも，自分の死んだ後，自分のしたことはどうなるだろう，と考える。そして，自分のしたことが受け継がれ，世の中がよくなることを期待しながら，他方よいものはこわれるのではないかという不安をぬぐい去ることはできない。

文明の衰亡の物語はこうした心情あるいは関心に訴える。秀れた強力な文明は，その最盛期において永遠に続きそうにさえ見える。しかし，その文明が徐々に綻びを見せ，力を弱め，衰頽（すいたい）して行く。どうしてそうなったのかは，われわれの関心をかき立てずにはいない。

そして，衰亡の原因を探求して行けば，われわれは成功のなかに衰亡の種子があるということに気づく。多くの衰亡論の主題はそうしたものであった。たとえば，豊かになることが，人々を傲慢にし，かつ柔弱にするので文明を衰頽に向わせるということは，何回も何回も論じられて来た。『国富論』の著者アダム・スミスでさえ「野蛮国民の民兵」が「文明国民の民兵」に対して「不可抗的な優越性」を持つと書いた。それは今日の人々の多くにとって意外であるだろう。しかし，富の衰頽効果はそれほど広く認められて来たことなのである。同様に，スミスのやや先輩のディヴィット・ヒュームは，芸術や科学について，それらは完成すれば衰頽に向うと論じた。一旦完成されれば，次の世代はより秀れたものを作りうるという自信を失い，公衆も新しいものに関心を示さなくなるからである。

だから，衰亡論は，なによりもまず，成功した者を謙虚にするであろう。

1 衰亡論には不思議に人を惹きつけるものがあるが，それは，衰亡論が，われわれが有限な存在であるがゆえに抱く未来への関心をかき立てずにはいないからである。

2 衰亡論は，人間のもっとも基本的な関心事に触れる論であり，われわれに運命を考えさせることにより，世の中がよくなることを期待させるものである。

3 秀れた強力な文明の中に生きるわれわれは，成功のなかに衰亡の種子があるということに気づいており，より秀れたものや新しいものを作り出すことに関心を示さなくなって来ている。

4 豊かになることで，人々が傲慢かつ柔弱になり，文明が衰頽して行くという考え方は，芸術についても当てはまり，富を得た人ほど秀れた作品を作りにくくなる。

5 アダム・スミスは，「野蛮国民の民兵」が「文明国民の民兵」に対して「不可抗的な優越性」を持つとして，衰亡論は，なによりもまず，成功した者を謙虚にすると論じた。

解説

出典：高坂正堯『文明が衰亡するとき』

衰亡論について述べた文章。第 1～3 段落で，衰亡論が古くから人を惹きつけてきたのは，未来への不安と期待を持つ人間の関心に訴えるからだと論じ，第 4 ～ 5 段落で，衰亡の原因について，「成功のなかに衰亡の種子がある」という見方を取り上げている。各段落の第 1 文に目を通して全体の論調をつかみ，筆者の人間観が示されている第 2 段落に注目して解きたい。

1．妥当である。第 1 ～ 3 段落の内容に合致する。

2．衰亡論は，「世の中がよくなることを期待させる」のではなく，未来への期待と同時に「よいものはこわれるのではないかという不安」（第 2 段落）を持ち合わせている人間の関心に訴え，「成功した者を謙虚にする」（第 5 段落）のである。「人間のもっとも基本的な関心事に触れる論であり，われわれに運命を考えさせる」という部分は正しい（第 2 段落）。

3．本文における「われわれ」は，人間全般をさしており，「秀れた強力な文明の中に生きる」現代人をさすものではない（第 2 ～ 4 段落）。また，「より秀れたものや新しいものを作り出すことに関心を示さなく」なるというのはヒュームの議論であり（第 4 段落），本文では現代人の傾向については論じていない。

4．「豊かになることで，人々が傲慢かつ柔弱になり，文明が衰退して行くという考え方」は例として挙げられているが，芸術に関しては，完成すれば次世代がより秀れたものを作りうるという自信を失い衰退に向かうというヒュームの議論を挙げており，衰退の原因が合致しない。また，「富を得た人ほど秀れた作品を作りにくくなる」という見方は示されていない（第 4 段落）。

5．前段は正しいが（第 4 段落），後段は，スミスの論ではなく，筆者の見解である（第 5 段落）。

正答 1

国家一般職［大卒］ No. 47 教養試験

文章理解 現代文（内容把握） 平成27年度

次の文の内容と合致するものとして最も妥当なのはどれか。

教養に関することを何か書くようにとの依頼があったが，私ども自然科学を専門とする人間にとっては，教養などという漠然たる題目は大変苦手である。今日の自然科学中でも理論物理学のごときはちょっと見ると非常に抽象的で，数学や哲学などとたいした逕庭（けいてい）*がないようであるが，実際物理学者が理論を構成していく際には，具体的な自然現象の一群が絶えず念頭を去来しているのである。空（くう）に物を考えることは，物理学者にとって苦痛であると同時に危険でもある。

ところで教養という言葉も，やはり何か定まった対象に関する知識の修得を意味しているではあろうが，その対象が何であるかはむしろ従であって，知識の修得によって，個々の知識以外に何かよきものを得る，自分自身の中によき変化をもたらし得るというところに主眼点があるのであろう。元来自然科学に関する書物は，「何」という対象の闡明（せんめい）に重きを置き，読者がこれを通読することによって必要な知識を得ることが出来れば，それで目的の大半は達せられたことになる。この意味でそれらが多かれ少なかれ教科書ふうに書かれているのは当然の事であるが，特別の必要がなく，単に教養を得ようという漠然たる気持で読む人々にとっては，それが必ずしも適当でない場合が多いのである。とくに邦文の自然科学書では，教科書の程度を超えて個性の著しいものは，わりあいに少ないように思われる。これは一つには科学知識の普及がまだじゅうぶんでないために，読者に多くの予備知識を要求することが困難で，いきおい初等的な部分に多くのページ数を費やさねばならなくなるというような事情によるであろう。しかし同じ程度の類似した内容を有する書物でも，著者の態度いかんによって，読者の受ける感銘に非常な差を生ずることも珍しくないのである。とくに著者自身が研究した部門に関する知識は，著者の人間の中にじゅうぶんに浸透しているから，読者もまた書物に書かれている言葉を通じて，知らず知らずの間に著者の人間に接し得るであろう。これに反して，著者自身言わんと欲するところがあるわけでなく，ただ他の学者の研究の紹介に止まっているような場合には，読者は同じ言葉に対しても，単にこれを知識として受け取るに過ぎないことになりやすい。この意味において，ある自然科学書が真に一般人の教養に役立つか否かは，主として著者の心構えとか気魄（きはく）とかが，その内容を通じて感得せられるか否かにあると思われる。

（注） *逕庭：二つのものの間にある隔たり

1 物理学者が理論を構成していく際には，具体的な自然現象の一群が絶えず念頭を去来しており，このことは，教養のような漠然とした題目について考える際にも当てはまる。

2 教養は知識の修得を意味する言葉であり，しかも実用性が求められることから，知識の修得の対象が何であるかというところに主眼点がある。

3 自然科学に関する書物は多かれ少なかれ教科書ふうに書かれているため，予備知識のない読者が漠然と読むことで，教養を修得することができる。

4 同じ程度の類似した内容を有する書物でも，読者の受ける感銘に非常な差が生じるのは，著者の人間性よりも伝えるべき知識が分かりやすい言葉で伝えられているかどうかによる。

5 自然科学書の中でも，著者自身の研究分野に関する著作は，その内容を通じて著者の心構えや気魄が感得せられ，一般人の教養に役立つだろう。

解説

出典：湯川秀樹『目に見えないもの』

自然科学における「教養」について述べた文章。「教養」とは，対象に関する知識の習得を通して，「個々の知識以外に何かよきものを得る，自分自身の中によき変化をもたらし得る」ものだと論じ，「ある自然科学書が真に一般人の教養に役立つか否かは，主として著者の心構えとか気魄とかが，その内容を通じて感得せられるか否かにある」と述べている。「ところで」で始まる第２段落の第１文と最終文に目を通し，単なる知識の習得よりも，それを通じて「著者の人間に接し得る」ところに「教養」としての価値を見いだしている点をとらえて解く必要がある。

1．前段の内容は，「教養などという漠然たる題目は大変苦手である」理由を述べるものであり，「教養のような漠然とした題目について考える際にも当てはまる」とはいえない（第１段落)。

2．筆者は「教養」という言葉が「知識の習得」につながることを認めつつも，それを通じて得られるもののほうに主眼点があると見ており，「知識の習得の対象が何であるかはむしろ従」であるとしている。(第２段落)。

3．自然科学に関する書物は多かれ少なかれ教科書ふうに書かれている」という点は正しいが，後段が誤り。「単に教養を得ようという漠然たる気持で読む人々にとっては，それが必ずしも適当でない場合が多い」のである（第２段落)。

4．筆者は，「同じ程度の類似した内容を有する書物でも，著者の態度いかんによって，読者の受ける感銘に非常な差を生ずることも珍しくない」と述べ，単に知識として受け取ることよりも，「著者の人間」に接し得ることを重視している（第２段落)。

5．妥当である。第２段落の内容に合致する。

正答　5

No. 48 文章理解　現代文（内容把握）　平成27年度

次の文の内容と合致するものとして最も妥当なのはどれか。

人生の最後に臨み，死を覚悟するとき，人は否応なく，おのれの人生の究極の意味とその「生きがい」を直視せざるをえない。死に臨んで，カントは「これでよい」と言ったと伝えられ，ゲーテは「もっと光を」と語ったと言われている。もっともゲーテの場合，ほんとうは下男に，「部屋の二番目の窓をあけてくれ。もっと光が入るように」と言ったというのが真相らしい。しかし，それにしても，「もっと光を」の一句は，象徴的である。

おのれの人生の究極の意味とその「生きがい」については，私たちは，生の真っ只中にあるかぎりは，最終的な形では誰も明確に摑み取ってはいない。けれども，それは潜在的には，誰にでも知られているはずでなければならない。この朧（おぼろ）に意識されている人生の意味を問い直すことこそは，「生きがいはどこにあるか」と問う問いである。そして，その問いを主題化する内省的な知こそは，哲学の知であると言わねばならない。私たち誰もが，哲学者の要素を持っているのであり，逆に言えば，哲学は，人間の存するところ，必ずや出現せざるをえない，人生の意味への問いにほかならない。

現代において，このような哲学の持つ人生知の性格を否定するような哲学観が跳梁跋扈（ちょうりょうばっこ）しているのは，甚だ遺憾である。その種の主張によれば，人生の意味を問うようなこうした哲学的形而上学的問いは，答えの出しようのない空虚な問い，経験的に検証しえない真でも偽でもない無意味な問いであるとされる。けれども，感覚的経験によって検証されるもののみを真か偽とすること自体が，そもそも誤謬であり，感覚的に経験されないが，しかし，疑いようもなく人間的経験に属する重要な出来事が，人生にはたくさんある。愛や正義，人生の「生きがい」等は，まさにそうした問題に属する。しかも，こうした問題は，答えの出しようのない問いではなく，人間において死の意識と裏腹になって，この上なく切実に迫ってくる最も重要な問いである。たしかにそれは，簡単には一語でもっては答えられない問いではあろう。ある意味では，その問いを抱えて人間は一生迷い続け，遍歴を閲し，そうした人生の歩みそのものが，そのまま閉じられぬありさまのままで，その問いへの答えになっているとさえ言ってもよい。算数の足し算のように，簡単に一義的な答えの出しうるものだけが，私たちの真実の知を構成しているのではないのである。

1　おのれの人生の究極の意味とその「生きがい」は，人が人生の最後に臨み，死を覚悟したときに，感覚的に経験される。

2　おのれの人生の究極の意味とその「生きがい」については，私たちが潜在的に知っていることであり，それを経験的に検証しようとするような哲学観が跳梁跋扈しているのは，甚だ遺憾である。

3　人生の「生きがい」等は，死の意識と裏腹になって切実に迫ってくる最も重要な問いであり，その問いを主題化する内省的な知こそ，哲学の知である。

4　答えの出しようのない問いである人生の「生きがい」等は，人生の意味を問う哲学的形而上学的問いではあるが，感覚的経験によって検証されるものである。

5　私たちの真実の知は，簡単には一語でもっては答えられない問いによって構成されているのであり，愛や正義のように感覚的経験によって検証されるものではない。

解説

出典：渡邊二郎『現代文明と人間』

人生の意味や「生きがい」への問いについて述べた文章。死の意識とともに迫りくる「おのれの人生の究極の意味とその『生きがい』」は，「潜在的には，誰にでも知られているはず」であり，これを主題化する内省的な知こそは哲学の知であると説き，「感覚的には経験されない」が「人間的経験に属する」問題の重要さを指摘している。逆接の接続詞や強調語に着目して第2段落と第3段落の要点をつかめば，誤肢消去も容易である。

1．人生の意味や「生きがい」は，「感覚的に経験されない」（第3段落）が，「潜在的には，誰にでも知られているはずでなければならない」（第2段落）ものとされており，「人が人生の最後に臨み，死を覚悟したときに，感覚的に経験される」のではない。

2．後段の「経験的に検証しようとするような」という部分が誤り。本文では，「生きがい」などの問題は，「疑いようもなく人間的経験に属する」とされており，このような人生知に関する問題を「経験的に検証しえない」ものとして否定するような風潮を「甚だ遺憾」と述べているのである。

3．妥当である。第2～3段落に合致する。

4．「感覚的経験によって検証される」という部分が誤り。**1**の解説参照。

5．「私たちの真実の知」を構成しているのは，算数の足し算のように「簡単に一義的な答えの出しうるもの」とそうでないものとがあると述べているのであり，「簡単には一語でもっては答えられない問いによって構成されている」とはいえない。また，「愛や正義」を「感覚的経験によって検証されるもの」の例として挙げている点も誤り（第3段落）。

正答　3

国家一般職[大卒] No. 49 教養試験

文章理解　現代文（空欄補充）　平成27年度

次の文の［　　　］に当てはまるものとして最も妥当なのはどれか。

自由・平等・博愛の理念は政治形態としての民主制を生み出し科学を生んだ。科学は技術と共進化して科学技術となり今日に観る科学技術文明の基軸となった。しかし，その理念も米国独立とフランス革命から数えて二百有余年を経た。自由が生み出した進化の過程の負の面が顕著になってきたとすれば，人類存続の視点から見直してよい時期にある。

自由が現代文明を生み進化の呪縛を創り出したとすれば，進化の呪縛を解くことは自由の否定につながる。これはラディカルに響くが，有限の地球に棲み人口増と活動の拡大発展を続ける人類が，他の天体に植民地をもたない限り，もったとしてもそこで，いつかは必然的に遭遇する状況である。

満員電車に乗っている人にとって身体行動の自由はない。満員という状況に適応して，自分と他の人々の不快が最小になるように穏やかに身動きする以外に方法はない。これが我慢できるのは［　　　　　　　　　］からである。このとき誰かが広い空間を占有して自由勝手に振る舞うことは許されない。満員電車の中では「不満が平等であること」が集団秩序の基盤にある。近年見られる混雑時間帯に座席を収納して使えなくする車両は，不満の平等を推し進めたものである。

このことを社会に敷延（ふえん）して，過密になった有限な世界の中で平等と博愛を保障するのは自由ではなく「不満の平等」であるとすれば，これは社会秩序の維持と人類の共存に必要な理念となり得る。ホモサピエンスが「自由・平等・博愛」に代わる理念として採るべき行動原理は「不満平等・博愛」である，ということは理念として筋が通っている。

1　周囲の人々に関心を払う余裕はない
2　自分の不快が相対的に小さいと信じられる
3　不快は一時的なものにすぎない
4　少なくとも精神の自由は保障されている
5　すべての人が等しく窮屈である

解説

出典：市川惇信（あつのぶ）『進化論的世界観』

人類存続の観点から，「自由」に代わる行動原理を探る文章。「自由が生み出した進化の過程の負の面が顕著になってきた」という問題を取り上げ，「自由」という理念を見直すべき機運にあると論じている。

空欄のある第３段落前半では，満員電車に乗っている人に身体行動の自由はなく，「自分と他の人々の不快が最小になるように穏やかに身動きする」しかないが，「これが我慢できるのは［　　　　］からである」と述べている。これを説明する第４～６文では，「誰かが……自由勝手に振る舞うことは許されない」と述べ，「『不満が平等であること』が集団秩序の基盤にある」と指摘して，「不満の平等」を推し進めた例を挙げている。後の説明から，空欄のある第３段落第３文の趣旨は，「これが我慢できるのは，自分だけでなく，ほかの人たちも不自由だからである」というものであることがわかる。第４段落でも「不満の平等」について述べており，この観点が入っていないものは，文脈に合致しない。

1．ほかの人も不自由だから我慢できるという文脈であるから，周囲の人々への関心がないとするのは誤り。

2．「不満が平等であること」が基盤にあると述べており，「自分の不快が相対的に小さい」と考えているのではない。

3．「一時的」か否かという観点は，本文にはない。

4．身体の自由と「精神の自由」との対比はされておらず，「精神の自由が保障されている」という言及はない。

5．「不満の平等」について述べており，妥当である。

正答　5

国家一般職[大卒] No. 50 教養試験 文章理解 現代文（文章整序） 平成27年度

次の［　　　］と［　　　］の文の間のA～Fを並べ替えて続けると意味の通った文章になるが，その順序として最も妥当なのはどれか。

> 中生代，巨大ハチュウ類である恐竜が地上をのし歩いていた頃，ホニュウ類はネズミくらいの大きさで，洞穴の中でブルブル震えている哀れな存在にすぎなかった。夜行性なのは，昼間地上に出ると恐竜に食べられてしまうからである。

A：視覚情報はたしかに一つの環境世界イメージを一瞬かたちづくりはするが，それによって引き起こされる行動は情けないほど反射的・刹那的なものである。

B：だが艱難（かんなん）汝を玉にす。このおそろしく長い屈辱的な歳月が，ホニュウ類の体内に〈情動〉をつくりこんだのだ。

C：多くのハチュウ類は視覚にたよっている。注目に値するのは，その視覚情報処理が脳ではなく，おもに網膜の神経回路でなされることだ。

D：一方，夜行性のホニュウ類は視覚にたよるわけにはいかなかった。それで嗅覚と聴覚とを発達させたのである。

E：肝心なのはこれらの情報処理が脳で行われるようになった点なのである。ホニュウ類の鼻や耳はたんなるセンサーで，匂いを嗅ぎ音を聞く中枢は脳なのだ。

F：空腹時に獲物が視野に入れば飛びかかるが，見えなくなれば忘れてしまう。ピーターパンのフック船長はおびえているが，ほんとうは執念深いワニなどは居ないのだ。

> つまりホニュウ類は，匂いや音をもとにして，時空にまたがる複雑な環境世界イメージを形成する能力を身につけ始めたわけである。

1　B→C→A→F→D→E
2　B→F→C→E→A→D
3　C→D→B→F→A→E
4　C→E→B→A→F→D
5　C→F→A→D→B→E

解説

出典：西垣 通『マルチメディア』

ホニュウ類の進化について述べた文章。初めと終わりに置かれた文章に目を通すと，本文は，「洞穴の中でブルブル震えている哀れな存在にすぎなかった」ホニュウ類が，「匂いや音をもとにして，時空にまたがる複雑な環境世界イメージを形成する能力を身につけ始めた」経緯を述べた文章であることがわかる。

選択肢から，A～Fは，BかCで始まり，DかEで終わる。「だが」で始まるBには，「このおそろしく長い屈辱的な歳月が，ホニュウ類の体内に〈情動〉をつくりこんだのだ」とあり，冒頭の文章を受けて展開するものとなっているが，Cの「ハチュウ類は視覚にたよっている」という内容は，冒頭の文章からはつながらない。

終わりに来るものとしては，Dは「一方，……ホニュウ類は視覚にたよるわけにはいかなかった。それで嗅覚と聴覚とを発達させたのである」と，嗅覚と聴覚に言及するにとどまっており，終わりの文章の「つまり……，時空にまたがる複雑な環境世界イメージを形成する能力を身につけ始めた」という内容との間に飛躍が生じる。Eでは，「これらの情報処理が脳で行われるようになった」と指摘して，ホニュウ類の「匂いを嗅ぎ音を聞く中枢は脳なのだ」と述べており，Dを受けて，終わりの文章との飛躍を埋める内容となっている。

そこで，Bで始まり，D→Eで終わる**1**を確認していく。Bで「ホニュウ類の体内に〈情動〉をつくりこんだ」という話題を提示した後，C→A→Fで，ハチュウ類の視覚情報処理は「脳ではなく，おもに網膜の神経回路でなされる」（C）ことについて述べており，視覚情報は「環境世界イメージを一瞬かたちづくりはするが，それによって引き起こされる行動は……反射的・刹那的なもの」にすぎず（A），「執念深いワニなどは居ない」（F）と続いている。

そして，D→E→終わりの文章で，視覚に頼るわけにはいかなかったホニュウ類の情報処理が脳で行われるようになった経緯が記されており，B→C→A→F→D→Eは，ホニュウ類の進化について段取りよく説明するものとなっている。

よって，**1**が妥当である。

なお，「一方」で始まるDに着眼して，（ハチュウ類の情報処理）［C→A→F］→（ホニュウ類の情報処理）［D→E］と，グルーピングして解くこともできる。

正答 1

国家一般職 [大卒] 教養試験

No. 51 文章理解 英文（内容把握） 平成27年度

次の文の内容と合致するものとして最も妥当なのはどれか。

Homework is the bane* of schoolchildren worldwide, but is still pushed on kids by parents and educators. Is the battle really necessary?

Kids around the world are still racking up plenty of hours on homework. According to a recent study by the Organization for Economic Cooperation and Development, kids in Shanghai top the global study league with an average of 13.8 hours per week, nearly three times the OECD average of 4.9 hours. Children in Australia and the United States did around six hours a week of homework set by teachers, while those in Japan reported a surprisingly low 3.8 hours. However, Japanese kids do a lot more extra work in juku (cram) tuition, which helps prepare for future school entrance examinations.

Does all that extra work pay off? Based on the latest 2012 Program for International Student Assessment (PISA) survey of 15-year-old students, Asian teens outperformed the rest of the world, with those in Shanghai, Singapore, Hong Kong, Taiwan, South Korea, Macau and Japan the top performers. Among the OECD countries that took part in PISA, Japan ranked first in reading and science and second in mathematics performance, continuing its strong record. By contrast, Australian students ranked 17th in maths, 10th in reading and eighth in science, falling further behind its Asian neighbours. And when it comes to our kids' future, studying more pays off in the long run. A tertiary-educated worker in Japan typically earns around 52 percent more over the course of his or her working life than someone whose highest qualification is high school.

But all work and no play makes Jack (or Taro) a dull boy. Researchers advise parents to spend time on physical activity with their kids, to ensure children lead healthy lifestyles. So next time your kids complain about homework, just remind them it is for their ultimate benefit. But also spend time having a walk, run or swim, because kids need all the power they can get to rule the world.

(注) *bane：悩みの種

1 上海のトップレベルの学校に通う子どもの自宅学習時間は週に13.8時間で，OECD 加盟国の平均より4.9時間も長かった。

2 日本の子どもは学習塾でたくさん勉強している一方で，学校の宿題をする時間はオーストラリアや米国の子どもより短かった。

3 2012年の PISA の調査結果によると，日本はアジアの中では上位の成績だったが，欧米諸国には後れをとっていることが分かった。

4 日本では，高等教育を受けた労働者の52％は，自らの生涯給与が長時間の労働に見合っていないと感じている。

5 遊びに費やす時間を勉強に振り向けることが，結局は子ども自身の利益になるということを，親は子どもに思い出させる必要がある。

出典：Anthony Fenson, “Loving homework”

全訳〈宿題は世界中の子どもの悩みの種であるが，いまだに親や教育者によって押し付けられている。このバトルは本当に必要なのだろうか。

世界中の子どもが今でもたくさんの時間を宿題に積み重ねている。経済協力開発機構（OECD）による最近の研究によると，この世界規模の勉強リーグでトップの位置を占めるのは，週平均 13.8 時間を費やしている上海の子どもで，これは OECD 加盟国平均の 4.9 時間のほぼ 3 倍である。オーストラリアと米国の子どもが週に約 6 時間，教師が与えた宿題をこなした一方で，日本の子どもの場合は 3.8 時間と驚くほど短いことが報告された。しかし，日本の子どもは塾の授業でもっと多くの課外学習をしており，これが将来進学する学校の入学試験に備える助けとなっている。

こうした多くの課外学習は報われるものなのだろうか。国際学習到達度調査（PISA）が 15 歳の生徒を調査した 2012 年の最新版によると，アジアの子どもが世界の他の地域よりも成績がよく，上海，シンガポール，香港，台湾，韓国，マカオ，日本の子どもが最上位の成績を収めた。PISA の調査に参加した OECD 加盟国中では，日本は読解および科学では 1 位，数学では 2 位にランクされる成果を出し，好成績を続けている。対照的に，オーストラリアの生徒は数学では 17 位，読解では 10 位，科学では 8 位にランクされ，近隣のアジア諸国に比べてさらに後れを取っている。そしてわれわれの子どもたちの将来ということになると，より多く勉強することは，長い目で見れば報われるものとなっている。日本の高等教育を受けた典型的な労働者は，最高学歴が高校である労働者と比べて生涯給与がおよそ 52％高い。

だが，勉強ばかりで遊びがなくては，ジャック（または太郎）をだめな子にしてしまう。研究者たちは親に対して，子どもたちが健康的な生活をきちんと送れるように，自分の子どもと一緒に体を動かす活動をして過ごすようアドバイスしている。だから，今度子どもが宿題のことで不平を言ったら，最終的には自分自身の利益になるのだとだけ言っておくことだ。だが，同時に散歩やジョギングや水泳といったことにも時間を割くこと。なぜなら，自分の思うがままの人生を歩むために，子どもにはありったけの力が必要だからだ〉

1．本文で「週平均 13.8 時間」と述べられているのは，上海の子どもが宿題に費やす時間である。これが OECD 加盟国平均の 4.9 時間のほぼ 3 倍に当たり，調査に参加した国および地域の中でトップである，というのが本文の趣旨であるから，「トップレベルの学校」「4.9 時間長い」の部分が明確な誤り。

2．妥当である。

3．この調査における日本の成績について，OECD 加盟国中の順位は述べられているが，アジアの中での比較については言及されていない。また，アジア諸国は日本も含めて総じて欧米諸国より上だったと述べられているので，「後れをとっている」の部分が誤り。（本文では明確に述べられていないが，2012 年の調査で，OECD 非加盟国および地域を含めた順位では，日本は決してアジアの中で上位とは言いきれない）。

4．本文で述べられている内容は，日本の高等教育を受けた典型的な労働者は，最高学歴が高校である労働者と比べて生涯給与がおよそ 52％高いということである。その給与が労働時間に見合っているか否かについての感想は述べられていない。

5．逆に，遊びや運動も勉強に劣らず大切であり，それらに割く時間をきちんと確保することを勧めている。

正答　2

国家一般職［大卒］ No. 52 教養試験

文章理解　英文（内容把握）　平成27年度

次の文の内容と合致するものとして最も妥当なのはどれか。

The financial rewards of avoiding such activities as movies, plays, theater, opera, concerts, and nightclubs are obvious. The personal rewards may not be so apparent at first. After all, we've been compelled in recent years to go, to do, to be on the move, to experience all that money can buy. Oftentimes, in the process, the things we really *like* to do have been overlooked.

I was recently in a meeting with a dozen high-powered professional people. We started talking about our goals for our leisure time, and how seldom we allow ourselves to truly enjoy our own quiet moments. We each decided to make a list of the things we really liked to do.

The lists included things like:

Watching a sunset. Watching a sunrise. Taking a walk on the beach or through a park or along a mountain trail. Having a chat with a friend. Browsing in a bookstore.《中　略》Sitting quietly in a favorite chair and doing *nothing*.

We were surprised and delighted to see most of the things we listed required little or no money, no expensive equipment, and were available for anyone who wants to take advantage of them. For the most part, our favorite pleasures were the simple pleasures.

I don't pretend that this small group represents a major sampling. But as I travel around the country talking to people about simplifying their lives, I hear the same stories over and over again. People are tired of being driven by entertainment market forces. They're coming to realize the best things in life *are* free, and that doing less can mean having more — more serenity, more happiness, more peace of mind.

I urge you to make your own list of the things you and your family really love to do. And then arrange your life so that each day you have time to do as many of the things you like to do as possible.

1 一般に，お金の掛かる娯楽は楽しいものだが，現代の私たちは，お金を掛けることそのものに価値があると考えてしまいがちである。

2 私がある会合に出たとき，私たちが自分の静かな時間を心から楽しむ機会がいかに少ないかといったことが話題になった。

3 私たちの「本当にやりたいこと」は，ほとんどお金を掛けずにできるが，望めば誰にでもできるというものではない。

4 娯楽に疲れた人々は，束縛のない生活，何もしないでいられることが，人生において最も大切なのだと気付き始めた。

5 将来お金と時間ができたときに好きなことをできるだけたくさん行えるように，あらかじめリストを作っておくとよい。

解説

出典：Elaine St. James, “Simplify Your Life”

全訳〈映画や芝居，演劇，オペラ，コンサート，ナイトクラブのような活動を避けることの金銭的な見返りは明白である。個人的な見返りは，最初はそれほど目立って感じられないかもしれない。なんだかんだ言って，私たちは近年，どこかへ出かけなければ，何かをしなければ，お金を出してできることならなんでも経験しなければ，という思いに駆られてきた。その過程で，しばしば私たちが本当に「したい」と思っていることがずっと見過ごされてきたのだ。

私は最近，十数人の有能な職業人と会合をともにする機会があった。私たちはそれぞれの余暇時間における目標について話し始めたのだが，自分の静かな時間を心から楽しむことに身を任せる機会がいかに少ないか，という話になった。私たちはそれぞれ，自分が本当にしたいことのリストを作ることにした。

そのリストの内容は以下のようなものだった。

夕日を眺めること。日の出を眺めること。海岸や公園内，あるいは山道を散歩すること。友人と気兼ねなく話すこと。書店の中をあれこれ見て回ること。《中略》お気に入りの椅子に身を沈めて，「何事も」せずに静かに座っていること。

こうしてリストに挙げたことのほとんどが，ほとんどまたはまったくお金を必要とせず，高価な装備もいらず，機会に乗じてやろうと思えば誰にでもできることであることに私たちは驚き，同時に喜ばしくも思った。だいたいにおいて，私たちのお気に入りの娯楽とは，ささやかな娯楽だったのだ。

私はこの小人数のグループの意見をもって，大規模なサンプリング調査の結果に代わるものだというつもりはない。だが，私が国中を旅して，人々に自分の人生を簡素にすることについて話しかけると，同じような話を何度も繰り返し耳にする。みんな，娯楽マーケットの力によって動かされることにうんざりしているのだ。人生で最良の物事は（ことわざに言われるだけでなく）実際にお金の掛からないものであり，やることを減らすことで得るものを増やせるということに皆が気づきつつある。その増えるものとは，静穏であり，幸福であり，また心の安らぎである。

私はあなたに，自分と自分の家族が本当にしたいと思ってやまないことのリストを独自に作ることをぜひお勧めする。そうした後に，毎日リストに挙げたことをできるだけたくさんする時間が取れるよう，あなたの人生を組み替えるのだ〉

1．「お金の掛かる娯楽は楽しい」「お金を掛けることそのものに価値があると考えてしまいがち」といった感想や論評は述べられていない。むしろ，現代の私たちがお金の掛かる娯楽にうんざりしており，お金の掛からないことにこそ価値があることを再発見しつつあることを述べた文章である。

2．妥当である。

3．ほとんどお金を掛けずにでき，また望めば誰にでもできることだと述べられている。

4．本文では，人々が「娯楽マーケットの力によって動かされることにうんざりして」(be tired of ～は「～に飽きる」という意味）いて，人生で最良の物事は実際にお金の掛からないものであり，やることを減らすことで得るものを増やせるということに皆が気づきつつある，と述べられている。その一例として，静かに椅子に座って何もしないこと，という行動が挙げられているのであって，「娯楽に疲れた人々」が，「束縛のない生活，何もしないでいられることが，……大切なのだと気付き始めた」といった記述はない。

5．お金がかからず，心が安らぐような活動の大切さを述べた文章であるから，「将来お金と時間ができたときに」の部分が誤り。時間については，受け身の姿勢ではなく，自発的に自分の好きなことをする時間を確保することを勧めている。

正答 2

国家一般職［大卒］ 教養試験

No. 53 文章理解 英文（内容把握） 平成27年度

次の文の内容と合致するものとして最も妥当なのはどれか。

"Make sure you play fairly," parents often say to their kids. In fact, children do not need encouragement to be fair. It is a natural feature of human social life, which emerges in childhood. When given the opportunity to share sweets equally, young children tend to behave selfishly but, by about eight years old, most prefer to distribute resources to avoid inequalities, at least among members of their own social group.

Biologists are surprised by this tendency to behave fairly. The theory of evolution by natural selection predicts that individuals should behave in ways to maximize their inclusive fitness. So behaviors are only selected, and hence evolve, if they ensure the survival and reproduction of the actor or kin* who contains copies of the actor's genes. However, the behavior displayed by children seems to be at a detriment to themselves, especially when those who benefit from their selfless behavior are not the children's kin.

A child's sense of fairness, egalitarianism, or aversion to inequality can actually be hampered by instruction to "be fair" and rewarding of this behavior. That is because what is the child's intrinsic motivation, becomes a need to follow externally imposed rules. And, as we all know, following rules we believe in is far easier than following rules that are imposed upon us, despite attendant punishments for not doing so.

Humans are proactively pro-social. We are often motivated to help others without those others signaling their need, such as begging, or displaying signs of need, such as crying.

As cultural practices are not responsible for children developing their initial pro-social tendencies, it is thought that a sense of fairness must have been under strong positive selection during human evolution.

（注） *kin：親族

1 子どもは社会に出るまで自己中心的に行動しがちなので，公平に振る舞うよう子どもに言って聞かせることが大切である。

2 進化論によると生物は自己の利益を最大にするよう行動するので，人間が自分だけでなく親族の利益になるよう振る舞うことに，生物学者は驚いた。

3 子どもが公平に行動したときに褒めることで，公平や平等を好み，不平等を嫌う感覚を養うことができる。

4 人間は，外から強制された規則に従って，他人を助けなければならないことを知っているので，助けを求める人がいれば助けようとする。

5 人間が備えている公平性の感覚は，人間が進化する過程における正の選択の下にあったと考えられている。

解説

出典：Rachel L. Kendal, “Stop telling your kids to be fair. You’re making them more selfish”

全訳〈「必ず公平に振る舞うようにしなさい」と，親はよく子どもに言う。実際のところ，子どもは公平であれとの奨励など必要としていない。それは人間が社会生活を営むうえでの自然な特質であり，幼少期に発現するものだからだ。お菓子を平等に分けるべき機会を与えられると，幼い子どもは利己的に振る舞う傾向があるが，8歳頃になると，たいていは不平等を避けるために物資を分配するほうを好む。少なくとも，自分が属する社会集団のメンバーの間ではそうだ。

生物学者は，この平等に振る舞おうとする傾向に驚きの念を抱いている。自然淘汰による進化論は，個人が自己の包括適応度（訳注：自分の遺伝子を確実に残せるかどうかの尺度）を最大化させるように行動すべきことを予見している。だから，生物の行動というものは，それが行為者もしくは，行為者の遺伝子の複製を保有している親族の生存と生殖を保証する限りにおいて選択され，それによって進化を遂げる。だが，子どもが示すこの振る舞いは，自身に損害を与える要因であるように思われるのだ。この無欲の振る舞いから利益を得る者が，その子の親族でない場合はなおさらだ。

子どもが持つ公平さ，平等主義，あるいは不平等を忌避する感覚は，「公平であれ」と指導したり，この振る舞いに褒美を与えたりすることによって，実際には阻害される可能性がある。なぜなら，子どもに本来備わっている動機づけとなるものが，外側から押し付けられたルールに従う必要性に転じてしまうからだ。そして，私たちが皆知る通り，それに従わないことに対する罰が伴っていても，私たちに押し付けられたルールに従うことよりは，私たちが自ら信じるルールに従うことのほうがはるかに易しい。

人間は，自ら率先して向社会的な行動をする生き物である。私たちはしばしば，他人が懇願などをして自己の欲求を表明したり，泣くなどして欲求のサインを示したりしなくても，そのような人たちを助けるよう動機づけられている。

子どもが生まれつき備えている向社会的な傾向を発達させるのは文化的慣習が原因ではないということから，公平性の感覚は，人間の進化の過程においてずっと強い正の選択の下にあったと考えられる〉

1. 子どもには生まれつき公平さの感覚が備わっており，幼い子どものときは利己的な振る舞いをしがちでも，8歳頃になると周囲から言われなくても公平に振る舞うようになると述べられている。

2. 生物学者が驚いたのは，人間が自分や親族だけでなく，それ以外の他者の利益になるよう振る舞うことに対してである。

3. 子どもに公平であるよう指導したり，公平な行動を褒めたりすることは，実際には子どもが生まれつき備えている公平さの感覚を損なう可能性があり，逆効果であることが述べられている。

4. 実際には，外から強制された規則に従って行うよりも，自分の信念に基づいて他人を助けることのほうが易しいと述べられている。

5. 妥当である。

正答　5

国家一般職［大卒］ No. 54 教養試験

文章理解 英文（文章整序） 平成27年度

次の［　　］と［　　］の文の間のア～オを並び替えて続けると意味の通った文章になるが，その順序として最も妥当なのはどれか。

Interference from electronics and AM radio signals can disrupt the internal magnetic compasses of migratory birds *1, researchers report today in *Nature*.

ア：Like most biologists studying magnetoreception *2, report co-author Henrik Mouritsen used to work at rural field sites far from cities teeming with electromagnetic noise. But in 2002, he moved to the University of Oldenburg, in a German city of around 160,000 people.

イ：The work raises the possibility that cities have significant effects on bird migration patterns. Decades of experiments have shown that migratory birds can orient themselves on migration paths using internal compasses guided by Earth's magnetic field.

ウ：As part of work to identify the part of the brain in which compass information is processed, he kept migratory European robins *3 inside wooden huts — a standard procedure that allows researchers to investigate magnetic navigation while being sure that the birds are not getting cues from the Sun or stars.

エ：But he found that on the city campus, the birds could not orient themselves in their proper migratory direction. "I tried all kinds of stuff to make it work, and I couldn't make it work," he says, "until one day we screened the wooden hut with aluminium."

オ：But until now, there has been little evidence that electromagnetic radiation created by humans affects the process.

He and his colleagues covered the huts with aluminium plates and electrically grounded them to cut out electromagnetic noise which includes the range used for AM radio transmissions. The shielding reduced the intensity of the noise by about two orders of magnitude. Under those conditions, the birds were able to orient themselves.

（注） *1migratory bird：渡り鳥　*2magnetoreception：磁気受容
*3European robin：ヨーロッパコマドリ

1 イ→ア→ウ→エ→オ
2 イ→ウ→エ→ア→オ
3 イ→オ→ア→ウ→エ
4 オ→ア→イ→エ→ウ
5 オ→エ→ウ→ア→イ

解説

出典：Jessica Morrison, "Electronics' noise disorients migratory birds"

全訳〈電子機器や AM ラジオの信号による干渉が，渡り鳥の体内磁気コンパスを狂わせている可能性がある，と今日発売の「ネイチャー」誌で研究者たちが報告している。

イ：この研究は，都市のありさまが渡り鳥の渡りのパターンに見逃せない影響を与えている可能性を提起している。数十年にわたる実験によって，渡り鳥は地球の磁場によって導かれる体内コンパスを使って，渡りの経路における方角を定める能力があることが証明されている。

オ：だがこれまでのところ，人間の作り出す電磁放射線がそのプロセスに影響を与えているという証拠はほとんどなかった。

ア：磁気受容を研究している大多数の生物学者と同様に，報告の共著者であるヘンリック=モウリットセン氏は，電磁波によるノイズに満ちた都会からは遠く隔たった田舎の現場でかつては作業していた。しかし2002年，彼はドイツの人口約16万人の都市にあるオルデンブルク大学に異動することになった。

ウ：コンパスの情報が形成される脳の部位をつきとめる作業の一環として，彼は渡り鳥のヨーロッパコマドリを木製の小屋の中に飼っていた。これは，鳥が太陽や恒星から手がかりを得ていないことを前提に，研究者が磁力を利用した飛行を調査できる標準的な手順である。

エ：だが，その都市のキャンパスでは，鳥たちが適切な渡りの方角を定めることができないことを彼は発見した。「うまくいかせようと，私はあらゆることを試したのですが，うまくいきませんでした」と彼は語る。「そうしてある日，私たちは木の小屋をアルミニウムで覆ってみたのです」

彼と同僚たちは小屋をアルミニウムの板で覆い，AMラジオ放送の送信に使われる帯域も含めた電磁波ノイズを遮断するために板をアースした。この遮蔽(しゃへい)によって，ノイズの強さは2ケタ軽減した。そうした条件の下では，鳥たちは方角を定めることができたのだ〉

選択肢を見ると，イ，オのいずれかで始まっている。冒頭の囲みの文にイが続くとすると，主語のThe workは「研究者たちが報告した研究」を意味することになり，オが続くとすると，文末のthe processは「電子機器やAMラジオの信号による干渉が，渡り鳥の体内磁気コンパスを狂わせる」，そのプロセス〔過程〕をさしていることになる。どちらを続けても一読してわかるような不自然さは感じられないので，残りの部分のつながりと併せて判断することになる。

並べ替えの手がかりをそれぞれの出だしの部分に探すと，エの最初に代名詞heがあるので，これに注目する。heはアとウにも登場し，冒頭の囲みの文にあるresearchersは複数形であることから，heのさすものはアに出てくるHenrik Mouritsenしかないことがわかる。したがってアはウおよびエよりも前に来ることになり，**2**および**5**は候補から外れる。

次に，ウとエはどちらが先に来るかを考えると，ウにはwooden huts「木製の鳥小屋」とあるのに対して，エではthe wooden hutと定冠詞のtheが付いていることから，ウはエの前に来ることが推測できる。したがって**4**は候補から外れる。

残る候補の**1**と**3**を比べると，冒頭の文にイが続くこと，またア→ウ→エという流れの部分は共通であり，オの位置のみが異なる。オはイと同様に，代名詞heを含まず事実を述べた文になっていること，また一番下にある囲みの文章もHeで始まり，エの文末にあるwith aluminiumやthe hutsという語句が出てくることから，**3**のようにオの後にア→ウ→エを持ってきたほうが，文章の流れが自然に感じられる。オのthe processは，イの第2文にある「渡り鳥が渡りの経路における方角を定めるプロセス」をさすことになる。一方，**1**のようにオを最後に置いた場合，ア→ウ→エの流れと一番下の囲みの文章とのつながりが分断される形になり，なおかつthe processのさす内容が不明である（モウリットセン氏が試行錯誤した経緯をさしているように読めるが，それでは文意が明らかに不自然）。

よって，イ→オ→ア→ウ→エの順序となり，正答は**3**である。

正答　3

国家一般職［大卒］ No. 55 教養試験

文章理解　英文（空欄補充）　平成27年度

次の文のア，イに当てはまるものの組合せとして最も妥当なのはどれか。

A country's "carbon intensity" is a measure of the efficiency of its economic output with respect to its carbon dioxide (CO_2) emissions. Countries with a low carbon intensity release relatively little carbon dioxide into the atmosphere when compared with their economic output. Their economies are considered to be comparatively "clean".

Industrialization has tended initially to develop through industries with high carbon dioxide emissions, such as shipping, steel and manufacturing. Only as an economy matured, with the growth of hi-tech industries, and the use of more efficient technology to process natural resources, has high economic output become associated with less pollution.

［　　　ア　　　］, however. Economic growth can be achieved with lower greenhouse gas emissions. A growing awareness about greenhouse gases, and the implementation of policies to force corporations to be environmentally responsive are essential. Emerging economies such as India and China, with carbon intensities five and seven times that of the UK, need to find ways of breaking the current link between ［　　イ　　］. China is currently being pressed to make energy and infrastructure investment, as its economy is set to quadruple in size by 2020.

If emissions are to be reduced even while economies grow, more efficient technology needs to be introduced. A key policy to achieve this is the Clean Development Mechanism, part of the Kyoto Protocol, which increases foreign investment in efficient technologies in emerging economies.

	ア	イ
1	Newly industrializing countries have shifted this responsibility to other countries	the growth of hi-tech industries and efficient technology
2	Newly industrializing countries have shifted this responsibility to other countries	high emissions and economic growth
3	This historic pathway need not be taken by newly industrializing countries	the growth of hi-tech industries and efficient technology
4	This historic pathway need not be taken by newly industrializing countries	high emissions and economic growth
5	This historic pathway need not be taken by newly industrializing countries	energy and infrastructure investment

解説

出典："The Atlas of ClIMATE CHANGE", Carbon Dioxide and Economic Growth

全訳〈ある国の「炭素強度」とは，その国の二酸化炭素（CO_2）の排出量に関して経済生産高（国内総生産）の効率を測る尺度である。炭素強度が低い国は，その国の経済生産高に比した大気中への二酸化炭素放出量が比較的少ない。そうした国の経済は，他と比べて「クリーンである」とみなされる。

これまでは，工業化の初期段階には運送業，鉄鋼業，製造業など二酸化炭素を多く排出する産業を通じて発展がなされる傾向があった。ハイテク産業の成長や，天然資源の加工を効率的に行う技術の活用の増加とともに，経済が成熟した段階で初めて，経済生産高の高さが汚染の低さと結び付くようになるのが通常だった。

しかしながら，ア この歴史的な道筋を新興工業国もたどらなければならない必然性はない。経済成長は，温室効果ガスの排出量を少なくしても達成可能である。温室効果ガスについての意識の高まり，および企業が環境に敏感になるような強制力を持った政策の施行が，そのためには必要不可欠である。インドや中国のような新興経済国は，炭素強度がイギリスの５倍ないし７倍であり，現存する イ 排出量の多さと経済成長のつながりを断ち切る手段を模索する必要がある。目下のところ中国は，2020年までに経済規模が４倍になると予想されるため，エネルギーとインフラ投資の必要に迫られている。

経済が成長する間も排出量が減るようにするには，より効率の高い技術の導入が必要である。これを達成する鍵となる政策が，京都議定書に盛り込まれている「クリーン開発メカニズム」である。これは，新興経済国において効率の高い技術に対する海外投資を増やす仕組みである〉

選択肢を見ると，それぞれの空所に当てはまる文ないしは語句は，アは２つ，イは３つの候補に限られていることがわかる。

冒頭の段落では，「炭素強度」という用語の定義とともに，二酸化炭素放出量が比較的少ない国の経済は他と比べて「クリーンである」と見なされる，という本論への導入が述べられている。続く第２段落では，従来の傾向として，工業化の初期段階には二酸化炭素を多く排出する産業が発展し，その国の経済が成熟して初めて，（大気）汚染の低減が図られるようになるという内容が述べられている。これに続くのが，空所アを含む第３段落第１文であるが，空所直後の文末に however「しかしながら」という副詞があることに着目する。これは逆接の接続詞と同じ役割を果たす語であるから，空所には第２段落の内容とは対照的な文が来ることが推測できる。空所アの２つの候補はそれぞれ，Newly industrializing countries have shifted this responsibility to other countries「新興工業国の諸国は，この責任を他の諸国に転嫁してきた」，This historic pathway need not be taken by newly industrializing countries「この歴史的な道筋は，新興工業国によってたどられる必要はない〔新興工業国も同じ道筋をたどらなければならない必然性はない〕」という意味である。第２段落と逆接でつながる内容としては後者のほうが適切であり，続く第２文の「経済成長は，温室効果ガスの排出量を少なくしても達成可能である」という内容にも自然につながる。したがって**1**，**2**は候補から外れる。

空所イを含む第３段落第４文は，「インドや中国のような新興経済国は，炭素強度がイギリスの５倍ないし７倍であり，現存する［　イ　］の間のつながりを断ち切る手段を模索する必要がある」という意味。「つながりを断ち切る」ことで炭素強度が低下する，というのがこの文の趣旨であることがわかるので，空所には炭素強度が高くなるような二者の組合せが入ることになる。空所イの３つの候補はそれぞれ，the growth of high-tech industries and efficient technology「ハイテク産業の成長と効率の高い技術」，high emissions and economic growth「（二酸化炭素）排出量の多さと経済成長」，energy and infrastructure investment「エネルギーとインフラ投資」という意味である。このうち文脈に合うのは，これまでの歴史的な傾向である，high emissions and economic growth の二者の結びつきである。

よって，ア＝This historic pathway need not be taken by newly industrializing countries，イ＝high emissions and economic growth となり，正答は**4**である。

正答　4

国家一般職［大卒］ No. 56 教養試験

文章理解　現代文（内容把握）　平成26年度

次の文の内容と合致するものとして最も妥当なのはどれか。

「他者」。それは原理的に私たちの統制や支配が及ばず，私たちの理解や共感を絶しているもののことである。「他者」は名づけえず，分類しえず，私たちの知的射程の限界として，私たちの眼前に圧倒的な具体性を伴って立ち現れる。

他者に対して，私たちは「中立的」あるいは「学術的」なまなざしを向けることができない。というのも，「中立的」であったり「学術的」であったりするためには，「私」と他者を同時に包摂する「パラダイム」の存在が前提になるからだ。そのような包括的な視座を想定してはじめて「中立性」という考え方は成立するのだが，他者の「他者」を構成するのは，「他者は『私』と同じパラダイムには属さない」という事実なのである。「私」と他者のあいだには「共通分母」がない。

さて，「中立的」でないということは，言い換えれば，はじめから「私」は他者に対して「党派的」だということである。「私」が他者に向ける視線は，そのつどすでに「私」の分泌する情動性を帯びており，そのつどすでに「私」の予断によって歪められている。いわば，私たちは「接続法」のモードで他者を記述するのであり，他者は「直説法」では記述できないということである。

「接続法」におかれた動詞がそうであるように，他者は私たちのうちに相反する二つの情動性を同時に呼び起こす。

私たちを恐怖させ，突き放す斥力の情動と，私たちを魅惑し，惹きつける引力の情動である。他者は恐怖させ同時に誘惑する。他者は嫌悪の対象であり同時に渇仰（かつごう）の対象である。

1　私たちの知的射程を超えるような，統制や支配が及ばない他者であっても，包括的な視座を想定すれば，理解をすることができる。

2　他者に対して「中立的」あるいは「学術的」なまなざしを向けることができないのは，「私」と他者のあいだに「共通分母」が存在しないからである。

3　他者に対してはじめから「党派的」に接する態度により，相反する二つの情動性が同時に呼び起こされるため，他者は圧倒的な具体性を伴った存在となる。

4　「私」と他者のあいだに同じ「パラダイム」が存在すれば，「接続法」のモードでも他者を「中立的」に記述できる。

5　他者を「直説法」で記述することにより，他者に対する恐怖と誘惑，嫌悪と渇仰という相反する二つの情動が呼び起こされる。

解説

出典：内田 樹『ためらいの倫理学』

「他者」の他者性について述べた文章。他者は「私」と同じパラダイムに属さず，「直説法」では記述できないと指摘している。内容的には難解な点もあるかもしれないが，他者は「原理的に」理解や共感を絶しているという点を押さえ，「(他者は) そのつどすでに『私』の予断によって歪められている」＝「『私』たちは『接続法』のモードで他者を記述する」という関係をつかめば，容易に解答できる。

1.「他者」とは「原理的に私たちの統制や支配が及ばず，私たちの理解や共感を絶しているもののこと」(第1段落) であり，「理解をすること」はできない。また，他者の「他者性」を構成するのは，「他者は『私』と同じパラダイムには属さない」という事実であり，「包括的な視座を想定」することはできない (第2段落)。

2. 妥当である (第2段落)。

3. 本文で述べる「他者」は，「接する態度」とは無関係に「圧倒的な具体性を伴っ」て立ち現れるのであり，因果関係が妥当でない (第1，3段落)。

4. 第2段落からも，「他者は『私』と同じパラダイムには属さない」という事実が「他者の『他者』を構成する」とあり，同じ「パラダイム」があればそれは「他者」とはいえなくなるので，この仮定は前提として成り立たない。また，「接続法」のモードにおいては，「『私』が他者に向ける視線は，そのつどすでに『私』の分泌する情動性を帯びており，そのつどすでに『私』の予断によって歪められている」のであり，そもそも「中立的」でない (第3段落)。

5.「他者に対する恐怖と誘惑，嫌悪と渇仰という相反する二つの情動が呼び起こされる」のは，他者が「直説法では記述できない」あり方で存在するからである (第3，4段落)。

正答 2

国家一般職［大卒］ No. 57 教養試験

文章理解　現代文（内容把握）　平成26年度

次の文の内容と合致するものとして最も妥当なのはどれか。

一般に方法が議論の対象となるとき,「どんな方法が用いられているか」が問われることはあっても,「方法とは何か」が問われることはほとんどない。なぜか。答えは簡単である。われわれが方法という語に慣れ親しんでしまっているからだ。われわれは方法という語を用いるとき，なんらかの共通了解のうえに立ってしまっているのに，この語があまりに身近であるため，それを意識することがない。そして「どんな方法が用いられているか」というこのありふれた問いこそは，方法をめぐるこの共通了解をわかりやすく表現したものであるだろう。それによれば方法とは用いるものである。だから，内容の研究と史的研究が終わった後で行われるべきは方法の研究であると断言できるのである。あたかも，あらゆる哲学者は歴史的影響を背景としながらおのれの思想内容を，あらかじめ用意された一定の方法を用いて取り扱っていると考えるのが当然であるかのごとくに。「どんな方法が用いられているか」という問いを発した時点で，われわれはすでに方法に関するひとつのイメージを受け入れてしまっている。このような「通俗的理性のひそかな判断」（カント）こそが問い直されなければならない。

1　われわれは,「どんな方法が用いられているか」という問いを発した時点で，方法についてなんらかの共通了解のうえに立ってしまい,「方法とは何か」を問うことはほとんどない。

2　一般に方法が議論の対象となるとき,「方法とは何か」という問いは,「どんな方法が用いられているか」という問いに常に優先する。

3　「方法とは何か」という問いは，われわれが方法に関してひとつのイメージを共通了解として受け入れてしまっていることをわかりやすく表現したものである。

4　「どんな方法が用いられているか」というありふれた問いは，われわれが方法について完全に一致した共通了解を有し，それを意識していることを示すものである。

5　われわれが「どんな方法が用いられているか」を意識して研究を行うためには,「通俗的理性のひそかな判断」を問い直す必要がある。

解説

出典：國分功一郎『スピノザの方法』

「方法」の本質を問い返そうとする文章。われわれは方法という語に慣れ親しんでしまっており，この語を用いるときにすでにある共通了解を有していると指摘し，「通俗的理性のひそかな判断」を問い直そうとしている。解答に当たっては，「方法とは何か」という問いと，「どんな方法が用いられているか」という問いとの違いを明確に読み取ることが肝要である。

1．妥当である。

2．逆に「一般に方法が議論の対象となるとき」には，「『どんな方法が用いられているか』が問われることはあっても，『方法とは何か』が問われることはほとんどない」のである。

3．「方法とは何か」という問いではなく，「どんな方法が用いられているか」という問いについての記述である。

4．「どんな方法が用いられているか」という問いは，われわれが「方法という語を用いるとき，なんらかの共通了解のうえに立って」いることを示すものだが，われわれはそのことを「意識することがない」のである。また，この問いには「方法とは用いるものである」という共通了解が示されているが，「ひとつのイメージを受け入れて」いるにすぎず，「完全に一致した共通了解を有し」ているとはいえない。

5．「どんな方法が用いられているか」ではなく，「方法とは何か」を考えるために，「通俗的理性のひそかな判断」が問い直されなければならないのである。

正答　1

文章理解 判断推理 数的推理 資料解釈 時事 物理 化学 生物 地学

国家一般職［大卒］ No. 58 教養試験

文章理解　現代文（内容把握）　平成26年度

次の文の内容と合致するものとして最も妥当なのはどれか。

近年，政治が「決められない」ことが問題になっています。あるいは，決めたとしてもうまく効果が出ないことが問題とされている。その要因はいろいろありますが，最大のものがグローバル化した市場にあると言っていいでしょう。経済のグローバル化が進む中で，主権国家の有効性が相対化されているのです。なぜなら，経済については国際的な取り決めが多く，一国で勝手に決められる範囲がほとんどないのです。また，一国内で何らかの制度をつくって市場を規制しようとしても，その効果は限られています。カネやモノの流れをとどめることはできません。それぞれの国が主権によって通貨をつくっているわけですが，通貨の価値はグローバル市場で決まり，各国の中央銀行が左右することはほとんどできません。

そもそも市場は国境に制限されるものではなく，交換は地表全体に広がりうるものです。産業化が始まったときからすでに潜在的には経済はグローバル化していましたが，誰の目にも明らかになったのは冷戦終結後です。近代においては国民国家ごとの経済単位，つまり国民経済が想定されていましたが，もはやその中で経済が完結することはなくなりました。国境を越えた交換活動のほうが主要になってしまったのです。そのため，ある国の主権的な決定が大きな意味をもたなくなりました。

主権国家の権力は，かなりの程度，陳腐化しています。これはいいとか悪いとかいうことではなく，現にそうなっているということであり，まずはそのことを意識すべきだと思います。しかし，それを受け止めきれず，権力はあくまでも主権的な中心から放出されるものである，あるいはそうであるべきだという考え方は非常に根強い。権力といえば国家権力であり，経済より何より法が優先するという考えにしがみついているために，主権国家が相対化されつつある現状が正しくとらえられていません。

もし，あらゆる問題を国境線の中に閉じ込めて，主権的な権力で左右できるようになれば，物事がすっきりするでしょう。実際，そのことへの欲望は非常に強まっていますが，それは所詮，無理な願望なのです。経済が国境線を越えてしまう以上，経済ナショナリズム，つまり国民という群れの中に市場を閉じ込めようとすることも現実的ではありません。

1　近年，政治が「決められない」ことの要因の一つは，国家権力は他の何よりも優先されるべきだという考え方が根強く残っていることである。

2　国の主権的な決定が大きな意味をもたなくなったため，通貨の価値はグローバル市場で決まるようになり，各国の中央銀行により左右できる余地が広がった。

3　市場は国境に制限されるものではなく，経済が国境線を越えてしまう以上，一国内で何らかの制度をつくって市場を規制しようとしてもその効果は限られている。

4　経済についての国際的な取り決め全てを把握することで初めて，主権国家が相対化されつつある現状を正しくとらえることができる。

5　あらゆる問題を国境線の中に閉じ込めて，主権的な権力で左右できるようにすれば，経済のグローバル化を止めることができるが，これは現実的ではない。

解説

出典：杉田 敦『政治的思考』

経済のグローバル化により主権国家が相対化されつつある現状について説いた文章。経済が国境線を越えてしまうため，もはや一国の中で経済が完結することはなく，一国の決定は限定的にならざるをえないという事情を述べ，意識の刷新を促している。選択肢はすべて因果関係を取り上げており，市場経済の性質とその帰結について正確に読み取ることが解答のポイントとなる。

1．政治が「決められない」のは，経済のグローバル化が進み，「一国で勝手に決められる範囲がほとんどない」ためである（第１段落）。国家権力に関する旧来の考え方は，現状を把握するうえでの阻害要因にすぎない（第３段落）。

2．「通貨の価値はグローバル市場で決まるようにな」ったのは，経済のグローバル化が進んだためであり，「国の主権的な決定が大きな意味をもたなくなったため」ではない。また，「各国の中央銀行により左右」することはほとんどできなくなったのである（第１段落末）。

3．妥当である（第１，２，４段落）。

4．「経済についての国際的な取り決め」については第１段落に言及があるが，これらの「全てを把握する」必要があるとは述べていない。「主権国家が相対化されつつある現状」が「正しくとらえ」られていないのは，「権力といえば国家権力であり，経済より何より法が優先するという考えにしがみついているため」である（第３段落）。

5．「グローバル化を止めることができる」という見解は示されていない。「あらゆる問題を国境線の中に閉じ込めて，主権的な権力で左右できるように」なれば，「物事がすっきりする」と述べているにすぎない（第４段落）。

正答 3

国家一般職［大卒］ No. 59 教養試験

文章理解　現代文（内容把握）　平成26年度

次の文の内容と合致するものとして最も妥当なのはどれか。

小集団の価値観やルールは，それを批判するメタレベルの価値規準が存在しない現在の状況では，集団メンバーの合意やリーダー格の人間の判断によって，容易にルール変更が生じやすい。そのため，絶えずリーダー格の人間や他のメンバーの言動に留意し，それなりに調子を合わせる必要性が生じてくる。このような状況下では，もはや集団内で共有されていたもともとの価値への信憑は薄れ，承認を維持することだけが目的化されやすい。集団の価値観を直接信じるというより，みんなが信じるからそれを信じるのであり，その集団の価値を本当は信じていなくとも，あえて「信じるふり」をし，承認を得ようとするのだ。

したがって，リーダーや幹部がその価値観を修正すれば，容易に従来の価値観を捨て，それについていくことになりやすい。結局，集団内の承認のほうが，共有されている価値観よりも重要なのである。

信じるふりをするだけの価値観さえ共有されていない集団や人間関係においては，承認の不安はさらに深刻になる。学校の仲間集団などは，特定の価値観を共有していないことが多いため，より直接的に承認を求め合うゲームとなりやすい。友だちと共有している感覚や趣味から逸脱した言動はしない，その趣味が好きなふりをし続ける，といった面はあるのだが，そのような承認の規準は価値観より曖昧で容易に変わりやすい。

また，価値への信憑が存在しない分だけ，承認されることへの執着も大きくなる。信じるものを持たない人間は，何をすれば価値があるのか，価値のある人間として認められるのか，まったく見当のつかない状況に陥りやすい。それに，共有された価値を信じるふりは必要ないが，その分，他者の言動に同調しなければ，承認を維持することが難しくなる。その結果，承認への不安は強くなり，底なしの承認欲望から抜け出せなくなってしまうのだ。

いま多くの人々が，社会の承認という呪縛から解き放たれ，社会の抑圧を感じることもなくなっている反面，身近な人々の承認に固執し，せっかく手にしたはずの自由を自ら手放している。自由の足枷と思われた伝統的な価値観は，それが失われるや否や，強い承認不安を引き起こし，自由と引き換えにしてでも承認を得たい，そう望む人々を生み出している。

しかし，すでに私たちが自由の意識を獲得し，自由への欲望を抱く存在である以上，このようなやり方では自己不全感に陥るのは目に見えている。

1　学校の仲間集団などにおいては，直接的に承認を求め合うことが起こりやすく，メンバー共通の価値観を信じることで，承認欲望を満たそうとする。

2　特定の価値観を共有しない人間関係においては，承認されることへの執着が大きくなる一方で，承認の規準は曖昧で変わりやすく，承認への不安は強くなる。

3　現在，多くの人々は，伝統的な価値観やルールの呪縛から解き放たれて自由を手に入れるために，価値観の共有よりも集団内の承認を重視している。

4　現在の小集団では，メタレベルの価値規準によってルールが容易に変わりやすく，承認を維持することが目的化されやすくなっている。

5　価値への信憑が存在しない人間関係においては，相手の承認を確実に得られる方法がないため，自由を引き換えにしない限り，自己不全感に陥ってしまう。

出典：山竹伸二『「認められたい」の正体　――承認不安の時代』

現代人の承認欲求について述べた文章。今日においては，多くの人々が伝統的な価値観から解放されたが，身近な人々の承認を求めて他人に同調し，ますます承認不安を強めていると指摘している。「メタレベルの価値規準が存在しない現在の状況」（第１段落）においては価値観の共有自体が困難になっているという趣旨を踏まえて解答したい。

1.「メンバー共通の価値観を信じることで」という部分が誤り。学校や仲間集団などでは，「特定の価値観を共有していないことが多いため，より直接的に承認を求め合うゲームとなりやすい」のであり，「価値への信憑が存在しない分だけ，承認されることへの執着も大きくなる」と述べている（第３～４段落）。

2. 妥当である（第３段落）。

3.「自由を手に入れるために」という部分が誤り。現在多くの人々は「せっかく手にしたはずの自由を自ら手放して」おり，「自由と引き換えにしてでも承認を得たい」と望んでいると述べている（第５段落）。

4.「メタレベルの価値規準によって」という部分が誤り。現在の小集団は，その集団の価値観やルールを批判する「メタレベルの価値規準が存在しない」状況にあると述べている（第１段落）。

5.「自由を引き換えにしない限り」という部分が誤り。自由と引き換えにしたのでは，自己不全感に陥ってしまうのである（第５～６段落）。

正答　2

教養試験

No.60 文章理解 現代文（空欄補充） 平成26年度

次の文の［　　　］に当てはまるものとして最も妥当なのはどれか。

物語や小説を読む楽しさは今も昔も変わらない。『更級日記』の作者は「昼は日ぐらし，夜は目のさめたるかぎり，灯を近くともして，これを見る」と述べている。その孝標の女が憧れた『源氏物語』の「蛍」の巻には，物語の内容が嘘か本当かという問いに対して，光源氏は語られる内容はいろいろあるが人間の真実を語ろうとしていると説き明かしている。

作り物語であれ，告白であれ，また歴史小説であれ，作品世界に没入し深い共感を覚えることは変わりない。未知の世界に接していろいろな考え方や生き方のあることを知り，そこからまた新しい自分が呼び起こされてくる。小説を読む感動の意味はそこにある。感動を呼び起こす根源は書き手の志にある。時代の流れを先導したり，時流を拒否したりする志の高さによって，小説は時代の索引となりまた時代への警鐘ともなる。

読み手にとっては時代と自分との関わりを考え，生きる意味を考えるきっかけとなる文学もあれば，時として今という時間を忘れさせてくれたり，現実を超越した神秘と幻想の世界に自分を誘ってくれる文学もある。だから小説は［　　　　　　　　　　　　　　］ものである。それから自分が感じたり感動したことの根拠を自分で反芻し，他の読み手の意見と比較するところから研究の地平が開かれる。

その研究の第一歩はまず文章に注目するところからはじまる。言葉の鋭さは考えの鋭さによるものであり，表現の豊かさは考えの豊かさにつながっている。文章の流れの中で輝いている言葉を取り出し，さらに文脈の底に沈んでいる隠れた光を感じ取ることのできる読み手が作品のよい読者となる。

1　まず楽しむところからはじまり，楽しみながら考えていく
2　作品世界に安易に共感することなく，深く考察を加えていく
3　その内容が嘘か本当か，世間の常識と照らし合わせていく
4　他の読み手の意見を踏まえ，重要な部分を効率よく読み進めていく
5　作者の生い立ちや志を調べ，時代の警鐘となる作品かどうか見極めていく

解説

出典：浅井 清「鑑賞から研究へ」（堤 精二・島内裕子『国文学入門』所収）

筆者の小説観を述べた文章。空欄は，「だから小説は［　　］ものである」という文（第３段落第２文）にあり，空欄部では，この直前の文の内容から導き出せる小説の特性を述べていることがわかる。また，次の文では，「それから……研究の地平が開かれる」と展開されており，空欄部では，「研究の地平」が開かれる前のことを述べていることになる。

空欄直前の第３段落第１文では，「読み手にとっては時代と自分との関わりを考え，生きる意味を考えるきっかけとなる文学もあれば，時として今という時間を忘れさせてくれたり，現実を超越した神秘と幻想の世界に自分を誘ってくれる文学もある」と述べており，冒頭に接続詞がないことから，前段落の文脈に連なるものであることがわかる。

第１～２段落では，物語や小説についての筆者の見方が示されており，これらの内容と齟齬（そご）をきたすものは，空欄には当てはまらない。

また第４段落は，第３段落第３文の「研究」の話題を引き継いでおり，ここからは空欄に当てはまる内容は導けない。

1．妥当である。

2．「作品世界に安易に共感することなく」という部分が，筆者の小説観に当てはまらず，誤りである。第２段落で「作品世界に没入し深い共感を覚えることは変わりない」と述べている。

3．物語や小説の内容が「嘘か本当か」という点については，第１段落で，光源氏の「語られる内容はいろいろあるが人間の真実を語ろうとしている」という言葉が援用されており，物語や小説における「真実」が「世間の常識」に収れんされるものとは考えられていない。したがって，「世間の常識と照らし合わせていく」という内容は，本文からは導けない。

4．「他の読み手の意見を踏まえ，重要な部分を効率よく読み進めていく」という読み方では，「作品世界に没入し深い共感を覚える」（第２段落）という前提に当てはまらず，「今という時間を忘れさせてくれたり，現実を超越した神秘と幻想の世界に自分を誘ってくれる」（第３段落）という性質と相いれない。また，他の読み手について考慮することは，空欄の後に続く，次の段階の話である。

5．「作者の生い立ちや志を調べ，時代の警鐘となる作品かどうか見極めていく」ことは，空欄の後の「それから……」以降で述べられている「研究」に属することであり，「作品世界に没入」する態度ではない（第１段落）。

正答　1

文章理解
判断推理
数的推理
資料解釈
時事
物理
化学
生物
地学

No.
61

教養試験

文章理解　現代文（文章整序）　平成26年度

次の［　　　］と［　　　］の文の間のA～Eを並べ替えて続けると意味の通った文章になるが，その順序として最も妥当なのはどれか。

> 今でこそ，当たり前になっているが，明治になって日本に輸入された様々な概念の中でも，「個人 individual」というのは，最初，特によくわからないものだった。その理由は，日本が近代化に遅れていたから，というより，この概念の発想自体が，西洋文化に独特のものだったからである。ここでは二つのことだけを押さえておいてもらいたい。

A：しかし，机は机で，もうそれ以上は分けられず，椅子は椅子で分けられない。つまり，この分けられない最小単位こそが「個体」だというのが，分析好きな西洋人の基本的な考え方である。

B：だからこそ，元々は「分けられない」という意味しかなかった individual という言葉に，「個人」という意味が生じることとなる。

C：もう一つは，論理学である。椅子と机があるのを思い浮かべてもらいたい。それらは，それぞれ椅子と机とに分けられる。

D：動物というカテゴリーが，更に小さく哺乳類に分けられ，ヒトに分けられ，人種に分けられ，男女に分けられ，一人一人にまで分けられる。もうこれ以上は分けようがない，一個の肉体を備えた存在が，「個体」としての人間，つまりは「個人」だ。

E：一つは，一神教であるキリスト教の信仰である。「誰も，二人の主人に仕えることは出来ない」というのがイエスの教えだった。人間には，幾つもの顔があってはならない。常にただ一つの「本当の自分」で，一なる神を信仰していなければならない。

> 国家があり，都市があり，何丁目何番地の家族があり，親があり，子があり，もうそれ以上細かくは分けようがないのが，あなたという「個人」である。

1　D→B→E→C→A
2　D→E→C→A→B
3　E→A→C→B→D
4　E→B→C→A→D
5　E→C→D→B→A

解説

出典：平野啓一郎『私とは何か　——「個人」から「分人」へ』

「個人 individual」という発想について述べた文章。冒頭の文章では，「個人 individual」という概念は，日本に輸入された当初「よくわからないものだった」が，それは，この概念の発想が「西洋文化に独特のものだったからである」と述べており，A以下で「二つのこと」を挙げて，この概念の発想を説明していくことがわかる。また，終わりの文では，「もうそれ以上細かくは分けようがないのが，あなたという『個人』である」とまとめられている。

A～Eの冒頭に目を通すと，E「一つは，……キリスト教の信仰」→C「もう一つは，論理学」という順序に並べることができ，選択肢もすべてE→Cという順序になっている。

次に，A，B，Dを読んで位置を考えていくと，「机」と「椅子」について述べているAは，Cの例示に続く内容となっているから，C→Aという順序が妥当であり，A→Cという順序になっている**3**は正答ではない。

Bは「だからこそ，……『個人』という意味が生じることとなる」と述べており，CやAの話題に続けると飛躍が生じるため，これらの直後に置くことはできない。したがって，**2**が消去され，**3**は，この観点からも誤りであることがわかる。

また，Dの後半では「もうこれ以上は分けようがない，一個の肉体を備えた存在が，『個体』としての人間，つまりは『個人』だ」と結ばれており，この後にBを置くと前後関係が逆になってしまい，前提と帰結の関係が成り立たないから，D→Bとするのは誤り。したがって，**1**，**5**は誤りである。

残っている**4**では，E→Bとなっており，Eの「常にただ一つの『本当の自分』で，一なる神を信仰していなければならない」という内容から，Bの帰結を導くことは可能である。また，E→B→C→Aの後にDを置くと，E→Bで「個人」という意味の発生を説明し，C→Aで「最小単位」こそが「個体」だと述べ，Dでこれを人間の場合に当てはめ，「個体」としての「個人」に言及し，終わりに置かれている文でこれを言い換えるという構成になっており，話の運びが整う。

よって，妥当な順序はE→B→C→A→Dであり，**4**が正答である。

なお，冒頭の文章の「二つのことだけを押さえておいてもらいたい」という結びに続いてEを置くことができ，Dを１番目に置くのが不自然なことから**1**，**2**を消去し，Eから始まる**3**，**4**，**5**に注目して解いてもよい。

正答　4

国家一般職［大卒］ 教養試験

No. 62 文章理解 英文（内容把握） 平成26年度

次の文の内容と合致するものとして最も妥当なのはどれか。

What then can a man do who is unhappy because he is encased in self? So long as he continues to think about the causes of his unhappiness, he continues to be self-centered and therefore does not get outside the vicious circle; if he is to get outside it, it must be by genuine interests, not by simulated interests adopted merely as a medicine. Although this difficulty is real, there is nevertheless much that he can do if he has rightly diagnosed his trouble.

If, for example, his trouble is due to a sense of sin, conscious or unconscious, he can first persuade his conscious mind that he has no reason to feel sinful, and then proceed to plant this rational conviction in his unconscious mind, concerning himself meanwhile with some more or less neutral activity. If he succeeds in dispelling the sense of sin, it is probable that genuinely objective interests will arise spontaneously.

If his trouble is self-pity, he can deal with it in the same manner after first persuading himself that there is nothing extraordinarily unfortunate in his circumstances.

If fear is his trouble, let him practice exercises designed to give courage. Courage in war has been recognized from time immemorial as an important virtue, and a great part of the training of boys and young men has been devoted to producing a type of character capable of fearlessness in battle. But moral courage and intellectual courage have been much less studied; they also, however, have their technique. Admit to yourself every day at least one painful truth; you will find this quite as useful as the Boy Scout's daily kind action. Teach yourself to feel that life would still be worth living even if you were not, as of course you are, immeasurably superior to all your friends in virtue and in intelligence. Exercises of this sort prolonged through several years will at last enable you to admit facts without flinching, and will, in so doing, free you from the empire of fear over a very large field.

1 自分の殻に閉じこもっている者も，思い切って外に出てみれば，何かを得ることができる。

2 自分の殻に閉じこもっている者は，意識的にしろ，無意識のうちにしろ，罪悪感を抱いている。

3 当たり障りのない活動によっては，合理的な信念を，無意識の中に植え付けることは難しい。

4 勇気は，太古の昔より，道徳としても知性としても，生きる上での重要な美徳とされてきた。

5 勇気を養うような訓練をすれば，やがて広範囲にわたる恐怖から逃れることができるようになる。

出典：Bertrand Russell, “The Couquest of Happiness”

全訳〈それでは，自分の殻に閉じこもっているがゆえに不幸であるという人には，何ができるのであろうか。彼が自分の不幸の原因について考え続ける限り，彼は自己中心的であり続け，それゆえに悪循環から抜け出すことはない。彼がそこから抜け出すとすれば，それは単に治療薬として取り入れた見せかけの関心によってではなく，本物の関心によらなければならない。彼の困難は現実のものだが，それでも問題の原因を正しく分析しているならば，彼にできることはたくさんある。

たとえば，もし彼の問題が，意識的にしろ無意識のうちにしろ，罪悪感によるものであるなら，彼はまず自分の顕在意識に対して罪悪感を持つ理由はまったくないと言い聞かせ，次に潜在意識の中にこの合理的な信念を植え付けることができる。そうしている間，自分自身の関心は多少とも中立的な活動に向けるようにするのだ。彼が罪悪感を振り払うことに成功すれば，おそらく本当の意味で客観的な関心が自然にわき上がってくるだろう。

もし彼の問題が自己憐憫(れんびん)であるなら，まず自分自身に対して，自分を取り巻く状況に特段に不運なことは何もないと言い聞かせ，あとは同様のやり方で対処することができる。

もし恐怖が彼の問題であるなら，勇気を養うことを目的とした訓練を実践してもらうのがよい。戦争における勇気は太古の昔より重要な美徳と見なされており，これまで青少年に対する訓練の大部分が，戦闘において物おじすることのないような性格を養成することに充てられてきた。だが道徳における勇気や知性における勇気については，それに比べてはるかに研究対象になることが少なかった。とはいえ，これらにもやはり技術がある。毎日最低１つ，痛みを伴う事実を自分で認めることだ。このことはボーイスカウトの日々の親切な行いと同じくらいに有益であることがわかるだろう。仮にあなたがあなたの友人すべてと比較して，道徳や知性において格段に優れているわけではないとしても，もちろん実際に優れている場合もだが，人生はなお生きる価値があるものだと感じるよう，自分に教え込むのだ。この種の訓練を数年にわたって継続すれば，しまいにはあなたはひるむことなく事実を認めることができるようになり，またそうすることによって，非常に広範囲にわたる領域を支配する恐怖から解放されることになるだろう〉

1．単に「思い切って外に出てみれば」何かを得ることができると言っているのではなく，自分の殻に閉じこもっていることから生じる悪循環から外に抜け出すためにはどうすればよいかを，具体的に論じている。

2．罪悪感を抱いている人は，自分の殻に閉じこもっている人の一例として挙げられたもので，ほかにも自己憐憫を抱えている人，恐怖にとらわれている人が例示されているため，自分の殻に閉じこもっている人が皆，罪悪感を抱いているとはいえない。

3．「当たり障りのない活動」については，合理的な信念を無意識の中に植え付ける作業の過程で，同時にそのような中立的な活動に自分の関心を向けるのがよいと述べているのであり，当たり障りない活動はむしろ合理的信念の獲得のために行うべきことであるといえる。

4．太古の昔より重要な美徳とされてきたと述べられているのは「戦争における勇気」であり，それ以外にも「道徳における勇気」や「知性における勇気」があるが，これらについてはこれまでほとんど重視されてこなかったことが述べられている。

5．妥当である。

正答　5

国家一般職［大卒］ 教養試験

No. 63 文章理解 英文（内容把握） 平成26年度

次の文の内容と合致するものとして最も妥当なのはどれか。

The family provides our children with their first experience of living and working together in a community. Even within the family, differences abound. What pleases one may upset another. Developing respect for one another and learning to accept, and even appreciate, our differences, takes a lot of time and patience. But in accepting our differences, and learning to work together as a team we can find much of what is truly enjoyable about being in a family.

The amount of patience needed to be a good parent is phenomenal. It is natural for children to constantly challenge their parents. It is a struggle for parents to be patient when they are constantly being challenged, are overwhelmed with other responsibilities, and are frequently in a state of fatigue. There's good reason why it is said that parenting is the most difficult of all jobs!

However, it is also one of the most rewarding. When we are able to keep our "eyes on the prize" — to realize that there is nothing more important in our lives than loving our children and helping them grow up to be happy, secure, kind, and responsible adults, it becomes a little easier to cope. There will still be times when we lose our patience. But we can get it back again. There may even be times when we find ourselves apologizing to our children several times in a single day for being impatient with them. Fortunately, our children are very forgiving. They may not have much patience for tying their shoes or waiting for their turn, but the amount of tolerance they have for a parent whose heart is in the right place, and who is trying to do her best, is impressive.

We want our children to develop the capacity to calmly accept and successfully cope with whatever aggravations they encounter in their lives. By finding — and holding on to — the serenity within ourselves that we need to be patient with our children, we can create a home in which the daily struggles of life may be challenging but are not overwhelming. Such a home, where tolerance for others makes it possible for us to enjoy each other in small but important ways even in the midst of the daily rush, will give our children an example to aspire to, and the strength they will need to draw on for the rest of their lives.

1 親は子どもに対して，人生で直面する悩みを冷静に受け止めて，うまく対処する力を身につけて欲しいと願うものだ。

2 子育てに疲れてしまった親は，イライラを子どもにぶつけてしまうことがあるが，一度失ってしまった子どもの信頼は，簡単には取り戻すことはできない。

3 子育てには忍耐が必要であり，子どもが親の期待した結果を出すことができなかったとしても，親は子どもに対して厳しく叱るのではなく，励ます方がよい。

4 絶対にうまくいく子育ての方法は存在しないため，親は不安な気持ちで育てがちであるが，それは子どもを不安な気持ちにさせてしまうことがある。

5 子育ては人生で最も価値のある仕事の一つであるが，親がそれに気付くことができるのは，子育てが一段落してからになることが多い。

解説

出典：Dorothy Law Nolte, Rachel Harris, “Children Learn What They Live”

全訳〈家族は子どもたちに，地域社会の中でともに生活し働く初めての体験をもたらしてくれる。家族内においても，違いはたくさんある。ある人を喜ばせるようなことが，別の人にとっては心を乱すことであるかもしれない。互いに対して敬意を払うことを身につけ，違いを受け入れ，さらには違うことのよさがわかるようになるまでには，多くの時間と忍耐が必要である。だが，違いを受け入れ，１つのチームとしてともに働くようになる中で，私たちは家族の一員であることから得られる真の楽しみの多くを発見することができる。

よき親となるために必要な忍耐の量は驚くほど多い。子どもが親に絶えず反抗するのは自然なことだ。親にとっては，自分が絶えず反抗され，他の（親としての）責任の多さに圧倒され，常に疲労した状態にあるときに忍耐強くあることは大変な苦労である。子育てはあらゆる仕事の中で最も困難な仕事だといわれることには十分な理由があるのだ！

しかしながら，それは同時に最も価値のある仕事の一つでもある。私たちがその「価値あるものを見据え」続ける，すなわち子どもたちを愛し，彼らが成長して幸せで不安のない，優しく責任感ある大人になるのを手助けすることほど大切なことは人生でほかにないと自覚することができれば，対処はやや容易になる。それでもなお，ときには忍耐を失ってしまうことがあるだろう。だが，それをまた取り戻せばよい。子どもにイライラをぶつけてしまったことで，１日のうちに何度も彼らに謝るはめになることもあるかもしれない。幸いなことに，子どもはとても寛大である。彼らは靴ひもを結ぶときや自分の順番を待つときはあまり忍耐強くないかもしれないが，根が優しく最善を尽くしている親に対して見せる忍耐強さには並々ならぬものがある。

私たちは子どもに，人生で遭遇するどんな悩みの種をも静かに受け入れ，うまく対処する能力を伸ばしてほしいと思っている。子どもに対して忍耐強くあるために必要とされる，内なる平静を見いだし，また持ち続けることで，私たちは日常の苦労がきつくはあっても圧倒されてしまうほどではないと感じられる家庭を作り出すことができる。そのような家庭では，他者への寛容を示すことで，私たちが日々のごたごたの中にあっても，ちょっとしたことだが大事なこととして互い（の違い）を楽しむことができるようになり，子どもたちには憧れの対象となる手本が与えられ，同時に彼らがこれからの人生で頼る必要が出てくるであろう力も与えられることになるだろう〉

1. 妥当である。

2. 「子育てに疲れてしまった親は」イライラを子どもにぶつけてしまうことがある，という直接的な因果関係は述べられていない。また，ときに親が忍耐を失ってイライラを子どもにぶつけてしまっても，子どもというものは寛大であると述べられている。

3. 子どもに対して「厳しく叱るのではなく，励ます方がよい」といった内容はまったく述べられていない。

4. 「絶対にうまくいく子育ての方法」の有無に関する記述はない。また，親の不安な気持ちが子どもに伝わるといった内容もまったく述べられていない。

5. 子育てが人生で最も価値のある仕事の一つであるという記述はあるが，親がそれに気づく時期に関する記述はまったくない。

正答 1

No. 64 文章理解 英文（内容把握） 平成26年度

次の文の内容と合致するものとして最も妥当なのはどれか。

The energy sector remains one of the most important sectors for the Turkish economy. Energy generation, energy security, energy efficiency, and climate change mitigation are just some of the many facets influencing the dynamic efforts being carried out by Turkish officials as they work to meet the country's energy demands.

As the sector expands, policy makers in the country are working toward the complementary goals of increasing the energy production — and security — in the country, while simultaneously mitigating the potential impacts of climate change.

Faced with this challenge of providing more energy that is not only affordable and reliable, but clean as well, the country is looking at ways to further engage the private sector in meeting this challenge.

In doing so, the country is also deepening its cooperation with international institutions such as the World Bank Group.

Rapid economic growth, industrialization, and steady population growth in Turkey over the last decade are now combining to rapidly transform the country's energy sector. Although this last decade of development has helped to increase electricity generation in the country by 80%, including an increase of 90% in renewable energy generation, an average annual increase in demand of close to 7% since 1990 has meant that further efforts to ensure the availability of clean and reliable electricity continue to be necessary.

In working to address this situation, the government of Turkey is working to achieve the complementary goals of improving energy security, increasing energy efficiency, and further developing renewable resources. As part of this effort, officials in Turkey have implemented a series of measures designed to spur investment and innovation in the energy sector — including an ongoing liberalization program that has ended electricity subsidies, improved the regulatory environment, and paved the way for the privatization of state-owned electricity distribution and generation assets.

Fundamental to these efforts has been an increased role for private companies looking to invest in the energy sector. In recent years, energy companies — with support from banks and investors — have invested billions of dollars in technologies, projects, and programs capable of increasing energy generation and decreasing energy intensity in the country.

1 トルコでは，世界銀行グループを始めとする国際機関による援助の下でエネルギー政策が重点的に進められている。

2 1990年以前，トルコ政府は専らエネルギー生産量の増加にばかり目を向けており，気候変動への影響に配慮することを怠っていた。

3 急速な経済成長や工業化，人口の漸増により，トルコのエネルギー消費量はここ10年で３倍以上増加した。

4 年平均７％近く増加するエネルギー需要に対処するため，トルコ政府はより安定的なエネルギーの確保等の目標の達成に向けて取り組んでいる。

5 トルコではエネルギー関連企業が民間投資なしに独り立ちできるまでに成長したことから，電力事業への補助金が廃止された。

出典：“Supporting Turkey’s Growing Energy Sector”, The World Bank（October 28, 2013）

全訳〈トルコの経済にとって，エネルギー部門は相変わらず最重要部門の一つである。エネルギー生産，エネルギー安全保障，エネルギー効率，そして気候変動の緩和は，トルコ当局が国内のエネルギー需要に応えるために行っている精力的な活動に影響を与えている多くの側面のほんのいくつかにすぎない。

エネルギー部門が拡大する中，トルコの政策立案者たちは，国内のエネルギー生産量の増大および安全保障の強化を図る一方で，同時に気候変動へ影響をもたらす可能性を緩和するという，互いに補い合う形の目標に向けた取組みを行っている。

価格が手頃で信頼できるだけでなく，クリーンでもあるエネルギーをもっと多く供給するというこの難問に直面して，国は民間部門をこの課題処理にいっそう関わらせる方向で検討を行っている。そうするに当たって，同時に国は世界銀行グループなどの国際機関との協調をより深めつつある。

先の 10 年間のトルコにおける急速な経済成長と工業化，それに堅調な人口増加が相まって，現在この国のエネルギー部門は急速に変換を遂げつつある。ここ 10 年間の成長も手伝って，この国の発電量は 80 ％増加し，そのうち再生可能エネルギーによる発電量は 90 ％増加しているものの，需要が 1990 年以降毎年 7 ％近く増加を続けていることから，クリーンで信頼できる電気を確実に利用できるようにするための努力はいっそう必要なものになっている。

この状況への対処に当たって，トルコ政府はエネルギー安全保障を改善し，エネルギー効率を高め，再生可能エネルギーの普及をさらに進めるという，相互補完関係にある目標の達成に向けた取組みを行っている。この努力の一環として，トルコ当局はエネルギー部門における投資と技術革新を促すことを目的とした一連の措置を実施している。なかでも現在実施中の自由化プログラムでは，電力事業への補助金を廃止し，規制に縛られた環境を改善して，国が所有する発送電の資産の民営化への道を開いている。

こうした努力に不可欠だったのは，エネルギー部門への投資に目を向ける民間企業が担うようになったより大きな役割である。近年ではいくつかのエネルギー関連企業が，銀行や投資家から支援を受けて，国内のエネルギー生産量の増加とエネルギーの一極集中の緩和が可能になるような技術や計画や制度に何十億ドルもの投資を行ってきた〉

1．本文では，トルコのエネルギー政策の転換に不可欠な要素として民間企業の果たす役割が挙げられており，政府が企業をより関与させる方向性の一環として「世界銀行グループなどの国際機関との協調」が述べられている。したがって，そうした国際機関による「援助の下で」エネルギー政策が重点的に進められているということとは意味合いが異なる。

2．最近ではエネルギー政策において気候変動への影響に配慮することが欠かせなくなっていることが述べられているが，トルコ政府が 1990 年以前はその努力を怠っていたと読み取れるような内容はまったく述べられていない。

3．トルコの「エネルギー消費量」については言及がない。1990 年以降エネルギー需要が毎年 7 ％近く増加を続けているという記述はあるが，「消費量はここ 10 年で 3 倍以上増加した」と断言できるような記述はない。

4．妥当である。

5．「現在実施中の自由化プログラム」について，その中で電力事業への補助金の廃止に言及しているが，「エネルギー関連企業が民間投資なしに独り立ちできるまでに成長したことから」という事実や因果関係は述べられていない。むしろ，エネルギー関連企業は銀行や投資家の支援を受けて投資を行っていることが述べられている。

正答　4

文章理解 判断推理 数的推理 資料解釈 時事 物理 化学 生物 地学

国家一般職［大卒］ 教養試験

No.65 文章理解　英文（文章整序）　平成26年度

次の［　　］と［　　］の文の間のア～オを並べ替えて続けると意味の通った文章になるが，その順序として最も妥当なのはどれか。

> Books are composed of words, and words have two functions to perform: they give information or they create an atmosphere.

ア：Atmosphere is created. Who can see those words without a slight sinking feeling at the heart? All the people around look so honest and nice, but they are not, some of them are pickpockets, male or female.

イ：It is an example of pure information. It creates no atmosphere — at least, not in my mind. I stand close to the label and wait and wait for the tram. If the tram comes, the information is correct; if it doesn't come, the information is incorrect; but in either case it remains information, and the notice is an excellent instance of one of the uses of words.

ウ：They hustle old gentlemen, the old gentleman glances down, his watch is gone. They steal up behind an old lady and cut out the back breadth of her beautiful sealskin jacket with sharp and noiseless pairs of scissors. Observe that happy little child running to buy sweets. Why does he suddenly burst into tears. A pickpocket, male or female, has jerked his halfpenny out of his hand.

エ：Often they do both, for the two functions are not incompatible, but our enquiry shall keep them distinct. Let us turn for an example to Public Notices. There is a word that is sometimes hung up at the edge of a tramline: the word 'Stop.' Written on a metal label by the side of the line, it means that a tram should stop here presently.

オ：Compare it with another public notice which is sometimes exhibited in the darker cities of England: 'Beware of pickpockets, male and female.' Here, again, there is information. A pickpocket may come along presently, just like a tram, and we take our measures accordingly. But there is something else besides.

> All this, and perhaps much more, occurs to us when we read the notice in question.We suspect our fellows of dishonesty, we observe them suspecting us.

1 ア→イ→エ→オ→ウ
2 ア→ウ→オ→エ→イ
3 エ→イ→オ→ア→ウ
4 エ→オ→イ→ア→ウ
5 オ→ア→ウ→エ→イ

解説

出典：E. M. Foster, "Anonymity：An Enquiry"

全訳〈本は言葉で構成されているが，言葉が果たす機能には2つある。すなわち，言葉は情報を与え，あるいは雰囲気を創り出す。

エ：多くの場合，言葉は双方の機能を果たしている。それは，2つの機能が相いれないものではないことによるものだが，ここでは私たちの探究のために，両者を切り離して扱う。例として公共の掲示を取り上げてみよう。市街電車の線路の端にはときどき，ある言葉が掲げられている。「止まれ」という言葉である。線路の脇にある金属の標識に書かれているこの言葉は，電車はほどなくここで止まるべきであるということを意味している。

イ：これは純粋な情報の例である。なんの雰囲気を創り出すこともない。少なくとも私の頭の中では。私はその標識の近くに立ち，電車が来るのを今か今かと待つ。もし電車が来ればその情報は正しく，来なければその情報は間違っている。だがいずれの場合も，その言葉は情報であることに変わりない。ゆえにこの掲示は言葉の用法の一つを示す格好の例といえる。

オ：これを，イングランドの都市の暗部でときどき掲げられているもう一つの公共の掲示と比較してみよう。「スリに注意。男女を問わず」というものである。ここにもまた，情報がある。電車とまったく同様に，スリがほどなく現れるかもしれず，私たちはそれに応じた対策を講じる。だがそれに何かほかのものが加わる。

ア：雰囲気が創り出されるのである。この言葉を見て，心の中にちょっとした気分の落ち込みを感じない人はいるだろうか。周りの人は皆とても正直で親切に見えるのに，その中にはスリがいるのだと。男女を問わず。

ウ：やつらは老紳士に体を押し当て，老紳士が下に目をやると，腕時計がなくなっている。やつらは老婦人の背後に忍び寄り，婦人が着ている美しいアザラシ革のジャケットの背中の部分を，鋭く音のしないハサミで切り取る。あの幸せそうな，お菓子を買いに駆け出している幼子を見ているがよい。彼はどうして突然泣きだすのだろう。スリが，男もしくは女のスリが，その男の子の手から半ペニー硬貨をひったくったのだ。

こうしたことすべてが，あるいはもっと多くのことが，問題のその掲示を私たちが読むときに浮かんでくる。私たちは仲間のことを不誠実なのではと疑い，また彼らが私たちのことを疑っているのを目の当たりにするのだ〉

選択肢を見るとア，エ，オのいずれかで始まっている。冒頭の囲みの文の「言葉が果たす機能には2つある。すなわち，言葉は情報を与え，あるいは雰囲気を創り出す」から，以下の文章では言葉の持つこの2つの機能について詳しく説明されることが推察される。アは「雰囲気が創り出される」という文で始まっており，冒頭の文の最後 create an atmosphere が単に形を変えて繰り返されることになることから，冒頭の文の直後に置くのは不自然である。エは，Often they do both の both が冒頭の文の「言葉の持つ2つの機能」をさすと考えれば，内容がスムーズにつながる。オを冒頭の文に続けると，Compare it の it が何をさすか不明であるし，another public notice「もう一つの公共の掲示」に対応するものが前にないことになるので，内容がつながらない。よってエから始まると推測され，選択肢は**3**と**4**に絞られる。エの後半では，電車の線路脇にある「止まれ」という掲示が例に出されている。これにイの「これは純粋な情報の例である。なんの雰囲気を創り出すこともない。」を続けると，It が「『止まれ』という掲示」をさすことになり，後に続く内容も違和感がない。イの後にさらにオ→アと続けると，オで「スリに注意」という別の掲示の例が出され，オの最終文の there is something else besides「それに何かほかのものが加わる」に対応するものとして，アの最初の文「雰囲気が創り出される」がスムーズにつながる。また最後のウに続く流れも妥当である。これに対して，エの後にオを続けると，Compare it の it が「『止まれ』という掲示」をさすことになり，一つ目の例の後にすぐ二つ目の例を挙げる形となって，ここまでは違和感がない。しかしオの後にイを続けると，二つ目の「スリに注意」という掲示が「純粋な情報の例」ということになり，さらに電車の説明が続くことから，おかしな流れになる。さらに，イの後に続くものとしてアの「雰囲気が創り出される」は唐突であることから，**4**の順序は不適切であると判断できる。

よって，妥当な順序はエ→イ→オ→ア→ウとなり，正答は**3**である。

正答　3

文章理解
判断推理
数的推理
資料解釈
時事
物理
化学
生物
地学

国家一般職［大卒］ No. 66 教養試験

文章理解　英文（空欄補充）　平成26年度

次の文のア，イに当てはまるものの組合せとして最も妥当なのはどれか。

It is the task of management to help ensure that effective organizational performance is achieved. Toward that end, managers bring together material resources and personnel, coordinate and direct their utilization, and set policies and procedures to enhance productive activity. Of course, this focus on performance rests on the presumption that superior and inferior performance will be recognized when they occur. Management's ability to move an organization toward optimal productivity will certainly be obstructed if satisfactory and unsatisfactory levels of performance cannot be identified. But for that to take place, an adequate means of measuring performance is necessary. In some instances it may be possible to identify [ア] and assess organizational productivity or performance comprehensively, or if that is not an option, the productivity of specific organizational subunits might be scrutinized. More often, however, attention is focused on the productivity or performance of individual employees, and an assumption is made that greater individual productivity will lead to greater organizational performance. Obviously, there is no perfect relationship between [イ]. A host of factors, including changes in organizational environments and technology, may intervene to mediate that relationship. But employees can make a difference and it is true that one key to improving productivity and quality services in the public sector is accurately measuring and controlling the performance of each worker.

	ア	イ
1	inferior individual performance	the effectiveness of individual employees and organizational productivity
2	inferior individual performance	optimal productivity and utilization of material resources and personnel
3	inferior individual performance	satisfactory levels of performance and means of measuring performance
4	organizational goals	the effectiveness of individual employees and organizational productivity
5	organizational goals	satisfactory levels of performance and means of measuring performance

解説

出典：J.Edward Kellough, “Public Personnel Management”

全訳〈組織の業績が効果的に達成されることを確実なものにするために一役買うことが，経営の仕事である。その目標に向けて，経営者は物的資源と人材を集め，それらの活用に向けて調整および指揮を行い，生産活動の向上のために方針および手順を定める。もちろん，この業績の重視は，より優れた業績，より劣った業績というものが実現したときにそれと認識されるという推定の上に成り立つものだ。満足の行く，あるいは行かない業績の水準をはっきりと見定めることができなければ，組織の生産性を最大限にまで高める経営側の能力は確実に阻害されることになるだろう。だがそれが行われるためには，業績を評価する適切な手段がなくてはならない。場合によっては，ア組織の目標を見定め，組織としての生産性や業績を包括的に評価することが可能なこともあろう。あるいは，その方法を取りえなくても，組織の特定の部課などの単位でその生産性を検証することが可能であるかもしれない。しかしより一般的には，個々の従業員の生産性や業績に注目して，個人の生産性が高まれば組織の業績が高まることにつながるという想定がなされる。言わずもがなだが，イ個々の従業員の貢献力と組織としての生産性の間に完全な関連性があるわけではない。組織を取り巻く環境や技術の変化など，両者の関連の間に割って入る多くの要因があるかもしれない。それでも従業員が違いを示すことは可能であり，それゆえに，公共部門において生産性および品質サービスを改善する一つの鍵は，各従業員の業績を正確に評定し管理することであるというのはその通りなのである〉

冒頭の文から，組織の業績を効果的に達成させることが経営の仕事であるという本文の主題を読み取る。第３文および第４文では，そのためにはまずよい業績や悪い業績をきちんと見定めることが必要だと述べている。続く第５文の for that to take place「それが行われるためには」は「業績の水準をきちんと見定められるためには」という意味で，そのためには業績の評価基準をきちんと定めることが大切だという主張が述べられる。空欄アを含む第６文はそれを受けて，In some instances「いくつかの事例では」といっている。選択肢を見ると，空欄アに入るのは inferior individual performance「より劣った個々（人）の業績」，organizational goals「組織の目標」のどちらかである。上に述べた文脈と，空欄の後の organizational productivity or performance「組織としての生産性や業績」，comprehensively「包括的に」といった語句から，空欄アには organizational goals が当てはまる。文全体では，組織としての目標設定と，組織全体の，あるいは部課といった単位ごとの生産性や業績の評価が可能な場合もあるだろう，という意味になる。第７文には逆接の however「しかしながら」が含まれ，第６文とは対照的に，個々の従業員の生産性や業績に注目し，その向上を図ることが組織全体の業績の向上につながると想定する場合のほうが現実には多いことが述べられる。空欄イを含む第８文はそれを受けて，「言わずもがなだが，［ イ ］の間に完全な関連性があるわけではない」と述べる文である。選択肢は，the effectiveness of individual employees and organizational productivity「個々の従業員の有効性（＝貢献力）と組織としての生産性」，optimal productivity and utilization of material resources and personnel「最大限の生産性と物的資源および人材の活用」，satisfactory levels of performance and means of measuring performance「満足の行く業績の水準と業績評価の手段」のいずれかである。第６文からの流れと，本文最終文の「各従業員の業績の正確な評定と管理が，公共部門の業績改善の鍵であることは確かだ」という内容から，空欄イには the effectiveness of individual employees and organizational productivity が当てはまる。第８文全体は「……の間に完全な関連性があるわけではない」という「譲歩」を表す文になり，「とはいえ，十分な関連性はある」という意味合いの最終文のまとめにつながる流れになる。

よって，ア＝organizational goals，イ＝the effectiveness of individual employees and organizational productivity となり，正答は**4**である。

正答　4

国家一般職［大卒］ No. 67 教養試験

文章理解　現代文（内容把握）　平成25年度

次の文の内容と合致するものとして最も妥当なのはどれか。

スミスは，真の幸福は心が平静であることだと信じた。そして，人間が真の幸福を得るためには，それほど多くのものを必要としないと考えた。エピルスの王の逸話が示すように，たいていの人にとって，真の幸福を得るための手段は，手近に用意されているのだ。与えられた仕事や義務，家族との生活，友人との語らい，親戚や近所の人びととのつきあい，適度な趣味や娯楽。これら手近にあるものを大切にし，それらに満足することによって，私たちは十分幸せな生活を送ることができる。また，木の義足をつけた人の話が示すように，たとえ人生の中で何か大きな不運に見舞われたとしても，私たちには，やがて心の平静を取り戻し，再び普通に生活していくだけの強さが与えられている。

多くの人間が陥る本当の不幸は，真の幸福を実現するための手段が手近にあることを忘れ，遠くにある富や地位や名誉に心を奪われ，静坐し満足しているべきときに動くことにある。そのような時宜を得ない行動は，本人を不幸にするだけでなく，時として社会の平和を乱すことがある。富や地位や名誉は求められてもよい。そして，個人がそれらを求めることによって社会は繁栄する。しかし，富や地位や名誉は，手近にある幸福の手段を犠牲にしてまで追求される価値はない。私たちは，社会的成功の大志を抱きつつも，自分の心の平静にとって本当は何があれば足りるのかを心の奥底で知っていなければならない。

諸個人の間に配分される幸運と不運は，人間の力の及ぶ事柄ではない。私たちは，受けるに値しない幸運と受けるに値しない不運を受け取るしかない存在なのだ。そうであるならば，私たちは，幸運の中で傲慢になることなく，また不運の中で絶望することなく，自分を平静な状態に引き戻してくれる強さが自分の中にあることを信じて生きていかなければならない。私は，スミスが到達したこのような境地こそ，現代の私たちひとりひとりに遺（のこ）された最も貴重な財産であると思う。

1　幸運や不運は個人の意思にかかわらず受け取るしかないが，手近な手段を用いて個人は自ら真の幸福を得ることができる。

2　時宜を得ずに富や地位や名誉を追求することは本人を不幸にすることもあるが，そうすることによって社会が繁栄する。

3　真の幸福を得るための手段は手近に用意されているものの，大きな不運を受け取ることも必然であり，真の幸福を得ることはたやすいことではない。

4　自分の心の平静に必要なものを知り，自分を平静な状態に引き戻す強さがない人間は，配分される幸運を受けるに値しない。

5　絶望するような不運を受け取ったとしても，静坐して，いつか幸運を受け取ることを待っていることが，真の幸福を実現することになる。

解説

出典：堂目卓生『アダム・スミス―「道徳感情論」と「国富論」の世界』

スミスの幸福論について述べた文章。真の幸福を実現するための手段が手近にあることを忘れず，大きな不運に見舞われても，心の平静を取り戻す強さが自分の中にあることを信じて生きていかなければならない，というスミスの考えを紹介している。第1段落に述べた主張について，第2～3段落で補足している。

1．妥当である（第1，第3段落）。

2．富や地位や名誉の追求自体は，社会を繁栄させるものとされているが，時宜を得ない行動については，社会を繁栄させるとは述べていない。社会の平和を乱すこともあるのである（第2段落）。

3．「真の幸福を得ることはたやすいことではない」という部分が誤り。手近に用意されている真の幸福を得るための手段を大切にし，それらに満足することによって，「私たちは十分幸せな生活を送ることができる」（第1段落）と述べている。

4．諸個人の間に配分される幸運は，「人間の力の及ぶ事柄ではな」く，私たちは，受けるに値しない幸運をも「受け取るしかない存在」だと述べており，どういう人間が「配分される幸運を受けるに値しない」かについて述べてはいない（第3段落）。

5．真の幸福を実現するには，手近にあるその手段を大切にし，それらに満足する必要があり，ただ「静坐して，いつか幸運を受け取ることを待っている」だけでは実現できない（第1，第2段落）。また，大きな不運に見舞われたときには，その中で絶望することなく，自分を平静な状態に引き戻してくれる強さが自分の中にあることを信じて生きていくことが大事なのである（第3段落）。

正答　1

国家一般職 [大卒]

No. 68 教養試験

文章理解　現代文（内容把握）　平成25年度

次の文の内容と合致するものとして最も妥当なのはどれか。

僕たちが生活する環境を形づくるもの，つまり家や床や風呂桶，そして歯ブラシといったようなものは，すべてが色や形やテクスチャーといった基本的な要素から構成されていて，それらの造形はオーガニゼーションへと向かう明晰で合理的な意識にゆだねられるべきである。そういう発想がいわゆるモダニズムの基本であった。そしてそういう合理的なものづくりを通して人間の精神の普遍的なバランスや調和を探ろうとすることが，広い意味でのデザインの考え方である。言い換えれば，人間が暮らすことや生きることの意味を，ものづくりのプロセスを通して解釈していこうという意欲がデザインなのである。一方，アートもまた，新しい人間の精神の発見のための営みであるといわれる。両者とも，感覚器官でキャッチできる対象物をあれこれと操作するいわゆる「造形」という方法を用いる。したがってアートとデザインはどこが違うのかという質問をよく受けることになる。《中　略》

アートは個人が社会に向き合う個人的な意志表明であって，その発生の根源はとても個的なものだ。だからアーティスト本人にしかその発生の根源を把握することができない。そこがアートの孤高でかっこいいところである。もちろん，生み出された表現を解釈する仕方はたくさんある。それを面白く解釈し，鑑賞する，あるいは論評する，さらに展覧会のようなものに再編集して，知的資源として活用していくというようなことがアーティストではない第三者のアートとのつきあい方である。

一方，デザインは基本的には個人の自己表出が動機ではなく，その発端は社会の側にある。社会の多くの人々と共有できる問題を発見し，それを解決していくプロセスにデザインの本質がある。問題の発端を社会の側に置いているのでその計画やプロセスは誰もがそれを理解し，デザイナーと同じ視点でそれを辿ることができる。そのプロセスの中に，人類が共感できる価値観や精神性が生み出され，それを共有する中に感動が発生するというのがデザインの魅力なのだ。

1　アートもデザインもいわゆる「造形」という方法を用いるが，造形はオーガニゼーションへと向かう明晰で合理的な意識にゆだねられるべきである。

2　アートもデザインも感覚器官でキャッチできる対象物を操作することで生み出されるものであるが，前者はその発生の根源が個的なものであり，後者はその発端が社会的なものである。

3　デザインとは，人間が暮らすことや生きることの意味をものづくりを通して表現することであり，そこに個人的な意志表示を入れるべきではない。

4　アートを面白く解釈し，鑑賞あるいは論評するためには，アーティストがどのように社会と向き合ってきたかなど，そのアートが生まれた背景を把握する必要がある。

5　デザイナーは，人類が共感し，感動できるような価値観や精神性をデザインのプロセスにおいて表現しなければならない。

解説

出典：原研哉『デザインのデザイン』

デザインの本質について述べた文章。アートの発生の根源が「個的なもの」であるのに対し，デザインは「問題の発端を社会の側に置いて」おり，「社会の多くの人々と共有できる問題を発見し，それを解決していくプロセス」にその本質があると述べ，デザインの魅力に言及している。第1段落で，デザインの考え方を確認しつつ，新しい人間の精神の発見のための営みであり，「造形」という方法を用いる，というアートとの共通性を挙げ，第2，第3段落で両者の相違を明らかにしており，その共通点と違いをつかむ必要がある。

1．「造形はオーガニゼーションへと向かう明晰で合理的な意識にゆだねられるべきである」というのはモダニズムの発想であり，デザインの考え方に通じるものとして挙げられているが，筆者自身の主張ではない（第1段落）。

2．妥当である（第1～第3段落）。

3．デザインは，アートに比べ「基本的には個人の自己表出が動機ではなく，その発端は社会の側にある」（第3段落）と述べているにすぎず，「個人的な意志表示を入れるべきではない」とは主張していない。

4．アートの解釈・鑑賞・論評については，第三者とのつきあい方の例として挙げられているにすぎず，どのようにする必要があるかという点への言及はない。

5．デザインのプロセスは，「社会の多くの人々と共有できる問題を発見し，それを解決していく」というものであり，「人類が共感できる価値観や精神性」は，この中から「生み出される」のであって，デザイナーが「プロセスにおいて表現しなければならない」とするのは誤り。

正答　2

国家一般職［大卒］ No. 69 教養試験

文章理解　現代文（内容把握）　平成25年度

次の文の内容と合致するものとして最も妥当なのはどれか。

出発点としての問題には，実はもう一つ重要なものがある。それは，これまで考えてきた，子どもにとって音楽とは何かの問題と逆に，音楽にとって子どもを問題にするということは，どんな意味があるのかということである。単にわれわれ大人の音楽生活だけを通して音楽を理解するのでは，一面的な理解しか得られない。子どもの音楽生活からも音楽を理解する必要があるのは，比較音楽学や民族音楽学の知識が現代音楽の理解に必要であるのと同じである。ところがその重要性が認識されるようになったのはそう古いことではない。最近は，音楽を理解するのに，従来のように単に美学や歴史学や音響学だけによるのではなく，心理学や人類学や社会学から接近する方法が発達した。さらにそれらを総合した方法や視点による研究がみられるようになり，どの領域の研究であるというような区分け自体が無意味になりつつある。

言い換えれば，音楽というものはもともと豊富な情報を含んだ文化財であるので，美学や音楽学や心理学や音響学などのそれぞれの分野が独占して研究すべきものでなく，それらの分野が協力して接近すべきものであるということがしだいに分ってきたということである。どの分野の研究が面白くてどの分野の研究はだめだということではなく，補い合って研究を進めなければ音楽の理解は深まらない。音楽自体がそのように矛盾にみちた内容をもっていて，音響であると同時に思想をあらわし，論理的構造をもちつつ感情を動かすものであり，人類に普遍的な面をもちながら，ある社会に特有の内容と形式をもつものである，というように，さまざまな側面が一つの音楽の中に凝縮しているということである。

たとえば，絶対音感が素質であるのか，環境の影響，あるいは訓練で形成できるのかという古くからある問題は，音に対する敏感期としての幼児期の特徴を考えなければ解決できない。さらに絶対音感をもつことが音楽家にとってどういう意味をもっているのか，それが日本と欧米の音楽社会でどのように意味が異なるのかなどの問題まで広げて考える必要がある。また音楽の基本的前提となっているオクターブの類似性の認知や，いくつかの音を同時に鳴らしたときの協和感，あるいは不協和感，あるいはリズムに合せられるかどうかという同期性など，幼児期に遡って問題の解決を待つ問題は多い。また音楽は断片的な音の集まりではなく，旋律の寄せ集めでもない。一つの曲には起承転結があり，主題の展開や発展がある。音楽が分るということは，そこまで理解できないとだめである。このように複雑な音楽の構造が子どもに分るのだろうかという疑問が当然出てくるが，最近の研究では，子どもの音楽理解はこの程度ではないかという低い先入観はすっかり考え直さなければならないようになっている。

1　比較音楽学や民族音楽学の知識は現代の音楽を理解するのに必要であり，それらの知識を幼児期に身につけさせることは，大人になってからの音楽生活を意味のあるものへと変容させる。

2　最近，音楽を対象とした研究は，美学や歴史学や音響学よりも，心理学や人類学や社会学など新しい分野に多く見られるようになった。

3　音響であると同時に思想をあらわし論理的構造をもちつつ感情を動かすという音楽の矛盾が，音楽そのものを進化させてきたので，現代音楽にもその矛盾が凝縮されている。

4　豊富な情報をもった文化財である音楽を理解するためには，様々な学問分野を総合した研究が必要であり，音楽にとって子どもを問題にすることにも意味があるといえる。

5　絶対音感やリズムへの同期性などは，幼児期の特徴を考えなければ解決できないということを踏まえると，子どもにとって音楽とは何かを問題にする必要がある。

解説

出典：シリーズ 人間の発達11　梅本堯夫『子どもと音楽』

音楽理解のうえで子どもを問題にすることの意義について述べた文章。音楽はもともと豊富な情報を含んだ文化財であるため，それぞれの研究分野が独占して研究すべきものではなく，協力し補い合って研究を進める必要があると論じている。第２段落冒頭の「言い換えれば」に着目して主旨をつかめば，正答を見つけることができる。

1.「比較音楽学や民族音楽学の知識が現代音楽の理解に必要である」ことについては第１段落に言及があるが，それらの知識を幼児期に身につけさせる意義については，論じていない。

2.「美学や歴史学や音響学」と「心理学や人類学や社会学」とを対比している点が誤り。本文では，従来の前者だけではなく後者からも接近する方法が発達したという事実を取り上げて，「どの領域の研究であるというような区分け自体が無意味になりつつある」（第１段落）としており，それぞれの「分野が協力し」「補い合って研究」する必要がある（第２段落）と論じている。

3．音楽そのものの進化についての言及はない。「音響であると同時に思想をあらわし論理的構造をもちつつ感情を動かす」という点については第２段落で挙げているが，音楽自体が矛盾に満ちた内容を持っていることを指摘しているにすぎない。

4．妥当である。

5.「絶対音感やリズムへの同期性」などは，幼児期の特徴を考えなければ解決できない問題であるが（第３段落），本稿は，「子どもにとって音楽とは何か」という問題ではなく，「音楽にとって子どもを問題にするということ」の意義について論じたものである。

正答　4

文章理解　現代文（内容把握）　平成25年度

次の文の内容と合致するものとして最も妥当なのはどれか。

精神が何であるかは身体によって知られる。私は動きながら喜ぶことができる，喜びは私の運動を活潑にしさえするであろう。私は動きながら怒ることができる，怒は私の運動を激烈にしさえするであろう。しかるに感傷の場合，私は立ち停まる，少くとも静止に近い状態が私に必要であるように思われる。動き始めるや否や，感傷はやむか，もしくは他のものに変ってゆく。故に人を感傷から脱しさせようとするには，先ず彼を立たせ，彼に動くことを強要するのである。かくの如きことが感傷の心理的性質そのものを示している。日本人は特別に感傷的であるということが正しいとすれば，それは我々の久しい間の生活様式に関係があると考えられないであろうか。

感傷の場合，私は坐って眺めている，起ってそこまで動いてゆくのではない。いな，私はほんとには眺めてさえいないであろう。感傷は，何について感傷するにしても，結局自分自身に止（とど）まっているのであって，物の中に入ってゆかない。批評といい，懐疑というも，物の中に入ってゆかない限り，一個の感傷に過ぎぬ。真の批評は，真の懐疑は，物の中に入ってゆくのである。

感傷は愛，憎（にく）しみ，悲しみ，等，他の情念から区別されてそれと並ぶ情念の一つの種類ではない。むしろ感傷はあらゆる情念のとり得る一つの形式である。すべての情念は，最も粗野なものから最も知的なものに至るまで，感傷の形式において存在し乃至（ないし）作用することができる。愛も感傷となることができるし，憎しみも感傷となることができる。簡単にいうと，感傷は情念の一つの普遍的な形式である。それが何か実体のないもののように思われるのも，それが情念の一つの種類でなくて一つの存在様相であるためである。

感傷はすべての情念のいわば表面にある。かようなものとしてそれはすべての情念の入口であると共に出口である。先ず後の場合が注意される。ひとつの情念はその活動をやめるとき，感傷としてあとを引き，感傷として終る。泣くことが情念を鎮（しず）めることである理由もそこにある。泣くことは激しい情念の活動を感傷に変えるための手近な手段である。

1　喜びや怒などのあらゆる情念も感傷も，それを起こすためには立ち停まり，静止した状態が必要となる。

2　喜びや怒などのあらゆる情念の表面には感傷があり，すべての情念は感傷になることができる。

3　日本人が特別に感傷的であるとするならば，それは立ち停まり，深く物の中に入ってゆこうとする日本人のもつ生活様式に関係がある。

4　感傷は情念そのものではないが，情念が高じたとき感傷があらわれ，感傷を伴った情念はより強く活動する。

5　感傷は情念の一つの普遍的な形式であり，情念の中でも愛や悲しみといった高度なものは感傷に変化しやすい。

出典：三木清『人生論ノート』

感傷について論じた文章。感傷は，他の情念と並列されるものではなく，あらゆる情念の「表面」にあり，「静止」という様態を持つと指摘している。

1．喜びや怒りは，動きながらも生じうるものであり，「立ち停まり，静止した状態が必要となる」ものではない（第１段落）。感傷は，「他の情念から区別されてそれと並ぶ情念の一つの種類ではない」（第３段落）。

2．妥当である（第３，４段落）。

3．「日本人が特別に感傷的である」とすれば「日本人のもつ生活様式に関係がある」と考えられるという見解は示されている（第１段落）が，感傷は「物の中に入ってゆかない」（第２段落）のであるから，「深く物の中に入ってゆこうとする」生活様式とは結びつかない。

4．感傷は「すべての情念の入口であると共に出口」であり，「ひとつの情念はその活動をやめるとき，感傷としてあとを引き，感傷として終る」（第４段落）のであるから，「情念が高じたとき」に表れるのではなく，また「感傷を伴った情念はより強く活動する」のではない（第４段落）。

5．「感傷は情念の一つの普遍的な形式である」（第３段落）が，「愛や悲しみ」が「高度なもの」であるという言及はなく，「すべての情念は，最も粗野なものから最も知的なものに至るまで，感傷の形式において存在し乃至作用することができる」（第３段階）と論じられている。

正答　2

文章理解　現代文（空欄補充）　平成25年度

次の文の［　　　］に当てはまるものとして最も妥当なのはどれか。

イデオロギーは虚偽ですが，真実であると信じられている虚偽です。ただ，それが真実であると受け取られてしまう原因がある。つまり，イデオロギーの担い手の社会構造上の位置，階級的な位置に規定されて，それが真実に見えてしまうのです。イデオロギーを批判するには，その虚偽性を暴露して，それが当事者には真実に見えてしまう社会的な原因まで示してやればよい。つまり，古典的なイデオロギーまでの三つの虚偽意識に対しては，啓蒙の戦略にのっとった批判が有効です。

それに対して，シニシズムは，いわば一段前に進んだイデオロギーです。メタ的な視点にたったイデオロギーだと言ってもよい。シニシズムというのは，［　　　］虚偽意識なんです。啓蒙された虚偽意識だと言ってもよい。それは，「そんなこと嘘だとわかっているけれども，わざとそうしているんだよ」という態度をとるのです。こういう態度には，啓蒙の戦略にのっとった批判は効かない。啓蒙してやっても，はじめから，虚偽だとわかっているので意味がないのです。別に真実だと思って信じているわけではない。嘘だとわかっているけれども，そうしているのです。これがスローターダイクがいうところのシニシズムです。

こういうのは一体どういうことかというと，何かちょっと変だなと思ったりするかもしれないけれども，考えてみれば，僕らの世界の中にこのシニシズムというのは蔓延しています。典型的には，たとえば，広告，特に商品の広告がそうですね。商品の広告，ヒットする広告は，大抵ふざけているんです。つまり，「こんなの嘘だ」と書いてあるわけです。しかし，広告は一定の効果を上げるわけです。つまり，嘘であると送り手はもとより受け手側だってわかっているのに，それがまるで真であったかのような行動が喚起されるんです。

1　自己自身の虚偽性を自覚した
2　自己の虚偽性を隠した
3　自己の虚偽性を誇張した
4　イデオロギーを批判した
5　イデオロギーを排他的に認識した

解説

出典：大澤真幸『戦後の思想空間』

スローターダイクのいう「シニシズム」について解説した文章。「シニシズム」が，どのような虚偽意識であるのかを，文中から読み取って解く。空欄のある文は，「それに対して，シニシズムは，いわば一段前に進んだイデオロギーです。メタ的な視点にたったイデオロギーだと言ってもよい」とあり，後では，「啓蒙された虚偽意識だと言ってもよい。それは，」と説明が続いているから，第１段落で述べているイデオロギーよりも「一段前に進んだ」＝すでに「啓蒙された」虚偽意識ということになる。

第１段落のイデオロギーと対比し，その相違点を考えると，「イデオロギー」は，「真実だと信じられている虚偽」であり，それを批判するには「その虚偽性を暴露」してやるという，「啓蒙の戦略にのっとった批判」が有効であるのに対し，シニシズムは，「『そんなこと嘘だとわかっているけれども，わざとそうしているんだよ』という態度をとる」ため，「啓蒙の戦略（にのっとった批判）は効かない」「はじめから，虚偽だとわかっているので意味がない」「嘘だとわかっているけれども，そうしている」のである。したがって，シニシズムにおいて「イデオロギー」よりも一段前に進み，啓蒙されているのは，すでに虚偽性が自覚されているという点であるから，**1**の「自己自身の虚偽性を自覚した」が妥当である。**2**の「自己の虚偽性を隠した」は逆であるし，**3**の「自己の虚偽性を誇張した」とまではいえず，**4**の「イデオロギーを批判した」，**5**の「イデオロギーを排他的に認識した」は，シニシズムも「イデオロギー」の一つとして述べられているので誤り。

また，**2**については，第３段落で，シニシズムの例として取り上げられている広告について，「『こんなの嘘だ』と書いてある」「嘘であると送り手はもとより受け手側だってわかっている」と記されており，これらの点からも，自己の虚偽性を「隠した」ものとはいえない。

よって，正答は**1**である。

正答　1

国家一般職［大卒］ No. 72 教養試験

文章理解　現代文（文章整序）　平成25年度

次の［　　］と［　　］の文の間のA～Fを並べ替えて続けると意味の通った文章になるが，その順序として最も妥当なのはどれか。

> たとえば，狩猟や農耕は，大がかりなものになればなるほど，人間が一人で手がけられるものではなくなります。

A：このような事情によって，農耕に際しては，誰の意見によって物事を進めるのかが，大事なことになります。

B：農耕の場合，意見が優先される人々の基準は，「経験」や「年季」といったものでした。

C：日本を含め農耕を中心としてできあがった社会で，「亀の甲より年の功」という言葉に表されるように「年功序列」が強調されているのは，その「経験」や「年季」を備えているのが年長の人々であったからです。

D：その際，人々の中で意見が対立して種蒔き，除草，刈入れの時機を逸するならば，収穫できるものもできずに結果として飢餓が生じ，その社会の崩壊を招くことになります。

E：そして，文字の発明や筆記によって記録を残せるようになった後では，その記録を書いたり読んだりできることが，その社会で重きをなす条件になっていきます。

F：農耕に際しては，どのようなタイミングで種を蒔き，草を刈り，収穫するかが，何よりも大事になります。

> 記録を読めるということは，「他人の経験」を参照できるということです。自分だけの「経験」よりも，「他人の経験」の集積である記録を参照できるほうが，物事の的確な判断を裏づけることがあります。古今東西，学者と称される人々が相応の尊敬を集めたのは，そのような理由によります。

1　B→C→F→D→A→E
2　B→D→A→E→F→C
3　B→F→C→E→D→A
4　F→B→D→A→C→E
5　F→D→A→B→C→E

解説

出典：櫻田淳『国家の役割とは何か』

まず前後の文を確認すると，冒頭の文では「狩猟や農耕は，大がかりになればなるほど，人間が一人で手がけられるものではなくなります」と述べており，終わりに置かれている文章では「記録を読めるということ」について述べていることから，文章全体は，［一人ではできない⇒他人の経験を参照する］という展開になっていることがわかる。

選択肢を見ると，**1**～**3**はB，**4**・**5**はFが1番目に置かれているが，Bは「意見が優先される人々の基準」について述べており，冒頭の文からは飛躍がある。Fは農耕に際しての種蒔(ま)き・草刈り・収穫について述べており，同じ話題でつながるDを後に置くと，大がかりな農耕について述べていることがわかり，冒頭の文に続く内容になるから，**5**に注目することができる。

また，後半にくるものを考えると，〈添加〉の「そして」で始まっているEは「記録を残せるようになった後」について述べており，他の文に「記録」に関して取り上げているものはないことから，Eが最後に置かれている**1**，**4**，**5**に着目することができる。

これらの観点から［F→D］で始まりEで終わる**5**に注目し，間の［A→B→C］を確認すると，「このような事情によって，……誰の意見によって物事を進めるのかが，大事なことになります」と述べているAは，Dの「人々の中で意見が対立して」しまうと「飢餓が生じ，その社会の崩壊を招く」という問題を受けた内容となっている。また，Aを受けたBでは「経験」や「年季」が取り上げられており，Cにつながる。さらに，CからEへの「そして，……記録を残せるようになった後では，……」という展開にも不自然な点がない。

以上より，妥当な順序はF→D→A→B→C→Eであり，正答は**5**である。

正答　5

国家一般職［大卒］ 教養試験

No. 73 文章理解 英文（内容把握） 平成25年度

次の文の内容と合致するものとして最も妥当なのはどれか。

Gratitude works. Feelings of gratitude enhance well-being and deepen one's sense of meaning. That's why Martin Seligman advocates "the gratitude visit." It works like this: You think of a person in your life who has been kind or generous to you but whom you've never properly thanked. You write a detailed "gratitude letter" to that person, explaining in concrete terms why you're grateful. Then you visit that person and read the letter aloud. According to Seligman, the ritual is quite powerful. "Everyone cries when you do a gratitude visit. It's very moving for both people."

Seligman's research, as well as the work of the growing ranks of scholars who study positive psychology, suggests that gratitude is a key component of personal happiness. People who are grateful about specific things in their past, who dwell on the sweet triumphs instead of the bitter disappointments, tend to be more satisfied about the present. The gratitude visit, Seligman says, can be an effective way to "increase the intensity, duration and frequency of positive memory."

One reason to give the gratitude visit a try is that it can generate a momentum of its own. Those who are thanked often then start to consider who in their lives they never thanked. So they make their own pilgrimage, as eventually do the recipients of their thanks, resulting in a daisy chain of gratitude and contentment.

Two variations on this theme are the birthday gratitude list and the gratitude one-a-day. The birthday gratitude list is simple. Once a year, on your birthday, make a list of the things for which you're grateful — with the number of items equaling the number of years you're turning that day. Your list will grow by one each year — the theory being that the older you get, the more you have to be thankful for. Keep your lists and review them each birthday. It will bring a sense of satisfaction that can soothe* the anxiety of time's passage. The gratitude one-a-day is a way to weave thankfulness into your daily routine. Each day, at a certain moment, think of one thing for which you're grateful. Some people do this when they're about to go to sleep. Others do it to accompany some existing routine — when they drink a cup of coffee in the morning, when they make their bed, when they take their first step outside.

（注） ＊soothe：和らげる

1 Seligmanの調査結果は，心理学の分野における他の研究者の調査結果とは違っていた。

2 あなたからの感謝の手紙を受け取った人は，あなたのことを一生忘れないだろう。

3 感謝の訪問を受けた人たちは，たいてい，今まで誰に対して感謝の気持ちを伝えていないかを考え始める。

4 誕生日の感謝リストをプレゼントされた人は，年齢を重ねることへの不安を和らげることができる。

5 感謝の気持ちを日常生活に一つ盛り込むことによって，いろいろな人に感謝すべきだったことに気付くようになる。

解説

出典：Daniel H. Pink, “A WHOLE NEW MIND”

全訳〈感謝の気持ちを表すことは効果がある。感謝の念を感じることで心の安らぎは増し，自己の存在意義に対する感覚は深まる。そのことから，マーティン=セリグマン氏は「感謝の訪問」という考えを唱えている。その方法は次のようなものだ。あなたは，あなたの人生の中で自分に優しく親切にしてくれた人で，あなたが今まできちんと感謝の気持ちを表していなかった人を思い浮かべる。あなたはその人に，詳細に及ぶ「感謝の手紙」を書き，なぜ感謝しているのかをはっきりとした言葉で説明する。それからあなたはその人を訪問し，手紙を声に出して読み上げるのだ。セリグマン氏によると，この儀式はかなり強力だ。「あなたが感謝の訪問を実行すると，誰もが涙を流します。双方にとって，とても心を揺さぶられることなのです」。

セリグマン氏の調査が示していることは，ポジティヴ心理学を研究する新進気鋭の学者たちの調査結果と同様，感謝は人が幸福を感じる重要な要素であるということだ。過去の特定の出来事をありがたいと思う人，苦い失望よりも甘い成功体験にひたる人は，現状により満足している傾向がある。感謝の訪問は，「肯定的な記憶をよりしっかりと，長期にわたって根付かせ，呼び起こす頻度を高める」ための効果的な方法として使えるだろう，とセリグマン氏は語る。

感謝の訪問を実行してみる一つの理由は，その行為自体に他を動かせる力が備わっているということだ。感謝された人はしばしばその後，自分自身が人生の中で一度も感謝の気持ちを表していなかった人は誰だろうと考え始める。そこで彼らは自分たちの巡礼の旅を行い，彼らの感謝を受け取った人もゆくゆくは同じことを行い，結果としてヒナギクの花輪のように感謝と満足の輪が連鎖していくことになる。

これとテーマが同じ2つのバリエーションに，誕生日の感謝リストと，1日1感謝がある。誕生日の感謝リストは単純だ。1年に1度，あなたの誕生日に，あなたが感謝しているものごとのリストを作るのだ。リストの項目数は，あなたがその日になる年齢の数と同数とする。あなたのリストは毎年1項目ぶんずつ長くなる。あなたが年をとればとるほど，感謝しなければならないものごとが増えるというのがミソだ。毎年作ったリストは取っておき，誕生日ごとに読み返すようにする。そうすることで，年齢を重ねることへの不安を和らげてくれるような，ある種の満足感がもたらされるだろう。1日1感謝は，感謝するという行為をあなたの日課に組み入れてしまう方法だ。毎日，ある一定の時間に，あなたが感謝しているものごとを1つ思い浮かべるのだ。なかには，これから寝ようとするときにこれをする人もいる。また，朝に1杯のコーヒーを飲むとき，ベッドを整えるとき，あるいはその日初めて外へ出るときなど，いつも行っている何かの日課とともに行う人もいる〉

1．セリグマン氏の調査結果は，ポジティヴ心理学の研究者たちの調査結果と同様であったと述べられている。

2．「感謝の手紙」に関しては，それを相手に送る，あるいは渡すとは述べられておらず，「感謝の訪問」の際に持参して，相手の前で読み上げるためのものであることが述べられている。また，「あなたのことを一生忘れないだろう」といった記述はない。

3．妥当である。

4．「誕生日の感謝リスト」に関しては，それを誰かにプレゼントするとは述べられておらず，自分自身のために作成するものであることが述べられている。

5．毎日決まった時間に，自分が感謝しているものごとを1つ思い浮かべることを習慣にする方法については述べられているが，それによって「いろいろな人に感謝すべきだったことに気づくようになる」とは述べられていない。最初の3段落の中には，「感謝の訪問」に関して，訪問を受けた人が自分もしかるべき人に感謝を示そうと思うようになるという記述があるが，第4段落の「誕生日の感謝リスト」と「1日1感謝」については，あくまでも対象は「ものごと」であり，感謝の対象を思い浮かべることで満足感がもたらされるというのが主旨である。

正答 3

国家一般職[大卒] No. 74 教養試験

文章理解 英文（内容把握） 平成25年度

次の文の内容と合致するものとして最も妥当なのはどれか。

The oceans have risen and fallen throughout Earth's history, following the planet's natural temperature cycles. Twenty thousand years ago, what is now New York City was at the edge of a giant ice sheet, and the sea was roughly 400 feet lower. But as the last ice age thawed, the sea rose to where it is today.

Now we are in a new warming phase, and the oceans are rising again after thousands of years of stability. As scientists who study sea level change and storm surge, we fear that Hurricane Sandy gave only a modest preview of the dangers to come, as we continue to power our global economy by burning fuels that pollute the air with heat-trapping gases.

This past summer, a disconcerting new scientific study by the climate scientist Michiel Schaeffer and colleagues suggested that no matter how quickly we cut this pollution, we are unlikely to keep the seas from climbing less than five feet.

More than six million Americans live on land less than five feet above the local high tide. Worse, rising seas raise the launching pad for storm surge, the thick wall of water that the wind can drive ahead of a storm. In a world with oceans that are five feet higher, our calculations show that New York City would average one flood as high as Hurricane Sandy's about every 15 years, even without accounting for the stronger storms and bigger surges that are likely to result from warming.

Floods reaching five feet above the current high tide line will become increasingly common along the nation's coastlines well before the seas climb by five feet. Over the last century, the nearly eight-inch rise of the world's seas has already doubled the chance of "once in a century" floods for many seaside communities.

We hope that with enough time, most of our great coastal cities and regions will be able to prepare for a five-foot increase. Some will not. Barriers that might work in Manhattan would be futile in South Florida, where water would pass underneath them by pushing through porous bedrock.

1 地球の温度変化に応じて海面水位は変動しており，２万年前には，現在のニューヨーク市がある場所は海の中にあった。

2 海面水位の上昇はハリケーンの発生頻度を増大させ，将来的には全米で毎年600万人以上の人たちが影響を受けるという研究結果が最近発表された。

3 海面水位の上昇は，過去数千年かけて８インチ程度であったが，ここ100年間でみると海面水位は大幅に上昇した。

4 海面水位が５フィート上昇するよりも先に，現在の満潮線より５フィート上にまで達する洪水が米国の海岸線に沿ってますますよく起こるようになる。

5 今後の海面水位の上昇に備えて，マンハッタンや南部フロリダにおいては，浸水被害を防ぐために強固な防護壁を設けることが効果的であるとされている。

解説

出典：BENJAMIN STRAUSS, ROBERT KOPP, "Rising Seas, Vanishing Coastlines" NY Times (November 24, 2012)

全訳〈地球の歴史を通じて，海面は地球の自然の気温サイクルに従って上昇したり下降したりしてきた。2万年前，現在のニューヨーク市は巨大な氷床の周辺部にあり，海面はおよそ400フィート低い所にあった。だが最後の氷河期の氷が溶けると，海面は上昇し現在の高さになった。

現在，私たちは新たな温暖化の局面にあり，海面は過去数千年の安定期を経て再び上昇しつつある。海面水位の変化と高潮を研究する科学者として私たちが危惧するのは，私たちが温室効果ガスで空気を汚すような燃料を燃やすことで世界経済にエネルギーを供給し続けている現在，ハリケーン・サンディーがもたらしたものはこれからやって来る危機のほんのちょっとした序章にすぎないのではないかということだ。

この夏，気象学者のミヒエル=シェーファー氏とその同僚たちによる，人を不安にさせるような新たな学術研究が示された。それによると，私たちがこの汚染をどれだけ迅速に減らしても，海面の上昇を5フィート未満には抑えられない可能性が高いというのだ。

600万人を超えるアメリカ人が，現地の満潮時の水位よりも5フィート未満の高さの土地に住んでいる。さらに悪いことに，嵐の際にその先駆けとして，風が高潮と呼ばれる分厚い水の壁を巻き起こすことがあるが，海面の上昇は高潮が巻き上がる地点も上昇させるのだ。海面が今より5フィート上昇した世界では，私たちの試算結果によると，ニューヨーク市は平均するとおよそ15年に1度，ハリケーン・サンディー級の高さの洪水に見舞われることになるだろう。しかもこれは，温暖化の結果として今以上に強力な嵐や大規模の高潮が起こる可能性を差し引いての数字である。

現在の満潮線よりも5フィートの高さまで達する洪水は，海面が実際に5フィート上昇するかなり以前から，この国の沿岸部でますますよく起こるようになるだろう。前世紀の間，世界の海面が8インチ近く上昇したことにより，多くの海沿いの地域で「100年に1度」の洪水が起こる確率がすでに倍増している。

私たちは，十分な時間の余裕があれば，わが国のほとんどの沿岸の大都市および地域で5フィートの上昇への対策が可能であることを願っている。なかには対策が不可能な所もあるだろう。マンハッタンでは役に立つかもしれない防護壁も，水が多孔質の岩盤を通り抜けることで防護壁の下を通過してしまうような南部フロリダでは，徒労に終わるだろう〉

1．前半部分については正しいが，現在のニューヨーク市がある場所は，2万年前には巨大な氷床の周辺部にあったと述べられている。

2．最近発表された研究結果については，温暖化によって海面水位は今後少なくとも5フィート上昇する可能性が高いという内容が述べられている。ハリケーンの発生頻度の増大や，将来的な影響については別段落で触れているが，これらは科学者である筆者の主張であり，最近発表された研究結果との関係性は明らかではない。また，600万人を超えるアメリカ人が，現地の満潮時の水位よりも5フィート未満の高さの土地に住んでいることが述べられており，彼らが将来的にハリケーンなどの影響を受けやすいということは本文の主旨に合致しているが，「全米で毎年600万人以上の人が影響を受ける」という記述はない。述べられているのは，「ニューヨーク市は平均するとおよそ15年に1度，ハリケーン・サンディー級の高さの洪水に見舞われることになるだろう」という試算結果である。

3．海面水位の上昇については，「過去数千年の安定期を経て上昇しつつある」「前世紀の間，世界の海面が8インチ近く上昇した」と述べられている。つまり，過去数千年の間はほぼ水位が一定し，ここ100年間で8インチ程度上昇したことがわかる。

4．妥当である。

5．防護壁については，マンハッタンでは効果的かもしれないが，南部フロリダは岩盤が多孔質，すなわち小穴が多く水が通り抜けやすい土地であるため，防護壁が意味をなさないだろうと述べられている。

正答 4

国家一般職［大卒］ 教養試験

No. 75 文章理解 英文（内容把握） 平成25年度

次の文の内容と合致するものとして最も妥当なのはどれか。

When Roald Amundsen's ship, the Fram, left Norway on Aug. 9, 1910, it carried, in Amundsen's words, "nineteen men, ninety-seven dogs, four pigs, six carrier pigeons, and one canary." The ship was nearly 20 years old, and the expedition leader, Amundsen, was 38. He was already a formidable polar explorer, but this voyage to Antarctica and the South Pole made him one of the greatest explorers who ever lived.

On Dec. 14, 1911, Amundsen and the four members of his team reached the South Pole. "That day," he wrote, "was a beautiful one," and at 3 o'clock in the afternoon they planted the flag of Norway, each man with one hand on the flagpole. Like so many other days on that polar journey, that day was "like a pleasure trip," as Amundsen later reported. The weather was good, but even better was the planning. The Norwegians were born skiers, excellent dog handlers and skilled navigators. They proceeded across the ice exactly as they had done across the ocean, fixing their location again and again by dead reckoning*1 and with sextants*2. They also left innumerable cairns and markers to guide them on their return.

In his book, "The South Pole," Amundsen makes none of this sound heroic. He admired the English for their "pluck and grit*3," but what you feel in reading his account is joy and adventure. Even now, Amundsen is too little admired, mainly because his straightforward success was eclipsed by what a member of Robert Falcon Scott's expedition called the "first-rate tragedy" of Scott's polar push, which ended in the deaths of Scott and his four-man team.

On Dec. 14, Amundsen was at the pole, writing a letter to Scott wishing him a safe return. Scott was 34 days behind him, on a different route. Scott's journal for that day reads, "We are just starting our march with no very hopeful outlook."

（注）＊1 dead reckoning：推測航法
＊2 sextants：6分儀
＊3 pluck and grit：勇気と気骨

1 Amundsenは無名の探検家であったが，南極点の到達に成功したことで脚光を浴び，探検家としての高い評価を得ることとなった。

2 Amundsenの一行が使用した船は最新のものではなく，スキーなどの装備も十分ではなかったため，ノルウェーを出発してから南極点に到達するまでに2年以上を要した。

3 Amundsenと同じルートをたどって南極点に到達したScottは，到達の成功を祝福するAmundsenからの手紙を発見した。

4 Amundsenは自著の中で，南極点への到達を目指した探検は，成功の見込みもなく苦難に満ちたものだったが，成功した時には英雄気分を味わったと述べた。

5 Amundsenの一行は，熟練した航海者であり，海洋を横断するときと同様に自分たちの位置を確認しながら氷上を前進し，また，復路の道しるべとなる多くのものを残しておいた。

出典："Amundsen at the South Pole" NY Times (December 12, 2011)

全訳〈1910年8月9日，ロアルド=アムンゼン率いるフラム号がノルウェーを出発したとき，その船には，アムンゼンの言葉によると「19人の人間と，97匹の犬と，4頭の豚，6羽の伝書バト，そして1羽のカナリア」が乗り込んでいた。船は建造から20年近く経ったものであり，探検隊長のアムンゼンは38歳だった。彼はすでにつわものの極地探検家であったが，南極大陸を踏破して南極点まで達する今回の旅は，彼を史上最も偉大な探検家の一人と数えられるまでにした。

1911年12月14日，アムンゼンと4人の隊員は南極点に到達した。「その日はきれいに晴れた日だった」と彼は書いている。そして午後3時，彼らはノルウェーの国旗を立て，各人が旗竿(はたざお)に手を添えた。その極地探検の行程における他の日々と同様，その日も「ちょっとした行楽のようなものだった」とアムンゼンは後に報告している。天気もよかったが，さらによかったのは計画の立案だった。ノルウェー人は物心ついたときからスキーを乗りこなし，犬の扱いにたけ，また航海の才能もある。彼らは氷の上を，海を渡るときとまったく同様に，推測航法と六分儀を使って何度も位置を定めながら進んだ。彼らはまた，復路の道しるべになるように，数えきれないほどのケルン（石塚）や目印を残した。

自著『南極』の中で，アムンゼンはこの功績をまったく英雄ぶることなくつづっている。彼はイングランド人を「その勇気と気骨」から賞賛しているが，彼の報告を読んで感じられるのは，むしろ歓喜や冒険といったものだ。現在なおアムンゼンはあまりに過小評価されているが，その理由は彼が順調に成功を収めたために，それと対比されるロバート=ファルコン=スコットの南極行軍が，彼の探検隊の一人が「第一級の悲劇」と呼んだごとく，スコットと4人の隊員の死という結果に終わったことによって覆い隠されてしまったことが大きい。

12月14日，アムンゼンは南極点に到達し，スコットに無事の帰還を望む手紙を書いている。スコットは彼に遅れること34日，異なるルートを通って南極点に到達した。スコットのその日の日記には「われわれは，非常に明るいとは言えぬ見通しの中，これから行軍に取りかかる」と書かれている〉

1. アムンゼンについては，南極点に到達する前からすでにつわものの極地探検家であったと述べられている。

2. アムンゼンが使用した船は建造から20年近く経っていたと述べられていることから，最新のものではなかったことは正しいが，装備が十分でなかったとは述べられていない。また，ノルウェーを出発したのが1910年8月9日，南極点に到達したのが1911年12月14日であり，2年以上を要したというのも誤り。

3. スコットについては，アムンゼンとは異なるルートを通ったと述べられている。手紙については，アムンゼンが南極点で，スコットに無事の帰還を望む手紙を書いたと述べられているが，後から到着したスコットがその手紙を発見したとの記述はない。

4. アムンゼンは自著の中で，自分の功績をまったく英雄ぶることなくつづっていると述べられている。また，彼の報告を読んで感じられるのは，歓喜や冒険といったものだと述べられており，「成功の見込みもなく苦難に満ちたもの」というのは，むしろアムンゼンではなくスコットの南極探検に当てはまる記述である。

5. 妥当である。

正答　5

国家一般職［大卒］ No. 76 教養試験

文章理解　英文（文章整序）　平成25年度

次の［　　］と［　　］の文の間のア～オを並べ替えて続けると意味の通った文章になるが，その順序として最も妥当なのはどれか。

> More than one hundred thousand international students will spend this summer working and traveling in the United States.

ア：Also, the majority of their work hours cannot fall between ten at night and six in the morning. The students are also barred from jobs in workplaces that the federal Labor Department says are unsafe. More jobs will be banned in the fall. These include most construction, manufacturing and food processing jobs.

イ：The students complained about having to lift heavy boxes and to work overnight. They and other workers protested conditions at the plant in Palmyra, Pennsylvania. The students also complained about being underpaid as a result of deductions from their earnings.

ウ：They are participating in the Summer Work Travel program through the State Department. They receive J-1 exchange visitor visas. The idea is for students to work for up to three months and earn enough money to then spend a month traveling before they return home. The Summer Work Travel program has existed for years. This year there are some changes. The State Department recently amended the employment rules.

エ：These changes follow a strike last summer by foreign students working at a distribution center for ABC company. The State Department said the students were put to work for long hours in jobs that provided little or no contact with the outside world.

オ：Some of their pay had to go to subcontractors involved in the operations. The State Department has now banned the use of Summer Work Travel students in warehouses or packaging plants.

> Summer Work Travel students will also not be allowed to work in most mining and agricultural jobs.

1　イ→エ→ウ→オ→ア
2　イ→オ→エ→ウ→ア
3　ウ→イ→オ→エ→ア
4　ウ→エ→ア→オ→イ
5　ウ→エ→イ→オ→ア

解説

出典：“New Rules on US Summer Jobs For Foreign Students” VOA News (September 26, 2012)

全訳〈アメリカではこの夏，10万人を超える留学生が仕事と旅行をして過ごす。

ウ：彼らは国務省を通じて行われる夏期勤労旅行プログラムに参加していて，彼らには交換留学生ビザが交付される。このプログラムの発想は，学生たちが最長３か月間働いて，その後の帰国前の１か月を旅行に費やすためのお金を稼ぐというものだ。夏期勤労旅行プログラムは何年も前から存在しているが，今年はいくつか変更点がある。国務省が最近，雇用ルールを改正したのだ。

エ：今回の改正は，昨年の夏に ABC 社の流通センターで働いていた留学生が起こしたストライキを受けてなされた。国務省によると，学生たちは外の世界とほとんどあるいはまったく接触のない職場で長時間労働を強いられたとのことだった。

イ：学生たちは，重い箱を運んで夜通し働かなければならないことに苦情を言い，それに他の労働者たちも加わって，ペンシルバニア州のパルミラ工場における労働条件に対して抗議の意思を示したのだ。学生たちはまた，賃金からいろいろ差し引かれた結果，給料が過少支払いになっている点についても苦情を言った。

オ：彼らの給与の一部は，その業務に関わっている下請業者に支払われる決まりになっていたのだった。国務省は現在では，夏期勤労旅行プログラムの学生を倉庫や梱包工場で使用することを禁じている。

ア：また，彼らの労働時間の大部分は，夜10時から朝６時の間にかかることがあってはならないと定められた。さらに，連邦労働省が安全ではないとする職場環境で学生を職に就かせることは禁じられた。この秋には禁止対象の職場がさらに増える予定だ。その中には，大多数の建設，製造および食品加工の職場が含まれる。

夏期勤労旅行プログラムの学生はまた，大多数の採鉱および農業の職場で働くことも認められなくなるだろう〉

選択肢を見ると，イかウのいずれかで始まっている。冒頭の囲みの文で「10万人を超える留学生」が話題として提示されており，イの The students，ウの They ともに，この学生たちを受けていると考えられるが，ウの文章の内容が冒頭の文の具体的な説明としてスムーズにつながるのに対し，イは「学生たちが職場の状況に苦情を述べた」という内容になっており，これを冒頭の文に続けると唐突な印象になる。したがって，まず**1**と**2**が正答の候補から外れる。残った選択肢から，ウの後にはイかエが続くことになるが，エの These changes が，ウの最後の２文の内容「ルールの変更」を説明するものとしてうまくつながるのに対し，イの内容はやはり唐突な感じになる。したがって**3**も正答にならない。残るのは**4**と**5**だが，エで述べられた「ルールの変更の原因」，つまり昨年の夏に勤労留学生たちが起こしたストライキについて，その実情を説明したものとしてイの内容がうまくつながり，さらにオにもスムーズにつながる。アは Also で始まっているが，これはオで述べた，連邦労働省が新たに禁じた内容を追加的に述べたものであり，オの後に続けるものとしてふさわしい。一方，**4**のようにエの後にアを続けると，「学生たちが長時間労働を強いられた」という事実と，「学生たちが過酷な労働から保護される」という内容が Also で結ばれることになり，不自然である。したがって**4**も正答にならない。

よって，正答は**5**である。

正答　5

文章理解
判断推理
数的推理
資料解釈
時事
物理
化学
生物
地学

国家一般職［大卒］ No. 77 教養試験

文章理解　英文（空欄補充）　平成25年度

次の文のア，イに当てはまるものの組合せとして最も妥当なのはどれか。

You know the scene: high season, and today the famous historic site is drawing visitors by the hundreds, maybe thousands. Tourists trail after guides holding aloft their colourful umbrellas like so many homing beacons. You hear rote explanations about kings, battles, artists and architecture delivered in English, Japanese, French, Italian, Arabic. In some not-too-distant parking lot, ranks of tour buses slumber in the sun.

A minister of tourism might look at such a scene and smile : ［ア］. Preservationists might look at the scene and fret*: can the site withstand all this traffic? Many residents simply avoid the area, while other more entrepreneurial types rush in to capitalize on the crowds with wares in hand or scams in mind. And many affluent and educated visitors take one look and hasten elsewhere. Too touristy!

How to handle all this? Back when the World Heritage Convention was conceived in the early 1970s, the impact of tourism was not really on the founders' minds. They were focused on protecting sites of 'outstanding universal value' to humanity.

Since then, humanity has grown — a lot. We are more numerous and more affluent, and we want to see these places. Tourism's unanticipated growth confronts World Heritage Sites with both ［イ］. When the Convention was signed, annual international arrivals worldwide totalled about 180 million. Now five times that volume of traffic moves around the globe, and that is only a fraction compared with domestic tourism, which has soared recently in countries with fast-growing middle classes such as China, Mexico, India and Brazil...

（注） *fret：悩む

	ア	イ
1	business is good	money and employment
2	business is good	opportunity and stress
3	good explanations	money and employment
4	good explanations	pollution and conflict
5	how colourful	pollution and conflict

解説

出典："Tourism's unanticipated growth confronts World Heritage sites with both opportunity and stress." (World Heritage No.58, UNESCO)

全訳〈今ではおなじみの光景だろう。観光シーズンの真っ盛り，その有名な史跡には今日では何百，あるいは何千という観光客が訪れている。観光客は，あちらこちらで色とりどりの傘を誘導標識のように高く掲げたガイドたちの後をついて回る。王や戦争，芸術家や建築物についての丸暗記されたような説明が，英語，日本語，フランス語，イタリア語，アラビア語で話されるのが聞こえてくる。そこからさほど離れていない駐車場では，ツアーバスの列が太陽の下でまどろんでいる。

観光担当の大臣なら，そのような光景を見てほほ笑むかもしれない。ア事業はうまくいっている，と。環境保護論者なら，その光景を見て思い悩むかもしれない。こんなにたくさん人や車が往来して，史跡が無事に保たれるだろうか，と。土地の多くの住民はただ単にこの地域を避け，一方で他の成り上がりタイプの人間はその場に駆けつけ，手に売り物を持ったり頭で一計を案じたりして，群衆を相手に一もうけたくらむだろう。そして多くの裕福で教養のある訪問者たちは，ひととおり見ると別の場所へと急ぐ。いかにも観光スポットにありがちだ！

こういったことにどう対処したらよいだろうか。かつて1970年代に世界遺産条約が考え出されたとき，観光業のもたらす影響のことは条約の創設者たちの頭にはあまりなかった。彼らは，人類にとって「傑出した普遍的価値を持つ」遺跡を保護することに専念していた。

それ以来，人類は成長を遂げた。ずいぶんと。私たちはより人口を増やし，より裕福になり，そしてこういった場所を見たがるようになっている。観光業の予期せぬ成長によって，各地の世界遺産の遺跡は$_{イ}$好機と重圧の両方に直面している。条約が締結された当時，世界全体での年間の外国からの訪問者数は総計約1億8,000万人だった。現在ではその5倍の人の流れが世界中を駆け巡っている。しかもこれは国内観光に比べればほんのわずかな数にすぎない。中国，メキシコ，インド，ブラジルのような中産階級が急速に成長している国では，国内の観光者数が近年うなぎ登りに増えているのだ〉

空所アの直前にある「：」（コロン）は，「つまり，すなわち」のような意味で，前で述べたことの具体的内容を表すときに用いられる。ここでは選択肢から，前文の主語であるA minister of tourism「観光担当の大臣」の発言内容，もしくは心の中で思った内容が入ることがわかる。選択肢の意味はそれぞれ，business is good「事業はうまくいっている」，good explanations「いい説明だ」，how colourful「実に色とりどりだね」。前段落では，観光客でにぎわう有名な史跡の光景が描写されている。その中にcolourful umbrellasという表現は出てくるが，全体の描写の一つの断片にすぎず，この部分を受けて「実に色とりどりだね」というのは本題から外れている。空所に続く文で，「環境保護論者なら，その光景を見て思い悩むかもしれない」と述べられていることから，空所には，それと対照を成す観光担当の大臣の発言として「事業はうまくいっている」が適切である。「いい説明だ」は，第1段落の内容を筆者が観光担当大臣に対して説明したわけではないので，何をさして言っているのかわからず不適切。

空所イを含む文は，「観光業の予期せぬ成長は，各地の世界遺産の遺跡を［　イ　］の両方に直面させている」という意味。confront A with Bで「AをBに直面させる」，また空所直前のbothはboth A and Bで「AとBの両方」という意味になるので，観光客が増えたことで世界遺産が直面している2つのことは何かを考える。選択肢の意味はそれぞれ，money and employment「お金と雇用」，opportunity and stress「好機と重圧」，pollution and conflict「汚染と対立」。空所が含まれる段落全体では，世界遺産条約が締結されて以来，現在までに世界各地の遺産登録地で観光客が大幅に増加していることが述べられている。観光客の訪問滞在で「お金」がもたらされたり，あるいは遺跡保存の費用がかかるといったことは考えられるが，それらについての具体的な記述はなく，また「雇用」についても記述がないので，「お金と雇用」は不適切。また，「対立」については，前述の観光担当大臣と環境保護論者の感覚の違いを対立と見ることはできるが，「汚染」については具体的な記述がないので「汚染と対立」も不適切。残る「好機と重圧」も抽象的ではあるが，「好機」は観光地として人気スポットになるチャンス，「重圧」は環境保護論者の懸念に見られるような，観光客の殺到によって世界遺産が劣化したりトラブルが発生することへの心配と考えれば文脈に合うし，both A and BのA，Bが対照的な語になることで，他の選択肢と比べて論点のはっきりした文になる。

よって，ア＝business is good，イ＝opportunity and stressとなり，正答は**2**である。

正答　2

国家一般職 [大卒] No. 78 教養試験

文章理解　現代文（内容把握）　平成24年度

次の文の内容と合致するものとして最も妥当なのはどれか。

教育をめぐる議論は常に混迷している。なぜなら，教育とは何かについての，基本的な合意がないからだ。しかし，私たちの先人は，教育が何であるかについて明確な考えを持っていた。それは教育は「型」であるということだ。先生のすることを真似，型を身につける，その上での工夫を奨励するのが教育だと誰もが分かっていた。しかも，日本人は，それを自由の中で行っていた。型は，自ら選んで身につけるものだった。

江戸の庶民の芸事から四書五経の講読，剣術の稽古まで，藩公認の流派はあったが，多くの人々が様々な流派の型を自ら選んで身につけていた。教育を受けることの実用的価値も，学ぶこと自体の喜びも，人々に理解されていた。読み書き算盤は庶民がより良い生活をするためにも，下級武士が藩内の実務家として登用されるためにも必要なものだと認識されていた。

学ぶこと自体の喜びを，日本人はすでに理解していた。和算や蘭学が人々を引き付けたのは，学ぶこと自体の喜びを日本人が認識していたからだ。もちろん，幕末には蘭学が実学としての地位を高めた。自由の中で，教育は実用と喜びを与えるものとして存在していた。

現在，多くの人々が，教育は個性や特性を伸ばすものだと議論するようになっている。しかし，今日，江戸時代とは異なり，人々が教育を選択する自由が制約されている。自由に選択できるからこそ，人々は喜んで「型」を身につけようとした。しかし，国家が教育を統制し，人々の選択が困難になるにつれて，教育は個性と特性を伸ばすものだと言われるようになった。自由な人々は型の重要性を理解するが，不自由な人々は型を嫌うようになる。

個性や才能とは，型を突き抜けたところにしかありえない。文化とは，型と型から抜きん出る力との葛藤だ。日本の伝統文化は，常にそのことを意識してきた。

1　現代は，教育とは何かについての基本的な合意がないが，江戸時代の人々は，教育は型であるという明確な考えを持ち，幕府や諸藩の指示の下に，型を学んで身につけることを実践していた。

2　江戸時代の人々は，庶民がより良い生活をするためにも，下級武士が藩内の実務家として登用されるためにも学問が必要なものだと認識していたが，下級武士が登用されるためには，藩公認の流派の学問を学ぶ必要があった。

3　実学として始まった蘭学は，幕末になると，日本人が学ぶこと自体の喜びを理解し，認識するようになり，多くの人々を引き付けるようになった。

4　現在では，教育は個性と特性を伸ばすものだと言われるようになっているが，人々が教育を選択する自由は江戸時代と異なり制約されており，人々は型を嫌うようになっている。

5　教育において型を重視することは，最終的には繰り返しと創造性の欠如によって個性や才能の伸長を阻害することになるので，伝統文化の発展にとって望ましいことではない。

解説

出典：原田泰『なぜ日本経済はうまくいかないのか』

教育における「型」の重要性を指摘する文章。江戸時代には，人々は自ら選んで型を身につけたが，近代国家の下で，人々の選択の自由が失われるにつれ，「型」の重要性が見失われていったと論じている。第４段落で取り上げている問題点と，第５段落の「文化」への言及をとらえて，解答したい。

1．「幕府や諸藩の指示の下に」が誤り。自ら自由に選択していたのである（第１～２段落）。

2．後段が誤り。「藩公認の流派はあったが，多くの人々が様々な流派の型を自ら選んで身につけていた」（第２段落第１文）とあり，「下級武士が登用されるためには，藩公認の流派の学問を学ぶ必要があった」という言及はない。

3．日本人が「学ぶこと自体の喜び」をすでに理解し，認識していたから，幕末に蘭学が実学としての地位を高めたのであり（第３段落），幕末になってから「理解し，認識するように」なったのではない。

4．妥当である。第４段落に記されている内容である。

5．本文の最終段落で，筆者は「個性や才能とは，型を突き抜けたところにしかありえない。文化とは，型と型から抜きん出る力との葛藤だ」と述べており，教育において型を重視することは，最終的に「個性や才能の伸長を阻害する」ことにはならず，伝統文化の発展にとっても必要なものと見ているのである。

正答　4

No. 79 文章理解 現代文（内容把握） 平成24年度

次の文の内容と合致するものとして最も妥当なのはどれか。

厚生労働白書によると，日本の子供の生活パタンは，だんだん夜型に移行している。その親にあたる世代の生活においても，同様に夜型への移行が進んでいるものと考えられる。そのような生活パタンの「夜型への移行」と呼応するように，日本中の多くの場所で24時間営業のコンビニエンスストアが増えている。

いつまでも変わりなく均質的な時間の続く状態とは，身体的制約を免れた，抽象化された理想的状態でしかない。そのような時間を生きる存在とは「天上の存在」，身体的制約をもつ私たちには決して触れることのできない彼岸的存在といってもよいだろう。

私たち自身は時間的に有限であり，永遠に続く時間を生きているわけではない。時間を均一的なものとしてみようとする欲求は，もしかしたら，私たち自身の時間的制約（つまりは死）から目をそらそうとする根本的な自我防衛機制（もともと精神分析の用語で，不都合な事実の認知を避けたり，無意識的に抑圧したりすることによって，不快な感情を緩和して心的安定を得て自我を防衛しようとする心の働き）に基づいているのかもしれない。

とはいえ，誰もが死から免れることはできない。おそらく，豊かな時間を得るためには，私たちはこの現実から時間を見直す必要があるのだろう。そこには周期的，季節的な時間と，一生のうちで一度しかない一期一会的な時間とが流れている。いつでもあり得るような均質化された「いま」ではなく，今しかあり得ない「いま」が常にあることになる。

時間を均質化し，特異点をなくしていく生活パタンが，この一期一会の時間性を見失わせることにつながっているとしたら，時間との対峙（たいじ）や生活設計において，方針を間違えることになってしまうかもしれない。また，本来は今しかないこのときを，いつもと同じ「いま」とみてしまうことによって，今しかできないことを見落とすことになってしまうかもしれない。

1 24時間営業のコンビニエンスストアが増えてきたことで，人々の生活が夜型に移行してきている。

2 均質的な時間の下に生きたいという人々の欲求は，現代社会において，ほぼ実現されたといってよい。

3 人々が自我防衛機制によって，永遠に続く時間を生きたいと考えるのは，無理のないことである。

4 一期一会的な時間の流れは，周期的・季節的な時間の流れと異なり，均質的な時間への欲求に結びついている。

5 人々が時間を均質的なものととらえてしまうと，今しかできないことを見落としてしまう可能性がある。

解説

出典：一川誠『大人の時間はなぜ短いのか』

一期一会的な時間性の大切さを説いた文章。時間を均質なものとしてとらえる現今の風潮を指摘したうえで，死を免れることのできない私たちの有限性に触れ，一生のうちで一度しかない「いま」という時間をおろそかにすることを危惧している。第４～５段落の「豊かな時間を得るためには……を見直す必要がある」「……を見失わせる」「……とみてしまう」「……を見落とすことになってしまう」などの表現に着目して，この２つの段落と論調の合う選択肢を探して解きたい。

1．因果関係に誤りがある。24時間営業のコンビニエンスストアの増加は，人々の生活が夜型へと移行するのに呼応するような形で生じているのであり，前者の結果，後者が生じているとは述べていない（第１段落）。

2．均質的な時間は，抽象化された理想的なものでしかなく，身体的制約を持つ私たちには，そのような時間を生きることはできない（第２段落）。

3．人々の自我防衛機制によるかもしれないのは「時間を均一的なものとしてみようとする欲求」であり，「永遠に続く時間を生きたい」というのは，「私たち自身の時間的制約（つまりは死）から目をそらそうとする根本的な自我防衛機制」そのものである（第３段落）。

4．一生のうちで一度しかない一期一会的な時間は，今しかあり得ない「いま」が常にあるような時間であり，いつでもありうるような均質的な時間への欲求とは結びつかない（第４段落）

5．妥当である（第５段落）。

正答　5

文章理解　現代文（内容把握）　平成24年度

次の文の内容と合致するものとして最も妥当なのはどれか。

行政施策の執行は，行政が保有する資源についての不平等な価値配分を伴う。地方行政の平等な執行は，行政の公共性の証と言えるかもしれないが，行政は価値の偏在的な配分執行であることも事実である。受益者すべてに平等な事業施策はあまりない。地方政府の事務事業は誰かのためになる場合も多い。行政の守備範囲の広がりとともに行政の自由裁量の拡大が避けがたい今日では，価値の権威的配分が政治であり，行政はその配分の決定を執行するだけとする政治と行政の二分論の強調だけでは，価値の偏在的配分を伴う行政の執行が合理的であるとする説明には不十分だろう。

行政が価値の偏在的な配分執行であると考える私は，行政による偏在的な価値配分の執行が，合理的なものであるとする根拠をどこに見ればよいのだろうか。ここでは，それを探ってみる。受益者に偏りがある価値配分も，公共性があれば，理にかなっていると言えると思う。今日，そのような公共性が何であるかが問われている。価値を偏在的に配分するのは不平等であり，公共性に反するとの形式的な建前を，われわれは考えがちである。しかし，行政が偏在的な価値の配分執行である以上，その実質的な不平等が合理的なものとされるメカニズムが必要となる。そこで私は，その実質的な不平等を問題にしなくなる人々の側の意識に注目して，そのメカニズムを捉えてみる。

行政の公共性は，偏在的な価値の配分執行が人々に受け入れられることで担保されるのではなかろうか。誰かがより利益を受けているのではないかという，実質的な不平等を人々が重視しない意識が，その事業施策を公共的なものにすると考える。あえて言えば，不平等な価値配分への人々の了解こそが，行政の公共性，つまり，行政が公共のものであることの証である。しかし，不平等な価値配分が効率的に行われているということだけで，人々はその事業施策を公共的なものとして了解することはできない。今日では，その事業施策の執行が民主的な手続きを経た政治的な決定の結果との説明でも納得されにくい。そこで，人々の側で，地方政府の行政施策を了解するメカニズムが重要になってくる。

1　行政施策の執行は，価値の偏在的な配分執行であるから，地方行政を平等に執行することは不可能であり，受益者すべてに平等な行政施策は全くない。

2　行政が保有する資源の配分を政治が決定し，行政がこれを執行するという役割分担が重要となっている。

3　価値を偏在的に配分するのは不平等であり，公共性に反するという建前が存在する以上，どんなに合理的な価値配分を行っても公共的な事業施策を執行することはできない。

4　行政の公共性を担保するためには，不平等な価値配分への人々の了解が必要であるが，そのためには，不平等な価値配分が効率的に行われているだけでは足りない。

5　地方政府の行政施策を人々が了解するメカニズムが完成され，受益者が行政施策の執行を了承することによって平等な価値配分の実現が可能となる。

出典：村山皓「施策への人々の意識と地方行政の公共性」(『「民」による行政』所収)

行政による偏在的な価値配分の合理性について論じた文章。第1段落で，行政が拡大する今日の情勢に触れ，第2段落で，「受益者に偏りがある価値配分も，公共性があれば，理にかなっていると言える」として，人々に受け入れられるメカニズムをとらえようとしている。展開部となっている第3段落に注目し，不平等な価値配分が効率的に行われているというだけでは了解されないとしている点をとらえて解く。

1．地方行政の平等な執行を「不可能」とは述べていない。受益者すべてに平等な行政施策は「あまりない」(第1段落) のであり，「全くない」のではない。

2．行政の自由裁量の拡大が避けがたい今日では，政治と行政の二分論を強調するだけでは，行政の偏在的な価値配分の執行が合理的であるとする説明には「不十分だろう」として，論を展開しているから，「役割分担が重要となっている」のではない (第1段落)

3．このような建前は「形式的」なものにすぎず (第2段落)，「行政の公共性は，偏在的な価値の配分執行が人々に受け入れられることで担保される」(第3段落) と述べており，実質的には不平等であっても公共的な事業施策を執行する道があると説いているのである。

4．妥当である (第3段落後半)。

5．「平等な価値配分の実現」ではなく，不平等な価値配分の執行の合理性について論じているのである。

正答　4

国家一般職［大卒］ 教養試験

No.81 文章理解 現代文（内容把握） 平成24年度

次の文の内容と合致するものとして最も妥当なのはどれか。

私たちは，自分の利害に関係がなくても，他人の感情や行為に関心をもつ。そして自分が他人と同じ境遇にあったならば，どのような感情をもつだろうか，どのような行為をするだろうかと想像する。

さらに私たちは，想像される自分の感情や行為と，実際に観察される他人の感情や行為を比較し，それらが一致する場合には，その人の感情や行為を適切なものとして是認し，著しく異なる場合には，不適切なものとして否認する。このような心の働きが「同感」である。

社会生活を続けるなかで，私たちは，他人もまた自分の感情や行為に同感し，是認や否認をすることを知るようになる。私たちは，できるだけ多くの人から是認されたいと願うのだが，複雑な利害関係のなかで，すべての人から同時に是認されることは困難である。

そこで私たちは，自分の心の中に「公平な観察者」を形成し，胸中の公平な観察者が自分の感情や行為を是認するか否認するかによって，それらの適切性や不適切性を判断する。

胸中の公平な観察者は，世間（実在の観察者）との交際を通じて経験的に形成されるのであるが，世間とは異なる評価を与えることがある。世間は，私が置かれている境遇，そして私の感情や行為の動機について正確に知ることができないため，目に見える結果に強い影響を受けた判断を下すのに対し，胸中の公平な観察者は私自身であるので，私の内面について完全な情報をもった上で公平な判断を下すからである。胸中の公平な観察者は，道徳的判断を私に告げる，もう一人の私であるといえる。

胸中の公平な観察者は，他人の生命・身体・財産・名誉を傷つけること，つまり正義を侵犯することを是認しない。不正な行為を受ける人の憤慨に同感し，そのような行為が処罰に値すると判断する。人間は，この判断にしたがって正義の法を作り，それを遵守しようとする。こうして，社会秩序が形成される。

一方，世間は，大きな富や高い地位など，目に見える快適な結果に高い評価を与える傾向をもつ。私たちは，世間から是認や称賛を得るために富や地位を求める。富や地位への野心は，人間の弱さのあらわれなのであるが，勤勉，節約，創意工夫などを通じて社会の繁栄に貢献する。

ただし，野心が繁栄に貢献するのは，それが正義感覚によって制御されている場合のみである。制御されない野心は，社会の繁栄を妨げ，さらに秩序を乱すことにもなりかねない。

人間は，他人との同感を繰り返すなかで，何をなすべきか，何をなしてはならないかを判断する「倫理」を身につけ，同時に，自分の人生の「目標」を見いだすことができる。

1 できるだけ多くの他人から「同感」されるためには，他人から適切と認められるような行動をとらなければならない。

2 胸中の公平な観察者の形成には，私たちの内面について完全な情報をもたない世間とは距離を置くことが必要である。

3 人々の心の中にある公平な観察者が行う，正義への侵犯を是認しないとする判断によって，社会秩序は形成される。

4 富や地位への野心は，人間の弱さのあらわれであり，社会の繁栄のためには不適切なものとして否認されるべきである。

5 他人との同感を繰り返すなかで，倫理を身につけることができない人間には，自分の人生

文章理解 判断推理 数的推理 資料解釈 時事 物理 化学 生物 地学

の目標を見いだすことは難しい。

解説

出典：堂目卓生「日本の復興と未来」（『中央公論2011年８月号』所収）

「同感」の意義を述べた文章。第１～２段落で「同感」の働きを述べ，第３段落以降で，そこにおいて働く「胸中の公平な観察者」の形成と役割を説明している。「世間」との対比に着目すると，第６段落に重要な情報が書かれていることがわかる。「胸中の公平な観察者」が告げる道徳的判断にしたがって，正義が守られ，社会秩序が形成されるというポイントを読み取って解きたい。

1．他人から「同感」されるための方途については，論じていない。また，「同感」の働きには，不適切なものとして否認することも含まれ（第２段落），「適切と認められるような行動」に対してのみ働くわけではない。

2．胸中の公平な観察者は，世間との交際を通じて経験的に形成されるのであり（第５段落），「距離を置く」必要があるとは述べていない。

3．妥当である（第６段落）。

4．「富や地位への野心」は，正義感覚によって制御されている場合には，勤勉，節約，創意工夫などを通じて「社会の繁栄」に貢献しうるのである（第７～８段落）。

5．本文最終文に「同時に」とあり，「倫理を身につける」ことと「自分の人生の目標を見いだす」ことは，ともに，他人との同感を繰り返すなかで発展していくものであって，前者を後者の条件とすることはできない。

正答　3

国家一般職［大卒］ 教養試験

No. 82 文章理解 現代文（空欄補充） 平成24年度

次の文の［　　　］に入るものとして最も妥当なのはどれか。

たとえば，「イタリア人というのは，どんな人びとなんだろう」という話題を出すと，そのような話題が自分の世界から遠い人ならば，「イタリア人は陽気なんです」と，何のこだわりもなく言えるだろう。ところが，イタリアを研究している日本人に同じ質問をすれば，「う一ん」と稔って，それから長々と難しい話をしはじめるだろう。さらに，それをイタリア人の知識人に尋ねれば，その人は「さぁ」と言って，「いろいろな人がいますよ」と表現をぼかすだろうし，イタリア人で長年にわたってイタリア研究をしている専門家に聞けば「そんなことは，良く分かりません」と答えるに違いない。

すなわち，自分が生きがいとしている課題から遠ければ遠いほど，人は嘘をついているのではなくて，ある程度の自信すら持って答えを出すことが出来る。それは，当人の存在理由を脅かすほどの意味を持たないことに過ぎないからである。

［　　　　　　　　　］というのも，同様の例だ。

1 自分にとって重要な意味を持たないと思ったことについては寛容な人も，自分の存在理由を脅かすと感じたことについては攻撃的になる

2 赤の他人のプライバシーに関しては，身を乗り出して自信たっぷりに喋りまくる人も，当人にとって重要な意味を持つプライバシーに関しては，口をつぐんでしまう

3 利害関係のないことであれば無関心な人も，当人にとって重要な意味を持つ他人のプライバシーについてはしつこく嗅ぎ回る

4 自分の専門分野については長々と難しい話が出来る人も，よく知らないことについては失敗することを恐れて口をつぐんでしまう

5 身近な話題については気楽に喋る人も，当人の日常生活とはほとんど縁のないようなことについては考えすぎて必要以上に構えてしまう

解説

出典：西江雅之「伝え合いにつきまとう〈制約〉」(『考える人』2010年冬号 所収)

自分の課題から遠い話題ほど，こだわりなく答えられると指摘する文章。

「たとえば」と始まる第１段落で例を挙げ，「すなわち」と始まる第２段落で要点をまとめており，第３段落の空欄部は「同様の例」でなければならないから，前の２つの段落の内容を重ね合わせ，焦点をとらえて解く必要がある。

本問は，第１段落の「話題が自分の世界から遠い人ならば，……何のこだわりもなく言える」という点と，第２段落の「自分が生きがいとしている課題から遠ければ遠いほど，……ある程度の自信すら持って答えを出すことが出来る」という部分の共通性に着目して，これと同様の内容を持つ選択肢を探すと，正答の選択肢を見つけることができる。

1．「寛容」であるか「攻撃的になる」かという観点は，本文では示されていない。

2．妥当である。

3．本文は，当人における重要度の高さと質問への答えの出し方について述べたものであり，「無関心」であるか「しつこく嗅ぎ回る」かという対比は挙げられていない。

4．逆である。よく知らないことについては容易に答えを出せるが，自分の専門分野については，即答を避けるのである。

5．当人の生活に関わらない話題のほうが答えやすいのである。

正答　2

文章理解
判断推理
数的推理
資料解釈
時事
物理
化学
生物
地学

文章理解　現代文（文章整序）　平成24年度

次の［　　］と［　　］の文の間のA～Fを並べ替えて続けると意味の通った文章になるが，その順序として最も妥当なのはどれか。

> 我々にはこれまで，歴史の発展ということに対する常識的な見方があった。「近代」の獲得が宗教伝統や民族意識を浄化し，希薄なものにするという歴史観である。

A：それはどこか，「歴史の終焉（しゅうえん）」ならぬ，これまでの「歴史観の終焉」を思わせる動きではないだろうか。

B：ところが，そうは問屋が卸さなくなった。宗教と民族が歴史の後景に追いやられるどころか，このグローバル世界の表面に躍り出て牙をむき，自己を主張し始めたからである。近代の実現を待望する楽観的な歴史観が足元を揺るがされ始めたのである。

C：マルクス主義や社会主義の歴史観がそうだったし，とくに第二次世界大戦後に唱えられ始めた近代化論の多くがそういう立場をとっていた。近代化が人間に幸福をもたらし，近代的な制度や装置が人類の輝く未来を切り開くという思想である。

D：とすれば，その不気味な逆襲の波動をどのようにして食い止めたらいいのか。むろん，そのためにはいろいろな手立てを講じなければならないだろう。

E：宗教的要因や民族的観点は次第に過去の不要な堆積物になり，世界の近代化を経て，やがて歴史の後景に退いていくという楽観的な歴史観である。

F：歴史の進歩という観点に対する民族と宗教の逆襲，と映らないでもない。

> けれども，その中でも最も緊急の課題は，まずもって人類の歴史を「文明」という枠組みの中でとらえ直し，その展開の諸相を点検してみることではないか。なぜなら，文明のダイナミックな興亡の歴史は，いつでも民族と宗教の果たした大きな役割を明らかにしてきたからである。

1　B→D→C→A→E→F
2　B→F→C→D→A→E
3　C→E→D→A→F→B
4　E→C→B→A→F→D
5　E→F→D→B→A→C

解説

出典：山折哲雄「なぜ〈文明論〉か」（『文明を問う』所収）

冒頭に据えられた文章では，「歴史の発展」という話題が取り上げられ，「近代」に至って，「宗教伝統や民族意識を浄化し，稀薄なものにするという歴史観」について述べている。この次にくるものとして，同様の観点が含まれているものを探すと，Ｅで，「宗教的要因や民族的観点は……，世界の近代化を経て，やがて歴史の後景に退いていくという楽観的な歴史観である。」と述べており，冒頭の文章を補う内容となっているので，Ｅを１番目に置くことができる。また，Ｃの「近代化が……人類の輝く未来を切り開く」歴史観も「近代化論の多くがそういう立場をとっていた」とあり，冒頭の文章の「常識的な見方」と対応する内容となっているので，Ｅの後に置くことができる。

「それは……『歴史観の終焉』を思わせる動きではないだろうか。」と述べているＡや，「歴史の進歩という観点に対する民族と宗教の逆襲」と言及しているＦは，ＥやＣとは対立し，Ｂに連なる内容となっている。

「とすれば……」と始まるＤでは，「その不気味な逆襲の波動をどのようにして食い止めたらいいのか。……」として，「手立てを講じなければならない」と対処策へと話題を移しており，最後に置かれた文章の「課題」の前に置くことができる。

また，「逆襲」という観点で共通するＦとＤをまとめることができるから，Ｆ→Ｄと続けることができる。

以上より，Ｅ→Ｃ→Ｂ→Ａ→Ｆ→Ｄとなり，**4**が妥当である。

解答に当たっては，Ｅが１番目で，Ｂがこれより後にくるということから，**4**，**5**に絞ることができ，「とすれば…」と話を発展させるＤをＢより前に置くことができないことから，**5**が消去されるので，残る**4**を確認するという手順で解くこともできる。

正答　4

国家一般職［大卒］ No. 84 教養試験

文章理解　英文（内容把握）　平成24年度

次の文の内容と合致するものとして最も妥当なのはどれか。

One hundred sixty Andeans*[1], including the town supervisor, members of the town board and candidates running for a seat on the board, met in the school gym to hear a presentation on the geology of hydraulic fracturing*[2], or "fracking" (the process of extracting natural gas by blasting*[3] underground rock formations with a huge volume of chemical-laced water pumped down at very high levels of pressure) and to express their views about what fracking would mean if it came to t he town.

The first thing to say is that 160 is an enormous number given that the town's population is 1,600 and residents weren't given much notice of the meeting. Were a corresponding percentage of New Yorkers to turn up at a public hearing, there would be no place large enough to hold the more than 800,000 attendees. The second thing to say is that many stayed for the entire three hours and 40 minutes, the length of a short Wagner opera.

The first hour and a quarter was taken up by a sober, pretty much even-handed, explanation of the hydraulics of fracking, the locations in New York of the most promising sites for drilling, and so on. I was amazed at the sustained and respectful attention of the audience members, many of whom (it turned out) already knew most of what they were being told. It is a rule in my profession that if you talk longer than 50 minutes you will lose your audience. On this occasion, the patience displayed was extraordinary and it extended into the question and answer period, which lasted another 75 minutes.

Then came the evening's centerpiece, three-minute prepared statements delivered by townspeople who had signed up in advance. It is often said that the opponents of fracking are mostly second-home-owners and weekenders who selfishly prefer their enjoyment of a bucolic*[4] landscape to the needs of the long-term residents who came before them. But the speakers who stood up to have their say represented every sector of the population — farmers, small-business owners, real estate agents, six-generation natives, newcomers, artists, musicians.

（注）＊1 Andeans：米国ニューヨーク州東部の保養地 Andes の住民
＊2 hydraulic fracturing：水圧破砕
＊3 blast：爆破する，吹き飛ばす
＊4 bucolic：田園的な

1 集まった人たちの多くは，3時間40分の会合の最初から最後まで参加した。
2 説明が予定時間の50分を大幅に超えたため，聴衆の多くが説明に飽きてしまった。
3 町議会議員の立候補者の大半は，天然ガスの採掘に反対するスピーチを行った。
4 説明会の模様はニューヨークでも放送され，80万人を超える人が視聴した。
5 質疑では，住民の各層の意見を聴く機会をもっと設けるべきだという声が多かった。

解説

出典：Stanley Fish, “Looking for Gas in All the Wrong Places”

全訳〈町の行政執務官や町議会議員たち，そして町議会議員の立候補者たちを含む160名のアンデスの人々が，学校の体育館に集まっていた。その目的は，地質学でいうところの水圧破砕，あるいはフラッキングと呼ばれる，化学物質を加えた大量の水を高圧で注入することによって地下の岩層を爆破し，天然ガスを抽出するプロセスについての説明を聴くためであり，同時に，この町でフラッキングを行うとどうなるのかについての自分たちの意見を表明するためだった。

まず言っておく必要があるのは，160人という数は，この町の人口が1,600人であり，住民たちが会合についてあまり告知を受けていなかったことを考えれば相当大きな数だ。ニューヨークでこの割合に相当する住民が公聴会に参加したとすれば，80万人以上となり，全員を収容できる施設はないほどの数である。次に言っておく必要があるのは，参加者の多くが３時間40分，つまりワーグナーの短編オペラの長さに相当する時間の最初から最後まで参加したということだ。

最初の１時間15分は，フラッキングに用いられている水力学についての，まじめでほぼ公平といえる説明に費やされた。ニューヨーク州では最も掘削に適した有望な土地であることなどだ。私は聴衆がずっと集中を切らさず，きちんとした態度で聴いていることに驚いた。彼らの多くは，（後でわかったことだが）話されている内容のほとんどをすでに知っていた。私の職業では，50分を超えて話せば聴衆はいなくなるというのが鉄則だが，この場で聴衆が見せた忍耐強さは並外れたもので，それはその後さらに75分間続いた質疑応答の間も同様であった。

その後で行われたのが，この夜の目玉である，事前に申込みを済ませていた町の人たちによる，用意された３分間の宣言だった。よく言われるのは，フラッキングに反対する人はほとんどが別荘所有者や週末旅行者で，彼らの前からやって来て長年住んでいる住民の必要性よりも，田園風景を楽しみたいという自分たちの利己的な都合を優先しているということだ。だが，ここで立ち上がって自分の意見を述べた人たちは，人口のあらゆる層の代表者だった。それは，農家であったり，小企業経営者，不動産業者，６世代にわたる旧来の住民，新参者，芸術家，ミュージシャンといった人たちだ〉

1．妥当である。

2．筆者が所属する業界では，50分を超えて話せば聴衆はいなくなるという鉄則があると説明されているが，ここで述べられている説明会では，１時間15分の説明と，その後75分間の質疑応答の間も，聴衆は集中力や忍耐強さを保っていたと述べられている。

3．往々にしてフラッキングに反対しがちな人についての説明はあるが，この説明会の場で，天然ガスの採掘に反対するスピーチを行った人がいたことは述べられていない。

4．ニューヨークに言及した箇所はあるが，これはアンデスという小さな町で160人が参加したという事実について，ニューヨークでいうと80万人が参加したようなものだ，という対比のために用いられたたとえである。説明会がニューヨークでも放送されたとは述べられていない。

5．「住民の各層の意見を聴く機会をもっと設けるべきだという声」については言及されていない。説明会で意見を述べた住民は，人口のあらゆる層の代表者だったと述べられている。

正答　1

次の文の内容と合致するものとして最も妥当なのはどれか。

If you want a truly frustrating job in public health, try getting people to stop smoking. Even when researchers combine counseling and encouragement with nicotine patches and gum, few smokers quit.

Recently, though, experimenters in Italy had more success by doing less. A team led by Riccardo Polosa of the University of Catania recruited 40 hard-core smokers and simply gave them a gadget already available in stores for $50. This electronic cigarette[*1], or e-cigarette, contains a small reservoir of liquid nicotine solution that is vaporized to form an aerosol mist.

After six months, more than half the subjects in Dr. Polosa's experiment had cut their regular cigarette consumption by at least 50 percent. Nearly a quarter had stopped altogether. Though this was just a small pilot study, the results fit with other encouraging evidence and bolster hopes that these e-cigarettes could be the most effective tool yet for reducing the global death toll from smoking.

But there's a powerful group working against this innovation — and it's not Big Tobacco[*2]. It's a coalition of government officials and antismoking groups who have been warning about the dangers of e-cigarettes and trying to ban their sale.

The Food and Drug Administration tried to stop the sale of e-cigarettes by treating them as a "drug delivery device" that could not be marketed until its safety and efficacy[*3] could be demonstrated in clinical trials. The agency was backed by the American Cancer Society, the American Heart Association, Action on Smoking and Health, and the Center for Tobacco-Free Kids.

（注）＊1 electronic cigarette：電子たばこ（ニコチン水溶液を電熱線の発熱によって気化させたものを吸引する製品）
＊2 Big Tobacco：たばこ業界
＊3 efficacy：有効性

1 ストレスの多い仕事についていると，努力してもなかなか喫煙をやめることができないということが，公衆衛生の分野の研究で明らかにされている。

2 禁煙のためのニコチンパッチやガムを単独で使用してもその効果はほとんどないが，カウンセリングを併用すれば多くの喫煙者が禁煙に成功することが研究者によって明らかにされている。

3 イタリアで喫煙者に対し，禁煙に成功したら報酬として50ドルを与える研究が行われ，半年後に参加者の半数以上が喫煙をやめた。

4 電子たばこの実験は40名を対象とした試験的なものであったが，その結果は，電子たばこが喫煙による死亡数を減らすための最も効果的な方法になり得るという期待を高めている。

5 電子たばこの販売については，政府や反喫煙団体は支持しているものの，たばこ業界は，その効果が臨床試験で明らかになってから行うべきであると主張している。

解説

出典：John Tierney, “Have an e-smoke?”

全訳〈公衆衛生の分野で本当にストレスの多い仕事につきたいなら，人にたばこをやめさせる仕事をやってみるのがよい。研究者たちがカウンセリングに加えて，ニコチンパッチやガムを使うことを勧めても，喫煙をやめる人はほとんどいない。

だが最近，イタリアで行われた実験は，より少ない労力でより大きな成功を収めた。カターニャ大学のリッカルド=ポローサと彼のチームは，40人のヘビースモーカーを募り，すでに店で売られている50ドルの器具を与えただけだった。この電子たばこは，ニコチン水溶液の小さな容器が入っており，水溶液を気化させて霧状の煙を発生させるものだ。

6か月後，ポローサ博士の被験者の半数を超える人が，日常のたばこ消費量を少なくとも50パーセント減らしていた。また4分の1近くは，完全に喫煙をやめてしまっていた。これは小さな試験研究にすぎなかったが，その結果は他の有望な証拠とも一致し，こうした電子たばこが，喫煙が原因で亡くなる世界中の人の数を減らす，今のところ最も有効な手段となるかもしれないという希望を強めるものだ。

しかし，この新技術に反対する働きかけを行っている強力な集団が存在する。それはたばこ業界ではなく，政府の役人と反喫煙団体からなる連合で，彼らは電子たばこの危険性について警告を発し，販売の禁止を求めている。

米国食品医薬品局は電子たばこを，臨床試験によって安全性と有効性が証明されるまでは市販できない「薬品投入装置」として扱うことで，その販売を差し止める動きを見せた。これを支持したのが，アメリカがん協会，アメリカ心臓協会，喫煙と健康を考え行動する会，たばこの害を受けない子どものためのセンターなどの団体だった〉

1．本文の冒頭では，「公衆衛生の分野で本当にストレスの多い仕事につきたいなら，人にたばこをやめさせる仕事をやってみるのがよい」と述べており，これは，人に喫煙をやめさせるのはストレスの多い仕事である，ということである。自分が喫煙をやめられないという話ではないし，全体としても本文の記述とかけ離れている。

2．ニコチンパッチやガムをカウンセリングと併用しても，喫煙をやめる人はほとんどいないと述べられており，単独か併用かによって効果が違うという話はない。

3．50ドルというのは，市販の電子たばこの価格であり，被験者に報酬を与えるという話は述べられていない。また，半年後に参加者の半数以上が，日常のたばこ消費量を少なくとも50パーセント減らしていたと述べており，喫煙をやめた人の割合は「4分の1近く」と述べられている。

4．妥当である。

5．政府や反喫煙団体は，電子たばこには危険性があるとして，販売の禁止を求めていると述べられている。また，たばこ業界の主張については述べられていない。

正答　4

国家一般職［大卒］ No. 86 教養試験

文章理解 英文（内容把握） 平成24年度

次の文の内容と合致するものとして最も妥当なのはどれか。

Researchers in the Himalayas have uncovered a woolly rhinoceros*1 fully a million years older than the ones that roamed Europe and Asia in the ice age.

The discovery, in an area known as the Zanda Basin in modern Tibet, is described in the current issue of the journal *Science*. It suggests that the woolly rhinoceros, and other giant ice age mammals, may have originated in the Himalayas.

The rhinoceros dates to 3.6 million years ago.

"Previously we had no idea where the ice age megafauna*2 came from; now we know at least some of them probably came from Tibet," said an author of the study, Xiaoming Wang of the Natural History Museum of Los Angeles County. "They basically had a competitive advantage when the ice age came along — they were adapted to cold climate and high altitudes."

Dr. Wang and his colleagues unearthed a very complete skull of the rhinoceros, along with a bit of the neck and a few limb bones.

The rhinoceros probably had long fur to keep it warm and a flattened horn to sweep snow out of its way.

In addition to the rhinoceros, Dr. Wang and his colleagues discovered fossils of an ancient snow leopard, a three-toed horse, a sheep, a badger and 23 other kinds of mammals.

The origins of the giant mammals of the ice age have not been well studied. Some scientists have suggested they came from the Arctic. But the new fossils tell another story.

"We can call Tibet a cradle of the ice age, or at least ice age megafauna," Dr. Wang said.

（注）＊1 woolly rhinoceros：ウーリーライノセロス（サイの一種である“毛サイ”）
＊2 megafauna：大型動物

1 氷河期より100万年以上前に北極地方で生息していたマンモスが，ウーリーライノセロスの起源であるとみられている。

2 研究者がチベットの高地で発見した足跡の化石により，10万年前のウーリーライノセロスは現在よりかなり大型であることが分かった。

3 氷河期の大型動物のなかにはチベットを起源とするものがあり，それらは氷河期が到来したときには，寒冷な気候と高地に適応していたとみられている。

4 ウーリーライノセロスの体全体の化石が発見されたことから，氷河期における新種の大型動物として学会で認められた。

5 氷河期の到来を察知して標高が高く寒冷なチベットから欧州などに逃れたウーリーライノセロスの生態の謎について，新たな研究が進められている。

解説

出典：Sindya N. Bhanoo, "Ancient Wooly Rhino Points to Himalayas"

全訳〈ヒマラヤ山脈の調査隊は，氷河期のヨーロッパやアジアに生息していたものよりも，さらに100万年以上はさかのぼるウーリーライノセロス（化石）を発掘した。

現在のチベットにある，ザンダ盆地として知られる地域でのこの発見は，『サイエンス』誌の最新号の中で語られている。それによると，ウーリーライノセロスおよび他の氷河期の大型哺乳類は，ヒマラヤ山脈に起源を持つかもしれないとのことだ。

ウーリーライノセロスの起源は360万年前までさかのぼることになる。

「これまでは，氷河期の大型動物がどこからやって来たのかは，まったくわかりませんでした。それが今では，少なくともその一部はおそらくチベットからやって来たということがわかっています」と，この研究の著者であるロサンゼルス郡自然歴史博物館のシャオミン=ワン氏は語った。「氷河期がやってきたとき，彼らは基本的に競争上優位な立場にありました。彼らは寒い気候と高地に適応していたのです」。

ワン博士と彼の同僚たちは，ウーリーライノセロスのまったく完全な形の頭蓋骨と，首の小片と何本かの脚の骨を発掘した。

ウーリーライノセロスはおそらく，体温を温かく保つために長い毛を，また雪をかき分けて進むために平らな角を持っていたと思われる。

ウーリーライノセロスに加えて，ワン博士と同僚たちは古代のユキヒョウ，足の指が３本の馬，ヒツジ，アナグマその他23種類の哺乳類の化石を発見している。

氷河期の大型哺乳類の起源については，これまであまり研究されてこなかった。中には，それらが北極に起源を持つという説を提示した科学者もいた。だが，新たに見つかった化石からは別のストーリーが描かれる。

「私たちはチベットを，氷河期の発祥地，あるいは少なくとも，氷河期の大型動物の発祥地と呼ぶことができます」とワン博士は語った〉

1．これまで見つかっていた氷河期のヨーロッパ・アジアよりも100万年以上前に生息していたウーリーライノセロスが，ヒマラヤ山脈の現在のチベットで発掘され，氷河期の大型動物の主な起源はチベットといえるのではないか，というのが本文の主旨である。「マンモス」については言及がなく（mammal は「哺乳類」），また北極地方というのは，これまで一部の科学者が起源として唱えていた地域として言及されている。

2．チベットで発見されたのは，「氷河期よりさらに100万年以上はさかのぼるウーリーライノセロスの完全な頭蓋骨（とその他の部分の骨）」であり，「足跡の化石」によって「現在よりかなり大型であることがわかった」という記述はない。

3．妥当である。

4．ウーリーライノセロスの「完全な形の頭蓋骨」が発見されたとの記述はあるが，「体全体の化石」という記述はない。また，ウーリーライノセロスはこれまでヨーロッパ・アジアで発見されていたことがわかり，「氷河期における新種の大型動物として学会で認められた」といった記述はまったくない。

5．ウーリーライノセロスが「氷河期の到来を察知して」移動したという記述はない。また，その「生態の謎」について「新たな研究」が進められていることを示す記述もない。

正答　3

国家一般職［大卒］ No. 87 教養試験

文章理解 英文（文章整序） 平成24年度

次のア～オを並べ替えて続けると意味の通った文章になるが，その並べ方として最も妥当なのはどれか。

ア：Anita was surprised by the idea, but she was happy to accept the situation. How, though, was she going to earn money for the next two years? She decided to go into business. While Gordon prepared for his trip, Anita thought about the kind of business she would like to start. She wanted a business that would give her some time to see her children, so she knew that she wanted to work regular hours.

イ：After some time, she started to think about cosmetics. "Why is there so little choice for women who want to buy cosmetics ?" Anita asked herself. "The cosmetics companies decide what goes into their bottles, they decide how big the bottles should be and, worst of all, they decide to ask a very high price for them."

ウ："Why not open a shop?" she thought. That would allow her to work from nine in the morning to five in the afternoon. But what could she sell? She had to find something that people needed but that they couldn't buy from any other shop. She also wanted to do something that she believed in. She didn't want to make money just to get rich; she wanted to be sure that she was selling a good product and offering a good service.

エ：Gordon told Anita that he had an unusual plan. All his life, he had had a dream: he had always wanted to ride a horse from Buenos Aires to New York. Now he wanted to make that dream come true, while he was still young and healthy. But it meant that he would have to leave Anita and the children for two years.

オ：And when Anita found out more, she was really shocked by the price of some cosmetics. She realized that some companies were buying their materials for $ 1 and then selling them for over $100. Customers were often spending a lot of money on a pretty bottle and a famous name.

1 ア→ウ→イ→オ→エ
2 ア→エ→イ→ウ→オ
3 エ→ア→ウ→イ→オ
4 エ→ア→オ→イ→ウ
5 エ→ウ→イ→オ→ア

解説

出典：David Evans, “Women in Business”

全訳〈エ：ゴードンはアニタに，大胆な計画があるんだと言った。彼はそれまでの間，ある夢を抱き続けていた。馬に乗って，ブエノスアイレスからニューヨークまで縦断したいとずっと思っていたのだ。今彼は，まだ若くて健康なうちにその夢を実現させたいと思ったのだ。だがそれは，アニタと子どもたちのもとを２年間離れなくてはならないということを意味していた。

ア：アニタはその考えに驚いたが，その状況を喜んで受け入れた。でもこれから２年間，どうやってお金を稼ぐのか。彼女は起業することにした。ゴードンが旅行の準備をしている間，アニタはどんな種類の仕事を始めようかと考えた。子どもの世話をする時間が作れるような仕事にしたかったので，毎日決まった時間に働きたいと思っていた。

ウ：「お店を開くのはどうかしら？」と彼女は考えた。それなら，午前９時から午後５時まで働くということが可能になる。でも，何を売ろうか？　みんなが必要としているもので，ほかのどの店でも買えないようなものを見つける必要があった。彼女はまた，何か信念を持ってできることをしたいと思っていた。単にお金持ちになるために稼ぐのではなく，自分がよいものを売っていて，よいサービスを提供しているという確信が欲しかった。

イ：しばらくすると，彼女は化粧品について考え始めた。「化粧品を買いたい女性に，どうしてこんなに選択肢が少ないんだろう？」とアニタは疑問に思った。「化粧品会社が自分で瓶の中に入るものを決めて，瓶の大きさをどれくらいにするかも決めて，おまけに最悪なのは，それにとても高い値段をつけることも決めてるからだわ。」

オ：そしてアニタがさらに調べていくと，いくつかの化粧品の値段の高さにとてもショックを受けた。中には，原材料を１ドルで買って，売るときは100ドルを超える値段をつけている会社もいくつかあった。顧客はしばしば，かわいい瓶と有名なブランドに大金をつぎ込んでいたのだ〉

選択肢を見るとアかエのいずれかで始まっているので，まず２つの文章を読み比べる。アの最初の文には，the idea「その考え」，the situation「その状況」と，定冠詞 the のついた語が２つ出てくる。さらに次の文には，the next two years「次のその２年間」という，やはり the のついた語句があり，これらのさす内容が前になくては話の詳細が不明である。よって，エが先頭にくると想定すると，the idea とは Gordon が抱いていた長年の夢を実行に移す計画であり，the situation とは，Gordon が旅に出ている間に Anita が子育てをしながら２年間生計を維持しなければならないという状況であるとわかり，話がつながる。ウでは，Anita が生計を維持するための具体的な考え（＝店を開くこと）が述べられているので，アよりも後にくると考えられる。したがって，正答の選択肢は**3**か**4**に絞られる。残りの文章を読むと，イとオはいずれも cosmetics「化粧品」に関する記述である。ウとのつながりを考えると，まず「店を開く」という着想があり，では何を売ろうかとあれこれ考えた末に「化粧品」を思いついた，という流れが自然である。したがって，アの後はウが続くことになり，**4**が正答の候補から外れる。

よって，正答は**3**である。

正答　3

国家一般職［大卒］ No. 88 教養試験

文章理解　英文（空欄補充）　平成24年度

次の文のA，B，Cに入る文ア，イ，ウの組合せとして最も妥当なのはどれか。

ただし，ア，イ，ウは，文頭の文字も小文字にしてある。

A quarter of UK adults are overweight. And one in 10 children younger than 11 in England are obese[*1]. The government says that if the current rate of growth continues, [A].

But a doctor from Monash University in Australia, and colleagues believe the toll is larger than this because estimates have failed to factor in duration of obesity. Their work shows that duration of obesity or "obese-year" has a direct effect on death risk, independent of other factors like age or how severely overweight a person is.

They looked at the health of 5,036 people living in the US who enrolled in a large study — the Framingham Cohort Study — that tracked their health every two years over decades. Among the participants, death risk went up by 7% for every additional two years of being obese. [B]. And death risk was tripled for those who were obese for even longer than this. The researchers say this needs to be taken into consideration when assessing overweight patients.

"Our study demonstrates that [C], implying that the risk of mortality associated with current obesity in adults might be significantly higher than in previous decades." They warn that obesity is occurring at younger and younger ages which will mean today's children can expect a shorter life expectancy compared with past generations.

ア：being obese for between 15 and 25 years more than doubled death risk compared with those who were never obese

イ：for every additional 10 years lived with obesity, the risks of all-cause mortality, cardiovascular disease[*2] and cancer mortality more than doubled

ウ：three quarters of the population could suffer the ill effects of excess weight within 10 to 15 years

（注）＊1 obese：肥満した
　　　＊2 cardiovascular disease：心疾患

	A	B	C
1	ア	ウ	イ
2	イ	ア	ウ
3	イ	ウ	ア
4	ウ	ア	イ
5	ウ	イ	ア

解説

出典：Michelle Roberts, "Call to measure duration of obesity"

全訳〈英国の大人の4分の1は太っていて，イングランドでは11歳未満の子どもの10人に1

人が肥満である。政府は，現在の増加傾向が続けば，A：ウ10年ないし15年以内に，人口の4分の3が太りすぎの悪影響を受ける可能性があると言っている。

しかし，オーストラリアのモナシュ大学から派遣されている医師とその同僚たちは，数字はこれよりも大きいと考えている。なぜなら，見積りは肥満の期間を計算に入れていないからだ。彼らの研究によると，肥満の期間の長さは，年齢や肥満の度合などの他の要因とは関係なく，死亡のリスクに直結することが示されている。

彼らは，フラミンガム対象群研究という，2年ごとに数十年にわたって行われている大規模な健康追跡調査に参加した，アメリカに住む5,036人の健康状態を調べた。参加者の中で，肥満の人はその状態が2年続くごとに死亡のリスクが7パーセント上昇していた。B：ア肥満状態が15年から25年続いている人は，肥満であったことがない人に比べて死亡のリスクは2倍以上だった。そして，それよりさらに長い間肥満であった人は，死亡のリスクは3倍になったのである。この研究者たちは，肥満の問題を抱えている人を評価するには，これを考慮に入れる必要があると語っている。

「私たちの研究によると，C：イ肥満の状態で暮らす10年ごとに，あらゆる原因による死亡と，心疾患およびがんによる死亡のリスクは2倍以上になったことが示されています。これは，現在肥満である大人にかかわる死亡のリスクは，それまでの数十年よりもかなり高いかもしれないということです」。彼らが警告するのは，肥満になる年齢がどんどん若くなっているということであり，それは今日の子どもの平均寿命はそれまでの世代に比べて下がる可能性があることを意味している，ということだ〉

やや難度の高い文章だが，語句注から，肥満により生じる健康上のリスクについて書かれていることがわかる。空所Aを含む文は，「政府は……と言っている」で始まるが，続くifから空所の直前までが条件を表していることから，空所にはその結果を表す文が入ることが推測できる。選択肢は3つとも述語動詞や助動詞に過去形が用いられているが，ウのcouldは「～できた」という意味よりも，「～する可能性がある」という婉曲表現として用いられることが多い。内容的にも，後者の意味だとif ～の条件節にうまくつながるので，空所Aはウが妥当。残るアとイは，似通った内容の語句や表現が使われており，判別が難しい。空所Bは，直前にfor every additional two years of being obese「肥満の状態が（さらに）2年続くごとに」とあることから，空所にはfor every additional 10 yearsで始まるイを入れたくなってしまう。文末のmore than doubled「2倍以上になった」が，空所の後の文のwas tripled「3倍になった」とも対応することからもイが妥当に思えるが，空所Cにアを入れてみると，前後とのつながりがやや不自然である。空所Cを含む文は，前述の研究を行った研究者の発言であり，結論の一部と推測できるが，そこに「肥満の期間が15年ないし25年」と期間を区切った語句が入るのは，続く内容からも妥当性に欠ける。一方で，空所Bにアを入れると，続く文のeven longer than thisのthisが「15年ないし25年」という具体的な期間をさしていることが明確になり，また，空所Cにイを入れると，続く内容とも違和感がない。イには心疾患やがんなどの具体的な病名が出てくるので，空所Bに入れると唐突な感があるが，空所Cだと結論部分として自然な流れになる。

よって正答は**4**である。

正答　4

国家Ⅱ種

教養試験

No. 89 文章理解 現代文（内容把握） 平成23年度

次の文の内容と合致するものとして最も妥当なのはどれか。

ここで，本を読む過程は，「精神上の力くらべ」ということになる。したがってそれには時間がかかる。早く読み飛ばしてしまえば，著者の主張を鵜呑みにするか，あるいは浅薄な反撥を覚えるだけで，終わってしまう。そうではなく，思いこみを排しながらテクストの内容を言葉どおりに理解したうえで，それを自分自身の「思想や生き方」とつきあわせてゆくこと。そうした「対話」を続けることが重要なのである。

こうして見ると，一冊の本をじっくり読む作業が，そのまま，日常生活において複雑な状況にむきあい，それに対処する方法の，予備訓練になることがわかるだろう。それは，パソコンの画面に表示された情報データを相手にしても，できないことではない。しかし，時間をかけ，前後の文脈の流れを何度もたしかめながらテクストを理解する作業には，やはり書籍の形態の方が，少なくとも現状ではふさわしい。

本を読むということそのものが，深く本質をさぐれば，実は大変な精神の労力を要するのである。このことは，あたりまえのようでいて，実際にはさほど深刻にうけとめられることがない。「教養」のための読書ということをいくぶん離れた，学問の世界においても，実は，テクストの言葉の意味を一つ一つきちんと確認して読む方法が確立していないことを，日本語学者の小松英雄が，指摘している。その主張によれば，有名な古典作品についても，きちんとした文献学の方法を欠いたまま，怪しげな解釈が横行しているのが，文学研究にかかわる学界の現状なのである。たとえば，「つれづれなるままに日くらし……」とはじまる，『徒然草』の冒頭の一文すら，現行の注釈書はあやしげな解釈に満ちている。

もちろん，小松の提唱する厳密な方法で，いつも書物に接するのは不可能だろう。しかし，一生に一度でも，それくらいに丹念に本を読み解いた経験があれば，読書の深さと楽しみは，一段と進んでゆく。もし中等教育や高等教育において，「教養」を育てようと考えるなら，そうした，体系的な「読み」の方法への習熟をめざすことが，最低限の条件となるのではないか。

「教養」をどう考えるのか。その内容はさまざまな範囲に及び，極端に言えば，行住坐臥，生活のすべての場面が，「教養」の現場である。しかし，そこにふみだす前に，一人でその思考能力を鍛錬する場として，本の読解が，大きな役割を果たすのは，時代が移っても変わることはない。読書はやはり，「教養」へとむかう踏み台となり，生涯つづく「教養」の営みと伴走しながら，続けるのにふさわしい営みなのである。

1 学問のための読書は，「教養」のための読書よりも「読み」の方法が体系的になっている。

2 文学研究で怪しげな解釈が横行しているのは，高等教育において丹念な読書経験のないことが一因と考えられる。

3 「教養」のための読書とは，言葉の意味をきちんと確認しつつ有名な古典作品を読むことである。

4 学校教育で身につけた最低限の「教養」が，その後の生涯つづく「教養」の営みへの踏み台になる。

5 本をじっくり読むことは，いつの時代でも「教養」を身につけるために精神を鍛えることになる。

解説

出典：苅部直『移りゆく「教養」』

「教養」のための読書について論じた文章。丹念に本を読み解くことにより，精神力や思考能力が鍛えられ，「教養」の土台が形成されうると述べている。筆者が，「教養」を生涯続く営みとして広くとらえている点に注意したい。「学問」についての言及は，きちんと読む方法が確立していない現状を示すためのものにすぎず，「教養」に関する言明と区別する必要がある。

1．第３段落で，学問の世界においてもきちんと読む方法は確立していないと述べており，学問のための読書のほうが「教養」のための読書よりも，「読み」の方法が体系的になっているという言及はない。

2．高等教育において丹念な読書経験をすることは，「教養」を育てるうえで有効だと述べているが，学問である「文学研究」との因果関係は示されていない。

3．「有名な古典作品」の読解は，学問に関する例示にすぎない。

4．読書に触れておらず，本文に照らし正確な内容となっていない。

5．妥当である。

正答　5

国家Ⅱ種 教養試験

No.90 文章理解 現代文（内容把握） 平成23年度

次の文の内容と合致するものとして最も妥当なのはどれか。

ある若い陶芸家が，自作の壺に精彩な薔薇の絵をかいた。いくらヒタイの広い人があるといって，そのヒタイにもう一つの顔を描いたら妙なものにちがいない。薔薇の絵付のある壺に，花がさされていた。さされた花は，自然，己れを主張する。花の下絵の薔薇も，毒々しく自分を主張している。調和のこわれた傷口から未来がはじまるというが，それは統一へのれつれつたる意慾と意図が作者にある場合のみにかぎる。

ちかごろの花器は，自己主張のアクがつよすぎるのではないか。花器は「用」をはなれて存在しない。花を活けてはじめて花も生き己れも生きるというハタラキが「用」の精神というべきものだが，若い意慾的な陶芸家にはこれが満足できないらしい。花を押しのけて自分を主張しようとする。

独断をいうようだが，陶芸家というものは自己主張が働くかぎり，いい作品はつくれない。その点，絵画や彫刻などの純粋芸術とは異っている。焼ものに関するかぎり，時代の古い作品ほどいいといわれるのは，このことに連なっている。中国の古陶磁は，多く無名の職人によって作られた。彼等は，一貫作業のほんの一部を荷なう。毛ほども作家意識のない宮廷奴れいにすぎなかった。彼等の作品が，今日の堂々たる作家たちの作品を，虫のように圧殺している。

陶芸は人が創るのではなく，火が作る。火の前に己れを否定して随喜してゆく精神のみが，すぐれた陶芸品を作るのだ。もともと陶芸は，人が自己否定することによってのみなりたちうる芸術である。火が陶磁を作る。人はただ随喜して火の世話をするにすぎない。人の我意が働けば働くだけ焼きあがった作品は小さく，火が縦横にふるまえばふるまうだけ，できあがった作品は自然のごとくおおきい。そこに花を挿そうが竹を置こうが，当然の機能のように調和するのである。

とはいえ，自己否定というのは，なんとも哀しい。若い陶芸家たちが，断崖の松にしがみつくように自己主張のできる純粋芸術へ自分の志を指向させているのはムリもないことだ。火の中に自己の生命を吸いとられてゆく。すぐれた陶芸家の誰もが，精気を吸いとられて遂にはほおけたような様子になる。清水坂にいる仙人のような老陶芸家たちを，若いひとびとは尊敬しつつも自分たちはああはなるまいとおもっている。しかし，彼等はまちがっている。窯の火は陶芸家の精魂を吸いとるが，出来あがった作品は単独に世に生きて，これを愛玩する鑑賞者の精気を吸いとる。玩物喪志ということばがある。すぐれた陶磁というものは，作家だけでなく鑑賞者の魂をも食いとってしまう。他の芸術作品にない力を，陶磁はもっている。これを自らの幸せと思わないかぎり，陶芸家になることを止したほうがいい。

1 真にすぐれた陶芸は無名の職人から生み出されるものであり，名のある陶芸家がつくりだすことはできない。

2 陶芸，絵画，彫刻のような純粋芸術の世界では，自己主張を働かせてはすぐれた作品は生まれない。

3 陶芸は自己否定によってのみなりたつ芸術であり，すぐれた陶芸をうみだす陶芸家は，創作過程で精気を吸いとられてしまう。

4 時代の古い作品ほどすぐれているのは，現代の陶芸家には，「用」の精神を求めながら良い作品をつくろうとする意欲が足りないからである。

5　すぐれた陶芸は，火の前に己れを否定することで生み出され，そのような陶芸を生み出すことで陶芸家自身も成長する。

解説

出典：司馬遼太郎『司馬遼太郎が考えたこと 1』

陶芸という芸術の特殊性について述べた文章。優れた作品をつくるには，火の前に自己を否定する精神が必要だと論じている。

1．自己主張が働けば優れた作品は生まれず，無名の職人の自己否定の精神が必要だと述べている。名のある陶芸家ではだめだと言っているのではない。

2．陶芸は「用」の精神を追求する芸術であり，「絵画や彫刻などの純粋芸術とは異なっている」のである。

3．妥当である。

4．時代の古い作品ほど優れているのは，「一貫作業のほんの一部を荷なう」無名の職人たちに作家意識がなく，火の前に己を否定する精神を持っていたからである。また，「陶芸は人が創るのではなく，火が作る」のであり，「良い作品をつくろうとする意欲」は，邪魔にもなりうる。

5．優れた陶芸作品をつくるには，火の前に己を否定する必要があるが，陶芸家は「精気を吸いとられて遂にはほおけたような様子になる」のであり，「自身も成長する」とは述べていない。

正答　3

国家Ⅱ種

No. 91 教養試験

文章理解　現代文（内容把握）　平成23年度

次の文の内容と合致するものとして最も妥当なのはどれか。

歴史に親しむ日々を過ごしていてつくづく想うのは，百年の計などというものは存在しないということである。

後世から眺めればあれこそ百年の計であったと思われる「計」はいくつもあるが，それらも立てた当初は，立てた本人ですらそれが百年の計になるなどとは思ってもいなかったのである。

《中略》

人間は自分の一生を越える長さのことなど，そうそう簡単に考えられるものではない。また，もし考えて言ったとしても，他の人びとを納得させることはむずかしい。

だから，結果からすれば百年の計になったことを考えた人であっても，スタートならば他と同じであったということになる。

それなのになぜ，一日の計と百年の計の差が生まれてくるのであろうか。

結論を先に言えば，その差は感覚の良し悪しによって生ずるのではないかと思う。

「計」を立てた人の感覚が良ければ一日の計も百年の計になるから，その人には先見の明があったということになり，反対に感覚が悪ければ，単なる一日の計でとどまるという具合に。

なぜなら，百年の計なるものの性格を考えると，誰がやっても同じ結果を得ることの可能なシステムの開発，と言いなおしてもよいと思うからだ。

人間の一生はせいぜいがところ50年から80年である。その中でも「計」を考えるようになったりそういうことが可能になったりする年齢は，どうしたって30歳を越えてからということになるだろう。それも大規模な「計」ともなれば，まあ50歳がスタートラインと考えてさしつかえないと思う。

ということは，百年の計を考えるほどの人は，無意識にしても，自分が死んだ後を誰が受け継ごうと同じ結果が得られるように，という想いがあったにちがいない。

《中略》

百年の計の性格が「誰がやっても同じ結果を得ることの可能なシステムの開発」であるならば，これはサイエンスの性格と同じことになる。

ただ科学とちがうところは，誰がやっても同じ結果を得られることまでは同じでも，その期間が永遠でないところにある。

システムさえ巧妙にできていれば，誰がやってもしばらくはつづくのだ。だが，かかわり合うのが人間である以上，その人間の出来の悪さにまで無関係でいつづけることはできない。組織の寿命は，やはり厳として存在する。

もう一点，百年の計が科学とちがうところは，１プラス１は必ずしも２になるとはかぎらなくて，３になったり４になったり，また反対に0.5になったりする場合もあるということだろう。

マキアヴェッリはリーダーに要求する性格として，力量，幸運，時代に合うことの三つをあげた。

一日の計が一日で終わらず，百年の計になりえるのはなぜかという問いへの答えも，この辺にありそうな気がする。天才も，その活躍の分野が人文科学に属する分野であれば，運と時代に無縁であることはできない。

1 一日の計と百年の計の差は感覚の良し悪しによって生じるが，この感覚は年齢を重ねることによって培われる。

2 一日の計が一日で終わらず，百年の計になり得るのは，時代のリーダーが１プラス１を３や４にすることのできる力量を有しているからである。

3 百年の計を考えるほどの人は，明日のことを未来のための布石として考え，これを意識的に日々実践することのできる人である。

4 天才とは，百年の計の性格をサイエンスの性格と同じと考え，人間の出来不出来にかかわらず永続するシステムを構築することのできる人である。

5 百年の計を立てるような人は，誰がやっても同じ結果を得ることの可能なシステムの開発を意識せずとも考えられる人である。

解説

出典：塩野七生『再び男たちへ』

「百年の計」について述べた文章。「百年の計」は，「誰がやっても同じ結果を得ることの可能なシステムの開発」であり，結果からしかいえず，立てた人の感覚の良さが必要だが，運と時代も関係すると論じている。

1．「計」を考えることが可能になる年齢には言及があるが，百年の計に必要な感覚が，「年齢を重ねることによって培われる」かどうかは不明である。

2．「リーダー」の「力量」は，マキアヴェッリの観点であり，筆者自身は，百年の計になりえるかどうかを，「リーダーの力量」には帰していない。

3．「百年の計を考えるほどの人」については，「無意識にしても，自分が死んだ後を誰が受け継ごうと同じ結果が得られるように，という想いがあったにちがいない」と述べており，意識的な思考と実践ができる人だという言及はない。

4．百年の計は，「誰がやっても同じ結果を得られる」点ではサイエンスと同じ性格を持つが，サイエンスとは異なり，その期間は永遠ではない。システムにかかわる人間の出来の悪さにまで無関係ではいられず，組織の寿命は「厳として存在する」のであり，「天才」であっても永続するシステムを構築することはできない。

5．妥当である。「立てた本人ですらそれが百年の計になるなどとは思ってもいなかった」とあり，「意識せずとも」という部分も合致する。

正答　5

文章理解
判断推理
数的推理
資料解釈
時事
物理
化学
生物
地学

国家Ⅱ種 教養試験

No. 92 文章理解 現代文（空欄補充） 平成23年度

次の文の［　　　］に当てはまるものとして最も妥当なのはどれか。

かつて王の前身が氏族や部族の長であり，王と民衆をつなぐものが拡大された血縁の観念だったことは，想像にかたくない。氏族や部族は共通の祖先を持つと信じることで結ばれていたから，いわばこの血脈の本家を継ぐ者が族長とされていただろう。この段階では神は説話に語り継がれた祖先神であり，その視覚的な表徴はトーテムであり，実質的に同族を固めていたのは慣習の同一性であった。だがやがて氏族民のあいだに富と勢力を拡張したいという想念が目覚め，氏族間の結合が始まるとこうした社会構造は揺らぐほかなかった。氏族の裾野が広がるにつれて，その頂点も高まらざるをえないからである。

おそらく原始の氏族間には圧倒的な力の差はなかっただろうから，初期の氏族融合は征服ではなく平和的におこなわれただろう。そのさい二つの氏族が対等に結ばれようとすれば，当然，どちらかの先祖を両族の祖先として仰ぐことはできない。双方は知恵を働かせてそれぞれの先祖の以前に共通の先祖を想定し，互いがじつは遠い昔には血縁関係にあったことを認めあわざるをえないだろう。それまでの両者の伝承を超えて新しい神話が創造され，その物語のなかで両族は［　　　］ことになるのである。

この過程が数次にわたって繰り返され，相当に大規模な氏族，あるいは部族が形成されていったとき，そこで全集団が祖先神と仰ぐ神はもはやトーテムで表徴されるような存在ではなかっただろう。

1　次第に古い伝承に支配される
2　多くの神を祖先とあがめる
3　より高位の祖先神を共有する
4　富と勢力の拡大を求めて争う
5　血縁関係を捨てて慣習の同一性を求める

解説

出典：山崎正和「神話と舞踊——文明史試論（『アステイオン72』所収）」

「神」の発展について述べた文章。氏族間の結合により，トーテムで表徴される神から，より高次の神へと高められていった事情を説明している。

空欄のある第２段落では，初期の氏族の結合は平和的に行われたと推定しており，双方の先祖の以前に共通の先祖を想定し，「それまでの両者の伝承を超えて新しい神話が創造され，その物語のなかで両族は［　　　　］ことになるのである」と述べている。第１段落末には「氏族の裾野が広がるにつれて，その頂点も高まらざるをえない」とあり，第３段落には，「そこで全集団が祖先神と仰ぐ神はもはやトーテムで表徴されるような存在ではなかっただろう」としており，「両者の伝承を超えて」「共通の先祖を想定」し，しだいに頂点が高まっていくのであるから，選択肢**3**「より高位の祖先神を共有する」が最も妥当である。

他の選択肢については，「新しい神が創造される」のであるから「次第に古い伝承に支配される」（**1**）のではなく，頂点が高まっていくのであるから「多くの神を祖先とあがめる」（**2**）では焦点が合わない。「共通の先祖を想定し」「互いがじつは遠い昔には血縁関係にあったことを認めあわざるをえない」とあるから「血縁関係を捨てて慣習の同一性を求める」（**5**）のではなく，「富と勢力の拡大を求めて争う」（**4**）も，「初期の氏族融合は……，平和的におこなわれた」（第２段落）という推定と合致しない。

正答　3

国家Ⅱ種

教養試験

No. 93 文章理解 現代文（文章整序） 平成23年度

次のA～Eの文を並べ替えてつなげると意味の通った文章（ある裁判における判決文の抜粋）になるが，その順序として最も妥当なのはどれか。

A：憲法82条１項の規定は，裁判の対審及び判決が公開の法廷で行われるべきことを定めているが，その趣旨は，裁判を一般に公開して裁判が公正に行われることを制度として保障し，ひいては裁判に対する国民の信頼を確保しようとすることにある。

B：筆記行為は，一般的には人の生活活動の一つであり，生活のさまざまな場面において行われ，極めて広い範囲に及んでいるから，そのすべてが憲法の保障する自由に関係するものということはできないが，さまざまな意見，知識，情報に接し，これを摂取することを補助するものとしてなされる限り，筆記行為の自由は，憲法21条１項の規定の精神に照らして尊重されるべきであるといわなければならない。

C：憲法21条１項の規定は，表現の自由を保障している。そうして，各人が自由にさまざまな意見，知識，情報に接し，これを摂取する機会をもつことは，その者が個人として自己の思想及び人格を形成，発展させ，社会生活の中にこれを反映させていく上において欠くことのできないものであり，民主主義社会における思想及び情報の自由な伝達，交流の確保という基本的原理を真に実効あるものたらしめるためにも必要であつて，このような情報等に接し，これを摂取する自由は，右規定の趣旨，目的から，いわばその派生原理として当然に導かれるところである。

D：裁判の公開が制度として保障されていることに伴い，傍聴人は法廷における裁判を見聞することができるのであるから，傍聴人が法廷においてメモを取ることは，その見聞する裁判を認識，記憶するためになされるものである限り，尊重に値し，故なく妨げられてはならないものというべきである。

E：裁判の公開が制度として保障されていることに伴い，各人は，裁判を傍聴することができることとなるが，右規定は，各人が裁判所に対して傍聴することを権利として要求できることまでを認めたものでないことはもとより，傍聴人に対して法廷においてメモを取ることを権利として保障しているものでないことも，いうまでもないところである。

（参考）憲法21条１項　集会，結社及び言論，出版その他一切の表現の自由は，これを保障する。

憲法82条１項　裁判の対審及び判決は，公開法廷でこれを行ふ。

1 A→E→C→B→D
2 B→C→D→A→E
3 C→B→E→A→D
4 D→B→C→E→A
5 E→A→D→B→C

解説

出典：大法廷・判決　昭和63（オ）436『メモ採取不許可国家賠償』

傍聴人が法廷でメモを取ることについての判決文である。判決文は，主張と論拠で構成されているから，主張をつかみ，「憲法82条１項」（裁判の公開）と「憲法21条１項」（表現の自由）を区別してグルーピングし，両者のつながり方を考えて，論拠の構成を整える。

全体をざっと見ると，Ａは裁判の公開に関する内容となっており，Ｂ以下では，「筆記行為の自由」「メモを取ること」など，「表現の自由」に関する事柄について述べている。主張は，Ｂ末に「筆記行為の自由は……尊重されるべきである」，Ｄに「傍聴人が法廷においてメモを取ることは，……である限り，尊重に値し，故なく妨げられてはならないものというべきである」とあり，より具体的なＤに判決の争点があり，ＢはＤの主張を支えるものとなるから，ＤよりもＢが前に置かれる必要がある。

次に，「裁判の公開が制度として保障されていることに伴い」と始まっているＤとＥに注目すると，いずれも裁判の傍聴と，傍聴人が「法廷においてメモを取ること」に言及しているが，裁判の傍聴について，Ｅでは，「裁判を傍聴することができることとなるが」と新しい情報として提示しているのに対し，Ｄでは，「傍聴人は法廷における裁判を見聞することができるのであるから」と既知の事実として述べており，ＤよりもＥが先にくることがわかる。そして，Ｅでは「右規定」の範囲を確認しており，「右規定」とは，Ａの「裁判の公開」に関する「憲法82条１項」であることがわかり，Ｅの前にＡがくることになる。よって，Ａ→Ｅがつながる。

そして，「法廷においてメモを取ること」については，他の規定を挙げて論ずる必要があり，「表現の自由」に関する「憲法21条１項」を挙げたＣを置けば，ＢやＤにつなげることができる。Ｃがこのつなぎ目に置かれている選択肢**1**「Ａ→Ｅ→Ｃ→Ｂ→Ｄ」に沿って読むと，「裁判の公開」⇒「表現の自由」⇒「筆記行為の自由」⇒「傍聴人は法廷でメモを取ってもよい」という順序立てた展開になっており，選択肢**1**が最も妥当といえる。

正答　1

No. 94 文章理解　英文（内容把握）　平成23年度

次の文の内容と合致するものとして最も妥当なのはどれか。

At 8:06 p.m. October 23, 1958, in Springhill, Nova Scotia*, one of the deepest coal mines on Earth collapsed, with 174 men underground. Eighty-one men struggled to the surface, battered but alive and speaking of horrors below. Ninety-three were missing.

Fallen rock blocked access to the depths; the mine had sealed up as if it had never existed.

The world was watching: The Springhill Mine Disaster was the world's first live-television-broadcast news event. Hundreds of people — reporters, cameramen, officials and onlookers — mobbed the mouth of the mine.

《中略》

But the mine had collapsed in such a way as to create two air pockets, two caves not much bigger than closed freight elevators. In one cave a mile below the surface, seven men awoke from the crash in rock prisons; at a deeper elevation, 12 men found themselves walled in together. Neither group heard the other.

When the dust settled, the men were able to look around and see their predicament. Coming to consciousness after the double earthquake of the collapse, lighting their head lamps, the men in each cave were staggered by the extent of the destruction.

These men had known the underground walkways and tunnels as well as their own neighborhoods; now, all was twisted beyond recognition. Immediately, they began to search for an exit: they pried into every cranny and felt their way along jagged walls. In each group, a natural leader emerged.

Each of the leaders was a man short on words and poorly educated, handy with equipment, with a good navigational sense but poor interpersonal skills, confident that he would find or chop a way out. Following his lead, the other miners jury-rigged tools from broken pieces, chipped at the walls, hungrily ate leftover dinners and drank from canteens.

《中略》

The rescue of the trapped miners after five days for the group of 12 and seven days for the group of seven was celebrated worldwide with breaking news reports, live footage and jubilation.

（注）＊Nova Scotia：カナダ南東部の州

1　炭鉱が崩壊していく様子は，たまたま取材で現場に来ていたテレビ関係者によって，生中継された。

2　炭鉱の崩壊によってできた，貨物用エレベーター程度の大きさの二つの空洞の中で，19人が生存していた。

3　二つのグループは地下の避難所で合流し，生存のために食料と水を配給制にした。

4　リーダーは坑道を自分の庭のように知っていたので，人々を出口に誘導することができた。

5　救助された鉱夫たちが，現場で待っていた家族との再会を喜ぶ様子は，世界中に報道された。

解説

出典：Melissa Fay Green “Up from the mine, 52 years ago”

全訳〈1958年10月23日午後８時６分，（カナダの）ノバ・スコシア州スプリングヒルで，世界でも有数の深さの炭鉱が崩壊し，174名が地下に取り残された。81名はなんとか地上まで這い出し，やつれてはいたが命は助かり，地下での恐怖を語った。93名が行方不明のままだった。

崩落した岩が地下深くへ（救助に）行くことを妨げた。炭鉱は，それまでまったく存在しなかったかのようにふさがれていたのだ。世界中がその行方を見守ったスプリングヒル炭鉱事故は，テレビで生中継された世界初のニュースイベントとなった。レポーターやカメラマン，当局の担当者や見物人など，何百人もの人が炭鉱の入り口に押し寄せた。

〈中略〉

だが，炭鉱の崩壊によって２つの空洞が生まれていた。その２つの穴は，ふさがれた貨物用エレベーターほどの大きさだった。そのうちの１つの穴は地上から１マイル（約1.6 km）ほどの深さにあり，７人が崩壊の後，意識を取り戻していたが，岩の牢獄に閉じ込められたことに気づいた。さらに深く潜ったところには12人が閉じ込められていた。どちらのグループも，互いの声は聞こえなかった。

粉塵が収まったとき，彼らは辺りを見回して自分たちの置かれた苦境を察することができた。それぞれの穴の鉱夫たちは，地震２つ分の規模の崩壊の後で我に返り，ヘッドランプをつけて，破壊の規模の大きさに呆然としたのだ。

彼らはそれまで，自分たちの家の近所同様に地下通路やトンネルの場所を知っていたが，いまやすべてがねじ曲がって見る影もない状態だった。すぐに，彼らは出口を探し求めた。すき間を片っ端からのぞき込み，ごつごつとした壁を伝って道を探った。どちらのグループにも，自然発生的にリーダーが現れた。

２人のリーダーのどちらもが口数が少なく教養の乏しい男で，手先が器用で方向感覚にも優れていたが人当たりはよくなく，自分はきっと出口を見つけ出す，道を切り開くと信じて疑わない人物だった。このリーダーの導きにより，他の鉱夫たちは壊れたかけらから即席の道具をこしらえ，壁を砕き，空腹を抱えながら残りの食料を食いつなぎ，水筒の水を飲んだ。

〈中略〉

閉じ込められた鉱夫たちは，12人のグループは５日後に，７人のグループは７日後に救出され，臨時ニュースのレポートと生中継によって歓喜とともに世界中で祝福された〉

1．テレビで生中継された世界初のニュースイベントとなったとの記述はあるが，炭鉱が崩壊していく様子が，たまたま取材で訪れていたテレビ関係者によって生中継された，といった記述はない。全体の記述から，事故発生から救出に至るまでの様子が随時生中継で伝えられたと読み取れる。

2．妥当である。

3．２つのグループは互いの声が聞こえなかったと述べられており，地下の避難所で合流したとの記述はない。また，食料と水を配給制にしたとの記述もない。

4．鉱夫たちは坑道の場所を知っていたが，事故で変形してわからない状態になっていたと述べられている。

5．救助のニュースが世界中に報道されたことは述べられているが，鉱夫たちが現場で待っていた家族との再会を喜ぶ様子が伝えられたかどうかは，本文の限りでは判断できない。

正答 2

国家Ⅱ種
教養試験

No. 95 文章理解 英文（内容把握） 平成23年度

次の文の内容と合致するものとして最も妥当なのはどれか。

In Japan, the more parents earn, the higher their children's academic test scores, a new survey has revealed. Commissioned by the Education, Science and Technology Ministry, the survey results released last month show a clear link between parental income and test results.

This basic inequality goes to the heart of what should be a democratizing educational system. However, the survey also showed that income is not always destiny.

The disparity in academic performance between students of low- or high-income families was clearly established. Those whose parents have an annual income between ¥12 million and ¥15 million scored nearly 20 percent higher on average than children whose parents' annual income is less than ¥2 million. This difference reveals a terrible rift in Japanese society, one that will likely increase if the social income gap continues to widen.

However, money was not the only causal factor in student performance on national tests. The survey found many activities boosted student performance regardless of socioeconomic level. Reading books, talking about the news or going to museums all led to higher scores at all income levels. Clearly, encouraging academic achievement does not entirely depend on how much money is spent. Parental effort and attitude count tremendously.

Schools, too, play a role in student performance. The determining factor was not so much emphasis on test-taking strategies or drill practice as on such basic daily behaviors as active participation, friendly greetings and a positive atmosphere at schools. Giving teachers much-needed training programs outside school also boosted student performance regardless of parents' income.

Japanese society is becoming increasingly unequal, but not irreversibly so. Education is tilted toward the wealthy, but the democratic foundations are not entirely lost. Clearly, parents and schools both need to emphasize early education and active engagement with youngsters instead of heaping on more pressure to cram for exams when entrance time approaches.

1 収入の高い家庭と低い家庭における生徒の成績には差があり，1年間の収入が200万円以上の家庭は，200万円未満の家庭よりほぼ20％成績が高い。

2 ニュースについて話し合ったり，博物館に行ったりすることは，家庭の収入水準にかかわらず生徒の成績の向上につながる。

3 成績の良さと最も相関が高い要素として，ドリルを日常的に実践することが挙げられる。

4 生徒の学力差を考慮しない画一的な教育は，教育における民主主義の精神を失わせることになる。

5 親や学校は，学校教育の重要性をもっと認識すべきであり，入学試験を念頭に置いた教育に力を入れるべきである。

出典：THE JAPAN TIMES　SUNDAY, AUGUST 16, 2009 “The rich go to college”

全訳〈日本では，親がより多く稼ぐほど，子供の学力テストの点数は高くなることが，最新の調査で明らかになった。先月発表された，文部科学省の委託で行われたこの調査の結果は，親の収入とテスト結果の明確な関連を示している。

この根本的な不平等は，民主的な教育制度はどうあるべきかという核心部分にも通じるものだが，調査はまた，収入によって運命が決まるとは言い切れないことも明らかにした。

家庭が低収入もしくは高収入である生徒の間で，学力の相違は明らかに認められた。親の年収が1,200万円から1,500万円の間にある子供たちは，親の年収が200万円未満の子供たちよりも平均点が約20％高かった。この差は日本社会に横たわる救いがたい断層を明らかにするものであり，社会における所得格差が広がり続ければ，この裂け目もさらにひどくなると思われる。

しかし，全国テストの生徒の点数と因果関係にある要因は，お金だけではなかった。多くの活動によって，社会経済水準に関係なく生徒の成績は伸びることが調査によってわかった。読書をしたり，ニュースについて話し合ったり，博物館に行ったりすることは，あらゆる所得水準で得点アップにつながった。明らかに，学業成績の向上はつぎ込むお金の額によってのみ決まるものではない。親の努力と姿勢によるところがとてつもなく大きいのである。

生徒の成績には学校の果たす役割もある。決定的な要因は，テストを受けるときのテクニックやドリル練習というよりは，むしろ積極的な授業参加，親しみのこもったあいさつや明るい雰囲気といった日頃の基本的な習慣を学校で行うことにあった。教師にぜひとも必要とされる訓練プログラムを校外で受けさせることもまた，親の収入にかかわらず生徒の成績をアップさせた。

日本社会はますます不平等の度合を強めているが，流れを元に戻せないわけではない。教育は裕福な人々の方向に偏りがちだが，民主的な土台が完全に失われたわけではない。はっきりと言えることは，親も学校も早期段階の教育を重視して子供たちと積極的にかかわる必要があるということであり，入学試験の時期に歩調を合わせて子供にプレッシャーを与えて詰め込み教育をすることではない〉

1．前半部分については正しいが，後半部分については，年収1,200万円から1,500万円の家庭の子供の成績は，年収200万円未満の家庭の子供たちよりも平均点が約20％高かったと述べられている。

2．妥当である。

3．日頃から学校で基本的習慣を実践することが成績の向上につながると述べているが，ドリルの実践については，テストを受けるテクニックの習得とともに，決定的な要因ではないと述べられている。

4．画一的な教育や民主主義の精神といった内容は述べられていない。

5．学校教育の重要性については述べられているが，入学試験を念頭に置いた詰め込み教育はすべきでないと述べている。

正答　2

国家Ⅱ種

教養試験

No. 96 文章理解 英文（空欄補充） 平成23年度

次の文のア，イ，ウに入る語の組合せとして最も妥当なのはどれか。

Ebola is even more deadly to monkeys than humans. If they get it they die. However in tests, the new [ア] cured 60% of them. It also proved 100% effective in dealing with the closely-related Marburg virus. The hope is that these results will be replicated* or even bettered when the drug is given to humans.

Ebola has killed around 1,200 people since it was discovered during the mid-1970s in Zaire, now the Democratic Republic of Congo. So far, [イ] have been limited to Africa where it is thought to be carried by fruit bats.

Ebola can be transmitted through contact with bodily fluids. [ウ] include nausea and vomiting, with victims suffering internal bleeding and organ failure before they die. The virus's high mortality rate has led to fears that it could be used in bioterrorism.

Funding for research into Ebola was stepped up in the United States following the attacks of September 11th 2001. The new treatment has been developed by the U.S. Army Medical Research Institute of Infectious Diseases, along with a private company.

（注） ＊replicate：繰り返す

	ア	イ	ウ
1	outbreak	symptoms	Treatments
2	outbreak	treatments	Symptoms
3	symptom	outbreaks	Treatments
4	treatment	outbreaks	Symptoms
5	treatment	symptoms	Outbreaks

解説

出典：BBC LEARNING ENGLISH　Words in the news　Tuesday, 24 August 2010 Iain Mackenzie "Ebola drug to be tested on humans"

全訳〈エボラ（ウイルス）は，人間よりもサルにとって致死的である。サルが感染すると死に至る。ところが実験では，その新しい［ア：治療法］で彼らの60％が快復した。またその治療法は，エボラウイルスに関連の深いマールブルグ（ミドリザル病）ウイルスの対策としても100％有効であることがわかった。人間に応用したときにこのような結果が再現され，あるいはより効果を発揮することが望まれる。

エボラは1970年代半ばにザイール（現在のコンゴ民主共和国）で発見されて以来，1,200人前後の人を死に追いやった。これまでのところ，［イ：発生］はアフリカに限られており，オオコウモリがウイルスを媒介したと考えられている。

エボラは体液の接触によって感染することもある。［ウ：症状］としては吐き気や嘔吐があり，犠牲者は死に至るまでに内部出血や臓器不全を起こす。このウイルスの致死率の高さから，バイオテロに使われるのではないかと恐れられてきた。

アメリカでは2001年９月11日のテロ攻撃以降，エボラウイルスの研究資金が増額された。新しい治療法は，アメリカ陸軍感染症研究所とある民間会社の共同により開発された〉

選択肢に登場する単語の意味はそれぞれ，outbreak「(伝染病などの）発生，突発」，symptom「兆候，症状」，treatment「治療（法)」。空所アは，直後の cure「治す」という動詞から treatment が適切。空所イは，outbreaks と symptoms のどちらを入れても文意が通りそうだが，空所ウは直後の nausea「吐き気」，vomiting「嘔吐」からsymptoms が適切。したがって空所イには outbreaks が入る。

よって，正答は**4**である。

正答　4

国家Ⅱ種
教養試験
No. 97 文章理解 現代文（内容把握） 平成22年度

次の文の内容と合致するものとして最も妥当なのはどれか。

言語世界は矛盾の存在を許すことから，矛盾を含まない実在世界より大きい。したがって，科学により実在世界の像を言語世界の中に描くことに問題はない。しかし，言語世界を実在世界に写像する技術において，言語世界における矛盾を含む願望を，矛盾を含まない実在世界にそのまま写像することはできない。

例を新幹線騒音に採る。新幹線の線路脇に住む人にとって騒音は許されない。一方，新幹線を利用して時間を有効に使おうとする人にとって新幹線の速さは生命である。この両方の願望は互いに矛盾するが，言語世界においては共存している。

他方，新幹線の風切り音は物理現象であり，速度の増大は風切り音の増大を招く。両方の願望を完全に満たすことは，新幹線を開放空間に置く限り物理的に不可能である。全線をトンネルにして閉鎖空間にすれば，外への騒音は軽減できるが内部の騒音は増加し窓外の景色が見えなくなり，乗客は不満であろう。

これへの対処法は二つある。一つは言語世界にある矛盾する願望のそれぞれを変更して両立化を図り，社会選択の問題として処理することである。他の一つは，鉄道技術を進歩させ速度の増加と風切り音の低下の両立を図ることである。

速度の増加と騒音の増加の間で社会選択を図るとき，速度と騒音の関係がわかる必要がある。これは鉄道技術が提供することである。そして，速度の増加と風切り音の低下の両立を図る技術開発を駆動するものは社会からの圧力である。

社会の願望と技術開発の界面にあるのが，社会の願望を技術の言葉で書き出したシステムの「仕様」である。仕様は，社会の願望に応えるために，速度と騒音の間のバランスをとって両方が許し得る範囲を模索して作られる。これを速度と騒音との間のトレード・オフという。ここでは速度と騒音を取り上げたが，それ以外に建設コストなど多くの考慮すべき仕様項目が存在して，その間でのトレード・オフを図らなければならない。

これは科学技術だけであるいは社会選択だけで解決できる問題ではない。ここにおいて，人と社会に関する学問と科学技術との協力連携が必要となる。しかし，整合的世界にある科学技術と，矛盾を含む人と社会に関わる学問とでは，成立の基盤を異にすることから，協力連携には本質的困難がつきまとう。

1 言語世界に含まれる矛盾は実在世界に含まれる矛盾よりも大きいため，言語世界における願望をそのまま実在世界に写像することはできない。

2 鉄道技術の進歩により，新幹線の速度の増加と騒音の軽減を同時に達成できたとしても，乗客の願望を完全に満たすことはできない。

3 速度の増加と騒音の軽減という実在世界における矛盾する願望は，言語世界における社会選択の問題として解決されなければならない。

4 実在世界において社会の願望に応えるためには，多くの考慮すべき要素どうしのトレード・オフを図る必要がある。

5 科学技術は，本来，整合的世界のものであるが，常に社会からの圧力にさらされているため，他の学問との連携協力には本質的困難がつきまとう。

解説

出典：市川惇信『科学が進化する５つの条件』

科学技術と，人と社会に関わる学問の成立基盤の違いを示し，協力連携の難しさを指摘する文章。

矛盾を含む社会の願望をそのまま実現することはできないため，社会選択と技術開発による解決が図られることになり，人と社会に関わる学問と科学技術との協力連携が必要となるが，前者は矛盾を含み，後者は整合的世界にあるため，困難がつきまとう，と述べている。

読み取りにおいては「言語世界」，「矛盾の共存」などの抽象的な内容に戸惑うかもしれないが，「実在世界は矛盾を含まない」という点を押さえれば，誤った選択枝を消去できる。また，社会の願望に応えるためには，多くの要素間のバランスを考え，許容可能な範囲を模索していかなければならないという現実的な問題をとらえれば，正解枝は見つけやすい。

1．矛盾の大きさを比較している点が誤り。実在世界は矛盾を含まないのである。

2．乗客の望むのは「速度の増加」であり，「鉄道技術の進歩」によって騒音の軽減が達成されるのであれば，閉鎖空間に置かれることもなく，当該問題については不満は残らない。また，現実には本文で取り上げられていない願望もあろうが，それらに関しては判断できない。

3．「速度の増加と騒音の軽減」という矛盾する願望は，実在世界ではなく言語世界に存在する。また，社会選択の問題として解決することは，それぞれの願望を変更して両立化を図り，矛盾を含まない実在世界へと写し換えようとすることであり，単に「言語世界における」解決ではない。さらに，速度の増加と騒音の軽減という矛盾する願望は，社会選択だけで解決できる問題ではない（第７段落第１文）。

4．妥当である。

5．社会からの圧力は技術開発を駆動するものであり，これによって連携協力が難しくなるわけではない。連携協力が困難なのは，成立基盤が異なるからである。

正答　4

文章理解 判断推理 数的推理 資料解釈 時事 物理 化学 生物 地学

国家Ⅱ種

教養試験

No. 98 文章理解 現代文（内容把握） 平成22年度

次の文の内容と合致するものとして最も妥当なのはどれか。

世界の相互依存が，ますます緊密化を高めようとするとき，日本のそれまで相対的固有性を保っていた「文化」が，今後どのような連続性を守ることが必要とされているのか，さらにまた，従来の経済的繁栄や社会的豊かさを維持するためには，日本の「文化」の改変を必要としているのはどのような部分であるのか。《中略》

この研究の基本的立場は，「グローバリゼーション」と「伝統文化」は，いずれかを選ばなければならないような，対立関係にあるのではないとする点である。国民国家はなんらかの形態を変えつつも，グローバルな社会の基本単位として，今後も存続していくであろう。国民国家は存続するためには，なんらかの文化的伝統の上に，その土台を置いていなければならない。多くの日本人は，今後も日本語を日常語として使い，日本語の中に圧縮されて秘められている，日本人的発想や価値観や美意識は，連続性を持たざるを得ないと考える。しかし，言語も含めて「文化」というものは，常に再定義され，再構築されてきた，動的な価値観・生活様式なのであって，過去に完成され，固定化され，ただ守るだけの存在ではない。過去に蓄積された日本の「文化」を維持・発展させるためにも，日本の「文化」のある部分の改変は不可避である。

それは「伝統文化」と呼ばれるものにも当てはまる。それは，新しい創造の原点にもなれる，文化の動的基盤である。「伝統文化」の再検討や再発見によって，より古典的な姿への回帰も可能であり，逆に，グローバル社会への創造的適応によって，新たな「伝統文化」（形容矛盾だが）へと再生することもありうる。日本人で世界のファッション界で活躍している人々の戦略は，日本の「伝統服飾文化」の中からエッセンスと思われるものを取り出し，それを「世界化」（グローバル化）することを基本としている。

ともあれ，「伝統文化」とは，歴史のさまざまな可能性の中から，一つの選択がなされた結果なのであって，歴史必然的に残された「伝統文化」なるものは存在しないのである。

1　伝統文化の再構築のためには，日本人的発想や価値観や美意識といったものに拘泥せず，既存の文化を新しいものへと変容させていくことが不可避となる。

2　従来の伝統文化を基盤とするのではなく，グローバル社会に通用する考え方を基盤として，新たな伝統文化を構築していくことが必要である。

3　従来の伝統文化を見直し，古典的な姿へと回帰することにより，更にグローバル化した文化へと発展していくことが可能となる。

4　伝統文化を基本とする国民国家が存続するためには，グローバル社会と対立する部分の改変が不可欠である。

5　伝統文化は，いろいろな可能性の中で選択がなされてきたものであり，また，グローバリゼーションとは二者択一的なものではない。

解説

出典：園田英弘『流動化する日本の「文化」』

グローバル社会における日本文化のあり方を模索する文章。国民国家の存続を見据え，なんらかの文化的伝統の上に改変を施していく必要があると論じている。

「文化」は常に再定義・再構築されてきた動的価値観･生活様式であり，「グローバリゼーション」と「伝統文化」は選択・対立関係にはない。「伝統文化」は「新たな創造の原点にもなれる，文化の動的基盤」であり，そのあり方も選びとられてきたものである，と述べている。対立関係にはないとしたうえで，伝統文化の選択に関心を寄せている点に注目したい。

1．「…に拘泥せず」が誤り。筆者は，「日本人的発想や価値観や美意識」の連続性を前提に，部分的な改変を主張しているのである。

2．「グローバル社会に通用する考え方を基盤として」という部分が誤り。「グローバリゼーション」と「伝統文化」は，対立・選択関係にはなく，「伝統文化」は「文化の動的基盤」とされている。

3．「古典的な姿へと回帰することにより」という部分が誤り。伝統文化が「グローバル化した文化へと発展していく」には，「グローバル社会への創造的適応」が必要であり，本文では，「古典的な姿への回帰」は，これとは「逆」の方向性を持つ事柄として位置づけられている。

4．「グローバル社会と対立する部分の改変が不可欠」としている点が誤り。筆者は，どの部分を改変すべきかと問題提起しているのである。

5．妥当である。第４段落と第２段落第１文で示されている。

正答　5

国家Ⅱ種

No. 99 教養試験 文章理解 現代文（内容把握） 平成22年度

次の文の内容と合致するものとして最も妥当なのはどれか。

「妥協する」ということは，我々日本人の慣習では，何やら節操のない態度や，自己を裏切るようなことを連想させるし，ドイツやフランスなどでも，やはり自己の敗北を意味するようなふしがあるが，イギリスではそうではなく，すこぶる積極的な意味がもたされている。「わたし」と「あなた」とが妥協できるということは，それによって自分が敗れるのではなく，相手を満足させ，相手との調和をとり，自分も相手も一歩前進することができるのである。これができるのは，自分という人間が思想の主人公であるからであり，またその思想はたくさんの側面をもち多角的であるからである。自分の考え方や自分の思想が，多角的であるから，その一角を切り捨てることによって相手方と妥協しても，それによって自分の思想が破綻を来たすということにはなかなかならない。もともと個別的に存立するバラバラの思想を自分が中心になって繋ぎとめているのであるから，それらの思想のなかの一部分を切り捨てることは，必ずしもむつかしいことではない。その思想を繋ぎとめているものが，何か自分から離れた客観的な「論理」の糸というようなものではなく，実は自分自身であるから，自分が承知なら，その思想を或る程度まで修正することはできるはずである。

これは勢い，同じ生活圏にあるものの間には，大体に共通の考えが成立する所以でもあろう。それとは違って，論理の網の目で張り廻わされて身動きならぬように固定した思想が，逆に私を捕えているのであったなら，相手とこの妥協をやるのは，容易なことではない。これが，イギリスで，妥協のできないということがよくないこととされている所以であって，イギリスの政治家が妥協を政治上の徳と見る所以でもあり，ラスキーなどがスターリンを評して，その頑強な非妥協的な態度を救い難いものと評している理由であろう。イギリス人から見ると，そこに思想を枢軸としない社会，相手をも含めた全く人間中心の社会があるわけであり，そこに，理窟倒れの観念的な自由ではない，実際的な自由が，成立するのである。

1　イギリスでは，自分の思想の中心に自分がいれば，思想の中の一部を切り捨てて妥協することは困難ではないと考えられている。

2　イギリス人から見ると，日本人のように，妥協を否定的にとらえながらそれを慣習としているのは，論理に一貫性のない節操のない態度である。

3　イギリス人は，同じ生活圏にある人々には，客観的な論理の糸のようなものが存在し，妥協することなく共通の考えが成立すると考えている。

4　イギリスで妥協することが積極的に評価されるのは，彼らの社会が共通する軸となる思想を持っているからである。

5　イギリスでは，妥協することができないと，自分の中の思想がバラバラに存在し，確固たる思想がないと受け取られる。

解説

出典：笠信太郎『ものの見方について』

妥協を評価するイギリス人の価値観を説明する文章。

論理の網の目によって固定された思想では妥協は難しいが，さまざまな自分の考えを繋ぎとめているのが自分自身であれば，一部を切り捨てても思想が破綻することはなく，相手との調和をとりながら自分の思想を修正することもできる。イギリス人は，思想を枢軸とした社会ではなく，相手をも含めた人間中心の社会に価値を置き，そこに成立する実際的な自由を重んじる，と述べている。

第１段落後半と第２段落末に注目すれば正解枝を選ぶことができるが，誤枝を消去するためには，イギリス人は論理にとらわれすぎた頑強な態度を嫌う，という点を押さえることが肝要である。

1．妥当である。

2．「論理に一貫性のない節操のない態度」という批判は，妥協に否定的な立場から発せられるものであり，イギリス人の見方ではない。イギリス人は，論理に縛られることを嫌うのである。

3．同じ生活圏にある人々の間に共通の考えが成立するのは，互いに妥協し，相手との調和をとって自らの思想を修正できるからであり，これが可能なのは，「客観的な論理の糸のようなもの」があるからではなく，自分自身が中心となって自らの思想を形成しているからである。また，ここに「共通の考えが成立する」と見ているのは筆者であり，イギリス人ではない。

4．妥協が評価されるのは，「思想」を軸とする社会ではなく，人間中心の社会が形成されているためである。

5．「妥協することができない」ことは，「自分の中の思想がバラバラに存在し，確固たる思想がない」のではなく，「思想」に捕らえられ，論理の糸に縛られすぎていると受け取られるのである。

正答　1

No. 100 文章理解 現代文（文章整序） 平成22年度

次の［　　　］の文の後に，A～Eを並べ替えてつなげると意味の通った文章になるが，その順序として最も妥当なのはどれか。

科学は時間をも加速させました。

A：たとえば，インドに行く目的をもつ人は，1時間でも早く到着したいでしょう。その気持ちはわかりますが，そうなると，到着するまでの時間が退屈そのものになってしまいます。つまり，その間がまったく意味のないものになってしまいます。

B：交通機関の発達を例にとるとよくわかりますが，現代技術は，新幹線やジェット機を開発して人間の移動時間を短縮させました。それは，目的と結果を重視した結果です。

C：ところが，東京から大阪まで新幹線で3時間になると，それを2時間半に縮めようとします。こだま号からひかり号，そしてのぞみ号，さらにはリニアモーターカーの実用化も間近に迫っています。

D：進歩と発展の成果を一刻でも早く確かめたいという欲求があるからです。いつまでも結果が出ないようなら，それは科学の名に値しないと思うようになってしまいました。つまり，プロセスの副産物は無視され，結果だけが重視されるようになったということです。

E：昔の旅は，道中そのものを楽しみました。『東海道中膝栗毛』の弥次さん喜多さんの旅をみればわかります。目的地などはどうでもよく，道中のときどきで楽しみを発見し満喫するものでした。

1　B→C→E→D→A
2　B→D→A→C→E
3　B→E→C→A→D
4　D→B→A→E→C
5　D→E→B→C→A

解説

出典：近藤誠・ひろさちや『死に方のヒント』

結果だけを求め，プロセスが軽視される傾向がますます進んでいると述べる文章。接続関係からE→Cが決定しやすいが，さらに，全体の流れを考え，緊密な結びつきをとらえる必要がある。

文章では，「目的と結果」vs「プロセス」という対比が取り上げられており，「科学」の性質について抽象的に述べるD以外は，「移動時間」を取り上げた例示説明となっている。

冒頭の「科学は時間をも加速させました」という短文を受けて端的に説明しているのはDであり，その他のパートは，Dの「結果を求め，プロセスが無視されるようになった」という内容を説明するものとなっているから，「D→その他のパート」という流れが考えられる。Bで始めてしまうと，冒頭文から飛躍があるだけでなく，Dの収まりどころがなくなってしまう。

「移動時間」について述べる4つのパートについては，「ところが」で始まるCの直前が特定しやすい。「時間短縮が図られている」という現状を述べるCの前には，これとは逆の「昔は道中そのものを楽しんだ」というEが必要であるから，E→Cがつながる。

Dで始まりE→Cの入った**4**は，B→Aが，Dを受けた例示説明となっており，E→Cでさらに昔と今との移り変わりに言及するという形になっており，スムースな運びである。

なお，E→Cが入っているがBから始まっている**3**は，C→A→Dもつながりが悪い。歴史軸における現状を示すCに対し，「たとえば」で始まるAでは，プロセスに意味がなくなる原理を説明しており，結果を早く出そうとするのが科学と述べるDとの間にも飛躍がある。

正答 4

国家Ⅱ種

教養試験

No. 101 文章理解 現代文（空欄補充） 平成22年度

次の文のA～Kには，「固有」又は「普通」のいずれかの語が入るが，A，G，Jに該当する語の組合せとして最も妥当なのはどれか。

家の中だけで育てられているこどもは，見るモノの数にも限りがあるから，たくさんの名をおぼえる機会に恵まれていない。かれらが通常与えられる名は［ A ］名詞であって，［ B ］名詞ではない――とこう書いていて少し不安になってきた。この問題ではいろいろと議論がたたかわされてきたからである。もしかしてこどもは，まず一つ一つのモノの名を，それだけがもっている［ C ］名詞としておぼえ，次いで，似たようなワンワンをいくつも見ることによって，一つの類の名であるという認識に到達するというふうに考えれば，最初のワンワンは［ D ］名詞，次いで多くのワンワンと接し，すべてのワンワンがワンワンであると知れば，はじめのワンワンは［ E ］名詞へと発展するのである。

このようなこどもの例を，人類全般におしひろげて，すべての［ F ］名詞の起源は［ G ］名詞であったという議論を展開したのはアダム・スミスであった。かれが1762年に発表した，「諸言語の起源についての論文」では，川というものをテムズでしか知らない「無知な」人間にとっては，別の川を見たときもテムズと言うはずだから，すべての名詞の起源は［ H ］名詞だったと主張している。

スミスのこの論文のおもしろさを再発見して，その最初のテキストを複写して世に送ったのはE・コセリウだが，かれはこの冊子に，同時に，スミスに反対したイタリア人ロズミーニの反論をも収録している。ロズミーニはスミスとは逆に，［ I ］名詞は［ J ］名詞よりもずっとあとになって生れる，なぜなら「数多くの洞穴，泉，樹木を見たのちに，その中から特定の個を区別する必要が生じた」ときにその区別のために［ K ］名詞が生れたのだ，とした。

	A	G	J
1	普　通	普　通	固　有
2	普　通	固　有	普　通
3	普　通	固　有	固　有
4	固　有	普　通	固　有
5	固　有	普　通	普　通

解説

出典：田中克彦『名前と人間』

空欄が多数ある問題。「固有名詞が先か，普通名が先か」というアポリア（難題）が取り上げられている。正答を導き出すこと自体は困難ではないが，全体的な連関を確認して解く必要がある。

A～Kの11の空欄のうち，A，G，Jの３か所について，「固有」と「普通」のいずれかを入れる形になっているが，３か所とも，関連する他の空欄を埋めてからでないと解けない。

まず，第１段落のA⇔Bについては，後の「もしかして…」という迷いに注目し，C～Eを特定してから，逆の順序になるようにする。C～Eで取り上げている考えは，「それだけがもっている［ C ］名詞」に次いで「一つの類の名」という認識に到達すると述べているから，「固有名詞⇒普通名詞」というものである。「C，D⇔E」という関係から，C，Dに「固有」，Eに「普通」が入る。A⇔Bでは，これとは反対の「普通名詞⇒固有名詞」という順序が想定されているから，Aには「普通」，Bには「固有」が入ることになる。

次に第２段落のスミスの説「G⇒F」については，「川」よりも「テムズ」が先，という例から，「すべての普通名詞の起源は固有名詞であった」という主張であることがわかり，Hに「固有」，Gに「固有」，Fに「普通」と決まる。

第３段落の「J⇒I」は，スミスとは逆の説であるから，「普通名詞⇒固有名詞」という主張である。後の説明には，「数多くの…を見たのちに，その中から特定の個を区別する必要が生じた」とあり，「その区別のために［ K ］名詞が生まれた」というKには「固有」，Iに「固有」，Jに「普通」が入る。

以上より，**2**が妥当であるが，GとJの２つが特定できれば正答できる問題になっており，Aの特定を後回しにしてもよい。

正答　2

次の文の内容と合致するものとして最も妥当なのはどれか。

As the popularity of youth tournaments has intensified over the past decade, a peculiar trend has emerged: girls sporting events tend to attract more relatives and generate more revenue for tourism than similar events for boys, a finding that is drawing increased attention from economic development officials.

《中略》

One city poised to capitalize on the situation is Chattanooga, where the mayor, Ron Littlefield, recently unveiled an $11.8 million softball complex aimed at returning the city to national prominence in the sport. Kirsten Grant, a 17-year-old catcher, was here to compete in the National Softball Association Class A Eastern World Series, a softball event for girls ranging from as young as 7 to as old as 18. The event drew 232 teams and roughly 7,500 people, and city officials estimated that visitors would spend $3.6 million for the week.

Chattanooga once had a reputation for its quality softball facilities, but years of neglect left the fields in poor condition and the city without major tournaments. So after his election in 2005, Littlefield set out to revive the sport. He worked with the city to build a softball complex on 85 acres next to a former landfill*1. The eight fields have lighting, webcams and awnings*2 to shelter the bleachers from the sun. The Summit of Softball complex, along with a separate 2,500-seat softball stadium, has made the city increasingly attractive to groups like the National Softball Association, which operates tournaments nationwide, said Greta Hayes, the city's assistant director of parks. Already, she said, about 20 youth softball tournaments were scheduled for the city this season. The city held 72 youth sports tournaments in 2008.
City officials acknowledged that they did not set out to capitalize on the girls sports market, yet they are grateful for the added revenue that it brings. Three new hotels have opened near the softball complex, and Littlefield said the income from sales and hotel taxes was valuable.

(注) *1 landfill：ごみ埋立地　　*2 awning：天幕，日よけ，雨よけ

1 Chattanooga市は，施設を新設するなどソフトボール大会をはじめとするスポーツ大会の誘致に積極的である。

2 Chattanooga市で開催されるソフトボール大会は，女子のスポーツ大会の中でも観客数が多いことで知られている。

3 Chattanooga市では，女子のスポーツ活動が盛んであるが，中でも特にソフトボールの人気が高い。

4 Chattanooga市では，女子のスポーツの中で，ソフトボールは競技場がごみ埋立地に隣接しているため人気がない。

5 Chattanooga市は，女子のスポーツ振興に取り組み，ソフトボールチームは全国大会で優勝するまでになった。

解説

出典：New York Times (website)

全訳〈ここ10年の間に，若者による（スポーツ）大会の人気が高まるにつれて，ある特有のトレンドが浮かび上がっている。それは，女子のスポーツイベントのほうが，男子の同様のイベントに比べてより関係者を呼び込みやすく，訪れる人がもたらす収入がより多く発生する傾向にあるということだ。この傾向は，次第に多くの地域の経済振興担当者の注目を集めるようになっている。
＜中略＞
このような状況を利用する用意が整っている地域に，チャタヌーガ市がある。ロン・リトルフィールド市長は最近，1,180万ドルをかけてソフトボールの複合施設をオープンし，市を再びソフトボールのメッカにしようとしている。17歳のキャッチャーであるクリステン・グラントさんも，この地で開催される全国ソフトボール協会Ａクラス東部ワールドシリーズで試合をするために訪れた１人だ。このイベントは，下は７歳から上は18歳までの女子によるソフトボール大会で，232のチームが参加し，おおよそ7,500人が訪れた。市の担当者は，大会が行われる週の間に訪問客が費やすお金は概算で360万ドルになるだろうとはじき出した。
チャタヌーガ市はかつて，高水準のソフトボール施設で評判が高かったが，長年管理を怠ったためグラウンドは荒れ，市で主要な大会が開かれることもなくなっていた。そこでリトルフィールド市長は，2005年の当選後にソフトボールの再興に乗り出した。彼は市と連携して，かつてのごみ埋立地に隣接する85エーカーの土地にソフトボールの複合施設を建設した。８つのグラウンドは照明とウェブカム（インターネットで生中継するためのビデオカメラ）を備え，観客席には日よけのひさしが設けられた。この複合施設「ソフトボールサミット」と，別の場所にある2,500席のソフトボール競技場のおかげで，市は全国大会を運営する全国ソフトボール協会のような団体にとってずいぶん魅力的な場所になった，と市の公園課長グリータ・ヘインズ氏は語った。彼女によると，すでに市では約20の若者によるソフトボール大会が今シーズン予定されているとのことだ。2008年には，市は72の若者によるスポーツ大会を開催した。市の担当者は，女子のスポーツ市場の利用を意識して手がけているわけではないと語ったが，そこからもたらされる収入の増加はありがたく思っている。ソフトボール複合施設の近くには新しく３つのホテルがオープンしており，ホテルの売り上げとホテル税からくる収入は貴重だ，とリトルフィールド市長は語った〉

1．妥当である。

2．ソフトボール大会の観客数について，ほかの女子のスポーツ大会と比較して述べた記述はない。

3．市がかつてソフトボール施設で有名であり，新しいソフトボール複合施設のオープンで最近改めて脚光を浴び，全国大会が開かれるようになったという記述から，ソフトボールの人気が高い地であるとはいえるかもしれないが，市で女子のスポーツ活動が盛んだとの記述はない。

4．ソフトボール複合施設は「かつての」ごみ埋立地に隣接していると述べられており，立地条件が人気に悪影響を与えているとの記述はない。また，ソフトボールの人気を他のスポーツと比較した記述もない。

5．市の担当者の発言からは，市が特に女子のスポーツの振興に取り組んでいるわけではないということが読み取れる。また，市のソフトボールチームが全国大会で優勝したとの記述はない。

正答　1

国家Ⅱ種 教養試験

No.103 文章理解 英文（内容把握） 平成22年度

文章理解 判断推理 数的推理 資料解釈 時事 物理 化学 生物 地学

次の文の内容と合致するものとして最も妥当なのはどれか。

When it came to decorating her home, my mother was nothing if not practical. She learned early on that children will destroy whatever you put in front of them, so for most of my youth our furniture was chosen for its durability rather than for its beauty. The one exception was the dining room set, which my parents bought shortly after they were married. Should a guest eye the buffet*1 for longer than a second, my mother would notice and jump in to prompt a compliment. "You like it ?" she'd ask. "It's Scandinavian !" This, we learned, was the name of a region—a cold place where people stayed indoors.

The buffet, like the table, was an exercise in elegant simplicity. The set was made of teak and had been finished with tung oil. This brought out the character of the wood, allowing it, at certain times of day, to practically glow. Nothing was more beautiful than our dining room, especially after my father covered the walls with cork. It wasn't the kind you use on bulletin boards but something coarse*2 and dark, the color of damp pine mulch. Light the candles beneath the chafing dish*3, lay the table with the charcoal-textured dinnerware we hardly ever used, and you had yourself a real picture.

This dining room, I liked to think, was what my family was all about. Throughout my childhood, it brought me great pleasure, but then I turned sixteen and decided that I didn't like it anymore.

（注）＊1 buffet：食器棚　＊2 coarse：きめの粗い　＊3 chafing dish：卓上鍋

1 ダイニングルームには，美しさを優先して選んだ家具一式があり，それらは両親が新婚のときに買ったものだった。

2 母は，お気に入りの家具を来客に自慢していたが，壊されることを恐れて，子どもだった私には触らせないようにしていた。

3 質素な家だったが，来客のあるダイニングルームだけは豪華で，父が色鮮やかな壁紙をはってからは一段と華やかさが増した。

4 特別な日には，食卓にキャンドルを灯し，めったに着ないディナー服を着て，写真を撮ったものだった。

5 私は，両親のお気に入りだったダイニングルームを好きになろうと努力したが，どうしても好きになれず，16歳になる頃に，それを諦めた。

解説

出典：David Sedaris　*This Old House*（*The Best American Essays 2008*）

全訳〈家の装飾に関しては，私の母はもっぱら実用重視だった。彼女はずっと以前の段階で，どう飾っても子供たちというのは目の前にあるものをめちゃめちゃにするものだと悟った。だから私の子供時代はほぼ，家の家具は美しさよりも耐久性という点で選ばれた。ただ一つの例外がダイニングルームセットで，これは両親が結婚した直後に買いそろえたものだった。来客が食器棚に１秒以上目を止めようものなら，母は目ざとく気づいて駆け寄り，褒め言葉をもらおうとした。「気に入った？　スカンジナビア製なのよ」とよく彼女は言ったものだ。これは地域の名前で，人々が屋内で過ごす寒い地方だということを私たちは学んだ。

食器棚はテーブルと同様，シンプルな上品さの漂うものだった。家具一式がチーク材を使用し，桐油（とうゆ）で仕上げてあった。これが木材の特性を引き出し，一日の時間帯によっては光り輝くような色彩を帯びるのだった。ダイニングルームは家の中でどこよりも美しい場所だった。父が壁をコルク製の壁紙で覆ってからは，なおさらのことだ。コルクといっても，掲示板に使われているようなやつではなくて，きめが粗く，花壇に敷くマツの根覆いが湿ったような濃い色のものだ。卓上鍋の下にキャンドルを灯し，めったに使わないチャコールグレーの食器類をテーブルに並べれば，ちょっと絵になるような光景だ。

このダイニングルームが私の家族を物語る風景だと，私はよくそう思った。子供時代を通じて，その部屋は私にとって心地のよいものだった。でも16歳になったとき，私はもうこの部屋のことが好きではないと考えるようになっていた〉

1．妥当である。

2．母がダイニングルームの家具を来客に自慢したことは述べられているが，子供の私に触らせないようにしていたとの記述はない。

3．前半部分は正しいといえるが，父がはった壁紙については濃い色だったと述べられており，華やかさが増したとも述べられていない。

4．めったに着ないディナー服を着たとか，写真を撮ったとの記述はない。

5．子供の頃はダイニングルームが好きだったが，16歳の頃には嫌いになったと述べられている。

正答　1

国家Ⅱ種 教養試験

No. 104 文章理解 英文（内容把握） 平成22年度

次の文の内容と合致するものとして最も妥当なのはどれか。

Despite its mercurial*1 nature, however, the house cat is the most popular pet in the world. A third of American households have feline*2 members, and more than 600 million cats live among humans worldwide. Yet as familiar as these creatures are, a complete understanding of their origins has proved elusive*3. Whereas other once wild animals were domesticated for their milk, meat, wool or servile labor, cats contribute virtually nothing in the way of sustenance or work to human endeavor. How, then, did they become commonplace fixtures in our homes?

Scholars long believed that the ancient Egyptians were the first to keep cats as pets, starting around 3,600 years ago. But genetic and archaeological discoveries made over the past five years have revised this scenario—and have generated fresh insights into both the ancestry of the house cat and how its relationship with humans evolved.

《中略》

In 2004 Jean-Denis Vigne of the National Museum of Natural History in Paris and his colleagues reported unearthing*4 the earliest evidence suggestive of humans keeping cats as pets. The discovery comes from the Mediterranean island of Cyprus, where 9,500 years ago an adult human of unknown gender was laid to rest in a shallow grave. An assortment of items accompanied the body—stone tools, a lump of iron oxide, a handful of seashells and, in its own tiny grave just 40 centimeters away, an eight-month-old cat, its body oriented in the same westward direction as the human's.

Because cats are not native to most Mediterranean islands, we know that people must have brought them over by boat, probably from the adjacent Levantine coast. Together the transport of cats to the island and the burial of the human with a cat indicate that people had a special, intentional relationship with cats nearly 10,000 years ago in the Middle East. This locale is consistent with the geographic origin we arrived at through our genetic analyses.

（注） ＊1 mercurial：きまぐれな　＊2 feline：ネコ科の
＊3 elusive：とらえどころのない　＊4 unearth：発見する

1 ネコはアメリカ合衆国で人気の高いペットで，同国で世界中の飼いネコの3分の1が飼われている。

2 人類がネコを飼い始めた理由は，穀物庫に侵入するネズミを捕まえさせるためであった。

3 パリにある国立自然史博物館の調査によると，ネコが飼われ始めたのは，3,600年前のエジプトであった。

4 ネコはその他の家畜と違って，生計に対しては実質的に何も貢献していない。

5 遺伝子分析によって，地中海の島々がネコの原産地であることが判明した。

解説

出典：*The Evolution of House Cats*

全訳〈だが，その気まぐれな性質にもかかわらず，飼いネコは世界でも最も人気のあるペットだ。アメリカの家庭の3軒に1軒でネコが家族の一員となっており，世界全体では6億を超えるネコが人間に交じって暮らしている。このようになじみのある存在でありながら，ネコが飼われるようになった起源については，説がいろいろあり今も完全な一致に至っていない。他のかつて野生であった動物については，その乳や肉であったり，毛であったり，隷従的な労働のために家畜とされるようになったのに対して，ネコは人の生活の営みを支えたり労働に貢献するという形ではほとんど何の役にも立っていない。ならばどうして，彼らは私たちの生活にありふれた存在となったのだろうか。

学者たちは長い間，ネコを最初にペットとして飼ったのは古代エジプト人で，およそ3,600年前頃に始まったと考えていた。しかし，ここ5年の間の遺伝子学あるいは考古学上の発見によってこのシナリオは書き換えられ，飼いネコの祖先について，およびその人間とのかかわりがどのように進展したのかについての新たな識見がもたらされた。

＜中略＞

2004年，パリにある国立自然史博物館のジャン・ドゥニ・ヴィーニュ氏と同僚たちは，人間がネコをペットとして飼っていたことを物語る最も初期の証拠を発見したと報告した。この発見がなされたのは地中海のキプロス島で，ある性別不明の大人が9,500年前に葬られた浅い墓だった。遺体の周りには，石器や酸化鉄の塊や一握りほどの貝殻などさまざまな物が置かれていたが，40センチほど離れた場所に別の小さな墓があり，そこには生後8か月ほどのネコが，その人物と同じ西向きに葬られていたのだ。

ネコはもともと地中海のほとんどの島には生息していなかったため，人間が船で，おそらくは隣接するレバント地方沿岸から連れてきたに相違ないと思われる。ネコがその島まで運ばれたことと，人間がネコとともに埋められていたことは，1万年近く前の中東で，人々がネコと意識的に特別な関係を築いていたということを示すものだ。この地域は，私たちが遺伝子分析を通じて結論に到達したネコの原産地とも一致するものだ〉

1．アメリカの家庭の3軒に1軒でネコが飼われていると述べられており，同国で世界中の飼いネコの3分の1が飼われているという記述はない。

2．人類がネコを飼い始めた理由については諸説あると述べられており，ネズミにはまったく触れていない。

3．ネコが飼われ始めたのは3,600年前のエジプトと長い間信じられていたが，パリにある国立自然史博物館の調査によって，9,500年前のキプロス島で，ネコがペットとして飼われていたことを物語る墓が発掘されたことが述べられている。

4．妥当である。

5．ネコはもともと地中海のほとんどの島には生息しておらず，大陸から連れてこられたに相違ないと述べられている。したがって，遺伝子分析によって判明したネコの原産地とも一致するという最終文の記述は，キプロス島ではなく the Middle East（中東）のことをいっていると判断できる。

正答　4

No. 105 文章理解 現代文（内容把握） 平成21年度

次の文の内容と合致するものとして最も妥当なのはどれか。

ここでは，哲学の立場から「分ける」という人間の営みについて少し考えてみたい。まず，「分ける」ことが人間の認識の基本作用であること，このことを確認することからはじめよう。感覚や知覚という認識の原点を考えてみても，ある対象を別の対象から分けることがその役割とされていることはすぐに見て取れる。たとえば，犬を「見る」ということは，その犬とその犬の背景とを見「分ける」ことであり，鳥の声を「聞く」ということは，その声とそうでないものとを聞き「分ける」ということである。また，人間の認識を考える場合，言語がそれに決定的に関わっているという点を落とすわけにはいかない。いかなる認識や知識も，真や偽ということを語りうる以上，結局は文として捉えられているのであり，つまりは言語によって中身をもちえているのである。しかるに，言語とは，分節化というまさしく「分ける」働きをその本質とする。何かを言語化することは，それを他のものから「分ける」ことにほかならない。認識の内実を形作る言語がこのようであるなら，認識が「分ける」営みによってこそ成立していることを疑うことはできない。

しかるに，少し踏み込んで考えるならば，「分ける」という営みが成り立つためには一定の条件があることが気づかれる。すなわちそれは，「分ける」というのは必ず一つの何かを「分ける」ことであり，それによって特定の部分を「取り分ける」ことであること，したがって，その何かの一つであること，つまり，その何かの同一性をいつも背景に背負っているということ，これである。たとえば，スイカを切り「分ける」，選挙区を「分ける」，といった場合，同じ一つのスイカ，同じ一つの選挙区，が前もって了解されていて，それを踏まえて「分ける」という営みが成り立つことは表現上明らかだろう。また，男女を「分ける」というときも，その前提として，同じ一つの人間という種が読み込まれていることも確実である。このことは，逆の仕方で検証することができる。つまり，全然別で，共通する同一性のない二つのものについて「分ける」ことは意味をなさないのである。たとえば，「塩味」と「徐行運転」とを「分ける」，というのは，よっぽど特殊な文脈であるか，よっぽどの文学的想像力やレトリックを駆使するのでない限り，有意味な表現とは見なされないだろう。それは，「分ける」ことの前提をなす同一の何かが欠如しているからである。

1 人間の感覚や知覚には言語が密接にかかわっており，言語化することによってはじめて犬を見分けたり，鳥の声を聞き分けることができるようになる。

2 共通する同一性のないものを「分ける」ためには，文学的想像力やレトリックを駆使して，有意味な表現となるようにする必要がある。

3 何かを「分ける」営みは，区別するものと区別されるものが共通の性質をもっているという認識がなされていることが前提にある。

4 犬を見分けたり，鳥の声を聞き分けたりするような感覚的なものよりも，同一の何かから特定の部分を「取り分ける」ことに「分ける」ことの本質がある。

5 言語を理解するためには，分節化という「分ける」営みが不可欠であり，そのことにより，真偽を見分ける力も身に付いていく。

解説

出典は一ノ瀬正樹『生と死の「分離」と「別離」』。

1．本文で「認識を考える場合，言語がそれに決定的に関わっている」のは「認識も知識も，～文として捉えられて～言語によって中身をもちえている」とあり，「言語化することによって～見分けたり，～聞き分けることができるようになる」ではないので不適。

2．本文で「共通する同一性のない二つのものについて『分ける』のは意味をなさない」とあるので，「『分ける』ためには，文学的想像力やレトリックを駆使して」というのは不適。

3．妥当である。「『分ける』というのは必ず一つの何かを『分ける』ことで～何かの同一性をいつも背景に背負っている」とあるので，「区別するものと区別されるものが共通の性質を持っているという認識が～前提」は妥当。

4．「見分けたり，～聞き分けたりするような感覚的なもの」「特定の部分を『取り分ける』」という内容は，本文にはないので不適。

5．本文では「認識の内実を形作る」ものとして言語が関わっているとあるので，「言語を理解する」ことから「真偽を見分ける力も身に付いていく」は不適。

正答　3

No. 106 文章理解　現代文（内容把握）　平成21年度

次の文の内容と合致するものとして最も妥当なのはどれか。

私は白川先生から「祖述者」という立ち位置の重要性を教わった。

白川先生は人間の知性がもっとも活性化するのはある理説の「創始者」ではなく，その「祖述者」の立ち位置を取るときであると考えていた。先生はそれを孔子から学んだのである。

孔子が治世の理想としたのは周公の徳治である。けれども，孔子もその同時代人ももちろんその治世を現認したわけではない。孔子の時代の魯の国において，周公の治績はすでに忘れ去られようとしていた。孔子はその絶えかけた伝統の継承者として名乗りを上げたのである。その消息について白川先生はこう書いている。

「過去のあらゆる精神的遺産は，ここにおいて規範的なものにまで高められる。しかも孔子は，そのすべてを伝統の創始者としての周公に帰した，そして孔子自身は，みずからを『述べて作らざる』ものと規定する。孔子は，そのような伝統の価値体系である『文』の，祖述者たることに甘んじようとする。しかし実は，このように無主体的な主体の自覚のうちにこそ，創造の秘密があったのである。《中略》」

「述べて作らず，信じて古を好む」という構えのうちに，共同体の伝統の「創造的回帰」の秘密はある。「起源の栄光」なるものは，「黄金時代はもう失われてしまった」という欠落感を覚える人によって遡及的に創造されるのである。「周公の理想的治績」のおそらく半ばは孔子の「作り話」である。孔子のオリジナリティーは「政治について私が説くことは，私のオリジナルではなく，先賢の祖述にすぎない」という一歩退いた立ち位置を選択した点に存する。

孔子は「かつて理想の統治が行われていたのだが，それはもう失われ，現代の政治は見るかげもなく堕落してしまった」と嘆くことによって，人間には理想的な徳治をなしうる潜在能力がある（なぜなら人間はそれを失うことができたのだから）という「物語」を人々に信じさせた。

何かが存在することを人に信じさせるもっとも効果的な方法は「それが存在する」と声高に主張することではない。「それはもう失われてしまった」とつぶやくことである。これは誰の創見でもない。「起源」を厳密な仕方で基礎づけようと試みた哲学者たちは多かれ少なかれ似たような語法にたどりつく。

1　孔子は，祖述者が，ある理説について創始者から一歩退いた立ち位置を選択したときにこそ人間の創造性が発揮され，知性が最も活性化すると考えた。

2　白川先生は祖述者という立ち位置から，自らが理想とした周公の徳治について，その欠落感を強調することで，起源の栄光を遡及的に創造しようとした。

3　孔子が自らを「述べて作らざる」ものと規定したのは，過去の理想の政治について祖述を行っても，過去の伝統の価値体系の創造の秘密を明らかにできないと自覚していたためである。

4　祖述者は，自らを「述べて作らず」という無主体的な立場に置きながら，それを自覚しつつ伝統を祖述するところに創造がある。

5　孔子は，周公の理想的治績の祖述により，徳治をなしうる潜在能力を人々に信じさせたが，こうした手法を取り得たのは彼のみである。

解説

出典は内田樹『白川先生から学んだ二三のことがら』。

1. 本文で「白川先生は人間の知性がもっとも活性化するのは，～『祖述者』の立ち位置を取るときであると考えていた」とあるので，「孔子は」とあるのは誤りであり不適。

2. 本文で「孔子が治世の理想としたのは周公の徳治である。～『理想の統治～はもう失われ～』と嘆く～」とあるので，「白川先生は」とするのは誤りであり不適。

3. 本文で「孔子は，～祖述者たることに甘んじようとする」ことについて，実は「無主体的な主体の自覚のうちにこそ，創造の秘密があった」とあるので，孔子自身が「創造の秘密を明らかにできないと自覚していたため」というのは誤りであり不適。

4. 妥当である。本文で「無主体的な主体の自覚のうちにこそ，創造の秘密があった」とあるので，「無主体的な立場に置きながら，それを自覚しつつ伝統を祖述するところに創造がある」というのは妥当。

5. 本文で「哲学者たちは多かれ少なかれ似たような語法にたどりつく」とあるので，「こうした手法を取り得たのは彼のみ」で孔子のみとするのは誤りであり不適。

正答 4

国家Ⅱ種

教養試験

No. 107 文章理解 現代文（内容把握） 平成21年度

次の文の内容と合致するものとして最も妥当なのはどれか。

西洋近代の啓蒙思想，科学，民主主義等を受容した後の，とくに戦後の日本で教育されたわれわれは，「自我」を確立すべきだとか，他人も自分と同じようにそれぞれの自我を持っているに違いないと容易に信じてしまう。学校教育の場でも「主体性のある人間」が目標に掲げられる。「自らの意志で考え，行動を選択し，決定する」生き方こそ，あるべき「自我」の姿だとされる。そこから自由と責任の表裏一体化が強く示唆される。

だがそうしようとすると，われわれは現実の社会や人間関係のなかでそのつど挫折し，当惑してしまう。連続的でもなく主体的でもなく合理的でもないような自我たちが一般的なのであり，そしてまた自分もその一人だからである。

そもそも通常の生活では，「自らの意志で考え，行動を選択し，決定する」ような場面は実際のところかなり稀ではないだろうか。多くの選択や決定は周囲の個々の状況のなかで，異なった要因の複雑なからみあいの結果として生じるからだ。

しかしわれわれは他方では，自我の同一性や主体性を自分にも他人にも要求してやまない。信頼していた人がもし従来の言動を急に変えると，われわれは多少とも当惑する。喜ぶ人はまずいない。あげくは裏切られたと憤慨するかもしれない。それは，自我は西洋の「実体」概念のように，持続的，同一的なものであるという，ほとんど信仰にも近い前提が，われわれの日常の意識にすでに染み込んでいるからだ。かりに環境や性質がある程度変化しても，人格はいちいち変わらないだろうと予想する。こうして人格の不変は倫理的に賞賛されるべき事柄であるのに対し，人格の変化は倫理的に悪であるかのように非難される。《中略》

そこで，いっそ前提を転換して，むしろ，西洋でいわれるような意味での不変の「自我」など，少なくとも日本人の社会では誰も始めから持っていなかったし，持つと期待してもならない，と考えることはできないだろうか。「主体」的自我という啓蒙の信仰を止めたほうが，われわれは誤解や絶望に陥らず，したがって無用の摩擦や疲労を起こさずに済むのではないだろうか。

「自己実現」というが，自己の意志について明らかに知ることなどということが，実際にどれだけ可能なのだろうか。また常に自分の状況や欲望を客観的に把握し，自らの行動を選択し決定できるわけではない。自己を知ることは，いまさら「汝自身を知れ」と諭されるまでもなく，きわめて難しい。むしろそうできなくて普通なのだともいえよう。

1　「自分の意志で考え，行動を選択し，決定する」ような生き方が理想であるが，そのような生き方を貫き通せる場面はほとんどないものである。

2　人は，信頼している人の言動が急に変わると，その人の人格自体が変化したようにとらえ，その変化に新たに対応する労力が生じたことに憤る。

3　戦後の日本で教育を受けたわれわれは，自我を持続的かつ同一的なものであるととらえており，自分にも他人にも人格の不変を求めている。

4　「不変の自我」という概念を転換して，人格は変わり得るものと考えれば，日本人も西洋人も，互いに無用の摩擦を起こすことを避けられる。

5　真の自己実現を果たすためには，自らの意志，状況や欲望を客観的に把握しようとする姿勢を維持することが重要である。

解説

出典は酒井潔『自我の哲学史』。

1．選択枝は「理想とする生き方を貫き通せる場面はほとんどなく，難しい」という趣旨で，本文では「あるべき～姿だとされる」として「理想」とは断言しておらず，また生き方を貫き通せる場面がないのではなく，「『～選択し，決定する』ような場面は実際のところ～稀」としており（詳細に見ると本文の趣旨とずれがある。ほかに適する選択枝がないかを検討して，適・不適を判断する）不適。

2．「人の言動が急に変わる」ことについて，本文で「裏切られたと憤慨するかもしれない」「人格の不変は倫理的に賞賛されるべき事柄」とあるので，「新たに対応する労力が生じた事に憤る」という功利的な視点は不適。

3．妥当である。本文で「戦後の日本で教育されたわれわれは」「自我は西洋の『実体』概念のように，持続的，同一的なものであるという，～前提が～染み込んでいる～」「人格の変化は倫理的に悪であるかのように非難される」とあるので妥当。

4．「日本人も西洋人も，互いに無用の摩擦を起こす～」とあるが，本文では，日本人と西洋人との摩擦については述べられていないので不適。

5．本文で「自己を知ることは，～むしろそうできなくて普通なのだともいえよう」とあり，自己実現を果たすための姿勢については述べていないので不適。

正答　3

文章理解　現代文（文章整序）　平成21年度

次の文の後に，A～Eを並べ替えてつなげると意味の通った文章になるが，その順序として最も妥当なのはどれか。

情報の経済学では，インセンティブという動機づけが制度の説明にとって重視される。だが，企業内部にいる人間は所得の増加という目的だけでなく，そこで多様なニーズを満たしている。ある人は仕事にやりがいをもって取り組みたいと思っているかもしれない。ある人は，人のつながりや良好な人間関係を求めているかもしれない。これらのニーズをすべて満たすためには，実際にはきわめて複雑な「仕掛け」が必要だということになる。

A：これまで，こうした精神的に過酷な労働現場をかろうじて支えてきたのは，マイホーム主義と呼ばれる男性中心の家族のあり方であった。その一方で，経営者がいくら失敗しても企業内部から批判する声が一切上がらなくなり，同調社会的な無責任体制をもたらしてきた。今日行われているように，インセンティブ理論に基づいて，いくら成果主義賃金を導入しても，状況を一層ひどくするだけだろう。

B：しかも多くの場合，査定基準が公開されておらず，協調性といった曖昧な基準が設けられている。それが恣意的な情意査定を横行させる。こうした状況が，過労死を引き起こす一因となってきた。

C：しかし，より重要なのはパワー（権力）という問題である。実際には，多くの人びとはインセンティブによって動機づけられているというより，クビになるのを怖れて働いているかもしれないからだ。しかも，契約理論が言うように，日本の企業は契約というルールで覆いつくされているわけでもない。

D：一方，形式上は契約であっても，フィードバック関係がなく，情報が一方的にしか流れないために権力が生じるケースもある。日本の企業では，本人が人事査定に関して「知る権利」として保証されているわけではない。

E：たとえば，日本企業の「長期雇用」についても，法律や労使協約などで決まったものではなく慣行があると言われてきただけにすぎない。こうしたケースを，契約理論は「暗黙のコミットメント」（あるいは「黙示の契約」）だと表現する。しかし，これは誰も証明不可能な命題であり，すでに最近の厳しい雇用リストラや雇用流動化という現実によって反証されている。

1　C→A→D→E→B
2　C→E→D→B→A
3　D→A→B→C→E
4　D→E→A→B→C
5　E→D→C→B→A

解説

出典は金子勝・児玉龍彦『逆システム学』。選択枝の冒頭の接続詞等と，それぞれに出てくる単語の内容をヒントとする。

導入の文は，働くということについて，人は経済学で重視されるインセンティブという動機づけのほかに，さまざまなことを求めているとしていると述べている。それを受けるのがCで，「インセンティブによって動機づけられているというより」「パワー（権力）」による「クビになるのを怖れて働いているかもしれない」として，「日本の企業は契約というルールで覆いつくされているわけでもない」，ルールが確固としているわけではないとする。それを受けてEで，「たとえば，日本企業の『長期雇用』について」「慣行があると言われてきただけ」で，それを「暗黙のコミット」といっても「～雇用リストラや雇用流動化という現実によって反証されている」とする（C→E）。次に「契約」について述べているのがDで，「一方，形式上は契約であっても」「情報が一方的にしか流れない」「人事査定に関して『知る権利』として保証されているわけではない」とする（C→E→D）。さらに「査定」について述べているのがBで，「しかも～査定基準が公開されておらず」とDに続く（C→E→D→B）。Bの「過労死を引き起こす」が，A「こうした精神的に過酷な労働現場」につながる（C→E→D→B→A）。

よって正答は**2**である。

正答　2

国家Ⅱ種

No.109 教養試験

文章理解 現代文（空欄補充） 平成21年度

次の文の[　　　]に入るものとして最も妥当なのはどれか。

　ひとはじぶんが誰であるかを，じぶんは何をしてきたか，じぶんにしかできないことは何かというふうに問うてしまう。いまのままではいたたまれなくて，あるいはいまのじぶんに満足できなくて，つい，どうしたらいいか，何をしたらいいかと考え込んでしまう。

　一時期，「じぶん探し」という言葉が流行った。いまなら「自己実現」というところか。だが，いまのじぶんがそのまま定着してしまっていいとおもうひとはいないだろう。いまのこんなじぶんから抜け出たいとはおもっても。ということは，「じぶん探し」や「自己実現」ということでひとが求めているのは，理想的なじぶんのイメージを探したり，それになりきりたいということだ。では，なぜ目標に近づくとか理想を求めるという言い方をしないで「自己」実現というのか。

　ここには[　　　]がある。現にそうでないじぶん，つまり理想のじぶんのイメージを，じぶんの素質，それもまだ実現されていない素質と考え，それを実現することを妨げるような状況にじぶんは置かれている（きた）と考えてしまうのである。じぶんがいまこんなに塞がった状況にあるのは，（じぶんのせいではなく）過去のあのトラウマ（外傷）のせいだとして，アダルト・チルドレンという言葉にすっと乗って納得してしまう，一部の若者たちの心境に似ている。その傷との格闘のなかでこそ，〈じぶん〉はかたちづくられるものなのに。

1　巧妙なすりかえ
2　自己への反発
3　無意味な迷い
4　根拠なき楽観
5　よこしまな考え

解説

出典は鷲田清一『〈想像〉のレッスン』。

1．妥当である。「じぶん探し」とは理想的なじぶんのイメージを探すことだが，それを目標に近づくと言わずに，「自己実現」と言うのは，理想のじぶんについて，現実のじぶんの中の素質の実現が妨げられているというふうに考えているからであるという大意なので，現実のじぶんと理想のじぶんとの差を，「実現されていない素質」として「すりかえ」ているということで妥当。

2．実現されていないと考えているだけで，「反発」ではないので不適。

3．探してはいるが，「迷い」ではないので不適。

4．実現されないことについて「根拠なき」とは述べられていないので不適。

5．「よこしま」の意味は「道理に外れて正しくないこと」で，「理想のじぶん」について述べた本文の趣旨とは合わないので不適。

正答　1

国家Ⅱ種

教養試験

No. 110 文章理解　英文（内容把握）　平成21年度

次の文の内容と合致するものとして最も妥当なのはどれか。

In the AP-Ipsos poll of 1,000 adults taken June 23-27, four in 10 people said it was OK sometimes to exaggerate a story to make it more interesting, and about a third said it was OK to lie about your age. 《中略》

A third also said it was OK to sometimes lie about being sick to take a day off work. Very few would admit to thinking it was OK to lie on a resume, cheat on taxes or lie to a spouse about an extramarital affair.

Among the groups more likely to say lying was sometimes OK: people aged 18-29, college graduates and those with higher household incomes. "People have this idea that lying is bad," says Bella DePaulo, a visiting professor at UC Santa Barbara who's studied the phenomenon of lying. "But when you really start going through it, it's not that simple."

In a study in the late '90s, DePaulo asked 77 college students and later, 70 people in the Charlottesville, Virginia, community to track every lie, however small, in a journal for a week. Of the 77 students, only one reported having told no lie. Of the 70 other people, six made that claim.

"People who say lying is wrong are often thinking in the abstract," DePaulo says. "In our real lives, we can't always pick honesty without compromising some other value that might be as important" — like maintaining a happy relationship. If you're at a party and your partner is saying something you disagree with, for example, you might stay quiet, in the name of marital harmony.

Of course, there are inherent problems with any study that asks people to be honest about, well, being dishonest.

In the AP-Ipsos poll, for example, four in 10 people answered that they'd never had to lie or cheat. But one in 10 of those people said in the very next answer that yes, they might have told a lie in the past week.

Which means they might have misunderstood the question — or, ahem, they may have lied.

1　年齢については嘘をついてもよいと考えている人の約3分の1は，たまに病気と偽って会社を休むことがあってもよいと考えている。

2　嘘はよくないと回答した人でも，その約3分の1は，納税関係においては必ずしも正直である必要はないと考えている。

3　ほとんどの人は，実際の生活においては結局のところ正直な方が，人々に信頼されることが多いと考えている。

4　人は，面と向かって嘘をついた経験があるかと問われれば「ない」と答えるが，匿名で調査すると「ある」と答えるものである。

5　良好な人間関係を維持したいと思えば，人は必ずしもいつも正直でいられるとは限らないものである。

解説

出典は*You look great !*

全訳〈6月23日から27日にかけて行われた，成人1,000人を対象とした通信と世論調査会社AP-Ipsosの意識調査によると，話をおもしろくするために誇張して話すことがあってもかまわないと答えたのは10人中4人で，自分の年齢をごまかすのはかまわないと答えたのはおよそ3分の1だった。

《中略》

また，仕事を休むために仮病を使うことがあってもかまわないと答えたのも3分の1だった。履歴書にうそを書いたり，納税の際に不正を働いたり，配偶者を偽って不倫関係を持ってもかまわないと思っていることまでも認めた人は少数にすぎなかった。

18歳から29歳までの層，および大学卒や家計収入の高い層においては，うそをつくことがあってもかまわないと答える傾向がより高かった。「うそをつくのは悪いことだとはみなわかっていても，実際にそれを貫き通そうとすると，事はそう単純ではないのです」と，虚言という現象についての研究を続けているUCサンタ・バーバラの客員教授ベラ・デパウロは語る。

90年代後半の研究で，デパウロは77人の大学生と，後にバージニア州シャーロッツビルの住民70人に対し，1週間にわたって自分がついたどんな小さなうそでも日記に記録するよう求めた。77人の学生のうち，まったくうそをつかなかったと報告したのはわずか1人だった。他方の70人の中で同様に答えたのは6人だった。

「うそをつくのは間違っていると言う人は，建前で考えていることが多いのです」とデパウロは語る。「実生活においては，同じように大事ともいえるほかの価値，たとえば良好な関係を保つといったことを犠牲にして正直を通せるとは限りません。たとえばパーテイーの場で，あなたとは考えの違うことをあなたの配偶者が言ったとしても，夫婦の和を保つという理由であなたは黙っていることもあるでしょう」

当然のことだが，いわば不正直であることを正直に答えるよう求める研究は，何であれそれ自体に問題がある。

たとえば今回のAP-Ipsosによる意識調査では，これまでにうそをついたり不正をしなければならなかったことはなかったと10人中4人が答えている。しかしそのように答えた人の10人に1人が，すぐ次の，この1週間でうそをついたかもしれないという質問にイエスと答えている。

このことは，彼らが質問を誤解しているか，取りも直さず，うそをついているかのどちらかである〉

1．年齢についてうそをついてもよいと考えている人，病気と偽って会社を休むことがあってもよいと考えている人が，ともに調査対象全体の約3分の1だったと述べている。

2．納税関係で不正を働いてもよいと答えたのは少数にすぎなかったと述べている。

3．このような内容は述べられていない。

4．対面調査と匿名調査の結果の違いといった内容は述べられていない。

5．妥当である。

正答　5

国家Ⅱ種 教養試験

No. 111 文章理解 英文（空欄補充） 平成21年度

次の文のA，B，Cに入る文ア，イ，ウの組合せとして最も妥当なのはどれか。

After a meeting adjourns, comments from participants may vary from "That was an excellent meeting" to "That meeting was a waste of time." Frequently, the leader feels that it was a productive meeting because the objectives were accomplished, but participants who attended feel that the meeting was nonproductive and ineffective. Why? Because there is a difference of opinion on what constitutes a productive meeting.

The first criterion for a productive meeting: [A] This assumes, of course, that the objectives of the meeting were worthwhile. These are usually determined by the leader.

The second criterion for a productive meeting: [B] This criterion is more difficult to determine. Some participants think that comments, reactions, and discussion are necessary. Other participants may feel that this is a complete waste of time. And the leader may not be sure which is right.

The third criterion for a productive meeting: [C] This doesn't mean that they have to be happy about the subject of the meeting or about the decisions that were reached. For example, the objective may be to communicate to the participants that there are going to be layoffs. Those in the meeting may have to reduce their staffs. Obviously, the participants will not be happy. They may be satisfied, however, if they understand the reasons for the layoffs and have a chance to raise questions and perhaps suggest alternative solutions to the problem of excessive costs. To get satisfied participants, it may be necessary to allow time for free and open discussion.

ア　Are the participants satisfied?

イ　Were the objectives accomplished in minimum time?

ウ　Were the objectives accomplished?

	A	B	C
1	ア	ウ	イ
2	イ	ア	ウ
3	イ	ウ	ア
4	ウ	ア	イ
5	ウ	イ	ア

解説

出典はDonald L. Kirkpatrick「*How To Conduct Productive Meetings*」。

全訳〈ミーティングがいったん終わったあとの出席者のコメントは,「すばらしいミーティングだった」というものから,「あのミーティングは時間の無駄だった」というものまでさまざまだろう。目的が達成されたから生産的なミーティングだったとリーダーが感じていても,出席者のほうは非生産的で無駄だったと感じているというのはよくあることだ。なぜだろうか。それは,生産的なミーティングとはどんなものかについての意見が異なっているからだ。

生産的なミーティングかどうかを判断する１つ目の尺度は,「目的は達成されたか」というものだ。これはもちろん,ミーティングの目的がそれに値するものであるというのが前提だ。この目的は,たいていはリーダーによって決定される。

生産的なミーティングかどうかを判断する２つ目の尺度は,「目的は最少の時間で達成されたか」というものだ。この尺度を決定するにはより困難が伴う。出席者の中には,感想や反論を求めたり,討論することが必要と考える者もいるし,そうしたことはまったく時間の無駄と考える者もいるだろう。するとリーダーはどちらがいいのか迷うかもしれない。

生産的なミーティングかどうかを判断する３つ目の尺度は,「参加者は満足しているか」というものだ。これは,ミーティングのテーマや達した結論に出席者が満足しなければならない,ということではない。たとえば,ミーティングの目的が出席者に従業員の解雇が行われることを伝えることであったとする。出席者はそれぞれのスタッフを減らさなければならないかもしれない。当然,出席者は心中穏やかではないだろう。しかしながら,解雇を行う理由を理解し,質問をする機会があったり,あるいはコスト過剰の問題に対して別な解決策を提示することまでできたなら,彼らは満足するかもしれない。出席者を満足させるためには,自由でオープンな議論の時間を認めることも必要になるかもしれない〉

それぞれの空所に入るのは,前文の具体的内容である（コロン（：）は「すなわち」の意味）。したがって,「生産的なミーティングのための第一／第二／第三の尺度」となるわけだが,これだけでは判断できないので,それぞれの空所の後に続く説明を読んで,関連する選択枝を当てはめる。本問の場合は,説明が長く例示もされている空所Ｃから考えていくのがよい。空所Ｃ以降にはhappy, satisfiedという語がたびたび登場するので,選択枝アが適切とわかる。また,空所Ｂの後にはwaste of timeという語句があることから,時間に言及している選択枝イが適切と考えられるので,空所Ａの後には選択枝ウと決まる。

よって,順にウ,イ,アとなり,**5**が妥当である。

正答　5

国家Ⅱ種 教養試験

No. 112 文章理解 英文（内容把握） 平成21年度

次の文の内容と合致するものとして最も妥当なのはどれか。

Human growth is a process of experimentation, trial, and error, ultimately leading to wisdom. Each time you choose to trust yourself and take action, you can never quite be certain how the situation will turn out. Sometimes you are victorious, and sometimes you become disillusioned. The failed experiments, however, are no less valuable than the experiments that ultimately prove successful; in fact, you usually learn more from your perceived "failures" than you do from your perceived "successes."

Most people feel great disappointment and anger when their plans in which they've invested a great deal of energy, time, and money fall through. The first reaction for most of us is to feel that we have failed. While it is easy enough to jump to this depressing conclusion, it will impede*1 your ability to progress with your life lessons.

Rather than viewing your own mistakes as failures and others' mistakes as slights, you can view them as opportunities to learn. As Emerson said, "Every calamity*2 is a spur and a valuable hint." Every situation in which you do not live up to your own expectations is an opportunity to learn something important about your own thoughts and behaviors. Every situation in which you feel "wronged" by another person is a chance to learn something about your reactions. Whether it is your own wrongdoing or someone else's, a mistake is simply an opportunity to evolve further along your spiritual path.

When you consider the hardships of life — the disappointments, hurts, losses, illnesses, all the tragedies you may suffer — and shift your perception to see them as opportunities for learning and growth, you become empowered. You can take charge of your life and rise to its challenges, instead of feeling defeated, victimized, or cast adrift*3.

（注）＊1　impede：妨げる
＊2　calamity：災難
＊3　cast adrift：（海に）投げ出されて漂流した

1　他人の言動に流されず，自分自身を信じて行動すれば，良い結果を得ることが多くなる。
2　失敗体験からは多くを学ぶものであり，それは成功体験に劣らず価値がある。
3　人間関係がうまくいかないとき，相手を責めるよりも，自分のことを反省した方がよい。
4　数々の経験を重ねていくうちに，徐々に，失敗は少なくなっていく。
5　不幸があれば次には幸せがやってくるものであり，運命に身をゆだねることも必要である。

解説

出典はCherie Carter Scott「*IF LIFE is a GAME, THESE are the RULES*」。

全訳〈人間の成長とは，試行錯誤し，最終的に知恵の獲得に至るという実験作業のプロセスにある。いつも自分を信じて行動することを選択するのだが，どんなときも事態がどう転ぶかは決してわからない。成功して勝ち誇ることもあれば，幻滅に終わることもある。しかしながら，失敗に終わった実験は，成功裏に終わった実験に劣らず価値のあるものである。そればかりか，「成功」と思われたことよりは「失敗」と思われたことから学ぶことのほうが往々にして多いのである。

たいていの人は，自分が多くの労力と時間とお金を注いだ計画が失敗に終わると大いに失望し，怒りを感じる。われわれのほとんどにとって，最初にやってくるのは失敗したという感情だ。この忌まわしい結論に飛びつくのは簡単だが，そうすると人生の教訓を得て成長する力をそぐことになってしまう。

自分の過ちを失敗とみなし，他人の過ちを軽視することをせずに，それを学ぶための機会ととらえるのがよい。エマーソンが語ったように，「すべての災難は激励であり，貴重なヒントを含んでいる」のである。自分自身の期待に応えられないような状況はすべて，自分自身の考えや行動について大事なことを学ぶ機会なのだ。だれかに「不当な扱いを受けた」と感じるような状況はすべて，自分の反応について何かを学ぶチャンスなのだ。自分自身の過ちであろうと他人の過ちであろうと，過ちは取りも直さず自分の精神的な成長の歩みをさらに進める機会なのである。

失望，傷心，喪失，病気など，起こりうるすべての人生の苦難に思いを致し，それらの受け止め方を変えて学びと成長のための機会と考えれば，それを力にできるようになる。そして，敗北感や被害者意識や疎外感を感じることなく，自分の人生を背負って困難に立ち向かうことができるのだ〉

1. 自分を信じて行動しても失敗に終わることがあると述べている。
2. 妥当である。
3. 人間関係の改善について述べた箇所はない。
4. 失敗をどうとらえるかについて述べた文章であり，単に経験を重ねれば失敗が少なくなるといったことは述べていない。
5. 運命に身をゆだねるといった受け身な態度ではなく，あくまでも主体的な対処法について述べた文章である。

正答　2

国家一般職［大卒］ No. 113 教養試験

判断推理　命　題　令和元年度

ある研究室の学生について，次のことが分かっているとき，論理的に確実にいえるのはどれか。

○　パソコンを持っていない人は，スマートフォンを持っている。
○　デジタルカメラを持っている人は，プリンターを持っている。
○　プリンターを持っている人は，パソコンを持っており，かつ，腕時計を持っている。
○　スマートフォンを持っている人は，腕時計を持っていない。

1　スマートフォンを持っている人は，デジタルカメラを持っていない。
2　デジタルカメラを持っていない人は，パソコンを持っている。
3　パソコンを持っている人は，腕時計を持っている。
4　腕時計を持っている人は，プリンターを持っている。
5　プリンターを持っている人は，スマートフォンを持っている。

解説

まず，与えられた命題を上から順に次のＡ～Ｄのように論理式で表してみる。

Ａ：「$\overline{\text{パソコン}}$→スマートフォン」
Ｂ：「デジタルカメラ→プリンター」
Ｃ：「プリンター→（パソコン∧腕時計）」
Ｄ：「スマートフォン→$\overline{\text{腕時計}}$」

ここで，命題Ｃは次のC_1，C_2に分割可能である。

C_1：「プリンター→パソコン」
C_2：「プリンター→腕時計」

次に，これらの命題Ａ～Ｄの対偶をＥ～Ｈとする（C_1，C_2の対偶はG_1，G_2とする）。

Ｅ：「$\overline{\text{スマートフォン}}$→パソコン」
Ｆ：「$\overline{\text{プリンター}}$→$\overline{\text{デジタルカメラ}}$」
Ｇ：「（$\overline{\text{パソコン}}$∨$\overline{\text{腕時計}}$）→$\overline{\text{プリンター}}$」
Ｈ：「腕時計→$\overline{\text{スマートフォン}}$」
G_1：「$\overline{\text{パソコン}}$→$\overline{\text{プリンター}}$」
G_2：「$\overline{\text{腕時計}}$→$\overline{\text{プリンター}}$」

このＡ～Ｈにより，各選択肢についてその三段論法の成否を検討していけばよい。

1．正しい。Ｄ，G_2，Ｆより，「スマートフォン→$\overline{\text{腕時計}}$→$\overline{\text{プリンター}}$→$\overline{\text{デジタルカメラ}}$」となり，「スマートフォンを持っている人は，デジタルカメラを持っていない」は確実にいえる。
2．「$\overline{\text{デジタルカメラ}}$→」となる命題が存在しないので，判断できない。
3．「パソコン→」となる命題が存在しないので，判断できない。
4．Ｈ，Ｅより，「腕時計→$\overline{\text{スマートフォン}}$→パソコン→」となるが，その先が推論できない。
5．C_2，Ｈより，「プリンター→腕時計→$\overline{\text{スマートフォン}}$」であり，「プリンターを持っている人は，スマートフォンを持っていない」となる。

正答　1

判断推理　対応関係　令和元年度

A～Eの5人が，ある週の月曜日から金曜日までの5日間のみ，書店でアルバイトを行った。A～Eのアルバイトの日程について次のことが分かっているとき，確実にいえるのはどれか。

○　各曜日とも2人ずつが勤務し，A～Eはそれぞれ2日ずつ勤務した。
○　A，B，Dは男性であり，C，Eは女性である。
○　月曜日と火曜日に勤務したのは男性のみであった。
○　Aが勤務した前日には必ずBが勤務していた。
○　Aは火曜日に勤務した。また，Cは2日連続では勤務しなかった。

1　Aは，2日連続で勤務した。
2　Bは，火曜日に勤務した。
3　Cは，ある曜日にAと共に勤務した。
4　Dは，ある曜日に女性と共に勤務した。
5　Eは，木曜日に勤務した。

解説

Aは火曜日に勤務し，Aが勤務した前日にはBが必ず勤務しているので，Bは月曜日に勤務している。また，Aは月曜日に勤務していない。C，Eは女性なので月曜日，火曜日には勤務しておらず，Cは2日連続では勤務していないので，Cが勤務したのは水曜日と金曜日である。ここまでをまとめると，次の表Ⅰとなる。A，Bが勤務したもう1日を考えると，(A，B)＝(水曜日，火曜日)，(木曜日，水曜日)，(金曜日，木曜日）の3通りあり，それぞれ表Ⅱ～表Ⅳのようになる（A，Bの勤務日が決まれば，D，Eの勤務日も決まる関係にある)。この表Ⅱ～表Ⅳより，確実にいえるのは，「Eは，木曜日に勤務した」だけなので，正答は**5**である。

表Ⅰ

		月	火	水	木	金
A	男性	×	○			
B	男性	○				
C	女性	×	×	○	×	○
D	男性					
E	女性	×	×			

表Ⅱ

		月	火	水	木	金
A	男性	×	○	○	×	×
B	男性	○	○	×	×	×
C	女性	×	×	○	×	○
D	男性	○	×	×	○	×
E	女性	×	×	×	○	○

表Ⅲ

		月	火	水	木	金
A	男性	×	○	×	○	×
B	男性	○	×	○	×	×
C	女性	×	×	○	×	○
D	男性	○	○	×	×	×
E	女性	×	×	×	○	○

表Ⅳ

		月	火	水	木	金
A	男性	×	○	×	×	○
B	男性	○	×	×	○	×
C	女性	×	×	○	×	○
D	男性	○	○	×	×	×
E	女性	×	×	○	○	×

正答　5

判断推理　集　合　令和元年度

ある会社で社員の生活習慣について調査を行った。次のことが分かっているとき，確実にいえるのはどれか。

○　睡眠時間の平均が６時間以上の者は72人であり，６時間未満の者は48人である。
○　朝食を食べる習慣がない者は51人である。
○　朝食を食べる習慣があり，運動する習慣がなく，睡眠時間の平均が６時間未満の者は20人である。
○　朝食を食べる習慣がなく，睡眠時間の平均が６時間未満の者のうち，運動する習慣がある者は，そうでない者より２人多い。
○　運動する習慣がなく，睡眠時間の平均が６時間未満の者は25人である。
○　運動する習慣があり，睡眠時間の平均が６時間以上の者のうち，朝食を食べる習慣がある者は15人であり，そうでない者より５人少ない。

1　運動する習慣がある者は55人である。
2　睡眠時間の平均が６時間以上で，朝食を食べる習慣があり，運動する習慣がない者は15人である。
3　睡眠時間の平均が６時間未満で，朝食を食べる習慣があり，運動する習慣がある者は20人である。
4　睡眠時間の平均が６時間以上の者のうち，朝食を食べる習慣がある者は，そうでない者より少ない。
5　朝食を食べる習慣がない者のうち，運動する習慣がある者は，そうでない者より少ない。

解説

キャロル表を利用して検討すればよい。まず，与えられている条件を記入していくと次の表Ⅰとなる。「睡眠時間の平均が６時間以上の者は72人，６時間未満の者は48人」であることから，全体で120人と決まるので，朝食を食べる習慣がある者は69人である。この表Ⅰより，睡眠時間の平均が６時間未満で運動する習慣がない25人のうち，朝食を食べる習慣のある者が20人なので，朝食を食べる習慣がない者は５人となる。したがって，朝食を食べる習慣がなく，睡眠時間の平均が６時間未満の者のうち，運動する習慣がある者は７人である。ここから，朝食を食べる習慣がない者のうち，睡眠時間の平均が６時間以上である者は39人，朝食を食べる習慣がある者のうち，睡眠時間の平均が６時間未満であるのは36人，睡眠時間の平均が６時間以上であるのは33人となる。この結果，表Ⅱのように，すべてのパターンの人数が確定する。この表Ⅱより，正しい記述は，「睡眠時間の平均が６時間以上の者のうち，朝食を食べる習慣がある者は，そうでない者より少ない」だけであり，正答は**4**である。

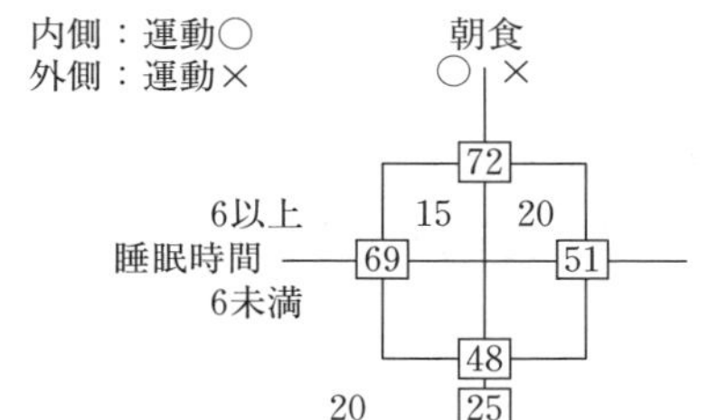

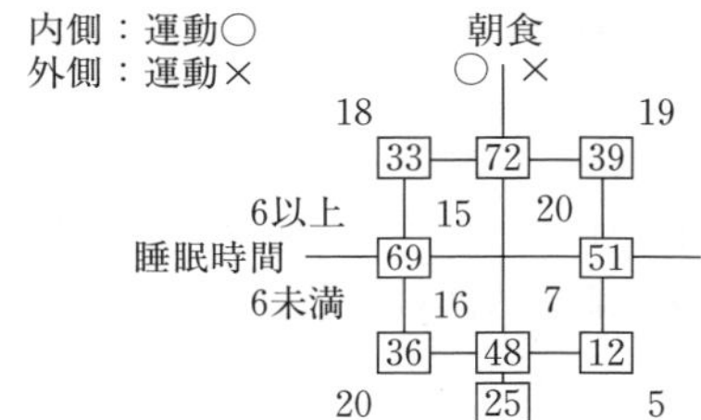

正答　4

図のような16の部屋から成る４階建てのワンルームマンションがある。A～Hの８人がいずれかの部屋に１人ずつ住んでおり，A～Hの８人が住んでいる部屋以外は空室である。また，各階とも東側から西側に向かって１号室，２号室，３号室，４号室の部屋番号である。このワンルームマンションについて次のことが分かっているとき，確実にいえるのはどれか。

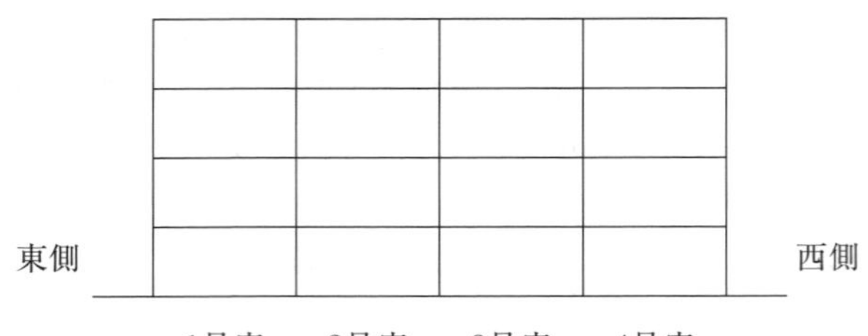

○ Aは１階の１号室に住んでいる。また，他の階で１号室に住んでいるのは，Hのみである。
○ Bは２階に住んでいる。また，Bの隣の部屋は両方とも空室である。
○ Cは，Dの一つ真下の部屋に住んでおり，かつEの一つ真上の部屋に住んでいる。また，Eの隣の部屋にはGが住んでいる。
○ Fは２号室に住んでおり，Cより上の階に住んでいる。
○ F，G，Hの３人はそれぞれ異なる階に住んでいる。

1 BとCは異なる階に住んでいる。
2 DとFは同じ階に住んでいる。
3 Hの隣の部屋は空室である。
4 １階に住んでいるのは２人である。
5 全ての部屋が空室である階がある。

解説

Aは1階の1号室に住んでおり，2階に住んでいるBについては，両隣が空室であることから，2階の2号室（図Ⅰ），または2階の3号室（図Ⅱ）のいずれかである。しかし，Bが2階の3号室に住んでいる図Ⅱの場合，C，D，Eが住んでいる部屋についての条件を満たすことができない。したがって，Bが住んでいるのは2階の2号室（図Ⅰ）である。このとき，Cは2階の4号室，Dは3階の4号室，Eは1階の4号室，Gが1階の3号室となる。そして，FとHの部屋は，図Ⅲおよび図Ⅳの2通りが考えられる。この図Ⅲおよび図Ⅳより，**1**，**4**，**5**は誤り，**2**は不確実で，確実にいえるのは「Hの隣の部屋は空室である」だけである。

よって，正答は**3**である。

図Ⅰ

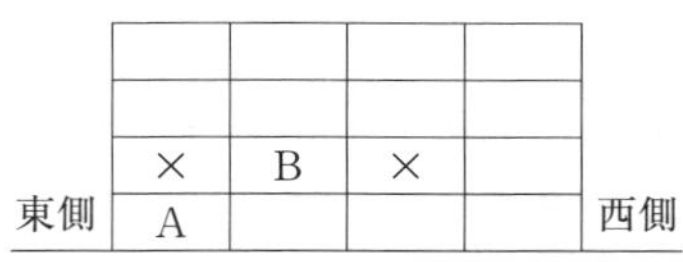

	1号室	2号室	3号室	4号室	
	×	B	×		
東側	A				西側

図Ⅱ

	1号室	2号室	3号室	4号室	
		×	B	×	
東側	A				西側

図Ⅲ

	1号室	2号室	3号室	4号室	
	H	×	×	×	
	×	F	×	D	
	×	B	×	C	
東側	A	×	G	E	西側

図Ⅳ

	1号室	2号室	3号室	4号室	
	×	F	×	×	
	H	×	×	D	
	×	B	×	C	
東側	A	×	G	E	西側

正答 3

国家一般職［大卒］ 教養試験

No.117 判断推理 対応関係 令和元年度

ある会社は，12月１日～９日までの９日間について，トラック，バス，乗用車の各１台計３台の乗り物をA，B，Cの３社に貸し出すため，次の方針のとおり，計画を立てた。

〔方針〕

・　いずれの乗り物も，１日単位で貸し出し，複数の日数を連続して貸し出してもよい。

・　いずれの乗り物も，各社間を移動する際には移動日を設け，A-C間は２日間，A-B間及びB-C間は１日間とする。これらの移動日にはどの会社にも貸し出すことができない。

・　いずれの乗り物も，常に貸出し日又は移動日となるよう貸し出し，Cには連続する２日間だけ貸し出す。

・　いずれの乗り物も，12月１日は全てAに貸し出し，６日は全てCに貸し出し，９日は全てBに貸し出す。また，４日はBに乗用車を，５日はCにバスを貸し出すのみとする。

12月１日～６日までは計画どおり貸し出したが，６日にCが使用した後，乗り物のうち一つが故障したため，７日以降，その乗り物の貸出しができなくなった。そこで，７日にCが使用する予定であった乗り物の一つについて，７日を移動日とし，８日から２日間Bに貸し出すよう変更したところ，全ての乗り物が２日間ずつBに貸し出されたことが分かった。このとき，確実にいえるのはどれか。

1　12月２日，バスは移動日であった。

2　12月３日，乗用車はBに貸し出された。

3　12月７日，トラックは計画どおりCに貸し出された。

4　12月８日，バスは計画では移動日であったが，Bに貸し出された。

5　12月８日，乗用車は計画どおり移動日であった。

解説

まず，〔方針〕で示されている内容をまとめると，次の表Ⅰのようになる。トラックについては，４日，５日が移動日なので，１日～３日はＡが使用し，８日がＣからＢへの移動日となる。バスについては，最終的にＢに２日貸し出されているので，７日が移動日で８日，９日がＢ，また，１日，２日にＡへ貸し出され，３日，４日が移動日である。バスが２日，３日にＢへ貸し出されることはないので，バスは当初の予定どおりにＢに貸し出されていなければならず，故障したのはバスではない。これに，４日以降の乗用車の貸し出し予定も加えると，当初の計画として，表Ⅱまでが判明する。この表Ⅱの状態から，すべての乗り物が２日間ずつＢに貸し出されたという条件を満たすには，トラックおよびバスは８日と９日にＢへ貸し出されていなければならない。つまり，７日にＣが使用する予定であったトラックを，７日が移動日，８日，９日にＢが使用するように変更したことになる。これは乗用車が故障したからであり，乗用車は７日以降貸し出しができなくなっている。そうすると，乗用車をＢが２日間使用したのは３日，４日となり，表Ⅲのように確定する。

よって，**1**，**3**，**4**，**5**は誤りで，正答は**2**である。

表Ⅰ

	1日	2日	3日	4日	5日	6日	7日	8日	9日
トラック	A			→	→	C	C		B
バス	A			→	C	C			B
乗用車	A			B	→	C	C		B

表Ⅱ

	1日	2日	3日	4日	5日	6日	7日	8日	9日
トラック	A	A	A	→	→	C	C	→	B
バス	A	A	→	→	C	C	→	B	B
乗用車	A			B	→	C	C	→	B

表Ⅲ

	1日	2日	3日	4日	5日	6日	7日	8日	9日
トラック	A	A	A	→	→	C	→	B	B
バス	A	A	→	→	C	C	→	B	B
乗用車	A	→	B	B	→	C			B

正答　2

国家一般職［大卒］ 教養試験

No. 118 判断推理 対応関係 令和元年度

A～Gの７人は，Xの子，孫，ひ孫に当たる血族であり，次のことが分かっているとき，A～Gの関係としてあり得るのは次のうちではどれか。

ただし，Xの子孫は全員生存しており，A～G以外にいないものとする。なお，血族とは血がつながった者どうしのことであり，配偶者は含まれない。

○ AはDのおじである。
○ BはGの祖母である。
○ CはEのいとこである。
○ GはFのおいである。

1 CはAの親である。
2 DはBのきょうだいである。
3 EはAの孫である。
4 FはCの子である。
5 FはEのきょうだいである。

解説

まず，BはGの祖母なので，BはXの子，GはXのひ孫である。AはDのおじなので，AはXのひ孫ではなく，DはXの子ではない。そして，CはEのいとこなので，C，EはXの子ではなく，GはFのおいなので，FはBの子（Xの孫）である（表Ⅰ）。この段階で，CがAの親である可能性はなく，BとDが兄弟である可能性もなく，FがCの子である可能性もない。AがXの子であり，DがXの孫である場合（表Ⅱ），AとBは兄弟となるので，DはBの子である。このとき，Bの孫であるGはFのおいなので，DとFは兄弟である。CとEはいとこなので，一方がDの子で，他方がFの子である場合と，一方がAの子で，他方がBの子である場合が考えられる。後者において，EがBの子である場合，EとFは兄弟となり，**5**は可能性がある。AがXの孫である場合（表Ⅲ），AとFは兄弟で，Bの子ということになり，DはFの子，GはAの子である。また，CとEは，一方がAの子，他方がFの子である。

ここで，**3**の「EはAの孫である」場合の可能性を考えると，AとBが兄弟，DとFがBの子で，GはDの子である。ここまでで5人の血族関係が決定しているが，CとEはいとこなので，EがAの孫であるならば，CもAの孫ということになり，Aの子どもが2人（C，Eの親）いなければならない。これだと，Xの子孫として，A～Gのほかにさらに2人いなければならず，条件を満たせない。つまり，EがAの孫である可能性はなく，可能性があるのは，「FはEの兄弟である」だけである。

よって，正答は**5**である。

表Ⅰ

	子	孫	ひ孫
A			×
B	○	×	×
C	×		
D	×		
E	×		
F	×	○	×
G	×	×	○

表Ⅱ

	子	孫	ひ孫
A	○	×	×
B	○	×	×
C	×		
D	×	○	×
E	×		
F	×	○	×
G	×	×	○

表Ⅲ

	子	孫	ひ孫
A	×	○	×
B	○	×	×
C	×	×	
D	×	×	○
E	×	×	
F	×	○	×
G	×	×	○

正答 5

軌　跡

図のように，円の内側に一辺の長さが円の半径に等しい正方形ABCDがある。この正方形ABCDが円の内側に沿って矢印の方向に滑ることなく回転しながら移動するとき，頂点Aの描く軌跡として最も妥当なのはどれか。

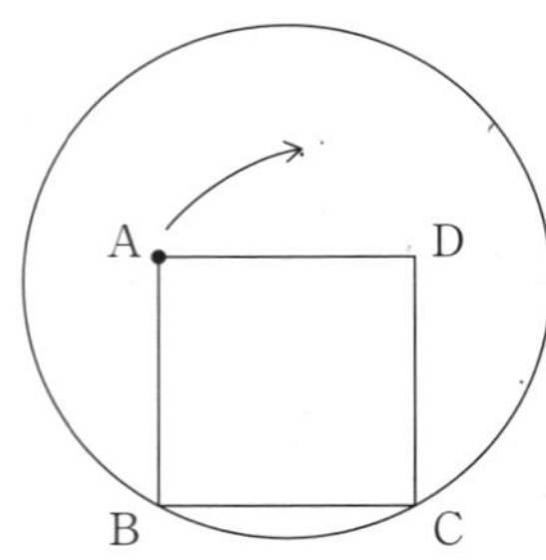

1

2

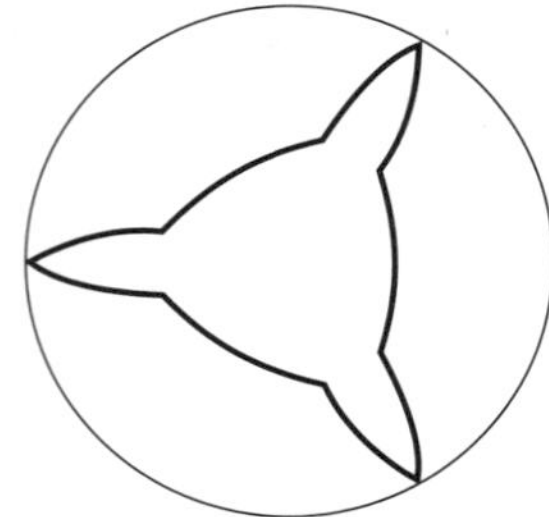

3

4

5

解説

円の内周に沿って，１辺の長さが円の半径に等しい正方形を滑ることなく回転させると，正方形の頂点（問題図の頂点A）は次の図１～９のような軌跡を描く。実際には，１～３程度までの軌跡が理解できれば，正解するのは難しくないであろう。

よって，正答は**2**である。

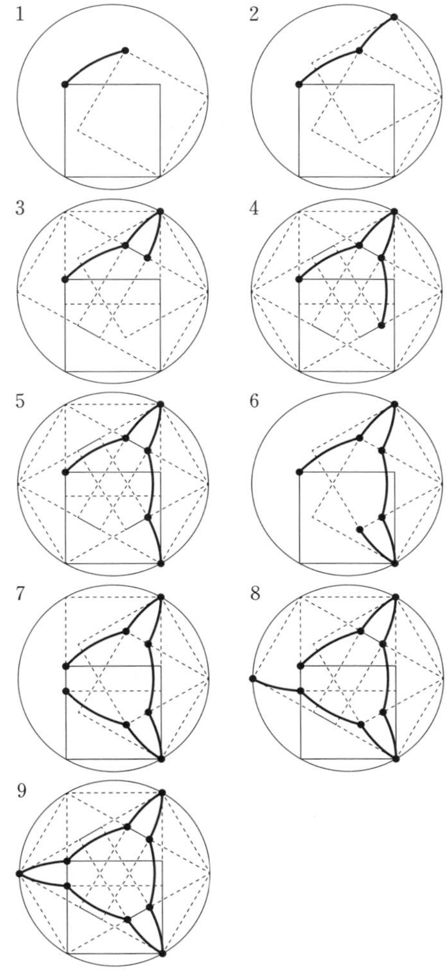

正答　2

立体構成

図Ⅰのように，幅が一定の紙テープを用いて同じ大きさの輪を二つ作り，図Ⅱのように，二つの輪が直交するようにこれらを面で接着した。この接着した二つの輪を，その中央線（図Ⅱの点線）に沿って切り開いたとき，できる図形として最も妥当なのはどれか。

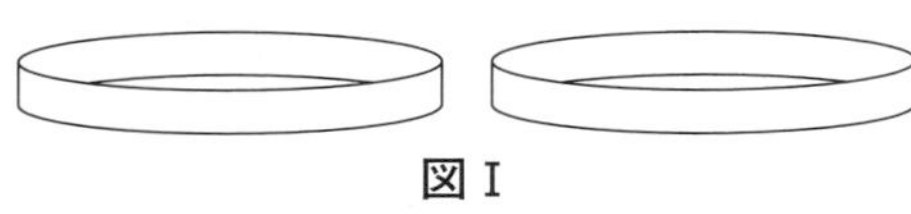

図Ⅰ

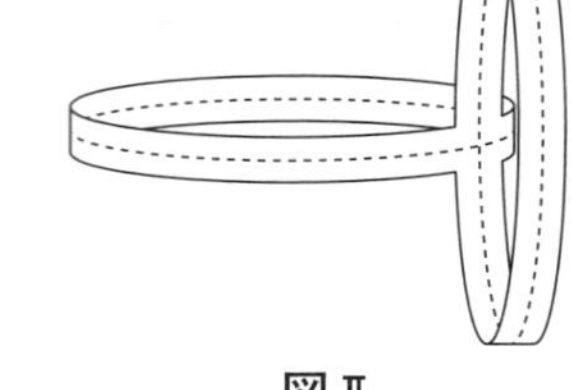

図Ⅱ

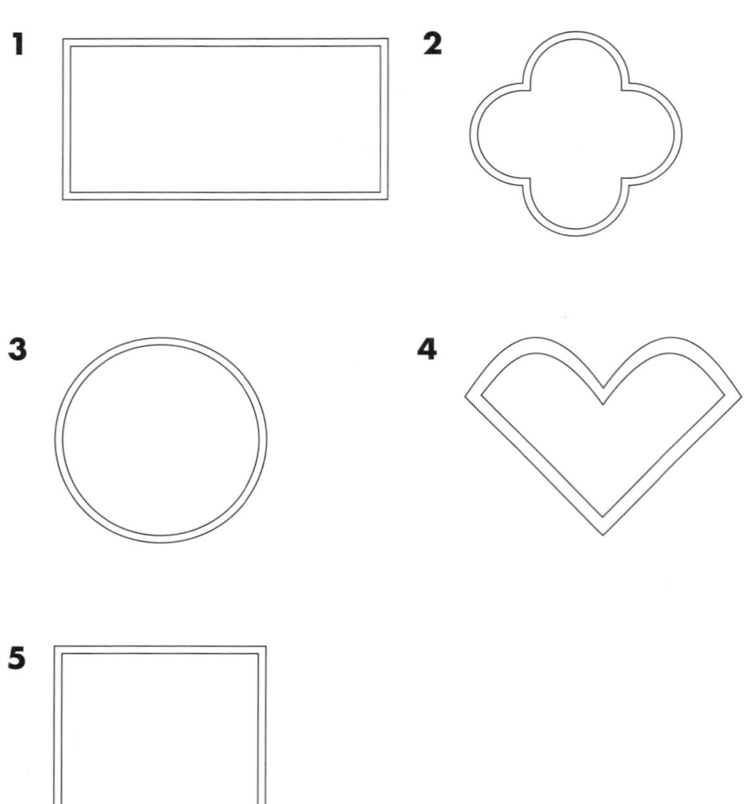

解説

紙テープを直交するように接着した部分（次の図における○印の部分）に着目する。点線に沿って切り開くと，この部分で直角が4か所にできることになる。紙テープの長さは等しいので，4つの角がすべて直角で，辺の長さの等しい四角形，つまり，正方形が出来上がる。

よって，正答は**5**である。

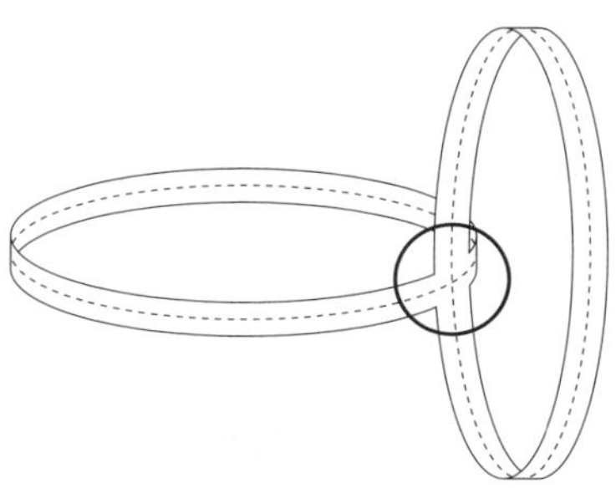

正答　5

文章理解
判断推理
数的推理
資料解釈
時事
物理
化学
生物
地学

国家一般職［大卒］ No. 121 教養試験

判断推理　命　題　平成30年度

ある市町村の各地区について調査したところ，次のことが分かった。これから論理的に確実にいえるのはどれか。

○　公民館を有する，又は，図書館を有しない地区は，診療所を有しない，又は，面積が1.0km²以上である。

○　人口が1,000人以上，又は，面積が1.5km²以上である地区は，診療所を有する。

○　人口が1,200人未満である地区は，公民館を有しない。

1　公民館を有する地区は，面積が1.0km²以上である。

2　診療所を有する地区は，面積が1.5km²以上である。

3　図書館を有しない地区は，人口が1,200人以上である。

4　面積が1.5km²以上である地区は，図書館を有する。

5　人口が1,200人未満である地区は，面積が1.0km²以上である。

文章理解 判断推理 数的推理 資料解釈 時事 物理 化学 生物 地学

解説

まず，与えられた命題を，上から順に次のＡ～Ｃのように論理式で表してみる。

Ａ：(公民館∨$\overline{\text{図書館}}$) → ($\overline{\text{診療所}}$∨ 1.0km^2 以上)

Ｂ：(1,000 人以上∨ 1.5km^2 以上) →診療所

Ｃ：1,200 人未満→$\overline{\text{公民館}}$

命題Ａ，Ｂの前半部分は分割可能なので，これを分割すると次のA_1～B_2のようになる（命題Ａの後半部分は分割できない）。

A_1：公民館→ ($\overline{\text{診療所}}$∨ 1.0km^2 以上)

A_2：$\overline{\text{図書館}}$→ ($\overline{\text{診療所}}$∨ 1.0km^2 以上)

B_1：1,000 人以上→診療所

B_2：1.5km^2 以上→診療所

次に，各命題の対偶を考えると次のＤ～Ｆのようになる。

Ｄ：(診療所∧ $\overline{\text{1.0km}^2\text{ 以上}}$) → ($\overline{\text{公民館}}$∧図書館)

D_1：(診療所∧ $\overline{\text{1.0km}^2\text{ 以上}}$) →$\overline{\text{公民館}}$

D_2：(診療所∧ $\overline{\text{1.0km}^2\text{ 以上}}$) →図書館

Ｅ：$\overline{\text{診療所}}$→ ($\overline{\text{1,000 人以上}}$∧ $\overline{\text{1.5km}^2\text{ 以上}}$)

E_1：$\overline{\text{診療所}}$→ $\overline{\text{1,000 人以上}}$

E_2：$\overline{\text{診療所}}$→ $\overline{\text{1.5km}^2\text{ 以上}}$

Ｆ：公民館→ $\overline{\text{1,200 人未満}}$

この命題Ａ～Ｆから考えると，**1**について，Ｆより「公民館→ $\overline{\text{1,200 人未満}}$」，つまり，「公民館→ 1,200 人以上」であるから，「公民館→ 1,000 人以上」が成り立つ。そうすると，B_1より「1,000 人以上→診療所」なので，「公民館→ 1,000 人以上→診療所」となる。A_1は「公民館→ ($\overline{\text{診療所}}$∨ 1.0km^2 以上)」，つまり，「公民館を有する地区は診療所を有しない，または，面積が 1.0km^2 以上」であるが，ＦおよびB_1より「公民館を有する地区は，診療所を有する」なので，「公民館→ ($\overline{\text{診療所}}$∨ 1.0km^2 以上)」のうち，$\overline{\text{診療所}}$は成り立たず，「公民館→ 1.0km^2 以上」となり，「公民館を有する地区は，面積が 1.0km^2 以上である」が成り立つ。**2**～**5**については，いずれも命題Ａ～Ｆから確実に推論することはできない。

よって，正答は**1**である。

正答　1

国家一般職［大卒］ 教養試験

No. 122 判断推理 対応関係 平成30年度

A～Eの５人は，借り物競走を３回行うこととした。各回の競走では，傘，靴，携帯電話，財布，時計の５種類の中から，競走に参加した者がそれぞれ一つずつ異なる種類の借り物をすることとし，各自の借り物は，１回の競走を開始するたびにくじで決めることとした。次のことが分かっているとき，確実にいえるのはどれか。

○ １回目と２回目の競走は５人で行われ，３回目の競走は３人で行われた。
○ 同じ種類の借り物を２回以上借りることとなったのは，AとDのみであり，Aは傘を２回，Dは時計を２回借りた。
○ BとEは同じ回数参加した。また，Bの１回目の借り物とEの２回目の借り物，Bの２回目の借り物とEの１回目の借り物は同じ種類であった。
○ Cの１回目の借り物は傘であり，２回目の借り物は携帯電話であった。
○ ３回目の競走で借りられた物のうち二つは，靴と携帯電話であった。

1 Aは携帯電話を借りなかった。
2 Bは３回目の競走に参加した。
3 Cは３回目の競走に参加しなかった。
4 Dの３回目の借り物は携帯電話であった。
5 Eの２回目の借り物は財布であった。

解説

まず，「Cの１回目の借り物は傘で，２回目の借り物は携帯電話」，「Bの１回目の借り物とEの２回目の借り物，Bの２回目の借り物とEの１回目の借り物は同じ種類」である。Aは傘を２回借りているが，１回目にCが傘を借りているので，Aは２回目と３回目に傘を借りたことになる。ここまでが次の表Ⅰである。

Dは１回目か２回目の少なくともどちらか一方で時計を借りているので，BとEが１回目，２回目に借りた物は傘，携帯電話，時計のいずれでもなく，靴と財布ということになる。そうすると，BまたはEが３回目に靴を借りることはなく（同じ種類を２回以上借りたのはAとDのみ），BとEは同じ回数の参加なので，２人とも２回の参加となる。したがって，３回目に靴を借りたのはC（Cは２回目に携帯電話を借りている），携帯電話を借りたのはDである。これにより，Dは１回目と２回目に時計を借りているので，Aが１回目に借りたのは携帯電話である。BとEの１回目と２回目は確定できないので，次の表Ⅱ，表Ⅲの２通りとなる。

以上から，確実にいえるのは「Dの３回目の借り物は携帯電話」だけで，正答は**4**である。

表Ⅰ

	１回目	２回目	３回目
A		傘	傘
B	p	q	
C	傘	携帯電話	
D			
E	q	p	

表Ⅱ

	１回目	２回目	３回目
A	携帯電話	傘	傘
B	財布	靴	×
C	傘	携帯電話	靴
D	時計	時計	携帯電話
E	靴	財布	×

表Ⅲ

	１回目	２回目	３回目
A	携帯電話	傘	傘
B	靴	財布	×
C	傘	携帯電話	靴
D	時計	時計	携帯電話
E	財布	靴	×

正答 4

国家一般職［大卒］

No. 123 教養試験 判断推理 順序関係 平成30年度

A～Fの６人は，図書館でそれぞれ１冊の本を読んだ。AとDは同時に本を読み始め，その10分後にBとEが同時に本を読み始め，さらに，その10分後にCとFが同時に本を読み始めた。次のことが分かっているとき，A～Fがそれぞれ本を読み始めてから読み終わるまでに要した時間について確実にいえるのはどれか。

ただし，６人とも，本を読み始めてから読み終わるまで，本を読むことを中断することはなかったものとする。

○ AとEが本を読み始めてから読み終わるまでに要した時間は，同じであった。
○ Bが本を読み始めてから読み終わるまでに要した時間は，Eのそれよりも４分短かった。
○ Cは，Bよりも先に本を読み終わり，Aよりも後に本を読み終わった。
○ Dは，Bが本を読み終わって１分後に本を読み終わった。
○ Eは，Fが本を読み終わって４分後に本を読み終わった。

1 Aは，６人の中で３番目に短かった。
2 Bは，６人の中で２番目に短かった。
3 Cは，６人の中で最も短かった。
4 Dは，６人の中で４番目に短かった。
5 Fは，６人の中で３番目に短かった。

解説

各人が本を読むのに要した時間について，次のように図で表す。明確な条件が与えられていないので，仮に，Aが本を読むのに要した時間を30分としてみる。そうすると，Eが本を読むのに要した時間も30分である（Aが読み終わった10分後に読み終わる）。Bが本を読むのに要した時間は26分で，Aが読み終わった６分後に読み終わる。Dが本を読むのに要した時間は37分（Bの１分後に読み終わっている），Fは16分（Eの４分前に読み終わっている）である。Cは，Bよりも先，Aよりも後に読み終わっているので，Cが本を読むのに要した時間は11～15分となる。ここまでで，各人が本を読むのに要した時間は，短いほうから，C＝11～15分，F＝16分，B＝26分，A，E＝30分，D＝37分となる。

よって，正答は**3**である。

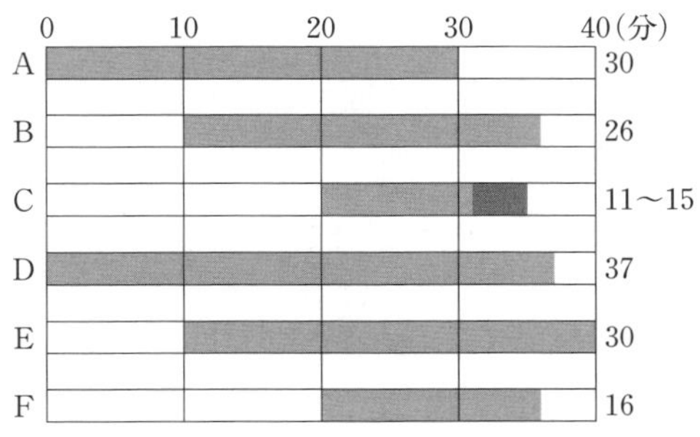

正答 3

国家一般職［大卒］

No. 124 教養試験 判断推理 対応関係 平成30年度

Aは，月～土曜日の6日間，毎日，近所のレストランで昼食をとった。メニュー及び価格は表のとおりであり，次のことが分かっているとき，確実にいえるのはどれか。

	メニュー	価格
主食・主菜	カレーライス	900円
	ハンバーグ（ライス付）	800円
副菜	サラダ	300円
	スープ	200円
デザート	ケーキ	200円
	ゼリー	100円

○ Aの毎日の昼食は，表に掲げられた主食・主菜，副菜，デザートの中から，それぞれ一つずつ，計三つのメニューの組合せであり，それらの組合せは6日間，互いに異なっていた。
○ 月，火，金曜日の副菜は同じであった。
○ 火曜日と水曜日のデザートは同じであり，また，木曜日と金曜日のデザートも同じであった。
○ 組み合わせたメニューの合計金額についてみると，木曜日と金曜日は同額であった。また，木曜日と金曜日よりも，月，火，水曜日の方が多く，土曜日の方が少なかった。

1 月曜日のデザートはケーキであった。
2 火曜日の副菜はスープであった。
3 火曜日のデザートはゼリーであった。
4 木曜日の主食・主菜はカレーライスであった。
5 木曜日の副菜はサラダであった。

解説

主食・主菜，副菜，デザートのそれぞれが２種類ずつあるので，その組合せは８通り（$=2^3$）ある（表Ⅰ）。木曜日と金曜日の合計金額は同額で，月，火，水曜日はこれより高く，土曜日は安い。したがって，月，火，水曜日は1,300円または1,400円，木，金曜日は1,200円，土曜日は1,100円である。これにより，土曜日は「ハンバーグ（ライス付），スープ，ゼリー」である。月，火，金曜日の副菜は同じ，火，水曜日のデザートは同じ，木，金曜日のデザートも同じであるが，木，金曜日の合計金額が1,200円となるためには，デザートをゼリー（100円）にする必要がある。そうすると，次の表Ⅱ，表Ⅲのような２通りの可能性が考えられる。しかし，表Ⅲの場合は月曜日と火曜日で異なる組合せとすることができない。表Ⅱの場合は表Ⅳのように組めば６日間をすべて異なる組合せとすることが可能であり，さらに，月～水曜日の中の１日について，合計金額が1,400円となる組合せであってもよい。ここから，**1**は確実とはいえず，**2**，**3**，**5**は誤り。確実なのは**4**の「木曜日の主食・主菜はカレーライス」だけである。

よって，正答は**4**である。

表Ⅰ

主食・主菜	900	900	900	900	800	800	800	800
副菜	300	300	200	200	300	300	200	200
デザート	200	100	200	100	200	100	200	100
合計金額	1,400	1,300	1,300	1,200	1,300	1,200	1,200	1,100

(円)

表Ⅱ

	月曜日	火曜日	水曜日	木曜日	金曜日	土曜日
主食・主菜				900	800	800
副菜	300	300		200	300	200
デザート		200	200	100	100	100
合計金額				1,200	1,200	1,100

(円)

表Ⅲ

	月曜日	火曜日	水曜日	木曜日	金曜日	土曜日
主食・主菜				800	900	800
副菜	200	200		300	200	200
デザート		200	200	100	100	100
合計金額				1,200	1,200	1,100

(円)

表Ⅳ

	月曜日	火曜日	水曜日	木曜日	金曜日	土曜日
主食・主菜	900	800	900	900	800	800
副菜	300	300	200	200	300	200
デザート	100	200	200	100	100	100
合計金額	1,300	1,300	1,300	1,200	1,200	1,100

(円)

正答　4

No. 125 判断推理 数量条件からの推理 平成30年度

ある遊園地は，園内の遊具（観覧車，ジェットコースター，ゴーカート）の乗車券，軽食（焼きそば，ポテト，たこ焼き）の引換券，土産品（ぬいぐるみ，キーホルダー）の引換券をセットにしたセット券Ａを170組，セット券Ｂを130組用意している。次のことが分かっているとき，確実にいえるのはどれか。

○　セット券Ａは，観覧車又はジェットコースターのいずれか１種類の乗車券，軽食のうちいずれか１種類の引換券，ぬいぐるみの引換券のセットである。

○　セット券Ａのうち，観覧車の乗車券とたこ焼きの引換券の両方を含むセットは，45組である。

○　セット券Ａのうち，観覧車の乗車券を含むセットは120組，たこ焼きの引換券を含むセットは90組であり，ジェットコースターの乗車券を含むセットは，ポテトの引換券を含むセットと同じ組数である。

○　セット券Ｂは，遊具のうちいずれか１種類の乗車券，焼きそば又はポテトのいずれか１種類の引換券，キーホルダーの引換券のセットである。

○　セット券Ｂのうち，ジェットコースターの乗車券と焼きそばの引換券の両方を含むセットは，55組である。

○　セット券Ｂのうち，ジェットコースターの乗車券を含むセットは60組，焼きそばの引換券を含むセットは75組であり，ゴーカートの乗車券とポテトの引換券の両方を含むセットは，観覧車の乗車券とポテトの引換券の両方を含むセットより10組多い。

1　セット券Ａのうち観覧車の乗車券と焼きそばの引換券の両方を含むセットは，セット券Ｂのうち観覧車の乗車券と焼きそばの引換券の両方を含むセットの組数より少ない。

2　セット券Ａのうちジェットコースターの乗車券を含むセットは，セット券Ｂのうちポテトの引換券を含むセットより10組少ない。

3　セット券Ａのうち焼きそばの引換券を含むセットは，セット券Ｂのうちゴーカートの乗車券を含むセットの組数以下である。

4　セット券Ａのうちポテトの引換券を含むセットは，セット券Ｂのうちゴーカートの乗車券を含むセットの組数より少ない。

5　セット券Ａのうちジェットコースターの乗車券と焼きそばの引換券の両方を含むセットは，５組以上である。

解説

セット券Ａ，Ｂはいずれも土産品は１種類と決まっているので，遊具と軽食の組合せを考えればよい。セット券Ａについては，「観覧車の乗車券とたこ焼きの引換券の両方を含むセット」＝45組，「観覧車の乗車券を含むセット」＝120組，「たこ焼きの引換券を含むセット」＝90組が判明している。セット券Ｂについては，「ジェットコースターの乗車券と焼きそばの引換券の両方を含むセット」＝55組，「ジェットコースターの乗車券を含むセット」＝60組，「焼きそばの引換券を含むセット」＝75組である。ここまでをまとめると次の表Ⅰとなる。

表Ⅰ

A（ぬいぐるみ）	焼きそば	ポテト	たこ焼き	計
観覧車			45	120
ジェットコースター				
計			90	170

B（キーホルダー）	焼きそば	ポテト	計
観覧車			
ジェットコースター	55		60
ゴーカート			
計	75		130

表Ⅰより，セット券Aについて，「ジェットコースターの乗車券を含むセット」＝50組，「ジェットコースターの乗車券とたこ焼きの引換券を含むセット」＝45組である。また，「ジェットコースターの乗車券を含むセット」＝「ポテトの引換券を含むセット」＝50組，したがって「焼きそばの引換券を含むセット」＝30組である。セット券Bについては，ゴーカートの乗車券とポテトの引換券の両方を含むセットは，観覧車の乗車券とポテトの引換券の両方を含むセットより10組多いので，「ゴーカートの乗車券とポテトの引換券の両方を含むセット」＝30組，「観覧車の乗車券とポテトの引換券の両方を含むセット」＝20組となる（表Ⅱ）。

表Ⅱ

A	焼きそば	ポテト	たこ焼き	計
観覧車			45	120
ジェットコースター			45	50
計	30	50	90	170

B	焼きそば	ポテト	計
観覧車		20	
ジェットコースター	55	5	60
ゴーカート		30	
計	75	55	130

ここまでを前提として，各選択肢を検討していく。

1．セット券Aの「観覧車の乗車券と焼きそばの引換券の両方を含むセット」は，セット券Bの「観覧車の乗車券と焼きそばの引換券の両方を含むセット」より多い可能性もある。

2． セット券Aの「ジェットコースターの乗車券を含むセット」は，セット券Bの「ポテトの引換券の両方を含むセット」より，5組少ない。

3．正しい。セット券Aの「焼きそばの引換券を含むセット」は30組以下，セット券Bの「ゴーカートの乗車券を含むセット」は30組以上となる。したがって，セット券Aの「焼きそばの引換券を含むセット」は，セット券Bの「ゴーカートの乗車券を含むセット」の組数以下である。

4．セット券Aの「ポテトの引換券を含むセット」は50組，セット券Bの「ゴーカートの乗車券を含むセット」の組数は50組以下である。

5．セット券Aの「ジェットコースターの乗車券と焼きそばの引換券の両方を含むセット」は5組以下である。

正答　3

No. 126 判断推理 位置関係 平成30年度

図のような６室から成るアパートがあり，2018年６月の時点でＡ～Ｆの６人がいずれかの部屋に１人ずつ入居している。このアパートでは共用部分の管理のため，毎月１日にその月の当番を１人割り当てている。割当ての順番は，１～６号室の順であり，６号室の次は１号室に戻る。次のことが分かっているとき，2018年６月の当番は誰か。

ただし，当番を割り当てる際に，その部屋に住人が入居していない場合には，次の番号の部屋の住人に当番を割り当てることとする。また，このアパートでは，2018年に退居した住人や入居する部屋を移った住人はいないものとする。

左	１号室	２号室	３号室	４号室	５号室	６号室	右

○　Ａの両隣の部屋の住人及びＥは，2017年から入居している。
○　Ｂの右隣の部屋の住人は，2018年３月中旬から入居している。
○　Ｃの右隣の部屋の住人はＡであり，また，Ｃの左隣の部屋の住人はＥである。
○　Ｄは2018年のある月に入居したが，その月の当番は，２号室の住人であった。
○　Ｆの左隣の部屋の住人は，2018年４月中旬から入居している。
○　2018年に新たに入居したのは２人だった。

1　Ａ
2　Ｂ
3　Ｃ
4　Ｄ
5　Ｅ

解説

A，C，E，およびBに関する条件をまとめると，それぞれの部屋の配置と入居年の組合せは次の図Ⅰのようになる。

図Ⅰ

E	C	A			B	
2017	2017		2017			2018/3

図Ⅰから，Aの右隣の部屋をBとすると（図Ⅱ−1），Fに関する条件を満たせない。また，Bの部屋を左端（1号室）とすると（図Ⅱ−2），Dは2号室とならざるをえないが，Dが入居した月の当番が2号室の住人であることと矛盾する。

図Ⅱ−1

E	C	A	B	
2017	2017		2017	2018/3

図Ⅱ−2

B		E	C	A	
	2018/3	2017	2017		2017

この結果，与えられた条件と矛盾のない部屋配置は，Aの右隣がF，Fの右隣がB，Bの右隣がDという図Ⅲ（最下段は当番月）になり，Dが2018年3月に入居している（Bに関しては2017年以前に入居している可能性もある）。したがって，Cが2018年3月の当番である。Aは2018年4月中旬に入居した住人となるので，4月の当番は4号室のF，6月の当番は6号室のDである。

よって，正答は**4**である。

図Ⅲ

1号室	2号室	3号室	4号室	5号室	6号室
E	C	A	F	B	D
2017	2017	2018/4	2017	2017	2018/3
2月	3月	−	4月	5月	6月

正答　4

国家一般職［大卒］ No. 127 教養試験

判断推理　軌　跡　平成30年度

図 I のような棒状の図形があり，一部が灰色になっている。この図形を一辺の長さが 4 cm の正方形の周りを滑ることなく回転させることで，灰色の部分の軌跡を考えることとする。

いま，ある長さの棒状の図形で軌跡を描いたとき，図 II のようになったが，このとき，回転させた図形として最も妥当なのは次のうちではどれか。

ただし，棒状の図形の太さは無視できるものとする。

図 I

図 II

1

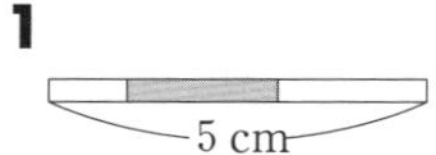

2

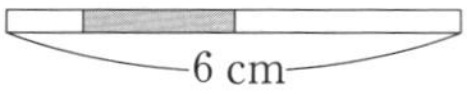

6 cm

3

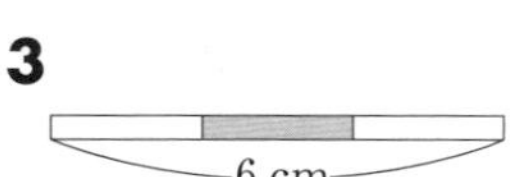

4

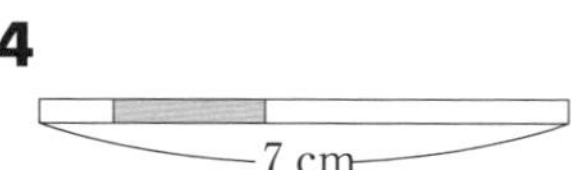

5

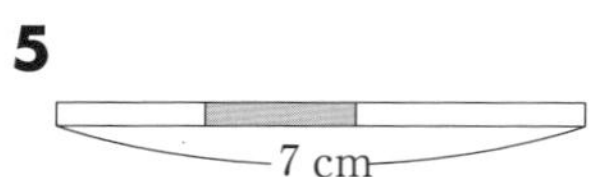

次の図Ⅰのように，軌跡の内部に1辺 4 cmの正方形を置いて検討してみる。そうすると，軌跡についてA～G 7か所の部分から成り立っており，それぞれO～Uが各軌跡の回転の中心となっていることがわかる。

図Ⅰ

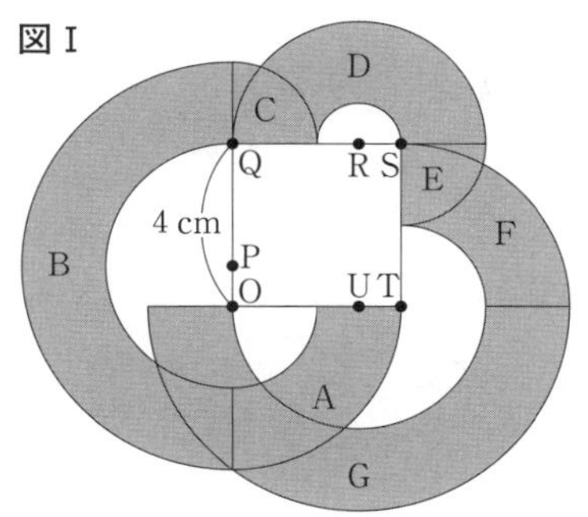

そこで，次の図Ⅱに示すように，軌跡を分割してみる。まず，Aの部分では点Oが回転の中心で，棒状の図形に関しては，灰色の部分が 2 cm，その左側に白い部分が少なくとも 2cm あることになる。点Oでの回転角度は 90° なので，図における点Oの左側に棒状の図形が伸びていることは確実である。そこで軌跡のBの部分を考えると，点Pを中心として 180° 回転しているので，棒状の図形について， 3 cm の白い部分がなければならないことになる。さらに，軌跡のCの部分は点Qを中心に 90° 回転し，そこから軌跡のDの部分が点Rを中心にして 180° 回転している。この点Rを中心に回転してできる軌跡のDの部分から，棒状の図形において，灰色の部分を挟んで 3cm の白い部分と反対側に 1cm の白い部分がなければならないことになる。つまり，棒状の図形は「1 cm の白い部分＋ 2 cm の灰色の部分＋ 3 cm の白い部分」から成り立っている。

よって，正答は**2**である。

図Ⅱ

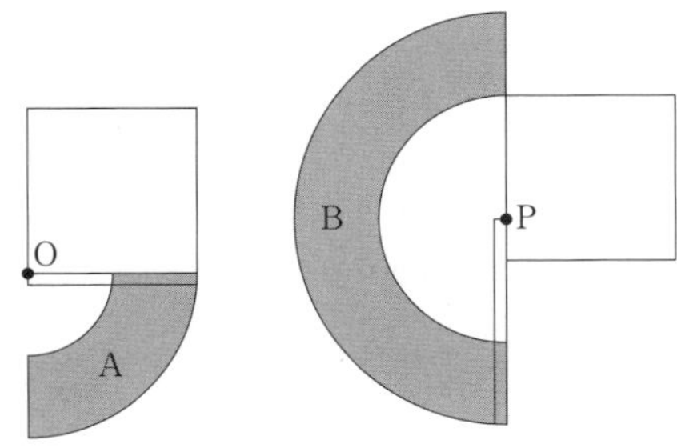

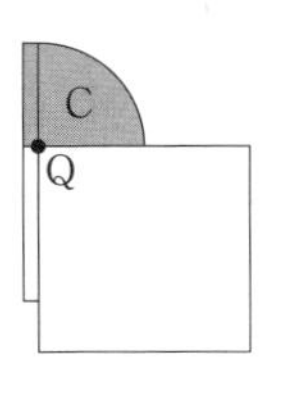

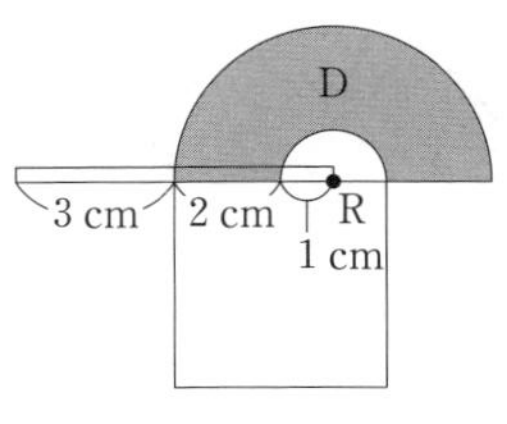

正答　2

文章理解
判断推理
数的推理
資料解釈
時事
物理
化学
生物
地学

判断推理　正多面体　平成30年度

図Ⅰに示すように，正八面体と立方体は，正八面体の隣り合う面（一辺で接する面）の中心を結んでできる立体は立方体に，また，立方体の隣り合う面の中心を結んでできる立体は正八面体になるという関係にある。

このとき，図Ⅱのような切頂二十面体（いわゆるサッカーボール型の立体）の隣り合う面の中心を結んでできる立体として最も妥当なのはどれか。

図Ⅰ

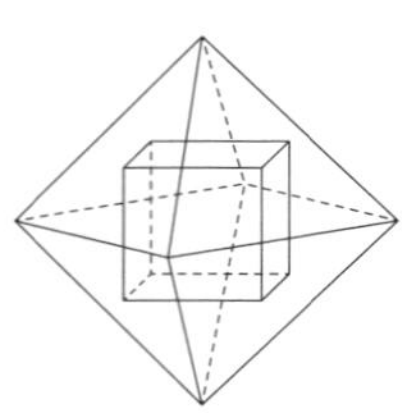

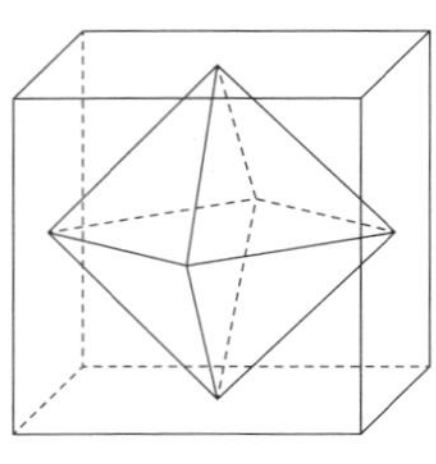

図Ⅱ

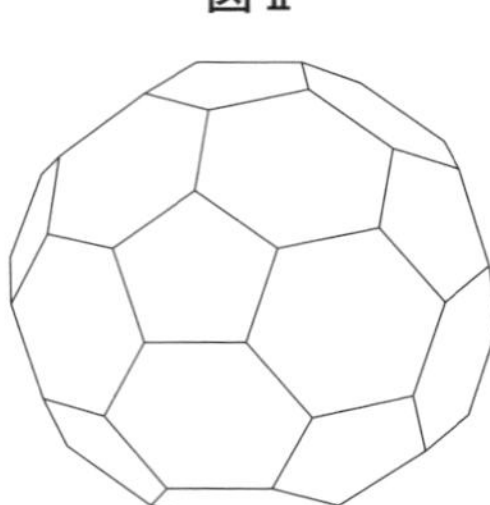

1

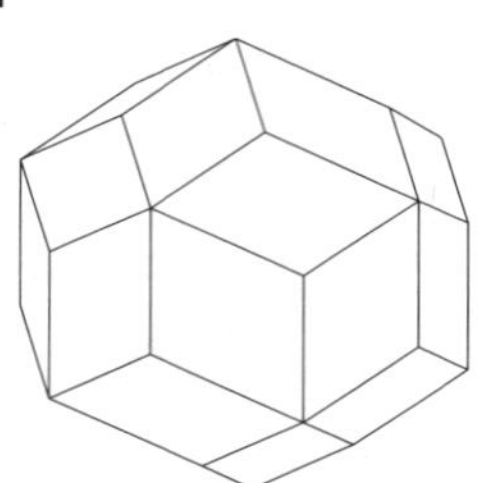

2

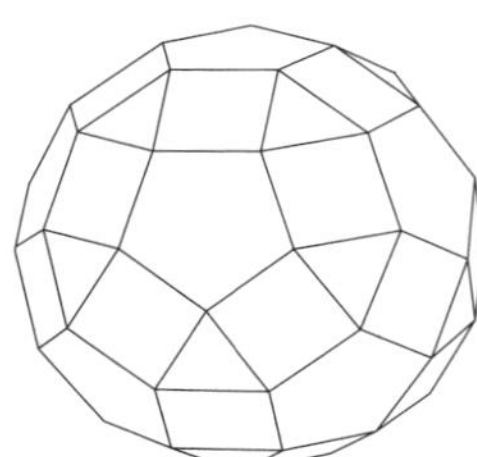

3

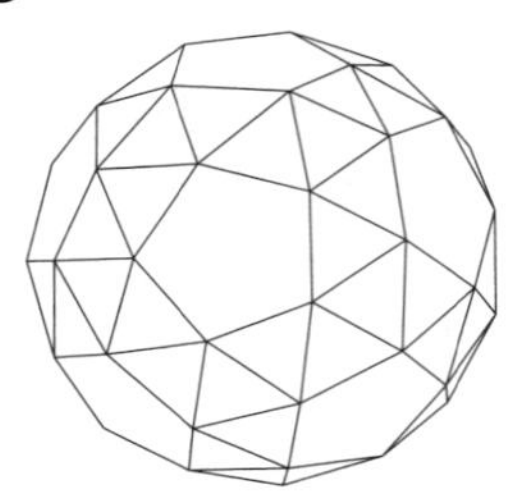

4

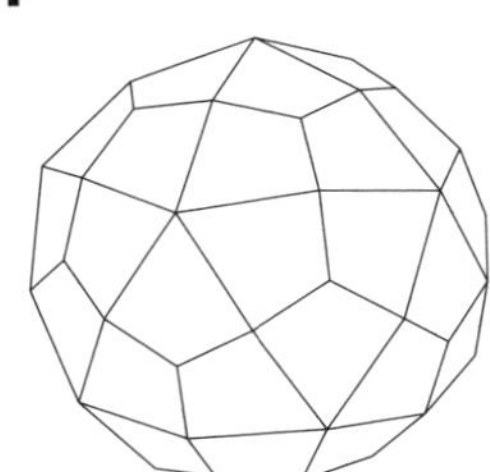

5

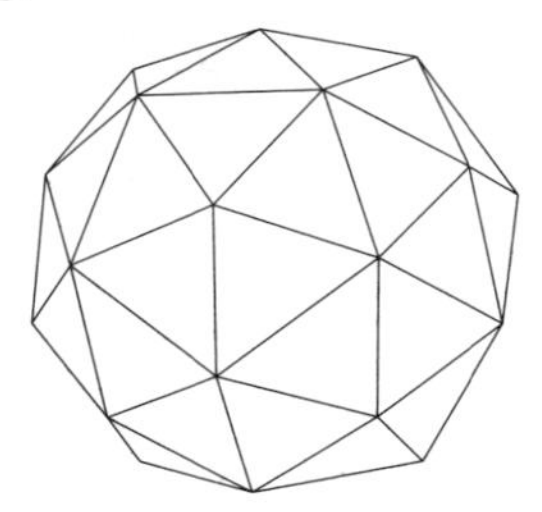

解説

切頂二十面体とは，正二十面体の各頂点に集まる５本の辺について，頂点からの距離が辺の長さの$\frac{1}{3}$となる点を通る平面で切断してできる立体で，正六角形20枚，正五角形12枚で構成されている。この切頂二十面体では，各頂点に正五角形１枚，正六角形２枚が集まっているので，隣り合う面の中心（重心）を結んでできる図形はすべて二等辺三角形となる。したがって，出来上がる立体は合同な二等辺三角形だけで構成されることになり，正答は**5**である。

図Ⅰのような正八面体と正六面体（立方体）の関係を正多面体の双対性と呼び，正十二面体と正二十面体との間でも成り立つ。正四面体は正四面体と双対なので自己双対である。図Ⅱの切頂二十面体は，13種類ある半正多面体（頂点形状が合同で，２種類以上の正多角形で構成される立体）のうちの一つで，すべての半正多面体にそれぞれ双対となる多面体が存在する。切頂二十面体と双対となるのは**5**の立体であり，これは正十二面体の各面の重心を持ち上げて，各面を５つの二等辺三角形に分けて（全部で60枚）できた立体で，五方十二面体と呼ばれる。

正答　5

国家一般職［大卒］ 教養試験

No.129 判断推理　形式論理　平成29年度

次の推論A～Dのうち，論理的に正しいもののみを挙げているのはどれか。

A：ある会社の売店は，梅干し，昆布，明太子の３種類のおにぎりを，客１人につき２個選択させる方法で販売し，計180個を完売した。梅干しを購入した客のうち56人が昆布を購入しており，かつ，昆布を購入した客のうち20人が明太子を購入しているとき，同じ種類のおにぎりを２個購入した客は14人である。

B：ある会社の社員100人にリンゴ，ブドウ，ミカンのうち好きな果物を挙げさせたところ，リンゴを挙げた者が60人，ブドウを挙げた者が40人，ミカンを挙げた者が30人いた。３種類全てを挙げた者が10人，ちょうど２種類を挙げた者が20人いるとき，１種類も挙げなかった者は10人である。

C：ある会社の食堂のメニューは日替わりである。カレーライスとうどんの両方がある日にはオムライスもあり，焼きそばがない日にはうどんがない。さらに，魚定食がある日にはカレーライスがない。このとき，魚定食がある日には，うどんと焼きそばの両方がある，又は，オムライスがない。

D：ある会社の社員に対して終業後の習慣について尋ねたところ，終業後に買物をしている者は，終業後に運動をしていないが，終業後に社内で行われる勉強会に参加していない者は，終業後に運動をしていることが分かった。このとき，終業後に買物をしている者は，終業後に社内で行われる勉強会に参加している。

1　A，B
2　A，C
3　B，C
4　B，D
5　C，D

解説

A：梅干しと昆布の２種類を購入した客が56人（112個），昆布と明太子の２種類を購入した客が20人(40個）である。残りの28個(＝180－112－40）については14人の客が購入したことになるが，その中には梅干しと明太子の２種類を購入した客がいる可能性がある。したがって，同じ種類のおにぎりを２個購入した客は14人以下であり，その人数を確定することはできない。

B：正しい。次のようなキャロル表を利用して考える。まず，リンゴを挙げたのが60人，ブドウを挙げた者が40人，ミカンを挙げた者が30人，３種類を挙げた者が10人なので，これを表中に記入する。ここで，リンゴとブドウの２種類のみを挙げた人数をa，リンゴとミカンの２種類のみを挙げた人数をb，ブドウとミカンの２種類のみを挙げた人数をc，リンゴのみを挙げた人数をx，ブドウのみを挙げた人数をy，ミカンのみを挙げた人数をz，１種類も挙げなかった人数をmとしてみる。そうすると，$a+b+x+10=60$，$a+b+x=50$……①，$a+c+y+10=40$，$a+c+y=30$……②，$b+c+z+10=30$，$b+c+z=20$……③となり，①＋②＋③とすると，$(a+b+x)+(a+c+y)+(b+c+z)=50+30+20$，$2(a+b+c)+(x+y+z)=100$となる。$a+b+c=20$だから，$20\times2+(x+y+z)=100$，$x+y+z=60$である。$(a+b+c)+(x+y+z)+10+m=100$より，$20+60+10+m=100$，$m=10$となる。したがって，１種類も挙げなかった者は10人である。

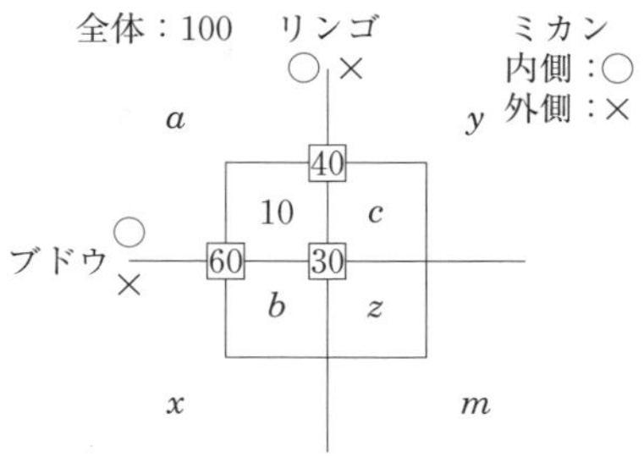

C：ここでは真偽分類表を利用するとよい。カレーライスがあることをA，ないことをaとし，同様にうどん（B，b），オムライス（C，c），焼きそば（D，d），魚定食（E，e）とする。このとき，全部で32通り（$=2^5$）の組合せが考えられるが，これを一覧表にしてしまう。そうすると，「カレーライスとうどんの両方がある日にはオムライスもある」ので，「ABC ＊＊」でなければならず，「ABc ＊＊」である⑤～⑧は可能性がない（表Ⅰ）。また，「焼きそばがない日にはうどんがない」ので，「＊B＊d＊」となる③，④，⑲，⑳，㉓，㉔も可能性がない（表Ⅱ）。さらに，「魚定食がある日にはカレーライスがない」ので，「A＊＊＊E」となる①，⑪，⑬，⑮も可能性がない（表Ⅲ）。これ以外の組合せは可能性があることになる。ここで，「＊＊＊＊E」を考えると，たとえば㉗は「魚定食はあるが，うどんも焼きそばもなく，オムライスがある」ことになる（「＊＊＊＊E」となる⑰，㉑，㉕，㉗，㉙，㉛のうち，㉕，㉗は当てはまらない）。

表Ⅰ

	A					a			
①	B	C	D	E	⑰	B	C	D	E
②	B	C	D	e	⑱	B	C	D	e
③	B	C	d	E	⑲	B	C	d	E
④	B	C	d	e	⑳	B	C	d	e
⑤	B	c	D	E	㉑	B	c	D	E
⑥	B	c	D	e	㉒	B	c	D	e
⑦	B	c	d	E	㉓	B	c	d	E
⑧	B	c	d	e	㉔	B	c	d	e
⑨	b	C	D	E	㉕	b	C	D	E
⑩	b	C	D	e	㉖	b	C	D	e
⑪	b	C	d	E	㉗	b	C	d	E
⑫	b	C	d	e	㉘	b	C	d	e
⑬	b	c	D	E	㉙	b	c	D	E
⑭	b	c	D	e	㉚	b	c	D	e
⑮	b	c	d	E	㉛	b	c	d	E
⑯	b	c	d	e	㉜	b	c	d	e

表Ⅱ

	A					a			
①	B	C	D	E	⑰	B	C	D	E
②	B	C	D	e	⑱	B	C	D	e
③	B	C	d	E	⑲	B	C	d	E
④	B	C	d	e	⑳	B	C	d	e
⑤	B	c	D	E	㉑	B	c	D	E
⑥	B	c	D	e	㉒	B	c	D	e
⑦	B	c	d	E	㉓	B	c	d	E
⑧	B	c	d	e	㉔	B	c	d	e
⑨	b	C	D	E	㉕	b	C	D	E
⑩	b	C	D	e	㉖	b	C	D	e
⑪	b	C	d	E	㉗	b	C	d	E
⑫	b	C	d	e	㉘	b	C	d	e
⑬	b	c	D	E	㉙	b	c	D	E
⑭	b	c	D	e	㉚	b	c	D	e
⑮	b	c	d	E	㉛	b	c	d	E
⑯	b	c	d	e	㉜	b	c	d	e

表Ⅲ

	A					a			
①	B	C	D	E	⑰	B	C	D	E
②	B	C	D	e	⑱	B	C	D	e
③	B	C	d	E	⑲	B	C	d	E
④	B	C	d	e	⑳	B	C	d	e
⑤	B	c	D	E	㉑	B	c	D	E
⑥	B	c	D	e	㉒	B	c	D	e
⑦	B	c	d	E	㉓	B	c	d	E
⑧	B	c	d	e	㉔	B	c	d	e
⑨	b	C	D	E	㉕	b	C	D	E
⑩	b	C	D	e	㉖	b	C	D	e
⑪	b	C	d	E	㉗	b	C	d	E
⑫	b	C	d	e	㉘	b	C	d	e
⑬	b	c	D	E	㉙	b	c	D	E
⑭	b	c	D	e	㉚	b	c	D	e
⑮	b	c	d	E	㉛	b	c	d	E
⑯	b	c	d	e	㉜	b	c	d	e

D：正しい。論理式で表すと，ア「買物→$\overline{\text{運動}}$」，イ「$\overline{\text{勉強会}}$→運動」となる。イの対偶を考えると，ウ「$\overline{\text{運動}}$→勉強会」となるので，アおよびウより「買物→$\overline{\text{運動}}$→勉強会」となり，「終業後に買物をしている者は，終業後に社内で行われる勉強会に参加している」は成り立つ。

以上から，論理的に正しい推論はBおよびDであり，正答は**4**である。

正答　4

国家一般職［大卒］ 教養試験

No.130 判断推理 順序関係 平成29年度

ある高校の文化祭では，各クラスが，ホール，体育館，中庭のいずれかの場所で１回のみ発表を行った。また，複数のクラスが同じ場所で同時に発表を行うことはなかった。この文化祭に参加したＡ～Ｅの５人が，次のように述べているとき，確実にいえるのはどれか。

ただし，Ａ～Ｅが各クラスの発表を見るときには，そのクラスの発表を最初から最後まで見るものとする。

Ａ：「ホールで１年３組の発表を見た後，中庭で３年２組の発表を見た。」

Ｂ：「中庭で２年１組の発表を見た後，体育館で１年１組と３年３組の発表を１年１組，３年３組の順に見た。その後，ホールで２年２組の発表を見た。」

Ｃ：「ホールで３年１組と１年３組の発表を３年１組，１年３組の順に見た後，体育館で３年３組の発表を見た。」

Ｄ：「体育館で２年３組の発表を見た後，中庭で１年２組の発表を見た。その後，ホールで３年１組の発表を見た。」

Ｅ：「中庭で３年２組の発表を見た後，ホールで２年２組の発表を見た。」

1　１年２組の発表は，２年１組の発表より前に行われた。
2　１年２組の発表は，３年２組の発表より前に行われた。
3　２年１組の発表は，１年３組の発表より前に行われた。
4　２年１組の発表は，３年２組の発表より前に行われた。
5　３年３組の発表は，３年２組の発表より前に行われた。

解説

Ａ～Ｅの５人が発表を見た順序を図にまとめると次のようになる（左側が先）。この図において，矢印でつながっているクラス間は先後関係が明らかであるが，たとえば２年１組と１年２組，１年１組と３年２組のように，矢印でつながっていないクラス間ではその先後関係が明らかではない。そうすると，１年２組の後に３年１組，３年１組の後に１年３組，１年３組の後に３年２組が発表しているので，「１年２組の発表は，３年２組の発表より前に行われた」という**2**は確実であるが，それ以外の**1**，**3**，**4**，**5**は確実とはいえない。

したがって，正答は**2**である。

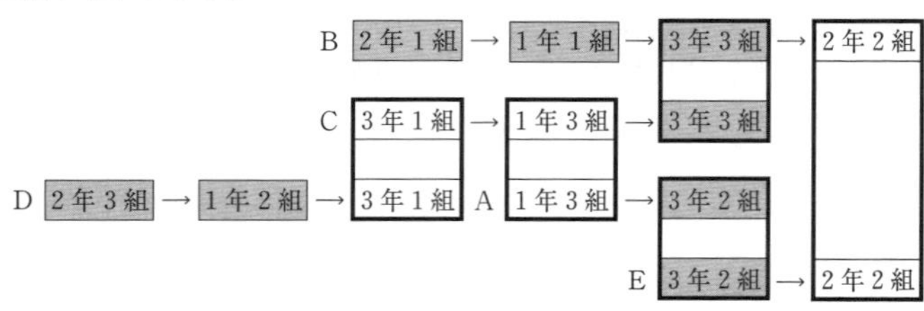

正答　2

No. 131 判断推理 発言からの推理 平成29年度

A～Eの五つの箱があり，それぞれの箱にはラベルが１枚貼られている。箱とその箱に貼られているラベルの記述について調べてみると，空箱でないときは，ラベルの記述が正しく，事実と整合しており，空箱であるときは，ラベルの記述が誤っており，事実に反することが分かった。ラベルが次のとおりであるとき，A～Eのうち，空箱であると確実にいえるのはどれか。

　Aのラベル：「C又はDは空箱である。」
　Bのラベル：「Aが空箱であるならば，Cも空箱である。」
　Cのラベル：「Dは空箱である。」
　Dのラベル：「A及びBは空箱である。」
　Eのラベル：「Dが空箱であるならば，Eは空箱でない。」

1　A
2　B
3　C
4　D
5　E

解説

まず，CとDの箱について考えてみる。Cが空箱でないとき，Cのラベルの記述は正しいので，Dは空箱である。Cが空箱であるとき，Cのラベルの記述は誤りで，Dは空箱でない。つまり，この段階でCまたはDのどちらかは空箱ということになるので，Aのラベルの記述は正しい（Aは空箱ではない）。そうすると，Dのラベルの記述「A及びBは空箱である」は誤りで，Dは空箱である。Bのラベルについては，Aは空箱ではないので，「Aが空箱であるならば」という誤り（＝偽）の仮定を立てれば，結論がどのようであっても，全体としての記述は誤り（＝偽）とはならない。これに対し，Eのラベルの記述については，「Dが空箱であるならば」という部分は正しい（真）ので，Eが空箱でなければ記述全体が正しい（真），空箱であれば記述全体が誤り（偽）ということになって，どちらの可能性もある。

　以上から，空箱であると確実にいえるのはDであり，正答は**4**である。

正答　4

国家一般職［大卒］ No.132 教養試験 判断推理 対応関係 平成29年度

図のように家具等（タンス，戸棚，洗濯桶，ベッド，テーブル，柱時計，暖炉）が配置されている２部屋から成る家で，７匹の子ヤギの兄弟が暮らしている。

ある日，この家にオオカミがやって来たので，７匹の子ヤギの兄弟は家具等に隠れたが，うち６匹はオオカミに見付かってしまった。次のことが分かっているとき，確実にいえるのはどれか。

ただし，家具等一つにつき子ヤギは１匹しか隠れることができないものとする。

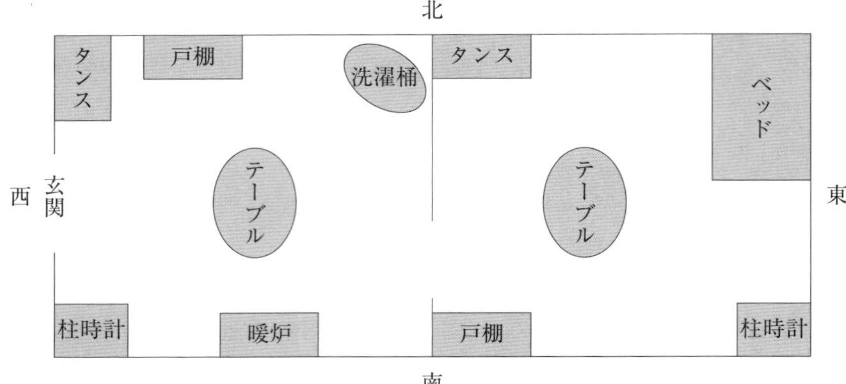

○　２部屋に共通して置かれている家具等のそれぞれについて，一方の部屋の家具等に子ヤギが隠れている場合は，もう一方の部屋の家具等に子ヤギは隠れていなかった。

○　長男は，テーブルの下に隠れた。

○　次男は，東側の部屋で隠れた。

○　三男と四男は，それぞれ別の部屋で隠れた。

○　五男は，テーブルよりも南側にある家具等に隠れた。

○　末っ子は，柱時計に隠れており，オオカミには見付からなかった。

○　オオカミは，西側の部屋で４匹の子ヤギを，東側の部屋で２匹の子ヤギを見付けた。

1　長男は，東側の部屋のテーブルの下に隠れた。
2　次男は，東側の部屋のタンスに隠れた。
3　三男は東側の部屋で，四男は西側の部屋で，それぞれ隠れた。
4　五男は，西側の部屋の暖炉に隠れた。
5　末っ子は，西側の部屋の柱時計に隠れた。

解説

まず，与えられた条件である，「長男はテーブルの下に隠れた」「次男は東側の部屋で隠れた」「五男はテーブルよりも南側にある家具等に隠れた」「末っ子は柱時計に隠れた」および「2部屋に共通して置かれている家具等のそれぞれについて，一方の部屋の家具等に子ヤギが隠れている場合は，もう一方の部屋の家具等には子ヤギは隠れていなかった」という条件をまとめると，次の表Ⅰ−1，表Ⅰ−2のようになる。

ここで，タンス，戸棚，テーブル，柱時計については東西の部屋のどちらかにしか隠れないので，そこに4匹が隠れたことになる。つまり，洗濯桶，ベッド，暖炉に1匹ずつ隠れている。

また，西側の部屋で4匹が見つかっているが，三男と四男は別の部屋に隠れたので，長男，五男，六男は西側の部屋に隠れたことになる。そうすると，長男が隠れたのは西側の部屋のテーブル，テーブルよりも南側の家具等という条件がある五男は暖炉に隠れたことになる（表Ⅱ−1）。したがって，**4**は確実にいえる内容である。表Ⅱ−1，表Ⅱ−2以降は確定しないので，それ以上は判断できない。

よって，**1**は誤り，**2**，**3**，**5**は判断できない。以上から，正答は**4**である。

表Ⅰ−1

	西側の部屋					
	タンス	戸棚	洗濯桶	テーブル	柱時計	暖炉
長男	×	×	×		×	×
次男	×	×	×	×	×	×
三男				×	×	
四男				×	×	
五男	×	×	×	×	×	
六男				×	×	
末っ子	×	×	×	×		×

表Ⅰ−2

	東側の部屋				
	タンス	ベッド	テーブル	戸棚	柱時計
長男	×	×		×	×
次男			×		×
三男			×		×
四男			×		×
五男	×	×	×		×
六男			×		×
末っ子	×	×	×	×	

表Ⅱ−1

	西側の部屋					
	タンス	戸棚	洗濯桶	テーブル	柱時計	暖炉
長男	×	×	×	○	×	×
次男	×	×	×	×	×	×
三男				×	×	×
四男				×	×	×
五男	×	×	×	×	×	○
六男				×	×	×
末っ子	×	×	×	×		×

表Ⅱ−2

	東側の部屋				
	タンス	ベッド	テーブル	戸棚	柱時計
長男	×	×	×	×	×
次男			×		×
三男			×		×
四男			×		×
五男	×	×	×	×	×
六男			×		×
末っ子	×	×	×	×	

正答　4

国家一般職［大卒］ No. 133 教養試験

判断推理　対応関係　平成29年度

ある小学校では，月～金曜日の夜間，校庭を地域の五つの団体Ａ～Ｅに貸し出すこととなった。Ａ～Ｅは借りる曜日の希望調査に対して，順位を付けずに二つの曜日を回答したところ，希望した二つの曜日のうちいずれかの曜日に借りることができた。次のことが分かっているとき，確実にいえるのはどれか。

ただし，同じ曜日に複数の団体に貸し出すことはなかったものとする。

○　月～金曜日のうち，四つの曜日は，希望した団体が複数あった。
○　Ａは，二つの曜日とも，Ｄと同じ曜日を希望した。
○　Ｂは，水曜日と金曜日を希望した。
○　Ｃは，希望した曜日のうち，火曜日には借りることができなかった。
○　Ｄは，水曜日に借りることができた。
○　Ｅは，希望した曜日が，Ｂ及びＣとそれぞれ一つずつ同じであった。

1　Ａは，木曜日に借りることができた。
2　Ｄは，月曜日と水曜日を希望した。
3　Ｅは，火曜日と金曜日を希望した。
4　水曜日を希望した団体は，Ａ，Ｂ，Ｄ，Ｅであった。
5　木曜日を希望した団体は，一つのみであった。

解説

「月～金曜日のうち，4つの曜日は，希望した団体が複数あった」という条件から，2つの団体が希望した曜日が3日，3つの団体が希望した曜日が1日あることになる（1日だけ1つの団体が希望した）。まず，水曜日に関しては，BとDが希望し，Dが借りている。そして，Aは2つの曜日ともDと同じ曜日を希望しているので，Aも水曜日を希望しており，3つの団体が希望したのは水曜日である。Bは水曜日と金曜日を希望して水曜日には借りられなかったので，金曜日に借りられたことになる。EはBと同じ曜日を希望したのが1日あるが，それは水曜日ではない（水曜日はA，B，Dの3団体が希望）ので，金曜日である。もう1日はCが希望した曜日と同じであるが，これはEが借りられた日でなければならないので，Cが借りられなかった火曜日にEは借りられたことになる。ここまでが表Ⅰである（○：希望して借りられた，△：希望したが借りられなかった）。

表Ⅰ

	月	火	水	木	金
A			△		
B			△		○
C		△			
D			○		
E		○			△

A，C，Dが希望したもう1日（AとDは同じ曜日）については，表Ⅱ，表Ⅲの2通りの可能性がある。この表Ⅱ，表Ⅲより，**1**，**2**，**5**は不確定，**4**は誤りで，正答は**3**である。

表Ⅱ

	月	火	水	木	金
A	○		△		
B			△		○
C		△		○	
D	△		○		
E		○			△

表Ⅲ

	月	火	水	木	金
A			△	○	
B			△		○
C	○	△			
D			○	△	
E		○			△

正答 3

国家一般職［大卒］ 教養試験

No.134 判断推理 対応関係 平成29年度

図のように，正六角形の人工池の周囲にＡ～Ｆの六つの花壇があり，Ｂのみ位置が明らかにされている。六つの花壇には異なる色のバラがそれぞれ植えられており，色は赤，オレンジ，黄，白，ピンク，紫である。また，バラが咲く時期は色によって異なっており，さらに，バラの咲き方は色によって一重咲き又は八重咲きのいずれか一方となっている。次のことが分かっているとき，確実にいえるのはどれか。

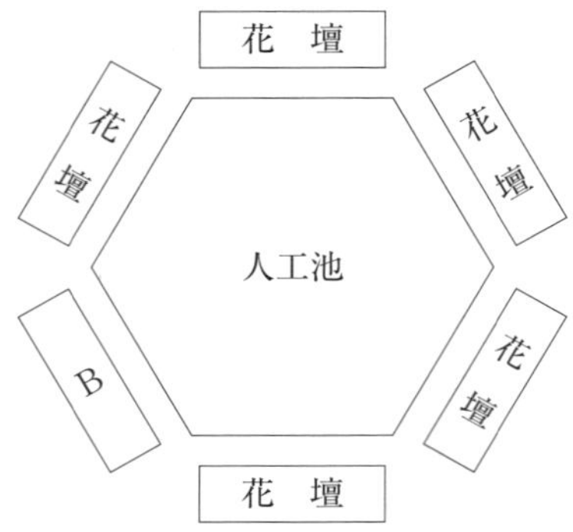

○　Ｂは黄のバラ，人工池に向かってＢの右隣の花壇は紫のバラ，更にその右隣の花壇は白のバラであった。

○　人工池に向かってＤの右隣の花壇は，オレンジのバラであった。

○　人工池に向かって紫のバラの花壇の対岸にある花壇は，赤のバラであった。

○　最初にバラが咲いた花壇はＡ，４番目はＤ，５番目はＥであり，また，最後に咲いたバラの色は赤であった。

○　黄のバラの直後に紫のバラが，更にその直後に白のバラが咲いた。

○　オレンジのバラは，白のバラより後に咲いた。

○　いずれの花壇も両隣の花壇と咲き方が異なっており，また，Ｂは一重咲きであった。

1　最初に，Ａにピンクの一重咲きのバラが咲いた。

2　３番目に，Ｃにオレンジの八重咲きのバラが咲いた。

3　４番目に，Ｄに白の一重咲きのバラが咲いた。

4　５番目に，Ｅにピンクの八重咲きのバラが咲いた。

5　最後に，Ｆに赤の八重咲きのバラが咲いた。

解説

まず，バラの色はBが黄，その右隣は紫，さらにその右隣は白，紫の対岸は赤である。赤は最後に咲くのでDではなく，したがって，オレンジは白の右隣で，Dが白である。そうすると，黄のバラの直後に紫のバラが，さらにその直後に白のバラが咲いているので，B（黄）は2番目，紫は3番目，オレンジは白より後なので5番目（E）である。ここから，1番目はBの左隣でピンクとなる。Bは一重咲きで，両隣の花壇はいずれも咲き方が異なるので，一重咲きと八重咲きが交互に並ぶことになり，次の図のようになる（6つの花壇を示すワク内は，咲く順番，花壇，バラの色，咲き方を示す）。ただし，CとFについては確定しない。

以上から，**1**，**4**は誤り，**2**，**5**はCとFの順番が確定しないことから不確実（ただし，どちらも順番以外の内容に誤りを含む）で，正答は**3**である。

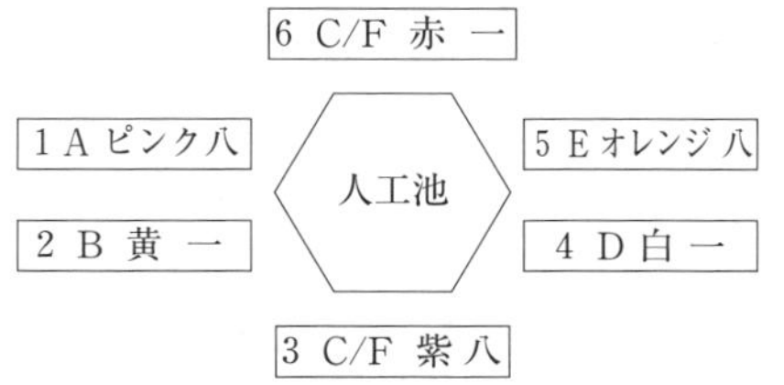

正答 3

判断推理　折り紙　平成29年度

正方形の透明なシートに，いくつかの直線が描かれている。③の形になるよう，このシートを，図のように①→②→③の順で破線部分で2回谷折りしたところ，④の模様が見えた。このとき，シートに描かれていた直線を表す図として最も妥当なのは，次のうちではどれか。

ただし，シートは裏返さないものとする。

①　②　③　④

------ 谷折り

1

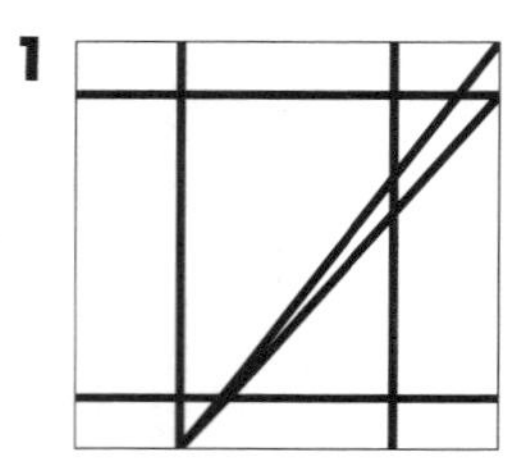

2

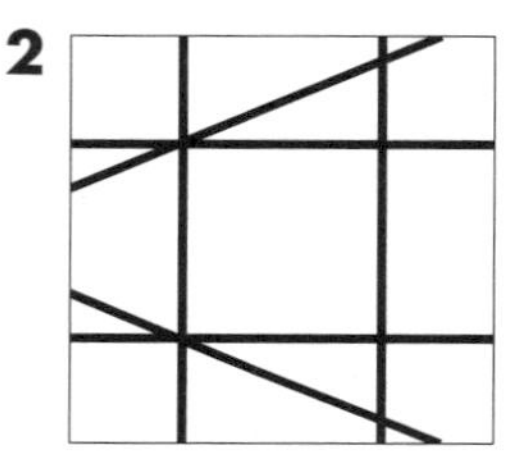

3

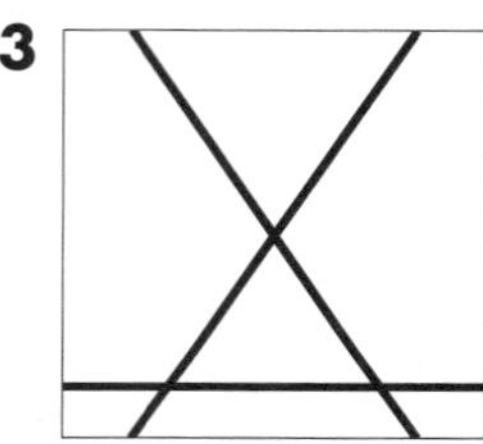

4

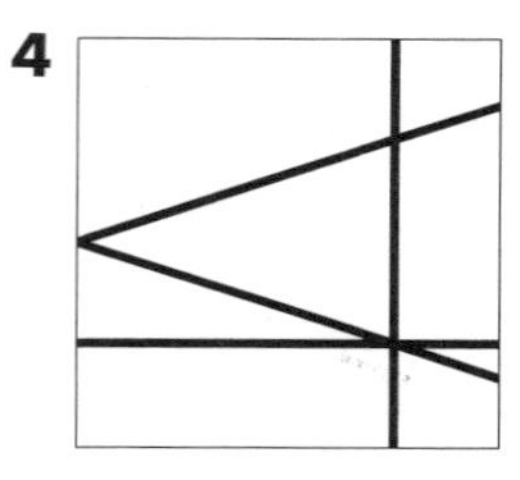

5

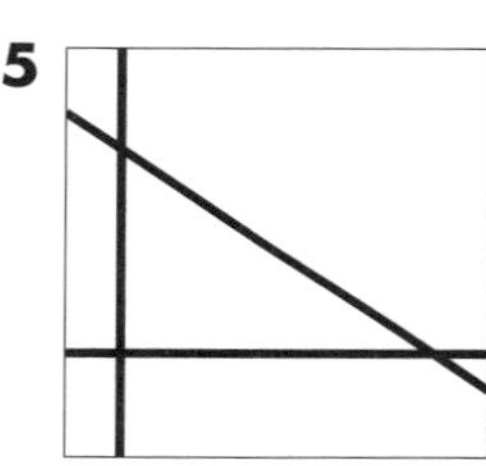

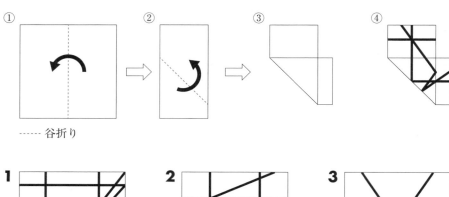

解説

次の図のように，④の状態から逆順で開いて①の状態に戻してみればよい。その際，シートに描かれた直線は折り目により線対称になることに注意する。**5**の図を90°回転させて②，③の順に折ればよいことがわかる。

以上から，正答は**5**である。

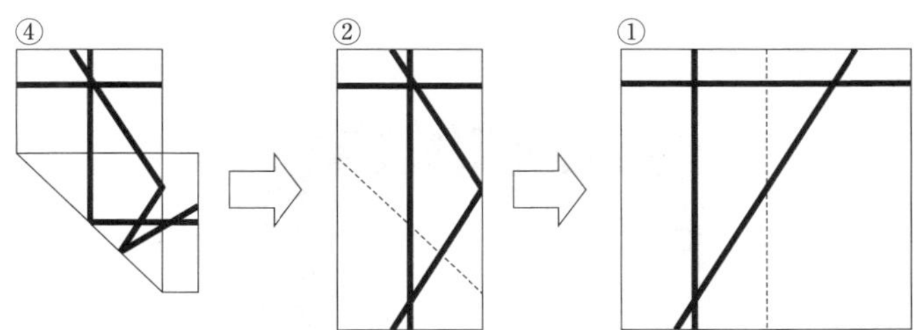

正答 5

国家一般職
[大卒]
No.
136

教養試験

判断推理　立体構成　平成29年度

一辺の長さが1で黒色の複数の小立方体を面と面とが合わさるように組み合わせてできる一つの立体に，十分遠くにある光源からの光を当てて，光に垂直な平面にできる影を観察したところ，立体を構成するいずれかの面に垂直な向きであればどの向きからの光であっても，図のような影ができることが分かった。このとき，A～Dのうち，確実にいえるもののみを全て挙げているのはどれか。

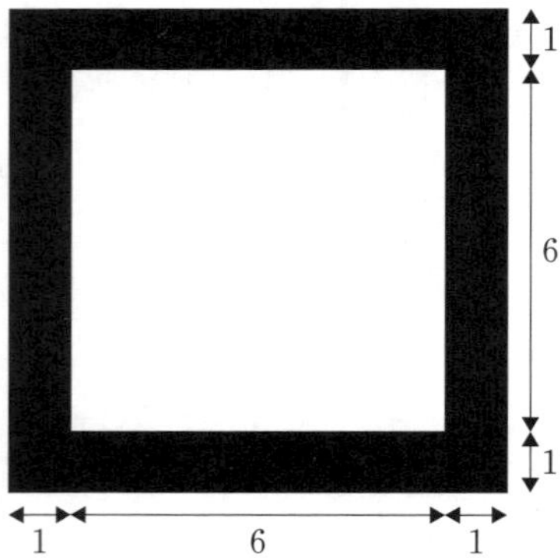

A：条件を満たす立体のうち，少なくとも一つは，42個の小立方体を組み合わせて作ることができる。

B：条件を満たす立体のうち，少なくとも一つは，82個の小立方体を組み合わせて作ることができる。

C：条件を満たす立体のうち，少なくとも一つは，ある素数個の小立方体を組み合わせて作ることができる。

D：条件を満たす立体は，どの立体も，偶数個の小立方体を組み合わせて作る必要がある。

1　A
2　A，C
3　B
4　B，D
5　D

解説

立体を構成するいずれかの面に垂直な向きであれば，どの向きからの光であっても問題図のような影ができる立体としては，次の図Ⅰのように組んだ立体（立方体の各辺の部分に小立方体を並べる）が最も一般的で，このとき，用いる小立方体の個数は最多となる。立方体の辺は12本あり，その各辺の頂点以外の部分に小立方体はそれぞれ6個ずつ，頂点部分にそれぞれ1個ずつあるから，6×12＋8＝80より，小立方体の個数は最多で80個である。つまり，82個の小立方体を組み合わせて作ることはできない（Bは誤り）。しかし，問題図のような影ができるためには，影として重なる辺はなくても可能なので，図Ⅱのような立体でもよい。このときの小立方体の個数は，6×6＋6＝42より，42個となる（Aは正しい）。また，次の図Ⅲのように，図Ⅱの状態に小立方体Aを1個加えて43個としても，影の見え方は変わらない。つまり，小立方体の個数は42個～80個の範囲であればよい。そして，43は素数なのでCは正しい（Dは誤り）。

以上から，確実にいえるのはAとCで，正答は**2**である。

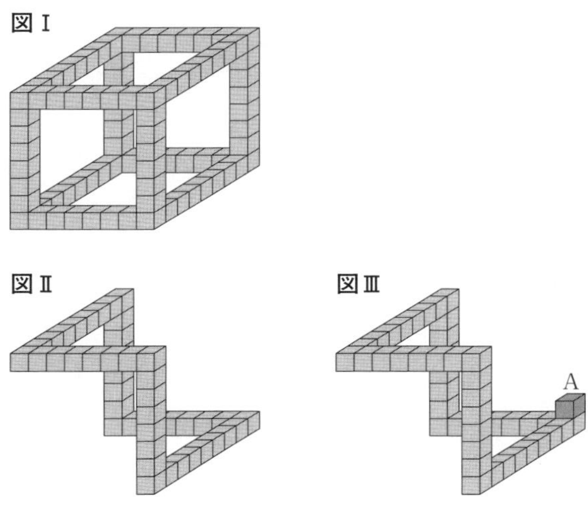

正答　2

国家一般職［大卒］

教養試験

No. 137 判断推理　対応関係　平成28年度

男性２人，女性３人のＡ～Ｅの５人の学生が，Ｗ～Ｚの４社がそれぞれ行う採用説明会のいくつかに参加した。５人の学生の参加状況について，各社の採用担当者及び学生が次のように述べているとき，確実にいえるのはどれか。

Ｗ社：「弊社の説明会に参加したのは２人だった。それらの学生は２人とも男性だった。」
Ｘ社：「弊社の説明会に参加したのはＡ，Ｂ，Ｅだった。」
Ｙ社：「弊社の説明会に参加した男性は１人だった。」
Ｚ社：「弊社の説明会に参加しなかったのは１人だった。その学生は男性だった。」
Ａ：「Ｗ社の説明会には参加しなかった。」
Ｂ：「４社全ての説明会に参加した。」
Ｃ：「Ｙ社の説明会には参加した。」
Ｄ：「１社の説明会にのみ参加した。」
Ｅ：「３社の説明会に参加した。」

1　Ｘ社の説明会には男性が２人参加した。
2　Ｙ社の説明会に参加したのは３人だった。
3　Ｃは１社の説明会にのみ参加した。
4　ＤはＺ社の説明会に参加した。
5　Ｅは女性だった。

解説

まず，W～Z社の担当者が述べていることをまとめると，次の表Ⅰとなる。これにA～Eが述べていることを加えると，表Ⅱとなる。

W社の説明会に参加したBは男性，参加しなかったAは女性であり，Y社の説明会に参加した男性は1人（これはBである）だから，Cは女性である（女性であるA，CはZ社の説明会に参加している）。ここで，DとEの性別に関して場合分けしてみる。Dが男性，Eが女性の場合は表Ⅲのようになり，DはW社，EはX，Y，Z社の説明会に参加している。ただし，AがY社の説明会に参加したかどうかは確定できない。Dが女性，Eが男性だとすると（表Ⅳ），EはY社にもZ社にも参加していないことになるので，3社の説明会に参加したというEの発言と矛盾する。

したがって，成り立つのは表Ⅲの場合だけである。この表Ⅲより，**1**，**3**，**4**は誤り，**2**は不確実で，正答は**5**である。

表Ⅰ

	男性	女性	W	X	Y	Z
A				○		
B				○		
C				×		
D				×		
E				○		
	2人	3人	男性2人		男性=1人	男性1人 女性3人

表Ⅱ

	男性	女性	W	X	Y	Z	
A		○	×	○		○	
B	○		○	○	○	○	
C		○	×	×	○	○	
D				×			1社
E				○			3社
	2人	3人	男性2人		男性=1人	男性1人 女性3人	

表Ⅲ

	男性	女性	W	X	Y	Z	
A		○	×	○		○	
B	○		○	○	○	○	
C		○	×	×	○	○	
D	○		○	×	×	×	1社
E		○	×	○	○	○	3社
	2人	3人	男性2人		男性=1人	男性1人 女性3人	

表Ⅳ

	男性	女性	W	X	Y	Z	
A		○	×	○		○	
B	○		○	○	○	○	
C		○	×	×	○	○	
D		○	×	×	×	○	1社
E	○		○	○			3社
	2人	3人	男性2人		男性=1人	男性1人 女性3人	

正答 5

ある学級の生徒の日々の生活について，次のことが分かっているとき，論理的に確実にいえるのはどれか。

○ 夜10時以降に就寝している生徒は，自宅学習をしている。
○ 遅刻したことがある生徒は，夜11時以降に就寝し，かつ朝7時以降に起床している。
○ 遅刻したことがない生徒は，朝7時より前に起床している。

1 朝7時以降に起床している生徒は，自宅学習をしている。
2 朝7時より前に起床している生徒は，夜11時より前に就寝している。
3 自宅学習をしている生徒は，遅刻したことがある。
4 自宅学習をしていない生徒は，朝7時以降に起床している。
5 遅刻したことがない生徒は，夜10時より前に就寝している。

解説

与えられた命題を，上から順に次のA～Cのように論理式として表してみる。

A：夜10時以降就寝→自宅学習
B：遅刻→（夜11時以降就寝∧朝7時以降起床）
C：$\overline{\text{遅刻}}$→朝7時以前起床
ここで，Bについては次のように分割することが可能である。
B_1：遅刻→夜11時以降就寝
B_2：遅刻→朝7時以降起床
このA～Cの対偶を考えると，次のD～Fのようになる。
D：$\overline{\text{自宅学習}}$→夜10時以前就寝
E：(夜11時以前就寝∨朝7時以前起床)→$\overline{\text{遅刻}}$
E_1：夜11時以前就寝→$\overline{\text{遅刻}}$
E_2：朝7時以前起床→$\overline{\text{遅刻}}$
F：朝7時以降起床→遅刻
このA～Fにより，**1**～**5**を検討する。

1．正しい。F，B_1より，「朝7時以降起床→遅刻→夜11時以降就寝」となるが，夜11時以降就寝ならば，夜10時以降就寝であることが確実なので，さらに，Aの「夜10時以降就寝→自宅学習」がいえる。つまり，「朝7時以降に起床している生徒は，自宅学習をしている」ことは確実である。

2．E_2より，「朝7時以前起床→$\overline{\text{遅刻}}$」となるが，夜11時以前に就寝しているかどうかは判断できない。E_2にCと続けても，「朝7時以前起床→$\overline{\text{遅刻}}$→朝7時以前起床」となるだけである。

3．「自宅学習→」となる命題が存在しないので，その先を判断できない。

4．Dより，「$\overline{\text{自宅学習}}$→夜10時以前就寝」となる。そうすると，夜10時以前就寝だから夜11時以前就寝であり，ここから，E_1，Cより，「夜11時以前就寝→$\overline{\text{遅刻}}$→朝7時以前起床」となり，朝7時以前に起床している。

5．これもC，E_2より，「$\overline{\text{遅刻}}$→朝7時以前起床→$\overline{\text{遅刻}}$」となるだけで，夜10時以前に就寝しているかどうかは判断できない。

正答 **1**

判断推理　順序関係　平成28年度

ある地域の運動会で，赤，白，青，黄，桃の五つの異なる組にそれぞれ所属しているA～Eの5人が，借り物競走に出場した。5人は同時にスタートし，途中の地点で，借り物を指示する5枚のカードから1枚ずつ選び，指示された物を借りてきてゴールに向かった。借り物を指示するカードには，「軍手」「たすき」「なわとび」「マイク」「帽子」の5種類が1枚ずつあった。5人が次のように述べているとき，確実にいえるのはどれか。なお，同時にゴールした者はいなかった。

A：「私がゴールしたときにまだゴールしていなかったのは，白組と桃組の走者の2人だった。」
B：「私の2人前にゴールしたのは赤組の走者で，軍手を借りていた。」
C：「私の直後にゴールした走者は，たすきを借りていた。」
D：「私の直前にゴールしたのは黄組の走者で，帽子を借りていた。」
E：「指示されたなわとびを探すうちに，2人以上の走者が先にゴールしたが，私がゴールしたのは最後ではなかった。」

1　Aは帽子を借りた。
2　Bはたすきを借りた。
3　Cは軍手を借りた。
4　Dは青組だった。
5　Eは桃組だった。

解説

まず，Aは3位でゴールしている。次に，Eの発言から，Eはなわとびを借りて3位または4位でゴールしているが，3位はAなのでEは4位である。Bの2人前にゴールした者がいるので，Bも3位以下であるが，3位はA，4位はEだから，Bは5位で，ここから，Aが赤組で借りたのは軍手である。そうすると，C，Dの発言から，1位は黄組のCで帽子を借りており，2位はDでたすきを借りている。そして，4位，5位が白組と桃組なので，Dは青組である。さらに，Bが借りたのはマイクと決まるが，4位と5位のE，Bに関して，白組，桃組を決定することはできない。

以上をまとめると次の表のようになり，正答は**4**である。

1	2	3	4	5
C	D	A	E	B
黄	青	赤		
帽子	たすき	軍手	なわとび	マイク

正答　4

国家一般職［大卒］ 教養試験

No.140 判断推理 位置関係 平成28年度

図のように，１階に西口，３階に東口を有する地下１階，地上７階のオフィスビルがある。Ａ～Ｇの７人は，このオフィスビルの異なる階にそれぞれ勤務しており，出勤時，退勤時には，東口，西口のいずれかを利用する。次のことが分かっているとき，確実にいえるのはどれか。

○　Ａ～Ｇは，３階分以上昇るとき，又は，４階分以上降りるときはエレベーターを使い，それ以外の昇降には階段を使う。また，出勤時に東口を利用する人は３人，退勤時に東口を利用する人は４人いる。

○　Ａは，出勤時，退勤時共に西口を利用し，いずれもエレベーターを使う。また，Ａは，Ｃより下の階で勤務している。

○　Ｂは，出勤時，退勤時共に同じ出入口を利用し，いずれもエレベーターは使わない。

○　Ｃは，退勤時に東口を利用し，出勤時にはエレベーター，退勤時には階段を使う。

○　Ｄは，出勤時，退勤時に異なる出入口を利用し，出勤時には階段，退勤時にはエレベーターを使う。

○　Ｅは，出勤時，退勤時共に西口を利用し，出勤時にはエレベーター，退勤時には階段を使う。

○　Ｆは，出勤時，退勤時共に東口を利用し，いずれも階段，エレベーターは使わない。

○　Ｇは，出勤時に東口を利用し，出勤時には階段を使うが，退勤時には階段もエレベーターも使わない。

1　Ａは６階で勤務している。
2　ＢはＦより上の階で勤務している。
3　ＣはＥの一つ上の階で勤務している。
4　Ｄは地下１階で勤務している。
5　２階には，Ａ～Ｇのいずれも勤務していない。

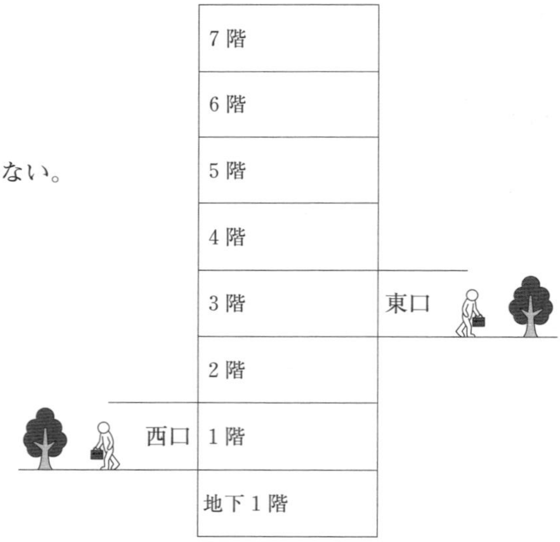

７階
６階
５階
４階
３階　東口
２階
西口　１階
地下１階

解説

A：出勤時，退勤時ともに西口を利用し，いずれもエレベーターを使うので，5階以上であるが，Cより下の階なので7階ではない（5～6階)。

B：出勤時，退勤時ともに同じ出入口を利用し，いずれもエレベーターは使わないので，6階，7階ではない。

C：Aより上の階なので6階以上であるが，退勤時に東口を利用し，階段を使うので，7階ではない（5～6階)。したがって，Cは6階，そしてAは5階である。

D：出勤時，退勤時に異なる出入口を利用し，出勤時には階段，退勤時にはエレベーターを使うので，1～4階および6～7階ではない。そうすると，Aが5階と決まっているので，Dは地下1階である。

E：出勤時，退勤時ともに西口を利用し，出勤時にはエレベーター，退勤時には階段を使うので，4階である。

F：出勤時，退勤時ともに東口を利用し，いずれも階段，エレベーターは使わないのだから，Fは3階である。

G：出勤時に東口を利用し，出勤時には階段を使うが，退勤時には階段もエレベーターも使わないのだから，Gは1階である（退勤時には西口を利用する)。

ここまでの結果から，Bは2階となる。

そして，出勤時に東口を利用する人は3人，退勤時に東口を利用する人は4人だから，BとDは退勤時に東口を利用し，Bは出勤時も東口を利用するから，C，Dが出勤時に利用するのは西口である。

以上から次の表のように確定し，正答は**4**である。

				西口		東口				
	出勤時	退勤時	地下1階	1階	2階	3階	4階	5階	6階	7階
A	西口	西口	×	×	×	×	×	○	×	×
B	東口	東口	×	×	○	×	×	×	×	×
C	西口	東口	×	×	×	×	×	×	○	×
D	西口	東口	○	×	×	×	×	×	×	×
E	西口	西口	×	×	×	×	○	×	×	×
F	東口	東口	×	×	×	○	×	×	×	×
G	東口	西口	×	○	×	×	×	×	×	×

正答 4

No.141 判断推理 対応関係 平成28年度

A～Fの６人は友人どうしで，カイロ，デリー，バンコク，ブエノスアイレス，ベルリン，ロンドンの６か所の異なる都市にそれぞれ住んでいる。この６人の居住地や，ある期間におけるこの６人の間でのメールの送受信の状況について，次のことが分かっているとき，確実にいえるのはどれか。

○　AとBはヨーロッパに，DとEはアジアに住んでいる。
○　Aは，Aにメールを送信した友人以外の全員にメールを送信した。
○　Bは，カイロに住んでいる友人を含め計３人にメールを送信した。また，Bがメールを送信した友人のうち，Dのみからメールを受信した。
○　Cは，アジアに住んでいる友人１人にメールを送信した。また，ヨーロッパに住んでいる友人１人からメールを受信した。
○　Dは，ヨーロッパに住んでいる友人２人とアジアに住んでいる友人１人の計３人にメールを送信した。また，ベルリンに住んでいる友人を含め，計２人からメールを受信した。
○　Eは誰にもメールを送信しなかった。また，C以外の全員からメールを受信した。
○　Fは，ロンドンに住んでいる友人とバンコクに住んでいる友人の計２人にメールを送信した。また，ベルリンに住んでいる友人からメールを受信した。

1　Aはロンドンに住んでおり，Bからメールを受信した。
2　Bはベルリンに住んでおり，Fにメールを送信した。
3　Cはカイロに住んでおり，Bからメールを受信した。
4　Dはバンコクに住んでおり，Eにメールを送信した。
5　Fはブエノスアイレスに住んでおり，Aからメールを受信した。

解説

まず，居住地に関しては，AとBはヨーロッパに，DとEはアジアに住んでいるので，次の表Ⅰのようになる。

表Ⅰ

	アジア				ヨーロッパ	
	カイロ	デリー	バンコク	ブエノスアイレス	ベルリン	ロンドン
A	×	×	×	×		
B	×	×	×	×		
C		×	×		×	×
D	×			×	×	×
E	×			×	×	×
F		×	×		×	×

次に６人の間でのメールのやり取りを考える。Eは誰にもメールを送信せず，C以外の全員からメールを受信しているので，A，B，D，Fの４人はEにメールを送信している。Cはアジアに住んでいる友人１人にメールを送信しているが，これはEではないのでDである。Cがメールを送信したのはD１人なので，AはCにメールを送信しており，Cが受信したメールは

この１通である。Dは，ヨーロッパに住んでいる友人２人とアジアに住んでいる友人１人の計３人にメールを送信しているので，A，B，Eの３人にメールを送信している。Bは，カイロに住んでいる友人を含め計３人にメールを送信しているが，Cには送信していない。このことから，カイロに住んでいるのはFである。つまり，BはD，E，Fの３人にメールを送信している。Fはロンドンに住んでいる友人にメールを送信しているが，Bには送信していないので（BはFに送信したが受信していない），ロンドンに住んでいるのはA，ベルリンに住んでいるのはBということになる。また，Fはバンコクに住んでいる友人にメールを送っているが，これはEということになり，Dが住んでいるのはデリーである。そして，カイロに住んでいるのはFだから，Cはブエノスアイレスに住んでいる。

ここまでで居住地に関しては表Ⅱ，およびメールの送受信の状況については図Ⅰのように確定し，正答は**2**である。

表Ⅱ

		アジア			ヨーロッパ	
	カイロ	デリー	バンコク	ブエノスアイレス	ベルリン	ロンドン
A	×	×	×	×	×	○
B	×	×	×	×	○	×
C	×	×	×	○	×	×
D	×	○	×	×	×	×
E	×	×	○	×	×	×
F	○	×	×	×	×	×

図Ⅰ

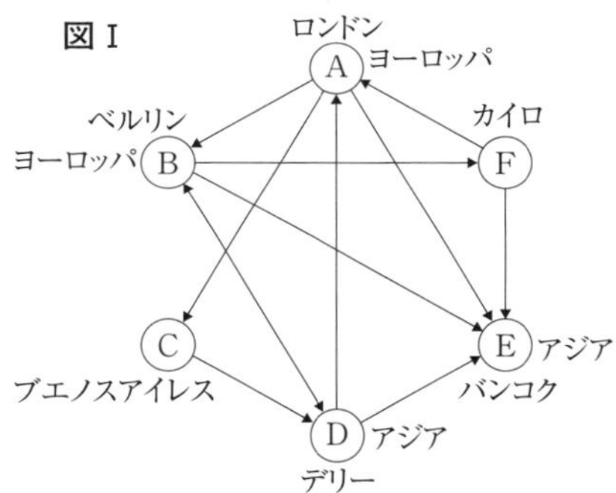

正答　2

国家一般職［大卒］ 教養試験

No. 142 判断推理　対応関係　平成28年度

Ａ～Ｇの７人が８kmのハイキングコースを歩いた。このコースには，スタート地点から１kmごとに１番目から７番目までの休憩の取れる地点が設置されていた。各人の休憩を取った状況について，次のことが分かっているとき，確実にいえるのはどれか。

ただし，Ａ～Ｇはコースを戻ることはなかったものとする。

○　各人はちょうど三つの地点で休憩を取った。７人のうち，いずれの２人をみても，休憩を取った三つの地点のうち，一つの地点だけが一致した。

○　休憩を取った地点が三つ連続したのはＡのみであった。

○　ＡとＢが最初に休憩を取った地点は１番目であった。また，Ｂが最後に休憩を取った地点は５番目であった。

○　Ｃが休憩を取った地点は一つ置きであった。また，Ｃが最後に休憩を取った地点は６番目で，Ｆもその地点で休憩を取った。

○　Ｄが最初に休憩を取った地点と次に休憩を取った地点とは連続していた。

○　Ｅが休憩を取った地点は，いずれも連続していなかった。

1　Ｃは３番目の地点で休憩を取った。
2　Ｄは５番目の地点で休憩を取った。
3　Ｅは４番目の地点で休憩を取った。
4　Ｆは１番目の地点で休憩を取った。
5　Ｇは６番目の地点で休憩を取った。

解説

A～Gの各人はそれぞれ3か所で休憩を取り，7人のうち，いずれの2人を見ても，休憩を取った3か所のうち1か所だけが一致している。このことから考えると，1番目から7番目までの各休憩所で3人ずつが休憩していなければならない。ある休憩所で4人が休憩したとすると，4人のそれ以外の休憩所（1人につき2か所）はすべて異なるので，さらに8か所の休憩所が必要となる。そして，7人で延べ21回休憩しているのだから，各休憩所で3人ずつ休憩していなければならないのである（2人しか利用しない休憩所があれば，4人が利用する休憩所がどうしても必要になってしまう）。このことを前提にして検討していく。

Aは1，2，3番目の休憩所を利用し，Bも1番目で休憩している。Bが最後に休憩したのは5番目で，2，3番目では休憩していない（Aと一緒になってしまう）ので，Bは1，4，5番目で休憩している。Cは1つ置きの休憩所を利用し，最後が6番目なので，Cが休憩したのは2，4，6番目である。また，Fも6番目で休憩している。ここまでが次の表Ⅰである。

表Ⅰ

	1	2	3	4	5	6	7
A	○	○	○	×	×	×	×
B	○	×	×	○	○	×	×
C	×	○	×	○	×	○	×
D							
E							
F						○	
G							

Dが最初に休憩を取った地点と次に休憩を取った地点とは連続しているが，これはAとの関係で，1，2番目でも2，3番目でもない。また，Bとの関係で，4，5番目でもない。そして3か所連続しているのはAだけなので，5，6，7番目ということもない。つまり，Dが休憩したのは，3，4，7番目である（Cとの関係で，3，4，6番目ということはない）。Eが利用した休憩所は連続していないので，1，2，3番目から1か所，4，5番目から1か所，6，7番目から1か所となるが，A～Dとの関係から，2，5，7番目でなければならない。ここまでで，F，Gともに2，4番目の利用はなく（すでに3人の利用が確定している），また，Gは6番目を利用している。F，Gに関して，残りの2か所に利用状況は判明しないが，Aとの関係で1，3番目の一方，Eとの関係で5，7番目の一方，という組合せとなる。

以上から表Ⅱとなり，正答は**5**である。

表Ⅱ

	1	2	3	4	5	6	7
A	○	○	○	×	×	×	×
B	○	×	×	○	○	×	×
C	×	○	×	○	×	○	×
D	×	×	○	○	×	×	○
E	×	○	×	×	○	×	○
F		×		×		○	
G		×		×		○	

正答 5

国家一般職［大卒］ 教養試験

No.143 判断推理 折り紙と重ね合わせ 平成28年度

図のように，正方形の紙を破線部分で４回折り，⑤の着色部分を切り取って除いた。残った部分を広げたときの形として最も妥当なのはどれか。

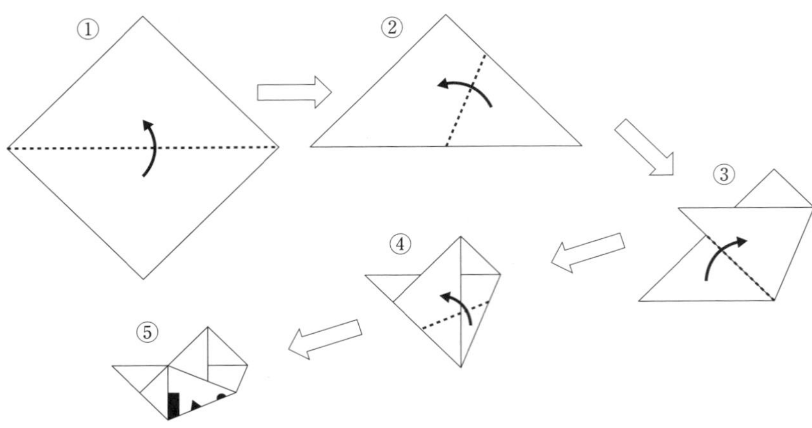

1

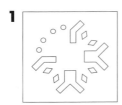

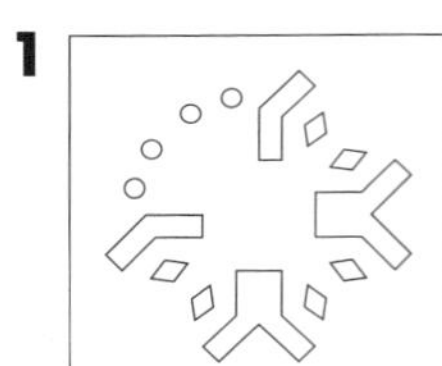

2

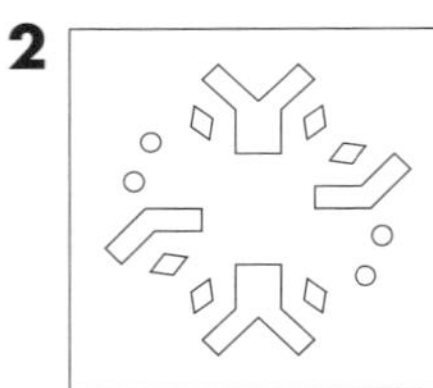

3

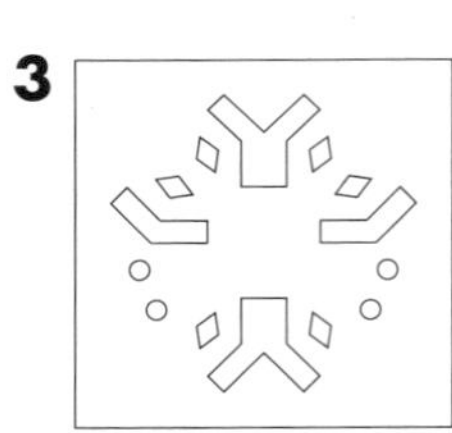

4

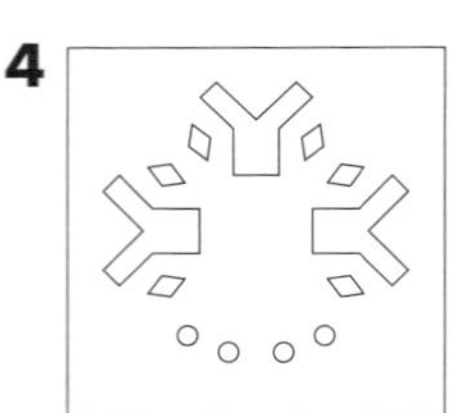

5

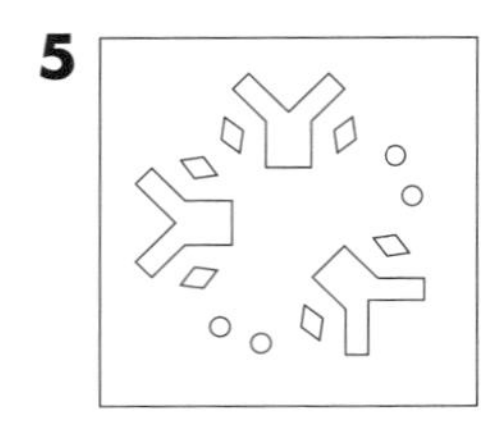

解説

折り紙の場合は，折った状態から順次開いていけばよい。このとき，切り取った部分については折り目に対して線対称になることに注意する。条件に従って開いていくと次の図のようになり，正答は**5**である。

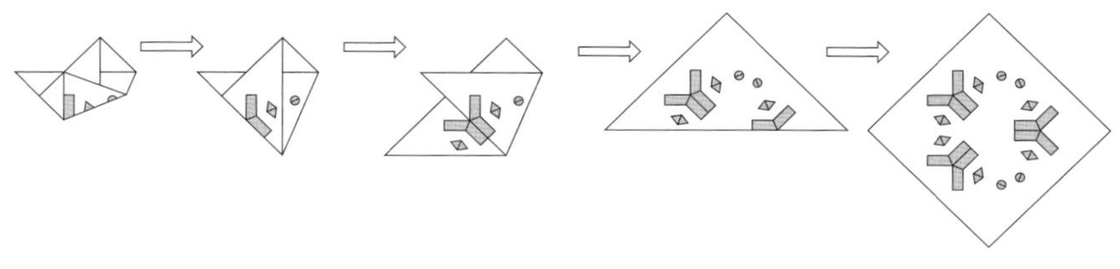

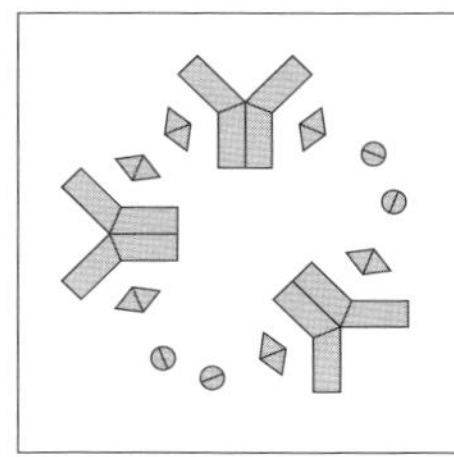

正答　5

図Ⅰのような底面にのみ模様のある正四面体があり，また，図Ⅱのような正四面体の一面と同じ大きさのタイルが敷き詰められた床がある。この床のA～Eのいずれかの場所に，模様のある面を底面としてタイルと底面とが合わさるように正四面体を置いた。正四面体の辺を軸として床の上を滑ることなく回転させ，これを繰り返すと，Xで正四面体の模様のある面が底面となった。このとき，最初に正四面体を置いた場所として最も妥当なのはどれか。

図Ⅰ

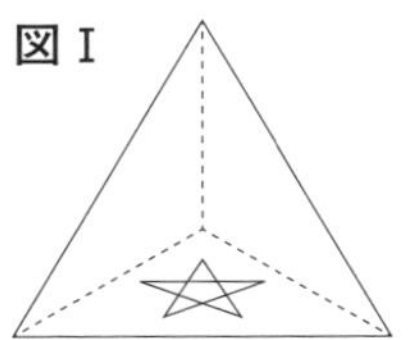

図Ⅱ

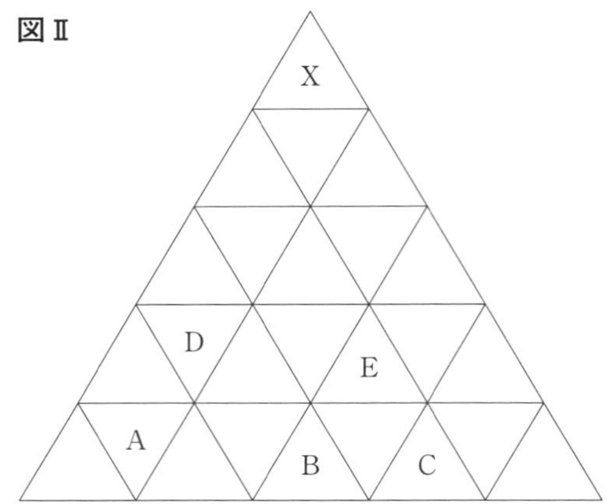

1　A
2　B
3　C
4　D
5　E

解説

次の図１の正四面体 PQRS について，その展開図を考えると，図２のような１列型の展開図では，辺に沿ってその延長上に２個の頂点が交互に並ぶことになる。このことを利用すると，図３のように正四面体 PQRS の面 QRS をＸの位置とすれば，それぞれの位置に対応する面がすべて決まる。Ａ～Ｅのうち，面 QRS が接しているのはＢであり，このＢの位置が最初に正四面体を置いた位置である。

よって，正答は**2**である。

図 1

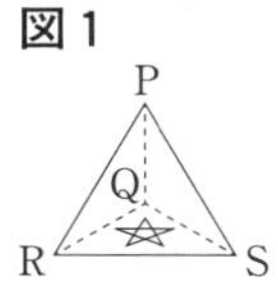

図 2

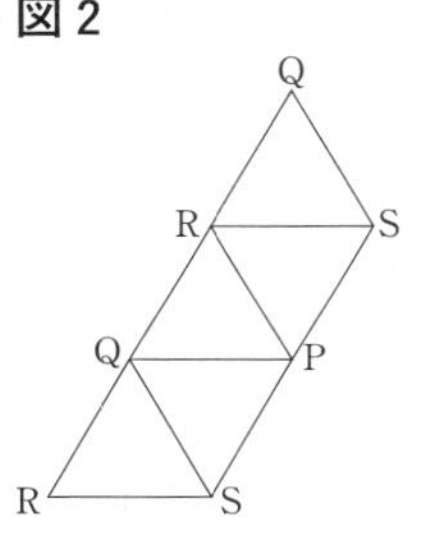

図 3

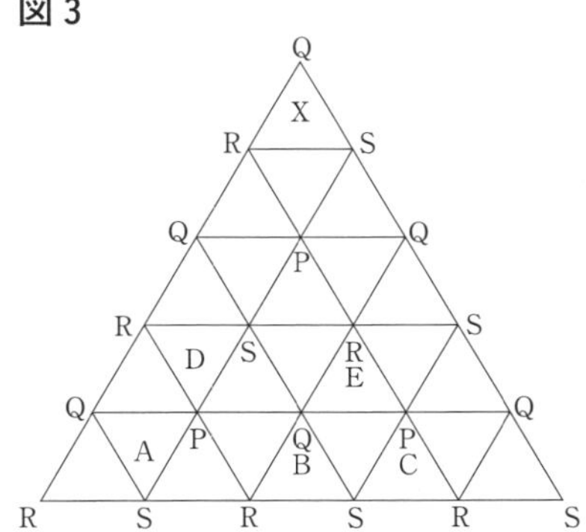

正答　2

国家一般職［大卒］ No. 145 教養試験

判断推理　操作の手順　平成28年度

図のような環状線があり，以下のルールで列車が運行している。Aは，1丁目駅を午前6時00分発の普通列車に乗って出発し4丁目駅に向かったが，乗り過ごしてしまい気付いたときには，Aの乗った列車が最初に5丁目駅を過ぎたところだった。この後，Aが4丁目駅に向かうとすると，4丁目駅に最も早く着くのはいつか。

ただし，乗換えの時間は考慮しないものとする。

〔ルール〕

○　環状線は1周100kmで，図のように1丁目駅～10丁目駅の10駅が等間隔にある。

○　環状線は，普通列車，急行列車がそれぞれ独立に専用の線路を時計回りにのみ走行している。

○　普通列車は時速60kmで走行し，各駅に停車する。

○　急行列車は時速120kmで走行し，1丁目駅，3丁目駅，5丁目駅，7丁目駅，9丁目駅にのみ停車する。

○　各列車の速さは停車時を除き常に一定であり，駅での停車時間はいずれの列車も2分間である。

○　普通列車は5分ごと，急行列車は20分ごとに運行しており，午前5時00分にそれぞれの始発列車が1丁目駅を同時に出発する。

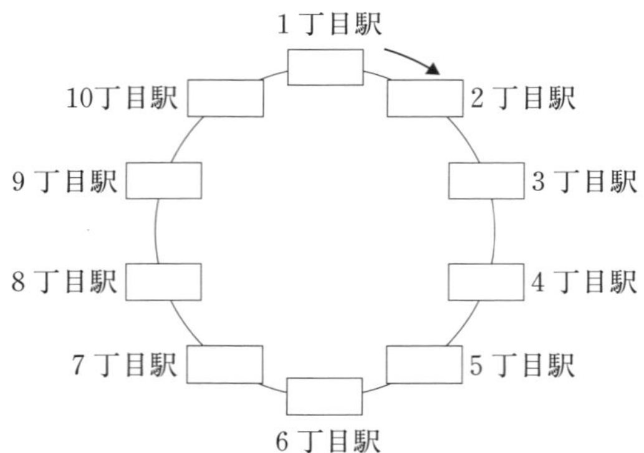

1　午前7時48分
2　午前7時52分
3　午前7時56分
4　午前8時00分
5　午前8時04分

解説

環状線は1周100kmで，1丁目駅～10丁目駅の10駅が等間隔にあり，普通列車は時速60kmで走行するので，駅間に10分かかり，駅で2分停車する。そうすると，午前6:00に1丁目駅を発車した普通列車は，2丁目駅を午前6:12，3丁目駅を午前6:24，4丁目駅を午前6:36，5丁目駅を6:48に発車し，1周して2回目に1丁目駅を発車するのは午前8:00となる。

一方，急行列車は時速120kmで走行するので，停車駅間を10分で走行し，駅で2分停車する。つまり，午前6:00に1丁目駅を発車した急行列車は，3丁目駅を午前6:12，5丁目駅を午前6:24，7丁目駅を午前6:36，9丁目駅を午前6:48に発車し，1周して2回目に1丁目駅を発車するのは午前7:00となる。列車は時計回りにのみ走行しているので，乗り過ごした場合は1周余計に回らなければならない。Aの乗った列車が5丁目駅を発車したのは午前6:48である。このまま普通列車に乗って4丁目駅まで行こうとすると，到着するのは午前8:34となる。

そこで，7丁目で急行列車に乗り換えて3丁目駅まで行き，改めて普通列車に乗り換えることを考えてみる。Aが7丁目駅に到着するのは午前7:10である。午前6:40に1丁目駅を発車した急行列車が7丁目駅を午前7:16に発車するので，これに乗り換えることが可能である（1本前の急行列車はその20分前の午前6:56に7丁目駅を発車するので乗れない）。この急行列車が3丁目駅に到着するのは午前7:50である。このとき，午前7:30に1丁目駅を発車した普通列車が午前7:54に3丁目駅を発車するのでこれに乗り換えることが可能である。この普通列車が4丁目駅に到着するのは午前8:04であり，正答は**5**である。

	1丁目駅	2丁目駅	3丁目駅	4丁目駅	5丁目駅	6丁目駅	7丁目駅	8丁目駅	9丁目駅	10丁目駅
普通列車	6:00	6:12	6:24	6:36	6:48	7:00	7:10着			
急行列車	6:40		6:52		7:04		7:16		7:28	
	7:40		7:50着							
普通列車	7:30	7:42	7:54	8:04着						

正答　5

国家一般職［大卒］
No. 146
教養試験
判断推理　対応関係　平成27年度

ある書店には，A～Gの7人が毎日2人ずつ交替で勤務している。ある週（日曜日～土曜日）の勤務状況等について次のことが分かっているとき，確実にいえるのはどれか。

○　どの人も2日ずつ勤務したが，いずれの日も勤務した2人の組合せは異なっていた。
○　AとFの組合せの日があった。
○　1日だけ女性どうしの組合せがあり，それ以外は男女の組合せであった。
○　Bは男性であり，D，E，Gは女性である。
○　Cは火曜日に，Dは木曜日に，Gは金曜日に勤務した。また，Fは土曜日に勤務しなかった。
○　A，Eは共に中4日おいて勤務した。また，F，Gは中2日おいて勤務した。
○　2日続けて勤務したのはBのみだった。

1　Aは男性である。
2　Bは月曜日に勤務した。
3　CとDの組合せの日があった。
4　Eは日曜日に勤務した。
5　Fは男性である。

解説

まず，「Bは男性，D，E，Gは女性」，「Cは火曜日に，Dは木曜日に，Gは金曜日に勤務し，Fは土曜日に勤務しなかった」，「Gは中2日おいて勤務した」という条件をまとめると，次の表Ⅰのようになる。このとき，「2日続けて勤務したのはBのみ＝B以外に2日続けて勤務した者はいなかった」ので，Cは月曜日と水曜日，Dは水曜日と金曜日には勤務していないことも明らかにしておく。

表Ⅰ

	男性	女性	日	月	火	水	木	金	土	日数
A					×					2
B	○	×			×					2
C				×	○	×				2
D	×	○			×	×	○	×		2
E	×	○			×					2
F					×			×	×	2
G	×	○	×	×	○	×	×	○	×	2
人数			2	2	2	2	2	2	2	14

次に，「A，Eは中4日おいて勤務した」という条件を考える。中4日おいての勤務は，日曜日と金曜日，月曜日と土曜日のどちらかであり，いずれの日も「勤務した2人の組合せは異なっていた」ので，A，Eの一方が日曜日と金曜日，他方が月曜日と土曜日となる。そこで，次の表Ⅱ，表Ⅲの2通りが考えられる。

表Ⅱ

	男性	女性	日	月	火	水	木	金	土	日数
A			○	×	×	×	×	○	×	2
B	○	×	×		×			×		2
C			×	×	○	×		×		2
D	×	○	×		×	×	○	×		2
E	×	○	×	○	×	×	×	×	○	2
F			○	×	×	○	×	×	×	2
G	×	○	×	×	○	×	×	○	×	2
人数			2	2	2	2	2	2	2	14

表Ⅲ

	男性	女性	日	月	火	水	木	金	土	日数
A			×	○	×	×	×	×	○	2
B	○	×		×	×		×	×		2
C				×	○	×	×	×		2
D	×	○		×	×	×	○	×		2
E	×	○	○	×	×	×	×	○	×	2
F			×	○	×	×	○	×	×	2
G	×	○	×	×	○	×	×	○	×	2
人数			2	2	2	2	2	2	2	14

ところが，表Ⅲの場合，ＡとＦの組合せの日は月曜日しかないので，Ｆが中２日おいて勤務すると，Ｆが勤務するもう１日は木曜日になる。このとき，木曜日の勤務はＤとＦになり，この結果として，Ｂが２日連続して勤務するという条件を満たせない。そこで，表Ⅱの場合だけに可能性があることになる。Ｂは水曜日と木曜日に勤務するので，月曜日はＤとＥが勤務，土曜日はＣとＥが勤務ということになる。そうすると，１日だけある女性同士の勤務は月曜日のＤとＥということになる。ここから，Ｃは男性（土曜日はＣとＥ），Ｆは女性（水曜日はＢとＦ），Ａは男性（日曜日はＡとＦ）ということになり，次の表Ⅱ－２のように確定する。

表Ⅱ－2

	男性	女性	日	月	火	水	木	金	土	日数
A	○	×	○	×	×	×	×	○	×	2
B	○	×	×	×	×	○	○	×	×	2
C	○	×	×	×	○	×	×	×	○	2
D	×	○	×	○	×	×	○	×	×	2
E	×	○	×	○	×	×	×	×	○	2
F	×	○	○	×	×	○	×	×	×	2
G	×	○	×	×	○	×	×	○	×	2
人数	3	4	2	2	2	2	2	2	2	14

この表Ⅱ－2より，確実にいえるのは「Ａは男性である」という**1**である。

正答　1

文章理解 判断推理 数的推理 資料解釈 時事 物理 化学 生物 地学

国家一般職［大卒］ No. 147 教養試験

判断推理　順序関係　平成27年度

A～Eの五つの学校が，ある吹奏楽コンクールに出場する。各校の前半（課題曲）及び後半（自由曲）の演奏順について次のことが分かっているとき，後半の演奏順について確実にいえるのはどれか。

ただし，このコンクールに出場するのはA～Eの五校のみである。

○ 前半の演奏順は，Aが1番目，Bが2番目，Cが3番目，Dが4番目，Eが5番目である。

○ 前半の演奏順と後半の演奏順が同一である学校はない。

○ 各校とも後半は，前半と同じ学校の直後に演奏することはない。（例えば後半はB→Cという順序はない。）

1 Aが5番目のとき，B～Eのいずれもが1番目になることがあり得る。

2 Bが3番目のとき，4番目は必ずAである。

3 Cが2番目のとき，3番目は必ずB又はEである。

4 Dが1番目のとき，5番目は必ずA又はBである。

5 Eの直後がDのとき，1番目は必ずB又はCである。

解説

選択肢から検討していくことも考えられなくはないが，その場合でも選択肢ごとに考えられる演奏順の組合せをすべて検討しなければならない。それならば，後半における演奏順として考えられる組合せをあらかじめすべて列挙してしまうほうが合理的であろう。後半の1番目がBの場合，2番目をAとすると，3～5番目の演奏順について，「C→D→E」，「C→E→D」，「D→C→E」，「D→E→C」，「E→C→D」，「E→D→C」のいずれも条件を満たすことができない。このようにして，条件に適さない演奏順を除いていくと，後半の1番目がBである場合，可能性があるのは次の表における1～3の3通りである。同様に，後半の1番目がCの場合は4～6の3通り，後半の1番目がDの場合は7～10の4通り，後半の1番目がEの場合は11～14の4通りとなり，全部で14通りの可能性があることになる。ここから各選択肢を検討してみればよい。

1については，Aが5番目のとき，Eが1番目となることはないので誤り，**2**については，表の9でEが4番目となる可能性があるので誤り，**3**は，表の8でAが3番目となる可能性があるので，これも誤り，**5**では，表における6のようにCが1番目となる場合のほかに，E自身が1番目である可能性（表の13，14）もあるので，やはり誤りである。これに対し，Dが1番目のときは，表の7～10で5番目はAまたはBとなるので，**4**は確実にいえる。

		1番目	2番目	3番目	4番目	5番目
前半		A	B	C	D	E
後半	1	B	D	A	E	C
	2	B	E	D	A	C
	3	B	E	D	C	A
	4	C	A	E	B	D
	5	C	E	B	A	D
	6	C	E	D	B	A
	7	D	A	E	C	B
	8	D	C	A	E	B
	9	D	C	B	E	A
	10	D	C	E	B	A
	11	E	A	D	C	B
	12	E	C	B	A	D
	13	E	D	A	C	B
	14	E	D	B	A	C

正答　4

No. 148 判断推理　対応関係　平成27年度

A〜Eの5人がプレゼントの交換会を行い，赤，青，黄，緑，紫の5色のそれぞれ異なる色の袋を1枚ずつ使ってその中にプレゼントを入れ，他の人に渡した。プレゼントについて，5人が次のように述べているとき，確実にいえるのはどれか。

ただし，プレゼントを二つ以上受け取った者はいなかった。

A：「私は紫色の袋を使い，黄色の袋に入ったプレゼントを受け取った。」

B：「私は青色の袋を使うことも，受け取ることもなかった。」

C：「私のプレゼントはBに渡した。また，青色の袋に入ったプレゼントを受け取らなかった。」

D：「私が受け取ったのはBのプレゼントではなかった。」

E：「私は緑色の袋を使った。」

1　AのプレゼントはDが受け取った。
2　BのプレゼントはAが受け取った。
3　Dは青色の袋に入ったプレゼントを受け取った。
4　EのプレゼントはCが受け取った。
5　いずれの2人も両者の間でプレゼントを交換し合うことはなかった。

解説

CがプレゼントをBに渡した相手はBであり，また，DはBからプレゼントを受け取っていないので，DはAまたはEからプレゼントを受け取ったことになる。そして，A，B，C，Eは青色の袋を使っていないので，青色の袋を使ったのはDでなければならない。AがDにプレゼントを渡した場合，AはBからプレゼントを受け取り，EはCにプレゼントを渡し，DはEにプレゼントを渡したことになる(図Ⅰ)。EがDにプレゼントを渡した場合，Dが渡す相手はEしかいないので，AがCに渡したことになり，3人と2人の2組に分かれる（図Ⅱ)。

この図Ⅰおよび図Ⅱから，確実にいえるのは「BのプレゼントはAが受け取った」だけであり，正答は**2**である。

図Ⅰ

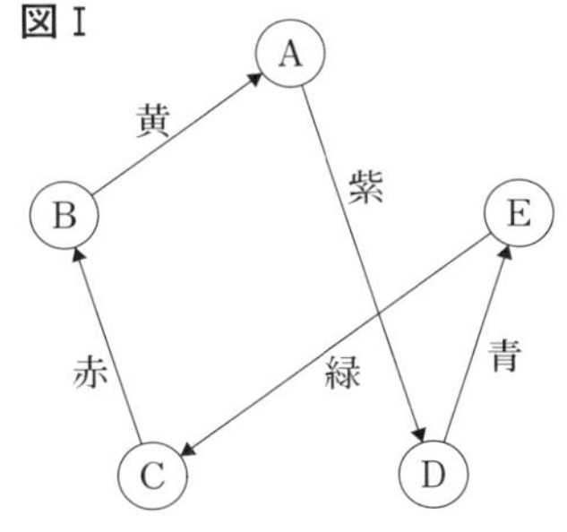

図Ⅱ

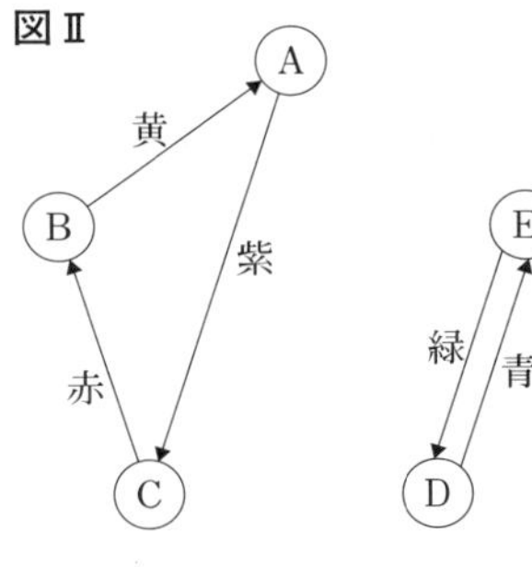

正答　2

国家一般職［大卒］
教養試験

No. 149 判断推理　数量条件からの推理　平成27年度

ある楽団が表のように，毎日１回，１週間連続して演奏会を開いた。

曜日	時間帯	入場料金(円)	プログラム	作品数
日	昼	3,000	ポルカとワルツ	25
月	夜	5,000	後期ロマン派の交響曲	1
火	夜	4,000	弦楽及び木管の各アンサンブル	2
水	夜	5,000	バロックの合奏協奏曲	5
木	夜	4,000	室内楽	3
金	夜	8,000	地元合唱団との共演によるオラトリオ	1
土	昼	3,000	古典派の序曲，協奏曲	3

演奏会に行ったＡ～Ｅの５人について次のことが分かっているとき，確実にいえるのはどれか。

なお，５人の中に演奏会の途中で入・退場した者はなく，いずれの演奏会でもアンコールはなかった。

○　５人が行った演奏会の回数は，それぞれ異なっていた。
○　昼の演奏会に行ったのは，両日とも，Ａ及びＢの２人のみであった。
○　Ｃは３日連続して演奏会に行き，その他の日は行かなかった。
○　火曜日と木曜日の演奏会に行ったのは同じ３人であり，そのうちの１人はＥであった。
○　５人が演奏会で聴いた作品の数は，多い者から順に，38，34，10，５，１であった。
○　入場料金の合計額は，多い順に，19,000円，13,000円，8,000円であった。入場料金の合計額が同額であった者が２組あり，そのうちの１組はＤとＥであった。

1　Ａは，合奏協奏曲を聴いた。
2　Ｂは，昼の演奏会のみに行った。
3　Ｃは，交響曲を聴いた。
4　Ｄは，室内楽を聴いた。
5　Ｅは，オラトリオを聴いた。

解説

まず，昼の演奏会（日曜日と土曜日）に行ったのはAとBだけなので，Cが3日連続して行ったのは，（月，火，水），（火，水，木），（水，木，金）のいずれかであるが，（月，火，水）だと入場料金の合計額は14,000円，（水，木，金）は17,000円で，いずれも条件に適さない。つまり，Cが行ったのは（火，水，木）で，入場料金の合計額は13,000円，聴いた作品の数は10である。AとBについては，日曜日と土曜日の2日間で聴いた作品数が28あるので，この2人が聴いた作品数は38と34でなければならない。作品数の合計は40なので，38だと聞いていない作品数は2となる。また，入場料金の合計（日曜日～土曜日）は32,000円である。ここから，聴いた作品数が38となるのは，（日曜日，月曜日，水曜日，木曜日，金曜日，土曜日），（日曜日，火曜日，水曜日，木曜日，土曜日）のどちらかとなるが，前者の入場料金合計は28,000円となってしまうので，（日曜日，火曜日，水曜日，木曜日，土曜日）＝19,000円でなければならない。

聴いた作品数が34となるのは，（日曜日，水曜日，金曜日，土曜日）＝19,000円，（日曜日，火曜日，木曜日，金曜日，土曜日）＝22,000円，（日曜日，月曜日，火曜日，木曜日，土曜日）＝19,000円であるが，22,000円は条件に合わず，回数が同じ者はいないという条件から，（日曜日，月曜日，火曜日，木曜日，土曜日）も条件に適さない（聴いた作品数が38である者が5日間）。ここから，聴いた作品数が34である者は，（日曜日，水曜日，金曜日，土曜日）＝19,000円である。しかし，AとBのどちらが38で，どちらが34であるかは確定しない。

聴いた作品数が1である者は，月曜日か金曜日に行っているが，入場料金合計が5,000円である者はいないので，金曜日＝8,000円であり，これはDしかいない。そうすると，Eの入場料金合計も8,000円なので，Eが行ったのは火曜日と木曜日の2日であり，次の表のようになる。ただし，表に示したAとBについては入れ替え可能である。

この表から，**2**～**5**は誤りとなる。**1**については，Aが聴いた作品数が34でも38でも，合奏協奏曲は聴いており，この点は確実である。したがって，確実にいえるのは**1**である。

曜日	時間帯	入場料金(円)	プログラム	作品数	A	B	C	D	E
日	昼	3,000	ポルカとワルツ	25	○	○	×	×	×
月	夜	5,000	後期ロマン派の交響曲	1	×	×	×	×	×
火	夜	4,000	弦楽及び木管の各アンサンブル	2	○	×	○	×	○
水	夜	5,000	バロックの合奏協奏曲	5	○	○	○	×	×
木	夜	4,000	室内楽	3	○	×	○	×	○
金	夜	8,000	地元合唱団との共演によるオラトリオ	1	×	○	×	○	×
土	昼	3,000	古典派の序曲，協奏曲	3	○	○	×	×	×
計		32,000		40	38	34	10	1	5

正答　1

国家一般職［大卒］ 教養試験

No.150 判断推理 順序関係，位置関係 平成27年度

図のように入口が二つあり，中央に噴水，①～⑥の位置にそれぞれ滑り台，ブランコ，鉄棒，ジャングルジム，砂場，雲梯のいずれか一つが置かれた公園がある。ある日，この公園に行ったA～Fの6人が，公園に着いた順番と遊んだ遊具について次のように述べているとき，確実にいえるのはどれか。

なお，A～Fは，公園に着いた順番と同じ順番でそれぞれ異なる遊具を1人一つのみ選び，最後の1人が遊具を選ぶまで公園を出なかった。また，公園にはA～F以外の者はいなかった。

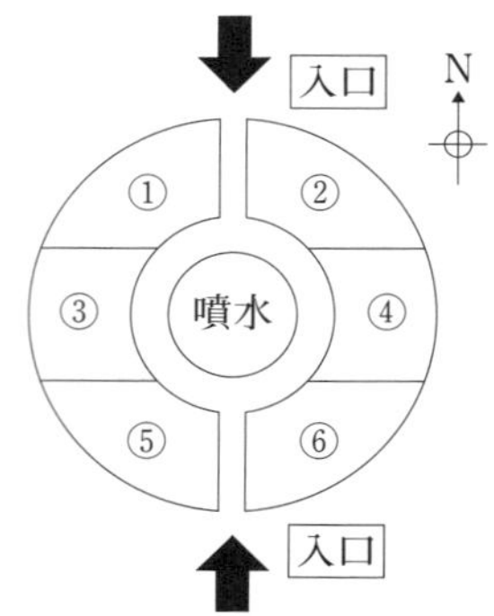

A：「入って噴水より北の方にあるブランコで遊ぼうとしたが既に別の人が使っていたので，同じく北の方のジャングルジムで遊んだ。」

B：「滑り台と鉄棒しか残っていなかったので，鉄棒で遊んだ。」

C：「公園には3番目に着いた。」

D：「雲梯で遊ぼうとしたが既に別の人が使っていたので，雲梯の南の方にある砂場で遊んだ。」

E：「公園には1番目に着いた。入ってすぐ右側にジャングルジムがあり，そのすぐ先の③にある遊具で遊んだ。」

F：「南側の入口から入るとすぐ右側に鉄棒があり，既に別の人が使っていた。」

1 Aは公園に2番目に着いた。
2 Bは①にある遊具で遊んだ。
3 Cは⑤にある遊具で遊んだ。
4 Dは公園に4番目に着いた。
5 Eは雲梯で遊んだ。

解説

まず，Eが１番目に来て③の遊具で遊んだ，Cは３番目に来た，という２点は明らかである。Bの発言（滑り台と鉄棒しか残っていない）から，Bが来たのは５番目で，遊んだのは鉄棒となる。そして，Fの発言から，鉄棒がすでに使われていたのだから，Fが来たのは６番目で，遊んだのは滑り台である。ここまでで次の表Ⅰとなる。

表Ⅰ

1番目	2番目	3番目	4番目	5番目	6番目
E		C		B	F
③				⑥	
				鉄棒	滑り台

さらに，Aの発言から，①，②の位置がブランコとジャングルジムであるが，これにEの発言を加えると，①がジャングルジム，②がブランコとなり，Aが遊んだのは①のジャングルジムである。Aが来た順番を考えると，Aが２番目なら②のブランコは空いていることになる（1番目のEは③）ので，Aが来たのは４番目で，ここから，Dが２番目である。そうすると，Dが来たときに雲梯（うんてい）が使われていたのだから，これはEが遊んでいたことになる。Dが遊んだ砂場は③の雲梯より南であるが，⑥は鉄棒なので，砂場は⑤である。この結果，Fが遊んだ滑り台は④ということになり，次の表Ⅱのように確定する。

表Ⅱ

1番目	2番目	3番目	4番目	5番目	6番目
E	D	C	A	B	F
③	⑤	②	①	⑥	④
雲梯	砂場	ブランコ	ジャングルジム	鉄棒	滑り台

この表Ⅱより，確実にいえるのは「Eは雲梯で遊んだ」であり，正答は**5**である。

正答　5

国家一般職［大卒］

教養試験

No. 151

判断推理　数量条件からの推理　平成27年度

あるアイドルグループのコンサートが，札幌，東京，名古屋，大阪，福岡の五つの都市でそれぞれ１回ずつ行われ，そのチケットは，ファンクラブ会員向けに行われた開催都市ごとの抽選により，当選者に限って販売される。チケットの申込みは，１会場につき１人１枚までで，複数の会場に申込みができる。各都市のチケットの一般当選確率は表のとおりとなっており，また，五つの都市に居住する者は，自分の居住する都市で開催されるコンサートに限り，一般当選確率の２倍の確率で当選する。

	札幌	東京	名古屋	大阪	福岡
一般当選確率	40％	５％	30％	20％	45％

いま，五つの都市にそれぞれ１人ずつ住んでいるＡ～Ｅの５人の会員が，チケットの申込み，抽選結果等について次のように述べているとき，確実にいえるのはどれか。

なお，抽選により当選する以外にチケットを入手する方法はないものとする。

Ａ：「私は，自分が住んでいる都市と札幌の二つの都市のチケットを申し込み，当選確率が低い方の都市のチケットを入手した。」

Ｂ：「私は，当選確率が高い順に三つの都市のチケットを申し込み，自分が住んでいる都市のチケットを入手した。」

Ｃ：「私は，名古屋に住んでいる。」

Ｄ：「私は，札幌，名古屋，大阪のチケットを入手したので，その三つの都市いずれのチケットも入手できなかったＡとＥから大変にうらやましがられた。しかし，残念ながら，最も当選確率が高い都市のチケットは入手できなかった。」

Ｅ：「私は，全ての都市のチケットを申し込み，自分が住んでいる都市を含む二つの都市のチケットのみ入手した。なお，その二つの都市は，当選確率が最も高い都市と最も低い都市であった。」

1　Ａは福岡のチケットを入手した。

2　Ｂは名古屋のチケットを申し込んだ。

3　Ｃは札幌と大阪のチケットを入手した。

4　Ｄは住んでいる都市のチケットを入手できなかった。

5　Ｅは東京に住んでいる。

解説

Aは自分が住んでいる都市と札幌の2つの都市のチケットを申し込んだが，Dの発言より札幌，名古屋，大阪のチケットは入手できなかったのだから，入手できたのは東京または福岡である。そうすると，Aは東京または福岡に住んでいるが，東京に住んでいるならばその当選確率は10%，福岡に住んでいるならばその当選確率は90%である。Aは札幌の当選確率40%より低い確率の都市のチケットを入手したのだから，Aは東京に住んでおり，東京のチケットを入手したことになる。

Eが入手したのは東京と福岡のチケットであるが，東京に住んでいるのはAなので，Eは福岡に住んでいる。

Dが住んでいるのは札幌または大阪であるが，札幌に住んでいるならば，その当選確率は80%で最も高くなるので，Dが住んでいるのは大阪（この場合，最も当選確率が高いのは45%の福岡）である。この結果，Bが住んでいるのは札幌で，札幌，名古屋，福岡に申込み，札幌のチケットを入手したことになる。Cに関しては，名古屋に住んでいるということしかわからず，チケットの申込み，入手とも明らかにならない。

ここまでをまとめると次の表のようになり，灰色部分が居住地，太線部分がチケットの申込み，○印が入手したチケット，×印は申し込んだが入手できなかったことが明らかな都市である。

	札幌	東京	名古屋	大阪	福岡
一般当選確率	40%	5%	30%	20%	45%
居住地当選確率	80%	10%	60%	40%	90%
A	×	○			
B	○				
C					
D	○		○	○	×
E	×	○	×	×	○

この表から，確実にいえるのは「Bは名古屋のチケットを申し込んだ」であり，正答は**2**である。

正答　2

判断推理　立体図形　平成27年度

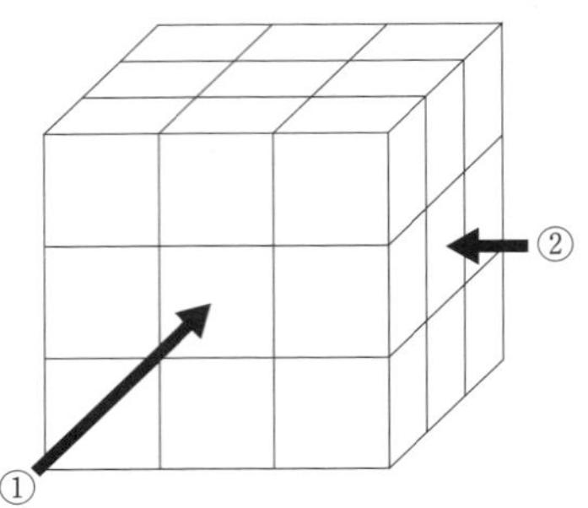

同じ大きさの立方体27個を隙間なく積み重ねて，右のような大きな立方体を作った。これから，小さな立方体をいくつか取り除いてできた立体を，①及び②の矢印の方向から見たところ，それぞれ図Ⅰ及び図Ⅱのようになった。このとき，残った立方体の個数として考えられる最小の個数はいくらか。

ただし，上部の立方体が取り除かれない限り，その真下に位置する立方体を取り除くことはできないものとする。

図Ⅰ
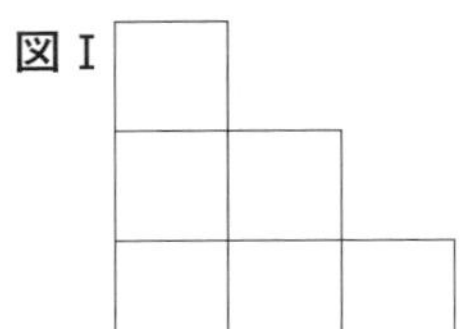

図Ⅱ
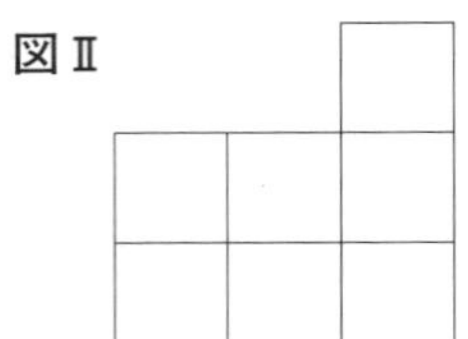

1　8個
2　10個
3　13個
4　16個
5　18個

解説

立体を上から見た状態で考えてみればよい。次の図1－1のように，立体を上から見た状態で，A～Ｉとする。①の方向から見ると，A，D，Gのいずれかに3個必要であり，②の方向から見ると，A，B，Cのいずれかに3個必要である。しかし，②から見ると，D，Gには最多で2個しかあり得ず，①から見ると，Bの最多が2個，Cの最多は1個である（C，F，Ｉのいずれも最多で1個である)。したがって，3個となる可能性があるのはAだけである。次に，①からB，E，Hのいずれかに2個，②からD，E，Fのいずれかに2個となるので，Eを2個とすれば，B，Dは0個でよい。そして，①からC，F，Ｉは最多で1個であるが，最少個数を考えるので，C，F，Ｉのいずれかに1個あればよい。さらに，②から，G，H，Ｉのどこかに2個必要であるが，Ｉに2個とすることはできないので，G，Hのどちらか一方に2個必要である（図1－2)。

この結果，残った立方体の最少個数は，3+2+1+2=8，より8個であり，正答は**1**である。

図1－1

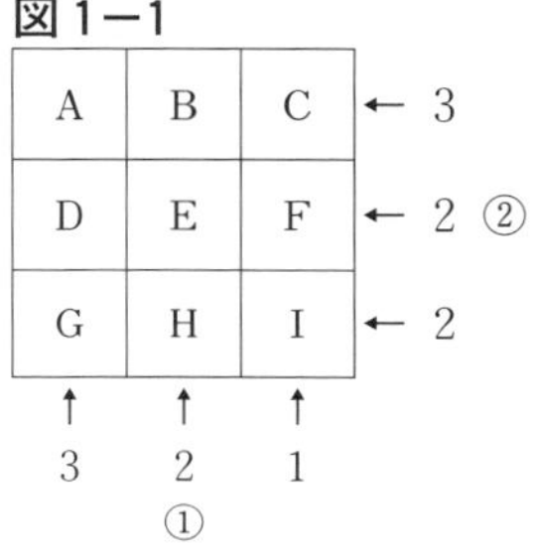

図1－2

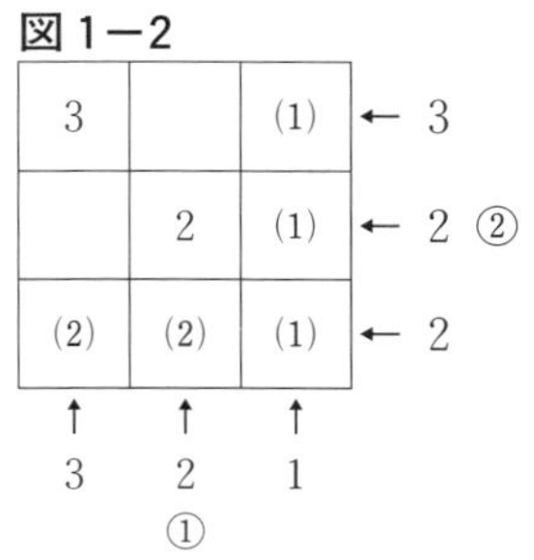

正答　1

国家一般職［大卒］ 教養試験

No.153 判断推理 対応関係 平成26年度

A～Fの6人が3対3に分かれてバスケットボールの試合を行うため，チーム分けをした。チーム分けの方法は，6人が一斉にグー又はパーを出し，出されたものが同数になるまで繰り返し，同数になったとき，出したものが同じ者どうしが同じチームになるものとし，その結果，4回目でチームが決まった。チーム分けについて，各人が次のように述べているとき，確実にいえるのはどれか。

A：「3回目まで毎回少数派であった。最終的にはDと同じチームになった。」
B：「2回目以降は，その前の回と異なるものを出した。最終的にはEと同じチームになった。」
C：「3回目まで毎回多数派であった。」
D：「3回目まで毎回同じものを出し，4回目はこれまでと異なるものを出した。」
E：「2回目で私と同じものを出した者は私以外に3人いた。」
F：「2回目以降は，その前の回で少数派であったものを出した。」

1 AとEが同じものを出した回はなかった。
2 CとFが同じものを出した回は3回あった。
3 4回とも同じものを出した者は1人いた。
4 1回目は，多数派5人と少数派1人に分かれた。
5 3回目は，多数派5人と少数派1人に分かれた。

解説

「グーを出した」「パーを出した」という具体的条件は与えられていないので，○と×に分けてみることにする。4回目に3対3に分かれており，このとき，AとDは同じチーム，BとEは同じチームである。つまり，(A，D）と（B，E）は別々のチームとなるので，(A，D）が4回目に出した手を○，(B，E）が4回目に出した手を×としてみる。そうすると，Bは毎回異なる手を出しているので「○→×→○→×」，Dは4回目だけ異なる手を出しているので「×→×→×→○」となる。ここまでが次の表Ⅰである。

次に，2回目を考えてみると，Aは少数派で，多数派はCおよびEを含めて4人いることになる。ここで，Aの出した手が×だと，A，B，Dが×となり，少なくともAは少数派でないことになる。したがって，2回目については，A＝○，B，C，D，E＝×となり，ここから，F＝○である（表Ⅱ）。

表Ⅰ

	1回目	2回目	3回目	4回目
A				○
B	○	×	○	×
C				
D	×	×	×	○
E				×
F				

表Ⅱ

	1回目	2回目	3回目	4回目
A		○		○
B	○	×	○	×
C		×		
D	×	×	×	○
E		×		×
F		○		

Fは「2回目以降は，その前の回で少数派であったものを出した」とあるので，1回目に少数派となったのは○で，Aは少数派だから，(A，B)＝○，そして，(C，D，E，F)＝×である。また，Fの3回目は，2回目に少数派だった○である。Aが3回目に○を出すと，○が少なくとも3人（A，B，F）となってしまうので，Aの3回目は×で，これは少数派だから，B，C，E，Fは○となる。そして，Fの4回目は3回目の少数派であった×だから，残るCは○となり，次の表Ⅲのように決まる。

よって，正答は**1**である。

表Ⅲ

	1回目	2回目	3回目	4回目
A	○	○	×	○
B	○	×	○	×
C	×	×	○	○
D	×	×	×	○
E	×	×	○	×
F	×	○	○	×

正答　1

国家一般職［大卒］ No. 154 教養試験

判断推理 要素の個数 平成26年度

ある地域における世帯の年収と住居の状況について次のことが分かっているとき，確実にいえるのはどれか。

○ 年収が500万円以上である世帯数は82世帯，500万円未満である世帯数は56世帯である。
○ 住居の広さが70平米以上である世帯数は70世帯，70平米未満である世帯数は68世帯である。
○ 年収が500万円未満で住居の広さが70平米未満である世帯のうち，持家である世帯数は，持家でない世帯数より3世帯多い。
○ 年収500万円未満の持家でない世帯で住居の広さが70平米以上である世帯数は12世帯である。
○ 年収が500万円未満で持家である世帯数は25世帯である。
○ 年収500万円以上の持家でない世帯のうち，住居の広さが70平米未満である世帯数は17世帯で，70平米以上である世帯数より9世帯少ない。

1 持家である世帯数と持家でない世帯数の差は，6世帯である。
2 住居の広さが70平米以上で年収500万円以上の持家でない世帯数は29世帯である。
3 住居の広さが70平米以上で年収500万円未満の持家である世帯数は12世帯である。
4 住居の広さが70平米以上の世帯のうち，年収500万円未満で持家である世帯数は，年収500万円以上で持家である世帯数のちょうど10分の1である。
5 年収500万円以上で持家である世帯のうち，住居の広さが70平米以上の世帯数は，70平米未満の世帯数より19世帯多い。

解説

次のようなキャロル表を利用して検討すればよい。①「年収が 500 万円以上である世帯は 82 世帯」，②「年収が 500 万円未満である世帯は 56 世帯（世帯総数は 138)」，③「住居の広さが 70 平米以上である世帯数は 70 世帯」，④「住居の広さが 70 平米未満である世帯数は 68 世帯」，⑤「年収 500 万円未満の持家でない世帯で，住居の広さが 70 平米以上である世帯数は 12 世帯」，⑥「年収が 500 万円未満で持家である世帯数は 25 世帯」，⑦「年収 500 万円以上の持家でない世帯のうち，住居の広さが 70 平米未満である世帯数は 17 世帯で，70 平米以上である世帯数より 9 世帯少ない」，までを直接記入すると次の表Ⅰとなる。

表Ⅰ

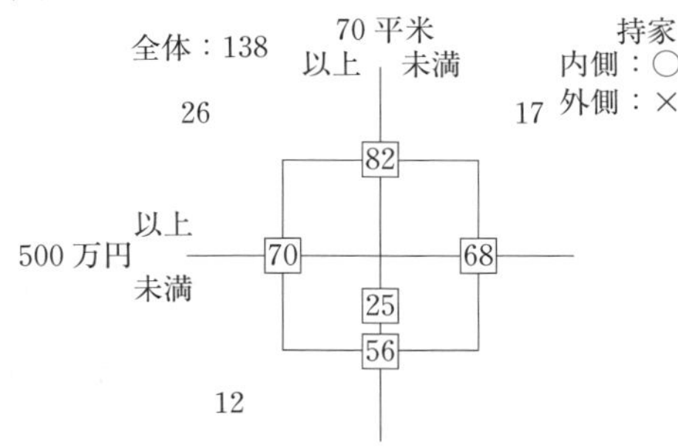

ここで，年収 500 万円未満の 56 世帯のうち，持家が 25 世帯だから，持家でないのは 31 世帯である。この 31 世帯のうち，12 世帯が 70 平米以上なので，70 平米未満は 19 世帯となる。そして，年収 500 万円未満で 70 平米未満の持家は，持家でない 19 世帯より 3 世帯多いので，22 世帯である。ここから，年収 500 万円未満で 70 平米以上の持家は 3 世帯，70 平米以上の 70 世帯のうち，持家でないのが 38(＝26＋12)世帯，500 万円未満の持家が 3 世帯だから，年収 500 万円以上の持家は 29 世帯となる。さらに，年収 500 万円以上の 82 世帯のうち，持家でないのが 43(＝26＋17)世帯，70 平米以上の持家が 29 世帯だから，70 平米未満の持家は 10世帯となり，次の表Ⅱのように確定する。

よって，正答は**5**である。

表Ⅱ

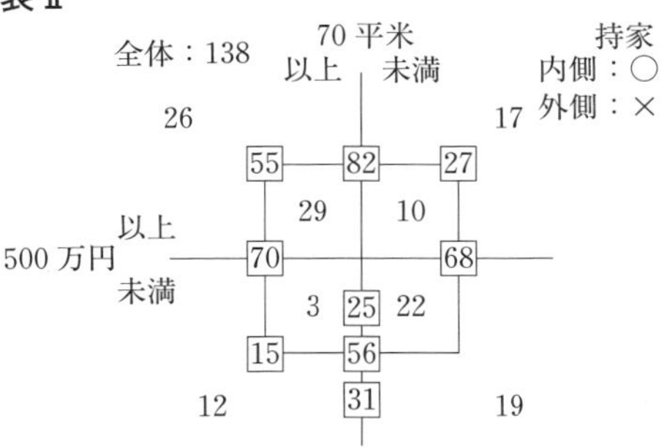

正答　5

国家一般職［大卒］ 教養試験

No. 155 判断推理 数量的規則性 平成26年度

碁石を使って，次のような操作を行うことを考える。

① 正方形の枠に沿って枠内に碁石を並べる。（並べた碁石の内側には碁石を置かない。）
② 並べた碁石の四つの辺のうち，左側の一辺を残して碁石を取り除き，取り除いた碁石を，残した一辺の右側にそろえて並べていく。一辺の数に満たない数の碁石が残った場合，残した一辺の右側に下からそろえて並べ，これを最後の列の碁石とする。

以上の操作を，例えば一辺に5個の碁石を用いて行うと，下図のようになる。

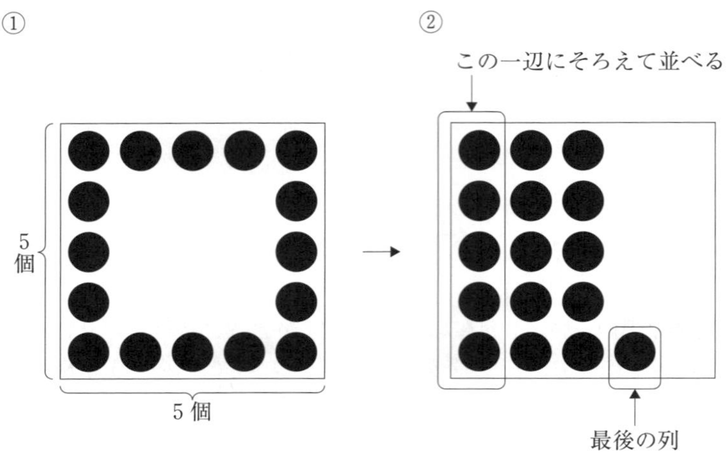

A，B，Cの３人が，それぞれ操作を行った結果，３人が使用した碁石の総数は96個となり，最後の列の碁石の個数を見ると，Aは５個，Bは３個となった。このとき，Cが並べた正方形の一辺当たりの碁石の個数はいくつか。

1 8個
2 9個
3 10個
4 11個
5 12個

解説

一辺に並ぶ碁石の個数を n 個とすると，碁石の総数は，$4(n-1)=4n-4$ である（次図参照）。この碁石を問題の条件に従って並べ替えると，$n \geqq 4$ のとき3列並び，最後の列ができることになる。3列で $3n$ 個の碁石が並ぶので，最後の列は，$(4n-4)-3n=n-4$，となる。最後の列にある碁石の個数を p とすると，$(n, p)=(4, 0)$，$(5, 1)$，$(6, 2)$，$(7, 3)$，$(8, 4)$，……，である（次表参照）。

最後の列にある碁石の個数は，Aが5個，Bは3個だから，Aが並べた碁石の総数は32個（$n-4=5$ より，$n=9$，$9\times4-4=32$），Bは24個である。3人が並べた碁石の総数は96個だから，Cが並べた碁石の総数は40個（$96-32-24$）であり，$4n-4=40$ より，$n=11$ となる。

よって，正答は**4**である。

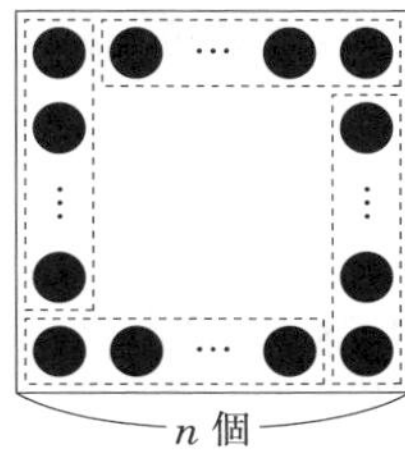

一辺の個数	3	4	5	6	7	8	9	10	11	12	13	14	15	16	17	18	19	20
総数	8	12	16	20	24	28	32	36	40	44	48	52	56	60	64	68	72	76
最後の個数	2	0	1	2	3	4	5	6	7	8	9	10	11	12	13	14	15	16

正答　4

国家一般職［大卒］ No. 156 教養試験

判断推理　対応関係　平成26年度

赤色，青色，黄色の包装紙に包まれたチョコレートがそれぞれ1個，計3個と，同様に各色の包装紙に包まれたクッキーがそれぞれ1個，計3個，合計6個のお菓子が袋の中に入っている。この袋からお菓子を二つ取り出し，そのうち好きな一つを手元に残して，もう一つを袋に戻すことを，A～Eの5名がこの順序で行った。次のことが分かっているとき，確実にいえるのはどれか。

○　Aが取り出したお菓子は二つともチョコレートであり，袋に戻したお菓子の包装紙は赤色であった。
○　Bが手元に残したお菓子の包装紙はAが手元に残したお菓子の包装紙と同じ色であり，Bが袋に戻したお菓子の包装紙は赤色であった。
○　Cが袋に戻したお菓子の包装紙は青色であった。
○　Dが取り出したお菓子の包装紙は二つとも赤色であった。
○　Eが取り出したお菓子は二つともクッキーであった。

1　Aが手元に残したお菓子の包装紙は青色であった。
2　Bが袋に戻したお菓子はチョコレートであった。
3　Cが手元に残したお菓子の包装紙の色とDが手元に残したお菓子の包装紙の色は異なっていた。
4　Dがお菓子を二つ取り出した後，袋の中に残ったお菓子はチョコレートであった。
5　Eが袋に戻したお菓子の包装紙とCが手元に残したお菓子の包装紙は同じ色であった。

解説

まず，Aが取り出したお菓子は2つともチョコレートで，袋に戻したお菓子の包装紙は赤色だったのだから，Aが手元に残したのは青色または黄色のチョコレートである。次に，Bが手元に残したお菓子の包装紙はAが手元に残したお菓子の包装紙と同じ色だから，Bが手元に残したのは青色または黄色のクッキーである。そして，Cが袋に戻したお菓子の包装紙は青色だから，A，Bが手元に残したお菓子の包装紙は青色ではない。ここから，Aが手元に残したチョコレートは黄色の包装紙で，Bが手元に残したのは黄色の包装紙のクッキーとなる。ここまでをまとめたのが次の表Ⅰである。

さらに，Dが取り出したお菓子の包装紙は2つとも赤色，Eが取り出したお菓子は2つともクッキーだから，Cが手元に残したのは赤色ではなく，C，Dが手元に残したのはクッキーではない。したがって，Cが手元に残したのは青色のチョコレート，Dが手元に残したのは赤色のチョコレートである。ここまでで次の表Ⅱとなるが，Eについては赤色，青色のクッキーのうち，どちらを手元に残したのかは確定できない。

よって，**1**，**4**は誤り，**2**，**5**は不明で，正答は**3**である。

表Ⅰ

	チョコレート			クッキー		
	赤	青	黄	赤	青	黄
A	×	×	○	×	×	×
B	×	×	×	×	×	○
C			×			×
D						
E						

※灰色は袋に戻した菓子

表Ⅱ

	チョコレート			クッキー		
	赤	青	黄	赤	青	黄
A	×	×	○	×	×	×
B	×	×	×	×	×	○
C	×	○	×	×	×	×
D	○	×	×	×	×	×
E	×	×	×			×

正答　3

判断推理　平面構成　平成26年度

ある国にはA島～E島の五つの島があり，これらの島は空路で結ばれている。各島の位置と空路の概略は図のとおりで，各島間の交通事情について次のことが分かっているとき，確実にいえるのはどれか。なお，各島間の交通手段は航空機のみである。

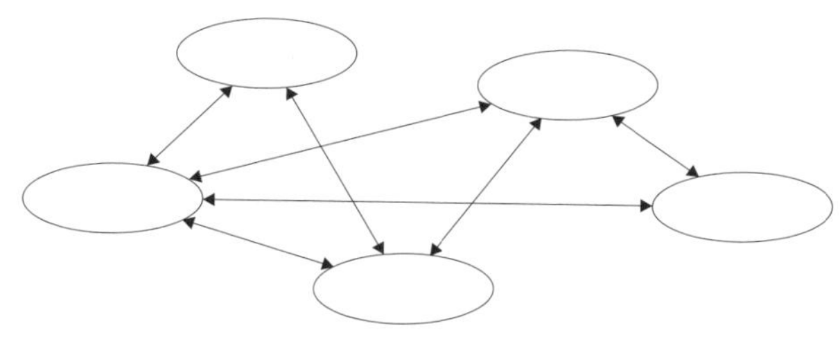

○　A島とB島は直行便で結ばれている。
○　A島からD島への直行便はない。
○　B島からD島への直行便はない。
○　B島からE島への直行便はない。

1　A島からは，二つの島にのみ直行便で行くことができる。
2　B島からC島への直行便はない。
3　C島からE島への直行便はない。
4　D島からE島への直行便はない。
5　E島からは，三つの島にのみ直行便で行くことができる。

解説

図に示された5つの島は，ほかの3島と直行便で結ばれているのが3島，ほかの2島と直行便で結ばれているのが2島である。B島はD，E島との直行便がなく，D島はA，B島との直行便がない。つまり，2島だけと直行便で結ばれているのはB島とD島である。そして，B島はA島と直行便で結ばれているが，D島はA島と直行便で結ばれていないので，島の配置としては次の図Ⅰ，図Ⅱの2通りが考えられる。

よって，**1**～**4**は誤りで，正答は**5**である。

図Ⅰ
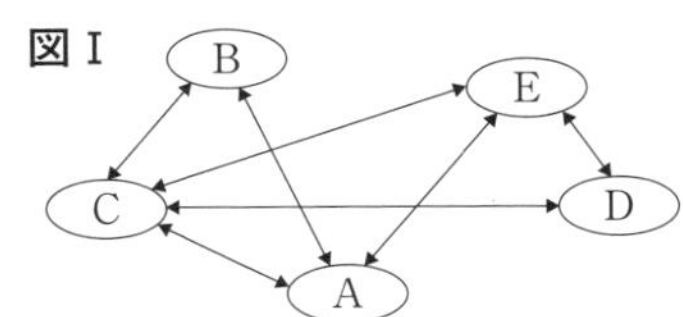

図Ⅱ
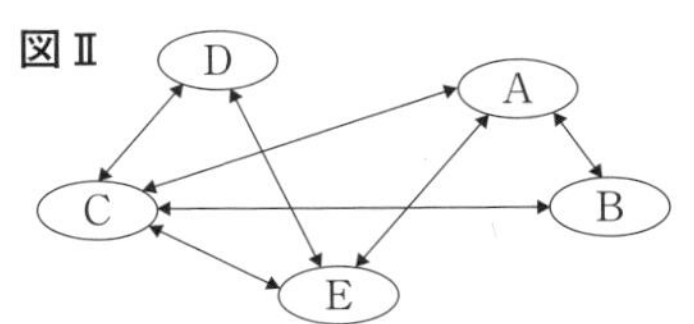

正答　5

国家一般職[大卒]

教養試験

No. 158 判断推理

試合の勝敗

平成26年度

A～Iの9人が総当たりでバドミントン（シングルス）のリーグ戦を行った。このリーグ戦は9日間で行われ，各日とも試合がない者が1人いた。

表は，前回のリーグ戦の順位と，今回のリーグ戦の7日目までの各参加者の勝敗及び8日目と9日目の対戦相手を示したものである。今回のリーグ戦では勝ち数が多い順に順位を付け，勝ち数が同じ者の順位については，前回のリーグ戦の順位が高い者を上位とすることにしたところ，最終順位はAが1位，Bが2位，Cが5位，Dが最下位という結果となった。今回のリーグ戦の勝敗や順位について確実にいえるのはどれか。

ただし，引き分けの試合はなかった。

前回のリーグ戦の順位	参加者	今回のリーグ戦の状況 7日目までの勝敗	8日目の対戦相手	9日目の対戦相手
1位	A	4勝2敗	D	G
2位	B	4勝2敗	E	H
3位	C	2勝4敗	I	E
4位	D	2勝4敗	A	F
5位	E	3勝3敗	B	C
6位	F	2勝4敗	G	D
7位	G	1勝5敗	F	A
8位	H	5勝2敗	試合なし	B
9位	I	5勝2敗	C	試合なし

1 Aは6勝2敗であった。
2 BはHに敗れた。
3 Eは4勝4敗であった。
4 Gは8日目と9日目のどちらかに敗れた。
5 Iは3位であった。

解説

まず，最終結果としてDが最下位となっている点を考えてみる。7日目まででDは2勝4敗，Gは1勝5敗である。最終的にDとGの勝数が同じであれば，前回の順位によりGはDより下位となる。GがDより上位となるためには，最終結果がDは2勝6敗，Gは3勝5敗でなければならない。つまり，DはA，Fに負け，GはA，Fに勝ちという結果となる。ここから，Aの最終結果は5勝3敗，Fの最終結果は3勝5敗である（表Ⅰ）。

表Ⅰ

										7日目まで		最終結果		
	A	B	C	D	E	F	G	H	I	勝	敗	勝	敗	順位
A				○			×			4	2	5	3	1
B										4	2			2
C										2	4			5
D	×					×				2	4	2	6	9
E										3	3			
F				○			×			2	4	3	5	
G	○					○				1	5	3	5	
H										5	2			
I										5	2			

次に，A，B，H，Iについて考える。Aが5勝3敗で1位であり，H，Iも7日目までに5勝しているので，Bが2位となるためには，B，H，Iも5勝3敗でなければならない。そうすると，HはBに負け，IはCに負けとなるので，BはEに負けていることになる。

最後にCが5位であることを考えると，EはBに勝って4勝となるので，Cが5位となるためには，Eに勝って（Iには勝っている）4勝4敗でなければならない（Eも4勝4敗である）。

ここまでで次の表Ⅱのようにすべての勝敗が決定する。よって，正答は**3**である。

表Ⅱ

										7日目まで		最終結果		
	A	B	C	D	E	F	G	H	I	勝	敗	勝	敗	順位
A				○			×			4	2	5	3	1
B					×			○		4	2	5	3	2
C					○				○	2	4	4	4	5
D	×					×				2	4	2	6	9
E		○	×							3	3	4	4	6
F				○			×			2	4	3	5	7
G	○					○				1	5	3	5	8
H		×								5	2	5	3	3
I			×							5	2	5	3	4

正答　3

図のように，正方形の紙を次のａ，ｂのように折った後，ｃのように破線部分で切り取り，残った図形ｄを展開したものとして最も妥当なのはどれか。

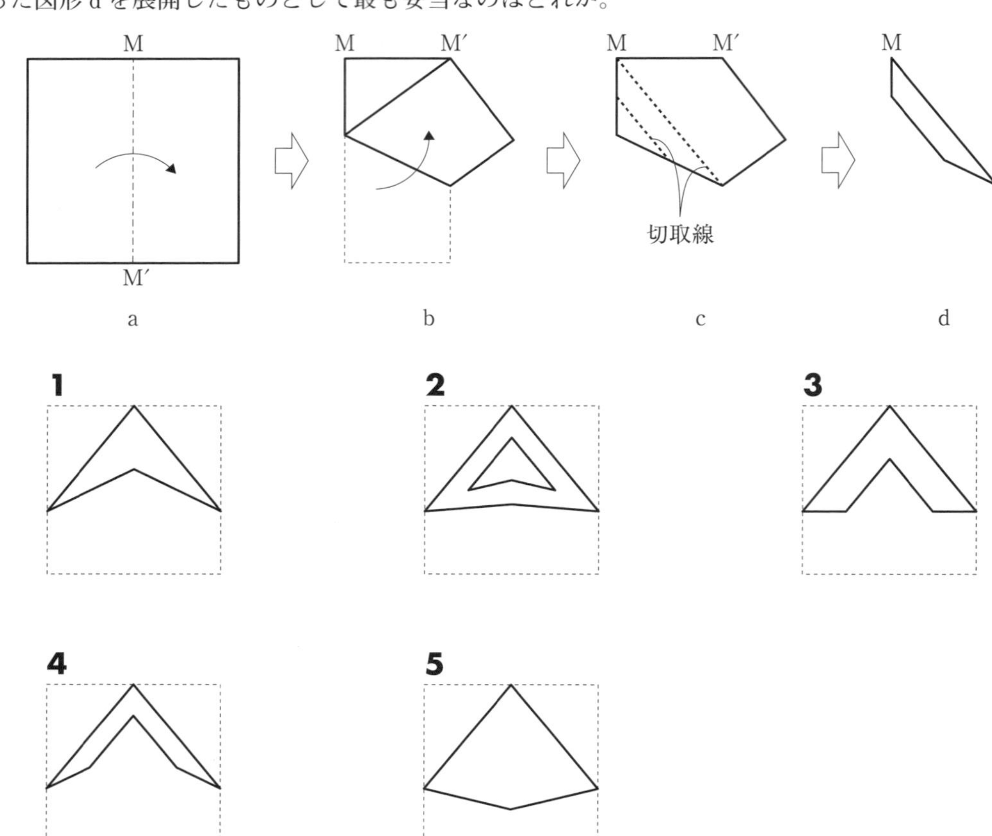

次の図のように，折って切り取った状態から逆順で元の状態に開いてみればよい。このとき，切り取り線は折り目に対して線対称となる。

展開した場合，中空部分のある図形となり，正答は**2**である。

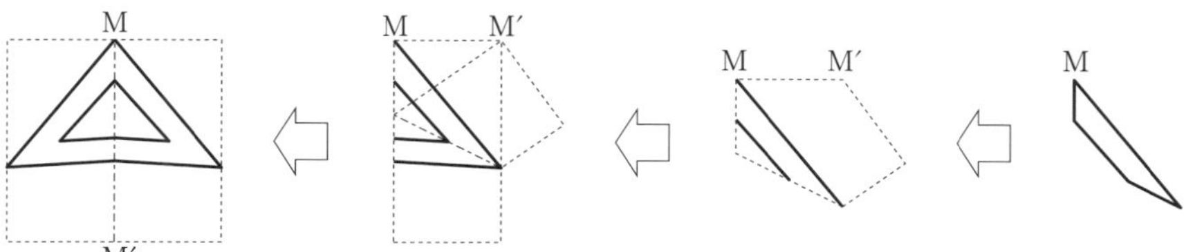

正答　**2**

図のように，一辺の長さが１の立方体ABCD-EFGHとその辺の上を動く点P，Q，Rを考える。

今，３点P，Q，Rは時刻０において頂点Aを同時に出発し，いずれも毎秒１の速さで，PはA→B→C→G，QはA→D→H→G，RはA→E→F→Gの経路で移動して，３秒後に頂点Gで停止するとする。（P′，Q′，R′は，それぞれP，Q，Rが頂点Aを出発してから1.5秒後における位置を示している。）

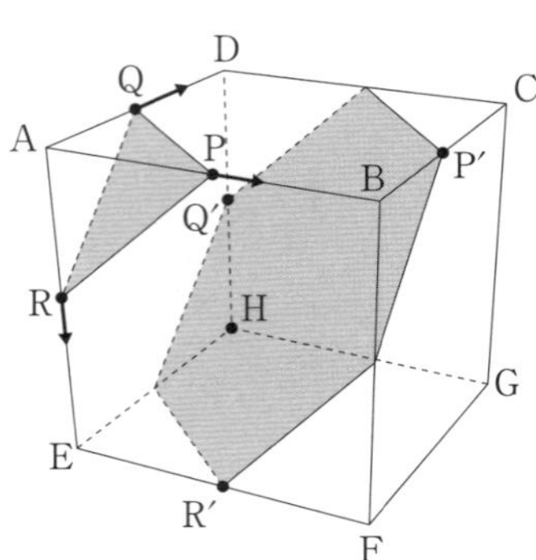

時刻xにおいて，３点P，Q，Rを通る平面でこの立方体を切断したときの断面積をS(x)とおくとき，y=S(x)のグラフを表しているものとして最も妥当なのはどれか。

1

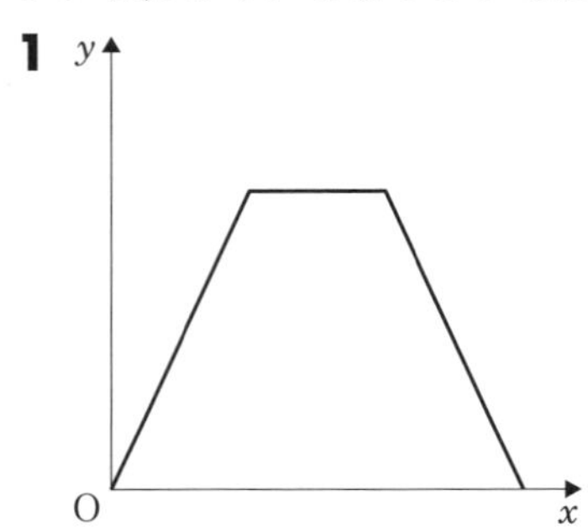

2

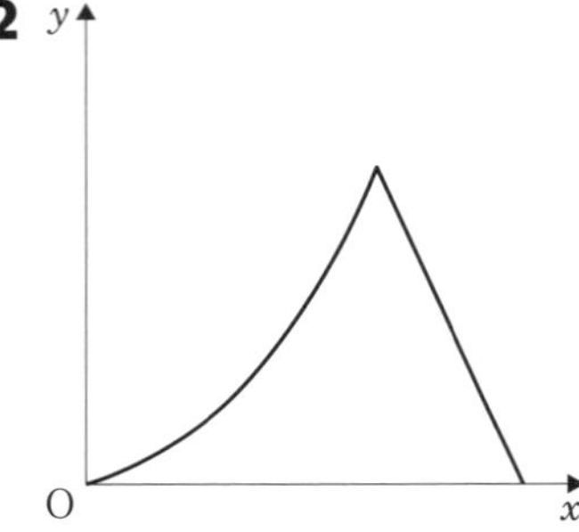

3

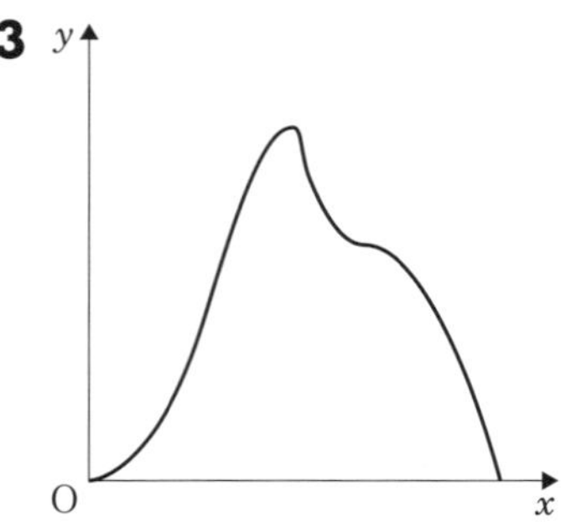

4

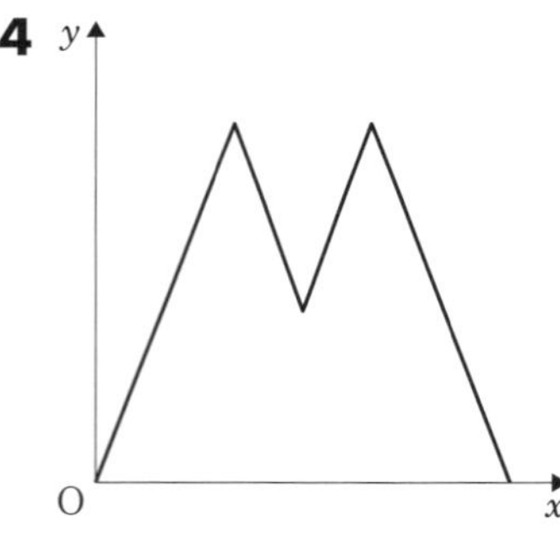

5

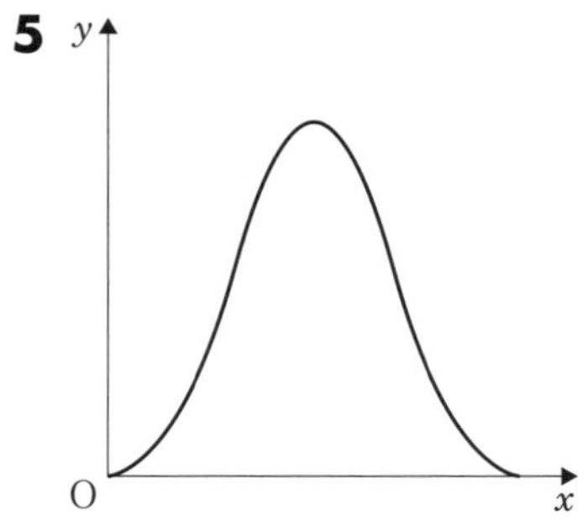

解説

3点P，Q，Rが頂点Aを同時に出発して1秒後にそれぞれ頂点B，D，Eに到達するので，1秒後の切断面は次の図Ⅰにおける1辺$\sqrt{2}$の正三角形BDEとなる。また，1.5秒後には，点Pは辺BCの中点，点Qは辺DHの中点，点Rは辺EFの中点に到達し，このときの切断面は1辺$\frac{\sqrt{2}}{2}$の正六角形である。

3点P，Q，Rが頂点Aを出発してから1秒後まで，切断面は常に正三角形であり，この間は相似変化で拡大していくから，$y=S(x)$のグラフは2次関数の放物線となる。x秒後（$0 \leqq x \leqq 1$）において，正三角形の1辺は$\sqrt{2}x$だから，$y=\frac{\sqrt{3}}{4}(\sqrt{2}x)^2=\frac{\sqrt{3}}{2}x^2$のグラフ（放物線）である。また，2秒後には正三角形CFHとなり，そこから3秒後にかけて相似変化で縮小していくが，これは0→1秒後と対称性を有するので，0→1秒後と2→3秒後のグラフは対称性を有する放物線となり，この条件を満たすのは**5**だけである。

2→3秒後のグラフを確認しておくと，

$$y=\frac{\sqrt{3}}{4}\times\{\sqrt{2}(3-x)\}^2=\frac{\sqrt{3}}{2}(x^2-6x+9)=\frac{\sqrt{3}}{2}x^2-3\sqrt{3}x+\frac{9\sqrt{3}}{2}$$ である。

また，1→2秒後の面積変化については，次の図Ⅱのように，正三角形の各頂点部分を切り落とした六角形（1.5秒後に最大面積の正六角形となる）を考えることになる。全体の正三角形は，その面積が$\frac{\sqrt{3}}{2}x^2$であり，切断される正三角形の1辺は$\sqrt{2}(x-1)$である。したがって，

$$y=\frac{\sqrt{3}}{2}x^2-\frac{\sqrt{3}}{4}\times\{\sqrt{2}(x-1)\}^2\times 3=\frac{\sqrt{3}}{2}x^2-\frac{3\sqrt{3}}{2}(x^2-2x+1)=-\sqrt{3}x^2+3\sqrt{3}x-\frac{3\sqrt{3}}{2}$$

となり，上に凸の（最大値を持つ）放物線となる（図Ⅲ）。

よって，正答は**5**である。

［注］ 1辺の長さがaの正三角形の面積は，$\frac{\sqrt{3}}{4}a^2$である。また，1辺の長さがaの正六角形は1辺の長さがaの正三角形6個で構成されているので，その面積は，$\frac{\sqrt{3}}{4}a^2\times 6=\frac{3\sqrt{3}}{2}a^2$である。

図Ⅰ

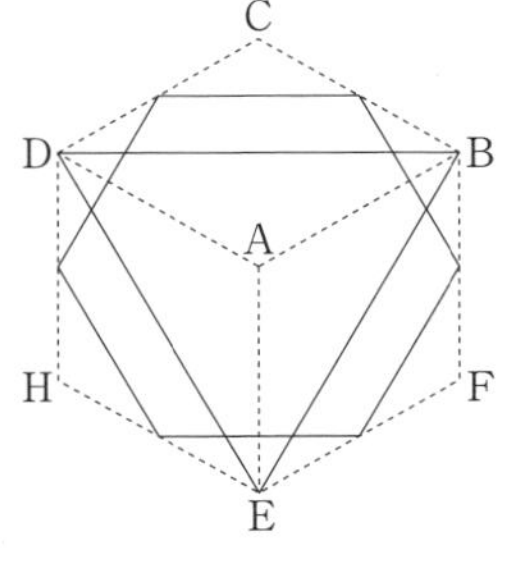

図Ⅱ

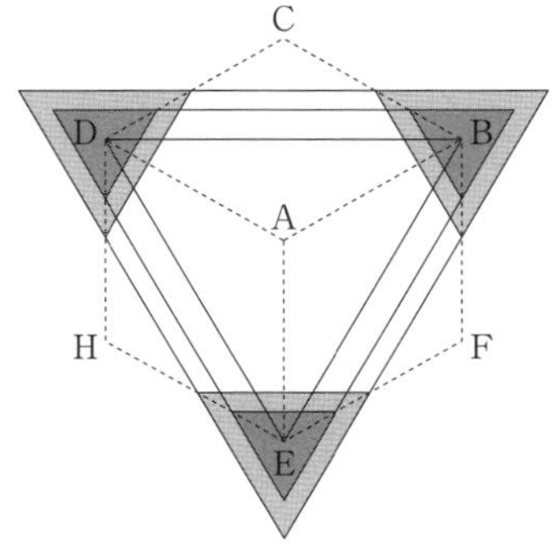

図Ⅲ

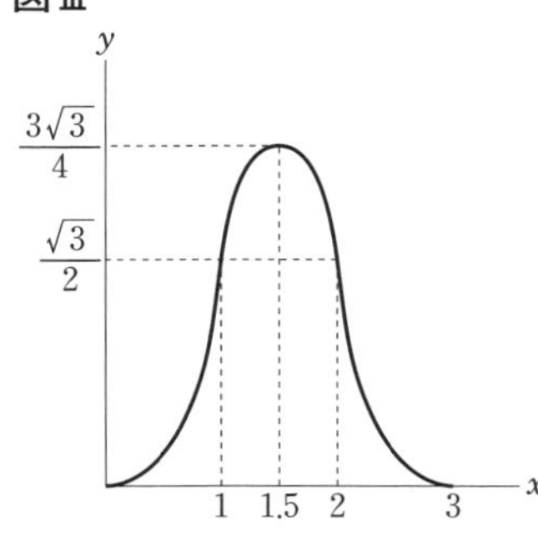

正答　5

試合の勝敗

サッカーの地区大会がトーナメント方式で行われ，A～Hの８チームが参加した。試合について次のことが分かっているとき，「優勝チーム」と「決勝戦での優勝チームの得点」の組合せとして正しいのはどれか。

○　トーナメントの組合せは図のとおりであった。
○　全ての試合は１点以上の得点の差がついて勝敗が決まり，引き分けはなかった。
○　各チームの得点の合計と失点の合計は表のとおりであったが，一部は未記入のままとなっている。

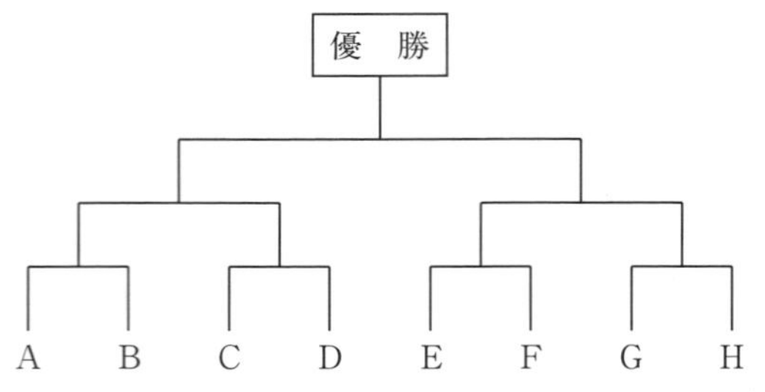

チーム	得点の合計	失点の合計
A	1	
B		6
C	0	2
D	4	
E	3	3
F	2	
G		1
H	5	4

	優勝チーム	決勝戦での優勝チームの得点
1	B	3
2	B	4
3	D	1
4	H	3
5	H	4

解説

まず，１回戦の４試合をそれぞれ検討してみる。ＡとＢの対戦では，Ａの得点合計が１点，Ｂの失点合計が６点であることから，Ｂが勝っている（Ａが勝ったのなら１対０でなければならず，Ｂの失点合計は１点となるはずである）。ＣとＤの対戦は，Ｃの得点合計が０点，失点合計が２点だから，２対０でＤの勝ちである。ＥとＦの対戦も，Ｆの得点合計が２点，Ｅの失点合計が３点なので，２回戦に進んだのはＥでなければならず，２点取ったＦにＥが勝ったのなら，Ｅは１回戦で３点取っている（ここからＥは２回戦で１点も取れなかったことになる）。したがって，３対２でＥの勝ちである。ＧとＨの対戦は，Ｇの失点合計が１点，Ｈの得点合計は５点だから，５点のうち１回戦での得点は１点だけということになり，１対０でＨの勝ちである。ここまでで次の図Ⅰのようになる。

図Ⅰ

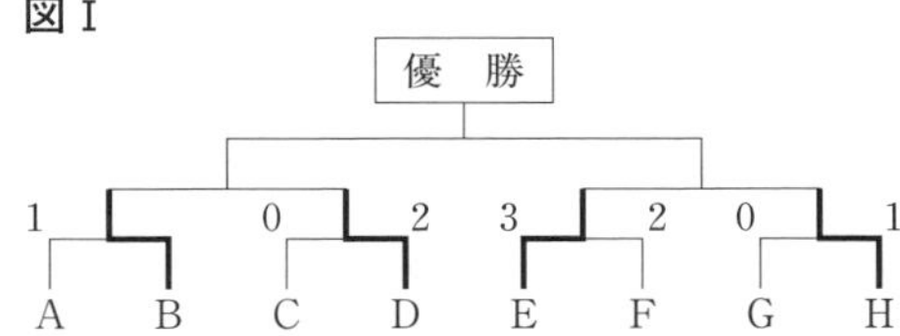

その次に２回戦（準決勝戦）を考える。ＢとＤの対戦では，Ｄの可能な得点は２点までだが，これでもＢの１回戦と合わせた失点は３点である。Ｂの失点合計は６点なのでＢは２回戦に勝っていなければならず，Ｄは２点取ったがＢに３点以上取られて負け，ということになる（ここから，Ｂの決勝戦での失点は３点ということになる）。ＥとＨの対戦は，前述のように２回戦でのＥの得点は０点なので，Ｈが勝って決勝戦に進出している。

これで決勝戦はＢとＨの対戦となるが，決勝戦でのＢの失点＝Ｈの得点は３点なので，２回戦でのＨの得点は１点である。

Ｈは１回戦，２回戦とも失点が０点なので，Ｈの失点合計である４点はすべて決勝戦での失点である。つまり，ＢとＨの決勝戦は４対３でＢが勝ったことになる（図Ⅱ）。

よって，正答は**2**である。

図Ⅱ

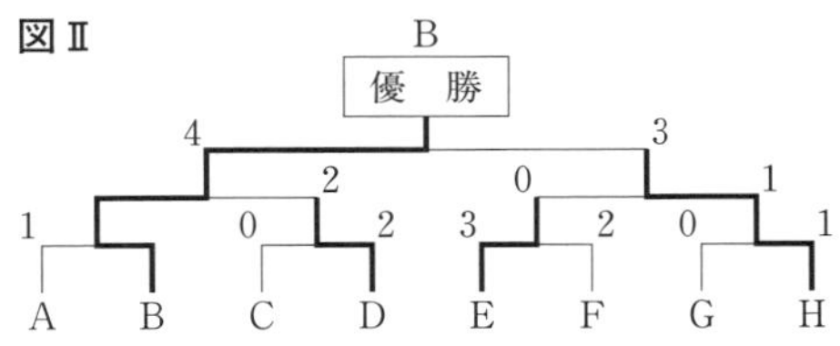

正答　2

国家一般職［大卒］ 教養試験

No. 162 判断推理 操作の手順 平成25年度

A，Bの２人が下のような５×５のマス目の図が書かれた紙を１枚ずつ持ち，次のようなゲームを行う。

① Aは，自分の図の中の任意の二つのマス目に丸印を付ける。
② Bは，相手の図を見ずに任意の一つのマス目を指定する。
③ Aは，Bが指定したマス目及びその周囲のマス目にある丸印の個数を回答する。
　なお，Bが指定したマス目に対する「周囲のマス目」とは，例えばBが「イ２」を指定した場合にはア１，ア２，ア３，イ１，イ３，ウ１，ウ２，ウ３を指し，「ア４」を指定した場合にはア３，ア５，イ３，イ４，イ５を指す。
④ Aがどのマス目に丸印を付けたかをBが当てるまで②，③を繰り返す。

Bが指定したマス目及びそれに対するAの回答が表のとおりであったとき，確実にいえるのはどれか。

	1	2	3	4	5
ア					
イ					
ウ					
エ					
オ					

Bが指定したマス目	Aの回答
「イ２」	「１個」
「エ４」	「１個」
「イ４」	「２個」

1　Bが「ウ３」を指定しAの回答が「２個」であれば，丸印が付いた二つのマス目は特定される。
2　Bが「ウ３」を指定しAの回答が「１個」であれば，ア３に丸印がある可能性はない。
3　Bが「イ５」を指定した場合，Aの回答は必ず「１個」である。
4　Bが「ウ２」を指定した場合，Aの回答は必ず「１個」である。
5　Bが「エ２」を指定した場合，Aの回答は必ず「０個」である。

解説

Aが記入した丸印は２個なので，まず，その範囲を考えてみる。Bが「イ２」を指定したとき，Aの回答は１個だから，次の図Ⅰで示した範囲の中に丸印が１個記入されている。また，Bが「エ４」を指定したときも，Aの回答は１個だから，図Ⅱで示した範囲の中に丸印が１個記入されている。ところが，Bが「イ４」を指定したとき，Aの回答は２個だから，丸印は図Ⅲで示した範囲の中に２個記入されていなければならない。ここから，図Ⅰで１列目と２列目に丸印が記入されている可能性はなく，図Ⅱでエ行目とオ行目に丸印が記入されている可能性はない。

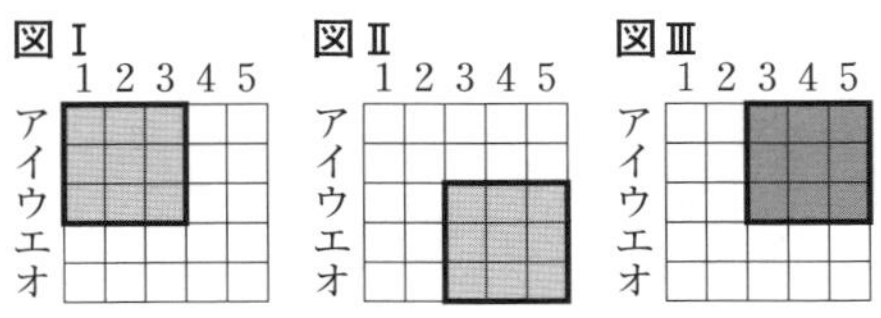

そうすると，Aが記入した２個の丸印の位置について，次の（1）と（2）の２通りが考えられることになる。

（1）「ア３」「イ３」のうちのどちらかに１個記入され，「ウ４」「ウ５」のどちらかに１個記入される場合（図Ⅳ）。

（2）「ウ３」に１個記入され，「ア４」「ア５」「イ４」「イ５」のうちのどちらかに１個記入される場合（図Ⅴ）。

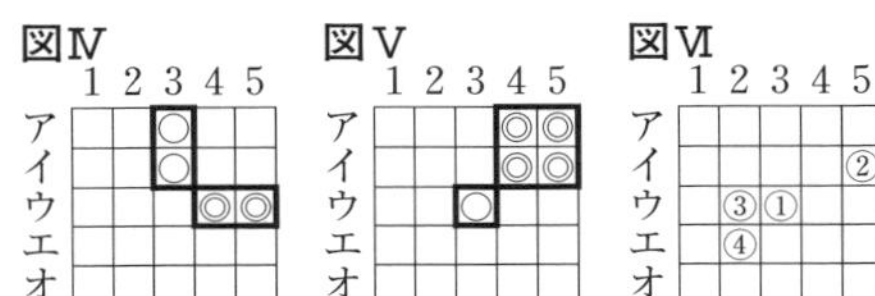

この図Ⅳおよび図Ⅴから考えると，Bが「ウ３」を指定し（図Ⅵの①），Aの回答が「２個」であったとき，「イ３」「ウ４」（図Ⅳ）に丸印が記入されている場合と，「イ４」「ウ３」（図Ⅴ）に丸印が記入されている場合との２通りの可能性があるので，丸印が書かれた２つのマス目は特定されず，**1**は誤りである。

また，Bが「ウ３」を指定し，Aの回答が「１個」であったとき，図Ⅴで「ウ３」と，もう１個が「イ４」以外の「◎」印のうちの１個である可能性があるので，**2**も誤りである。
Bが「イ５」を指定した場合（図Ⅵの②），図Ⅳおよび図Ⅴのいずれにおいても，「◎」印のマス目のうち１個に記入されている。したがって，Aの回答は必ず「１個」であり，**3**は確実である。

Bが「ウ２」を指定した場合（図Ⅵの③），図Ⅳで「ア３」「ウ５」に丸印が記入されていれば，Aの回答は「０個」となるので，**4**は誤りである。

Bが「エ２」を指定した場合（図Ⅵの④），図ⅤならAの回答は「１個」となるので，**5**も誤りである。

よって，正答は**3**である。

正答　3

国家一般職［大卒］ No. 163 教養試験

判断推理　対応関係　平成25年度

A～Gの一行は，４人が男性，３人が女性であり，旅行先のホテルにおいて，図のような位置関係のルームⅠ～Ⅳの４部屋に分かれて宿泊した。ホテルにおける部屋割りについて，３部屋には２人ずつ，１部屋には１人が宿泊したことのほか，次のことが分かっているとき，確実にいえるのはどれか。

ルームⅠ	ルームⅡ	ルームⅢ	ルームⅣ

○　男性と女性は別々の部屋だった。
○　男性の泊まる部屋は隣り合っていた。
○　AとCの部屋は隣り合っていた。
○　AとDは男性で，別々の部屋だった。
○　AとGは別々の部屋で，さらに，隣り合っていなかった。
○　Bは女性で，ルームⅣに宿泊した。
○　Fは１人で宿泊した。

1　AはルームⅠに宿泊した。
2　BとGは同じ部屋に宿泊した。
3　EとFの部屋は隣り合っていた。
4　FはルームⅢに宿泊した。
5　Gは男性である。

解説

男性が４人，女性が３人で，３部屋に２人ずつと１部屋に１人が宿泊し，男性と女性は別々の部屋であるから，１人で宿泊したFは女性である。また，Aは男性と示されていて，AとGは別々の部屋で隣り合っていなかったのだから，Gも女性である。そして，Bが女性であることが示されているから，女性３人はB，F，Gである。このうち，Fは１人で宿泊しているので，BとGが同じ部屋に宿泊したことになる（この段階で正答は**2**と決まってしまう）。

他の条件について検討してみると，A，C，D，Eが男性で，AはCともDとも別の部屋に宿泊しているから，AとEが同じ部屋，CとDが同じ部屋となる。B，Gが宿泊したのはルームⅣなので，部屋と宿泊者の組合せは次の表のように①～③の３通りあることになる。

したがって，**1**，**3**，**4**は確実とはいえず，**5**は誤りとなる。

よって，正答は**2**である。

	ルームⅠ	ルームⅡ	ルームⅢ	ルームⅣ
①	A，E	C，D	F	B，G
②	C，D	A，E	F	B，G
③	F	A，E	C，D	B，G

正答　2

判断推理　対応関係　平成25年度

卓球サークルに所属するＡ～Ｈの８人のうち，Ａ～Ｄの４人は紅チーム，Ｅ～Ｈの４人は白チームに分かれて，チーム対抗の紅白戦を２回行った。各回の紅白戦では，シングルスの試合を４試合行い，各チームの全員が出場した。対戦相手について，１回目の紅白戦では，紅チームのＡ～Ｄが，それぞれ白チームのＥ～Ｈのいずれかと対戦し，２回目の紅白戦では，全員が１回目の相手とは異なる相手と対戦したことのほか，次のことが分かっているとき，確実にいえるのはどれか。

○　１回目にＢと，２回目にＤと対戦した白チームの選手がいる。
○　１回目にＧと，２回目にＨと対戦した紅チームの選手がいる。
○　Ｄが１回目に対戦した白チームの選手とは，２回目にはＣが対戦した。
○　ＡはＥと対戦した。
○　ＣはＧとは対戦しなかった。

1　１回目にＡはＨと対戦した。
2　２回目にＤはＦと対戦した。
3　ＢともＣとも対戦した選手がいる。
4　ＣはＦとは対戦しなかった。
5　ＤはＨと対戦した。

解説

まず，「ＡはＥと対戦した」とあるので，最初の条件である「１回目にＢと，２回目にＤと対戦した白チームの選手」はＥではない。また，最後の条件に「ＣはＧとは対戦しなかった」とあるので，２番目の条件である「１回目にＧと，２回目にＨと対戦した紅チームの選手」はＣではない。そして，Ａでもない。さらに，Ｃが２回目に対戦したのはＧでもＨでもないことから，Ｄが１回目に対戦したのはＧでもＨでもない。この結果，１回目にＧと対戦したのはＢと決まり，Ｂは２回目にＨと対戦したことになる。ここまでが次の表Ⅰである。

表Ⅰ

		白チーム							
		１回目				２回目			
		E	F	G	H	E	F	G	H
紅チーム	A			×					×
	B	×	×	○	×	×	×	×	○
	C			×				×	×
	D			×	×	×			×

表Ⅱ

		白チーム							
		１回目				２回目			
		E	F	G	H	E	F	G	H
紅チーム	A	×	×	×	○	○	×	×	×
	B	×	×	○	×	×	×	×	○
	C	○	×	×	×	×	○	×	×
	D	×	○	×	×	×	×	○	×

また，「Ｄが１回目に対戦した白チームの選手とは，２回目にはＣが対戦した」という条件を考えると，これはＥではない（Ｅだとすると，ＡはＥと対戦したという条件と矛盾する）ので，Ｆと決まる。Ｄの１回目の相手がＦなので，２回目の相手はＧ以外になく，Ａの２回目の相手はＦでもＧでもないのでＥである。この結果，Ａの１回目の相手はＨ，Ｃの１回目の相手はＥとなり，表Ⅱのようにすべて決定する。

よって，正答は**1**である。

正答　1

国家一般職［大卒］ No. 165 教養試験

判断推理　対応関係　平成25年度

A～Eの学生５人における政治学，経済学，行政学，社会学，法律学の５科目の履修状況について次のことが分かっているとき，確実にいえるのはどれか。

○　５人が履修している科目数はそれぞれ３科目以内である。
○　政治学を履修している者は２人いる。
○　経済学を履修している者は２人おり，そのうちの１人はAである。
○　行政学を履修している者は３人おり，そのうちの１人はAである。
○　社会学を履修している者は３人おり，そのうちの２人はAとDである。
○　法律学を履修している者は４人いる。
○　AとEが２人とも履修している科目はない。
○　Cは政治学も社会学も履修していない。

1　Bは政治学を履修していない。
2　Bは行政学を履修していない。
3　Cは経済学を履修していない。
4　Dは経済学を履修していない。
5　Dは行政学を履修していない。

解説

条件から，各科目の履修者数，Aが履修している科目，Cが履修していない科目，Dが社会学を履修していることを表にまとめてみる。各人の履修科目数は3科目以内なので，Aは政治学，法律学を履修していない。また，AとEが2人とも履修している科目はないのだから，Eは経済学，行政学，社会学を履修していない。ここまでが次の表Ⅰである。

表Ⅰ

	政治学	経済学	行政学	社会学	法律学
A	×	○	○	○	×
B					
C	×			×	
D				○	
E		×	×	×	
	2人	2人	3人	3人	4人

各科目の履修人数の合計は14人で，1人3科目以内，Eは最多で2科目だから，各人の履修科目数は，A～Dがそれぞれ3科目，Eが2科目でなければならない。そうすると，Cの履修科目は経済学，行政学，法律学，Eの履修科目は政治学，法律学である。また，法律学の履修者は4人で，Aは法律学を履修していないので，B，Dは法律学を履修している。そして，社会学の履修者数は3人だから，Bは社会学を履修している。ここまでで次の表Ⅱとなるが，政治学と行政学の残り1人の履修者は，BであるかDであるかを決定することができない。

表Ⅱ

	政治学	経済学	行政学	社会学	法律学	
A	×	○	○	○	×	3
B		×		○	○	3
C	×	○	○	×	○	3
D		×		○	○	3
E	○	×	×	×	○	2
	2人	2人	3人	3人	4人	

この表Ⅱから，**1**，**2**，**5**は不確実，**3**は誤りで，正答は**4**となる。

正答　4

国家一般職［大卒］ 教養試験

No.166 判断推理 発言からの推理 平成25年度

体育館にいたA，B，C，図書館にいたD～Gの計７人が次のような発言をしたが，このうちの２人の発言は正しく，残りの５人の発言は誤っていた。正しい発言をした２人の組合せとして最も妥当なのはどれか。ただし，７人のうちテニスができる者は２人だけである。

A：「私はテニスができない。」
B：「テニスができる２人はいずれも図書館にいた。」
C：「A，Bの発言のうち少なくともいずれかは正しい。」
D：「Eはテニスができる。」
E：「Dの発言は誤りである。」
F：「D，Eの発言はいずれも誤りである。」
G：「図書館にいた４人はテニスができない。」

1　A，C
2　A，G
3　B，F
4　C，E
5　E，G

解説

まず，Eの発言である「Dの発言は誤りである」を考えると，Dの発言が正しければEの発言は誤り，Eの発言が正しければDの発言は誤り，という関係にあり，D，Eのうち一方の発言は正しく，他方の発言は誤りということになる（両者とも正しいということも両者とも誤りということもない）。そうすると，Fの発言である「D，Eの発言はいずれも誤りである」は誤りである。

次にCの発言を考えてみる。Cの発言が正しいとすると，A，Bのうち少なくともいずれかの発言は正しいことになるので，正しい発言をしているのが，A，Bのうちの少なくとも１人とC，そしてDまたはEのどちらかとなって，正しい発言をしているのが３人以上となってしまう。つまり，Cの発言は誤っている。Cの発言である「A，Bの発言のうち少なくともいずれかは正しい」が誤りであるなら，A，Bの発言はいずれも誤りである。

ここまでで，A，B，C，Fの４人の発言が誤りで，さらにD，Eのどちらかの発言が誤りであることが判明したので，Gの発言は正しいことになる。Gの発言である「図書館にいた４人（D，E，F，G）はテニスができない」が正しいのだから，Dの発言である「Eはテニスができる」は誤りということになり，Eの発言が正しい。

よって，正しい発言をした２人はEとGであり，正答は**5**である。

正答　**5**

判断推理　命　題　平成24年度

釣り大会を実施したところ，全体として釣れた魚はヒラメ，スズキ，ブリ，タイの４種であった。次のことが分かっているとき，確実にいえるのはどれか。

○　ヒラメを釣った者は，スズキとブリも釣った。
○　スズキを釣っていない者は，ブリを釣った。
○　ブリを釣った者は，タイを釣っていない。

1　タイを釣った者は，ヒラメを釣っていない。
2　ヒラメとタイを釣った者がいる。
3　タイとブリを釣った者がいる。
4　スズキとブリを釣った者は，ヒラメを釣った。
5　ブリを釣っていない者は，タイを釣った。

解説

与えられた命題をア～ウのように論理式で表し，それぞれの対偶をエ～カとする。

ア．ヒラメ→（スズキ∧ブリ）
　　　⇒　エ．（$\overline{\text{スズキ}}$∨$\overline{\text{ブリ}}$）→$\overline{\text{ヒラメ}}$
イ．$\overline{\text{スズキ}}$→ブリ　⇒　オ．$\overline{\text{ブリ}}$→スズキ
ウ．ブリ→$\overline{\text{タイ}}$　⇒　カ．タイ→$\overline{\text{ブリ}}$

また，アは次のキ，クと分割することが可能で，これもそれぞれの対偶をケ，コとしてみる。

キ．ヒラメ→スズキ　⇒　ケ．$\overline{\text{スズキ}}$→$\overline{\text{ヒラメ}}$
ク．ヒラメ→ブリ　⇒　コ．$\overline{\text{ブリ}}$→$\overline{\text{ヒラメ}}$

これらア～コから各選択肢を検討してみればよい。

1．正しい。カおよびコから「タイ→$\overline{\text{ブリ}}$→$\overline{\text{ヒラメ}}$」となるので，「タイを釣った者は，ヒラメを釣っていない」は確実に推論することができる。

2．クおよびウから「ヒラメ→ブリ→$\overline{\text{タイ}}$」となるので，「ヒラメを釣った者はタイを釣っていない」＝「ヒラメとタイの両方を釣った者はいない」ことになる。カおよびコから「タイとヒラメの両方を釣った者はいない」としても同様である。

3．ウより「ブリ→$\overline{\text{タイ}}$」なので，「タイとブリの両方を釣った者はいない」ことになる。カの「タイ→$\overline{\text{ブリ}}$」から考えても同様である。

4．「（スズキ∧ブリ）→」となる命題が存在しないので，その先を推論することができない。

5．オより「$\overline{\text{ブリ}}$→スズキ」，コより「$\overline{\text{ブリ}}$→$\overline{\text{ヒラメ}}$」となるが，いずれもその先を推論することができない。

正答　1

国家一般職［大卒］ 教養試験

No.168 判断推理 位置関係 平成24年度

A～Hの８人が４人乗り自動車２台でスキー場に行った。８人の内訳は，男４人，女４人であり，また，スキーヤー３人，スノーボーダー５人となっている。次のことが分かっているとき，確実にいえるのはどれか。

○　運転免許保有者は４人で，図のように，行きはAとE，帰りはBとFが運転した。
○　行き帰りとも助手席には運転免許保有者が座った。
○　行き帰りとも車内の座席は男女が隣どうしとなるように座った。
○　Fは女性のスキーヤーで，他の女性はスノーボーダーだった。
○　Aは男性でスキーヤーだった。
○　DとGはスノーボーダーで，行きも帰りも隣どうしとなった。
○　Fが運転した車に乗った者は，自身を除くと全員スノーボーダーだった。

（行　き）

助手席	運転席 A

助手席	運転席 E

（帰　り）

助手席	運転席 B

助手席	運転席 F

1　B，Cは帰りの車が一緒だった。
2　Cはスキーヤーである。
3　D，F，Gは行き帰りとも同じ車に乗った。
4　EとHが同じ車に乗ることはなかった。
5　Hは男性である。

解説

行きの運転はA，E，帰りの運転はB，Fだから，運転免許保有者である４人はA，B，E，Fである。ここから，行きの助手席はB，F，帰りの助手席はA，Eとなる。Aは男性，Fは女性でいずれもスキーヤーであり，DとGはいずれもスノーボーダーで，行きも帰りも隣どうしだから，一方が男性，他方が女性である。ここまでをまとめたのが次の表Ⅰである。

表Ⅰ

	運転免許保有者	男	女	スキーヤー	スノーボーダー
	4人	4人	4人	3人	5人
A	○	○		○	
B	○				
C					
D		△	△		○
E	○				
F	○		○	○	
G		△	△		○
H					

Fは女性だから，Fが運転する帰りの車の助手席には男性が座ることになるが，Aはスキー

ヤーなので，AはFの車の助手席ではない。そうすると，AはBが運転する車の助手席だから，Bは女性であり，スノーボーダーである。ここから，Fの車の助手席にはEが座ることになり，Eは男性のスノーボーダーである。

運転免許保有者でないC，D，G，Hに関しては，D，Gが行きも帰りも隣どうしなので，C，Hも同様に行きも帰りも隣どうしであり，一方が男性，他方が女性である。そして，スキーヤー3人，スノーボーダー5人という条件から，C，Hは一方がスキーヤー，他方がスノーボーダーである。ここまでで次の表Ⅱのようになる。

表Ⅱ

<table>
<tr><th></th><th>運転免許保有者
4人</th><th>男
4人</th><th>女
4人</th><th>スキーヤー
3人</th><th>スノーボーダー
5人</th></tr>
<tr><td>A</td><td>○</td><td>○</td><td></td><td>○</td><td></td></tr>
<tr><td>B</td><td>○</td><td></td><td>○</td><td></td><td>○</td></tr>
<tr><td>C</td><td></td><td colspan="2">▲</td><td colspan="2">▲</td></tr>
<tr><td>D</td><td></td><td colspan="2">△</td><td></td><td>○</td></tr>
<tr><td>E</td><td>○</td><td>○</td><td></td><td></td><td>○</td></tr>
<tr><td>F</td><td>○</td><td></td><td>○</td><td>○</td><td></td></tr>
<tr><td>G</td><td></td><td colspan="2">△</td><td></td><td>○</td></tr>
<tr><td>H</td><td></td><td colspan="2">▲</td><td colspan="2">▲</td></tr>
</table>

Fが運転する帰りの車では，F以外の3人はすべてスノーボーダーなので，C，Hが乗っていることはなく，D，Gでなければならない。ここから，帰りの車に関しては，次の図Ⅰのように乗車している4人ずつが確定する。ただし，行きの車に関しては，B，Fがどちらの助手席に座っているか，また，隣どうしである（C，H），（D，G）がどちらの車に乗っているかは確定できない。

図Ⅰ

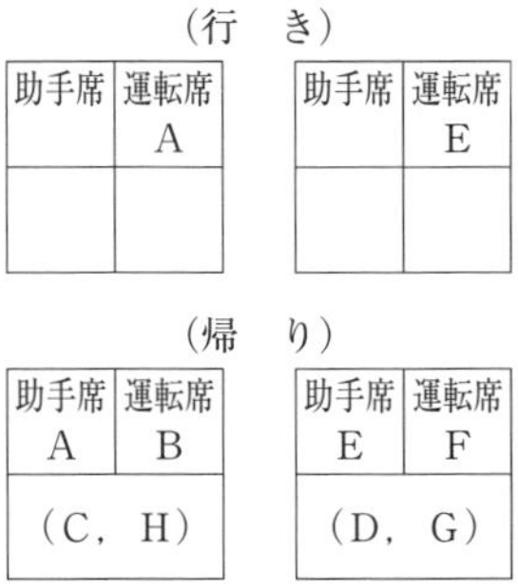

（行　き）

助手席	運転席 A

助手席	運転席 E

（帰　り）

<table>
<tr><td>助手席
A</td><td>運転席
B</td></tr>
<tr><td colspan="2">（C，H）</td></tr>
</table>

<table>
<tr><td>助手席
E</td><td>運転席
F</td></tr>
<tr><td colspan="2">（D，G）</td></tr>
</table>

以上から，**2**～**5**は確実とはいえず，正答は**1**となる。

正答　1

国家一般職［大卒］ No.169 教養試験

判断推理 対応関係 平成24年度

A～Eの5人が，卓球でダブルスの試合を次の対戦表に従って行い，個人ごとに順位をつけることにした。各人が加わった組の勝ち・負けを，それぞれその者の勝ち・負けとして各人の勝敗数をカウントし，勝利数の多い順に上位から順位を決める。ただし，引き分けはないものとする。

なお，勝利数が同じ者がいた場合には同順位とし，次の順位は，同順位とした人数分だけ繰り下がるものとする。

第1試合	A・B	—	C・D
第2試合	A・C	—	D・E
第3試合	A・D	—	B・E
第4試合	A・E	—	B・C
第5試合	B・D	—	C・E

第1試合を行ったところ，A・B組が勝ったので，AとBは，それぞれ1勝0敗となり，CとDは，それぞれ0勝1敗となった。すべての試合が終わった時点で次のことが分かっているとき，確実にいえるのはどれか。

○ 1位になった者は，AとEの2人だった。

○ Bは，2勝2敗だった。

1 Bは3位，Cは5位であった。

2 CとDの2人は，3位であった。

3 A・C組は，D・E組に勝った。

4 A・D組は，B・E組に勝った。

5 Eが加わった組は，Cが加わった組に対して2勝した。

解説

5人はそれぞれ4試合ずつ行っているが，AとEの2人が1位で，両者は第3試合で対戦しているから，4勝0敗ということはない。また，Bが2勝2敗なので，1位のAとEはどちらも3勝1敗でなければならない。

Aは第1試合に勝っているので，Aが負けたのは第2～第4試合のうちの1試合である。Aが第2試合に負けたとすると，第3試合と第4試合に勝っていることになる。この場合，Eは第3試合で負けているので，第5試合でEは勝っていなければならない。そうすると，Bは第3～第5試合で負けていることになり，Bの成績は1勝3敗となって条件に合わない。

Aが第4試合で負けたとすると，Eも第4試合で負けということになり，さらにEは第2試合と第3試合でも負けているので，これだけでEは3敗となってしまう。

つまり，Aが勝ったのは第1試合，第2試合，第4試合であり，ここからEが勝ったのは第3試合，第4試合，第5試合である。これで第1～第5試合の勝敗がすべて決まるので，Bが勝ったのは第1試合と第3試合，Cは第2試合と第5試合に勝って2勝2敗，Dは第1試合，第2試合，第3試合，第5試合のすべてに負けて0勝4敗となる（表Ⅰ，表Ⅱ）。

表Ⅰ

第1試合	A・B　○－×　C・D
第2試合	A・C　○－×　D・E
第3試合	A・D　×－○　B・E
第4試合	A・E　○－×　B・C
第5試合	B・D　×－○　C・E

表Ⅱ

	第1試合	第2試合	第3試合	第4試合	第5試合	勝	負	順位
A	○	○	×	○	／	3	1	1
B	○	／	○	×	×	2	2	3
C	×	○	／	×	○	2	2	3
D	×	×	×	／	×	0	4	5
E	／	×	○	○	○	3	1	1

以上から，正答は**3**である。

正答　3

国家一般職[大卒]

教養試験

No.170 判断推理 命題 平成24年度

ある大学には，法文系と自然科学系の二つの専攻があり，スポーツサークルは，フットサルとテニスのサークルがある。この二つのサークルの2年生と3年生が共同で新入生歓迎会を行うことにし，担当幹事を次の方法で決めることにした。いくつかの条件を示し，その条件すべてに反しない学生がいた場合，その者が担当するというものである。次の四つの条件を示したところ，すべてに反しない学生は2人いた。その2人は，ある属性のみは共通していたが，それ以外の属性はいずれも異なっていた。共通する属性として最も妥当なのはどれか。

○ 専攻が「法文系」であれば，学年は「2年生」であること。

○ 専攻が「自然科学系」であれば，サークルは「フットサル」であること。

○ 学年が「3年生」であれば，サークルは「テニス」であること。

○ サークルが「フットサル」であれば，専攻は「自然科学系」であること。

1 専攻は「法文系」である。
2 専攻は「自然科学系」である。
3 学年は「2年生」である。
4 サークルは「フットサル」である。
5 サークルは「テニス」である。

解説

専攻，サークル，学年とも２通りずつなので，その組合せは全部で2^3＝８通りある。この８通りから，条件を満たす２人の学生について，「ある属性のみは共通していたが，それ以外の属性はいずれも異なっていた」という点を考えることになる。考え方としては，真偽分類表と同様の一覧表を作成し，そこから条件を満たさない属性の組合せを取り除けばよい。属性に関する８通りについて，①～⑧として一覧表を作成すると次の表Ⅰのようになる。

表Ⅰ

①	法文系	フットサル	２年生	⑤	自然科学系	フットサル	２年生
②	法文系	フットサル	３年生	⑥	自然科学系	フットサル	３年生
③	法文系	テニス	２年生	⑦	自然科学系	テニス	２年生
④	法文系	テニス	３年生	⑧	自然科学系	テニス	３年生

この中で，『専攻が「法文系」であれば，学年は「２年生」』だから，「法文系」で「３年生」である②と④は消去される。また，『専攻が「自然科学系」であれば，サークルは「フットサル」』であるから，「自然科学系」で「テニス」である⑦と⑧が消去される。そして，『学年が「３年生」であれば，サークルは「テニス」』だから，残っている中で「３年生」で「フットサル」である⑥が消去され，『サークルが「フットサル」であれば，専攻は「自然科学系」』であるから，「フットサル」で「法文系」である①が消去される。

この結果，条件を満たす属性の組合せは③「法文系」・「テニス」・「２年生」，⑤「自然科学系」・「フットサル」・「２年生」，の２通りとなる（表Ⅱ）。そして，このそれぞれに該当する学生が１人ずついたことになる。

表Ⅱ

①	法文系	フットサル	２年生	⑤	自然科学系	フットサル	２年生
②	法文系	フットサル	３年生	⑥	自然科学系	フットサル	３年生
③	法文系	テニス	２年生	⑦	自然科学系	テニス	２年生
④	法文系	テニス	３年生	⑧	自然科学系	テニス	３年生

以上から，この２人に共通する属性は，学年は「２年生」ということになり，正答は**3**である。

正答　3

判断推理　位置関係　平成24年度

図のように，円卓を囲んでＡ～Ｆの６人が座っている。全員，お互いに他の者が座っている位置を知っている。現在，６人のうち４人は円卓のほうを向いて座っているが，他の２人は，円卓を背にして座っている。Ａ～Ｅの５人は，自分からみた場合の他の者の座り方に関して次のように発言した。このとき，**円卓を背にして**座っている者の組合せとして最も妥当なのはどれか。

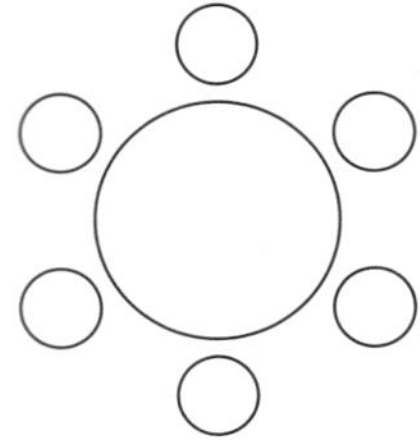

Ａ：「右隣にＣ，さらにその隣にＦが座っている。」
Ｂ：「右隣にＥ，左隣にＤが座っている。」
Ｃ：「左隣にＦ，さらにその隣にＤが座っている。」
Ｄ：「右隣にＢ，左隣にＦが座っている。」
Ｅ：「右隣にＢ，左隣にＡが座っている。」

1　Ａ，Ｂ
2　Ａ，Ｄ
3　Ｂ，Ｆ
4　Ｃ，Ｅ
5　Ｄ，Ｆ

解説

Ａから見ると，右隣にＣ，さらにその右にＦが座っているが，Ｃから見ると左隣にＦが座っている。つまり，Ａ，Ｃのうちの一方は円卓のほうを向いて，他方は円卓を背にして座っていることになる。

そこで，Ａが円卓のほうを向いて座っている場合（図Ⅰ－１），Ａが円卓を背にして座っている場合（図Ⅱ－１）の２通りを考えてみる。

図Ⅰ－１

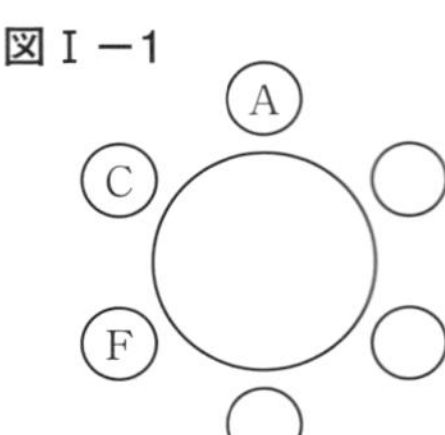

図Ⅱ－１

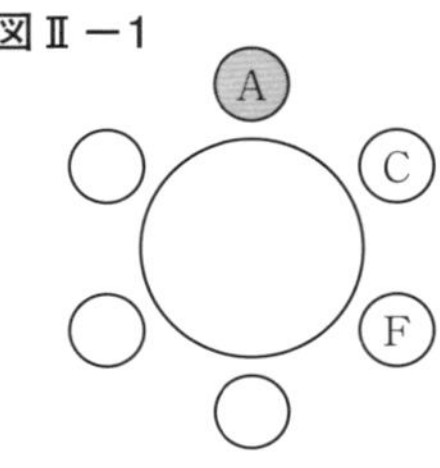

Aが円卓のほうを向いて座っているならば，Cは円卓を背にして座っており，Aが円卓を背にして座っていれば，Cは円卓のほうを向いて座っているので，それぞれ図Ⅰ－2，図Ⅱ－2のようになる。

図Ⅰ－2

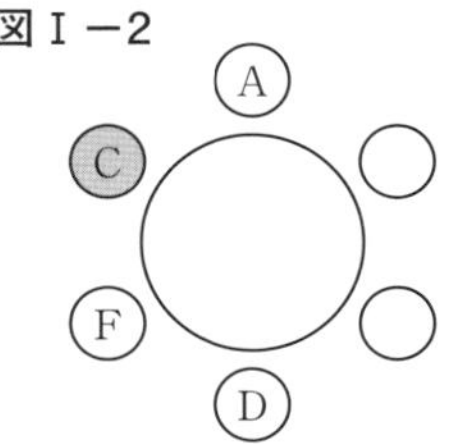

図Ⅱ－2

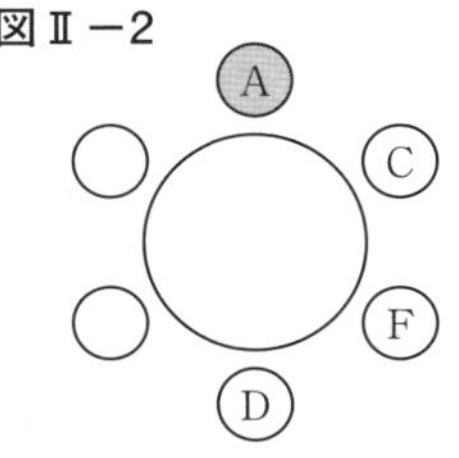

ここから，D，B，Eの発言の順に座席を配置していくと，図Ⅰ－3，図Ⅱ－3のようになるが，図Ⅱ－3ではA，B，Dの3人が円卓を背にして座っていることになり，条件に反する。図Ⅰ－3だと，円卓を背にして座っているのはC，Eの2人となり，こちらは条件に反しない。したがって，円卓を背にして座っているのはC，Eの2人であり，正答は**4**である。

図Ⅰ－3

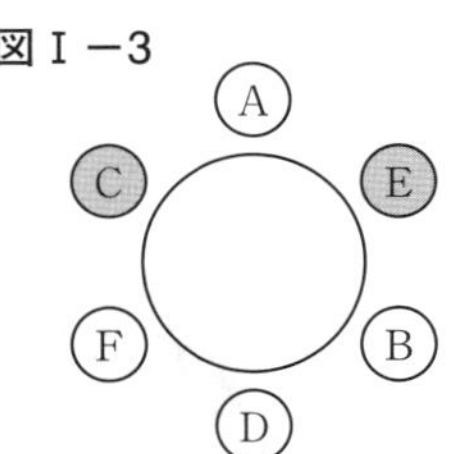

図Ⅱ－3

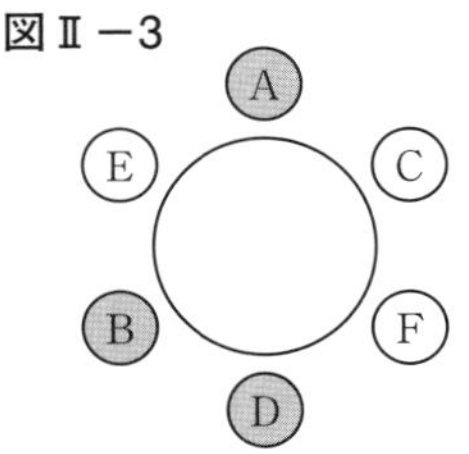

正答　4

国家一般職
[大卒]

No. 172 教養試験

判断推理　平面図形　平成24年度

図のように，点Pが三角形ABCの辺上を，点Qが線分DE上を自由に動くとき，点Pと点Qを結んだ線分を三等分する二つの点をそれぞれR，Sとする。点Rと点Sを結んだ線分RSが動きうる範囲を示したものとして最も妥当なのはどれか。

なお，辺ABと辺BCの長さは等しく，また，点Bは，点Aと点Eを結んだ直線と，点Cと点Dを結んだ直線の交点の位置にある。

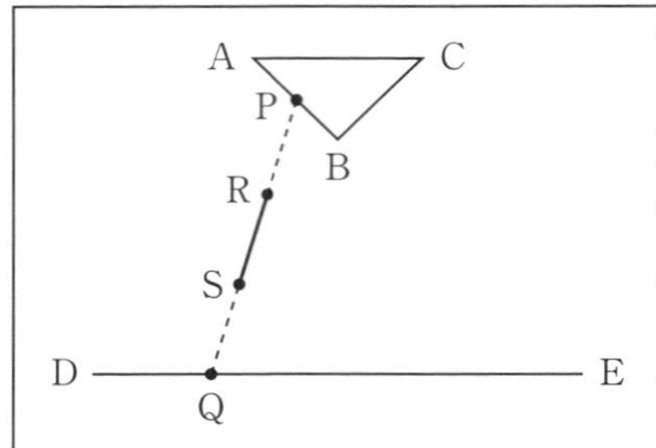

1

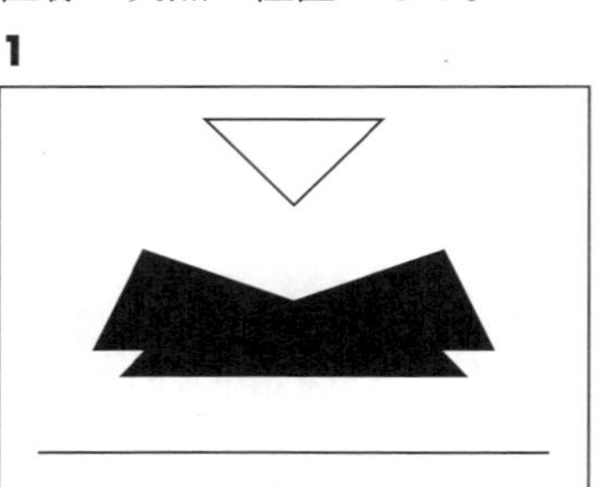

2

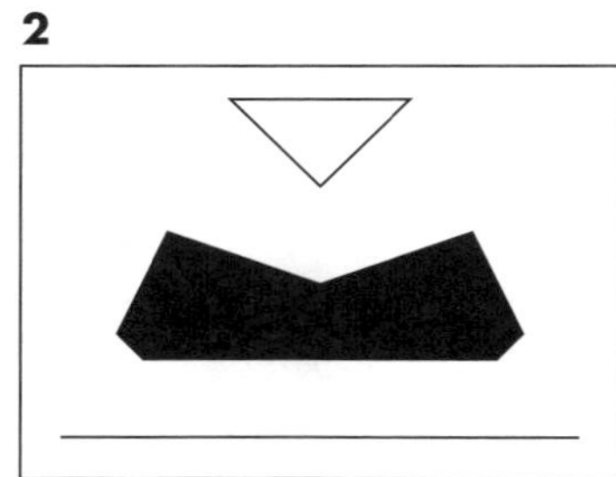

3

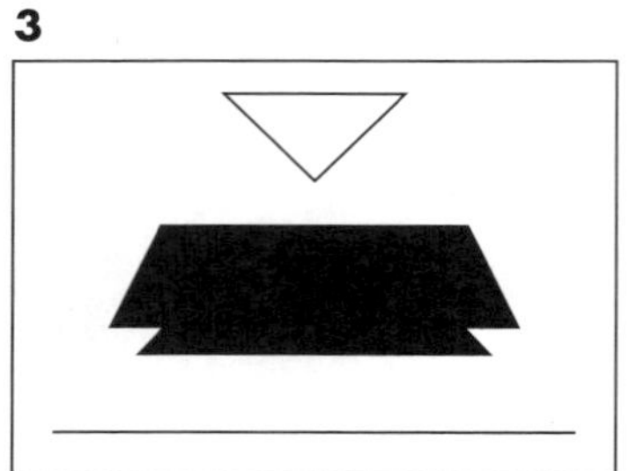

4

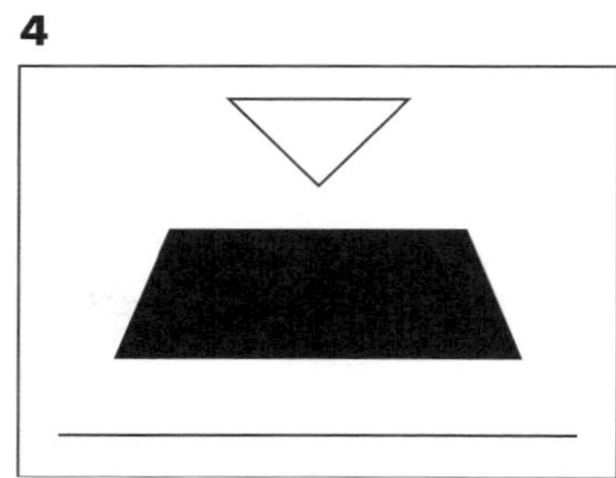

5

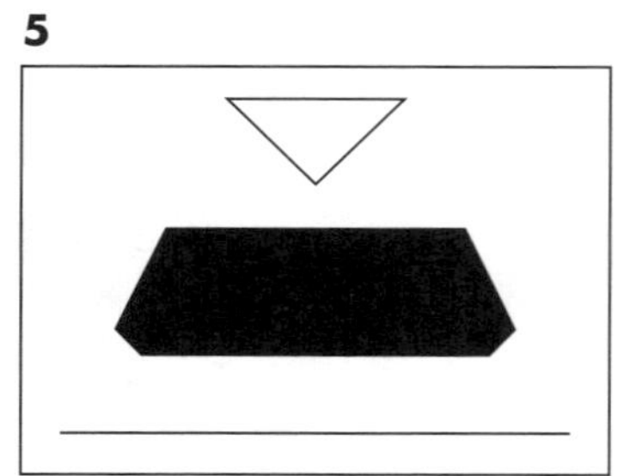

まず，点Pが辺AC上を，点Qが線分DE上を動く場合に線分RSが動きうる範囲を考えると，図Ⅰに示すような台形FGHIとなる。

図Ⅰ

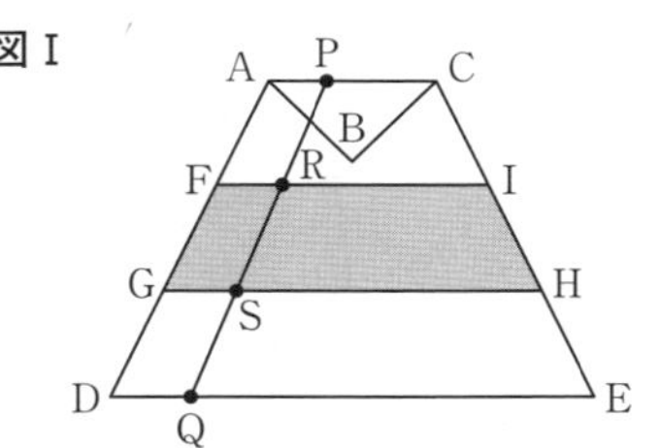

次に，点Pは頂点Bに固定し，点Qが線分DE上を動く場合の線分RSが動きうる範囲を考えると，図Ⅱにおける台形JKLMになる。

図Ⅱ

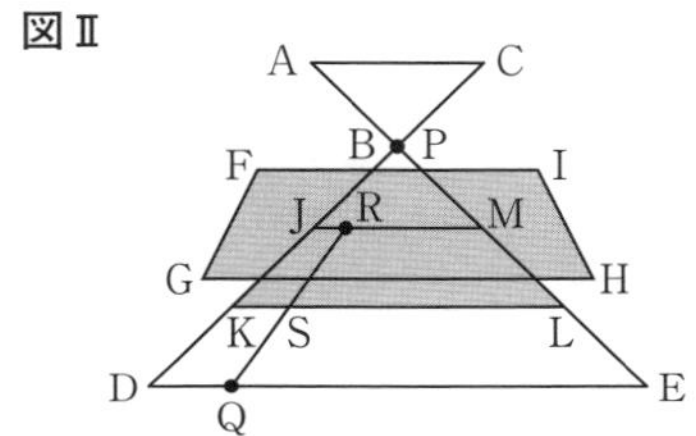

さらに，点Qを点Dに固定し，点Pが辺AB上を動く場合を考えると，点Pが頂点Aにあるときの点Sの位置は点G，点Pが頂点Bにあるときの点Sの位置は点Kだから，点Sは線分GK上を動くことになる。また，図の対称性から，点Qを点Eに固定し，点Pが辺BC上を動く場合は，点Sは線分LH上を動く（図Ⅲ）。

図Ⅲ

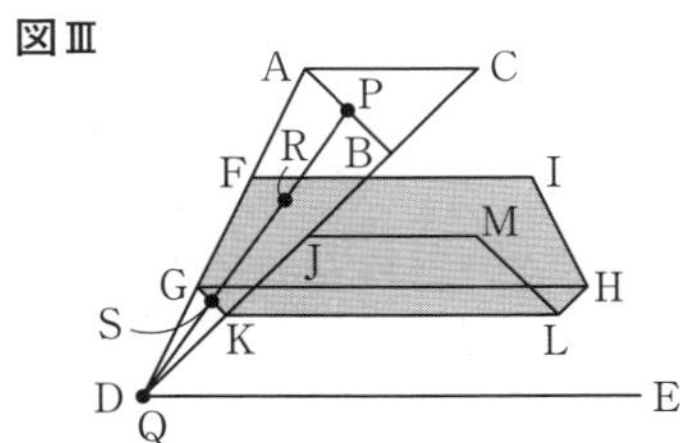

この図Ⅲから，線分RSが動きうる範囲を示した図として正しいのは**5**であり，正答は**5**となる。

図Ⅰから**1**および**2**が消去され，図Ⅱから**4**が消去され，図Ⅲによって**3**が消去される，と考えていけばよい。

正答　5

国家一般職［大卒］ 教養試験

No. 173 判断推理　立体図形　平成24年度

図のように，底面が直径１の円で，かつ高さが４πの円柱に，ひもを底面の点Ｂから直上の点Ａまで等間隔の螺旋状に巻いていったところ，ちょうど４周したところで巻き終わった。

このひもを用いて円を作ったとき，その面積はいくらか。

1　$4\sqrt{2}\pi$
2　8π
3　$8\sqrt{2}\pi$
4　12π
5　$12\sqrt{2}\pi$

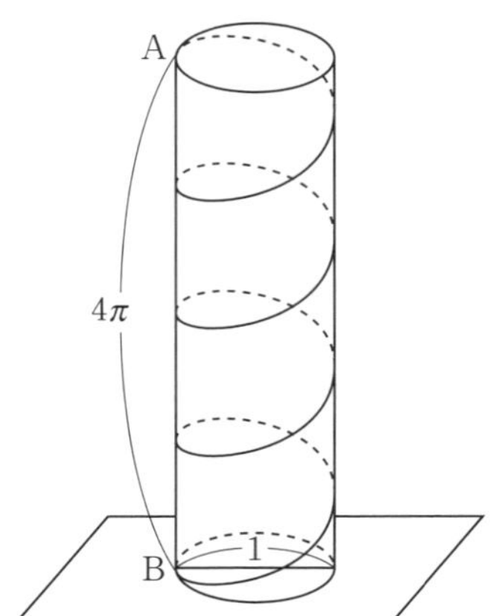

解説

円柱の側面を，２点Ａ，Ｂを結ぶ部分で展開すると，縦４π，横πの長方形となる。螺旋状に巻かれたひもは円柱の側面を４周しているので，展開した長方形上に示すと，次の図のようになる。長方形を４段に区切れば，各段は１辺がπの正方形となり，ひもは各正方形の対角線となるから，それぞれ長さは$\sqrt{2}\pi$であり，ひもの長さ全体は$4\sqrt{2}\pi$となる。このひもを用いて円を作ると，円周が$4\sqrt{2}\pi$だから半径は$2\sqrt{2}$であり，その面積は，$(2\sqrt{2})^2\pi=8\pi$である。

以上から，正答は**2**となる。

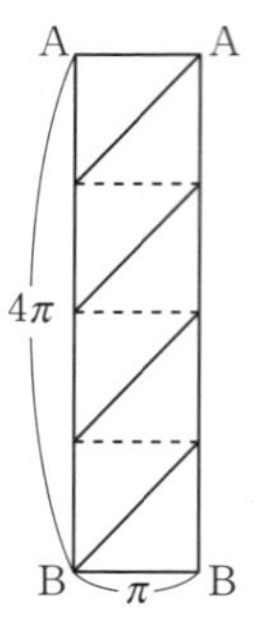

正答　2

国家Ⅱ種

No. 174 教養試験

判断推理　対応関係　平成23年度

ある課にはＡ～Ｆの６人の職員がおり，それらの職員の役職，性別，年齢層について次のことが分かっているとき，確実にいえるのはどれか。

○　役職については，課長が１人，係長が２人，係員が３人である。
○　性別については，男性が４人，女性が２人であり，年齢層については，50歳代が１人，40歳代が１人，30歳代が２人，20歳代が２人である。
○　Ａは40歳代の男性で，Ｆよりも年齢層が高い。
○　Ｂは男性の係長であり，Ｆよりも年齢層が高い。
○　Ｃは女性であり，Ｄよりも役職，年齢層ともに高い。
○　Ｅ，Ｆは係員である。また，ＦはＤよりも年齢層が高い。
○　係員は，３人とも年齢層が異なる。

1　Ａは係長である。
2　Ｅは男性である。
3　女性のうちの一人は20歳代である。
4　係員のうちの一人は50歳代である。
5　課長は女性である。

解説

まず，役職，性別，年齢層に関して人数の情報も加えた表を用意し，この表に順次情報を記入していく。「Ａは40歳代の男性で，Ｆよりも年齢層が高い」「Ｂは男性の係長であり，Ｆよりも年齢層が高い」「Ｃは女性であり，Ｄよりも役職，年齢層ともに高い」「Ｅ，Ｆは係員で，ＦはＤよりも年齢層が高い」という情報までをまとめると表Ⅰとなる。

Ｃは役職，年齢層ともＤより高いので，Ｃは係員でも20歳代でもなく，Ｄは課長でも50歳代でもない。また，Ｆは40歳代のＡより年齢層が低いが，Ｄよりも年齢層が高いので50歳代でも20歳代でもなく，Ｄは50歳代ではない。

Ｆは40歳代のＡより年齢層が低く，Ｄよりも年齢層が高いのだから，Ｆは30歳代と決まり，Ｄは20歳代である。そして，ＢはＦよりも年齢層が高いが，40歳代はＡ１人なので，Ｂは50歳代である。また，Ａ，Ｂ，Ｃ，Ｆは20歳代ではないので，20歳代のもう１人はＥである。

50歳代のＢは係長なので，３人の係員は20歳代，30歳代，40歳代が１人ずつということになるが，20歳代はＥ，30歳代はＦで，40歳代はＡ１人だから，Ａは係員である。そうすると，もう１人の係長はＤ，課長はＣということになり，表Ⅱのようになる。ただし，Ｄ，Ｅ，Ｆの性別に関しては判明しない。

表Ⅰ

	課長	係長	係員	男性	女性	20歳代	30歳代	40歳代	50歳代
Ａ				○	×	×	×	○	×
Ｂ	×	○	×	○	×	×		×	
Ｃ			×	×	○	×		×	
Ｄ	×							×	×
Ｅ	×	×	○					×	
Ｆ	×	×	○			×		×	×
	１人	２人	３人	４人	２人	２人	２人	１人	１人

表Ⅱ

	課長	係長	係員	男性	女性	20歳代	30歳代	40歳代	50歳代
Ａ	×	×	○	○	×	×	×	○	×
Ｂ	×	○	×	○	×	×	×	×	○
Ｃ	○	×	×	×	○	×	○	×	×
Ｄ	×	○	×			○	×	×	×
Ｅ	×	×	○			○	×	×	×
Ｆ	×	×	○			×	○	×	×
	１人	２人	３人	４人	２人	２人	２人	１人	１人

以上から，**1**，**4**は誤り，**2**，**3**は不明で，確実にいえるのは**5**だけである。
よって，正答は**5**である。

正答　5

国家Ⅱ種

No. 175

教養試験

判断推理　順序関係

平成23年度

A～Dの水泳部の４人が，自由形，背泳，平泳ぎ，バタフライの４種目で競泳をし，各種目ごとに１位～４位の順位を決めた。次のことが分かっているとき，確実にいえるのはどれか。

ただし，いずれの種目も同順位はなかったものとする。

○　４人ともいずれかの種目で１位を獲得した。
○　AがDより上位だったのは２種目だった。
○　Aは，自由形で背泳より順位が二つ上だった。
○　Bは，バタフライで背泳より順位が二つ上だった。
○　Cは，自由形で平泳ぎより順位が二つ上だった。
○　Dは，バタフライで平泳ぎより順位が一つ上だった。

1　Aは平泳ぎで３位だった。
2　Bは背泳で４位だった。
3　Cは平泳ぎで３位だった。
4　Dはバタフライで２位だった。
5　４人ともいずれかの種目で４位になった。

解説

まず，「Aは，自由形で背泳より順位が二つ上だった」ので，Aの自由形は１位または２位，背泳は３位または４位である。同様に，「Bは，バタフライで背泳より順位が二つ上だった」から，Bのバタフライは１位または２位，背泳は３位または４位，「Cは自由形で平泳ぎより順位が二つ上だった」から，Cの自由形は１位または２位，平泳ぎは３位または４位である。また，「Dはバタフライで平泳ぎより順位が一つ上だった」ので，Dはバタフライで４位ではなく，平泳ぎは１位ではない。ここまでで表Ⅰとなる。

表Ⅰ

	自由形				背泳			
	１位	２位	３位	４位	１位	２位	３位	４位
A			×	×	×	×		
B					×	×		
C			×	×				
D								

	平泳ぎ				バタフライ			
	１位	２位	３位	４位	１位	２位	３位	４位
A								
B							×	×
C	×	×						
D	×							×

さらに，自由形の１位，２位はA，Cなので，B，Dは３位と４位，背泳の３位，４位はA，Bなので，C，Dは１位と２位である（表Ⅱ）。

表Ⅱ

	自由形				背泳			
	１位	２位	３位	４位	１位	２位	３位	４位
A			×	×	×	×		
B	×	×			×	×		
C			×	×			×	×
D	×	×					×	×

	平泳ぎ				バタフライ			
	１位	２位	３位	４位	１位	２位	３位	４位
A								
B							×	×
C	×	×						
D	×							×

ここで，自由形の１位をA，２位をCとしてみると，Aの背泳は３位，Cの平泳ぎは４位となる。そうすると，Bは背泳で４位，バタフライで２位，そして，４人ともいずれか１種目で

1位なので，Bは平泳ぎで1位となる。このとき，Dに関して，平泳ぎが3位でバタフライが2位ということはないので，平泳ぎが2位でバタフライが1位になるが，これだとAがDより上位だった種目は自由形だけとなり，「AがDより上位だったのは2種目」という条件と矛盾する（表Ⅱ－2）。

表Ⅱ－2

	自由形				背泳			
	1位	2位	3位	4位	1位	2位	3位	4位
A	○	×	×	×	×	×	○	×
B	×	×			×	×	×	○
C	×	○	×	×			×	×
D	×	×					×	×

	平泳ぎ				バタフライ			
	1位	2位	3位	4位	1位	2位	3位	4位
A	×	×	○	×	×	×		
B	○	×	×	×	×	○	×	×
C	×	×	×	○	×	×		
D	×	○	×	×	○	×	×	×

そこで，自由形の1位をC，2位をAとすると，Aは背泳で4位，Cは平泳ぎで3位となる。また，Cの背泳は1位ではない（1位は1人1種目）ので，Cの背泳は2位で，Dが1位である。そうすると，Dはバタフライで1位ではないので，バタフライで3位，平泳ぎで4位である。背泳の4位はAなので，3位はB，したがって，バタフライの1位はBとなる。この結果，平泳ぎの1位はAでなければならず（Bは2位），Aは自由形と平泳ぎでDより上位なので，バタフライは4位（Cが2位）となる。ここまでで表Ⅱ－3となるが，自由形の3位，4位については，B，Dのいずれとも決定しない。

表Ⅱ－3

	自由形				背泳			
	1位	2位	3位	4位	1位	2位	3位	4位
A	×	○	×	×	×	×	×	○
B	×	×			×	×	○	×
C	○	×	×	×	×	○	×	×
D	×	×			○	×	×	×

	平泳ぎ				バタフライ			
	1位	2位	3位	4位	1位	2位	3位	4位
A	○	×	×	×	×	×	×	○
B	×	○	×	×	○	×	×	×
C	×	×	○	×	×	○	×	×
D	×	×	×	○	×	×	○	×

以上から，**1**，**2**，**4**，**5**はいずれも誤り。

よって，正答は**3**である。

正答　3

国家Ⅱ種

教養試験

No. 176 判断推理 数値からの推定 平成23年度

A～Fの6チームで，他の各チームと9試合ずつ対戦する総当たりの野球のリーグ戦が行われている。表1は，各チーム40試合終了時点での勝敗と今後の対戦予定を表したものであり，表2は，これまでのDチームと各チームとの対戦成績を表したものである。順位は勝ち数の多い方が上位となり，同じ勝ち数の場合は，そのチームどうしの対戦成績の良いチームが上位の順位となる。この場合，現在4位のDチームが，今後の他チームの勝敗に関係なく3位以内になるための条件として最も妥当なのはどれか。

ただし，引き分けはないものとする。

表1　勝敗表と今後の対戦予定

チーム	試合数	勝ち数	負け数	今後の対戦予定
A	40	25	15	Bと3試合，Fと2試合
B	40	24	16	Aと3試合，Cと2試合
C	40	23	17	Bと2試合，Dと3試合
D	40	22	18	Cと3試合，Eと2試合
E	40	16	24	Dと2試合，Fと3試合
F	40	10	30	Aと2試合，Eと3試合

表2　Dチームと各チームの対戦成績

	A	B	C	E	F
Dチームの対戦成績（勝ち—負け）	3—6	4—5	0—6	7—0	8—1

1　5勝する必要がある。
2　最低限4勝する必要がある。
3　最低限3勝する必要がある。
4　最低限2勝する必要がある。
5　1勝すればよい。

解説

どのチームも残り試合数が５で，現在４位のＤは，５位のＥとの勝ち数の差が６あるので，順位が５位以下に下がることはない。また，Ａ，Ｂとの対戦はすべて終了しているので，Ａ，Ｂとの順位を考慮する意味もない。したがって，ＤとしてはＣより上位の３位となる条件だけを考えればよい。

Ｄが残り５試合に全勝した場合，Ｃと３試合行うのでＣは少なくとも３敗することになる。このとき，ＣはＢに２勝しても25勝20敗，Ｄは27勝18敗で，Ｄが単独３位である。Ｄが残り５試合で４勝１敗となった場合（26勝19敗），ＤがＣに３勝，Ｅに１勝１敗ならば，ＣはＢに２勝しても25勝20敗だから，Ｄは３位となれる。しかし，Ｃと２勝１敗，Ｅに２勝のときは，ＣがＢに２勝すればＣも26勝19敗となる。このときＣとＤの対戦成績はＤの２勝７敗だから，Ｃが３位，Ｄは４位となる。したがって，今後の他チームの勝敗に関係なく３位以内になるためには，Ｄは残り５試合に全部勝つ必要がある。

よって，正答は**1**である。

正答　1

国家Ⅱ種

No. 177 教養試験

判断推理　うそつき問題　平成23年度

同じ大きさの五つの箱があり，それぞれ異なる菓子が一種類ずつ入っている。蓋(ふた)には，その中身に応じて，［羊羹(ようかん)］［あられ］［ゼリー］［カステラ］［チョコレート］のシールが貼ってある。

ある日，家族でこれらの菓子を食べた後，片付けようとしたところ，中身とシールが異なっているものがあることに気づいた。この状況について，家族が次のように話したが，このうち**一つだけ誤った情報が含まれている**とき，確実にいえるのはどれか。

○「蓋と中身が一致している箱が一つある。」
○「蓋が互いに入れ替わっているものが二組，つまり，蓋と中身が異なっているものが4箱ある。」
○「羊羹の入った箱に，［ゼリー］の蓋がかぶさっている。」
○「あられの入った箱に，［カステラ］の蓋がかぶさっている。」
○「ゼリーの入った箱に，［チョコレート］の蓋がかぶさっている。」

1　羊羹とゼリーが入れ替わっている。
2　あられは蓋と中身が一致している。
3　ゼリーとチョコレートが入れ替わっている。
4　カステラの入った箱に［あられ］の蓋がかぶさっている。
5　チョコレートの入った箱に［羊羹］の蓋がかぶさっている。

解説

箱と蓋の組合せについて述べている情報から考えてみる。「羊羹の入った箱に，ゼリーの蓋がかぶさっている」「あられの入った箱に，カステラの蓋がかぶさっている」「ゼリーの入った箱に，チョコレートの蓋がかぶさっている」という3つの情報がすべて正しいとすると次の図Ⅰのようになる。

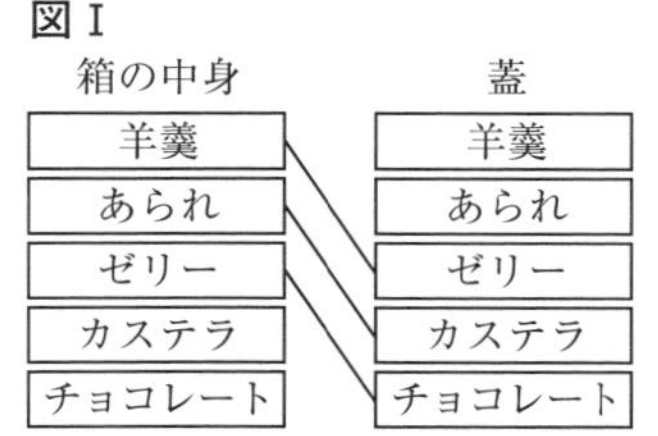

ただし，これでは「蓋と中身が一致している箱が一つある」「蓋が互いに入れ替わっているものが二組，つまり，蓋と中身が異なっているものが4箱ある」という二つの情報がいずれも誤りとなってしまい，誤っている情報は一つという条件を満たさない。つまり，箱と中身の組合せについて述べている三つの情報のうちの一つが誤りであり，箱と中身が一致している箱が一つあり，蓋が互いに入れ替わっているものが二組あるということになる。

このとき，「羊羹の箱にゼリーの蓋」，「ゼリーの箱にチョコレートの蓋」のどちらも正しいとすると，ゼリーに関して蓋が互いに入れ替わっているという状況にならないので，このどちらかが誤りでなければならない。

そこで，「羊羹の箱にゼリーの蓋」，「あられの箱にカステラの蓋」を正しいとすると図Ⅱ，「あられの箱にカステラの蓋」，「ゼリーの箱にチョコレートの蓋」を正しいとすると図Ⅲのようになり，それぞれ条件を満たしている。

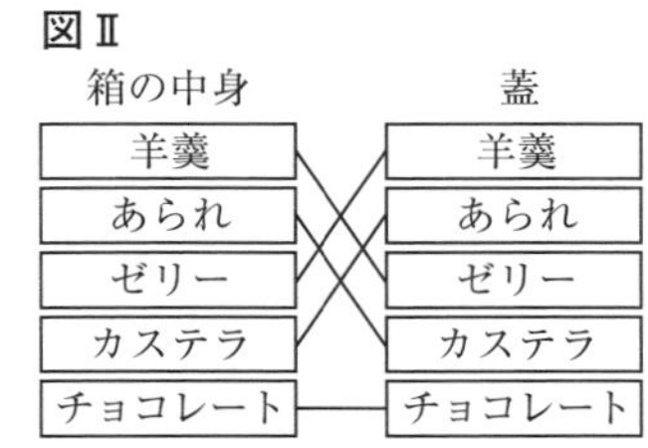

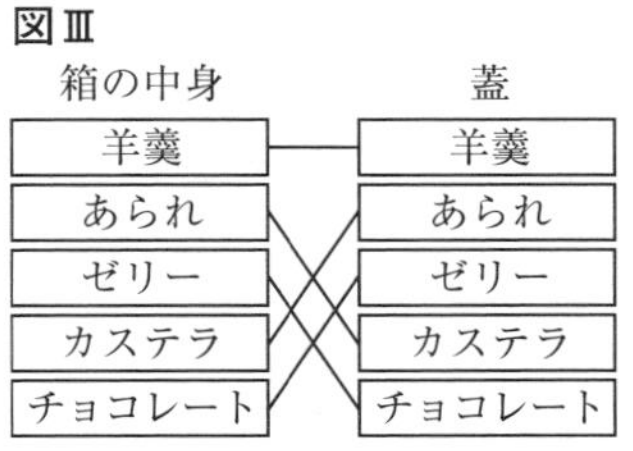

この図Ⅱ，図Ⅲのどちらにおいても，あられとカステラが入れ替わっていることになる。

よって，正答は**4**である。

正答 4

国家Ⅱ種 教養試験

No.178 判断推理 対応関係 平成23年度

旅行先で出会ったA～Fの6人が，互いの連絡先を交換し，旅行後に手紙のやりとりをした。次のことが分かっているとき，確実にいえるのはどれか。

○ 6人が出した手紙の総数は12通で，1人が同じ者に2通出すことはなかった。
○ Aが手紙を出した人数ともらった人数は同じだった。
○ Bは1人に手紙を出し，2人から手紙をもらった。
○ Bが手紙を出した者は，B以外にも2人から手紙をもらった。
○ Dは3人に手紙を出したが，誰からも手紙をもらわなかった。
○ Eは手紙を出した人数，もらった人数とも4人だった。
○ Fは手紙を出した人数，もらった人数ともAの半数だった。

1 AはBに手紙を出した。
2 BはDから手紙をもらった。
3 CはFから手紙をもらった。
4 DはAに手紙を出した。
5 FはDから手紙をもらった。

解説

Bは１人に出して２人からもらい，Dは３人に出したが誰からももらわず，Eは４人に出して４人からもらっている。これを図Ⅰのように表してみる。

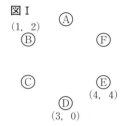

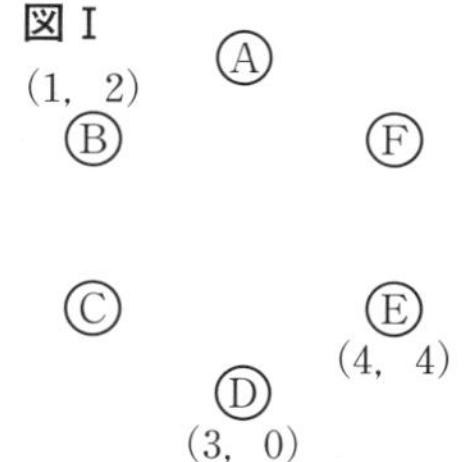

６人が出した手紙の総数は12通で，B，D，Eの３人で８通出して６通もらっている。つまり，A，C，Fの３人で４通出して６通もらっていることになる。ここで，Aは出した人数ともらった人数が等しく，Fは出した人数ももらった人数もAの半数という条件を考える。するとAが２通出して２通もらい，Fは１通出して１通もらった以外になく，この結果，Cは１通出して３通もらっていることになる（図Ⅱ）。

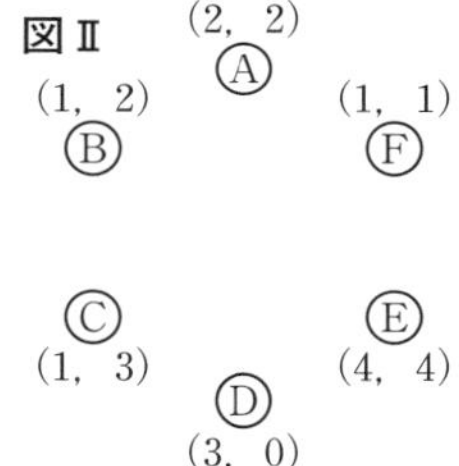

Eは４通出しているが，Dは１通ももらっていないので，Eが出した相手はA，B，C，Fである。また，Bが出した相手はB以外の２人からももらっているので，Bが出した相手は３通もらったCであり，ここからEがもらった相手はA，C，D，Fである。また，Aがもらったもう１通はDからということになる。

ここまでで図Ⅲとなるが，A，Dが出したもう１通ずつの相手はどちらがBでどちらがCであるかは決定できない。

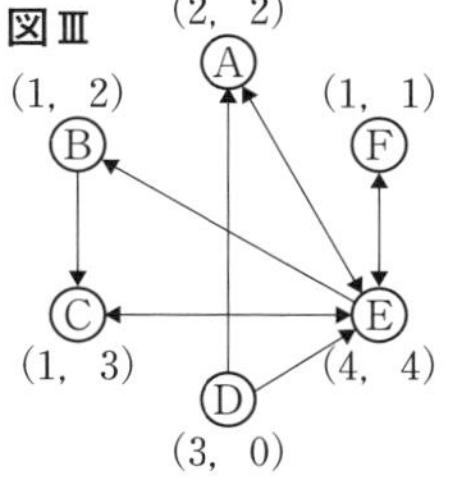

この結果，**1**，**2**は確実といえず，**3**，**5**は誤りとなり，確実にいえるのは**4**だけ。

よって，正答は**4**である。

正答　4

国家Ⅱ種

No. 179 教養試験 判断推理 図形の分割と構成 平成23年度

赤，青，白の絵の具がある。また，赤と青を混ぜて紫色，青と白を混ぜて水色，赤と白を混ぜて桃色の混色を，それぞれ作る。いま，図のように描かれた九つの区画に，次の条件で色を塗りたい。

○ 赤，青，白はそれぞれ２区画に，紫色，水色，桃色はそれぞれ１区画に塗る。
○ 同じ色は，隣り合う区画に塗らない。
○ 混色は，その色を作るのに用いた基本色とは，隣り合う区画に塗らない。
（例：紫色は，赤，青の隣に塗らない。）

図のように，三つの区画に赤，白，桃色を塗る場合，Ａの区画に塗ることとなる色はどれか。

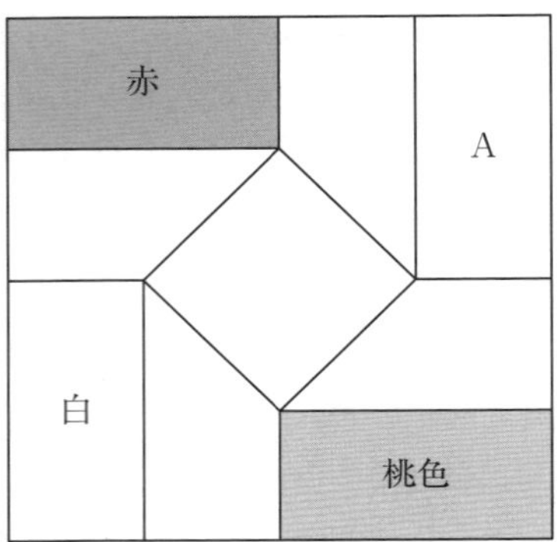

1 赤
2 青
3 白
4 紫色
5 水色

解説

次の図Ⅰのように，空白となっている残りの５か所をＢ～Ｆとしてみる。

図Ⅰ

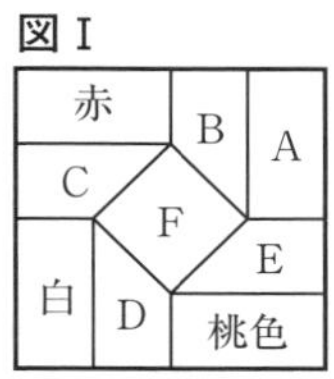

どの色を基準にして考えるかであるが，混色を塗るのは１か所だけであり，しかもその基本色である２色は２か所ずつ塗らなければならないので，混色の位置を考えたほうがよさそうである。そこで，混色である紫色をどこに塗るかを検討してみる。紫色を中央のＦに塗ると，赤のもう１か所は当然Ａになるが，この場合，青を塗ることができない（図Ⅱ－１）。

図Ⅱ－1

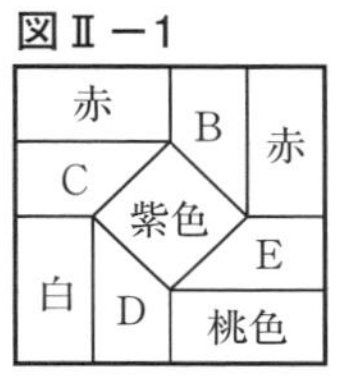

Ｂ～Ｄのうち，Ｂ，Ｃには紫色を塗れないので，Ｄを紫色に塗るとすると（Ｅを紫色にすると赤でもう１か所を塗ることができない），やはり赤のもう１か所はＡとなるが，これだと青２か所と水色１か所を塗ることが不可能である（図Ⅱ－２）。

図Ⅱ－2

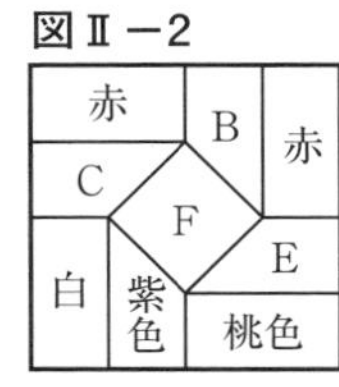

そこで，Ａを紫色で塗ると図Ⅲのようにすべての色を条件と矛盾することなく塗ることが可能である。つまり，紫色で塗ることが可能なのはＡだけ。よって，正答は**4**である。

図Ⅲ

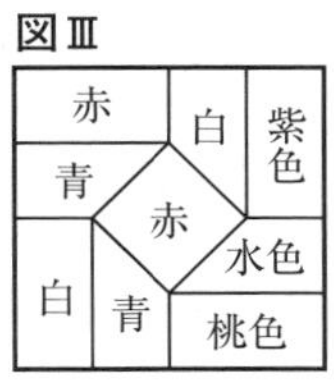

正答　4

国家Ⅱ種 教養試験

No. 180 判断推理 サイコロ 平成23年度

図Ⅰは，相対する面の数の和が7となるサイコロであり，これを前後，左右に何回か回転させた後に見ると，図Ⅱのようになった。

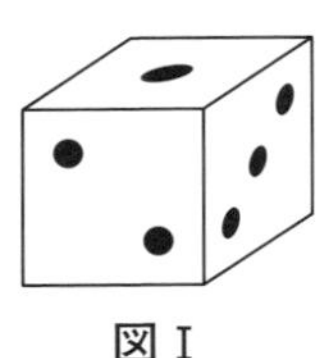
図Ⅰ

図Ⅱ

これと同じサイコロ8個を使って図Ⅲのような大きな立方体をつくり，これを図Ⅰ→図Ⅱとしたのと同じ要領で回転させた後に見ると，図Ⅳのようになった。

この場合，図Ⅲに矢印で示した2個のサイコロが，大きな立方体内で他のサイコロと接する面（それぞれ3面）の数を合計するといくらになるか。

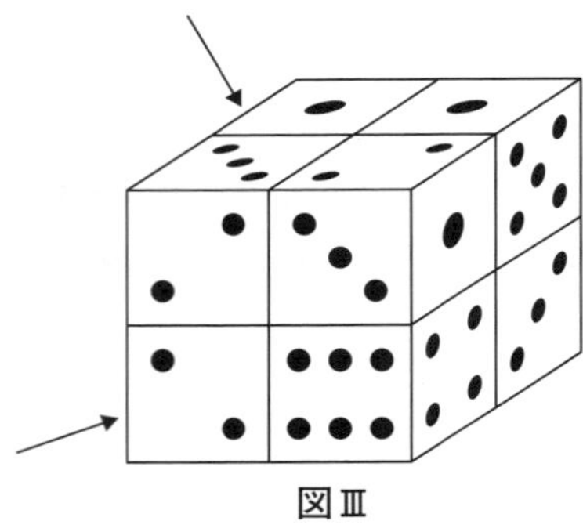
図Ⅲ

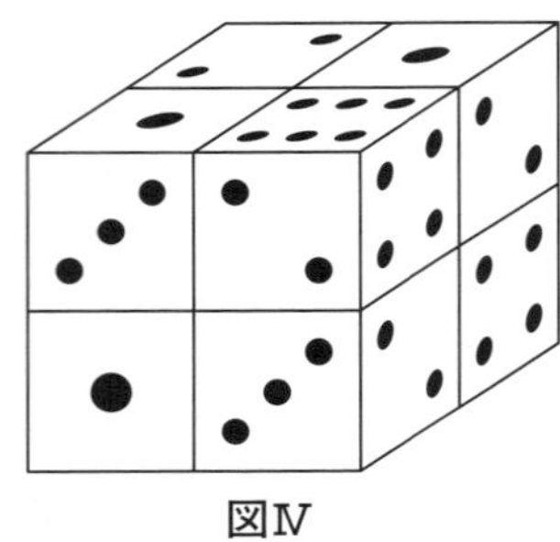
図Ⅳ

1 26
2 27
3 28
4 29
5 30

解説

問題の図Ⅰの頂点P，図Ⅱの頂点Qは，正六面体における異なる3面が集まっているので，2つの頂点P，Qは正六面体の対角線の位置にある。

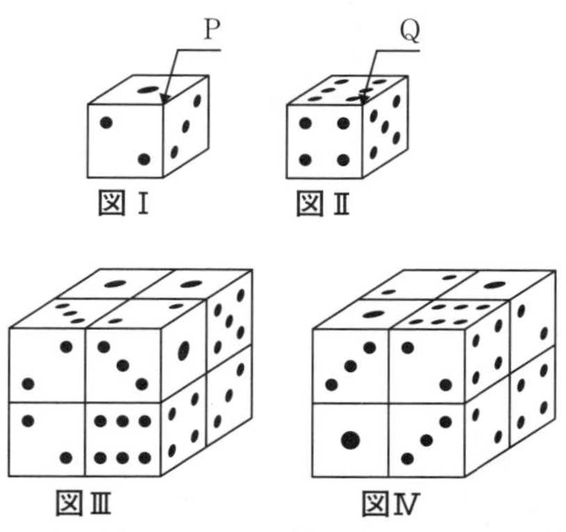

図Ⅰ　図Ⅱ

図Ⅲ　図Ⅳ

図Ⅰの状態からこのサイコロを回転させて，図Ⅱのように頂点Ｐと対角線の位置にある頂点Ｑが元の頂点Ｐの位置に来るためには，サイコロを次の図Ⅴのように動かすことになる。１，２，３の目については最初の状態から，４，５，６の目については最後の状態から考えればよい。

図Ⅴ

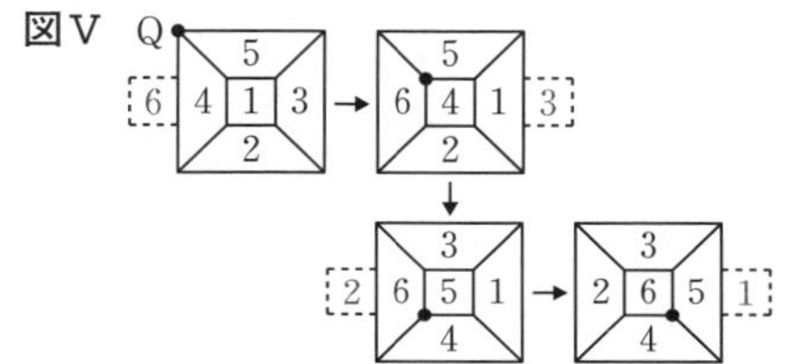

サイコロを８個重ねた図Ⅲの立方体を図Ⅴと同じ要領で回転させて図Ⅳとしたのだから，次の図Ⅵのように８個のサイコロをそれぞれＡ～Ｈとして，その回転の様子を表すと図Ⅶのようになる。図Ⅲにおいて矢印で示した２個のサイコロは図ⅥにおけるＡおよびＦであるが，Ａのサイコロは図Ⅶの最後の状態で下段の手前右側，Ｆのサイコロは上段の手前左側にある。

この最後の状態で，２個のサイコロＡ，Ｆを上から見た状態で目の位置を表すと図Ⅷのようになる。

図Ⅵ

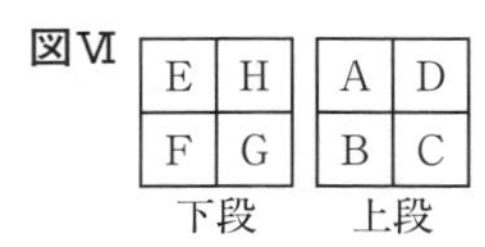

図Ⅶ

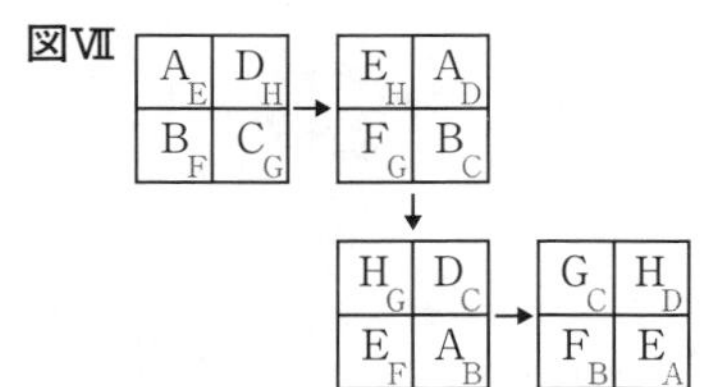

図Ⅷ

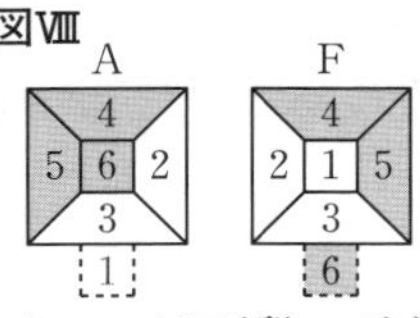

Ａのサイコロは下段の手前右側だから，他のサイコロと接している面は図の網掛けの面で４，５，６の目，Ｆのサイコロは上段の手前左側だから，他のサイコロと接している面は，やはり４，５，６の目となる。

したがって，それらの面における目の数の合計は，

(4＋5＋6)×2＝30

よって，正答は**5**である。

正答　5

国家Ⅱ種

No. 181 教養試験 判断推理

図形の分割と構成

平成23年度

この「だまし絵」は，オランダの画家・版画家，M.C.エッシャーの作品『相対性』である。画家は一つの画面に，三つの地面（重力世界）と，それぞれの地面に属する多くの人物を配置している。図中のA～Iの9人のうち，画家が同じ地面に属している者どうしとした組合せとして最も妥当なのはどれか。

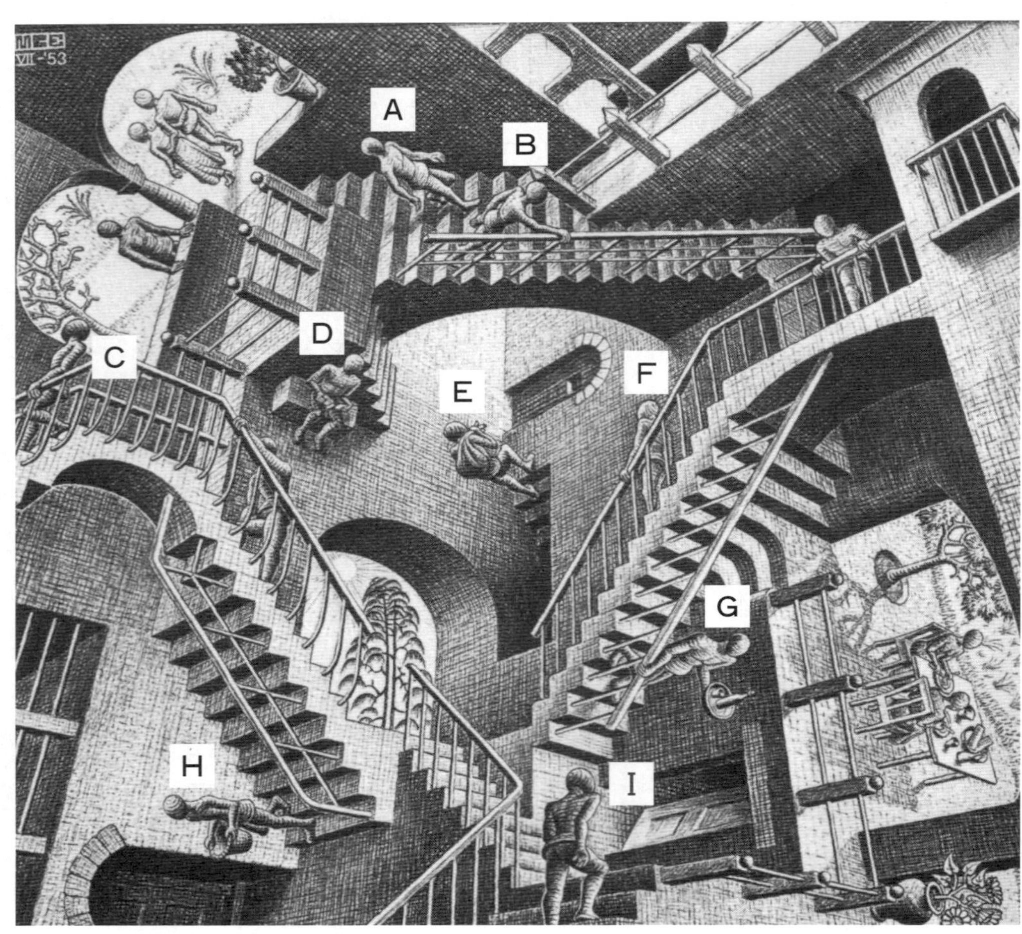

1　A，C，H
2　A，F，I
3　B，D，G
4　B，H，I
5　C，E，G

解説

実際に図を傾けて見ることにより，Ａ～Ｉの９人の上下方向を確認してみればよい（地面が下になるようにする）。そうすると，同じ地面に属しているものの組合せは，（Ａ，Ｅ，Ｈ），（Ｂ，Ｄ，Ｇ），（Ｃ，Ｆ，Ｉ）となる。

中央付近でベンチに腰掛けているＤに注目して，このＤと上下方向の関係が等しい者を探すことから始めると比較的わかりやすい。

以上から，正答は**3**である。

正答　3

国家Ⅱ種

No.182 教養試験 判断推理 対応関係 平成22年度

ある会社では学生向けにインターンシップを実施しており，今週の月曜日から木曜日の４日間に，総務課，人事課，経理課，営業課でＡ～Ｄの４人の学生を受け入れた。各課への配属状況が次のア～オのとおりであったとき，確実にいえるのはどれか。

ただし，各課には複数の学生が配属されることもあったものとする。

ア　学生は，四つの課のすべてに１日単位で配属された。

イ　学生が１人も配属されなかったのは，総務課は木曜日，人事課は火曜日，経理課は木曜日，営業課は月曜日と火曜日であり，その他の日にはそれぞれの課に１人以上配属された。

ウ　Ａは，月曜日に人事課，火曜日に総務課，水曜日に経理課，木曜日に営業課に配属された。

エ　Ｂは，経理課に配属された次の日に総務課に配属された。

オ　Ｄは，火曜日に総務課，木曜日に人事課に配属された。

1　Ａは，１回だけＢと同じ日に同じ課に配属された。

2　Ｂは，２回だけＤと同じ日に同じ課に配属された。

3　Ｃは，木曜日に営業課に配属された。

4　Ｄは，水曜日に経理課に配属された。

5　Ａ，Ｂ，Ｃの３人が同じ日に同じ課に配属されたことはなかった。

解説

まず，条件イ，ウ，オをまとめると表Ⅰのようになる。次に条件エを考えると，Ｂが経理課に配属されたのが月曜日だとした場合，総務課に配属されたのは火曜日ということになり（表Ⅱ），Ｃが月曜日，水曜日のどちらで総務課に配属されたとしても，総務課にだれも配属されない日が木曜日以外にもう１日できてしまう。したがって，Ｂが経理課に配属されたのは火曜日，総務課に配属されたのは水曜日である（表Ⅲ）。そうすると，Ｃが総務課に配属されたのは月曜日で，Ｄは月曜日には経理課に配属されている。さらに，Ｄが営業課に配属されたのは水曜日でなければならないから，水曜日に人事課に配属されたのはＣとなる（表Ⅳ）。この結果，Ｂが営業課に配属されたのは木曜日となるから，Ｂが月曜日に配属されたのは人事課である。また，Ｃが火曜日に配属されたのは経理課で，木曜日に配属されたのは営業課である。以上から表Ⅴのように確定し，正答は**3**である。

表Ⅰ

	月	火	水	木
総務課		A，D		×
人事課	A	×		D
経理課			A	×
営業課	×	×		A

表Ⅱ

	月	火	水	木
総務課		A，B，D		×
人事課	A	×		D
経理課	B		A	×
営業課	×	×		A

表Ⅲ

	月	火	水	木
総務課		A，D	B	×
人事課	A	×		D
経理課		B	A	×
営業課	×	×		A

表Ⅳ

	月	火	水	木
総務課	C	A，D	B	×
人事課	A	×	C	D
経理課	D	B	A	×
営業課	×	×	D	A

表Ⅴ

	月	火	水	木
総務課	C	A，D	B	×
人事課	A，B	×	C	D
経理課	D	B，C	A	×
営業課	×	×	D	A，B，C

正答　**3**

国家Ⅱ種 教養試験

No. 183 判断推理 対応関係 平成22年度

アパートの管理人が，図のように月曜日から始まる４週間分のゴミ当番表を作ることになった。

この地域のゴミ収集日は，月曜日がプラスチック，火曜日と木曜日が一般ゴミ，水曜日が缶・ビン，第１金曜日と第３金曜日が紙となっている。当番はＡ～Ｆの６人が２人一組で行い，各人が６日ずつ担当する。当番表を作成するに当たり，各人は次のような要望を管理人に伝えた。これらの要望をすべて満たすように当番表を作成する場合，確実にいえるのはどれか。

ゴミ当番表

プラスチック	一般ゴミ	缶・ビン	一般ゴミ	紙
月	火	水	木	金
1	2	3	4	5
8	9	10	11	12
				／
15	16	17	18	19
22	23	24	25	26
				／

Ａ：木曜日は全部担当したい。また，Ｄとは組みたくないが，それ以外の人とは少なくとも１回は組みたい。

Ｂ：第２週までに６回連続して担当したいが，Ｃとは組みたくない。

Ｃ：第２週と第３週の担当にしてほしい。また，木曜日は担当できない。

Ｄ：水曜日は担当できない。

Ｅ：一般ゴミの日だけ担当したいが，18日は担当できない。また，Ｄとは組みたくない。

Ｆ：第４週に３回担当したい。

1　Ａは第１週に２回当番がある。

2　Ｂは木曜日に２回当番がある。

3　Ｄが一般ゴミの日を担当することはない。

4　ＤとＦが当番を組む日は２回ある。

5　Ｅは４日が当番である。

解説

まず，Aは6日の担当のうち，木曜日の4回（4，11，18，25日）は決まるので，残りは2日である。また，Aが木曜日をすべて担当するので，Dは水曜日以外に木曜日も担当しないことになる。次に，BおよびCを考えると，Bは第1週と第2週で6回連続して担当し，Cは木曜日を除いた第2週と第3週に担当するが，BとCは一緒に担当することはない。そうすると，Cが第3週で担当できるのは，月，火，水，金曜日（15，16，17，19日）の4日なので，第2週の月，火，水曜日（8，9，10日）のうち2日を担当することになるが，Bが第1週の5日（1，2，3，4，5日）全部を担当しても第2週で1日は担当しなければならないから，Bが担当するのは，第1週の月，火，水，木，金曜日（1，2，3，4，5日）と第2週の月曜日（8日），Cの担当は第2週の火，水曜日（9，10日）と第3週の月，火，水，金曜日（15，16，17，19日）である。

ここまでで表Iのようになる。ここでEの担当する日を考えると，一般ゴミの日（火，木）で，18日は担当できず，4日はAとBが担当するので，Eが担当するのは，2，9，11，16，23，25日の6回であり，ここから，Dは火曜日も担当しないことになる。そうすると，Dが担当するのは月曜日の4回（1，8，15，22日）と金曜日の2回（5，19日）と決まる。Fは第4週に3回担当するので，これは月，火，水曜日（22，23，24日）となり，さらに18日の木曜日も担当する。また，24日のもう1人はAとなる。第1週～第3週の水曜日（3，10，17日）のもう1人については，Aが1日，Fが2日の担当であるが，ここまででAがCと組む日が決まっていないので，Aは10日または17日のいずれかを担当する。したがって，3日はFが担当し，Fが担当するもう1日は，10，17日のうちAが担当しない日である。ここまでで表IIとなる。

表I

ゴミ当番表

プラスチック	一般ゴミ	缶・ビン	一般ゴミ	紙
月	火	水	木	金
1	2	3	4	5
B	B	B	A B	B
8	9	10	11	12
B	C	C	A	
15	16	17	18	19
C	C	C	A	C
22	23	24	25	26
			A	

表II

ゴミ当番表

プラスチック	一般ゴミ	缶・ビン	一般ゴミ	紙
月	火	水	木	金
1	2	3	4	5
B D	B E	B F	A B	B D
8	9	10	11	12
B D	C E	C	A E	
15	16	17	18	19
C D	C E	C	A F	C D
22	23	24	25	26
D F	E F	A F	A E	

以上から，正答は**3**である。

正答 3

国家Ⅱ種

教養試験

No. 184 判断推理　数量条件からの推理　平成22年度

図のように並べられているA～Hの八つの箱にボールを投入する作業を行う。各辺（ABC，ADF，CEH，FGH）における個数が同じになるように，すべてのボールを投入するものとする。

ボールの総数が28個であるとき，考えられる投入数の組合せのうち，投入するボールの個数が最大の箱と最小の箱の個数差で，最も大きい値はいくらか。

ただし，いずれの組合せにおいてもボールが全く投入されない箱はなく，投入数が1個のみの箱は各辺に一つとする。

F	G	H
D		E
A	B	C

1　3個
2　4個
3　6個
4　7個
5　9個

解説

ここでは，「投入数が1個のみの箱は各辺に1つとする」という条件がヒントになる。投入するボールの個数が最大の箱と最小の箱の個数差を最大にするのだから，ボールがまったく投入されない箱がないのであれば，1個しか投入されない箱が多いほど，最大の箱の個数は多くなり，個数差が大きくなるからである。そこで，投入数が1個のみの箱は各辺に1つとするという条件から，B，D，E，Gを1個としてみる（図Ⅰ）。ここで，各辺（ABC，ADF，CEH，FGH）における個数は同じでなければならないので，A＝H，C＝Fである。この（A，H），（C，F）についても，一方が少なければ他方が多くなる関係にあるので，たとえば，A＝H＝2（なるべく少なく）とすれば，C＝F＝10で，（C，F）の個数は最大となる（図Ⅱ）。したがって，投入するボールの個数が最大の箱と最小の箱の個数差が最も大きくなるのは，10−1＝9より，9個で，正答は**5**である。

図Ⅰ

F	1	H
1		1
A	1	C

図Ⅱ

10	1	2
1		1
2	1	10

正答　5

国家Ⅱ種 No. 185 教養試験

判断推理　順序関係　平成22年度

ある喫茶店のある日の客の出入りはア～オのようであった。この日において，この店に同時に滞在していた客数として考えられる最大の人数は何人か。

ア　1人客～5人客の計5組が，それぞれ一度ずつだけ出入りした。

イ　1人客が入ったときには他に2組がいて，出るときにも他に2組がいた。

ウ　2人客が入ったときには他に1組だけいて，滞在中に3組が出ていった。

エ　2人客が出ていった後に5人客が入ってきた。

オ　4人客が出ていった後に3人客が入ってきた。

1　6人
2　7人
3　8人
4　9人
5　10人

解説

2人客が入ったときには他に1組おり，滞在中に3組が出て行ったのだから，2人客が入った後に2組来て，この2組と2人客より先に来ていた1組の計3組が2人客より先に出て行ったことになる。また，この2人客が出て行った後に5人客が入ってきたのだから，5人客はほかの4組の客とは一緒になっていない。また，2人客が一緒になったほかの3組の中では，4人客が出て行った後に3人客が入ってきており，1人客については入ってきたときも出るときにもほかに2組いたとなるので，5組の客の出入りの先後については下の図のようになる。つまり，最初に入ったのは4人客で，この4人客がいるうちに2人客，さらに1人客が入り，4人客が出て行った後，1人客と2人客がいる間に3人客が入ってきたことになる。この後は1人客，3人客，2人客の順に店を出て行き，その後に5人客が店に入っている。したがって，同時に滞在していた最大の客数は7人であり，正答は**2**である。

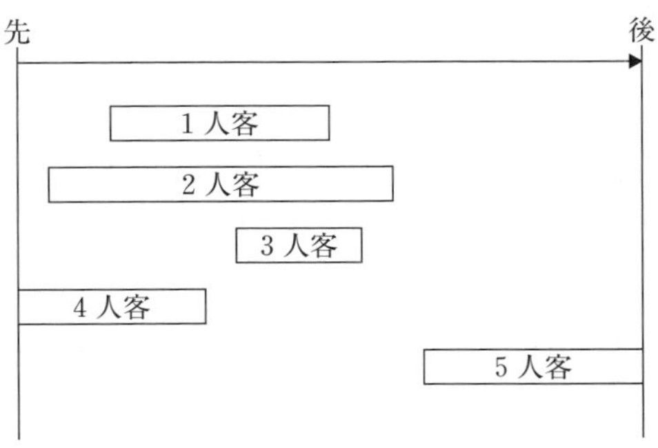

正答　**2**

国家Ⅱ種 教養試験

No.186 判断推理 対応関係 平成22年度

図のように，列車のボックスシートにA～Hの各4人ずつの男女，合わせて8人が向かい合わせに座っている。8人は，車内販売でコーヒー，オレンジジュース，野菜ジュース，緑茶の4種類の飲み物から一つずつ購入した。

ア～キのことが分かっているとき，確実にいえるのはどれか。

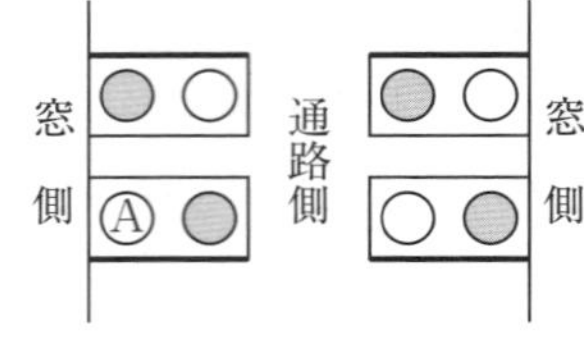

◎：男性
○：女性

ア　男性4人が購入したものは互いに異なっており，女性4人が購入したものも互いに異なっていた。

イ　図において，右側のボックスシートの4人，左側のボックスシートの4人，通路側の席の4人が購入した飲み物は，それぞれ互いに異なっていた。

ウ　Aは図に示す席に座っており，Aからみて右隣の人はコーヒーを購入した。

エ　Bは通路側であり，通路を挟んでBの隣はCである。Cの向かいは女性で，その女性はオレンジジュースを購入した。

オ　Cが購入したものはコーヒーではなかった。

カ　DとEは女性である。

キ　Dはコーヒーを購入し，Hは野菜ジュースを購入した。

1　Aの向かいはFである。

2　Eの向かいの人は野菜ジュースを購入した。

3　GとHは窓側である。

4　オレンジジュースを購入した人の向かいの人は緑茶を購入した。

5　野菜ジュースを購入した人からみて左隣の人はコーヒーを購入した。

解説

図Ⅰのように，座っている8人に1～8の番号を振ると，2がAである。ここで，条件ア，イから考えると，窓側に座っている4人が購入した飲み物もすべて互いに異なっていなければならず，また，たとえば1の男性が購入した飲み物と6の女性が購入した飲み物は同一，4の男性が購入した飲み物と7の女性が購入した飲み物は同一，という関係になる。このことがこの問題を解くポイントであるといってよい。

Aの右隣（男性）が購入したのはコーヒーなので，7の女性が購入したのもコーヒーである。また，Bは通路側で，通路を挟んだ隣はC，Cの向かいは女性（オレンジジュースを購入）だから，Bは女性，Cは男性である。Cは通路側の男性であるがコーヒーを購入していないので，Cは5，したがって，Bが3となり，6の女性がオレンジジュースを購入している。ここから，1の男性が購入したのもオレンジジュースである。DとEは女性（条件カ），Dはコーヒーを購入しているので（条件キ），7はDとなり，女性で残っているのは6だから，Eは6である。この結果，Hは男性となるが，Hが購入したのは野菜ジュースなので，8がH，そして，Bが購入したのも野菜ジュースである。この結果，A，Cが購入したのは緑茶となる。ただし，決定するのはここまでで，FとGが1と4のいずれなのかは判断できない（図Ⅱ）。

図Ⅰ

図Ⅱ

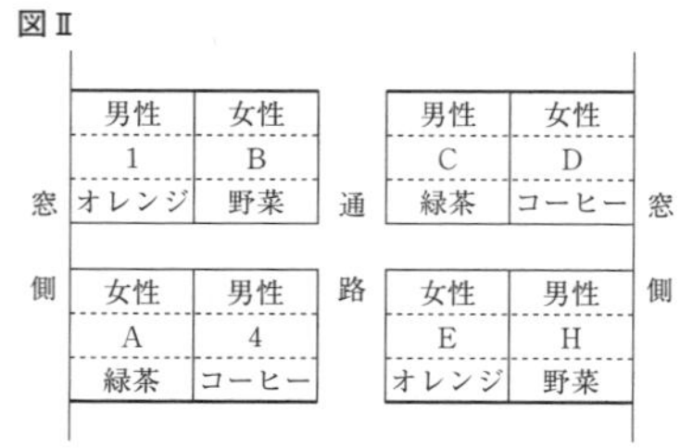

以上から，**1**，**3**は不確実，**2**，**5**は誤りで，正答は**4**である。

正答 4

図はある都市の電車の路線図（●：駅，－：線路）であるが，この都市を襲った自然災害の影響で，複数の線路が切断されてしまった。次のア，イ，ウのことが分かっているとき，切断された線路の数は，図中のAB，CD 2本の線路（×印で示している部分）を含め最低何本あるか。

ただし，二つの駅に挟まれている線路をそれぞれ1本と数えるものとする。

ア　A駅を出発してB駅に到着することが不可能となった。

イ　C駅から延びる3本の線路のうちではCDのみが切断された。

ウ　各駅から延びる線路のすべてが切断された駅はなかった。

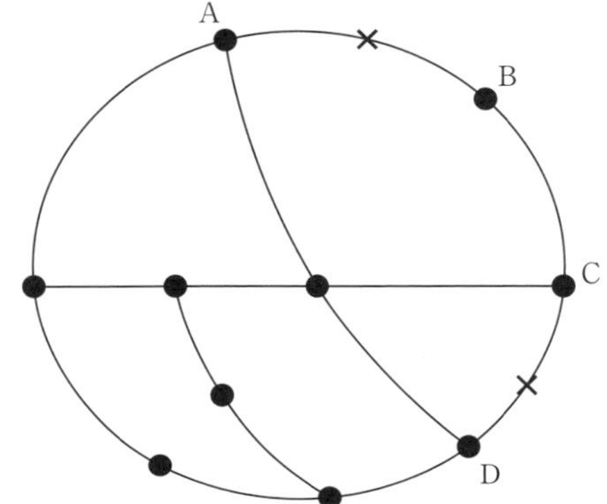

1　3本
2　4本
3　5本
4　6本
5　7本

解説

次の図のように，3つの駅をD，E，Fとして考えると，B－C－E間の線路は切断されていないので，条件アを満たすためには，A－E間の線路は確実に切断されている。A－E間がA－B間とともに切断されていると，条件ウより，A－F間は切断されていないので，条件アを満たす最低本数としては，Eに到達する2本，またはFから出発する2本が切断されていると考えればよい。そうすると，下の図のように2通りが考えられるが，いずれにしても切断されている最低本数は5本であり，正答は**3**である。

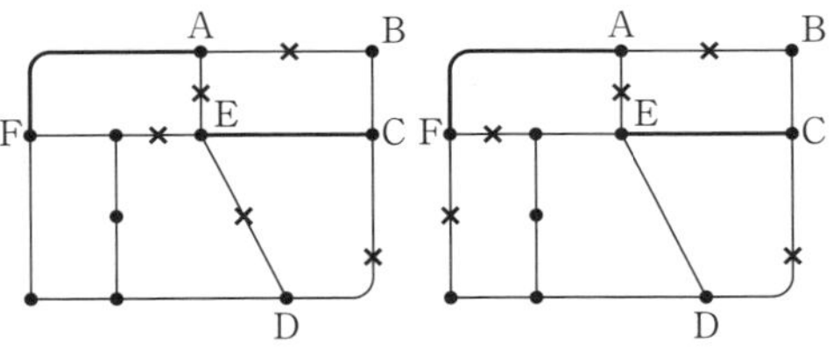

正答　3

国家Ⅱ種

No. 188 教養試験

判断推理　平面図形　平成22年度

図のように，1辺の長さが6 cmの正方形の中心に，その中心を同じくして半径1 cmの円が置かれている。円の周上の点をP，正方形の辺上の点をQとし，点Pと点Qを結んだ線分の中点をRとする。点Pは円の周上を，点Qは正方形の辺上をそれぞれ自由に動くことができるとき，点Rが動くことのできる範囲を網掛けで示したものとして正しいのはどれか。

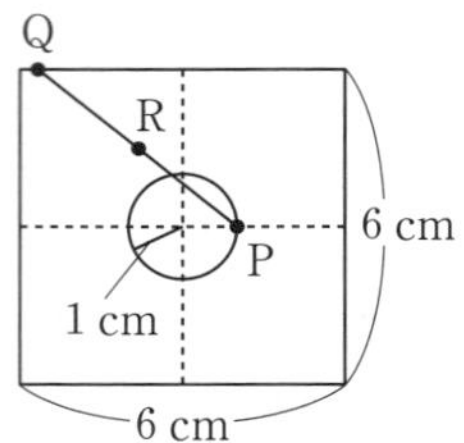

1

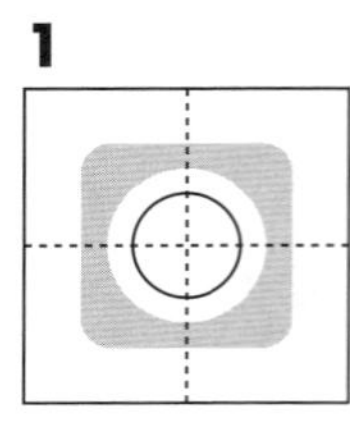

2

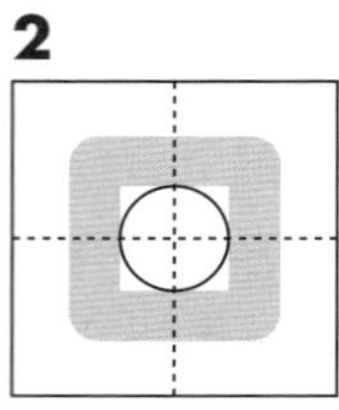

3

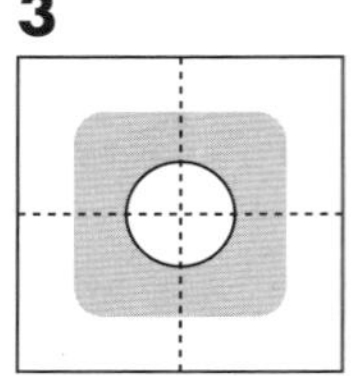

4

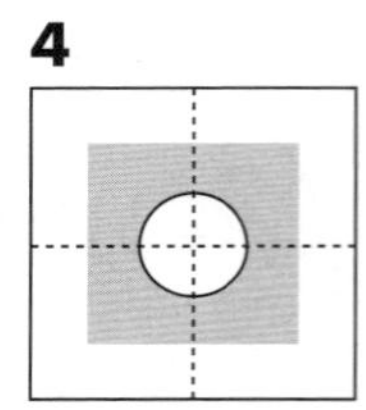

5

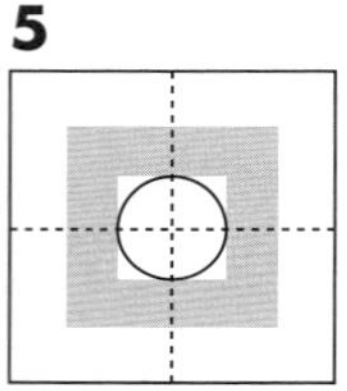

解説

この種の問題では，ポイントになる部分を何か所か取り出して検討してみるとわかりやすい。基本的には消去法で解決すればよい。

まず，図Ⅰのように点P，点Qの位置を決めると，PQ=4，PR=QR=2となるので，点Rは円周上にある。つまり，**1**は誤りである。

次に，この図Ⅰで点Pを固定したまま点Qが正方形の辺上を動くことを考えると，点Rは点Qの動きとともに正方形の辺と平行に動くことになり，その長さは3 cmである。点Pの位置を90°ずつ移動させ，点Qも正方形の隣の辺に移動させれば，点Rの軌跡は図Ⅱのようになる。また，点Pを正方形の対角線と円周の交点，点Qを点Pと円の中心に対して反対側の頂点としたときの点Rの位置は，図Ⅱで示した点Rが描いた正方形の外側であり，その内部に入ることはない。つまり，この井桁状の線分で囲まれた正方形の内部に点Rが侵入することはなく，点Rの不可動領域となる。ここから，**3**，**4**も誤りとわかる。

図Ⅰ　　　　図Ⅱ

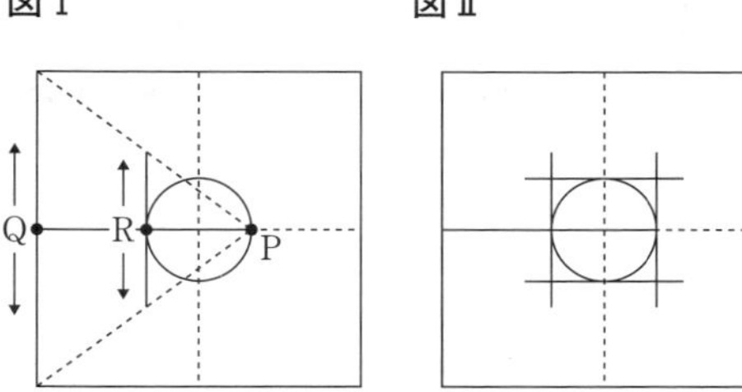

今度は，点Pと点Qの位置を図Ⅲのようにしてみる。このとき，PQ＝2，PR＝QR＝1となる。ここから，再び点Pを固定したまま点Qが正方形の辺上を動くことを考えると，点Rは点Qの動きとともに正方形の辺と平行に動くことになり，その長さはやはり3cmである。点Pの位置を90°ずつ移動させ，点Qを正方形の隣の辺に移動させれば，点Rの軌跡は正方形の辺と平行な3cmの線分4本となる。この点Rの軌跡が，最終的に図Ⅳで示した破線のような1辺4cmの正方形となるかどうかを確認してみる。点Rが正方形の対角線上で円周から最も離れるのは，点Pが正方形の対角線と円周との交点，点Qは点Pと同じ側の正方形の頂点にあるときである。このとき，$PQ=3\sqrt{2}-1$，$PR=QR=\frac{3\sqrt{2}-1}{2}$であるが，点Qから破線で示した正方形の直近頂点までの距離は$\sqrt{2}$であり，$\frac{3\sqrt{2}-1}{2}>\sqrt{2}$より，点Rの位置は破線の正方形の頂点より内側であり，点Rが破線の正方形の頂点まで到達することはない。つまり，**5**のような可動領域となることはなく，**2**のような図でなければならないのである。以上から，正答は**2**である。

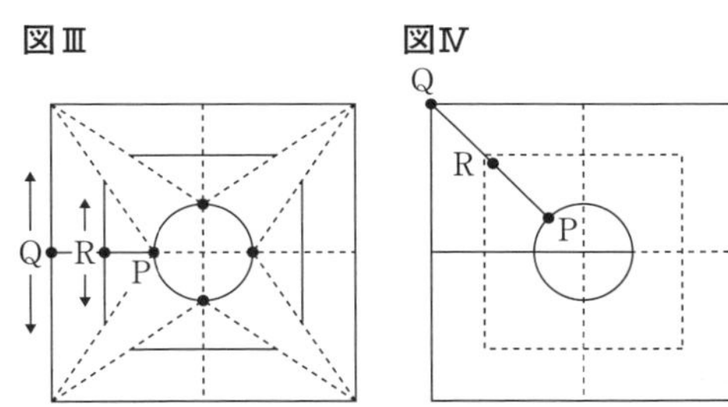

正答　2

立体図形

平成22年度

右図は，二つの立方体が一辺でつながった立体である。この立体の展開図として正しいのは次のうちではどれか。
　ただし，実線部分は山折り，点線部分は谷折りとする。

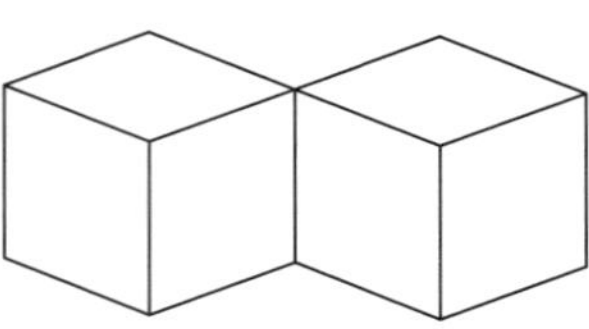

1

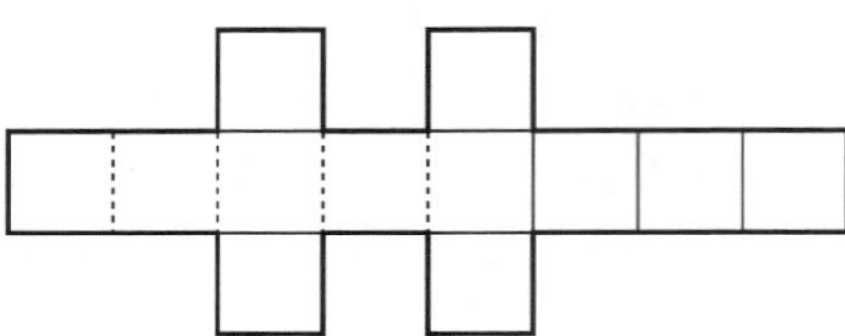

2

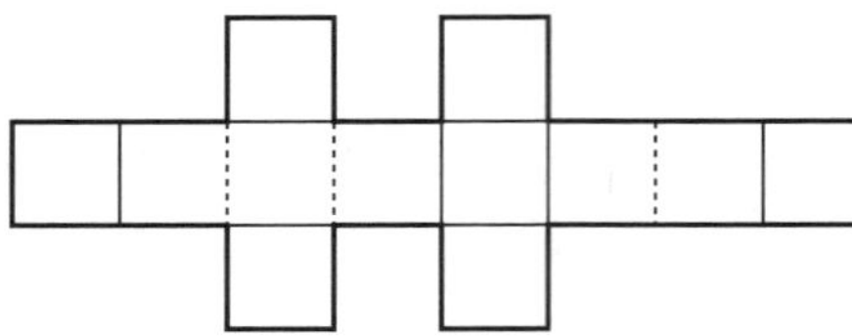

3

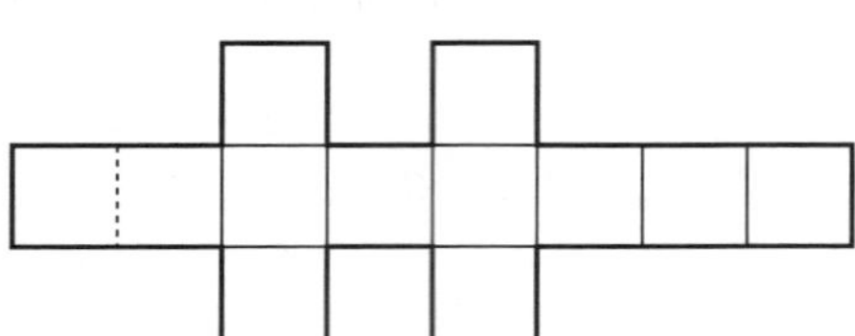

4

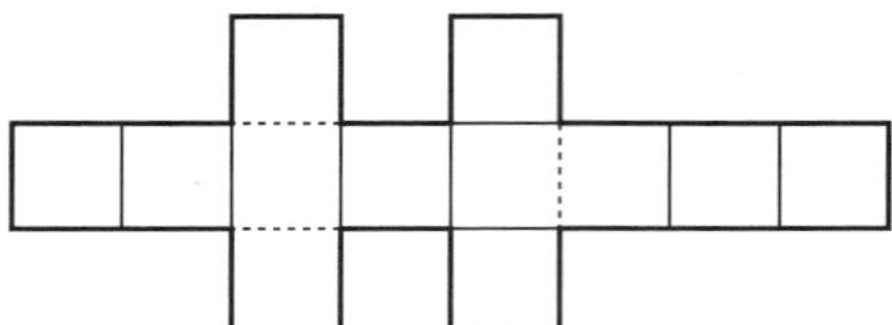

5

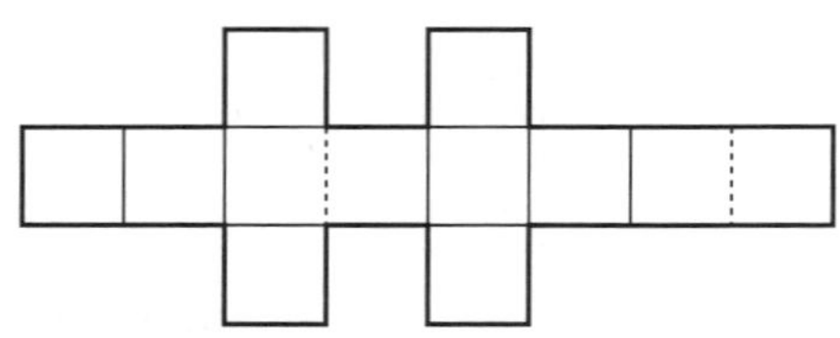

解説

展開図の形状はすべて同一なので，上下にある４枚がそれぞれ立方体の上面と底面，横に繋がった８枚が側面になるとして考えればよい。そうすると，側面になる８枚の折り方としては，２つの立方体の接続部分が谷折り，他の部分が山折りで，谷折りと谷折りの間に山折りとなる３本の辺があればよい。この条件を満たす展開図は**5**だけであり，正答は**5**である。

正答　5

国家Ⅱ種 教養試験

No. 190 判断推理 平面図形 平成22年度

図のような経路で，点Aを出発して点Pを通り点Bへ行く最短経路は何通りあるか。

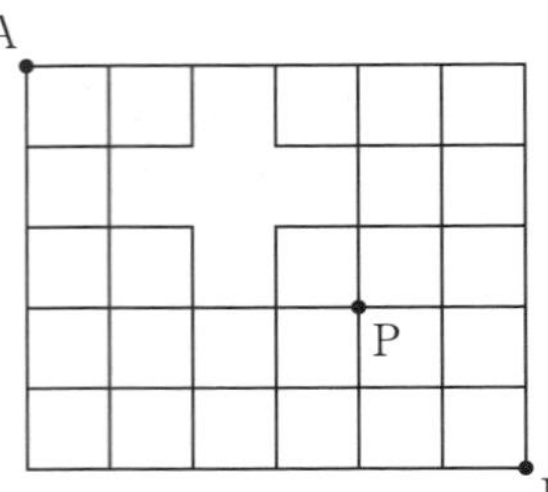

1 40通り
2 48通り
3 54通り
4 60通り
5 72通り

解説

きちんと碁盤の目状になっていれば，場合の数における組合せ計算を利用すれば済むが，このように変則的な経路の場合は，むしろ順番に数えてしまったほうが楽である。数え方は，出発点である点Aから最初の分岐点，次の分岐点というように，順次点Aからの経路数を加算していけばよい。最短経路で点Aから点Bへ行く場合，図では右か下へしか進めないので，ある分岐点での経路数は，その直前の左と上の分岐点までの経路数の和となる。まず，点Aから点Pまでの最短経路数を数えると，全部で9通りある。点Pから点Bまでの最短経路数は全部で6通りあるので，点Aから点Pを経由して点Bへ行く最短経路数は，9×6＝54より，54通りあることになり，正答は**3**である。

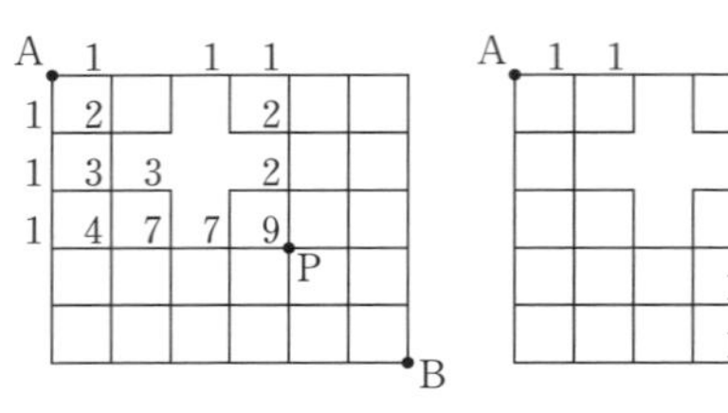

正答 3

平面図形

図のように，まっすぐな1本の紙テープを右端が左端の上に来るように半分に折り返す操作を繰り返し，その後，すべての折り目の内側の角度が直角となるように紙テープを平面上に展開する。真上から見る図では，展開した紙テープを折り返す前に左端であった位置から右端までたどるとき，Lは左向きに，Rは右向きに折れることを表している。このようにたどると，3回目に折り返した後は，LLRLLRRという列が得られることから，左向きに折れる回数は4回，右向きに折れる回数は3回である。いま，折り返す操作を5回行った後に展開した紙テープを，最初に左端であった位置から右端までたどるとき，右向きに何回折れるか。

ただし，紙テープの展開は，左端から始めて最初の折り目が左向きに折れるようにするものとする。

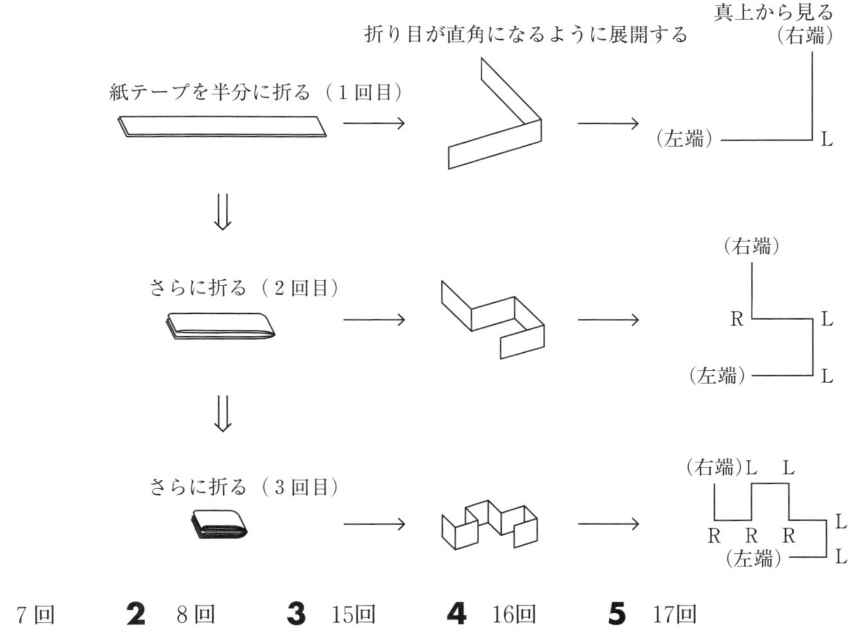

1 7回　**2** 8回　**3** 15回　**4** 16回　**5** 17回

解説

問題の条件に従ってテープを折ると，1回目は1回，2回目は2回，3回目は4回折ることになる。これには，$1=2^0$，$2=2^1$，$4=2^2$という規則性があり，n回目には$2^{(n-1)}$回折るということである。そして，次の図のように，2回目以降は常に偶数回折られ，LとRが必ず対になるように折られる。折り返す操作を5回行うと，折り目の総数は，$2^0+2^1+2^2+2^3+2^4=2^5-1=32-1=31$となり，「紙テープの展開は，左端から始めて最初の折り目が左向きに折れるようにする」という条件で行うと，1回目に折った部分は必ずLとなるが，それ以外の30か所についてはLとRが同数の15回ずつになる。つまり，左向きに折れるのが16回，右向きに折れるのが15回で，正答は**3**である。

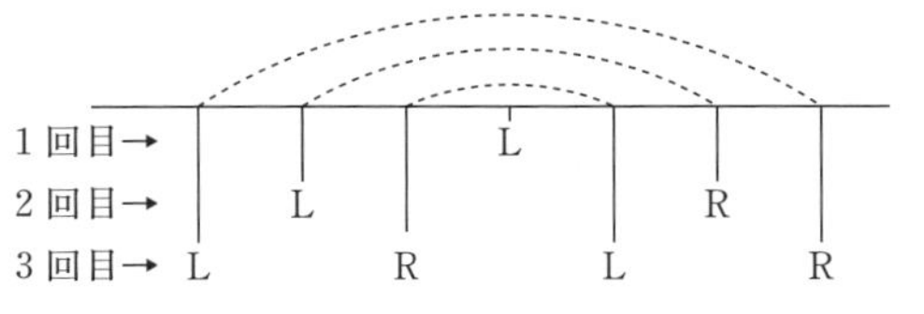

正答 3

国家Ⅱ種 教養試験

No. 192 判断推理 トーナメント戦 平成21年度

A～Hの８チームが綱引きの試合を図のようなトーナメント戦で行った。ア～オのことが分かっているとき，確実にいえるのはどれか。

ただし，すべての試合において引き分けはなかった。

ア　１回戦でHチームに勝ったチームは，２回戦でEチームに負けた。

イ　Dチームは全部で２回の試合を行った。

ウ　１回戦でBチームに勝ったチームは，３回戦まで進んだが，優勝はしなかった。

エ　１回戦でAチームに勝ったチームは，２回戦でFチームに勝った。

オ　Cチームは Eチームに負けた。

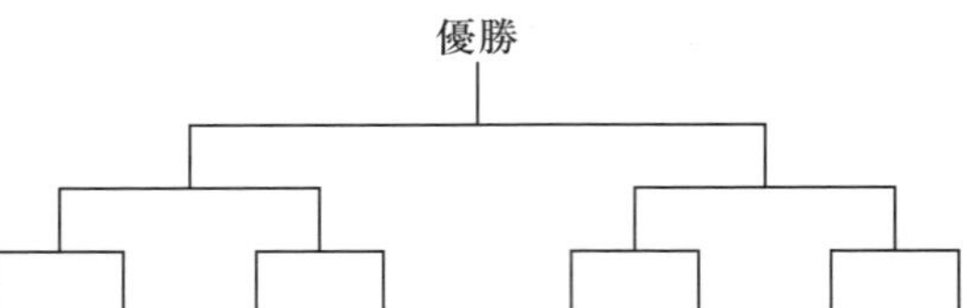

1　AチームはGチームと対戦した。
2　BチームはCチームと対戦した。
3　CチームはFチームと対戦した。
4　DチームはHチームと対戦した。
5　EチームはGチームと対戦した。

解説

この問題では，それぞれのチームがトーナメント表のどの位置に入るかまで特定する必要はないので，図Ⅰのように，①～⑧として，２回戦までは左側のチームが勝ったものとして考えてみる。条件アとエについて，１回戦でHチームに勝ったのはFチームではなく，１回戦でAチームに勝ったのはEチームではないとすると，たとえば図Ⅱのようになる。しかしこの場合，条件イ，ウから②がBチーム，③がDチームとすると図Ⅱ－１のようになり，条件オを満たせない。また，条件イ，オから②がCチーム，③がDチームとすると図Ⅱ－２のようになり，条件ウと矛盾することになる。つまり，１回戦でHチームに勝ったのはFチーム，１回戦でAチームに勝ったのはEチーム，１回戦でBチームに勝ったのはCチームであれば，図Ⅲのようになってすべて矛盾せずに条件を満たすことが可能である。以上から，正解は**2**である。

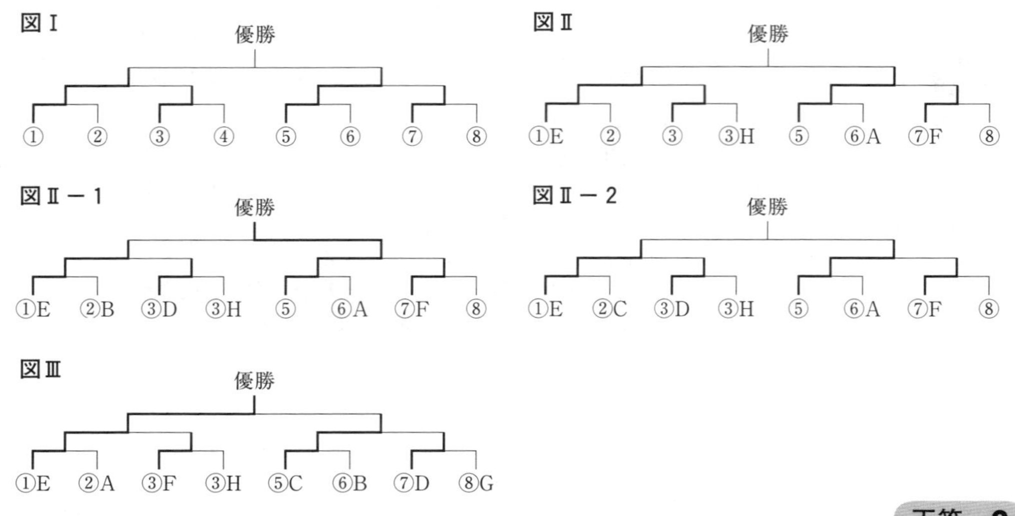

正答　2

No.193 判断推理 対応関係 平成21年度

A～Dの4人は，それぞれ2か国ずつ旅行した。この4人の間でア～カが行われたことが分かっているとき，Bの旅行先はどこか。

ただし，A～Dが訪れた旅行先は，アメリカ合衆国，イタリア，オーストラリア，カナダ，韓国，タイ，中国，フランスの8か国で，旅行先の重複はなかったものとする。

ア　Aは，中国を旅行した者からおみやげをもらった。

イ　中国を旅行した者は，韓国を旅行した者からおみやげをもらった。

ウ　Aは，旅行に出発する際，オーストラリアを旅行した者，フランスを旅行した者，韓国を旅行した者の3人に見送ってもらった。

エ　A，B，アメリカ合衆国を旅行した者，イタリアを旅行した者の4人は，互いに旅行先の写真を見せ合った。

オ　Cは旅行先から，イタリアを旅行した者と中国を旅行した者の2人に国際電話をかけた。

カ　イタリアを旅行した者は，オーストラリアを旅行した者と中国を旅行した者の2人から旅行先の絵はがきをもらった。

1　オーストラリアとカナダ　**2**　オーストラリアと中国　**3**　カナダと韓国
4　韓国とタイ　**5**　中国とフランス

解説

まず，条件ア，ウ，エより，Aの旅行先は中国，オーストラリア，フランス，韓国，アメリカ合衆国，イタリアのいずれでもないので，カナダとタイである。また，中国，韓国を旅行したのは別人（ア），オーストラリア，フランス，韓国を旅行したのはそれぞれ別人（ウ），アメリカ合衆国，イタリアを旅行したのもそれぞれ別人で，Bはアメリカ合衆国，イタリアのいずれにも旅行していない（エ）。さらに，条件オより，イタリア，中国を旅行したのは別人で，Cの旅行先はイタリアでも中国でもない。ここから，イタリアを旅行したのはDである。ここまでをまとめると表Ⅰのようになる（この時点で**1**，**3**，**4**は誤りとわかる）。次に，オーストラリア，フランス，韓国を旅行したのはそれぞれ別人だから，B，C，Dはそれぞれこのうちの1か国を旅行していることになり，Bの旅行先のうちの1か国は中国（したがって，韓国は旅行していない），Cの旅行先のうちの1か国はアメリカ合衆国である。条件カよりオーストラリア，中国を旅行したのは別人なので，Bはオーストラリアに旅行しておらず，中国以外のもう1か国はフランスと決まる。最終的には表Ⅱのように決定し，正解は**5**である。

表Ⅰ

	アメリカ合衆国	イタリア	オーストラリア	カナダ	韓国	タイ	中国	フランス
A	×	×	×	○	×	○	×	×
B	×	×		×		×		
C		×		×		×	×	
D		○		×		×		

表Ⅱ

	アメリカ合衆国	イタリア	オーストラリア	カナダ	韓国	タイ	中国	フランス
A	×	×	×	○	×	○	×	×
B	×	×	×	×	×	×	○	○
C	○	×	○	×	×	×	×	×
D	×	○	×	×	○	×	×	×

正答　5

国家Ⅱ種 教養試験

No. 194 判断推理 **数値からの推定** 平成21年度

ある国で各種運転免許を得るために必要な条件が，ア～カのように示されている。このとき，第一種運転免許を有していないAと有しているBの２人がともに第二種運転免許を最短日数で得た場合に要した日数の差は何日か。

ただし，Aは第一種運転免許の学科試験と技能試験に１度ずつ不合格となり，Bは卒業試験に１度不合格となった。

ア　第一種運転免許，第二種運転免許ともに学科と技能がある。学科では，学科履修課程修了後に学科試験，技能では，技能履修課程修了後に技能試験がそれぞれ行われ，卒業試験は両方の試験合格後にのみ受験できる。

　なお，いずれの運転免許も，それぞれの卒業試験の合格者に交付される。

イ　学科履修課程は15単位である。学科は各運転免許に共通で，すべての単位を履修し，学科試験に合格すれば，これらは他の種類の運転免許取得の際には免除される。

ウ　第一種運転免許の技能履修課程は18単位である。

エ　第二種運転免許の技能履修課程は12単位で，第一種運転免許を取得している者しか履修できない。

オ　学科履修課程，技能履修課程は，１日にいずれか１単位のみ履修できる。

カ　学科試験，技能試験，卒業試験は，学科，技能を履修しない日の１日にいずれか一つのみ受験できる。

1　35日
2　36日
3　37日
4　38日
5　39日

解説

Aはまず第一種運転免許を取得しなければならない。第一種運転免許を取得するには，学科履修課程15単位で15日，学科試験に１日かかるが，Aは学科試験に１度不合格となっているので１日余分にかかることになり，17日間である。技能履修課程は18単位で18日，技能試験に１日であるが，ここでも１度不合格なので20日間かかっている。これに第一種運転免許の卒業試験が１日かかるので，第一種運転免許を取得するのに要した日数は，最短で，17＋20＋1＝38 より，38日間となる。

第二種運転免許を取得するのに必要な日数はA，B共通であるが，Bは第二種運転免許の卒業試験に１度不合格となっているので，Bのほうが１日余計にかかっていることになる。したがって，38－1＝37 より，A，Bが第二種運転免許を最短で取得するまでに要した日数の差は37日であり，正解は**3**である。

正答　**3**

判断推理　論　理　平成21年度

ある集団に対し趣味について調査したところ，ア～エのことが分かった。このとき，確実にいえるのはどれか。

ア　釣りを趣味とする人は，読書を趣味としている。
イ　読書を趣味とする人は，写真撮影を趣味としていない。
ウ　ゲームを趣味とする人は，映画鑑賞を趣味としている。
エ　写真撮影を趣味としていない人は，映画鑑賞を趣味としている。

1　釣りを趣味とする人は，ゲームを趣味としている。
2　読書を趣味とする人は，映画鑑賞を趣味としていない。
3　映画鑑賞を趣味としていない人は，読書を趣味としている。
4　写真撮影を趣味とする人は，釣りを趣味としていない。
5　ゲームを趣味とする人は，写真撮影を趣味としている。

解説

まず，釣りを趣味とすることを「釣り」，釣りを趣味としないことを「$\overline{\text{釣り}}$」とすることにして，ア～エを次のように表してみる。

ア．釣り→読書
イ．読書→$\overline{\text{写真撮影}}$
ウ．ゲーム→映画鑑賞
エ．$\overline{\text{写真撮影}}$→映画鑑賞

このア～エについて，その対偶をオ～クとして表してみると，

オ．$\overline{\text{読書}}$→$\overline{\text{釣り}}$
カ．写真撮影→$\overline{\text{読書}}$
キ．$\overline{\text{映画鑑賞}}$→$\overline{\text{ゲーム}}$
ク．$\overline{\text{映画鑑賞}}$→写真撮影

となる。このア～クから，各選択枝について三段論法が成り立つかを考えてみればよい。

1．誤り。ア，イ，エより，釣り→読書→$\overline{\text{写真撮影}}$→映画鑑賞，となるが，その先が推論できない。

2．誤り。イ，エより，読書→$\overline{\text{写真撮影}}$→映画鑑賞，となるので，「読書を趣味とする人は映画鑑賞を趣味としている」になる。

3．誤り。ク，カより，$\overline{\text{映画鑑賞}}$→写真撮影→$\overline{\text{読書}}$，となるので，「映画鑑賞を趣味としていない人は，読書を趣味としていない」になる。

4．正しい。カ，キより，写真撮影→$\overline{\text{読書}}$→$\overline{\text{釣り}}$，となり，「写真撮影を趣味とする人は，釣りを趣味としていない」は確実に推論できる。

5．誤り。ウより，ゲーム→映画鑑賞，となるが，その先が推論できない。

以上より，正解は**4**である。

正答　4

文章理解 判断推理 数的推理 資料解釈 時事 物理 化学 生物 地学

国家Ⅱ種

教養試験

No. 196

判断推理　数値からの推定　平成21年度

A，B，Cの３人が，全部で９個の荷物を分担して持ち，目的地まで一緒に歩いた。はじめは各人が３個ずつ持っていたが，途中の三つの地点で，３人の間でお互いに荷物の受け渡しを行った。そして，三つ目の地点で最後の受け渡しを行ったところ，再び各人が３個ずつ持つ状態になった。次のア～エのことが分かっているとき，確実にいえるのはどれか。

ただし，同一地点において，荷物を誰かから受け取る一方で，荷物を誰かに渡すことを行った者はいなかったが，他の２人に荷物を渡すこと及び他の２人から荷物を受け取ることは可能であったものとする。

ア　各人が持っていた荷物の個数は，どの地点においても，１個以上４個以下であった。

イ　Aは，一つ目の地点で，荷物を１個渡した。

ウ　Bは，二つ目の地点で，荷物を２個渡した。

エ　Cは，A，Bの２人と１回ずつ，荷物のやりとりをした。

1　Aは，Bに荷物を２個渡した。
2　Bは，AとCの２人に荷物を渡した。
3　Bは，荷物を１個しか持っていないときがあった。
4　Cは，Aに荷物を１個渡した。
5　Cは，荷物を４個持っているときがなかった。

解説

１つ目の地点でＡは荷物をＢまたはＣに１個渡しているが，１つ目の地点ではこれ以外に荷物の受け渡しはない。条件より，Ａがほかから荷物を受け取ることはなく，Ａから受け取った者が他の１人に荷物を渡すこともなく，また，Ａから受け取った者が他の１人からも受け取ることもない（荷物の個数は１人４個まで）からである。

そこで，１つ目の地点でＡが渡した相手がＢ，Ｃのいずれであるかを考えてみる。Ａが荷物を渡した相手がＢであるとすると，（Ａ＝２個，Ｂ＝４個，Ｃ＝３個）となる。このとき，２つ目の地点でＢがＡに２個渡したとすると，（Ａ＝４個，Ｂ＝２個，Ｃ＝３個）となって，３つ目の地点では再びＡがＢに荷物を１個渡すことになり，Ｃは１度も荷物のやりとりをしないことになってしまう。

２つ目の地点でＢがＡとＣに１個ずつ渡した場合は，（Ａ＝３個，Ｂ＝２個，Ｃ＝４個）となり，３つ目の地点ではＣがＢに１個渡すことになって，ＡとＣの間での荷物のやりとりが行われないことになる。

したがって，Ａが１つ目の地点で荷物を１個渡した相手はＣでなければならない。このとき，（Ａ＝２個，Ｂ＝３個，Ｃ＝４個）となるので，２つ目の地点でＢが荷物を渡した相手は２個ともＡであり，（Ａ＝４個，Ｂ＝１個，Ｃ＝４個）となる。３つ目の地点では，ＡとＣが１個ずつＢに渡すことで，３人が再び３個ずつの荷物を持つことになり，すべての条件をみたすことが可能である。荷物の動きを図示すると次のようになる。

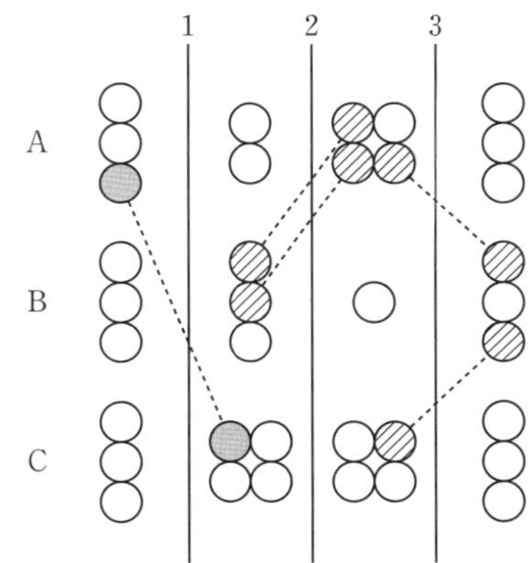

以上から，正解は**3**である。

正答　3

国家Ⅱ種

教養試験

No.197 判断推理 平面図形の分割と構成 平成21年度

図のように二つの同心円の内円部分を４等分，外側部分を８等分した12のブロックをもつ円形の花壇の各ブロックに赤，白，黄，紫の色の花がいずれか１種類ずつ植えられている。ア，イ，ウのことが分かっているとき，確実にいえるのはどれか。

ア　内円部分，外側部分それぞれにおいて，同じ色の花が植えられたブロックの総面積は色にかかわらず等しい。

イ　北側の半円では赤色，南側の半円では黄色の花の植えられたブロックの面積が最大である。

ウ　同じ色の花の植えられたブロックが辺で隣接する場所はない。

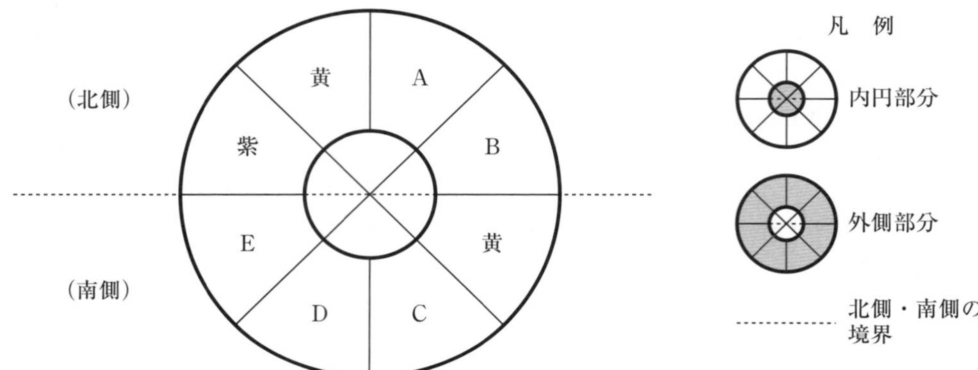

1　Aのブロックの花の色は赤色である。

2　Bのブロックの花の色は白色である。

3　Cのブロックの花の色は紫色である。

4　Dのブロックの花の色は白色である。

5　Eのブロックの花の色は赤色である。

解説

まず，条件アより，外側部分のA，Bは赤，白のいずれか，C，D，Eは赤，白，紫のいずれかで，内円部分も赤，白，黄，紫が１種類ずつである。ここで，条件イより，内円部分の赤および黄の位置が決まり，条件ウも加味すれば，内円部分の白と紫の位置も決まる（図Ⅰ）。ここから条件ウに従って外側部分を考えると，A＝白，B＝赤，E＝赤までは決まるが，C，Dの白と紫に関してはどちらの可能性もある。（図Ⅱ）したがって，**1**，**2**は誤り，**3**，**4**は確実なこととは判断できず，正解は**5**である。

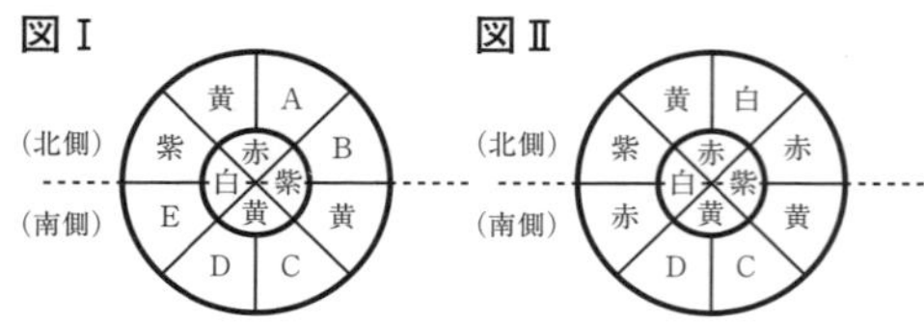

正答　5

判断推理　立体図形　平成21年度

図のような同じ大きさの立方体を五つ組み合わせて作った立体を，点A，B，Cを通る平面で切ったとき，その断面の形状として正しいのはどれか。

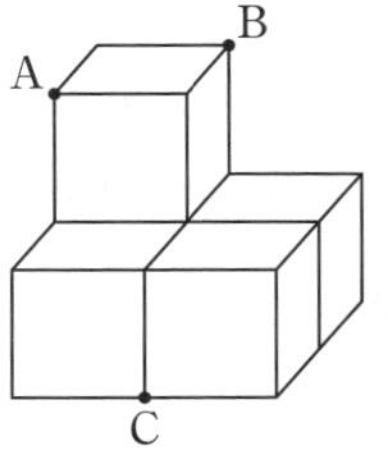

1

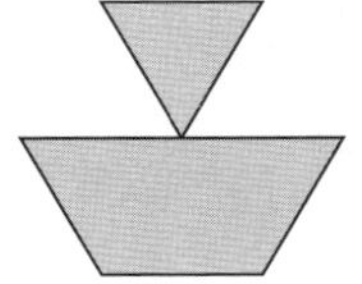

2

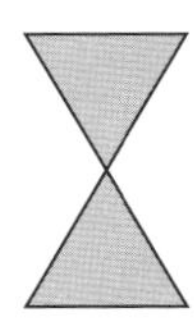

3

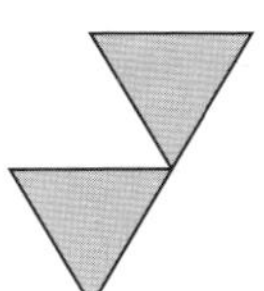

4

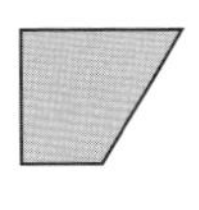

5

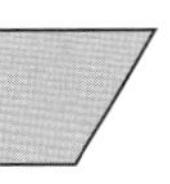

このような問題では，立方体あるいは直方体を切断することから考えたほうがよい。図Ⅰのように，立方体を３×３個並べた状態で２段重ねた直方体で考えると，３点A，B，Cの位置は図に示したようになる。立体を１つの平面で切断するときの切り口については，同一平面上の２点は直線で結ぶ，平行な平面には平行な切り口ができる，の２点が基本となる。そこで，A，Bを結ぶ直線とこれに平行なCを通る直線を引き，両者の端点が同一平面となる直方体の２側面で結ぶと，切断面は図に示した灰色部分の等脚台形となる。これを元の立体で考えると図Ⅱのようになり，正解は**1**である。

図Ⅰ

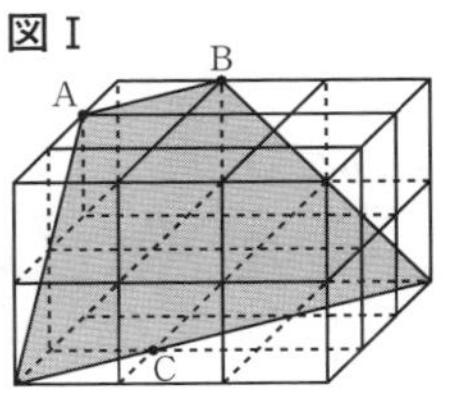

図Ⅱ

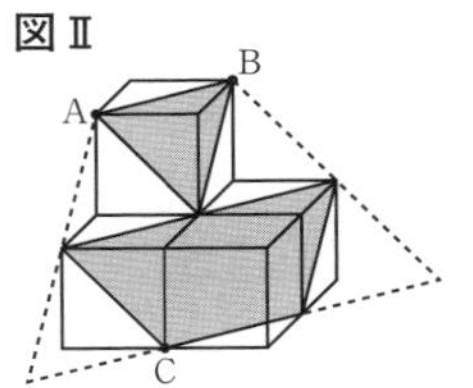

正答　1

国家Ⅱ種 教養試験

No. 199 判断推理 立体図形 平成21年度

図Ⅰのように，一辺80cmの立方体からなる箱の上面に，図Ⅱのような直角二等辺三角形の穴が空いている。上面の中心Oの真上40cmにある点光源から光を照らすと，箱の中の底面と側面に光が当たった。光が直接当たっている底面部分の面積はいくらか。

図Ⅰ

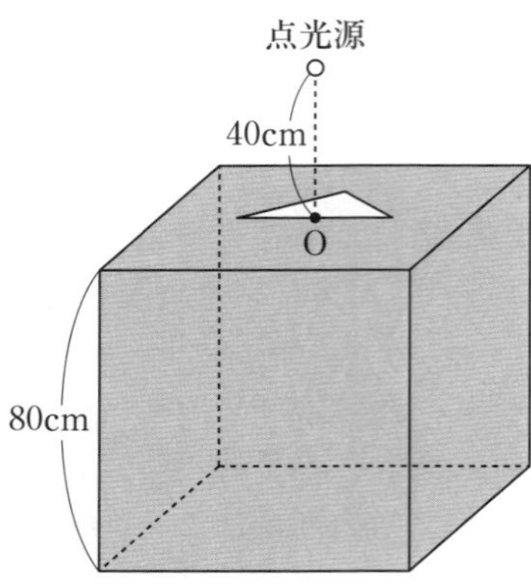

図Ⅱ

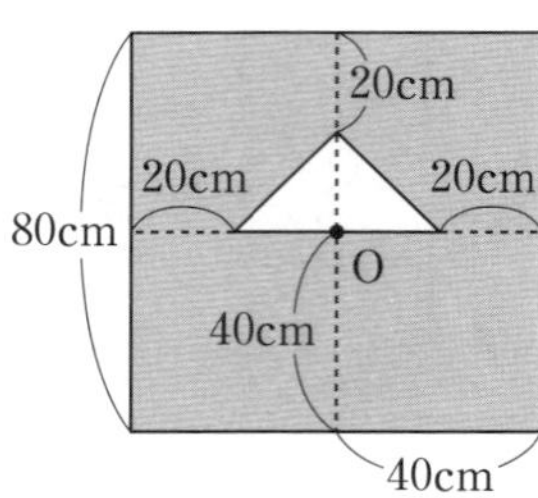

1 2,200cm²
2 2,400cm²
3 2,600cm²
4 2,800cm²
5 3,000cm²

解説

点光源から点Oまで40cm，点Oから立方体の箱の底面まで80cmある。そこで，点Oから80cmの距離の平面で光の当たる大きさを考えると，図Ⅰのように1：3の相似形となるので，立方体の箱の上面に空けた直角二等辺三角形の3倍の長さの辺を持つ直角二等辺三角形となる。これと立方体の底面とを組み合わせてみると，図Ⅱのようになり，40×80の長方形から，等辺が20cmの直角二等辺三角形2個を除いた部分に光が当たることになる。したがって，その面積は，$40\times80-20\times20\times\frac{1}{2}\times2=2800$より，2,800cm²となり，正解は**4**である。

図Ⅰ　図Ⅱ

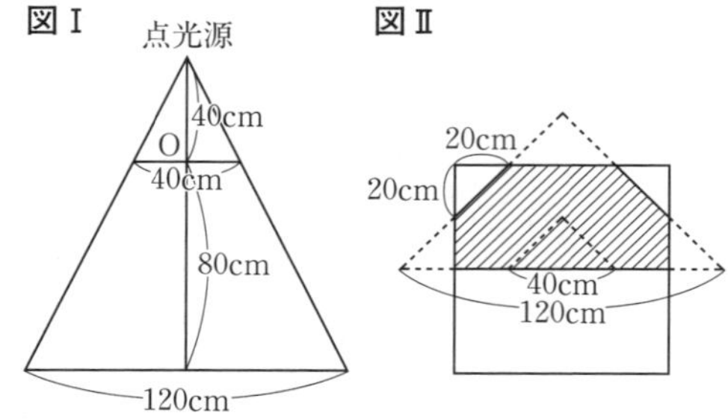

正答　**4**

国家一般職［大卒］ No. 200 教養試験

数的推理　確　率　令和元年度

箱の中に同じ大きさの7個の玉があり，その内訳は青玉が2個，黄玉が2個，赤玉が3個である。この中から玉を1個ずつ取り出して左から順に横一列に7個並べるとき，色の配置が左右対称となる確率はいくらか。

1 $\frac{1}{105}$

2 $\frac{2}{105}$

3 $\frac{1}{35}$

4 $\frac{4}{105}$

5 $\frac{1}{21}$

解説

7個の玉を1列に並べる並べ方は，7! 通りである。色の配置が左右対称となるのは，中央が赤玉でなければならない。青玉，黄玉は2個ずつあるので，2個のうちのどちらが左側となるかでそれぞれ2通りずつ，赤玉は，左側，中央，右側の3か所となるので，3! 通りある。そして，青，黄，赤の配列について3! 通りある。したがって，求める確率は，$\frac{2\times2\times3!\times3!}{7!}=\frac{2\times2\times3\times2\times1\times3\times2\times1}{7\times6\times5\times4\times3\times2\times1}=\frac{1}{35}$となり，正答は**3**である。

正答　**3**

文章理解 判断推理 数的推理 資料解釈 時事 物理 化学 生物 地学

国家一般職［大卒］ 教養試験 No.201 数的推理 比・割合 令和元年度

ある学校において，A，Bの二つの組が，それぞれジュースとお茶の2種類の飲み物を用意してパーティーを開催した。A組では，パーティー終了後，ジュースは全てなくなり，お茶は用意した量の$\frac{4}{5}$が残っていた。B組では，ジュースについてはA組と同じ量を，お茶についてはA組の$\frac{2}{3}$の量を用意したところ，パーティー終了後，ジュースは全てなくなり，お茶は用意した量の$\frac{1}{10}$が残っていた。B組において消費された飲み物の量はA組のそれの$\frac{9}{8}$であった。

このとき，A組において，用意した飲み物全体に占めるお茶の割合はいくらか。

1 15％
2 20％
3 25％
4 30％
5 35％

解説

A組が用意したジュースの数を x，お茶の数を y とする。A組ではジュースはすべてなくなり，お茶は$\frac{4}{5}$が残っていたので，消費した量は（$x+\frac{1}{5}y$）である。B組は用意したジュースの数が x，お茶の数が$\frac{2}{3}y$で，ジュースはすべてなくなり，お茶は$\frac{1}{10}$が残った（$=\frac{9}{10}$を消費した）ので，消費した量は（$x+\frac{9}{10}\times\frac{2}{3}y)=(x+\frac{3}{5}y$）となる。B組において消費された飲み物の量はA組の$\frac{9}{8}$だから，$\frac{9}{8}(x+\frac{1}{5}y)=(x+\frac{3}{5}y)$，$9(x+\frac{1}{5}y)=8(x+\frac{3}{5}y)$，$9x+\frac{9}{5}y=8x+\frac{24}{5}y$，$x=\frac{15}{5}y$，$x=3y$，$x:y=3:1$，$(x+y):y=4:1$となる。

したがって，A組が用意したお茶の割合は，全体の$\frac{1}{4}=25$〔％〕であり，正答は**3**である。

正答 **3**

数的推理 商と余り 令和元年度

6で割ると4余り，7で割ると5余り，8で割ると6余る正の整数のうち，最も小さいものの各桁の数字の和はいくらか。

1 10
2 11
3 12
4 13
5 14

解説

6で割ると4余り，7で割ると5余り，8で割ると6余る正の整数のうち，最も小さい自然数を x とすると，$(x+2)$ は6でも，7でも，8でも割り切れる自然数の中で最小，つまり，$(x+2)$ は6，7，8の最小公倍数である。6，7，8の最小公倍数は168だから，$(x+2)=168$，$x=166$である。ここから，$1+6+6=13$となり，正答は**4**である。

最小公倍数の求め方

$$
\begin{aligned}
6 &= 2 \times 3 \\
7 &= 7 \\
8 &= 2 \times 2 \times 2 \\
168 &= 2 \times 2 \times 2 \times 3 \times 7
\end{aligned}
$$

正答 4

国家一般職［大卒］ 教養試験

No. 203 数的推理 数量問題 令和元年度

A，B，Cの3人が徒競走を4回行った。徒競走を1回行うごとに，1位になった人は，他の2人から1位になった人が持っているのと同じ枚数のメダルをそれぞれ受け取る約束をした。次のことが分かっているとき，初めにBが持っていたメダルは何枚か。

ただし，同着はなかったものとする。また，1位になった人は常に約束どおりの枚数のメダルを受け取ったものとする。

○ 1回目の徒競走では，Bが1位になった。
○ 2回目と3回目の徒競走では，Aが1位になった。
○ 4回目の徒競走では，Cが1位になり，AとBからそれぞれ27枚のメダルを受け取った。その結果，AとBのメダルはちょうどなくなった。

1 11枚
2 13枚
3 15枚
4 17枚
5 19枚

解説

「1位になった人は，他の2人から1位になった人が持っているのと同じ枚数のメダルをそれぞれ受け取る」ということは，1位になるとメダルの枚数が3倍に増える，ということである。これを前提として，最後の状態から順次前へ戻ってみればよい。4回目はCが1位で，AとBからそれぞれ27枚のメダルを受け取り，AとBのメダルはなくなったのだから，4回目終了時で，A＝0，B＝0，C＝81である。ここから3回目終了時を考えると，A＝27，B＝27，C＝27でなければならない。3回目はAが1位となって，Aのメダル数が27となったのだから，2回目終了時は，A＝9，B＝36，C＝36である。2回目も1位はAだから，1回目終了時は，A＝3，B＝39，C＝39である。1回目の1位はBなので，初めに各人が持っていたメダルの数は，A＝16，B＝13，C＝52である。つまり，初めにBが持っていたメダルは13枚であり，正答は**2**である。

	初め	1回目	2回目	3回目	4回目
1位		B	A	A	C
A	16	3	9	27	0
B	13	39	36	27	0
C	52	39	36	27	81

正答 2

数的推理　数量問題　令和元年度

正の整数を入力すると，次の条件①～⑤に従って計算した結果を出力するプログラムがある。正の整数を入力してから結果が出力されるまでを１回の操作とし，１回目の操作では初期値を入力する。また，２回目以降の操作では，その前の操作で出力された結果を入力する。

いま，条件⑤の一部が分からなくなっているが，■には１，２，３のうちいずれかが入ることが分かっている。

このプログラムに１を初期値として入力すると，何回目かの操作で出力された数字が10となった。このプログラムに初期値として１，２，３をそれぞれ入力したとき，それぞれの初期値に対して７回目の操作で出力される数字を合計するといくらか。

ただし，条件に複数該当する場合は，最も番号の小さい条件だけが実行されるものとする。

［条件］

① 入力された数字が１の場合，１足す。

② 入力された数字が２の倍数の場合，３足す。

③ 入力された数字が３の倍数の場合，１引く。

④ 入力された数字が５の倍数の場合，２足す。

⑤ 条件①～④に該当しない場合，■引く。

1 28　**2** 30　**3** 32　**4** 34　**5** 36

解説

次の表Ⅰのように，条件の⑤について，A「条件①～④に該当しない場合，１引く」，B「条件①～④に該当しない場合，２引く」，C「条件①～④に該当しない場合，３引く」として，初期値１を入力した結果を検討してみる。そうすると，Bの場合は５と７で循環することになり，Cの場合は４と７で循環することになる。いずれも10が出力されることはない。A「条件①～④に該当しない場合，１引く」の場合は，初期値１を入力すると，８回目の操作で10が出力される。つまり，⑤は「条件①～④に該当しない場合，１引く」である。これにしたがって，初期値として１，２，３をそれぞれ入力し，７回目の操作で出力される数を求めると，表Ⅱのように，１→11，２→10，３→11，となる。したがって，11＋10＋11＝32であり，正答は**3**である。

表Ⅰ

<table>
<tr><th></th><th></th><th colspan="3">1</th><th colspan="3">2</th><th colspan="3">3</th><th colspan="3">4</th><th colspan="3">5</th><th colspan="3">6</th><th colspan="3">7</th><th colspan="3">8</th></tr>
<tr><td>A</td><td>1</td><td rowspan="3">①</td><td>→</td><td>2</td><td rowspan="3">②</td><td>→</td><td>5</td><td rowspan="3">④</td><td>→</td><td>7</td><td rowspan="3">⑤</td><td>→</td><td>6</td><td>②</td><td>→</td><td>9</td><td>③</td><td>→</td><td>8</td><td>②</td><td>→</td><td>11</td><td rowspan="3">⑤</td><td>→</td><td>10</td></tr>
<tr><td>B</td><td>1</td><td>→</td><td>2</td><td>→</td><td>5</td><td>→</td><td>7</td><td>→</td><td>5</td><td>④</td><td>→</td><td>7</td><td>⑤</td><td>→</td><td>5</td><td>④</td><td>→</td><td>7</td><td>→</td><td>5</td></tr>
<tr><td>C</td><td>1</td><td>→</td><td>2</td><td>→</td><td>5</td><td>→</td><td>7</td><td>→</td><td>4</td><td>②</td><td>→</td><td>7</td><td>⑤</td><td>→</td><td>4</td><td>②</td><td>→</td><td>7</td><td>→</td><td>4</td></tr>
</table>

表Ⅱ

<table>
<tr><th></th><th colspan="3">1</th><th colspan="3">2</th><th colspan="3">3</th><th colspan="3">4</th><th colspan="3">5</th><th colspan="3">6</th><th colspan="3">7</th></tr>
<tr><td>1</td><td>①</td><td>→</td><td>2</td><td>②</td><td>→</td><td>5</td><td>④</td><td>→</td><td>7</td><td>⑤</td><td>→</td><td>6</td><td>②</td><td>→</td><td>9</td><td>③</td><td>→</td><td>8</td><td>②</td><td>→</td><td>11</td></tr>
<tr><td>2</td><td>②</td><td>→</td><td>5</td><td>④</td><td>→</td><td>7</td><td>⑤</td><td>→</td><td>6</td><td>②</td><td>→</td><td>9</td><td>③</td><td>→</td><td>8</td><td>②</td><td>→</td><td>11</td><td>⑤</td><td>→</td><td>10</td></tr>
<tr><td>3</td><td>③</td><td>→</td><td>2</td><td>②</td><td>→</td><td>5</td><td>④</td><td>→</td><td>7</td><td>⑤</td><td>→</td><td>6</td><td>②</td><td>→</td><td>9</td><td>③</td><td>→</td><td>8</td><td>②</td><td>→</td><td>11</td></tr>
</table>

正答　3

一辺の長さが1の正方形の各辺を4等分し，4等分した点の一つと頂点を，図のように線分で結んだとき，網掛け部分の図形の面積はいくらか。

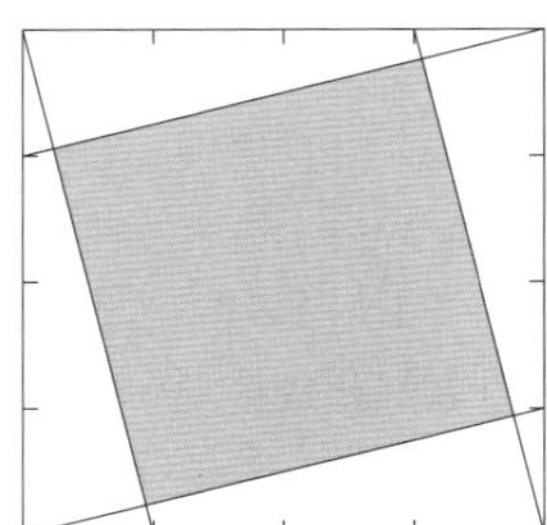

1 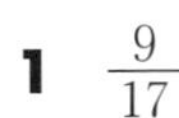 $\frac{9}{17}$

2 $\frac{7}{13}$

3 $\frac{10}{17}$

4 $\frac{8}{13}$

5 $\frac{11}{17}$

解説

次の図において，△ABF≡△BCG≡△CDH≡△DAE(3辺相等)$=\frac{1}{8}$□ABCDである。

また，△AEI≡△BFJ≡△CGK≡△DHL（3辺相等）である。ここで，△ABJ∽△AEI（2角相等），その相似比はAB：AE＝4：1なので，面積比は，△ABJ：△AEI$=4^2:1^2$＝16：1である。△ABJ：△BFJ＝16：1だから，△ABJ$=\frac{16}{17}$△ABF$=\frac{16}{17}\times\frac{1}{8}$□ABCD$=\frac{2}{17}$□ABCDとなる。△BCK，△CDL，△DAIも同様なので，△ABF＋△BCK＋△CDL＋△DAI$=\frac{2}{17}$□ABCD×4$=\frac{8}{17}$□ABCDである。したがって，□IJKL$=\left(1-\frac{8}{17}\right)$□ABCD$=\frac{9}{17}$□ABCDとなり，正答は**1**である。

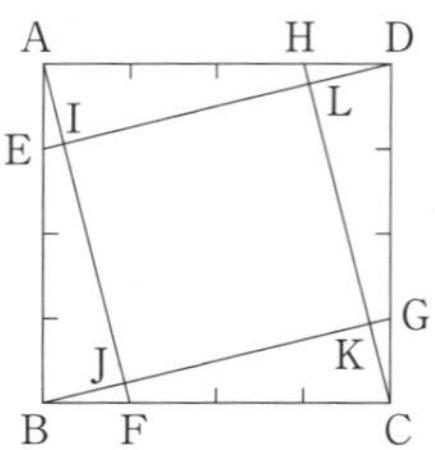

正答 1

国家一般職［大卒］ No. 206 教養試験

数的推理　比・割合　平成30年度

箱の中に何本かの缶ジュースがあり，A～Eの５人で分けた。次のことが分かっているとき，DとEに分けられた缶ジュースの本数の合計は何本か。

- ○ AとBに分けられた缶ジュースの本数の合計は，分ける前の本数の$\frac{7}{18}$である。
- ○ AとCに分けられた缶ジュースの本数の合計は，分ける前の本数の$\frac{4}{9}$である。
- ○ BとCに分けられた缶ジュースの本数の合計は，分ける前の本数の$\frac{1}{3}$である。
- ○ Aが自分に分けられた缶ジュースをBに４本渡したところ，AとBの缶ジュースの本数は等しくなった。

1　26本
2　28本
3　30本
4　32本
5　34本

解説

缶ジュースの本数をxとし，A，B，Cに分けられた本数をそれぞれa，b，cとすると，

$(a+c)-(b+c)=\frac{4}{9}x-\frac{1}{3}x$，$a-b=\frac{1}{9}x$より，AとBに分けられた缶ジュースの本数の差は$\frac{1}{9}x$本である。Aが自分に分けられた缶ジュースをBに４本渡したところ，AとBの缶ジュースの本数は等しくなったのだから，AとBに分けられた本数の差は８本である（AはBより８本多い）。$\frac{1}{9}x=8$，$x=72$より，缶ジュースの本数の合計は72本である。$(a+b)+(a+c)+(b+c)=72\times\frac{7}{18}+72\times\frac{4}{9}+72\times\frac{1}{3}$，$2(a+b+c)=28+32+24=84$，$a+b+c=42$となるので，DとEに分けられた缶ジュースの本数の合計は，$72-42=30$より30本となる。

よって，正答は**3**である。

正答　3

No. 207 数的推理 一次方程式 平成30年度

ある工場では，２種類の製品Ａ，Ｂを製造しており，その製造に要する時間は，それぞれ１個当たり，常に次のとおりである。

製品Ａ：$4+\dfrac{20}{\text{製品Aの製造を担当している作業員の人数}}$（分）

製品Ｂ：$6+\dfrac{30}{\text{製品Bの製造を担当している作業員の人数}}$（分）

ある日，この工場では，合計60人の作業員を製品Ａ，Ｂのいずれか一方の製造の担当に振り分けて同時に製造を開始したところ，４時間後の時点で，この日に製品Ｂを製造した個数がちょうど35個となり，製造を一時停止した。製品Ａの製造を担当する作業員を新たに何人か追加して製造を再開したところ，再開して２時間20分後に，この日に製品Ａを製造した個数がちょうど80個となり製造を終了した。この日，製品Ａの製造を担当する作業員を新たに追加した後，製品Ａの製造を行っていた作業員の人数は何人か。

ただし，作業員は，担当となった種類の製品の製造のみを行うものとする。

1　28人
2　30人
3　32人
4　34人
5　36人

解説

製品Ｂの製造を担当した作業員の人数をxとすると，4時間で35個製造しているので，$\left(6+\dfrac{30}{x}\right)\times35=240$，$210+\dfrac{1050}{x}=240$，$\dfrac{1050}{x}=30$，$x=35$より，製品Ｂの製造を担当した作業員は35人であり，ここから，当初の製品Ａ製造担当作業員は25人となる。$240\div\left(4+\dfrac{20}{25}\right)=240\div\dfrac{24}{5}=50$より，開始からの4時間で製造した製品Ａの個数は50個である。再開してから2時間20分（$=140$分）で新たに30個製造したことになるので，製品Ａの製造を担当する作業員を新たに追加した後の人数をyとすると，$\left(4+\dfrac{20}{y}\right)\times30=140$，$120+\dfrac{600}{y}=140$，$\dfrac{600}{y}=20$，$y=30$より，30人となる。

よって，正答は**2**である。

正答　2

No. 208 数的推理 比・割合 平成30年度

ある店舗では，ある一定の期間における来客数の統計を取っており，この期間における１日当たりの来客数は180.0人であったが，快晴であった５日間を除く当該期間の１日当たりの来客数は167.5人であった。一方，雨であった５日間を除く当該期間の１日当たりの来客数は190.0人であった。

快晴であった５日間の１日当たりの来客数が，雨であった５日間の１日当たりの来客数の2.8倍であったとき，当該期間の日数は何日か。

1　35日　　**2**　40日　　**3**　45日　　**4**　50日　　**5**　55日

解説

雨であった５日間の１日当たりの来客数を x，一定の期間のうち，快晴または雨であった５日間を除いた日数を y として，この間の関係を表すと次の図Ⅰ，図Ⅱのようになる。図Ⅰより，$(180.0-x):10.0=y:5$，図Ⅱより，$(2.8x-180.0):12.5=y:5$ である。ここから，$(180.0-x):10.0=(2.8x-180.0):12.5$，$28x-1800.0=2250.0-12.5x$，$40.5x=4050.0$，$x=100.0$ となり，雨であった５日間の１日当たりの来客数は100.0人である。これを図Ⅰに当てはめると，$80.0:10.0=y:5$，$y=40$ となる。したがって，当該期間の日数は，$40+5=45$ より，45日であり，正答は**3**である。

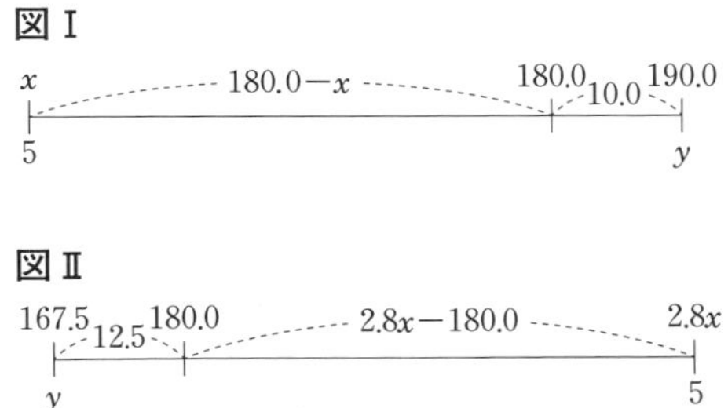

［**参考**］本問のように両者のバランス（つりあい）を考える問題においては，図Ⅲのような天秤（びん）のつりあいと同様の構造が成り立っている。

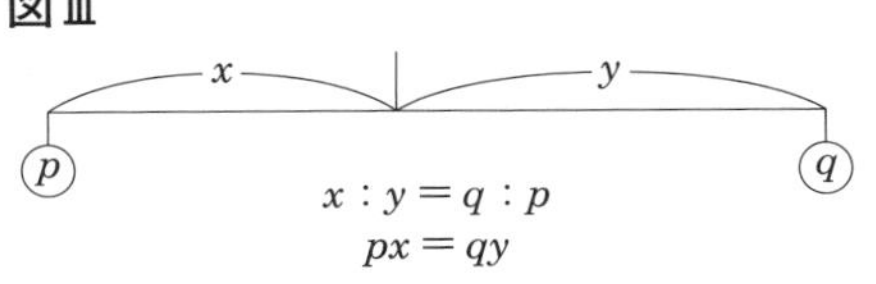

正答　3

国家一般職［大卒］ No. 209 教養試験

数的推理　確　率　平成29年度

A～Gの七つのバレーボールチームがある。Aは，B～Gの六つのチームと1試合ずつ対戦することとなっているが，過去の対戦成績から，Bに勝つ確率は$\frac{1}{3}$であり，その他のチームに勝つ確率はいずれも$\frac{1}{2}$であることが分かっている。このとき，Aが4勝以上する確率はいくらか。

ただし，試合には引き分けはないものとする。

1 $\frac{7}{24}$

2 $\frac{3}{8}$

3 $\frac{11}{24}$

4 $\frac{13}{24}$

5 $\frac{5}{8}$

解説

Aが6勝0敗となるのは，$\frac{1}{3}\times\left(\frac{1}{2}\right)^5=\frac{1}{96}$である。Bチームに負けて5勝1敗となるのは，$\frac{2}{3}\times\left(\frac{1}{2}\right)^5=\frac{2}{96}$である。B以外の1チームに負けて5勝1敗となるのは，C～Gのどのチームに負けるかで5通りあるので，$\frac{1}{3}\times\left(\frac{1}{2}\right)^4\times\frac{1}{2}\times5=\frac{5}{96}$である。Bチームと他の1チームに負けて4勝2敗となるのは，やはりC～Gのどのチームに負けるかで5通りあるので，$\frac{2}{3}\times\left(\frac{1}{2}\right)^4\times\frac{1}{2}\times5=\frac{10}{96}$である。C～Gのうちの2チームに負けて4勝2敗となるのは，どのチームに負けるかで10通り$\left(={}_5C_2=\frac{5\times4}{2\times1}\right)$あるので，$\frac{1}{3}\times\left(\frac{1}{2}\right)^3\times\left(\frac{1}{2}\right)^2\times10=\frac{10}{96}$である。

したがって，求める確率は，$\frac{1}{96}+\frac{2}{96}+\frac{5}{96}+\frac{10}{96}+\frac{10}{96}=\frac{28}{96}=\frac{7}{24}$となり，正答は**1**である。

正答　1

図のように，円A，B，Cと直線lが互いに接している。円Aと円Bの半径が等しく，また，円Cの半径が2であるとき，円Aの半径はいくらか。

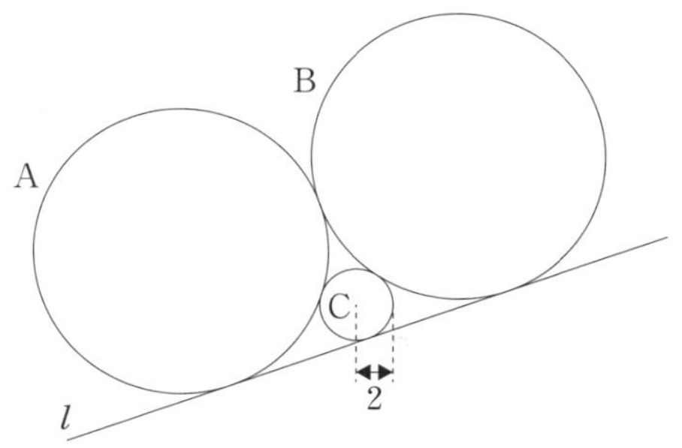

1 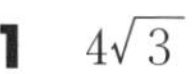 $4\sqrt{3}$
2 7
3 8
4 $6\sqrt{2}$
5 9

解説

次の図のように，円Aの中心をP，円Aと円Bとの接点をQ，円Cの中心をRとする。円Cは円Aおよび円Bに接しているので，∠PQR＝90°であり，△PQRは直角三角形となる。円Aの半径をxとすると，PQ＝x，PR＝$(x+2)$，QR＝$(x-2)$であり，その間に，$x^2+(x-2)^2=(x+2)^2$が成り立つ（三平方の定理）。ここから，$x^2+x^2-4x+4=x^2+4x+4$，$x^2-8x=0$，$x(x-8)=0$となり，$x=0$，8であるが，$x>0$だから，$x=8$となる。

したがって，正答は**3**である。

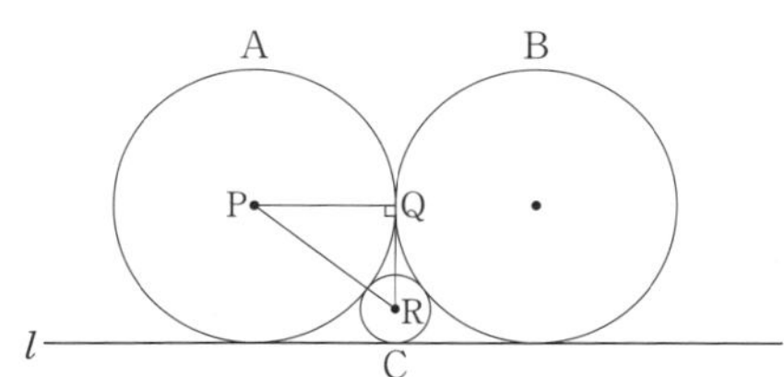

正答 3

国家一般職
[大卒]
No.
211
教養試験
数的推理　場合の数　平成29年度

$a^2+ab+ac+bc-315=0$ を満たす素数 a, b, c の組合せは何通りか。
ただし，$a<b<c$ とする。

1　1通り
2　3通り
3　5通り
4　7通り
5　9通り

解説

$a^2+ab+ac+bc-315=0$ より，$a(a+b)+c(a+b)=315$，$(a+b)(a+c)=315$ である。315を2個の整数の積で表すと，$315=1\times315=3\times105=5\times63=7\times45=9\times35=15\times21$ のように6通りある。このうちで，$a<b<c$ となる素数の組合せは，$(2+3)\times(2+61)=5\times63$，$(2+5)\times(2+43)=7\times45$，$(2+13)\times(2+19)=15\times21$ となる3通りだけである。
したがって，正答は**2**である。

正答　**2**

国家一般職
[大卒]

No. 212　教養試験

数的推理　割　合　平成29年度

ある二つの都市A，Bは，毎年度初めに住民の統計調査を行っており，昨年度は，Aに住むB出身者が15万人であり，また，Bの総人口に占めるB出身者の割合は74%であることが分かった。その後，今年度の統計調査までに，①Aに住むB出身者のうち3万人がBへ転居し，また，②A，B以外の都市に住むB出身でない者のうち47万人がBへ転居した。この結果，今年度のAの総人口は昨年度の95%となり，今年度のBの総人口に占めるB出身者の割合は70%となった。このとき，今年度の統計調査によると，Aの総人口とBの総人口の差は何万人か。

ただし，①及び②以外を原因とする，A，Bの人口変動はないものとする。

1　769万人
2　775万人
3　781万人
4　787万人
5　793万人

解説

まず，Aの人口は3万人減少して昨年度の95%となったのだから，昨年度におけるAの人口の5%が3万人である。したがって，昨年度におけるAの人口は60万人(=3万÷0.05)であり，今年度は57万人(60万−3万)である。次に，昨年度におけるBの人口をxとすると，今年度は(x+50万)人である(=x+3万+47万)。昨年度はBの総人口に占めるB出身者の割合は74%であったから，Bの総人口に占めるB出身者は$0.74x$，今年度は($0.74x$+3万)で，これが(x+50万)の70%となっている。$0.74x$+3万=0.7(x+50万)，$0.04x$=32万，x=800万となる。ここから，今年度におけるBの総人口は850万人(=800万+50万)ということになる。

したがって，今年度におけるAの総人口とBの総人口の差は793万人(=850万−57万)であり，正答は**5**である。

正答　**5**

国家一般職［大卒］ 教養試験

No.213 数的推理 整数関係 平成29年度

ある職場では，表のような消耗品を３回に分けて必要個数だけ購入した。

○ １回目は，クリアファイルを除く３種類の消耗品をそれぞれ１個以上購入し，合計金額は1,200円であった。

○ ２回目及び３回目は，共に４種類全ての消耗品をそれぞれ１個以上購入し，合計金額は，２回目が2,300円，３回目が1,500円であった。

このとき，確実にいえるのはどれか。

消耗品	単価	必要個数
消しゴム	110円	7
付せん紙	170円	5
ガムテープ	290円	8
クリアファイル	530円	2

1 １回目に消しゴムを２個購入した。
2 １回目にガムテープを３個購入した。
3 ２回目に付せん紙を１個購入した。
4 ２回目にガムテープを３個購入した。
5 ３回目に消しゴムを１個購入した。

解説

連立方程式を組むより，個数と価格の組合せを考えてみたほうがよい。１回目は，クリアファイルを除く３種類の消耗品をそれぞれ１個以上購入し，合計金額は1,200円である。クリアファイルを除く３種類の消耗品をそれぞれ１個ずつ購入すると，その価格は570円となり，残りは630円である。630円となる組合せは（付せん紙=2，ガムテープ=1）しかないので，１回目に購入したのは（消しゴム=1，付せん紙=3，ガムテープ=2）である。

次に３回目を考えてみる。４種類を１個ずつ購入すると1,100円なので，さらに400円購入したことになる。その組合せは（消しゴム=1，ガムテープ=1）しかない。したがって，３回目に購入したのは（消しゴム=2，付せん紙=1，ガムテープ=2，クリアファイル=1）である。この結果，２回目は（消しゴム=4，付せん紙=1，ガムテープ=4，クリアファイル=1）となり，その購入金額は2,300円で矛盾しない。これをまとめると次の表のようになり，正答は**3**である。

			１回目		２回目		３回目	
消耗品	単価	必要個数	個数	価格	個数	価格	個数	価格
消しゴム	110円	7	1	110	4	440	2	220
付せん紙	170円	5	3	510	1	170	1	170
ガムテープ	290円	8	2	580	4	1,160	2	580
クリアファイル	530円	2	／	／	1	530	1	530
				1,200		2,300		1,500

正答 3

国家一般職［大卒］ No. 214 教養試験

数的推理　連立不等式　平成28年度

ある出版社では，絶版となった書籍A～Dについて，復刊希望の投票を２週間受け付けた。投票１回につき，A～Dのうちのいずれか一つに投票するものとして，投票結果が次のとおりであったとき，確実にいえるのはどれか。

ただし，投票は全て有効であったものとする。

○　１週目の投票数は2,500で，その得票割合は，Aが20％，Bが50％，Cが10％，Dが20％であった。

○　２週目の得票数は，AとBとの差が2,000以上であり，CとDとの差が4,000以下であった。

○　２週間を通した得票割合は，Aが30％，Bが20％，Cが40％，Dが10％であった。

1　２週目のAの得票割合は，40％であった。
2　２週目のBの得票割合は，10％であった。
3　２週目のCの得票割合は，50％であった。
4　２週間を通したDの得票数は，1,250であった。
5　２週間を通した得票数は，15,000であった。

解説

１週目の得票数は，Aが500票（＝2500×0.2），Bが1,250票（＝2500×0.5），Cが250票（＝2500×0.1），Dが500票（＝2500×0.2）である。ここで，２週間を通した投票総数をnとすると，Aの得票数は$0.3n$，Bの得票数は$0.2n$，Cの得票数は$0.4n$，Dの得票数は$0.1n$，である。ここから，２週目の得票数を考えると，Aは$(0.3n-500)$票，Bは$(0.2n-1250)$票，Cは$(0.4n-250)$票，Dは$(0.1n-500)$票，となる。

AとBの得票数を比べると，１週目ではBのほうが多く，２週間を通してだとAのほうが多いのだから，２週目の得票はBよりAのほうが多い。つまり，$(0.3n-500)-(0.2n-1250)\geqq2000$，$0.1n+750\geqq2000$，$0.1n\geqq1250$，$n\geqq12500$　……①，となる。

CとDの得票数に関しては，１週目はCのほうが多くなければならないので，$(0.4n-250)-(0.1n-500)\leqq4000$，$0.3n+250\leqq4000$，$0.3n\leqq3750$，$n\leqq12500$　……②，となる。

①，②より，$n=12500$，である。この結果，２週間を通しての得票数は，Aが3,750票，Bが2,500票，Cが5,000票，Dが1,250票，となる。この得票数をまとめると次の表のようになる。

	A	B	C	D	総数
１週目	500	1,250	250	500	2,500
	20％	50％	10％	20％	
２週目	3,250	1,250	4,750	750	10,000
	32.5％	12.5％	47.5％	7.5％	
合計	3,750	2,500	5,000	1,250	12,500
	30％	20％	40％	10％	

よって，正答は**4**である。

正答　4

数的推理　確　率　平成28年度

図Ⅰのように，６個のLED電球が取り付けられているパネルが３枚ある。スイッチを入れると６個のLED電球のうち，パネル１では１個が，パネル２では２個が，パネル３では３個がそれぞれ無作為に点灯することが分かっている。

いま，各パネルの点灯状態によって数字を割り当てることとして，図Ⅱのように，各パネルの点灯状態と０～９の数字を対応させる。このとき，スイッチを入れ，パネル１，パネル２，パネル３を点灯させると，３枚全てのパネルに数字が割り当てられて３桁の数となり，かつ，３の倍数となる確率はいくらか。

ただし，３枚のパネルの並び順は図Ⅰの状態で固定し，パネルを裏返したり，回転させたりしないものとする。また，各パネルは，図Ⅱに示した点灯状態以外の場合は，数字の割当てがなかったものとする。

図Ⅰ

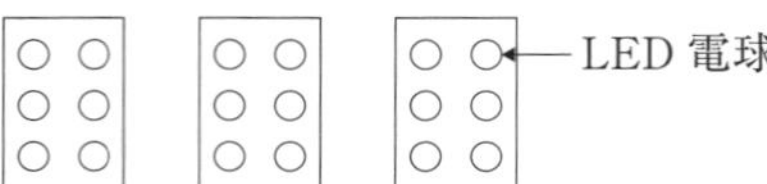

図Ⅱ

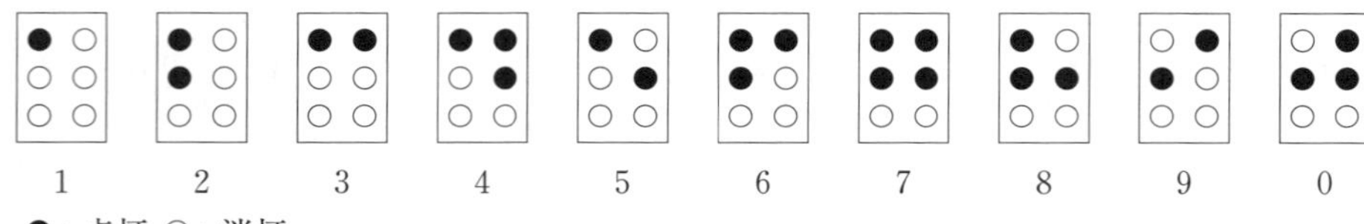

1 $\frac{1}{120}$

2 $\frac{1}{180}$

3 $\frac{1}{240}$

4 $\frac{1}{300}$

5 $\frac{1}{360}$

解説

パネル1（3ケタ目）の数字となるのは1，パネル2（2ケタ目）の数字となるのは2，3，5，9，パネル3（1ケタ目）の数字となるのは4，6，8，0，である。これにより，3ケタの整数が3の倍数となるのは，120，126，138，150，156，198，の6通りある。ここで，6個のLED電球のうち1個が点灯するのは6通り，2個が点灯するのは，${}_6C_2=\frac{6\times5}{2\times1}=15$，より15通り，3個が点灯するのは，${}_6C_3=\frac{6\times5\times4}{3\times2\times1}=20$，より20通りある。

つまり，パネル1（3ケタ目）が1となる確率は$\frac{1}{6}$，パネル2（2ケタ目）が2，3，5，9となる確率はそれぞれ$\frac{1}{15}$，パネル3（1ケタ目）が4，6，8，0となる確率はそれぞれ$\frac{1}{20}$，となる。そうすると，120という3ケタの整数が現れる確率は，$\frac{1}{6}\times\frac{1}{15}\times\frac{1}{20}=\frac{1}{1800}$，である。同様に，126，138，150，156，198となる確率もそれぞれ$\frac{1}{1800}$である。

したがって，求める確率は，$\frac{1}{1800}\times6=\frac{1}{300}$，となり，正答は**4**である。

正答　4

No. 216 数的推理 三角形 平成28年度

図のように，縦24cm，横32cm の長方形 ABCD を対角線 BD で折って，点Cの移った点を点C′とする。辺 AD と辺 BC′ の交点を点Pとしたとき，線分 AP の長さはいくらか。

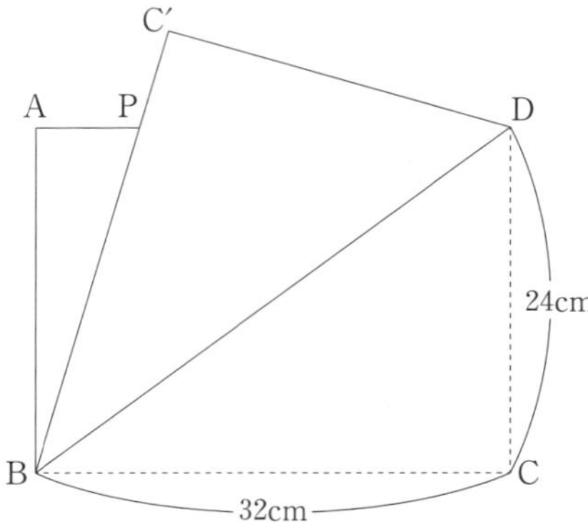

1　6 cm
2　$4\sqrt{3}$ cm
3　7 cm
4　8 cm
5　$5\sqrt{3}$ cm

解説

次の図において，∠CBD＝∠PBD，∠CBD＝∠PDB（平行線の錯角）だから，∠PBD＝∠PDB であり，△PBD は PB＝PD の二等辺三角形である。つまり，AP＋DP＝AP＋BP＝32，である。

ここで，AP＝x とすると，BP＝$(32-x)$ であり，$AP^2+AB^2=BP^2$（三平方の定理），より，$x^2+24^2=(32-x)^2$，$x^2+576=1024-64x+x^2$，$64x=1024-576=448$，$x=7$，となり，AP＝7cm である。

よって，正答は**3**となる。

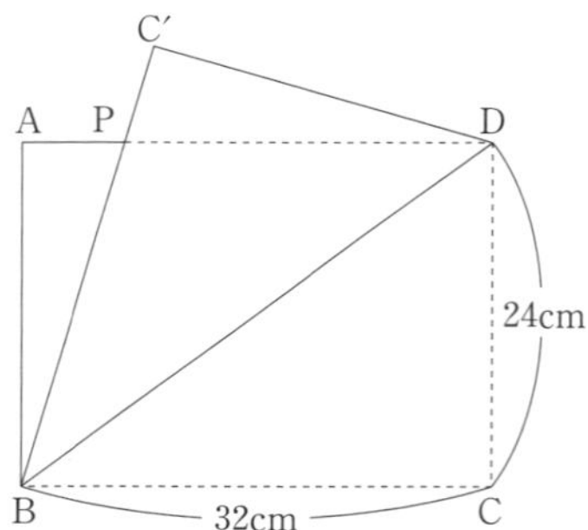

正答　3

数的推理　不等式　平成28年度

大，中，小の三つのサイズの莢（さや）があり，大サイズの莢には豆が5粒，小サイズの莢には豆が3粒入っている。また，中サイズの莢には豆が4粒又は5粒入っているが，その数は莢を開いてみなければ分からない。

いま，A～Dの4人がそれぞれいくつか莢を取り，その莢から豆を取り出して，自分の年齢の数だけ豆を集めることとした。各人が次のように述べているとき，4人の年齢の合計はいくつか。

A：「大サイズの莢を2個，中サイズの莢を2個，小サイズの莢を2個取ったところ，自分の年齢と同じ数の豆が入っていた。」

B：「中サイズの莢を4個取ったところ，自分の年齢より4粒多く豆が入っていた。また，4個の莢のうち少なくとも1個には，豆が5粒入っていた。」

C：「自分の年齢はAとBの年齢の合計と同じである。1個だけ小サイズの莢を取り，残りは大サイズの莢を取ったところ，自分の年齢と同じ数の豆が入っていた。」

D：「私は，Bより2歳年上である。小サイズの莢を5個以上取ったところ，自分の年齢と同じ数の豆が入っていた。」

1　91
2　92
3　93
4　94
5　95

解説

Aが取った莢に入っていた豆の数は，24，25，26粒のいずれかであり，Aの年齢は24～26歳である。Bが取った莢に入っていた豆の数は，17，18，19，20粒（少なくとも1個の莢には5粒の豆が入っていた）のいずれかであり，Bの年齢は13～16歳である。Cの年齢はAとBの年齢の合計と同じなので，37（＝24＋13）～42（＝26＋16）歳である。Cは小サイズの莢1個と大サイズの莢を何個か取っており，考えられる豆の数は，8，13，18，23，28，33，38，43，……，であるが，37～42の間で条件を満たすのは38だけなので，Cの年齢は38歳である。Dの年齢はBより2歳上なので，15～18歳である。Dが取った莢に入っていた豆の数は，小サイズの莢が5個以上なので15，18，21，……，であり，15歳または18歳である。Dが18歳だとBは16歳となるが，このとき，Aの年齢は22歳（＝38－16）となり，Aの年齢に関して矛盾が生じる。Dが15歳だと，Bは13歳，Aは25歳で，これは条件に適（かな）う。

したがって，4人の年齢の合計は，25＋13＋38＋15＝91，となり，正答は**1**である。

正答　1

国家一般職［大卒］ No. 218 教養試験

数的推理　平面図形の計量　平成27年度

図のように，点Bを中心に半径$\sqrt{2}$の扇形を反時計回りに30°回転させたとき，弧ABの通過する斜線部の領域の面積はいくらか。

1 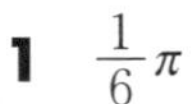 $\frac{1}{6}\pi$

2 $\frac{1}{4}\pi$

3 $\frac{1}{3}\pi$

4 $\frac{\sqrt{2}}{3}\pi$

5 $\frac{1}{2}\pi$

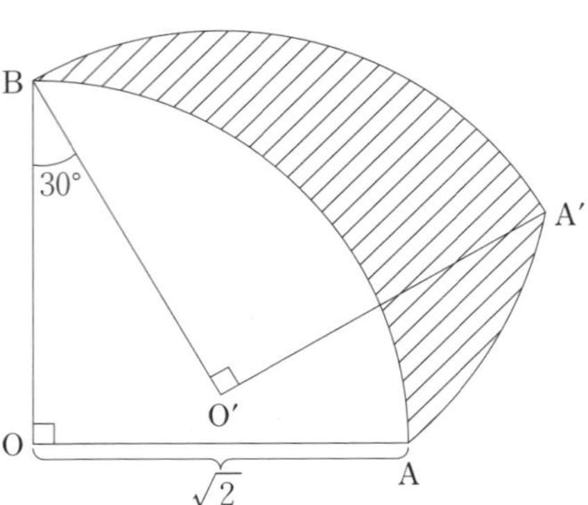

解説

次の図Ⅰのように点Bと点A，点Bと点A′を結び，扇形BAA′を考える。このとき，扇形BAA′と求める斜線部とで重なっていない部分を図Ⅱのように比較すると，両者の面積は等しい。つまり，図Ⅱの斜線部を灰色で示した位置に移動させれば，求める斜線部の面積は扇形BAA′と一致していることがわかる。扇形OABは，半径$\sqrt{2}$，中心角90°だから，△OABは直角二等辺三角形であり，ABの長さは2である。扇形OABは30°回転させたので，扇形BAA′は，半径2，中心角30°であり，その面積は，$2^2\pi\times\frac{30}{360}=\frac{1}{3}\pi$となり，正答は**3**である。

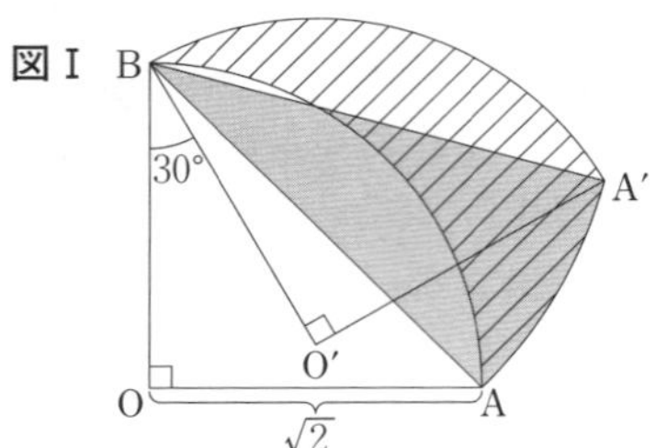

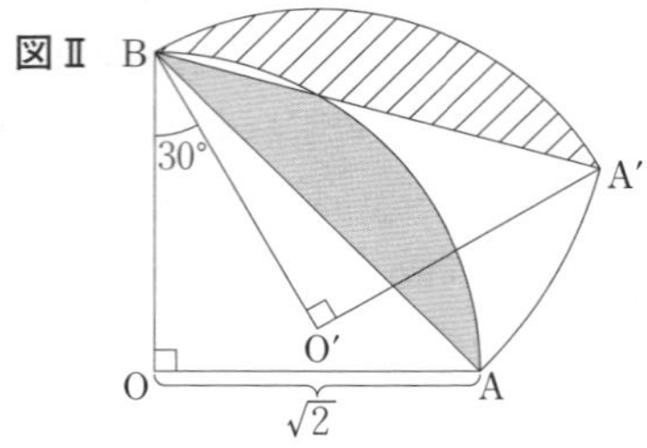

正答　3

数的推理 整数問題 平成27年度

Aはヨーロッパに旅行し，価格の異なる6個の土産物を購入した。次のことが分かっているとき，最も高い土産物の価格はいくらか。

なお，価格の単位はユーロのみで，それぞれの価格に1ユーロ未満の端数はなかったものとする。

○ 購入した土産物の総額は207ユーロであった。
○ 6個全ての土産物の価格の各桁の数字をみると，1から9までの全ての数字が一つずつあり，0はなかった。
○ 10ユーロより高い土産物の中に，価格の各桁の数字の和が7となるものが一つあった。
○ 最も安い土産物の価格は1ユーロで，これ以外の土産物の価格の値は全て素数であった。

1 59ユーロ
2 67ユーロ
3 79ユーロ
4 89ユーロ
5 97ユーロ

解説

①6通りの価格に 1～9 の数字が1回ずつ使われている，②1ユーロの土産物があり，それ以外の価格はすべて素数，③総額は207ユーロ，の3つが条件となっている。素数の中で偶数は2だけなので，4，6，8は末尾（一の位）に用いることはできないが，4□□という3ケタでは207ユーロを超えてしまうので，4□，6□，8□，という2ケタの素数があるはずである。これで6種類の数字が使われるので，1以外に1ケタの素数となる価格が2通りあることになる。つまり，6通りの価格のうち，3通りが1ケタ（そのうち1個は1ユーロ），3通りが2ケタである。

ここで，1および100未満の素数を一覧にすると次の表Ⅰのとおりである。このうち，1という数字を含む素数は使えないので，11，13，17，19，31，41，61，71は可能性がない。残っている数の中で，各ケタの数字の和が7となるのは43だけなので，4□となる数は43である。これで，23，37，53，73，83も可能性がない。そうすると，6□となるのは67，8□となるのは89だけとなる。1＋43＋67＋89＝200だから，残り2個の土産物の価格の和は7ユーロで，これは2ユーロと5ユーロになればよい（表Ⅱ）。

したがって，最も高い土産物の価格は89ユーロであり，正答は**4**である。

表Ⅰ

1	2	3	5	7
11	13	17	19	23
29	31	37	41	43
47	53	59	61	67
71	73	79	83	89
97				

表Ⅱ

1	2	3	5	7
11	13	17	19	23
29	31	37	41	43
47	53	59	61	67
71	73	79	83	89
97				

正答 4

文章理解 判断推理 数的推理 資料解釈 時事 物理 化学 生物 地学

国家一般職［大卒］ No. 220 教養試験

数的推理 確 率 平成27年度

自動車の故障を診断できる装置（「故障している」又は「故障していない」だけ表示される。）があり，これを故障している自動車に使用すると，99％の確率で「故障している」という正しい診断結果が出て，また，故障していない自動車に使用すると，１％の確率で「故障している」という誤った診断結果が出る。

いま，自動車１万台のうち100台が故障していることが分かっている。この１万台の自動車の中から無作為に１台を選び，同装置を使用したところ，「故障している」という診断結果が出た。このとき，この自動車が実際に故障している確率はいくらか。

1 10％　**2** 33％　**3** 50％　**4** 90％　**5** 99％

解説

すでに「故障している」という診断結果が出た段階で，その自動車が実際に故障している確率を考えるもので，「条件付き確率」と呼ばれる。具体的には，故障しているという診断結果が出る確率の中で，実際に故障している確率が占める割合を考えればよい。

１万台のうち100台が故障しているので，１万台の中から故障している自動車１台を選ぶ確率は，$\frac{100}{10000}=\frac{1}{100}$である。故障している自動車を診断すると，99〔％〕＝$\frac{99}{100}$の確率で「故障している」という診断結果が出るのだから，１万台の中から実際に故障している自動車が選ばれ，それが「故障している」と診断される確率は，$\frac{1}{100}\times\frac{99}{100}=\frac{99}{10000}$である。同様にして，故障していない自動車が選ばれ，それが「故障している」と診断される確率は，$\frac{9900}{10000}\times\frac{1}{100}=\frac{99}{100}\times\frac{1}{100}=\frac{99}{10000}$である。つまり，１万台のうち100台が故障しているときに，１台の自動車を選んで診断したとき，「故障している」という診断結果が出る確率は，$\frac{99}{10000}+\frac{99}{10000}=\frac{198}{10000}$となる。診断した自動車が実際に故障していて「故障している」と診断結果が出る確率は$\frac{99}{10000}$だから，この$\frac{99}{10000}$が$\frac{198}{10000}$に占める割合を考えればよい。そうすると，$\frac{99}{10000}\div\frac{198}{10000}=\frac{99}{198}=\frac{1}{2}=50$〔％〕となる。

よって，正答は**3**である。

正答 3

国家一般職［大卒］ No. 221 教養試験

数的推理　整数問題　平成27年度

１～15の異なる数字を一つずつ使って，隣り合う二つの数字の和が必ず９，16又は25のいずれかになるように一列に並べたとき，両端の数字の組合せとして最も妥当なのはどれか。

1　1，15
2　3，５
3　5，11
4　7，13
5　8，９

解説

問題の設定から，両端に来る２数は決定している（＝必ず端でなければならない），と考えられれば，それほど難しくはない。その場合，その２数は，隣にある数との和を考えたとき，9，16，25のいずれか１つの結果しか得られないということになる。そうすると，同じ数字は１回しか使えないので，８の場合は，8＋1＝9，だけが可能である（16と25は不可能）。また，９の場合は，9＋7＝16，だけが可能である（９と25は不可能）。つまり，両端に置かれる２数の組合せは８と９である。

その点に気づかなくても，実際に数を並べてみれば結論には到達できる。たとえば，最初に１を置き，その隣を15としてみる（１の隣を８とすれば，８は端でなければならないことにすぐ気づく）。そこから芋蔓式（いもづるしき）に数を配置すると，

1，15，10，6，3，13，12，4，5，11，14，2，7，9

となり，９の右側に８は配置できないが，１の左側に配置すればよい。これにより，

8，1，15，10，6，3，13，12，4，5，11，14，2，7，9

という結果が得られ，両端の数字は８と９であることが確認できる。

よって，正答は**5**である。

正答　5

国家一般職［大卒］ 教養試験 No. 222 数的推理 確 率 平成27年度

各面に１～12の異なる数字が一つずつ書かれた正十二面体のサイコロがある。いま，このサイコロを２回振った場合に，出た目の和が素数となる確率はいくらか。

1 $\frac{25}{144}$

2 $\frac{25}{72}$

3 $\frac{17}{48}$

4 $\frac{13}{36}$

5 $\frac{5}{12}$

解説

各面に１～12の異なる数字が一つずつ書かれた正十二面体のサイコロを２回振った場合，出た目の和は最大で24である。24未満の素数は，2，3，5，7，11，13，17，19，23，だから，２回の目の和がこれらになる組合せを考えてみればよい。

2＝(1，1)
3＝(1，2)，(2，1)
5＝(1，4)，(2，3)，(3，2)，(4，1)
7＝(1，6)，(2，5)，(3，4)，(4，3)，(5，2)，(6，1)
11＝(1，10)，(2，9)，(3，8)，(4，7)，(5，6)，(6，5)，(7，4)，(8，3)，(9，2)，(10，1)
13＝(1，12)，(2，11)，(3，10)，(4，9)，(5，8)，(6，7)，(7，6)，(8，5)，(9，4)，(10，3)，(11，2)，(12，1)
17＝(5，12)，(6，11)，(7，10)，(8，9)，(9，8)，(10，7)，(11，6)，(12，5)
19＝(7，12)，(8，11)，(9，10)，(10，9)，(11，8)，(12，7)
23＝(11，12)，(12，11)

のように，全部で51通りある。正十二面体のサイコロを２回振った場合，その目の出方は，12×12＝144より，144通りある。よって，求める確率は，$\frac{51}{144}=\frac{17}{48}$となり，正答は**3**である。

正答 3

No. 223 教養試験

数的推理　整数問題　平成27年度

ある大学では，科学実験のイベントが開催される。科学実験は18種類あり，それぞれ１～18の番号が割り振られている。いずれの実験も午前と午後の２回行われ，各実験の定員は各回50人である。また，午前と午後に同じ実験に参加することもできる。

イベントの参加者は，午前に参加する実験と午後に参加する実験をそれぞれ一つずつ事前登録しており，以下のルールに基づく参加者番号（５桁の値）が個別に割り当てられている。

このとき，参加者番号45300であるＡと，参加者番号75799であるＢの２人について，確実にいえるのはどれか。

［参加者番号のルール］

- ○　参加者番号を5000で割って小数点以下を切り捨てた整数値から１を引いた値である a は，午前に参加する実験の番号が a であることを意味する。
- ○　参加者番号から（$a+1$）の5000倍を引いた後，50で割って小数点以下を切り捨てた整数値から１を引いた値である b は，午後に参加する実験の番号が b であることを意味する。
- ○　参加者番号から（$a+1$）の5000倍を引き，更に，（$b+1$）の50倍を引いて１を加えた値である c は，午前に参加する実験の番号が a，かつ，午後に参加する実験の番号が b である者のうち，事前登録の順番が c 番目であることを意味する。

1　Ａが参加する実験の番号は，午前が８，午後が６である。

2　Ｂは午前に参加する実験と午後に参加する実験が同じである。

3　ＢはＡよりも事前登録の順番が先であった。

4　Ａは午前に参加する実験と午後に参加する実験が同じ者のうち，事前登録の順番が50番目であった。

5　Ｂは午前に参加する実験と午後に参加する実験が同じ者のうち，事前登録の順番が49番目であった。

解説

複雑そうに見えるが，次の〔1〕,〔2〕について，単に計算すればよいだけの問題である。

〔1〕Ａ（参加者番号 45300）について

$45300\div5000=9.06$ より，$a=9-1=8$

$45300-(8+1)\times5000=300$，$300\div50=6$ より，$b=6-1=5$

$45300-(8+1)\times5000=300$，$300-(5+1)\times50=0$ より，$c=0+1=1$

となり，Ａは午前に参加する実験の番号が８，午後に参加する実験の番号が５，午前に８，午後に５の実験に参加する者のうち，事前登録の番号が１となっている。

〔2〕Ｂ（参加者番号 75799）について

$75799\div5000=15.1598$ より，$a=15-1=14$

$75799-(14+1)\times5000=799$，$799\div50=15.98$ より，$b=15-1=14$

$75799-(14+1)\times5000=799$，$799-(14+1)\times50=49$ より，$c=49+1=50$

となり，Ｂは午前に参加する実験の番号が14，午後に参加する実験の番号が14，午前に14，午後に14の実験に参加する者のうち，事前登録の番号が50となっている。

以上より，正答は**2**である。

正答　2

国家一般職
[大卒]
No.
224
教養試験
数的推理　仕事算
平成26年度

A～Dの4人がある作業をA，B，C，D，A，B…の順に10分交代で1人ずつ行ったところ，2巡目の最後にDが4分作業を行ったところで作業が全て終了した。

同じ作業を，B，C，D，A，B，C…の順に10分交代で1人ずつ行ったところ，Aから作業を始めたときに比べ，5分短い時間で作業が全て終了した。

同様に，C，D，A，B，C，D…の順に10分交代で1人ずつ行ったところ，Aから作業を始めたときに比べ，3分長い時間で作業が全て終了した。

この作業をCだけで行ったところ，Aから作業を始めたときに比べ，10分長い時間で作業が全て終了した。

このとき，AとDが同時にこの作業を行うと，作業が全て終了するのに要する時間はいくらか。

なお，4人の時間当たり作業量はそれぞれ常に一定である。

1　44分
2　48分
3　52分
4　56分
5　60分

解説

全体の作業量を1とし，A，B，C，Dが1分間に行う作業量をそれぞれa，b，c，dとしてみる。

A，B，C，D，A，B……の順に10分交代で1人ずつ行うと，2順目の最後に4分作業を行ったところで作業がすべて終了するので，

$20a+20b+20c+14d=1$ ……①

B，C，D，A，B，C……の順に10分交代で1人ずつ行うと，Aから作業を始めたときに比べ，5分短い時間で作業がすべて終了するので，

$10a+20b+20c+19d=1$ ……②

また，C，D，A，B，C，D……の順に10分交代で1人ずつ行うと，Aから作業を始めたときに比べ，3分長い時間で作業がすべて終了するので，

$20a+17b+20c+20d=1$ ……③

Cだけで行うと84分かかることになるので，

$84c=1$ ……④

①，②より，$20a+20b+20c+14d=10a+20b+20c+19d$，$20a+14d=10a+19d$，$10a=5d$，$d=2a$である。

①，③からは，$20a+20b+20c+14d=20a+17b+20c+20d$，$20b+14d=17b+20d$，$3b=6d$，$b=2d$である。

ここで，$d=2a$，$b=2d$より，$b=4a$となる。$b=4a$，$d=2a$を①に代入すると，

$20a+80a+20c+28a=128a+20c=1$となる。

また，$84c=1$ ……④，だから，$20c=\frac{20}{84}=\frac{5}{21}$で，Cが20分間作業を行うと全体の$\frac{5}{21}$だけ行うことができる。したがって，$128a+20c=128a+\frac{5}{21}=1$，$128a=\frac{16}{21}$，$a=\frac{1}{168}$で，Aが1分間に行う作業量は全体の$\frac{1}{168}$である。$d=2a$だから，Dが1分間に行う作業量はAの2倍で，$\frac{2}{168}\left(=\frac{1}{84}\right)$である。AとDが同時に作業を行ったとき，1分間の作業量は，$\frac{1}{168}+\frac{2}{168}=\frac{3}{168}=\frac{1}{56}$となる。

これより，AとDが同時にこの作業を行うとき，作業がすべて終了するのに要する時間は，$1\div\frac{1}{56}=56$より，56分となり，正答は**4**である。

正答 4

国家一般職［大卒］ No. 225 教養試験

数的推理 空間図形 平成26年度

図Ⅰは一辺の長さが1cmの立方体48個を隙間なく積み重ねた立体を示したものである。図Ⅱに示すとおり，各立方体には番号が付いており，図Ⅰの状態から立方体を1番から順に一つずつ取り除き，残った立体の表面積について考える。

15番までの立方体を取り除いたときに残った立体の表面積と，n番（ただし，n≠15）までの立方体を取り除いたときに残った立体の表面積が等しくなるときのnについて，確実にいえるのはどれか。

図Ⅰ

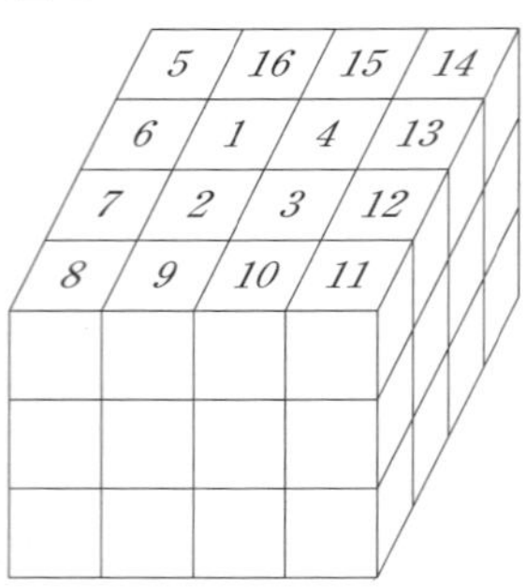

図Ⅱ

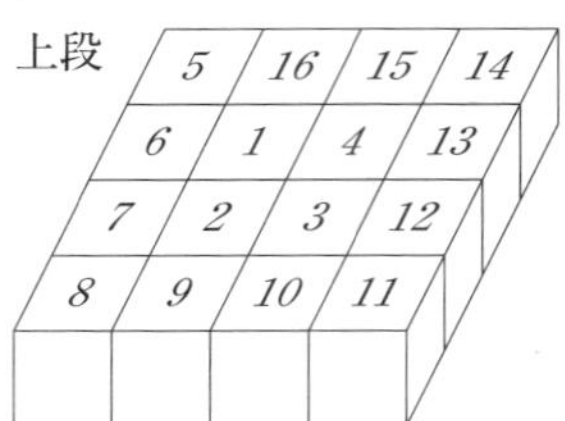

中段
21 32 31 30
22 17 20 29
23 18 19 28
24 25 26 27

下段
37 48 47 46
38 33 36 45
39 34 35 44
40 41 42 43

1 nは17のみである。
2 nは23のみである。
3 nは31のみである。
4 nに当てはまる全ての数値の和は40である。
5 nに当てはまる全ての数値の和は78である。

解説

15 番までの立方体を取り除くと次の図のようになる。このときの表面積は，２段目までの立体（＝32 個の立方体でできている）の表面積に，16 番の立方体の側面積を加えたものである（真上から見た上面の面積は 16 番があってもなくても変わらない）。つまり，$4\times4\times2+2\times4\times4+4=68$ である。

15 番までの立方体を取り除いたときの表面積は 68 なので，これ以外に表面積が 68 となる場合を考えることになる。立方体 48 個を積み重ねたときの表面積は，$4\times4\times2+3\times4\times4=80$ である。１～３番までを取り除いていくと，上面と底面の面積は変化しないが，上段の内側で側面積が増加するので，全体としての表面積が増加する。そして，４，５番を取り除いても表面積は増加せず，その後は６～16 番までを取り除くことにより，側面積が減少するので，全体の表面積は減少する。17～32 番までの立方体を取り除くときは，１～16 番までを取り除くときと比べて，側面積が１段分（＝16）少ないので，17～32 番までの立方体を取り除いたときの表面積は，１～16 番までを取り除いたときより，16 ずつ小さくなっている。33 番以降を取り除くと，上面および底面が１ずつなくなっていくので，最大でも表面積は 50 にしかならない。次の表に示すように，問題の条件（$n\neq15$）で表面積が 68 となるのは，$n=17$，$n=23$ であり，正答は**4**である。

取り除く立方体	1	2	3	4	5	6	7	8	9	10	11	12	13	14	15	16
表面積	84	86	88	88	88	86	84	82	80	78	76	74	72	70	68	64
取り除く立方体	17	18	19	20	21	22	23	24	25	26	27	28	29	30	31	32
表面積	68	70	72	72	72	70	68	66	64	62	60	58	56	54	52	48
取り除く立方体	33	34	35	36	37	38	39	40	41	42	43	44	45	46	47	48
表面積	50	50	50	48	46	42	38	34	30	26	22	18	14	10	6	0

正答　4

国家一般職［大卒］ No. 226 教養試験

数的推理　不定方程式　平成26年度

ある店が，定価800円の弁当を60個販売しようとしたところ，売れ残りが出そうだったので途中から定価の100円引きで売ったが，それでも売れ残ったため最終的に定価の300円引きで売ったところ完売した。売上額を計算したところ，60個全てを定価で売った場合よりも売上額が5,500円少なく，また，値引きして売った弁当の総数は30個よりも少なかった。このとき，それぞれの価格で売れた弁当の数の組合せが何通りか考えられるが，そのうち定価で売れた弁当の数が最も多い組合せにおいて，定価の300円引きで売れた弁当の数はいくつか。

ただし，それぞれの価格で売れた弁当の数は1個以上あるものとする。

1　12個
2　14個
3　16個
4　18個
5　20個

解説

100円引きで売った個数をx，300円引きで売った個数をyとすると，これによって売上額が5,500円少なくなったのだから，$100x+300y=5500$，である。それぞれの価格で売れた弁当の数は1個以上あるので，$100x+300y=5500$を満たすx，yの組合せを求めると，$(x, y)=(1, 18)$，$(4, 17)$，$(7, 16)$，$(10, 15)$，……，となる。定価で売れた個数が最も多くなるのは$(x, y)=(1, 18)$で，定価で41個売れたことになる。

よって，定価の300円引きで売れた弁当の個数は18個であり，正答は**4**である。

正答　4

No. 227 教養試験 数的推理 整数関係 平成26年度

整数 $2^a \times 3^b \times 4^c$ の正の約数の個数の最大値はいくらか。ただし，a，b，c は正の整数であり，$a+b+c=5$ を満たすものとする。

1 14
2 16
3 18
4 21
5 24

解説

a，b，c は正の整数で，$a+b+c=5$ だから，$(a, b, c)=(1, 1, 3)$，$(1, 2, 2)$，$(1, 3, 1)$，$(2, 1, 2)$，$(2, 2, 1)$，$(3, 1, 1)$，のいずれかであり，

① $2^1\times3^1\times4^3=2^1\times3^1\times2^6=2^7\times3^1$
② $2^1\times3^2\times4^2=2^1\times3^2\times2^4=2^5\times3^2$
③ $2^1\times3^3\times4^1=2^1\times3^3\times2^2=2^3\times3^3$
④ $2^2\times3^1\times4^2=2^2\times3^1\times2^4=2^6\times3^1$
⑤ $2^2\times3^2\times4^1=2^2\times3^2\times2^2=2^4\times3^2$
⑥ $2^3\times3^1\times4^1=2^3\times3^1\times2^2=2^5\times3^1$

の6通りが考えられる。

整数の約数の個数は，その整数を素因数分解し，各素因数の累乗指数にそれぞれ1を加えた数をすべて掛け合わせれば求められる。

① $(7+1)\times(1+1)=8\times2=16$
② $(5+1)\times(2+1)=6\times3=18$
③ $(3+1)\times(3+1)=4\times4=16$
④ $(6+1)\times(1+1)=7\times2=14$
⑤ $(4+1)\times(2+1)=5\times3=15$
⑥ $(5+1)\times(1+1)=6\times2=12$

より，約数の個数が最も多くなるのは，②「$2^1\times3^2\times4^2$」のときで18個となる。

よって，正答は**3**である。

正答 3

確率等に関する記述A，B，Cのうち，正しいもののみを全て挙げているのはどれか。

A：小学校Xでは，1～6年の各学年にクラスが二つずつ設置されている。いずれのクラスも児童数が32人であり，また，どのクラスも，同じクラス内には，誕生日が同月同日の児童はいないことが分かっている。しかしながら，この小学校全体で見れば，誕生日が同月同日の児童のペアが一組以上いる。

B：小学校Yのあるクラスの児童30人の毎月の小遣いの金額について調べたところ，いずれの児童も100円単位で小遣いをもらっており，30人の小遣いの平均金額は530円であった。この場合において，この30人の中に小遣いの金額が1,500円の児童がいるとき，小遣いの金額が400円以下の児童も必ずいる。

C：小学校Zのあるクラスではバスで遠足に行くことになった。バスの座席は事前に決まっていたが，最初にバスに乗った児童が自分の座席を忘れて，任意の座席に座ってしまった。他の児童は，一人ずつバスに乗り込み，自分の座席が空いていればその座席に，そうでなければ空いている任意の座席に座った。このとき，最後の児童が自分の座席に座れる確率は，そのクラスの児童数が多くなるにつれて小さくなる。

ただし，児童数とバスの座席数は同数とする。

1 A
2 A，B
3 B
4 B，C
5 C

解説

A：正しい。1年の日数は閏年でも366日である。したがって，367人以上が集まれば，その中に誕生日が同月同日の者が必ずいることになる。小学校Xでは1クラス32人で各学年に2クラスずつあるので，児童数は32×2×6＝384より，384人いる。したがって，誕生日が同月同日の児童は必ずいる。

B：正しい。30人の小遣いの平均額は530円なので，この30人の小遣い総額は，530×30＝15900より，15,900円である。小遣いの金額が1,500円である児童が1人いると，ほかの29人の小遣い総額は14400円となる。500×29＝14500だから，小遣いの金額が500円未満の児童が必ずいることになる。いずれの児童も100円単位で小遣いをもらっているので，小遣いが500円未満であれば，その児童の小遣いは400円以下である。

C：1番目の児童の座席を①，2番目の児童の座席を②，……，として，人数の少ない場合から最後の児童が自分の座席に座れる確率を考えてみる。

児童数が2人の場合，1番目の児童が①に座る確率は$\frac{1}{2}$だから，2番目（最後）の児童が②の座席に座れる確率は$\frac{1}{2}$である。

児童数が3人の場合，1番目の児童が①に座る確率は$\frac{1}{3}$，1番目の児童が②に座り，2番目の児童が①に座る確率は，$\frac{1}{3}\times\frac{1}{2}=\frac{1}{6}$ だから，3番目の児童が③に座れる確率は，$\frac{1}{3}+\frac{1}{6}=\frac{1}{2}$ である（この段階で誤りと判断できる）。

児童数が4人だと，まず，1番目の児童が①に座る確率は$\frac{1}{4}$である。1番目の児童が②に座った場合，2番目の児童が①に座る，2番目の児童が③に座って3番目の児童が①に座るという2通りがあり，その確率は，$\frac{1}{4}\times\frac{1}{3}+\frac{1}{4}\times\frac{1}{3}\times\frac{1}{2}=\frac{1}{12}+\frac{1}{24}=\frac{3}{24}=\frac{1}{8}$ である。1番目の児童が③に座った場合，2番目の児童は必ず②に座るので，3番目の児童が①に座れば4番目の児童は④に座ることができる。その確率は，$\frac{1}{4}\times\frac{1}{2}=\frac{1}{8}$ である。したがって，4番目の児童が④に座ることができる確率は，$\frac{1}{4}+\frac{1}{8}\times2=\frac{1}{2}$ で，やはり$\frac{1}{2}$となる。

児童数が5人の場合だと，5番目の児童が自分の座席に座れるのは，次の表に示す8通りである。ⅰとなる確率は$\frac{1}{5}$，1番目の児童が②に座るⅱ～ⅴでは，ⅱとなる確率が，$\frac{1}{5}\times\frac{1}{4}=\frac{1}{20}$，ⅲとなる確率が，$\frac{1}{5}\times\frac{1}{4}\times\frac{1}{3}=\frac{1}{60}$，ⅳは，$\frac{1}{5}\times\frac{1}{4}\times\frac{1}{3}\times\frac{1}{2}=\frac{1}{120}$，ⅴは，$\frac{1}{5}\times\frac{1}{4}\times\frac{1}{2}=\frac{1}{40}$ より，$\frac{1}{20}+\frac{1}{60}+\frac{1}{120}+\frac{1}{40}=\frac{1}{10}$ である。1番目の児童が③に座るⅵ，ⅶでは，ⅵが，$\frac{1}{5}\times\frac{1}{3}=\frac{1}{15}$，ⅶが，$\frac{1}{5}\times\frac{1}{3}\times\frac{1}{2}=\frac{1}{30}$ で，$\frac{1}{15}+\frac{1}{30}=\frac{1}{10}$ である。1番目の児童が④に座るⅷの場合は，$\frac{1}{5}\times\frac{1}{2}=\frac{1}{10}$ である。したがって，5番目の児童が自分の座席に座れる確率は，$\frac{1}{5}+\frac{1}{10}\times3=\frac{1}{2}$ で，やはり$\frac{1}{2}$である。

	1番目	2番目	3番目	4番目	5番目
ⅰ	①	②	③	④	⑤
ⅱ	②	①	③	④	⑤
ⅲ	②	③	①	④	⑤
ⅳ	②	③	④	①	⑤
ⅴ	②	④	③	①	⑤
ⅵ	③	②	①	④	⑤
ⅶ	③	②	④	①	⑤
ⅷ	④	②	③	①	⑤

n 人の児童がいる場合，1番目の児童が自分の座席に座る確率は $\frac{1}{n}$，2番目から $(n-1)$ 番目の児童の座席に座った場合に，n 番目の児童が自分の座席に座れる確率はそれぞれ $\frac{1}{2n}$ であり，これが $(n-2)$ 通りあることになる。したがって，n 番目の児童が自分の座席に座れる確率は，$\frac{1}{n}+\frac{1}{2n}\times(n-2)=\frac{1}{n}+\frac{n-2}{2n}=\frac{2+n-2}{2n}=\frac{n}{2n}=\frac{1}{2}$ であり，その確率は児童数にかかわらず一定である。

よって，正しいのはAとBで，正答は**2**である。

正答　2

数的推理 平面図形 平成25年度

図のように，同じ大きさの正方形5個を並べ，両端の正方形の一辺を延長した直線と各正方形の頂点を通る直線を結んで台形ABCDを作ったところ，辺ABの長さが12cm，辺CDの長さが4cmとなった。このとき，台形ABCDの面積は正方形1個の面積の何倍となるか。

1　7倍
2　7.5倍
3　8倍
4　8.5倍
5　9倍

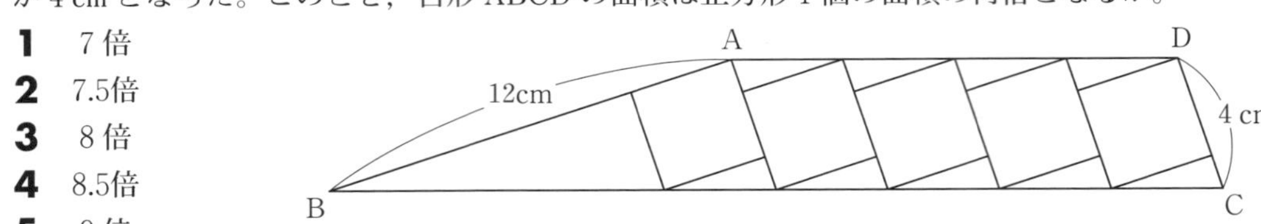

解説

次に示した図のように，辺ABを水平にしたほうが検討しやすいであろう。直線分ADおよびBCが台形の対辺（上底と下底）となるためには，5個の正方形の位置の差が一定でなければならない。したがって，AE＝CD＝4cmである。ここで，△ABE∽△HGE（∵2角相等）なので，

　HE：HG＝AE：AB＝4：12＝1：3

であり，HE＋HG＝AE＝4cmだから，HE＝1cm，HG＝3cmである。各正方形の上下にある，△HGEを含む9個の直角三角形はすべて合同（∵2辺夾角相等）なので，これら9個の直角三角形の面積は，いずれも$1\times3\times\frac{1}{2}=\frac{3}{2}$より，$\frac{3}{2}$cm^{2}である。また，△ABE∽△FBG（∵2角相等）だから，FG：FB＝1：3であり，FG＝3cmより，FB＝9cmである。ここから，

$$\triangle FBG=3\times9\times\frac{1}{2}=\frac{27}{2}$$

より，$\frac{27}{2}$cm^{2}である。正方形1個の面積は$3^2=9$より，9cm^{2}だから，台形ABCDの面積は，

$$\frac{3}{2}\times9+\frac{27}{2}+9\times5=27+45=72$$

より，72cm^{2}である。

　したがって，72÷9＝8より，台形ABCDの面積は正方形1個の面積の8倍で，正答は**3**である。

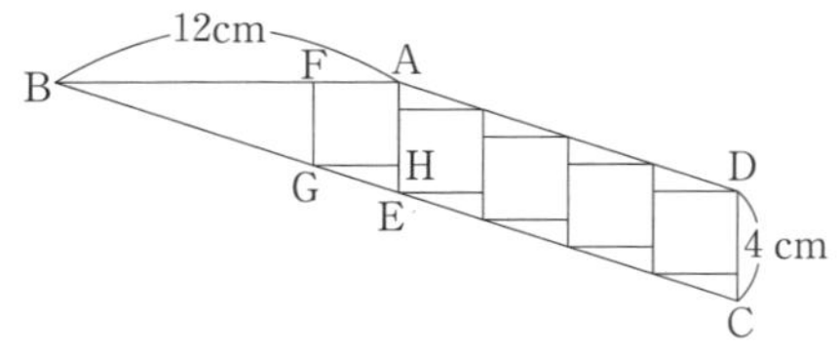

正答　3

教養試験

数的推理　立体図形　平成25年度

図Ⅰのように，底面の半径が 4 cm の円筒に，ある高さまで水が入っている。いま，図Ⅱのように，一辺の長さが 4 cm の正方形を底面とする四角柱を，底面を水平に保ったままこの水中に沈めていったとき，水面の位置が 3 cm 高くなった。このとき，四角柱の水につかっている部分の高さはいくらか。

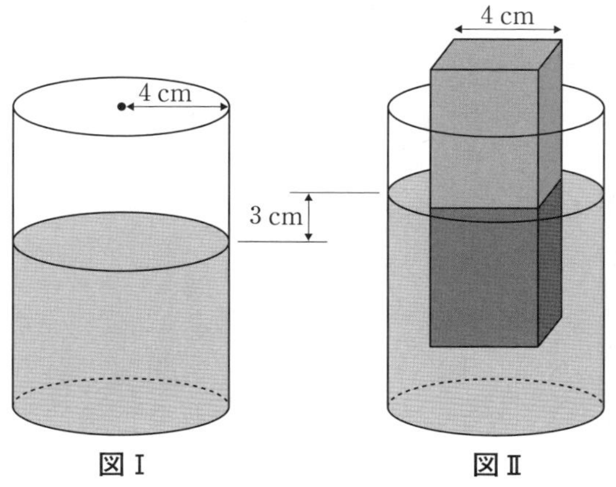

図Ⅰ　　図Ⅱ

1　$3\pi-3$cm
2　$4\pi-4$cm
3　3πcm
4　$3\pi+3$cm
5　4πcm

解説

水の入った容器に，その水面下へ物体を沈めていく場合，もとの水面より下部に沈んだ物体の体積と，もとの水面より上部にある水の体積が一致する。つまり，水面下に沈んだ物体の体積は，もとの水面より高くなった部分にある水の体積と，もとの水面より上部で水中にある物体の体積の和であり，これはもとの水面より高くなった部分の容器の容積と等しいことになる。水面はもとの位置より 3 cm 高くなっているので，この部分の容積は，$4^2\pi\times3=48\pi$ であり，四角柱の底面積は $4^2=16$ だから，この四角柱が水面下にある部分の高さは，$48\pi\div16=3\pi$ より，3π cm である。

よって，正答は**3**となる。

正答　3

AB＝4 cm，BC＝5 cm，CA＝3 cm の三角形がある。この三角形に図のように長方形 PQRS を内接させる。長方形 PQRS の面積が最大となるときの辺 PQ の長さはいくらか。

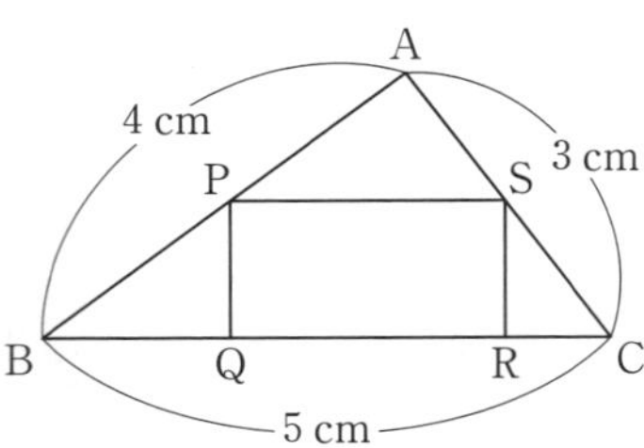

1 1 cm

2 $\frac{6}{5}$ cm

3 $\frac{3\sqrt{3}}{4}$ cm

4 $\frac{3}{2}$ cm

5 $\frac{25}{12}$ cm

解説

最大値，最小値を求める場合は，２次式で平方完成させることを考えればよい。

△ABC は３辺の長さの比が３：４：５の直角三角形であり，いずれも２角相等であることから，△ABC∽△APS∽△QBP∽△RSC で，これらの三角形の３辺の長さの比は，いずれも３：４：５である。ここで，PQ＝12x とすると，

$$PB=12x\times\frac{5}{3}=20x,\ AP=(4-20x)$$

であり，ここから，

$$PS=(4-20x)\times\frac{5}{4}=(5-25x)$$

となる。

長方形 PQRS の面積を y とすると，

$$y=12x(5-25x)=60x-300x^2$$
$$=-300\left(x^2-\frac{1}{5}x\right)$$

と表せる。この $y=-300\left(x^2-\frac{1}{5}x\right)$ の右辺にある $\left(x^2-\frac{1}{5}x\right)$ について平方完成させることを考えると，

$$y=-300\left(x^2-\frac{1}{5}x+\frac{1}{100}-\frac{1}{100}\right)$$
$$=-300\left\{\left(x-\frac{1}{10}\right)^2-\frac{1}{100}\right\}$$
$$=-300\left(x-\frac{1}{10}\right)^2+3$$

となる。この $y=-300\left(x-\frac{1}{10}\right)^2+3$ は，$x=\frac{1}{10}$ のとき，$-300\left(x-\frac{1}{10}\right)^2=0$ となって，このとき $y=3$ で，これが最大値である（$x\neq\frac{1}{10}$ のとき，$y<3$ である）。

したがって，$PQ=12x=\frac{1}{10}\times12=\frac{6}{5}$〔cm〕のとき，長方形 PQRS は面積３で最大となるので，正答は**2**である。

［注］ PQ＝x，あるいは PQ＝3x 等としてもよいが，PQ＝12x として立式したほうが，最初の式内の係数が単純化される。

正答　2

国家一般職［大卒］ 教養試験

No. 232

数的推理　速さ・時間・距離　平成25年度

甲駅と乙駅を結ぶ道路を，Aは甲駅から乙駅に向かって，Bは乙駅から甲駅に向かって，それぞれ一定の速さで歩く。2人が同時に出発してから途中で出会うまでにかかる時間は，Aが甲駅を出発してから乙駅に到着するまでにかかる時間に比べると4分短く，Bが乙駅を出発してから甲駅に到着するまでにかかる時間に比べると9分短い。Bが乙駅を出発してから甲駅に到着するまでにかかる時間はいくらか。

1　11分　**2**　12分　**3**　13分　**4**　14分　**5**　15分

解説

A，Bの動きをダイヤグラムに表してみると，次の図Iのようになる。「2人が同時に出発してから途中で出会うまでにかかる時間は，Aが甲駅を出発してから乙駅に到着するまでにかかる時間に比べると4分短く，Bが乙駅を出発してから甲駅に到着するまでにかかる時間に比べると9分短い」ということは，AはBと出会ってから4分で乙駅に到着し，BはAと出会ってから9分で甲駅に到着したことになる。そこで，2人が出発してから出会うまでにかかった時間をt分とすると，$t:9=4:t$が成り立ち，ここから，$t^2=4\times9=36$より，$t=6$である。

したがって，Bが乙駅を出発してから甲駅に到着するまでにかかった時間は，$6+9=15$より，15分であり，正答は**5**である。

図I

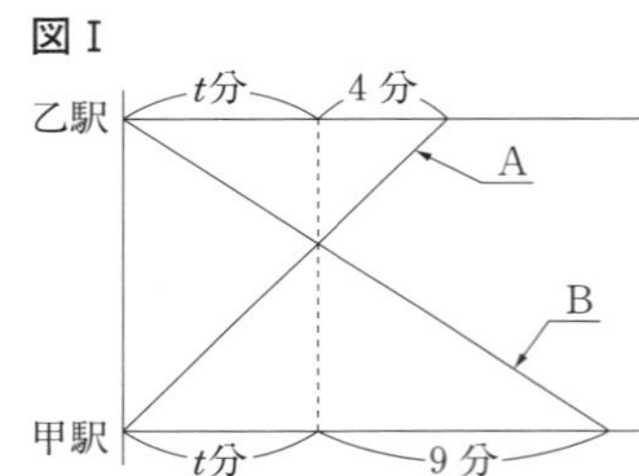

［参考］次の図Ⅱにおいて，上下の2本の辺が平行ならば，2角相等でアとイの三角形，ウとエの三角形はそれぞれ相似であり，ここから，$a:d=m:n$，$c:b=m:n$より，$a:d=c:b$，したがって，$ab=cd$である。

図Ⅱ

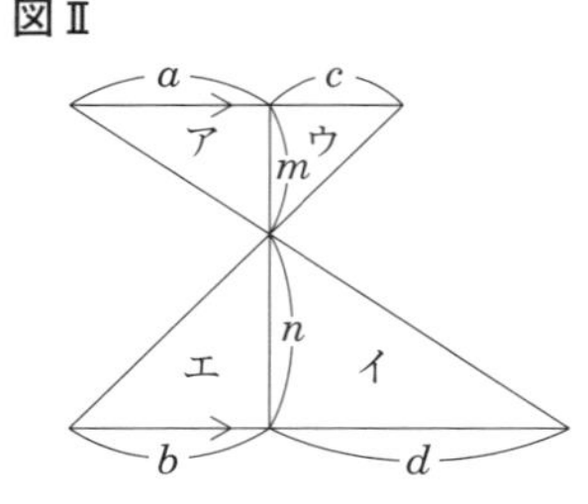

正答　5

数的推理　速さ・時間・距離　平成25年度

A，Bの２人が図のような一周200ｍの運動場のトラック上におり，Aの100ｍ後方にBが位置している。この２人がトラック上をそれぞれ反時計回りの方向に同時に走り出した。２人が走る速さはそれぞれ一定で，Aは毎分125ｍの速さで，Bは毎分150ｍの速さであった。Aが何周か走ってスタート地点に到達して止まったとき，BはAより20ｍ前方にいた。

考えられるAの周回数として最も少ないのはどれか。

1　3周
2　5周
3　8周
4　10周
5　13周

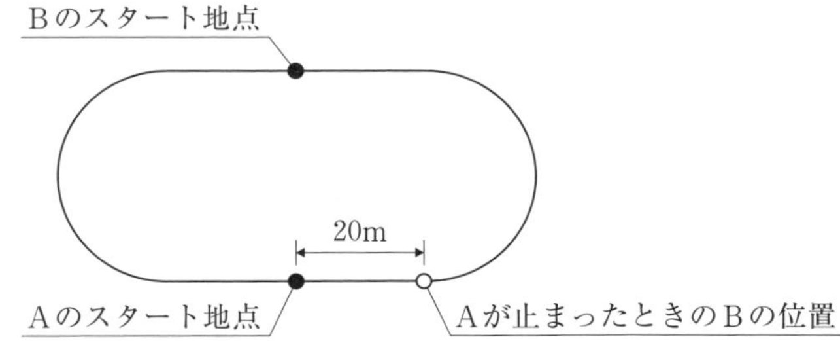

解説

1周200ｍのトラックを，Aは毎分125ｍの速さで走るので，1周するのにかかる時間は$\frac{200}{125}=\frac{8}{5}$分である。また，Bは1分間にAより25ｍ多く走るので，Aが1周する$\frac{8}{5}$分では，$25\times\frac{8}{5}=40$より，40ｍ多く走る。

つまり，Aが1周したとき，BはAの後方60ｍの地点，Aが2周したとき，BはAの後方20ｍの地点にいることになる。Aが3周したときには，BはAの前方20ｍの地点にいることになるので，Aが何周か走ってスタート地点に到達して止まったときにBはAより20ｍ前方にいた場合，Aの周回数として最も少ないのは3周である。

よって，正答は**1**である。

正答　1

国家一般職［大卒］ 教養試験

No.234 数的推理 確 率 平成25年度

ある格付け会社は企業をA，B，C，D（ランク外）の４段階で格付けしている。表は，この格付け会社によって，A，B，Cに格付けされた企業が１年後にどのような格付けになるかの確率を示したものである。これによれば，現在Aに格付けされている企業が４年以内にD（ランク外）の格付けになる確率はいくらか。ただし，いったんD（ランク外）の格付けになった企業が再びA，B，Cの格付けを得ることはないものとする。

現在の格付け ＼ １年後の格付け	A	B	C	D（ランク外）
A	90％	10％	０％	０％
B	10％	80％	10％	０％
C	５％	10％	80％	５％

1 0.1％
2 0.125％
3 0.15％
4 0.175％
5 0.2％

解説

AランクまたはBランクの企業が翌年D（ランク外）になることはない（１年で２ランク下がることはない）ので，現在Aに格付けされている企業が４年以内にD（ランク外）の格付けになるならば，２年後にAランクであることはなく，３年後にBランクであることもない。つまり，現在Aに格付けされている企業が４年以内にD（ランク外）の格付けになるとすれば，次の表に示すⅠ～Ⅳの４通りしかない。

	現在		１年後		２年後		３年後		４年後
Ⅰ	A	→	A	→	B	→	C	→	D
Ⅱ	A	→	B	→	B	→	C	→	D
Ⅲ	A	→	B	→	C	→	C	→	D
Ⅳ	A	→	B	→	C	→	D		

このⅠ～Ⅳの４通りについて，それぞれその確率を求めると，

Ⅰ：0.90×0.10×0.10×0.05＝0.00045＝0.045％
Ⅱ：0.10×0.80×0.10×0.05＝0.0004＝0.04％
Ⅲ：0.10×0.10×0.80×0.05＝0.0004＝0.04％
Ⅳ：0.10×0.10×0.05＝0.0005＝0.05％

である。したがって，現在Aに格付けされている企業が４年以内にD（ランク外）の格付けになる確率は，0.045＋0.04＋0.04＋0.05＝0.175より，0.175％で，正答は**4**である。

正答 **4**

国家一般職［大卒］ No. 235 教養試験 数的推理

比・割合

平成25年度

ある塩（えん）の水溶液A，Bは，濃度が互いに異なり，それぞれが1,200gずつある。両方を別々の瓶に入れて保管していたところ，水溶液Aが入った瓶の蓋が緩んでいたため，水溶液Aの水分の一部が蒸発した結果，100gの塩が沈殿した。

この沈殿物を取り除くと，水溶液の重量は800gとなったが，これに水溶液Bのうちの400gを加えたところ，この水溶液の濃度は水溶液Aの当初の濃度と同じになった。

次に，水溶液Aから取り出した沈殿物100gに，水溶液Bのうちの500gを加えて溶かしたところ，この水溶液の濃度も水溶液Aの当初の濃度と同じになった。

水溶液Aの当初の濃度はいくらか。

なお，沈殿物を取り除く際には，水分は取り除かれないものとする。

1 22.5%
2 27.5%
3 32.5%
4 37.5%
5 42.5%

解説

1,200gの水溶液Aから水が蒸発し，さらに100gの沈殿した塩を取り除いたところ，残りが800gとなった（400gの減少）のだから，蒸発した水は300gである。これに水溶液Bを400g加えたところ，当初のAの濃度に戻ったのだから，加えた水溶液Bについて考えると，その内容は蒸発した水300gと塩100gを戻したことになり，水溶液Bの濃度は，

$25\%\left(=\frac{100}{300+100}\right)$である。

そして，水溶液Aから取り出した沈殿物100g（これは濃度100%である）に，水溶液Bのうちの500gを加えて溶かしたところ，この水溶液の濃度も水溶液Aの当初の濃度と同じになったのだから，この関係を次のような図に表してみればよい。

濃度の異なる2種類の水溶液を混合した場合，両者の量の比と濃度の差についての比は逆比の関係になる。量の比は5：1なので，25と100の差である75を1：5に分ける。すると，12.5：62.5となるので，25＋12.5＝100－62.5＝37.5より，25%水溶液500gと100%の塩100gを混合した場合の濃度は37.5%である。

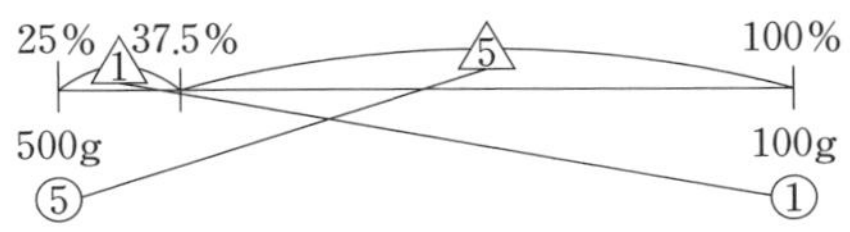

よって，この37.5%が当初の水溶液Aの濃度であり，正答は**4**である。

正答 4

文章理解 判断推理 数的推理 資料解釈 時事 物理 化学 生物 地学

図Ⅰにあるような4種類のバーA～Dがある。これらのうちから3本を，図Ⅱのように組み合わせて「1」～「9」の数字を示すこととする。2桁以上の数を示す場合は，これらのバーを横に並べる。例えば「13」を示す場合は，図Ⅲのようになる。

いま，図Ⅳのとおり，両端にAのバーを置き，その間の4本分のスペースに，A～Dを無作為に並べる場合，並んだ6本のバーが2桁の奇数を示す確率はいくらか。

なお，同じ種類のバーは，何本用いてもよいものとする。

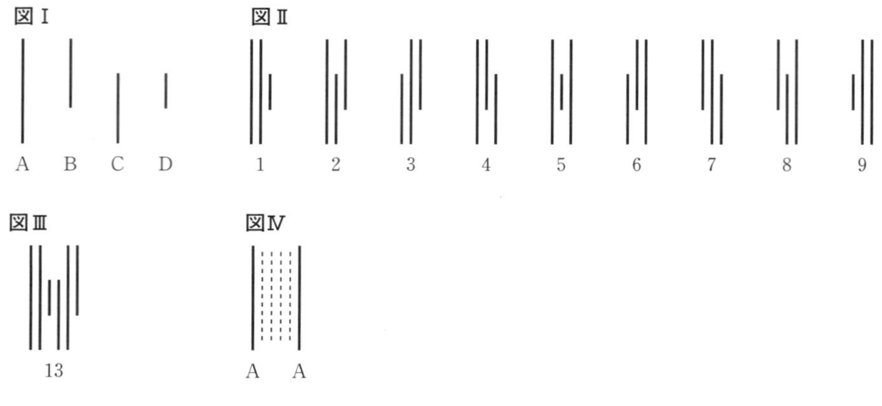

1 $\frac{1}{4}$ **2** $\frac{1}{8}$ **3** $\frac{1}{16}$ **4** $\frac{1}{32}$ **5** $\frac{1}{64}$

解説

問題の図Ⅳについて，2ケタの数字であることから，次の図のように十の位を表す部分をP，一の位を表す部分をQとしてみる。Pの部分に関しては，左端が図ⅠにおけるAであるから，これを満たすのは図Ⅱにおける「1」，「2」，「4」，「5」の4通りである。Qの部分に関しては，一の位は奇数でなければならないから，右端が図ⅠにおけるAとなるのは図Ⅱにおける「5」，「9」の2通りである。したがって，2ケタの奇数となるのは，$4\times2=8$通りとなる（15，19，25，29，45，49，55，59）。図Ⅳにおいて，両端のAに挟まれた4か所については，いずれも図ⅠにおけるA～Dの4通りがあるので，$4^4=256$通りある。したがって，図Ⅳにおいて並んだ6本のバーが2ケタの奇数を示す確率は，

$\frac{8}{256}=\frac{2^3}{4^4}=\frac{2^3}{2^8}=\frac{1}{2^5}=\frac{1}{32}$であり，正答は**4**である。

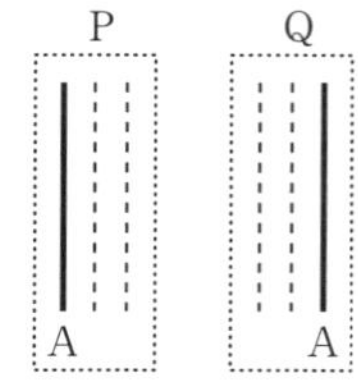

正答 **4**

数的推理　確　率　平成24年度

図のように，円周上に等間隔に並んだ12個の点から異なる３点を無作為に選んで三角形をつくるとき，得られた三角形が正三角形になる確率はいくらか。

1　$\frac{1}{110}$

2　$\frac{1}{55}$

3　$\frac{1}{33}$

4　$\frac{1}{12}$

5　$\frac{1}{11}$

解説

12個ある点から異なる３個を選ぶ組合せは，${}_{12}C_3=\frac{12\times11\times10}{3\times2\times1}=220$〔通り〕ある。この中で，選んだ３個の点を結んで出来る三角形が正三角形となるのは，次の図で表されるように４通りである。したがって，その確率は，$\frac{4}{220}=\frac{1}{55}$であり，正答は**2**である。

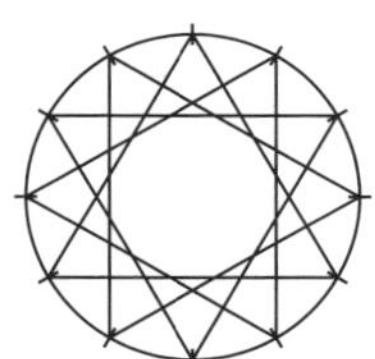

正答　**2**

国家一般職［大卒］ No. 238 教養試験

数的推理　仕事算　平成24年度

空(から)の貯水槽がある。ホースA，B，Cを用いて，この貯水槽に水をためることができる。ホース二つを同時に用いる場合，AとBでは36分，BとCでは45分，AとCでは60分で貯水槽がいっぱいになる。

ホースA，B，Cの三つを同時に用いる場合には，この貯水槽をいっぱいにするのにかかる時間はいくらか。

1　18分
2　21分
3　24分
4　27分
5　30分

解説

AとBを同時に用いると36分かかるから，1分間に貯水槽の$\frac{1}{36}$だけ水をためることができる。同様に，BとCを同時に用いると1分間に$\frac{1}{45}$，AとCを同時に用いると1分間に$\frac{1}{60}$だけ水をためることができる。ここで，ホースA，B，Cがそれぞれ2本ずつあるとすると，その6本を同時に用いれば，1分間に，$\frac{1}{36}+\frac{1}{45}+\frac{1}{60}=\frac{5}{180}+\frac{4}{180}+\frac{3}{180}=\frac{12}{180}=\frac{1}{15}$だけ水をためることができる。つまり，ホースA，B，Cをそれぞれ2本ずつ用いると15分で貯水槽を一杯にすることができる。したがって，ホースA，B，Cをそれぞれ1本ずつ用いた場合は，15分の2倍の時間を要するので，30分かかることになる。

以上から，正答は**5**である。

正答　**5**

国家一般職［大卒］ No. 239 教養試験

数的推理　不定方程式　平成24年度

80円，30円，10円の３種類の切手を，合わせて30枚，金額の合計でちょうど1,640円になるように買い求めたい。このような買い方に合致する切手の枚数の組合せは何通りあるか。

1　１通り
2　２通り
3　３通り
4　４通り
5　５通り

解説

すべて10円引きとして考えればよい。つまり，80円切手＝70円，30円切手＝20円，10円切手＝０円，とするのである。この場合，30枚買った場合の合計金額は，300円（＝10×30）下がって1,340円となる。

１枚70円で20枚買うと，それだけで1,400円となって1,340円を超えてしまう。したがって，１枚70円で買う切手は20枚未満である。また，１枚70円で奇数枚買った場合，残りは20円と０円なので合計金額を1,340円とすることはできない。したがって，１枚70円で買える切手は偶数枚でなければならない。そして，１枚70円で買える切手を14枚しか買わないとすると，１枚20円で買える切手を18枚買わないと1,340円とならないが，これだと32枚買うことになって30枚を超えてしまう。つまり，１枚70円で買える切手は14枚を超えている必要がある。

ここまでで，１枚70円で買える切手の枚数は18枚，あるいは16枚となる。１枚70円で買える切手の枚数が18枚のとき，20円で買える切手を４枚とすれば1,340円となるから，０円で買える切手を８枚とすれば合計30枚という条件も満たせる。１枚70円で買える切手の枚数が16枚ならば，20円で買える切手を11枚，０円で買える切手を３枚とすればよい。

以上から，条件を満たす枚数の組合せは２通りであり，正答は**2**である。

	枚数					
70円	19	18	17	16	15	14
20円		4		11		18
0円		8		3		

合計：1,340円

正答　2

国家一般職［大卒］ 教養試験 No. 240 数的推理 比と割合 平成24年度

自家製ヨーグルトをつくる場合，種（たね）となるヨーグルトに，その重さの５倍の重さの牛乳を加えて室温に放置すると，翌日，すべてヨーグルトになる。できたヨーグルトの重さは，種ヨーグルトと牛乳の重さの和に等しい。

ある家で，６月１日にヨーグルト15gを種として，これに５倍の重さの牛乳を加えてヨーグルトをつくり始めた。翌日から毎日，できたヨーグルトの2/3を食べ，残りのヨーグルトに牛乳を加えて再びヨーグルトをつくることを繰り返した。６月６日，その日の分のヨーグルトを食べ終わった後，誤ってヨーグルトの一部をこぼしてしまった。残ったヨーグルトを使って，今までと同様にヨーグルトをつくり，食べることを繰り返したところ，その２日後にできたヨーグルトは1,440gだった。このとき，こぼしたヨーグルトの重さはいくらか。

1 60g
2 120g
3 240g
4 360g
5 480g

解説

毎日，種の５倍の重さの牛乳を加えると，翌日に出来上がるヨーグルトの量は６倍になる。こうして翌日に出来たヨーグルトの$\frac{2}{3}$を食べるのだから，種として残るヨーグルトの量は前日の２倍になる。種が前日の２倍になるということは，加える牛乳，出来上がるヨーグルトの量，毎日消費する量もそれぞれ前日の２倍になるということである。この点について，１日目から６日目までの量的変化をまとめると次の表のようになる。

(g)

	1日目	2日目	3日目	4日目	5日目	6日目
出来上がり		90	180	360	720	1,440
消費		60	120	240	480	960
種	15	30	60	120	240	480
加える牛乳	75	150	300	600	1,200	2,400

６月６日の段階で，その日にヨーグルトを食べ終えた後に残る種は480gあるはずである。ところが，その２日後に出来たヨーグルトは1,440gだから，６月６日に種として使えたのは120gしかないことになる。したがって，こぼしてしまったヨーグルトの量は，480−120＝360より，360gということになり，正答は**4**である。

正答 4

数的推理　立体の体積比　平成24年度

図のような正四面体 ABCD があり，点Aから底面の三角形 BCD に向かって垂線を下ろし，その垂線と三角形との交点をEとする。線分 AE を含み，辺 CD と平行な平面で正四面体 ABCDを切断するとき，点Bを含む立体の体積と辺 CD を含む立体の体積の比はいくらか。

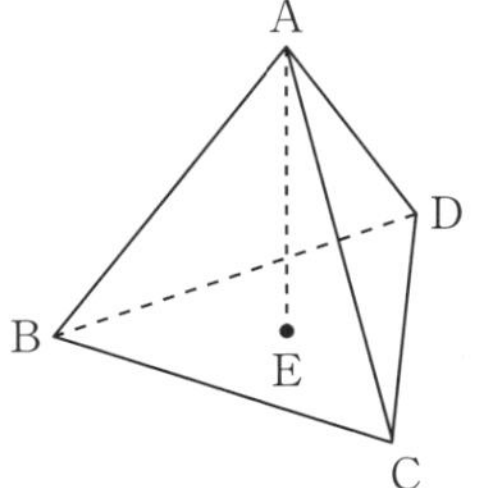

	点Bを含む立体の体積	:	辺 CD を含む立体の体積
1	1	:	1
2	2	:	3
3	3	:	4
4	4	:	3
5	4	:	5

解説

正四面体 ABCD の頂点Aから底面の △BCD に向かって垂線AEを下ろすと，点Eは△BCD の重心である。この正四面体 ABCD を，線分AEを含み，辺 CD と平行な平面で切断すると，その切断面は図Ｉの △AFG となり，FG//CD である。三角錐 ABFG（点Bを含む立体）と四角錐 AFCDG（辺 CD を含む立体）は，高さ AE は共通なので，その体積比は底面積となる △BFG と台形FCDGの面積比に一致する。点Eは △BCD の重心なので，図Ⅱにおいて BH：BE＝3：2（BE：EH＝2：1）である。そして，FG∥CD だから，△BCD∽△BFGで，その相似比はBC：BF＝3：2（＝BH：BE）となる。相似図形の面積比は相似比に対して2乗比となるので，△BCD：△BFG＝3^2：2^2＝9：4，したがって，△BFG：台形 FCDG＝4：(9−4)＝4：5である。これが三角錐ABFGと四角錐AFCDGの体積比となるので，三角錐ABFG：四角錐 AFCDG＝4：5であり，正答は**5**である。

図Ｉ

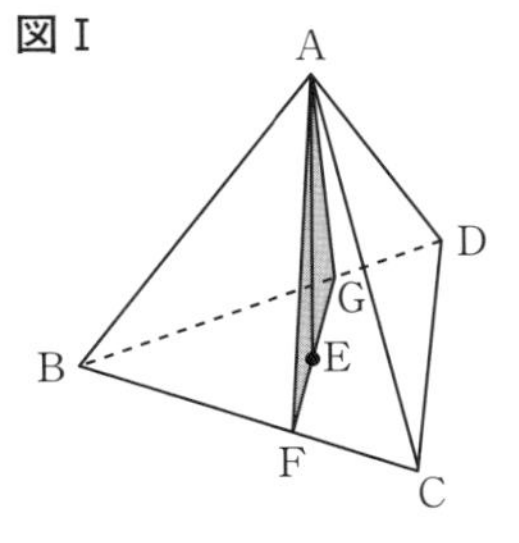

図Ⅱ

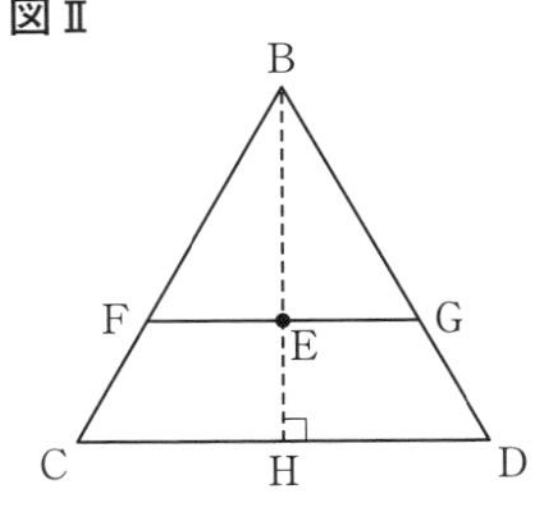

正答　5

国家Ⅱ種 No. 242 教養試験 数的推理 平面図形 平成23年度

図のように，一辺が8cmの正三角形の形に切った多数のセロファン紙を，長さ2mの直線AB上に，底辺部分を2cmずつずらして1枚ずつ置いていった。このとき，セロファン紙が3枚だけ重なった部分の面積の合計はいくらか。

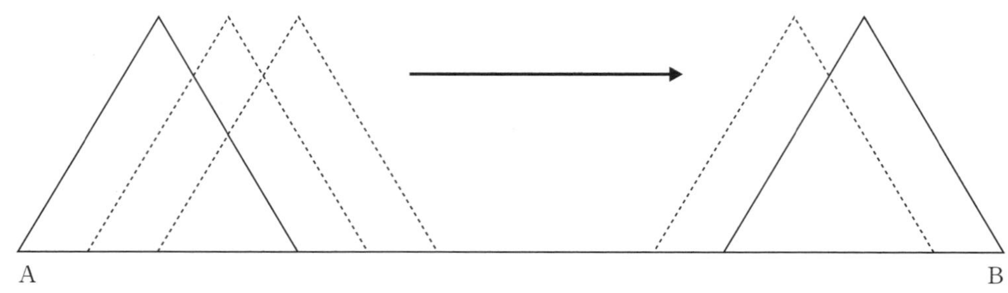

1 $192\sqrt{3}$ cm^2
2 $194\sqrt{3}$ cm^2
3 $196\sqrt{3}$ cm^2
4 $198\sqrt{3}$ cm^2
5 $200\sqrt{3}$ cm^2

解説

長さ2mの直線AB上に，1辺8cmの正三角形を2cmずつずらして並べると，

$(200-6)\div 2=97$

より，97枚の正三角形を置き並べることになる。

ここで，その正三角形の重なり具合を考えると，次の図のようになり（三角形の内部に示した数字が重なっている枚数を表す），3枚重なっているのは，図中の網掛け部分である。

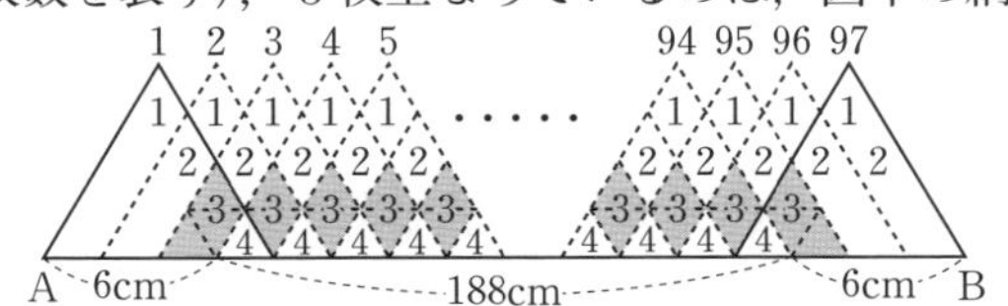

この3枚重なっている部分の図形は，1辺2cmの正三角形の組合せであり，図では，1枚目と95枚目はこの1辺2cmの正三角形が3枚並んだ台形，2枚目から94枚目までは1辺2cmの正三角形が2枚並んだひし形となっている。

つまり，3枚が重なった部分の合計は，1辺2cmの正三角形で考えると，

$3\times 2+2\times 93=192$

より，192枚分である。1辺2cmの正三角形の面積は$\sqrt{3}$cm^{2}であるから，これが192枚あれば$192\sqrt{3}$cm^{2}ということになる。

よって，正答は**1**である。

［参考］1辺の長さaの正三角形においては，「30°，60°，90°の直角三角形」の3辺の比は$1:\sqrt{3}:2$だから，その高さは$\frac{\sqrt{3}}{2}a$，面積は$\frac{\sqrt{3}}{4}a^2\left(=a\times\frac{\sqrt{1}}{2}a\times\frac{1}{7}\right)$である。

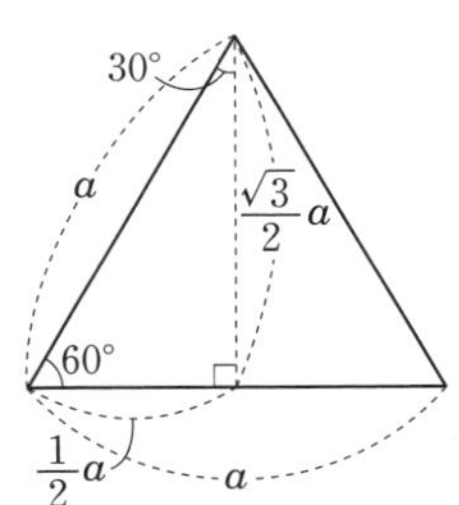

正答 1

No. 243 数的推理 整数問題 平成23年度

表面にA～Hのアルファベットが1字ずつ記された8枚のカードを，左からアルファベット順に並べて，裏面に0～9の数字を1字ずつ書く。記入する数字は次の規則に従う。

○ A～Dには任意の数字を書く。
○ EにはA，B，Cの数字の合計の下一桁を書く。
○ FにはA，B，Dの数字の合計の下一桁を書く。
○ GにはA，C，Dの数字の合計の下一桁を書く。
○ HにはE，F，Gの数字の合計の下一桁を書く。

例えば，A～Dまでのカードに，順に0，1，5，6と書けば，8枚のカードの数字は

0	1	5	6	6	7	1	4

という並びとなる。

この規則に従って数字を記入した上で，一部のカードを裏返したところ，

A	B	7	D	E	3	G	9

という並びになった。この場合，カードに書かれた数字について確実にいえるのはどれか。

1 Aは9である。
2 Bは8である。
3 Dは7である。
4 Eは6である。
5 Gは5である。

解説

C＝7は判明しているので，

E＝A＋B＋7（の下1ケタ）

F＝A＋B＋D＝□3

G＝A＋7＋D（の下1ケタ）

となる。HにはE，F，Gの数字の合計の下1ケタを書くのだが，下1ケタだけを書いたE，F，Gの合計の下1ケタを取っても，

（A＋B＋7）＋（A＋B＋D）＋（A＋7＋D）としてその下1ケタを取っても，その結論は異ならない。したがって，Hに関しては，

（A＋B＋7）＋（A＋B＋D）＋（A＋7＋D）＝3A＋2B＋2D＋14＝□9

となる。これを，

A＋2（A＋B＋D）＋14＝□9

と変形すると，

A＋B＋D＝□3（＝F）

より，A＋B＋Dは3，13，23のいずれかとなる（いずれも1ケタの3数の和は30未満である）。

① A＋B＋D＝3のとき，

A＋3×2＋14＝A＋20＝□9

となって，A＝9でなければならないが，これだとA＋B＋D＝3という前提に反する。

② A＋B＋D＝13のとき，

A＋13×2＋14＝A＋40＝□9

となり，この場合はA＝9で条件に反しない（□9＝49）。

③ A＋B＋D＝23のとき，

A＋23×2＋14＝A＋60＝□9

となり，この場合もA＝9で条件に反しない（□9＝69）。

ただし，B，Dに関してはそれぞれの数を特定できないので，E，Gに関しても確定できない。

したがって，確実にいえるのはA＝9だけで，正答は**1**である。

正答 1

文章理解 判断推理 数的推理 資料解釈 時事 物理 化学 生物 地学

国家Ⅱ種

教養試験

No. 244 数的推理 約数・倍数 平成23年度

500以下の自然数のうち，3で割ると1余り，かつ，7で割ると3余る数は何個あるか。

1 18個
2 20個
3 22個
4 24個
5 26個

解説

3で割ると1余り，かつ，7で割ると3余る最小の自然数は10である。そこからは3と7の最小公倍数である21ごとに現れるので（10，31，52，……），3で割ると1余り，かつ，7で割ると3余る自然数は，$10+21n$と表すことができる。そこで，$10+21n\leqq500$とすると，$21n\leqq490$，$n\leqq23.33\cdots$，となる。nは0以上の整数だから，0～23までの24個あることになり，500以下の自然数で，3で割ると1余り，かつ，7で割ると3余る数の個数も24個である。

よって，正答は**4**である。

正答 4

文章理解 判断推理 数的推理 資料解釈 時事 物理 化学 生物 地学

国家Ⅱ種

No. 245 教養試験

数的推理　速さ　平成23年度

太平洋の上空には，ジェット気流が吹いており，航空機が日本からアメリカへ向かう場合には追い風，逆にアメリカから日本へ向かう場合には向かい風となる。

ある人が，日本―アメリカ間を航空機で往復した。行きの便が日本の空港を離陸後，東京上空を通過したのは15時30分，ロサンゼルス上空を通過したのは，現地時間で同日の6時50分であった。航空機の時速は900km，ジェット気流の秒速は50mで，時差については，ロサンゼルスは東京よりも17時間遅いことが分かっているとき，帰りの便が，ロサンゼルス上空から東京上空までかかる時間はどれか。

ただし，航空機及びジェット気流の速さは一定であり，その経路は東京－ロサンゼルス間を一直線に結んでいるものとする。

1　12時間10分
2　12時間30分
3　12時間50分
4　13時間10分
5　13時間30分

解説

追い風の場合の速さは，航空機の速さ＋気流の速さ，向かい風の場合の速さは，航空機の速さ－気流の速さ，となる。ジェット気流は秒速50mだから，これを時速に換算すると，

$50 \times 60 \times 60 = 180000$〔m〕

より，時速180kmとなる。

したがって，追い風（往路）の速さは，

$900 + 180 = 1080$〔km/h〕

向かい風（復路）の速さは，

$900 - 180 = 720$〔km/h〕

となる。ここから，速さの比は，

往路：復路＝1080：720＝3：2

一方，往路にかかる時間は，ロサンゼルスは東京よりも17時間遅いので，東京を基準とすれば，15時30分から，6時50分に17時間を加えた23時50分までの8時間20分である。往復とも経路は同一（等距離）なので，往復にかかる時間の比は速さの比と逆比の関係になり，往路：復路＝2：3となる。つまり，復路は往路の$\frac{3}{2}$(＝1.5) 倍の時間がかかることになり，8時間20分×$\frac{3}{2}$＝12時間30分となる（時間，分のそれぞれを$\frac{3}{2}$倍にすればよい)。

よって，正答は**2**である。

正答　2

国家Ⅱ種
教養試験

No.246 数的推理 比・割合 平成23年度

あるラーメン店では，単一メニューの「ラーメン」のみを提供しており，どの客も，注文できるのはラーメン１杯のみである。

ある日この店で，販売価格を据え置いたままラーメンを大盛りで提供するサービスデーを開催した。当日は前日に比べて，客一人当たりの利益（売価から原価を差し引いたもの）が２割減少したものの，女性客が３割減少し，男性客が７割増加したため，この日の総利益は２割増加した。このとき，前日の女性客の割合はいくらであったか。

なお，サービスデーにおいては，客の希望の有無にかかわらず，店側は大盛りで提供したものとする。

1 15％
2 20％
3 25％
4 30％
5 40％

解説

客１人当たりの利益が２割減少（＝0.8倍）したにもかかわらず，総利益が２割増加（＝1.2倍）ということは，

1.2÷0.8＝1.5

より，客数が前日の1.5倍でなければならない。前日と比べて，女性客は３割減少（＝0.7倍），男性客は７割増加（1.7倍）となって，全体で1.5倍となったということである。この場合，「濃度」の問題と同様にして，次の図のように考えることが可能。

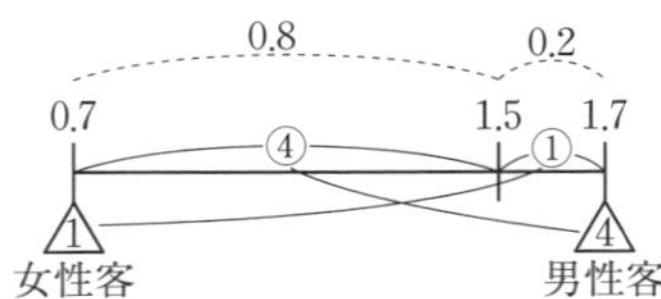

(1.5－0.7)：(1.7－1.5)＝0.8：0.2＝4：1

の逆比である1：4が前日の客の男女比である。

前日の客のうち，女性客は全体の $\frac{1}{1+4}=\frac{1}{5}$ だから，20％。よって，正答は**2**である。

正答 2

国家Ⅱ種

No. 247　教養試験

数的推理　平面図形　平成23年度

図のように，半径２の円に内接する正方形の対角線上に，互いに接するように等しい大きさの小円を三つ並べ，かつ，両端の円が正方形の２辺に接するように描くとき，この小円の半径として正しいのはどれか。

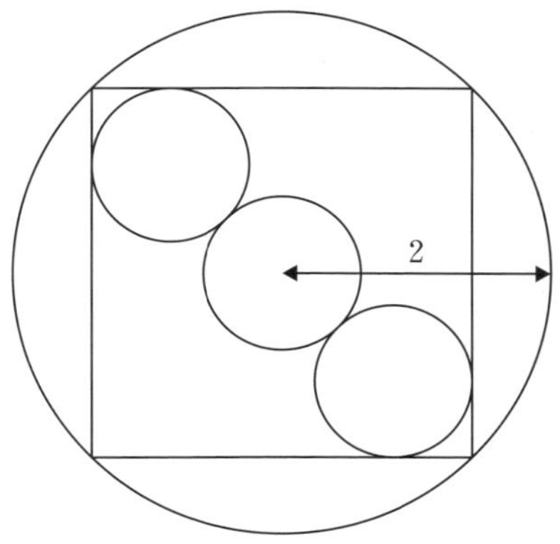

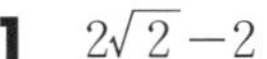

2　$\dfrac{2}{3}$

3　$\dfrac{4-\sqrt{2}}{4}$

4　$2-\sqrt{2}$

5　$\dfrac{2-\sqrt{2}}{2}$

解説

次の図のように，半径２の円に内接する正方形の対角線をABとし，３点O，P，Qを中心とする３つの円をそれぞれ円O，円P，円Q，その半径をrとする。

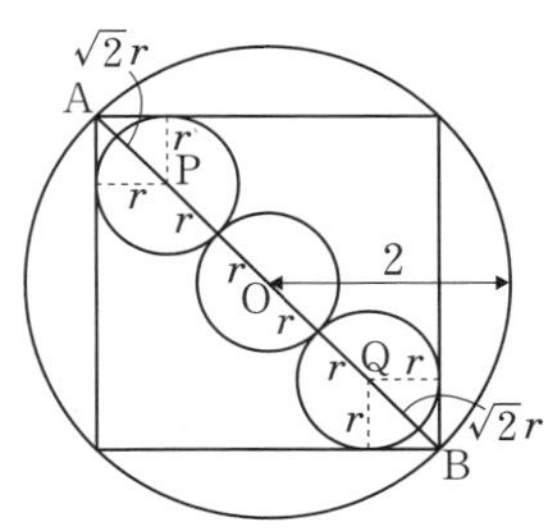

そうすると，PQ間の長さは$4r$，AP，BQの長さは，それぞれ１辺rの正方形の対角線となるから$\sqrt{2}r$となる。

したがって，

$AB=4r+2\sqrt{2}r=2\times2=4$

となり，ここから，

$(4+2\sqrt{2})r=4$

$$r=\frac{4}{4+2\sqrt{2}}=\frac{2}{2+\sqrt{2}}=\frac{2(2-\sqrt{2})}{(2+\sqrt{2})(2-\sqrt{2})}=\frac{2(2-\sqrt{2})}{4-2}=\frac{2(2-\sqrt{2})}{2}=2-\sqrt{2}$$

となる。よって，正答は**4**である。

正答　4

No. 248 数的推理　立体図形　平成22年度

図のように，二つの合同な三角柱が直角に交差しているとき，四面体 ABCD の体積はいくらか。

1　192cm^3
2　198cm^3
3　204cm^3
4　208cm^3
5　216cm^3

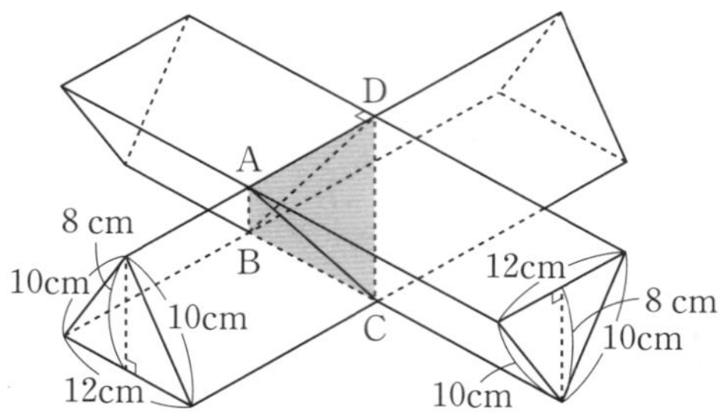

解説

四面体 ABCD について，辺 AD の中点をMとし，３点M，B，Cを通る平面 MBC を考える。そうすると，四面体 ABCD は，２つの三角錐 AMBC と DMBC に分けられる。もとの２つの三角柱の側面（底辺12cm，高さ 8 cm，等辺10cm の二等辺三角形）との関係から，△MBC はこの「底辺12cm，高さ 8 cm，等辺10cm の二等辺三角形」であり，辺 AM，辺 DM は△ MBC に対して垂直である。つまり，三角錐 AMBC は底面が△ MBC，高さが AM，三角錐 DMBC は底面が△MBC，高さが DM である。したがって，三角錐 AMBC の体積は，$12\times8\times\frac{1}{2}\times6\times\frac{1}{3}$，三角錐 DMBC の体積も，$12\times8\times\frac{1}{2}\times6\times\frac{1}{3}$ だから，四面体 ABCD の体積は，$12\times8\times\frac{1}{2}\times6\times\frac{1}{3}\times2=192$ より 192cm^3 であり，正答は**1**である。

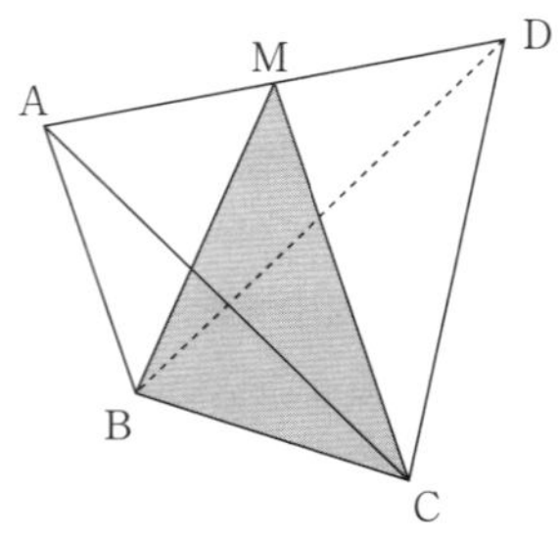

正答　**1**

国家Ⅱ種

No. 249 教養試験

数的推理　期待値　平成22年度

次の文の ア ， イ ， ウ に入るものの組合せとして最も妥当なのはどれか。

あるクイズ番組の優勝者には，次の方法により賞金を獲得するチャンスが与えられる。

① まず，優勝者は，次のAとBのどちらかを選択する。

A：100％の確率で100万円の賞金を得ることができる。

B：50％の確率で300万円の賞金を得ることができるが50％の確率で何も得られない。

② 次に，くじを引き，くじが当たりであれば①であらかじめ選んだAあるいはBの権利を行使できるが，はずれならば何も得ることができない。

ただし，くじに当たる確率は20％である。

この場合，これからくじを引こうという段階においては，Bを選んだ人にとっては「 ア の確率で300万円を得ることができるが イ の確率で何も得られない」という状況にあるといえる。この状況を，これからくじを引こうという段階でAを選んだ人の状況と比較すると，Bを選んだ人の所得の期待値は，Aを選んだ人の所得の期待値より ウ 大きい。

	ア	イ	ウ
1	5％	95％	20万円
2	10％	90％	5万円
3	10％	90％	10万円
4	20％	80％	10万円
5	20％	80％	20万円

解説

Aを選んだ場合，くじに当たりさえすれば，100％の確率で100万円の賞金を得ることができる。くじに当たる確率は20％だから，これからくじを引こうという段階でのAを選んだ人の所得の期待値は，100万$\times\frac{20}{100}\times\frac{100}{100}=$20万より，20万円である。

一方，Bを選んだ場合，くじに当たる確率はやはり20％であるが，300万円の賞金を得るためには，さらに50％の確率という条件が加わっている。つまり，これからくじを引こうという段階では，300万円の賞金を得られる確率は，$\frac{20}{100}\times\frac{50}{100}=\frac{10}{100}=10\%$であり，これがアに該当する。したがって，90％の確率で何も得られないことになるのであり，イは90％である。

Bを選んだ人が，これからくじを引こうという段階での所得の期待値は，300万$\times\frac{10}{100}=$30万より，30万円である。したがって，これからくじを引こうという段階でAを選んだ人の状況と比較すると，Bを選んだ人の所得の期待値は，Aを選んだ人の所得の期待値より10万円（＝ウ）大きいことになる。

以上から，ア＝10％，イ＝90％，ウ＝10万円，であり，正答は**3**である。

正答　3

国家Ⅱ種 教養試験

No. 250 数的推理 割 合 平成22年度

ある商品を120個仕入れ，原価に対し５割の利益を上乗せして定価とし，販売を始めた。ちょうど半数が売れた時点で，売れ残りが生じると思われたので，定価の１割引きにして販売した。販売終了時刻が近づき，それでも売れ残りそうであったので，最後は定価の半額にして販売したところ，売り切れた。全体としては，原価に対し１割５分の利益を得た。このとき，定価の１割引きで売れた商品は何個か。

1　５個
2　15個
3　25個
4　45個
5　55個

解説

商品１個の原価を a とすると，定価は $1.5a$，定価の１割引きの価格は $1.5a\times(1-0.1)=1.35a$，定価の半額は $0.75a$ となる。定価で売れたのは120個の半数で60個だから，定価の１割引きで売れた個数を x 個とすると，定価の半額で売った個数は（$60-x$）個となる。

ここから，$1.5a\times60+1.35ax+0.75a(60-x)=1.15a\times120$，という式が成り立つ。$90a+1.35ax+45a-0.75ax=138a$，$(90+1.35x+45-0.75x)a=138a$，だから，両辺を a で割って，$90+1.35x+45-0.75x=138$ となる。ここから，$0.6x=3$，$x=5$ となり，定価の１割引きで売れた個数は５個で，正答は**1**である。

正答　**1**

No. 251 数的推理 確率の収束 平成22年度

AとBの2人があるゲームを繰り返して行った。Aがゲームで勝ったときに次のゲームで勝つ確率は$\frac{1}{3}$であり，Aがゲームで負けたときに次のゲームで負ける確率は$\frac{1}{2}$である。第1回目のゲームでAが勝ったあとゲームを続けていくとn回目にAが勝つ確率はnが大きくなるにつれて一定の値に近づいていくが，その値はいくらか。

ただし，このゲームには引き分けがなく，A又はBのいずれか一方が勝つ。

1 $\frac{1}{7}$　**2** $\frac{2}{7}$　**3** $\frac{3}{7}$　**4** $\frac{4}{7}$　**5** $\frac{5}{7}$

解説

m回目にAがこのゲームに勝つ確率をpとすると，その回にAが負ける確率は$(1-p)$である。そうすると，$(m+1)$回目にAが勝つ確率は，$\frac{1}{3}p+\frac{1}{2}(1-p)=\frac{1}{2}-\frac{1}{6}p$，となる。さらに，$(m+2)$回目にAが勝つ確率は，$\frac{1}{3}\left(\frac{1}{2}-\frac{1}{6}p\right)+\frac{1}{2}\left(1-\frac{1}{2}+\frac{1}{6}p\right)=\frac{1}{6}-\frac{1}{18}p+\frac{1}{4}+\frac{1}{12}p=\frac{5}{12}+\frac{1}{36}p$，$(m+3)$回目にAが勝つ確率は，$\frac{1}{3}\left(\frac{5}{12}+\frac{1}{36}p\right)+\frac{1}{2}\left(1-\frac{5}{12}-\frac{1}{36}p\right)=\frac{5}{36}+\frac{1}{108}p+\frac{7}{24}-\frac{1}{72}p=\frac{31}{72}-\frac{1}{216}p$，$(m+4)$回目にAが勝つ確率は，$\frac{1}{3}\left(\frac{31}{72}-\frac{1}{216}p\right)+\frac{1}{2}\left(1-\frac{31}{72}+\frac{1}{216}p\right)=\frac{31}{216}-\frac{1}{648}p+\frac{41}{144}+\frac{1}{432}p=\frac{185}{432}+\frac{1}{1296}p$，となっていく。つまり，Aが勝つ確率は，$\frac{1}{2}-\frac{1}{6}p\left(=\frac{1}{2}\text{より}\frac{1}{6}p\text{だけ小さい}\right)$，$\frac{5}{12}+\frac{1}{36}p\left(=\frac{5}{12}\text{より}\frac{1}{36}p\text{だけ大きい}\right)$，$\frac{31}{72}-\frac{1}{216}p\left(=\frac{31}{72}\text{より}\frac{1}{216}p\text{だけ小さい}\right)$，$\frac{185}{432}+\frac{1}{1296}p\left(\frac{185}{432}\text{より}\frac{1}{1296}p\text{だけ大きい}\right)$，というように変化しながら一定の値に近づいていくことになる。そこで，$\frac{31}{72}-\frac{1}{216}p$と$\frac{185}{432}+\frac{1}{1296}p$からその間の数値を考えてみると，$\frac{31}{72}=\frac{186}{432}$なので，$\frac{185}{432}$と$\frac{186}{432}$の間ということになる。$\frac{2}{7}=\frac{864}{3024}$，$\frac{185}{432}=\frac{1295}{3024}$，$\frac{3}{7}=\frac{1296}{3024}$，$\frac{186}{432}=\frac{1302}{3024}$，$\frac{4}{7}=\frac{1728}{3024}$，より，ゲームの回数が増えることによって，Aが勝つ確率は$\frac{3}{7}$に近づいていくことになる。

問題文中で「nが大きくなるにつれて一定の値に近づいていく」と述べられているので，実際には2回目～4回目程度までの確率の変化を調べれば，その変化の中で収束していく値は$\frac{3}{7}$と判断することが可能である。

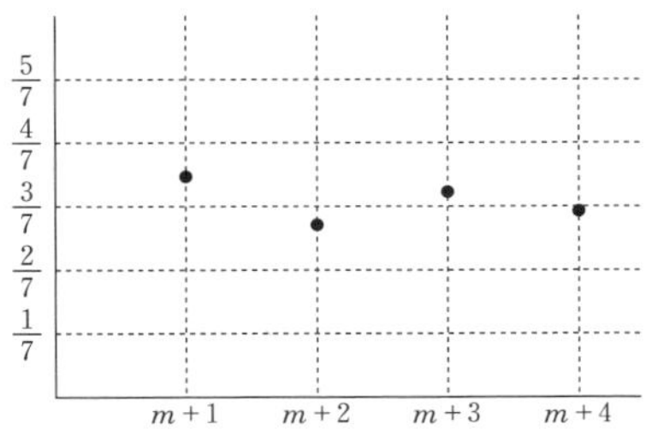

以上から，正答は**3**である。

正答 3

数的推理　場合の数　平成21年度

図Ⅰのような字体の数字を用いて3桁の数を表示できる透明な電光掲示板がある。この電光掲示板に3桁の整数が表示されているとき，横方向に裏返しても3桁の整数として成立する場合は何通りあるか。

ただし，0で始まる数の場合，0は桁数に含めないものとする（099は2桁，009は1桁と数える）。

また，図Ⅱの場合，821を横方向に裏返すと「1」の表示が図Ⅰと異なるため，3桁の整数としては成立しない。

図Ⅰ

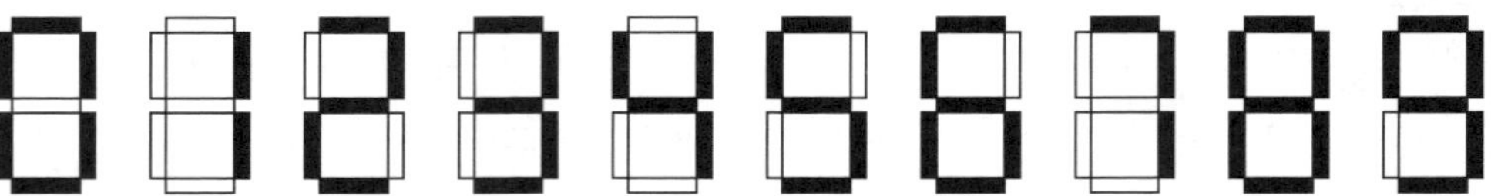

図Ⅱ

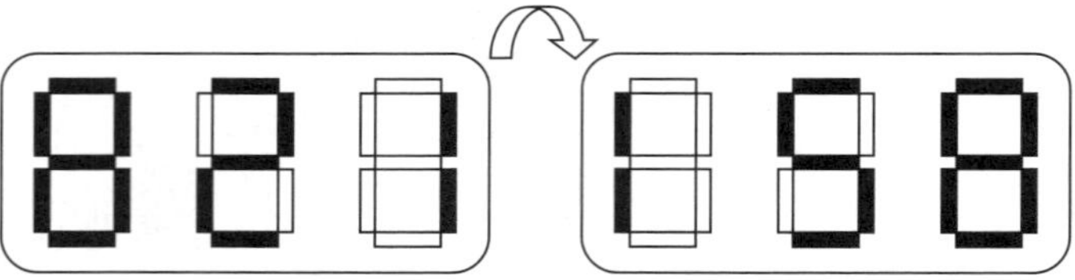

1　16通り
2　24通り
3　36通り
4　48通り
5　64通り

解説

この掲示板が示す数字では，裏返しても数字として成り立つのは，0，2，5，8の4種類である（0と8は裏返しても変わらず，2は裏返すと5，5は裏返すと2になる）。しかし，左端（百の位）と右端（一の位）には0を使うことができないので，左端と右端に使えるのは3種類，中央に4種類となり，3×4×3＝36より，36通りが裏返しても3桁の整数として成立することになる。したがって，正解は**3**である。

正答　3

No. 253 数的推理 比・割合 平成21年度

ある企業が輸出を行い，相手企業から１年後に代金105万ドルを受け取る契約をした。

現在の為替レートは１ドル＝110円であるが，変動相場制のため１年後のレートは未定で，この輸出企業が円建てでいくら収入を得られるかは不確定である。そのため，この輸出企業は取引銀行に依頼し，１年後の円建て収入を確定させることにした。

輸出企業が１年後に受け取る円建て収入は，取引銀行がア～エの取引を行うことによって定まるものとする。

取引銀行は，輸出企業から依頼を受けた時点で次のア，イの取引を行う。

ア　外国の銀行から期間１年，金利５％で100万ドルの借入れを行う。

イ　借り入れた100万ドルを現在のレート（１ドル＝110円）で円に替え，期間１年，金利１％で日本国債を買う。

取引銀行は，１年後に次のウ，エの取引を行う。

ウ　輸出企業から105万ドルを受け取り，これを借入れ先である外国の銀行に返す。

エ　満期となった国債を現金化し，そこから手数料（この銀行の利益）を差し引き，残額を輸出企業に支払う。手数料は国債の償還額の１％とする。

図は，以上の取引を示したもので，⇨は現時点での取引を，➡は１年後の取引を示している。

この場合に，この輸出企業が得る１年後の円建て収入はいくらになるか。

1　109,989,000円
2　109,988,000円
3　108,999,000円
4　108,989,000円
5　108,988,000円

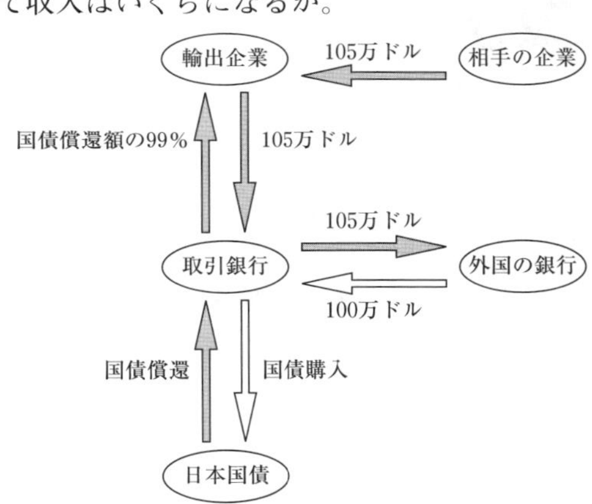

解説

取引銀行が外国銀行から期間１年，金利５％で100万ドルを借り入れると，１年後の返済額は105万ドルとなるが，これは輸出企業から受け取った105万ドルでそのまま返済すればよいので，この点についての損得はない。取引銀行が借り入れた100万ドルを，１ドル＝110円で円に替え，期間１年，金利１％で国債を買うと，１年後に国債を償還した際には，1000000×110×1.01＝111100000(円)となる。ここから１％を手数料として差し引いて輸出企業に支払えばよいのだから，輸出企業が得る１年後の円建て収入は，111100000×0.99＝109989000(円)となり，正解は**1**である。

正答　1

国家Ⅱ種

No. 254 教養試験 数的推理 確 率 平成21年度

ある都市のショッピング・モールに併設された駐車場の利用状況を調べたところ，この駐車場が満車になる確率は，晴れの日が$\frac{1}{6}$，雨の日が$\frac{2}{3}$であるという。また，この都市は$\frac{2}{3}$の確率で晴れ，$\frac{1}{3}$の確率で雨であることが分かっている。無作為に選んだある日に，この駐車場が満車となっていることが分かったとき，この日の天気が晴れであった確率はいくらか。

1 $\frac{1}{9}$

2 $\frac{1}{6}$

3 $\frac{1}{5}$

4 $\frac{1}{4}$

5 $\frac{1}{3}$

解説

ある日が晴れで駐車場が満車となる確率は，$\frac{2}{3}\times\frac{1}{6}=\frac{1}{9}$，ある日が雨で駐車場が満車となる確率は，$\frac{1}{3}\times\frac{2}{3}=\frac{2}{9}$である。したがって，満車となる確率は，$\frac{1}{9}+\frac{2}{9}=\frac{3}{9}=\frac{1}{3}$で，この$\frac{1}{3}$のうちで$\frac{1}{9}$が晴れの日だから，無作為に選んだある日に，この駐車場が満車となっていることがわかったとき，この日の天気が晴れである確率は，$\frac{1}{9}\div\frac{1}{3}=\frac{3}{9}=\frac{1}{3}$で，正解は**5**である。

正答 **5**

国家Ⅱ種

教養試験

No. 255 数的推理 濃度 平成21年度

ある容器に濃度20.0％のショ糖の水溶液が500g入っている。この水溶液の$\frac{3}{5}$を赤いコップに移し，残りをすべて青いコップに入れた。赤いコップに，ショ糖を20g追加し，十分にかき混ぜて均一になったところで，赤いコップの水溶液の半分を青いコップに移した。最後に，青いコップへ水を40g追加した。このとき，青いコップに入っている水溶液の濃度はいくらか。

ただし，水溶液中のショ糖はすべて溶けているものとする。

1 18.0％
2 18.5％
3 19.0％
4 19.5％
5 20.0％

解説

初めにショ糖水溶液500gを赤と青のコップに分けたとき，赤いコップに$\frac{3}{5}$だから水溶液300g(濃度20％だからショ糖は60g)，青いコップには水溶液200g（ショ糖は40g）が入っている。赤いコップにショ糖を20g追加すると，水溶液320g中ショ糖が80gになり，十分にかき混ぜた後にその半分を青いコップに移すのだから，移すのは水溶液160g（ショ糖は40g）である。これが青いコップ中の200g（ショ糖は40g）と一緒になり，さらに40gの水を加えるのだから，その水溶液は400gで，そのうちの80gがショ糖ということになり，80÷400×100＝20より，濃度は20％である。したがって，正解は**5**となる。

〔別解〕後から加えるショ糖と水に注目すると，加えたショ糖20gのうちの半分(10g)が青いコップに移ることになる。したがって，青いコップにおいては，最初からある20％水溶液が200＋150＝350(g)で，これにショ糖10gと水40gを加えたのと同じことである。新たに加えた10＋40＝50(g)のうち，ショ糖は10gだから，新たに加えたのは濃度20％の水溶液ということになり，濃度20％の水溶液に，やはり濃度20％の水溶液を加えたのだから，その濃度は20％で変化しない。

正答 5

国家Ⅱ種

No. 256 教養試験 数的推理

平面図形

平成21年度

図のように，ある惑星上の離れた二つの観測点からある衛星を同時に観測したところ，視差が1°であった。観測点間の距離を7×10^3kmとすると，この惑星と衛星の距離はおよそいくらか。

ただし，惑星と衛星の距離は惑星上の二つの観測点間の距離に比べて十分遠く，観測点間の距離が，衛星を中心とした円弧の距離と等しいとみなせるものとする。

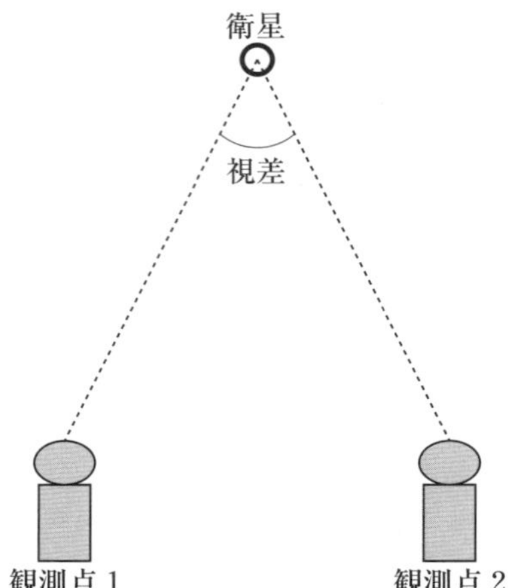

1 1×10^5km

2 4×10^5km

3 7×10^5km

4 1×10^6km

5 2×10^6km

解説

7×10^3km 離れた2つの観測点で同時に衛星を観測した際の視差が1°で，この観測点間の距離は衛星を中心とした円弧の距離とみなせるのであるから，惑星と衛星との距離をrとすれば，$2\pi r=7\times10^3\times360$，が成り立つ。ここから，$r=\dfrac{7\times10^3\times360}{2\pi}=\dfrac{7\times10^3\times180}{\pi}=\dfrac{7\times18\times10^4}{\pi}\fallingdotseq40.13\times10^4\fallingdotseq4\times10^5$，となる。したがって，正解は**2**である。

正答 2

国家Ⅱ種

No. 257　教養試験　数的推理　整　数　平成21年度

今年の1月1日から毎日，m月n日に$m \times n$（円）の金額を貯金箱へ貯金していくものとする。このとき，貯金の合計額が，初めて1万円以上となるのは次のうちどの月か。

ただし，貯金は0円の状態から始め，途中で貯金を引き出すことはないものとする。

また，各月の日数は実際には一定ではないが，30日であるとして計算するものとする。

1　今年の5月
2　今年の7月
3　今年の11月
4　来年の4月
5　来年の10月

解説

毎月30日として計算すると，1月は，$1\times1+1\times2+1\times3+\cdots\cdots+1\times29+1\times30=1+2+3+\cdots\cdots+29+30=\frac{30\times(30+1)}{2}=465$ より，465円の貯金となる。2月は，$2\times1+2\times2+2\times3+\cdots\cdots+2\times29+2\times30=(1+2+3+\cdots\cdots+29+30)\times2=465\times2=930$ より，930円である。そうすると，たとえば今年の1月から6月までの貯金額は，$465\times1+465\times2+465\times3+465\times4+465\times5+465\times6=465\times(1+2+3+4+5+6)=465\times21=9765$ で，9,765円となる。7月には465×7(円)の貯金をするので，今年の7月に1万円を超すのは確実であり，正解は**2**である。

正答　**2**

国家一般職［大卒］ No. 258 教養試験

資料解釈 防災に関する意識調査 令和元年度

図Ⅰ，Ⅱは，ある地域における防災に関する意識調査の結果を示したものである。これらから確実にいえるのはどれか。

図Ⅰ　災害対策について

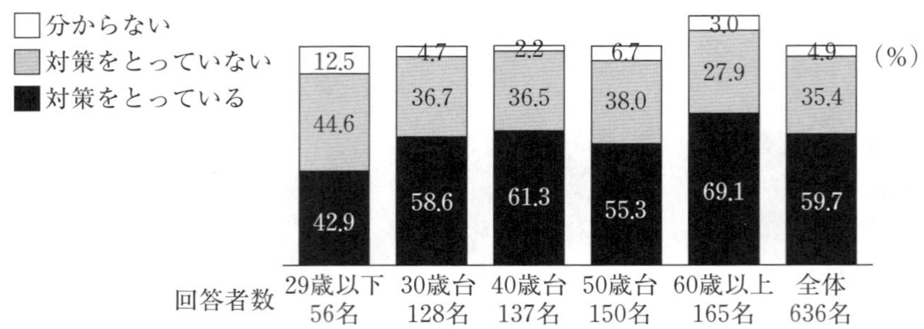

図Ⅱ　具体的な対策内容
（「対策をとっている」と回答した者のみ・複数回答可）

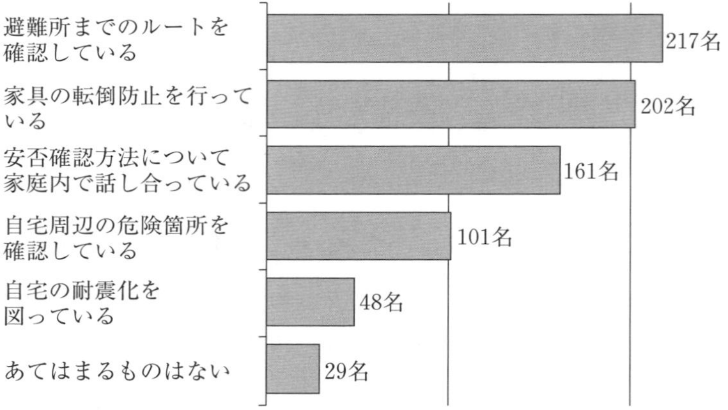

1　「対策をとっていない」と回答した者のうち，39歳以下が占める割合は，50％を超えている。

2　29歳以下で「対策をとっている」と回答した者は，50歳台で「分からない」と回答した者より少ない。

3　調査に回答した者全体のうち，「避難所までのルートを確認している」と回答した者が占める割合は，30％より少ない。

4　「対策をとっている」と回答した者のうち，「あてはまるものはない」と回答した者以外は全員複数回答をしている。

5　「対策をとっている」と回答した者のうち半数以上は，「家具の転倒防止を行っている」と回答した。

1．全体で「対策をとっていない」と回答したのは，$636\times0.354>636\times\frac{1}{3}=212$より，200名は超えている。このうち，39歳以下は，$128\times0.367+56\times0.446<150\times\frac{1}{3}+60\times\frac{1}{2}=80$より，80名未満である。したがって，50％には達しない。

2．29歳以下の回答者数は56名で，50歳代の150名に対して，その$\frac{1}{3}$を超えている。29歳以下で「対策をとっている」と回答した者は42.9％，50歳代で「分からない」と回答した者は6.7％で，$42.9\div6.7>6$より，６倍を超えている。ここから，$\frac{1}{3}\times6=2$となるので，29歳以下で「対策をとっている」と回答した者は，50歳代で「分からない」と回答した者より多い（値が１未満の場合に少なくなる）。

3．$636\times0.3<200$であり，「避難所までのルートを確認している」と回答した217名は，回答者全体の30％を超えている。

4．$636\times0.6\fallingdotseq380$より，「対策をとっている」と回答した者は約380名で，「あてはまるものはない」と回答した者は29名だから，「あてはまるものはない」と回答した者以外は約350名である。したがって，複数回答をしている者は必ずいる。しかし，「家具の転倒防止を行っている」と回答した202名が，「避難所までのルートを確認している」を含む他の４項目について複数回答していれば，「避難所までのルートを確認している」と回答した者のうちの15名（＝217－202）が複数回答していなくても，結果は成り立つ。

5．正しい。「対策をとっている」と回答した者は約380名で，「家具の転倒防止を行っている」と回答した202名はその半数（50％）を超えている。

正答　5

国家一般職［大卒］ 教養試験

No.259 資料解釈 国内総生産・物価上昇率 令和元年度

表は，A～Eの５か国の2014～2018年における国内総生産（単位：十億ドル）及び物価上昇率（前年比，単位：%）を示したものである。これから確実にいえるのはどれか。

		2014年	2015年	2016年	2017年	2018年
A国	国内総生産	170	180	180	190	210
	物価上昇率（前年比）	1.1	1.0	1.3	2.1	2.2
B国	国内総生産	180	190	210	230	250
	物価上昇率（前年比）	2.3	1.8	2.0	1.6	2.2
C国	国内総生産	40	45	50	55	60
	物価上昇率（前年比）	0.6	0.5	−0.1	0.7	1.3
D国	国内総生産	35	35	40	40	45
	物価上昇率（前年比）	1.3	0.7	0.5	1.8	1.6
E国	国内総生産	20	25	25	30	30
	物価上昇率（前年比）	0.6	0.6	0.7	2.7	2.7

1 各国の2018年の国内総生産の成長率（前年比）を比較すると，B国の成長率が最も高い。

2 2014年からみた2018年の各国の国内総生産の成長率は，E国が最も高く，C国が最も低い。

3 2014年からみた2018年の各国の国内総生産の増加額を比較すると，B国は，A国より小さいが，D国より大きい。

4 2013年の各国の物価を100とした2018年の指数を比較すると，最も小さいのはC国である。

5 2014～2018年の各国の物価上昇率の平均を比較すると，最も高いのはE国であり，最も低いのはC国である。

解説

1．2017年におけるB国の国内総生産は230十億ドルだから，23十億ドル増加しなければ成長率は10％に達しない。これに対し，D国は2017年の40十億ドルから45十億ドルへと５十億ドル増加しており，10％を超える成長率である。

2．C国，E国ともに，2014年に対する2018年の成長率は50％であり，他の３国より高い。

3．2014年から見た2018年の各国の国内総生産の増加額は，A国が40十億ドル，B国が70十億ドル，D国が10十億ドルであり，B国＞A国＞D国の順となる。

4．正しい。C国の場合，100×(1＋0.006)×(1＋0.005)×(1−0.001)×(1＋0.007)×(1＋0.013)≒100×(1＋0.006＋0.005−0.001＋0.007＋0.013)＝100×(1＋0.03)となる。A，B，D，E国においても同様の計算式を用いると，いずれも100×(1＋0.03) より大きくなる。したがって，2013年の各国の物価を100とした2018年の指数を比較すると，最も小さいのはC国である。

5．E国の場合，(0.6＋0.6＋0.7＋2.7＋2.7)÷5＝7.3÷5となる。これに対し，B国の場合，(2.3＋1.8＋2.0＋1.6＋2.2)÷5＝9.9÷5であり，物価上昇率の平均を比較すると，E国よりB国のほうが高い。

正答　4

国家一般職［大卒］ No. 260 教養試験

資料解釈　人口と高齢化率の推移　令和元年度

図は，漁港背後集落の人口と高齢化率（漁港背後集落及び全国）の推移を，表は，2017年における漁港背後集落の状況を示したものである。これらから確実にいえるのはどれか。

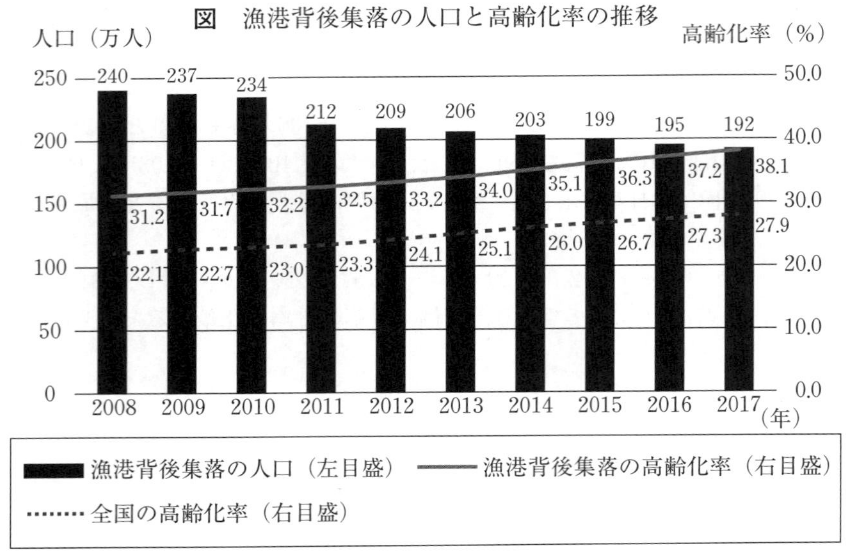

図　漁港背後集落の人口と高齢化率の推移

表　漁港背後集落の状況（2017年）

漁港背後集落総数	離島地域・半島地域・過疎地域のいずれかに指定されている地域			
		うち離島地域	うち半島地域	うち過疎地域
4,130	3,177	786	1,421	2,802

1　2017年の漁港背後集落の人口は，2008年と比べて25％以上減少している。

2　2013年からみた2017年の漁港背後集落の高齢者の増加数は，1.8万人以下である。

3　2008～2017年の各年について，漁港背後集落と全国の高齢化率（％）の差は，一貫して9ポイント以上であるが，2016年に初めて10ポイントを超えた。

4　2017年の漁港背後集落のうち，離島地域，半島地域，過疎地域のいずれか一つのみに指定されている集落数の合計は1,300以上である。

5　2017年の漁港背後集落のうち，離島地域には36万人が，半島地域には66万人が居住している。

1．25％＝$\frac{1}{4}$なので，2017年の漁港背後集落の人口が2008年と比べて25％以上減少しているならば，240－240×$\frac{1}{4}$＝240－60＝180より，180万人以下となっていなければならない。

2．206×0.340≒70.0，192×0.381≒73.2であり，増加数は1.8万人より多い。

3．2016年の差は，37.2－27.3＝9.9であり，その差は10ポイント未満である。

4．正しい。離島と半島は競合しない（択一関係）ので，3177－(786＋1421)＝970より，過疎地域のみに指定されている集落数は970である。そうすると，2802－970＝1832より，離島地域であり過疎地域でもある，半島地域でもあり過疎地域でもある，といういずれか2つに指定されている集落が1,832あることになる。ここから，(786＋1421)－1832＝375より，離島地域，半島地域のいずれか1つだけに指定されている集落は375である。したがって，離島地域，半島地域，過疎地域のいずれか1つのみに指定されている集落数の合計は，970＋375＝1345となり，1,300以上であるというのは正しい。

5．この資料から居住地域の人数分布を知ることはできない。

正答　4

国家一般職［大卒］ No. 261 教養試験

資料解釈 債権総額と不良債権率の推移 平成30年度

図は，ある国の国営銀行・民間銀行の債権総額と不良債権率の推移を示したものである。これから確実にいえるのはどれか。なお，不良債権率とは，不良債権額が債権総額に占める割合をいう。

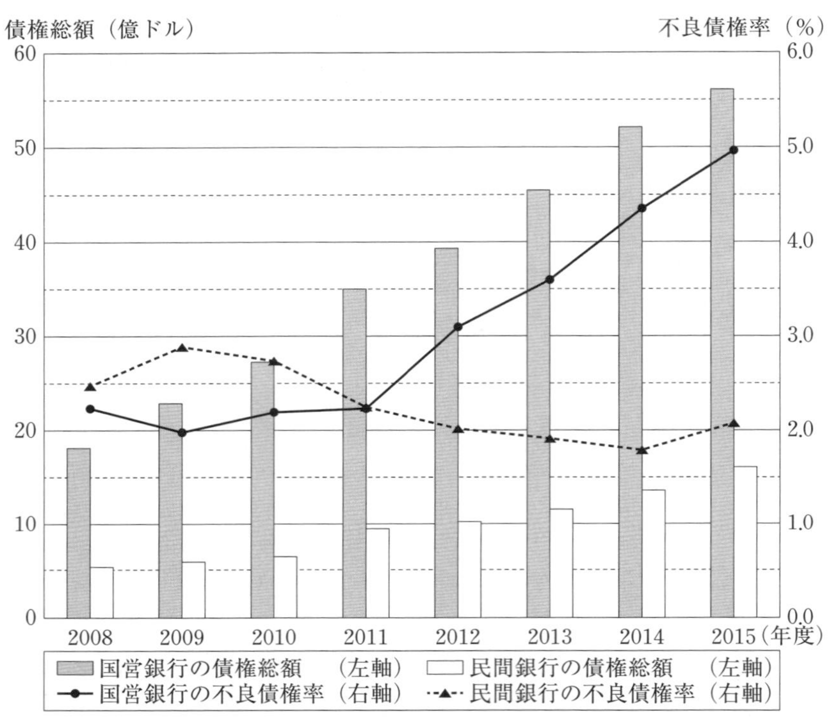

1　2008～2011年度の間，いずれの年度も，民間銀行の不良債権額は，国営銀行の不良債権額を上回っている。

2　2008～2015年度のうち，民間銀行の不良債権額が最大なのは2009年度である。

3　2010～2015年度の間，いずれの年度も，国営銀行において，債権総額の対前年度増加率は，不良債権額の対前年度増加率を上回っている。

4　国営銀行と民間銀行とを合わせると，2012年度の不良債権額が債権総額に占める割合は，2011年度のそれを上回っている。

5　国営銀行と民間銀行とを合わせると，2012年度の不良債権額は，2013年度のそれを上回っている。

解説

1．2008～2011年度の間で，国営銀行の不良債権額が最も少ないのは2008年で，約0.41億ドル（≒18×0.0225）である。一方，民間銀行の不良債権額が最も多いのは，2011年で約0.2億ドル（≒9×0.0225）であり，いずれの年度も民間銀行の不良債権額は，国営銀行の不良債権額を下回っている。

2．**1**で述べたとおり，2009年度より2011年度のほうが多い。2008～2015年度のうち，民間銀行の不良債権額が最大なのは2015年度である（16×0.021＝0.336）。

3．2010～2015年度の間，国営銀行では債権総額だけでなく不良債権率も上昇している。したがって，債権総額の対前年度増加率より不良債権額の対前年度増加率のほうが大きい。

4．正しい。2011年度の場合，国営銀行と民間銀行とを合わせた不良債権額が債権総額に占める割合は約2.25％である。2012年度の場合は，国営銀行の債権総額が民間銀行の債権総額の4倍近くあるので，国営銀行と民間銀行とを合わせた不良債権額が債権総額に占める割合（国営銀行が約3.1％，民間銀行が約2.0％）は，少なくとも2.5％を超えることになる（約2.9％）。

5．国営銀行と民間銀行とを合わせた2012年度の不良債権額は，50×0.029＝1.45より，約1.45億ドルである。2013年度の場合は，国営銀行の不良債権額だけで，45×0.036≒1.62より，少なくとも1.6億ドルを超えている。したがって，国営銀行と民間銀行とを合わせた2012年度の不良債権額は，2013年度のそれを下回っている。

正答　4

国家一般職［大卒］ No. 262 教養試験

資料解釈 旅行や行楽を行った人の割合 平成30年度

表は，旅行や行楽を行った人の割合（行動者率）を調査した結果を示したものである。これから確実にいえるのはどれか。なお，行動者率とは，過去１年間に該当する種類の活動を行った者が調査対象者に占める割合をいう。

（単位：％）

		平成 18 年	平成 23 年	平成 28 年
旅行（1 泊 2 日以上）	全体	63.7	59.3	59.1
	男性	63.4	58.5	57.3
	女性	63.9	60.1	60.8
国内旅行	全体	62.2	57.9	58.0
	男性	62.0	57.2	56.2
	女性	62.5	58.6	59.6
観光旅行	全体	49.6	45.4	48.9
	男性	47.9	43.3	47.4
	女性	51.2	47.4	50.3
帰省・訪問などの旅行	全体	25.2	23.8	26.0
	男性	24.2	22.7	25.4
	女性	26.2	24.9	26.6
海外旅行	全体	10.1	8.9	7.2
	男性	10.2	8.5	6.3
	女性	10.0	9.2	8.1
行楽（日帰り）	全体	60.0	58.3	59.3
	男性	56.9	54.8	56.3
	女性	63.0	61.6	62.1

1　平成18年の調査結果についてみると，女性の行動者率は，「旅行（１泊２日以上)」に含まれるいずれの活動においても男性を上回っている。

2　平成18年の調査結果についてみると，「国内旅行」と「海外旅行」の両方を行った者が，同年の調査対象者全体に占める割合は，10％以上である。

3　平成23年の調査結果についてみると，「旅行（１泊２日以上)」を行ったが，「行楽（日帰り)」は行わなかった男性が，同年の調査対象の男性に占める割合は，５％未満である。

4　平成28年の調査結果についてみると，「行楽（日帰り)」を行った男性は，「行楽（日帰り)」を行った女性よりも多い。

5　平成28年の調査結果についてみると，「国内旅行」を行った者のうち，「観光旅行」と「帰省・訪問などの旅行」の両方を行った者の割合は，25％以上である。

1．海外旅行の場合，男性 10.2％，女性 10.0％であり，男性のほうが上回っている。

2．平成 18 年において，「旅行（1 泊 2 日以上）」を行った者の割合は 63.7％である。「国内旅行」を行った者が 62.2％，「海外旅行」を行った者が 10.1％なので，(62.2＋10.1) −63.7＝8.6 より，「国内旅行」と「海外旅行」の両方を行った者が同年の調査対象者全体に占める割合は 8.6％以上であることは確実である。しかし，10％以上であるかどうかは確定できない。

3．平成 23 年において，「旅行（1 泊 2 日以上）」を行った男性は 58.5％，「行楽（日帰り）」を行った男性は 54.8％である。(58.5＋54.8) −100＝13.3 より，「旅行（1 泊 2 日以上）」と「行楽（日帰り）」の両方を行った男性は少なくとも 13.3％いることになる。しかし，両方を行った男性が 13.3％しかいなければ，58.5−13.3＝45.2 より，「旅行（1 泊 2 日以上）」を行ったが「行楽（日帰り）」は行わなかった男性は 45.2％いることになる。

4．平成 28 年における男性の調査対象者を a 人，女性の調査対象者を b 人とすると，(62.1−59.3)：(59.3−56.3) ＝a：b，2.8：3.0＝a：b であり，女性のほうが多い。「行楽（日帰り）」の行動者率も女性のほうが大きいので，「行楽（日帰り）」を行った男性は「行楽（日帰り）」を行った女性よりも少ない。

5．正しい。平成 28 年に「国内旅行」を行った者は 58.0％，「観光旅行」を行った者は 48.9％，「帰省・訪問などの旅行」を行った者は 26.0％である。ここから，(48.9＋26.0) −58.0＝16.9 より，少なくとも 16.9％が「観光旅行」と「帰省・訪問などの旅行」の両方を行っている。したがって，16.9÷58.0≒0.291 より，「国内旅行」を行った者のうち，「観光旅行」と「帰省・訪問などの旅行」の両方を行った者の割合は 29％以上いることになる。

正答　5

文章理解 判断推理 数的推理 資料解釈 時事 物理 化学 生物 地学

国家一般職［大卒］ 教養試験

No.263 資料解釈 バターの流通経路と業種別消費量 平成30年度

図と表は，ある年度における我が国のバターの流通経路とバターの業種別消費量をそれぞれ示したものである。これらから確実にいえるのはどれか。

図　バターの流通経路

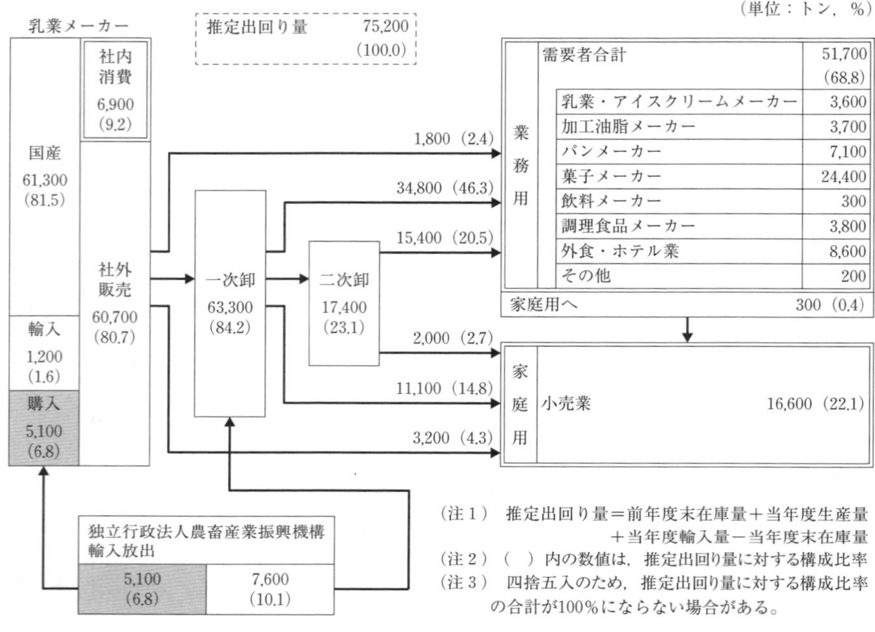

表　バターの業種別消費量

（単位：トン）

	消費量	うち国産	うち輸入
乳業メーカー（社内消費）	6,900	4,100	2,800
業務用	51,700	41,000	10,700
家庭用	16,600	16,200	400

1　一次卸における輸入バターの量は，8,500トン以上である。

2　二次卸から業務用及び家庭用に流通した国産バターの量の合計は，6,500トン以上である。

3　乳業メーカーが社内消費したバターのうち，独立行政法人農畜産業振興機構から購入したバターの量は，2,000トン以上である。

4　業務用の内訳のうち，消費量が多い方から見て，上位三つの消費量の合計は，業務用全体の８割を超えている。

5　業務用と家庭用を比較すると，一次卸を経由して流通したバターが消費量に占める割合は，家庭用の方が大きい。

解説

1．正しい。乳業メーカー保有の輸入バターは6,300（＝1200＋5100）トンである。輸入バターの社内消費が2,800トンあるので，社外販売する輸入バターは3,500トンとなる。ここで，一次卸を通さない業務用1,800トンのすべてが輸入バターであり，家庭用輸入バター400トンすべてが一次卸を通さないとしても，少なくとも1,300トン（＝3500－1800－400）の輸入バターが乳業メーカーから一次卸に流通する。そして，独立行政法人農畜産業振興機構から一次卸に流通する輸入バターが7,600トンあるので，一次卸における輸入バターの量は，8,500トン以上（8,900トン）である。

2．一次卸における輸入バターの最大量は，1200＋5100－2800＋7600＝11100より，11,100トンである。そのすべてが二次卸に流通したとすると，国産バターは6,300トンということになる。

3．乳業メーカーが社内消費したバターは2,800トンなので，乳業メーカーが輸入した1,200トンのすべてが社内消費されたとすると，独立行政法人農畜産業振興機構から購入したバターの量は1,600トンということになる。

4．業務用の内訳のうち，消費量が多いほうから見て上位3つの消費量の合計は，24400＋8600＋7100＝40100より，40,100トンである。51700×0.8＝41360＞40100より，8割未満である。

5．二次卸を経由して流通するバターもすべて一次卸を経由している。したがって，一次卸を経由せずに業務用に流通するバターは1,800トンで，これは51,700トンの約3.5％に当たるから，95％以上が一次卸を経由する。家庭用の場合は，一次卸を経由しないのが少なくとも3,200トンで，16,600トンの約19％に当たる。したがって，家庭用で一次卸を経由して流通したバターが消費量に占める割合は最大で約81％であり，一次卸を経由して流通したバターが消費量に占める割合は業務用のほうが大きい。

正答　1

国家一般職［大卒］ 教養試験

No.264 資料解釈 全社員の情報通信機器の保有率 平成29年度

図は，ある企業における，各年末時点での全社員の情報通信機器の保有率を調査した結果の推移を示したものである。これから確実にいえるのはどれか。

ただし，この企業の社員数は年ごとに変動があるものとする。

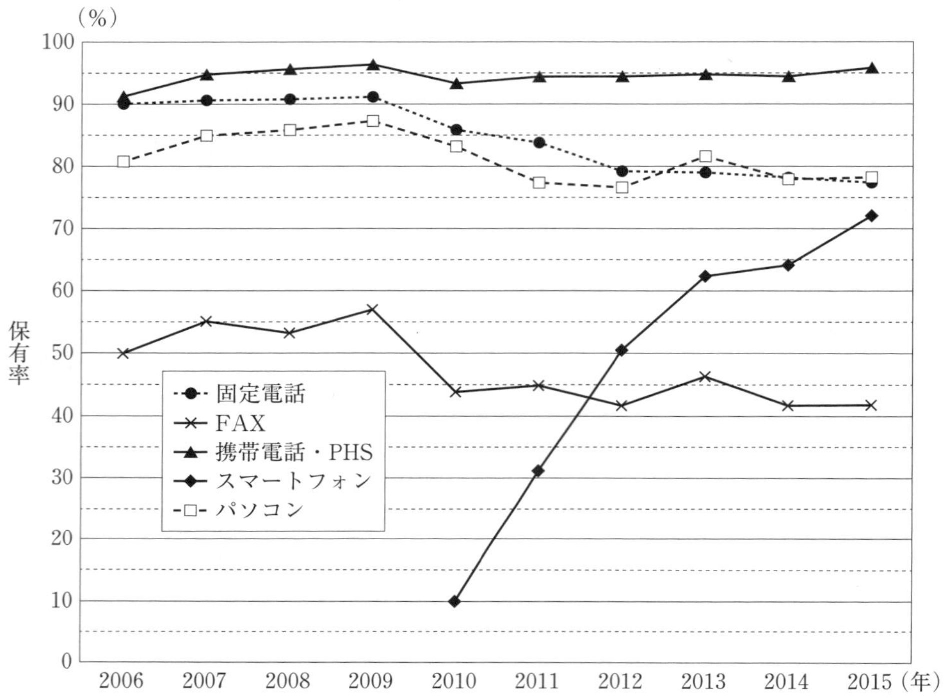

1 2006～2015年の間，いずれの年も，固定電話とパソコンを共に保有している社員が全社員に占める割合は，5割以上である。

2 2010～2014年の間，いずれの年も，固定電話を保有している社員数は，前年より減少している。

3 2010～2015年の間におけるスマートフォンを保有している社員数の最大は，同期間における固定電話又はパソコンを保有している社員数の最小を下回っている。

4 2011年におけるスマートフォンを保有している社員数は，前年と比べて，3倍を超えている。

5 2012～2015年の間，いずれの年も，FAXを保有している社員のうち半数以上は，スマートフォンを保有している。

1．正しい。固定電話とパソコンの保有率がどちらも75％である場合，固定電話を保有していない25％が全員パソコンを保有していたとしても，パソコンを保有している残りの50％は固定電話も保有していることになる。2006～2015年の間，いずれの年も固定電話とパソコンの保有率はそれぞれ75％を超えているので，固定電話とパソコンをともに保有している社員が全社員に占める割合は5割以上である。

2．2010～2014年にかけて，固定電話の保有率は前年より小さくなっている。しかし，社員数自体が毎年変動しているので，固定電話を保有している社員数が減少しているかどうかは判断できない。

3．**2**と同様で，社員数自体が変動しているので，判断できない。

4．これも社員数が変動しているので，判断できない。

5．たとえば2012年の場合，FAXを保有している社員が約42％，スマートフォンを保有している社員が約50％で，その和は100％未満である。したがって，FAXを保有している社員の中にスマートフォンを保有している社員が1人もいない可能性もある。

正答　1

文章理解
判断推理
数的推理
資料解釈
時事
物理
化学
生物
地学

国家一般職［大卒］ 教養試験

No.265 資料解釈 医療施設数，病床数の推移 平成29年度

表は，全国及びＡ県における医療施設数，病床数の推移を示したものである。これから確実にいえるのはどれか。

（単位：施設，床）

区分				平成24年	平成25年	平成26年
全国	医療施設数			177,191	177,769	177,546
全国	病床数			1,703,853	1,695,114	1,680,625
Ａ県	医療施設数	総数		2,802	2,821	2,822
Ａ県	医療施設数	病院		142	142	142
Ａ県	医療施設数	一般診療所		1,616	1,627	1,626
Ａ県	医療施設数	一般診療所	有床診療所	161	156	147
Ａ県	医療施設数	一般診療所	無床診療所	1,455	1,471	1,479
Ａ県	医療施設数	歯科診療所		1,044	1,052	1,054
Ａ県	病床数	総数		27,637	27,501	27,210
Ａ県	病床数	病院		25,500	25,473	25,265
Ａ県	病床数	一般診療所（有床診療所）		2,137	2,028	1,945
Ａ県	人口10万人当たり	病院数		6.1	6.1	6.1
Ａ県	人口10万人当たり	一般診療所数		69.5	69.9	69.8
Ａ県	人口10万人当たり	病院病床数		1,096.8	1,094.2	1,085.3
Ａ県	人口10万人当たり	一般診療所（有床診療所）病床数		91.9	87.1	83.5

（注）病床数は歯科診療所を除く。

1　平成25，26年のいずれの年も，全国の病床数に占めるＡ県のそれの割合は，前年に比べ増加している。

2　平成26年における全国の医療施設数に占めるＡ県のそれの割合は，２％以上である。

3　平成26年におけるＡ県の病床数の対前年減少率は，一般診療所（有床診療所）より病院の方が大きい。

4　平成26年におけるＡ県の病院１施設当たりの病床数は，一般診療所（有床診療所）のそれの10倍以上である。

5　平成24～26年の間，いずれの年も，Ａ県の人口は250万人以上である。

解説

1．平成25年は，27501÷1695114≒0.01622，平成26年は27210÷1680625≒0.01619であり，平成26年は25年より小さくなっている。

2．平成26年における全国の医療施設数は177,546なので，その2％以上なら少なくとも3,500を超えていなければならない。

3．病院の場合，25265÷25473≒0.992より，約0.8％の減少，一般診療所（有床診療所）の場合は，1945÷2028≒0.959より，約4.1％の減少で，減少率は一般診療所（有床診療所）のほうが大きい。

4．正しい。病院数は一般診療所（有床診療所）より少なく，病院の病床数は一般診療所（有床診療所）の10倍以上あるので，病院1施設当たりの病床数は，一般診療所（有床診療所）のそれの10倍以上である。

5．平成24～26年のいずれの年も，人口10万人当たりの病院数は6.1である。そうすると，人口が250万人なら，6.1÷10万×250万＝6.1×25≒153より，病院数は153なければならない。A県の病院数は142なので，いずれの年も人口は250万人未満である。

正答　4

国家一般職［大卒］ No. 266 教養試験

資料解釈　4県の人口100万人当たり社会教育施設数　平成29年度

図は，ある年における，A～D県の人口100万人当たりの社会教育施設数（ただし，全国におけるそれを100とする。）を示したものである。また，表は，同年のA～D県の全国総人口に占める人口割合を示したものである。これらから確実にいえるのはどれか。

図　人口100万人当たりの社会教育施設数

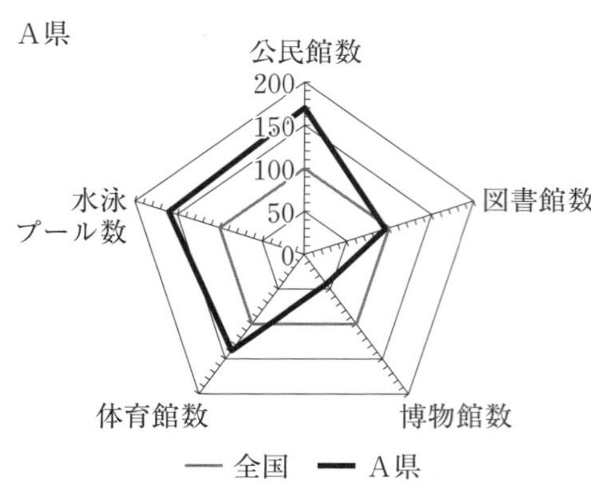

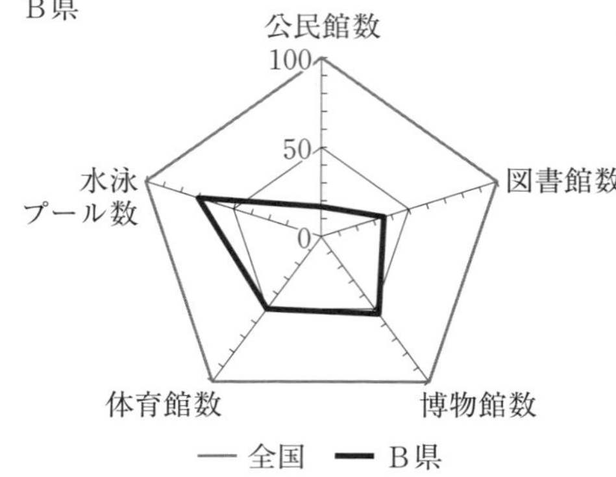

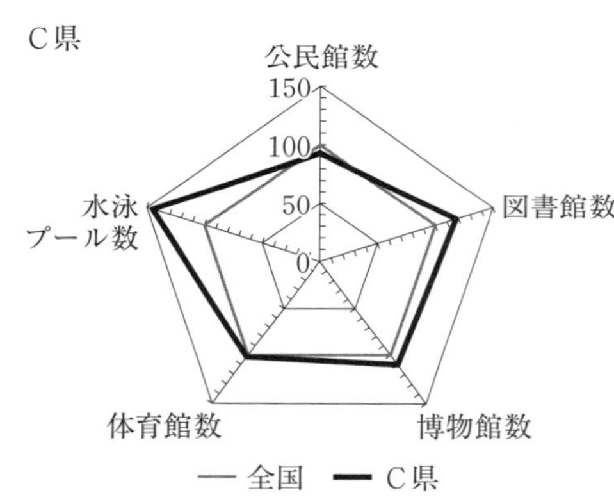

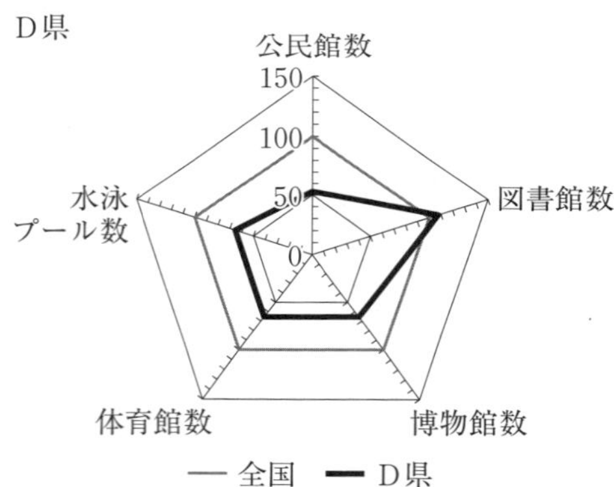

表　全国総人口に占める人口割合

（単位：％）

A県	1.07
B県	7.09
C県	2.23
D県	1.10
全国	100.00

1　A県の体育館数は，B県のそれの2倍以上である。
2　全国の水泳プール数に占めるC県のそれの割合は，5％以上である。
3　C県では，博物館数が公民館数を上回っている。
4　公民館数，図書館数，博物館数の合計が最も少ないのは，D県である。
5　D県の図書館数は，A県のそれを上回っている。

解説

この資料では，「県の人口100万人当たりの社会教育施設数」を「全国における人口100万人当たりの社会教育施設数を100」として表している。つまり，各数値は，(県の社会教育施設数÷県の人口)÷(全国の社会教育施設数÷全国総人口)×100ということである（人口は100万人単位)。ここから，県の社会教育施設数は，全国の社会教育施設数×(資料の各施設についての数値÷100)×(県の人口÷全国総人口）となる。全国の社会教育施設数自体が示されているわけではないので，各県におけるそれぞれの施設数を求めることはできない。しかし，同種施設であるならば，各県の施設数割合を比較することは可能である（レーダーチャート上の数値×各県の人口割合を比較すればよい)。

1．人口100万人当たりの体育館数は，A県が140，B県が50となっている。しかし，B県の人口はA県の人口の約7倍となっているので，体育館数はB県のほうが多い。

2．C県における人口100万人当たりの水泳プール数は140となっている。C県の人口が全国総人口に占める割合は2.23％なので，140×0.0223≒3.1より，5％未満である。

3．この資料から異なる施設間の比較はできないので，判断できない。

4．**3**と同様で，公民館数，図書館数，博物館数を比較することはできない。

5．正しい。D県は105×0.0110，A県は100×0.0107となるので，105×0.0110>100×0.0107より，D県の図書館数はA県の図書館数より多い。

正答　5

資料解釈　広告費の対前年増減率と構成比　平成28年度

図は，ある国の広告費について，３年分の対前年増減率及び2014年の構成比を媒体別に示したものである。これから確実にいえるのはどれか。なお，マスコミ四媒体の内訳は，新聞，雑誌，ラジオ，テレビメディア（地上波テレビ，衛星メディア関連）である。

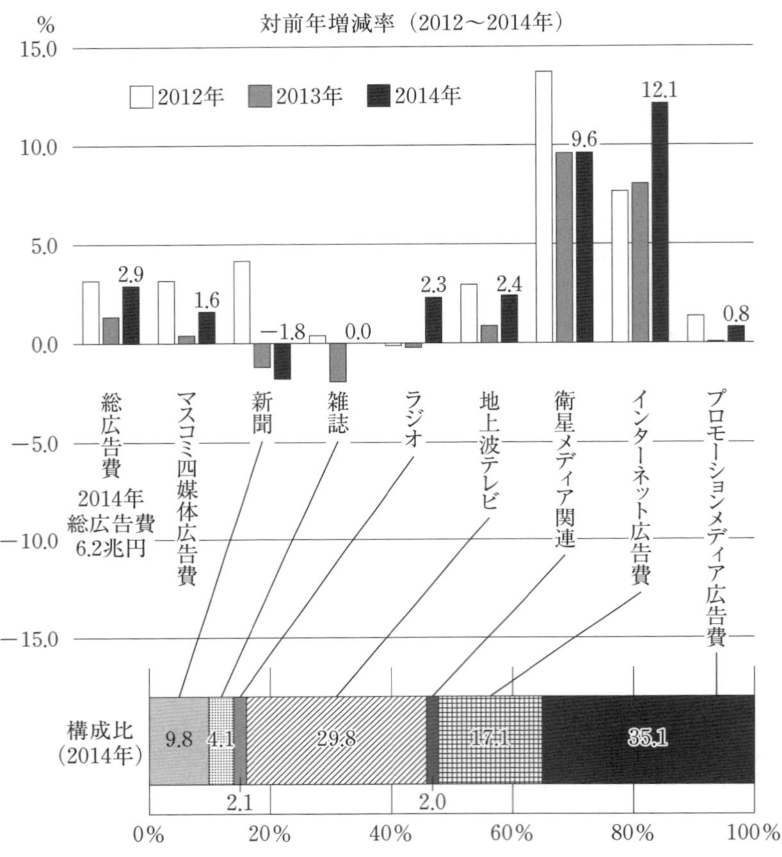

1　2014年の総広告費に占めるマスコミ四媒体広告費の割合は，前年のそれに比べて小さい。
2　2014年の新聞広告費は，2011年のそれと比べ，５％以上減っている。
3　2014年の衛星メディア関連広告費の対前年増加額は，地上波テレビのそれを上回っている。
4　2013年の総広告費に占めるプロモーションメディア広告費の割合は，35％未満である。
5　2012年以降，各年のインターネット広告費は，１兆円を超えている。

解説

1．正しい。2014年における総広告費の対前年増加率は2.9％ある。これに対しマスコミ4媒体広告費の対前年増加率は1.6％であり，総広告費の増加率より小さいので，2014年の総広告費に占めるマスコミ4媒体広告費の割合は，前年より小さくなっている。

2．2011年の新聞広告費を100とし，2012年の増加率を4％，2013年は−1.5％としてみても，$100\times(1+0.04)\times(1-0.015)\times(1-0.018)\fallingdotseq100\times(1+0.04-0.015-0.018)=100\times1.007>100$，となるので，2014年における新聞広告費は2011年より増加している。

3．2014年における地上波テレビ広告費は，衛星メディア関連広告費の14.9倍である。したがって，2014年の衛星メディア関連広告費の対前年増加額が地上波テレビ広告費を上回るためには，地上波テレビ広告費の対前年増加率2.4％の15倍程度の増加率（約36％）が必要である。

4．2014年におけるプロモーションメディア広告費の対前年増加率は0.8％で，総広告費の対前年増加率2.9％を下回っている。このことは，2014年におけるプロモーションメディア広告費の総広告費に占める割合が，2013年より小さくなっていることを示している。2014年は35.1％だから，2013年は35.1％より大きい。

5．2014年におけるインターネット広告費は，$6.2\times0.171=1.0602$，より，約1.06兆円である。2013年は，$1.06\div1.121<1$，より，1兆円未満である。

正答　1

国家一般職［大卒］ No. 268 教養試験

資料解釈　全国および北海道の生乳の用途別処理量　平成28年度

表は，全国及び全国を10地域に分けたうちの1地域である北海道における，平成26年の生乳の用途別処理量について示したものである。これから確実にいえるのはどれか。

地域	処理内訳	実数（千トン）	用途別割合（%）	対前年比（%）
全国	生乳処理量　計	7,334	100.0	97.7
	牛乳等向け	3,911	53.3	98.4
	うち　業務用向け	305	4.2	99.6
	乳製品向け	3,364	45.9	96.8
	うち　チーズ向け	498	6.8	102.5
	クリーム等向け	1,320	18.0	103.0
	その他向け	59	0.8	102.8
北海道	生乳処理量　計	3,488	100.0	98.1
	牛乳等向け	541	15.5	102.2
	うち　業務用向け	66	1.9	97.5
	乳製品向け	2,917	83.6	97.2
	うち　チーズ向け	491	14.1	102.4
	クリーム等向け	1,213	34.8	103.0
	その他向け	31	0.9	107.6

（注）四捨五入の関係により生乳処理量の合計が計に一致しない場合がある。

1　平成25年の「チーズ向け」処理量が2千トン以上の地域は，全国の10地域のうち5地域以上ある。

2　北海道の「乳製品向け」処理量の用途別割合は，平成26年の方が平成25年よりも大きい。

3　北海道以外の9地域における「牛乳等向け」処理量の合計は，平成26年の方が平成25年よりも多い。

4　平成26年の「クリーム等向け」処理量は，北海道で全国の95%を占めており，北海道以外ではその処理量が0トンの地域もある。

5　平成26年の「牛乳等向け」処理量の用途別割合が80%を超えている地域は，全国の10地域のうち1地域以上ある。

解説

1．平成 26 年の場合，北海道以外の地域では，「チーズ向け」処理量は 7 千トン（＝498－491）であり，平成 26 年の対前年比は全国，北海道とも 100％を超えている。どちらも対前年比がほぼ等しいので，平成 25 年における北海道以外の地域での「チーズ向け」処理量は 7 千トン未満である。北海道以外の 9 地域で 7 千トン未満だから，そのうちの 4 地域（北海道を合わせて 5 地域）が 2 千トン以上（計 8 千トン以上）となることはない。

2．生乳処理量の対前年減少率より乳製品向け処理量の対前年減少率のほうが大きいので，北海道の「乳製品向け」処理量の用途別割合は，平成 25 年のほうが平成 26 年よりも大きい。

3．平成 26 年における北海道の「牛乳等向け」処理量は前年より増加しているのに対して，全国では前年より減少している。つまり，平成 26 年における，北海道以外の 9 地域における「牛乳等向け」処理量の合計は，平成 25 年より減少している。

4．1320×0.95＝1320－66＝1254＞1213，より，平成 26 年の「クリーム等向け」処理量は，北海道で全国の 95％を占めている，というのは誤りである（約 91.9％）。また，北海道以外で「クリーム等向け」処理量が 0 トンの地域があるかどうかは不明である。

5．正しい。平成 26 年における北海道以外の地域での生乳処理量は，7334－3488＝3846，より，3,846 千トンである。このうち，「牛乳等向け」は，3911－541＝3370，より，3,370 千トンであり，その割合は，3846×0.8≒3077＜3370，より，80％を超えている。北海道以外の地域全体で 80％を超えているのだから，80％を超えている地域が必ず 1 地域以上なければならない。

正答 5

国家一般職［大卒］ No. 269 教養試験

資料解釈　チャイルドシート使用状況　平成28年度

表と図は，6歳未満の子どもを対象にした，チャイルドシート使用状況調査の結果を示したものである。これらから確実にいえるのはどれか。

表　チャイルドシート使用状況　（単位：人）

総数	チャイルドシート使用	チャイルドシート不使用				
		計	車両シートにそのまま着座	チャイルドシートにそのまま着座	大人用シートベルト着用	保護者の抱っこ
13,084	8,198	4,886 〔うち，チャイルドシートはあるのに不使用 593〕	2,709	518	948	711

（注）「チャイルドシート不使用」には，チャイルドシートの適切でない使用を含む。

図Ⅰ　年齢層別チャイルドシート使用状況

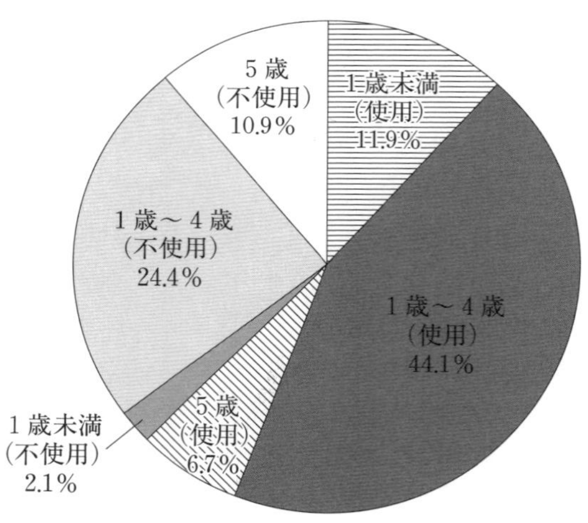

（注）四捨五入の関係により構成比の合計が100％にならない。

図Ⅱ　年齢層別チャイルドシート不使用時の状況

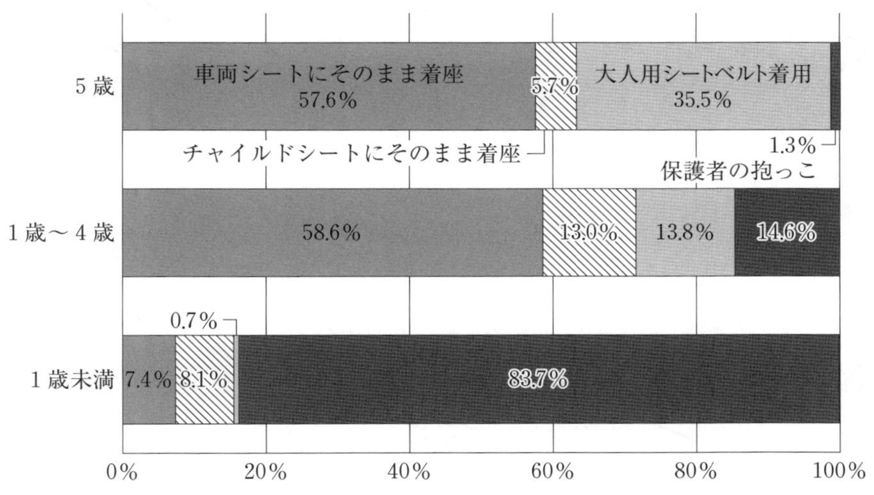

（注）四捨五入の関係により構成比の合計が100%にならない場合がある。

1　チャイルドシート使用の「1歳～4歳」の子どもの人数は，6,000人以上である。

2　いずれの年齢層についてみても，チャイルドシート使用の子どもがその年齢層の子どもに占める割合は，50%以上である。

3　チャイルドシート不使用の子どものうち，「1歳未満」かつ「保護者の抱っこ」である子どもの人数は，200人以上である。

4　チャイルドシートがなく不使用である子どもが調査対象の子ども全体に占める割合は，40%以上である。

5　「5歳」かつ「大人用シートベルト着用」である子どもが調査対象の子ども全体に占める割合は，5%以上である。

解説

1．13084×0.441≒5770，より，6,000人未満である。

2．5歳の場合，使用6.7%，不使用10.9%であり，不使用のほうが多い。

3．正しい。13084×0.021×0.837≒230，より，200人以上である。

4．13084×0.4≒5234＞4886，より，そもそもチャイルドシート不使用の子どもの割合が40%未満である。

5．「5歳」かつ「大人用シートベルト着用」である子どもの割合は，0.109×0.355≒0.039，より，約3.9%である。

正答　3

国家一般職
[大卒]
No.
270
教養試験
資料解釈　留学生数の推移と留学先，出身地域等　平成27年度

図Ⅰ，Ⅱ，Ⅲは，日本から海外への留学生及び海外から日本への留学生に関する資料である。これらから確実にいえるのはどれか。

図Ⅰ　留学生の数の推移

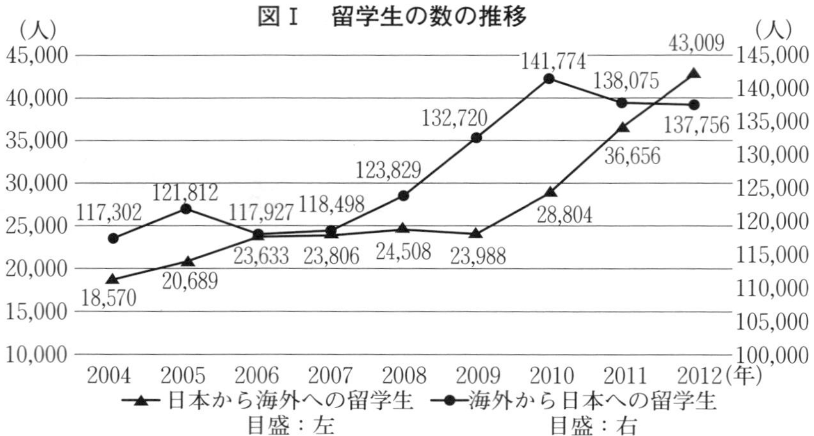

図Ⅱ　留学先及び出身地域の構成比率（2012年）

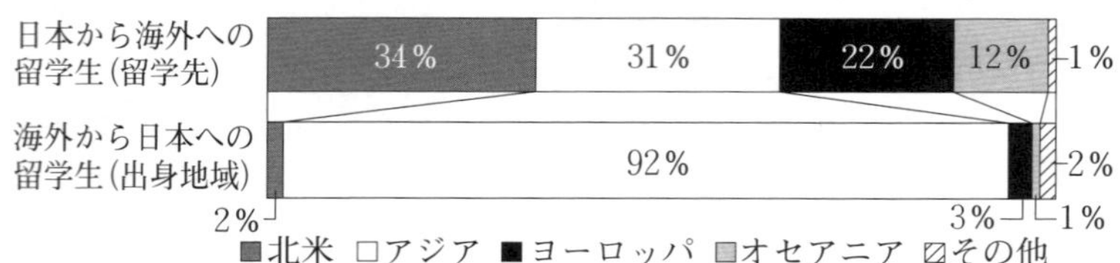

図Ⅲ　専攻分野の構成比率（2012年）

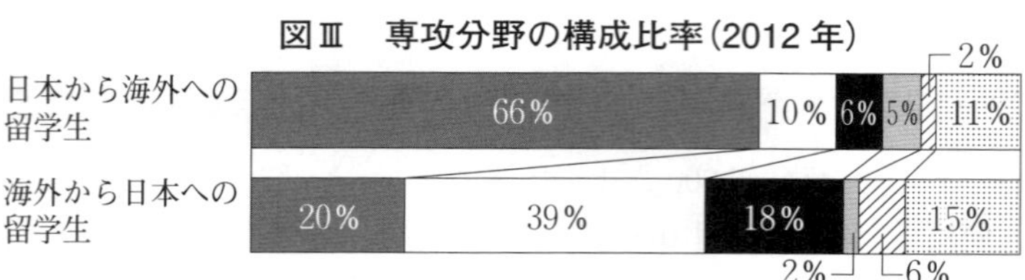

1　2005年から2012年までの日本から海外への留学生及び海外から日本への留学生の数の推移において，前年と比較して最も人数が増加しているのは，2011年の日本から海外への留学生である。

2　2012年において，アジアから日本への留学生の数は，日本からアジアへの留学生の数の約3倍である。

3　2012年において，日本から海外への留学生及び海外から日本への留学生の合計数の5割以上が人文科学を専攻している。

4　2012年において，海外から日本への留学生で社会科学を専攻している者のうち，7割以上はアジアからの留学生である。

5　2012年において，日本からヨーロッパへの留学生のうち少なくとも１人は，人文科学又は理工学を専攻している。

解説

1．2010 年における日本から海外への留学生数は 28,804 人，2011 年は 36,656 人であり，その増加数は，36656－28804＝7852 より，7,852 人である。これに対し，2009 年における海外から日本への留学生数は 132,720 人，2010 年は 141,774 人で，その増加数は，141774－132720＝9054 より，9,054 人で，こちらのほうが増加数が多い。

2．2012 年におけるアジアから日本への留学生数は，137756×0.92≒126736 より，約 126,736 人である。日本からアジアへの留学生数は，43009×0.31≒13333 より，約 13,333 人だから，9 倍を超えている。

3．43009×0.66＋137756×0.20≒28386＋27551＝55937 より，約 55,937 人である。海外から日本への留学生数だけで 137,756 人いるのだから，その割合は 5 割未満である。

4．正しい。2012 年において，海外から日本への留学生で社会科学を専攻している者の数は，137756×0.39≒53725 より，約 53,725 人である。海外から日本への留学生のうち，アジア以外からの留学生数は，137756×0.08≒11020 より，約 11,020 人である。この 11,020 人がすべて社会科学を専攻しているとしても，海外から日本への留学生で社会科学を専攻している 53,725 人の$\frac{1}{4}$(＝25%，約 13,431 人）未満である。したがって，海外から日本への留学生で社会科学を専攻している者のうち，7 割以上はアジアからの留学生である。

5．2012 年において，日本から海外への留学生のうち，人文科学または理工学を専攻しているのは 72%で，それ以外が 28%である。日本からヨーロッパへの留学生は 22%だから，これがすべて人文科学または理工学以外を専攻している可能性があり，ここから逆に，日本からヨーロッパへの留学生のうち，人文科学または理工学を専攻している学生が 1 人もいない可能性がある。

正答　4

国家一般職［大卒］ No.271 教養試験

資料解釈　冷房に関する調査結果　平成27年度

表は，20歳以上の者が，冷房が効きすぎていると感じたことのある場所に関する調査の結果を示したものである。これから確実にいえるのはどれか。

なお，この調査の回答は，複数の場所を選択することも，一つも選択しないことも可能であった。また，表の［　　］の数値は明らかにされていない。

回答者層	回答者数（人）	冷房が効きすぎていると感じたことのある場所(選択率：%)				
		スーパーマーケット	百貨店	飲食店	コンビニエンスストア	映画館・劇場
男女合計	2,054	45.3	25.7	21.7	18.3	18.0
男性合計	［　　］	36.3	23.2	17.5	18.5	11.9
うち20～29歳	［　　］	34.4	17.8	23.3	36.7	14.4
うち30～39歳	153	42.5	26.1	30.7	28.1	13.7
うち40～49歳	164	44.5	29.9	15.9	27.4	14.0
うち50～59歳	160	35.6	26.3	18.8	10.0	15.6
うち60～69歳	213	36.2	21.6	14.6	12.2	10.8
うち70歳以上	172	25.0	16.3	7.0	7.6	4.7
女性合計	［　　］	53.1	27.8	25.3	18.1	23.2
うち20～29歳	114	59.6	31.6	45.6	26.3	25.4
うち30～39歳	176	58.0	31.3	29.5	24.4	33.0
うち40～49歳	205	63.4	26.3	36.1	19.5	31.7
うち50～59歳	210	56.2	31.4	24.3	21.9	30.0
うち60～69歳	［　　］	48.6	26.8	16.8	11.8	13.2
うち70歳以上	177	33.9	20.3	7.3	7.9	6.8

1　コンビニエンスストアを選択した回答者数を比べると，男性の30～39歳の層の人数の方が，女性の50～59歳の層の人数より多い。

2　40～49歳の層の回答者（男女合計）についてみると，映画館・劇場を選択した人数よりも，コンビニエンスストアを選択した人数の方が多い。

3　男女合計（全年齢層）についてみると，スーパーマーケット及びコンビニエンスストアの二つのみを選択した人数の方が，百貨店及び飲食店の二つのみを選択した人数より多い。

4　回答者が選択した場所の数を１人当たりの平均（小数第２位を四捨五入した値）で比べると，男性合計よりも女性合計の方が多い。

5　男性合計の回答者数は，女性合計の回答者数より多い。

1．男性の30～39歳でコンビニエンスストアを選択した回答者数は，153×0.281≒43，女性の50～59歳では，210×0.219≒46となり，後者のほうが多い。

2．40～49歳（男女合計）で映画館・劇場を選択した回答者数は，164×0.140＋205×0.317≒23＋65＝88，コンビニエンスストアを選択した回答者数は，164×0.274＋205×0.195≒45＋40＝85となり，前者のほうが多い。

3．この資料からは「2つのみ選択した」人数を判断することはできない。

4．正しい。男性合計をa人とすると，選択した延べ人数は，a×0.363＋a×0.232＋a×0.175＋a×0.185＋a×0.119＝1.074aとなる。これを男性合計の人数であるa人で割れば，1人当たりの平均回答数が求められ，1.074となる。つまり，各項目における選択率の和を求めればよい。女性についても同様で，0.531＋0.278＋0.253＋0.181＋0.232＝1.475であり，1人当たりの平均は女性合計のほうが多い。

5．男性の20～29歳をx人として，たとえばスーパーマーケットの冷房が効きすぎていると回答した人数を考えると，0.344x＋153×0.425＋164×0.445＋160×0.356＋213×0.362＋172×0.250＝(x＋153＋164＋160＋213＋172)×0.363という関係が成り立つ。ここから，0.344x＋65＋73＋57＋77＋43＝0.344x＋315＝(x＋862)×0.363，0.344x＋315＝0.363x＋313，0.019x＝2，x≒105となる。そうすると，男性合計は，105＋862＝967，女性合計は，2054－967＝1087となり，女性合計の回答者数のほうが多い。

正答　4

国家一般職［大卒］ No.272 教養試験

資料解釈 バレエ教室の在級状況 平成27年度

次は，あるバレエ教室に通う生徒の昨年４月及び今年４月における在級状況（人数）を示した表である。これから確実にいえるのはどれか。

ただし，選択肢中にある「この期間」とは，昨年４月から今年４月までの期間をいう。

なお，この教室では，生徒は随時，テストを受けて６級から１級まで進級していき，降級することはない。また，「退会」の項は，昨年４月時点で在籍していたが今年４月の時点で在籍していない者の数を示しており，新規の入会者については考慮しないものとする。

（単位：人）

昨年４月＼今年４月	１級	２級	３級	４級	５級	６級	退会
１級	5						2
２級	5	8					3
３級	3	6	16				4
４級		3	10	21			8
５級			6	11	27		6
６級			4	7	28	30	11

1　在籍者全体に占める１，２，３級の生徒の割合をみると，今年４月は昨年４月に比べて減少した。

2　今年４月の在籍者全体に占めるこの期間に進級した生徒の割合は，40％を超えている。

3　この期間に進級した生徒の中で，今年４月の時点で４，５級の生徒の割合は，80％を超えている。

4　今年４月の在籍者全体に占めるこの期間に２級以上進級した生徒の割合は，20％を超えている。

5　１級以上進級した者は，今年４月に比べて，昨年４月の方が多い。

解説

次の表のように人数をまとめてみると判断しやすくなる。

1．今年４月における１級の生徒は13人，２級は17人，３級は36人で，計66人である。在籍者の合計は190人だから，その割合は$\frac{66}{190}$となる。昨年４月の場合は「退会」者数も考慮しなければならないので，１級は７人，２級は16人，３級は29人で，計52人である。その割合は$\frac{52}{224}$となる。$\frac{66}{190}>\frac{52}{224}$（分子は66のほうが大きく，分母は224のほうが大きいので，分数としては$\frac{66}{190}$のほうが大きい）より，今年４月のほうが割合は大きくなっている。

2．正しい。昨年４月から今年４月までに進級したのは，表の太線内の人数である。8＋9＋20＋18＋28＝83より，83人おり，190×0.4＝76＜83より，40％を超えている。

3．この期間に進級した生徒の中で，今年４月の時点で４，５級の生徒は，18＋28＝46より，46人である。この期間に進級した生徒は83人だから，83×0.8≒64＞46より，80％未満である。

4．今年４月の在籍者全体に占めるこの期間に２級以上進級した生徒は，表の濃い灰色部分であり，3＋3＋10＋7＝23より，23人である。190×0.2＝38＞23だから，20％未満である。

5．昨年４月（までの期間）における進級した生徒数は，この資料には示されておらず，判断できない。

今年4月 ＼ 昨年4月	1級	2級	3級	4級	5級	6級	退会	計
1級	5						2	7
2級	5	8					3	16
3級	3	6	16				4	29
4級		3	10	21			8	42
5級			6	11	27		6	50
6級			4	7	28	30	11	80
計	13	17	36	39	55	30	34	224
在籍者	190							

正答　2

No.273 資料解釈 通塾に関するアンケート結果 平成26年度

表は，ある学校の生徒を対象に実施した，学習塾への通塾に関するアンケートの結果を示したものである。また，図Ⅰ及び図Ⅱは，表のアンケートで学習塾に通っていると回答した生徒を対象に実施したアンケートの結果を示したものである。これらからいえることとして最も妥当なのはどれか。

	全体	うち男子	うち女子
通っている	30％	40％	60％
週１回	20％	40％	60％
週２回	30％	50％	50％
週３回	40％	30％	70％
週４回以上	10％	50％	50％
通っていない	70％	55％	45％

表　学習塾への通塾状況

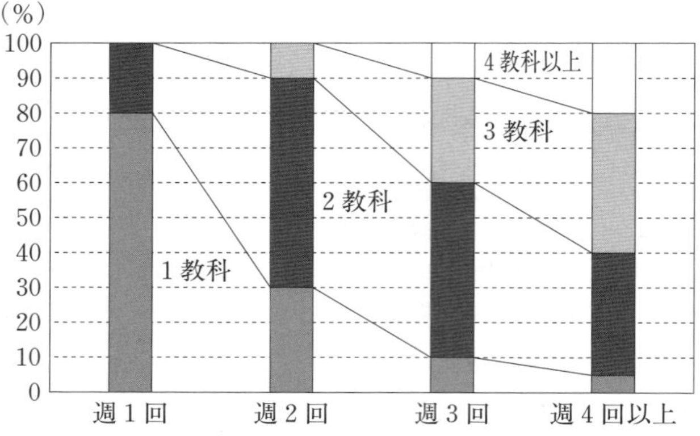

図Ⅰ　学習塾で指導を受けている教科数

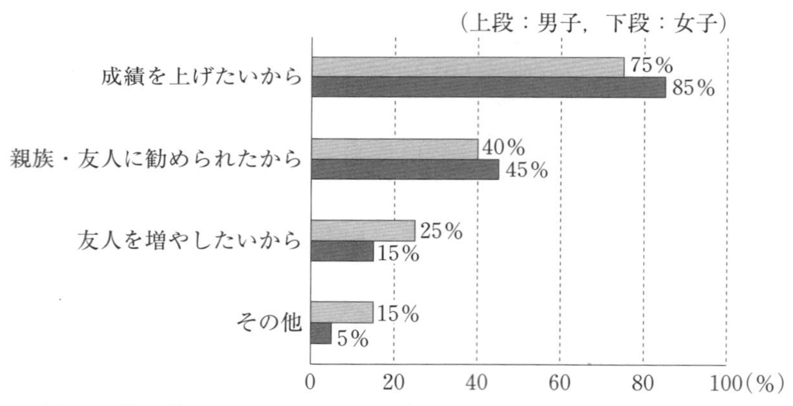

図Ⅱ　学習塾に通い始めた理由（二つまで選択。無回答はなし。）

1　学習塾に通い始めた理由として，二つ選択した生徒は，女子よりも男子の方が人数が多い。

2　学習塾に週２回通って，かつ，２教科の指導を受けている生徒よりも，週１回通って，かつ，１教科の指導を受けている生徒の方が人数が多い。

3　学習塾に通っている生徒のうち，週１回通っており，かつ，「親族・友人に勧められたから」を選択した男子が占める割合は６％である。

4　学習塾に通っている生徒のうち，４教科以上の指導を受けている生徒が占める割合は９％である。

5　学習塾に通っている生徒のうち，「成績を上げたいから」を選択した生徒が占める割合は80％を超える。

解説

1. 学習塾に通い始めた理由について，それぞれの数値の和は，男子が155％（＝75＋40＋25＋15），女子が150％（＝85＋45＋15＋5）となるので，学習塾に通っている男子の55％，女子の50％が２つの理由を選択していることになる。しかし，学習塾に通っている生徒の男女別割合は，男子40％，女子60％で，女子は男子の1.5倍いる。したがって，２つの理由を選択した生徒は，男子よりも女子のほうが多い。

2.「学習塾に週２回通って，かつ，２教科の指導を受けている生徒」は，学習塾に通っている生徒のうちの，$\frac{30}{100}\times\frac{60}{100}=\frac{18}{100}$である。これに対し「学習塾に週１回通って，かつ，１教科の指導を受けている生徒」は，学習塾に通っている生徒のうちの，$\frac{20}{100}\times\frac{80}{100}=\frac{16}{100}$であり，「学習塾に週２回通って，かつ，２教科の指導を受けている生徒」のほうが多い。

3. 学習塾に通っている回数と通い始めた理由との関係は，この資料からでは判断できない。

4. 学習塾に通っている生徒のうち，週３回通って４教科以上の指導を受けている生徒は，$\frac{40}{100}\times\frac{10}{100}=\frac{4}{100}$，週４回以上通って４教科以上の指導を受けている生徒は，$\frac{10}{100}\times\frac{20}{100}=\frac{2}{100}$だから，４教科以上の指導を受けている生徒が占める割合は$\frac{6}{100}$(＝６％）である。

5. 妥当である。学習塾に通っている生徒のうち，「成績を上げたいから」を選択した生徒は，男子が75％，女子が85％である。男女が同数であれば全体で80％となるが，女子は男子の1.5倍の人数がいるので，全体では81％となり（次図参照），80％を超えるというのは妥当である。

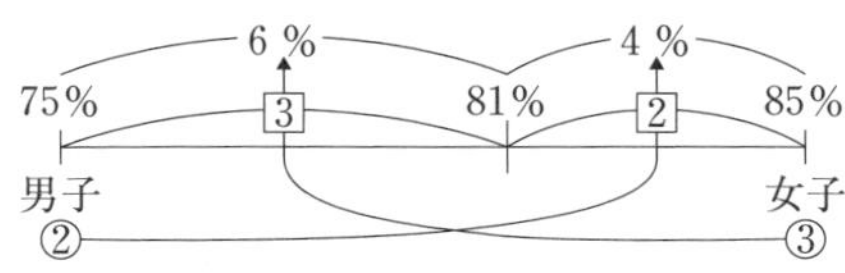

正答 5

国家一般職[大卒] 教養試験

No. 274 資料解釈 二地域の総人口・特定年齢層が総人口に占める割合の推移 平成26年度

表は，ある国をA地域とB地域に分け，それぞれの総人口及び特定の年齢層が総人口に占める割合の推移を示したものである。これからいえることとして最も妥当なのはどれか。

年	A地域			B地域		
	総人口（千人）	年齢層		総人口（千人）	年齢層	
		15歳未満（%）	65歳以上（%）		15歳未満（%）	65歳以上（%）
1960	811	27.3	7.9	1,721	37.6	3.9
1965	913	28.1	8.6	2,125	41.0	3.6
1970	1,006	26.0	9.9	2,690	41.7	3.6
1975	1,081	22.5	11.7	3,372	39.4	4.1
1980	1,144	20.6	12.5	4,162	36.1	4.5
1985	1,189	18.3	14.3	4,934	33.1	5.1
1990	1,236	16.5	15.9	5,660	29.0	5.8
1995	1,273	16.8	19.0	6,383	26.5	7.5
2000	1,296	16.3	22.4	7,025	24.1	9.8
2005	1,307	16.1	24.5	7,567	22.3	12.5
2010	1,312	16.6	25.7	7,994	21.1	14.7

1　1960年～2010年の間で，A地域の65歳以上の人口の割合が一貫して上昇しているのは，B地域から65歳以上の人口が流入していることによるものである。

2　1960年～2010年の間で，B地域の総人口の増加率は，A地域のそれの5倍に満たない。

3　この国全体において，1960年～2010年の間で，65歳以上の人口は10倍以上増加した。

4　この国全体において，1980年の15歳未満の人口及び65歳以上の人口の合計の割合は45%を超えている。

5　B地域において，1970年の15歳未満の人口及び65歳以上の人口の合計は，1995年のそれより多い。

解説

1. この資料からは，地域間の人口移動を判断することはできない。

2. 1312÷811≒1.62より，A地域における1960年に対する2010年の総人口増加率は約62%である。B地域の場合は，7994÷1721≒4.64より，増加率は約364%となるので，B地域の総人口の増加率はA地域の5倍を超えている。

3. 妥当である。1960年における65歳以上人口は，A地域が811×0.079≒64，B地域が1721×0.039≒67だから，全体では約131千人である。一方，2010年は，1312×0.257+7994×0.147≒1512より，約1,512千人である。1512÷131≒11.5より，約11.5倍となっているので，10.5倍の増加である。したがって，10倍以上増加している。

4. 1980年における15歳未満人口割合と65歳以上人口割合の和は，A地域が33.1%，B地域が40.6%であり，両地域とも45%未満である。したがって，両地域を合わせた割合も45%未満である。

5. B地域において，1970年の15歳未満の人口および65歳以上の人口の合計は，2,690千人の45.3%だから，1,350千人（=2,700千人の50%）未満である。1995年は6,383千人の34%だから，2,100千人（=6,300千人の33.3%）を超えており，1995年のほうが多い。

※$33.3\% \fallingdotseq \frac{1}{3}$

正答　3

文章理解 判断推理 数的推理 資料解釈 時事 物理 化学 生物 地学

国家一般職［大卒］ No. 275 教養試験

資料解釈　土地の購入金額および売却金額の主体別推移　平成26年度

図は，ある地域における土地の購入金額及び売却金額の推移を主体（国等・法人・個人）別に示したものである。これからいえることとして最も妥当なのはどれか。

なお，調査年は，調査の対象となった年をいう。

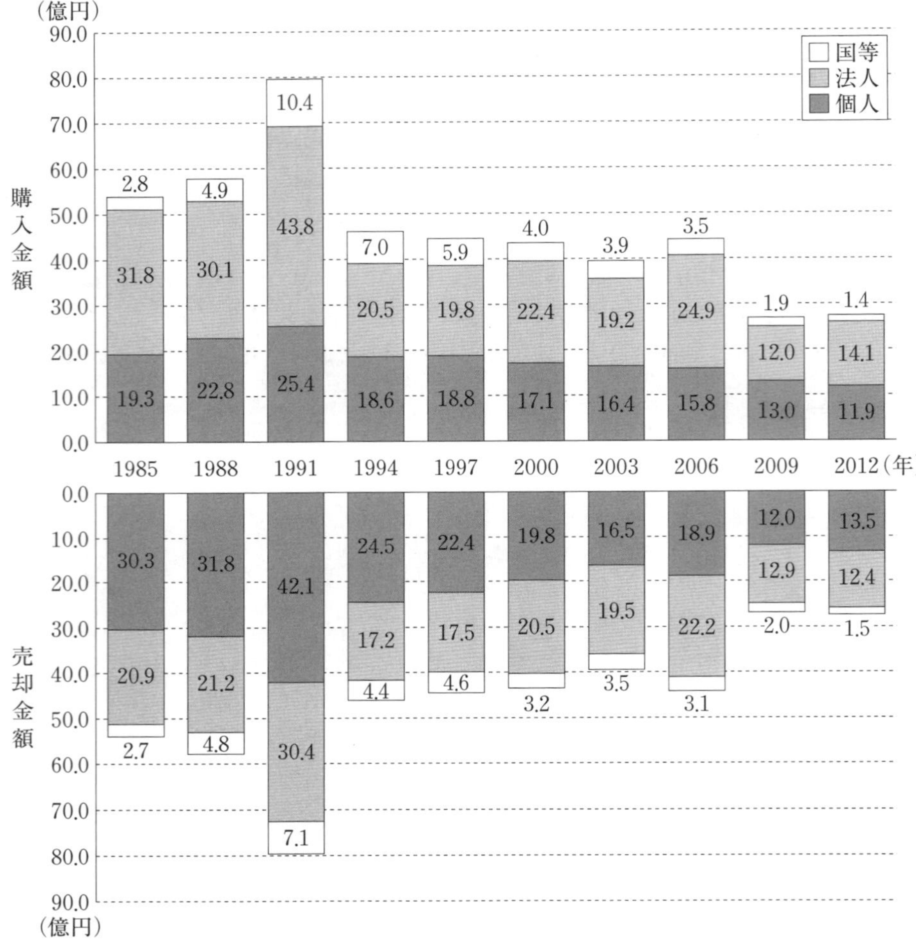

1　いずれの調査年においても，購入金額の総額のうち，法人の購入金額が占める割合は**5**割を超えている。

2　2000年の法人の売却金額を100とした場合，他の調査年における法人の売却金額は全て150を下回っている。

3　購入金額及び売却金額において，主体別の前回の調査年からの増加率を見ると，最も高いのは1991年の法人の購入金額の増加率である。

4　それぞれの調査年における個人１人当たりの購入金額及び売却金額を見ると，2009年以外は売却金額が購入金額を上回っている。

5　いずれの調査年においても，個人については売却金額が購入金額を上回っているが，法人については購入金額が売却金額を上回っている。

1. たとえば，1994 年は国等および個人の購入金額の合計が 25.6 億円（=7.0+18.6）で，これは法人の購入金額より多い。したがって，法人の購入金額が占める割合は 5 割未満である（1997 年，2003 年，2009 年も 5 割未満である）。

2. 妥当である。2000 年における法人の売却金額は 20.5 億円だから，これを 100 とすると，150 なら 30.75 億円となる。2000 年以外の調査年で法人の売却金額が最も多い年でも 1991 年の 30.4 億円なので，すべて 150 を下回っている。

3. 1991 年における法人の購入金額の増加率は，43.8÷30.1≒1.46 より，約 46% である。同年における国等の売却金額の増加率は，7.1÷4.8≒1.48 より，約 48% あり，こちらのほうが増加率は高い。

4. この資料から個人 1 人当たりの購入金額あるいは売却金額を知ることはできない（購入者数，売却者数が示されていない）。

5. 2009 年の場合，個人の売却金額は購入金額を下回っている。また，法人の場合，2003 年および 2009 年の売却金額は購入金額を上回っている。

正答 2

国家一般職［大卒］ No. 276 教養試験

資料解釈　女性の年齢階層別の労働力率　平成25年度

図は，ある国における女性の年齢階層別の労働力率（人口に占める労働力人口の割合）について，1980年から5年ごとに調べた結果を，生年別のグループに分けてグラフ化したものである。A，B，Cの記述のうち，この図からいえることのみを全て挙げているのはどれか。

なお，年齢は調査年の12月31日時点のものとなっている。

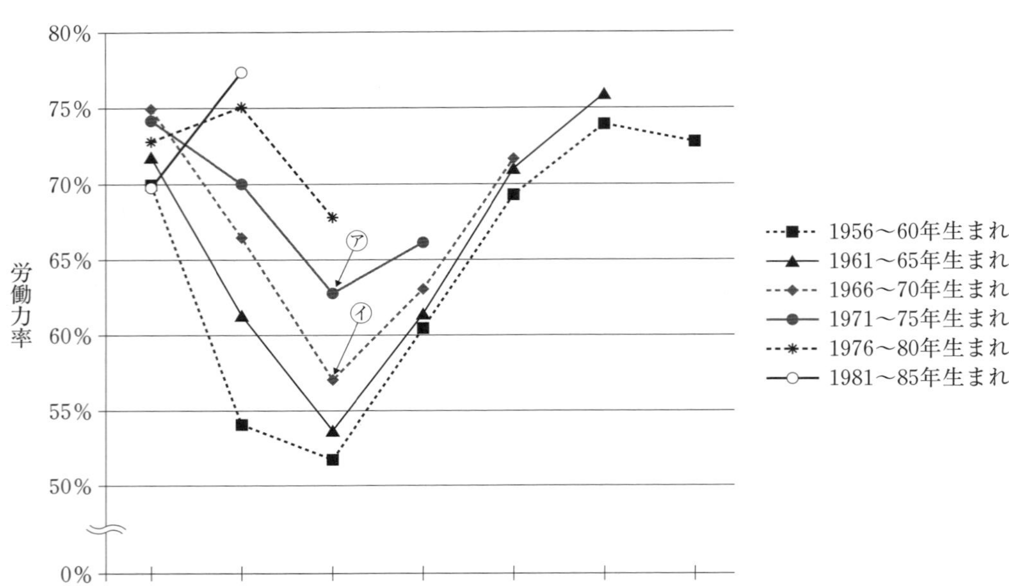

A：図中の㋐と㋑が示す点の調査年は同じである。

B：2010年における年齢階層別の労働力率をみると，30～34歳よりも35～39歳の方が低い。

C：図中の生年別のグループでは，生年が早いグループほど25～29歳における労働力率が低い。

1　A
2　A，C
3　B
4　B，C
5　C

A：本図は，５歳ずつの生年別グループに分けてグラフ化されているので，たとえば，2010年の場合は，1956～60年生まれは50～54歳，1961～65年生まれは45～49歳となる（それぞれの年齢別グループグラフの右端が2010年である）。したがって，㋐は2005年（1971～75年生まれが30～34歳），㋑は2000年（1966～70年生まれが30～34歳）を示しており，両者は調査年が異なっている。

B：正しい。2010年において30～34歳なのは1976～80年生まれ（✱印のグラフ），35～39歳なのは1971～75年生まれ（●印のグラフ）であり，それぞれのグラフの右端の数値を見ればよい。30～34歳（1976～80年生まれ）の労働力率は68％程度，35～39歳（1971～75年生まれ）の労働力率は66％程度である。

C：正しい。25～29歳における労働力率は，低いほうから順に1956～60年生まれ，1961～65年生まれ，1966～70年生まれ，1971～75年生まれ，1976～80年生まれ，1981～85年生まれとなっている。

よって，この図からいえることはBおよびCであり，正答は**4**である。

正答　4

国家一般職［大卒］ No. 277 教養試験

資料解釈　数　表　平成25年度

表は，ある国の企業が海外から得た利益について，１年前に採っていた還流方針が現在どのように変更されているかに関して調査した結果を大企業と中小企業に分けて，企業数により示したものである。これからいえることとして最も妥当なのはどれか。ただし，「いずれでもない」も方針の一つであるとする。

〈大企業〉　(単位：社)

1年前＼現在		国内への利益還流を優先	海外への再投資を優先	海外での利益留保を優先	いずれでもない
国内への利益還流を優先	112	72(変更なし)	30	8	2
海外への再投資を優先	32	5	23(変更なし)	3	1
海外での利益留保を優先	28	6	8	14(変更なし)	0
いずれでもない	26	2	2	0	22(変更なし)
総計	198	85	63	25	25

〈中小企業〉　(単位：社)

1年前＼現在		国内への利益還流を優先	海外への再投資を優先	海外での利益留保を優先	いずれでもない
国内への利益還流を優先	761	632(変更なし)	71	45	13
海外への再投資を優先	134	44	73(変更なし)	14	3
海外での利益留保を優先	135	47	25	60(変更なし)	3
いずれでもない	214	24	9	8	173(変更なし)
総計	1244	747	178	127	192

1　１年前と現在を比べると，中小企業に比べ，大企業の方が方針を変更しなかった企業の割合が高かった。

2　１年前と現在を比べると，方針を変更しなかった企業の割合が最も高いのは，中小企業の「国内への利益還流を優先」である。

3　全企業について，１年前と現在を比べると，企業数の変動が最も多かった方針は「海外への再投資を優先」である。

4　大企業において，１年前と現在を比べると，「海外への再投資を優先」が占める割合は，２倍以上に増加した。

5　大企業において，１年前と現在を比べると，「海外での利益留保を優先」と，「いずれでもない」に方針を変更した企業数は同じである。

1．大企業で方針を変更しなかったのは，72＋23＋14＋22＝131 だから，その割合は，$\frac{131}{198}\fallingdotseq$ 0.662 より，約66.2％である。中小企業では，$\frac{632+73+60+173}{1244}=\frac{938}{1244}\fallingdotseq$ 0.754 より，約75.4％で，その割合は中小企業のほうが高い。

2．「1年前と現在を比べて方針を変更しなかった企業の割合を考える」場合，①「1年前に採っていた方針を現在も採っている企業の割合」なのか，②「現在採っている方針を1年前も採っていた企業の割合」なのか，必ずしも明らかではない。資料の形式から考えると，現在採っている方針を基準にして総計が示されているので，どちらかといえば②の意味であると解するのが妥当と思われる。そこで，②に従って中小企業の「国内への利益還流を優先」を考えると，$\frac{632}{747}\fallingdotseq$0.846 より，約84.6％である。これに対し，大企業の「いずれでもない」は，$\frac{22}{25}$＝0.88 より，88％でこちらのほうが割合は高い。①で考えると，中小企業の「国内への利益還流を優先」は，$\frac{632}{761}\fallingdotseq$0.830 より，約83.0％，大企業の「いずれでもない」は，$\frac{22}{26}\fallingdotseq$0.846 より，約 84.6％となる。いずれにしても，中小企業の「国内への利益還流を優先」より，大企業の「どちらでもない」のほうが，その割合は大きい。

3．妥当である。「企業数の変動」は1年前と現在でその方針を採っている企業数がどれだけ増減しているかを考えればよい。「国内への利益還流を優先」は，大企業が 85−112＝−27（＝27 の減少），中小企業が 747−761＝−14 だから，大企業と中小企業を合わせると，41 の減少である。同様に，

「海外への再投資を優先」＝(63−32)＋(178−134)＝75（＝75 の増加）

「海外での利益留保を優先」＝(25−28)＋(127−135)＝−11（＝11 の減少）

「いずれでもない」＝(25−26)＋(192−214)＝−23（＝23 の減少）

となる。したがって，企業数の変動が最も多かった方針は「海外への再投資を優先」である，というのは妥当である。

4．1年前の企業数は32，現在は63だから，2倍未満である。

5．「海外での利益留保を優先」に方針を変更したのは，8＋3＋0＝11，「いずれでもない」に方針を変更したのは，2＋1＋0＝3 で，その企業数は異なっている。

正答　3

国家一般職［大卒］ 教養試験

No.278 資料解釈 数表，帯グラフ 平成25年度

表は，ある地域の15～29歳の人を対象にした，職場体験等の経験に関するアンケートの結果を示したものである。図は，経験が「ある」と答えた人を対象に，その経験の効果について質問した結果を示したものである。これからいえることとして最も妥当なのはどれか。

回答者の年齢層	全体に占める割合	職場体験等の経験		
		ある	ない・わからない	計
15～19歳	30.4％	51.9％	48.1％	100％
20～24歳	32.4％	40.7％	59.3％	100％
25～29歳	37.2％	23.2％	76.8％	100％
全体	100％	37.6％	62.4％	100％

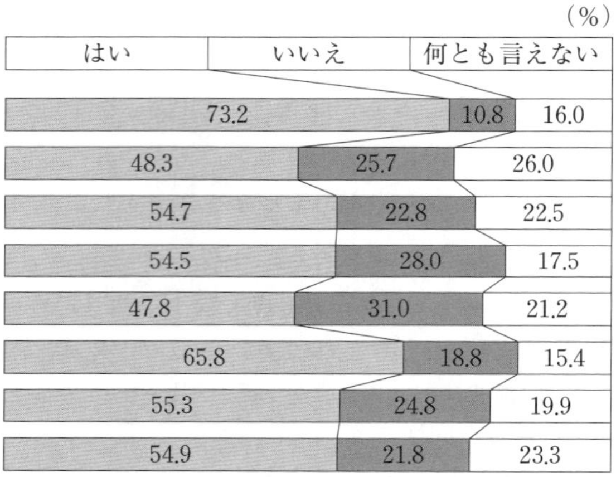

（％）

	はい	いいえ	何とも言えない
働くことの大切さがわかった	73.2	10.8	16.0
自分の適性がわかった	48.3	25.7	26.0
ビジネスマナー等がわかった	54.7	22.8	22.5
就職先を選ぶ参考になった	54.5	28.0	17.5
自分の決断の参考になった	47.8	31.0	21.2
自分の考え方が広がった	65.8	18.8	15.4
抱いていたイメージが具体的になった	55.3	24.8	19.9
社会で必要な能力・知識がわかった	54.9	21.8	23.3

1 15～19歳の回答者のうち，職場体験等の経験が「ある」と答え，「自分の適性がわかった」の質問に「はい」と答えた人は，およそ25％いる。

2 職場体験等の経験が「ある」と答えた15～19歳の人数は，職場体験等の経験が「ない・わからない」と答えた25～29歳の人数よりも多い。

3 職場体験等の経験が「ある」と答えた人のうち，「働くことの大切さがわかった」と「自分の考え方が広がった」のどちらの質問にも「はい」と答えた人は，少なくとも39％いる。

4 職場体験等の経験が「ない・わからない」と答えた15～19歳の人が，全ての回答者に占める割合は約30％である。

5 職場体験等の経験が「ある」と答えた人のうち，20～29歳の人が占める割合は，63.9％である。

解説

1．経験の効果に関する資料では，年齢階層別には示されていないので，「自分の適性がわかった」と答えた48.3%のうちのどれだけが15～19歳の年齢層に属しているかを知ることができない。したがって，判断できない。

2．職場体験等の経験が「ある」と答えた15～19歳の人の割合は，0.304×0.519≒0.158より，全体の約15.8%である。これに対し，職場体験等の経験が「ない・わからない」と答えた25～29歳の人の割合は，0.372×0.768≒0.286より，全体の約28.6%となる。したがって，職場体験等の経験が「ない・わからない」と答えた25～29歳の人のほうが多い。

3．妥当である。職場体験等の経験が「ある」と答えた人のうち，「働くことの大切さがわかった」と答えた人は73.2%である。残りの26.8%の人がすべて「自分の考え方が広がった」と答えていたとしても，「自分の考え方が広がった」と答えた人は65.8%いるので，まだ39%（＝65.8－26.8）の人が「自分の考え方が広がった」と答えている。そうすると，この39%は「働くことの大切さがわかった」とも答えていることになる。したがって，職場体験等の経験が「ある」と答えた人のうち，「働くことの大切さがわかった」と「自分の考え方が広がった」のどちらの質問にも「はい」と答えた人は，少なくとも39%いる，というのは妥当である。求め方としては，単純に「73.2＋65.8－100」とすればよい。

4．職場体験等の経験が「ない・わからない」と答えた15～19歳の人が，すべての回答者に占める割合は，0.304×0.481≒0.146より，約14.6%である。

5．職場体験等の経験が「ある」と答えた20～24歳の人の割合は，0.324×0.407≒0.132より，約13.2%，25～29歳の人の割合は，0.372×0.232≒0.086より，約8.6%だから，両者を合わせると全体の21.8%である。職場体験等の経験が「ある」と答えたのは全体の37.6%だから，$\frac{21.8}{37.6}$≒0.580より，職場体験等の経験が「ある」と答えた人のうち，20～29歳の人が占める割合は，約58.0%である。

正答　3

資料解釈 ソフトの市場規模と通信系ソフト市場の割合の動向 平成24年度

図は，ある国のソフト市場について，ビデオソフト，音楽ソフト，ゲームソフト，コミック，書籍の５種類のソフトの市場規模と，各ソフト市場に占める通信系ソフト市場の割合の動向について示したものである。これからいえることとして最も妥当なのはどれか。

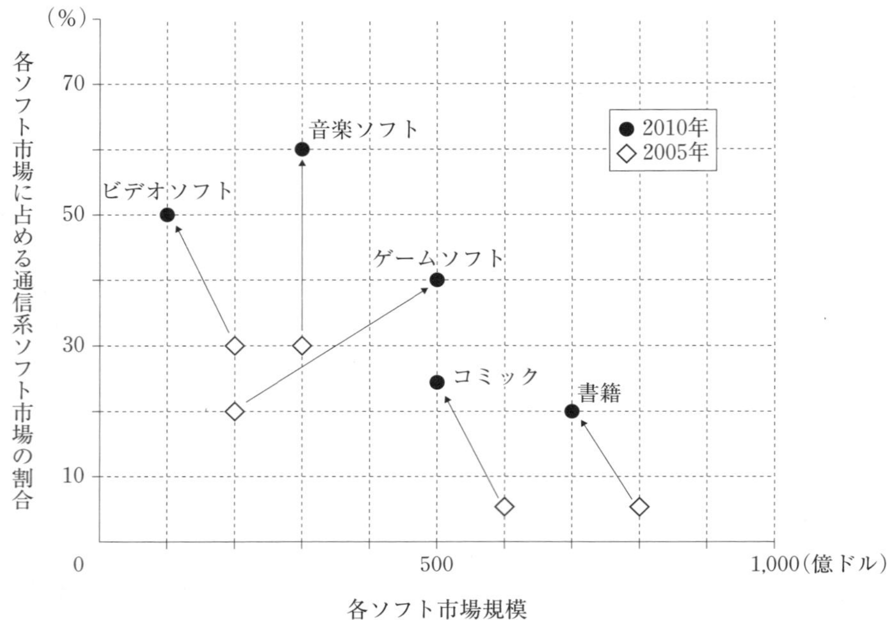

1　５種類のソフト市場に占める通信系ソフト市場規模の合計額は，５年間で４倍以上となった。

2　2010年の各ソフト市場規模の合計額は，2005年の約1.2倍だった。

3　各ソフト市場に占める通信系ソフト市場規模額の増加率が２番目に高かったのは，コミックだった。

4　2010年における５種類のソフト市場全体に占める通信系ソフト市場の割合は，約40%だった。

5　ビデオソフトの市場規模が減少したのは，ゲームソフトの市場規模の増加によるものである。

解説

1．まず，コミックと書籍を見てみると，コミックの通信系ソフト市場規模は，5年間で$\frac{25}{6}$倍（＞4倍，市場規模が$\frac{5}{6}$倍で通信系ソフト割合が5倍）となっているが，2005年の通信系ソフト市場がコミックより大きい書籍は$\frac{7}{2}$倍（市場規模が$\frac{7}{8}$倍で通信系ソフト割合が4倍）にしかなっておらず，両者の合計では4倍未満である（$\left(\frac{25}{6}+\frac{7}{2}\right)\times\frac{1}{2}$より小さい）。ビデオソフト，音楽ソフト，ゲームソフトでは，ゲームソフトの通信系ソフト市場規模は5年間で5倍となっている。しかし，2005年の通信系ソフト市場がゲームソフトより大きいビデオソフトと音楽ソフトで，ビデオソフトが$\frac{5}{6}$倍，音楽ソフトが2倍であり，3者の合計では4倍未満となる。したがって，2010年における5種類のソフト市場に占める通信系ソフト市場規模の合計額は，2005年の4倍未満である。

2．2005年，2010年とも，ソフト市場規模の合計額は2,100億ドルで変わらない。

3．妥当である。**1**で述べた通りで，「通信系ソフト市場規模の増加率が2番目に高かったのは，コミックだった」というのは妥当である。

4．ここでもコミックと書籍から考えると，2010年における両者の通信系ソフト市場の割合は25％未満である。ビデオソフト，音楽ソフト，ゲームソフト3者の2010年における通信系ソフト市場の割合を50％としても，コミックと書籍で市場規模の半数以上（1,200億ドル）を占めているので，全体では，$(25+50)\times\frac{1}{2}$より小さいことになり，37.5％未満である。

5．この資料からは判断できない。

正答 3

図は，「子どもの出生数及び出生順位別出生割合」と「母親の結婚年齢と平均出産年齢」を示したものである。これからいえることとして最も妥当なのはどれか。

なお，出生順位とは，同じ母親がこれまでに生んだ出生子の総数について数えた順序のことである。

図Ⅰ　子どもの出生数及び出生順位別出生割合

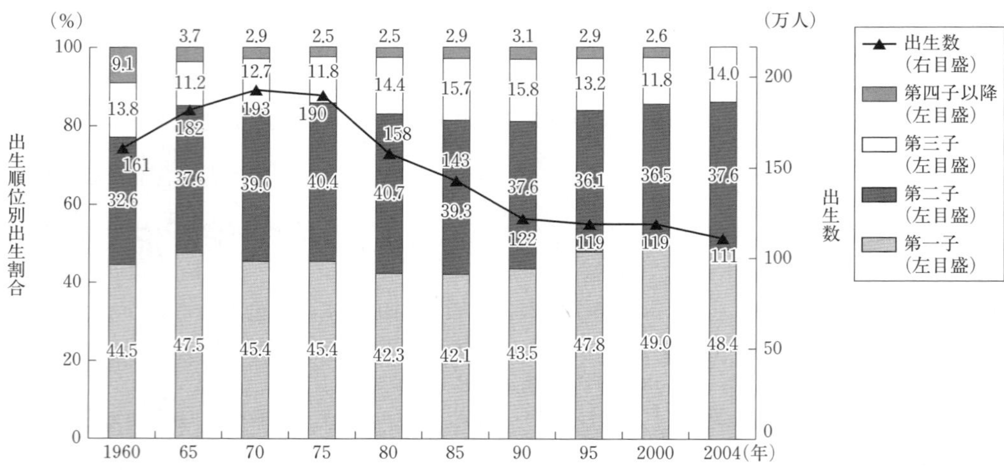

（備考）出生順位ごとの出生数が各年の出生数に占める割合及び各年の出生数を示した。
なお，2004年の「第三子」は，第三子及び第四子以降の子どもを合計した割合。

図Ⅱ　母親の結婚年齢と平均出産年齢（2004年）

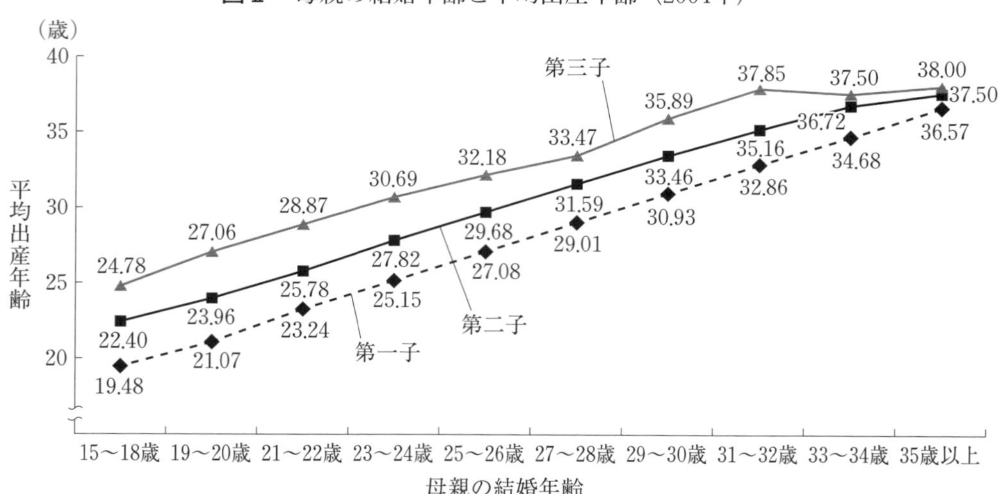

（備考）結婚年齢ごとに，出生順位別の母親の平均出産年齢を示したもの。

1 出生数に占める出生順位が第一子の子どもである割合が高い年ほど，出生順位ごとにみた母親の平均出産年齢は高くなっている。

2 出生数を前回調査年と比較した場合，増加率が最も高いのは1965年で，減少率が最も高いのは1990年である。

3 1985年以降，全出生児に対し第二子以降の占める割合が徐々に大きくなる傾向がみられ，全体として子どもを２人以上産んだ母親の割合が増加している。

4 母親の結婚年齢別に第一子の平均出産年齢をみると，おおむねどの結婚年齢においても，結婚後３～４年で第一子を出産している。

5 母親の結婚年齢が32歳以下の者においては，平均出産年齢の間隔が約２～３年であるが，結婚年齢が33歳以上になると平均出産年齢の間隔は短くなっている。

解説

1．この資料からは判断できない。

2．減少率について見ると，1990年は，122÷143≒0.85より，1990年の減少率は約0.15であるが，1980年は，158÷190≒0.83より，約0.17であり，1980年のほうが減少率は大きい。

3．1990年，1995年，2000年はいずれも前回調査時より第一子の割合が増加している。つまり，第二子以降の占める割合は減少している。

4．母親の結婚年齢と第一子出産年齢を見ると，ほぼ結婚後３年以内である。

5．妥当である。母親の結婚年齢が32歳以下の場合，第一子と第二子，第二子と第三子の平均出産年齢で約２～３年の間隔があるが，結婚年齢が33歳以上になると，その間隔はほぼ２年未満となっており，短くなっている。

正答　5

国家一般職［大卒］ No.281 教養試験

資料解釈　輸入相手国の割合と輸入総額の指数　平成24年度

表は，A国の輸入相手国別の割合とA国の輸入総額の指数（2008年=100）を示したものである。これから確実にいえるのはどれか。

	2008年	2009年	2010年
日本	13.3%	13.0%	12.6%
韓国	9.9%	10.2%	9.9%
米国	7.2%	7.7%	7.3%
ドイツ	4.9%	5.6%	5.3%
マレーシア	2.8%	3.2%	3.6%
その他	61.9%	60.3%	61.3%
輸入総額指数	100	89	123

1　日本からの輸入額は，３年連続で減少している。

2　韓国からの輸入額について，対前年変化率をみると，2009年と2010年はほぼ等しい。

3　2009年について，前年と比べ輸入額が増加しているのは米国のみである。

4　ドイツからの輸入額について，2008年を100とすると，2010年の指数は120を下回っている。

5　2010年のマレーシアからの輸入額は，2008年の1.5倍以上となっている。

1．2010年の日本からの輸入額を2009年と比べると，$\frac{123}{89}\times\frac{12.6}{13.0}>1$より，2010年は2009年より増加している。

2．2009年の韓国からの輸入額を2008年と比べると，$\frac{89}{100}\times\frac{10.2}{9.9}<1$より，2009年は2008年より減少している。これに対し，2010年の韓国からの輸入額を2009年と比べると，$\frac{123}{89}\times\frac{9.9}{10.2}>1$より，2010年は2009年より増加している。

3．2009年の米国からの輸入額を2008年と比べると，$\frac{89}{100}\times\frac{7.7}{7.2}<1$より，2009年は2008年より減少している。

4．2010年の2008年に対する輸入総額指数は123で，全体に占めるドイツの割合は4.9％から5.3％へと上昇しているので，2010年におけるドイツからの輸入額を2008年に対する指数で表すと，120を超えている（≒133）。

5．妥当である。2010年のマレーシアからの輸入額を2008年と比べると，$\frac{123}{100}\times\frac{3.6}{2.8}\fallingdotseq 1.58$であり，1.5倍以上というのは妥当である。

正答　5

国家Ⅱ種

教養試験

No. 282 資料解釈 「日本の広告費」の媒体別の推移 平成23年度

表は，「日本の広告費」の媒体別の推移を，隔年ごとに示したものである。これからいえることとして最も妥当なのはどれか。

なお，＊印の媒体については，2007年時点で2005年に遡及して，対象とする範囲を改訂しており（「雑誌」は対象誌を増加するなど），2005年については改訂前と改訂後の両方の数字がある。

媒体＼広告費	広告費（億円）〈改訂前〉			広告費（億円）〈改訂後〉		
	2001年	2003年	2005年	2005年	2007年	2009年
総広告費	60,580	56,841	59,625	68,235	70,191	59,222
＊マスコミ四媒体	38,886	35,822	36,511	37,408	35,699	28,282
新　聞	12,027	10,500	10,377	10,377	9,462	6,739
＊雑　誌	4,180	4,035	3,945	4,842	4,585	3,034
ラジオ	1,998	1,807	1,778	1,778	1,671	1,370
テレビ	20,681	19,480	20,411	20,411	19,981	17,139
衛星メディア関連	471	419	487	487	603	709
＊インターネット	735	1,183	2,808	3,777	6,003	7,069
＊プロモーションメディア	20,488	19,417	19,819	26,563	27,886	23,162
＊屋外・交通	5,472	4,987	5,078	6,269	6,632	5,263
＊折込・DM	8,203	7,965	8,245	10,963	11,086	9,642
＊フリーペーパー等	—	—	—	2,835	3,684	2,881
その他	6,813	6,465	6,496	6,496	6,484	5,376

1　マスコミ四媒体に占める新聞及び雑誌の合計の割合は，改訂前においても，改訂後においても，各調査年でみると，それぞれ一貫して減少している。

2　総広告費に占めるラジオ及びテレビの合計の割合は，改訂後においては，いずれの調査年も３割を切っている。

3　総広告費に占めるプロモーションメディアの割合は，改訂前においては，各調査年でみると，一貫して増加している。

4　2005年の総広告費は遡及改訂によって大幅に増加したが，これに最も大きく関係した媒体は折込・DMである。

5　2005年以降の改訂内容を2001年に遡及して適用したと考えると，2001年の総広告費は８兆円を超えていたと推定される。

解説

1. 妥当である。改訂前の資料では，2001年が，(12027＋4180)÷38886≒0.42，2003年が，(10500＋4035)÷35822≒0.41，2005年が，(10377＋3945)÷36511≒0.39，改訂後の資料では，2005年が，(10377＋4862) ÷37408≒0.41，2007年が，(9462＋4585)÷35699≒0.39，2009年が，(6739＋3034)÷28282≒0.35，となり，改訂前も改訂後も調査年ごとに一貫して減少している。

2. 2005年の場合，総広告費を69,000億円としても，その３割は20,700億円であり，ラジオおよびテレビの合計は21,000億円を超えているのだから，３割を超えている。

3. 2003年は，19417÷56,841≒0.34，2005年は，19819÷59625≒0.33で，2005年は2003年より減少している。

4. 単純に改訂前と改訂後の広告費の差額を考えれば，折込・DMよりフリーペーパー等のほうが大きい。

5. この資料からは判断できない。

正答　1

国家Ⅱ種 教養試験

No.283 資料解釈 わが国の総発電電力量およびその電源別構成比の推移 平成23年度

図は，我が国の総発電電力量及びその電源別構成比の５年ごとの推移を示したものである。原子力，水力，石油，石炭，天然ガスの五つの電源に関し，この図からいえることとして最も妥当なのはどれか。

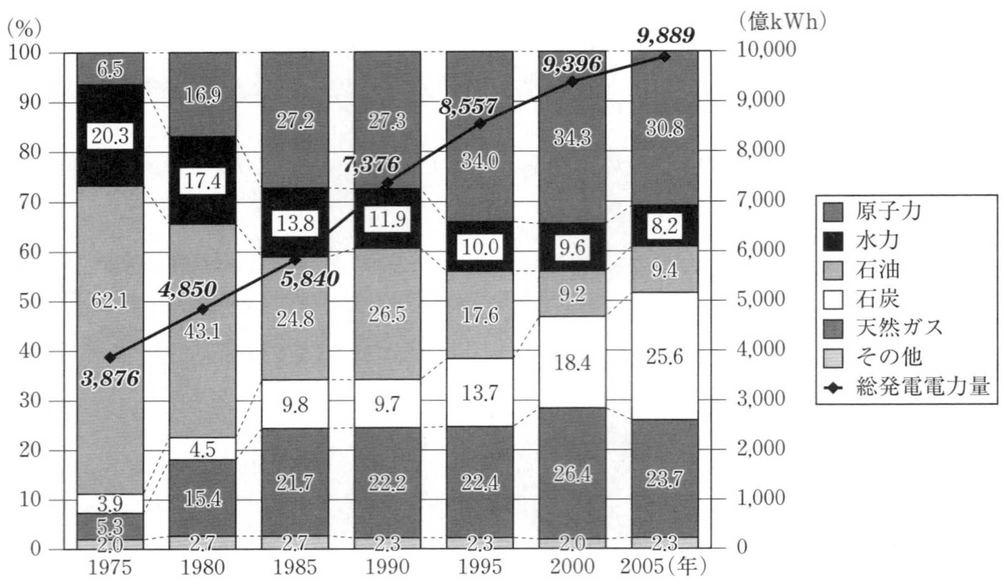

1　2000年における石油による発電電力量は，1975年におけるそれの15％程度である。

2　各調査年ごとに発電電力量の上位３電源が全体に占める割合を比較すると，最も高いのは1990年である。

3　2005年における電源別の発電電力量が，1975年の15倍以上となった電源はない。

4　五つの電源ごとに1975年と2000年の発電電力量を比較すると，発電電力量の変化が最も小さいのは水力である。

5　1985年と1990年を比較した場合，総発電電力量に占める割合が低下した電源においては，発電電力量も減少した。

解説

1．総発電電力量に変化がなければ，62.1％から9.2％へと構成比が変化しているので15％程度というのは正しい（9.2÷62.1≒0.15）が，1975年から2000年にかけて，総発電電力量は約2.5倍となっているので，2000年は1975年の30％を超えている。

2．1990年の場合，上位３電源が占める割合は，27.3（原子力）＋26.5（石油）＋22.2（天然ガス）＜80（％）であるが，1975年は，62.1（石油）＋20.3（水力）＋6.5（原子力）＞80（％）であり，1975年のほうが高い。

3．石炭の場合，2005年の構成比を1975年と比較すると，25.6÷3.9≒6.6となり，これと総発電電力量が約2.5倍となっていることから，6.6×2.5＝16.5で，15倍を超えている。

4．妥当である。水力の場合，その構成比を1975年と2005年で比較すると，20.3：8.2≒5：2であり，他の電源より変化が小さい。このことは発電電力量の変化が最も小さいことを示しており，発電電力量の変化が最も小さいのは水力である。

5．石炭の場合，1985年が，5840×0.098≒572，1990年が，7376×0.097≒715であり，総発電電力量に占める割合は低下しているが，発電電力量は増加している。1990年の総発電電力量は1985年の約$\frac{5}{4}$倍となっているので，1990年の構成比が1985年の構成比の数値の$\frac{4}{5}$倍を下回らなければ，発電電力量は増加していることになる（したがって，水力も増加している）。

正答　4

国家Ⅱ種

教養試験

No. 284 資料解釈 月別外国人入国者数と前年同月増減率 平成23年度

図Ⅰ，Ⅱは，ある国の2008年及び2009年における月別外国人入国者数と，その前年同月との増減率を示したものである。これらの図からいえることとして最も妥当なのはどれか。

図Ⅰ (2008年)

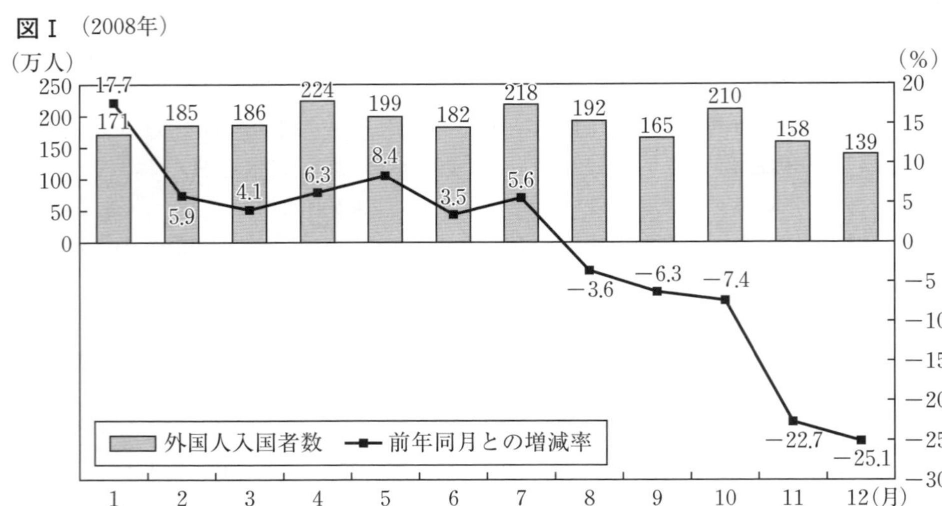

図Ⅱ (2009年)

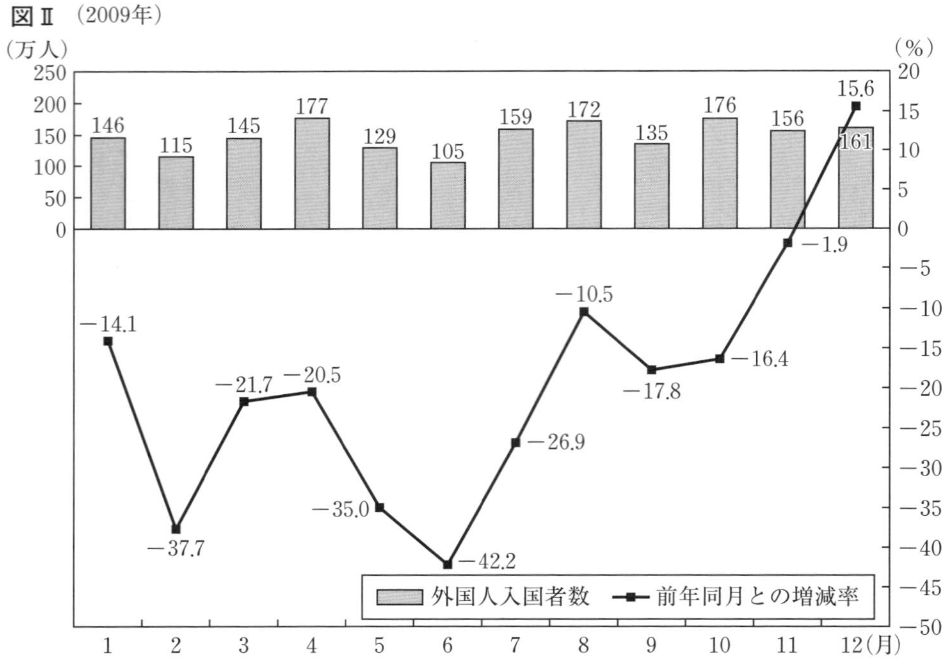

1 月別の外国人入国者数は，2007年以降，3年間連続して4月が最も多い。

2 2007年11月における外国人入国者数は，その前月の入国者数と比べて増加している。

3 外国人入国者数を前月と比較すると，2008年8月から2009年11月まで減少を続けている。

4 2007年における月別外国人入国者数については，12月が最も少なかった。

5　2008年の外国人入国者数の総数は，2009年の総数より400万人以上多い。

解説

1．2008年４月は，前年同月より6.3％増加して224万人だから，2007年４月の外国人入国者数は211万人程度である。これに対し2008年10月は，前年同月より7.4％減少して210万人だから，2007年10月の外国人入国者数は220万人を超えており，2007年は４月より10月のほうが外国人入国者数は多い。

2．2007年11月の外国人入国者数は，158÷(1－0.227)≒204〔万人〕である。同年10月の入国者数は220万人を超えているので（**1**参照），前月より減少している。

3．2008年８月から2009年11月までの各月の入国者数を前月と比較すればよいのだから，たとえば，2008年10月，2009年１月，３月，４月，７月，８月，10月は前月より増加している。

4．2007年12月の外国人入国者数は，139÷(1－0.251)≒186〔万人〕である。これに対し１月は，171÷(1＋0.177)≒145〔万人〕であり，12月より1月のほうが少ない。

5．妥当である。2008年と2009年の外国人入国者数について，１月，11月，12月の３か月の合計では両年ともほとんど差がない。残りの２月～10月について，2008年を2009年と比較すると，70＋41＋47＋70＋77＋59＋20＋30＋34＝448〔万人〕で，48万人多い。したがって，2008年の外国人入国者数の総数は，2009年の総数より400万人以上多い。

正答　5

文章理解
判断推理
数的推理
資料解釈
時事
物理
化学
生物
地学

国家Ⅱ種

教養試験

No. 285 資料解釈　実数／割合：グラフ　平成22年度

図は，我が国における食料品の，人口一人当たりの供給熱量の構成の変化と品目別の食料自給率（供給熱量ベース）を示したものである。これから確実にいえるのはどれか。

我が国の人口一人当たりの供給熱量の構成の変化と品目別の食料自給率（供給熱量ベース）

1　我が国全体の国産供給熱量は，2007年度は1965年度に比べて30％以上減少した。

2　国産供給熱量に占める米の割合は，2007年度は1965年度に比べて20％以上減少した。

3　人口一人当たりの輸入した小麦の供給熱量は，2007年度は1965年度に比べて約50％増加した。

4　我が国が輸入した食料品の総供給熱量は，2007年度は1965年度の４倍以上であった。

5　人口一人当たりの国産飼料による畜産物の供給熱量は，2007年度は1965年度に比べて10％以上減少した。

解説

1. 誤り。(1016×128)÷(1799×98)≒0.74 だから，約26%の減少である。

2. 誤り。1965年度は，1090÷1799≒0.61，2007年度は，(597×0.96)÷1016≒0.56 であり，0.56÷0.61≒0.92 だから，約 8 %の減少である。

3. 誤り。1965年度は，292×0.72=212.24，2007年度は，324×0.86=278.64 である。278.64÷212.24≒1.31 より，増加率は約31%である。

4. 誤り。1965年度は，(2459−1799)×98=64680，2007年度は，(2551−1016)×128=196480 だから，196480÷64680≒3.04 より，約 3 倍である。

5. 妥当である。1965年度は，157×0.47=73.79，2007年度は，399×0.16=63.84 である。63.84÷73.79≒0.87 より，約13%の減少であり，10%以上減少しているというのは正しい。

正答　5

国家Ⅱ種

教養試験

No. 286 資料解釈 実数／割合：グラフ 平成22年度

図は，ある自治体に寄せられた相談件数のうち，生活環境に関する相談の推移を示したものである。これから確実にいえるのはどれか。

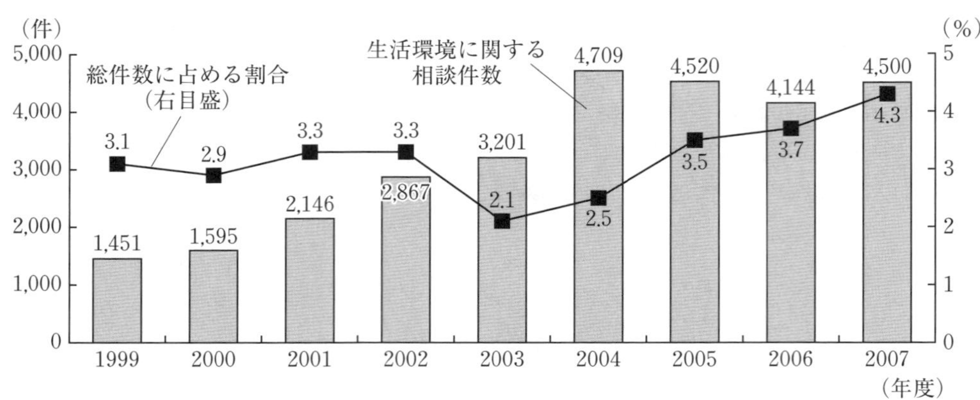

1 総件数が最も多かったのは2007年度である。
2 生活環境に関する相談件数の対前年度比が２番目に大きかったのは2003年度である。
3 総件数の対前年度比が最も大きかったのは2003年度である。
4 総件数の対前年度比がマイナスになった年度はない。
5 総件数が最も多い年度と最も少ない年度の比は３倍未満である。

解説

1．誤り。2004年度と2007年度を比較すると，生活環境に関する相談件数は2004年度のほうが多いのに，総件数に占める割合は2004年度のほうが小さいのだから，総件数は2007年度より2004年度のほうが多い。

2．誤り。2003年度における生活環境に関する相談件数の対前年度比は約1.2倍程度と見積もられる。そこで，次のように考えてみればよい。2867×1.2＝2867＋2867×0.1×2＝2，867＋286.7×2＞2867＋280×2＝2867＋560＞3201 となるので，2003年度の対前年度比は1.2倍未満である。これに対し，2004年度は，3201×1.4≒4481＜4709 より1.4倍を超えており，2002年度は，2146×1.3≒2790＜2867 より1.3倍を超えている。

3．妥当である。生活環境に関する相談件数が総件数に占める割合は，2002年度の3.3％に対し2003年度は2.1％なので，両年の生活環境に占める相談件数が同数であったとしても，2003年度の総件数は2002年度の1.5倍を超えている（実際には，約1.75倍になる）。生活環境に関する相談件数が増加しても，総件数に占める割合が大きくなれば，総件数の対前年度比は生活環境に関する相談件数の対前年度比より小さくなり，2003年度以外に総件数の対前年度比が1.5倍に達している年度はない。

4．誤り。2005年度，2006年度は，生活環境に関する相談件数が前年度より減少しているのに，総件数に占める割合は大きくなっている。つまり，総件数は前年度より減少している。

5．誤り。2004年度を1999年度と比較すると，生活環境に関する相談件数は３倍以上になっているのに，総件数に占める割合は小さくなっており，このことから，2004年度の総件数は1999年度の総件数の３倍を超えていることがわかる。

正答 3

No. 287 資料解釈 実数：数表 平成22年度

表は，ある地域における，ある月の介護サービスの利用状況を表したものである。A～Dのうち，この表から算出できることのみを挙げているのはどれか。

ただし，ここでの利用者数とは，この月にこれらの介護サービスを，それぞれ１回以上利用した者の人数である。

介護サービス	１事業所当たりの利用者数（人）	利用者１人当たりの利用回数（回）	従事者１人当たりの利用者数（人）
訪問介護	35.1	15.7	4.3
訪問入浴介護	30.3	4.4	6.9
訪問看護ステーション	50.7	5.6	10.1
通所介護	42.0	7.8	4.7
通所リハビリテーション	57.5	7.4	6.2
短期入所生活介護	33.7	9.5	2.3

A：介護サービスごとの，この月の延べ利用者数
B：従事者数が最も多い介護サービス
C：介護サービスごとの，１事業所当たりの従事者数
D：介護サービスごとの，１事業所当たりのこの月の延べ利用者数

1 A，B
2 A，C
3 A，D
4 B，C
5 C，D

解説

C「介護サービスごとの，１事業所当たりの従事者数」は，（１事業所当たりの利用者数）÷（従事者１人当たりの利用者数）で求めることが可能であり，D「介護サービスごとの，１事業所当たりのこの月の延べ利用者数」は，（１事業所当たりの利用者数）×（利用者１人当たりの利用回数）で求めることが可能である。これに対し，A「介護サービスごとの，この月の延べ利用者数」は，この資料にある項目のほかに「事業所数」または「利用者総数」がわからなければ判断できず，B「従事者数が最も多い介護サービス」についても「利用者総数」がわからなければ判断できない。したがって，正答は**5**である。

正答 5

No. 288 資料解釈 数表 平成21年度

表は，ある市の1995年，2000年，2005年における，２人以上世帯及び単身世帯の１か月当たりの家計の状況に関するものである。１か月当たりの家計の状況に関して，これから確実にいえるのはどれか。

ただし，

○　実収入＝非消費支出＋可処分所得

○　平均消費性向＝（消費支出／可処分所得）×100

○　エンゲル係数＝（食料費／消費支出）×100

である。

	２人以上世帯			単身世帯		
	1995年	2000年	2005年	1995年	2000年	2005年
世　帯　数	25,610	26,093	26,225	1,525	1,475	1,451
平均世帯人員（人）	3.6	3.4	3.1	1.0	1.0	1.0
実収入（千円）	584	588	676	423	446	445
消費支出（千円）	354	362	414	225	234	240
平均消費性向（%）	72.7	74.1	73.5	66.5	65.1	67.4
エンゲル係数（%）	20.5	19.5	18.0	21.5	21.5	22.8

（注）実収入及び消費支出は，一世帯当たりの数値である。

1　2005年についてみると，２人以上世帯における１人当たりの実収入は，単身世帯のそれの$\frac{1}{3}$よりも少ない。

2　２人以上世帯における世帯人員の総数についてみると，2005年は1995年よりも増加している。

3　単身世帯についてみると，2000年から2005年にかけて可処分所得が１割以上増加している。

4　2005年の単身世帯についてみると，非消費支出は10万円未満である。

5　2005年についてみると，２人以上世帯の食料費は，単身世帯のそれより３万円以上高い。

文章理解 判断推理 数的推理 資料解釈 時事 物理 化学 生物 地学

解説

1．誤り。2005年において，単身世帯の実収入は445千円だから，その$\frac{1}{3}$よりも少ないならば，150千円未満でなくてはならないが，２人以上世帯における１人当たりの実収入は，676÷3.1＞210（千円）である。

2．誤り。平均世帯人員を比べると，3.1÷3.6≒0.86 より，2005年は1995年の約0.86倍となっている。1.1×0.9＜1 だから，2005年における２人以上世帯人員の総数が1995年より多くなるためには，2005年の世帯数が1995年に比べて少なくとも1.1倍を超えていなければならない。25,610×1.1＞28,000 だから，2005年における２人以上世帯人員の総数は1995年より減少している。

3．誤り。単身世帯の平均消費性向は2000年より2005年のほうが上昇しているので，消費支出の増加率よりも可処分所得の増加率のほうが小さいことになる。234×1.1＞250 より，消費支出の増加率は１割未満なので，可処分所得が１割以上増加しているというのは誤りである。

4．正しい。240÷0.674≒356 より，可処分所得は約356万円であるから，445－356＜10 で，非消費支出は10万円未満というのは正しい。

5．誤り。414×0.180－240×0.228＜20 で，その差は２万円未満である。

正答　4

国家Ⅱ種

教養試験

No. 289 資料解釈 棒グラフ，折れ線グラフ 平成21年度

図は，ある検定試験における女性の合格者数及び男女計の合格者数に占める女性の割合の推移を示したものである。これから確実にいえるのはどれか。

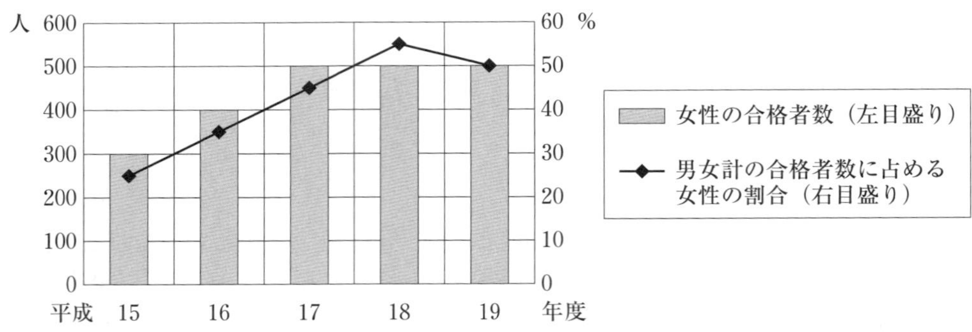

1 この5年間において男女計の合格者数が最も多いのは，平成16年度である。

2 平成16年度から平成19年度の間でみると，前年度と比べた男女計の合格者数の増減が最も小さいのは平成19年度である。

3 平成16年度から平成19年度の間でみると，前年度と比べた男性合格者数の減少が最も大きいのは平成17年度である。

4 この5年間において男性と女性の合格者数の差が最も少ないのは平成17年度である。

5 この5年間における男性合格者総数は，女性合格者総数より800人以上多い。

解説

図表が非常に単純なので，各年度の合格者総数および男性合格者数を求めてから比較するのが合理的といえる。厳密な数値は読めないが，女性合格者数は100人単位，男女計の合格者に占める女性の割合（女性比率）は５％単位で見ればよいであろう。

1．誤り。平成16年度は，女性の合格者が400人で，女性の比率は約35％だから，400÷0.35≒1143（人），これに対し平成15年度は，300÷0.25＝1200（人）で，平成16年度より15年度のほうが多い。

2．誤り。下の表から，平成19年度は18年度に比べて91人の増加であるが，平成17年度は16年度に比べて32人の減少であり，17年度のほうが前年度に対する増減数は小さい。

3．誤り。平成18年度は17年度に比べて202人減少しており，平成17年度より減少数は大きい。

4．誤り。平成19年度は，男女計の合格者に占める女性の割合が50％であり，これは男女同数であるから，男女差は０であり，合格者数の男女差が最も少ないのは平成19年度である。

5．正しい。平成15～17年度の３年間で男性合格者総数は女性合格者総数より1,000人以上多いので，平成18年度で女性合格者のほうが91人多くても（平成19年度は男女同数），５年間で800人以上多いというのは正しい。

	H15	H16	H17	H18	H19
女性合格者(人)	300	400	500	500	500
女性比率(%)	0.25	0.35	0.45	0.55	0.5
合格者計(人)	1,200	1,143	1,111	909	1,000
男性合格者(人)	900	743	611	409	500
男女差(人)	600	343	111	−91	0

正答　5

文章理解 判断推理 数的推理 資料解釈 時事 物理 化学 生物 地学

図は，ある教育段階における各国の教育機関の教育支出額と，それを学生・生徒１人当たりに換算した教育支出額について，2005年の数値を，2000年を100とした指数でグラフ化したものである。これから確実にいえるのはどれか。

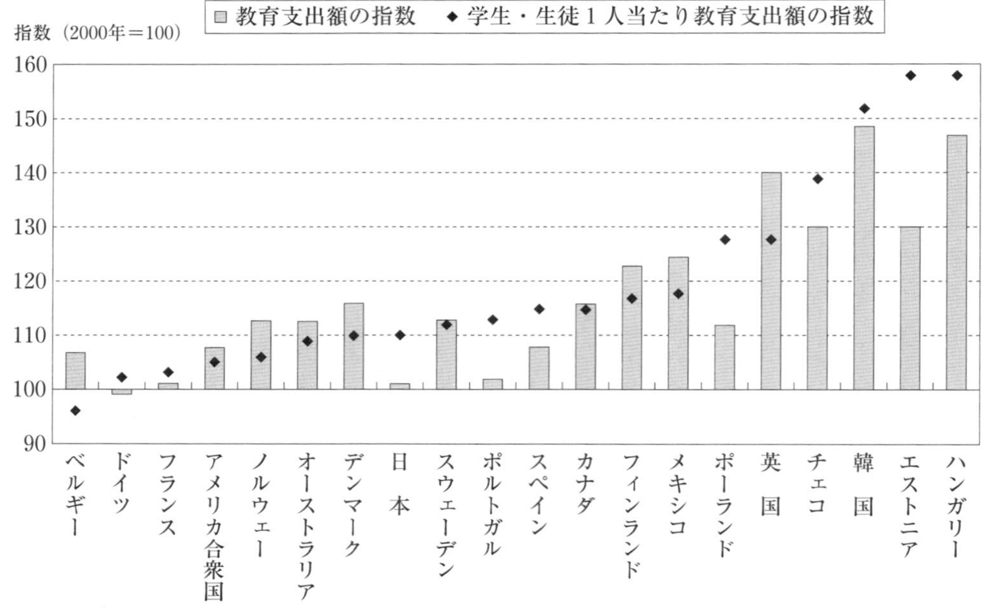

1　2000年と比べた2005年の学生・生徒数の増加割合は，カナダの方がアメリカ合衆国よりも大きい。

2　日本では，2005年の学生・生徒数が2000年と比べて１割以上減少している。

3　2000年と比べて2005年に学生・生徒数が増加している国の方が，減少している国よりも多い。

4　2000年において，学生・生徒１人当たり教育支出額が最も少なかった国は，ハンガリーである。

5　2000年に対する2005年の数値をみると，ベルギーでは学生・生徒数の増加割合が教育支出額の増加割合を上回っている。

解説

2000年に対する2005年の教育支出額の指数をp，学生・生徒1人当たりの教育支出額の指数をqとした場合，$p>100$のとき，

①$p<q$ならば，2000年に比べて2005年の学生・生徒数は減少，

②$p=q$ならば，2000年と2005年の学生・生徒数は変わらず，

③$100<q<p$ならば，学生・生徒数は教育支出額の増加割合を下回る割合で増加，

④$q=100$で，学生・生徒数の増加割合は教育支出額の増加割合と一致，

⑤$q<100$になると，学生・生徒数の増加割合は教育支出額の増加割合を上回る，という関係になる。

1．誤り。カナダの場合は，教育支出額の指数と学生・生徒1人当たり教育支出額の指数がほとんど一致しているのに対し，アメリカ合衆国は教育支出額の指数が学生・生徒1人当たり教育支出額の指数を明らかに上回っている。このことは，2000年と比べた2005年の学生・生徒数が，アメリカ合衆国の場合は明らかに増加しているが，カナダの場合はほとんど増減がないことを示しており，増加割合はカナダよりアメリカ合衆国のほうが大きいといえる。

2．誤り。学生・生徒数が1割減少した場合，教育支出額全体が変わらないとしても，学生・生徒1人当たり教育支出額は1割を超えて増加する（指数110超）ことになる。学生・生徒数が$\frac{9}{10}$になれば，1人当たり支出額は$\frac{10}{9}\fallingdotseq 1.11$となるからである。日本の場合，教育支出額の指数は100を超えており（2000年より増加している），それでも学生・生徒1人当たり教育支出額の指数は110であるから，1割以上減少しているというのは誤りである。

3．誤り。20か国中，2000年と比べて2005年の学生・生徒数が減少しているのは，ドイツ，フランス，日本，ポルトガル，スペイン，ポーランド，チェコ，韓国，エストニア，ハンガリーの10か国あり，増加している国のほうが多いというのは誤りである。

4．誤り。教育支出額，学生・生徒数ともにわからないので，このようなことは判断できない。

5．正しい。ベルギーの場合，2000年に比べて2005年の教育支出額は増加しているのに，学生・生徒1人当たりの教育支出額は減少している。このことは，学生・生徒数の増加割合が教育支出額の増加割合を上回っていることを示している。

正答　5

国家一般職［大卒］ No. 291 教養試験

時事 自然環境と科学技術 令和元年度

近年の自然環境や科学技術をめぐる話題に関する記述として最も妥当なのはどれか。

1 2018年夏，地球と火星が大接近した。火星の公転周期は地球より短く，二つの惑星は１年のうちに何度か接近するが，火星の軌道は楕円軌道であるため，接近した際の距離がその都度異なる。今回の大接近では，満月に匹敵する明るい火星が観察された。

2 国際エネルギー機関は，2018年，世界のエネルギー消費による2017年の二酸化炭素排出量は過去最大であったと報告した。排出量の削減については，COP21で採択されたパリ協定で，開発途上国を含む全ての参加国に対して温室効果ガスの排出削減の努力が求められている。

3 環境省は，絶滅のおそれのある野生生物をまとめた環境省版レッドリストを2018年に改訂した。今回の改訂では，新たに指定された絶滅危惧種はなかったが，ニホンオオカミは，将来的に絶滅危惧種になる懸念がある準絶滅危惧種とされた。

4 2018年，小型無人機（ドローン）による宅配サービスの国内初の実証実験が実施された。ドローンを操縦者の目視外まで飛行させるには事前に国土交通大臣の承認が必要だったが，この実験開始を受けて規制が緩和され，中核市で飛行させる場合については承認手続きが廃止された。

5 イプシロンロケットは，我が国の民間企業が単独で開発・生産を行ったロケットで，従来のＨ－ⅡＡロケットと比べ，打ち上げのコストが低く抑えられている。2018年には，水星磁気圏探査機「みお」の打ち上げに使用されるなど，実績を重ねている。

解説

1．火星の公転周期は687日であり，365日の地球よりも長い。また，火星が地球に接近しても月の明るさには及ばない。2018年夏に大接近した際の火星の明るさは最高でマイナス2.8等級だった。これに対し，満月の明るさはマイナス13等級近くに達する。

2．妥当である。国際エネルギー機関（IEA）の2019年の報告書によると，世界の二酸化炭素排出量は2018年，2017年に続いて過去最高を更新し，約331万トンに達した。パリ協定は，2015年の気候変動枠組条約第21回締約国会議（COP21）で採択された，温室効果ガス削減のための国際的枠組みで，かつての京都議定書が先進国だけに温室効果ガスの削減義務を課したのとは異なり，開発途上国にも排出削減を求める内容になっている。

3．2018年改訂の環境省版レッドリストでは，絶滅危惧種が41種増加し，3,675種となった。また，ニホンオオカミは20世紀初頭に絶滅したとされている。ちなみに，2018年の環境省版レッドリストでは，ドジョウが新たに準絶滅危惧種に分類されたことが話題となった。

4．2018年に国内初のドローンによる宅配サービスの実証実験が行われたことは事実だが，ドローンの目視外飛行の規制緩和は離島や山間部に限定したものである。中核市とは人口20万人以上の都市で，ドローンの目視外飛行は，2019年６月現在，解禁されていない。

5．イプシロンロケットは国立研究開発法人宇宙航空研究開発機構（JAXA）が株式会社IHIエアロスペースと共同開発しており，民間企業が単独で開発，生産を行っているわけではない。また，水星磁気圏探査機「みお」は，欧州宇宙機関（ESA）のアリアン５型ロケットに搭載され，日欧合同の国際水星探査計画「ベピコロンボ」の一環として，2018年10月に打ち上げられた。ちなみに，2019年５月，国内初の民間単独でのロケット打上げが実業家の堀江貴文氏らが設立したベンチャー企業によって実現している。

正答 2

国家一般職［大卒］ 教養試験

No. 292 時事 成人の年齢要件等 令和元年度

我が国の成人の年齢要件等に関する記述として最も妥当なのはどれか。

1 2015年に公職選挙法が改正され，選挙権年齢は18歳以上となり，併せて被選挙権年齢も引き下げられ，衆議院議員及び参議院議員の被選挙権年齢は共に20歳以上となった。2017年の衆議院議員総選挙では，20代で当選した議員は20人を超え，若者の政界進出に一定の効果があった。

2 2016年に国民年金法が改正され，国民年金の加入年齢の下限は20歳から18歳に引き下げられ，上限は64歳から69歳に段階的に引き上げられることとなった。この結果，2022年以降，国民年金の加入期間は18歳以上69歳以下に拡大し，年金支給開始年齢は70歳となった。

3 2018年に民法が改正され，2022年に成人年齢が20歳から18歳に引き下げられることとなった。この改正により，結婚可能年齢は男性が2歳引き下げられ，男女とも16歳となることとなり，同時に，女性のみに課していた再婚禁止期間を廃止することとなった。

4 民法が改正され，未成年者取消権も20歳から18歳に引き下げられることとなり，18，19歳の者が消費者トラブルに巻き込まれやすくなるとの懸念が指摘されている。2018年に改正された消費者契約法では，不安をあおる告知などの社会生活上の経験不足を利用した行為などを，不当な勧誘行為と定めて，この勧誘によって結ばれた契約を取り消せるようにした。

5 民法の改正後も対象年齢を20歳以上に維持するものとして，飲酒可能年齢や帰化の年齢要件などがある。少年法については，2018年に法制審議会から答申が出されて，有期刑の年数の上限を引き下げる一方，検察官が少年審判に立ち会える対象を強盗や窃盗まで拡大するなどの措置を採ることで，少年法の対象を20歳未満に維持することとなった。

解説

1．被選挙権年齢は引き下げられていない。衆議院議員の被選挙権年齢は25歳，参議院議員の被選挙権年齢は30歳である。なお，2017年の衆議院議員総選挙では20代の当選者はいなかった。当選者の平均年齢は上昇傾向にあり，2017年の衆議院議員総選挙では54.7歳だった。

2．国民年金の加入年齢の下限は引き下げられておらず，現在も20歳である。上限は59歳となっている。国民年金の支給開始年齢は，2019年6月現在，65歳である。2016年の国民年金法改正では，年金額の改定ルールの見直しなどが行われた。

3．これまで，結婚可能年齢は男性が18歳，女性が16歳だったが，民法改正により，男女とも18歳で統一されることになった。また，女性の再婚禁止期間を廃止する法改正はなされていない。かつては女性の再婚禁止期間は6か月とされていたが，2015年に最高裁判所は100日を超える分を違憲とする判決を下した。これを受けて2016年に民法が改正され，現在では100日が再婚禁止期間となっている。

4．妥当である。未成年者取消権とは，未成年者がその法定代理人（親など）の同意なく締結した契約を，未成年であることを理由に取り消せる権利のこと。また，消費者契約法とは，消費者を不当な勧誘や契約から守るために制定された法律である。成年年齢の引下げに対応して消費者契約法も改正され，「不安をあおる告知」や「好意の感情の不当な利用」による契約も，取消しの対象として追加された。

5．国籍法も改正され，帰化申請の年齢要件も20歳から18歳に引き下げられることになった。また，有期刑の年数の上限引上げや検察官が立ち会える対象を強盗や窃盗に拡大する旨の少年法改正は，2014年に実現済みである。少年法の対象年齢の引下げに関し，2018年に法制審議会が答申を行った事実はなく，2019年6月現在，この問題に関する少年法の改正も実現していない。

正答 4

国家一般職［大卒］ No. 293 教養試験

時事　祝日・休暇等　令和元年度

祝日や休暇等に関する記述として最も妥当なのはどれか。

1　2017年，天皇の退位等に関する皇室典範特例法が成立し，同法により，皇室典範の特例として，天皇陛下の退位と皇嗣である皇太子殿下の即位が実現することとなり，憲政史上初めて天皇が存命中に退位することとなった。また，即位に際し祝意を表するため，即位の日と，即位を国内外に宣明する即位礼正殿の儀が行われる日を，2019年に限り祝日とする，即位日等休日法が2018年に成立した。

2　我が国の国民の祝日の一つである体育の日は，1964年10月10日に東京オリンピックの開会式が行われたことを祝して制定されたものである。同開会式の日程は，10月10日が我が国の無形文化遺産として登録されている二十四節気の一つであり，10月の中で南中高度が最も高くなる晴れの特異日に近接していることを考慮して決定されたものであるが，2020年に限り，体育の日は７月の東京オリンピックの開会式に合わせて移されることとなった。

3　我が国では，2018年，労働基準法が改正され，年次有給休暇の計画的付与制度が創設された。これは，労働者が主体的・計画的に連休の計画を立てられるよう，企業が休暇取得日を指定して割り振ることや，時間単位で休暇を取得させることを禁じるものである。違反した場合，企業には罰金が課せられる。また，年10日以上の年次有給休暇が付与されている労働者については，年５日以上の休暇取得が努力義務として課されることとなった。

4　我が国の年次有給休暇取得率は，従来より米国などと比べて低く，2017年は約５割であった。2018年，働き方改革の表裏一体の改革として，休み方改革を推進する目的で，キッズウィークが導入された。これは，地方公共団体が，公立学校の夏休みなどに合わせて，その地域に居住する住民や事業所に適用される祝日を設定するものであり，近年，ドイツやフランスでは，キッズウィークの導入を契機として，バカンスと呼ばれる長期休暇が普及した。

5　2018年，働き方改革関連法が成立し，１か月間の残業時間の上限が原則100時間とされるとともに，勤務間インターバル制度が新設された。同制度は，残業時間が100時間を超えた月の翌月に適用される緊急措置として終業時刻から始業時刻までの間に一定時間の休息を設けるものであり，その適用が常態化することを防止するための措置を講ずることが義務付けられた。

1．妥当である。2019年５月１日に「令和」への改元と「剣璽等承継の儀」などが行われた。なお，「皇嗣」とは，皇位継承順位第１位の皇族のこと。皇嗣が現天皇の子ならば皇太子と呼ばれるが，現在の皇位継承順位第１位の秋篠宮文仁親王は天皇陛下の弟であるため，「皇嗣殿下」と呼ばれている。

2．二十四節気は中国の無形文化遺産であるが，無形文化遺産保護条約の発効は2006年のことであり，1964年の東京オリンピック当時はまだ無形文化遺産ではなかった。二十四節気の一つである寒露は，1964年の場合，10月８日だった。南中高度とは太陽が真南に位置したときの地平線との間の角度のことだが，夏至から冬至に近づくにつれ南中高度は低くなるので，10月で南中高度が最も高いのは１日。ところが，10月８日と１日のいずれも，晴れの特異日ではない。晴れの特異日は晴れる確率が高いが，それに近接する日も晴れる確率が高いわけではない。よって，「晴れの特異日に近接している」からというのは，理由にならない。なお，1964年の東京オリンピックの開会式が10月10日になったのは，「その日は（特異日とまではいえないにせよ）晴れる確率が高かったから」と巷間では思われているが，その理由は明確になっていない。体育の日は10月の第２月曜日だが，2020年に限って７月24日に移動させるのは正しい。祝日としての名称は，2020年から「スポーツの日」に改められる。

3．年次有給休暇の計画的付与制度は，1987年に導入された。労使協定の締結などを前提に，年次有給休暇の日数のうち５日を超える部分の取得時季を使用者が決められる制度である。年次有給休暇の時間単位での付与も禁止されていない。また，年10日以上の年次有給休暇が付与されている労働者に対して，年５日については毎年時季を指定して取得させることが使用者に義務づけられた。

4．キッズウィークとは，地方公共団体が公立学校の夏休みなどの長期休業日の一部を別の時期に分散させ，大人と子どもがともに休暇を取得できるようにする取組みのこと。ドイツやフランスでも同様に地域別に休暇が分散化されているのは正しいが，バカンスの普及はそれ以前のことである。

5．働き方改革関連法によって，１か月間の残業時間の上限は原則45時間とされた。また，勤務間インターバル制度とは，労働者の終業時刻から次の始業時刻までの間に，一定時間以上の休息時間を設定する制度のこと。すべての労働者に適用されるものだが，制度導入は雇用主の努力義務とされるにとどまっている。

正答　1

文章理解 判断推理 数的推理 資料解釈 時事 物理 化学 生物 地学

国家一般職［大卒］ No. 294 教養試験

時事 日本における通信や放送 平成30年度

我が国における通信や放送に関する記述として最も妥当なのはどれか。

1 電波の周波数は，電波の公平かつ能率的な利用を確保するため，電波法に基づき，総務省によって管理が行われている。これに要する費用は，テレビ放送の視聴者など，電波の利用者が納める電波利用料によって賄われているが，収支が悪化しており，2017年には，周波数の利用権を競争入札によって決定するオークション制度が導入された。

2 第５世代移動通信システム（５G）は，超高速だけでなく，多数同時接続，超低遅延といった特徴を持つ次世代の移動通信システムであり，政府は，2020年の実現を目指し，研究開発の推進や，各国・地域の政府等との国際連携の強化，周波数の確保等に取り組んでいる。2017年度には，遠隔医療や，鉄道車両に対する高精細映像配信などの実証試験が行われた。

3 準天頂衛星は，静止軌道上の通信衛星や気象衛星などとの通信を中継し，高速化・大容量化するための人工衛星で，高度約350kmの準天頂軌道に打ち上げられる。政府は，2018年度から準天頂衛星を４機体制として，本格的に運用することとしているが，2017年には，予定されていた準天頂衛星４号機の打ち上げが行われず，運用開始の遅れが懸念されている。

4 ４K・８K放送とは，現行のハイビジョンを超える超高精細な画質による放送であり，８K放送ではハイビジョンの８倍の画素数で放送される。2016年には，日本放送協会（NHK）による試験放送が開始されたが，４K・８K放送の実用化には，各家庭に光ファイバーケーブルを敷設する必要があり，地方を中心に普及率の向上が課題となっている。

5 携帯電話やスマートフォンの利用は日常生活に深い関わりを持つため，その通話料金は国による認可制となっている。また，通信事業者には，自己の保有する設備による全国一律のサービス提供が義務付けられていたが，2017年には，制限が撤廃され，他の事業者から通信設備を借り受け，自らは通信設備を保有しない事業者によるサービス提供が解禁された。

解説

1．テレビ放送の電波利用料は，直接的にはテレビ局が納付している。また，電波オークション制度については政府が導入を検討している段階にあり，実現には至っていない。

2．妥当である。第５世代移動通信システムの通信速度は，現在の第４世代移動通信システム（4G）の100倍であり，人工知能（AI）やモノのインターネット（IoT）と並んで第四次産業革命やサイバー空間と現実空間が高度に融合した「超スマート社会」の実現には欠かせない技術とされている。

3．「みちびき」と呼ばれる，わが国の準天頂衛星システムに関する記述である。まず，前半の記述はデータ中継衛星に関するものだから誤り。準天頂衛星システムは「日本版GPS」とも呼ばれるように，地球上の位置情報を取得するシステムである。次に，準天頂軌道は高度約32,000km～40,000kmであり，350kmではない。準天頂衛星は2017年に，２号機と３号機に続いて４号機の打上げも成功している。2018年には４機体制での運用が開始され，2023年には７機体制での運用をめざしている。

4．4Kの画素数は現在のハイビジョンの４倍だが，8Kは16倍である。4Kも8Kも電波放送であり，光ファイバーケーブルを必要とするものではない。

5．携帯電話やスマートフォンの通話料金の認可制は，1990年代にすでに廃止済みである。また，自らは通信設備を保有しない通信事業者のことを仮想移動体通信事業者（MVNO）というが，こうした事業者によるサービス提供も2000年代に解禁済みである。

正答 2

国家一般職［大卒］ No. 295 教養試験

時事　日本の近年の法や条約　平成30年度

我が国の近年の法や条約をめぐる動向等に関する記述として最も妥当なのはどれか。

1　民法は，第二次世界大戦終結直後に制定されて以来，契約等の債権関係の規定の改正がほとんど行われておらず，社会・経済の変化への対応が求められていた。そこで，2017年の改正では，部分的に残っていた片仮名・文語体の表記が平仮名・口語体となったほか，時効期間の長期化を避けるため，業種ごとに異なる時効の規定が設けられた。

2　我が国は，憲法上，象徴天皇制を採用しており，天皇は国政に関する権能を持たず，国会の助言と承認に基づいて儀礼的・形式的な国事行為のみを行うこととされている。憲法に定められている国事行為には，国会の召集のほか，被災地への訪問なども含まれる。2017年には，後代まで適用される，天皇の退位等に関する皇室典範特例法が制定された。

3　水俣病などの水銀被害を経験した我が国は，水銀対策の経験と教訓を世界に発信するなどして国際的な水銀対策の交渉の進展に貢献してきており，2013年に熊本市・水俣市で行われた外交会議において水銀に関する水俣条約が採択された。我が国は，同条約の的確かつ円滑な実施を確保するため，水銀汚染防止法を制定するなどし，その後，2016年には同条約を締結した。

4　旅館業法に違反して，住宅の全部又は一部を活用し宿泊料を受けて人を宿泊させる民泊サービスが増加していることを受けて，2017年に住宅宿泊事業法が制定された。同法に基づき民泊に関する国家戦略特区に認定された区域以外では，個人による外国籍の者への住宅を活用した宿泊先の提供が禁止されることとなった。

5　パーソナルデータを含むビッグデータの利活用ができる環境の整備のため，個人情報保護法が改正され，2017年から，国の認定を受けた民間団体が作成した匿名加工情報の提供が始まった。一方，匿名加工情報以外の個人情報については，企業や個人が他の企業や報道機関などの第三者に提供しようとする場合，同法により本人の同意が必要とされている。

解説

1．民法が制定されたのは1896年で，第二次世界大戦終結直後に行われたのは家族法などの改正である。また，すでに2004年の改正で表記は平仮名・口語体に改められていた。2017年の民法の改正では，これまで職業別に設定されていた消滅時効の特則が廃止され，原則5年に統一された。

2．まず，天皇の国事行為に「助言と承認」を行うのは内閣で，国会ではない。次に，国事行為は憲法に明記されており，国会召集もその一つ（7条）であるが，被災地などへの訪問や全国戦没者追悼式の出席，園遊会の主催などは憲法に規定がなく，よって国事行為ではない。また，皇室典範特例法が適用されるのは今上（きんじょう）天皇の退位のみである。

3．妥当である。水銀に関する水俣条約とは，水銀や水銀化合物の人為的排出から人の健康および環境を保護するために，水銀の適正な管理と排出の削減を定めた条約である。発展途上国でも水俣病と同様の健康被害が発生している状況を受けて採択され，2017年に発効した。

4．国家戦略特区における民泊サービスは国家戦略特区法に基づくもので，住宅宿泊事業法（民泊新法）によるものではない。住宅宿泊事業法は，民泊を巡るトラブル多発や外国人旅行客増加に伴う宿泊施設不足などを受けて，健全な民泊の普及のために制定された法律である。これは外国人に対する民泊サービス提供を禁止するものではなく，事業者に宿泊設備や交通機関などの情報を外国語で提供することなどを義務づけている。

5．前半が誤り。改正個人情報保護法には，情報の適正な加工や識別行為の禁止など，匿名加工情報取扱業者の義務が定められている。だが，こうした事業を行うに当たり，国の認定を受ける必要はない。ちなみに，匿名加工情報以外の個人情報の第三者提供には本人の同意を要するが，匿名加工情報については必要とされない。ただし，匿名加工情報に含まれる個人に関する情報の項目およびその提供の方法を公表しなければならないことになっている。

正答　3

国家一般職［大卒］

教養試験

No. 296 時事 各国の近年の情勢等 平成30年度

各国の近年の情勢等に関する記述として最も妥当なのはどれか。

1 米国では，2016年の大統領選挙で，「米国第一主義」を掲げた共和党のトランプ候補が，民主党のクリントン候補に勝利した。2017年の就任以降，トランプ大統領は環太平洋パートナーシップ（TPP）協定からの離脱を指示する覚書や医療保険制度改革法（オバマケア）の見直しに関する大統領令に署名するなどした。

2 英国では，テロ事件がロンドンオリンピック競技大会以降多発していたが，メイ首相が緊急事態宣言を発出し，テロ対策を強化した結果，2017年はテロ事件が発生しなかった。メイ首相は，テロ対策の功績や欧州連合（EU）離脱に向けた交渉の推進により，多数の国民から支持を受けており，これらを背景に実施された総選挙では，与党保守党が単独過半数を維持した。

3 フランスでは，オランド大統領が，企業の競争力強化を目的とした労働法の改正によって国民の支持を失い，2017年の大統領選挙への不出馬を表明した。そのため，オランド大統領に代わって出馬した社会党のマクロン候補が，反 EU，反移民の姿勢を明確に打ち出した。マクロン候補は，親 EU の姿勢を明確にした他の候補者に勝利し，大統領に就任した。

4 ドイツでは，メルケル首相が，大量に流入する難民に対し，受入れ上限を設けたことで国民の支持を受け，2017年のドイツ連邦議会選挙において，与党キリスト教民主・社会同盟（CDU/CSU）が単独で過半数を獲得した。一方，人道的理由から難民の保護を訴えるドイツのための選択肢（AfD）は保持していた議席を失った。

5 中国では，2017年，５年に１度の全国人民代表大会（全人代）が開催され，習近平国家主席が再任されるとともに，新たに李克強氏が国務院総理（首相）に指名された。同大会では，習近平国家主席が，農業，工業，国防，科学技術において現代化を図る「四つの現代化」を提起し，これが中国共産党の最高規則に盛り込まれた。

解説

1．妥当である。トランプ大統領は2017年1月に就任すると早速，TPPから永久離脱する旨の大統領令に署名した。また，同年10月にはオバマケアの見直しに関する大統領令にも署名した。

2．イギリスでは，2017年5月にマンチェスターのコンサート会場で大規模なテロ事件が発生した。また，その翌月にもロンドンでテロ事件が2件発生している。同年6月にはイギリスで下院選が実施されたが，野党が健闘し，与党保守党の議席は過半数に達しなかった。

3．後半が誤り。マクロン氏は中道派の候補者であり，社会党の候補者ではなかった。また，マクロン氏も社会党も反EU・反移民の立場ではない。なお，大統領選挙ではマクロン氏と反EU・反移民を掲げる極右政党FN（国民戦線）党首のル・ペン氏による決選投票が実施されたが，中道右派や左派勢力の支持も集めたマクロン氏が勝利し，大統領に就任した。

4．ドイツ連邦議会（下院）議員選挙で採用されている小選挙区比例代表併用制は，原則として比例代表選挙によって各政党に議席を配分する制度である。ゆえに，ドイツでは連立政権が常態化している。2017年の選挙でも，CDU/CSUは第一党となったものの，獲得議席数は単独過半数に達しなかった。また，「ドイツのための選択肢」は反EU・反移民を掲げる新興保守政党であり，2017年の選挙で初の議席を獲得するとともに，第三党に躍進した。なお，冒頭の記述は正しく，2017年にメルケル首相は難民受入れ制限を実施している。

5．5年に1度開催されるのは中国共産党大会であり，全人代は毎年開催されている。次に，「習李体制」と呼ばれるように，李克強氏は習近平氏が国家主席に就任した2013年から首相を務めている。2017年10月，5年ぶりに開催された中国共産党大会の結果を受け，翌年3月の全人代で両者の続投が正式に決まった。また，「四つの現代化（近代化）」が全人代で提起されたのは1970年代のことであり，2017年の中国共産党大会では「習近平新時代の中国の特色ある社会主義思想」が最高規則に盛り込まれた。

正答　1

国家一般職
[大卒]
No.
297
教養試験

時事　わが国における自然災害等　平成29年度

我が国における自然災害等に関する記述として最も妥当なのはどれか。

1　我が国の周辺では，太平洋プレートやフィリピン海プレートが北米プレートやユーラシアプレートの下に沈み込んでいるため，地震活動が活発である。これらのプレート境界で発生する地震のほか，大陸プレート内部の地殻上部で発生する地震もあり，平成28年に発生した熊本地震は，甚大な被害をもたらした。

2　我が国では，活火山を現在活発な噴気活動のある火山としている。政府は，平成26年の御嶽山の噴火を教訓に火山対策を見直し，全国110の活火山を常時観測火山に指定して24時間体制で監視している。平成28年には，周辺住民の避難が必要となる噴火警戒レベル５の噴火警報が浅間山と箱根山に対して出された。

3　台風は，活発な乱層雲を伴う低気圧の渦で，北西太平洋に存在する熱帯低気圧のうち，中心気圧が990ヘクトパスカル以下のものをいう。夏の後半から秋にかけては，オホーツク海高気圧の南下に伴って台風が我が国の付近を多く通るようになり，平成28年に発生した台風10号は，第二次世界大戦以降初めて東北地方に上陸した台風となった。

4　夏には，シベリア高気圧から吹き出す寒気が，黒潮の影響により暖かく湿った空気となり前線付近に流入することで，発達した積乱雲による集中豪雨が多発する。平成27年に発生した関東・東北豪雨による災害では，地盤の液状化現象により鬼怒川の堤防が決壊し，広範囲の浸水が発生するなど多くの被害が生じた。

5　政府は，地震，山火事等の自然災害に対する予防，復旧対策等の基本的な方針を示す，防災基本計画を定めている。平成27年には，「防災4.0」未来構想プロジェクトが立ち上げられ，東日本大震災の教訓も踏まえ，官邸における緊急参集チームの設置など政府の初動体制の整備についても，新たに同計画に盛り込まれた。

解説

1. 妥当である。地震は，陸側のプレートと海側のプレートとの境界で発生する「海溝型地震」と，陸側のプレート内部での断層運動により発生する「活断層型地震」に大別される。また，海溝型地震はさらに「プレート間地震」と「プレート内地震」に分けられる。本肢の「大陸プレート内部の地殻上部で発生する地震」とは，このうち「活断層型地震」をさしている。各地震の代表例は，①プレート間地震＝関東大地震（1923〈大正12〉年）や東北地方太平洋沖地震（東日本大震災をもたらした地震，2011〈平成23〉年），②プレート内地震＝昭和三陸地震（1933〈昭和8〉年），③活断層型地震＝兵庫県南部地震（阪神・淡路大震災をもたらした地震，1995〈平成7〉年）や熊本地震（2016〈平成28〉年）などである。

2. 活火山の定義は時代によって変化しているが，火山噴火予知連絡会は，2003（平成15）年，「概ね過去1万年以内に噴火した火山及び現在活発な噴気活動のある火山」と定義し直している。2017〈平成29〉年現在，活火山の数は111とされているが，このうち常時観測火山とされているのは50火山のみである。また，浅間山については2015（平成27）年6月11日に噴火警戒レベルが2（火口周辺規制）に引き上げられ，令和2年10月現在はレベル2となっている。箱根山については平成27年6月30日に噴火警戒レベルが過去最高の3（入山規制）に引き上げられたが，令和2年10月現在はレベル1となっている。

3. 台風とは，北西太平洋（赤道より北で東経180度より西の領域）または南シナ海に存在し，なおかつ低気圧域内の最大風速（10分間平均）がおよそ17m/s（34ノット，風力8）以上のものをさす。この定義に気圧の高低は含まれていない。また，台風は，わが国の上空にある太平洋高気圧の威力が夏の後半から秋にかけて弱まってくることで，太平洋高気圧の縁に沿うようにわが国へと接近する。本肢にある「オホーツク海高気圧」は春の後半から夏にかけて発達し，わが国に梅雨をもたらす原因となる。なお，平成28年の台風10号は，1951（昭和26）年の観測以来初めて，東北地方に太平洋側から上陸した台風である。東北地方に日本海側から上陸したケースは，過去にも存在している。

4. 夏には太平洋高気圧がわが国を覆い，晴天が続くことから，強い日射によって積乱雲が発生し，発達した積乱雲による集中豪雨が多発する。本肢にある「シベリア高気圧」は冬に発達し，西高東低の気圧配置を生み出すことで，北西の季節風を発生させ，わが国の日本海側に降雪をもたらす。また，平成27年の関東・東北豪雨では，鬼怒川の増水によって堤防が決壊し，茨城県常総市付近で広範囲の浸水が発生した。本肢にある「地盤の液状化現象」とは，一見硬そうな地盤が地震の揺れで一時的に液体状になる現象のことであり，関東・東北豪雨の際には発生していない。

5. 緊急参集チームとは，緊急事態の発生に際し，関係省庁の局長クラスを官邸に緊急参集させて形成するチームのことである。同チームは，阪神・淡路大震災の教訓を踏まえ，平成7年に閣議決定により創設された。なお，「防災4.0」未来構想プロジェクトでは，平成28年の有識者提言において，住民・地域における備え，企業における備え，情報通信技術の活用という取組みの方向性が示されるなどしている。

正答　1

国家一般職［大卒］ No. 298 教養試験

時事　わが国の農業や食　平成29年度

我が国の農業や食に関する記述として最も妥当なのはどれか。

1　産業構造の高度化により，農業など第１次産業や，運輸業など第２次産業の就業者割合が低下してきており，平成27年には，第３次産業の就業者割合が８割を超えた。農業の分野においては，担い手不足の状況を打開するため，第２次産業や第３次産業の企業でも参入することを可能とする，農業の６次産業化が進められている。

2　食料自給率とは，国内の食料消費が国産でどの程度賄えているかを示す指標であり，重量ベースで算出する品目別自給率のほか，供給熱量（カロリー）ベースと生産額ベースの２通りの方法で算出する総合食料自給率がある。総合食料自給率は，長期的に低下傾向で推移しており，平成27年には，カロリーベースで40％以下となっている。

3　主食であるコメについては，ウルグアイ=ラウンド以降，食糧管理制度を通じて政府による買入れが行われてきた。コメの価格は，国産より外国産の方が高い，逆ザヤと呼ばれる状態にあったが，東南アジア諸国連合（ASEAN）との経済連携協定（EPA）により，自主流通米を基本として，流通と価格形成が弾力化され，政府が部分的に管理することとなった。

4　農林物資の規格化等に関する法律（JAS法）に基づき，消費者に販売される食品にJASマークの貼付及び食品表示が義務付けられている。平成27年には，機能性表示食品制度が新たに開始され，生産段階から最終消費段階まで，製品の流通経路が追跡可能となったほか，原産地等について，虚偽の表示をして販売した者に対する罰則規定が設けられることとなった。

5　近年，所有者の死亡等による耕作放棄地が増加しており，各地の農業協同組合（JA）は，農地中間管理機構（農地集積バンク）を設立して耕作放棄地を借り受け，農地の集約化を行うことで，生産基盤の脆弱化を防いでいる。平成28年には，農地集積バンクとしての機能を強化するため，民間協同組織であったJAが第三セクターに転換された。

1．2015（平成 27）年における第 3 次産業の就業者割合は 8 割を下回っている。平成 27 年国勢調査（就業状態等基本集計結果）によると，平成 27 年における産業別就業者割合は，第 1 次産業が 4.0%（平成 22 年比 0.3% 減），第 2 次産業が 25.0%（同 0.2% 減），第 3 次産業が 71.0%（同 0.4% 増）であった。また，本肢にある「農業の 6 次産業化」とは，農林漁業生産と加工・販売の一体化を意味している。第 2 次産業や第 3 次産業の企業が農業生産の担い手として参入することを意味するものではない。

2．妥当である。わが国の総合食料自給率は，長期的に低下傾向で推移しており，カロリーベースで見ると，1965（昭和 40）年度に 73% であったものが近年では 40% 前後で推移している。なお，平成 27 年度の総合食料自給率は，カロリーベースで 39%（2018 年 37%），生産額ベースで 66%（2018 年 66%）であった。

3．（コメの）食糧管理制度とは，政府が生産者からコメを公定価格（生産者米価）で買い入れ，これを安い価格（消費者米価）で消費者に供給するという制度である。生産者米価と消費者米価の差額は「逆ザヤ」と呼ばれ，政府が負担した。食糧管理制度は，国民のコメ離れや国内コメ市場開放の国際的圧力を受けて，ウルグアイ=ラウンド（1986〈昭和 61〉－1994〈平成 6〉年）が終結した後の 1995（平成 7）年に廃止された。これにより，政府の統制を受けない自主流通米を基本として，流通と価格形成が弾力化されることとなった。なお，コメの価格は外国産に比べて国産のほうが高い。

4．生産段階から最終消費段階まで製品の流通経路を追跡可能とする制度を，トレーサビリティ制度という。わが国では牛トレーサビリティ法（2003〈平成 15〉年成立）や米トレーサビリティ法（2009〈平成 21〉年成立）に基づき，これが実施されている。また，JAS 法が改正され，原産地等について虚偽の表示をして販売した者に対する罰則規定が設けられたのは，平成 21 年のことである。なお，本肢の「機能性表示食品制度」とは，消費者庁長官に届け出た安全性や機能性に関する一定の科学的根拠に基づき，事業者の責任において食品の機能性の表示を行うものである。同制度は，食品衛生法，JAS 法，健康増進法の食品表示に関する規定を統合した「食品表示法」に基づいて実施されている。

5．農地中間管理機構（農地集積バンク）とは，耕作放棄地を借り受け，まとまった形で貸し出すことにより，農地の集約化を行うために設立された法人であるが，これを設置しているのは農林水産省である。また，2016（平成 28）年に施行された改正農協法では，農業協同組合（JA）の事業運営原則や理事構成が変更されるなどしたが，民間協同組織としての位置づけは変更されていない。なお，同法に基づき，JA 全中（全国農業協同組合連合会中央会）は，2019 年に一般社団法人に移行した。

正答　2

国家一般職［大卒］ No. 299 教養試験

時事　国際的な会議や組織，協定　平成29年度

国際的な会議や組織，協定に関する記述として最も妥当なのはどれか。

1　2015年，初めての国連防災世界会議が，東日本大震災の発生を契機として宮城県仙台市で開催され，主要国の首脳を始め各国代表らが参加した。同会議は，自然災害のみならず，紛争被災者や難民など世界的な人道危機の効果的な支援を目的としており，2030年までの新たな国際的な防災の取組指針となる「仙台防災枠組」を採択した。

2　2015年，アジアインフラ投資銀行（AIIB）の設立協定が調印された。AIIB はアジアのインフラ整備を目的として設立された地域開発金融機関の一つで，アジア，アフリカ諸国に加え米国等の計57か国が設立時から参加している。この設立に伴い，1960年代に日米主導で設立されたアジア開発銀行（ADB）は世界銀行に統合された。

3　2016年，環太平洋パートナーシップ（TPP）協定の署名式が行われた。複数の国による自由貿易協定は，このほかに北米自由貿易協定（NAFTA）などがある。TPP 協定は，当初，ブルネイ，中国，メキシコ，シンガポールの 4 か国で交渉が開始され，我が国や韓国を含む12か国が協定に署名した。

4　2016年，三重県志摩市で主要国首脳会議（サミット）が開催された。第 1 回サミットは，1975年に英国首相の提唱により，英国，フランス，旧西ドイツの 3 か国が参加して行われた。伊勢志摩サミットの首脳宣言には，経済，外交，環境対策などが盛り込まれ，地球温暖化対策の国際的枠組みであるウィーン条約について2016年中の発効を目指すことも確認された。

5　2016年，国連では，潘基文事務総長の任期満了に伴う後任の事務総長の選出が行われた。今回の事務総長選出では，公開性，透明性を高めるため，総会において候補者との非公式対話が初めて行われ，その後，15か国で構成される安全保障理事会の勧告に基づき，総会によってアントニオ・グテーレス氏が事務総長に任命された。

解説

1．国連防災世界会議は，第１回が横浜市（1994年），第２回が神戸市（2005年），第３回が仙台市（2015年）で開催されている。また，仙台会議において採択された「仙台防災枠組2015－2030」は，あくまでも自然災害（およびこれに関連する災害とリスク）への取組み指針とされており，紛争被災者や難民などの世界的な人道危機の効果的な支援については言及されていない。

2．アジアインフラ投資銀行（AIIB）には，アジア，アフリカ諸国に加え，イギリスやドイツ，フランスなどの欧州主要国を含む計57か国が設立時から参加しているが，アメリカはこれに参加していない。また，1960年代に日米主導で設立されたアジア開発銀行（ADB）は，AIIBの設立後も独自の活動を続けており，世界銀行に統合されてはいない。

3．TPP協定は，2006年に発効した環太平洋戦略的経済連携協定（P４協定）を前身としており，その参加国はシンガポール，ニュージーランド，チリ，ブルネイの４か国であった。その後，アメリカをはじめとする７か国が順次参加を表明し，拡大交渉の結果，わが国を含む12か国がTPP協定に署名した。2017年１月にアメリカのトランプ政権がTPP離脱を表明し，それ以降はアメリカを除く11か国が協定発効をめざして協議を続け，2018年12月30日の発効が確定した。また，中国と韓国は，2020年11月現在，TPP協定に加わっていない。

4．第１回主要国首脳会議（サミット）は，1975年にフランス大統領の提唱により，フランス，アメリカ，イギリス，ドイツ，イタリア，日本の６か国が参加して行われた。また，伊勢志摩サミットの首脳宣言で2016年中の発効をめざすとされた地球温暖化対策の国際的枠組みは，パリ協定で，同協定は2016年11月に発効した。

5．妥当である。2016年には，韓国出身の潘基文（パン=ギムン）氏の後継者として，ポルトガル出身のアントニオ=グテーレス氏が第９代国連事務総長に選出された。

正答　5

文章理解 判断推理 数的推理 資料解釈 時事 物理 化学 生物 地学

国家一般職［大卒］ No. 300 教養試験

時事　日本の教育政策等　平成28年度

我が国の教育政策等に関する記述として最も妥当なのはどれか。

1　中学校夜間学級（夜間中学）とは，義務教育を修了したものの学び直しの機会を求める人のために設けられた特別の学級である。平成26年の文部科学省による調査の結果，高齢者を中心に設置の要望が高いことが判明したため，国は，各都道府県に１校しかない公立の夜間中学を増やす方針を示した。

2　教育委員会とは，都道府県及び市町村等に置かれる合議制の執行機関である。平成27年４月からは，教育行政の責任体制を明確化するため，教育委員長と教育長を一本化した新たな責任者である「教育長」を置くこととされた。

3　学習指導要領は，教育課程を編成する際の基準であり，どの学校でも一定水準の教育を受けられるよう，都道府県ごとに定められている。平成30年度からの新学習指導要領では「キャリア教育」が高等学校における教科として実施されることとなった。

4　教科書検定とは，都道府県の教育委員会が各学校で教科書として使用するか否かを審査する制度である。教科書検定は，学習指導要領の改訂に合わせて行われており，平成27年には，検定基準が改正され，新たに「デジタル教科書」についても検定の対象となった。

5　いじめとは，「学校内において，自分より弱い者に対して一方的に，身体的・心理的な攻撃を継続的に加え，相手が深刻な苦痛を感じていると学校がその事実を確認しているもの」をいう。平成27年のいじめ防止対策推進法で，いじめの定義が明確にされるとともに，不登校の児童・生徒に対する支援策も規定された。

解説

1．中学校夜間学級（夜間中学）は，もともと義務教育未修了者のために設けられたものである。ただし，平成27年7月には文部科学省が通知を発し，義務教育を形式的に修了していても，不登校や虐待などで中学校の大部分を欠席した者については，入学を認めることとなった。また，令和元年度現在，夜間中学は9都府県に33校しかなく，国（文部科学省）は各都道府県に1校以上設ける方針を打ち出している。

2．妥当である。従来，教育委員会には，教育委員の互選で選ばれ委員会の長を務める「教育委員長」と，教育委員の一人でありながら事務方の長も務める「教育長」が置かれており，責任体制がやや曖昧であった。そこで，平成27年4月からは両者が一本化され，新「教育長」が置かれることとなった。

3．学習指導要領は，全国のどの学校でも一定水準の教育を受けられるよう，全国レベルでただ一つ制定されている。また，高等学校におけるキャリア教育は，各教科の中で行うものとされており，独立した教科とは位置づけられていない。平成30年度からの新学習指導要領でも，キャリア教育の充実こそ謳（うた）われているものの，これを教科化するとはされていない。

4．教科書検定とは，民間で著作・編集された図書について，文部科学大臣が教科書として適切か否かを審査し，これに合格したものを教科書として利用することを認める制度である。これに対して，本肢で説明されている制度は，教科書検定に合格した書籍を対象として行われる「教科書採択」制度に該当する。また，「デジタル教科書」は，紙の教科書を主たる教材として使用しながら，必要に応じて併用することができるものであり，紙の教科書の内容をそのまま全部記録した電磁的記録である教材をさすため，独立した存在として教科書検定の対象とはされていない。

5．本肢に引用されているいじめの定義は，昭和61年度から平成5年まで用いられていたものであるが，その中で「学校内において」という部分は誤り。当時の定義では，「起こった場所は学校の内外を問わない」とされていた。いじめ防止対策推進法（平成25年公布・施行）では，「『いじめ』とは，児童等に対して，当該児童等が在籍する学校に在籍している等当該児童等と一定の人的関係にある他の児童等が行う心理的又は物理的な影響を与える行為（インターネットを通じて行われるものを含む。）であって，当該行為の対象となった児童等が心身の苦痛を感じているものをいう。」（いじめ防止対策推進法2条1項）とされている。また，いじめ防止対策推進法では，不登校の児童・生徒に対する支援策は，特に規定されていない。

正答　2

国家一般職[大卒] 教養試験

No. 301 時事 日本における地方活性化等 平成28年度

我が国における地方活性化等に関する記述として最も妥当なのはどれか。

1 新幹線の開業は，交通利便性の向上に加え，大きな経済波及効果を期待できる。平成20年の九州新幹線，平成24年の東北新幹線の全区間の開業に続き，平成27年，北陸新幹線が開業した。新幹線の整備計画が決定されてから40年以上を経ての金沢開業であり，これにより，整備新幹線の全区間が完成した。

2 ふるさと納税とは，自分の選んだ地方公共団体に寄附を行った場合に，通常の寄附金に対する控除に加えて特別な控除が受けられる制度である。平成27年度税制改正において，控除の限度額が引き上げられたほか，確定申告の不要な給与所得者等がふるさと納税を行う場合，控除に関する手続を簡素にする「ふるさと納税ワンストップ特例制度」が創設された。

3 住民基本台帳ネットワークシステムに代わり，平成28年から導入されたマイナンバー制度は，日本国籍を持つ者を対象に，１人１番号を都道府県知事が指定する制度である。地方公共団体では，戸籍や税に関する個人情報とマイナンバーとを関連付けて，効率的に情報の管理を行えるようになった。

4 平成26年度の一般会計予算には，地方創生交付金が計上され，プレミアム付き商品券の発行，しごとづくり，観光振興，子育てなど，幅広い分野で活用された。このうち，地域内での消費喚起を目的としたプレミアム付き商品券は，初めての試みであり，全国の地方公共団体で15歳以下の子どものいる家庭に配布された。

5 地方公共団体の住民が意思決定を行う仕組みの一つに，住民投票条例に基づく住民投票があり，平成27年度には，大阪市で特別区設置住民投票が行われたほか，一部の市町村で図書館の民営化に関する住民投票が行われた。これらの住民投票では，選挙権年齢の引下げに伴い，18歳以上の者による投票が行われた。

解説

1．全区間の開業年は，九州新幹線（鹿児島ルート）は平成 23 年，東北新幹線は平成 22 年である。また，北陸新幹線は平成 9 年に高崎－長野間で開業し，平成 27 年に金沢まで延伸されたが，全区間開業には至っていない（大阪まで延伸予定）。整備新幹線計画は，この北陸新幹線以外にも未開業区間を抱えており，北海道新幹線の新函館北斗－札幌間，九州新幹線（長崎ルート）の全区間（武雄温泉－長崎間）も未開業である。

2．妥当である。ふるさと納税は，地方公共団体の提供する「お礼の品」にお得感があることや，平成 27 年度税制改正で税控除の手続きが簡素化されたことなどにより，急速に普及した。

3．マイナンバー制度では，国内で住民登録するすべての者に対してマイナンバー（個人番号）が指定される。そのため，海外に居住する日本国民はマイナンバーを付番されず，逆に国内に居住する外国人はマイナンバーを付番される。また，マイナンバーを指定するのは都道府県知事ではなく，市町村長である。

4．プレミアム付き商品券とは，額面より安く購入できる商品券のことであり，地方創生交付金を財源として，全国の地方公共団体の大半で「販売」された。子どものいる家庭に「配布」されたわけではない。なお，平成 11 年には，国の補助によって全国の市区町村で地域振興券が発行されており，15 歳以下の子どものいる家庭等の世帯主に無料で配布された。

5．住民投票条例に基づく住民投票では，条例によって投票権年齢を定めることができる。大阪市の特別区設置住民投票では，20 歳以上の者による投票が行われた。なお，選挙権年齢の 18 歳以上への引下げは，平成 28 年 6 月 19 日から施行されており，大阪市で住民投票が実施された時点（平成 27 年 5 月 17 日）では実現していない。

正答　2

No.
302
教養試験

時事　日本の医療等　平成28年度

我が国の医療等に関する記述として最も妥当なのはどれか。

1　平成26年，世界で初めて，患者自身の皮膚細胞から作製したiPS細胞を目の細胞に分化させて移植する手術が行われた。iPS細胞は，受精卵（胚）の中にある細胞を取り出して培養するES細胞とは異なり，受精卵（胚）を損なうという倫理的な問題がないとされている。また，患者自身の細胞を利用すると，拒絶反応の問題を回避できるとされている。

2　平成27年，マラリアに対する有効な新薬の発見に対して，日本人がノーベル生理学・医学賞を受賞した。新薬について，我が国では，その発見から承認までにかかる時間が長く，ドラッグ・ラグと呼ばれる社会問題が生じていたが，平成26年の医療法の改正により，承認審査期間は１年を上限とすると定められた。

3　危険ドラッグとは，治療を目的に使用される麻酔薬や薬局で販売される化学薬品などとは異なり，健康被害をもたらすおそれのある指定薬物のことである。平成26年の麻薬取締法の改正により，販売等停止命令の対象となる物品が拡大され，取締りが強化されたものの，危険ドラッグ販売の実店舗数は増加傾向にある。

4　後発医薬品（ジェネリック医薬品）は，患者負担の軽減や医療保険財政の改善に資するとして使用が推進されている。平成26年の薬事法の改正により，後発医薬品を含む一般用医薬品のインターネット販売が認められることとなり，その販売に際しては，「電子お薬手帳」の交付が条件となっている。

5　2000年代に入り，我が国における死因の第一位が悪性新生物（がん）となったことから，がんの罹患率及び死亡率の減少を目指す取組が進められている。我が国のがん検診受診率は，40歳以上で既に約８割となっているが，平成26年の「がん対策推進基本計画」の中で，がん検診の受診が20歳以上の成人に対して義務付けられることとなった。

1．妥当である。iPS 細胞は，さまざまな細胞に分化していく能力を持った万能細胞であり，わが国の山中伸弥氏によって世界で初めて作製された。近年では，iPS 細胞を再生医療に利用するための研究が進んでおり，すでに臨床実験も行われている。

2．平成 27 年には大村智氏がノーベル生理医学賞を受賞したが，その受賞理由は，寄生虫による感染症（オンコセルカ症やリンパ系フィラリア症）の画期的な治療薬の開発に貢献したというものであった。本肢にあるマラリアの治療薬は，すでに開発されている。また，新薬の承認審査について定めている法律は，医療法ではなく医薬品医療機器法（旧薬事法）である。ただし，医薬品医療機器法においても，新薬の承認審査期間の上限を 1 年とするといった規定は設けられていない。なお，2019 年におけるわが国の新薬承認審査期間は 9.9 か月（中央値）で，2011 年以降，10 か月前後で推移している。

3．平成 26 年には，旧薬事法が医薬品医療機器法に改められるとともに，危険ドラッグとして販売等停止命令の対象となる物品が拡大された。危険ドラッグの成分は多様であり，麻薬成分を含まないものについては，麻薬取締法の規制対象とはならない。また，取締りの強化によって，危険ドラッグ販売の実店舗数は減少し，平成 27 年 7 月にはゼロとなった。

4．平成 25 年の薬事法の改正により，後発医薬品を含む一般用医薬品のインターネット販売が原則として認められることとなったが，その販売に際して「電子お薬手帳」の交付が条件とされたという事実はない。「電子お薬手帳」は，平成 28 年 4 月からの医療制度変更により，紙の「お薬手帳」と同様に，調剤薬局で使用することが認められるようになったものである。

5．悪性新生物（がん）は，1981 年以来，わが国における死因の第 1 位となっている。また，わが国のがん検診受診率は，40 歳以上で 50％未満と低いため，「がん対策推進基本計画」（第 2 期：平成 24 年策定）では，がん検診受診率（原則 40～69 歳）を 5 年以内に 50％（胃，肺，大腸は当面 40％）にするという目標が掲げられたが，達成には至らなかった。なお，同計画の中で，20 歳以上の成人に対するがん検診受診が義務づけられることになったという事実はない。

正答　1

国家一般職［大卒］ No. 303 教養試験

時事　日本の健康政策　平成27年度

我が国の健康政策に関する記述として最も妥当なのはどれか。

1　「健康日本21」とは，国民，企業等に健康づくりの取組を浸透させていき，一定程度の時間をかけて，健康増進の観点から，理想とする社会に近付けることを目指す運動である。平成25年度からは「健康日本21（第二次）」が開始され，健康寿命の延伸や生活習慣病の発症予防等が目標に掲げられている。

2　世界保健機関（WHO）によると，我が国の平均寿命は平成25年現在で男女共に世界最長である一方，健康寿命は世界平均とほぼ同程度である。また，食生活の変化や日常的な運動量の減少などを要因として，健康寿命は年々低下しており，平均寿命との差の大きさが問題とされている。

3　皮下脂肪の増加によって生じるメタボリックシンドロームの予防のため，平成20年から，60歳以上の者を対象に「特定健康診査」が行われてきたが，平成25年から，生活習慣病全般の早期予防のために「特定保健指導」制度に変更されるとともに，その対象者も20歳以上の者に拡大された。

4　高齢化の進展に伴い，介護保険の利用者が増加し，平成25年にはその半数以上が最も重度である要介護５と認定されたこともあり，介護費用は制度導入以降年々増加し続けている。一方，国民医療費は，ジェネリック医薬品の普及により，平成24年をピークとして減少に転じた。

5　受動喫煙による健康への悪影響を防ぐため，平成26年に健康増進法が改正され，従業員数50人以上の事業所においては禁煙が義務付けられた。また，全ての地方公共団体において，路上喫煙を規制し，喫煙場所の設置・整備等の措置を講じることが同法に明記された。

文章理解
判断推理
数的推理
資料解釈
時事
物理
化学
生物
地学

解説

1．妥当である。「健康日本21」とは，平成12年に開始された「21世紀における国民健康づくり運動」のことである。平成20年度に改訂版が施行され，平成25年度からは方針の全面改正により「健康日本21（第二次）」がスタートした。

2．世界保健機関（WHO）の発表によると，わが国の平均寿命は平成25年現在で女性が世界第1位，男性が世界第6位（平成28［2016］年は女性が世界第1位，男性が世界第2位）。また，わが国の健康寿命は男女計で74.9歳で世界第1位だった（平成28［2016］年は男女計でシンガポールの76.2歳に次いで世界第2位）。なお，わが国の健康寿命は伸長傾向にはあるが，平均寿命がこれを上回って伸びているため，両者の差の大きさが問題となっている。

3．平成20年から行われている特定健康診査は，「40歳以上」の者を対象としている。また，特定保健指導は，特定健康診査の結果から，生活習慣病の発症リスクが高く，生活習慣の改善による生活習慣病の予防効果が多く期待できるとされた者を対象として行われている。特定保健指導は特定健康診査と同時に開始されており，当然，対象年齢も同一である。

4．介護保険の利用者は増加傾向にあるが，要介護度別に見て割合が大きいのは要介護1，要介護2と認定された者である（いずれも全体の20%弱）。要介護5と認定された者の割合は10%程度にとどまっている。また，ジェネリック医薬品の普及が進んでいるのは事実であるが，介護費用と同様，国民医療費も高齢化の影響で増加を続けている。

5．受動喫煙による健康への悪影響を防ぐため，平成26年に「労働安全衛生法」が改正され，事業者および事業場の実情に応じ「適切な措置」を講じることが事業者の「努力義務」とされた。ここにいう適切な措置とは，全面禁煙，喫煙室の設置による空間分煙，たばこ煙を十分低減できる換気扇の設置などを意味する。また，平成26年の健康増進法の改正によって，地方公共団体において路上喫煙の防止措置を講じることが明文化されたという事実はなく，措置を講じるか否かは，現在も各地方公共団体の自主的な判断に委ねられている。

正答　1

国家一般職［大卒］ No. 304 教養試験

時事　近年の日本ブランド戦略　平成27年度

近年の日本ブランド戦略に関する記述A～Dのうち，妥当なもののみを挙げているのはどれか。

A：平成24年にクールジャパン推進会議が発足し，平成32（2020）年に開催される夏季オリンピック・パラリンピック開催都市として東京を推薦すること等が決定された。翌年，東京が開催地に決定されたことを受け，スポーツ振興法が新たに制定され，同年，内閣府にスポーツ庁が設置された。

B：平成25年に「観光立国実現に向けたアクション・プログラム」が決定されて以降，クールジャパンと一体となった日本ブランドの発信や，外国人旅行者に対する消費税免税制度の拡充等の施策が進められている。年間の訪日外国人旅行者数が平成25年には，初めて1,000万人に達し，平成26年にはそれを上回った。

C：富岡製糸場に続き，平成25年に富士山が国連教育科学文化機関（UNESCO）の世界自然遺産として登録された。平成26年末現在，我が国にはアジア諸国では最も多い34の世界遺産があるが，より多くの観光資源を国内外に積極的に広報するため，和食について，平成27年中の世界文化遺産への登録を目指している。

D：アニメや漫画などの日本文化は，フランスで開催されるJapan Expo等を通じて，海外での認知度が高まっている。政府は，平成25年にクールジャパン関連企業の海外展開を支援する官民ファンドを発足させるなど，民間主導による海外への積極的な文化発信を支援する姿勢を打ち出している。

1　A，C
2　A，D
3　B，C
4　B，D
5　C，D

解説

A：クールジャパン推進会議は平成 25（2013）年 2 月に発足した。平成 32（2020）年の夏季オリンピック・パラリンピックの開催地が東京に決定したのは同年 9 月のことであり，両者は同じ年の出来事である。また，スポーツ振興法は昭和 36（1961）年に制定された法律であり，平成 23（2011）年には全面改正され，現在ではスポーツ基本法とされている。スポーツ庁は，東京オリンピック・パラリンピックの開催決定をきっかけに設置されることになった官庁であるが，その発足は平成 27（2015）年 10 月のことであった。

B：妥当である。諸施策が功を奏したこともあって，平成 25 年の訪日外国人旅行者数は 1,036 万人となり，初めて 1,000 万人を超えた。国・地域別では，韓国，台湾，中国，アメリカ，香港，タイの順に多かった。また，平成 26 年の訪日外国人旅行者数はさらに増加して 1,341 万人，令和元年には 3,188 万人に達し，過去最高を更新した。

C：富岡製糸場（正式には「富岡製糸場と絹産業遺産群」）が世界遺産に登録されたのは，富士山が世界遺産に登録された翌年，すなわち平成 26（2014）年のことであった。また，富士山（正式には「富士山－信仰の対象と芸術の源泉」）は，世界自然遺産ではなく世界文化遺産に登録されている。富岡製糸場の世界遺産登録によって，わが国の世界遺産登録数は 18 となった（平成 27 年「明治日本の産業革命遺産」，平成 28 年「ル＝コルビュジエの建築作品（国立西洋美術館）」，平成 29 年「宗像・沖ノ島と関連遺産群」，平成 30 年「長崎と天草地方の潜伏キリシタン関連遺産」，令和元年「百舌鳥（もず）・古市古墳群」が登録され，23 となった）が，アジアでは中国の登録数が 55 に達しており，わが国を大きく上回っている（令和元〈2019〉年 7 月現在）。なお，世界遺産は有形の不動産を対象とするため，無形の文化が世界遺産に登録されることはない。和食については，平成 25（2013）年に世界無形文化遺産に登録されている。

D：妥当である。アニメや漫画などはクールジャパンの代表例とされており，政府もその海外展開を積極的に支援している。たとえば，平成 25（2013）年に発足したクールジャパン機構は，法律に基づき設立された官民ファンドであり，クールジャパンを事業化し，海外需要の獲得につなげるため，メディア・コンテンツ，食・サービス，ファッション・ライフスタイルをはじめとするさまざまな分野でリスクマネーの供給を行っている。

よって，妥当なのはBとDで，正答は**4**である。

正答 4

国家一般職［大卒］ 教養試験

No. 305 時事 日本の近年のエネルギー政策 平成27年度

我が国における近年のエネルギー政策に関する記述として最も妥当なのはどれか。

1 我が国は，平成32（2020）年度の温室効果ガスの削減目標として，平成17（2005）年度比で25％削減とすることを掲げていたが，国際社会で環境問題に向けた取組をリードしていくために，平成26（2014）年９月の国連気候サミットにおいて，平成17年度比で30％削減とする新たな目標を宣言した。

2 LED照明を含む高効率照明は，白色電球より高効率・省エネルギーといわれ，平成26年に閣議決定したエネルギー基本計画の中で，その普及に関して明記された。また，同年に，明るく，省エネルギーの白色光を可能にした効率的な青色LEDの開発が評価され，日本人がノーベル物理学賞を受賞した。

3 太陽光，風力，バイオマス，メタンハイドレートなどによるエネルギーは，環境にやさしく，発電効率が高い再生可能エネルギーと呼ばれ，平成24年現在，我が国全体の発電電力量の約20％を占める。政府は，同年に始まった固定価格買取制度の導入により，平成32年までに再生可能エネルギーによる発電電力量を倍増させる計画を閣議決定した。

4 いわゆるシェール革命とは，海底のシェール層に閉じ込められた天然ガスや石炭を取り出すことが技術革新によって可能になり，世界のエネルギー需給や経済に大きな影響が及ぶことである。当初，米国は，環太平洋パートナーシップ（TPP）協定の非締結国へのLNG（液化天然ガス）の輸出を禁止していたが，我が国への輸出は平成25（2013）年に開始された。

5 平成25年に，電力システムに関する改革方針が閣議決定された。これに伴い，同年に成立した電気事業法の一部を改正する法律を踏まえて，平成26年４月より，一般家庭を含め全ての産業における電気供給を自由化し，電気の小売業への参入規制及び電気小売価格の規制を撤廃する新制度の運用が開始された。

解説

1．わが国は従来，「平成32（2020）年までに平成2（1990）年比で25％減」という削減目標を掲げてきたが，東日本大震災と福島原発事故を経て見直しを余儀なくされ，平成25（2013）年には「平成17（2005）年度比で3.8％減」とする新たな目標が打ち出された。その後，原子力発電所の再稼働の見込みが不透明な状況が続いたため，新たな削減目標を設定することが困難となり，平成26（2014）年9月の国連気候サミットでは，わが国は具体的な数値目標を提示することができなかった。その後，2016年に提示した温室効果ガス削減に向けた行動草案において，わが国は2030年度に2013年度比26.0％減（2005年度比25.4％減）の目標を掲げている。

2．妥当である。LED照明や有機EL照明，インバータ式蛍光灯などの高効率照明は，発光効率がよく，熱がほとんど出ないため，省エネ性に優れている。そこで，わが国ではその積極的な普及が図られている。また，平成26（2014）年には，青色LEDの開発が評価されて，赤﨑勇，天野浩，中村修二の3氏がノーベル物理学賞を受賞した。

3．太陽光，風力，バイオマスなどによるエネルギーは再生可能エネルギーに該当するが，メタンハイドレートはメタンを主成分とする化石燃料であり，再生可能エネルギーには該当しない。また，平成24（2012）年現在，わが国全体の発電電力量に占める再生可能エネルギーの割合は1.6％（2017年2.4％）にとどまっている。なお，政府は平成26（2014）年4月に新「エネルギー基本計画」を閣議決定し，再生可能エネルギーについて「これまでのエネルギー基本計画を踏まえて示した水準をさらに上回る水準の導入」をめざしていく方針を明らかにし，平成30（2018）年には，2030年までに電源構成に占める再生エネルギーの比率を22～24％に拡大するとの目標が設定された。また，固定価格買取制度については，平成26（2014）年に再生可能エネルギー発電の電力の買取りを停止する電力会社が相次いだこともあって，平成29（2017）年に買取り価格の決定方法が見直された。

4．いわゆるシェール革命は，地下のシェール層（頁岩層）に閉じ込められた天然ガスや石油を取り出すことが技術革新によって可能になったことでもたらされたものである。また，アメリカが輸出を原則として禁止してきた化石燃料は，LNG（液化天然ガス）ではなく石油である。LNGについても規制措置が講じられてきたが，輸出が禁止されてきたわけではない。なお，アメリカの石油輸出禁止政策は，第一次石油危機をきっかけとしてエネルギー安全保障の観点から導入されたものであったが，シェール革命によって国内での原油供給が過剰となったことなどにより，見直されつつあり，日本向けのシェールガスの輸出申請が平成25（2013）年に許可された。平成30（2018）年には，シェールガス由来の液化天然ガスの輸入が開始された。

5．平成25年の電気事業法改正によって，平成28（2016）年をめどに，一般家庭を含めすべての産業における電気供給を自由化することが決まった。電気の大口需要者については，平成12（2000）年から参入規制が順次撤廃されてきたが，同改正によって電気供給の全面自由化が実現することとなった。なお，平成26（2014）年には電気事業法が再度改正され，全面自由化に必要な措置が定められた。平成27（2015）年の改正で，2020年からの大手電力会社の「発送電分離」実施が決定し，2020年4月に開始された。

正答　2

国家一般職［大卒］ 教養試験

No. 306 時事 平成25年改正のわが国の選挙制度 平成26年度

平成25年から改正された我が国の選挙制度に関する記述として最も妥当なのはどれか。

1 従前選挙期間中にインターネットを利用した選挙運動を行うことは禁じられていたが，候補者及び政党等によるウェブサイトの更新やSNSでの投稿による選挙運動については，投票日当日も含めて認められるようになった。ただし，一般有権者については引き続き禁じられている。

2 仕事や留学などで海外に居住している者は，在外選挙制度により在外選挙人名簿に登録をすることで投票ができる。従前投票が可能なのは比例代表選挙のみであったが，平成25年7月以降に公示される選挙から，選挙区選挙についても投票をすることができることとなった。

3 「一票の格差」を是正するために衆議院議員小選挙区の区割りに関し，5都県で定数が1増加，5県で定数が1減少する，いわゆる5増5減の改定が行われた。これにより各選挙区間における最大人口較差は2倍を下回ったが，都道府県間の議員1人当たりの人口較差は最大で2倍を超えている。

4 従前の不在者投票制度は，仕事や旅行，入院等によって投票日当日に投票することが難しい者に限って認められてきたが，投票率の向上のため，特段の理由がなくとも事前に投票することが可能となる期日前投票制度に変更され，郵便等による投票も認められるようになった。

5 従前公職選挙法では，成年被後見人は選挙権及び被選挙権を有しないこととされていたが，平成25年7月以降に公示又は告示される選挙から，成年被後見人も選挙権及び被選挙権を有することとなった。

1．平成25年の参議院選挙からインターネット選挙が解禁となり，ウェブサイトの更新やSNSでの投稿による選挙運動が，候補者・政党等および有権者について認められるようになった。一般有権者についてのみ引き続き禁じられているのは，電子メールを利用した選挙運動である。また，投票日当日の選挙運動は公職選挙法によって禁止されており，これはインターネット選挙についても適用される。

2．在外投票制度において，従前投票が可能なのは比例代表選挙のみであったが，最高裁の違憲判決（最大判平17・9・14）を受けて公職選挙法等が改正され，平成19年6月以降の国政選挙については，衆議院の小選挙区選挙および参議院の選挙区選挙においても在外投票が認められることとなった。したがって，選挙区選挙における在外投票は，平成25年7月から初めて認められるようになったわけではない。

3．衆議院議員小選挙区の区割りに関し，5県で定数を3議席から2議席に減少させる，いわゆる「0増5減」の区割り法が2013年6月に成立した。これにより，2010年10月時点の国勢調査の結果をもとにすれば，各選挙区間における最大人口較差は1.998倍，都道府県間の議員1人当たりの人口較差は1.788倍へと減少し，ともに2倍を下回ることとなった。また，2017年6月施行の改正公職選挙法により，衆議院議員の小選挙区選出議員の定数は295から289，比例代表選出議員の定数は180から176となった。

4．特段の理由がなくとも投票日前に投票ができるようになったのは平成10年以降，期日前投票制度が導入されたのは平成15年以降のことである。いずれも平成25年の法改正で実現した制度ではない。また，現行の期日前投票制度では，郵便等による投票は認められていないため，有権者は期日前投票所まで赴いて投票しなければならない。

5．妥当である。従前公職選挙法では，成年被後見人は選挙権および被選挙権を有しないとされていた。しかし，東京地方裁判所で違憲判決が出されたことをきっかけとして，公職選挙法等の一部改正が行われ，平成25年7月以降の選挙からは成年被後見人も選挙権および被選挙権を行使することが可能となった。

正答　5

文章理解
判断推理
数的推理
資料解釈
時事
物理
化学
生物
地学

国家一般職［大卒］ No. 307 教養試験

時事　近年のわが国のインフラ整備状況　平成26年度

近年の我が国のインフラ整備の状況に関する記述として最も妥当なのはどれか。

1　平成24年の中央自動車道笹子トンネルの天井板落下事故を機に，道路，トンネルなどのインフラ設備の老朽化への対応が求められ，平成25年度に設立された一般財団法人道路保全技術センターの総合調整の下に消費税の引上げ分を財源とした緊急の大規模改修工事が進められることとなった。

2　大規模地震発生の切迫性が指摘される中，公共建築物の耐震診断及び耐震改修の促進が急務とされ，学校，病院等多数の者が利用する一定規模以上の建築物の耐震化率については，平成27年までに少なくとも９割とする目標が国土交通大臣により設定されている。

3　東京電力福島第一原子力発電所事故の発生を機に，エネルギー政策基本法が改正され，同法に基づき，今後５年以内に太陽光，風力等の再生可能エネルギーを基幹エネルギーとして総発電量の３割程度を占めることとする「エネルギー基本計画」が平成25年に新たに策定された。

4　地上アナログ放送から地上デジタル放送への切替えに伴い，地上デジタル放送に対応可能な電波塔の建設が各地で求められることとなった。首都圏では東京スカイツリーの建設が進められ，平成25年の完成と同時に，首都圏で地上デジタル放送の送信が開始された。

5　2020年のオリンピック・パラリンピックの開催に向け，競技会場として，首都圏全域で新国立競技場を始めとする多くのスポーツ施設の新設が予定されており，また，外国人観光客の増加に対応するため，平成25年に首都圏内陸部における新たな国際空港の建設予定地が決定された。

1. 道路保全技術センターは，調査研究や開発技術の提供を行う一般財団法人で，多くの国土交通省OBが職員として勤務していた。しかし，国土交通省の発注した調査を他企業にすべてまかせたり，不適切な調査を行った事実が発覚したことから，平成23年3月31日をもって解散した。また消費税の引上げ分は，全額社会保障の財源として用いることになっており，インフラ整備の改修工事には用いられない。

2. 妥当である。多数の者が利用する一定規模以上の建築物については，その耐震化率が平成15年には約50％，平成25年には約85％，平成30年には89％に達した。国はこれをさらに引き上げようと努めており，令和7年を目途に，耐震性の不足する耐震診断義務付け対象建築物を解消する目標を掲げている。

3. エネルギー政策基本法は，本問の出題時（平成26年6月）まで，一度も改正されていない。また，「エネルギー基本計画」は，平成15年，19年，22年，26年に策定されており，最新版が平成30年に策定された。平成26年の「エネルギー基本計画」（平成26年4月11日閣議決定）では，「原発依存度を可能な限り低減する」としながらも原子力発電を“重要なベースロード電源”と位置づけ，再生可能エネルギーについては「2013年から3年程度，導入を最大限加速していき，その後も積極的に推進していく」とした。平成30年策定の第5次エネルギー基本計画では，2030年までに電源構成に占める再生エネルギーの比率を22～24％まで拡大するとの目標を設定している。

4. 東京スカイツリーは平成24年2月に完成した（オープンは同年5月）。また，首都圏で地上デジタル放送の送信が開始されたのは平成15年12月のことであり，東京スカイツリーの完成よりも9年程度早い。

5. 新国立競技場の建設は平成28（2016）年に着工されたが，新たな国際空港の建設予定はなく，成田・羽田両空港およびそのアクセス手段の整備などが計画されているのみである。なお，競技会場については，新国立競技場以外にも建設されるものはあるが，既存施設の整備・拡充で対応するケースも数多く見られる。

正答 2

国家一般職［大卒］ 教養試験

No.308 時事 わが国の安全保障 平成26年度

我が国の安全保障に関する記述Ａ～Ｄのうち，妥当なもののみを全て挙げているのはどれか。

Ａ：厳しさを増す我が国周辺の安全保障環境を踏まえ，平成25年度の防衛関係費（当初予算）は，南西地域の警戒監視・防空能力の向上や島嶼（しょ）防衛態勢の強化などに係る経費が計上され，対前年度（当初予算）比で増額となった。

Ｂ：内閣を挙げて外交・安全保障体制の強化に取り組むため，平成25年，内閣の安全保障会議の権限が強化された。これに伴い，外務大臣，防衛大臣，国土交通大臣及び経済産業大臣からなる４大臣会合が新設されたほか，内閣官房に国家安全保障局が設置されることとなった。

Ｃ：ロシアとの間で外務・防衛閣僚協議（「2＋2」）が平成25年に初めて開催された。協議では，テロ・海賊対処や防衛交流などについて日露間で協力を進めることで一致した。我が国が外務・防衛閣僚協議（「2＋2」）の枠組みを設けたのは，米国，オーストラリアに続いてロシアが３か国目となった。

Ｄ：平成25年に起きたシリアでの日本人人質事件を受け，同年，自衛隊法が改正され，自衛隊による輸送対象者の範囲が邦人のみに限定されることとなった。また，車両に限定されていた自衛隊による在外邦人の輸送手段に，船舶及び航空機が追加された。

1 Ａ，Ｃ　**2** Ａ，Ｄ　**3** Ｂ
4 Ｂ，Ｄ　**5** Ｃ

解説

Ａ：妥当である。平成25年度の防衛関係費（当初予算）は4兆6,804億円で，前年度よりも0.8％増加した。防衛関係費は平成15年度から減少を続けていたが，これで11年ぶりの増額となった。以降は増加傾向に転じている。

Ｂ：新設の４大臣会合の構成員は，内閣総理大臣，外務大臣，防衛大臣，官房長官である。国土交通大臣や経済産業大臣は，従来から設置されている９大臣会合の構成員ではあるが，４大臣会合の構成員には含まれていない。

Ｃ：妥当である。わが国はこれまで，わが国の同盟国である米国，米国の同盟国であるオーストラリアとの間で外務・防衛閣僚協議（「2＋2」）を開催してきた。2013年には，まったく同盟関係にはないロシアとの間で初めて「2＋2」を開催し，話題となった。

Ｄ：平成25年に起きたのは，アルジェリアでの日本人人質事件である。これを踏まえて，平成25年には自衛隊法が改正され，航空機と船舶に限定されていた自衛隊による在外邦人の輸送手段に，車両が追加されることになった。また，自衛隊による輸送対象者は，従来から「邦人等」とされており，邦人と同様の状態に置かれた外国人についても，余席があり，外務大臣の依頼がある場合には，これを輸送することが認められてきた。ただし，平成25年の法改正では，輸送対象者となる邦人の範囲がやや広げられ，現地で事件・事故に巻き込まれ保護が必要な邦人だけでなく，救援に随行する政府職員や医師，家族らも輸送することが可能となった。

よって，ＡとＣが妥当であり，正答は**1**である。

正答 1

時事　災害対応　平成25年度

災害対応に関する記述として最も妥当なのはどれか。

1　内閣総理大臣は，災害に際して人命・財産の保護のため必要があると認められるときには，自衛隊を救援のため派遣することができる。ただし，この派遣は，地方自治の本旨を尊重する観点から，都道府県知事からの要請がある場合に限られる。

2　東日本大震災を契機として，平成24年，原子力利用における安全の確保を図ることを任務とする原子力規制委員会が環境省の外局として設置された。これに伴い，内閣府原子力安全委員会及び経済産業省原子力安全・保安院は廃止された。

3　緊急地震速報など，対処に時間的余裕のない事態に関する緊急情報を，市区町村の防災行政無線などを用いて国から住民まで瞬時に伝達するシステムを「全国瞬時警報システム(J-ALERT)」という。政府は東日本大震災を踏まえ，平成26年度の運用開始を目指し，平成24年度から整備を開始した。

4　平成23年，主体的かつ一体的に行うべき東日本大震災からの復興に関する行政事務を円滑かつ迅速に取り組む組織として，復興庁が設けられた。復興庁は復興大臣を長とし，復興推進委員会からの助言を得つつ，災害廃棄物の処理や復興債の発行などを行っている。

5　事業継続計画（BCP）は，災害時における企業の事業活動の継続を図るために策定されるものである。災害によって企業活動が滞った場合，地域の雇用・経済に深刻な打撃を与えることから，東日本大震災後，災害対策基本法に基づき，全ての企業に対してBCPの策定が義務付けられた。

解説

1．内閣総理大臣等による自衛隊の災害派遣は，原則として都道府県知事等からの要請に基づいて行われる。しかし，特に緊急を要し，要請を待ついとまがないと認められるときは，要請を待たずに部隊等を派遣することができる（自衛隊法83条2項）。

2．妥当である。原子力規制委員会は，独立性と透明性を確保し，電力事業者等と一線を画した規制を実現するために，環境省に設けられた行政機関である。原子力規制委員会の発足に伴い，内閣府原子力安全委員会および経済産業省原子力安全・保安院は廃止され，文部科学省が担っていた核不拡散の保障措置，放射線モニタリング，放射性同位元素の使用等の規制についても移管された。

3．全国瞬時警報システム（J-ALERT）は，東日本大震災に先立って，平成19年から一部の地方公共団体で運用が開始されており，現在では受信可能な対象が拡大している。

4．復興庁の長（主任の大臣）は内閣総理大臣である。復興大臣は，内閣総理大臣を助け，復興庁の事務を統括し，職員の服務について統督する。また，災害廃棄物の処理は環境省，復興債の発行は財務省の所掌事務とされている。

5．事業継続計画（Business Continuity Plan, BCP）は，各企業が自主的に策定するものである。災害に強い企業になる，取引先から信用が高まる，従業員や協力会社などとの連携が深まる，中長期の経営戦略を練る機会になる，などの利点が挙げられている。

正答　2

国家一般職［大卒］ No. 310 教養試験

時事　わが国の財政　平成25年度

我が国の財政に関する記述として最も妥当なのはどれか。

1　高齢化等に伴って必要となる年金・医療等の経費の確保のため，平成24年度一般会計予算における社会保障関係費は全体の約5割を占めるに至った。内訳は，社会保険費，生活保護費，社会福祉費，保健衛生対策費，失業対策費に分類されるが，このうち生活保護費は社会保険費に次ぐ比率で社会保障関係費の約3割を占めている。

2　近年，国の財政収支が不均衡な状況にあることに鑑み，特例公債法を制定し，特例公債（赤字国債）を発行することで一般会計の歳出の財源を確保している。同法は通常，予算と同時期に成立しており，東日本大震災のあった平成23年においても3月中に成立したが，平成24年において初めて，通常国会の会期中に成立しなかった。

3　一般会計予算における公共事業関係費については，平成12年度以降，景気対策などのために増加傾向にあったが，平成21年度から平成23年度まではいずれも前年度比で減少となった。平成24年度については，平成23年3月の東日本大震災復興対策の事業費が全て一般会計に計上されたことなどから，前年度比で大幅な増加となった。

4　平成24年8月に公布された改正消費税法において，地方消費税を含む消費税率については，平成26年4月から8％，平成27年10月から10％に引き上げることとされた。また，これまで，消費税収は基礎年金，老人医療及び介護のみに充てることとされていたが，使用目的を特定しない一般財源とすることが同法に明記された。

5　平成24年10月から「地球温暖化対策のための税」が施行された。これは，全ての化石燃料の利用に対し，環境負荷（CO_2排出量）に応じて広く公平に負担を求めるものであり，その税収を活用して，再生可能エネルギーの普及をはじめとしたCO_2の排出を抑制するための諸施策を着実に実施していくこととされている。

1. 平成24年度一般会計予算（90兆3,339億円）のうち，社会保障関係費は26兆3,901億円となり，全体の約3割を占めるに至った。ただし，国債の元利払いと地方交付税交付金等を除いた，いわゆる一般歳出（51兆7,957億円）に占める社会保障関係費の割合は，全体の約5割となっている。また，生活保護費（2兆8,319億円）は，社会保険費（19兆845億円），社会福祉費（3兆8,746億円）に次ぐ比率で，社会保障関係費の約1割を占める。令和2年度一般会計予算（臨時・特別の措置を含む：102兆6,580億円）でも，社会保障関係費は全体の3割（同：35兆8,608億円）を占めている。

2. 特例公債法は，通常，予算と同時期に成立しているが，平成23年度および平成24年度においては，ねじれ国会であったこと，および与党が衆議院で3分の2以上の議席を持っていなかったことなどの状況が相まって，予算成立と特例公債法成立の時期が大きくずれることとなった。平成23年度については，予算成立が3月で特例公債法成立が8月（通常国会），平成24年度については，予算成立が4月，特例公債法成立が11月（臨時国会）であった。なお，通常国会以外で特例公債法が成立した例は過去にもあり，平成24年が初めてというわけではない。

3. 一般会計予算における公共事業関係費については，平成12年度から23年度に至るまで，財政引締めのなどのためにおおむね減少傾向で推移した。平成24年度には東日本大震災復興特別会計が創設され，東日本大震災復興対策の事業費が同会計に計上されることとなった。そのため，一般会計予算における公共事業関係費は，前年比8.1％減に抑えられた。

4. 消費税の収入は，これまで地方交付税交付金，基礎年金，老人医療，介護などの経費に充てられてきた。消費税率が引き上げられた後は，増収分の使途を年金・医療・介護・子育ての4分野に拡大し，全額を社会保障の財源とすることが定められている。なお，その内訳は，10％に引き上げられた時点で1％分が社会保障の充実，4％分が現在の社会保障制度の安定化の財源とされる。令和元年10月1日から消費税は10％に引き上げられている。

5. 妥当である。「地球温暖化対策のための税」（地球温暖化対策税）は環境税の一種であり，既存の石油石炭税に税率を上乗せする形で徴収される。平成24年10月から施行され，3年半かけて税率が段階的に引き上げられ，平成28年4月に最終税率への引上げが完了した。

正答　5

国家一般職［大卒］ 教養試験 〈改題〉

No.311 時事 わが国の漁業や捕鯨に関する状況 平成25年度

我が国の漁業や捕鯨を取り巻く近年の状況に関する記述として最も妥当なのはどれか。

1　マグロ類は，世界中で過剰な漁獲が行われたことによって個体数が減少しているため，絶滅の危険性が低いとする我が国の主張が認められた中西部太平洋以外では，ワシントン条約により漁獲及び国際的取引が禁止されている。

2　サンマは，我が国にとって身近な魚で，重要なタンパク源として利用されてきたが，漁獲量の制限が定められていないため，底引網漁による過剰な漁獲により資源量は減少の一途をたどっている。

3　ニホンウナギは，ウナギの産卵場所などの生態の解明や稚魚の養殖法の開発などが全く進んでいないため，稚魚の過剰な漁獲と生息環境の悪化により個体数が減少し，その傾向が絶滅の恐れがあるレベルに達していることから，2011年に絶滅危惧種に指定された。

4　シロナガスクジラなどの大型鯨類について，我が国は国際捕鯨委員会（IWC）の管理の下で鯨類資源の持続可能な利用を図るため，必要な科学的データを収集・提供することを目的として調査捕鯨を実施していたが，その実態が商業捕鯨に当たるとの批判を受け，IWCからの脱退を決定した。

5　エチゼンクラゲは，春先にオホーツク海で生まれ，親潮に乗って南下した後，日本海を回遊しつつ成長するが，ここ数年，大きく成長したものが大量に発生し，我が国近海で大きな漁業被害を引き起こしている。

1．マグロ類は，世界各地で個体数が減少しているため，大西洋（地中海を含む），インド洋，東部太平洋，中西部太平洋，ミナミマグロ生息域（海域を定めず）のそれぞれを対象として，５つの国際機関が資源管理を行っている。中西部太平洋も例外ではなく，中西部太平洋マグロ類委員会（WCPFC）が規制を加えている。また，現在，マグロ類はワシントン条約（「絶滅のおそれのある野生動植物の種の国際取引に関する条約」）の規制対象に含まれていないため，同条約によってマグロ類の漁獲および国際的取引が禁止されているという事実はない。

2．サンマについては，国が漁獲可能量を定めており，漁獲実績がこれを超えそうな場合は，国が漁業者等に対して助言，措置または勧告を行う。さらに，このような指導等を行っても漁獲実績が漁獲可能量を超えるか，すぐにも超えそうな場合には，国が漁獲停止を命令することもできる。

3．ニホンウナギについては，産卵場所が西マリアナ海嶺の南端部であることが判明しており，稚魚の完全養殖も実用化まであと一歩の段階に達している。また，ニホンウナギが絶滅危惧種に指定されているのは事実であるが，環境省による指定は2013年２月のことであった。

4．妥当である。わが国は，必要な科学的データを収集・提供するために，調査捕鯨を実施していた。ただし，オーストラリアは，わが国が南極海で実施している調査捕鯨の実態は商業捕鯨であるとして，2010年に国際司法裁判所（ICJ）に訴状を提出し，2014年３月，ICJはオーストラリアの主張を大筋で認める判決を下した。わが国は2018年に国際捕鯨委員会（IWC）からの脱退を決定し，2019年の正式脱退後に商業捕鯨を再開している。

5．エチゼンクラゲは，中国と朝鮮半島に囲まれた渤海，黄海，北部東シナ海の沿岸部で春先に生まれると考えられており，その年の初夏から秋にかけて対馬海流に乗って日本海を北上し，冬に日本近海で死滅する。近年の大量発生で，定置網漁業などに被害が生じている。

正答　4

No. 312 時事 男女平等に向けた取組等 平成24年度

男女平等に向けた取組等に関する記述として最も妥当なのはどれか。

なお，文中の法律等の名称については，すべて通称を用いている。

1 男女雇用機会均等法の制定以来，女性の働き方は変化を遂げてきた。これまでのパートやアルバイトといった非正規雇用から正規雇用への転換が進み，2010年には女性雇用者の７割以上が正規雇用となった。正規雇用で比較すると男女の賃金格差も大幅に縮小し，男性の給与水準を100とした場合，1990年には女性は約60であったが，2010年には約85となった。

2 2010年に改正育児・介護休業法が施行され，妻だけでなく夫にも育児休業が認められるなど，男性の育児参加を促進する制度が導入された。これにより，2011年度の男性の育児休業取得率は約５％に上昇し，「イクメン」が流行語となった。今後は，父母が同時に育児休業を取得することや，専業主婦の妻をもつ夫でも育児休業が取得できる制度の導入が課題となっている。

3 業務上や通勤による事故で，頭や顔，首といった「外貌（がいぼう）」に火傷（やけど）や傷跡などが残った場合，労働者災害補償保険から障害補償給付が支給されるが，障害が同じ程度でも男性は女性より低く取り扱われ，男女差が生じていた。これに対して不服を申し立てた裁判の判決を機に，2011年に外貌障害に関する障害等級の男女差が解消された。

4 世界各国の指導的地位における女性の活躍をみると，英国やドイツなど欧州や南北アメリカ大陸の諸国では女性が大統領や首相に就任する例が数多く見られるが，アジア，アフリカではそのような例はない。我が国でも女性の閣僚や都道府県知事は存在するが，首相のほか衆議院，参議院の議長に女性が就任したことはない。

5 政治分野におけるポジティブ・アクションの手法の一つとして，議席数のうち一定数を女性に割り当てるクォータ制があり，憲法又は法律で導入している米国やEU諸国では，国会議員における女性の割合はいずれも40％を超えている。一方，我が国では，2010年末現在で，全国の地方議会議員における女性の割合は30％を超えているが，国会議員における女性の割合は衆議院・参議院ともに５％を切っており，その少なさが際立っている。

文章理解 判断推理 数的推理 資料解釈 時事 物理 化学 生物 地学

解説

1. 近年，女性雇用者（役員を除く）における非正規雇用の割合は，上昇傾向で推移している。2010年には女性雇用者の53.8％が非正規雇用となり，比較可能な2002年以降で最高の水準に達した。また，正規雇用で比較すると，男女の賃金格差はこれまで減少傾向で推移してきたが，2010年には前年よりも格差が拡大した。男性の給与水準を100とした場合，2010年における女性の給与水準は72.1（2009年は72.6）となっており，本肢にあるような「85」の水準には達していない（2019年74.3）。

2. 育児・介護休業法では，当初から，育児休業を取得する権利が男女労働者に認められている。男性の育児参加を促進するため，2010年の改正法施行に際して新たに導入されたのは，①父母がともに育児休業を取得する場合，子が1歳2か月に達するまで取得期間を延長できる制度（パパ・ママ育休プラス），②専業主婦の妻を持つ夫でも育児休業が取得できる制度，などである。こうした制度改革を受けて，2011年度における男性の育児休業取得率は過去最高となったが，それでも2.63％にすぎず，5％を大きく下回っている（2019年7.5％）。また，父母が同時に育児休業を取得することは，法制度上，従来から認められている。ただし，同時取得によって収入減となるケースが大半を占めることから，実際にはあまり取得が進んでいない。

3. 妥当である。2010年5月，京都地裁は，外貌障害に関する障害等級の著しい男女差を違憲とする判決を下した。その後，この判決が確定したことから，厚生労働省は労働者災害補償保険法施行規則を改正し，こうした男女格差を解消した。

4. アジア，アフリカにおいても，女性が大統領や首相に就任する例が見られる。特にアジアでは，女性指導者がたびたび登場しており，近年でいえば，フィリピンのアロヨ大統領（2001～2010年），インドネシアのメガワティ大統領（2001～2004年），タイのインラック首相（2011～2014年）などがこれに該当する。アフリカでは，2011年にエレン=ジョンソン=サーリーフがリベリア大統領に就任し，アフリカ初の女性大統領となった（サーリーフは同年のノーベル平和賞を受賞）。他方，わが国では女性が首相に就任したことはなく，閣僚や都道府県知事への就任例があるにすぎない。ただし，女性の両院議長は過去に存在しており，衆議院議長となった土井たか子（1993～96年），林寛子（扇千景，2004～2007年）などがこれに当たる。

5. アメリカはクォータ制を採用しておらず，国会議員における女性の割合は40％を下回っている（2019年23.7％）。また，クォータ制を採用している一部のEU諸国でも，その割合は40％を下回っている（2019年）。他方，わが国では，全国の地方議会議員における女性の割合は30％を下回っており，2010年末現在で，特別区議会で24.6％（2019年29.9％），政令指定都市の市議会で17.6％（2019年20.5％），市議会全体で12.7％（2019年15.9％），都道府県議会で8.1％（2019年11.4％），町村議会で8.1％（2019年11.1％）となっている。また，国会議員における女性の割合は10％超の水準にあり，衆議院では2009年8月の総選挙後に11.3％（2019年9.9％），参議院では2010年7月の通常選挙後に14.0％（2019年22.9％）を記録した。

正答　3

国家一般職［大卒］ No. 313 教養試験

時事 わが国の教育・文化等 平成24年度

我が国の教育や文化等に関する記述として最も妥当なのはどれか。

1 昭和56年に常用漢字に代わるものとして告示された当用漢字は，義務教育期間において読み書きを学習すべき漢字として指定を受けたものであるが，情報機器の急速な普及による文字使用環境の変化に対応するため，平成22年に新しい当用漢字表が告示された。

2 学習指導要領の改訂が，小学校・中学校，高等学校の順に行われ，平成21年度より段階的に実施されている。新学習指導要領では，理数教育の充実など教育内容の改善が行われるとともに，小学校，中学校とも総授業時数が増加した。また，平成23年度からは，小学校第５・６学年において，外国語活動が導入されている。

3 平成22年度に始まったいわゆる高校無償化は，高等学校における教育に係る経済的負担の軽減を図り，教育の機会均等に寄与することを目的に導入された。国公立校については，授業料及び教科書代を不徴収とすること，私立校については，生徒１人につき年間一定額を保護者に対して直接支給することとされた。

4 平成23年に，世界遺産として小笠原諸島と平泉が新たに登録された。このうち，世界文化遺産として登録された平泉は，７世紀に造営された日本最古の仏教建築である中尊寺をはじめ，その後，８世紀から13世紀に造営された毛越（もうつう）寺などの寺院があり，日本の仏教寺院建築の変遷をうかがうことのできる建物が集約されていることが評価されて登録された。

5 指定管理者制度の導入によって，運営主体が民間の事業者となった国立美術館は，平成22年に５館となった。このうち国立西洋美術館の本館は，建築家ル・コルビュジエの代表作品のひとつであり，美術的建造物として評価が高く，「武家の古都・鎌倉」とともに，平成23年に世界遺産に正式に推薦された。

1．当用漢字と常用漢字に関する記述が逆である。「当用漢字」に代わるものとして昭和56年に告示されたのが「常用漢字」である。また，情報機器の急速な普及による文字使用環境の変化に対応するため，平成22年に告示されたのが新しい「常用漢字」表である。

2．妥当である。新学習指導要領では，生きる力を育むという従来の基本理念を継承しつつも，総授業時数の増加，理数教育の指導内容の増加，小学校高学年段階における外国語活動の必修化，中学校における武道・ダンスの必修化などの措置が採られている。

3．高校無償化の措置に関して，国公立校については授業料を不徴収としたが，入学金，教科書代，修学旅行費等の授業料以外の学費は無償の対象外とされた。また，私立校については，生徒一人につき年間一定額を支給することとされたが，これを受け取るのは保護者ではなく学校である。なお，この私立校を対象とした高等学校等修学支援金は授業料の一部と相殺され，残額は生徒・保護者が負担することとされた。

4．中尊寺と毛越寺は850年に開創されたとの伝承が残っているが，その実質的な創建は奥州藤原氏が栄えた12世紀であるとされている。また，平泉が世界遺産に登録されたのは，当時の浄土思想に基づく現世における浄土を表現したものであること，独自に発展させた仏教寺院・浄土庭園等が他の建築や庭園に影響を与えたこと，周辺の農村景観が当時に近い形で残っていることなどが，高く評価されたためである。

5．国立美術館は民間事業者によって運営されているわけではなく，独立行政法人がその運営主体となっている。また，国立西洋美術館本館は，世界６か国（フランス，スイス，ドイツ，ベルギー，アルゼンチン，日本）にあるル=コルビュジエの作品の一つとして，世界遺産に正式に推薦された。６か国を代表して推薦書を提出したのは，フランス政府である。平成28年，インドを加えた世界７か国の17資産が「ル=コルビュジエの建築作品」として世界遺産に登録されることが決定した。なお，「武家の古都・鎌倉」は，平成24年に世界遺産に正式に推薦されたが，平成25年に「不登録」の勧告を受け，同年に推薦取り下げが正式決定された。

正答　2

国家一般職［大卒］ No. 314 教養試験

時事　わが国のエネルギー事情　平成24年度

我が国のエネルギー事情に関する記述として最も妥当なのはどれか。

1　2011年夏，一部地域において石油危機以来の電力使用制限令が発動された。石油危機時の使用制限は，ピーク時の使用電力（キロワット）を過去の実績の一定割合にとどめるというものであったが，昨年のそれは，大口需要者に対して，制限期間中の使用電力量（キロワット時）の総量を前年同期の20%減とするというものであった。

2　エタノールは，エタン（C_2H_6）の水素原子一つがカルボキシル基（$-COOH$）で置換された物質であり，バイオエタノールは植物由来の資源からエタノールを抽出したものである。エタノールは自動車ガソリンとの代替性が高く，一部地域において，ガソリンに50%バイオエタノールを混ぜた燃料を使用した公共バスが運行されている。

3　我が国の発電電力量の合計に占める原子力による発電電力量の比率は，2008年で約５割となっており，これは，日，米，仏，独，英の５か国の中で最も高い割合である。二酸化炭素排出の削減のため，この比率を７割まで高めることが従来の政府目標であったが，東日本大震災での原子力発電所の事故を受けて，これについて見直しが進められている。

4　近年，ガソリンをまったく使わない燃料電池車が開発され，国内の主要自動車メーカーでも，2010年度から量産車の製造・販売が行われている。使用する燃料電池では，水素と酸素を反応させて水を生成する際に発生する熱エネルギーを利用しており，二酸化炭素を排出しない自動車として注目されているが，窒素酸化物の排出が多くなる点が難点とされる。

5　2011年の通常国会において，「電気事業者による再生可能エネルギー電気の調達に関する特別措置法」が成立した。これは，太陽光，風力，水力，地熱等を用いて発電された電気を電気事業者が一定の期間，一定の価格で買い取ることを義務づけるものであり，買取りに要した費用は，原則として賦課金という形で電気利用者が負担する。

1．石油危機時の使用制限令は，大口需要家（契約電力500キロワット以上）に対して，制限期間中の使用電力量の総量を前年同期の15％減とするというものであった。これに対して，2011年夏に一部地域（東京電力および東北電力の管内）で実施された電力使用制限令は，大口需要家に対して，昼間の需要ピーク時の使用電力（キロワット）を過去の実績の一定割合にとどめることを求めるというものであった。

2．エタノール（C_2H_5OH）は，エタン（C_2H_6）の水素原子（H）一つが水酸基（OH）で置換された物質である。また，一部地域においてガソリンとバイオエタノールの混合燃料を使用した公共バスが運行されているのは事実だが，現行規格におけるバイオエタノールの混合比率は３％以下と定められている。政府は今後，混合率３～10％相当をめざすとの方針を打ち出している。

3．わが国における発電電力量の合計に占める原子力による発電電力量の比率は，2008年で24.0％（2017年3.1％）となっている。各国の水準を比較すると，アメリカ19.3％（2017年19.6％），フランス77.1％（2017年70.9％），ドイツ23.5％（2017年11.7％），イギリス13.6％（2017年20.8％）となっており，ずば抜けて高い水準にあるのはフランスである。また，わが国の原子力政策大綱（2005年10月閣議決定）では，「2030年以後も総発電電力量の30～40％程度という現在の水準程度か，それ以上の供給割合を原子力発電が担うことを目指すことが適切である」とされた。ただし，東日本大震災での原発事故を受けて，原子力政策およびエネルギー政策の見直しが進められている。

4．国内の主要自動車メーカー（トヨタ）は，2015年度から日本で燃料電池車の量産車の販売を行っている。また，燃料電池では，水素と酸素を反応させて水を生成する際に発生する熱エネルギーを利用しているが，この反応過程で二酸化炭素はもちろんのこと，窒素酸化物も発生することはない。そのため，燃料電池はクリーンなエネルギー源として期待を集めている。

5．妥当である。「電気事業者による再生可能エネルギー電気の調達に関する特別措置法」（再生可能エネルギー法）に基づいて，2012年７月に再生可能エネルギーの固定価格買取り制度が発足した。一般企業や地方自治体などが自家発電する５種類の再生可能エネルギー（太陽光，風力，水力，地熱，バイオマス）について，電気事業者はこれを固定価格で買い取らなければならないとされている。また，買取りに要した費用は電気料金に上乗せされ，最終的に電気利用者が負担するものとされている。これと類似の制度は，ドイツやスペインなどですでに実施され，一定の効果を挙げている。

正答　5

No. 315　教養試験

物理　光の性質　令和元年度

光の性質に関する記述として最も妥当なのはどれか。

1　光は，いかなる媒質中も等しい速度で進む性質がある。そのため，定数である光の速さを用いて，時間の単位である秒が決められており，１秒は，光がおよそ30万キロメートルを進むためにかかる時間と定義されている。

2　太陽光における可視光が大気中を進む場合，酸素や窒素などの分子によって散乱され，この現象は波長の短い光ほど強く起こる。このため，青色の光は散乱されやすく，大気層を長く透過すると，赤色の光が多く残ることから，夕日は赤く見える。

3　太陽光などの自然光は，様々な方向に振動する横波の集まりである。偏光板は特定の振動方向の光だけを増幅する働きをもっているため，カメラのレンズに偏光板を付けて撮影すると，水面やガラスに映った像を鮮明に撮影することができる。

4　光は波の性質をもつため，隙間や障害物の背後に回り込む回折という現象を起こす。シャボン玉が自然光によって色づくのは，シャボン玉の表面で反射した光と，回折によってシャボン玉の背後に回り込んだ光が干渉するためである。

5　光は，絶対屈折率が１より小さい媒質中では，屈折という現象により進行方向を徐々に変化させながら進む。通信網に使われている光ファイバーは，絶対屈折率が１より小さいため，光は光ファイバー中を屈折しながら進む。そのため，曲がった経路に沿って光を送ることができる。

解説

1．光の進む速さは，媒質によって異なるから，第１文が誤りである。光は真空中を一定の速さで進む性質があり，真空中の光速は基本的な物理定数の一つである。真空中の光速を c，光が進む媒質の絶対屈折率を n とすると，この　媒質中を光が進む速さは $\frac{c}{n}$ となる。絶対屈折率 n の値は媒質に固有であり，かつ $n>1$ であるから，光が媒質中を進む速さは真空中の光速よりも小さく，媒質によって異なる。なお，$n=1$ となるのは真空の場合である。また，真空中の光速 c の値を利用して定義されているのは，時間の単位ではなく，長さの単位１m であるから，第２文も誤りである。時間の単位１秒は，セシウム（Cs）原子が放射する光のスペクトルをもとに決められており，１m は，１秒間に光が真空中を進む距離と真空中の光速 c で割った値として定義される。ちなみに c の値は，$c=2.99792458\times10^8$m/s で，およそ秒速30万 km とみなしてよい。

2．妥当である。太陽光はいろいろな波長の光が混ざっていて，これをプリズムに通すと虹のように色づいた光の帯（スペクトル）が生じる（この現象を光の分散という）。光は電磁波の一種であり，その波長と同程度かそれより小さい粒子に当たると四方に散っていく。この現象を光の散乱といい，波長が短い光ほど散乱される割合が大きい。したがって，波長が短い青色光のほうが散乱されやすいのに対し，波長が長い赤色光は散乱されずに進む割合が大きくなるので，晴れた日の昼の空は青く，夕焼けは赤くなる。

3．光は電磁波の一種であり，偏光を起こすことから横波であることが確かめられているので，第１文に誤りはない。しかし，第２文の偏光に関する記述に誤りがある。太陽光のような自然光は，いろいろな方向に振動する横波の集まりであるが，結晶のように原子が規則的に配列した物質を通過する際，特定の振動面の光だけを通す場合がある。このとき，光の振動面が特定の方向に偏る現象を偏光というのであり，決して振動を増幅させるものではない。水面やガラス面には周囲の景色が反射して，水中やガラス板の内側がよく見えないことがある。そのような場合，偏光板を用いて反射光を取り除くことで水面やガラス面に写った像を除去すると内側がよく見えるようになる。

4．第１文の回折に関する説明に誤りはないが，第２文が誤り。シャボン玉が自然光によって色づいて見えるのは，石けん膜の表面と裏面とで反射した光が重なり合って干渉し，特定の波長の光のみが強め合うからであり，回折によるものではない。

5．絶対屈折率は，真空中では１であるが，あらゆる物質で１よりも大きい値である。ゆえに，絶対屈折率が１より小さい媒質は存在しない。また，屈折は光に限らず一般の波動に見られる現象で，波が進む速さの異なる媒質に入射するときに起こる。光の場合には，絶対屈折率 n が異なる媒質に入射するときに起こるから，n が一様な同一の媒質中では直進し，屈折は起こらない。さらに，光ファイバーは光の全反射を利用して光を進ませる装置である。全反射による光のエネルギーの損失はないと考えてよいので，曲がった経路に沿って遠方まで光を送ることができる。よって第２文が誤り。

正答　2

国家一般職［大卒］ No. 316 教養試験

物理　原子核や放射線　平成30年度

原子核や放射線に関する記述として最も妥当なのはどれか。

1　原子核は，原子番号と等しい個数で正の電荷を持つ陽子と，陽子と等しい個数で電荷を持たない中性子から成っている。陽子と中性子の個数の和が等しい原子核を持つ原子どうしを同位体といい，物理的性質は大きく異なっている。

2　放射性崩壊とは，放射性原子核が放射線を放出して他の原子核に変わる現象をいう。放射性崩壊によって，元の放射性原子核の数が半分になるまでの時間を半減期といい，半減期は放射性原子核の種類によって決まっている。

3　放射性物質が放出する放射線のうち，α線は陽子１個と中性子１個から成る水素原子核の流れであり，β線は波長の短い電磁波である。α線は，β線と比べてエネルギーが高く，物質に対する透過力も強い。

4　核分裂反応では，１個の原子核が質量数半分の原子核２個に分裂する。太陽の中心部では，ヘリウム原子核１個が水素原子核２個に分裂する核分裂反応が行われ，莫大なエネルギーが放出されている。

5　Ｘ線は放射線の一種であり，エネルギーの高い電子の流れである。赤外線よりも波長が長く，γ線よりも透過力が強いため，物質の内部を調べることができ，医療診断や機械内部の検査などに用いられている。

1. 原子核は陽子と中性子で構成される。陽子の数は原子番号に等しく，原子の種類により異なる。中性子の数は，原子核の種類によっては陽子の数と等しい場合もあるが，多くの場合，陽子の数よりも大きい。さらに，陽子の数と中性子の数の和を質量数といい，陽子の数は同じだが質量数の異なる原子核を持つ原子どうしを互いに同位体であるという。同位体は，原子番号が等しいことから化学的性質は変わらないが，原子核内の中性子の数が異なるため，放射性崩壊の仕方など物理的性質が異なる。ただし，共通する物理的性質もほかにあるので，「物理的性質は大きく異なっている」という記述は少し言い過ぎである。なお，原子番号（＝陽子の数）が Z，質量数（＝陽子の数＋中性子の数）が A で，原子記号がXの原子核を，AZ Xと表す（例：${}^{1}_{1}$H，${}^{12}_{6}$C，${}^{238}_{92}$Uなど）。

2. 妥当である。放射性原子核から放出される放射線には α 線，β 線，γ 線の3種類があり，これらに対応して原子核に生じる変化を，それぞれ α 崩壊，β 崩壊，γ 崩壊と呼ぶ。α 線は質量数4のヘリウム原子核 ${}^{4}_{2}$He の高速の流れであり，α 崩壊によって原子番号が2，質量数が4だけ減少する。β 線は高速の電子の流れであり，β 崩壊によって1個の中性子が陽子に変わるので，原子番号は1だけ増加するが質量数は変わらない。γ 線は波長が短い電磁波であるから，γ 線を放出しても原子番号や質量数に変化はないが，α 崩壊と β 崩壊に伴って発せられることが多く，習慣的に γ 崩壊と呼ばれる。

3. α 線は陽子2個と中性子2個からなる高速のヘリウム原子核 ${}^{4}_{2}$He の流れであり，β 線は高速の電子の流れである。また，α 線と β 線のエネルギーは，それぞれの粒子の質量と速さに依存する。質量は α 線のほうが β 線よりも大きいが，β 線の中には光速に近い速さを持つものもあり，エネルギーの大小に関して，α 線と β 線のどちらが大きいかは場合によって異なる。また，電離作用は α 線のほうが β 線よりも強いが，透過力は逆に β 線のほうが α 線よりも強い。

4. 原子核が2個の原子核に分裂する現象が核分裂であるが，分裂してできた2個の原子核の質量数は等しいとは限らないから，第1文は誤り。また，太陽の中心部で起こっているのは核分裂ではなく，核融合であり，主として4個の水素原子核（${}^{1}_{1}$H），すなわち陽子が融合して ${}^{4}_{2}$He を生成する際に，莫大なエネルギーを生み出していると考えられている（${}^{4}_{2}$He のほか，${}^{3}_{2}$He を生成する反応もある）。

5. X線も α 線，β 線，γ 線，中性子線などとともに放射線の一種ではあるが，その実体は波長の短い電磁波であり，電子ではない。X線の波長領域と γ 線の波長領域の境界は判然としないが，大ざっぱに言って，X線のほうが γ 線より波長が長い。X線は赤外線より波長は短いが，波長が短いほど透過力が強いので，γ 線ほど透過力は強くない。第2文の後半の「物質の内部を」以下の記述は正しい。

正答 2

国家一般職［大卒］ No. 317 教養試験

物理　電流と磁場　平成29年度

次は，磁気に関する記述であるが，A～Dに当てはまるものの組合せとして最も妥当なのはどれか。

磁極にはN極とS極があり，同種の極の間には斥力，異種の極の間には引力が働き，磁気力が及ぶ空間には磁場が生じる。磁場の向きに沿って引いた線である磁力線は，［ A ］極から出て［ B ］極に入る。

また，電流は周囲に磁場を作り，十分に長い導線を流れる直線電流が作る磁場の向きは，右ねじの進む向きを電流の向きに合わせたときの右ねじの回る向きになる。

以上の性質及びレンツの法則を用いて，次の現象を考えることができる。

図Ⅰのように，水平面にコイルを置き，コイルに対して垂直に上方向から棒磁石のN極を近づけた。このときコイルには［ C ］の向きに電流が流れる。これは，コイルを貫く磁束の変化を妨げる向きの磁場を作るような電流が流れるためである。また，図Ⅱのように，図Ⅰと同じコイルに対して垂直に上方向へ棒磁石のS極を遠ざけたときは，［ D ］の向きに電流が流れる。

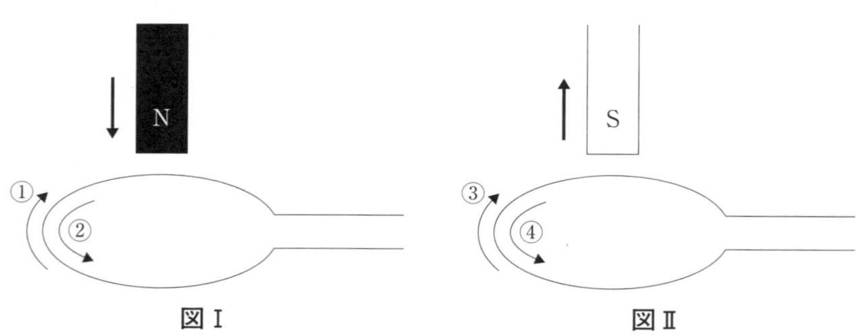

図Ⅰ　図Ⅱ

	A	B	C	D
1	N	S	①	③
2	N	S	①	④
3	N	S	②	④
4	S	N	①	③
5	S	N	②	③

解説

磁気に関する基本事項を問う出題で，高等学校の課程では，平成22年度より必修化された「物理基礎」に含まれる。

A・B：磁気力を及ぼす性質を持つ空間を磁場（または磁界）と呼び，これを視覚的に表現する目的で磁力線が導入された。磁力線の向きは，磁石のＮ極から出てＳ極に入る向きと定義されている。ゆえに，ＡにはＮ，ＢにはＳが当てはまる。

C・D：コイルを貫く磁力線の総本数が変化すると，コイルには電流が流れる。この現象を電磁誘導といい，このときコイルに流れる電流を誘導電流，誘導電流を流そうとする電圧を誘導起電力という。問題文にある「レンツの法則」は，誘導電流の向きについて述べたものである。また，問題文には「コイルを貫く磁束」とあるが，磁束とはある断面を垂直に貫く磁場の強さを表す物理量で，大ざっぱに「コイルを貫く磁力線の総本数」を意味するものと考えてよい。「磁束の変化を妨げる」という意味は，コイルを貫く磁力線の本数が増加する場合にはその増えた分を減らそうとし，また，減少する場合にはその減った分を補おうとする，ということにほかならない。いわば，磁力線の総本数を，変化する前の本数に戻そうとする性質がある，というわけであるが，誘導電流が作る磁場がこの役割を果たしている。

すなわち，コイルを貫く磁力線が増加する場合には，これと逆向きの磁場を作る誘導電流が流れるが，コイルを貫く磁力線が減少する場合には，これと同じ向きの磁場を作る誘導電流が流れる。いずれも誘導電流が作る磁場の向きがあらかじめわかっていて，そのような磁場を生み出す誘導電流の向きを求めればよい。ここで決め手になるのが「右ねじの法則」である。問題文には，直線電流が作る磁場に関して「右ねじの法則」が述べられている（図1）。では，コイルを流れる電流についてはどうかというと，コイルを「非常に短い直線電流がつながっている」とみなし，「右ねじの法則」を当てはめて，図２のような磁場を作ることがわかる。

図1　直線電流が作る磁場

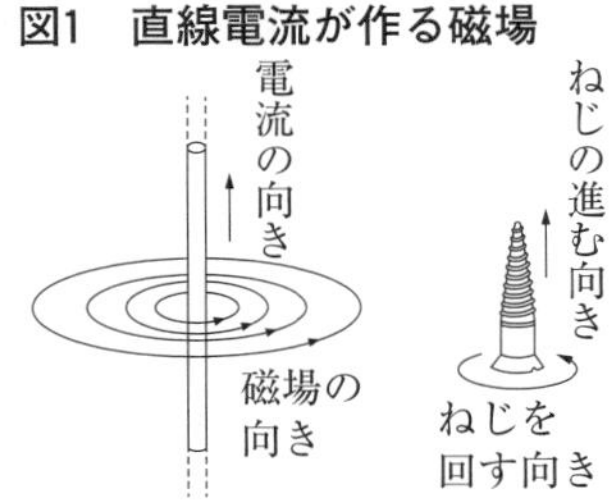

図2　コイルに流れる電流が作る磁場

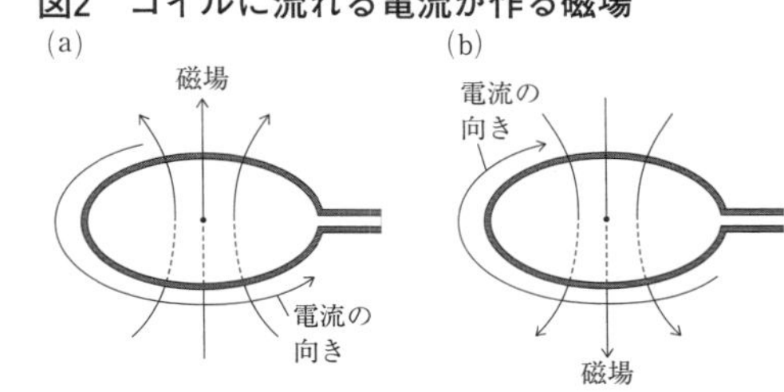

ここで磁力線が磁石のＮ極から出てＳ極に入ることに注意すると，問題の図Ⅰでは，コイルを下向きに貫く磁力線が増加するから，これを減らす向き，すなわち上向きの磁場を作る誘導電流が流れるので，図２の（ａ）に該当する。問題の図Ⅱでは上向きの磁力線が減少するから，やはり上向きの磁場を作る電流が流れるので，図２の（ａ）に該当する。ゆえにＣに②，Ｄに④が当てはまる。

よって，正答は**3**である。

正答　3

国家一般職［大卒］ No. 318 教養試験

物理 仕事の原理 平成28年度

次は，物体に加える力がする仕事に関する記述であるが，A，B，Cに当てはまるものの組合せとして最も妥当なのはどれか。

ただし，重力加速度の大きさを10m/s^{2}とする。

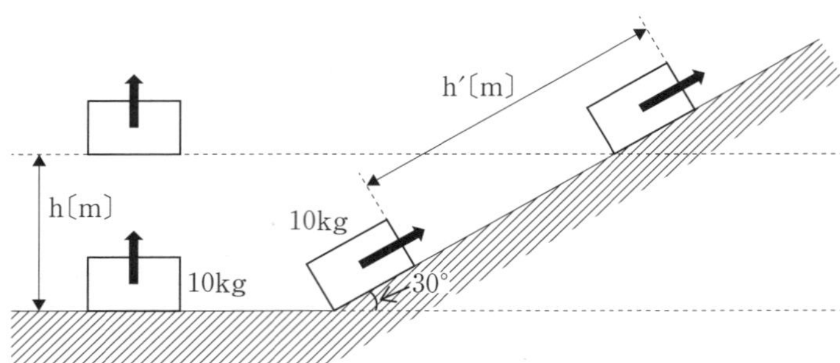

「図のように，10kgの物体をある高さh〔m〕までゆっくりと引き上げることを考える。傾斜角30°の滑らかな斜面に沿って物体を引き上げる場合，物体を真上に引き上げる場合に比べて，必要な力を小さくすることができるが，物体を引き上げる距離は増加する。

このとき，物体を真上に引き上げたときの仕事W及び斜面に沿って引き上げたときの仕事W′は，それぞれ次のように表すことができ，W＝W′となる。

W＝［ A ］〔N〕×h〔m〕

W′＝［ B ］〔N〕×h′〔m〕

また，図の斜面の傾斜角を60°とすると，斜面に沿って物体を引き上げるのに必要な力は，［ C ］〔N〕となる。

このように斜面を用いることで，必要な力の大きさを変化させることができるが，仕事は変化しない。」

	A	B	C
1	100	50	$50\sqrt{2}$
2	100	50	$50\sqrt{3}$
3	100	$50\sqrt{2}$	$50\sqrt{3}$
4	200	100	$100\sqrt{3}$
5	200	$100\sqrt{2}$	$100\sqrt{3}$

解説

物体に力が働いて，その物体が力の向きに動いたとき，力（または力を加えた人や，機械など）は物体に対して仕事（work）をした，という。加えた力の大きさFが一定であり，その力の向きに物体がxだけ移動したとき，力が物体に対してした仕事の大きさWは，

$W=Fx$ ……①

で与えられる。ここで，力Fの単位にN（ニュートン），長さxの単位にm（メートル）を用いたとき，仕事の単位はN･m＝J（ジュール）となる。

一般に，道具や機械を用いて物体を動かすとき，摩擦や空気抵抗がない場合には，物体に対して人が直接する仕事の量と，道具や機械に対して人がする仕事の量は変わらない。これを仕事の原理という。つまり，斜面や滑車，てこなどの装置を使えば，人が加えるべき力の大きさを小さくすることはできるが，動かす距離が増えてしまうので，仕事を減らすことはできない。これが仕事の原理の意味である。

本問は，仕事の原理が成り立つ実例として，斜面を用いた場合を取り上げて説明している文が与えられている。A～Cの空欄には，それぞれ物体に加えるべき力の大きさを答えればよい。したがって，Aは重力，BとCは重力の斜面方向の分力の大きさが，それぞれ求められれば解決する。

まず，物体の質量を m〔kg〕，重力加速度を g〔m/s^2〕とし，斜面の傾斜角を θ とする。本問の場合には最初から数値で計算するほうが早いかもしれないが，まず文字式で表しておいてから後で数値を代入するほうが計算の見通しがよくなり，ミスを回避することにもつながる。ここでは，

$m=10$〔kg〕，$g=10$〔m/s^2〕

であり，Bでは $\theta=30°$，Cでは $\theta=60°$ である（g の値はおよそ 9.8〔m/s^2〕であるが，ここでは近似値を用いている）。

また，物体の移動方向に加えるべき力（問題の図中に太線の矢印で示されている）を，Aの場合に F〔N〕，B，Cの場合に F'〔N〕とする。

図Ⅰ

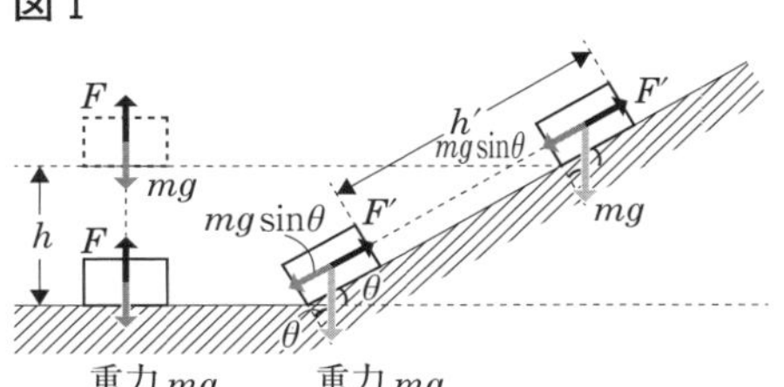

A：物体を直接持ち上げる場合，物体に働く重力は鉛直下向きに大きさ mg〔N〕であるから，この重力に逆らってゆっくりと，すなわち力のつりあいを保ちながら物体を持ち上げるのに必要な力が F に等しいから，鉛直方向の力のつりあいより，

$F=mg$〔N〕 ……②

が成り立てばよい。②の右辺に数値を代入して，

$F=10\times10=100$〔N〕

B：鉛直下向きの重力 mg を，斜面に平行な方向の分力と，垂直な方向の分力に分解して考える。ただし本問では，斜面に垂直な方向の分力は不要である。図Ⅰより，斜面に平行な方向の分力の大きさは $mg\sin\theta$〔N〕と求められる。この分力に逆らってゆっくりと，すなわち力のつりあいを保ちながら斜面に沿って物体を引き上げるのに必要な力が F' に等しいから，斜面方向のつりあいより，

$F'=mg\sin\theta$〔N〕 ……③

③の右辺に，m と g の数値を代入し，$\theta=30°$

として，$\sin30°=\frac{1}{2}$ を用いると，

$$F'=10\times10\times\sin30°=100\times\frac{1}{2}=50〔N〕$$

C：Bの場合と同様に③の右辺に m と g の数値を代入し，$\theta=60°$ として，$\sin60°=\frac{\sqrt{3}}{2}$ を用いると，

$$F'=10\times10\times\sin60°=100\times\frac{\sqrt{3}}{2}=50\sqrt{3}〔N〕$$

以上より，Aは100，Bは50，Cは $50\sqrt{3}$ が当てはまる。

よって，正答は**2**である。

正答 2

物理　比熱と液体・個体間の熱の移動　平成27年度

質量が等しい液体A，固体B，固体Cがあり，固体Bの比熱は固体Cの比熱の２倍である。18.0℃の液体Aの中に40.0℃の固体Bを入れてしばらくすると，液体A及び固体Bの温度は20.0℃で一定になった。

いま，18.0℃の液体Aの中に81.0℃の固体Cを入れてしばらくすると温度は一定になった。このときの液体A及び固体Cの温度はいくらか。

ただし，熱の移動は液体と固体の間だけで起こるものとする。また，比熱とは，単位質量（１gや１kgなど）の物質の温度を１K上昇させるのに必要な熱量をいう。

1　20.0℃
2　21.0℃
3　23.7℃
4　26.1℃
5　28.5℃

解説

熱量保存の法則を用いる典型的な応用問題である。初めに２つの物体ⅠとⅡがあり，物体Ⅰは物体Ⅱよりも高温であったとする。すなわち，物体Ⅰと物体Ⅱの温度をそれぞれt_1〔℃〕，t_2〔℃〕，とすると，$t_1>t_2$が成り立っている。次に，この２つの物体を接触させて十分に長い時間が経過すると，物体Ⅰの温度は下降し，物体Ⅱの温度は上昇して，やがて一定の温度t〔℃〕に達したとき，どちらの温度も変化せず一定となる。このとき，「物体ⅠとⅡは熱平衡に達した」という。熱平衡に達するまでの間に，高温の物体Ⅰから低温の物体Ⅱに向かって移動するエネルギーが熱である。熱の量を熱量と呼び，その単位にはJ（ジュール）が用いられる（次図参照）。また，温度の単位K（ケルビン）は絶対温度の単位である。絶対温度は，気体の体積の温度変化に基づいて理論的に定義され，最も低いと想定される－273.15℃を０Kとし，目盛りの間隔はセルシウス温度の間隔に一致する。すなわち，温度目盛りの間隔としては，１K＝１℃である。

熱平衡に達するまでに，熱のやりとりは物体Ⅰと物体Ⅱの間でのみ起こり，熱が外部に逃げたり，また外部から供給されたりしないものとすると，この間に，

物体Ⅰが失った熱量＝物体Ⅱが得た熱量

という関係が成り立つ。これを熱量保存の法則という。熱量保存の法則を式で表すときに用いられる物理量が，比熱と熱容量である。

問題文にも述べられているとおり，比熱とは単位質量の物質の温度を１K上昇させるのに必要な熱量であり，小文字のcで表される。今，比熱がcの物質でできた質量mの物体があるとする。この物体の温度を１K上昇させるのに必要な熱量をこの物体の熱容量と呼び，大文字のCで表される。Cとcの間には，$C=mc$の関係がある。つまり，この物体の温度を1K上昇させるとき，物体は大きさmcの熱量を吸収する。逆に，この物体の温度が1K下降するとき，物体は大きさmcの熱量を放出する。

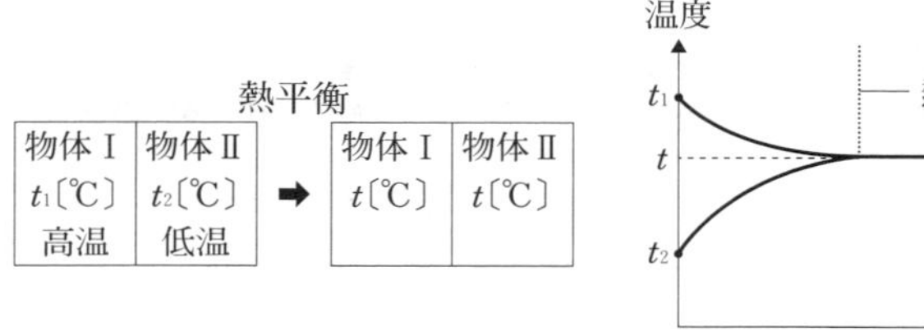

ここで物体Ⅰと物体Ⅱの質量をそれぞれm_1，m_2とし，比熱をそれぞれc_1，c_2とする。熱平衡に達するまでの間に物体Ⅰの温度は（t_1-t）〔℃〕だけ下降しているから，物体Ⅰが失った熱量は，

$$m_1c_1(t_1-t)$$

となる。また，物体Ⅱの温度は（$t-t_2$）〔℃〕だけ上昇しているから，物体Ⅱが得た熱量は，

$$m_2c_2(t-t_2)$$

である。よって，熱量保存の法則を表す式は，

$$m_1c_1(t_1-t)=m_2c_2(t-t_2) \quad \cdots\cdots①$$

と表される。この①式をtについて解けば，熱平衡に達したときの温度t〔℃〕が求められる。

本問の場合，初めに液体Aと固体Bの間で，次に液体Aと固体Cの間で，①式を導くことを考える。液体A，固体B，固体Cの質量は等しいから，これをmとする。また，比熱の値は与えられていないが，それぞれ対応する小文字で，a，b，cと表しておく。固体Bの比熱は固体Cの比熱の2倍である，という仮定から，

$$b=2c \quad \cdots\cdots②$$

18.0℃の液体Aと40.0℃の固体Bとが熱平衡に達したときの温度が20.0℃なのだから，①式に，$m_1=m_2=m$，$c_1=b$，$c_2=a$，および，$t_1=40.0$，$t_2=18.0$，$t=20.0$を代入して，

$$mb(40.0-20.0)=ma(20.0-18.0)$$

これより，$20b=2a$

よって，$a=10b$

右辺に②式を代入して，$a=20c \quad \cdots\cdots③$

が得られる。

次に，18.0℃の液体Aと81.0℃の固体Cとが熱平衡に達したときの温度をt〔℃〕とすると，①式に，$m_1=m_2=m$，$c_1=c$，$c_2=a$，および，$t_1=81.0$，$t_2=18.0$を代入して，

$$mc(81.0-t)=ma(t-18.0)$$

両辺をmcで割り，右辺のaに③式を代入して，

$$81.0-t=20(t-18.0)$$
$$=20t-360$$

これより，$21t=81.0+360=441 \quad \cdots\cdots④$

④式をtについて解いて，

$$t=\frac{441}{21}=21.0〔℃〕$$

よって，正答は**2**である。

正答　2

国家一般職［大卒］ No. 320 教養試験

物理　力のつり合い　平成26年度

図のように，密度 ρ〔kg/m^3〕，底面積 S〔m^2〕，高さ h〔m〕の円柱が取り付けられた同じ軽いばねが二つ天井に取り付けられている。一方を液体に $\frac{3}{4}h$〔m〕だけ浸したところ，どちらのばねも静止し，液体に浸した方のばねの伸びは，もう一方のばねの伸びの $\frac{1}{2}$ 倍であった。このとき，この液体の密度として最も妥当なのはどれか。

ただし，重力加速度の大きさは一定である。

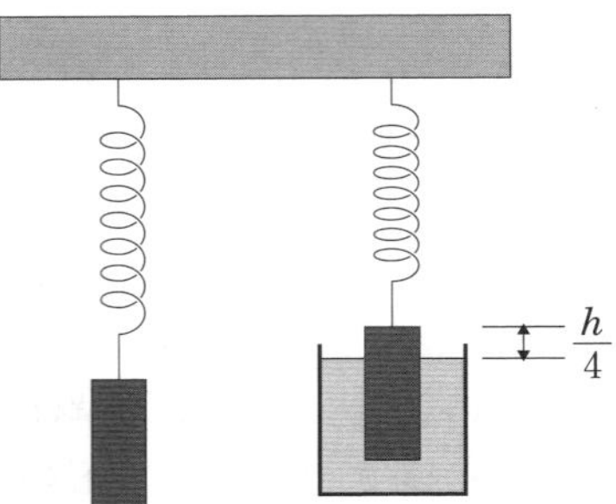

1　$\frac{3}{8}\rho$〔kg/m^3〕

2　$\frac{2}{3}\rho$〔kg/m^3〕

3　$\frac{3}{4}\rho$〔kg/m^3〕

4　$\frac{4}{3}\rho$〔kg/m^3〕

5　$\frac{3}{2}\rho$〔kg/m^3〕

解説

本問を解くうえで必要な事項は，次の(1)，(2)の法則である。

(1)フックの法則……伸ばされたり縮められたりしたばねは，もとの長さに戻ろうとする力（弾性力）を及ぼす。弾性力の大きさは，ばねの伸びた長さ（または縮んだ長さ）に比例する。

(2)アルキメデスの原理……流体（液体または気体）中の物体は，流体から鉛直上向きに浮力を受ける。浮力の大きさは，流体中に存在する物体の部分と同じ体積の流体に働く重力に等しい。

本問の場合，円柱を液体に浸す前は，円柱に働く鉛直下向きの重力を，鉛直上向きに働くばねの弾性力が支えている。また，円柱を液体に浸したとき，円柱に働く重力を，ばねの弾性力と液体の浮力の2つの力で支えていることになり，浮力が上向きに働く分だけ，ばねの弾性力は小さくて済むから，ばねの伸びの長さも短くなる。

一般に，質量が m〔kg〕の物体に働く重力の大きさは，重力加速度の大きさを g〔m/s^2〕とすると，mg〔N〕と表される（力の単位に〔kg重〕を用いれば，式を立てるときに g は不要であるが，力の単位に〔N〕を使うことが定着しているので，重力を mg と表しておく）。

また，密度が ρ〔kg/m^3〕で，体積が V〔m^3〕の物体の質量を m〔kg〕とすると，密度の定義より，

$$\rho=\frac{m}{V}\left(密度=\frac{質量}{体積}\right)$$

これより，$m=\rho V$　……①

が成り立つ。本問の場合，円柱の底面積 S と高さ h が与えられているから，その体積を V とすると，

$V=Sh$　……②

と書くことができる。文字の数を減らすために S，h を用いる代わりに②式の V を利用する。すると，円柱に働く重力は，

$mg=\rho Vg$〔N〕　……③

となり，液体に浸しても重力は変化しない。

また，ばねの弾性力の大きさを式で表すため，本問で使われているばねのばね定数（弾性定数とい

うこともある）をk〔N/m〕とする。ばね定数kは，ばねを単位長さ（1m）伸ばす（または縮める）のに必要な力の大きさを表す。また，液体に浸す前の状態で，ばねの伸びの長さをx〔m〕とすると，(1)のフックの法則より，ばねの弾性力の大きさはkx〔N〕になる。

ここで，円柱に働く力のベクトルを矢印で記入する。液体に浸す前の円柱には，鉛直下向きの重力mg〔N〕と，鉛直上向きの弾性力kx〔N〕が働き，これら2力はつりあっているから，

$mg=kx$

この左辺に③式を代入して，

$\rho Vg=kx$ ……④

が成り立つ（次図左側参照）。

次に円柱を液体に浸した状態を考える。下向きの重力ρVg〔N〕は変わらない。また，ばねの伸びの長さは，浸す前の$\frac{1}{2}$倍となったから，これをxを用いて表すと，$\frac{1}{2}x$〔m〕となる。よって，液体に浸った状態で，ばねが円柱を上向きに引く弾性力の大きさは，$k\times\frac{1}{2}x=\frac{1}{2}kx$〔N〕である。

一方，液体が円柱に上向きに及ぼす浮力の大きさは(2)のアルキメデスの原理から求められる。このとき，液体中に存在する円柱の体積は，液体中に$\frac{3}{4}h$〔m〕浸しているから，$S\times\frac{3}{4}h=\frac{3}{4}Sh$〔m^3〕となり，②式より，$Sh=V$〔m^3〕であるから，これは$\frac{3}{4}V$〔m^3〕となる。アルキメデスの原理より，この液体中に浸っている円柱の体積$\frac{3}{4}V$〔m^3〕と同じ体積の液体に働く重力の大きさに等しくなる。よって，液体の密度をρ_0〔kg/m^3〕とすると，この浮力の大きさは，

$\rho_0\times\frac{3}{4}Vg=\frac{3}{4}\rho_0 Vg$〔N〕

よって，液体に浸っているとき，円柱に働く力のつりあいを表す式は，

$\rho Vg=\frac{1}{2}kx+\frac{3}{4}\rho_0 Vg$ ……⑤

となる（次図右側参照）。

あとは，④，⑤の2式からkxを消去して，ρとρ_0の関係を求めればよい。まず，④式より，

$kx=\rho Vg$

であるから，これを⑤式の右辺のkxに代入して，

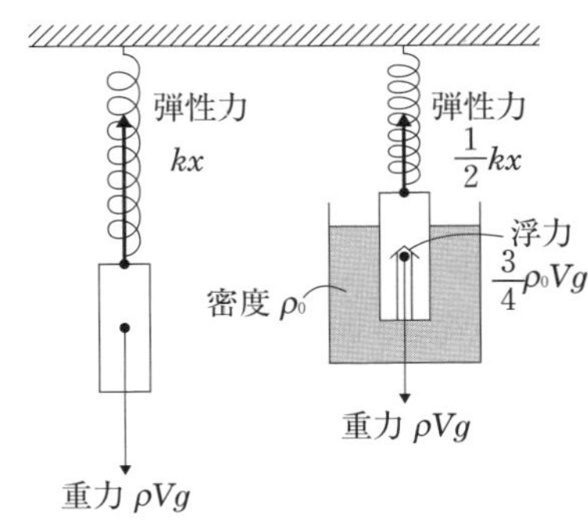

$\rho Vg=\frac{1}{2}\rho Vg+\frac{3}{4}\rho_0 Vg$

これより，$\rho Vg-\frac{1}{2}\rho Vg=\frac{3}{4}\rho_0 Vg$

よって，$\frac{3}{4}\rho_0 Vg=\frac{1}{2}\rho Vg$ ……⑥

⑥式の両辺をVgで割って，

$\frac{3}{4}\rho_0=\frac{1}{2}\rho$

ゆえに，$\rho_0=\frac{4}{3}\times\frac{1}{2}\rho=\frac{2}{3}\rho$〔kg/m^3〕

よって，**2**が妥当である。

正答 2

国家一般職［大卒］ No. 321 教養試験

物理　電気回路　平成25年度

次の文は電池と抵抗から構成される回路に関する記述であるが，A，B，Cに当てはまるものの組合せとして最も妥当なのはどれか。ただし，電池の内部抵抗は無視できるものとする。

3.0Ωと6.0Ωの抵抗を並列に接続し，その両端を起電力が12.0Vの電池につないだ。このとき電池から流れる電流は，［A］である。よって，この回路の合成抵抗は［B］である。

次に，3.0Ωと6.0Ωの抵抗を並列に接続したものを二つ作り，これを直列に接続し，その両端を起電力が12.0Vの電池につないだときに，全ての抵抗によって消費される電力の和は，3.0Ωと6.0Ωの抵抗を並列に接続したものが一つのときの［C］倍である。

	A	B	C
1	3.0A	2.0Ω	0.25
2	3.0A	4.5Ω	0.50
3	6.0A	2.0Ω	0.25
4	6.0A	2.0Ω	0.50
5	6.0A	4.5Ω	0.25

解説

電磁気分野の超頻出テーマである。中学校の理科第１分野で学習した内容が理解できていれば，難なく解答できるだろう。

まず，AとBではオームの法則を用いる。すなわち，R〔Ω〕の抵抗にV〔V〕の電圧を加えて，I〔A〕の電流が流れるとき，IはVに比例し，

$I=\frac{V}{R}$　または　$V=RI$　……①

と書くことができる。さらに，並列回路では「各抵抗に加わる電圧は共通」であり，「回路の全電流は，各抵抗に流れる電流の和」であることを思い出そう。

次に，Cでは消費電力P〔W〕が（電流）×（電圧）で求められることを用いる。すなわち，

$P=IV$　……②

また，抵抗の直列接続の合成抵抗は，各抵抗の和になることに注意。

A：次の図Ⅰのように，3.0〔Ω〕と6.0〔Ω〕の抵抗を流れる電流を，それぞれI_1，I_2とする。どちらの抵抗にも，加わる電圧は$V=12.0$〔V〕であるから，各抵抗にオームの法則の式を適用して，

$I_1=\frac{12.0}{3.0}=4.0$〔A〕

$I_2=\frac{12.0}{6.0}=2.0$〔A〕

図Ⅰ

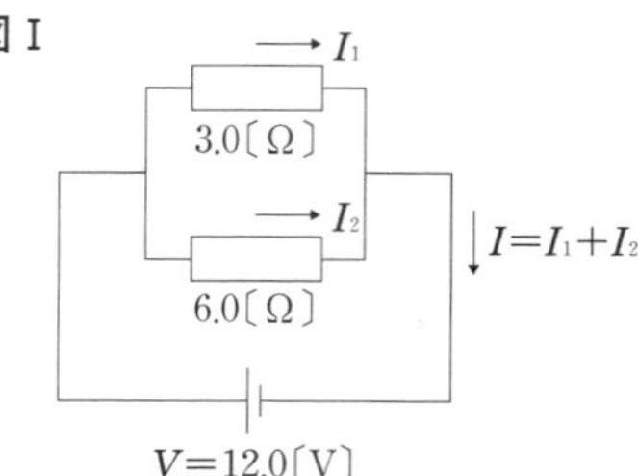

したがって，電池から流れる電流をIとすると，

$I=I_1+I_2=4.0+2.0$

$=6.0$〔A〕

B：複数の抵抗をつないだとき，その働きを１つの抵抗で置き換えたものが合成抵抗である。

すなわち，図Ⅰの回路は，3.0〔Ω〕と 6.0〔Ω〕の合成抵抗を R〔Ω〕とすると図Ⅱのようになり，簡単な回路図に書き直すことができる。

つまり，抵抗 R〔Ω〕の中を回路の全電流 $I=6.0$〔A〕が流れているから，①式の $V=RI$ を R について解いて，次のように求められる。

図Ⅱ

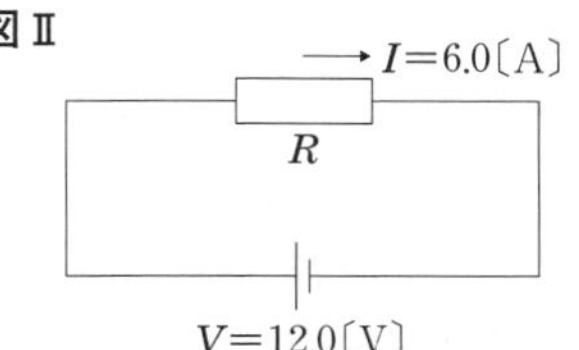

$R=\dfrac{V}{I}=\dfrac{12.0}{6.0}=2.0$〔Ω〕

［別解］

AとBを解答するには，合成抵抗を求める式を用いてもよい。一般に，２つの抵抗 R_1〔Ω〕と R_2〔Ω〕を，並列につないだときの合成抵抗を R とすると，

$$\frac{1}{R}=\frac{1}{R_1}+\frac{1}{R_2}$$

が成り立つから，$R_1=3.0$〔Ω〕，$R_2=6.0$〔Ω〕を代入して，

$$\frac{1}{R}=\frac{1}{3.0}+\frac{1}{6.0}=\frac{2+1}{6.0}=\frac{1}{2.0}$$

これより，R=2.0〔Ω〕

こうして先にBを求めておいて，図Ⅱの回路についてオームの法則①を用いて，

$$I=\frac{12.0}{2.0}=6.0\text{〔A〕}$$

のように，後からAを解答してもよい。

C：複雑に見える回路ではあるが，3.0〔Ω〕と 6.0〔Ω〕の抵抗を並列に接続したものは，Bの結果から 2.0〔Ω〕の１個の抵抗と同じである。したがって，この場合は 2.0〔Ω〕の抵抗が２個だけ直列に接続されているのと同じだから，回路全体の抵抗は，

2.0＋2.0＝4.0〔Ω〕

となる（図Ⅲ）。

したがって，図Ⅲの回路に $V=12.0$〔V〕の電圧を加えたとき，流れる電流を I' とすると，オームの法則①より，

$$I'=\frac{12.0}{4.0}=3.0\text{〔A〕}$$

図Ⅲ

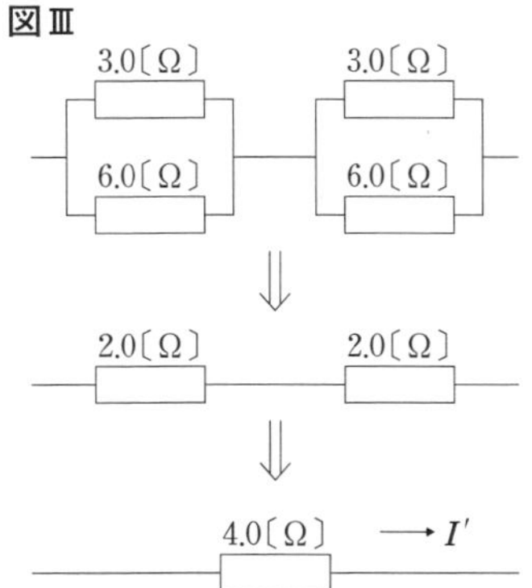

次に，図Ⅰ（または図Ⅱ）の回路で電力の和を P とすると，②式の I に全電流，V に回路全体の電圧を代入すればよいから，

$P=IV=6.0\times12.0=72$〔W〕

さらに，図Ⅲの回路で電力の和を P' とすると，②式の I には $I'=3.0$ を代入すればよいから，

$P'=I'V=3.0\times12.0=36$〔W〕

よって，$\dfrac{P'}{P}=\dfrac{36}{72}=0.5$〔倍〕

以上より，正答は**4**である。

正答　4

図Ⅰのように，長さ30cmの軽い棒の両端P，Qに質量1.0kgのおもりを糸でつり下げ，棒の中心に軽いばねをつないだところ，ばねが自然長から10cm伸び，棒が水平を保ってつり合った。次に，図Ⅱのように，端Pにつり下げたおもりを質量の異なるものと交換し，ばねを端Pから10cmの位置につないでつり下げたとき，棒が水平を保ってつり合った。このときのばねの自然長からの伸びはおよそいくらか。

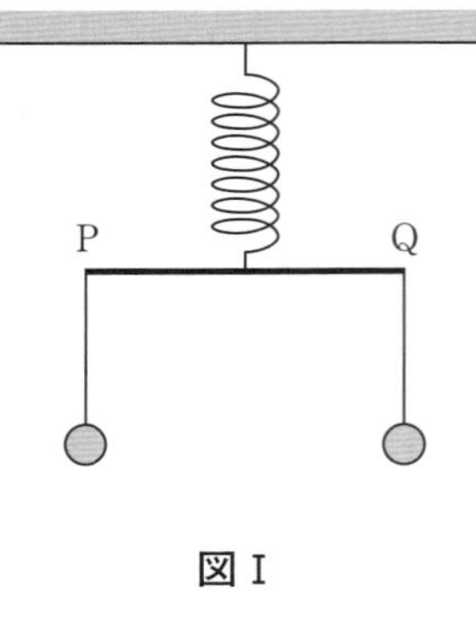

図Ⅰ

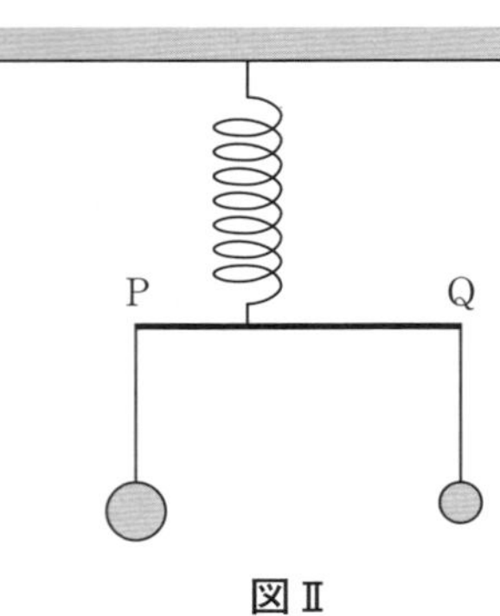

図Ⅱ

1　15cm
2　20cm
3　25cm
4　30cm
5　35cm

解説

力のつり合いに関する基本的な問題である。ポイントは次の２つに絞られる。

①ばねの力　……　ばねの変位（伸びた長さ，または縮んだ長さ）に比例する（フックの法則）。

本問の場合は，おもりの重力とばねの力（弾性力）とのつり合いから，ばねの伸びた長さはつるしたおもりの質量に比例する。

②てこの原理　……　てこに２つの力が働いてつり合っているとき，支点と力点（力が働く点）の距離の比は，加えた力の逆比（すなわち，$\ell_1 \cdot \ell_2 = \boldsymbol{F}_2 : \boldsymbol{F}_1$）になる（図１）。

図１　てこの原理

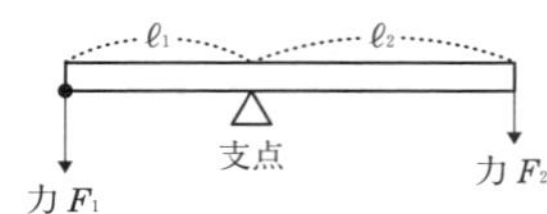

本問の場合，てこというよりは天秤に近いが，原理は同じである。問題文中の図ⅡにおいてP，Qからつるしたおもりの質量の比は，ばねをつるした位置からの距離の逆比に等しい。

まず，図Ⅰに注目すると，P，Qにつるしたおもりの質量はともに1.0kgであるから，ポイントの②より，ばねは棒PQの中点につるせばよい。このとき，２つのおもりの質量は合計で，

1.0＋1.0＝2.0〔kg〕

であるから，ポイント①より，ばねは2.0kgのおもりで10cm伸びることがわかる。

次に，図Ⅱに注目すると，ばねをつるした位置（支点）とPとの距離が10cmであるから，支点と

Qとの距離は，

$30-10=20$〔cm〕

となる。よってポイント②より，Pにつるしたおもりの質量をm〔kg〕とすると，

$m:1.0=20:10=2:1$

よって，$m=2.0$〔kg〕と求められる（図２）。

図２　おもりの質量の比は２：１

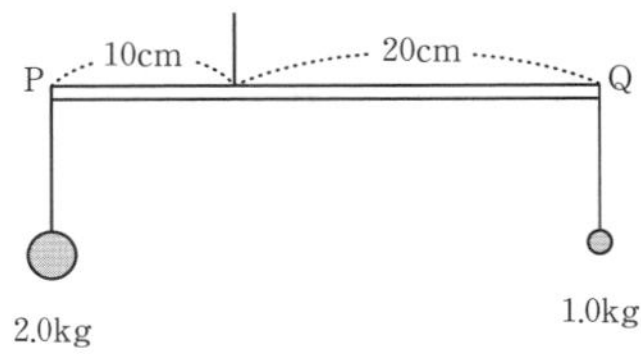

ゆえに，２個のおもりの質量の合計は，

$2.0+1.0=3.0$〔kg〕

となり，ばねの力は質量3.0〔kg〕の物体に働く重力とつり合っている。

以上より，図Ⅱにおけるばねの伸びの長さをx〔cm〕とすると，ポイント①より

$2.0:3.0=10:x$

ゆえに，$x=\dfrac{3.0}{2.0}\times 10=15$〔cm〕

よって，**1**が正答である。

［参考］

上述のポイント①，②を使えば，本問は中学生レベルでも解答できるが，高校で物理を学んでいれば，ポイント②の代わりに，力のモーメントのつり合いを考えてもよい。ただし，その際は重力加速度gを用いて力の単位をN（ニュートン）に直し，また，長さの単位にもcmではなくmを用いることに注意。

図Ⅱにおいて，ばねをつるした点は棒PQのつり合いから，２つのおもりの重心（質量中心）になっており，重心の性質から，そのまわりの重心のモーメントはつり合っている。よって，Pにつるしたおもりの質量をm〔kg〕とすると，左回りのモーメントと右回りのモーメントが等しいことから，

$mg\times 0.10=1.0g\times 0.20$

よって，$m=2.0$〔kg〕

ゆえに，図Ⅱではおもりの質量の合計は，

$1.0+2.0=3.0$〔kg〕

となる。ここで図Ⅰ，図Ⅱにおいて，おもりの重力とばねの弾性力のつり合いを考えると，図Ⅱにおけるばねの伸びの長さをx〔m〕，ばねのばね定数をk〔N/m〕とすると，

図Ⅰの場合　$2.0g=k\times 0.10$　……（１）

図Ⅱの場合　$3.0g=kx$　……（２）

よって，

（２）÷（１）より，

$\dfrac{3.0}{2.0}=\dfrac{x}{0.10}$

ゆえに，$x=\dfrac{3.0}{2.0}\times 0.10=0.15$〔m〕

cm単位に直して，$x=15$〔cm〕

正答　1

国家Ⅱ種 教養試験

No.323 物理 熱気球に人を乗せて大気中に静止させるための温度設定 平成23年度

図のように，下方に開口部がある気球内の空気を下からバーナーで熱して温度を上げると，加熱された空気の一部が開口部から出ていき，気球を浮上させることができる。これを熱気球という。

いま，熱気球は大気中で静止している。このときの熱気球本体の質量はM〔kg〕，熱気球内の空気の質量は$6M$〔kg〕，温度はT〔K〕であるとする。この熱気球に体重M〔kg〕の人を乗せて，大気中で静止させるためには，気球内の空気の温度を何度にする必要があるか。

ただし，熱気球内の空気は理想気体とする。

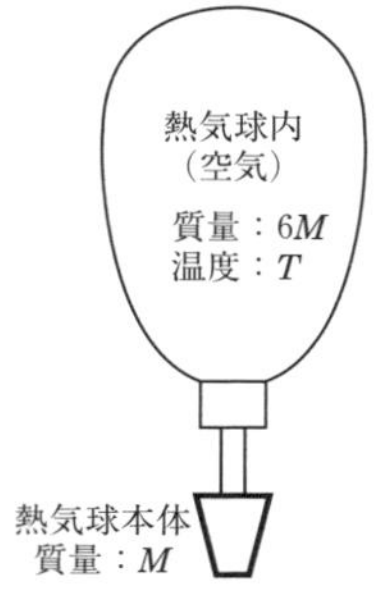

1 $1.1T$　　**2** $1.2T$　　**3** $1.3T$
4 $1.4T$　　**5** $1.5T$

解説

気体の状態変化という熱力学のテーマに力のつりあいという力学のテーマを組み合わせた融合問題である。気体の状態変化は，主として高等学校の物理Ⅱの範囲である。また，力のつりあいは物理Ⅰの範囲であるが，特に本問では浮力の取り扱いがポイントとなる。

問題文の最終行に「理想気体」とあるが，これはボイル・シャルルの法則を完全に満たす気体という意味である。ボイル・シャルルの法則は，一定量の気体の圧力をp〔Pa〕，体積をV〔m^3〕，絶対温度――以下，単に「温度」と呼ぶ――をT〔K〕とすると，

$$\frac{pV}{T}=一定$$

と表される。この右辺の一定値は，物質量がn〔mol〕の気体に対してはnR（Rは気体定数）となることが知られている。すなわち，

$$\frac{pV}{T}=nR$$

分母を払って，

$$pV=nRT \quad \cdots①$$

①式を理想気体の状態方程式という。本問は，この①式をもとに考えるのが順当である。

今，体積がVの気体の質量がmであるとする。気体1モルの質量――これをg単位で表すと分子量にgを付けたものに等しい――をAとすると，

$$n=\frac{m}{A}$$

であるから，①式より，

$$pV=\frac{m}{A}RT \quad \cdots②$$

となる。本問ではAは空気1molの質量である。

本問の場合，気球内の空気は開放部を通じて外部の空気と接しているから，気体の圧力pは大気の圧力と常に等しいので，加熱後も一定である。また，問題文の2～3行目の記述「加熱された空気の一部が開口部から出ていき」から判断して，気球全体の体積Vも変わらない。したがって，加熱後に温度がT'に変化し，気球内の気体の質量がm'に変化した（一部が逃げるのだから，$m'<m$である）とすると，加熱後の気体に関して状態方程式②は，

$$pV=\frac{m'}{A}RT' \quad \cdots②'$$

と書くことができる。②，②′式の左辺pVは共通であるから，

$\dfrac{m}{A}RT=\dfrac{m'}{A}RT'$　より，

$mT=m'T'$

よって，

$\dfrac{T'}{T}=\dfrac{m}{m'}$　　　…③

が成り立つ。すなわち，圧力と体積が変わらなければ，温度は気球内の空気の質量に反比例することがわかる。本問では，加熱前は$m=6M$である。では，加熱後のm'はどのように求めればよいか？これを考察するには，気球全体に働く力のつりあいに注目する。もともと熱気球本体の質量がM，気球内の空気の質量が$6M$であったから，気球全体に働く重力の大きさWは，重力加速度をgとして，

$W=(M+6M)g=7Mg$〔N〕

となる。ここで，加熱前に「熱気球は大気中で静止している」とあるから，この重力Wと大気が熱気球に及ぼす鉛直上向きの浮力fはつりあっている（次図。ただし，熱気球と本体をあわせた全体を▧で表してある）。

よって，$f=7Mg$　　　…④

が成り立つ。

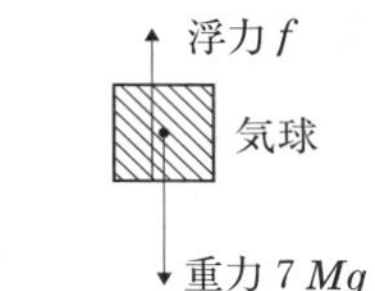

ここで，アルキメデスの原理より，浮力の大きさfは，大気の密度と気球の体積に比例する。ところが本問の場合，加熱した後も，大気の密度と気球の体積は変わらないから，浮力の大きさfも変化しない。

したがって，質量M〔kg〕の人が乗ってもなお，大気中で静止するためには，熱気球と人の全体に働く重力が浮力fとつりあわなくてはならない。よって鉛直方向のつりあいの式は，

$(M+M+m')g=f$　　　…⑤

④，⑤式より，

$2M+m'=7M$

$\therefore m'=5M$

したがって，③式より，

$T'=\dfrac{m}{m'}T=\dfrac{6M}{5M}T=\dfrac{6}{5}M=1.2T$

よって，正答は**2**である。

［注］熱気球内の空気の質量が$6M$から$5M$に減少するから，これは熱気球内の空気の密度が，$\dfrac{6M}{V}$から$\dfrac{5M}{V}$に減少することに相当する。　一方，質量mの気体の密度をρとすると，

$\rho=\dfrac{m}{V}$となるから，②式を変形して，

$\rho=\dfrac{m}{V}\cdot\dfrac{R}{A}T=\dfrac{R}{A}\rho T$

したがって，一定量の気体について，

$\dfrac{p}{\rho T}=$一定　　　…⑥

が成り立つ。さらに本問では圧力pも一定であるから，⑥式より，

$\rho T=$一定　　　…⑦

が得られる。よって，加熱後の温度をT'とし，⑦式を加熱前後で比べれば，

$\dfrac{6M}{V}T=\dfrac{5M}{V}T'$

$\therefore T'=\dfrac{6}{5}M=1.2T$

正答　2

国家Ⅱ種

No.
324

教養試験

物理　水平面上に静止している台車に水平方向に力を加えたときの速さ　平成23年度

質量10kg の台車が滑らかな水平面上に静止している。この台車に，水平方向に20Nの力を4.0秒間加えたときの速さはいくらか。

ただし，空気抵抗は無視できるものとする。

1　0.12 m/s
2　2.0 m/s
3　4.0 m/s
4　8.0 m/s
5　16 m/s

解説

物体の運動に関する典型的かつ基本的な問題で，本問の内容は高等学校の物理Ⅰの範囲に属する。

物体の運動を考察するうえで，最も基礎となるのはニュートンの運動の法則である。これは力学の土台となる次の3つの法則から成り立っている。

第1法則（慣性の法則）…物体に外部から力が働かないか，または働いていてもつりあっているとき，物体は静止または等速直線運動を続ける。

第2法則（狭義の運動の法則）…物体に外部から力が働くとき，物体には力と同じ向きの加速度が生じる。加速度の大きさは，加えられた力の大きさに比例し，物体の質量に反比例する。

第3法則（作用・反作用の法則）…物体Aが物体Bに力を及ぼすとき，物体Aも物体Bから力を受ける。このとき，両物体が互いに及ぼし合う力は，互いに逆向きで大きさが等しく，同一直線上にある。

このうち，第2法則を一つの式で表したものが運動方程式である。すなわち，物体の質量を m，加速度を $\vec{a}$，力を $\vec{F}$ とすると，運動方程式は，

$$m\vec{a}=\vec{F}$$

と表される。ただし，長さの単位に m（メートル），質量の単位に kg（キログラム），時間の単位に s（秒：second の頭文字）を用いる。このように単位を定めたときの力の単位が N（ニュートン）である。加速度の単位は m/s^2 であるから，運動方程式より，単位どうしの間に，

$$kg\cdot m/s^2=N$$

の関係があることがわかる。

なお，一般に物体の運動は空間内で起こるから，運動方程式もベクトルを用いて $m\vec{a}=\vec{F}$ のように表すのが普通である。しかし，本問のように，明らかに一直線上でのみ――すなわち加えられた力の方向にのみ――運動が生じる場合には，わざわざベクトルを用いる必要はなく，適当に座標軸を定めて，向きを正・負の符号で表せばよい。

すなわち，直線運動の場合の運動方程式は，加速度を a〔m/s^2〕，力を F〔N〕として，

$$ma=F \quad \cdots(*)$$

と表される。ただし，a と F の符号は，座標軸の向きの正・負に合わせておく。

本問では，まず運動方程式（＊）を用いて加速度 a を求める。（＊）からもわかるように，力の大きさと向きが一定ならば，生じる加速度 a も一定となる。すなわち，物体は等加速度直線運動をすることがわかる。

したがって，加速度 a が求められたならば，その次は等加速度直線運動の式を用いて物体の運動を数学的に表していけばよい。ここで，等加速度直線運動をする物体の運動方向に x 軸をとり，物体が時刻 $t=0$〔s〕で原点 $x=0$ にいたとする。$t=0$ における物体の速度（初速度）を v_0 とすると，時刻 t における物体の速度 v および位置 x はそれぞれ，

$v=v_0+at$　　…①

$x=v_0t+\frac{1}{2}at^2$　…②

のように，t の関数として表すことができる。さらに，①，②式から t を消去して得られる次の式も，必要に応じて使えるようにしておきたい。

$v^2-v_0^2=2ax$　…③

本問の場合，力を加えた時間がわかっていて，このときの速さ（速度の大きさ）を求めたいのであるから，これまでの①～③のうち，①式のみを用いればよい。すなわち，この時間を t に代入する。ここで，物体は初め静止していたから，初速度 v_0 は0である。

したがって，本問を解くために必要な式は，

運動方程式　$ma=\boldsymbol{F}$

等加速度直線運動の速度　$v=v_0+at$

の2式であり，与えられた物理量は，

質量 $m=10$〔kg〕，力 $\boldsymbol{F}=20$〔N〕

時間 $t=4.0$〔s〕，初速度 $v_0=0$〔m/s〕

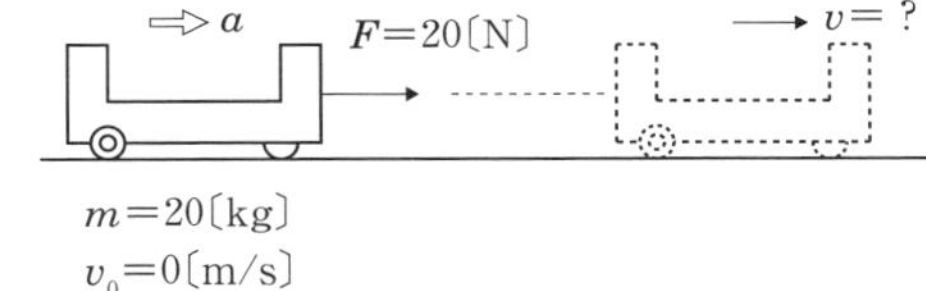

以上より，解答は次のようにまとめられる。

台車に加えた力の向きを正の向きとし，台車の加速度を a とする。運動方程式は，

$10a=20$

となるから，

$a=2.0$〔m/s^2〕

等加速度直線運動の式より，求める速さを v とすると，

$v=2.0\times4.0=8.0$〔m/s〕

よって，正答は**4**である。

［別解］

運動量の変化が，受けた力積に等しいことを用いてもよい。ただし，これは現行課程では物理Ⅱの内容である。

すなわち，運動量は0から mv に変化し，これが台車に加えられた力積 Ft に等しいから，

$mv-0=Ft$

$\therefore v=\frac{Ft}{m}=\frac{20\times4.0}{10}$

$=8.0$〔m/s〕

なお，「運動量の変化が力積に等しい」という関係は，運動方程式から導くことができる。

正答　4

国家Ⅱ種 教養試験

No. 325 物理 剛体のつりあい 平成22年度

図Ⅰのように，長さL〔m〕のまっすぐな棒がある。重心は棒の長さの中央にはない。A端を地面に付けたまま，B端に鉛直上向きの力を加えて少し持ち上げるにはF〔N〕の力が必要で，B端を地面に付けたまま，A端に鉛直上向きの力を加えて少し持ち上げるには$2F$〔N〕の力が必要であった。

次に，図Ⅱのように，棒の長さの中央におもりを取り付けた。A端を地面に付けたまま，B端に鉛直上向きの力を加えて少し持ち上げるには$2F$〔N〕の力が必要であった。このとき棒とおもりの合計の重さ〔N〕はいくらか。

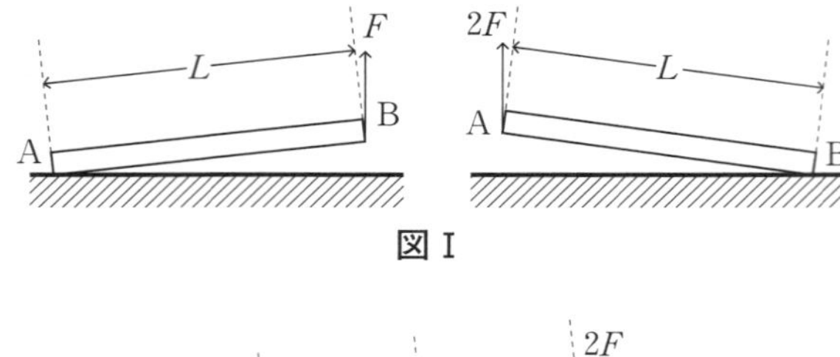

図Ⅰ

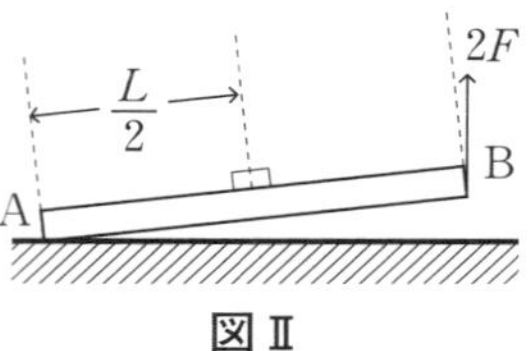

図Ⅱ

1 $5F$
2 $6F$
3 $7F$
4 $8F$
5 $9F$

解説

剛体のつりあいに関する基本的な問題である。一般に剛体とは，「大きさのある物体で，力を受けても変形しない」という理想化された物体であり，本問の棒ABも剛体とみなしてよい。

剛体が静止するための条件は，

1）力がつりあうこと（直進しない条件）

2）力のモーメントがつりあうこと（回転しない条件）

の２つが同時に満たされることである。本問では，２）の力のモーメントのつり合いを考えれば十分である。一般に力のモーメントとは，力が物体を回転させようとする働きを数量化したものである。力の大きさをF，この力の作用線とある点Oとの距離をd（点Oから作用線におろした垂線の長さ）とするとき，Fとdとの積を点Oのまわりの力のモーメントという。

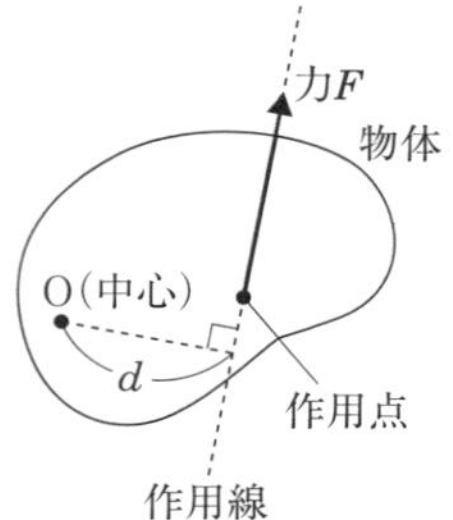

すなわち，

力のモーメント$=Fd$ここで，点Oをモーメントの中心，dをモーメントの腕という。点Oはどこにとってもよい（物体の外の点でもかまわない）。

ただし，力のモーメントには，物体を点Oのまわりに右回りに回そうとするモーメントと，左回りに回そうとするモーメントがある。2）の力のモーメントがつりあう条件は，

（右回りの力のモーメントの大きさ）
＝（左回りの力のモーメントの大きさ）

図1

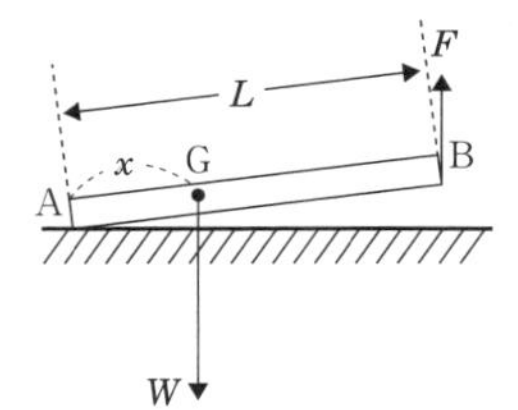

図2

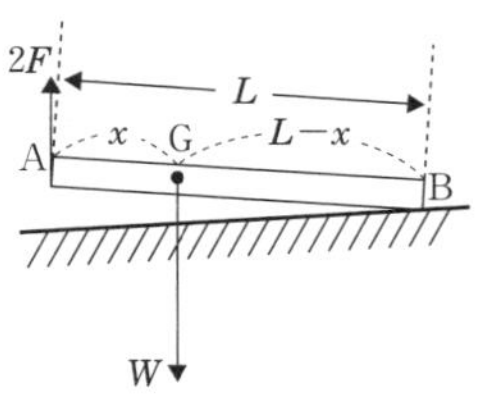

図3

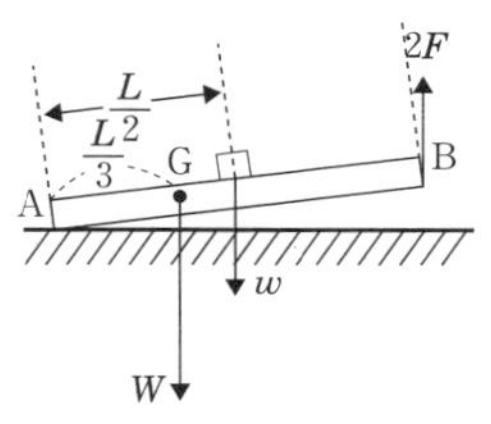

が成り立つことである。

本問では，問題の図Ⅰ，図Ⅱのいずれの場合においても，棒を「少し持ち上げる」とあるので，棒ABはその一端が浮き上がった状態でも水中に保たれているとみなしてよい。図ではABが傾いているように描かれているが，地面からの傾きの角は非常に小さいので，ABは地面に平行とみなせるのである。ここで，「物体の重さ」とは，地球が物体に及ぼす重力の大きさのことである。したがって，棒とおもりの質量をそれぞれM〔kg〕，m〔kg〕とすると，重力加速度をg〔m/s^2〕として，それぞれの重さはMg〔N〕，mg〔N〕と表される。ここでは表記を簡単にするために，

$W=M$g〔N〕，$w=m$g〔N〕

と置くことにしよう。また，棒の重心をGとすると，Gの位置がまだわかっていないので，GはA端から距離x〔m〕にあると仮定する。以上で，力のモーメントを求める準備が完了した。まず，重心Gの位置を求めてみよう。棒の重さW〔N〕は，重心Gの１点に働いていると考えてよい。

B端に力Fを加え，B端が少し浮き上がったとき（図１），点Aのまわりの力のモーメントがつりあう条件を求めて，

$Wx=FL$…①

同様に，A端に力$2F$を加えて，A端が少し浮き上がったとき（図２），点Bのまわりの力のモーメントがつりあう条件を求めると，

$W(L-x)=2FL$…②

①，②式より，$W(L-x)=2Wx$

これより，$L-x=2x$　よって，$x=\dfrac{L}{3}$〔m〕

すなわち，重心GはABの三等分点のうち，点Aに近いほうの点であることがわかる。また，①にxを代入してWを求めると，次のようになる。

$W\cdot\dfrac{L}{3}=FL$　より，$W=3F$〔N〕…③

最後におもりの重さwを求めよう。これには，問題の図Ⅱ（図３）の場合のつりあいを考える。おもりの重さは棒の中心にかかるから，点Aのまわりの力のモーメントがつりあう条件より，

$W\cdot\dfrac{L}{3}+w\cdot\dfrac{L}{2}=2F\cdot L$…④

③，④より，$3w=12F-2W=6F$

よって，$w=2F$〔N〕となるから，$W+w=5F$〔N〕

正答　1

No. 326 物理 運動エネルギーの位置エネルギーへの転換 平成22年度

棒高跳びの選手が助走して秒速9.0mのときに飛び上がった。選手の運動エネルギーがすべて位置エネルギーになるとしたとき，最も高い位置に達したときのこの選手の重心の高さはおよそいくらか。

ただし，飛び上がる瞬間の選手の重心の高さを1.2mとし，重力加速度を$10\mathrm{m/s^2}$とする。

なお，棒の重さ及び飛び上がるときの蹴りによる運動エネルギーは無視するものとする。

1 4.9m
2 5.3m
3 5.7m
4 6.1m
5 6.5m

解説

力と運動に関するごく初歩的な問題である。問題文にも述べられているように，「運動エネルギーがすべて位置エネルギーになる」のであるから，力学的エネルギー保存の法則を用いる問題である（図１）。あとは，運動エネルギーと位置エネルギーの式さえ知っていればよい。一般に，速さvで運動する物体の運動エネルギーK〔J〕は，物体の質量をm〔kg〕として，次式で与えられる。

$$K=\frac{1}{2}mv^2$$

また，基準の高さ（高さ０）から測って，h〔m〕の高さにある物体が持つ重力の位置エネルギーをU〔J〕とすると，

$$U=mgh$$

と書くことができる。

本問の場合，この選手の質量が与えられていないが，これをm〔kg〕と置いて式を立てる。ここで，重力加速度をg〔$\mathrm{m/s^2}$〕とする。本問ではg=10〔$\mathrm{m/s^2}$〕で計算すればよい。また，高さの基準を飛び上がる瞬間の重心の位置にとると，選手の質量mは重心に集まっているとみなしてよいので，重心が達する最高点の高さをh〔m〕とすると，最高点に達したときの重心の地面から測った高さは，$h+1.2$〔m〕となる（図２）。

飛び上がる瞬間の速さ（初速）を$v_0=9.0$〔m/s〕とおくと，運動エネルギーが最高点ではすべて位置エネルギーに変わるのだから，

$$\frac{1}{2}mv_0^2=mgh\cdots①$$

①式より，$h=\dfrac{v_0^2}{2g}\cdots②$

②式の右辺に$v_0=9.0$〔m/s〕，g=10〔$\mathrm{m/s^2}$〕を代入して，

$$h=\frac{9.0^2}{2\times10}=\frac{81}{20}=4.05〔\mathrm{m}〕$$

ゆえに，重心の地面からの高さは，

$4.05+1.2=5.25 \fallingdotseq 5.3$〔m〕

よって，**2**が正しい。

〔注〕図2で，選手が鉛直方向に運動しているとき，高さy〔m〕での速さをv〔m/s〕とすると，力学的エネルギー保存の法則より，

$$\frac{1}{2}mv+mgy=\text{一定}$$

が成り立つ。$y=0$のとき$v=v_0$であり，最高点$y=h$では$v=0$となることから，この2点に関して力学的エネルギー保存の法則を用いると，

$\frac{1}{2}mv_0^2+0=0+mgh$となり，確かに①式が成り立っている。なお，本問は等加速度直線運動の式

$$v^2-v_0^2=2ax$$

を用いて解くこともできる。ここで，y軸を鉛直上向きにとると，加速度は$a=-g$となるから，上式のxをyで置き換えて，

$$v^2-v_0^2=-2gy$$

$y=h$のとき$v=0$であるから，

$$-v_0^2=-2gh \quad \therefore h=\frac{v_0^2}{2g}$$

となり，②式が得られる。

一般に物理の問題では，初めから数値を代入するのではなく，文字式で表して計算を進め，最後に数値を代入する方が見通しのよい計算がつきるので，誤りが少ない。

図1　鉛直投げ上げによる運動と力学的エネルギー保存の法則

基準の高さ（高さの0の点）から初速度v_0で真上に投げ上げた物体が，高さhの最高点に達したとする。

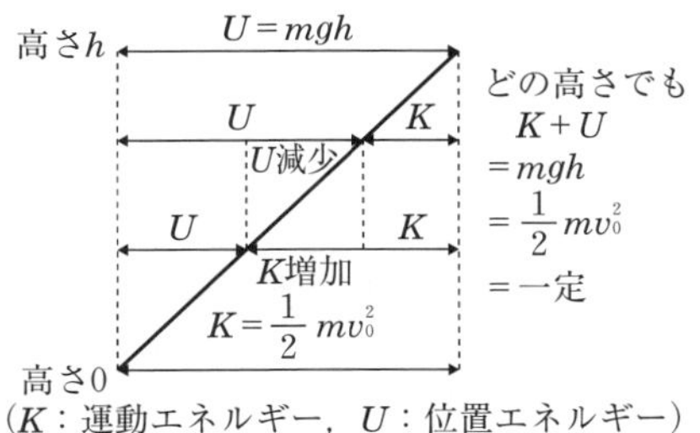

〔注〕このグラフを上から下に向かってたどっていくと，高さhから自由落下した物体の力学的エネルギー保存の法則を表している。

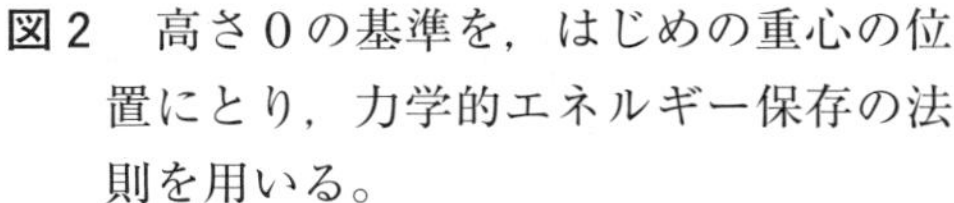

図2　高さ0の基準を，はじめの重心の位置にとり，力学的エネルギー保存の法則を用いる。

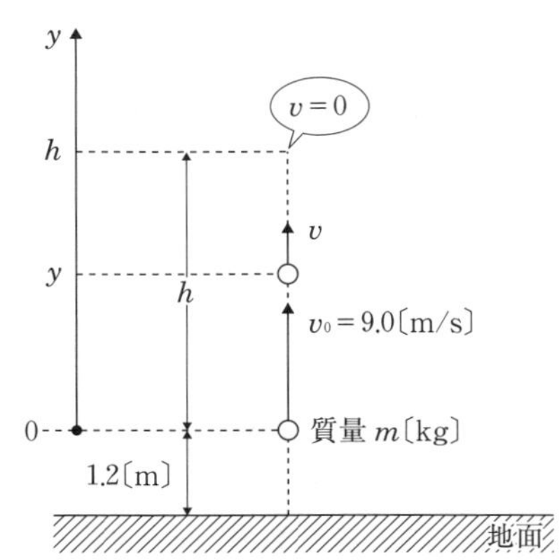

正答　2

国家Ⅱ種

教養試験

No.
327

物理　放射線・放射性物質　平成22年度

放射線や放射性物質に関する記述として最も妥当なのはどれか。

1　人は日常生活においても，岩石や空気や食品に含まれる放射性物質から放射線を浴びている。１人の人間が１年間に浴びる自然放射線の世界平均値は，胸のＸ線集団検診１検査当たりに浴びる放射線より少ない。

2　医療現場では，Ｘ線撮影やCTスキャンなど，外部からの放射線照射による診断や治療が行われているが，注射などによる放射性物質の体内への投与については，副作用が大きいため認可されていない。

3　検診や治療に用いられるＸ線は波長の非常に短い電磁波で，紙やプラスチックなどは透過するが，金属は透過しないので，Ｘ線の遮蔽には，一般にアルミニウムが用いられる。

4　遺伝子組換え作物とは，放射線の照射により品種改良が行われた作物のことである。我が国では，安全性が確認された大豆とトウモロコシの遺伝子組換え作物の生産のみが認められている。

5　放射線には電離作用があり，生物がこれを大量に浴びると障害を起こす。このことは食品保存のための発芽防止に利用でき，我が国では，ジャガイモの発芽防止に用いられている。

解説

放射線の性質やその利用法などに関する一般常識問題である。一般に放射線とは，放射性物質から放射される粒子や電磁波の流れを総称したもので，天然に存在する放射性物質からは，α線（高速のヘリウム原子核の流れ），β線（高速の電子の流れ），γ線（波長の極めて短い電磁波）の３種類が放射される。また，医療診断などに用いられるX線も波長の短い電磁波であり，放射線に含められる。ごく大ざっぱにいうと，Ｘ線は紫外線より波長が短く，γ線はＸ線よりさらに波長が短い電磁波であるが，Ｘ線とγ線の境界は定かではなく，現在ではもっぱら発生源の違いに基づいて区別している。なお，放射能とは放射性物質が放射線を出す働きをさす言葉である。

1．記述の前半部分に誤りはない。日常生活で浴びている放射線を自然放射線（またはバックグラウンドの放射線）といい，ここに挙げられたもののほか，宇宙空間から飛来する宇宙線（cosmic ray）と呼ばれるものもある。これら自然放射線を，人がどれだけ浴びているのかは地域によってかなりの差があるが，アメリカ合衆国の調査では平均的な地域において，年間に１人当たりおよそ0.2レム程度と推定されている（丸善『理科年表』によると，およそ0.24レム）。ここで，レム（rem）とは，roentgen eguivalent manの略称で，人体に対する放射線の影響を考慮して求めた放射線量の単位である。しかし，１回当たりの胸部X線撮影では，どのような装置を用いるかで異なるが，およそ0.005～0.030レム程度の放射線量を浴びている。したがって，自然放射線の世界平均値のほうが，X線検診の１検査当たりに比べて，少なくとも７～８倍以上の放射線量になるから，後半部分は事実とは逆になっている。よって誤り。

2．これも記述の後半部分に誤りがある。記述の前半部分にあるように，Ｘ線撮影のほか，CTスキャン（断層撮影）でもＸ線が外部から照射され，人体内部の状態を知る有力な方法となっている。また，^{60}Co（質量数60のコバルト）などの放射線物質から放射されるγ線は，がん治療にも利用されている。しかし，放射線治療として認められているのは，このような外部からの照射だけではない。たとえばバセドウ病の治療には放射性ヨウ素（^{131}I，質量数131のヨウ素）を患者に内服させると，ヨウ素は甲状腺に集まる性質があり，その放射線によって病巣部を破壊できる。したがって，ごく限られた場合ではあるが，体内への投与も認められている。よって誤り。

3．「X線は波長の非常に短い電磁波で，紙やプラスチックなどは透過する」までは正しいが，X線はさらに，軽金属も透過してしまう。この傾向は，特に波長の短い領域のX線（ほとんどγ線と同等の作用を持つ）に著しく，アルミニウムなどではとうていさえぎることはできない。一般に，X線やγ線の遮へいには，鉄や鉛のような重金属が使われている。病院のX線撮影室が重いとびらで厳重に閉じられることを思い出そう（ただし，γ線は厚さ数cm程度の鉛でも一部は透過してしまう)。また，胃や腸などの内臓はX線が簡単に透過してしまうので，硫酸バリウムなど，バリウムのような重金属を含む化合物を服用してX線をさまたげることによって撮影を可能にしている。なお，紙でもさえぎることができるのはα線で，アルミニウム板でさえぎることができるのはβ線である。したがって，X線の遮へいについての文が事実と異なる。よって誤り。

4．遺伝子組換えとは，DNAを操作する技術であり，いわゆるバイオ・テクノロジーの一種であるから，放射線の照射とはなんの関係もない。これが第一の誤りである。また2010年現在，国内では研究用の栽培を除いて遺伝子組換え作物の商業生産は認められていないので，これが第二の誤りである。

5．妥当である。一般に，放射線にはこれを照射された物質中の原子から電子をはじき出す性質があり，これを放射線の電離作用という。これによって生じたイオンは反応性が高く，いろいろな化学変化を起こしやすい。α線，β線，γ線の3種類について比較すると，電荷の大きいα線（ヘリウム原子核の流れなので，${}^{4}_{2}He^{2+}$と表されるように，2価の電荷を持つ）が最大で，β線（電子の流れ）がこれに次ぎ，γ線が最も弱い。この電離作用によって，人体が放射線を浴びた場合，体内のさまざまな分子が破壊され，がん，白血病のほか，消化管・造血機能・皮膚などに障害が現れることがある。さらに，放射線は細胞の核内のDNAに変化を与え，突然変異を引き起こすことがあるので，このことを逆に利用して植物の品種改良を行っている。その一例が，ここに述べられているジャガイモの発芽防止である。

正答　5

国家Ⅱ種

No. 328 教養試験

物理　物理の法則と原理　平成21年度

物理に関する法則又は原理を説明した次の記述のA，B，Cに当てはまるものの組合せとして最も妥当なのはどれか。

○　摩擦のない水平面上を滑る物体は，一度速度を与えられると力を加え続けなくてもその速度を保ち運動し続ける。これは，[A]の運動の三法則のうち第1法則で説明される。

○　流体中の物体が受ける浮力の大きさは，流体中の物体の体積と同じ体積の流体の重さに等しい。これを[B]の原理という。

○　各惑星は太陽を一つの焦点とする楕円軌道上を運動する。また，太陽と惑星とを結ぶ線分が単位時間に描く面積は，各惑星について一定である。これらをそれぞれ[C]の第1，2法則という。

	A	B	C
1	ニュートン	アルキメデス	ケプラー
2	ニュートン	ホイヘンス	アルキメデス
3	ニュートン	ホイヘンス	ケプラー
4	フック	アルキメデス	ホイヘンス
5	フック	ホイヘンス	アルキメデス

解説

物理の一般常識を問うごく基本的な問題である。A～C 3つの空欄のうち，Cは高等学校の物理Ⅱ（もしくは地学Ⅰ）の内容であるが，AとBがいずれも物理Ⅰの範囲である。あるいは，AとBについては，中学校で学習した経験のある人もいるだろう。

A：この記述は慣性の法則について述べたものである。慣性の法則は，

「物体に力が働かない（または合力が0）であれば，物体は静止または等速直線運動を続ける」と述べられることが多い。すなわち，外部から力を加えない限り，物体は静止し続けるか，あるいは等速直線運動をし続けようとする性質を持つ。この性質が慣性（inertia）である。慣性を別の言い方で表すと，

「運動状態を保とうとする性質」

「速度を保ち続けようとする性質」

などと言い換えることができる。静止し続ける場合も，速度0を保とうとしている，と考えればよい。

慣性を最初に発見したのはガリレイであると考えられているが，これを自然界の最も基本的な法則と考えて「第1法則」としたのはニュートンであった。ニュートンは，力学の基本法則として，慣性の法則という力が働かない場合の法則を第1法則に据え，力が働いた場合の法則を第2法則（狭い意味で運動の法則と呼ぶことがある）とした。第3法則は力の働き方に関する法則である。これらをまとめると，次のようになる。

〔ニュートンの運動の3法則〕

第1法則（慣性の法則）…物体に力が働かない（あるいは合力が0）の場合には，物体の速度は変化しない。

第２法則（運動の法則）…物体に力が働くと物体の速度は変化し，加えられた力と同じ向きに加速度が生じる。加速度の大きさは，加えられた力の大きさに比例し，物体の質量に反比例する。

第３法則（作用・反作用の法則）…２つの物体Ａ，Ｂは互いに力を及ぼし合う。すなわち，ＡがＢに力を及ぼすとき，同時にＢもＡに力を及ぼす。これらの２力（作用と反作用）は同一直線上にあり，向きが反対で大きさが等しい。

(注)運動の第２法則を式で表すと，物体に働く力を$\overrightarrow{F}$，加速度を$\overrightarrow{a}$，物体の質量をmとして，$m\overrightarrow{a}=\overrightarrow{F}$となる。これを運動方程式という。ただし，長さの単位にメートル〔m〕，質量の単位にキログラム〔kg〕，時間の単位に秒〔s〕を用い（加速度の単位は〔m/s^2〕），力の単位にはニュートン〔N〕を用いる。

Ｂ：浮力に関する原理は，古来「アルキメデスの原理」としてあまりにも有名である。アルキメデスは紀元前３世紀の古代ギリシアを代表する数学者である。郷里シチリア島の王ヒエロンの依頼で，王冠に含まれる金の純度を調べる方法を考案し，入浴中に浮力の原理を発見したというエピソードが知られている。このときアルキメデスが発した「エウレカ！」（わかった！　英語風に読むと「ユーレカ！」）は，今でも本のタイトルなどに好んで使われている。

　アルキメデスの原理そのものは問題文中の記述に述べられているとおりであるが，これは，

「物体が流体から受ける浮力の大きさは，物体が排除した流体の重さに等しい」

と言い換えることもできる。ここで流体とは，一般に液体と気体を総称したものである。水槽に水をギリギリまで張っておいて，これに物体を入れるとき，あふれ出た水の体積はその物体の体積と等しい。船の大きさを表す「排水量」は，アルキメデスの原理に由来する。物体が水面に浮いている場合，物体の重さ（重力の大きさ）と水からの浮力がつりあうから，浮力の大きさがすなわち船の重さに等しい。

以上，ＡとＢがわかれば正答は直ちに**1**とわかるが，念のためにＣについても見ておこう。

Ｃ：ドイツの天文学者ヨハネス・ケプラーは，デンマークのティコ・ブラーエが残した観測データを引き継ぎ，惑星運動に関する３つの法則を発見した。本問の記述にはそのうち２つが述べられているが，あらためてまとめると次のようになる。

〔ケプラーの惑星運動の法則〕

第１法則（楕円軌道の法則）…惑星は太陽を１つの焦点とする楕円軌道を描く。

第２法則（面積速度一定の法則）…太陽と惑星とを結ぶ線分（動径という）が一定時間に描く扇形の面積は常に一定である。

第３法則（調和の法則）…惑星の公転周期の２乗と，太陽・惑星間の平均距離（楕円軌道の長半径に等しい）の３乗の比は，すべての惑星に共通で一定の値である。

ちなみに，ニュートンはケプラーの法則をもとに「万有引力の法則」を導いて定式化した。ニュートンの運動の３法則は，地上の物体だけでなく，天体の運動でも成り立っていたのである。

以上より，Ａにはニュートン，Ｂにはアルキメデス，Ｃにはケプラーが当てはまる。

なお，選択枝にはさらに２人の人名がある。フックの法則は，ばねの弾性力がばねの変位（伸びた長さ，または縮んだ長さ）に比例することを述べたものである。また，ホイヘンスの原理は，波の進み方について述べたもの（詳しくは物理Ｉの教科書を参照）である。

正答　1

国家一般職［大卒］ No. 329 教養試験

化学 レアメタル 令和元年度

レアメタルに関する記述として最も妥当なのはどれか。

1 リチウムは自然界では単体で存在しており，空気中の酸素と反応しやすいため水中に保存される。リチウムイオン電池は小型で軽量であり，充電のできない一次電池として腕時計やリモコン用電池に用いられている。

2 白金は古くから貴金属として宝飾品に用いられてきた。また，化学的に不安定であることから様々な化学反応に対して触媒として利用され，硫酸の工業的製造や自動車の排ガス浄化装置などにも用いられている。

3 チタンは銅や鉄に比べ重く，硬い金属であり，様々な合金を形成する。銅との合金は黄銅と呼ばれ，５円硬貨や金管楽器などに用いられている。また，酸化チタンは赤外線を吸収し，そのエネルギーで強い酸化反応を起こす光触媒としての性質をもつ。

4 タングステンは灰白色の金属であり，金属元素の単体の中で水銀に次いで融点が低く，青色LEDに用いられている。また，他の金属とよくなじむので，主に金属どうしの接合剤に用いられている。

5 バリウムはアルカリ土類金属であり，炎色反応では黄緑色を示す。単体は水と反応し，水素を発生して水酸化物になる。また，硫酸バリウムはX線を吸収することから胃のX線撮影の造影剤に用いられている。

解説

1．リチウムの単体は，空気中の酸素や水分と容易に反応するため，自然界には存在せず，保存に際しては灯油等の液体中に沈める必要がある。イオンとしては塩湖や海水中に存在している。リチウム電池は一次電池で，コイン形のものが腕時計やリモコンに使われ，リチウムイオン電池は小形軽量で充電可能な二次電池で，携帯機器に広く使われている。

2．白金は化学的に非常に安定であるが，化学反応の触媒としての能力が高く，さまざまな反応に広く使われ，身近なところでは自動車の排ガス浄化装置がある。なお，硫酸の製造における二酸化硫黄SO_2を三酸化硫黄SO_3に酸化する際の触媒は，酸化バナジウム(Ⅴ) V_2O_5である。

3．チタンは軽くて比較的強度のある金属である。また，白金と同様に非常に安定で海水中でも腐食しないことで知られている。身近には眼鏡フレームなどに使われている。酸化チタン(Ⅳ) は紫外線によって活性化され，触媒作用を示すので光触媒と呼ばれ，殺菌・防汚・超親水性付与などの作用が注目されている。なお，５円硬貨や金管楽器に使われる黄銅は，銅と亜鉛の合金である。

4．タングステンは，融点3,000℃を超える数少ない金属の一つである。青色LEDには，ガリウム，インジウムなどの元素が用いられるが，タングステンが用いられることはない。金属どうしの接合剤にも使われることはない。

5．妥当である。バリウムは硫酸バリウムを含む鉱石（重晶石）として多量に産出するが，その半分が中国に集中しているため，レアメタルに分類される。化合物の炎色反応は黄緑色で花火の着色にも用いられる。単体はアルカリ土類金属元素なので水と反応して水素を発生し，水酸化物となる。バリウムの化合物は有毒であるが，硫酸バリウムは水にほとんど不溶で，X線を吸収することから消化器系の造影剤として広く用いられている。

正答 5

国家一般職［大卒］

教養試験

No. 330 化学 有機化合物 平成30年度

有機化合物に関する記述として最も妥当なのはどれか。

1 アルコールとは，一般に，炭化水素の水素原子をヒドロキシ基（－OH）で置き換えた形の化合物の総称である。アルコールの一種であるエタノールは，酒類に含まれており，グルコースなどの糖類をアルコール発酵することによって得ることができる。

2 エーテルとは，１個の酸素原子に２個の炭化水素基が結合した形の化合物の総称であり，アルコールとカルボン酸が脱水縮合することによって生成する。エーテルの一種であるジエチルエーテルは，麻酔に用いられ，水に溶けやすく，有機化合物に混ぜると沈殿を生じる。

3 アルデヒドとは，カルボニル基（＞C＝O）の炭素原子に１個の水素原子が結合したアルデヒド基（－CHO）を持つ化合物の総称である。アルデヒドの一種であるホルムアルデヒドは，防腐剤などに用いられる無色無臭の気体で，酢酸を酸化することによって得ることができる。

4 ケトンとは，カルボニル基に２個の炭化水素基が結合した化合物の総称である。ケトンは，一般にアルデヒドを酸化することで得られる。ケトンの一種であるグリセリンは，常温では固体であり，洗剤などに用いられるが，硬水中では不溶性の塩を生じる。

5 カルボン酸とは，分子中にカルボキシ基（－COOH）を持つ化合物の総称である。カルボン酸は塩酸よりも強い酸であり，カルボン酸の塩に塩酸を加えると塩素が発生する。また，油脂に含まれる脂肪酸もカルボン酸の一種であり，リノール酸，乳酸などがある。

解説

1．妥当である。アルコールとは，炭化水素の水素原子をヒドロキシ基で置き換えた化合物であるが，芳香族炭化水素のベンゼン環に直結した水素原子については該当しない（フェノール類に分類される）。エタノールは C_2H_5OH で表され，グルコースなど単糖のアルコール発酵によって酒類の主成分として得られる。

2．エーテルは，酸素原子に２個の炭化水素基が結合したものであるが，アルコールとカルボン酸からは得られない。アルコールとカルボン酸が脱水縮合するとエステルが得られる。ジエチルエーテルは麻酔性を持ち，水には溶けにくく，多くの有機化合物を溶解するので有機溶媒として用いられる。

3．アルデヒドは，アルデヒド基（ホルミル基）を持つ化合物で，アルデヒド基はカルボニル基（ケトン基）に１個の水素原子が結合したものである。最も簡単なアルデヒドであるホルムアルデヒドは刺激臭を持つ有毒な気体で，その水溶液はホルマリンと呼ばれ防腐剤に用いられる。ホルムアルデヒドは，メタノールを酸化すると得られる。

4．カルボニル基に２個の炭化水素基が結合したものがケトンで，第二級アルコールを酸化すると得られる。アルデヒドを酸化するとカルボン酸となる。グリセリンは３価のアルコールで，常温では液体で，油脂を加水分解すると得られる。硬水中で不溶性の塩を生じるものにはセッケンがある。

5．カルボキシ基を持つものがカルボン酸である。カルボン酸は弱酸であり，カルボン酸の塩に塩酸などの強酸を加えると，カルボン酸が遊離する。油脂は種々の脂肪酸とグリセリンのエステルであるが，乳酸はヒドロキシ酸であり，脂肪酸には含まれない。

正答 1

No. 331 教養試験

化学　化学結合や結晶　平成29年度

化学結合や結晶に関する記述として最も妥当なのはどれか。

1　イオン結合とは，陽イオンと陰イオンが静電気力によって結び付いた結合のことをいう。イオン結合によってできているイオン結晶は，一般に，硬いが，外部からの力にはもろく，また，結晶状態では電気を導かないが，水溶液にすると電気を導く。

2　共有結合とは，2個の原子の間で電子を共有してできる結合のことをいう。窒素分子は窒素原子が二重結合した物質で電子を4個共有している。また，非金属の原子が多数，次々に共有結合した構造の結晶を共有結晶といい，例としてはドライアイスが挙げられる。

3　それぞれの原子が結合している原子の陽子を引き付けようとする強さには差があり，この強さの程度のことを電気陰性度と呼ぶ。電気陰性度の差によりそれぞれの結合に極性が生じたとしても，分子としては極性がないものも存在し，例としてはアンモニアが挙げられる。

4　分子結晶とは，共有結合より強い結合によって分子が規則正しく配列している結晶のことをいう。分子結晶は，一般に，電気伝導性が大きく，水に溶けやすい。例としては塩化ナトリウムが挙げられる。

5　金属結合とは，金属原子から放出された陽子と電子が自由に動き回り，金属原子同士を結び付ける結合のことをいう。金属結晶は多数の金属原子が金属結合により規則正しく配列してできており，熱伝導性，電気伝導性が大きく，潮解性があるなどの特徴を持つ。

文章理解 判断推理 数的推理 資料解釈 時事 物理 化学 生物 地学

解説

1．妥当である。陽イオンと陰イオンとが，静電気力（クーロン力）で引き合ってできる結合がイオン結合であり，その結晶はイオン結晶である。一般に，常温・常圧で固体であり，比較的硬いがもろいものが多い。また，融点が高く，結晶は電気を導かないが，液体や水溶液は電気を導く。

2．非金属元素どうしの結合は，価電子のうちの不対電子を互いに出し合って電子対を形成し，それを共有して結合する。これが共有結合であり，このとき，共有される電子対を共有電子対，共有されない電子対を非共有電子対という。窒素原子は不対電子を３個持つので，窒素分子では共有電子対が３組の三重結合となり，６個の電子を共有している。すべての非金属原子が共有結合により結合した固体は共有結合結晶といい，ダイヤモンドや黒鉛が有名であるが，ドライアイスは**4**で述べる分子結晶である。

3．共有結合した２原子間で，その結合に使われた電子（共有電子対）をどの程度引きつけやすいかを数値で表したものが電気陰性度である。陽子を引きつける強さではない。電気陰性度は，結合の極性の大小の判断に使える。単原子分子は無極性分子であるが，２原子分子では，同じ原子からなれば無極性分子，異なる原子からなれば極性分子となるが，電気陰性度が近いと極性をほとんど持たない。３原子分子以上では分子の形を考慮し，立体的に対称であれば無極性分子，そうでなければ極性分子となる。アンモニアはN原子を頂点とする三角すい形の分子なので極性分子である。

4．分子どうしが分子間力（クーロン力や水素結合などの弱い力）で結集して固体となったものが分子結晶である。一般に，分子からなる物質は常温・常圧で気体，液体，固体のいずれかで存在する。逆に，常温・常圧で気体や液体のものは分子からなる物質と考えてよい。固体でも融解液でも電気伝導性はなく，柔らかくてもろいものが多い。水溶性はさまざまである。塩化ナトリウムは**1**で述べたイオン結晶である。

5．金属の原子が，その価電子である自由電子を仲立ちとして全体が結合したものを金属結合という。自由電子の存在のため電気や熱をよく伝え，展性・延性，金属光沢，不透明などの金属特有の性質を持つ。水銀のように常温で液体の物質もあるが，多くの金属は融点が比較的高い。潮解性は，ある種のイオン結晶（水酸化ナトリウムなど）が空気中の水分を吸ってそれに溶け込む現象をいい，金属には存在しない。

正答　1

国家一般職［大卒］ 教養試験

No. 332 化学 取扱いに注意が必要な物質 平成28年度

取扱いに注意することが必要な物質に関する記述として最も妥当なのはどれか。

1 塩化水素は，工業的には塩素と水素を直接反応させて得られる無色・刺激臭の気体であり，プラスチックの原料である塩化ビニルの製造などに用いられる。濃塩酸の蒸気は塩化水素であり，有毒なので，吸い込まないようにする必要がある。

2 赤リンと黄リンは，同じ元素から成る単体で性質が異なる。赤リンは，毒性が有り，空気中で自然発火するので，水中に保存する必要があるが，黄リンは，毒性は少なく化学的に安定しており，マッチなどに使用されている。

3 リチウムは，銀白色の軟らかい金属であり，水と激しく反応して水素を発生するため，湿気の少ない冷暗所に保存する必要がある。また，イオン化傾向の小さいリチウムを利用した電池は，小型で高性能であり，携帯電話などの電子機器に使用されている。

4 水銀は，融点が高く，常温で液体の金属であり，水銀とスズの合金は，ブリキと呼ばれ，缶詰などに利用される。水銀の単体や化合物は毒性を示すものが多く，水俣病や四日市ぜんそく等の原因となった。

5 メタノールとエタノールは，無色で毒性の有る液体であり，火気のない所で保存する必要がある。また，メタノールとエタノールは，カルボキシ基を持ち，分子間で水素結合を生じることから，分子量が同じ程度の他の炭化水素よりも融点や沸点が低い。

解説

1．妥当である。塩化水素は，水素と塩素から直接合成される，無色刺激臭の有毒な気体である。化学反応式は次のとおり。

$H_2+Cl_2 \rightarrow 2HCl$

水に非常によく溶け，その水溶液が塩酸である。特に濃塩酸からは塩化水素の蒸気が激しく立ちのぼり，吸い込むと粘膜を刺激し侵すので，注意が必要である。

2．赤リンと黄リンは互いに同素体であり，性質が異なる。本肢の記述は，赤リンと黄リンがまったく逆になっているので，それぞれ逆にすれば内容的には正しい。

3．リチウムは，イオン化傾向が非常に大きく，空気中の水分や酸素と反応してしまうので，灯油の中に保存する。リチウムはボタン電池のほか，充電式の電池の材料として，携帯機器のほかハイブリッド自動車など，広く使われている。

4．水銀は，常温で唯一液体の金属で，融点は－39℃と非常に低い。水銀と金属の合金はアマルガムと呼ばれる。ブリキは，鉄の表面をスズで覆った（めっきした）ものである。水俣病は水銀化合物が原因であるが，四日市ぜんそくは，主に二酸化硫黄による大気汚染が原因である。

5．どちらもアルコールの一種であるが，メタノールの毒性は強く，エタノールの毒性は弱いといえよう。いずれも可燃性の液体なので，火気のないところに保管する。どちらもヒドロキシ基－OH を持つので，分子間水素結合のため，同程度の分子量を持つ炭化水素より融点や沸点が高くなる。カルボキシ基とは－COOH であり，これを持つ化合物はカルボン酸である。

正答 1

化学　化学平衡　平成27年度

次は，化学平衡に関する記述であるが，ア，イに当てはまるものの組合せとして最も妥当なのはどれか。

窒素 N_2 と水素 H_2 を高温に保つと，アンモニア NH_3 を生じる。この反応は逆向きにも起こり，アンモニアは分解して，窒素と水素を生じる。このように，逆向きにも起こる反応を可逆反応という。可逆反応は，⇄を用いて示され，例えば，アンモニアの生成反応は，次のように表され，この正反応は発熱反応である。

$$N_{2(気)} + 3H_{2(気)} \rightleftarrows 2NH_{3(気)} \quad \cdots \quad (*)$$

化学反応が平衡状態にあるとき，濃度や温度などの反応条件を変化させると，その変化をやわらげる方向に反応が進み，新しい平衡状態になる。この現象を平衡の移動という。

（*）のアンモニアの生成反応が平衡状態にあるときに，温度を高くすれば平衡は［ア］，圧縮すれば平衡は［イ］。

	ア	イ
1	移動せず	右に移動する
2	右に移動し	移動しない
3	右に移動し	左に移動する
4	左に移動し	左に移動する
5	左に移動し	右に移動する

解説

ルシャトリエの平衡移動の原理に関する設問である。

ア：与式における正反応（右向きの反応）は発熱反応と与えられているので，反応が進行すると全体の温度は高くなることになる。この反応が平衡状態にあるとき，温度を上げれば，その影響を緩和しようとして温度を下げる方向，すなわち左方向への反応が，右方向への反応よりしばらくの間速く進んで，再び平衡状態になる。これを「左方向へ平衡が移動する」と表す。

イ：この反応は，左辺の気体の係数の和が 4，右辺の気体の係数の和が 2 である。よって，この反応が右方向に進むと気体の物質量が減少するので，体積一定であれば圧力が減少し，左方向に進むと気体の物質量が増加するので，圧力が増加する。この反応が平衡状態にあるとき，容器を圧縮すると，気体の全圧が増加するため，それを緩和しようとして圧力が減少する右方向へ平衡が移動する。

よって，正答は**5**となる。

正答　5

文章理解 判断推理 数的推理 資料解釈 時事 物理 化学 生物 地学

国家一般職［大卒］ 教養試験

No. 334 化学 有機化合物 平成26年度

有機化合物に関する記述として最も妥当なのはどれか。

1 炭素を含む化合物を有機化合物という。これには，二酸化炭素，炭酸カルシウムなどの低分子の化合物や陶器に利用されるセラミックスなどの高分子の化合物が含まれる。

2 エタノールは，水と任意の割合で混じり合う無色の液体で，化学式は C_2H_5OH である。ブドウ糖（グルコース）などのアルコール発酵によって生じる。

3 酢酸は，常温で無色の液体で，化学式は C_6H_6 である。食酢の主成分であり，純粋な酢酸は無水酢酸と呼ばれ，強酸性である。

4 尿素は，化学式は CH_3CHO で，生物体内にも含まれる有機化合物である。水や有機溶媒によく溶け，肥料や爆薬（ダイナマイト）の原料としても利用される。

5 メタンは，褐色で甘いにおいをもつ気体で，化学式は CH_4 である。塩化ビニルの原料となるほか，リンゴなどの果実の成熟促進剤にも用いられている。

解説

1．かつては，生命体が作り出す物質を有機化合物，そうでないものを無機化合物といっていたが，現在では大部分の有機化合物は人工的に合成できるようになった。一般に有機化合物は，炭素原子を主体とする化合物であるが，CO，CO_2，炭酸塩，炭酸水素塩，シアン化合物などは無機化合物に分類し，有機化合物には含めない。セラミックスはさまざまな無機化合物（主に酸化物）の混合物である。

2．妥当である。アルコール発酵は，酵素群チマーゼにより単糖がエタノールと二酸化炭素に分解される反応で，次式による。

$$C_6H_{12}O_6 \rightarrow 2CO_2 + 2C_2H_5OH$$

3．酢酸は無色の液体で，その化学式は CH_3COOH である。C_6H_6 はベンゼンの化学式である。純粋な酢酸は，冬には氷状に結晶することから氷酢酸と呼ばれ，酢酸の水溶液は弱酸性を示す。

4．尿素の化学式は $(NH_2)_2CO$ であるが，比較的登場することは少ない。しかし，CH_3CHO がアセトアルデヒドの化学式であることは明白で，誤りであることは判断がつく。ダイナマイトの原料はニトログリセリンである。それ以外の記述は正しい。

5．メタンの化学式は CH_4 だが，無色無臭の気体である。塩化ビニルの原料となるのはアセチレンやエチレンである。果実の成熟促進剤に用いられるのはエチレンで，成長ホルモンとして作用する。

正答 2

化学　アルカリ金属およびアルカリ土類金属　平成25年度

次の文はアルカリ金属及びアルカリ土類金属に関する記述であるが，A～Dに当てはまるものの組合せとして最も妥当なのはどれか。

元素の周期表の1族に属する元素のうち，水素を除くナトリウム（Na）やカリウム（K）などの元素をまとめてアルカリ金属という。アルカリ金属の原子は，1個の価電子をもち，1価の［A］になりやすい。アルカリ金属の化合物のうち，［B］は，塩酸などの酸と反応して二酸化炭素を発生する。［B］は重曹とも言われ，胃腸薬やベーキングパウダーなどに用いられる。

元素の周期表の2族に属する元素のうち，カルシウム（Ca）やバリウム（Ba）などは互いによく似た性質を示し，アルカリ土類金属と呼ばれる。アルカリ土類金属の化合物のうち，［C］は，大理石や貝殻などの主成分である。［C］は水には溶けにくいが，二酸化炭素を含む水には炭酸水素イオンを生じて溶ける。また，［D］は消石灰とも言われ，水に少し溶けて強い塩基性を示す。［D］はしっくいや石灰モルタルなどの建築材料や，酸性土壌の改良剤などに用いられる。

	A	B	C	D
1	陽イオン	炭酸水素ナトリウム	酸化カルシウム	硫酸カルシウム
2	陽イオン	水酸化カリウム	炭酸カルシウム	硫酸カルシウム
3	陽イオン	炭酸水素ナトリウム	炭酸カルシウム	水酸化カルシウム
4	陰イオン	水酸化カリウム	酸化カルシウム	水酸化カルシウム
5	陰イオン	炭酸水素ナトリウム	炭酸カルシウム	硫酸カルシウム

解説

A：アルカリ金属元素の原子は，1個の価電子を持ち，それを放出しやすいので1価の陽イオンになりやすい。

B：重曹ともいわれ，胃腸薬やベーキングパウダーなどに用いられるのは炭酸水素ナトリウムである。これが塩酸と反応すると，

$NaHCO_3 + HCl \rightarrow NaCl + H_2O + CO_2$

により二酸化炭素を発生する。

C：大理石や貝殻の主成分で，アルカリ土類金属元素の化合物は，炭酸カルシウムである。中性の水に溶けにくいが，二酸化炭素を含む水（炭酸水）には徐々に溶ける。

$CaCO_3 + CO_2 + H_2O \rightarrow Ca(HCO_3)_2$

D：消石灰とは水酸化カルシウム $Ca(OH)_2$ のことである。水に少し溶けて石灰水となり強塩基性を示すので，酸性土壌の中和に用いられる。消石灰を少量の細かい砂と一緒に水で練って壁に塗ったものが石灰モルタルで，欧米諸国でよく用いられる。その砂の代わりに，麻ひも，紙片，糊（のり）などを加えたものをしっくい（漆喰）といい，古くから日本建築で使われている。いずれも空気中の二酸化炭素を吸収して消石灰が炭酸カルシウムとなって固まり，白壁となる。なお，生石灰は酸化カルシウム CaO のことである。

よって，正答は**3**である。

正答　3

化学　化学反応での活性化エネルギーと反応熱　平成24年度

化学反応のエネルギー変化に関する次の記述の㋐，㋑に当てはまるものの組合せとして最も妥当なのはどれか。

図は，次の反応のエネルギー変化を示す。

H_2+I_2 → 2HI

図からこの反応は［　㋐　］であり，その反応熱は［　㋑　］であることが分かる。

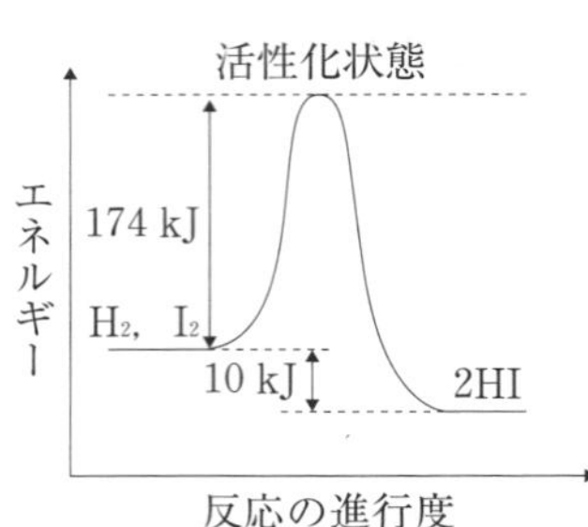

	㋐	㋑
1	発熱反応	10 kJ
2	発熱反応	184 kJ
3	発熱反応	358 kJ
4	吸熱反応	184 kJ
5	吸熱反応	358 kJ

解説

化学反応式より，この反応は反応物である H_2（水素）と I_2（ヨウ素）が反応して生成物であるHI（ヨウ化水素）が生成する反応である。

問題の図より，反応物（H_2，I_2）のエネルギーのほうが，生成物（2HI）のエネルギーより大きいので，この反応は発熱反応である。また，そのエネルギーの差は図より10kJである。

参考までに，図中の174kJは，正反応の活性化エネルギーの値を示している。

よって，（ア）は発熱反応，（イ）は10kJとなるので，正答は**1**である。

正答　1

No.337 化学 炭酸カルシウムに塩酸を加えたとき発生する気体とその量 平成23年度

炭酸カルシウム $CaCO_3$ 0.5g に，濃度1.0 mol/L の塩酸を10 cm^3 加えたときに発生する気体に関する記述として最も妥当なのはどれか。

ただし，$CaCO_3$ の式量を100とする。

1 塩素が 0.005 mol 発生する。
2 塩素が 0.010 mol 発生する。
3 酸素が 0.010 mol 発生する。
4 二酸化炭素が 0.005 mol 発生する。
5 二酸化炭素が 0.010 mol 発生する。

解説

炭酸カルシウムに塩酸を加えると，次の反応により二酸化炭素が発生する。

$$CaCO_3 + 2HCl \rightarrow CaCl_2 + H_2O + CO_2$$

これより，$CaCO_3$ と HCl は 1：2 の物質量の比で反応する。用いた試薬は，

$$CaCO_3 : \frac{0.5}{100} = 0.005\text{〔mol〕}$$

$$HCl : \frac{1.0\times10}{1000} = 0.010\text{〔mol〕}$$

となり，ちょうど 1：2 の物質量であり，過不足なく反応して，二酸化炭素は $CaCO_3$ と同じ物質量で生成するから，0.005mol である。

よって，正答は**4**となる。

正答 4

国家Ⅱ種

No. 338 教養試験 化学 金属 平成23年度

金属に関する記述として最も妥当なのはどれか。

1 銅は，密度や融点が高い遷移元素であり，金属のなかでは地球上に最も多く存在している。また，ヒトの血液中のヘモグロビンの中核をなす金属元素であるなど人体に無害な元素でもあり，硬貨など身近なものに広く利用されている。

2 亜鉛は，原子が価電子２個をもつ典型元素であり，また，酸や強塩基の水溶液に溶けて水素を発生する両性元素でもある。硬貨の材料のほか乾電池などにも利用されている。

3 ニッケルとスズは，原子が価電子１個をもつアルカリ金属である。これらはイオン化傾向が小さいので他の金属と結合しやすく，金属どうしの結合剤として利用されている。

4 アルミニウムは，熱や電気をよく通す遷移元素であり，酸化しにくいため自然界では単体で存在することが多い。炎色反応では，反応温度によって赤，青，紫と変化する特徴をもち，花火の原料にも使われている。

5 100円硬貨に使われている銅，亜鉛，スズの合金はジュラルミンと呼ばれ，硬くて丈夫であるという特徴をもつ。また，５円硬貨に使われている銅，亜鉛の合金は青銅と呼ばれ，錆(さ)びにくい特徴をもつ。

1. 地殻に存在する元素の質量の割合は，酸素が約半分，ケイ素約4分の1，次いでAl，Fe，Ca，Naの順である。つまり，金属元素で最も多いのは銅ではなくアルミニウムである。また，人の血液中のヘモグロビンは銅ではなく鉄（Ⅲ）イオンを中心とする錯体であり，銅は人体に有害な元素である。銅（Ⅱ）イオンから構成される錯体からなる血液を持つものにはエビ，カニなどがある。日本の硬貨は1円を除いて銅の合金である。

2. 妥当である。

3. ニッケルは10族で遷移元素，スズは14族で典型元素であり，いずれも1族のアルカリ金属元素ではない。イオン化傾向は中程度であり，他の金属と合金をつくるが，「結合しやすい」といえるかは疑問である。金属の結合剤とは，スズと鉛からなるはんだなどをさすとすれば妥当ではない。

4. アルミニウムは熱や電気の伝導性がよい典型元素の金属である。表面は空気中の酸素で酸化されて緻密な酸化膜をつくるので内部まで侵されず不動態となるが，イオン化傾向が大きく反応しやすいので自然界に単体で存在することはない。炎色反応は示さないが，花火では，まばゆい光の種として用いられる。

5. 100円硬貨は白銅に類似した成分からなり，白銅は銅にニッケルを10～30％含む合金。ジュラルミンは，アルミニウムにCu，Mg，Mnなどが含まれた軽合金で，焼き入れすると硬くて丈夫になる。5円硬貨の成分は黄銅に類似していて，黄銅はCu：55～70％，Zn：30～45％の合金である。10円硬貨の成分は青銅に類似し，青銅はCuのほか，Sn，Znなどの合金である。

正答　2

国家Ⅱ種 教養試験

No. 339 化学 酸素・過酸化水素 平成22年度

酸素及び過酸化水素に関する記述A，B，Cのうち，妥当なもののみをすべて挙げているのはどれか。

A：酸素は，空気中に存在するほか，水や岩石，生物体など多くの物質に化合物の形で含まれ，地球表層の地殻における元素の質量パーセントでみると，ケイ素，アルミニウムに次いで多い。

B：酸素の同素体であるオゾンは特有の悪臭のある有毒な気体であり，分解して酸素に変わりやすく，このとき酸化作用を示す。

C：過酸化水素は，一般には還元作用を示すが，酸化作用を示すこともある。特に高濃度の過酸化水素水は強い還元作用を示すため，皮膚の殺菌や消毒に用いられる。

1 A
2 B
3 C
4 A，B
5 A，C

解説

A：誤り。元素としての酸素は，単体 O_2 として空気の体積の約２割を占めるほか，水 H_2O として海水・湖沼・河川に，また岩石中にはさまざまな化合物の形で含まれている。地殻とは，地層の構造により異なるが，地表から５～50km の部分をさす。地殻に存在する元素の質量の割合を示したものにクラーク数という指標があるが，酸素が約半分，ケイ素が４分の１，次いで Al，Fe，Ca，Na の順であり，この部分が誤りである。最近のデータ（化学便覧 改訂５版）では酸素45.11％，ケイ素26.77％，アルミニウム8.41％，鉄7.07％，カルシウム5.29％，ナトリウム2.30％の順である。この数値は覚える必要はない。

B：妥当である。酸素には普通の酸素分子 O_2 とオゾン O_3 とが同素体として存在する。オゾンは 特有の悪臭を持つ有毒な気体で，分解して酸素を生じやすく酸化作用・殺菌作用・漂白作用を示す。オゾンをつくるには，空気の中や単体の酸素の中で放電を行ったり，紫外線を当てたりして酸素にエネルギーを与えると，一部がオゾンに変化する。

$3O_2 \rightleftarrows 2O_3$

これを利用したものが殺菌灯である。

C：誤り。過酸化水素 H_2O_2 は非常に強い酸化剤であり，一般に酸化作用を示す。低濃度の２～３％の水溶液はオキシドール（オキシフル）と呼ばれ，皮膚の殺菌や消毒に用いられる。まれな例であるが，過マンガン酸カリウム $KMnO_4$ や二クロム酸カリウム $K_2Cr_2O_7$ に対しては，還元作用を示す。

よって，**2**が正答である。

正答 2

国家Ⅱ種

No. 340 教養試験

化学 C_2H_5OHの完全燃焼の化学反応式 平成22年度

エタノール C_2H_5OH の完全燃焼の化学反応式は，生成物の化学式をA，Bとすると，次のように表される。

$$vC_2H_5OH + wO_2 \rightarrow xA + yB$$

この式で，v〜y は係数を示す。

右辺の係数の和 $x+y$ の値として正しいのは，次のうちではどれか。

1 5
2 6
3 7
4 8
5 9

解説

CとHからなる物質（炭化水素）や，それにO原子が加わった物質を完全燃焼させた場合，成分元素の炭素Cは二酸化炭素 CO_2 に，成分元素の水素Hは水 H_2O に変化する。したがって，AとBは CO_2 と H_2O である。

このような物質の完全燃焼の化学反応式を完成させるには，Cの数だけ CO_2 が生成し，Hの数の2分の1の H_2O が生成することと，O_2 の係数は後から決めるのがよいことを知っておくとよい。C_2H_5OH を分子式（このほうが原子数がわかりやすい）で表すと C_2H_6O だから，

$$C_2H_6O + ?\,O_2 \longrightarrow \boxed{a}\,CO_2 + \boxed{b}\,H_2O$$

C原子の数から $a=2$，H原子の数から $b=3$ となる。右辺にあるO原子の数は $2a+b$ つまり $2\times2+3=7$ である。左辺のエタノールはO原子を1個持つので，燃焼に必要なO原子は6個となり，O_2 の係数は3となる。つまり，

$$C_2H_6O + 3O_2 \longrightarrow 2CO_2 + 3H_2O$$

となり，$v=1$，$w=3$，$(x,\ y)=(2,\ 3)$ となる。したがって，$x+y=2+3=5$ となる。

よって，正答は**1**である。

正答 1

国家Ⅱ種

No.
341

教養試験

化学　元素の周期表

平成21年度

元素の周期表に関する記述として最も妥当なのはどれか。

1　周期表は，元素をその原子核中に存在する中性子数の少ないものから順に並べたもので，周期表の横の行は周期と呼ばれる。

2　周期表の１族に属する元素は，いずれも金属元素である。その原子は，いずれも１個の価電子をもち，電子１個を取り入れて１価の陰イオンになりやすい。

3　周期表の２族に属する元素は遷移元素と呼ばれる非金属元素で，それらの元素の単体の沸点や融点は互いに大きく異なり，常温で気体のものと固体のものがある。

4　周期表の17族に属する元素はハロゲンと呼ばれる非金属元素で，単体はいずれも単原子分子の気体で陽イオンになりやすいという性質をもち，原子番号の大きいものほど陽イオンになりやすい。

5　周期表の18族に属する元素は希ガスと呼ばれる非金属元素で，いずれも常温では無色・無臭の気体である。他の原子と結合しにくく化合物をつくりにくい。そこで，希ガス原子の価電子の数は０とされている。

解説

1．初期の周期表は，メンデレーエフによって発表されたものに代表されるが，当時は元素の原子量の順に並べられていた。現在の周期表は，その元素の原子が持つ陽子の数を原子番号とし，その数が小さいほうから順に並べたものである。原子量の順になっていない箇所が２，３ある。横の行は周期，縦の列は族と呼ばれる。

2．周期表の１族の元素には水素が含まれ，これは非金属元素であるが，その他の元素は金属元素であり，アルカリ金属元素と呼ばれる。１族元素はいずれも，価電子１個を放出して１価の陽イオンとなりやすい。

3．遷移元素は周期表の第４周期以後，３族から11族に現れる元素群をいう。すべて金属元素であり，一般に融点が高いものが多く，常温では固体である。典型元素と異なり，族の関係よりも隣り合う元素の性質が似ていることが多い。

4．周期表の17族に属する元素はハロゲン元素といい，非金属元素で，原子番号が小さいほど陰性が強く，いずれも１価の陰イオンになりやすい２原子分子である。

5．希ガス（貴ガス）元素に関する記述であり，すべて正しい。

正答　5

文章理解 判断推理 数的推理 資料解釈 時事 物理 化学 生物 地学

No.342 化学 メタンと水素の混合気体の完全燃焼で生成する水の質量 平成21年度

メタン（CH_4）0.50mol と水素0.50mol の混合気体を完全燃焼させたとき，生成する水の質量はいくらか。

ただし，原子量は，H＝1.0，C＝12.0，O＝16.0とする。

1 12g
2 18g
3 27g
4 36g
5 45g

解説

メタンおよび水素の完全燃焼の化学反応式は次式で表される。

$$CH_4 + 2O_2 \longrightarrow CO_2 + 2H_2O$$

$$2H_2 + O_2 \longrightarrow 2H_2O$$

これより，メタンと水の係数比が1：2だから，生成する水はメタンの物質量の2倍である。したがって，メタン0.50mol から生成する水は，0.50×2＝1.0〔mol〕である。また，水素と水の係数比は1：1だから，水素0.50mol から生成する水は0.50mol である。したがって，このとき生成する水の物質量の総和は，

1.0＋0.50＝1.5〔mol〕

となるので，その質量は，水のモル質量が18.0g/mol だから，

1.5×18.0＝27.0〔g〕

となる。したがって，正答は**3**である。

正答 3

国家一般職［大卒］ 教養試験

No. 343 生物 動物の行動 令和元年度

動物の行動に関する記述A～Dのうち，妥当なもののみを挙げているのはどれか。

A：動物が感覚器官の働きによって，光やにおい（化学物質）などの刺激の方向へ向かったり，刺激とは逆の方向へ移動したりする行動を反射といい，これは，習わずとも生まれつき備わっているものである。一例として，ヒトが熱いものに手が触れると，とっさに手を引っ込めるしつがいけん反射が挙げられる。

B：カイコガの雌は，あるにおい物質を分泌し，雄を引きつける。この物質は，性フェロモンと呼ばれ，雄は空気中の性フェロモンをたどって，雌の方向へと進む。このように，動物がある刺激を受けて常に定まった行動を示す場合，この刺激をかぎ刺激（信号刺激）という。

C：動物が生まれてから受けた刺激によって行動を変化させたり，新しい行動を示したりすることを学習という。例えば，アメフラシの水管に接触刺激を与えると，えらを引っ込める筋肉運動を示すが，接触刺激を繰り返すうちにえらを引っ込めなくなる。これは，単純な学習の例の一つで，慣れという。

D：パブロフによるイヌを用いた実験によれば，空腹のイヌに食物を与えると唾液を分泌するが，食物を与えるのと同時にブザー音を鳴らすことにより，ブザー音だけで唾液を流すようになる。このような現象は刷込み（インプリンティング）といい，生得的行動に分類される。

1 A，B
2 A，C
3 B，C
4 B，D
5 C，D

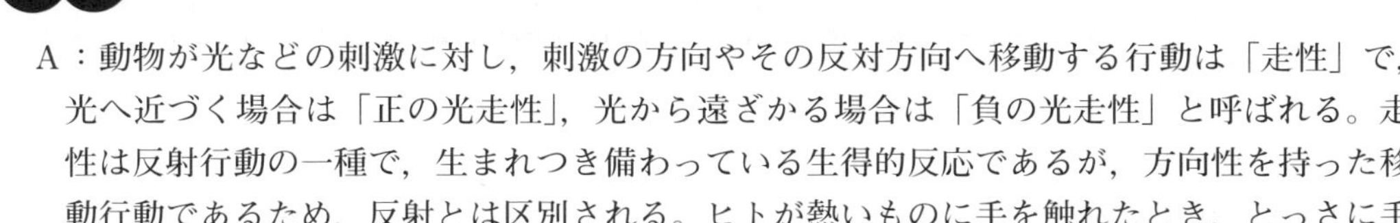

解説

A：動物が光などの刺激に対し，刺激の方向やその反対方向へ移動する行動は「走性」で，光へ近づく場合は「正の光走性」，光から遠ざかる場合は「負の光走性」と呼ばれる。走性は反射行動の一種で，生まれつき備わっている生得的反応であるが，方向性を持った移動行動であるため，反射とは区別される。ヒトが熱いものに手を触れたとき，とっさに手を引っ込める反応は「屈筋反射」である。「しつがい腱反射」とは，膝のしつがい腱をたたくと生じる，膝から下の下肢の無意識下での跳ね上げ反応をさす。

B：妥当である。カイコガの性フェロモンのように，同種の生物間でのコミュニケーションに用いられる化学物質はフェロモンと呼ばれる。カイコガの雄が触覚で性フェロモンを受容すると，フェロモン濃度の高い方向へ移動するという生得的行動が誘発される。生得的行動は反射の連続であり，性フェロモンのように生得的行動を誘発させる特定の刺激はかぎ刺激（信号刺激）と呼ばれる。

C：妥当である。後天的に獲得される習得的行動のうち，経験によって行動が変化し，その行動の変化が持続される場合，その行動の変化を学習という。アメフラシの水管に接触刺激を与えた場合のえらを引っ込める反応は反射（生得的行動）であるが，同じ接触刺激を与え続けると，反射が起こらなくなる。これは行動の変化であり，「慣れ」と呼ばれる学習行動である。

D：パブロフの犬の実験は「古典的条件付け」であり，その結果成立する反応は，条件反応と呼ばれる習得的行動である。唾液分泌の本来の刺激は食物であるが，同時に聞かせるブザー音が条件刺激となり，食物を与えるのと同時にブザーを鳴らすことを繰り返す条件付けが行われることで，条件反応が成立する。刷込みは，発育初期の限られた時期だけに生じる学習であり，アヒルやカモのヒナが，ふ化後間もない時期に見た一定の大きさの動く物を追従の対象として記憶し，後を追うようになる行動が有名である。刷込みも習得的行動である。

よって，妥当なものはBとCで，正答は**3**である。

正答　3

国家一般職［大卒］ No. 344 教養試験

生物　植物の環境応答　平成30年度

植物の環境応答に関する記述として最も妥当なのはどれか。

1　多くの植物の種子に含まれるジベレリンは，デンプンを分解して，植物の成長に必要な糖を生成する作用がある。そのため，ジベレリンで処理することで種子の発芽，茎の伸長，果実の成長や種子の形成を促進させることができる。

2　茎や根に含まれるオーキシンは，成長促進作用があるため，濃度が高くなるほど植物の成長を促すが，ある濃度以上になると成長は一定となる。また，オーキシンの感受性は器官に関係なく，オーキシンの濃度が等しければ成長は一定となる。

3　果実の成熟過程では，エチレンを自ら生成して果肉の軟化，果皮の変色といった変化が起こる。生成したエチレンはその果実の成熟に消費されるため，大気中には放出されず，周囲の果実の成熟に影響を与えることはない。

4　植物の器官が環境からの刺激を受けたときに，屈曲する反応を示すことがあり，これを屈性という。このうち，重力の刺激に対する反応を重力屈性といい，無重力条件下では，重力屈性が起こらないため，植物の茎や根は屈曲せず真っすぐに成長する。

5　花芽の形成が日長の変化に反応する性質を光周性という。例えば，長日植物は，連続した暗期の長さを計っており，太陽光だけではなく人工照明の明かりでも花芽の形成に影響を受ける。この性質を用い，人為的に日長を変えることで開花の時期を調節することがある。

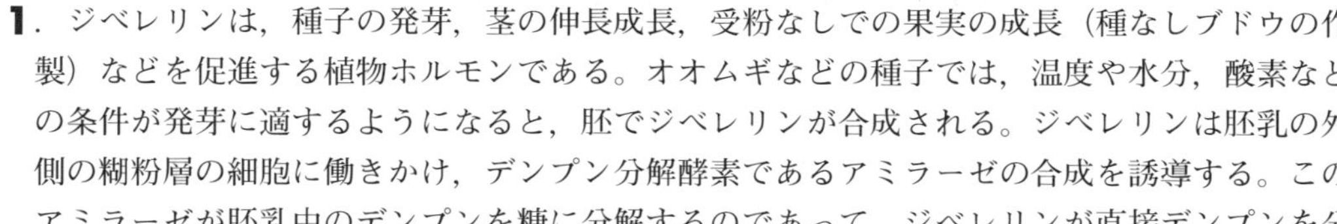

1．ジベレリンは，種子の発芽，茎の伸長成長，受粉なしでの果実の成長（種なしブドウの作製）などを促進する植物ホルモンである。オオムギなどの種子では，温度や水分，酸素などの条件が発芽に適するようになると，胚でジベレリンが合成される。ジベレリンは胚乳の外側の糊粉層の細胞に働きかけ，デンプン分解酵素であるアミラーゼの合成を誘導する。このアミラーゼが胚乳中のデンプンを糖に分解するのであって，ジベレリンが直接デンプンを分解するわけではない。

2．オーキシンは，細胞の成長，花床の成長（イチゴの食用部形成），落葉・落果の抑制等に働く植物ホルモンである。成長作用におけるオーキシンの感受性は，器官によって異なる。根は茎に比べ感受性が高く，より低濃度のオーキシンで成長が促進され，高濃度になると成長が抑制される。根の成長が抑制されるオーキシンの濃度でも，茎では成長が促進されるが，もっと濃度が高くなると茎でも成長が抑制される。

3．エチレンは気体の植物ホルモンであり，果実の成熟，落葉・落果の促進，細胞の横方向への成長（茎の伸長成長を抑え肥大成長させる）に働く。成熟した果実で生成されたエチレンは，空気中に放出され，近くにある未成熟な果実の成熟を促進する。

4．重力屈性は，茎の内皮細胞や根の根冠のコルメラ細胞内に存在するアミロプラストが重力方向に沈降することでオーキシンの流れが変わり，茎や根の上側と下側（茎や根を横にした場合）でオーキシンの濃度に差が出るために起こる。無重力条件下ではアミロプラストの沈降が起きないため，オーキシンの濃度の分布差ができず，重力屈性は起こらない。ただし，茎や根は発芽した時の根端や茎の頂芽が向いている方向へ真っ直ぐ伸びるため，それぞれバラバラの方向へ伸び，揃って同じ方向へ真っ直ぐに伸びることはない。

5．妥当である。植物が計っている暗期の長さのうち，花芽形成が起きるか起きないかの臨界の連続暗期の長さを限界暗期という。長日植物は，暗期が限界暗期より短くなると花芽形成が起こる植物で，コムギやアヤメ，アブラナなどがそれである。逆に連続した暗期が限界暗期より長くなると花芽形成する植物が短日植物で，キク，アサガオ，ダイズなどが典型的な短日植物である。ハウスで栽培するキクに，暗期に照明を当てて開花時期を遅らせ収穫・出荷しているのが「電照ギク」である。また，花芽形成に日長が関係しない植物は，中性植物と呼ばれ，トウモロコシ，トマト，エンドウなどが知られている。

正答　5

国家一般職［大卒］ No. 345 教養試験

生物 バイオテクノロジー 平成29年度

バイオテクノロジーに関する記述として最も妥当なのはどれか。

1 ある生物の特定の遺伝子を人工的に別のDNAに組み込む操作を遺伝子組換えという。遺伝子組換えでは，DNAの特定の塩基配列を認識して切断する制限酵素などが用いられる。

2 大腸菌は，プラスミドと呼ばれる一本鎖のDNAを有する。大腸菌から取り出し，目的の遺伝子を組み込んだプラスミドは，試験管内で効率よく増やすことができる。

3 特定のDNA領域を多量に増幅する方法としてPCR法がある。初期工程では，DNAを一本鎖にするため，－200℃程度の超低温下で反応を行う必要がある。

4 長さが異なるDNA断片を分離する方法として，寒天ゲルを用いた電気泳動が利用される。長いDNA断片ほど強い電荷を持ち速く移動する性質を利用し，移動距離からその長さが推定できる。

5 植物の遺伝子組換えには，バクテリオファージというウイルスが利用される。バクテリオファージはヒトへの感染に注意する必要があるため，安全性確保に対する取組が課題である。

文章理解
判断推理
数的推理
資料解釈
時事
物理
化学
生物
地学

解説

1．妥当である。遺伝子導入したい目的遺伝子を含むDNAと，その遺伝子を組み込みたいDNAを同じ制限酵素で処理すると，DNAの切り口の塩基配列が同じになる。それらを混ぜて今度はDNAをつなげる酵素であるDNAリガーゼで処理すると，切り口の塩基配列が同じものどうしが結合するため，確率的に目的遺伝子が組み込まれる。

2．プラスミドは，大腸菌などが染色体とは別に細胞内に持つ小型の環状DNAで，通常のDNAと同じ二本鎖である。目的遺伝子が組み込まれたプラスミドを大腸菌に戻すと，大腸菌が増殖するときにプラスミドも自己複製するので，プラスミドに組み込んだ目的遺伝子を短時間に効率的に増やすことができる。

3．PCR法の初期工程で二本鎖DNAを一本鎖にする方法は，約95℃の高温で数分間処理することである。PCR法は，増幅したいDNA断片，プライマー，DNAポリメラーゼ，4種類のヌクレオチドを加えた混合液を，95℃→60℃→72℃の順に数分ずつ温度変化させることを1サイクルとし，これを繰り返すだけでよい。

4．電気泳動のため，DNA断片を緩衝液に入れると負（－）に帯電する。これに電圧をかけるとDNA断片は陽極（＋極）へ移動するが，長いDNA断片ほど寒天ゲルの寒天繊維の網目に引っかかりやすく移動速度が遅くなる。この性質を利用し，移動距離からDNA断片の長さを推定するのが電気泳動法である。

5．植物細胞への遺伝子導入では，植物細胞に感染するアグロバクテリウムという細菌が広く用いられる。バクテリオファージは，大腸菌などのバクテリアを宿主とするウイルスであり，植物やヒトへは感染しない。

正答　1

国家一般職［大卒］ No. 346 教養試験

生物　遺伝の法則　平成28年度

遺伝の法則に関する記述として最も妥当なのはどれか。

1　メンデルの遺伝の法則には，優性の法則，分離の法則，独立の法則があり，そのうち独立の法則とは，減数分裂によって配偶子が形成される場合に，相同染色体がそれぞれ分かれて別々の配偶子に入ることをいう。

2　遺伝子型不明の丸形（優性形質）の個体（AA 又は Aa）に劣性形質のしわ形の個体（aa）を検定交雑した結果，丸形としわ形が 1：1 の比で現れた場合，遺伝子型不明の個体の遺伝子型は Aa と判断することができる。

3　純系である赤花と白花のマルバアサガオを交配すると，雑種第一代（F_1）の花の色は，赤色：桃色：白色が 1：2：1 の比に分離する。このように，優劣の見られない個体が出現する場合があり，これは分離の法則の例外である。

4　ヒトの ABO 式血液型について，考えられ得る子の表現型（血液型）が最も多くなるのは，両親の遺伝子型が AO・AB の場合又は BO・AB の場合である。また，このように，一つの形質に三つ以上の遺伝子が関係する場合，それらを複対立遺伝子という。

5　２組の対立遺伝子Ａ，ａとＢ，ｂについて，Ａは単独にその形質を発現するが，ＢはＡが存在しないと形質を発現しない場合，Ｂのような遺伝子を補足遺伝子といい，例としてカイコガの繭の色を決める遺伝子などが挙げられる。

文章理解
判断推理
数的推理
資料解釈
時事
物理
化学
生物
地学

解説

1．減数分裂によって配偶子が形成される場合に，相同染色体がそれぞれ分かれて別々の配偶子に入るのは分離の法則である。独立の法則は，対立遺伝子が何組あっても，それらがすべて別々の相同染色体上に存在する場合，各組の対立遺伝子は互いに影響し合うことなく，独立に配偶子に入ることをいう。

2．妥当である。遺伝子型がわからない個体（優性形質個体）に，劣性形質の個体を交雑させるのが検定交雑である。表現型が優性の個体は，遺伝子型が優性ホモ（AA）の場合とヘテロ（Aa）の場合があり，表現型だけでは判別できない。劣性形質の個体は，表現型を見れば遺伝子型が劣性ホモ（aa）であることがわかり，それが作る配偶子中の遺伝子はすべてaになる。そのため検定交雑の結果現れる子の表現型の分離比は，そのまま検定にかけられた優性個体が作る配偶子の遺伝子型の分離比となる。検定交雑の結果，子に丸形としわ形が1：1の比で出現すれば，優性親個体はAとaを1：1で持つことになり，親の遺伝子型はAaのヘテロ型となる。

3．純系の対立形質を持つ個体同士を交雑した結果，両方の中間的な形質の子が生じる現象を不完全優性といい，その子を中間雑種という。マルバアサガオの花には赤（AA）と白（A′A′）の対立形質があり，この純系同士を交雑すると子のF_1はすべて中間雑種（AA′）の桃色型になる。F_1（AA′）を自家受精すると，F_2の遺伝子型の分離比がAA：AA′：A′A′＝1：2：1となり，表現型の分離比もそのまま赤色：桃色：白色＝1：2：1となる。不完全優性は優性の法則の例外である。

4．複対立遺伝子の定義は正しいが，例についての記述に誤りがある。ヒトのABO式血液型で，考えられうる子の表現型が最も多くなるのは，両親の遺伝子型がAO・BOの場合である。この場合，子にはAO，BO，OO，ABの4通りの遺伝子型ができ，表現型である血液型も，A，B，O，ABの4通りが出現する可能性がある。AO・ABの場合は，子の遺伝子型はAA，AO，BO，ABとなり，血液型は，A，B，ABの3通りである。BO・ABの場合も同様で，子の遺伝子型はBB，BO，AO，ABとなり，血液型は，A，B，ABの3通りとなる。

5．本肢のBのような遺伝子を，補足遺伝子の中でも特に条件遺伝子という。ハツカネズミの毛の色の遺伝では，Aが存在せずaだけの場合，もう一組の遺伝子がBでもbでもすべて白色（aaBB，aaBb，aabb）になる。Aの存在下でBが働くと毛色は灰色（AABB，AABb，AaBB，AaBb）になるが，bしかないと黒色（AAbb，Aabb）になる。つまり，B遺伝子はA遺伝子の存在を条件として発現するのである。カイコガの繭の色の白色と黄色の決定に関与する遺伝子は，抑制遺伝子と呼ばれるもので，二対の対立遺伝子のうち，一方の優性遺伝子が他方の優性遺伝子の形質発現を抑制する場合，その前者をさしていう。

正答　2

国家一般職［大卒］ No. 347 教養試験

生物　ヒトの体液　平成27年度

ヒトの体液に関する記述として最も妥当なのはどれか。

1　体液は，通常，成人男性では体重の約40％を占め，血管内を流れる血液と，組織の細胞間を満たすリンパ液の二つに大別される。

2　血液は，一般的に静脈を通って毛細血管に達し，血液の液体成分である血しょうの一部が，毛細血管壁から染み出ると全てリンパ液となる。

3　赤血球の核に多量に含まれているヘモグロビンは，主に栄養分や老廃物を体内で運搬する役割を果たしている。

4　白血球は，毛細血管壁を通り抜けて血管外に出ることができ，一部の白血球には，体内に侵入した病原体などの異物を取り込み，それを分解する働き（食作用）がある。

5　血しょうは，粘性のある淡黄色の液体で，約60％が水であり，主に酸素と結び付くことによって各組織に酸素を運搬する役割を果たしている。

解説

1．ヒトの体重に占める体内の水の割合は約60％で，体液の割合は体重の約15％である。体液は，血液，組織液，リンパ液の3つに分けられ，血液は血管内を流れる。組織液は，血液の血しょう成分が血管から浸み出して組織の細胞間を満たすものであり，細胞に酸素や養分を供給し，逆に老廃物や二酸化炭素を受け取る。組織液の大部分は再び血管に戻るが，一部はリンパ管に吸収されリンパ液となる。

2．心臓から送り出された血液は，動脈を通って各器官に運ばれる。血液が心臓へ戻るときに通る血管が静脈である。各器官では，血管は細い毛細血管となり血しょう成分が毛細血管から浸み出して組織液となる。

3．赤血球はその役割が酸素運搬に特化した無核細胞である。ヘモグロビンは赤血球の細胞質基質に多量に含まれるタンパク質で，酸素濃度が高いと酸素を結合し，酸素濃度が低いと酸素を解離する性質を持つ。栄養分や老廃物の運搬は血しょうが担っている。

4．妥当である。白血球の中でも，マクロファージ，樹状細胞，好中球と呼ばれるものが食作用によって体内に侵入した病原体などの異物を排除する。これらの働きで異物を排除する仕組みを自然免疫という。

5．血しょうの90％は水であり，これにタンパク質や糖，脂質などが溶けているため色はやや黄色がかるが，粘性は高くない。酸素運搬は赤血球のはたらきであり，血しょうは栄養分や老廃物の運搬を行う。

正答　4

No. 348 生物 酵素やエネルギー 平成26年度

酵素やエネルギーに関する記述として最も妥当なのはどれか。

1 酵素のうち，ペプシンは，タンパク質を分解する消化酵素である。また，ペプシンは胃液に含まれており，強い酸性条件下でよく働く。

2 酵素のうち，カタラーゼは，過酸化水素を分解して水素を発生させる。これはカタラーゼが触媒として働いたためであり，一度触媒として働いたカタラーゼは消費されてしまうため，再度触媒として働くことはない。

3 酵素のうち，アミラーゼは，デンプン，タンパク質，セルロースなどの物質に酵素反応を示し，物質の分解を促進する。また，アミラーゼは温度が上昇するほど，反応速度が高まる。

4 呼吸とは，グルコース，酸素及び水から，水とエネルギーを合成する反応である。真核生物では，呼吸は細胞内のミトコンドリアで行われ，その構造は一重の膜に包まれ，細胞液で満たされている。

5 光合成とは，二酸化炭素と光エネルギーから，酸素と水を合成する反応である。陸上植物では，光合成は細胞内の葉緑体で行われ，葉緑体はそれぞれの細胞に一つずつ含まれている。

解説

1．妥当である。ペプシンは胃で働くタンパク質分解酵素である。胃腺から分泌される段階ではペプシンの前駆体のペプシノーゲンであるが，胃の中で胃酸（塩酸）やすでに存在するペプシンの作用を受けてペプシンに変化し，消化酵素として働くようになる。胃の内部は胃酸の影響で強酸性になっており，ペプシンはその条件でよく働くように最適 pH が 2（強酸性）となっている。

2．カタラーゼは過酸化水素を水と酸素に分解する酸化還元酵素である。酵素はタンパク質でできた生体触媒であるが，無機触媒である二酸化マンガンもカタラーゼと同様の触媒作用を持つ。触媒の特徴は，特定の化学反応を促進するが，それ自体は反応前後で変化しないことであり，繰り返し働くことができる。

3．アミラーゼはデンプンやグリコーゲンをデキストリン（グルコースが十数個つながったもの）やマルトース（グルコースが 2 個つながったもの）に分解する消化酵素であり，タンパク質やセルロースの分解能力はない。タンパク質の消化酵素にはペプシン，トリプシン，ペプチダーゼが，セルロースの消化分解にはセルラーゼがある。酵素が作用する物質を基質というが，各酵素は特定の基質にのみ作用するようになっており，この性質は基質特異性と呼ばれる。また，酵素はタンパク質でできているため，温度が上昇するとタンパク質が変性し，失活してしまう。そのため酵素活性が最も高くなる最適温度があり，消化酵素の最適温度はだいたい 35℃くらいである。

4．呼吸は，グルコースを酵素と水を用いて分解し，取り出したエネルギーで ATP を合成する反応である。真核生物の呼吸は細胞質基質の解糖系と，ミトコンドリアに存在するクエン酸回路および電子伝達系が働くことで起こる。ミトコンドリアは内外二重の膜でできており，内膜上に電子伝達系が存在し，内膜のマトリクスと呼ばれる部分にクエン酸回路が存在する。細胞液とは細胞小器官の一つである液胞の内部の溶液のことである。

5．光合成は，二酸化炭素と水を材料として光エネルギーを用いてグルコースを合成する反応である。水を分解して水素を取り出す結果，酸素が放出され，グルコース合成のためのカルビン・ベンソン回路の代謝で水が生成される。葉緑体は各細胞に一つずつではなく，多数が含まれている。

正答 1

国家一般職［大卒］ No. 349 教養試験

生物　抗原抗体反応　平成25年度

次の文は抗原抗体反応に関する記述であるが，A～Dに当てはまるものの組合せとして最も妥当なのはどれか。

抗原抗体反応とは，［ A ］が体内に入ると，リンパ球が認識し，その［ A ］に対してだけ反応する［ B ］がつくられて血しょう中に放出され，［ B ］がその［ A ］に結合する反応のことである。このように，［ B ］で体を防御する仕組みを［ C ］免疫という。

［ D ］を［ A ］として接種し，体にあらかじめ［ B ］をつくらせておいて，病気を予防する方法を［ D ］療法という。

	A	B	C	D
1	抗原	抗体	体液性	ワクチン
2	抗原	抗体	細胞性	ホルモン
3	抗原	抗体	細胞性	ワクチン
4	抗体	抗原	細胞性	ワクチン
5	抗体	抗原	体液性	ホルモン

解説

抗原抗体反応における抗原とは，細菌や異種タンパク質など，体内に侵入した異物の総称である。それに対し，抗体は抗原と特異的に結合する免疫グロブリンと呼ばれるタンパク質であり，リンパ球B細胞が産生し放出する。抗原抗体反応では，抗原と抗体が特異的に結合し，抗原抗体複合体を形成する。その結果，抗原はその毒性を失ったり，マクロファージなどの食作用を受けやすくなり，体内から排除される。脊椎動物はこのようにして細菌や異物から生体を防御している。抗体が関与する免疫は獲得免疫の一つで体液性免疫［空欄C］と呼ばれ，その仕組みは次のようなものである。

抗原［同A］が体内に侵入すると，主に樹状細胞が抗原を捕食・分解し，その抗原情報をヘルパーT細胞に伝える。同時にリンパ球B細胞も抗原情報を認識する。抗原情報を受け取ったヘルパーT細胞は活性化して増殖し，B細胞を活性化させる。活性化したB細胞は分裂・増殖した後，抗体産生細胞となって情報を受けた抗原と特異的に結合する抗体［同B］を大量に産生・放出する。この過程で，活性化したヘルパーT細胞とB細胞の一部が免疫記憶細胞として残るため，同じ抗原が再度体内に侵入すると，直ちに増殖して抗体産生細胞になり，大量の抗体が産生されるので抗原は速やかに排除される。同じ抗原の二度目の侵入時の急速で強い免疫反応を二次応答といい，これを利用した感染症の予防法がワクチン療法［同D］である。ワクチンは弱毒化した病原菌や毒素などの抗原であり，これを接種するのが予防接種である。また，もう一つの獲得免疫である細胞性免疫は，抗体が関与せず，キラーT細胞が病原体に感染した細胞などを直接攻撃して排除するものである。

よって，A＝抗原，B＝抗体，C＝体液性，D＝ワクチンとなり，正答は**1**である。

正答　1

No. 350 生物 ヒトの器官 平成24年度

ヒトの器官に関する記述として最も妥当なのはどれか。

1 脳は小脳，中脳，大脳などにより構成されている。小脳には呼吸運動や眼球運動の中枢，中脳には言語中枢，大脳には睡眠や体温の調節機能がある。

2 耳は聴覚の感覚器であるとともに，平衡覚の感覚器でもある。平衡覚に関する器官は内耳にあり，前庭はからだの傾きを，半規管は回転運動の方向と速さを感じる。

3 心臓と肺との血液の循環は肺循環と呼ばれる。これは全身から戻ってきた血液が，心臓の左心房から肺静脈を通して肺に送られ，その後，肺動脈を通して心臓の右心室に送られるものである。

4 小腸は，胃で消化できない脂肪をグリセリンに分解する消化酵素を分泌している。このグリセリンは，大腸の柔毛の毛細血管より血液に吸収される。

5 腎臓は，タンパク質の分解の過程で生じた血液中のアンモニアを，尿素に変えるはたらきがある。この尿素は，胆のうを通して体外に排出される。

解説

1．中枢神経は脳と脊髄に分けられる。脳は大脳，中脳，小脳のほか，間脳と延髄で構成される。小脳は筋肉運動の調節と体の平衡を保つ中枢であり，呼吸運動は延髄が，眼球運動は中脳が中枢として調節している。言語中枢は大脳であり，睡眠や体温調節の中枢は間脳である。

2．妥当である。耳の内耳にはうずまき管，前庭，半規管が存在し，うずまき管が聴覚器として，前庭と半規管が平衡受容器として働く。前庭には平衡神経とつながる感覚細胞が存在し，感覚細胞の先端の感覚毛の上に平衡石（耳石）が乗っている。体が傾いて平衡石がずれると，感覚毛が引っ張られて感覚細胞が興奮し，それが脳に伝わり，傾きの感覚が発生する。半規管は半円状の管で，3本の半規管が互いに直交する位置に配置されている。3本それぞれの半規管の基部に膨らんだ部分があり，そこに感覚毛を持った感覚細胞が存在する。半規管内は内リンパ液で満たされていて，体が回転するとリンパ液が感覚毛を押して刺激し回転感覚が発生する。

3．肺循環は，全身から戻ってきた血液が右心室から肺動脈を通して肺に送られ，ガス交換（酸素の取込みと二酸化炭素の放出）を行った後，肺静脈を通して左心房へ戻る経路である。動脈と静脈の違いは酸素を多く含むか含まないかではなく，心臓から血液を送り出す血管が動脈，心臓に血液を戻す血管が静脈である。

4．脂肪を分解する消化酵素はリパーゼであり，すい臓からすい液として十二指腸へ分泌される。脂肪はリパーゼによって脂肪酸とグリセリンに分解される。小腸では，脂肪酸とグリセリンを吸収し，柔毛の乳び管のリンパ液に取り込む。リンパ液はリンパ管を経て，最終的には左鎖骨下静脈で血液に合流する。

5．タンパク質の分解で生じた毒性の強いアンモニアを毒性の弱い尿素へつくりかえる生化学反応系は肝臓の持つオルニチン回路である。腎臓は血液中の尿素をろ過・濃縮し，尿として体外へ排出する。胆のうは肝臓で生成された胆汁をたくわえる器官である。胆汁は胆管を通して十二指腸へ分泌され，リパーゼによる脂肪の分解を助ける働きがある。

正答　2

国家Ⅱ種

No. 351 教養試験 生物 遺伝子(DNAの構成要素とその割合，水素結合等) 平成23年度

次は遺伝子に関する記述であるが，ア，イ，ウに入るものの組合せとして最も妥当なのはどれか。

遺伝子の本体であるDNAは4種類の構成要素からできており，それらが多数つながった長い鎖状になっている。4種類の構成要素は，A（アデニン），［ア］，G（グアニン），C（シトシン）という符号で表される。その要素は互いに［イ］し，ねじれた2本鎖としてつながった二重らせん構造になっている。

ある生物のDNAを解析したところ，A（アデニン）がC（シトシン）の2倍量含まれていることが分かった。このDNA中の推定されるG（グアニン）の割合はおよそ［ウ］%である。

	ア	イ	ウ
1	T（チミン）	共有結合	33.3
2	T（チミン）	水素結合	16.7
3	T（チミン）	水素結合	33.3
4	U（ウラシル）	共有結合	33.3
5	U（ウラシル）	水素結合	16.7

解説

遺伝子の本体であるDNAの構成要素はヌクレオチドと呼ばれ，五炭糖のデオキシリボーズにリン酸と塩基が結合したものである。塩基が4種類あるため，ヌクレオチドは4種類存在する。4種類の塩基はA（アデニン），T（チミン），G（グアニン），C（シトシン）であり，空欄アにはT（チミン）が入る。U（ウラシル）はRNAの構成要素のヌクレオチドの1種類に含まれる塩基で，T（チミン）の代わりになる。各ヌクレオチドは，五炭糖とリン酸が交互に結合してヌクレオチド鎖をつくる。DNAでは2本のヌクレオチド鎖がそれぞれ反対向きにらせん状に巻きながら，らせんの中心にそれぞれの塩基がくるような構造をとる。各塩基は水素結合によって塩基対をつくる。水素結合は酸素や窒素などの原子間に水素原子が仲立ちとして入ってできる比較的弱い結合である。よって，空欄イには水素結合が入る。共有結合は原子どうしが電子を共有することでできる結合であり，水素結合よりも強い化学結合である。塩基対は必ずAとT，GとCが対をつくる。これはAとTの塩基対では2か所，GとCの塩基対では3か所に水素結合が形成されるためである（相補性）。そのため，DNA中のAとT，GとCの含有量はそれぞれ等しくなる（A=T，G=C）。A+T+G+C=100（%）であり，AがCの2倍量含まれる場合，A=2C=2G，A+T+G+C=2A+2G=6G=100（%），よって空欄ウは，G=16.7（%）となる。

以上より，**2**が妥当である。

正答 **2**

国家Ⅱ種

教養試験

No. 352 生物　生物学の研究者　平成23年度

生物学に関連する人物とその業績に関する記述として最も妥当なのはどれか。

1　ランゲルハンスは，ホルモンという言葉を最初に用いた人物で，十二指腸から膵臓に分泌される物質が膵臓を刺激して，膵液を分泌させることを発見し，この物質を「アドレナリン」と名づけた。また，世界で初めてホルモンの単離に成功した。

2　ローレンツは，ミツバチがダンスを踊ることによって，餌のありかを互いに伝え合っていることを明らかにした。また，ダンスを踊る行動は生まれつき備わっており，経験や学習がなくても出現するものであることを突き止め，これを「刷込み」と呼んだ。

3　メンデルは，キイロショウジョウバエの細胞から染色体を発見した。また，1本の染色体には多数の遺伝子が存在して一緒に行動すること，細胞分裂時に染色体の一部が互い違いに交換され，遺伝子の組合せが一定率で変わることも発見した。

4　ダーウィンは，生物の進化について研究を行い，進化の過程において，「突然変異説」と，よく使用する器官は発達し，使用しない器官は次第に退化するという「用不用の説」により進化を説明し，これらの説を著書『種の起源』にまとめた。

5　リンネは，生物を科学的な手法で体系的に整理し，「種」が生物分類の基本単位であるとした。また，似た種の集まりを「属」とし，さらに属の集まりを「目」とするなど，生物を次第に上位の分類群にまとめるという方法で分類の体系をつくった。

解説

1．ホルモンという言葉を最初に用いたのはベーリスとスターリングである。十二指腸に胃から酸性の内容物が流入すると，十二指腸から「セクレチン」と呼ばれる物質が血液中に分泌され，それがすい臓を刺激してすい液の分泌を促進することが発見された。このように，消化液の分泌を調節する作用を持つ物質を一般にホルモンと呼ぶようになった。ただ，現在のホルモンの定義は，「内分泌腺などの特定の器官で合成され血液によって運ばれて，微量で特定の組織や器官の働きを調節する物質」である。ランゲルハンスはすい臓にインスリンやグルカゴンを分泌する内分泌腺組織を発見し，その組織はランゲルハンス島と名づけられた。世界で初めてホルモンの分離，結晶化に成功したのは高峰譲吉で，アドレナリンで行った。

2．ミツバチのダンスによる情報伝達を研究したのはフォン=フリッシュである。ローレンツはガンのヒナの「刷込み」現象について最初に記載し，後に動物行動学を大成した。ミツバチのダンスは生得的な本能行動であるが，「刷込み」は習得的行動で生後のごく早い時期に起こる，特殊化した学習の一種である。

3．染色体の発見者はネーゲリである。メンデルはエンドウを実験材料として研究し，遺伝の法則を発見した。ショウジョウバエを用いての連鎖や組換えの研究から染色体地図を作成して，遺伝子が染色体の一定の位置に一列に並んでいるという遺伝子説を提唱したのはモーガン。

4．ダーウィンの進化論は，同種個体間の形質の違いである変異に自然選択がかかり，自然選択が代々積み重ねられることで種は進化するという「自然選択説」で説明される。「用不用説」はラマルクによって提唱された。「突然変異説」はド=フリースによって提唱された説で，突然変異が進化の要因であるとしている。

5．妥当である。現在の分類段階は下位から上位へ種・属・科・目・綱・門・界・ドメインとなっている。リンネは「属」の上位に「目」を置いたが，後にその間に「科」が設けられ，「属」の集まりが「科」，「科」の集まりが「目」とされた。

正答　5

国家Ⅱ種

No. 353 教養試験 生物 細胞内の構造 平成22年度

植物や動物の細胞内の構造に関する記述として最も妥当なのはどれか。

1 細胞壁は，植物や動物の細胞組織を保護し，隣接する細胞との結びつきを強くする役割をもっており，タンパク質が主成分である。また，細胞への物質の出入りを調節している。

2 ミトコンドリアは，二重の膜からなり，内膜は多数のひだを形成している。また，酸素を用いて有機物からエネルギーを取り出す好気呼吸の場となっている。

3 液胞は，植物細胞に特有の構造で，クロロフィルなどの色素を含んでおり，水と二酸化炭素から光エネルギーを用いて有機物の合成が行われている。

4 核は，1個の細胞に1個あり，染色体と中心体が含まれている。このうち染色体には遺伝子の本体であるDNAと呼ばれるアミノ酸が含まれている。

5 ゴルジ体は，核の近くにある粒状の構造体で，細胞分裂の際に染色体を分裂させる役割を果たしている。また，内部ではタンパク質の合成が行われている。

解説

1．細胞壁は植物細胞に特有のもので動物細胞にはない（ただし，細菌類は持つ）。主成分はセルロースやペクチンであり，細胞の原形質を保護し隣接する細胞との結びつきを強くしている。体内に骨格を持たない植物が大きく成長できるのは細胞壁を持つためである。また，細胞への物質の出入りを調節しているのは細胞壁の内側にある細胞膜である。

2．妥当である。ミトコンドリアの二重膜のうち，ひだ状の内膜はクリステと呼ばれ，そこで最終的に酸素が消費されて有機物の持つエネルギーがATPに変換される。好気呼吸はミトコンドリアで行われるが，酸素を用いず有機物を分解してエネルギーを取り出す嫌気呼吸は細胞質基質で行われる。

3．液胞は植物で特に発達するが，動物細胞でもまれにみられる。液胞の内部は細胞液で満たされており，有機酸や無機塩類，アントシアンなどの色素が含まれている。クロロフィルを含み，水と二酸化炭素から光エネルギーを用いて有機物を合成する細胞小器官は葉緑体である。

4．核は普通1つの細胞に1個存在するが，骨格筋を構成する横紋筋などは複数の核を持つ多核細胞である。核の内部は核液で満たされており，そこに染色体と核小体が存在する。染色体は遺伝子の本体であるDNA（デオキシリボ核酸）という核酸とタンパク質からできている。核小体はRNA（リボ核酸）と呼ばれる核酸とタンパク質からできている。

5．ゴルジ体は，へん平な袋状構造がいくつも層状に重なっていて，まわりに球状の小胞が散在する細胞小器官である。これは分泌作用に関係が深く，消化液を合成分泌する消化腺の細胞や粘液を分泌する細胞，神経細胞などで発達している。核の近くにあって細胞分裂の際に働く棒状の粒子は中心体である。また，タンパク質を合成する粒状の構造体はリボソームである。

正答 2

生物　生体高分子　平成22年度

生体高分子に関する記述Ａ～Ｄのうち，妥当なもののみを挙げているのはどれか。

Ａ：生体高分子は生体を構成する高分子の総称であり，タンパク質，核酸などを指す。小柴昌俊は，従来の質量分析器で計測できなかった大型でこわれやすい生体高分子の分子量の計測を可能とした功績により，ノーベル化学賞を授与された。

Ｂ：ヘモグロビンは，鉄を含んだタンパク質で，赤血球中に存在し，生命活動の源である好気呼吸に欠かせない酸素を運搬する役割を担う。肺で酸素を受けとった動脈血は，ヘモグロビンに酸素が結びついているため，鮮やかな赤色をしている。

Ｃ：緑色蛍光タンパク質は，発光オワンクラゲの発光器官から発見された蛍光を発するタンパク質である。このタンパク質を指標として，細胞の変化の過程を追跡できる。下村脩は，このタンパク質を初めて単離し，紫外光を当てると緑色に輝くことを発見した功績により，ノーベル化学賞を授与された。

Ｄ：グルカゴンは，すい臓のランゲルハンス島から分泌され，糖の細胞への取り込みと代謝を促進する。この物質の分泌が低下すると，血糖の吸収利用ができなくなり，高血糖状態が続いて糖尿病の原因となる。

1　Ａ，Ｂ
2　Ａ，Ｃ
3　Ｂ，Ｃ
4　Ｂ，Ｄ
5　Ｃ，Ｄ

解説

Ａ：タンパク質のような生体高分子物質の質量分析を可能にしたのは，田中耕一である。その方法は「ソフトレーザー脱離イオン化法」と呼ばれ，1992年にノーベル化学賞が授与された。小柴昌俊はニュートリノの検出に対する貢献で同年，ノーベル物理学賞を受賞した。

Ｂ：妥当である。肺で酸素を受け取った赤血球内のヘモグロビンは，酸素分圧が低い各組織へ移動すると酸素を放出する。その結果，ヘモグロビンの色は鮮紅色から暗赤色に変化する。

Ｃ：妥当である。1990年代に緑色蛍光タンパク質（GFP）の遺伝子が単離され，それを遺伝子組換えによって目的の細胞に導入することで，細胞内での物質変化や細胞そのものの変化を生きたまま時間を追って調べることができるようになった。現在では，さまざまな海洋生物から蛍光タンパク質が作製され利用されている。

Ｄ：グルカゴンは，肝臓や筋肉に作用して貯蔵されているグリコーゲンのグルコース（血糖）への分解を促進し，低下した血糖値を上昇させるホルモンである。副腎髄質から分泌されるアドレナリンも同様の作用を示す。血糖値を下げるホルモンはインスリンだけであるため，分泌が低下すると糖尿病になる。

以上より，**3**が正しい。

正答　3

国家Ⅱ種

教養試験

No.355 生物 ヒトの生体防御・老廃物排出 平成21年度

ヒトの生体防御や老廃物排出に関する記述として最も妥当なのはどれか。

1 体内にウイルスや細菌などの抗原が侵入すると，血小板の一種であるT細胞とB細胞の働きによってこれを排除するタンパク質である抗体が生成され，抗体と結合した抗原は赤血球の食作用により処理される。

2 ヒトの体は，以前に侵入した抗原に対する免疫記憶があり，２回目以降の侵入にすみやかに多量の抗体を生産して反応できる。この性質により体に直接害のない異物に過剰な抗原抗体反応が引き起こされ，生体に不都合な症状が起きることをアレルギーという。

3 肝臓では血液中の有害物の無毒化や不用代謝物の分解が行われ，そのランゲルハンス島の細胞で，タンパク質の分解によって生じた毒性の強いアンモニアが無毒のアミノ酸に分解される。

4 腎臓では，腎小体で血液がろ過されて原尿がつくられる。この原尿は，細尿管を通過する際にアミノ酸が，次の膀胱で残りの多量の水分と無機塩類が血液中に再吸収されて，尿素が濃縮される。

5 一部のホルモンは腎臓の再吸収の作用に関係しており，脳下垂体後葉から分泌されるアドレナリンは水の再吸収を促進し，副腎皮質から分泌されるインスリンは無機塩類の再吸収を調節する。

解説

1．Ｔ細胞とＢ細胞は白血球の一種のリンパ球の細胞である。Ｂ細胞が産生する抗体はグロブリンと呼ばれるたんぱく質で，その抗体と結合した抗原は白血球の食作用で処理される。

2．妥当である。特定の抗原の刺激で増殖分化したクローンのＢ細胞やＴ細胞の一部が免疫記憶細胞として残る。

3．ランゲルハンス島はすい臓の組織で，インスリンやグルカゴンといった血糖量調節にかかわるホルモンを合成分泌する。アンモニアの無毒化は肝臓の肝小葉と呼ばれる組織の細胞にあるオルニチン回路で行われる。ここではアンモニアを二酸化炭素と水を用いて尿素に合成する。

4．原尿が細尿管（腎細管）を通過するときまず再吸収されるのはグルコースである。多量の水や無機塩類も細尿管（腎細管）で再吸収され，膀胱で再吸収されることはない。

5．脳下垂体後葉から分泌され腎臓での水の再吸収を促進するホルモンはバソプレシンである。また，副腎皮質から分泌され，無機塩類の再吸収を促進するホルモンは鉱質コルチコイドである。

正答 2

国家Ⅱ種

教養試験

No. 356 生物 黄色ハツカネズミどうしの交配での表現型の分離比 平成21年度

毛色が黄色のハツカネズミどうしを交配した。このハツカネズミの遺伝子Yは毛色を黄色にする優性遺伝子で，同時に劣性の致死遺伝子でもある。また，Yの対立遺伝子である遺伝子yは毛色を黒色にする劣性遺伝子である。このとき，生まれる子ネズミの毛色ごとの個体数の比率として最も妥当なのはどれか。

黄色：黒色

1 1 ： 1
2 1 ： 2
3 2 ： 1
4 3 ： 1
5 3 ： 2

解説

毛色が黄色のハツカネズミの遺伝子型は，YY か Yy であるが，YY は致死のため存在しない。よって，最初に交配した黄色個体の遺伝子型は Yy であることがわかる。Yy どうしの交配であるから，その子の遺伝子型の分離比は次のようになる。

YY：Yy：yy＝1：2：1

ここで YY は胎児の間に死亡する致死形質のため，Yy と yy だけが残り，表現型の分離比は黄色(Yy)：黒色(yy)＝2：1 となる。

よって，**3**が妥当である。

正答 3

国家Ⅱ種 教養試験

No. 357 地学 岩石と鉱物 平成23年度

岩石や鉱物に関する記述として最も妥当なのはどれか。

1 岩石をつくる鉱物を造岩鉱物といい，主に炭素と金属元素で形成されている。炭素を多く含むものは濃い色をしているので有色鉱物，炭素をあまり含まないものは透明ないし白色なので無色鉱物と呼ばれる。

2 地表や海底にたまった堆積物が固まった岩石を堆積岩と呼び，砂岩，泥岩，大理石などがある。また，マグマの熱や圧力によって，堆積岩が別の岩石につくりかえられたものを変成岩と呼び，石灰岩からは凝灰岩，玄武岩からはチャートがそれぞれつくられる。

3 火成岩のうち深成岩は，マグマがゆっくり冷え固まってできるため，鉱物の結晶が大きな粒となってすきまなく集まっている等粒状組織となる。火成岩のうち火山岩は，マグマが地表付近で急に冷えてできるため，大きな結晶と小さな結晶とからなる斑状組織となる。

4 ダイヤモンドと石墨（黒鉛）はどちらも炭素からなる鉱物であり，結晶構造も同一であるが，その密度や硬度が大きく異なることから，別の鉱物として扱われ，両者は互いに多形の関係にある。同様に石英とカンラン石，黄鉄鉱と磁鉄鉱が，それぞれ多形の関係にある。

5 鉱物に必ず含まれる放射性同位体は，長い間に放射線を吸収し，別の放射性同位体に変化する。もとの半分の量になるまでの時間を半減期といい，放射性同位体の種類にかかわらず半減期は同一であるため，このことを利用して，鉱物が今から何年前にできたのかを推定するのに用いられる。

解説

火成岩と造岩鉱物を中心にした良問である。

1. 造岩鉱物の主成分は酸素，ケイ素で，さらに金属としてアルミニウム，カルシウム，マグネシウム，鉄，ナトリウム，カリウムなどを含む。炭素は主要成分ではない。有色鉱物，無色鉱物は，鉄やマグネシウムなどを多く含むかどうかにより，光の透過性が異なることによる分類である。

2. 文中の大理石は結晶質石灰岩で，接触変成岩である。

3. 妥当である。

4. ダイヤモンドと石墨は結晶構造が異なる。ダイヤモンドは等軸結晶系，石墨は六方晶系である。文中の石英とカンラン石，黄鉄鉱と磁鉄鉱は多形ではない。

5. 放射性同位体の半減期はその種類により異なる。

正答 3

国家Ⅱ種

No. 358

教養試験

地学　地質時代　平成23年度

地質時代に関する記述として最も妥当なのはどれか。

1 地球は約46億年前に誕生したとされており，地質時代は大きく先カンブリア時代，古生代，中生代，新生代に区分される。このうち約20億年前まで続いた先カンブリア時代に，カレドニア造山運動などの大きな変動が起こり，ほぼ現在の大陸が形成された。

2 古生代石炭紀には，ロボク，リンボク，ウミユリなど，高さ20〜30mにも達する巨大なシダ植物が大森林を形成し，それらの植物が石炭のもととなった。また，森林ではシダ植物を主な食料とする初期の恐竜が隆盛した。

3 中生代は古い方から三畳紀，ジュラ紀，白亜紀の三つに区分される。この時代は，海ではアンモナイト，陸上では恐竜などの爬(は)虫類が隆盛した。また，植物界では裸子植物が優勢であったが，白亜紀には被子植物も繁茂するようになった。

4 中生代白亜紀末には，陸上では恐竜類が，海中ではアンモナイトなど多くの動物がほぼ同時に絶滅した。これは白亜紀末に氷河期が訪れたことによるものとされており，最後の氷河期が終わった後の時代を新生代と呼ぶ。

5 生息していた期間が短く，広い地域に分布していた生物の化石は，地層の地質時代を決めるのに有効であるが，そのような化石を示相化石と呼ぶ。例えば，中生代ではアンモナイト，三葉虫，マンモスが示相化石に相当する。

解説

1. 先カンブリア時代は約6億年前までである。現在の大陸の形成・分離は，古生代二畳紀から中生代三畳紀に存在したパンゲア形成の後の時代である。また，カレドニア造山運動は，古生代前期のものである。

2. ウミユリは海にすむ棘(きょく)皮動物である。また，古生代石炭紀には，初期の恐竜は隆盛していない。

3. 妥当である。

4. 恐竜類，アンモナイトなど，中生代に多くの絶滅があった理由はまだ確定していない。隕石衝突による寒冷化などが有力である。最後の氷河期は新生代である。

5. 示準化石についての文章である。例の三葉虫は古生代，マンモスは新生代の示準化石である。示相化石は，その化石が含まれる地層ができた時代の堆積環境がわかる化石である。

正答　3

国家Ⅱ種

教養試験

No. 359 地学 海洋で発生する現象 平成22年度

海洋で発生する現象に関する記述として最も妥当なのはどれか。

1 高潮とは，台風などが近くを通るときに，気圧の低下による海面の吸い上げ作用や強風による海岸への海水の吹き寄せ効果などから，天文潮よりも海面が高くなる現象である。

2 津波とは，地震にともなって海底が急に変化することによって起こされる波で，外洋での波高は１メートル程度であるが，海岸に近づくと波高は高くなる。ただし，リアス式海岸のような湾に入ると，湾奥に進むにつれてエネルギーは分散され，波高は低くなる。

3 潮汐とは，海面の水位が１日に２回高くなったり（満潮），低くなったり（干潮）する現象であるが，そのおもな原因は，海と陸における日中と夜間の温度差によって発生する海陸風によるものである。

4 新月の時に太陽と月の引力が重なることで海面の水位が最も高くなることを大潮といい，満月の時に太陽と月の引力が打ち消されるために最も海面の水位が低くなることを小潮という。

5 海の波は，波長が水深に比べて小さい波である表面波と，ある程度の深さまで動く波である長波に分けられ，エネルギーだけが動く風浪や潮汐は表面波であるが，海水そのものが移動していく津波などは長波である。

解説

1. 妥当である。高潮は台風のもので，風浪の影響も加わる。

2. 外洋での津波の波高は，数cmから数m程度である。陸地に近づくにつれ，水深が浅くなると波長が非常に高くなりやすい。

3. 潮汐の原因は，月と太陽の引力であり，海陸風によるのではない。

4. 大潮となるのは満月と新月の頃（その２～３日後）で，月と太陽と地球が一直線上にあり，起潮力が互いに強められるためである。反対に小潮となるのは上弦と下弦の頃で，地球から見て月と太陽が直角の方向をとるので，起潮力は互いに打ち消し合う。

5. 津波は長波であるが，長波もエネルギーだけが動いている。表面波が円運動であるのに対し，長波は楕円運動（深部ほど南北につぶれた楕円，最深部は往復運動）をしている。

以上より正答は**1**である。

正答 1

国家Ⅱ種

教養試験

No. 360 地学 高気圧と低気圧での大気の動き 平成22年度

図Ⅰは，高気圧と低気圧の大気の動きを横から見た模式図である。図Ⅱは，図ⅠのB点のまわりの地上付近において風の吹く様子を矢印で示したものである。次の記述ア，イ，ウのうち，妥当なもののみをすべて挙げているのはどれか。

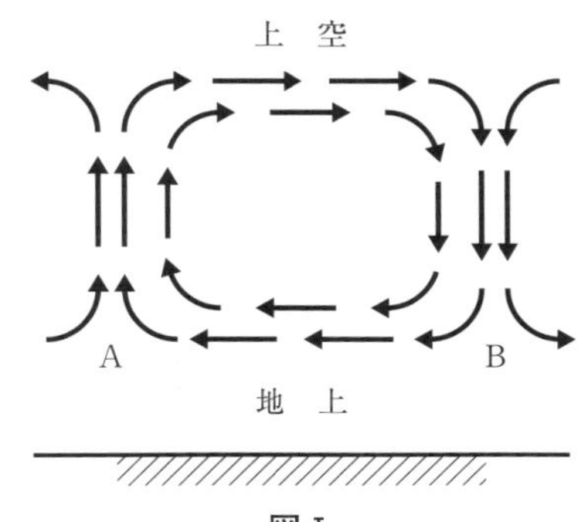

図Ⅰ

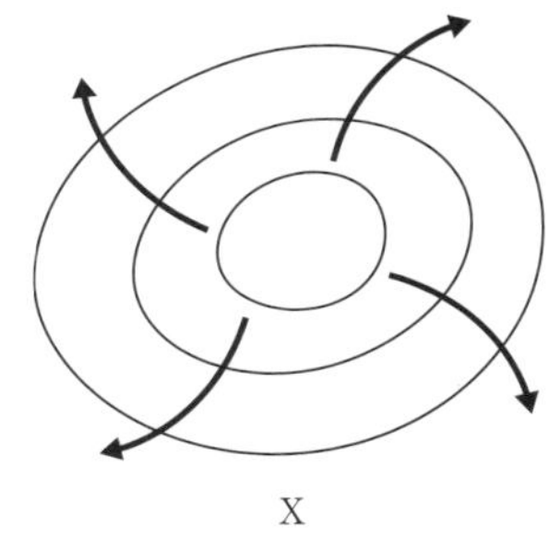

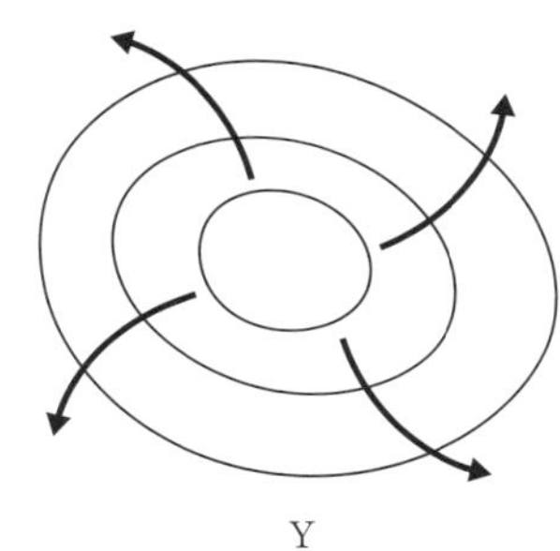

図Ⅱ

ア：A点付近とB点付近を比べると，A点付近の方が晴れている。
イ：北半球において，B点のまわりの地上付近で吹く風の向きを正しく示しているのはXである。
ウ：図Ⅱにおいて，風向きが等圧線に対して直角でないのは，地球が自転しているからである。

1　ア，イ
2　ア，ウ
3　イ
4　イ，ウ
5　ウ

解説

図Ⅰは低気圧の中心付近と高気圧の中心付近の断面を示すものである。上昇気流は低気圧の中心であり（A），下降気流は高気圧の中心を示している（B）。図Ⅱは高気圧の風の吹き出し方であるが，Xは北半球の場合で，Yは南半球の場合である。風の吹き方は，周辺地域で相対的に気圧が最も高いところから吹き出し，最も低いところへ吹き込むのであるが，等高線と水の流れのように，等圧線に直角とならないのは，地球の自転のためである。地衡風の場合，北半球では風は高圧部を進行方向の右に見て吹く。

以上より，正しい組合せは**4**である。

正答　4

文章理解
判断推理
数的推理
資料解釈
時事
物理
化学
生物
地学

国家Ⅱ種 教養試験

No. 361 地学 火山活動 平成21年度

火山活動に関する記述として最も妥当なのはどれか。

1 盾状火山は，玄武岩質で粘性の低いマグマの噴出により，溶岩流が広く流れ出して形成されるため，傾斜のゆるい山となり，噴火が繰り返し起きてできた面積の広い火山が多い。代表的なものにハワイ・マウナロア山がある。

2 成層火山は，二酸化珪素の含有量の少ないマグマの噴火により，同時期に流出した火砕物と溶岩が幾層にも交互に重なり合って堆積するため，整った円錐形となる。我が国では富士山以外には成層火山はほとんどみられない。

3 溶岩円頂丘とは，安山岩質で温度の高い溶岩が，火山活動が収束しつつあるときに火口の上にゆっくりとドーム状に盛り上がったもので，そのまま火山活動を終える場合が多く，なだらかな山容を示す。代表的なものに岩手山や三宅島がある。

4 カルデラの多くは，マグマが急激に上昇して噴出し，爆発によるエネルギーで山体が破壊されてできた窪地である。形成されたカルデラに地下からの湧き水がたまってできた湖としては，諏訪湖や十和田湖などがある。

5 海洋プレートが沈み込むときに，プレート間に生じる摩擦によって発熱が起こり，岩石が溶けてマグマが生じる。火山はマグマがたまった上部に発生すると考えられている。我が国では多くの火山が帯状に分布しており，火山帯の西側のへりは明瞭な線で結ばれ，火山前線と呼ばれる。

解説

1．妥当である。

2．説明はそのとおり。日本の成層火山は，桜島，大山，羊蹄山などほかにも見られる。

3．文中の「温度の高い溶岩」を「温度の低い溶岩」にすれば正しい文となる。マグマの分化では，安山岩質～流紋岩質までが相当するが，噴出するガスが少ないために爆発的な噴火とならない場合に形成が見られる。岩手山，三宅島とも成層火山である。

4．カルデラの説明は正しいが，諏訪湖はカルデラ湖ではなくフォッサマグナの陥没でできた構造湖である。

5．日本の場合，プレートの沈み込みで，ある深さ，温度に達したときに水分が多い岩石の溶融が起こり，その上部に火山が発生するとみられる。よってその深さに達しないところでは火山が見られないことになる。つまり火山前線とは，火山帯の東側のへりをさすのであるから誤り。

正答 1

国家Ⅱ種

教養試験

No. 362

地学　地球の物理的性質　平成21年度

地球の物理的性質に関する記述A，B，Cの正誤の組合せとして，最も妥当なのはどれか。

A　重力は，地上の物体と地球自身との間に働く引力と，地球の自転によって生じる遠心力とが合成された力であり，高緯度地方ほどその値は大きくなる。

B　重力によって地上付近の物体に生じる重力加速度は，重力の大きさが質量に比例することから，質量が大きくなるとともに重力加速度の値も大きくなる。

C　上空約1km以上では地表と大気との間に摩擦力がほとんど働かず，気圧差により生じる気圧傾度力と地球の自転により生じるコリオリの力（転向力）がつり合って，等圧線と平行に地衡風と呼ばれる風が吹く。

	A	B	C
1	正	正	正
2	正	正	誤
3	正	誤	正
4	誤	正	誤
5	誤	誤	正

解説

A：正しい。

B：重力加速度の大きさは物体の質量に依存しない。よって誤り。

C：正しい。

よって，正誤の組合せとして妥当なのは**3**である。

正答　3

国家一般職［大卒］ 教養試験

No. 363 思想 中国の思想家 令和元年度

中国の思想家に関する記述として最も妥当なのはどれか。

1 孔子は，儒教の開祖であり，人を愛する心である仁の徳が，態度や行動となって表れたものを礼と呼び，礼によって社会の秩序を維持する礼治主義を理想とした。そして，現世で仁の徳を積み，礼をよく実践することで，死後の世界で君子になることができると説いた。

2 墨子は，道徳によって民衆を治めることを理想とする儒教を批判し，法律や刑罰によって民衆を厳しく取り締まる法治主義を主張した。また，統治者は無欲で感情に左右されずに統治を行うべきであると説き，そのような理想的な統治の在り方を無為自然と呼んだ。

3 孟子は，性善説の立場で儒教を受け継ぎ，生まれつき人に備わっている四つの善い心の芽生えを育てることによって，仁・義・礼・智の四徳を実現できると説いた。また，力によって民衆を支配する覇道を否定し，仁義の徳によって民衆の幸福を図る王道政治を主張した。

4 荘子は，儒教が重んじる家族に対する親愛の情を身内だけに偏った別愛であると批判し，全ての人が分け隔てなく愛し合う兼愛を説いた。さらに，水のようにどんな状況にも柔軟に対応し，常に控えめで人と争わない柔弱謙下の態度を持つことが，社会の平和につながると主張した。

5 朱子は，人が本来持っている善悪を判断する能力である良知を働かせれば，誰でも善い生き方ができるとして，支配階層の学問であった儒学を一般庶民にまで普及させた。また，道徳を学ぶことは，それを日々の生活で実践することと一体となっているという知行合一を主張した。

解説

1. 孔子は，人として身につけるべき普遍的かつ最も基本的な徳を，人を愛する心である仁に求め，それが行動や態度に表れたものを礼と呼んだ。またこの仁と礼を備えた理想的な人間を君子と呼び，現世において君子自らが仁と礼を実践して手本となることが人々の人間性を育てることにつながり，社会はおのずから正しくなるとする徳治主義を理想とした。礼治主義は，性悪説を説いた儒学者である荀子の政治思想である。

2. 法治主義は韓非子らの思想で，人間の本性は悪であり，善に導くためには人間の利己心を利用して，賞罰により社会の秩序を維持するべきであるとする考えである。無為自然は老子の思想であり，理想の君子は，万物を生み出す根源でありあらゆる現象を成り立たせる原理である「道」の働きに任せて政治を行うべきであるとした。墨子は儒教が重視する家族的な親愛の情を，偏った差別的な別愛と批判し，すべての人が分け隔てなく愛し合う普遍的な兼愛を重んじた。また非攻を貫く国が多くなることで平和が実現すると考えた。

3. 妥当である。

4. 儒教を批判し，兼愛を説いたのは墨子，柔軟で人と争わず，常に控えめである柔弱謙下（じゅうじゃくけんげ）の心を持つことが平和につながると主張したのは老子である。荘子は老子の思想を深め，独自の哲学を築いた。ありのままの自然の世界は，善悪，貧富，生死などの区別を超えてみな等しい万物斉同であり，そのような世界をありのままに肯定する自由な精神の持ち主を真人と呼び，人間の理想とした。

5. 人が本来持っている良知を働かせることで誰でもよい生き方ができるとする致良知，道徳を学ぶことと日々の生活での実践は一体であるとする知行合一を説いたのは王陽明である。彼によって創始された実践的な儒学は陽明学と呼ばれる。朱子は，万物を支配する原理を理，万物の物質的な素材を気とする理気二元論により世界の成り立ちを説明し，社会の制度や秩序となる理を学び，私欲を慎む居敬窮理（きょけいきゅうり）を道徳の基本とした。

正答 3

No. 364 教養試験

思想　古代ギリシャの思想家　平成30年度

古代ギリシャの思想家に関する記述として最も妥当なのはどれか。

1　ピタゴラスを創始者とするストア派の人々は，自然全体は欲望の支配する世界であり，人間はその一部として自然によって欲望の情念（パトス）が与えられていると考えた。その上で，欲望の情念を克服し，理性を獲得する禁欲主義を説き，自然から隠れて生きることを主張した。

2　ソクラテスは，肉体や財産，地位などは自分の付属物にすぎず，真の自分は魂（プシュケー）であると主張した。また，人間が善や正を知れば，それを知る魂そのものがよくなって魂の優れた在り方である徳（アレテー）が実現し，よい行いや正しい行いを実行すると考えた。

3　プラトンは，物事全般について本質を問題にし，具体的な個々の事物に内在し，それらの本質となる普遍的なものを知ることこそが，徳であると考えた。そのような普遍的なものをイデアと呼び，惑わされやすい理性ではなく，感覚によってイデアは捉えられるとした。

4　アリストテレスは，プラトンの思想を批判し，優れた理性で捉えられる具体的な個々の事物こそが実在であり，本質は個々の事物から独立して存在すると主張した。そのような本質を認識し，魂の本来の在り方を現実化できる哲学者による哲人政治を理想とした。

5　エピクロスは，人間は本来快楽を追求する存在であり，肉体的快楽を追求することによって精神的不安や苦痛が取り除かれ，真の快楽がもたらされると考えた。このような思想は功利主義と呼ばれ，エピクロスは，自然に従って生きることを説いた。

解説

1．ストア派の創始者はゼノンである。ストア派の人々は，自然全体は理性の支配する世界であり，人間はその一部として自然によって理性（ロゴス）が与えられていると考えた。そのうえで，欲望の情念を克服した状態（アパティア）を実現する禁欲主義を説き，自然に従って生きることを主張した。

2．妥当である。

3．プラトンは物事の本質を問題にしたが，その本質は個々の事物とは異なる世界に存在し，個々の事物は普遍的な本質の影のようなもので不完全であると考えた。そうした普遍的な本質をイデアと呼び，それは感覚ではなく理性によってとらえられるとした。

4．アリストテレスは，プラトンに対して，感覚でとらえられる具体的な個々の事物こそが実在であり，本質は個々の事物に内在すると主張した。哲人政治を理想としたのはプラトンである。

5．エピクロスは，肉体的快楽ではなく永続的・精神的な快楽を追求することにより精神的不安や苦痛が取り除かれた永続的な魂の平安（アタラクシア）の状態に至り，真の快楽がもたらされると考えた。この思想は快楽主義と呼ばれ，エピクロスは，魂を乱す原因となる世俗を避けるために「隠れて生きよ」と説いた。

正答　2

思想
日本史
世界史
地理
政治・法律
経済

国家一般職［大卒］ No. 365 教養試験

思想 近現代の欧米の思想家 平成29年度

近現代の欧米の思想家等に関する記述として最も妥当なのはどれか。

1 プラグマティズムを発展させたジェームズは，真理の基準は実生活に役立つという性質を持っているとする，真理の有用性という独自の理論を打ち立てた。さらにジェームズは，この実用主義の立場から宗教の価値を論じ，科学的な思考と宗教とを調和させようとした。

2 M.ヴェーバーは，近代社会においては，官僚制の原理に基づき，反理性的なものを日常生活から排除し，巧妙に管理する仕組みにより，人間を社会に順応させるための見えない権力が働いていることを明らかにした。また，合理化が進むことでそこから解放され，無気力化が抑制されるとした。

3 ハイデッガーは，フランクフルト学派の代表的な哲学者であり，人間は，誰もが日常生活の中で個性的で独自な在り方をしているとした。そして，世の中で出会う様々な他者に関わることで，人間が死への存在であるために生じる不安が解消され，環境によりよく適応することができるとした。

4 フロムは，ヒューマニズムに基づく社会変化の観察から，伝統指向型，内部指向型，他人指向型の三類型を立てた。現代では内部指向型が支配的であり，マスメディアで喧伝されるものにより人々が不安や孤独に駆られ，身辺な仲間も否定するようになると指摘した。

5 ロールズは，社会全体の効用の最大化を目指す功利主義を主張した。自己の能力や立場などを知ることができない無知のベールがかけられた原初状態においては，より質の高い精神的快楽，すなわち献身の行為を追求すべきだという正義の原理を説いた。

解説

1．妥当である。アメリカの哲学者・心理学者ジェームズは，宗教も含めて，ある考え方が真理といえるかは，その考えに基づいて行為したときに望ましい結果が得られるかどうかで判断できるとする「真理の有用性」を唱えた。

2．官僚制が人間に及ぼす作用については妥当であるが，合理化が進むことで無気力化が抑制されるのとは逆に，過度に個人を抑制し責任意識を失わせることで無気力化が進むとした。

3．ハイデッガーはフランクフルト学派ではなく実存主義の哲学者であり，人間は日常生活の中で社会に埋没し，個性のない「ひと」として存在しているとする。また死を意識することからくる不安は，他者との関わりでは解消されず，死の可能性に向き合うことで，誰とも代わることのできない固有の自己の存在に目覚めると考えた。

4．人間の社会的性格を伝統指向型・内部指向型・他人指向型の三類型に分けたのはアメリカの社会心理学者リースマンで，現代の大衆社会では，孤独と不安を恐れて他人の行動に同調し，他人の評価を基準にする他人指向型が支配的であるとした。ドイツ・新フロイト派の社会心理学者フロムは，現代人は近代が理想とした「～からの自由」を獲得したが，自由がもたらす孤独と不安に耐えきれず，新たな権威への服従を求めるようになり，それがファシズムの信奉につながったとし，そうした社会的性格を権威主義的性格と呼んだ。

5．アメリカの政治哲学者ロールズは功利主義を批判し，原初状態の下での正義の原理は，第一にすべての人が等しく自由を与えられること（第１原理），第二に格差が生じるとしてもそれはすべての人に平しく機会が与えられた公正な競争の結果でなければならず，その格差は不遇な人々の生活を改善することにつながるものでなければならない（第２原理）とした。質的功利主義の立場から，快楽の中でも他人を思いやり，社会に貢献することで得られる幸福感といった質の高い快楽を重んじたのは，イギリスの哲学者・経済学者ミルである。

正答 1

No.366 思想 日本の近代思想 平成28年度

次は，我が国の近代思想に関する記述であるが，A～Dに当てはまるものの組合せとして最も妥当なのはどれか。

○　明治期の思想家である［　A　］は，ルソーの『社会契約論』を翻訳し，『民約訳解』として出版した。そこに示された主権在民の原理や抵抗権の思想は，自由民権運動に新たな理論的基礎を与える役割を果たした。

○　夏目漱石は，「日本の現代の開化は外発的である」と述べ，西洋のまねを捨て自力で自己の文学を確立しようと決意した。晩年には，自我の確立とエゴイズムの克服という矛盾に苦闘し，［　B　］の境地に到達したといわれている。

○　西田幾多郎は，［　C　］において，主観（認識主体）と客観（認識対象）との二元的対立から始まる西洋近代哲学を批判し，主観と客観とが分かれていない主客未分の経験を純粋経験と呼んだ。

○　大正期には大正デモクラシーと呼ばれる自由主義・民主主義的運動が展開された。［　D　］は，民本主義を主張し，主権が天皇にあるのか国民にあるのかを問わず，主権者は主権を運用するに際し，国民の意向を尊重し，国民の利益と幸福を目的としなければならないとした。

	A	B	C	D
1	中江兆民	則天去私	『善の研究』	吉野作造
2	中江兆民	諦念	『善の研究』	美濃部達吉
3	中江兆民	諦念	『倫理学』	吉野作造
4	内村鑑三	則天去私	『倫理学』	美濃部達吉
5	内村鑑三	諦念	『善の研究』	吉野作造

解説

1つ目の記述は中江兆民（1874～1901年）の思想。フランス流の急進的民権論の立場をとり，主権在民や国民の抵抗権・革命権を主張した。

2つ目の記述は夏目漱石（1867～1916年）の思想で，日本の近代化を西洋からの圧力によるものと批判し，自己の主体性の確立をめざす個人主義（自己本位）を唱えた。しかし晩年には私を去って天の命ずるままに任せる則天去私の境地に達した。

3つ目の記述は西田幾多郎（1870～1945年）の思想で，西洋近代哲学とは異なる東洋の論理として，主観と客観が分かれていない純粋経験こそ真の実在であると，主著『善の研究』で説いた。

4つ目の記述は，吉野作造（1878～1933年）の思想。明治憲法下での天皇主権を前提としつつ，主権を運用する上では民衆の意向を尊重し，その利益と福利を目的とする民本主義を説いた。なお内村鑑三（1861～1930年）は直接聖書の言葉に向き合う無教会主義を唱えるとともに，キリスト教の立場で日本を愛する「二つのＪ」に献身した。諦念は森鷗外（1862～1922年）の思想で，社会と個人の葛藤に対して，ただ自己を貫くのではなく，順応し受け入れるという考え方。『倫理学』は和辻哲郎（1889～1960年）の著作。美濃部達吉（1873～1948年）は，主権は国家にあり，天皇は法人である国家の最高機関とする天皇機関説を唱え，大正デモクラシーの理論的支柱となった。

よって，A：中江兆民，B：則天去私，C：『善の研究』，D：吉野作造となり，正答は**1**である。

正答　1

国家一般職［大卒］ No. 367 教養試験

思想 中国の思想家 平成27年度

中国の思想家に関する記述として最も妥当なのはどれか。

1 孟子は，人間は生まれつき我欲を満たそうとする自己中心的な悪い性質をもっているが，それを矯正することによって四つの善い心の表れである四徳が実現され，誰でも道徳的な善い人格を完成させせることができると説いた。

2 荘子は，天地万物に内在する宇宙の原理（理）と万物の元素である運動物質（気）によって世界の構造をとらえた。そして，理と一体化した理想の人格のことを君子と呼び，君子が彼の理想の生き方であった。

3 荀子は，人間は生まれながらにして善い性質をもっているが，人間の性質を更に善いものへと変えていくためには，教育・礼儀・習慣などの人為的な努力が必要であるとした。そして，このような人為的な努力を大丈夫と呼んだ。

4 朱子は，法律や刑罰によって民衆を治める法治主義の方が，仁と礼を備えた理想的な人間である真人が為政者となって道徳により民衆を治める徳治主義よりも優れたものと考え，政治の理想とした。

5 王陽明は，人間の心がそのまま理であるとし，その心の奥底に生まれながらに備わる良知のままに生きることを目指した。また，「知は行のはじめであり，行は知の完成である」と主張し，知と実践の一致を説く考えである，知行合一の立場をとった。

解説

1．孟子（前372年頃～前289年頃）は人間の本性は善であるとする性善説に立つことから，妥当ではない。「四つの善い心……」以降は，他人への同情心である「惻隠（そくいん）の心」，自分の悪を恥じ，他人の悪を憎む「羞悪の心」，他人に譲りへりくだる「辞譲の心」，ものごとの是非・善悪を判断する「是非の心」の四つの徳を養い育てることで，仁・義・礼・智の四徳が実現されると説いた孟子の思想に関するものである。

2．朱子の思想に関する記述である。道家の荘子（前4世紀後半頃とされる）は，善悪・生死・貴賤（きせん）といった人為的・相対的な価値対立を捨て，万物は皆ひとしいという「万物斉同」の考えの下，おおらかな絶対自由の境地に遊ぶ「真人」を理想とした。

3．荀子（前298年頃～前235年頃）は，人間の本性は悪であるとする性悪説に立つことから，妥当ではない。本来は悪である人間を矯正し，社会の秩序を保つために，教育や礼儀などが必要であると考えた。また，「大丈夫」は孟子が理想とした人間像で，常に道徳を実践しようとする力強い気持ちである「浩然の気」を養う者をさす。

4．法家の韓非子（？～前233年）の思想に関する記述で，賞罰を厳格に行う信賞必罰により，法に基づく政治を行うべきことを主張した。朱子（1130～1200年）は，私欲を慎んで理を究明する態度である「居敬窮理（きょけいきゅうり）」を重んじた。

5．妥当である。王陽明（1472～1528年）は，朱子学を批判し，人間の生まれながらの心がそのまま理であり，善悪を判断する能力である「良知」を発揮すべきであると説いた。また，真に知ることと実行することは同一であるとする「知行合一」を主張した。

正答 5

国家一般職［大卒］

No. 368 教養試験

思想　中世における日本文化と思想　平成26年度

中世における日本文化と思想に関する記述として最も妥当なのはどれか。

1　臨済宗の開祖である栄西は，宋から抹茶法を伝え，茶道を大成した。著作である『喫茶養生記』において，今日という会は二度とない一生に一度の会であり，決しておろそかにせず心をこめて行うという心得「一期に一度の会」を説き，「一期一会」の語源となった。

2　時宗を開いた一遍は，後に盆踊りなど各地の民俗芸能の群舞の源流となる踊念仏を始め，各地を遊行した。雑念を捨てて「南無妙法蓮華経」と唱えながら踊ることで，悟りを開いて極楽浄土に往生することができると説き，「阿弥陀聖」と呼ばれた。

3　吉田兼好（卜部兼好）は，著作『徒然草』において，無常観に立って，この世の地位や名誉に執着することの愚かさ，移ろいゆく自然のはかない美しさをめでる心などを記した。

4　世阿弥は，能を完成させ，最初の能楽の理論書である『風姿花伝』を著した。優れた役者を「花」と呼び，「花」となるには，他者の心情への共感である「もののあはれ」の心を知ることが重要であると主張し，それを「秘すれば花なり，秘せずは花なるべからず」と表現した。

5　明に渡って技法を学び，日本の水墨画を大成した雪舟は，墨の濃淡や線の強弱だけで艶やかさを表現し，人間を個性豊かに描いた美人画と呼ばれる多くの作品を残した。

解説

1．栄西は鎌倉仏教の一つである臨済宗の開祖で，中国から日本に抹茶を伝え，著書『喫茶養生記』で抹茶の製法や効用を説いた。「一期一会」は戦国から安土桃山時代の茶人である千利休の茶道の心得である。

2．一遍は鎌倉時代の僧侶で，浄土宗の流れから時宗を開き，すべての人が救われるとして，踊りながら「南無阿弥陀仏」と唱える踊念仏により民衆に教えを広めた。「南無妙法蓮華経」は同じく鎌倉時代の僧侶である日蓮の開いた日蓮宗の題目。「阿弥陀聖」は平安から鎌倉時代の僧侶の空也をそう呼んだのがはじめで，いずれも妥当ではない。

3．妥当である。吉田兼好は鎌倉時代末期から南北朝時代にかけての歌人・随筆家で，随筆『徒然草』は仏教的無常観を特徴としている。

4．世阿弥は室町時代の猿楽師で，父の観阿弥とともに能楽を大成した。能楽の理論書『風姿花伝』を著し，優雅で妖艶な「幽玄」の美を説いた。「もののあはれ」は，自然や人生にふれて起こるしみじみとした感情や他者の心情への共感である。

5．雪舟は室町時代の水墨画家であり，明に渡って画法を学び，日本独自の水墨画を確立し，山水画を多く残した。美人画は江戸時代の浮世絵に多く見られるものである。

正答　3

国家一般職［大卒］ 教養試験

No. 369 思想 近代の西洋思想 平成25年度

近代の西洋思想に関する記述A，B，Cに該当する思想家の組合せとして最も妥当なのはどれか。

A：歴史を，絶対精神が人間の自由な意識を媒介として自己の本質である自由を実現していく過程であると考え，「世界史は自由の意識の進歩である」と説いた。また，自由や道徳の問題を，個人の内面の主観的なあり方にとどまらず，現実社会の客観的な法や制度にあらわれる，人倫の問題としてとらえた。

B：善悪の基準を行為の功利性におき，総計して最も多くの人々に最も大きな幸福をもたらす行為が最善の行為であると考え，「最大多数の最大幸福」の実現こそ，道徳と立法の原理であると説いた。また，快楽を七つの基準を用いて量的に計算するという単純化によって，私益と公益とを調和させようとした。

C：知性を，行動によって環境との関係を調整しながら生きる人間の，環境への適応を可能にする道具ととらえる道具主義を説き，プラグマティズムを大成したとされる。また，高度に組織化された産業社会では自由放任は無力であるとして，社会化された集合的個人主義として，民主主義を確立しようとした。

	A	B	C
1	オーウェン	J.S. ミル	デューイ
2	オーウェン	ベンサム	フーコー
3	ヘーゲル	J.S. ミル	デューイ
4	ヘーゲル	J.S. ミル	フーコー
5	ヘーゲル	ベンサム	デューイ

解説

A：ドイツの哲学者ヘーゲル（1770～1831年）についてである。歴史が発展していく原動力を「絶対精神」と呼び，歴史はその絶対精神が自ら展開し，自由を実現していく過程であると考えた。また，自由な精神が客観的な形となって具体化されたものを人倫と呼び，愛情によって結ばれた共同体である家族，家族から独立して自由で平等になった個人が自己の欲望を満たすために経済活動を行う市民社会，そして家族の共同性と市民社会の個人の独立を統合した国家へ発展していくことで人倫が完成すると考えた。オーウェン（1771～1858年）はイギリスの空想的社会主義者で，人道的な立場から労働者の地位向上や女性・児童の保護に尽力した。

B：イギリスの法律学者ベンサム（1748～1832年）についてである。人間は快楽を求め苦痛を避ける傾向があり，人間の行為のうち快楽をもたらし幸福を増すものが善であり，功利性を持つと考えた。そして等質な個人の集合で社会が成り立つと考えると，個人が快楽を追求することが結果として社会全体の幸福を高め，道徳の基準にもなると主張し，それを「最大多数の最大幸福」と呼んだ。J. S. ミル（1806～1873年）はベンサムの功利主義を修正し，快楽の中でも感覚的なものより精神的なもののほうが質的に高く，均質ではないため数量的に計算することはできないと考えた。また，利己心だけでなく利他心から快楽を追及することが，功利主義の理想である人類全体の普遍的な幸福の追求につながると主張した。

C：アメリカの哲学者デューイ（1859～1952年）についてである。知性を人間の生活上の問題解決や社会全体の進歩に役立てるための道具であると考えた。また，その知性によって個々が考え，行動を決めることで自由が保障され，社会全体として民主主義が確立されていくと考えた。フーコー（1926～1984年）はヨーロッパ近代の人間中心主義，合理主義を批判し，近代社会における知性は権力に支配され，そこから外れたものは「狂気」として排除されると説いた。

よって，正答は**5**である。

正答　5

国家一般職［大卒］
No. 370 教養試験
思想　思想家とその著作　平成24年度

次のA，B，Cは，ある思想家の著作（共著を含む）からの抜粋と，その人物について述べた文章である。人名の組合せとして最も妥当なのはどれか。

A．

> 倫理は，私が，すべての生きんとする意志に，自己の生に対すると同様な生への畏敬をもたらそうとする内的要求を体験することにある。これによって，道徳の根本原理は与えられたのである。すなわち生を維持し促進するのは善であり，生を破壊し生を阻害するのは悪である。

著者はアフリカに渡り，現地で医療活動に従事し「密林の聖者」と呼ばれた。その思想は，人間の倫理的な立場を，人間だけでなくすべての生命を敬い，すべての苦しむ生命を助けようとつとめることにあるとするもので，生命の尊重をすべてに優先する課題であるとした。

B．

> 実存主義の考える人間が定義不可能であるのは，人間は最初は何ものでもないからである。人間はあとになってはじめて人間になるのであり，人間はみずからがつくったところのものになるのである。

著者は，哲学に加えて小説・評論の発表や政治運動にも活躍した。著者によれば，実存としての人間は，何ものとも決められないままこの世に存在し，そののちにみずからを未来の可能性にむかって投げかけ，自分が何であるかを自由につくりあげていく存在であるとして，このような人間のあり方を「実在は本質に先立つ」と表現した。

C．

> じつのところ，われわれが胸に抱いていたのは，ほかでもない。何故に人類は，真に人間的な状態に踏み入っていく代りに，一種の新しい野蛮状態へ落ち込んでいくのか，という認識であった。

著者はフランクフルトの社会研究所で研究したが，ナチスのユダヤ人公職追放によって英国に亡命，戦後は帰国して同研究所の再建に参加した。また，共著『啓蒙の弁証法』において，野蛮から脱出して文明を築き上げた人間の理性が，まさにその自然を支配しようという努力によって野蛮に逆戻りすることを説明した。

	A	B	C
1	シュヴァイツァー	サルトル	フロイト
2	シュヴァイツァー	サルトル	アドルノ
3	シュヴァイツァー	ユング	フロイト
4	ハーバーマス	ユング	アドルノ
5	ハーバーマス	ユング	フロイト

思想
日本史
世界史
地理
政治・法律
経済

解説

A．フランスの医師・哲学者シュヴァイツァー『文化と倫理』。すべての生物が持つ「生きようとする意志」を尊重する「生命への畏敬」の思想から，生命を維持し，生きる力を促進することを善，生命を破壊し，生きようとする力を阻害することを悪とする原理により，文化の再建と永遠の平和がもたらされると説いた。

B．フランスの実存主義の哲学者サルトル『実存主義とは何か』。人間は自分のあり方を自由に選んで，自分をつくっていく存在であることを「実存は本質に先立つ」と表現し，自由であるがゆえに自分自身のすべてに責任を負い，さらに社会に対しても責任を持つため社会参加（アンガージュマン）を実践すべきと考えた。

C．ドイツのフランクフルト学派の哲学・社会学者アドルノ『啓蒙の弁証法』。合理的で自由な人間社会を築く原動力となった理性が，自然を支配し，人間をコントロールする「道具的理性」へと変質したことによって，ファシズムのような新しい野蛮を出現させたと考えた。

フロイトはオーストリアの精神分析学者で，人間の心の構造は自我・イド・超自我の領域からなり，それらを調整しながら社会生活を送っていると考えた。また人間の行動における無意識の働きを重視した。主著は『精神分析入門』。ユングはスイスの心理学者で，無意識を，個人の経験に基づいた「個人的無意識」と人類の重ねてきた体験に基づいた「集合的無意識」に分類した。主著は『無意識の心理学』。ハーバーマスはドイツ・フランクフルト学派の社会学者であるが，アドルノらとは逆に，理性を肯定的にとらえる「コミュニケーション的合理性」を主張した。主著は『コミュニケーション的行為論』。

よって，正答は**2**である。

正答　2

国家Ⅱ種 教養試験

No. 371 思想 近代の日本の思想家 平成23年度

次のA，B，Cは，近代の思想家の著述（抜粋）とその人物に関する記述であるが，それぞれの思想家名の組合せとして最も妥当なのはどれか。

A．

> 日本は，古来未だ国を成さずと云ふも可なり。今若し此の全国を以て外国に敵対する等の事あらば，日本国中の人民にて，仮令ひ兵器を携へて出陣せざるも，戦のことを心に関する者を戦者と名づけ，此の戦者の数と彼の所謂見物人の数とを比較して何れか多かる可きや，預め之れを計りて其の多少を知る可し。嘗て余が説に，日本には政府ありて国民（ネーション）なしと云ひしも是の謂なり。

彼は，主著『文明論之概略』において，古今東西の文明発達の事例を挙げ，日本の独立を確保するためには，西洋近代文明を摂取し，日本の近代化を図るべきであると主張した。

B．

> 英仏の民権は恢復的の民権なり。下より進みてこれを取りしものなり。世また一種恩賜的の民権と称すべきものあり。上より恵みてこれを与ふるものなり。……たとひ恩賜的民権の量いかに寡少なるも，……善く護持し，善く珍重し，道徳の元気と学術の滋液とを以てこれを養ふときは，……漸次に肥腯となり，長大となりて，かの恢復的の民権と肩を並ぶるにいたるは，正に進化の理なり。

彼は，民主国家の成立は「進化の理」であると考え，日本の現状では，まず立憲政治を確立し，「恩賜的民権」をしだいに「恢復的民権」に育てあげていくことが，進化の段階にかなっていると主張した。

C．

> 日露戦争に由て私は一層深く戦争の非を悟りました，……戦争は人を不道理になすのみならず，彼を不人情になします，戦争に由て人は敵を悪むのみならず，同胞をも省みざるに至ります，人情を無視し，社会を其根底に於て破壊する者にして戦争の如きはありません，戦争は実に人を禽獣化するものであります。

彼は，誠実で正しい日本人と日本の在り方を生涯追い求め，「武士道の台木に接木されたるキリスト教」を唱えたが，それは社会正義を重んじ，利害打算を超越して真理のために戦うという武士道精神に根ざす日本的キリスト教であった。

	A	B	C
1	福沢諭吉	中江兆民	内村鑑三
2	福沢諭吉	中江兆民	新渡戸稲造
3	福沢諭吉	板垣退助	内村鑑三
4	森　有礼	板垣退助	新渡戸稲造
5	森　有礼	板垣退助	内村鑑三

解説

A．福沢諭吉の思想。日本が独立した国家となるためには，一人ひとりが自然科学や社会科学などの実学を学んで，独立することが大切であると考えた。

B．中江兆民の思想。フランスの思想家ルソーの影響を受けながら，日本ではヨーロッパのように民衆の側から自由・平等を勝ち取る「恢復の民権」ではなく，上から与えられる「恩賜の民権」を育てていくべきだと考え，自由民権運動に思想的な影響を与えた。

C．内村鑑三の思想。日本の代表的キリスト者として，国とイエスをともに愛す「二つのＪ」を説いた。またキリスト者の立場から絶対的平和主義をとり，非戦論を主張した。

よって**1**が妥当である。

森有礼は，初代文部大臣として日本の近代学校制度の骨格をつくった。また，当時の代表的知識人による啓蒙団体である「明六社」を起こした。板垣退助は，自由党の創立者で自由民権運動の中心となった。新渡戸稲造は，クリスチャンの教育家・農学者で，日本や日本人について英文で著した『武士道』は広く世界で読まれた。

正答　1

国家Ⅱ種 教養試験

No. 372 思想 古代ギリシャの哲学者 平成23年度

ギリシャの哲学者に関する記述A～Dのうち，妥当なもののみを挙げているのはどれか。

A：ソクラテスは，自分の無知を自覚しているという点で，自分は他の者よりも優れているのだと考え，問答を通して，人々を独断や思いこみから解放し，無知の知を悟らせるようにつとめた。また，徳は知的な営みのなかで実現できるものであり，本来人間の魂は，何が真の善であり徳であるかを知れば，必ず正しい行為を行うようになるという知徳合一を主張した。

B：プラトンは，理性によってとらえられる真の実在，永遠不変の本質をイデアと呼び，すべてのイデアを統一する最高のイデアは「善のイデア」であるとした。また，知恵・勇気・節制という三つの徳が調和したときに人間の魂は最もよい状態となり，正義の徳を実現することができると説き，これらの徳は四元徳として，ギリシャ人の道徳性の基礎とされた。

C：アリストテレスは，事物の本質を質料（ヒュレー），事物の素材を形相（エイドス）と呼び，真の実在は現実の個物にほかならないとした。また，国家を構成する統治者階級，軍人階級，生産者階級が，それぞれの本分を果たして徳を発揮するとき，国家全体に正義が実現されるとし，知恵にすぐれた哲学者が政治を行わなければならないという哲人政治を唱えた。

D：ゼノンは，自然と調和して生きることを理想とするストア学派を創始し，肉体や死の恐怖にわずらわされない魂の平安（アタラクシア）を得ることをめざした。過度と不足の両極端を避け，その中庸の徳を習慣化することによって，永続的で安定した精神的快楽が実現されるとした。

1 A，B
2 A，C
3 B，C
4 B，D
5 C，D

解説

A：妥当である。ソクラテスの無知の知，知徳合一の思想について。

B：妥当である。プラトンのイデア論と四元徳の思想について。

C：アリストテレスは，事物の本質を形相（エイドス），素材を質料（ヒュレー）とした。哲人政治はプラトンの思想。

D：アタラクシアは快楽主義のエピクロス派の目指す境地。ストア派は禁欲主義の立場から，理性と意思の力で欲望を抑制することで得られる平静な境地（アパテイア）に達することをめざした。また中庸の徳は，アリストテレスの思想。よって，A，Bを含む**1**が妥当である。

正答 1

No. 373 思想 鎌倉仏教の宗派 平成22年度

鎌倉仏教の宗派の考えが述べられた書物の抜粋Ａ～Ｄに該当する宗派名の組合せとして最も妥当なのはどれか。

Ａ：大宋ノ人，多ク得道スルコト，皆坐禅ノ力ナリ。一文不通ニテ，無才愚鈍ノ人モ，坐禅ヲ専ラニスレバ，多年ノ久学聡明ノ人ニモ勝レテ出来スル。然バ，学人祗管打坐シテ他ヲ管ズルコトナカレ。仏祖ノ道ハ只坐禅也。他事ニ順ズベカラズ。

Ｂ：帝王は国家を基として天下を治め，人臣は田園を領して世上を保つ。而るに他方の賊来つて其の国を侵逼し，自界叛逆して其の地を掠領せば，豈驚かざらんや。豈騒がざらんや。国を失ひ家を滅せば，何れの所にか世を遁れん。汝，須らく，一身の安堵を思はば，先づ四表の静謐を禱るべきものか。・・・汝，早く信仰の寸心を改めて，速かに実乗*の一善に帰せよ。然れば則ち三界は皆仏国なり，仏国其れ衰へんや。

Ｃ：たゞ往生極楽のためニハ，南無阿弥陀仏と申て，疑なく往生スルゾト思とりテ，申外ニハ別ノ子さい(細)候ハず。但三心四修と申事ノ候ハ，皆決定して南無阿弥陀仏にて往生スルゾト思フ内ニ籠り候也。此外ニをくふか(奥深)き事を存ぜバ，二尊ノあ(憐)ハれみニハヅレ，本願ニもれ候べし。

Ｄ：善人なをもちて往生をと(遂)ぐ，い(況)はんや悪人をや。しかるを，世のひとつねにいはく，『悪人なを往生す，いかにいはんや善人をや』と。この条，一旦そのいはれあるに(似)にたれども，本願他力の意趣にそむけり。そのゆへは，自力作善の人は，ひとへに他力をたのむこゝろか(欠)けたるあひだ，弥陀の本願にあらず。

（注）＊実乗：真実の仏法

	A	B	C	D
1	日蓮宗	臨済宗	浄土宗	浄土真宗
2	日蓮宗	臨済宗	浄土真宗	浄土宗
3	曹洞宗	臨済宗	浄土真宗	浄土宗
4	曹洞宗	日蓮宗	臨済宗	浄土宗
5	曹洞宗	日蓮宗	浄土宗	浄土真宗

解説

Ａ：道元の弟子・懐奘『正法眼蔵随聞記』。道元は，人はみな悟り得る可能性を持っており，ただひたすら座禅に打ち込むことで悟りに至ることができる（只管打坐）と説き，曹洞宗の祖となった。

Ｂ：日蓮『立正安国論』。日蓮は自らを，唯一至上の『法華経』により国を救う使命を受けた者と信じ，その教えを広めるため，「南無妙法蓮華経」と唱えることでだれもが成仏できると説き，日蓮宗を開いた。

Ｃ：法然『一枚起請文』。法然はすべての人がただ「南無阿弥陀仏」と唱えること（称名念仏）により，極楽浄土に往生できると説き，浄土宗を開いた。

Ｄ：親鸞の弟子・唯円『歎異抄』。親鸞は法然の教えをさらに徹底し，悪人こそ自分の罪深さから無力を自覚し，阿弥陀仏にすべてを任せることにより救われるとする「悪人正機」を説き，浄土真宗の祖となった。

よって，**5**が正しい。

正答　5

国家Ⅱ種

No. 374 教養試験

思想　哲学者・思想家　平成22年度

次のA，B，Cは哲学者・思想家の著作（日本語訳）からの抜粋であるが，該当する哲学者・思想家の組合せとして最も妥当なのはどれか。

A：いかに多くの人間が人生を空費していることか，といったようなことを人びとはよく口にする。けれども人生を空費している人間というのは，人生の喜びや煩いに心まどわされてうかうかと日を送り，そのためについに自己自身を精神としてまた自己としてたえず決然と意識することのなかった人だけである。かかる人は，神がいまし，そして「彼」（彼自身）がこの神の前に存在していることに気づかず，またもっとも深い意味でそのことを痛感しなかった人である。いうまでもないが，そういう収穫は，絶望を通してよりほかには達せられないことである。

B：俺たちはどちらに向かって動いているのか。・・・俺たちは無限の虚無の中をさ迷っているのではないだろうか。・・・神は死んだ。死んだままだ。しかも俺たちが神を殺したのだ。世界がこれまでに持っていた最も神聖なもの，最も強力なもの，それが俺たちの刃で血まみれになって死んだのだ。・・・自分たちのやったことの偉大さは，俺たちの手に余ることではなかったか。神を殺すようなことができるためには，俺たち自身が神々とならねばならないのではないか？

　これよりも偉大な事業はいまだかつてなかった。この事業のおかげで，俺たちの後に生まれてくる者たちは，これまであったどんな歴史よりも一段と高い歴史に踏み込むのだ。

C：私は死なねばならないとか，私は悩まねばならないとか，私は戦わねばならないとか，私は偶然の手に委ねられているとか，或は私は不可避的に罪は纏綿（てんめん）しているとかいうように，たとえ状況の一時的な現象が変化したり，状況の圧力が表面に現われなかったりすることがあっても，その本質においては変化しないところの状況というものが存在します。私共はこのような私共の現存在の状況を限界状況と呼んでいるのであります。即ちそれは私共が越え出ることもできないし，変化さすこともできない状況が存在するということであって，これらの限界状況はかの驚きや懐疑に次いで哲学の一層深い根源なのであります。

	A	B	C
1	キルケゴール	ハイデッガー	ヤスパース
2	キルケゴール	ニーチェ	パスカル
3	キルケゴール	ニーチェ	ヤスパース
4	ライプニッツ	ハイデッガー	ヤスパース
5	ライプニッツ	ハイデッガー	パスカル

解説

A：キルケゴール『死に至る病』。実存主義の先駆者。絶望を「死に至る病」と呼び，これを乗り越えようとすることにより本来の自己に気づき，神の前に単独者として立つ宗教的実存の段階に至り，自己にとっての主体的真理を求めると考えた。

B：ニーチェ『悦ばしき知識』。キリスト教を「奴隷道徳」と批判し，自分に与えられた運命を愛し，「権力への意志」をもって力強く生きる「超人」を理想とした。

C：ヤスパース『哲学』。死や苦悩，闘争といった自分の力ではどうにもならない「限界状況」に直面したとき，それを運命として引き受け，耐え抜くことで自らの存在に目覚めることができると考えた。

よって，**3**が正しい。

正答　3

国家Ⅱ種

No. 375 教養試験

思想　日本の近・現代思想　平成21年度

我が国の近・現代思想に関する記述として最も妥当なのはどれか。

1　福澤諭吉は，我が国が文明開化を進める上で，西洋の近代文明がキリスト教の道徳観の上に成立していることを国民の一人ひとりが重視するべきであるとし，道徳的基盤のない新しい知識だけを重んじる教育が国民に普及することの危険性を主張した。

2　中江兆民は，人は生まれながらに自由と平等の基本的な人権を与えられているという天賦人権論を説いた。そして，人が自らの手で恢復（かいふく）的民権を獲得することは，単なる利己主義に陥るだけであるとし，為政者が上から人に恵み与える恩賜的民権を守ることが重要であるとした。

3　夏目漱石は，他人に依存せず，内面的な自己の主体性を確立するという自己本位に根ざした個人主義の実現を目指した後，こうして確立された自我の解放の必要性を主張し，研ぎ澄まされた自身の感性により物事を見つめていこうとする浪漫主義の立場をとるようになった。

4　和辻哲郎は，西洋近代の個人主義的人間観を批判し，人間は他の人間との間柄的存在として誕生するのであり，生まれたときから多様な人間関係の中で自己を意識し，ふるまい方を決定する存在であるとした。

5　柳田國男は，村落共同体に生活を営む，ごく普通の人々である常民に光を当てようと，民俗学を創始した。そして，万葉集などの古典の文献を読み解くことを通じて，常民の生活に込められた思いなど，人生の知恵を探ろうと試みた。

解説

1．福澤諭吉はキリスト教の道徳観ではなく，西洋近代の自由主義・個人主義・功利主義に基づいた独立自尊の精神と実学の重要性を主張した。

2．人は生まれながらにして自由と平等を享受する権利を持つという西洋の自然権思想である天賦人権論をいちはやくとり入れたのは福澤諭吉である。自由民権論者の中江兆民もこの思想を重視しているが，中江兆民は為政者が上から人に恵み与える恩賜的民権から人が自らの手で自由・平等の権利をかち取る恢復的民権への発展を主張した。

3．夏目漱石はイギリス留学から帰国後，反自然主義の立場で独自の文学を追究し，余裕派と呼ばれていたが，西洋の模倣ではなく自己本位に基づく個人主義の実現をめざすようになり，晩年には，近代的な自我の確立とエゴイズムの克服のすえに「則天去私」の境地に達した。

4．妥当である。和辻哲郎は日本を代表する倫理学者で，その思想は和辻倫理学と呼ばれている。

5．日本民俗学の創始者である柳田國男は文献に頼らずに，実際に現地を訪れ，日本全国をめぐり歩くことで，民間伝承や風習などを研究した。

正答　4

国家Ⅱ種

No. 376 教養試験

思想　ドイツ観念論　平成21年度

ドイツ観念論に関する記述A，B，Cに該当する思想家の組合せとして，最も妥当なのはどれか。

A　彼は，イギリス経験論と大陸合理論を総合する批判哲学を樹立した。従来，認識の対象は主観とは独立に存在していると考えられていたが，認識主観の先天的な形式が対象を構成すると説いた彼は，認識の主導権を客観から主観へと転回し，その意義を自ら天文学上のコペルニクスの業績にたとえた。また，彼は，道徳の内容以前にその形式を問題にし，その根本原理を「汝の意志の格率が，常に同時に普遍的立法の原理として妥当しうるように行為せよ」という定言命法に求めた。

B　彼は，理論と実践の溝の克服は神に期待するのではなく，われわれ自身の運命を自我の〈活動〉に求めるべきだと主張し，自我の能動性と絶対性を根本に据え，主観的観念論を展開した。『ドイツ国民に告ぐ』は，彼がナポレオン占領下のベルリンで行った連続講演であり，ドイツ国民の新しい教育とドイツの再建を説いた。

C　彼は，世界を絶対者（絶対的精神）の自己展開の過程としてとらえ，その発展の理論として弁証法を提唱した。彼は客観的な法と主観的な道徳を統一したものとして人倫を説き，その人倫の弁証法的展開として家族と市民社会そして国家の三段階を論じ，理性的な国家を人倫の完成形態であるとした。

	A	B	C
1	ニーチェ	シェリング	ヘーゲル
2	ニーチェ	フィヒテ	マルクス
3	カント	シェリング	マルクス
4	カント	フィヒテ	ヘーゲル
5	カント	フィヒテ	シェリング

解説

A：カントに関する記述である。カントは18世紀のドイツで活躍した哲学者で，ドイツ観念論の祖である。イギリス経験論と大陸合理論を総合する批判哲学を樹立し，コペルニクス的転回，定言命法を説いた。

B：フィヒテに関する記述である。18世紀後半から19世紀初頭にかけて活躍したドイツ観念論の哲学者であるフィヒテは主観的観念論を説いた。

C：ヘーゲルに関する記述である。18世紀後半から19世紀前半にかけて活躍したヘーゲルはドイツ観念論の完成者で，弁証法を説いた。

なお，ニーチェは19世紀後半のドイツの哲学者で実存主義の先駆者である。代表作に『ツァラトゥストラはかく語りき』がある。シェリングは18世紀後半から19世紀初頭のドイツ観念論の哲学者で，客観的観念論を説いた。代表作に『先験的観念論の体系』がある。マルクスは19世紀のドイツの社会思想家で，科学的社会主義を創始し，弁証法的唯物論を展開した。代表作に『資本論』がある。

正答　4

教養試験

No. 377 日本史　大戦間の日本経済等　令和元年度

第一次世界大戦から第二次世界大戦にかけての我が国の経済等に関する記述として最も妥当なのはどれか。

1　通貨制度については，第一次世界大戦以来，金本位制を停止していた中で，為替相場の安定を目的として，世界恐慌の最中に旧平価で金本位制に復帰した。しかし，深刻な不況に陥り，金が大量に海外に流出したため，政府は金輸出を再び禁止し，管理通貨制度に移行した。

2　化学工業は，第一次世界大戦中にフランスからの輸入が途絶えたために興隆した。その後，円高水準で金本位制に復帰したために輸入超過となり，生産が壊滅的な打撃を受けたため，管理通貨制度への移行後の円安でも輸出は回復しなかった。

3　農業では，第一次世界大戦中の米価高騰により米の生産量と農家の所得が増加したが，昭和恐慌で各種農産物の価格が暴落し，農業恐慌となった。多数の困窮した農民が都市労働者として都市に移住して農業生産量が激減したため，政府は植民地での米の増産に取り組むこととなった。

4　都市では，大戦景気を背景とした工業化と都市化の発展に伴い，俸給生活者が急増し，新中間層が形成された。昭和恐慌により失業者が増大すると，政府は満蒙開拓青少年義勇軍として失業者を満州に移住させることで都市の人口過剰を解消しようとした。

5　経済界では，大戦景気を背景に急速に拡大した鈴木商店などの新興企業を中心に新興財閥が形成された。新興財閥は，繊維工業や重化学工業といった製造業を中心とし，台湾，朝鮮，満州を拠点に，政党と結び付いて本土での経済基盤を拡大した。

解説

1．妥当である。1930（昭和５）年１月のいわゆる「金解禁」（金輸出解禁）から，1931年12月の金輸出再禁止の記述である。

2．第一次世界大戦中に化学工業が興隆したのは，フランスではなくドイツからの輸入が途絶えたことによる。また，管理通貨制度への移行によって外国為替相場は大幅な円安となり，その後６年で輸出は３倍に達した。なお，「円高水準で金本位制に復帰した」とあるのは，**1**で「旧平価で金本位制に復帰した」のと同じことである。あえて円を切り上げて，円高で金本位制へ復帰したのである。

3．昭和恐慌で一番打撃を受けたのが農村であったことは妥当であるが，これまで家計補助のために都市部に出稼ぎに出ていた農村出身者が失業して帰村した。このとき各種農産物の価格は暴落したが，農業生産量は養蚕（繭）を除けば激減していない。むしろ米，野菜などの生産量は伸びている（豊作貧乏）。政府が植民地での米の増産に取り組むようになったのは，1918（大正７）年の米騒動以後である。

4．満蒙開拓青少年義勇軍は1937（昭和12）年から始まったもので，都市の人口過剰を解消しようとしたのではない。日中戦争の勃発により国内の労働力需要が逼迫（ひっぱく）したため満州移民を送り出せなくなり，代わりに青少年を入植させた政策である。なお，新中間層の形成についての記述は妥当である。

5．新興財閥という場合，昭和初期に機械・電気・化学などの重化学工業部門でコンツェルンを形成し，特に満州事変以後，軍部と結んで満州・朝鮮に進出して急成長した日産（鮎川義介（あゆかわよしすけ））・日窒（にっちつ）（野口遵（したがう））などの企業グループをさすのが一般的である。大戦景気により多くの新興企業が生まれ，なかでも鈴木商店は，神戸製鋼所など重工業部門にも進出して新興財閥と呼ばれることもあるが，多分に“政商”的投機企業で，戦後恐慌（1920〈大正９〉年）で破産に瀕し，金融恐慌（1927〈昭和２〉年）で倒産した。

正答　1

思想
日本史
世界史
地理
政治・法律
経済

国家一般職 [大卒]

No. 378 教養試験

日本史　明治・大正期の文学　平成30年度

明治・大正期の我が国の文学に関する記述として最も妥当なのはどれか。

1　明治初期，坪内逍遙は，江戸時代以来の大衆文芸である戯作文学の勧善懲悪主義と西洋文学の写実主義との融合を提唱し，その考え方をまとめた『小説神髄』を著すとともに，小説『安愚楽鍋』を著し，我が国の近代小説の先駆けとなった。

2　明治中期，尾崎紅葉は，我が国で初めて言文一致体で書かれた小説『浮雲』を著すとともに，国木田独歩らと民友社を結成して雑誌『国民之友』を発刊し，写実主義と言文一致体によってもたらされた近代小説の大衆化を進めた。

3　明治末期には，英国やドイツの影響を受けた自然主義が文壇の主流となり，留学経験もある夏目漱石と森鷗外は，人間社会の現実の姿をありのままに描写する作品を著して，自然主義文学を代表する作家として活躍した。

4　大正期には，人道主義・理想主義を掲げ，雑誌『白樺』を拠点に活動した志賀直哉や武者小路実篤らの白樺派，新現実主義を掲げ，雑誌『新思潮』を拠点に活動した菊池寛や芥川龍之介らの新思潮派が活躍した。

5　大正末期には，社会主義運動・労働運動の高揚に伴って，プロレタリア文学運動が起こり，機関誌『改造』が創刊されて，幸田露伴や小林多喜二らが，労働者の生活に根ざし，階級闘争の理論に即した作品を著した。

解説

1．坪内逍遙（1859～1935年）の記述であるが，『小説神髄』（1885年）は，勧善懲悪主義を排し，人間や社会・世相をあるがままに描く写実主義を提唱した文芸理論書である。また，その理論を具体化したのは小説『当世書生気質（とうせいしょせいかたぎ）』（1885～86年）で，『安愚楽鍋（あぐらなべ）』（1871年）は仮名垣魯文（かながきろぶん）の戯作文学である。

2．尾崎紅葉（1867～1903年）の記述である。『浮雲』（1887～89年）が初めて言文一致体で書かれた小説であることは正しいが，作者は二葉亭四迷である。紅葉が結成した文学結社は硯友社（けんゆう）（1885～1903年）で，その機関誌を『我楽多（がらくた）文庫』というが，国木田独歩（1871～1908年）は関係していない。なお，民友社は1887年，徳富蘇峰によって設立され，雑誌『国民之友』を刊行して平民主義を主張した。

3．明治末期に自然主義文学が文壇の主流になったことは正しいが，夏目漱石（1867～1916年）と森鷗外（1862～1922年）はいずれも反自然主義的立場をとった作家である。漱石はイギリス留学後，多くの小説や文明批評で知識人の内面や近代日本の病理を著し，鷗外もドイツ留学を経て終生軍医として奉職する一方，多くの小説・翻訳・評論などを執筆し，いずれも明治期の文壇で独自の地位を築いた。

4．妥当である。

5．プロレタリア文学運動は，雑誌『種蒔（ま）く人』（1921～23年）の刊行以後，大正末から昭和初期にかけて活発となった。機関誌として『戦旗』（1828～31年）や『文芸戦線』（1924～31年）などがある。『改造』（1919～55年）は，『中央公論』とともに大正デモクラシー運動や社会主義運動のよりどころとなった総合雑誌であるが，プロレタリア文学運動の機関誌ではない。また，小林多喜二（1903～33年）は代表的なプロレタリア作家であるが，幸田露伴（1867～1947年）は明治中期に尾崎紅葉と並び称され，「紅露時代」と呼ばれる一時代を築いた擬古典派の作家であり，プロレタリア作家ではない。

正答　4

No. 379 日本史 わが国の20世紀前半の動き 平成29年度

我が国の20世紀前半の動きに関する記述として最も妥当なのはどれか。

1 1914年に始まった第一次世界大戦はヨーロッパが主戦場となったため，我が国は参戦せず，辛亥革命で混乱している中国に干渉し，同大戦中に清朝最後の皇帝溥儀を初代皇帝とする満州国を中国から分離・独立させた。

2 1917年，ロシア革命によりアレクサンドル２世が亡命すると，ロマノフ王朝は崩壊し，世界で最初の社会主義国家が誕生した。その影響が国内に波及することを恐れた我が国は，米国と石井・ランシング協定を結び，米国に代わってシベリアに出兵した。

3 1918年，立憲政友会総裁の原敬は，陸・海軍大臣と外務大臣を除く全ての大臣を立憲政友会党員で占める本格的な政党内閣を組織した。同内閣は，産業の振興，軍備拡張，高等教育機関の拡充などの積極政策を行った。

4 1920年に設立された国際連盟において，我が国は米国と共に常任理事国となった。1933年，国際連盟はリットン報告書に基づいて満州における中国の主権を認め，日本の国際連盟からの除名を勧告したため，我が国は国際連盟を脱退した。

5 1930年，浜口雄幸内閣は金の輸出禁止を解除したが，ニューヨーク株式市場の大暴落から始まった世界恐慌のため，我が国では猛烈なインフレが生じ，労働争議が激化した。そのため，同内閣は治安維持法を成立させ，労働争議の沈静化を図った。

解説

1．第一次世界大戦（1914～18 年）に，日本は日英同盟を理由として三国協商（英・仏・露）側に立って参戦し，中国におけるドイツの根拠地である青島（チンタオ）や赤道以北のドイツ領南洋諸島の一部を占領した。満州事変（1931 年）をきっかけに満州国を中国から分離・独立させたのは 1932 年で，大戦中の出来事ではない。また，満州国建国の時，溥儀は初代皇帝ではなく執政であった。皇帝となったのは，1934 年に満州国が帝政に移行してからである。なお，1915 年に，辛亥革命（1911 年）後の混乱する中国に対して「二十一カ条要求」を行い，最後通牒を発して要求の大部分を承認させるなど，干渉したことは事実である。

2．ロシア革命（二月革命）でロマノフ王朝が崩壊したときの皇帝はニコライ２世（在位 1894～1917 年）であるが，亡命したのではなく国内に幽閉され，十月革命後に家族ともども銃殺された。アレクサンドル２世（在位 1855～81 年）は，クリミア戦争（1853～56 年）中に即位し，敗北後の 1861 年に農奴解放令を出して，遅れたロシアの近代化をめざした皇帝である。石井・ランシング協定（1917 年）は，中国に関して，アメリカが日本の中国における特殊権益を認め，同時に両国が中国の領土保全・門戸開放・商工業上の機会均等を認め合った協定で，ロシア革命への対応ではない。シベリア出兵（1918～22 年）は，アメリカの呼びかけを受けて行われた米・英・仏などとの共同出兵で，ソ連に対する干渉戦争である。

3．妥当である。

4．国際連盟で日本が常任理事国になったことは正しいが，アメリカは国際連盟自体に参加していない。1933 年２月に開かれた国際連盟の臨時総会で，リットン報告書に基づいて日本に求めた勧告案とは，日本軍の満鉄付属地内への撤退と，中国主権の下での地方自治政府の樹立を勧告したものであり，日本の国際連盟からの除名を勧告したものではない。

5．いわゆる「金解禁（＝金本位制への復帰）」であるが，世界恐慌の影響とも相まって，正貨の流出，工業製品・農産物価格の下落，賃金引下げ，人員整理などが続き，インフレではなくデフレに見舞われ，日本は「昭和恐慌」に陥った。労働争議・小作争議が激増したのは事実であるが，治安維持法の成立は 1925（大正 14）年の加藤高明内閣の時であり，同法は昭和恐慌に対してとられた対応ではない。

正答 3

国家一般職［大卒］ No. 380 教養試験

日本史　江戸幕府の政策　平成28年度

江戸幕府が行った政策に関する記述A～Eを古いものから年代順に並べ替えたとき，２番目と４番目に来るものの組合せとして最も妥当なのはどれか。

A：旧里帰農令を出して都市に流入した農村出身者の帰村を奨励するとともに，村からの出稼ぎを制限して農村人口の確保に努めた。また，飢饉対策として各地に社倉や義倉を設置し，囲米を行った。

B：一国一城令を出して，大名の居城を一つに限り，それ以外の領内の城を破壊させた。さらに武家諸法度を制定し，大名の心構えを示すとともに，城の新築や無断修理を禁じ，大名間の婚姻には許可が必要であるとした。

C：都市や農村の商人・手工業者の仲間組織を株仲間として広く公認し，引換えに運上・冥加金などを納めさせた。また，銅座・人参座などの座を設けて専売制を実施した。金貨の単位で表された計数銀貨である南鐐二朱銀を大量に鋳造し，金銀相場の安定に努めた。

D：町人の出資による新田開発を奨励し，年貢を増徴するため，その年の作柄から年貢率を定める検見法を改めて，一定の税率で徴収する定免法を採用した。また，財政難の下で人材を登用するため足高の制を定めた。

E：武道のみならず忠孝の道徳と礼儀を守るよう大名らに求めた。また，武家に対して忌引を定めた服忌令を，民衆に対して犬や鳥獣の保護を命じた生類憐みの令を出した。江戸湯島に聖堂を建て，儒学を奨励した。

	2番目	4番目
1	B	A
2	B	C
3	D	A
4	D	E
5	E	C

解説

A：寛政の改革における政策である。寛政の改革（1787〜93年）は11代将軍徳川家斉の下で，将軍補佐の老中松平定信が行った幕政改革である。旧里帰農令（1790年）は，江戸へ流入した農村出身者に旅費や農具代などを支給して帰農を奨励したが効果はなかった。また，1788年には陸奥・常陸・下野からの出稼ぎ・奉公を厳しく制限した。囲米（籾）は，1789年に諸大名に対して，1万石につき50石を5年間備蓄することが命じられたもの。

B：一国一城令，武家諸法度（元和令）は，1615年，大坂の役で豊臣氏を滅ぼした直後に，大名統制のために相次いで出された。なお，武家諸法度は2代将軍秀忠の名で発布されたが，家康が金地院崇伝に起草させたもので，以後，将軍の代替わりごとに必要に応じて改変されて発布された。

C：田沼意次の政策である。田沼意次（1719〜88年）は9代将軍家重の小姓から立身し，10代家治の側用人となり，1772年に側用人のまま老中となって権勢を振るった。南鐐二朱銀は1772年に発行され，8枚で金1両と交換できる計数銀貨である。

D：享保の改革における政策である。享保の改革（1716〜45年）は，紀伊藩主から8代将軍となった徳川吉宗が将軍在職の間，自ら実行した幕政改革である。1722年，江戸日本橋に新田開発の高札を出し，いわゆる町人請負新田を促した。定免法は幕領では1722年から実施された。足高（たしだか）の制は1723年に設けられ，役高に足りない小禄の旗本を登用するために在職期間中のみ，その差額が支給された。

E：5代将軍徳川綱吉による政策である。綱吉は1683年に代替わりの武家諸法度（天和令）を出し，その第1条で「文武忠孝を励し，礼儀を正すべき事」と文治主義の方針を打ち出した。服忌令（ぶっきれい）は喪に服する期間や忌引きの日数を定めた法令（1684年）。生類憐みの令は1685年以来20年あまりにわたって出された。湯島聖堂は林羅山が上野忍ヶ岡に設けた孔子廟と家塾を1691年，湯島に移したもので，林家に主宰させるとともに，林信篤を大学頭に任じて幕府の文教政策に当たらせた。

したがって，古い順にB－E－D－C－Aとなり，正答は**5**である。

正答　5

教養試験

日本史　教育の歴史　平成27年度

我が国における教育の歴史に関する記述として最も妥当なのはどれか。

1　平安時代には，貴族の子弟を対象とした大学が盛んに設立され，そこでは儒教に代えて仏教・道教を中心とする教育が施された。また，藤原氏が設けた綜芸種智院，北条氏が設けた勧学院など，大学の寄宿舎に当たる大学別曹も設けられた。

2　鎌倉時代には，足利氏が一族の学校として鎌倉に足利学校・金沢文庫を設立した。足利学校では，朝廷の儀式・先例である有職故実や古典の研究が行われ，朝廷の歴史を記した『吾妻鏡』が編まれた。

3　江戸時代には，貨幣経済の浸透に伴い，一般庶民も読み・書き・算盤などの知識が必要になったことから，幕府はそのような実用教育を中心とした寺子屋を全国に設けた。寺子屋は下級武士によって経営されたが，特に貧農層については月謝の負担が大きく，江戸時代末期には衰退していった。

4　明治時代には，政府は，富国強兵と殖産興業の実現に向けて，教育機関や教育内容の整備を進めた。文部大臣森有礼の下で帝国大学令・師範学校令などの学校令が初めて公布され，学校体系の基本が確立された。

5　第二次世界大戦後には，米国教育使節団の勧告により，修身・日本歴史・地理の授業が一時停止されるとともに，複線型・男女別学の学校体系に改められた。昭和22（1947）年には，教育基本法が制定され，義務教育期間が12年から9年に短縮された。

解説

1．大学（大学寮）は，制度的には大宝令によって中央に設けられた官吏養成の教育機関であり，平安時代に盛んに設立されたことはない。なお，地方には国学が郡司の子弟を対象に設けられた。大学で儒教に代わって仏教・道教が教えられたことはない。教科としては，儒教の経典を学ぶ明経道（みょうぎょう），律令や格式を学ぶ明法道（みょうぼう），算術を学ぶ算道が中心で，平安時代初期に漢文・歴史を学ぶ紀伝道が明経道から独立して四道が確立した。大学別曹は，貴族が一族の子弟のために設けた寄宿施設が大学寮から公認されたもので，藤原氏が設けたのは勧学院である。綜芸種智院（しゅげいしゅちいん）は空海が平安京に創設した教育機関で，広く儒教・仏教・道教を教え，一般庶民に対しても開かれていた。また北条氏は武士であり貴族ではない。

2．足利学校や金沢文庫は足利氏が一族の学校として設立したものではなく，場所も鎌倉ではない。足利学校は，創立時期には諸説あるが，下野国（しもつけ）足利に，1439年，関東管領上杉憲実（のりざね）によって再興された学校であり，その時期は室町時代に当たる。金沢文庫は，鎌倉中期，北条義時の孫の北条（金沢）実時（さねとき）が武蔵国六浦（むつら）荘金沢郷の別邸に開設した文庫である。足利学校で教えたのは儒教と易学である。また，『吾妻鏡』は朝廷の歴史ではなく，1180年の源頼政の挙兵から1266年の宗尊親王の京都送還までを編年体で記した鎌倉幕府の歴史書である。

3．寺子屋は幕府が設けたものではない。また下級武士だけではなく村役人，僧侶，神職，医師，富裕な町人などによって経営された。寺子屋は，入学年齢や修学期間など入退学はかなり自由で，地域の生活実態に応じた教育を行ったこともあり，幕末期に至るまで増加の一途をたどった。明治期に入り，政府による近代的学校制度が整った結果，急速に衰退した。

4．妥当である。1886（明治19）年である。学校令は，小学校令・中学校令・師範学校令・帝国大学令の学校種別ごとに公布された法令の総称である。

5．修身・日本歴史・地理の授業が一時停止されたのはGHQの指示に基づいて行われた（1945年）。米国教育使節団（第一次）が来日したのは1946年で，その勧告に基づいて，翌47年に教育基本法が制定され，男女共学を基本とし，義務教育期間はこれまでの6年（1941年の国民学校令で，義務教育期間は6年から8年に延長されたが，戦争の激化で実施されなかった）から9年に延長された。また同時に公布された学校教育法で，六・三・三・四制の単線型の学校体系が発足した。

正答　4

国家一般職 [大卒]

No. 382 教養試験

日本史　わが国の一揆や反乱　平成26年度

我が国における一揆や反乱等に関する記述として最も妥当なのはどれか。

1　平安時代中期，関東で勢力を伸ばしていた平将門が朝廷に対して挙兵し，関東の大半を征服し，自ら新皇と称した。一時は京都付近まで攻め上ったが，朝廷は，伊予を本拠地とし瀬戸内海の海賊を支配下においていた藤原純友の協力を得て平将門を討伐した。

2　室町時代，貨幣経済の進展によって金融業を営む土倉などが増加した。これらに対し，幕府や荘園領主は収入を増やす目的で重税を課した。応仁の乱の後に京都で発生した正長の土一揆は，こうした課税に反対した土倉が起こしたものである。

3　江戸時代初期，凶作と飢饉をきっかけにキリスト教の信徒を中心とする島原・天草一揆（島原の乱）が起きた。幕府は，両地方の領主であったキリシタン大名の支援を受けた信徒たちと戦い，和睦したが，この後，幕府はキリスト教を禁止し，取締りを強化した。

4　明治維新後，秩禄処分や廃刀令などによって，士族は特権を失い，政府の政策に対する不満が高まっていた。征韓論争に敗れて参議を辞職した西郷隆盛が鹿児島で兵を挙げると，九州各地の士族が加わり，戦闘は半年以上に及んだ。

5　昭和初期，浜口雄幸首相は協調外交路線を採り，ロンドン海軍軍縮会議に参加し海軍の補助艦艇の制限に関する条約に調印した。二・二六事件は，天皇の統帥権を侵すものとしてこの条約に反対する青年将校らが，首相官邸を襲い，浜口首相を射殺したものである。

解説

1．平将門の乱（939 年）であるが，第一に，平将門（？～940 年）は関東の大半を征服したが京都付近まで攻め上っていない。第二に，将門の乱は同じ東国武士の平貞盛・藤原秀郷らによって鎮圧された。藤原純友（？～941 年）は，将門の乱とほぼ同時期に西国で起こった反乱の首謀者である（藤原純友の乱）。二つの反乱を併せて承平・天慶の乱という。

2．第一に，土倉に重税を課したのは幕府で，荘園領主ではない。幕府は成長著しい土倉を保護，統制する一方で土倉役といわれる営業税を課していた。第二に，正長の土一揆（正長の徳政一揆，1428 年）は応仁の乱（1467～77 年）の後ではなく前である。京都周辺の惣村の農民が徳政を要求して起こしたもので，土倉は襲撃の対象となった。

3．島原・天草一揆（島原の乱，1637 年）であるが，第一に，もともと島原・天草地方はキリシタン大名の有馬晴信・小西行長の領地であったが，一揆が勃発した時の領主は松倉重政・寺沢広高であり，両者ともキリシタン大名ではない。第二に，一揆は和睦したのではなく，幕府は九州の諸大名を中心に 12 万人を動員してこれを鎮圧した。第三に，キリスト教の禁止は一揆後ではない。すでに 1612 年に禁教令を発布して以来，取締りを強化していた。ただ，一揆後に幕府がキリスト教を根絶するため，ポルトガル船の来航を禁止し（1639年），信者の多い九州北部で絵踏を行ったりして禁教政策を強化したというのは妥当である。

4．妥当である。1877（明治 10）年の西南戦争である。

5．1930（昭和５）年のロンドン海軍軍縮条約調印についての記述は妥当であるが，二・二六事件は 1936（昭和11）年に起こった皇道派の一部青年将校によるクーデタであり，関係がない。ロンドン軍縮条約の調印に対して，野党の立憲政友会や海軍軍令部・右翼が統帥権の干犯として激しく政府を攻撃し，そのため浜口首相は，1930 年 11 月，東京駅で右翼青年によって狙撃されて重傷を負った。

正答　4

国家一般職［大卒］ No. 383 教養試験

日本史 鎌倉時代から江戸時代までの対外関係 平成25年度

鎌倉時代から江戸時代までにおける我が国の対外関係に関する記述として最も妥当なのはどれか。

1 13世紀後半，元のフビライは，日本に対して二度にわたって軍事行動を起こした。鎌倉幕府は執権北条時宗の指導の下，朝鮮半島の高麗の支援も受けて，二度とも対馬沿岸において元軍を撃退した。

2 15世紀初め，足利義満は室町幕府の経済的基盤を強化することを目的として，日本と明の対等な関係に基づく勘合貿易を始めた。貿易の主要品目についてみると，日本から明に生糸や絹織物が輸出される一方，明からは大量の銅銭が輸入された。

3 16世紀末，豊臣秀吉は，キリスト教の国内への広がりを抑えるためバテレン追放令を出すとともに，海外貿易を全面的に禁止した。また，秀吉は朝鮮半島に出兵し，明からの独立を図る李氏朝鮮とともに明と戦ったが，失敗に終わった。

4 17世紀前半に江戸幕府によって行われた鎖国政策により，日本の貿易相手国はオランダ，ポルトガル，清の三か国に限られることとなった。この政策により，17世紀前半まで行われていた通信使と呼ばれる使節を通じた朝鮮との交流も禁止された。

5 19世紀半ば，アメリカ合衆国のペリーは軍艦を率いて日本に来航し，江戸幕府に開国を要求した。幕府はやむなく，下田と箱館を開港することなどを内容とする日米和親条約を結んだ。次いで幕府はイギリスやロシアなどとも同様の条約を結び，200年以上続いた鎖国体制は崩壊した。

解説

1．元のフビライによる2度にわたる日本への軍事行動（文永の役・1274年／弘安の役・1281年）を元寇（蒙古襲来）というが，日本が高麗の支援を受けたことはなく，逆に高麗は元軍とともに日本に侵攻したのである。また，元軍を撃退したのは対馬沿岸ではなく博多湾岸。モンゴル帝国第5代皇帝のフビライ=ハン（位1260～94年）は，都をカラコルムから大都（北京）に移し（1264年），国号も中国風に元と改め（1271年），この間，高麗に侵攻して，これを服属させた（1259年）。日本には，1268年以来，何度か使者を派遣して服属＝朝貢を要求したが，執権北条時宗はこれを拒否したため，フビライは，1274年，元・高麗併せて約3万の軍を派遣して，対馬・壱岐を侵して博多湾西部に上陸した。幕府は，元軍の集団戦法や「てつはう」などの新式兵器に悩まされたが，たまたま起こった暴風雨もあってこれを撃退した（文永の役）。フビライは，1279年に南宋を滅ぼすと，1281年，再び，元と高麗を主体とする東路軍4万と，南宋の降伏兵を主体とする江南軍10万を派遣したが，博多湾からの上陸を阻まれている間に起こった暴風雨により敗退した（弘安の役）。

2．室町幕府3代将軍足利義満（職1368～94年）が，1401年に明と正式の国交を開き，1404年に勘合貿易を始めたことは事実であるが，それは日本と明との対等な関係に基づくものではない。日本が明に朝貢して明の皇帝から「日本国王」に冊封された結果，明との貿易が認められる，というものである。したがって勘合貿易ともいわれる日明貿易は，明から与えられた勘合を持参することを義務づけられ，朝貢品に対する返礼としての回賜品を受け取る朝貢貿易であった。また，貿易の主要品目である生糸や絹織物は日本からの輸出品ではなく明からの輸入品（唐物）である。日本からの輸出品は刀剣・槍（やり）などの武器や工芸品，銅・硫黄などの鉱産物である。なお，輸入品として大量の銅銭がもたらされたことは事実である。

3．第一に，秀吉が出したバテレン追放令（1587 年）では，海外貿易，いわゆる南蛮貿易は従来どおり認めていた。秀吉は 1587 年の九州出兵の際，キリシタン大名の大村純忠の寄進により長崎がイエズス会領となっているのを知って，まず大名らの入信を許可制にし，次いでバテレン追放令を出して宣教師の国外追放を命じた。しかし，秀吉はキリスト教の布教と南蛮貿易を分離できると考えて，貿易については従来どおりとした。第二に，二度にわたる秀吉の朝鮮出兵（文禄の役・慶長の役）で，朝鮮（李氏朝鮮）が秀吉軍とともに明と戦ったことはない。朝鮮が明の援軍を受けて秀吉軍と戦ったのである。国内を統一した秀吉は，明に代わる東アジアの国際秩序をつくろうとして明の征服を志し，まず，朝鮮に対して日本への服属と入明のための先導を要求した。しかし，明の冊封を受ける朝鮮がこれを拒否したため，1592 年，朝鮮へ出兵した（文禄の役）。出兵は李舜臣が率いる朝鮮水軍の活躍や明の援軍により不利となり，現地では一旦休戦したが，講和を巡って交渉は決裂し，1597年に再び出兵した（慶長の役）。しかし，再征は当初より苦戦を強いられ，秀吉の死をきっかけに撤兵した。

4．江戸幕府による鎖国政策の下で，長崎に来航して貿易を行っていたのはオランダと清の貿易船で，1639 年以来ポルトガル船の来航は禁止されていた。ただし，オランダと清とは国家間の関係はなく，あくまで私的な通商関係である。朝鮮からの通信使は 1607 年から1811年まで前後12回（第 3 回までは「回答兼刷還使」，第 4 回以降は「通信使」）来日している。江戸時代に国家間の関係（通信関係）を持っていたのは朝鮮と琉球である。江戸時代の対外関係を一般的に「鎖国」というが，それは 1804 年にロシアの使節レザノフが長崎に来航して通商を求めたのに対して，幕府が，朝鮮・琉球・オランダ・中国以外の国との新たな通信・通商関係を持たないのが先祖伝来の法（祖法）であるとして通商を拒否したことで表明された観念である。幕府が「鎖国」という言葉を使ったことはなく，それは，オランダ通詞の志筑忠雄が，1801 年，ケンペルの『日本誌』の一部を訳して「鎖国論」と題したことから使われるようになった。

5．妥当である。

正答　5

思想
日本史
世界史
地理
政治・法律
経済

国家一般職［大卒］

教養試験

No. 384 日本史 古代～近世の文化 平成24年度

我が国の古代から近世の文化に関する記述として最も妥当なのはどれか。

1 大化の改新から藤原京の時代までの国風文化では，『古今和歌集』が藤原公任によって編集され，この時期にうまれた仮名文字によって，紫式部の『源氏物語』，紀貫之の『竹取物語』などの作品が書かれた。

2 鎌倉時代には仏教の新宗派が相次いで誕生し，法然や日蓮は，「南無阿弥陀仏」と唱えるだけでは足りず，造寺造仏や困難な修行が仏の願いにかなうと説いた。また，この時代に，『太平記』や北畠親房の『神皇正統記』などの作品が書かれた。

3 15世紀後半の禅宗の影響を受けた東山文化では，『新撰菟玖波(つくば)集』が宗祇によって編集され，水墨画の『四季山水図巻』が狩野永徳により描かれた。また，禅宗寺院や将軍・大名・武士の住宅に寝殿造が採用されるようになった。

4 織田信長・豊臣秀吉の時代の桃山文化では，『徒然草』『平家物語』『御伽草子』などの作品が書かれた。また，この時代は，絵巻物の黄金時代といわれ，『平治物語絵巻』『蒙古襲来絵詞』などが描かれた。

5 江戸時代後期には町人文化が成熟し，絵画では浮世絵が最盛期を迎えて喜多川歌麿や東洲斎写楽が「大首絵」の手法で美人画や役者絵を描いた。また，風景画では，葛飾北斎が『富嶽三十六景』を，歌川広重が『東海道五十三次』を描いた。

解説

1．大化の改新から藤原京の時代までの文化は白鳳文化である。国風文化は10～11世紀の摂関期を中心とした文化をいう。『古今和歌集』（905年，20巻）は国風文化を代表する作品であり，醍醐天皇の命で紀貫之らによって編纂された，『万葉集』以後約1,100首の歌を収めた最初の勅撰和歌集である。藤原公任（966～1041年）は，『古今和歌集』の撰者ではなく，『和漢朗詠集』（1018年頃）の撰者である。『竹取物語』の成立は9世紀後半～10世紀前半とされ，作者は 紀貫之（？～945年）ではなく，不詳である。紀貫之は『古今和歌集』の撰者の一人として「仮名序」を執筆した。また，最初の仮名日記とされる『土佐日記』（935年頃）の作者でもある。なお，紫式部の『源氏物語』は，国風文化を代表する「かな物語」で，妥当である。

2．鎌倉新仏教は，一様に，「造寺造仏や困難な修行」を否定し，誰もが行える易しい行（易行（いぎょう））を，ただ一つ選び（選択（せんちゃく）），ひたすらそれだけにすがること（専修（せんじゅ））で救われると説いた。法然は，「南無阿弥陀仏」と念仏を唱え（口唱念仏），念仏だけにすがる（専修念仏）ことで，死後は誰もが平等に極楽浄土に往生できると説いたが，日蓮は，釈迦の正しい教えである法華経に帰依して順（したが）うという題目「南無妙法蓮華経」を一心に唱えればそのまま仏になれると説いた。また，『太平記』や『神皇正統記』は鎌倉時代ではなく南北朝時代の作品である。『太平記』は南北朝の動乱を描いた軍記物語で，1371年頃に成立した。北畠親房の『神皇正統記』は，神代から後村上天皇の即位までの皇位継承の道理を南朝の立場から記述したもので，1339年頃に成立した。

3．『新撰菟玖波集』は宗祇を中心として編集されたが，『四季山水図巻』は狩野永徳（1543～90年）ではなく雪舟の作である。雪舟（1420～1506年）は東山文化を代表する水墨画家で，大内氏の遣明船で中国に渡り，帰国後も山口を根拠地として活躍して独自の画風を大成した。狩野永徳は，桃山文化期に活躍した障壁画家。水墨画と大和絵を融合した豪壮な装飾画を大成した。東山文化期に採用されるようになった新しい住宅様式は寝殿造ではなく書院造であり，8代将軍足利義政が東山山荘に建てた銀閣が代表的な建築物である。寝殿造は，国風文化の時代に貴族の邸宅に採用された様式で，室町時代では，3代将軍足利義満が北山山荘（北山第）に建てた金閣が，寝殿造と禅宗様を折衷した建築物として有名である。

4．『徒然草』『平家物語』『御伽草子』はいずれも桃山文化ではない。『徒然草』は兼好法師（吉田兼好，1283？～1352？年）の作になる随筆で，鎌倉時代後期，1331年頃の作。『平家物語』は鎌倉時代前期にまとめられた軍記物語の代表作であり，琵琶法師によって平曲として語られて普及した。『御伽草子』は室町時代に民衆の間に普及した絵物語。内容は多種多様で，「一寸法師」「物くさ太郎」「浦島太郎」など現在でもよく知られた話が多い。また，絵巻物の黄金時代と言われたのは院政期から鎌倉時代である。『平治物語絵巻』は，平治の乱を題材にした絵巻で，鎌倉中期の作。『蒙古襲来絵詞』は，蒙古襲来における竹崎季長の奮戦と，恩賞を与えられるまでの経緯を伝える絵巻で，鎌倉時代後期の作である。

5．妥当である。

正答　5

国家Ⅱ種

教養試験

No. 385 日本史 日本の歴史における政変 平成23年度

我が国の歴史における政変に関する記述として最も妥当なのはどれか。

1 大和王権下の豪族であった蘇我氏は，６世紀末に仏教の受容に賛成する物部氏を滅ぼして政治を独占した。その後，蘇我蝦夷・入鹿父子は，親戚関係にあった厩戸皇子（聖徳太子）を天皇に即位させようとしたが，645年，天皇中心の国政改革をめざす中大兄皇子と中臣鎌足によって滅ぼされた。

2 藤原氏は，藤原良房が天皇の外祖父として摂政となるなどして次第に勢力を強めていった。これに対し，宇多天皇は関白を置かず親政を推し進め，次に即位した村上天皇は，醍醐天皇の皇子の菅原道真を登用し藤原氏に対抗させた。しかし，密告により菅原道真は失脚し，969年，大宰府に左遷された。

3 源頼朝の没後，子の頼家が将軍となったが，1203年，北条時政は，頼家を修禅寺に幽閉して頼家の弟の実朝を将軍にたて，みずからは政所別当に就任した。ついで時政の子の義時は，政所別当のほか侍所別当の職も獲得して幕政の実権を握った。こうして北条氏は政治的地位を執権として確立し，以後，北条氏の間で世襲された。

4 足利義満のあとを継いだ子の義持は，権力を確立させるため，側近の武士，公家，守護に対して強圧的な態度で臨み，多数の者を処罰したが，これに恐怖を抱いた赤松満祐により，1441年に暗殺された。この後将軍となった義教は，以前の義満と同様，有力守護との合議によって政治を行った。

5 大老となった井伊直弼は，一橋慶喜を将軍の後継ぎに決定するとともに，日米修好通商条約に調印したが，これらの決定に対して激しい幕府非難が起こった。直弼は継嗣問題に破れた南紀派や条約調印に反対する攘夷派の志士を厳しく弾圧したが，これに反発した彦根藩浪士らによって，1860年，江戸城の桜田門外で暗殺された。

解説

1．第一に，物部氏は仏教を排除しようとする側の豪族（排仏派）であり，蘇我氏は仏教を積極的に受け入れようとする側の豪族（崇仏派）である。大和王権内における蘇我氏と物部氏の対立は，538年（一説に552年）に百済から伝えられた仏教の受容を巡る争いともなり，結局，587年に蘇我馬子が物部守屋を滅ぼして決着した。第二に，蘇我蝦夷（？～645）・入鹿（？～645）親子が政治の実権を握るのは，推古天皇の下で国政改革を進めた厩戸皇子（574～622）と蘇我馬子（？～626）が相次いで亡くなった後であり，蝦夷・入鹿が厩戸皇子を天皇に即位させようとすることは歴史的事実としてありえない。入鹿が，643年に有力な王位継承者であった厩戸皇子の子，山背大兄王を滅ぼして権力の集中を計ろうとして，645年に，中大兄皇子らによって滅ぼされたのである（乙巳の変）。

2．藤原良房（804～872）が事実上の摂政になったのは，外孫の清和天皇が幼少で即位した858年，正式に摂政となったのは866年の応天門の変のときであり，説明は妥当である。誤りは，第一に，宇多天皇（在位887～897）は即位の最初は関白を置いている。即位に当たり，関白藤原基経（836～891）にこれまでどおり関白に任ずる勅書を出したが，その文言に「阿衡の任」という言葉が使われていたことに対して基経は異議を申し立て，政務を見なくなった。結局，宇多天皇はこれを撤回し，改めて基経を関白とした（阿衡の紛議）。宇多天皇が摂政・関白を置かなくなったのは基経の死後で，代わって菅原道真（845～903）を重用した。なお，菅原道真は醍醐天皇の皇子ではない。第二に，宇多天皇の次の天皇は村上天皇ではなく醍醐天皇である。第三に，菅原道真が大宰府に左遷されたのは969年ではなく901年である。醍醐天皇は関白を置かず親政を推し進めたが，左大臣藤原時平の讒言により右大臣菅原道真を大宰権帥に左遷した。969年は，左大臣源高明が失脚し，大宰権帥に左遷された「安和の変」が起こった年である。なお，源高明は醍醐天皇の子である。

3．妥当である。

4．1441年に赤松満祐に暗殺されたのは足利義持ではなく足利義教である。義教（在職1429～41）は3代将軍義満の子，4代将軍義持（在職1394～1423）の同母弟で天台座主。義持の死後，籤によって将軍に選ばれ，還俗して6代将軍に就任した。就任当初は重臣などの意見も聞いたが，次第に「万人恐怖」と呼ばれる専制政治を行い，1441年，有力守護の赤松満祐に暗殺された（嘉吉の乱）。義教の暗殺後に将軍となったのは義勝（在職1441～42）であるが，以後，将軍の権威は大いに衰退し，復活することはなかった。

5．井伊直弼が，13代将軍家定の後継ぎに決定したのは一橋慶喜ではなく，紀伊藩主の徳川慶福である。したがって，継嗣問題に敗れたのは南紀派ではなく，前水戸藩主徳川斉昭（1800～60）の子である一橋慶喜（1737～1913）を推した一橋派である。直弼は，徳川斉昭や一橋慶喜らを処分するとともに，反対派を徹底的に弾圧した（安政の大獄）。このような幕府のやり方に反発したのは，彦根藩浪士ではなく水戸脱藩の浪士たちで，井伊を桜田門外で暗殺した（桜田門外の変）。なお，井伊直弼は彦根藩主である。

正答　3

国家Ⅱ種

教養試験

No. 386 日本史 大日本帝国憲法下での政府と政党の対立 平成23年度

大日本帝国憲法（明治憲法）下での政府と政党の対立に関する記述として最も妥当なのはどれか。

1 憲法発布直後，黒田清隆首相は，政府の政策は政党の意向に左右されてはならないという超然主義の立場を声明していたが，我が国で初めての衆議院議員総選挙では，旧民権派が大勝し，第一回帝国議会では，立憲自由党など反藩閥政府の立場をとる民党が衆議院の過半数を占めた。

2 第一回帝国議会が開かれると，山県有朋首相は，満州を「利益線」としてその防衛のために軍事費を拡大する予算案を提出したが，政費節減・民力休養を主張する民党に攻撃され，予算案を成立させることができず，衆議院を解散した。

3 日清戦争の前後にわたり，政党は一貫して政府の軍備拡張に反対していたが，第3次伊藤博文内閣が地租増徴案を議会に提出したことを機に，政府と政党の対立が激化した。これに対し，政党側は合同して衆議院に絶対多数をもつ憲政党を結成したため，伊藤内閣は退陣し，かわって我が国で初めての政党内閣である犬養毅内閣が成立した。

4 初の政党内閣は内部分裂によりわずか4か月で倒れ，かわって第二次山県内閣が成立した。山県内閣は，政党の弱体化を機に，政党の力が軍部に及ぶのを阻むために軍部大臣現役武官制を廃止する一方で，文官任用令を改正し，主に高等文官試験の合格者から任用されていた高級官吏の任用資格規定を廃止して自由任用とした。

5 日露戦争後，藩閥勢力が天皇を擁して政権独占を企てているという非難の声が高まり，桂太郎や清浦奎吾らの政党人を中心に「閥族打破・憲政擁護」を掲げる第一次護憲運動が起こった。当時の西園寺公望内閣は，治安維持法を制定してこれを鎮圧しようとした。

解説

1．妥当である。

2．第1回帝国議会（第一議会）における施政方針演説で山県有朋首相が主張した「利益線」は満州ではなく朝鮮半島である。山県は一国の独立を維持するには，国境としての「主権線」を守るだけではなく，主権線の安危にかかわる利益線を守らなければならないことを主張した。また，第一議会では，政府は自由党土佐派を切り崩して，予算案を成立させた。海軍の拡張をめざす予算案が否決され，衆議院を解散したのは第二議会の松方内閣である。

3．日清戦争前後の政党は一貫して政府の軍備拡張に反対してはいない。第2次伊藤内閣（1892～96）の頃から，自由党は，従来の民力休養論，つまり行政費を節約して地租軽減・地価修正を要求するものではなく，政府と協力して地方開発予算を獲得して選挙区に還元していこうとする「積極政策」に転換して伊藤内閣に接近した。その結果，日清戦争後には，板垣退助を内相として入閣させ，軍備拡張予算を成立させている。憲政党成立の経緯は正しいが，わが国最初の政党内閣は犬養毅内閣ではなく大隈重信内閣（隈板内閣，1898.6～10）である。

4．第2次山県内閣（1898.11～1900.9）は，政党の影響が軍部に及ぶのを阻止するために，軍部大臣現役武官制を廃止したのではなく，軍部大臣を現役の大将・中将に限るよう，新たに制定した。また，文官任用令を改正して，大臣・知事・公使などの親任官以外の高級官吏は高等文官試験の合格者とするようにして，これまでの自由任用から資格任用に変更した。

5．第一次護憲運動の中心になったのは，立憲政友会の尾崎行雄，立憲国民党の犬養毅である。桂太郎，清浦奎吾（けいご）はともに政党人ではなく，それぞれ，第一次護憲運動，第二次護憲運動で打倒の対象となった総理大臣である。また，西園寺内閣は，2師団増設問題で陸軍大臣上原勇作が単独で辞表を提出したため総辞職に追い込まれた内閣で，運動を弾圧した内閣ではない。桂太郎（1847～1913）は軍人で，山県有朋の後継者と目された陸軍長州閥の領袖である。日露戦争前後の政治は，藩閥・官僚・陸軍を後ろ楯（だて）とする桂と，これと対抗しつつも，妥協を重ねながら地盤を拡大する立憲政友会の西園寺公望が，交互に政権をやりとりして，薩摩閥や非政友会系政党を排除する状況が10年以上続いていた（桂園時代）。1912（大正元）年，第2次西園寺内閣が陸軍の横暴で倒された後，内大臣となっていた桂が，大正天皇の詔勅をもって第3次内閣を組織した。これに対して立憲政友会の尾崎行雄や立憲国民党の犬養毅らが，「閥族打破・憲政擁護」をスローガンに，桂内閣打倒の国民的運動を起こしたのが第一次護憲運動である。この結果，桂内閣はわずか53日で倒れた（大正政変）。清浦奎吾は山県系の官僚で，1924（大正13）年，総理大臣に任命され超然内閣を組織した。立憲政友会・憲政会・革新倶楽部の3党は護憲三派を結成して，清浦内閣打倒の運動を展開した。これが第二次護憲運動であり，護憲三派は総選挙で圧勝し，第1党となった憲政会の加藤高明が首相に任命され，いわゆる護憲三派内閣を組織した。治安維持法は，この加藤高明内閣の時に普通選挙法と抱き合わせで成立した。

正答　1

国家Ⅱ種 教養試験

No.387 日本史 元禄文化 平成22年度

元禄文化に関する記述として最も妥当なのはどれか。

1 古典の研究では，山鹿素行が『万葉集』を文献学的方法で研究して『万葉代匠記』を著し，後の国学の基礎を築いた。また，荻生徂徠は『源氏物語』『枕草子』の研究を行い，幕府の歌学方に任ぜられた。

2 井原西鶴は，仮名草子を発展させて，浮世草子と呼ばれる本格的な小説を書き，町人のあいだに広く読まれた。近松門左衛門は，『国性（姓）爺合戦』など歴史的な事柄を扱った時代物のほか，『曽根崎心中』など現実の事件に取材した世話物を人形浄瑠璃や歌舞伎の脚本に書いた。

3 松尾芭蕉は，各地を旅し，武士の保護を受けつつ連歌を地方に広めた。その作風は俳諧連歌と呼ばれ，『新撰菟玖波（つくば）集』は芭蕉とその弟子の秀作を編集したものである。また，宗祇は形式にとらわれない自由さをもつ正風連歌を確立し，『犬筑波集』を編集した。

4 歌舞伎は，喜劇的で風刺性が強く，能の幕間に演じられて庶民のあいだで人気を博した。当初は女性や若者による舞踊が中心であったが，風俗を乱すとして取締りを受けてから役者は男性のみとなり，上方に市川団十郎，江戸に坂田藤十郎らの名優が出た。

5 土佐光起は，美人・役者・相撲などの都市の風俗を描く浮世絵の版画を始めたことが評価され，幕府の御用絵師となった。また，尾形光琳は住吉派を興し，形式化して衰えた狩野派に代わって朝廷の絵師となった。

解説

1．山鹿素行を契沖，荻生徂徠を北村季吟とすれば文章は正しくなる。契沖（1640～1701）は真言宗の僧侶にして国学者。歌学者の下河辺長流と交わり，万葉集の研究に打ち込んだ。『万葉代匠記』は徳川光圀の命により著した「万葉集」の注釈書である。和歌を道徳的に解釈しようとするこれまでのあり方を批判し，万葉集を古代人の心にかえって理解することを主張した。書名の「代匠記」とは，当初命じられた下河辺長流に代わって執筆したという意。北村季吟（1624～1705）は，松永貞徳に俳諧，和歌を，飛鳥井雅章に歌学を学び，1689年に設けられた歌学方に任ぜられた。『源氏物語湖月抄』や『枕草子春曙抄』など古典の注釈に実績を残し，作者本来の意図を忠実に知ることを主張した。彼らの古典研究の姿勢は，後に，中国文化の影響を受ける以前の日本人の精神のあり方を研究する国学へと発展した。なお，山鹿素行は古学派の儒学者，荻生徂徠は古文辞学派の儒学者である。

2．妥当である。

3．松尾芭蕉（1644～94）は，俳諧を連歌から独立した芸術にまで高め，幽玄閑寂の正風（蕉風）俳諧を確立した元禄期の俳人であるが，問題文は元禄期の文学について述べたものというより，戦国期の連歌について述べた文章と考えるべきだろう。つまり，松尾芭蕉を宗祇（1421～1502）と置き換えれば，その作風は俳諧連歌ではなく正風連歌である。次いで，宗祇を宗鑑（？～1539）に置き換えれば，その作風は正風連歌ではなく俳諧連歌となる。

4．「喜劇的で風刺性が強く，能の幕間に演じられて庶民のあいだで人気を博した」という説明は歌舞伎ではなく狂言である。また，元禄期に上方で活躍したのは和事を得意とした坂田藤十郎（1647～1709）で，江戸で活躍したのは荒事を得意とした市川団十郎（1660～1704）である。歌舞伎は，17世紀の初めに出雲阿国が，京都で始めた「かぶき踊り」が始まりである（阿国歌舞伎）。当時流行していた「かぶき者」の風俗を踊りに取り入れたところから「かぶき踊り」というようになった。やがて女歌舞伎が生まれたが，風俗を乱すとされて禁止され，若衆歌舞伎となった。17世紀半ばにはこれも禁止されて成人男子による野郎歌舞伎となった。元禄期には，上方では和事と呼ばれる恋愛劇を得意とした坂田藤十郎や女形の芳沢あやめ（1673～1729）が，江戸では荒事で好評を博した市川団十郎らが活躍した。なお，能・狂言は，江戸時代になると大名や一部町人には支持されたが庶民層に受け入れられるという事はなかった。

5．「美人・役者・相撲などの都市の風俗を描く浮世絵版画を始めた……」の説明は土佐光起ではなく菱川師宣（？～1694）である。土佐光起（1617～91）は，幕府の御用絵師ではなく宮廷の絵所預となって土佐家を再興した人物。また，住吉派を興したのは尾形光琳ではなく住吉如慶（1599～1670）・具慶（1631～1705）親子で，1662年，如慶が後西天皇から住吉姓を名乗ることを許され，具慶のとき江戸に招かれて幕府の御用絵師となった。狩野派に取って代わったわけではなく，京都の土佐派に対して江戸に大和絵を広める働きをした。なお尾形光琳（1658～1716）は，京都の町人の出身で，俵屋宗達の影響を受けて大胆な空間構成や斬新な意匠を特徴とする，琳派を形成した。

正答　2

No. 388 日本史 奈良時代 平成22年度

奈良時代に関する記述として最も妥当なのはどれか。

1 朝廷は，中国を統一した唐に対しては遣唐使を派遣し対等の関係を築こうとしたが，中国東北部に勃興した渤海に対しては従属国として扱おうとし，同国との間で緊張が生じた。このため，朝廷は，朝鮮半島を統一した新羅との友好関係を深めて，渤海に対抗した。

2 孝謙天皇の時代，仏教を信仰する天皇が僧侶の道鏡を寵愛し，仏教勢力が政界で勢力を伸ばした。これに危機感をつのらせた太政大臣の藤原仲麻呂は，武力で道鏡を政界から追放し，これ以後，政界で藤原氏が権力を握ることとなった。

3 朝廷は，蝦夷と交わる東北地方において支配地域を広げる政策を進め，日本海側に秋田城，太平洋側に多賀城を築いて蝦夷対策の拠点とした。

4 家父長制的な家族制度は普及しておらず，女性は結婚しても別姓のままで，自分の財産を持っていた。このため，律令制では，租・調・庸と呼ばれる税の負担は男女均等に課せられ，公民としての地位も同じであった。

5 仏教による鎮護国家思想に基づき，朝廷は民衆への仏教の布教を奨励し，各地にその拠点となる国分寺が建立された。また，用水施設や救済施設を造る社会事業を行って民衆の支持を得ていた空也の進言により，大仏造立の大事業が進められた。

1．日本の律令国家は，唐に対しては，冊封こそ受けなかったが，20年に１回の割合で遣唐使と呼ぶ使節団を派遣して，正月の朝賀に参列して皇帝を祝賀する朝貢国であった（不臣の朝貢国）。しかし一方で，天皇を皇帝とし，国内の蝦夷・隼人を異民族（夷狄）として支配し，国外の新羅・渤海を蕃国として位置づける小中華帝国として構想された。渤海は唐と新羅に対抗するために使節を日本に送り従属する形をとった。しかし，朝鮮半島を統一した新羅は，唐を牽制するために，８世紀の初めまでは日本に使節を派遣して従属する形をとったが，その後，対等の関係を主張するようになり日本と対立した。

2．道鏡が政界に進出するのは，孝謙天皇の時代ではなく淳仁天皇の時代である。孝謙天皇の時代に実権を握っていたのは光明皇太后と結んだ藤原仲麻呂で，仲麻呂は淳仁天皇を擁立して恵美押勝の姓名をたまわり，権力を独占した。ところが，後ろ楯であった光明皇太后がなくなり，上皇となった孝謙の寵愛を得た道鏡が政界に進出すると，皇権は孝謙上皇＝道鏡と淳仁天皇＝藤原仲麻呂に分裂した。危機感を感じた藤原仲麻呂（恵美押勝）は，764年，これを倒そうとしたが失敗し，逆に滅ぼされた（藤原仲麻呂の乱）。その結果，淳仁天皇は廃位され，政争に勝利した孝謙上皇が称徳天皇として重祚した。しかし，道鏡は称徳天皇が亡くなったのをきっかけに下野薬師寺の別当に左遷されて失脚した（770年）。道鏡失脚の裏には藤原百川らの策謀があったというが，摂関政治期のように，藤原氏が議政官の多数を占めて権力を独占し，他の氏族が排除されるまでには至っていない。

3．妥当である。

4．奈良時代には，「家父長制的な家族制度は普及しておらず，女性は結婚しても別姓のままで，自分の財産を持っていた」というのは妥当である。律令では中国の家父長制的家族制度にならって父系相続が規定されているが，当時の一般民衆では，生業の分担や子供の養育などに母や母系の発言力が強かったとみられている。しかし，税の負担や公民としての地位は同じではない。たとえば，口分田は６歳以上の男女に支給されたが，男子は２段で，女子は男子の２/３であった。

5．律令では，僧侶による民衆への布教は制限されていた。国分寺は民衆へ布教するための拠点ではなく，国家鎮護のために，金光明最勝王経・妙法蓮華経を写経したりするのが仕事であった。また，社会事業を行ったりして民衆の支持を得ていたのは空也ではなく行基（688～749）であり，東大寺大仏造立をすすめたのは良弁（689～773）である。なお，朝廷は最初，行基の布教活動を禁止していたが，次第に緩和され，東大寺大仏の造立に際して，行基は弟子や民衆を率いて造仏事業に協力した（743）。その功績により行基は大僧正とされた（745）。空也（903～972）は，10世紀に，京の市で阿弥陀仏信仰を説いて浄土教を広めた念仏僧である。

正答　3

国家Ⅱ種

No. 389 教養試験

日本史 江戸時代の政治・世相を風刺した狂歌 平成21年度

次のA～Eは，いずれも江戸時代の幕政・世相を風刺した狂歌であるが，寛政の改革の時期に詠まれたものとして，妥当なもののみをすべて挙げているのはどれか。

A 世のなかに蚊ほどうるさきものはなし
　ぶんぶぶんぶと夜も寝られず

B 太平の眠りをさます上喜撰
　たった四はいで夜も寝むれず

C 浅間しや富士より高き米相場
　火の降る江戸に砂の降るとは

D 白河の岸打つ波に引き換えて
　浜松風の音の烈しさ

E 白河の清きに魚もすみかねて
　もとの濁りの田沼こひしき

1 A，C，D
2 A，E
3 B，C
4 B，D，E
5 C，E

解説

江戸時代の人々は，和歌の形式を用いて滑稽や諧謔を詠む「狂歌」によって，幕府政治に対する批判をユーモラスに展開した。その多くは落首，つまり落書きとして伝えられているので，作者はわからないのが普通である。また，それを書き留めた人によってもいくつかのヴァージョンがある。したがって，落首を正しく読み解くためには，暗示しているものがなんなのかを知らなければならない。

A：松平定信の「寛政の改革」を風刺した狂歌である。蚊ほど＝斯程（これほど・これくらいの意），ぶんぶ＝文武と，蚊のブンブブンブという音に文武をかけて，改革における文武奨励の強行ぶりを皮肉った作として有名である。松平定信は御三卿の田安宗武の子。8代将軍徳川吉宗の孫である。有力な将軍候補者であったが，田沼意次らにより白河松平家に養子に出されたという。藩主として天明の大飢饉を乗り切り，名君として注目を集めた。田沼の失脚の後，1787年老中となり，11代将軍家斉を補佐して「寛政の改革」を推進した。下の句には「ぶんぶというて夜もねられず」（松浦静山『甲子夜話』），「ぶんぶというふて身を責めるなり」（大田南畝『一話一言』）という別ヴァージョンも伝えられている。なお，この狂歌は大田南畝（蜀山人・四方赤良）の作ではないかといわれている。

B：1853（嘉永６）年のペリー来航によって引き起こされた混乱を風刺した狂歌である。四はい（杯＝１杯，２杯のように，器で物の量を計るのに用いる語であるとともに，船を数える語でもある）を四隻に，蒸気船を上喜撰という極上の宇治茶の銘柄にかけたものである。当時，こうした狂歌は大量に作られ，瓦版にのって流布したという。その中で最も有名な狂歌であるが，当時の瓦版には登場しないので，後世になって作られたのではないかと疑われている。

C：田沼政治を批判した狂歌。1783（天明３）年の浅間山の大噴火（＝浅間しや）による降灰（＝砂の降る），天明の大飢饉による米価騰貴（＝高き米相場），1772（安永元）年の目黒行人坂火事（＝火の降る）などを読み込んで，田沼政治を批判している。「火の降る」を米価高騰で生活が火の車と解釈する書もある。田沼意次は，９代将軍家重の小姓から立身して，1767年に10代将軍家治の側用人，72年に側用人兼任のまま老中となり，幕府政治の実権を握った。その政治は，発展する商品生産・流通の生み出す富を幕府財政の財源に取り込もうとするものであった。しかし，それは都市と農村の秩序を動揺させ，一揆・打壊しが頻発するようになり，飢饉や災害も重なって民衆の不満は高まった。1784年に若年寄で息子の意知が江戸城中で旗本の佐野政言に刺殺されたのをきっかけに，意次の勢力は急速に衰え，1786年，家治の死去とともに老中を罷免された。

D：水野忠邦の「天保の改革」を風刺した狂歌である。白河＝松平定信，浜松＝水野忠邦をさし，忠邦の改革の激しさに比べれば，定信の改革は岸に打つさざ波のようなものだったという意味。水野忠邦は中央政界入りの野心を抱き，1817年，自ら望んで唐津20万石から浜松５万石へ転封。大坂城代，京都所司代などを経て，1834年に老中となった。1841年に大御所家斉が亡くなると，第12代将軍家慶の下で「天保の改革」を推進した。改革は享保・寛政の改革を目標としたが，言論・思想・風俗など，その統制は寛政の改革を上回る激しいものであった。

E：寛政の改革を批判した有名な狂歌である。白河＝松平定信，田沼＝田沼意次をさす。天明の大飢饉，天明の打壊しによってとどめを刺された田沼政治に対して，清廉潔白な松平定信の改革に期待がかけられたが，その息苦しさに，むしろ田沼の奔放な時代が恋しくなるという意味である。また，この歌には，「白川の清きながれに魚すまず　にごる田沼の水ぞ恋しき」という別ヴァージョンもある。

したがって，寛政の改革の時期に詠まれたものはAとEであるから，**2**が妥当である。

正答　2

思想
日本史
世界史
地理
政治・法律
経済

国家Ⅱ種

教養試験

No. 390 日本史　明治時代前半の出来事　平成21年度

明治時代前半に関する記述として最も妥当なのはどれか。

1　江戸幕府下で締結されたアメリカ合衆国との不平等条約の改正を目的に，いわゆる岩倉使節団が派遣され，外務卿の大久保利通は関税自主権を認めさせることに成功し，同権を回復させた。

2　国交樹立を朝鮮に拒否されたため，明治政府は西郷隆盛を大使とする使節団を朝鮮に派遣し，領事裁判権等を盛り込んだ不平等条約である日朝修好条規（江華条約）の締結に成功した。

3　自由民権運動の中心人物であった板垣退助や江藤新平らは，武力を背景とした征韓論に反対し続け，江華条約の締結を不服とし，参議の職を辞して，明治政府に対する批判を強めた。

4　黒田清隆が起こした開拓使官有物払下げ事件などを契機に高まった政府批判を抑えるために，参議の伊藤博文を中心とした政府は，国会の開設を公約する国会開設の勅諭を発布した。

5　国会開設の勅諭が出された後，自由民権運動が活発化し，明治政府から追放された寺島宗則を党首とし，イギリス型議会政治の実現を主張する立憲改進党が結成された。

解説

1．岩倉使節団はアメリカとの条約改正だけを目的に派遣されたのではない。使節団派遣の目的は，締約国の表敬訪問，条約改正の予備交渉，欧米の制度文物の視察の３つである。また，岩倉具視が特命全権大使であり，大久保は大蔵卿で副使として参加した。ただ，アメリカとは当初予定していなかった改正の本交渉に入ったが，アメリカに対する日本の譲歩が，最恵国待遇により他の国にも適用されることの不利益をさとり，交渉を中止した。その後使節団は，ひたすら欧米各国の議会・官庁・工場・学校などの近代的諸施設の視察を中心に12か国を訪問して帰国した。

2．日朝修好条規は，1875（明治８）年の江華島事件を口実に，黒田清隆を全権大使，井上馨を副使とする使節団を派遣して朝鮮に圧力をかけて結んだ条約である。江華島事件は，膠着した日朝関係を打開するきっかけをつかもうとして，日本は軍艦雲揚を派遣して朝鮮沿岸の測量を行うなどのデモンストレーションを行わせた。これに対して朝鮮側が江華島砲台から砲撃を加えたが，逆に日本は砲台を破壊し，永宗島を占拠した。これが江華島事件である。なお，西郷を大使とする使節団の派遣は，1873（明治６）年の征韓論争の時のことで，結局，実施されなかった。

3．板垣退助や江藤新平らが主張したのは，開国を拒否する朝鮮に対して，遣韓大使として西郷を派遣して開国を迫り，拒否された場合には武力行使をも辞さないとする征韓論である。しかし，西郷隆盛の朝鮮派遣の決定が，内治優先を主張する岩倉・大久保らによって覆されたため（征韓論争・明治６年政変），板垣・江藤らは下野したのである。その後，彼らは，「民撰議院設立の建白書」を出して明治政府を批判し，自由民権運動の口火を切るが，江藤は郷里の佐賀に帰り，征韓党の首領となって政府に対する反乱（佐賀の乱）を起こしたが失敗し，処刑された。したがって江藤は自由民権運動の中心人物ではない。

4．妥当である。

5．立憲改進党の党首は寺島宗則ではなく大隈重信である。寺島は薩摩藩出身。一時，松木家の養子となり松木弘庵（安）を名乗った。薩摩藩留学生として渡英。維新後は明治政府に出仕し，外務卿として樺太・千島交換条約，日朝修好条規の締結などで活躍した。その後も元老院議官，枢密顧問官など明治政府の要職を歴任した。大隈重信は佐賀藩出身。明治政府では大蔵卿として殖産興業政策を進めたが，国会開設を巡って伊藤博文らと対立した。そのため，北海道開拓使官有物払下げ事件を機に明治政府から追放された（明治14年の政変）。1882（明治15）年，立憲改進党を創設し，イギリス流議会政治の実現を主張する穏健な漸進主義をめざした。

正答　4

国家一般職［大卒］

教養試験

No.391 世界史 17～19世紀のインド 令和元年度

17世紀から19世紀にかけてのインドに関する記述として最も妥当なのはどれか。

1 17世紀初頭，ポルトガル，オランダ，英国，ドイツが相次いでインドに進出し，ポルトガルとドイツは交易を王室の独占下に置いた一方，オランダと英国は政府がそれぞれ東インド会社を設立して交易を行った。

2 18世紀に入ると，英国とオランダの対立が激しくなり，両国はそれぞれインドの地方勢力を味方につけて争ったが，英蘭戦争でオランダが英国に敗れると，オランダはインドから撤退し，英国はその勢力をインド全土に拡大した。

3 19世紀半ば，英国の支配に対するインド人の不満の高まりを背景に，英国東インド会社のインド人傭兵（シパーヒー）の反乱が起こった。反乱軍は，デリーを占拠してムガル皇帝を盟主として擁立したが，英国軍によって鎮圧され，ムガル帝国は滅亡した。

4 ムガル帝国の滅亡後，英国は，東インド会社を解散させ，旧会社領を英国政府の直轄領に移行させるとともに地方の藩王国も併合して，エリザベス女王（1世）を皇帝とし，インド全土を政府直轄領とするインド帝国を成立させた。

5 インド帝国成立後，国内の民族資本家の成長や西洋教育を受けた知識人の増加を背景に高まってきた，植民地支配に対するインド人の不満を和らげるため，英国は，ヒンドゥー教徒から成るインド国民会議とイスラム教徒から成る全インド=ムスリム連盟を同時に設立した。

解説

1. ポルトガルがインドのゴアを占領したのは1510年で，16世紀初頭である。オランダは1602年に東インド会社を設立してアジアへ進出したが，その根拠地はジャワ島のバタビアであり，インドへは進出していない。イギリスは1600年に東インド会社を設立し，1623年のアンボイナ事件でオランダによってインドネシアから閉め出された結果，インド経営に集中した。ドイツはインドへは進出していない。なお，ポルトガルの貿易が王室の独占事業であったことは妥当であるが，オランダ，イギリスの東インド会社は政府が設立したものではない。オランダは連邦議会，イギリスはエリザベス女王から貿易独占の特許状を与えられ，株式会社組織として経営された貿易会社である。

2. 18世紀にインドを巡ってイギリスと対立したのはオランダではなくフランスであり，英蘭戦争ではなくプラッシーの戦い（1757年）でクライヴ率いるイギリス東インド会社軍がフランス・ベンガル地方王侯連合軍を破り，インドにおける優位を決定づけた。その後，勢力をインド全土に拡大した。

3. 妥当である。

4. 1877年，エリザベス女王ではなくヴィクトリア女王がインド皇帝に即位して，正式にインド帝国が成立した。インド帝国は直轄地と藩王国で構成され，親英的な藩王（マハラージャ）には内政権が与えられた。インド全土が直轄領となったわけではない。

5. インド国民会議と全インド＝ムスリム同盟は同時に設立されてはいない。インド国民会議は，1885年，民族資本家や知識人層の植民地支配に対する不満を和らげるために，植民地政府の支援を受けて設けられた諮問機関である。当初は親英的な組織で，ヒンドゥー教徒が中心であった。全インド＝ムスリム同盟は，1906年，ベンガル分割令の公布に国民会議派が反対したのをきっかけに，植民地政府の支援によって結成されたイスラーム教徒の政治団体である。結成当初は親英，反国民会議派であった。

正答 3

国家一般職［大卒］

No. 392 教養試験

世界史 20世紀以降のアメリカ合衆国 平成30年度

20世紀以降のアメリカ合衆国に関する記述として最も妥当なのはどれか。

1 トルーマン大統領は，ソ連と対立していたイランに援助を与えるなど，ソ連の拡大を封じ込める政策（トルーマン=ドクトリン）を宣言した。また，マーシャル国務長官は，ヨーロッパ経済共同体（EEC）の設立を発表した。

2 ジョンソン大統領は，北ベトナムを支援するため，ソ連やインドが援助する南ベトナムへの爆撃を開始し，ベトナム戦争が起こった。その後，ニクソン大統領は，国内で反戦運動が高まったことから，インドを訪問して新しい外交を展開し，ベトナム（パリ）和平協定に調印してベトナムから軍隊を撤退させた。

3 アメリカ合衆国の財政は，ベトナム戦争の戦費や社会保障費の増大によって悪化し，ニクソン大統領は，金とドルとの交換停止を宣言して世界に衝撃を与えた。これにより，国際通貨制度はドルを基軸通貨とした変動相場制とするブレトン=ウッズ体制に移行した。

4 レーガン大統領は，ソ連のゴルバチョフ書記長と米ソ首脳会談を行い，中距離核戦力（INF）の全廃などに合意し，米ソ間の緊張緩和を進めた。その後，ジョージ・H・W・ブッシュ大統領は，ゴルバチョフ書記長と地中海のマルタ島で首脳会談を行い，冷戦の終結を宣言した。

5 ニューヨークの世界貿易センタービルなどが，ハイジャックされた航空機に直撃される同時多発テロ事件が起きると，ジョージ・W・ブッシュ大統領は多国籍軍を組織し，アフガニスタンに侵攻していたイラクに報復し，イラク戦争が起こった。同戦争により，イラクのタリバーン政権は崩壊した。

解説

1．トルーマン＝ドクトリンは，1947年3月にイランではなく，ギリシアとトルコにおけるソ連の勢力拡大を封じ込めるため，トルーマン大統領が両国に対する経済・軍事援助4億ドルの支出を議会に求めた特別教書である。また，マーシャル国務長官は1947年6月，ヨーロッパ経済復興援助計画（マーシャル＝プラン）を発表し，これを受け入れるためにヨーロッパ経済協力機構（OEEC）が結成された。ヨーロッパ経済共同体（EEC）は1958年，ヨーロッパの共同市場化に向けて結成された地域統合組織である。

2．ジョンソン大統領が支援したのは南ベトナム（ベトナム共和国）で，ソ連やインドではなく中国が援助したのが北ベトナム（ベトナム民主共和国）である。ベトナム戦争は，1965年からアメリカが北ベトナムへの爆撃（北爆）に踏み切る一方，南ベトナムに地上兵力を派遣したことから本格的に始まった。アメリカの軍事介入は国内外の批判を受けたため，ジョンソン大統領は1968年に北爆の停止を宣言した。次のニクソン大統領は，1972年にインドではなく中国を訪問して関係正常化を取り決め，翌73年にベトナム和平協定を結んでアメリカ軍をベトナムから撤退させた。

3．第1文は，いわゆるドル＝ショックの記述である。第二次世界大戦後の国際通貨制度（ブレトン＝ウッズ体制）は，米ドルを基軸通貨とし，米ドルと各国通貨との交換比率を固定化した制度（金＝ドル本位制）である。ベトナム戦争の戦費増大などで大量のドル流出に見舞われたアメリカは，1971年に金とドルとの交換停止を宣言し，その結果，1973年までに各国通貨は変動相場制に移行した。

4．妥当である。

5．2001年の同時多発テロ事件に対してブッシュ大統領が起こした軍事行動は，国連の安全保障理事会の決議によって派遣される多国籍軍によるものではない。同盟国の支援を受けたアメリカが，同時多発テロ事件の首謀者とされる，イスラーム過激派組織の司令官のウサーマ=ビン=ラーディンを保護するアフガニスタンのタリバーン政権を崩壊させた侵攻作戦である。イラク戦争は，イラクが大量破壊兵器を保有しているとして，2003年にアメリカとイギリスが安全保障理事会の承認を得ないまま，日本を含む44か国の支持のもとにイラクを攻撃し，フセイン政権を倒した戦争である。

正答 4

国家一般職［大卒］ No. 393 教養試験

世界史　19世紀のアジア諸国　平成29年度

19世紀のアジア諸国に関する記述として最も妥当なのはどれか。

1　中国では，イギリスが支配するインドに中国産の茶を輸出し，インド産のアヘンを輸入する密貿易が盛んとなり，アヘン問題で対立したイギリスと清との間にアヘン戦争が勃発した。清は，兵力に勝るイギリスに敗北し，香港島とマカオを割譲させられた。

2　インドでは，イギリスが，ムガル帝国の皇帝を廃し，東インド会社を解散して，インドの直接統治に乗り出した。その後，ヴィクトリア女王がインド皇帝に即位して，イギリス領インド帝国が成立した。

3　朝鮮は，長らく清とオランダの2国だけしか外交関係を持っていなかったが，欧米諸国は朝鮮に対し開国を迫るようになった。中でも，ロシアは，江華島事件を起こして朝鮮との間に不平等条約を締結し，朝鮮を開国させた。

4　東南アジアでは，植民地支配を強めるイギリスとフランスとの対立が激しくなり，両国はベトナムの宗主権をめぐって軍事衝突を繰り返した。その結果，フランスはベトナムを保護国とし，隣国のタイを編入して，フランス領インドシナ連邦を成立させた。

5　西アジアでは，オスマン帝国がロシア国内のイスラム教徒の保護を理由にロシアと開戦し，クリミア戦争が勃発した。イギリスとフランスは，ロシアの南下を阻止するため，オスマン帝国を支援したが，同帝国はロシアに敗北し，クリミア半島はロシア領となった。

解説

1．アヘン戦争（1840～42年）の原因となったのはイギリスが始めた三角貿易で，イギリス産の綿製品をインドへ，インド産のアヘンを中国へ，中国産の茶をイギリスへ運ぶというものである。その結果，中国からは大量の銀がイギリスに流出するようになり，また中国国内ではアヘン吸引の悪習が広まり，これがアヘン戦争の原因となった。アヘン戦争に敗れた清が，南京条約（1842年）で香港島をイギリスに割譲したのは正しいが，マカオは，すでに1557年にポルトガル人の居住権が明により認められていた。

2．妥当である。

3．朝鮮は17世紀以来，清とオランダではなく清と日本の2国だけしか外交関係を持っていなかった。朝鮮は，清による2度の侵攻を受けた結果，1637年，清に服属して朝貢関係を結んだ。日本とは，1607年の使節（回答兼刷還使）訪日により，秀吉の朝鮮侵略によって断絶していた国交を回復した。それ以来，江戸時代を通じて前後12回，使節（第4回以降は通信使）が来日した。19世紀に入って，イギリスやフランス，アメリカなどが開国を要求して来航するようになったが，朝鮮を開国させたのはロシアでなく日本である。日本は1875年，江華島事件を起こして朝鮮に開国を迫り，翌76年，不平等条約である日朝修好条規を結んで朝鮮を開国させた。

4．ベトナムの宗主権を巡って対立したのは清とフランスである。ベトナムでは，1802年に阮福暎がフランス人宣教師ピニョーなどの支援を受けて全土を統一して阮朝を建て，清に服属して越南国王に封ぜられた（1804年）。19世紀半ばになってフランスが軍事介入するようになり，宗主権を主張する清と対立して清仏戦争が起きた（1884～85年）。戦争に勝ったフランスは，ベトナムを保護国とし，さらに1887年，タイではなく，1863年以来保護国としていたカンボジアと併せてフランス領インドシナ連邦を成立させた。

5．クリミア戦争（1853～56年）は，南下政策を推進するロシアが，オスマン帝国内のロシア正教徒の保護を名目に開戦した戦争である。イギリスとフランスがロシアの南下を阻止するためにオスマン帝国を支援したのは正しいが，戦争に敗れたのはロシアであり，パリ条約（1856年）で黒海沿岸地帯は中立地帯とされ，ロシアの軍事施設はすべて撤去されて，ロシアの南下は阻止された。なお，クリミア半島はすでにエカチェリーナ2世の時に，クリミア=ハン国を併合してロシア領としている（1783年）。

正答　2

No. 394 教養試験 世界史 16～17世紀のヨーロッパ 平成28年度

16世紀から17世紀にかけてのヨーロッパに関する記述として最も妥当なのはどれか。

1 イギリスでは，国王の権威を重んじるトーリ党と，議会の権利を主張するホイッグ党が生まれた。国王ジェームズ２世がカトリックの復活を図り，専制政治を強めると，両党は協力して，王女メアリとその夫のオランダ総督ウィレムを招いて王位に就けようとした。

2 フランスでは，ルイ14世が即位し，リシュリューが宰相となって国王の権力の強化に努めたが，それに不満を持った貴族がフロンドの乱を起こした。国内の混乱は長期化し，ルイ14世が親政を始める頃にはフランスの王権は形骸化していた。

3 神聖ローマ帝国内に大小の領邦が分立していたドイツでは，ハプスブルク家がオーストリア領ベーメン（ボヘミア）のカトリック教徒を弾圧し，それをきっかけに百年戦争が起こった。その後，ウェストファリア条約によって戦争は終結した。

4 スペインは，フェリペ２世の下で全盛期を迎えていたが，支配下にあったオランダが独立を宣言した。イギリスがオランダの独立を支援したため，スペインは無敵艦隊（アルマダ）を送り，イギリス艦隊を撃滅し，オランダ全土を再び支配下に置いた。

5 ロシアは，ステンカ=ラージンによる農民反乱が鎮圧された後に即位したイヴァン４世（雷帝）の下で，軍備の拡大を背景にシベリア経営を進め，中国の清朝とネルチンスク条約を結び，清朝から九竜半島を租借した。

解説

1．妥当である。その後，メアリとウィレムは共同君主（メアリ2世・ウィリアム3世）として王位に就いた。いわゆる名誉革命である。

2．ルイ14世（在位1643～1715年）が幼少で即位したため，政治の実権を握っていたのは宰相マザランである。枢機卿リシュリューはルイ13世の宰相。フロンドの乱（1648～53年）はブルボン家の王権強化に対する貴族や高等法院の反乱であるが，短期間で鎮圧され，以後，貴族は無力化された。1661年にマザランが亡くなると，ルイ14世は親政を始め，官僚制とヨーロッパ最強の常備軍を擁して強大な権力を振るい，「太陽王」と呼ばれ，フランス絶対王政の最盛期を築いた。

3．百年戦争ではなく，三十年戦争（1618～48年）の記述である。三十年戦争は，オーストリアの属領ベーメン（ボヘミア）で，ハプスブルク家がカトリックを強制したことにプロテスタント貴族が反発したことがきっかけで起こった。ウェストファリア条約（1648年）によって戦争が終結したのは妥当である。その結果，神聖ローマ帝国内の300近い領邦にほぼ完全な主権が認められ，分立は固定化された。百年戦争（1339～1453年）は，フランス内のイングランド領を巡る英・仏間の争いである。

4．スペインのフェリペ2世（在位1556～98年）が，1588年，オランダの独立を支援するイギリスに対して無敵艦隊を送ったのは事実であるが，結果はスペインの大敗であった。その後もスペインはオランダの奪回に努めたが成功せず，オランダは，1609年の休戦条約で事実上独立した。

5．ステンカ=ラージンの農民反乱（1630～71年）後に即位したのはロマノフ朝のピョートル1世（在位1682～1725年）である。イヴァン4世はモスクワ大公（在位1533～84年）。正式にツァーリ（皇帝）を名乗り「雷帝」といわれたが，17世紀初めにその血統は絶え，ロマノフ朝（1613～1917年）が開かれた。ピョートル1世は，1689年に清朝とネルチンスク条約を結んだが，それはスタノヴォイ山脈（外興安嶺）とアルグン川を結ぶ線を国境と定めた条約である。また，清朝から九竜半島を租借したのはイギリスである（1898年）。

正答 1

国家一般職［大卒］ No. 395 教養試験

世界史　東西冷戦時代　平成27年度

東西冷戦時代に関する記述として最も妥当なのはどれか。

1　第二次世界大戦後，米国は，ギリシャやトルコに経済・軍事援助を与えて，ソ連の拡大を封じ込める政策（トルーマン=ドクトリン）を宣言し，また，ヨーロッパ経済復興援助計画（マーシャル=プラン）を発表した。こうした動きに，ソ連などはコミンフォルムを結成して対抗し，以降，「冷戦」と呼ばれる緊張状態となった。

2　第二次世界大戦後，朝鮮半島は，米ソ両国によって南北に分割統治されていた。米国がソ連と中国の連携を警戒し，境界線を越えて北側に侵攻したことから朝鮮戦争が勃発し，米国軍とソ連軍との直接的な軍事衝突が起きた。その結果，北に朝鮮民主主義人民共和国，南に大韓民国が建国された。

3　第二次世界大戦後，ドイツへの賠償請求をめぐって，米・英・仏とソ連が対立し，東西の緊張が高まった。米ソ両国によって，東西ドイツの国境線上にあるベルリンに「ベルリンの壁」が築かれたが，ソ連の解体後，分割統治に反発したドイツ国民によって壁は破壊された。

4　キューバ近海にミサイル基地を建設した米国に対し，危機感を抱いたソ連がキューバの海上封鎖を行い基地の撤去を要求したことで，米ソ両国間の対立が一挙に高まり，全面衝突による核戦争の危機に直面した。最終的にソ連が米国のキューバへの不干渉を条件にミサイル基地を容認したことで，危機は回避された。

5　第二次世界大戦後，南北に分断されたヴェトナムでは，ホー=チ=ミンが指導する南ヴェトナム解放民族戦線により，ソ連が支援する南ヴェトナム政府に対して武装解放闘争が展開され，ヴェトナム戦争に発展した。米国は，戦争の早期終結を望む国際世論の高まりを受けてこの紛争に介入した。

1．妥当である。

2．第一に，朝鮮戦争（1950～53年）は朝鮮民主主義人民共和国（北朝鮮）軍が南北統一をめざして38度線を越えて侵攻したことで始まった。第二に，朝鮮戦争ではアメリカ軍とソ連軍の直接的な軍事衝突は起こっていない。軍事衝突は，韓国側を支援するアメリカ軍を中心とする国連軍と，北朝鮮側を支援する中華人民共和国が派遣した人民義勇軍との間で起こった。第三に，南に大韓民国，北に朝鮮民主主義人民共和国が成立したのは1948年で，朝鮮戦争勃発前である。朝鮮戦争は，1953年に休戦協定が結ばれ，現在も38度線付近の停戦ラインで南北の分断が続いている。

3．第一に，ベルリンは東西ドイツの国境線上にはなくソ連の占領地域内にある。第二に，「ベルリンの壁」を築いたのは米ソ両国ではなく東ドイツ政府である。1950年代末に東ベルリンから西側に脱出する人々が急増したため，1961年，東ドイツ政府が突如，ベルリンの周囲と，市内の東西境界線を遮断し，その後，東西の境界線にコンクリートの壁を築いた。第三に，ベルリンの壁が破壊（＝開放）されたのは1989年11月9日で，1991年のソ連解体前である。ベルリンの壁の破壊は，1988年3月，ゴルバチョフが東欧諸国に対する内政干渉を放棄した「新ベオグラード宣言」をきっかけに，ポーランド・ハンガリー・チェコスロヴァキア（ビロード革命）・ルーマニアなどで起きた，共産党による一党独裁体制の崩壊，いわゆる「東欧の民主化」と呼ばれる一連の出来事の一つである。1989年11月9日，大量の東ドイツ市民の脱出やデモを抑えきれなくなった東ドイツ政府が，東西ドイツ間の自由通交を認めると，壁や検問所は開放され，翌10日未明から東ドイツ市民によって壁が破壊され始めた。

4．「人類危機の13日間」と呼ばれたキューバ危機（1962年）であるが，革命により社会主義国となったキューバにミサイル基地を建設したのはソ連である。これを完成前に探知したアメリカのケネディ政権が基地の撤去を要求し，海上封鎖でソ連船による機材搬入を阻止しようとして米ソ間の緊張が高まった。最終的には，アメリカがキューバへの内政干渉をやめるのと交換に，ソ連がミサイル基地を撤去することで，危機は回避された。

5．第一に，南ヴェトナム解放民族戦線は，1960年12月，親米派のゴ=ディン=ジェム政権の打倒と南北ヴェトナムの統一を目的として，南ヴェトナムで結成された組織である。ヴェトナム民主共和国（北ヴェトナム）と連携していたが，直接ホー=チ=ミンが指導していたわけではない。第二に，南ヴェトナム政府（ゴ政権）を支援していたのはアメリカでありソ連ではない。第三に，ヴェトナム戦争は，1965年，アメリカのジョンソン政権が，解放戦線を支援する北ヴェトナムへの空爆（北爆）を開始し，南ヴェトナムへも地上部隊を派遣したことを契機に全面戦争へとエスカレートした。第四に，アメリカは，戦争の早期終結を望む国内・外の世論の高まり受けて，1973年にヴェトナム和平協定（パリ協定）を結んで撤兵した。その後，北ヴェトナム軍と解放戦線はサイゴンを攻略して南ヴェトナム政府を倒し（1975年），翌年，南北を統一してヴェトナム社会主義共和国を樹立した。

正答　1

近代フランスの出来事と関連する絵画

近代のフランスに関する記述A，B，Cのうち正しいものと，それに関連する絵画の組合せとして最も妥当なのはどれか。

A：18世紀末，ヴェルサイユで三部会が開かれたが，議決方法をめぐって特権を持つ第一・第二身分と第三身分が対立した。第三身分の議員は，自分たちが真に国民を代表する国民議会であると宣言し，憲法制定までは解散しないことを誓った。これを，「球戯場の誓い」という。

B：19世紀初め，皇帝となったナポレオンがイギリスやオーストリアなどの諸外国を破り，フランスの勢力は絶頂に達した。そのため，被征服地は封建的圧政の下に置かれることになったが，その一方で外国支配に反対する民族意識が成長し，各地で反ナポレオンの運動が起こった。

C：19世紀前半，パリに革命が起こり，圧政を敷いたシャルル10世は追放され，自由主義者として知られるルイ=フィリップが王に迎えられて，七月王政が成立した。この七月革命の影響を受けて，ベルギーは独立し，ポーランド・ドイツ・イタリアでは反乱が起こった。

ア

イ

ウ

エ

	記述	絵画
1	A	イ
2	A	エ
3	B	ア
4	C	ア
5	C	ウ

A：1789 年の「球戯場の誓い」に関する記述であり，妥当である。

B：第一に，ナポレオンの皇帝即位（第一帝政）に対して結成された第3回対仏大同盟（1805 年 8 月）に対して，フランス海軍がトラファルガー沖海戦（同年 10 月）でイギリス海軍に敗れたため，ナポレオンはイギリス本土侵攻を断念せざるをえず，イギリスを破ることはできなかった。しかし大陸では，ナポレオンはアウステルリッツの三帝会戦（同年 12 月）でオーストリア・ロシアの連合軍を破って第 3 回対仏大同盟を崩壊させた。第二に，ナポレオンは封建的圧政からの解放を掲げて征服を行い，被征服地では封建領主による支配に対する改革が促された。しかし，それが被征服地の民族意識を成長させ，逆に，フランスの支配に対する抵抗を引き起こした。特に，1808 年のスペイン侵攻の失敗はナポレオン没落の始まりとなった。

C：1830 年の七月革命に関する記述で，妥当である。

ア：ドラクロワ（1798～1863 年）の「民衆を導く自由の女神」（1831 年作，ルーヴル美術館蔵）で，1830 年の七月革命における「栄光の三日間」（7 月 27 ～ 29 日）と呼ばれる市街戦をテーマとした作品である。

イ：ダヴィッド（1748 ～ 1825 年）の「ナポレオンの戴冠式」（1805 ～ 07 年作，ルーヴル美術館蔵）で，1804 年 12 月 2 日にパリのノートルダム寺院で行われた戴冠式を描いた作品である。この時，ローマ教皇ピウス 7 世が招かれたが，教皇は臨席するのみで，戴冠はナポレオン自らが行い，次いでナポレオンが妻のジョセフィーヌに加冠している場面である。

ウ：ゴヤ（1746 ～ 1828 年）の「1808 年 5 月 3 日」（1814 年作，プラド美術館蔵）である。1808 年，ナポレオンはスペインに侵攻するが，5 月 2 日にマドリード市民が蜂起し，ゲリラ戦で抵抗した。絵はフランス軍によって見つけ出され銃殺されるマドリード市民を描いたものである。

エ：レンブラント（1606 ～ 69 年）の「夜警」（1642 年作，アムステルダム国立美術館蔵）である。この作品は，火縄銃主組合の依頼で描かれた集団肖像画である。

以上から，記述として正しいのはAとCであるが，Aに該当する絵画はなく，したがってCとアの組合せである**4**が正しい。

正答　4

国家一般職［大卒］ No. 397 教養試験

世界史　帝国主義の時代　平成25年度

帝国主義の時代に関する記述として最も妥当なのはどれか。

1　19世紀末になると，欧米先進諸国は，石炭と蒸気力を動力源に第2次産業革命と呼ばれる技術革新に成功し，巨大な生産力と軍事力の優勢を背景に，アジア・アフリカ，更には太平洋地域を次々と植民地に設定した。この植民地獲得の動きを帝国主義といい，植民地には工業製品の供給地として多くの工場が建設され，世界全体が資本主義体制に組み込まれた。

2　欧州列強諸国は，帝国主義政策の競合から，ドイツなど古くからの植民地保有国とイタリアなど後発の植民地保有国に分かれて対立し，ドイツ・フランス・イギリスの間では三国協商が，イタリア・オーストリア・ロシアの間では三国同盟が結ばれた。こうした列強の二極化は，小国が分立するバルカン半島の民族主義的対立を激化させ，同半島は「ヨーロッパの火薬庫」と呼ばれた。

3　イギリスは，アイルランドでの自治要求の高揚に直面した。20世紀初めに，アイルランド独立を目指すシン=フェイン党が結成され，その後，アイルランド自治法が成立したが，イギリス人の多い北アイルランドはこれに反対してシン=フェイン党と対立し，政府は第一次世界大戦の勃発を理由に自治法の実施を延期した。

4　帝国主義国の圧力にさらされた清朝支配下の中国では，日本の明治維新にならった根本的な制度改革を主張する意見が台頭した。その中心となった儒学者の康有為は，西太后と結んで宣統帝（溥儀）を動かし，科挙の廃止，立憲制へ向けての憲法大綱の発表と国会開設の公約などを実現させ，近代国家の建設に向けての改革に踏み切った。

5　イギリスの統治下にあったインドでは，近代的教育を受けた知識人が増加するにつれイギリス支配への不満が高まり，知識人の中でも英貨排斥，自治獲得などの急進的な主張をする人々の主導によってインド国民会議が創設された。これに対しイギリスは，ベンガル分割令を発表し，仏教徒とキリスト教徒の両教徒を反目させて反英運動を分断することによって事態の沈静化を図った。

解説

1．石炭と蒸気力を動力源とする技術革新は第一次産業革命であり，第二次産業革命は，石油と電力を動力源とする技術革新である。第一次産業革命は18世紀にイギリスで，紡績業などの軽工業で始まり，機械工業，製鉄業，石炭業等に拡大した。第二次産業革命は，19世紀後半，アメリカやドイツなどで，重化学工業，電気工業などを中心に始まった。また，植民地は工業製品の供給地ではなく，本国工業のための資源供給地，さらに工業製品の輸出市場として，そして新たに余剰資本の投資先としてその重要性が見直され，ヨーロッパ列強はアジア，アフリカ，太平洋地域を植民地あるいは勢力範囲として，資本主義の世界システムに編入していった。

2．第一に，古くからの植民地保有国といえばドイツではなくイギリスである。ドイツは，ヴィルヘルム2世（位1888～1918年）が「世界政策」を唱えて，第二次産業革命の急速な発展を背景に植民地の再分割を求めてイギリスと対立するようになった。第二に，三国協商はイギリス・フランス・ロシア三国の提携関係，三国同盟はドイツ・イタリア・オーストリア三国の提携関係である。20 世紀に入ると，列強間の対立関係は，植民地を巡るイギリス（３Ｃ政策）とドイツ（３Ｂ政策）の対立を中心として二極化していった。イギリスはドイツの進出に対抗するためフランスと英仏協商を結び（1904年），ロシアは，バルカン方面でのドイツ・オーストリアとの対立に備えてイギリスと英露協商を結んだ（1907 年）。さらに，ロシアは普仏戦争以来孤立していたフランスと露仏同盟（1891～94 年）を結び英・仏・露の三国協商が成立した。これに対して，1882 年，ビスマルクがフランスの孤立化を図るために結成した独・墺・伊の三国同盟が対立した。その対立の焦点が，「ヨーロッパの火薬庫」と呼ばれたバルカン半島におけるロシア（汎スラブ主義）とオーストリア（汎ゲルマン主義）の民族主義的対立であった。

3．妥当である。シン=フェイン党の結成が1905年，アイルランド自治法（第３次）の成立が1914年である。

4．日清戦争の敗北をきっかけに公羊学派（『春秋』の「公羊伝」を正統とする学派で，清では考証学を批判し，政治的実践を重視した）の儒学者である康有為（1858～1927 年）を中心として起こった近代化運動を変法運動（変法自強）という。康有為は 1898 年 6 月，「戊戌（ぼじゅつ）の変法」と呼ばれる政治改革を断行するが，康有為が結んだのは西太后（1835～1908 年）ではなく光緒帝（位 1875～1908 年）である。しかし，同年 9 月に西太后を中心とする保守派によるクーデタで光緒帝は幽閉され，康有為らは失脚して日本に亡命し（戊戌の政変），改革はわずか 3 か月あまりで失敗した（百日維新）。また，科挙の廃止（1905 年），憲法大綱の公布・国会開設の公約（1908 年）などの改革は，日露戦争による日本の勝利に刺激されて打ち出された清朝末期の改革（光緒新政）であり，「戊戌の変法」ではない。「戊戌の変法」では，科挙の改革や近代的な教育制度の創設，新式陸軍の創設などの改革を相次いで布告したが，実施されたのは京師大学堂（後の北京大学）の創設だけであった。

5．第一に，インド国民会議は，1885 年，対英協調を求める穏健な知識人たちによって設立された。当初は，インド人の意見をインド総督に諮問するだけの機関であったが，民族意識の高まりとともに次第に反英的になり，政治的結社として組織化された（国民会議派）。第二に，1905 年に公布されたベンガル分割令は，仏教徒とキリスト教徒ではなく，ヒンドゥー教徒とイスラーム教徒の反目を利用して反英運動を分断しようという法令である。これに対して国民会議はティラク（1856～1920 年）らの急進派が主導権を握り，1906 年，カルカッタで開かれた大会で，「英貨排斥・スワデーシ（国産品愛用）・スワラージ（自治獲得）・民族教育」の 4 綱領を決議した。

正答　3

思想　日本史　世界史　地理　政治・法律　経済

国家一般職［大卒］ No. 398 教養試験

世界史　世界の歴史的建造物・遺跡　平成24年度

世界各地の歴史的建造物又は遺跡に関する記述として最も妥当なのはどれか。

A．マチュピチュ遺跡

B．スレイマン１世モスク

C．タージ・マハル

D．聖ワシリィ大聖堂

E．ヴェルサイユ宮殿

1　Aは，14世紀にメキシコ高原を支配したインカ帝国時代に築かれたものである。インカ帝国では太陽が崇拝され，太陽を祀るピラミッドが建造された。また，独自の絵文字が用いられ，高度な石造建築の技術をもっていたが，15世紀にスペイン人のコルテスによって滅ぼされた。

2　Bを建造したスレイマン１世は，オスマン帝国最盛期のスルタンで，南イラク，北アフリカに支配を広げ，ヨーロッパ方面ではハンガリーの征服後，ウィーンを包囲してヨーロッパ諸国に脅威を与えた。さらにプレヴェザの海戦でスペインなどを破り，地中海の制海権を手中にした。

3　Cを建造したムガル帝国の皇帝アクバルは，ヒンドゥー教とイスラーム教の融和を図り，イスラーム教徒に課された人頭税（ジズヤ）を廃止する策をとったが，両者の対立は収まらず，18世紀にはプラッシーの戦いに至った。この戦いで国力を失ったムガル帝国は，18世紀中ごろにイギリスの植民地となった。

4　Dは，ロシアが18世紀半ばのクリミア戦争に勝利したことを記念し，雷帝と呼ばれたエカチェリーナ２世によってサンクトペテルブルクに建造された。エカチェリーナ２世は貴族をおさえて専制政治の基礎を固めるとともに農奴制を強化し，シベリアを領土に組み込み，清朝とネルチンスク条約を結んだ。

5　Eは，アンリ４世によって建造された。アンリ４世は，宰相にマザランを登用して大貴族やユグノーと呼ばれる旧教徒の勢力をおさえ，三部会を停止するとともに，徹底した重商主義政策をとって国庫の充実を図った。ユグノーの抵抗は，後のルイ14世がナントの勅令を発してユグノーに信仰の自由を認めるまで続いた。

1. Aのマチュピチュ遺跡は，インカ帝国の時代，首都クスコ北方の標高2,500mのアンデス山中に築かれた石造建築群である。1911年にアメリカの探検隊によって発見された。インカ帝国は14世紀から1533年にかけて南米のアンデス高原に栄えた帝国で，14世紀のメキシコ高原に栄えたのは，テノチティトランを首都とするアステカ王国。インカ帝国では太陽崇拝のための神殿はあったが，ピラミッドは造られていない。文字は使用されていなかったが，キープという縄の結び目を使った計数が行われていた。インカ帝国は1533年に，コルテスではなくスペイン人の征服者（コンキスタドール）ピサロ（1470頃～1541年）によって滅ぼされた。コルテス（1485～1547年）は1521年にアステカ王国を滅ぼしたスペイン人の征服者である。

2. 妥当である。

3. Cのタージ・マハルの建造者はムガル帝国第3代皇帝アクバル（位1556～1605年）ではなく，第5代皇帝シャー=ジャハン（位1628～58年）で，愛妃ムムタール=マハルの死を悼んで造られた墓廟である。アクバルが，イスラーム教とヒンドゥー教の融和を図るため，1564年に人頭税（ジズヤ）を廃止したのは事実であるが，人頭税はイスラーム教徒ではなく非イスラーム教徒に課されていた。プラッシーの戦い（1757年）は，ヒンドゥー教徒とイスラーム教徒との対立から起こったのではない。ムガル帝国からベンガル地方の徴税権（ディワーニー）を認められていたベンガル太守とフランス連合軍が，クライヴの指揮するイギリス東インド会社軍と戦った英仏の植民地戦争である。以後，戦いに敗れたムガル帝国の支配は名目的なものとなったが，植民地となるのは19世紀半ば頃である。シパーヒーの反乱（1857～59年）の時，ムガル皇帝は捕えられてビルマに流刑となり，帝国は名実ともに滅亡した。

4. Dの聖ワシリィ大聖堂はエカチェリーナ2世ではなく，モスクワ大公国のイワン4世（位1533～84年）によって，カザン・ハン国の征服（1552年）を記念して，モスクワに建てられたロシア正教会の聖堂である。イワン4世は，1547年，ツァーリの称号を正式に使用し，「雷帝」と呼ばれた。また，問題文の後半は，エカチェリーナ2世ではなくピョートル1世（位1682～1725年）の事蹟である。ネルチンスク条約は，1689年，清朝の康熙帝と結んだ条約で，アルグン川とスタノヴォイ山脈（外興安嶺）を国境とした。なお，クリミア戦争（1853～56年）は，ロシアがオスマン帝国内のギリシャ正教徒保護を口実に起こした戦争で，英・仏の参戦によりヨーロッパ列強の争いとなり，ロシアは敗れた。また，エカチェリーナ2世（位1762～96年）は，対外的にはピョートルの事業を引き継ぎ，内政面では啓蒙専制君主としてさまざまな改革を行ったが，プガチョフの乱（1773～75年）をきっかけに反動化し，貴族と妥協して農奴制を拡大した。

5. Eのヴェルサイユ宮殿は，アンリ4世ではなく，ルイ14世によって建造された。アンリ4世（位1589～1610年）は自身がユグノーであったが，1589年に王位につくとカトリックに改宗し，1598年にはナントの勅令でユグノーにも信教の自由を与えて，ユグノー戦争と呼ばれたフランスの宗教内乱に終止符を打ち，ブルボン朝の下で絶対王政の最盛期を迎えた。問題文は事実関係の誤りも含めてかなり錯綜しているが，以下，ルイ14世（位1643～1715年）の事蹟として説明する。ルイ14世は1643年に幼少で即位するとマザラン（任1642～61年）を宰相とし，フロンドの乱（1648～53年）と呼ばれる大貴族の反乱を鎮圧して王権の強化に成功した。ユグノーは旧教徒ではなくカルヴァン派のプロテスタントである。また，三部会を停止したのはルイ13世で，1615年以後1789年まで招集されなかった。1661年にマザランが亡くなりルイ14世の親政が始まると，ヴェルサイユ宮殿の拡張工事を開始して1682年に完成させ，財務総監コルベールを重用して重商主義政策を推進し，豊かな王室財政を築いた。ルイ14世はナントの勅令を発したのではなく廃止した。そのため，ユグノーたちが海外へ逃亡し，フランスの産業・経済に大きな打撃を与えた。

正答 2

国家Ⅱ種

教養試験

No. 399 世界史 歴史書 平成23年度

思想 日本史 世界史 地理 政治・法律 経済

歴史書に関する記述として最も妥当なのはどれか。

1 古代ギリシャのヘロドトスは，アレクサンドロス大王が東方遠征を行い，アケメネス朝ペルシアなどを滅ぼしていく過程を，多くの史料に基づいて『対比列伝』として記述した。また，ホメロスはポエニ戦争におけるハンニバルの英雄的な活躍を『神統記』として物語風につづり，「歴史の父」と呼ばれた。

2 古代ローマのカエサルは，ガリア遠征のアクティウムの海戦の様子や，ポンペイウスやブルートゥスなどの政敵を打ち倒してローマ皇帝となり，ローマ帝国を成立させていくまでの過程を，自伝である『ローマ建国史』としてまとめた。

3 中国の北宋の司馬光がまとめた『資治通鑑』は，君主の統治に資することを目的に書かれたものである。これは紀伝体で記された前漢の司馬遷の『史記』や後漢の班固の『漢書』と異なり，編年体で記述されたものであった。

4 14世紀のイスラム世界では，イブン=バットゥータがモロッコから中国にいたる広大な世界を旅して，世界各国の歴史を調査し，『千夜一夜物語』や『歴史序説』を著し，そのなかで世界の王朝の興亡には法則性があることを論じた。

5 我が国では奈良時代に最初の六国史である『古事記』が書かれるなど国史の編纂が本格的に始まった。平安時代には桓武天皇の命を受けた紀貫之らによって，それまでの国史とは異なり，神話を織り交ぜない史実のみで構成された『日本書紀』が完成した。

解説

1. ヘロドトス（前485？～前425？）は，「歴史の父」といわれるギリシャの歴史家。著書は『歴史』であるが，アレクサンドロス大王の東方遠征（前334～前324）を書いたものではない。『歴史』はペルシャ戦争を主題として，黒海北岸からエジプト，バビロンに至る自らの大旅行から得た知見を交えた記述で，古代オリエント史の貴重な史料となっている。『対比列伝』はギリシャ人であるプルタルコス（46？～120？）の著書。ローマ帝政時代に活躍した著作家であり，『対比列伝（英雄伝）』は，ギリシャ・ローマの重要人物で，さまざまな共通点を持つ生涯を送った23組46人の生涯を対比して論評したもの。このほか，単独の伝記として4人が取り上げられている。

2. カエサル（前100？～前44）についての文章であるが，第一に，『ローマ建国史』はリウィウス（前59～後17）の著作である。カエサルには，ガリア遠征（前58～前51）の記録である『ガリア戦記』や，ポンペイウスとの戦いの最初の2年間を記述した『内乱記』があるが自伝はない。リウィウスはローマの歴史家で，アウグストゥスの委嘱により『ローマ建国史』を執筆した。第二に，アクティウムの海戦（前31年）はカエサルの養子オクタウィアヌスとアントニウス・クレオパトラの戦いで，カエサルのガリア遠征とは関係ない。第三に，カエサルは，前45年，元老院から凱旋将軍への称号であるインペラトル(imperator）を与えられたが，皇帝にはなっていない。皇帝となってローマ帝政を始めたのはオクタウィアヌス。

3. 妥当である。

4. イブン=バットゥータ（1304～77）はモロッコ・タンジール生まれの旅行家で，その旅行記は『三大陸周遊記』である。1325年にメッカ巡礼に出発して以来，西はイベリア半島から東は中国・元の大都まで，ユーラシアとアフリカの各地を旅行した。『千夜一夜物語』は，イスラーム世界を代表するアラビア語の説話集。中世ペルシャ語の説話集（『千物語』）が8世紀にアラビア語に翻訳される過程でアラビア語の説話が加わり『千夜物語』となった。その後，インド・イラン・ギリシャなどの説話も加わり，12世紀に現在の名称となった。1704年にフランス人のアントワーヌ=ガランによってフランス語に翻訳され，ヨーロッパに広まった。『歴史序説』は，イブン=ハルドゥーン（1332～1406）の著書。『考察の書』の序説であり，内容の説明は妥当である。

5.『古事記』は六国史ではない。「六国史」とは，『日本書紀』（720）・『続日本紀』（797）・『日本後紀』（840）・『続日本後紀』（869）・『日本文徳天皇実録』（879）・『日本三代実録』（901）の勅撰の正史をいう。いずれも漢文・編年体で書かれた。『古事記』（712）は，天武天皇の命で稗田阿礼が誦習した天皇の系譜や神話・伝承などを太安万侶が筆録したもの。神代から推古天皇までが扱われている。『日本書紀』は舎人親王を中心に編纂され，神代から持統天皇の代までを記述するが，神話も含まれる。桓武天皇（737～806），紀貫之（？～945）とも『日本書紀』には関係なく，生きた時代もずれていて，接点はない。

正答 3

国家Ⅱ種

教養試験

No.400 世界史 アメリカ合衆国の歴史 平成23年度

アメリカ合衆国の歴史に関する記述として最も妥当なのはどれか。

1 イギリスからの植民者たちはキリスト教の宗派が共通していたことから，入植当初から相互の政治的な結び付きも強かった。先住民を排除して領土を拡大していき，17世紀前半には，ルイジアナ植民地の議会を最初として植民地議会などの自治制度を作り出した。

2 東海岸にあった13植民地による憲法制定会議で合衆国憲法が制定されたことにより，アメリカ合衆国が成立した。同国はその成立を認めないイギリスを戦争で打ち破った後，ジェファソンやフランクリンらが起草した独立宣言を発表して自国の正統性を主張した。

3 アメリカ合衆国はその独立戦争でフランスの干渉を受けたため，フランス革命やナポレオン戦争に際してモンロー宣言を公表して積極的に干渉した。同宣言で，ヨーロッパの情勢に積極的に干渉する一方，その植民地となっていたラテンアメリカの情勢には干渉しない方針を示した。

4 南北戦争の背景には，奴隷制をめぐる立場の違いとともに，北部と南部の経済上の対立があった。工業化の進んだ北部はイギリスとの対抗上，保護貿易を求める一方，南部では主に綿花が栽培され，綿工業の発達したイギリスに輸出する体制がとられていたので，自由貿易を求めた。

5 19世紀後半には，全国的な高速自動車道路網が完成して国内市場が統一され，またアジアから移民が大量に流入した。これにより，同世紀末には，アメリカ合衆国において自動車や家庭電化製品などの大量生産・大量消費をもとにした生活様式が出現し，大衆消費社会が到来した。

解説

1．1607年のヴァージニア植民地から1732年のジョージア植民地まで，東部海岸に建設された13の植民地に入植したイギリスからの植民者はさまざまな宗派から成り立っていた。ニューイングランド植民地（北部植民地）はピューリタン（清教徒），南部植民地はカトリックの勢力が強かった。また，中部植民地のペンシルヴァニアはクウェーカー教徒のウィリアム=ペンにより建設されており，植民地成立の事情もさまざまである。また，植民地のあり方も，王領植民地・領主植民地・自治植民地と多様であったが，植民地人とその子孫には本国の国民と同じ権利が与えられるとされ，1619年には，最初の植民地議会がヴァージニア植民地のジェームズタウンで開かれた。ルイジアナは，1682年にフランス人ラ=サールによって探検され，ルイ14世に献上されたフランス植民地である。

2．独立の経緯が誤っている。独立戦争の勃発（1775）→独立宣言（1776）→合衆国憲法の制定（1787）の順が正しい。1775年４月，ボストン郊外のレキシントンとコンコードでイギリス本国軍と植民地民兵とが衝突した事件が独立戦争の発端である。植民地側は，同年５月，フィラデルフィアで第２回大陸会議を開き，ワシントンを総司令官とする大陸軍を創設して戦争を進め，翌1776年７月４日，独立宣言を発して13州の独立を宣言した。戦争は，1781年のヨークタウンの戦いで植民地側の勝利が確定し，1783年のパリ条約で正式にイギリスはアメリカの独立を認めた。次いで植民地側は，1777年11月に連合規約を制定して，国名をアメリカ合衆国としたが，当初のアメリカは，事実上，13の独立共和国の緩やかな連合体にすぎず，中央政府の権限は弱かった。そこで戦争終了後の1787年，ワシントンを議長とする憲法制定会議がフィラデルフィアで開かれ，中央政府の権限を強化する一方，各州の大幅な自治権を認めるアメリカ合衆国憲法を制定したのである。なお，憲法は1788年に９州が批准して発効し，翌1789年，ワシントンを初代大統領とする連邦政府が発足した。

3．第一に，フランスは独立戦争では植民地側についてイギリスと戦っている。第二に，モンロー宣言はフランス革命やナポレオン戦争に対して出されたものではなく，1823年，ラテンアメリカ諸国の独立に対するヨーロッパ諸国の介入を排除するため，第５代大統領モンロー（在任1817～25）が年頭教書で宣言したものである。第三に，その内容は，ヨーロッパ諸国がアメリカ大陸を植民の対象にすることに反対する（非植民地主義），ヨーロッパ諸国のアメリカ大陸に対する干渉はアメリカへの非友好的態度と見なす，アメリカもヨーロッパも互いの国内問題には干渉しない（相互不干渉主義），というもの。これはヨーロッパの情勢には干渉しないという，建国以来のアメリカの孤立主義政策を表明したものである。

4．妥当である。

5．第一に，19世紀後半に完成したのは高速自動車道路網ではなく大陸横断鉄道である。1869年，セントラル=パシフィック鉄道とユニオン=パシフィック鉄道がプロモントリーで連結され，大陸横断鉄道が開通した。以後，1883年に南太平洋鉄道と北太平洋鉄道が開通し，19世紀末には国内市場が統一された。なお，アメリカで高速道路の建設が始まるのは1907年のニューヨーク州が最初である。また，19世紀後半に，アジア系の移民が，奴隷に代わる鉄道建設などの労働力（クーリー）として導入されたのは正しい。ちなみに，セントラル=パシフィック鉄道の建設には中国人労働者が使われた。第二に，19世紀末はデパートに象徴されるような「大衆消費社会」への転換期であるが，問題文にある自動車や家庭電化製品の大量生産・大量消費を背景にした大衆消費社会が始まるのは20世紀初頭。その象徴とも言うべき，大衆車「モデルＴ」の大量生産にフォードが成功するのは1908年である。最初の劇映画とされる『大列車強盗』の上映は1903年，ラジオ放送の開始は1907年，蓄音機が家庭にまで普及するのは20世紀の初頭である。

正答　4

思想
日本史
世界史
地理
政治・法律
経済

国家Ⅱ種
教養試験
No. 401

世界史　交通の歴史　平成22年度

交通の歴史に関する記述として最も妥当なのはどれか。

1　馬に引かせる戦車が発達したエジプトでは，ファラオは全国を20余りの州に分け，各州に知事（サトラップ）をおいて統治するとともに，全国の要地を結ぶ「アッピア街道」と呼ばれる軍道を建設し，駅伝制を整えて中央集権の強化を図った。

2　15世紀にポルトガルで羅針盤が発明されると遠洋航海が可能となり，ヴァスコ=ダ=ガマが史上初の世界周航を成し遂げるなど，いわゆる大航海時代が始まった。これとともにヨーロッパにおける遠隔地貿易の中心は大西洋沿岸から地中海に面した国々へ移動した。

3　18世紀後半のアメリカ合衆国では，石炭や蒸気を動力源として用いる技術が進歩し，フルトンの発明した蒸気機関車が実用化されると，鉄道建設が急速に進み，19世紀初頭には最初の大陸横断鉄道が開通した。

4　20世紀初頭にライト兄弟はプロペラ機による世界初の飛行に成功した。飛行機は，その後，戦車や毒ガスとともに，第一次世界大戦において兵器として用いられた。第二次世界大戦後はジェット機の実用化が進展し，重要な遠距離交通手段となった。

5　第二次世界大戦後に，我が国でベルトコンベヤ方式による自動車の大量生産方式が発明された。自動車は，高度成長期に高速道路網の整備が進んだことを背景に，白黒テレビや冷蔵庫と並び「三種の神器」として急速に普及した。

解説

1．文章はエジプトではなくアケメネス朝ペルシャ（前550～前330）についての記述とするのが妥当である。したがって，ファラオではなくダレイオス１世，アッピア街道ではなく「王の道」とすれば文意は通じる。イラン人の王朝であるアケメネス朝は，３代目のダレイオス１世の時代（在位，前522～前486）に，西は地中海沿岸から東はインダス川に至る古代オリエント世界を統一し，サトラップ制や駅伝制などを実施するなど，史上最初の「世界帝国」を実現した。なお，馬で引く戦車の最古の例はシュメール初期に知られており，エジプトでは，前17世紀にヒクソスと呼ばれる東方の異民族が，馬と戦車を用いて侵入し，第15，16王朝を開いたことが知られている。またアッピア街道は古代のローマの軍用道路の一つで，前４世紀にケンソル（監察官）のアッピウス・クラウディウス・カエクスによって建設されたのでこの名前がつけられた。

2．磁針が常に南北を指すことは，すでに中国の戦国時代に知られていたが，その原理を利用して遠洋航海を可能とする羅針盤が発明されたのは宋代である。イスラーム世界を経由して，14世紀のイタリアで改良されて使われるようになった。史上初の世界周航を成し遂げたのはヴァスコ=ダ=ガマ（1649頃～1524）ではなくマゼラン（1480頃～1521）である。また，大航海時代の始まりとともに，遠隔地貿易の中心は地中海から大西洋沿岸の国々に移動したのである（商業革命）。

3．産業革命に伴う交通革命がアメリカに起こるのは18世紀後半ではなく19世紀になってからである。フルトンの発明したのは蒸気機関車ではなく蒸気船で，1807年，クラーモント号がハドソン川を走行した。最初の大陸横断鉄道が開通するのは1869年で，カリフォルニア州サクラメントとネブラスカ州オマハ間で開通した。

4．妥当である。

5．ベルトコンベヤ方式による自動車の大量生産方式が発明されたのは，アメリカであり，1913年にフォードによる「T型フォード」の生産が最初である。高度成長前半期の「三種の神器」はテレビ・電気洗濯機・電気冷蔵庫である。自動車は1960年代末以降の「３C」（あるいは「新三種の神器」）の自家用自動車・カラーテレビ・クーラーである。

正答　4

No. 402 世界史 中国の歴史 平成22年度

中国の歴史に関する記述として最も妥当なのはどれか。

1 李鴻章の指導する太平天国は，1901年に「滅満興漢（めつまんこうかん）」を掲げて清朝に対し反乱を起こした。清朝は，日本やロシアの支援を受けて鎮圧に向かったが，敗北して，太平天国に巨額の賠償金を支払った。

2 1912年に孫文が南京で臨時大総統として中華民国の建国を宣言した。軍事力を握る袁世凱は，清朝最後の皇帝を退位させ，孫文から臨時大総統を引き継いで，独裁を進めた。

3 1920年代にコミンテルンの支援により中国共産党が結成された。中国共産党は国民党との間に国共合作を成立させたが，後に毛沢東が上海クーデターを起こして国民党を弾圧したため，1930年代に国民党は台湾に逃れた。

4 1949年に中国共産党は中華人民共和国を成立させたが，この時，政治路線の違いや領土問題をめぐってソ連と激しく対立した。当時，ソ連と対立していたアメリカ合衆国は，建国と同時に中華人民共和国を承認し，正式の中国代表とみなした。

5 1950年代に，毛沢東の指導により農業・工業・国防・科学技術の「四つの現代化」が進められ，人民公社の解体や外国資本・技術の導入など，経済の改革・開放政策が実施された。この「大躍進」運動により中国の経済状況は好転し，国民の生活水準も向上した。

解説

1．太平天国の乱（1851～64）と義和団の乱（1901）の記述が混在している。太平天国は，1851年，洪秀全を指導者として，「滅満興漢」をスローガンとして清朝打倒をめざして蜂起した反乱である。李鴻章は，太平天国の反乱を鎮圧した清朝の漢人官僚であり，彼が郷里で組織した淮軍や，曾国藩が組織した湘軍など郷勇と呼ばれた郷土義勇軍や，ウォードやゴードンが指揮する常勝軍によって太平天国は鎮圧された。1901年に起こったのが義和団の乱で，1900年に山東省の排外的な武術集団である義和団が「扶清滅洋」を唱えて蜂起し，北京の公使館地域を占領すると，清朝はこの反乱を利用して列強に宣戦を布告した。日本やロシアは８か国連合軍を組織して，在留外国人の保護を名目に出兵し北京を占領した。敗れた清朝は北京議定書によって，巨額の賠償金と外国軍隊の北京駐屯を認めさせられた。

2．妥当である。

3．中国共産党の結成は1921年であるが，その後の記述では共産党と国民党の関係が入れ違っている。まず，国共合作（第一次）は国民党の孫文がソ連の援助を入れて，1924年，共産党員が個人の資格で国民党に入党することを認めて提携が成立したのである。また，上海クーデタは，孫文の後継者となった蔣介石が，1927年４月に，国民党内部の共産党員を追放し，南京に国民政府を建てた事件である。これにより，第一次国共合作は解消し（国共分裂），共産党は江西省瑞金に毛沢東を主席とする中華ソヴィエト共和国臨時政府を樹立し国民政府と対立した。蔣介石の国民党が台湾に逃れたのは1949年12月である。

4．中華人民共和国の建国当時，中国はソ連と「中ソ友好同盟相互援助条約」を結んで（1950年），友好関係にあった。中ソ対立が起こるのは，ソ連がスターリン批判を行った1956年以降である。中ソ間のイデオロギー上の対立は，1960年代になると中国への経済援助の停止，技術者の引き上げへと拡大し，63年からは公開論争に発展し，69年には国境紛争も勃発した。また建国当時，アメリカは台湾に逃れた蔣介石の中華民国政府を正式の代表とする立場をとっていた。なお米中の国交正常化は，1972年のニクソン大統領の訪中によって，アメリカが中華人民共和国を事実上承認して以降である（正式には1979年１月）。

5．「四つの現代化」と「大躍進」運動は同じではない。「四つの現代化」は，文革後の1977年，華国鋒によって打ち出されたもので，「大躍進」運動は，1958年から毛沢東の指導により始まった工業建設と農業の集団化をめざす生産向上運動である。「大躍進」運動では，中ソ対立を背景にして，ソ連に代わる社会主義建設がめざされ，人民公社の設立や，土法による鉄鋼生産運動など急激な改革が実施されたが，労働者の疲弊や農民の生産意欲の減退などを招き，さらに1959年からは約2000万人ともいわれる餓死者を出す大凶作にも見舞われ失敗し，毛沢東は劉少奇に国家主席の座を譲った。

正答　2

国家Ⅱ種 教養試験

No. 403 世界史 平安時代初頭の日本の記述と同時代の世界 平成21年度

次の□の文は，我が国のある時代についての記述であるが，これと同時代の世界の状況を記述したものとして，最も妥当なのはどれか。

> 桓武天皇は，天皇権力を強化するため，長岡京へ都を移した後，さらに，平安京へと都を移し，律令政治の再建のため，さまざまな改革を行った。
> また，桓武天皇は新しい仏教を支持し，中国で学んだ最澄と空海が，それぞれ天台宗と真言宗をひらいた。

1 東アジアでは，チンギス=ハンが諸部族を統一し，モンゴル帝国を建てた。モンゴル帝国は次々と領土を広げ，第5代のフビライは，大都に都を定め，国名を元と称し，南宋を滅ぼして中国全土を支配した。

2 南アジアでは，ムガル帝国の第3代皇帝アクバルが中央集権的な統治機構をととのえた。アクバルは，自らヒンドゥー教徒の女性と結婚し，非イスラーム教徒に課されていた人頭税を廃止して，ヒンドゥー勢力を味方につけた。

3 西アジアでは，アッバース家が，ウマイヤ朝を倒しアッバース朝を開いた。アラブ人の特権を廃止し，すべてのイスラーム教徒を平等に扱った。第5代カリフであるハールーン=アッラシードの時代に最盛期を迎え，首都バグダードは国際都市として繁栄した。

4 ヨーロッパでは，ローマ=カトリック教会の聖職売買などが生じていたため，クリュニー修道院を中心に改革の運動が起き，教皇グレゴリウス7世と神聖ローマ皇帝ハインリヒ4世の間で叙任権闘争が始まった。教皇が皇帝を破門したため皇帝はイタリアのカノッサで教皇に謝罪した。

5 マケドニアのアレクサンドロス大王は，ペルシアを討つため，東方遠征に出発した。大王はエジプトを征服した後アケメネス朝ペルシアを滅ぼし，さらにインド北西部にいたり，東西にまたがる大帝国を築いた。

解説

桓武天皇（在位781～806）による長岡京遷都が784年，平安京遷都が794年，最澄・空海が遣唐使とともに中国に渡ったのが804年であるから，問題文の時期は８世紀末～９世紀初めである。

1．13世紀の出来事である。チンギス=ハン（テムジン）によるモンゴル帝国の建設は1206年。５代フビライが，大都に都を定め国号を元と称したのが1271年，次いで南宋を滅ぼし中国全土を支配下においたのが1276年である。

2．16世紀後半の出来事である。第３代皇帝のアクバル（在位1556～1605）はムガル帝国の基礎を築いた人物。ムガル帝国はインド史上最大のイスラーム国家で，ティムールの子孫といわれるバーブル（1483～1530）が北インドへ進出し，1526年のパーニーパットの戦いでデリー=スルタン朝の軍に勝利したのに始まる。その後，第３代アクバル（在位1556～1605）が，北インド全域に支配地を拡大して，帝国の実質的な基礎を築いた。彼は，中央集権的な官僚制度を整える一方，非イスラーム教徒に対してはジズヤ（人頭税）を廃止し，また，自らヒンドゥー教徒の王女を妻に迎え，ヒンドゥー教徒を高官や将軍に用いるなど，ヒンドゥー教徒とイスラーム教徒との融合を図った。

3．妥当である。８世紀の出来事である。ムハンマドの叔父の子孫にあたるアブル=アッバースを擁した反ウマイヤ勢力が，バグダードを都としてアッバース朝を開いたのは750年である。アッバース朝ではイスラーム教徒であればジズヤ（人頭税）はかけられず，アラブ人でも征服地に土地を持っていればハラージュ（地租）が課せられた。つまり，イスラーム教徒の平等が実現したのでアッバース朝をイスラーム帝国という。アッバース朝は第５代のハールーン=アッラシード（在位786～809）の時代に最盛期を迎えた。ちょうど桓武天皇の在位期間と同じ頃である。

4．11世紀の出来事である。叙任権闘争と呼ばれるローマ教皇グレゴリウス７世とローマ皇帝ハインリヒ４世の対立は，1077年のカノッサの屈辱で頂点に達した。グレゴリウス７世による改革（グレゴリウス改革）は，聖職売買や聖職者の妻帯を禁止し，聖職者の任命権（聖職叙任権）を教会の手に取り戻して教皇権を強化しようとするものであった。グレゴリウス７世は，改革に抵抗したハインリヒ４世を破門にし，ドイツ諸侯の皇帝に対する服従義務を解除した。ドイツ諸侯は教皇に味方したためハインリヒ４世は孤立し，ついにカノッサ城に滞在する教皇に許しを請い，雪の城門で３日間，祈りと断食を続けてようやく破門を解かれた。この事件がカノッサの屈辱である。

5．紀元前４世紀の出来事である。マケドニアのアレクサンドロス大王が東方遠征に出発したのは前334年。ペルシャを滅ぼして，さらにインド北西部まで征服したが，前323年，アラビア遠征を企てている最中，バビロンで急死した。

正答　3

国家Ⅱ種

教養試験

No. 404 世界史 世界恐慌の影響 平成21年度

思想 日本史 世界史 地理 政治・法律 経済

20世紀前半の世界恐慌とその影響に関する記述として最も妥当なのはどれか。

1 アメリカ合衆国は，1929年のニューヨーク株式市場での株価の暴落から，深刻な不況に襲われた。この間，企業の倒産が一挙に進んで工業生産は急落したが，農業生産は堅調に拡大し，金融機関の経営の健全性も確保されていた。

2 英国では，世界恐慌の影響で失業者が大量に発生したため，ワグナー法によって労働者の権利を保護し，労働組合の発展を促すことで社会の混乱を収拾しようとした。外交面では，ラテンアメリカ諸国をスターリング=ブロックに組み入れる外交政策を行って経済の回復を図った。

3 ドイツでは，ナチ党が第一次世界大戦後に結成された。結党時には，ヴェルサイユ条約破棄や人種差別主義などの同党の過激な主張が国民の圧倒的な支持を獲得した。しかし，世界恐慌によって社会不安が広がると，国民は政治の安定を求めるようになり，ナチ党は解党の危機に瀕した。

4 フランスは，植民地や友好国とフラン通貨圏を築いて経済を安定させようとした。国内の政局は不安定であったが，極右勢力の活動などで危機感をもった中道・左翼が結束して，1936年にはブルムを首相とした反ファシズムを掲げる人民戦線内閣が成立した。

5 ソビエト連邦では，世界恐慌の影響により工業生産が恐慌前の約半分の水準まで低下した。この危機を乗り切るため，レーニンは国有化政策を緩め，中小企業に私的営業を許すとともに，農民には余剰生産物の自由販売を認める新経済政策（ネップ）を行った。

解説

1．アメリカでは，工業生産だけでなく農業生産も急落した。アメリカの農業は，世界恐慌勃発前から慢性的な不況状態にあり，恐慌によってさらに深刻な打撃を受けた。また，1930年になると恐慌は金融機関にまで拡大し，有力銀行などの閉鎖や倒産が起こり，預金者が銀行へ殺到する取り付け騒ぎが頻発した。

2．ワグナー法（全国労働関係法，1935年）はアメリカのニュー=ディール政策の一つである。また，スターリング=ブロック（ポンド=ブロック）は，1932年のオタワ連邦会議で結成され，イギリス本国と自治領との間では輸入関税を免除し，他の地域からの輸入には高関税を課すという特恵関税制度に基づく排他的な経済ブロックである。カナダ・オーストラリア・ニュージーランド・南アフリカ連邦・アイルランド自由国・ニューファンドランドで構成された。ラテンアメリカは，この時期イギリスの影響力が弱まり，アメリカ合衆国を中心とするパン=アメリカ=ブロックに属するようになった。

3．ナチ党が勢力を拡大したのは世界恐慌後である。ナチ党は，第一次大戦後の1919年にミュンヘンでドイツ労働者党として結成された，地方の小さな反ユダヤ主義団体の一つにすぎなかった。1920年，国民（国家）社会主義ドイツ労働者党と改称，1921年にヒトラーが党首となったが勢力はふるわなかった。しかし，世界恐慌後の社会不安を背景にして一挙に勢力を拡大し，恐慌前の1928年には12議席しかなかった勢力が，恐慌後の1930年に107議席，さらに1932年７月に230議席を獲得して第１党となった。

4．妥当である。

5．ソ連は世界恐慌の影響を受けなかった。この時期，ソ連では第１次（1928～32）および第２次五カ年計画（1933～37）が進展し工業生産は飛躍的に増大した。また当時，政治的実権を握っていたのはレーニン（1924年死亡）ではなくスターリンであり，反対派に対する大量の投獄や処刑によって独裁的権力をふるったスターリン体制の時代である。レーニンのネップ（新経済政策）は，1921年，革命後の戦時共産主義による産業の減退や，数百万の餓死者まで出した深刻な食糧不足を克服するために打ち出された政策である。この結果，国民経済は回復に向かい，生産は第一次大戦前の水準に回復した。

正答　4

思想
日本史
世界史
地理
政治・法律
経済

国家一般職［大卒］ No. 405 教養試験

地理　諸外国の農工業等　令和元年度

諸外国の農工業等に関する記述として最も妥当なのはどれか。

1　カナダでは，国土の南部で牧畜や小麦の栽培が盛んであり，米国のプレーリーから続く平原は，世界有数の小麦生産地帯となっている。また，カナダは，森林資源や鉄鉱・鉛・ニッケルなどの鉱産資源に恵まれているほか，西部では原油を含んだ砂岩であるオイルサンドの開発も行われている。

2　メキシコでは，メキシコ高原に肥沃な土壌であるテラローシャが広がっており，そこではファゼンダと呼ばれる大農園でカカオやナツメヤシが栽培されている。以前はマキラドーラ制度の下で輸入品に高い関税を課し，自国の産業を保護する輸入代替工業化を行っていたが，北米自由貿易協定（NAFTA）への加盟を契機に関税を引き下げた。

3　ベトナムでは，南部のチャオプラヤ川の河口付近で広大なデルタが形成され，その流域は世界有数の農業地帯となっている。また，1980年代から，欧州ではなく日本や韓国からの企業進出や技術導入を奨励する，ドイモイ（刷新）と呼ばれる政策で工業化が進展した結果，コーヒーやサトウキビなどの商品作物はほとんど栽培されなくなった。

4　シンガポールでは，植民地支配の下で天然ゴムなどのプランテーションが数多く開かれてきたが，近年，合成ゴムの普及で天然ゴムの価格が低迷したため，油ヤシへの転換が進んでいる。工業分野では，政府の主導の下，工業品の輸入や外国企業の出資比率を制限することで国内企業の保護・育成を図り，経済が発展した。

5　オーストラリアでは，内陸の大鑽井盆地を中心に，カナートと呼ばれる地下水路を用いた牧畜が発達してきた。また，鉄鉱石やボーキサイトなどの鉱産資源の世界的な生産国であり，大陸の西側を南北に走る新期造山帯のグレートディヴァイディング山脈には，カッパーベルトと呼ばれる銅鉱の産出地帯がある。

解説

1．妥当である。

2．メキシコ高原の土壌は，赤色のやせた土壌であるラトソルが広がる。ここでは，アシエンダと呼ばれる大農場で，とうもろこし・綿花などが栽培されている。マキラドーラは，税制の優遇を受けて輸出向けの生産を行うメキシコの保税加工区および制度で，NAFTA（北米自由貿易協定）が発効した結果，保税制度を廃止し，特恵関税制度を導入したが，優位性は減少している。なお，ファゼンダはブラジルの大農園である。

3．ベトナムではメコン川デルタが世界有数の農業地帯である（チャオプラヤ川はタイを流れる河川である）。1986年のドイモイ政策による改革開放路線や，その後のASEAN加盟をきっかけに急速に工業化が進んだ。なお，コーヒーの生産は長期的には増加傾向にあり，サトウキビの栽培も行われている。

4．シンガポールは，イギリスからの独立後，外資に対する優遇策などで，石油化学・造船業などを誘致し，工業国となった。その後は，ハイテク産業への移行が進み，半導体や電子部品などの知識集約型の工業国へ転換している。本肢はマレーシアの記述である。

5．オーストラリアの大鑽井（さんせい）盆地（グレートアーテジアン盆地）では，被圧地下水を用いた牧畜が発達してきた。カナートは西アジアの乾燥地域に見られる水利施設である。鉱産資源の記述は正しい。グレートディヴァイディング山脈は大陸の東側を南北に走る古期造山帯。なお，カッパーベルトはザンビア中部からコンゴ民主共和国南部にかけて広がる銅山地帯の呼称である。

正答　1

No.406 地理 人口や居住 平成30年度

人口や居住に関する記述として最も妥当なのはどれか。

1 人間が日常的に居住している地域をアネクメーネ，それ以外の地域をエクメーネという。近年では，地球温暖化を原因とした海面上昇による低地の浸水，政治や宗教をめぐる紛争や対立などの影響により人間の居住に適さない地域が増加しており，アネクメーネは年々減少傾向にある。

2 産業革命以降，まずは先進国で，その後は発展途上国において人口転換（人口革命）が進行した。特に，我が国では，第二次世界大戦前までには，医療・衛生・栄養面の改善と出生率の低下などの理由から少産少死の状態となり，人口ピラミッドはつぼ型となった。

3 人口の増加の種類には，大きく分けて自然増加と社会増加の二つがある。自然増加とは，流入人口が流出人口を上回る場合に発生し，主に人が集中する都市部等でよく見られる。一方で，社会増加とは，出生数が死亡数を上回る場合に発生し，多くは発展途上国で見られる。

4 近年，合計特殊出生率が人口維持の目安となる1.6を下回る国が増加してきており，英国やドイツなどは，2015年現在，合計特殊出生率が我が国の水準を下回っている。また，韓国や中国は，今後我が国以上の速さで少子高齢化が進行すると予想されている。

5 首位都市（プライメートシティ）では，国の政治・経済・文化などの機能が集中し，その国で人口が第１位となっている。首位都市の一つであるジャカルタでは，自動車の排気ガス等による大気汚染や，スラムの形成などの都市問題が深刻化している。

解説

1．人間が日常的に居住している地域をエクメーネ，人間の居住が見られない地域（特に乾燥地域・高山地域・極地に多い）をアネクメーネという。人間は，知恵と経験，そして技術の発達によりエクメーネを拡大してきた。

2．人口転換（人口革命）とは，人口の自然増加の形態が多産多死から多産少死へ，さらに少産少死へ変化することをいう。わが国では1970年代に少産少子の状態となり，人口ピラミッドはつぼ型になった。なお，最近は出生率の一層の低下が見られるようになり，「第二の人口転換」と呼ばれている。

3．自然増加とは出生数と死亡数の差によって生じる人口増加のことで，多くは発展途上国で見られる。近年，わが国は自然減少している。社会増加とは，ある地域において流入人口と流出人口の差によって生じる人口増加のことで，多くは大都市部で見られる。

4．合計特殊出生率とは，１人の女性が一生の間に生む子どもの数の平均のことである。現代の日本では，これが2.1を下回ると人口が減少に転じるといわれる。2015年現在のわが国の合計特殊出生率は1.45（2017年1.42），イギリス1.81（同1.79），ドイツ1.50（同1.57），韓国1.24（同1.05），中国1.57（同1.63）で，わが国を下回っているのは韓国である。韓国や中国が，今後わが国以上の速さで少子高齢化が進行するとされているのは，正しい。韓国の高齢化率は2017年の13.9％から2030年に23.9％，同様に中国は10.6％から17.1％，日本は27.0％から30.3％になると予想される。

5．妥当である。プライメートシティは，人口規模において第２位の都市を大きく上回る都市である。

正答 5

国家一般職［大卒］
教養試験
No. 407 地理 世界の諸地域 平成29年度

世界の諸地域に関する記述A～Dのうち，妥当なもののみを挙げているのはどれか。

A：東南アジアは，アジアとヨーロッパの交易路に位置していたため，宗教や言語，芸術など様々な文化が流入してきた。交易の拡大とともにアラブ商人がもたらしたイスラームは，ミャンマーやマレーシアなどの国で広く信仰されている。また，欧米諸国から受けたキリスト教の影響も大きく，フィリピンではプロテスタントが普及している。

B：ヨーロッパでは，言語は主に，イタリア語やフランス語など南ヨーロッパを中心に用いられるラテン語派，英語やドイツ語など北西から西ヨーロッパにかけての地域で用いられるゲルマン語派，チェコ語やポーランド語など東ヨーロッパで用いられるスラブ語派に分けられる。また，古代ギリシャとローマの文化を受け継ぎ，キリスト教と深く結び付いた文化が発展した。

C：ラテンアメリカでは，16世紀にスペインとポルトガルを中心とするヨーロッパの人々が進出し，現在でも多くの国でスペイン語やポルトガル語が公用語とされている。また，労働力としてアフリカ系の人々が連れて来られたことで，先住民，ヨーロッパ系，アフリカ系の文化や伝統が融合して独特の文化となった。例えば，ブラジルのカーニバルやアルゼンチンのタンゴが挙げられる。

D：サハラ以南のアフリカは，19世紀末までに南アフリカ共和国を除くほぼ全域がヨーロッパ諸国の植民地となった。1960年代をピークに多くの国が独立したが，現在でも旧宗主国との経済・文化面のつながりを持っている国は多い。例えば，フランスの旧植民地であるガーナでは，主食にフランスパンが好まれ，公用語であるフランス語を話す人が多い。

1　A，B
2　A，C
3　A，D
4　B，C
5　B，D

解説

A：東南アジアは，インドと中国の間に位置し，インド洋と太平洋をつなぐ海上交通の要衝に当たり，近代に至るまで「海のシルクロード」上で重要な地位を占めていた。16 世紀にはイギリス，フランス，オランダ，アメリカ合衆国など欧米列強が進出し，タイを除く全域が植民地となった。イスラームは 13 世紀以降，アラブ商人によってもたらされ，現在でもインドネシアやマレーシア，ブルネイではムスリムが多数を占めている。16 世紀以降，スペインによる植民地支配に伴ってキリスト教が伝播したフィリピンは，カトリックが普及している。ミャンマーは人口の約 9 割が仏教徒である。

B：妥当である。大きく見ると，キリスト教の中でも，北ヨーロッパではプロテスタント，南ヨーロッパではカトリック，東ヨーロッパでは正教会が多い。

C：妥当である。ラテンアメリカの主要国では，ブラジルの公用語はポルトガル語だが，アルゼンチン，メキシコ，チリなど多くの国ではスペイン語を公用語としている。

D：サハラ以南のアフリカは，20 世紀初頭に，ヨーロッパの植民地となった（南アフリカ共和国は，イギリス領になり，1934 年にイギリス連邦内南アフリカ連邦として独立。1961 年，イギリス連邦を離脱して共和国として独立）。1960 年代に多くの国が独立したが，民族分布と無関係に境界線を維持したため，政治的に不安定な地域が多い。ガーナの旧宗主国はイギリスで，公用語は英語である。なお，サハラ以南のアフリカでフランスから独立し，公用語がフランス語の国は，ガボン，ギニア，コートジボアール，コンゴ，セネガル，マダガスカルなどである。また，主食にフランスパンが好まれているフランスの旧植民地としてはベトナムが挙げられる。

よって，妥当なのはBとCの組合せで，正答は**4**である。

正答 4

思想
日本史
世界史
地理
政治・法律
経済

国家一般職［大卒］ No. 408 教養試験

地理 世界の大地形 平成28年度

世界の大地形に関する記述として最も妥当なのはどれか。

1 オーストラリア大陸のようなプレートの境界に当たる地域を変動帯といい，火山や断層が多く，地殻変動が活発である。一方，南アメリカ大陸のような安定大陸は，地殻変動の影響を受けないため地震や火山活動はほとんどなく，新たに変動帯になることはない。

2 プレートどうしが反対方向に分かれて離れていく境界は「広がる境界」と呼ばれ，主に陸上にあり，アフリカ大陸のサンアンドレアス断層に代表される。そのような断層の周辺では何度も大きな地震が起きている。

3 海洋プレートが大陸プレートの下に潜り込むと海底には海嶺が形成され，これが長期間かけて陸上に隆起すると，弧状列島という弓なりの島列や火山列が形成される。ハワイ諸島はその典型例であり，キラウエア山などでは火山活動が活発である。

4 大陸プレートどうしがぶつかり合うと，一方が他方に向かってのし上がる逆断層が生じたり，地層が波状に曲がる褶曲が起きたりする。これらにより，ヒマラヤ山脈やアルプス山脈のような高く険しい山脈が作られる。

5 二つのプレートが互いに異なる方向にすれ違う「ずれる境界」では，正断層が生まれ，活断層による大規模な地震が頻発する。アイスランド島では，プレートの「ずれる境界」に沿ってトラフと呼ばれる裂け目ができ，線状噴火を起こす火山が見られる。

解説

1．変動帯とは，プレート運動によって激しい地殻運動が起こる地帯をいう。オーストラリア大陸は安定大陸（安定陸塊）で，地殻変動は活発でない。南アメリカ大陸の太平洋岸は，ナスカプレートと南アメリカプレートの「狭まる境界」があり，地殻変動が活発である。

2．「広がる境界」の記述は妥当であるが，主に海洋にあり，アフリカ大陸のアフリカ大地溝帯に代表される。サンアンドレアス断層は「ずれる境界」である。

3．海洋プレートが大陸プレートの下に潜り込むと海底に「海溝」がつくられる。海溝に沿った大陸側には弧状列島や火山列が形成される。ハワイ諸島は，「ホットスポット」と呼ばれるマントル深部に固定されたマグマの供給源からマグマが地表に噴出し，形成された島々である。キラウエア山の記述は妥当である。

4．妥当である。

5．「ずれる境界」の記述は妥当であるが，横ずれ断層が多い。アイスランド島は「広がる境界」で，「ギャオ」と呼ばれる「裂け目」が見られ，線状噴火を起こす火山もある。

正答 4

No. 409 教養試験 地理 ケッペンの気候区分と世界の都市 平成27年度

ケッペンの気候区分と世界の都市に関する記述として最も妥当なのはどれか。

1 気温が年間を通じて高温で年較差が小さい熱帯気候は，年間を通じて雨の多い熱帯雨林気候や乾季・雨季が明確なサバナ気候などに分けられる。アジアでは，熱帯雨林気候に属する都市として赤道付近のシンガポールが，サバナ気候に属する都市としてバンコクが挙げられる。

2 降水量が蒸発量と等しい乾燥帯気候は，土壌の乾燥の度合いによって砂漠気候とステップ気候に分けられる。アフリカでは，砂漠気候に属する都市としてナイロビが，ステップ気候に属する都市としてカイロが挙げられる。

3 温暖で四季が明確な温帯気候は，気温の年較差が大きく降水量が多い西岸海洋性気候や気温の年較差が小さく降水量の変動も小さい温暖湿潤気候などに分けられる。北中米では，西岸海洋性気候に属する都市としてワシントンD.C.が，温暖湿潤気候に属する都市としてメキシコシティが挙げられる。

4 冷涼で夏と冬の日照時間の差が少ない亜寒帯（冷帯）気候は，年間を通じて降水のある冷帯湿潤気候と降水量が少ない冷帯冬季少雨気候に分けられる。南米では，冷帯湿潤気候に属する都市としてブエノスアイレスが，冷帯冬季少雨気候に属する都市としてリマが挙げられる。

5 年の平均気温が0℃未満の極寒の寒帯気候は，樹木の生育の有無によって，ツンドラ気候と氷雪気候に分けられる。氷雪気候は人間が生活することが困難であるが，ツンドラ気候は生活可能であり，ダブリンは国の首都として唯一ツンドラ気候に属する。

解説

1．妥当である。

2．乾燥帯気候は，降水量より蒸発量のほうが多く，年降水量により砂漠気候とステップ気候に分けられる。アフリカでは，砂漠気候に属する都市としてカイロが，ステップ気候に属する都市としてニアメ（ニジェール）が挙げられる。緯度上は熱帯に近いナイロビは，高地のため温暖冬季少雨気候に属する。

3．温帯気候は，夏に乾燥し冬に降水が多い地中海性気候，温帯の中では高温で夏に降水量が多く，冬に少ない温暖冬季少雨気候，四季の変化が最も明瞭な温暖湿潤気候，四季を通じて温和で気温の較差が比較的少なく，降水量は少ないが年中降水が見られる西岸海洋性気候に分けられる。西岸海洋性に属する都市としてロンドン，温暖湿潤気候に属する都市としてワシントンD.C.が挙げられる。メキシコシティは高山気候である。

4．亜寒帯気候は，冷涼で，夏と冬の日照時間に大きな差がある。年中降水があると冬に降水が少なく，極めて寒冷になる亜寒帯（冷帯）冬季少雨気候に分けられる。南米で，亜寒帯（冷帯）湿潤気候に属する都市はない。ブエノスアイレスは温暖湿潤気候，リマは砂漠気候である。

5．寒帯気候は，夏に0度以上になるツンドラ気候と年中凍結している氷雪気候に分けられる。ツンドラ気候では農耕は不可能であるが，エスキモー（イヌイット）やサーミなどの人々が狩猟やトナカイなどの遊牧をしている。アイルランドの首都ダブリンは西岸海洋性気候である。首都でこの気候に属する都市はない。

正答 1

国家一般職［大卒］ No. 410 教養試験

地理　世界の工業　平成26年度

世界の工業に関する記述A～Dのうち，妥当なもののみを挙げているのはどれか。

A：繊維工業のうち，綿花を原料とする綿工業は，生産コストの中で原料費の比重が大きく，原料の輸送費の節約のため，輸入港や高速道路，空港付近に工場を立地する交通指向型の工業に分類される。第二次世界大戦以前は英国や我が国が主な生産国であったが，近年では安価な労働力が得られる中国とブラジルが二大生産国となっている。

B：鉄鋼業では，18世紀に木炭ではなく石炭を燃料とする製鉄法が確立して以降，英国のミッドランド地方やドイツのルール地方のような炭田地域に製鉄所が建設された。第二次世界大戦以降は，技術革新や輸送費の低下などによって，炭田に立地する必要性が低下し，フランスのダンケルクのような臨海部に製鉄所が建設された。

C：自動車工業は総合的な組立工業で，大資本や多くの労働力を必要とする。国際化の進展が著しい工業部門の一つであり，欧米や日本の自動車会社は1970年代から外国での生産拠点作りに取り組み，主要な企業の多くが，世界の各地に工場を展開させている。近年は国際的な競争が一層激しくなり，2013年には米国の自動車工業都市であるデトロイトが財政破綻に陥った。

D：集積回路やパソコンの生産に代表されるエレクトロニクス工業は，高度な加工技術が必要であること等から，米国のシリコンバレーのように先進国の一地域に集中している。そのため，現在も米国等の先進国によって世界シェアが占められており，例えば2010年における集積回路の輸出額を見ると，米国だけで世界の輸出額の50％を超えている。

1　A，B　**2**　A，D　**3**　B，C　**4**　B，D　**5**　C，D

解説

A：綿工業は，原料の綿花産地が特定の場所に限られており，加工しても製品の重量が原料とほとんど変わらないので輸送コストが比較的小さく，安価で豊富な労働力が重要な「労働力指向型」立地に分類される。

B：鉄鋼業に関する記述は妥当である。

C：自動車に関する記述は妥当である。

D：集積回路やパソコンの生産に代表されるエレクトロニクス工業は，小型・軽量かつ付加価値が高く生産費に占める輸送費の割合が小さい。そのため，短時間で製品を市場に供給できる空港付近や高速道路沿いに立地する「交通立地型」である。なお，2010年の集積回路の最大輸出国はシンガポールで世界の17.2％を占めていた。2018年の最大輸出国（地域）は香港である。

よって，妥当なのはBとCであり，正答は**3**である。

参考資料：『世界国勢図会 2013/14』

正答　3

国家一般職[大卒] No. 411 教養試験

地理 近年のEU主要国の農業 平成25年度

近年のEU（欧州連合）主要国の農業に関する記述として最も妥当なのはどれか。なお，文中の食料自給率は全て2009年のカロリーベース（試算値）とする。

1 ドイツは，国土の約半分が農用地となっているが，気候が冷涼なために小麦や大麦などの穀物栽培には適さず，てんさいやジャガイモを栽培する畑作が中心となっており，EU全体の農業生産額に占める同国の割合は低い。また，EU最大の人口を擁していることもあり，同国の食料自給率はEU諸国の中では最も低くなっている。

2 フランスは，EU最大の農用地面積と農業生産額を有する農業国である。国土の多くが平地で肥沃な農地に恵まれていることから，小麦や大麦などの穀物栽培が盛んで，小麦の生産量はEU最大である。また，同国の食料自給率は100％を超えており，小麦や大麦などの穀物は国外にも輸出されている。

3 英国は，高緯度に位置しながらも，暖流の影響により国土のほぼ全てが温帯に属している。このため，伝統的に小麦，大麦，ライ麦などの穀物の栽培が盛んで，酪農による乳製品の生産や牧畜はあまり行われていない。また，同国の食料自給率は，豊富な穀物生産により100％を超えている。

4 イタリアは，丘陵地や山岳地が多く，国土面積に占める平地の割合は低いが，丘陵地や山岳地も農用地として利用されているため，国土面積に占める農用地の割合は約半分と高い。近年，政府の農業改革によって農用地の集約化・大規模化が図られた結果，1農家当たりの経営規模がEU諸国の中ではフランスに次ぐ2番目の大きさとなった。

5 スペインは，国土の多くが温帯の地中海性気候に属しており，地中海沿岸の地域では，オリーブ，ぶどう，オレンジなどの栽培が盛んである。他方，国土の中央部はメセタと呼ばれる高原台地が広がっており，大規模な酪農や牧畜が行われている。同国の乳製品や食肉の生産量はEU最大であり，酪農の盛んなデンマークと同様，牛肉とチーズが主要な輸出農産物となっている。

解説

1．ドイツは，国土のおよそ半分が農用地である。大半の気候は西岸海洋性気候（Cfb）で，同緯度の大陸東岸に比べ年中温和である。北部（北ドイツ平野）と南部（アルプス山脈）では酪農が見られるが，全体では混合農業（小麦・ライ麦とてんさい・じゃがいも等を輪作）が盛んである。食料自給率は93％（2017年度95％）で，イタリア59％（同59％），オランダ65％（同59％）およびイギリス65％（同68％）より高い。

2．妥当である。

3．イギリスは西岸海洋性気候に属しているので，混合農業と酪農が盛んである。なお，前述のように食料自給率は65％（2017年度：68％）である。

4．イタリアの農用地に関する記述は正しい。南北格差を是正するための改革（バノーニ計画）が行われたが，依然として1戸当たりの経営面積はフランス（58.7ha：2013年）やドイツ（58.6ha：2013年）に比べかなり小さい（12ha：2013年）。

5．スペインは，国土の南部が地中海性気候（Cs），北部が西岸海洋性気候である。地中海性気候地域の記述は正しい。メセタは，イベリア半島の約半分を占める高原で，メセタ北部の西岸海洋性気候地域では，小麦・大麦，とうもろこし，てんさいの混合農業が盛んである。メセタでは移牧も見られる。なお，乳製品や食肉の生産は，ドイツやフランスのほうが多い。酪農製品の輸出は，同国輸出品の10位以内に入っていない。

正答 2

思想 日本史 世界史 地理 政治・法律 経済

地理 地形図 平成24年度

次の地形図A，B，Cには，我が国の歴史的な集落形態である条里制集落，新田集落，屯田兵村のうちの，いずれかの特徴が認められるが，該当するものの組合せとして最も妥当なのはどれか。

A．

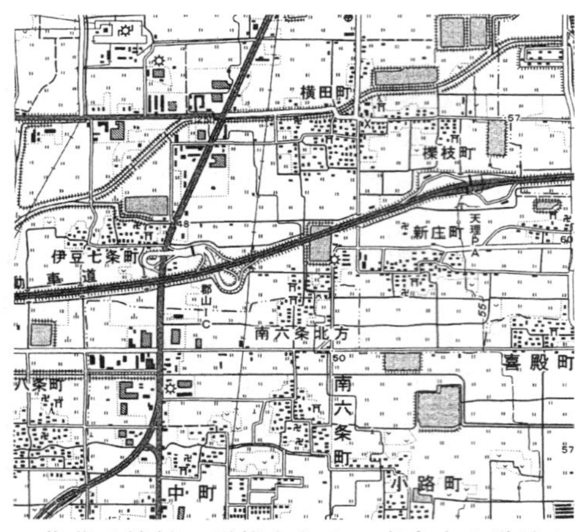

集落は塊村の形態をとる。直交する道路や水路網，四角形のため池がみられる。

B．

道路沿いに家屋が列状に並ぶ路村形態をとる。家屋の背後には，それぞれの家屋の耕地が短冊状に並んでいる。

C．

碁盤目状の地割りが特色である。はじめは集村だったが，後には散村も形成された。

	A	B	C
1	条里制集落	新田集落	屯田兵村
2	条里制集落	屯田兵村	新田集落
3	新田集落	条里制集落	屯田兵村
4	屯田兵村	条里制集落	新田集落
5	屯田兵村	新田集落	条里制集落

解説

地形図から集落形態を判断する問題である。一見難しそうに感じるが，内容は極めて易しい。

A：塊村の集落，直交する道路・水路網，四角形のため池のほか，伊豆七条町，南六条町など条がつく地名から条里制集落とわかる。図の奈良盆地には条里制のなごりが見られる。

B：路村の集落，短冊状の土地（道路側から宅地・耕地・薪や肥料となる落ち葉をとる森林の順）などから新田集落とわかる。問題の図は埼玉県の三富新田（元禄時代，川越城主柳沢吉保によって計画・開発された開拓新田）である。

C：碁盤目状の地割りと集村（後に散村）から屯田兵村と判断できる。屯田兵村は，明治時代，北海道の警備と開発を目的につくられた集落で，アメリカのタウンシップ制の影響を受けたといわれる。図は「旭川市永山」である。

よって，正答は**1**である。

正答　1

国家Ⅱ種

No. 413　教養試験　〈改題〉

地理　資源とエネルギー　平成23年度

資源やエネルギーに関する記述として最も妥当なのはどれか。

1　石油は一次エネルギー供給のなかで最も多く，2017年で世界全体の約５割を占めている。原油は偏在性の高い資源で，世界の埋蔵量の約５割は中東地域であり，次いでアメリカ合衆国が約２割を占めており，サウジアラビアに次ぐ原油の輸出国となっている。

2　石炭は，採掘が長年行われてきた結果，可採埋蔵量が減少してきており，可採年数も原油の半分の50年ほどとなっている。主な産出国である中国，インドで採掘された石炭の大半は輸出に向けられており，主な輸入国としては，EU 諸国と，日本や韓国など東アジアの国が挙げられる。

3　天然ガスは，石炭や原油に比べて二酸化炭素の排出量が少なく，化石燃料のなかで環境負荷が小さいエネルギーである。消費国のうち，欧州では主としてパイプラインで気体のまま利用されているのに対し，日本では液化天然ガス（LNG）のかたちで輸入されている。

4　石油の代替エネルギーの主力として，原子力発電の比重が各国とも高まっており，世界の総発電量に占める割合は，2017年で約３割である。国別ではロシア，オーストラリアにおいて発電量に占める比重が高い一方で，フランスやドイツなどの EU 諸国では比重が低い。

5　コバルト，マンガン，クロムなどの金属は，半導体などの先端技術産業で使用されるため重要性が増しており，これらの金属はレアアースと呼ばれている。これらのレアアースは世界の生産量の約９割が中国に集中している。

解説

1. 石油は一次エネルギー供給の中で，世界全体の約３分の１を占める。原油は偏在性が高く，世界の埋蔵量の約５割が中東地域であり，国別では，ベネズエラ18.0%，サウジアラビア15.9%，カナダ10.0%である（2019年）。最大の輸出国はサウジアラビアである（2017年）。

2. 石炭の可採埋蔵量は減少傾向にあったが，近年，世界の埋蔵量の見直しが行われた結果，増加傾向に転じている。可採年数は原油（57.6年：2019年）より長く，108.4年（2017年）である。主な輸出国はインドネシア，オーストラリア，ロシアの順で，中国，インドは輸入国。主な輸入国は中国，インド，日本の順である（2017年）。

3. 妥当である。

4. 原子力発電の比重は高まりつつあったが，2011年の福島原子力発電所の事故を契機に，主に先進国で比重がやや下がった。なお，2017年の世界の総発電量に占める割合は10.3%である。国別では，フランスが発電量に占める割合が高い。中国，インド，ブラジルではその割合は低い。なお，ドイツ，イタリアは脱原発を決めた。

5. コバルト，マンガン，クロムなどの金属は，レアメタルと呼ばれている。レアアースはサマリウムやネオジム，ユウロピウムなどの希土類元素の酸化物や塩化物などの総称である。主なレアメタルで中国の生産が世界第１位を占めているのは，タングステン（81.6%：2017年），モリブデン（43.8%：2017年），アンチモン（74.7%：2016年）などである。中国のレアアース生産量は世界の８割を占める。

資料：『世界国勢図会2020/21』『日本国勢図会2020/21』

正答　3

地理　世界の都市　平成23年度

次のＡ～Ｄに該当する都市名の組合せとして最も妥当なのはどれか。

Ａ：世界第２位の国土面積をもち，NAFTA 加盟国であるこの国最大の都市である。この国の金融，経済の中心でもあり，多くの日本企業がこの都市に進出している。2010年にはこの都市で G20サミットが開催された。

Ｂ：国防上の永世中立及び国民皆兵制を特徴とし，金融業や製薬業などを主要産業とするこの国西部に位置する都市である。かつては国際連盟の本部が置かれ，現在は ILO, WHO などの国際機関の本部が置かれている。

Ｃ：中南米最大の国土面積，人口を擁し，BRICs と呼ばれる４か国のうちの一つであるこの国の首都である。上空から見ると大きな飛行機のような形をしている計画都市であり，世界文化遺産に登録されている。

Ｄ：石炭，鉄鉱石などの鉱物資源や小麦，牛肉などの農産物が我が国に輸出されており，かつては英国の植民地であったこの国の首都である。1910年代から建設が始まった計画都市で，他の主要都市が港湾都市であるのに対し，内陸部に位置している。

	A	B	C	D
1	トロント	ジュネーブ	ブラジリア	キャンベラ
2	トロント	チューリヒ	リオデジャネイロ	シドニー
3	バンクーバー	ジュネーブ	ブラジリア	キャンベラ
4	バンクーバー	ジュネーブ	リオデジャネイロ	シドニー
5	バンクーバー	チューリヒ	リオデジャネイロ	キャンベラ

解説

Ａ：カナダ最大の都市で，2010年に G20 サミットが開催されたのは，トロントである。バンクーバーは郊外人口を含めると，トロント，モントリオールに次いで第３位の都市である。

Ｂ：スイスの西部に位置し，かつて国際連盟の本部が置かれ，現在は ILO, WHO などの国際機関の本部がある都市はジュネーブ。チューリヒはスイス北部にあるスイス最大の都市で，金融・経済・商業・文化の中心地である。

Ｃ：ブラジルの首都で計画都市のブラジリアで，航空機の形をした市街地が特徴的である。リオデジャネイロはサンパウロに次ぐ第二の都市で，世界三大美港の一。2016年夏季オリンピック開催都市である。

Ｄ：オーストラリアの首都で計画都市のキャンベラで，円形広場，人造湖，放射環状型街路が特徴である。シドニーは，オーストラリア最大の都市で，世界三大美港の一。港に面したオペラハウスは世界文化遺産に登録されている。

よって，正答は**1**である。

正答　1

国家Ⅱ種

教養試験 〈改題〉

No. 415 地理 南米5か国の人口, 民族構成, 公用語, 輸出品 平成22年度

表は, 南アメリカ大陸に位置するアルゼンチン, コロンビア, チリ, ブラジル及びボリビアの人口, 民族構成, 公用語, 主要な輸出品を示したものである。A, Cに該当する国の組合せとして妥当なのはどれか。

国名	人口（千人）	民族構成	公用語	主要な輸出品
ブラジル	211,050	白人54%, ムラート39%, 黒人6%など	ポルトガル語	大豆, 原油, 鉄鉱石, 機械類, 肉類
A	50,339	メスチソ58%, 白人20%, ムラート14%, 黒人4%など	スペイン語	原油, 石炭, コーヒー豆, 石油製品
B	44,781	白人86%, メスチソ7%, その他7%	スペイン語	植物性油かす, 自動車, とうもろこし, 大豆油, 野菜・果実, 小麦
C	18,952	白人及びメスチソ94%, 先住民5%など	スペイン語	銅鉱, 銅, 野菜・果実, 魚介類, パルプ・古紙
D	11,513	先住民55%, メスチソ30%, 白人15%	スペイン語, ケチュア語, アイマラ語など	天然ガス, 亜鉛鉱, 金（非貨幣用）, 植物性油かす, 銀鉱, すず

（注）人口は2019年, 民族構成は2000～2006年, 主要な輸出品は2018年のデータに基づく。

	A	C
1	アルゼンチン	チリ
2	アルゼンチン	ボリビア
3	コロンビア	チリ
4	コロンビア	ボリビア
5	ボリビア	コロンビア

解説

人口, 民族構成, 公用語, 主要な輸出品のうち, 特徴ある事項をヒントにする。Aは輸出品のコーヒーが最大のヒントで, コロンビアと判断できる。コロンビアのコーヒー豆輸出額はこの国の全輸出額の約5.6%を占めている（コーヒー豆の生産量はブラジル, ベトナムに次いでインドネシアとともに第3位である）。Bは白人が民族構成の86 %を占めていることや植物性油かすや大豆油などが輸出の上位を占めていることなどからアルゼンチンである。Cは銅鉱や銅が輸出の上位を占めていることからチリである。Dは先住民が民族構成の55%を占めていることや, ケチュア語からボリビアと判断できる。よって**3**が正しい。

正答 3

国家Ⅱ種

No. 416 教養試験

地理　地形図に見られる地形の説明　平成22年度

次の地形図にみられる地形の説明として最も妥当なのはどれか。

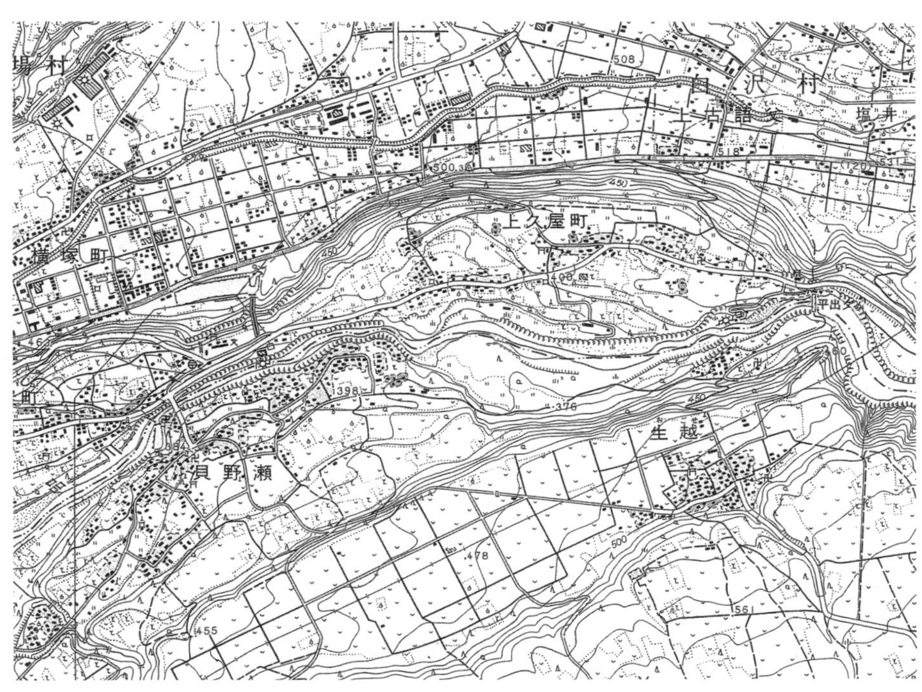

1　河川の堆積作用と侵食作用が繰り返されてできた地形で，河岸段丘と呼ばれる。等高線が密なところは段丘崖である。

2　河川が山地から平野に流れ出るときに運搬されていた土砂が堆積してできた地形で，三角州と呼ばれる。

3　堤防によって河道が固定されることにより，上流から運搬された土砂が堆積して河床が両側の平地より高くなったもので，天井川と呼ばれる。

4　平坦な低地である氾濫原を蛇行して流れる川の周囲には水田に適した土地が広がり，昔の河道が取り残されてできた三日月湖が見られる。

5　氷河によって運搬された岩くずによって造られた堆積地形で，モレーンと呼ばれる。

解説

地形図の読図の問題である。最近このような問題が増える傾向がみられるので，慣れておくことを勧めたい。

1．妥当である。図は利根川支流の片品川流域で，河川に沿って等高線が密な所（段丘崖で土地利用は広葉樹林，針葉樹林）と広い所（段丘面で土地利用は畑や田）がみられ階段状の地形（河岸段丘）であることがわかる。

2．文は扇状地を説明している。三角州は河口付近に形成された低平な地形（土地利用は主に田）である。

3．天井川の説明は正しいが，この地形図を説明したものではない。

4．三日月湖（河跡湖）の説明は正しいが，この地形図を説明したものではない。

5．モレーンの説明は正しいが，この地形図を説明したものではない。

正答　1

思想
日本史
世界史
地理
政治・法律
経済

国家Ⅱ種 教養試験

No.417 地理 アフリカ諸国 平成21年度

アフリカ諸国に関する記述として最も妥当なのはどれか。

1 アルジェリアは，中央を走るアトラス山脈を中心に気候が分かれ，北部及び西部の海岸平野は地中海性気候で，夏の高温期に乾燥する。また，南部は乾燥気候となっている。リン鉱石，鉛が中心の鉱業とオリーブ栽培などの農業が主要産業である。主な宗教はイスラム教スンニ派である。

2 ジンバブエは，国土の大半が砂漠気候で，降水量は極めて少ない。農業人口は多いものの，耕地は大河流域に限られており，外貨獲得源は，海外出稼ぎ労働者からの送金，観光収入，運河通航料収入などである。主な宗教はイスラム教，キリスト教である。

3 エジプトは，北部が温帯気候で，南部は乾燥気候となっている。主な農産物は，とうもろこし，さとうきび，葉たばこであり，クロム鉱，ニッケル鉱，銅，金などの鉱物資源にも恵まれている。主な宗教はキリスト教，伝統宗教である。

4 モロッコは，地中海沿岸が地中海性気候，中央部がステップ気候，南部は砂漠気候となっている。可耕地が国土の10％と少なく，農業は振るわないが，石油，天然ガスが豊富である。主な宗教はイスラム教スンニ派である。

5 ケニアは，国内を赤道がとおり，標高，緯度の違いにより，熱帯気候や乾燥気候がみられる。農業が中心産業で，コーヒー，茶，サイザル麻が主要農産物である。観光収入は重要な外貨獲得源である。主な宗教はキリスト教，伝統宗教，イスラム教である。

解説

1．モロッコを説明している。アルジェリアは「**4**」で説明している。アルジェリアの石油生産量はアフリカで第４位（2019年），天然ガスは第１位［世界第９位］（2018年）である。

2．エジプトを説明している。ジンバブエは「**3**」で説明している。ジンバブエは，2000年代に発生したハイパーインフレで経済的に大混乱が生じた。

3．ジンバブエを説明している。エジプトは第二次世界大戦以前からの独立国（ほかにエチオピア，リベリア，南アフリカ共和国）である。

4．アルジェリアを説明している。モロッコは「**1**」で説明している。モロッコは，西サハラの加盟に反対の立場からアフリカで唯一AU（アフリカ連合）に加盟していなかったが，2017年に加盟を果たした。

5．妥当である。ケニアの最大の輸出品は「茶」である。

正答 5

図は，南極大陸を除く五つの大陸Ａ～Ｅについて，気候帯別の面積割合を示したものである。Ｂ，Ｃ，Ｄに該当するものの組合せとして最も妥当なのはどれか。

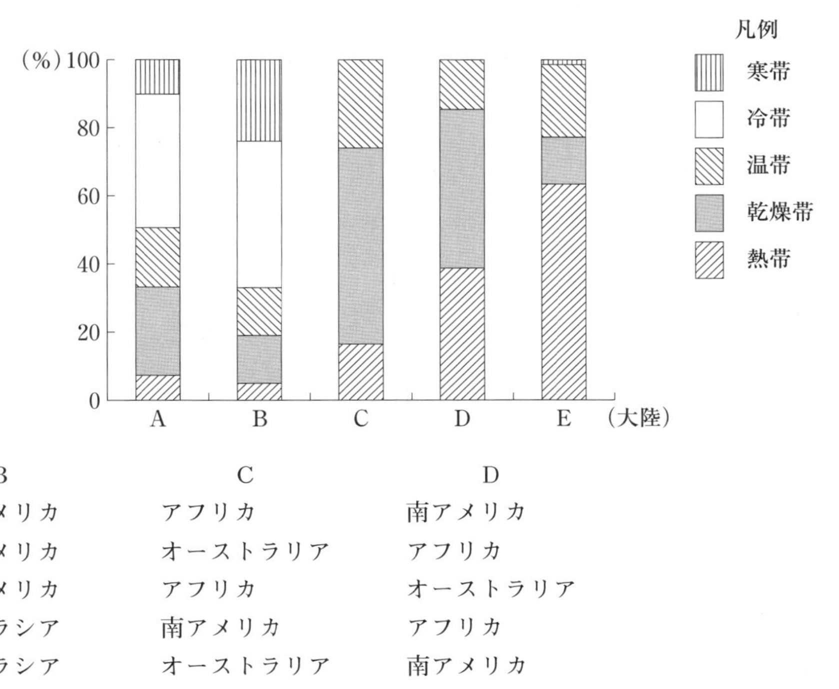

	B	C	D
1	北アメリカ	アフリカ	南アメリカ
2	北アメリカ	オーストラリア	アフリカ
3	南アメリカ	アフリカ	オーストラリア
4	ユーラシア	南アメリカ	アフリカ
5	ユーラシア	オーストラリア	南アメリカ

解説

ＡとＢの大陸だけに冷帯があることから，ユーラシアか，北アメリカのいずれかになる。両者のうち，大きな違いがあるのが，乾燥帯である。ユーラシア大陸の約４分の１は乾燥帯であるので，Ａがユーラシア大陸で，Ｂが北アメリカ大陸である。また，Ｃ，Ｄ，Ｅのうち，Ｃは乾燥帯が最も多く占めているので，オーストラリア大陸と判断できる。ＤはＣに次いで乾燥帯が多いので，アフリカ大陸である。Ｅは熱帯が約６割近く占めているので，南アメリカ大陸とわかる。

よって，Ｂは北アメリカ，Ｃはオーストラリア，Ｄはアフリカなので，**2**が妥当である。

正答　2

国家一般職［大卒］ No. 419 教養試験

政治 世界の軍縮等 令和元年度

世界の軍縮等に関する記述として最も妥当なのはどれか。

1 第二次世界大戦後，冷戦により安全保障理事会があまり機能せず軍縮が進まなかったため，国際連合は，国際司法裁判所の下にロンドンに本部を置く国連軍縮委員会を設置した。同委員会での交渉を経て，ロンドン海軍軍縮条約が発効して，欧州での軍縮につながった。

2 1980年代，米ソ間の緊張緩和が進む中，両国間で戦略兵器削減交渉（START）が行われ，包括的核実験禁止条約（CTBT）が発効した。2010年代には，米ロに経済成長が著しい中国を加えた３か国で戦略兵器制限交渉（SALT）が行われ，中距離核戦力（INF）全廃条約が発効した。

3 21世紀に入り，国際テロ組織が核兵器を入手する可能性が高まったことを受けて，核拡散防止条約（NPT）が発効した。核兵器非保有国での核兵器の開発も指摘されたことから，国際原子力機関（IAEA）が安全保障理事会の下に設置され，国連軍の指揮下でIAEAが核査察を実施している。

4 核兵器の根絶を目指す動きの一つに域内国での核兵器の生産・取得・保有を禁止する非核兵器地帯条約の締結・発効があり，中南米，南アジア，東南アジアで条約が発効している。現在，イランやカザフスタンを含む中央アジア地域でも条約の締結に向けた交渉が進められている。

5 特定の兵器がもたらす人道上の懸念に対処するために，それらの使用等を禁止する対人地雷禁止条約，クラスター弾に関する条約が発効し，我が国も批准している。対人地雷禁止条約の採択には，NGOが全世界に地雷の非人道性を訴える活動が大きな役割を果たしたとされている。

解説

1．ロンドン海軍軍縮条約は，1930年に，イギリスのラムゼイ=マクドナルド首相の提案により，アメリカ，イギリス，フランス，日本，イタリアの海軍力の軍縮を目標に開かれた会議（ロンドン海軍軍縮会議）により調印されたものである。本肢のように国際連合（国連）に関係し，国際司法裁判所の下に置かれた委員会による条約ではない。現代の国連の国連軍縮委員会は初め，安全保障理事会の下に設けられたが，後に国連総会の補助機関として再発足した。また，1930年当時は国際連盟の時代であり，その点においても誤りである。

2．包括的核実験禁止条約（CTBT）は，現在未発効である（2020年10月現在）。この条約は，あらゆる核実験を禁止しようとするものであり，米ソ間の戦略兵器削減交渉（START）と直接的な関係はない。また，戦略兵器制限交渉（SALT）は，あくまでアメリカ合衆国とソヴィエト社会主義共和国連邦（当時）の２国間における交渉であり，中華人民共和国は参加していない。交渉自体も1985年に期限切れとなって以降，行われていない。なお，中距離核戦力（INF）全廃条約は，1987年に当時の米ソ間で調印され，2019年にアメリカがロシア側に破棄を通告したものである。

3．核拡散防止条約（NPT）は，1963年に国際連合で採択された（1968年調印，1970年発効）。また，国際原子力機関（IAEA）は，1957年にアメリカ主導で設置されたもので，国連と密接な関係を持つが国連機関ではない。設置された当時はまだ，世界にそれほど核兵器が拡散しておらず，設置目的は原子力の平和利用の促進と軍事利用の防止だった。本肢の，国連軍の指揮下で核査察を実施しているという点も誤りである。なお，国連憲章に規定された正規の国連軍は，国際連合発足以来，一度も編成されていない（2020年10月現在）。

4．中南米の非核兵器地帯条約としては，1967年調印（1968年発効）のトラテロルコ条約があり，東南アジアのものとしては1995年調印（1997年発効）のバンコク条約がある。しかし，南アジアの非核兵器地帯条約は，2019年の６月時点で，存在しない。1974年にパキスタンが国連総会で南アジア地域の非核兵器地帯条約の調印を提唱したが実現しなかった。また，イランなどの中近東における非核兵器地帯条約も，1974年にイランやエジプトが提唱したが実現していない。イランの核開発を巡っては，アメリカ等との間にさまざまな動向があり，現在も情勢が動いている途上である（2020年10月現在）。

5．妥当である。対人地雷禁止条約は，1992年に欧米のNGOが中心になって国際社会に呼びかけたのを皮切りに，1997年にカナダのオタワで署名されたものである（1999年発効）。わが国は1997年に署名した。

正答　5

思想
日本史
世界史
地理
政治・法律
経済

国家一般職［大卒］ No. 420 教養試験

法律　日本の司法　令和元年度

我が国の司法に関する記述A～Dのうち，妥当なもののみを挙げているのはどれか。

A：違憲審査権は全ての裁判所に認められており，この権限は，いずれの裁判所においても，刑事裁判や民事裁判などの具体的な訴訟の中で行使されるが，具体的訴訟とは無関係に法令や国家行為の合憲性を抽象的・一般的に審査することはできない。

B：裁判官は，心身の故障のため職務を果たすことができない場合や，国会の弾劾裁判所で罷免が決定された場合以外は罷免されない。ただし，最高裁判所の裁判官については，任命後最初の衆議院議員総選挙のとき及びその後10年を経過した後初めて行われる衆議院議員総選挙ごとに行われる国民審査において，罷免を可とする投票が多数であった場合には罷免される。

C：行政機関が最高裁判所の裁判官の懲戒処分を行うことは，裁判官の職権の独立を保障するため憲法上禁止されているが，下級裁判所の裁判官については，最高裁判所が認めた場合に限り，行政機関が懲戒処分を行うことができる。

D：裁判員制度における裁判員は，裁判官と共に事実認定，被告人の有罪・無罪の決定及び量刑の評議を行うが，証人に対する尋問及び被告人に対する質問については，高度な法的知識が必要となるため，裁判官のみが行うこととされている。

1　A，B
2　A，D
3　B，C
4　B，D
5　C，D

解説

A：妥当である（前半について，最大判昭25・2・1，後半について，同昭27・10・8）。

B：妥当である（憲法78条前段，79条2項・3項）。

C：憲法は，「裁判官」の懲戒処分を行政機関が行うことはできないとする（同78条後段）。したがって，前半は正しいが，後半が誤り。最高裁判所の裁判官だけでなく，下級裁判所の裁判官についても行政機関による懲戒処分は禁止されている。

D：裁判員制度における裁判員は，裁判官とともに事実認定，被告人の有罪・無罪の決定および量刑の評議を行うので（裁判員の参加する刑事裁判に関する法律66条），前半は正しい。しかし，後半が誤り。裁判員も，証人に対する尋問および被告人に対する質問を行うことができる（同56条，59条）。

以上から，妥当なものはAとBであり，正答は**1**である。

正答　1

No. 421 教養試験

政治　日本の行政　平成30年度

我が国の行政に関する記述として最も妥当なのはどれか。

1　行政権は内閣に属し，その主な権限としては，一般行政事務のほか，法律の執行，外交関係の処理，予算の作成と国会への提出，政令の制定などがある。また，国家公務員法は，一般職の国家公務員に対して，争議行為を禁じているほか政治的行為を制限している。

2　中央省庁等改革基本法の制定に伴い，中央省庁は，それまでの1府12省庁から1府22省庁に再編された。これにより多様化する行政課題に対して，きめの細かい対応ができるようになったが，さらに2010年代には，スポーツ庁や防衛装備庁も設置されている。

3　行政の民主的運営や適正かつ能率的運営を目的として，準立法的機能や準司法的機能は与えられていないものの，国の行政機関から独立した行政委員会が国家行政組織法に基づき設置されている。この行政委員会の例としては，公害等調整委員会や選挙管理委員会などがある。

4　効率性や透明性の向上を目的として，各府省から一定の事務や事業を分離した独立行政法人が設立されている。具体的には，国立大学，国立印刷局，日本放送協会や造幣局などがあるが，これらの組織で働く職員は国家公務員としての身分を有していない。

5　情報公開法が1990年代前半に制定され，それまで不明瞭と指摘されてきた行政指導や許認可事務について，行政運営の公正の確保と透明性の向上が図られた。その後，1990年代後半には行政手続法が制定され，政府の国民に対する説明責任が明確化された。

解説

1. 妥当である。国家公務員法は 1947 年公布および一部施行，1948 年に完全施行となった法律である。一般職の国家公務員に対して適用され，試験及び任免（第 33 条），給与（第 62 条）などについて規定されている。争議行為の禁止は第 98 条に，政治的行為の制限は第 102 条にそれぞれ規定がある。

2. 中央省庁等改革基本法は，内閣機能の強化や，中央省庁の再編などについて 1998 年に定められた法律である。これを受けて，わが国の中央省庁は，2001 年にそれまでの 1 府 22 省庁から 1 府 12 省庁へ再編された。なお，スポーツ庁は文部科学省の外局として，防衛装備庁は防衛省の外局として，それぞれ 2015 年に新設された。

3. 行政委員会は，国や地方自治体から独立した形で，行政的権能を行使できる合議制の機関である。行政機能のほかに，準立法的機能や準司法的機能を有している。この委員会の例としては，公害等調整委員会や，選挙管理委員会のほかに，国家公安委員会や教育委員会などが挙げられる。

4. 独立行政法人は，省庁から一定の独立性を保ち，効率的にその業務を執行していく機関であり，その例として国立公文書館や造幣局などが挙げられる。独立行政法人の職員の身分は，行政執行法人の職員が国家公務員待遇となり国家公務員法の適用を受けるのに対し，国立研究開発法人ならびに中期目標管理法人の職員は非公務員待遇となり国家公務員法の適用を受けない。国立大学法人は，独立行政法人通則法により独立行政法人に準じた運営がなされている。また，日本放送協会（NHK）は総務省が所管する外郭団体であり，特殊法人に区分される。

5. 情報公開法は 1999 年公布，2001 年施行の法律で，国民主権に基づいて，何人の請求に対しても中央省庁が保有する文書等の情報を公開することとされ，国の説明責任が明記されたものである。行政手続法は 1993 年に成立したもので，行政運営の公正の確保と透明性の向上が図られた。

正答　1

思想
日本史
世界史
地理
政治・法律
経済

国家一般職［大卒］ No. 422 教養試験

政治　発展途上国への援助等　平成29年度

発展途上国への援助等に関する記述として最も妥当なのはどれか。

1　後発発展途上国とは，財政事情の悪化などにより，2000年まで発展途上国とみなされていなかった国のうち，それ以降に新たに発展途上国として国際連合から認定された国を指し，東南アジアの国々がその代表例として挙げられる。

2　発展途上国援助に関連する組織として，発展途上国援助の調整を行う開発援助委員会（DAC）や，世界銀行加盟国の一部によって活動が開始され発展途上国の中でも最も貧しい国々を対象として支援を行う国際開発協会（IDA）がある。

3　発展途上国と先進国との間の経済格差の問題を南北問題というが，近年では，発展途上国の中でも急速な経済成長を遂げた新興工業経済地域と，先進国との間で，発展途上国で産出される資源の獲得競争が問題となっており，これを南南問題という。

4　先進国側の働きかけにより，国連貿易開発会議（UNCTAD）が設立され，先進国と発展途上国との間の貿易拡大などが協議されたが，発展途上国では，先進国からの輸入品に対し関税面で優遇する一般特恵関税が義務付けられたため，両国間の経済格差が拡大した。

5　資源価格の高騰を背景に，欧州諸国に多額の資金を貸し付けていた中南米諸国では，1980年代に欧州諸国の一部が債務不履行の危機に陥ったことで累積債務問題が表面化し，救済策として債務繰延べなどが行われた。

解説

1．後発発展途上国（Least Developed Country）とは，発展途上国の中でも特に発展が遅れている国のことである。後発発展途上国は，国連開発計画委員会（CDP）が認定した基準に基づき，国連経済社会理事会の審議を経て，国連総会の決議により認定されている（ただし当該国の同意が前提となる）。現在，その過半数はアフリカの国々によって占められている。

2．妥当である。開発援助員会（DAC）は，経済協力開発機構（OECD）の下部機関として，発展途上国援助の調整を行っている。また，国際開発協会（IDA）は，世界銀行のグループ機関として，世界で最も貧しい国々を支援しており，経済成長促進，格差是正，生活水準向上のためのプログラムに融資と贈与を提供している。

3．南南問題とは，発展途上国間における経済格差の問題のことである。1980年代以降，産油国や新興工業経済地域と後発開発途上国の間で経済格差が広がり，南南問題が深刻化するようになった。

4．国連貿易開発会議（UNCTAD）は，発展途上国側の働きかけによって1964年に設立された。また，一般特恵関税とは，開発途上国からの輸入品に対して，先進国が関税面で優遇する制度のことである。UNCTADで合意された制度的枠組みに基づいて，先進国は発展途上国に一般特恵関税を適用しており，経済格差の是正に一定の貢献をなしている。

5．先進国の金融機関から多額の資金を借り入れていた中南米諸国は，1980年代に金利負担が増加したことで，対外債務の返済が困難となった。特に1983年にブラジルが債務不履行（デフォルト）に陥ると，累積債務問題の解決が大きな焦点となり，先進各国は債務繰延べ（リスケジューリング）や追加融資などの救済策をとることとなった。

正答　2

国家一般職［大卒］ No. 423 教養試験

法律　日本国憲法の基本的人権　平成29年度

日本国憲法の基本的人権に関する記述として最も妥当なのはどれか。

1　憲法は，全て国民は法の下に平等であって，人種，信条，年齢，社会的身分又は門地により，政治的，経済的又は社会的関係において差別されないと定めている。一方，男女の体力的な差に配慮して異なる取扱いをすることはむしろ合理的であることから，男女で異なる定年年齢を企業が就業規則で定めることには合理的な理由があり，憲法には反しない。

2　教育を受ける権利を保障するため，憲法は，全て国民はその能力や環境に応じて等しく教育を受ける権利を有することや，その保護する子女に普通教育を受けさせる義務を負うことを定めている。また，憲法は，後期中等教育を修了するまでの間，授業料や教科書等に係る費用を無償とすると定めている。

3　経済の自由として，憲法は，財産権の不可侵や居住・移転の自由，職業選択の自由，勤労の権利等を保障している。経済の自由は，近代憲法が人々の経済活動を国家による介入から守るために保障してきたという伝統に基づいており，公共の福祉による制限は認められておらず，社会権やその他の新しい権利とは異なっている。

4　刑事手続に関し，憲法は，被疑者や被告人の権利を守るため，令状主義，黙秘権，取調べの公開，弁護人依頼権など詳細な規定を設けている。しかし，殺人等の重大な事件については，裁判に慎重を期す必要があるため，有罪又は無罪の判決が確定した後でも，必要な場合には，同一事件について再び裁判を行うことができる。

5　プライバシーの権利は，憲法に明文の規定はないが，幸福追求権を根拠に保障されていると考えられている。プライバシーの権利については，私生活をみだりに公開されない権利などとされてきたが，情報化社会の進展等に伴い，自己に関する情報をコントロールする権利としても考えられるようになってきている。

解説

1．憲法は，すべて国民は法の下に平等であって，人種，信条，「性別」，社会的身分又は門地により，政治的，経済的又は社会的関係において，差別されないと定めている（14条1項）。また，男女で異なる定年年齢を企業が就業規則で定めることには合理的な理由がなく，不合理な差別である（最判昭56・3・24）。

2．憲法は，すべて国民はその能力に応じて等しく教育を受ける権利を有することや，その保護する子女に普通教育を受けさせる義務を負うことを定めている（26条1項・2項前段）が，「環境に応じて」とは定めていない。さらに，憲法は，義務教育は，これを無償とすると定めているのみであり（26条2項後段），後期中等教育（高等学校）までは定めていない。また，この無償とは授業料の無償を意味し，教科書等に係る費用まで無償とするとは定めていない（最大判昭39・2・26）。

3．経済の自由の例として挙げている勤労の権利（憲法27条1項）は，社会権に属すると考えられている。また，経済の自由も，公共の福祉による制限が認められている（同22条1項，29条2項参照）。

4．刑事手続に関し，憲法は，取調べの公開の規定を設けていない。また，すでに無罪とされた行為については，刑事上の責任を問われないとする一事不再理の原則から（39条前段後半），無罪の判決が確定した後は，同一事件について再び裁判を行うことはできない。

5．妥当である。幸福追求権（憲法13条後段）を根拠に保障される。

正答　5

思想
日本史
世界史
地理
政治・法律
経済

国家一般職［大卒］ No. 424 教養試験

政治 日本の選挙制度 平成28年度

我が国の選挙制度に関する記述として最も妥当なのはどれか。

1 衆議院議員総選挙は，４年ごとに実施され，小選挙区選挙と拘束名簿式比例代表制による。選挙区間の議員１人当たり有権者数に格差があると一票の価値が不平等になるという問題があり，近年の選挙においては，参議院よりも衆議院で一票の最大格差が大きくなっている。

2 参議院議員通常選挙は，３年ごとに実施され，議員の半数が改選される。参議院の選挙制度は，選挙区選挙と非拘束名簿式比例代表制となっており，選挙区選出議員の定数の方が比例代表選出議員の定数よりも多い。

3 期日前投票制度とは，選挙期間中に名簿登録地以外の市区町村に滞在していて投票できない人が，定められた投票所以外の場所や郵便などで，選挙期日前に投票することができる制度である。選挙期日に仕事や旅行などの用務がある場合や，仕事や留学などで海外に住んでいる場合などに利用することができる。

4 従来，国政選挙の選挙権を有する者を衆・参両議院議員選挙は20歳以上，被選挙権を有する者を衆議院議員選挙は25歳以上，参議院議員選挙は30歳以上としていた。平成25年の公職選挙法の改正により，衆・参両議院議員選挙において，選挙権を有する者を18歳以上，被選挙権を有する者を25歳以上とすることが定められた。

5 公職選挙法では，選挙運動期間以前の事前運動や戸別訪問を禁止するなど，選挙運動の制限が規定されている。平成25年の同法の改正により，電子メールによる選挙運動用文書図画の送信については，候補者や政党に加えて，一般有権者にも認められるようになった。

解説

1．近年の選挙では，衆議院よりも参議院で一票の最大格差が大きくなっている。その理由としては，参議院の選挙区選挙では都道府県を単位として選挙が実施されるが，人口の少ない県にも最低2議席を配分しなければならず，人口比例で算定した議席数を上回ってしまうことなどが挙げられる。なお，こうした不都合を解消するため，平成28年には「合区」制度が導入され，鳥取・島根および徳島・高知はそれぞれ一つの選挙区として扱われることとなった。

2．妥当である。参議院議員通常選挙では，選挙区選挙と非拘束名簿式比例代表制の混合制が採用されている。このうち選挙区選出議員は148名，比例代表選出議員は100名で，前者のほうが多い。

3．期日前投票制度では，有権者は期日前投票場まで赴いて投票しなければならず，郵便による投票は認められていない。また，仕事や留学などで海外に住んでいる日本人を対象とする制度は，期日前投票制度ではなく在外投票制度である。

4．平成27年の公職選挙法の改正により，選挙権を有する者を18歳以上とすることが定められたが，被選挙権年齢の変更は行われなかった。したがって，現在でも衆議院議員選挙の被選挙権年齢は25歳以上，参議院議員選挙の被選挙権年齢は30歳以上である。

5．平成25年の公職選挙法の改正により，候補者や政党については，電子メールによる選挙運動用文書図画の送信が認められるようになった。しかし，一般有権者については解禁されておらず，一般有権者がこうした行為を行えば選挙違反となる。なお，同改正によって一般有権者にも認められたのは，ウェブサイト等（ホームページ，ブログ，SNS，動画共有サービス，動画中継サイトなど）を用いた選挙運動である。

正答 2

No. 425 教養試験 法律 日本の情報の管理・保護 平成28年度

我が国における情報の管理・保護に関する記述として最も妥当なのはどれか。

1 個人情報保護法は，個人情報取扱事業者が個人情報を取り扱う場合は，その利用の目的をできる限り特定することを義務付けている。また，法令に基づく場合などを除き，あらかじめ本人の同意を得ないで，個人データを第三者に提供することを禁じている。

2 情報公開法は，国民主権の理念に基づいて，中央省庁の行政文書の開示を請求する権利と，政府の説明責任（アカウンタビリティ）を規定している。同法に基づき，行政文書の開示が認められるためには，請求者が我が国の国籍を有し，かつ18歳以上であることが必要である。

3 特定秘密保護法は，機密情報を保護し，その漏えい防止を図るための法律である。機密情報は，公務員が職務上知り得た情報のうち，国家安全保障会議が指定したものであり，この機密情報を漏えいした公務員に対する罰則が規定されている。

4 著作権法は，知的財産権を保護するための法律の一つである。著作権は，新しい発明や考案， デザインやロゴマークなどの著作者が，それらを一定期間独占的に利用できる権利であり，同法による保護を受けるためには，特許庁に申請する必要がある。

5 商標法は，知的財産権を保護するための法律の一つである。同法は，許可なしに顔写真などの肖像を撮影されたり，利用されたりしないように主張できる肖像権や，有名人の名前や肖像が無断で商品化されたり，宣伝などに利用されたりできないようにするパブリシティ権を規定している。

解説

1．妥当である（前半につき個人情報保護法15条1項，後半につき同23条1項）。

2．情報公開法は，国民主権の理念に基づいて，行政文書の開示を請求する権利と，政府の説明責任を規定しているので（同1条），前半は正しい。しかし，請求者については「何人も」と規定しており（同3条），わが国の国籍を有することや，18歳以上であることは不要である。

3．特定秘密保護法における特定秘密は，行政機関の長が指定する（同3条1項）。なお，特定秘密の取扱い従事者には，秘密漏えいに対する罰則の規定がある（同23条）。

4．著作権法は，知的財産権を保護する法律の一つであるが，本肢は特許法，実用新案法，意匠法，商標法の内容になっている。

5．商標法は，知的財産権を保護する法律の一つであるが，肖像権やパブリシティ権は規定していない。

正答 1

国家一般職［大卒］ No. 426 教養試験

政治　日本の地方自治　平成27年度

我が国の地方自治に関する記述として最も妥当なのはどれか。

1　憲法では，地方自治の基本原則として，「地方公共団体の組織及び運営に関する事項は，地方自治の本旨に基いて，法律でこれを定める」と規定されている。この地方自治の本旨には，住民自治と団体自治の二つの側面があり，そのうち，団体自治とは，地方公共団体の政治が地域住民の意思に基づいて行われることをいう。

2　地方公共団体は，地方議会の議決に基づき，法律の範囲内で条例を制定することが認められている。したがって，法律で規定されていない項目を条例に追加するいわゆる上乗せ条例や，法律の規定より厳しい規制を行ういわゆる横出し条例は，法律の趣旨を逸脱し，国民の権利を著しく制約するおそれがあるため，禁止されている。

3　地方自治法では，議会の解散請求や議会議員・首長の解職請求（リコール）など住民による直接請求権が規定されている。その一つである条例の制定・改廃請求（イニシアティブ）は，地方公共団体の住民の3分の1の署名によって，首長に対して行うことができるとされている。

4　平成11年に成立したいわゆる地方分権一括法に基づき，三位一体の改革が進められたことで，地方交付税に充てられていたたばこ税などは地方税に移譲された。これにより，地方公共団体はその歳出の8割を自主財源で賄うことができるようになり，地方公共団体の独自性が高められた。

5　地方自治への住民参加については，一つの地方公共団体のみに適用される特別法の制定に関して憲法で保障されている住民投票（レファレンダム）のほか，地域の重要な政策決定について，条例に基づいて住民の意思を問う住民投票などがある。

解説

1．前半の憲法条文は正しい（同92条）。しかし，後半が誤り。地方公共団体の政治が地域住民の意思に基づいて行われることを「住民自治」という。「団体自治」は，地方公共団体の政治が国から独立した団体に委ねられ，その意思と責任で行われることをいう。

2．前半は憲法条文で正しい（同94条）。しかし，後半が誤り。法律で規定されていない項目を条例に追加するいわゆる「横出し条例」や，法律の規定より厳しい規制を行ういわゆる「上乗せ条例」も，法律の趣旨などから，禁止されない場合もある（徳島市公安条例事件：最大判昭50・9・10）。

3．前半は正しい（地方自治法13条，76条，80条，81条）。しかし，後半が誤り。条例の制定・改廃請求は，地方公共団体の有権者の50分の1以上の署名によって行われる（同12条1項，74条1項）。

4．（国の）たばこ税が地方税に移譲されたという事実はない。また，地方公共団体はその歳出の8割を自主財源で賄ってはいない。6割程度である。

5．妥当である（憲法95条など）。

正答　5

No. 427 政治 国際連盟 平成27年度

次は，国際連盟に関する記述であるが，A～Dに当てはまるものの組合せとして最も妥当なのはどれか。

国際社会の諸問題に取り組むために組織を作る構想は，既に18世紀には生まれていた。哲学者のカントは，［ A ］の中で，国際平和機構の構想を示している。

第一次世界大戦中には，米国大統領ウィルソンが，［ B ］の中で，集団安全保障の仕組みの設立を提唱した。これを受けて，1920年に42か国の参加で発足したのが国際連盟で，本部はジュネーヴに置かれた。国際連盟は，第一次世界大戦後の国際協調の中心となったが，［ C ］の不参加や，総会や理事会の議決方式として［ D ］の原則を採っていたこと等もあり，十分に機能せず，第二次世界大戦の勃発を未然に防止できなかった。

その後，第二次世界大戦中に，連合国を中心として戦後の新たな平和維持機構の設立が話し合われ，1945年に国際連合が成立した。

	A	B	C	D
1	『永久平和のために』	「平和原則14か条」	米国	全会一致
2	『永久平和のために』	「大西洋憲章」	米国	全会一致
3	『永久平和のために』	「大西洋憲章」	ロシア	五大国一致
4	『戦争と平和の法』	「大西洋憲章」	米国	五大国一致
5	『戦争と平和の法』	「平和原則14か条」	ロシア	全会一致

解説

A：『永久平和のために』が該当する。I. カントは『永久平和のために』を著し，世界の恒久的平和のためには，常備軍の全廃，諸国家の民主化，国際連合の創設が必要であると主張した。これに対して，『戦争と平和の法』はH. グロティウスの著作であり，正当な戦争と不正な戦争の区別，戦時中にも守られるべき規則などについて主張が展開されている。

B：「平和原則 14 か条」が該当する。米国大統領 W. ウィルソンは，1918 年に平和原則 14 か条（14 か条の平和原則）を発表し，その第 14 条において国際平和機構の設立を訴えた。これが，第一次世界大戦後における国際連盟の創設につながったとされている。これに対して，大西洋憲章は，1941 年に米国大統領 F. ルーズヴェルトと英国首相 W. チャーチルが発表したもので，一般的安全保障のための仕組みの必要性などが主張されていた。これが，第二次世界大戦後における国際連合の創設につながったとされている。

C：「米国」が該当する。米国は連邦議会の上院の反対にあって，国際連盟には終始参加しなかった。これに対して，ロシア（ソ連）は国際連盟の原加盟国ではないが，1934 年に日本やドイツと入れ替わる形で国際連盟への加盟を果たした。ただし，1939 年には，フィンランド侵攻を理由として除名処分を受けている。

D：「全会一致」が該当する。国際連盟では，主権平等原則を貫くため，加盟国が 1 か国でも反対した案件は採択が見送られた（全会一致制）。これに対して，国際連合では，全会一致制による決定の遅延を防ぐため，新たに多数決制が導入された。ただし，安全保障理事会に限っては，現在でも部分的に全会一致制が残されており，五大国（米・英・仏・露・中）が拒否権を行使した案件は採択されないものとされている。

よって，正答は**1**である。

正答 1

国家一般職［大卒］ No. 428 教養試験

政治　国際機関　平成26年度

国際機関に関する記述として最も妥当なのはどれか。

1　世界保健機関（WHO）は，世界の全ての人が最高の健康水準を維持できるよう，各国の感染症の撲滅のほか，近年では健康に害を及ぼす化学兵器の廃棄を目指し，その生産施設や毒性化学物質を扱う産業施設等に対して査察等を行っており，その活動によりノーベル平和賞を受賞した。

2　国連教育科学文化機関（UNESCO）は，教育・科学・文化を通じて国際協力を促進することを目的とした機関であり，活動の一つに世界遺産の登録・保護がある。近年，選定の基準に，文化遺産，自然遺産に続き「負の世界遺産」が新たに設けられ，チェルノブイリ原子力発電所が登録された。

3　国際原子力機関（IAEA）は，原子力の平和的利用を促進するとともに，軍事的利用に転用されることの防止を目的とした機関である。平成25年現在の事務局長は日本人が務めており，また，我が国の東京電力福島第一原子力発電所事故においては，調査団の派遣を行った。

4　国連児童基金（UNICEF）は，子どもの権利条約によって設立された国連の専門機関の一つであり，開発途上国の児童に限定した援助活動を行い，食料の生産，分配の改善などを通じて，児童の飢餓の根絶に重点を置いて活動をしている。

5　国連貿易開発会議（UNCTAD）は，世界貿易の秩序形成を目的とした機関であり，モノの貿易だけでなく，サービス貿易や知的財産権問題などを扱うほか，開発途上国のための長期資金の供与を業務として行っている。

解説

1．化学兵器の廃棄をめざして査察等を行い，ノーベル平和賞を受賞した国際機関は，化学兵器禁止機関（OPCW）である。世界保健機関（WHO）は，生物・化学兵器への公衆衛生対策等で各国に技術支援を行うなどしているが，化学兵器の査察等の活動は行っていない。

2．負の世界遺産という呼称は，UNESCOが公式に用いているものではなく，世間一般に広く流布しているものである。また，負の世界遺産は，1978年に登録された最初の世界遺産の中にすでに含まれており，その後，アウシュビッツ=ビルケナウ・ナチスの絶滅収容所や広島の原爆ドームなど，何件も登録されているが，チェルノブイリ原子力発電所はそもそも世界遺産に登録されておらず，負の世界遺産にも該当しない。なお，UNESCOは世界遺産の登録を行っているが，世界遺産の保護は原則として当該遺産を持っている国が行うものとされており，UNESCOが一義的責任を負うわけではない。

3．妥当である。国際原子力機関は，1953年のアイゼンハワー米大統領の国連総会演説（「平和のための核」）をきっかけとして設立された国際機関であり，原子力の平和的利用等を目的としている。平成25年現在の事務局長は天野之弥（ゆきや）であり，また，福島の原発事故の際には調査団を派遣して報告書を発表するなど，わが国とも関係が深い。

4．国連児童基金（UNICEF）は，第二次世界大戦後の1946年から活動を開始した国際基金であり，子どもの権利条約によって設立されたわけではない。子どもの権利条約は，1989年に国連総会で採択された国際条約であり，UNICEFも草案作りに参加するなどの形で，これに深く関与している。また，UNICEFは，先進国も含めた世界各国で活動を展開しており，東日本大震災の際には，わが国でもさまざまな子ども支援の活動を展開した。

5．世界貿易の秩序形成を目的として，モノとサービスの貿易や知的財産権問題などを扱っているのは，世界貿易機関（WTO）である。また，開発途上国のための長期資金の供与を業務として行っているのは，国際復興開発銀行（IBRD）である。これに対して，国連貿易開発会議（UNCTAD）は，発展途上国の経済発展のために貿易と開発に関する諸問題を協議する場として国連内に設けられた国際会議である。

正答　3

No. 429 法律 国際法 平成26年度

国際法に関する記述として最も妥当なのはどれか。なお，条約名は略称とする。

1 国際法を最初に体系的に論じたのは国際法の父といわれるカントである。彼は，『戦争と平和の法』において，平時には自然法の立場から国際社会にも諸国家が従うべき法があるが，戦時には国際法の適用が停止されざるを得なくなるとして，法によらず戦争に訴える国家を厳しく批判した。

2 領土・領海に限られていた国家の主権は，航空機の発達によって領空にまで及んだが，人類の活動領域が宇宙空間にも及ぶに至り，1966年に採択された宇宙条約では，月その他の天体を含む宇宙空間は，全ての国が国際法に従って自由に探査・利用できるとされた。

3 海洋については，1982年に採択された国連海洋法条約により，公海，排他的経済水域，領海の三つに分けられることになった。このうち，領海とは，基線から3海里以内で沿岸国が設定し得る水域であり，領海内では沿岸国の同意を得ない外国船舶の航行は禁止される。

4 大陸棚については，1958年に採択された大陸棚条約において，大陸棚の資源は人類の共同の財産であり，そのいかなる部分についても主権を主張したり，主権的権利を行使したりしてはならないとされ，国際機関が大陸棚の資源開発を管理することとなった。

5 国際紛争を裁判で解決するための機関として18世紀に創設された仲裁裁判所では，当事国が合意した場合に限り裁判が行われるとされ，紛争解決事例は少なかったが，国際連合に設置された国際司法裁判所は，強制的管轄権を付与され，当事国の合意がなくとも裁判を行うことが可能になった。

解説

1．『戦争と平和の法』を著して国際法理論を初めて体系化し，後に「国際法の父」と呼ばれるようになったのは，カントではなくオランダの法学者グロティウス（1583〜1645年）である。彼は，「きわめて些細な理由で，あるいは，まったく理由なしに武器に訴えることが行われている」として，いったん武器がとられると，「どのような犯罪を犯しても差し支えない錯乱状態が公然と法令によって許されたかのような有様を呈している」と述べ，本肢の後半のような，法によらず戦争に訴える国家を厳しく批判した。

2．妥当である（宇宙条約1条）。

3．領海とは，基線から12海里以内で沿岸国が設定しうる水域である（国連海洋法条約3条）。この領海は，国家の領域の一部を構成し，沿岸国の領土主権に服するが（同2条），海上国際交通の便宜を図るためにその主権に制限が課されており，すべての国の船舶は領海において無害通航権を有するとされる（同17条）。

4．1958年の大陸棚条約は，国際法上の大陸棚を水深200メートルまでの海底，またはそれを超える場合には開発が可能なところまでと定義して，沿岸国に天然資源を開発するための主権的権利を与えた。しかし，その後の技術の進歩によってこの定義が実情に沿わなくなり，国連海洋法条約によって新たな基準が設けられた。それによると，大陸棚は基線から原則として200海里までの海底区域をいい（国連海洋法条約76条），沿岸国はその天然資源を開発するために大陸棚に対して主権的権利を行使できるとされている（同77条1項）。

5．国際司法裁判所が特定の国に強制管轄権を行使するには，その国が強制管轄権を受諾する旨の宣言（裁判所規程36条の2，選択条項）を行っていることが必要である。この宣言がなければ，その国に対しては強制管轄権を行使できない。なお，わが国は1958年に受諾の宣言をしている。

正答 2

政治　政治や行政　平成25年度

政治や行政に関する記述として最も妥当なのはどれか。

1　現代の国家は，国の政策分野の拡大などを背景に，議会中心の「立法国家」から「行政国家」へと変化している。行政国家の下では，議会の制定する法律は行政の大綱を定めるにとどめ，具体的な事柄は委任立法として行政府に任される傾向が強まっている。

2　行政委員会の制度は，行政府から独立した機関を立法府の下に設置することによって，行政府の活動の適正さを確保しようとするものである。我が国では，決算行政監視委員会や公正取引委員会がそれに当たる。

3　圧力団体は，政府や行政官庁などに圧力をかけ，集団の固有の利益を追求・実現しようとする団体であり，政党や労働団体がその例である。そして，圧力団体の利益のために政策決定過程で影響力を行使する議員がロビイストであり，我が国ではロビイストは族議員とも呼ばれる。

4　比例代表制は，各政党の得票数に応じて議席数を配分する選挙方法である。この方法は，小選挙区制と比べ，大政党に有利で，死票が多くなる欠点をもつが，二大政党制をもたらすことによって，有権者に政権を担当する政党を選択する機会を与える。

5　我が国の政治資金規正法は，企業から政党への献金を禁止する一方，企業から政治家個人への寄付を促すことで，政治資金の調達の透明性を高めている。また，同法では，政党に対する国庫補助制度を導入し，政治資金に関する民主的統制の強化を図っている。

解説

1．妥当である。現代の行政国家においては，行政府の委任立法や自由裁量が拡大しているため，議会による行政統制が弱まる傾向にある。

2．行政委員会は府省の外局として設けられており，立法府に設けられる委員会（常任委員会および特別委員会）とは明確に区別される。わが国の場合，決算行政監視委員会は衆議院に設けられた（常任）委員会であり，公正取引委員会は内閣府に設けられた行政委員会である。

3．圧力団体は，政権の獲得をめざさないという点で，政党とは明確に区別される。圧力団体の典型例は，労働団体，財界団体，農業団体などである。また，ロビイストとは，圧力団体の代理人として議員に接触し，影響力を行使する専門家のことであり，アメリカで典型的に見られる。わが国では専門職としてのロビイストは存在しないが，圧力団体の要求を官庁に伝える役割を果たすという意味で，しばしば議員（特に特定の政策分野で大きな影響力を持つ「族議員」）がロビイスト的役割を果たしているとされる。

4．「大政党に有利で，死票が多くなる欠点をもつが，二大政党制をもたらすことによって，有権者に政権を担当する政党を選択する機会を与える」のは，「小選挙区制」の特徴である。比例代表制は，中小政党にも議席獲得の可能性を広げ，死票を減少させるという利点を持つが，多党制をもたらすことによって政治をしばしば不安定化させる。

5．わが国の政治資金規正法は，企業から政治家個人への献金を禁止する一方，企業から政党への献金を認めることで，政治資金の調達の透明性を高めている。また，政党に対する国庫補助制度（政党交付金制度）は，1994年に成立した政党助成法によって導入されたものであり，政治資金規正法とは無関係である。

正答　1

国家一般職［大卒］ No. 431 教養試験

法律　近年の雇用に係る法律の改正　平成25年度

近年の雇用に係る法律の改正に関する記述として最も妥当なのはどれか。

1　長時間労働を抑制するため，平成20年に労働基準法が改正され，１か月60時間を超える時間外労働の法定割増賃金率が25％に引き上げられた。また，これに伴い，一定以上の年収がある労働者を労働時間規制から外すいわゆるホワイトカラー・エグゼンプション制度が導入された。

2　男女ともに仕事と家庭の両立ができる雇用環境を整備するため，平成21年にいわゆる育児・介護休業法が改正され，事業主は，育児休業を有給化することや通算１年の介護休業制度を整備することが義務付けられた。

3　リーマン・ショック以降の雇用情勢の悪化により，いわゆる派遣切りなど，派遣労働者の雇用環境が社会問題化したことから，派遣労働者の保護と雇用の安定を図るため，平成24年にいわゆる労働者派遣法が改正され，登録型派遣や製造業への労働者派遣が禁止された。

4　有期労働契約の反復更新の下で生じる雇止めに対する不安を解消し，労働者が安心して働き続けることができるようにするため，平成24年に労働契約法が改正され，有期労働契約が５年を超えて反復更新された場合，労働者の申込みにより，無期労働契約に転換させる仕組みが導入された。

5　高年齢者が少なくとも年金受給開始年齢まで働き続けられる環境を整備するため，平成24年にいわゆる高年齢者雇用安定法が改正され，年金支給開始年齢の引上げに併せて定年を65歳に引き上げることが事業主に義務付けられた。

解説

1．60時間を超える時間外労働の法定割増賃金率は25％ではなく50％である（労働基準法37条１項ただし書）。また，主に事務作業に従事するホワイトカラー労働者について労働時間規制を完全に外して成果のみで賃金額を決定するというホワイトカラー・エグゼンプションの制度が平成20年の労働基準法改正によって導入されたという事実はない。

2．育児休業は有給とはされていない（育児・介護休業法には育児休業を有給とする旨の規定は存在しない）。ただし，育児休業の取得を支援する観点から，一定額の育児休業給付金が支給される制度が雇用保険法で設けられている（雇用保険法61条の４）。なお，平成21年改正により，短期の介護休暇の制度が設けられたが（育児・介護休業法16条の５第１項），介護休業に関する改正はなく，介護休業の期間を93日以内とする点に変更はない（同15条１項）。

3．平成24年改正法は，日雇い派遣の原則禁止，派遣労働者の無期雇用化の推進および待遇改善，違法派遣の場合の労働契約申込みみなし制度などを主な内容とするもので，登録型派遣の禁止や製造業への労働者派遣の禁止などは盛り込まれていない。登録型派遣（一般労働者派遣事業の別称，労働者派遣法５条以下）および製造業への労働者派遣（同附則４項）の禁止は，ワーキングプア対策として民主党政権が政策目標に掲げていたが，実現には至らなかった。

4．妥当である（労働契約法18条１項）。なお，５年の通算期間は平成25年４月１日以降に開始したものに限られ，それ以前に開始したものは期間算入されない点に注意（同附則〈平成24・８・10〉２項）。

5．平成24年の高年齢者雇用安定法の改正では，定年年齢の65歳への引上げは行われていない。同改正法では，従来，労使協定によって継続雇用制度の対象者を限定できるとしていたものが廃止され，希望者全員がその対象とされることになった（高年齢者雇用安定法８条，９条２項）。

正答　4

国家一般職［大卒］ No. 432 教養試験

政治　中東戦争　平成24年度

中東戦争に関する記述として妥当なもののみをすべて挙げているのはどれか。

A：国連総会において，パレスチナ地域を分割しユダヤ人とアラブ人それぞれの国家をつくるという国連パレスチナ分割決議が採択され，翌年にはイスラエルが建国されたが，周辺アラブ諸国がこれに反対し，本格的な戦争へと発展した。この戦争の休戦協定においては，先の分割決議で示された地域よりも広い範囲をイスラエルが支配することとなり，多数のパレスチナ難民が発生した。

B：エジプトのナセル大統領がスエズ運河の国有化を宣言したことに対して，スエズ運河を保有していた英国は，イスラエルとともにエジプトに侵攻した。イスラエル建国を支持していた米国から支援を受けたものの，エジプトへの侵攻はソ連やフランスを初めとする国際社会からの強い反発を受け，米・英・イスラエルの三か国の軍は6日間でエジプトから撤退した。

C：エジプトとシリアが，イスラエルに占領された地域を取り戻すため，シナイ半島とゴラン高原でイスラエルと交戦した。この戦争に際し，アラブ石油輸出国機構（OAPEC）は，非友好国への石油輸出の禁止，石油供給の削減を行った。また，原油価格が大幅に引き上げられたため，先進諸国の経済は大きな打撃を受け，世界的な不況が引き起こされた。

1 A　**2** B　**3** A，C　**4** B，C　**5** A，B，C

解説

A：妥当である。1947年の国連パレスチナ分割決議（国連決議181号）に基づいて，翌48年にはイスラエルが建国された。しかし，エジプト，トランスヨルダン，シリア，レバノン，イラクなどの周辺アラブ諸国はこれを不満に思い，ただちにイスラエルに軍事侵攻した（第1次中東戦争）。1949年には停戦協定が成立したが，これによってパレスチナの約80％がイスラエルに帰属することとなり，土地を失った多数のパレスチナ人が難民化した。

B：誤り。1956年にエジプトのナセル大統領がスエズ運河の国有化を宣言すると，これを不満に思ったイギリスは，フランスやイスラエルとともにエジプトに軍事侵攻した（第2次中東戦争）。3か国は各地の戦闘で勝利を収めたが，アメリカやソ連が即時停戦を要求し，国際世論もこれに批判的であったことから，イギリスとフランスは同年中に国連の停戦決議を受け入れ，翌57年にはイスラエルもエジプトから撤退した。

C：妥当である。第3次中東戦争でイスラエルに占領された地域を取り戻すため，エジプトとシリアは1973年にイスラエルを奇襲した（第4次中東戦争）。この際，アラブ石油輸出国機構（OAPEC）は親イスラエル諸国に圧力をかけるため，石油戦略を発動したが，これによって原油価格が4倍にも跳ね上がり，先進諸国の経済は大きな打撃を受けた（第1次石油危機）。

以上より，**3**が正しい。

正答 **3**

国家一般職［大卒］

教養試験

No. 433 法律 わが国の三権分立 平成24年度

我が国の三権分立に関する記述として最も妥当なのはどれか。

1 国会の機関として設けられる弾劾裁判所の弾劾裁判で，罷免の宣告がなされた裁判官は，職を失う。司法権の独立の観点から，弾劾裁判所及び罷免の裁判を求める裁判官訴追委員会は，国会議員ではなく，現職の裁判官で構成される。

2 違憲立法審査権は，最高裁判所にはあるが，下級裁判所にはない。また，その対象は，国会の制定する法律に限られ，行政機関の命令・規則，行政処分については対象とならないと解されている。

3 最高裁判所の長たる裁判官は，内閣の指名に基づいて天皇が任命し，最高裁判所のその他の裁判官は，内閣が任命する。また，下級裁判所の裁判官は，最高裁判所の指名した者の名簿によって内閣が任命する。

4 内閣は，内閣不信任案が可決又は信任案が否決された場合のみ，衆議院を解散することができる。内閣は，衆議院を解散した場合，解散の日に総辞職しなければならず，また，解散の日から40日以内に総選挙が行われ，総選挙の日から30日以内に臨時国会が召集される。

5 国会は，国会議員の中から，内閣の長たる内閣総理大臣を指名する。この指名について，両議院の議決が異なる場合に，両院協議会を開いても意見が一致しないときは，改めて他の国会議員の中から指名しなければならない。

解説

1. 前半は正しい（憲法64条１項，78条，裁判官弾劾法37条）が，後半が誤り。弾劾裁判所および罷免の裁判を求める裁判官訴追委員会は，国会議員で構成される（憲法64条１項，国会法125条１項，126条１項，裁判官弾劾法５条１項，16条１項）。

2. 違憲立法審査権は，下級裁判所にもある（最大判昭25・２・１）。また，行政機関の命令・規則，行政処分も，その対象となる（憲法81条）。

3. 妥当である（同６条２項，79条１項，80条１項）。

4. 内閣は，内閣不信任案が可決または信任案が否決された憲法69条の場合以外にも，衆議院を解散することができる（同７条３号参照）。また，内閣が衆議院を解散した場合は，衆議院議員総選挙の後に初めて国会の召集があったときに，総辞職しなければならない（同70条）。さらに，総選挙の日から30日以内に召集されるのは特別国会である（憲法54条１項，国会法１条３項）。

5. 前半は正しい（憲法67条１項前段）が，後半が誤り。両院協議会を開いても意見が一致しないときは，衆議院の議決が国会の議決となる（同条２項）。

正答 3

国家Ⅱ種
教養試験
No. 434

政治　憲法13条の具体的権利性　平成23年度

社会の変革に伴い，日本国憲法第14条以下に列挙されている人権以外に，「プライバシーの権利」や「環境権」などが「新しい人権」として主張されるようになった。

この「新しい人権」の根拠となる規定は，いわゆる幸福追求権を宣言している憲法第13条*であるとする有力な考え方があるが，この規定が具体的権利性を有するか否かについては，その具体的権利性を積極的に解する説と，消極的に解する説とが主張されてきた。以下のＡ～Ｄの見解は，いずれかの説の立場に立つものであるが，その組合せとして最も妥当なのはどれか。

（注）*憲法第13条：すべて国民は，個人として尊重される。生命，自由及び幸福追求に対する国民の権利については，公共の福祉に反しない限り，立法その他の国政の上で，最大の尊重を必要とする。

Ａ：第13条の規定は，憲法上列挙されている各種の人権の根底に存する自然法的な権利である。
Ｂ：第13条の規定は，人格的生存に必要不可欠な権利・自由を包摂する包括的な権利であり，個別の人権とは，いわば一般法と特別法の関係にある。
Ｃ：他方の説は，人権のインフレ化を招く懸念がある。
Ｄ：他方の説は，人権に対する新しい侵害態様に対応できない懸念がある。

	積極的に解する説	消極的に解する説
1	Ａ	Ｂ，Ｃ，Ｄ
2	Ａ，Ｃ	Ｂ，Ｄ
3	Ｂ，Ｃ	Ａ，Ｄ
4	Ｂ，Ｃ，Ｄ	Ａ
5	Ｂ，Ｄ	Ａ，Ｃ

解説

憲法13条の幸福追求権の規定が具体的権利性を有するか否かについて，かつては消極的に解されていたが，現在は積極的に解されるようになった（最大判昭44・12・24，最判昭61・２・14など）。

Ａ：消極的に解する説である。これに対して，幸福追求権は，憲法12条の規定する「この憲法が国民に保障する自由及び権利」の一つであって，単なる自然法的な権利ではないとする批判がある。
Ｂ：積極的に解する説である。包括的な権利と解したうえで，他の個別の人権との関係を，一般法と特別法の関係にあると解する説である（補充的保障説）。
Ｃ：消極的に解する説である。この説によれば，他方の説＝積極説は，新しい人権を認めすぎることにより，人権のインフレ化を招く懸念があると批判する。
Ｄ：積極的に解する説である。この説によれば，他方の説＝消極説は，新しい人権を認めづらいことにより，人権に対する新しい侵害行為に対応できない懸念があると批判する。

よって，正答は**5**である。

正答　5

国家Ⅱ種

教養試験

No. 435 政治 死刑制度 平成23年度

死刑制度に関する記述として最も妥当なのはどれか。

1 我が国における死刑の執行は，内閣の決定により行われるため，内閣総理大臣による執行命令書への署名が必要となる。また，執行に際しては法務大臣が立ち会う必要があるが，思想・信条からこれを拒否する大臣もいたことから，歴代の内閣によって死刑執行数には大きく違いがある。

2 我が国の裁判員制度では，被告人の罪の有無に加え，その量刑についても裁判員が判断することとなるが，被告人に対して死刑の判断を下すことは，裁判員に過大な精神的負担をかける可能性があることから，死刑の求刑が想定される殺人事件は，裁判員裁判の対象外とされている。

3 我が国では刑法で死刑制度が規定されているが，死刑囚のえん罪が初めて確定した事件の最高裁判所の判決は，死刑制度自体は合憲であるとしたものの，現行の刑法による絞首刑は，残虐な刑罰を禁止した日本国憲法第36条に反するとの判断を下した。

4 国連総会における死刑廃止条約の採択に伴い，死刑制度を有する加盟国に対して死刑の執行猶予を求める決議が提案されたが，我が国やEU加盟国を中心とした死刑制度を有する国々からの反発が大きく，決議の採択には至らなかった。

5 内閣府（総理府）が行ってきた世論調査では，昭和31年の調査開始以降，死刑制度の存続に賛成する者の割合が，反対する者の割合を常に上回っており，平成16年の調査では，死刑制度の存続はやむを得ないとする者の割合が８割を超えた。

解説

1．わが国における死刑の執行は，法務大臣が死刑執行命令書へ署名することにより行われる。また，執行に際しては担当検事が立ち会う必要がある。法務大臣の中には，思想・信条から署名を拒否したり，あるいは感情的に署名にためらいを感じる者もいることから，歴代の内閣によって死刑執行数には大きく違いがある。

2．わが国の裁判員制度が対象とする事件は，「死刑または無期の懲役・禁錮に当たる罪に係る事件」および「法定合議事件であって故意の犯罪行為により被害者を死亡させた罪に係るもの」である。実際，裁判員制度の下で死刑判決が下された例もある。

3．最高裁判所の一連の判決では，死刑制度自体の合憲性が認められており，また，現行の刑法による絞首刑も，残虐な刑罰を禁止した日本国憲法36条に違反するものではないと判断されている（最大判昭23・３・12など）。

4．1989年，国連総会で死刑廃止条約（「死刑の廃止を目指す市民的及び政治的権利に関する国際規約・第二選択議定書」）が採択され，さらに2007年，2008年および2010年には，いわゆるモラトリアム決議も採択された。後者は，死刑制度の廃止を視野に入れて，各国に死刑の執行猶予を求めるものである。EU加盟国はすでに死刑制度を廃止しており，モラトリアム決議の提案国ともなっているが，わが国は国内世論や憲法上の問題などを理由として，これに反対している。

5．妥当である。わが国では，死刑制度の存続を支持する意見が強い。平成16年の調査では，「どんな場合でも死刑は廃止すべきである」と答えた者の割合が6.0％，「場合によっては死刑もやむを得ない」と答えた者の割合が81.4％，「わからない・一概に言えない」と答えた者の割合が12.5％となっていた。なお，死刑制度を存置する理由としては，「凶悪な犯罪は命をもって償うべきだ」（54.7％），「死刑を廃止すれば，凶悪な犯罪が増える」（53.3％），「死刑を廃止すれば，被害を受けた人やその家族の気持ちがおさまらない」（50.7％）などの意見を挙げる者が多かった（複数回答）。

正答 5

国家Ⅱ種

No. 436 教養試験

政治　国会および国会議員　平成23年度

国会及び国会議員に関する記述として最も妥当なのはどれか。

1　国会は唯一の立法機関であり，法律案を提出できるのは国会議員と内閣である。国会議員が法律案を発議するには，一人だけで発議することはできず，一定数以上の議員の賛成が必要とされており，予算を伴う法律案を発議するには，さらに多数の賛成を必要とする。

2　国会は常に開いているものではなく，会期制をとっている。会期中に成立しなかった法律案は，いずれかの議院で可決されれば，後会に継続することができるとされているため，次の会期において，他方の議院で可決されれば成立する。

3　国会開会後，審議を始める前に内閣総理大臣が所信表明演説を行い，この演説に対して，内閣総理大臣と野党党首とのいわゆる党首討論が行われる。内閣総理大臣の所信表明演説は衆議院のみで行うのが原則であるが，衆議院と参議院の第一党が異なる場合には両院で行うこととしている。

4　国会議員は，国費で政策秘書３名，政務秘書１名の計４名までの公設秘書を付することができる。公設秘書のうち，政策秘書は資格試験に合格した者から採用しなければならないが，政務秘書の採用は国会議員の裁量に委ねられており，自らの配偶者を採用することも可能である。

5　国政調査権とは，国政に関して調査を行う国会の権能であり，証人の出頭，証言や記録の提出を求めることができる。証人には出頭義務があるが，虚偽の証言をした場合でも刑事罰が科されることはない。また，証人の尋問中にテレビ放映などに向けた撮影を行うことは禁じられている。

解説

1．妥当である。国会は国権の最高機関であり，国の唯一の立法機関である（憲法41条）。また，国会議員が法律案を発議するには，衆議院においては議員20人以上，参議院においては議員10人以上の賛成を要する。ただし，予算を伴う法律案を発議するには，衆議院においては議員50人以上，参議院においては議員20人以上の賛成を要する（国会法56条１項）。

2．会期中に両院の議決に至らなかった法案は，原則として廃案とされる。いずれかの議院で可決されたからといって，当然に後会に継続するわけではない。ただし，委員会において閉会中審査（継続審議）とした場合には，この限りではなく，次の会期でも継続して審議が行われる（同68条）。

3．所信表明演説は，衆議院と参議院の本会議場で行われる。また，この演説に対して行われるのは，各政党・会派の代表者による代表質問である。党首討論は，会期中，原則として週１回，両院の国家基本政策委員会の合同審査会において行われており，特に所信表明演説に対して行われるものではない。ただし，首相の予算委員会出席の週には開かれないなど，実際にはその開催回数の少なさが指摘されている。なお，所信表明演説は臨時会等の冒頭で行われるが，常会の冒頭において行われる同様の演説は，施政方針演説と呼ばれている。

4．国会議員は，国費で政務秘書２名，政策秘書１名の計３名までの公設秘書を付することができる（同132条１・２項）。このうち政務秘書の採用は国会議員の裁量にゆだねられているが，2004年以降，国会議員の配偶者を公設秘書として用いることは禁止されている。これは配偶者を公設秘書として登録し，活動の実態がないのに給料を受け取っているケースが明らかになったためであった。

5．国政調査権の行使によって国会に出頭した証人が，虚偽の証言をした場合，当該証人は偽証罪に問われ，３か月以上10年以下の刑事罰が科せられる（議院証言法６条）。また，証人の尋問中にテレビ放映などに向けた撮影を行うことは，証人を過度に圧迫する恐れがあることから，1988年以降は禁止された。なお，現在では，委員長等の許可によって撮影を行うことも認められているが（同５条３項），実際に許可が行われたケースはない。

正答　1

国家Ⅱ種

No. 437 教養試験

政治　日本の最高裁判所裁判官の国民審査　平成22年度

我が国の最高裁判所裁判官の国民審査に関する記述として最も妥当なのはどれか。

1　最高裁判所裁判官は，任命後に初めて行われる衆議院議員総選挙の際に国民審査を受け，その後は在任中に行われる衆議院議員総選挙のたびに再審査を受けなければならない。

2　国民審査の方式は，投票用紙に記載された裁判官の氏名の上の欄に，罷免を可としない者には○，罷免を可とする者には×を記入し，審査を棄権する場合には無記入とすることとされており，罷免を可とする投票が罷免を可としない投票を上回った場合には，その裁判官は罷免される。

3　最高裁判所裁判官が，任命されてから最初の衆議院議員総選挙の日より前に定年退官する場合には，最高裁判所裁判官としての実績について国民審査を受ける機会が失われることから，その裁判官の定年は任命後最初の衆議院議員総選挙の日まで延長される。

4　最高裁判所裁判官の国民審査制度の性質については，最高裁判所はその実質において解職（リコール）の制度であると判示しているが，1949年に最初の国民審査が実施されて以降，国民審査によって罷免された裁判官はいない。

5　我が国の裁判官の国民審査制度は，日本国憲法制定の際に，アメリカ合衆国のいくつかの州で行われていた制度にならって定められたとされており，これと同様の制度は，現在では欧州の多くの国々で採用されている。

解説

1．最高裁判所裁判官は，任命後に初めて行われる衆議院議員総選挙の際に国民審査を受け，その後10年を経過した後初めて行われる衆議院議員総選挙の際さらに審査を受け，その後も同様とする（憲法79条２項）。

2．国民審査の方式は，投票用紙に記載された裁判官の氏名の上の欄に，罷免を可とする者には×を記入し，罷免を可としない者には無記入とすることとされている（最高裁判所裁判官国民審査法14条，15条）。

3．最高裁判所裁判官が，任命されてから最初の衆議院議員総選挙の日より前に定年退官する場合には，その裁判官についての審査は行わない（最高裁判所裁判官国民審査法11条１項）。

4．最も妥当である。前半の判例（最大判昭27・２・20）も，後半の事実も正しい。

5．アメリカのミズーリ州など若干の州で行われていた制度にならって定められたが，これと同様の制度は，現在，欧州の多くの国々で採用されてはいない。

正答　4

No. 438　政治　世界の民族紛争　平成22年度

世界の民族紛争に関する記述A，B，Cのうち，妥当なもののみをすべて挙げているのはどれか。

A：トルコ，イラク，イランの国境地帯に居住する民族に，イラン系イスラム教徒のアルメニア人がいる。「国家をもたない民族」と呼ばれており，各国で分離独立運動を展開している。特にトルコ南東部ではイラク国内に拠点を持つ武装勢力による運動が激化している。

B：1993年のオスロ合意によりガザ・西岸両地区で自治を行うパレスチナ暫定自治政府が設立されたが，両地区の情勢は一様ではない。西岸地区はイスラム原理主義組織ハマスの暫定自治政府が統治する地域でイスラエルとの平和交渉が進められているが，ガザ地区はPLO（パレスチナ解放機構）ファタハの実効支配地域でイスラエルとの間で抗争が続いている。

C：グルジアの南オセチア自治州は，住民の多くはオセット人で，グルジアからの分離独立を求めていた。2008年にグルジアと南オセチアの間で軍事衝突が発生すると，ロシアが介入して大規模な紛争に発展した。EUの仲介により停戦したが，ロシアは南オセチアの独立を承認した。

1　A
2　A，B
3　B
4　B，C
5　C

解説

A：誤り。本枝の説明はアルメニア人ではなく，クルド人についてのものである。クルド人は，かつてのオスマン帝国（オスマントルコ）の領内に広く居住していたが，第一次世界大戦で同国が敗北し，解体されるとともに，民族を引き裂く形で国境線が引かれ，トルコ，イラク，イランなどの諸国で少数民族として生活することを余儀なくされた。なお，アルメニア人はアルメニア共和国の主要民族で，その大半はキリスト教徒である。

B：誤り。西岸地区ではPLO（パレスチナ解放機構）の穏健派であるファタハを中心とした暫定自治政府が統治を続けており，イスラエルとの平和交渉が進められている。これに対して，ガザ地区ではイスラム原理主義組織ハマスが実効支配を行っており，イスラエルにミサイル攻撃を仕掛けるなど，イスラエルとの抗争が続いている。イスラエルやアメリカはハマスに経済制裁を加えているが，紛争解決の糸口は見いだされていない。

C：正しい。2008年，南オセチア自治州およびアブハジア自治共和国のグルジア（同国からの要請により，2015年に英語名の「ジョージア」に呼称変更）からの独立をめぐり，グルジアとロシアは戦火を交えたが，まもなく和平合意に至った。その後，ロシアは両地域の独立を承認したものの，わが国を含む大半の国はこれを承認していない。

以上より，**5**が正しい。

正答　5

国家Ⅱ種

No. 439 教養試験

政治　日本国憲法の財政の条項　平成22年度

日本国憲法の財政の条項に関する記述として最も妥当なのはどれか。

1　国会の議決を経ない財政の処理を禁じており，内閣の責任で支出する予算の費目を認めていない。そのため，災害の発生など予見し難い事情が生じた場合には，内閣は予備費の支出について事前に国会の承諾を得なければならない。

2　新たに租税を課し，又は現行の租税を変更するには，法律又は法律の定める条件によることと定めており，いわゆる租税法律主義が採られている。

3　予算の作成には三権分立主義の原則が適用されており，行政機関の業務遂行に供される予算は内閣が，また，国会及び裁判所の業務遂行に供される予算はそれぞれの機関がその責任において作成し，個別に国会での議決を経ることになっている。

4　公金その他の公的財産を公の支配に属しない慈善，教育若しくは博愛の事業のために支出することを禁じている。そのため，私立の大学などの教育機関や福祉事業法人などの事業を補助する目的で，国の予算から助成金を支出することはできない。

5　国の収入支出の決算に対する会計検査院の監督責任を定めており，会計検査院が国の収入支出の決算を毎年検査し，この検査の結果を国会に提出するとともに，国民に対して，国の財政状況を報告するものとされている。

解説

1．憲法87条１項は，「予見し難い予算の不足に充てるため，国会の議決に基づいて予備費を設け，内閣の責任でこれを支出することができる」と定め，同２項は「すべて予備費の支出については，内閣は，事後に国会の承諾を得なければならない」と定めている。したがって，災害などの予見し難い事情が生じた場合には，内閣は事前に国会の承諾を得ることなく，予備費を支出することができる。

2．妥当である。「あらたに租税を課し，又は現行の租税を変更するには，法律又は法律の定める条件によることを必要とする」（憲法84条）。

3．憲法86条は，「内閣は，毎会計年度の予算を作成し，国会に提出して，その審議を受け議決を経なければならない」と定めている。ここにいう予算には，行政機関の業務遂行に供されるものだけでなく，国会および裁判所の業務遂行に供されるものも含まれるため，内閣以外の機関が予算を作成し，国会に提出することはない。

4．憲法89条は，「公金その他の公の財産は，宗教上の組織若しくは団体の使用，便益若しくは維持のため，又は公の支配に属しない慈善，教育若しくは博愛の事業に対し，これを支出し，又はその利用に供してはならない」と定めている。このうち「公の支配に属しない慈善，教育若しくは博愛の事業」とは，国や地方公共団体から通常の規制や監督すら加えられていない事業と解釈されている。したがって，私立の大学などの教育機関や福祉事業法人などの事業はこれに該当せず，国の予算から助成金を支出することも認められる。

5．憲法90条１項は，「国の収入支出の決算は，すべて会計検査院がこれを検査し，内閣は，次の年度に，その検査報告とともに，これを国会に提出しなければならない」と定めている。また，同91条は，「内閣は，国会及び国民に対し，定期に，少くとも毎年一回，国の財政状況について報告しなければならない」と定めている。したがって，国の収入支出の決算を検査するのは会計検査院の役割であるが，国民に対して国の財政状況を報告するのは内閣の役割である。

正答　2

国家Ⅱ種

教養試験

No. 440 政治 国際連合 平成21年度

国際連合（国連）に関する記述として最も妥当なのはどれか。

1 国連は，1945年に，我が国をはじめアメリカ合衆国，英国，中華人民共和国，ソビエト連邦など51か国を原加盟国として成立した。その後，加盟国の数は増え続け，2008年末現在では，世界の独立国の約半数が加盟している。

2 国連では総会における表決方法として多数決制を採用している。総会では，加盟国の地理的・歴史的事情に配慮する観点から，各国に面積や人口に比例して投票権を割り当て，安全保障理事会の常任理事国には，特に拒否権を認めている。

3 国連は，第二次世界大戦の惨禍を繰り返さないため，国連憲章において，自衛の場合を含め，加盟国による武力行使を全面的に禁止しており，これに違反した国に対する制裁も外交的・経済的制裁のような非軍事的行動に限定している。

4 国連は，数多くの紛争地域において，平和維持活動（PKO）を行って成果を挙げてきた。平和維持活動には，停戦が守られているかどうかを監視する停戦監視団の活動などがあるが，その実施に当たっては，原則として紛争当事国の同意が必要とされている。

5 国連を取り巻く政治的環境の変化に対応して，近年，国連の改革が進められている。2008年には，第二次世界大戦中に連合国の敵であった国々に関する条項が廃止されたほか，安全保障理事会の常任理事国が５か国から10か国に拡大された。

解説

1．国連の原加盟国となった51か国は，いずれも第二次世界大戦の戦勝国であり，わが国はこれに含まれていない。わが国の国連加盟は，1956年の日ソ共同宣言で日ソ間の国交が正常化したことを期に，ようやく実現した。また，2008年末現在の国連加盟国数は192か国（2019年３月現在193か国）であり，世界の独立国の大半は国連に加盟している。

2．国連総会においては，１国１票の多数決制が採用されている。これは，面積や人口とは関係なく，すべての主権国家は対等に扱われるべきだという考え方に基づくものである。また，安全保障理事会の常任理事国がもつ拒否権は，同理事会での決議に際して認められるものであり，総会での決議に際して認められることはない。

3．国連憲章においては，自衛の場合を除き，加盟国による武力行使が全面的に禁止されている。また，これに違反した国に対する制裁は，外交的・経済的制裁のような非軍事的行動に限定されているわけではなく，軍事的行動も含むとされている。

4．妥当である。国連の平和維持活動（PKO）は，停戦が成立している地域において，紛争当事国の同意を得たうえで展開されている。その役割は，兵力の引き離し，復興支援，行政活動や警察活動の肩代わりなど，多様なものである。

5．国連憲章には，いわゆる旧敵国条項，すなわち第二次世界大戦中に連合国の敵であった国々に対して，国連加盟国が軍事行動をとることを無条件に認める条項が設けられている。この条項はすでに意味を失っていることから，1995年の国連総会で削除が決議されているが，現在でも実際に削除されるには至っていない。また，安全保障理事会の常任理事国数の拡大も重要な争点とされているが，各国の利害が対立していることもあって，現在に至るまで拡大は実現していない。

正答 4

国家Ⅱ種

教養試験

No. 441 政治 地方自治 平成21年度

地方自治に関する記述として最も妥当なのはどれか。

1 地方公共団体の長は，その地方公共団体の住民の直接選挙によって選出することとされているが，条例に特別の定めがあれば，その地方公共団体の議員による選挙によって選出することができる。

2 地方公共団体は，地域における事務に関し条例を制定することができるが，刑罰は必ず法律で定めなければならないことが憲法で定められているため，罰則を条例で定めることはできない。

3 特定の地方公共団体のみに適用される特別法は，その地方公共団体の議会において過半数の同意を得なければ，国会はこれを制定することができないとされている。

4 都道府県及び市町村の事務は，地方自治法上，公共事務，機関委任事務及び行政事務から成る自治事務と，法律によって地方公共団体が受託している法定受託事務に分けられる。

5 都道府県及び市町村の事務の処理に関して国が関与を及ぼす場合には，法律又はこれに基づく政令の根拠が必要である。

解説

1. 地方公共団体の長の直接公選制は，憲法93条2項に規定されている。したがって，条例に特別の定めを設け，これを議員による選挙に改めることは憲法違反となる。

2. 法律のみならず，条例でも罰則を定めることができる。条例による罰則は，法律による刑罰を定めた憲法上の規定との関係で問題となるが，地方自治法14条3項がこれを認めているほか，学説もこれを合憲と解している。

3. 特定の地方公共団体のみに適用される特別法は，その地方公共団体の住民投票において過半数の同意を得なければ，国家はこれを制定することができない（憲法95条)。すなわち，地方議会が同意を与えるわけではない。

4. 都道府県および市町村の事務は，地方自治法上，自治事務と法定受託事務に分けられる。公共事務および機関委任事務は，1999年改正前の地方自治法において設けられていた類型であり，現在は存在しない。

5. 妥当である。自治体の事務への国の関与については法定主義がとられており，法律等の根拠を欠く関与は認められない。その他，国の関与は必要最小限でなければならないこと，法律で定められた基本類型（是正の要求，協議，助言・勧告など）以外の関与は認められないこと，なども定められている。

正答 5

国家Ⅱ種

No. 442 教養試験 政治 日本の内閣制度 平成21年度

我が国の内閣制度に関する記述として最も妥当なのはどれか。

1 議院内閣制を採用しているため，内閣総理大臣は国務大臣の過半数以上を衆議院議員の中から任命しなければならない。また，国務大臣を衆議院議員以外から選任した場合には，その者の任命について衆議院での承認を必要とする。

2 責任内閣制を採用しており，法律の執行に関しては，内閣が国会に対し連帯して責任を負う。他方，法律の制定に関しては，三権分立の原則に基づき国会が唯一の立法機関とされているため，内閣が閣議決定した法律案は，与党の衆議院議員によって発議される。

3 内閣は予算を作成して国会に提出できるが，国の財政を処理する権限は国会の議決に基づいて行使しなければならない。また，内閣は外交関係を処理し，条約を締結することができるが，条約締結については，事前に，時宜によっては事後に，国会の承認を必要とする。

4 内閣は，最高裁判所長官を指名し，その他の裁判官を任命することができる。裁判官に罷免に相当する著しい職務義務違反や非行が認められた場合には，内閣は，すみやかに国会に対し弾劾裁判所の設置を求め，その裁判官を訴追しなければならない。

5 内閣は，大赦，特赦，減刑，刑の執行の免除及び復権を決定することができる。これらの執行は，三権分立の原則の下で司法が決定した判断を行政が変更する結果となるため，国権の最高機関である国会の承認を必要とする。

解説

1．議院内閣制を採用しているため，内閣総理大臣は国務大臣の過半数以上を「国会議員」の中から任命しなければならない（憲法68条１項）。衆議院議員の中から，という規定はない。

2．前半は正しい（憲法66条３項，41条後段）が，後半が誤り。内閣が閣議決定した法律案は，「内閣」によって発議される（憲法72条，内閣法５条）。

3．最も妥当である（前半につき憲法73条５号，86条，83条，後半につき73条３号）。

4．前半は正しい（憲法６条２項，79条１項）が，後半が誤り。弾劾裁判所の設置は国会の権能であって，内閣の求めに応じて設置されるわけではない（憲法64条１項）。

5．前半は正しい（憲法73条７号）が，後半が誤り。恩赦の決定に，国会の承認は不要である。

正答 3

思想
日本史
世界史
地理
政治・法律
経済

国家一般職［大卒］ No. 443 教養試験

経済　日本の経済・財政事情　令和元年度

我が国の2000年以降の経済・財政事情に関する記述として最も妥当なのはどれか。

1　我が国では，人口が2005年に戦後初めて減少に転じた。一方で，完全失業率は，2008年のリーマン・ショック後に高度経済成長期以降初めて７％を超えた。また，派遣労働者を含む非正規雇用者の全雇用者に占める割合は一貫して増加しており，2016年には50％を超えた。

2　中小企業基本法によると，中小企業の定義は業種によって異なるが，小売業では，常時使用する従業員の数が50人以下の企業は中小企業に分類される。2014年には，我が国の中小企業は，企業数では全企業の90％以上を，従業員数では全企業の従業員数の50％以上を占めている。

3　国内で一定期間内に新たに生み出された価値の合計額をGDPといい，GNPに市場で取引されない余暇や家事労働などを反映させたものである。また，経済成長率は一般に，GDPの名目成長率で表され，2010年以降におけるGDPの名目成長率は２％台で推移している。

4　我が国では，国民皆保険・国民皆年金が実現しており，2015年度には国民所得に対する租税・社会保障負担の割合は50％を超え，OECD諸国内でも最も高い水準にある。また，我が国の歳出に占める社会保障関係費の割合も年々高まっており，2015年度には50％を超えた。

5　我が国では，財政法により，社会保障費などを賄う特例国債（赤字国債）を除き，原則として国債の発行が禁止されている。我が国の歳入に占める国債発行額の割合は一貫して高まっており，政府長期債務残高は2017年度には対GDP比で３倍を超えた。

解説

1．日本の人口は2008年をピークにして減少に転じた。また，高度経済成長期以降において，完全失業率は７％を超えたことがなく，2002年の5.4％が最高で，2008年は4.0％，2009年は5.1％であった。さらに，非正規雇用者の全雇用者に占める割合は，2014年以降37％台で高止まりしている。

2．妥当である。

3．GDPの定義は正しいが，市場取引きされない余暇や家事労働などはGDPにも反映されておらず，GNPから海外からの純所得を差し引いたものがGDPである。また，経済成長率は一般にGDPの名目成長率ではなく，実質成長率で表される。さらに，2010年以降において名目GDP成長率が２％台以上となったのは，2010年（2.2％），2014年（2.1％）および2015年（3.5％）だけである。ちなみに，2010年以降の実質GDP成長率はすべて２％未満である。

4．2015年度の国民所得に対する租税・社会保障負担の割合，すなわち国民負担率は42.6％であり，50％を超えていない。また，この水準はOECD諸国内でも低い水準である。さらに，日本の歳出に占める社会保障関係費の割合は年々高まっているが，50％を超えていない。

5．財政法は，公共事業費，出資金および貸付金の財源に充てる「建設国債」を除き，原則として国債の発行を禁じているが，特例国債は財政法によらず，特例法によって発行される。また，2009年度以降の日本の歳入に占める国債発行額の割合（決算）の推移を見ると，2012年度と2016年度を除いて前年度比減となっている。さらに，2017年度の政府長期債務残高は対GDP比で３倍を超えておらず，実績見込みで，国の長期債務残高は対GDP比157％，国と地方の長期債務残高は対GDP比187％となっている。

正答　2

参考資料：『平成30年度版 経済財政白書』『債務リポート2018』「日本の財政関係資料」（財務省）

国家一般職
[大卒]
No.
444
教養試験

経済　第二次世界大戦以降の日本経済　平成30年度

第二次世界大戦以降の我が国の経済に関する記述として最も妥当なのはどれか。

1　連合国軍最高司令官総司令部（GHQ）が行った農地改革では，自作農を抑制し，地主・小作関係に基づく寄生地主制が採られた。一方，労働改革については民主化が期待されていたが，財閥の反対により労働基準法を含む労働三法の制定は1950年代初めまで行われなかった。

2　経済復興のために傾斜生産方式が採用された結果，通貨量の増加によるインフレーションが生じた。GHQは，シャウプ勧告に基づき間接税を中心に据える税制改革等を行ったものの，インフレーションは収束せず，朝鮮戦争後も我が国の経済は不況から脱出することができなかった。

3　我が国は，1955年頃から，神武景気，岩戸景気等の好景気を経験したが，輸入の増加による国際収支の悪化が景気持続の障壁となっており，これは国際収支の天井と呼ばれた。また，高度経済成長期の1960年代半ばに，我が国は経済協力開発機構（OECD）に加盟した。

4　1973年の第１次石油危機は我が国の経済に不況をもたらしたため，翌年には経済成長率が戦後初めてマイナスとなった。また，第２次石油危機に際しても省エネルギー技術の開発が進まず，国際競争力で後れを取ったため，貿易赤字が大幅に拡大していった。

5　1980年代末のバブル景気の後，1990年代には，政府の地価抑制政策などをきっかけに，長期にわたり資産価格や消費者物価の大幅な上昇が見られるとともに，景気の停滞に見舞われた。1990年代の企業は，金融機関からの融資条件の緩和を背景に積極的に人材雇用を行ったため，失業率は低下傾向で推移した。

解説

1. 農地改革では，地主・小作関係に基づく寄生地主制を解体し，自作農の存立が促された。また，労働三法とは労働基準法（1947年），労働組合法（1945年），労働関係調整法（1946年）のことであり，いずれも1940年代に制定された。

2. 傾斜生産方式の採用により，過剰な資金投入が行われてインフレーションが生じた。また，インフレーション抑制のために採られたのはシャウプ勧告に基づく税制改革ではなく，財政・金融政策の引締めを図るドッジ・ラインである。このドッジ・ラインでインフレーションは収まったが，日本は安定不況に陥った。さらに，朝鮮戦争勃発により，いわゆる朝鮮特需で日本は好景気を迎えることになった。

3. 妥当である。ちなみに，日本が経済協力開発機構（OECD）に加盟したのは1964年である。

4. 前半の記述は正しい。第２次石油危機によって日本の貿易収支の黒字幅は急減したが，省エネルギー技術の開発が進み，国際競争力がついたため，1981年には黒字幅は急増した。

5. 1990年代には，長期にわたり資産価格や消費者物価の大幅な下落が見られた。また，1990年代の企業は，金融機関の貸し渋りや貸し剥がしなどもあって雇用を悪化させ，わが国の失業率は上昇（1990年2.1%→2000年4.7%）した。

正答　3

国家一般職［大卒］ 教養試験

No. 445 経済 財政やその機能 平成29年度

財政やその機能に関する記述として最も妥当なのはどれか。

1 財政とは，国が単独で行う経済活動をいい，その機能には，資源配分，所得再分配，景気調整，金融調節，為替介入の五つがある。例えば，景気を立て直そうとする場合に，景気調整と資源配分を組み合わせた財政政策が行われるが，これをポリシー・ミックスという。

2 資源配分機能とは，電気，ガスなどの純粋公共財や，交通機関，通信回線などの公共サービスを政府が財政資金を用いて供給することをいう。例えば，政府は，電力会社や鉄道会社などに対して補助金を交付することで，全国一律の料金で同等のサービスが受けられるようにしている。

3 所得再分配機能とは，資本主義経済では所得格差が発生するため，税制度や社会保障制度を通じて所得の均一化を図ることをいう。例えば，所得の多い人ほど一般に消費性向が高く，消費税による税負担の割合が重くなるという累進課税がこの機能の一つである。

4 自動安定化装置（ビルト・イン・スタビライザー）とは，自動的に税収が増減したり，社会保障費が増減したりする機能である。例えば，景気の拡大期には，所得の増加に伴って個人消費が伸び，消費税による税収が増えることで積極的な財政政策を行わせ，景気を更に拡大させる。

5 裁量的財政政策（フィスカル・ポリシー）とは，政府が公共支出や課税の増減を行うことで，有効需要を適切に保ち，景気循環の振幅を小さくして経済を安定させる政策である。例えば，不景気のときには，減税をしたり国債の発行によって公共事業を増やしたりする。

解説

1. 財政とは政府の経済活動の収支のことであり，国が単独で行う経済活動に限定されていない。財政の機能には，資源配分，所得再分配および経済の安定化の３つがある。ポリシーミックスとは，複数の機能を組み合わせた政策ではなく，複数の政策を組み合わせて実施することである。

2. 電気やガスは純粋公共財（集団的に供給され，ある個人が利用するときに他の個人の利用を排除することが困難という「排除不可能性」，およびある主体の利用する財・サービスの量が他の主体の利用量に影響を与えず，ある主体への財・サービスの量を増やしても他の主体への量を減らすこともないという「非競合性」の２つの性質を満たす財）ではない。また，電力会社や鉄道会社などに対して補助金が交付され，全国一律の料金で同等のサービスが受けられるようにはなっていない。

3. 資本主義経済だからといって所得格差が発生するとは限らない。一般に，所得が多い人ほど消費性向は低く，消費税による税負担の割合は軽くなる（逆進性）。ちなみに，所得再分配機能としては，所得税などへの累進税率の適用や資産課税などがある。

4. 自動安定化装置（ビルトイン・スタビライザー）とは，景気の拡大期には，所得の増加に伴って所得税税収が増えたり，消費税税収が増えたりして，個人消費などの総需要の伸びを抑制し，景気の拡大を抑制する機能である。

5. 妥当である。ちなみに，裁量的財政政策（フィスカル・ポリシー）は経済の安定化機能を果たすために実施される。

正答 5

国家一般職［大卒］ No.446 教養試験

経済　為替　平成28年度

為替に関する記述として最も妥当なのはどれか。

1　外国通貨と自国通貨の交換比率のことを外国為替相場，銀行間で外貨取引を行う市場を外国為替市場という。外国為替相場は米国と各国の中央銀行間で決定されており，基軸通貨である米ドルと各国の通貨との交換比率が「１ドル＝100円」のように表される。

2　第二次世界大戦後，外国為替相場の安定と自由貿易の促進を目的としたブレトン=ウッズ体制の下で固定為替相場制の体制が成立した。我が国が国際貿易に復帰する時には，「１ドル＝360円」の相場であった。

3　1973年に先進国間でプラザ合意が成立し，我が国も変動為替相場制へ移行することとなった。経済成長とともに我が国の貿易黒字が拡大し，日米間での貿易摩擦に発展した。そのため，円高・ドル安の傾向が強まり，1985年には「１ドル＝80円」に達した。

4　貿易での決済がドルで行われる場合，円高・ドル安になると我が国の輸入は増加し，円安・ドル高になると我が国の輸出が増加する。為替相場を誘導することは貿易問題を引き起こしやすいことから，国家による為替介入は，変動為替相場制の下では禁止されている。

5　為替相場の変動によって生じる利益のことを為替差益といい，例えば日本円を「１ドル＝100円」の相場で全てドルに交換し，その相場が円高・ドル安に進んだ後，全て日本円に交換すると，利益が出ることになる。

解説

1．外国為替市場とは異なる通貨を交換（売買）する場のことであり，そこで行われる取引には，個人や企業が金融機関と行う取引（対顧客取引）と金融機関同士が直接または外為ブローカーを通じて行う取引（インターバンク取引）がある。また，外国為替相場とは，外国為替市場において異なる通貨が交換される際の交換比率のことであり，外国通貨と自国通貨の交換比率に限定されない。さらに，変動為替相場制の下での外国為替相場は外国為替市場での需要と供給のバランスによって決まるものであって，アメリカと各国の中央銀行間で決定されるものではなく，米ドルとの交換比率で表されるとは限らない。

2．妥当である。

3．プラザ合意は1985年のことである。1971年のドルと金の兌換停止（ニクソン・ショック）を受けて，日本を含む主要国は変動為替相場制へ移行し，1976年のキングストン合意で金の廃貨が決まった。また，1985年のプラザ合意は，1980年代前半のレーガン政権下で顕在化した「双子の赤字」を背景にして進んだドル高を是正するための合意であり，1985年の為替レートは「1ドル＝238.05円」であった。

4．前半の記述は妥当である。変動為替相場制において，国家による為替介入（正式名称：外国為替平衡操作）は禁止されていない。ちなみに，日本では，為替介入は財務大臣の権限において実施されることとなっており，実施の時期，タイミング，金額等の決定は財務大臣が行っている。なお，日本銀行は，外国為替資金特別会計法と日本銀行法に基づいて，財務大臣の代理人として，財務大臣の指示に基づいて為替介入の実務を遂行している。

5．前半の記述は妥当である。円高・ドル安とは「1ドル＝100円」から「1ドル＝90円」というように，1ドルを買うのに必要な「円」が少なくなる，あるいは1ドルで得られる「円」が少なくなる現象をいう。したがって，1ドルを100円で買い，「1ドル＝90円」の円高・ドル安になって「円」を買い戻すと，手元には90円しか戻らず，10円の損失を被る。この例のように，為替相場の変動によって生じる損失のことを「為替差損」という。

参考資料：『平成27年版　経済財政白書』

正答　2

国家一般職［大卒］
教養試験
No. 447 経済 経済主体と経済の循環 平成27年度

経済主体と経済の循環に関する記述として最も妥当なのはどれか。

1 家計は，消費を行う主体であり，財・サービスを企業や政府に提供し，その見返りとして賃金や利子を得る。企業等から得た賃金を所得といい，税・社会保険料を支払って残った中から消費支出を行う。貯蓄は消費支出に含まれ，投資とは区別される。

2 企業は，生産を行う主体であり，機械設備と原材料費の二つの固定資本をもとに商品を作り，他の企業や家計，政府に販売して利潤を得る。生産活動を行うに当たって，自己資本のみでは不足する場合等には，株式を発行するなどして，他人資本による資金を調達する場合も多い。

3 政府は，一国の経済活動全体を調整する主体であり，財政・金融政策を実施する政府機関として，日本銀行がある。日本銀行は通貨供給量を適切に管理する役割があり，日本銀行が保有している通貨をマネーストック，企業や家計に流通している通貨をマネーサプライという。

4 資金が不足している経済主体と，資金に余裕がある経済主体との間で，資金を融通し合うことを金融という。貯蓄された資金は，銀行預金や株式などを通じて企業の投資資金となり，また，公債を通じて政府の財源の一部ともなる。

5 金融機関は，経済主体間の資金を取り次ぐ役割を担っている。銀行が預金に現金と同等の機能を持たせ，現金のやり取りを介さずに決済業務や為替業務を行うことを信用創造といい，これにより海外との商取引も可能となっている。

解説

1. 家計は，労働や資本を企業や政府に提供し，その見返りとして賃金や利子を得る。また，家計は，賃金や利子などの形で得た所得から税や社会保険料を除いた可処分所得を消費支出と貯蓄に振り分けて使う。よって，貯蓄は消費支出には含まれない。

※所得＝税・社会保険料＋$\underbrace{\text{消費支出＋貯蓄}}_{\text{可処分所得}}$

2. 原材料費は資本の分類でなく，費用の分類である。ちなみに，原材料費は生産量に応じて変化する「可変費用」であり，原材料は1回の生産過程でその価値全体が生産物に移転する「流動資本」である。また，株式は返済の義務がない自己資本であり，他人資本の例として社債がある。

3. 日本銀行は認可法人であり，政府機関でない。また，日本銀行は財政政策を実施しない。マネーストックは従来マネーサプライと呼ばれていたもので，金融部門から経済全体に供給されている通貨の総量のことである。ゆうちょ銀行が国内銀行として取り扱われることになったことや金融商品が多様化したことを背景に，日本銀行は，金融部門や金融商品の範囲を見直す際に，名称をマネーサプライからマネーストックへ変更した。

4. 妥当である。

5. 信用創造とは，銀行に預けられた預金の一部は貸し出され，その貸し出された現金が再び銀行預金となり，新たなこの預金の一部がまた貸し出されるといった一連の動きによって，市中に出回る通貨の量が増える仕組みのことである。

正答 4

国家一般職［大卒］ No. 448 教養試験

経済 国民所得や景気変動 平成26年度

国民所得や景気変動に関する記述として最も妥当なのはどれか。

1 GNP（国民総生産）は，GDP（国内総生産）より海外からの純所得（海外から送金される所得－海外へ送金される所得）を控除することで得られる。GNP と GDP を比較すると，GNP は GDP より必ず小さくなる。

2 名目 GDP の増加率である名目成長率から，物価上昇率を差し引くと，実質 GDP の増加率である実質成長率が求められる。また，我が国の場合，第二次世界大戦後から2013年までに，消費者物価上昇率（前年比）が7.5％を上回ったことはない。

3 NI（国民所得）は，生産，支出，分配の三つの流れから捉えることが可能である。また，生産国民所得から支出国民所得を差し引いた大きさと分配国民所得の大きさが等しいという関係が成り立つ。

4 景気が好況時に継続的に物価が上昇することをスタグフレーションという。我が国の場合，デフレーションと不況が悪循環となるデフレスパイラルの現象が見られたことはあるが，スタグフレーションの現象が第二次世界大戦後から2013年までに見られたことはない。

5 景気の波のうち，在庫調整に伴って生じる周期３年から４年ほどの短期の波を，キチンの波という。一方，大きな技術革新などによって生じる周期50年前後の長期の波を，コンドラチェフの波という。

解説

1．GNP（国民総生産）は，GDP（国内総生産）に海外からの純所得（海外から送金される所得－海外へ送金される所得）を合算することで得られる。また，GNP が GDP より小さくなるとは限らない。

2．第二次世界大戦以降の日本の消費者物価上昇率（前年比）を見ると，オイルショック期などに前年比 7.5％を上回ったことがある。

3．生産，支出，分配のいずれの面から見ても一致する。これを三面等価の原則という。

4．スタグフレーションとは，不況・景気停滞と継続的な物価上昇が併存する状態である。また，日本はオイルショック期にスタグフレーションに陥ったことがある。

5．妥当である。ちなみに，キチンの波やコンドラチェフの波のほかに，設備投資に伴って生じる周期 10 年程度のジュグラーの波や建設に伴って生じる周期 20 年程度のクズネッツの波がある。

参考資料：『平成25年版 経済財政白書』

正答 5

思想 日本史 世界史 地理 政治・法律 経済

国家一般職[大卒] 教養試験 〈改題〉

No. 449 経済 わが国のODA 平成25年度

我が国の政府開発援助（ODA）に関する記述として最も妥当なのはどれか。

1 ODAには，開発途上国を直接支援する二国間援助と，間接支援する多国間援助がある。我が国の2018年のODA実績（支出純額）の内訳をみると，多国間援助が二国間援助よりも多い。

2 二国間援助は，開発途上国に対して無償で提供される「贈与」と，将来，開発途上国が返済することを前提としている「政府貸付」に大別することができる。我が国の2018年の二国間援助（支出純額）の内訳をみると，「贈与」が「政府貸付」よりも多い。

3 多国間援助には，国連児童基金（UNICEF）や世界保健機関（WHO）への拠出などがあるが，国際復興開発銀行（IBRD）やアジア開発銀行（ADB）などの経済成長や経済協力などを目的とする国際機関への拠出金は，多国間援助には含まれない。

4 我が国のODA実績（支出純額）は，2001年にアメリカ合衆国に抜かれ，世界第2位となったが，その後は2位を維持している。一方，ODAの国民一人当たりの負担額をみると，2018年においては世界第1位となっている。

5 我が国の二国間援助について，2018年の地域別実績（支出総額）をみると，依然として内戦や紛争，難民，干ばつによる飢餓，感染症のまん延など，発展を阻害する深刻な問題を抱える国が多いアフリカ地域が最も高く，全体の約6割を占めている。

解説

1．前半の記述は妥当である。日本の2018年のODA実績（支出純額）を見ると，多国間援助（39億6,538万ドル）は二国間援助（60億9,889万ドル）より少ない。

2．妥当である。ちなみに，日本の2018年の二国間援助（支出純額）を見ると，贈与は52億7,845万ドル，政府貸付等は8億2,044万ドルであった。

3．国際復興開発銀行（IBRD）やアジア開発銀行（ADB）などの国際機関への拠出金も多国間援助に含まれる。

4．日本のODA実績（支出純額）は1991～2000年は世界第1位であったが，2001年以降次第に順位を下げ，2018年はアメリカ，ドイツ，イギリス，フランスに次ぐ第5位であった。また，2018年のDAC諸国におけるODAの国民一人当たりの負担額を見ると，第1位はノルウェー（798.8ドル）であり，日本（112.0ドル）は第18位であった。

5．日本の二国間援助について，2018年の地域別実績（支出総額）の内訳を見ると，第1位はアジアであった。ちなみに，アジア56.5%，中東・北アフリカ12.7%，サブサハラ・アフリカ10.0%，中南米3.4%，大洋州1.6%，欧州0.6%，複数地域にまたがる援助等15.2%である。

参考：『2019年版　開発協力白書 日本の国際協力』

正答　2

思想 日本史 世界史 地理 政治・法律 経済

国家一般職［大卒］

No. 450

教養試験

経済　第二次世界大戦後の日本経済史　平成24年度

第二次世界大戦後の我が国の経済史に関する記述として最も妥当なのはどれか。

1　1960年代を通して，個人消費や設備投資などの内需が低迷したことから，我が国の企業は需要を海外に求めて輸出を伸ばした。その結果，大幅な貿易黒字が発生し，自動車や半導体をめぐる貿易摩擦が欧米諸国との間で深刻化した。

2　1970年代前半に策定された「国民所得倍増計画」では，完全雇用を維持しつつ，10年間に実質国民所得を２倍にするという目標が設定された。このため，我が国の経済は，景気過熱とインフレーションが共存する「スタグフレーション」に直面した。

3　1980年代前半のニクソンショックにより円安ドル高が進展し，民間設備投資ブームが生じたため，景気拡張の期間が57か月に及ぶ大型景気が到来した。この景気は巨額の税収をもたらしたことから，1980年代半ばには，赤字国債の残高はゼロになった。

4　1980年代後半には，低金利政策などによって生じた余剰資金が，株式や土地購入などへの投機に向かったため，株価や不動産価格などの資産価格は高騰した。一方，この時期，卸売物価，消費者物価は，資産価格のような大きな変化はなかった。

5　1990年代初頭，政府は我が国の経済を「ゆるやかなデフレにある」と認定し，デフレ脱却のための各種措置を講じた。その一環として実施された量的緩和政策は，積極的な財政支出により有効需要を刺激しようとするものであった。

解説

1．記述内容は，1980年代のことである。

2．「国民所得倍増計画」は1960年に策定された。この計画は「東洋の奇跡」とも言われる経済成長をもたらし，海外からも注目された。なお，スタグフレーションは，不況とインフレーションが共存する状態を示す造語である。

3．1970年から景気後退する中で，1971年にニクソンショックが起こり，日本の景気停滞感は強まった。また，景気拡張期間が57か月に及んだいざなぎ景気は，1965年から始まった。さらに，いざなぎ景気で公債依存度は低下したが，赤字国債の発行は1975年からであり，それ以後赤字国債残高がゼロになったことはない。

4．妥当である。

5．日本がデフレに入ったのは，1990年代後半からである。また，量的緩和政策とは，日本銀行が金融機関に潤沢な資金を供給することで，ゼロ金利政策と同等以上の金融緩和効果を実現しようとする政策である。2001年３月から実施され，2006年３月に解除された。

正答　4

国家Ⅱ種

No. 451 教養試験 経済 日本の経済事情 平成23年度

我が国の経済状況に関する記述として最も妥当なのはどれか。

1 我が国の名目 GDP は1990年代以降，ほぼ一貫して増大していたが，2009年には減少に転じている。これは2008年９月のリーマンショックにより，景気が後退局面に入ったことに伴うものである。

2 GDP に占める民間最終消費支出（個人消費）の割合は，長期的に緩やかな上昇傾向で推移し，2000年代初頭は４割弱の水準で安定していたが，2000年代後半の景気後退によって，当該割合は３割程度に低下した。

3 リーマンショック後における企業の生産活動の落ち込みは，2000年代初頭の IT バブル崩壊後の落ち込みには及ばないものの，それに次ぐものであった。企業の生産活動は2009年春頃に持ち直しに転じたが，1980年代以降の景気持ち直し局面と比較すると増加率が小さかった。

4 基礎的財政収支（プライマリーバランス）は，利払費を含む歳出を歳入でまかなえるかどうかを示すものである。国と地方を合わせた我が国の基礎的財政収支は2000年代初めまでは黒字であったが，その後は赤字に転じている。

5 雇用情勢が悪化するなかで，特に若年世代の雇用環境の悪化が目立った。2009年における15～24歳の失業率は全年齢の失業率よりも高く，また，大学の新規学卒者の就職率（４月１日現在）については，2009年，2010年とも前年を下回った。

解説

1．日本の名目 GDP の1990年代以降における推移を暦年ベースで見ると，1998～99，2001～02および2008～09年で前年比減となっている。日本経済は2007年10月をピークに後退局面に入り，2008年にマイナス成長に転じると，2008年９月のリーマンショック後，急速に悪化した。

2．GDP に占める民間最終消費支出（個人消費）の割合は，長期的には安定的ないし低下しても緩やかなものであった。2000年代初頭の同割合は６割程度であり，その後いくぶん低下したものの，2000年代後半には回復して再び６割程度となった。

3．リーマンショック後における企業の生産活動の落ち込みは，比較的大幅だった2000年代初頭の IT バブル崩壊後の落ち込みに比べても大きかった。また，2009年春ごろからの持ち直しの幅についても，1980年代以降の景気持ち直し局面と比較しても大きかった。

4．基礎的財政収支（プライマリーバランス）とは，「利払い費を除く歳出」を「借入および利子収入を除く歳入」で賄えるか否かを示すものである。また，国と地方を合わせた日本の基礎的財政収支は，1992年度以降赤字を続けている。

5．妥当である。

参考資料：『平成22年度版　経済財政白書』

正答　5

思想 日本史 世界史 地理 政治・法律 経済

国家Ⅱ種

No. 452 教養試験

経済　ヨーロッパの国々の経済事情　平成23年度

次のＡ～Ｄは，ヨーロッパの国々の経済事情に関する記述であるが，該当する国名の組合せとして最も妥当なのはどれか。

Ａ：近年，金融業が発達し，国民一人当たりの国民所得では，世界でも有数の高所得国となっていた。しかし，世界的な金融危機とともに投資資金の国外流出が始まり，2008年10月には信用不安の高まりを受けて国内の三大銀行が国有化された。

Ｂ：2009年，政権交代を受け成立した新政権は，前政権が財政赤字を過小評価していたことを公表，これにより，この国の財政への不安が拡大し，国債金利が急騰した。同国政府は2010年４月にIMF及びEU等に対して金融支援を要請し，３年間で1,100億ユーロの支援が決定された。

Ｃ：EU諸国のなかでは，住宅バブル崩壊の影響，世界的な金融危機によるマクロ経済への影響は比較的小さく抑えられてきたが，2009年にはマイナス成長となった。失業率は2009年を通じて上昇し，2010年はおおむね10％近傍で推移している。

Ｄ：住宅バブルの崩壊を受け，経済は急速に悪化し，失業率は2007年後半から上昇し，2010年半ばには20％を超えた。財政は2000年代半ばには財政黒字を実現していたが，2009年以降，景気刺激策と税収減によって急速に悪化している。

	A	B	C	D
1	アイスランド	ギリシャ	英　国	ドイツ
2	アイスランド	ギリシャ	フランス	スペイン
3	アイスランド	イタリア	英　国	スペイン
4	ポルトガル	ギリシャ	英　国	スペイン
5	ポルトガル	イタリア	フランス	ドイツ

解説

Ａ：アイスランドの国民１人当たりの名目国民所得は52,640米ドル（2007年度，同年度の日本は27,712米ドル）であり，世界でも有数の高所得国である。同国は，2008年10月に三大銀行（カウプシング，ランズバンキ，グリトニル）を国有化し，事実上，国内の全銀行を国有化した。

Ｂ：「ギリシャ債務問題」に関する記述である。

Ｃ：フランスに関する記述である。英国のマクロ経済は住宅バブル崩壊の影響，世界的な金融危機の影響を受けた。また英国の失業率は2009年６月まで上昇したが，その後横ばいになり，2010年は８％弱である。

Ｄ：失業率の推移においてドイツと対照的であったスペインに関する記述である。なお，ドイツの財政収支が2001年以後に黒字を示したのは2007年だけである。

よって，正答は**2**である。

参考資料：『世界の統計2010』『世界経済の潮流2009 Ⅰ』『世界経済の潮流2010 Ⅰ・Ⅱ』『通商白書2010』

正答　2

国家Ⅱ種

No. 453 教養試験 経済 国民経済計算 平成23年度

国の経済規模を表す指標に，国内総生産（GDP）や国民所得（NI）などがある。これらに関する記述として最も妥当なのはどれか。

1 国内総生産とは，１年間に国内で新たに生産した財やサービスの総額である。原材料や半製品などの中間生産物の価格は，二重・三重に計算されるため，産業が高度に発展した国ほど，最終生産額の何倍もの価値が生み出され，国内総生産として集計される。

2 国民総生産（GNP）は，自国の国籍を有する「国民」が国内で生み出した付加価値の合計であり，その国内で働く外国人や外資系企業が行った経済活動は含まれない。また，外国に滞在する自国民や，自国企業が外国で行った経済活動も含まれない。

3 国民所得は，国民純生産（NNP）から，政府からの補助金を差し引き，間接税を加えたものである。この理由は，消費税等の間接税は売上高に含まれるためこれを加えるが，補助金は，その分だけ価格を低めているので，これを除くものである。

4 一国経済の規模は，生産・分配・支出の三つの側面から捉えることができる。各産業により生み出される生産国民所得，賃金や利潤などの形で分配される分配国民所得，各経済主体により消費・投資される支出国民所得の三者は等しく，これを三面等価の原則という。

5 国内総生産は，ある一時点での生産量の大きさを示すストック量である。これに対して，国富とは，ある期間内において，国内で保有している建物・機械や土地・森林などの実物資産と，預貯金などの金融資産の合計を示すフロー量である。

解説

1. 記述は国内総生産ではなく，産出額に関するものである。国内総生産は，国内産出額から中間生産物の価値を差し引いたものであり，中間生産物の価値が二重・三重に算入されることはない。

2. 国民総生産は，自国に居住するもの（外為法の通達の居住者条件を満たす企業，一般政府，対家計民間非営利団体および個人）が生み出した付加価値の合計であるから，自国の国籍を有する必要はなく，彼らが外国で生み出した付加価値も含む。

3. 国民純生産は購入者価格で評価（市場価格表示）し，国民所得は生産のために必要とされる生産要素に対して支払った費用で評価（要素費用価格表示）する。よって，国民純生産から国民所得を求める場合，国民純生産から間接税（購入者価格に含まれるが生産要素の対価でない）を差し引き，補助金（購入者価格には含まれないが生産要素の対価である）を加える必要がある。

4. 妥当である。

5. 国内総生産は，ある一定期間内の生産量の大きさを示すフロー量である。また，国富は，ある一時点での資産の大きさを表すストック量である。さらに，国内での貸し借りになる預貯金等，国内分の金融資産は国富に含まれない。

正答 4

国家Ⅱ種

教養試験

No. 454 経済 日本の財政制度・財政事情 平成22年度

我が国の財政制度，財政事情に関する記述として最も妥当なのはどれか。

1 財政投融資とは，財投債の発行など国の信用等に基づいて調達した資金を財源として，政策的な必要性がありながら民間金融では困難な長期資金の供給や大規模・超長期プロジェクトの実施を可能とするための投融資活動である。平成13年度の財政投融資制度の改革以降，平成20年度まで財政投融資計画残高は減少し続けている。

2 我が国では国も地方公共団体も国債，地方債などを発行して多額の借金を負っており，平成20年度末の長期債務残高は国が約200兆円，地方が約600兆円となっている。国債は，建設国債と赤字国債に分類されるが，建設国債の発行は財政法上は認められていないので，これを発行するには個別の立法措置が必要となる。

3 国と地方公共団体の財政に関して，平成16～18年度の予算において行われた，いわゆる三位一体の改革では，地方の税源を国に移譲する一方，国庫補助負担金及び地方交付税交付金を増額した。これによって，国と地方公共団体の財政の一体性の強化が図られるとともに，国・地方全体の行財政のスリム化が進められた。

4 経済情勢の変化や政策の変更などにより，当初予算をそのまま執行することが不適切となった場合には，補正予算を組むことができるが，財政法により，補正予算は１年度に２回までとされている。また，年度開始までに本予算が成立しない場合には，暫定予算を組むことになるが，平成元年度以降に暫定予算が組まれたことはない。

5 我が国の財政制度は，企業会計制度に比べると，ストックとしての資産，負債に関する情報が不十分である点，発生主義に基づいた会計手法が採られているためキャッシュフローの把握が十分でない点が指摘されていた。これらの情報の開示に関しては，平成18年度以降，財務省が省庁別財務書類を作成しており，これは予算案の一部として国会の議決対象となっている。

解説

1．妥当である。

2．平成20年度末の長期債務残高の数値について，国と地方の額が逆である。財政法は建設国債の発行を認めている。赤字国債（特例国債）の発行については，個別の立法措置が必要である。

3．いわゆる三位一体の改革では，国から地方への税源移譲，国庫補助金負担金の廃止・縮減，地方交付税交付金の抑制などが実施され，国と地方公共団体の対等・協力の新しい関係が構築された。

4．財政法は補正予算の編成回数を制限しておらず，一年度に２回以上組まれることもある。また，平成元年度以降の暫定予算編成状況を見ると，平成元年度，平成２年度，平成３年度，平成４年度，平成６年度，平成８年度，平成10年度に編成された。

5．わが国の財政制度は発生主義に基づく会計手段をとっていないという問題点が指摘されていた。国の財務書類は平成15年度決算分から，各省庁が作成する省庁別財務書類は平成14年度決算分から，特別会計に関する財務書類は平成11年度分から作成・公表されている。また，特別会計財務書類については，平成19年度分から会計検査院の検査を経て国会に提出されている。

正答　1

参考資料：平成21年度版『図説　日本の財政』，財務省ウェブページ

国家Ⅱ種

教養試験

No. 455 経済 日本の経済動向 平成22年度

我が国の最近の経済動向に関する記述として最も妥当なのはどれか。

1 我が国の経済は，2008年後半に起こったリーマンショックを機に景気後退局面に入った。この景気後退局面に先立つ拡張局面は2005年から始まり，2006年度の実質 GDP 成長率は前年度比５％を超えていた。

2 我が国の経常収支の黒字についてみると，2002年度から増加を続けていたが，2007年末頃から貿易収支の減少により縮小傾向に転じた。リーマンショック後は，貿易収支が赤字に転じたことなどにより，2009年１月までさらに縮小傾向が続いた。

3 原油価格についてみると，2003年から上昇傾向であったが，2007年のサブプライム住宅ローン問題により商品市場から資金が流出したこと等から，2007年末をピークに下落に転じ，2009年半ばまで下落し続けた。

4 労働分配率についてみると，2002年以降，景気拡大にともなう雇用者報酬の増加により上昇していたが，2007年には，景気後退に伴う企業収益の減少により雇用者報酬も減少したことから，下降に転じた。

5 住宅着工戸数についてみると，改正建築基準法施行の影響及び住宅価格の低下により，2007年半ば以降，急速に増加していたが，リーマンショックを機に減少に転じ，2009年半ばまで減少傾向が続いた。

解説

1．2008年後半のリーマンショック後の急速な景気悪化に先立つ拡張局面は2002年から始まった。また，2006年度の実質GDP成長率は前年度比2.3％であった。

2．妥当である。

3．2003年から上昇傾向にあった原油価格は，サブプライム住宅ローン問題により株式市場から商品市場へ資金が流入したことなどで騰勢を強めたが，2008年夏頃から急落に転じ，2009年から緩やかに上昇した。

4．労働分配率は，2002年以降，景気拡大の中で雇用者報酬の伸びが抑制されたために下降していたが，2007年には景気後退に伴って企業収益が大幅に縮小する中で雇用者報酬の動きが小さかったため，上昇に転じた。

5．住宅着工戸数は，2007年夏から秋にかけて改正建築基準法施行の影響で大幅に減少した後，いったん持ち直した。しかし，景気後退の中で減少傾向は続き，特にリーマンショック後は再び減少し，そのテンポは早まった。

正答 2

参考資料：平成20年版，平成21年版『経済財政白書』

国家Ⅱ種 No. 456 教養試験 〈改題〉

経済　日本，中国，韓国の貿易と資本の動き　平成22年度

日本，中国，韓国の貿易，資本の動きに関する記述Ａ～Ｃのうち，妥当なもののみを挙げているのはどれか。

Ａ：2018年の中国の貿易額は，輸出額では世界第１位，輸入額では前年の世界第１位のアメリカ合衆国を抜いており，世界最大の貿易国となった。

Ｂ：2018年の主要相手国別輸出入額は，輸出額では，日本は中国，中国はアメリカ合衆国が最大の相手国で，韓国は中国が最大の相手国であった。輸入額では，日本は中国が最大の相手国で，中国はEUが最大の相手国であった。

Ｃ：2018年の貿易依存度は，輸出，輸入ともに，３国の間では韓国が最も大きく，次いで中国，日本の順になっている。なお，日本の貿易依存度は，輸出，輸入ともに20％未満であった。

1　Ａ
2　Ａ，Ｂ
3　Ａ，Ｃ
4　Ｂ
5　Ｂ，Ｃ

解説

Ａ：2018年の中国の輸出額は世界第１位，輸入額はアメリカに次ぐ世界第２位であった。ちなみに，2008年に中国の輸出額はドイツを抜いて世界第１位になった。

Ｂ：正しい。

Ｃ：正しい。

したがって，正しい組合せは**5**である。

正答　5

参考資料：『日本国勢図会2020／21』

思想
日本史
世界史
地理
政治・法律
経済

国家Ⅱ種 教養試験
No. 457

経済　日本銀行の金融政策　平成21年度

日本銀行の金融政策に関する記述として最も妥当なのはどれか。

1　金融政策により通貨量を調節して景気の変動を緩和し，物価の安定を図っている。しかし，通貨量を増加させる金融政策の実施には，民間の投資を抑制するクラウディング・アウト効果が生じるリスクを伴う。

2　市中銀行は預金の一定割合（預金準備率）を日本銀行に預けることになっており，日本銀行はこれを操作して通貨量を調節し，物価の安定を図っている。預金準備率の引下げは通貨量を増やす効果がある。

3　国債などの有価証券を売買する公開市場操作により通貨量を調節し，経済の安定を図っている。買いオペレーションは景気の過熱を抑制し，売りオペレーションは景気を刺激する効果がある。

4　市中銀行間で短期資金を融通し合う際の金利である公定歩合を操作して通貨量を調節し，経済の安定を図っている。公定歩合の引下げは景気の過熱を抑制し，公定歩合の引上げは景気を刺激する効果がある。

5　国債，地方債などの公債を発行して通貨量を調節し，経済の安定を図っている。公債の発行は市中銀行の預金量を拡大して，貸出金利を引き下げ，通貨量を増やす効果がある。

解説

1．前半の記述は正しい。民間の投資を抑制するクラウディング・アウト効果の発生リスクを伴うのは，財の需要量を増加させる財政政策である。

2．妥当である。

3．前半の記述は正しい。市中の通貨量を増やす買いオペレーションは景気を刺激する効果を，市中の通貨量を減らす売りオペレーションは景気を抑制する効果を持つ。

4．市中銀行間で短期資金を融通し合う際の金利はコールレートである。また，公定歩合の引下げは市中銀行の日本銀行からの借り入れを容易にするので景気を刺激する効果を，公定歩合の引上げは景気を抑制する効果を持つ。現在，日本銀行では「公定歩合」として掲載していた統計データの名称変更により，「基準割引率および基準貸付利率」という用語を使用している。

5．日本銀行は国債ならびに地方債を発行しない。また，公債発行がなされると，市中では適正な現金・公債保有比率を保とうとして貨幣需要が増えるため，金利が上昇する。

正答　2

国家Ⅱ種

No. 458 教養試験 〈改題〉

経済　輸出入の品目と金額　平成21年度

次の表は，2018年のメキシコ，ブラジル，アルゼンチン，チリの４か国の輸出額及び輸入額の上位５品目及び輸出・輸入総額を示したものである。Ａ～Ｄに当てはまる国の組合せとして最も妥当なのはどれか。

A

輸出（百万ドル）		輸入（百万ドル）	
植物性油かす	9,004	機械類	17,633
自動車	4,799	自動車	10,783
とうもろこし	4,234	石油製品	2,953
大豆油	2,807	医薬品	2,565
野菜・果実	2,755	大豆	2,506
輸出総額	61,558	輸入総額	65,441

B

輸出（百万ドル）		輸入（百万ドル）	
大豆	33,191	機械類	41,478
原油	25,131	自動車	13,828
鉄鉱石	20,216	石油製品	13,343
機械類	18,507	有機化合物	10,611
肉類	14,306	船舶	9,869
輸出総額	239,888	輸入総額	181,230

C

輸出（百万ドル）		輸入（百万ドル）	
銅鉱	18,698	機械類	16,296
銅	17,946	自動車	10,256
野菜・果実	7,140	石油製品	4,987
魚介類	6,285	原油	4,193
パルプ・古紙	3,615	衣類	3,265
輸出総額	75,482	輸入総額	74,187

D

輸出（百万ドル）		輸入（百万ドル）	
機械類	157,812	機械類	171,312
自動車	115,229	自動車	42,784
原油	26,483	石油製品	34,519
精密機械	17,110	プラスチック	17,257
野菜・果実	15,089	金属製品	15,189
輸出総額	450,532	輸入総額	464,268

	A	B	C	D
1	メキシコ	ブラジル	アルゼンチン	チリ
2	メキシコ	チリ	アルゼンチン	ブラジル
3	アルゼンチン	ブラジル	チリ	メキシコ
4	アルゼンチン	メキシコ	チリ	ブラジル
5	アルゼンチン	メキシコ	ブラジル	チリ

解説

Ａ～Ｄ表の輸出面を見ると，Ｂには鉄鉱石と肉類が，Ｃには魚介類が入っている点で特徴的である。そして，ブラジルは肉類の輸出において，アメリカに次ぐ世界第２位（2017年）の国である（Ｂはブラジル）。また，チリは水産物の輸出において，中国，ノルウェー，ベトナム，インド，アメリカに次ぐ世界第６位（2017年）の国である（Ｃはチリ）。

よって，**3**が妥当である。

正答　3

参考資料：『世界国勢図会2020/21』『データブック オブ・ザ・ワールド 2020年版』

国家Ⅱ種

教養試験　〈改題〉

No. 459　経済　日本の貿易と国際収支　平成21年度

最近の我が国の貿易や国際収支に関する記述として最も妥当なのはどれか。

1　2019年の輸出品では，内燃機関，半導体装置などの一般機械と，集積回路，電気回路用品などの電気機械，および輸送用機械で全体の6割程度を占め，我が国の技術力をいかした付加価値の高い製品が中核をなす。

2　2019年の輸入品では，非鉄金属鉱，鉄鉱石などの原料品の輸入額が最大で，次が原油，液化ガスなどの鉱物性燃料で，一般機械，電気機械，輸送用機械等の機械類がこれに続いた。この背景には，近隣アジア諸国の工業化の進展により，原料品や鉱物性燃料の需要が国際的に増加し，価格が高騰していることがある。

3　2018年の国別の貿易状況をみると，輸出額と輸入額の合計では，中国（香港を除く）がアメリカ合衆国を上回っており，輸入額では，アメリカ合衆国が中国を上回っている。

4　対EU貿易をみると，2007年から2019年にかけて輸出額，輸入額ともに減少傾向にあり，増加傾向にある対アジア貿易とは対照的な動きを示した。特に，EUの主力輸出品である自動車，衣類，アルコール飲料などの輸入額が減少している。

5　2007年以降の国際収支をみると，経常収支のうち，モノやサービスの動きを示す貿易・サービス収支を構成する貿易収支の黒字額が，海外投資の収益（利子・配当）などである第1次所得収支の黒字額を大きく上回り，2019年までその差は拡大する傾向を示した。

解説

1．妥当である。

2．2019年の輸入品は，通信機や集積回路等を含む機械類が最大で19.6兆円，鉱物性燃料15.4兆円，衣類，医薬品がともに3兆円で続く。

3．輸出額と輸入額の合計，輸出額とも中国がアメリカを上回っている。2018年において，貿易総額では中国（香港を除く）4兆6,292億ドルがアメリカ4兆2,767億ドルより大きく，輸入額では中国2兆1,349億ドルをアメリカ2兆6,114億ドルが上回っている。

4．対EU輸出額は2003年から，対EU輸入額は2000年から増加傾向にある。また，EUからの主要輸入品は機械類，医薬品，自動車である。

5．2007年以降の国際収支を見ると，貿易収支は2011～2015年に赤字となっている。なお，2019年の第1次所得収支の黒字額は貿易収支の黒字額を上回っている。

正答　1

参考資料：『日本の統計2019』『日本国勢図会2020／21』『世界国勢図会2020／21』

国家Ⅱ種
No. 460 教養試験
経済　酸素と引取料がかかるゴミの需要曲線と供給曲線　平成20年度

私たちに必要不可欠で無料で供給される空気中の酸素及び引取料を支払って家庭が捨てるゴミの需要曲線及び供給曲線を示した図の組合せとして，最も妥当なのはどれか。

なお，ゴミについては，ゴミを出す家庭が供給者，ゴミを引き取る側が需要者であるものとする。

A

価格
需要曲線　供給曲線
O
量

B

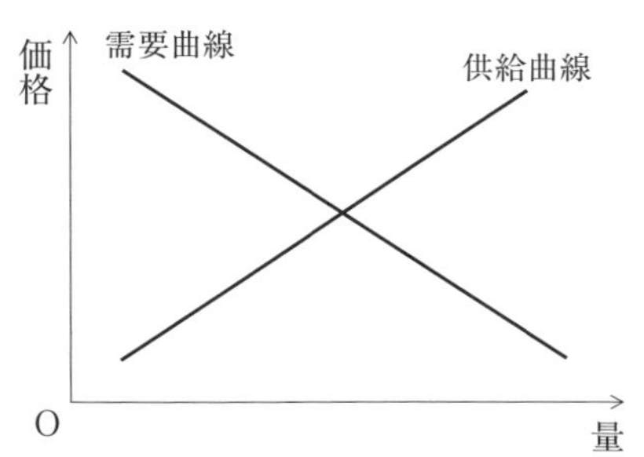

C

価格
量
O
供給曲線
需要曲線

D

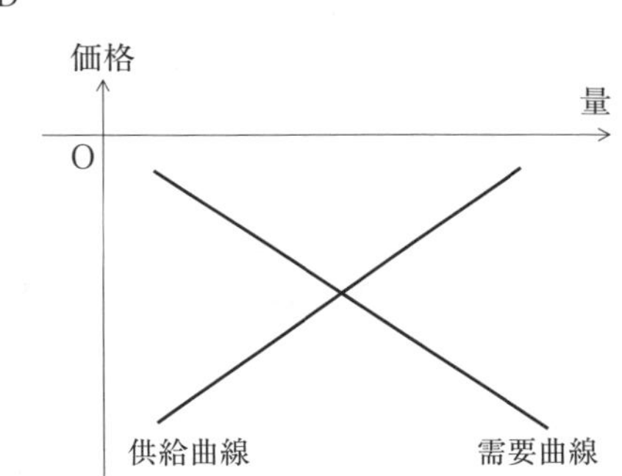

	空気中の酸素	ゴ　ミ
1	A	C
2	A	D
3	B	C
4	B	D
5	C	B

解説

初めに，空気中の酸素の需要曲線と供給曲線について考察する。本問では，酸素を無料で必要なだけ利用できるので，酸素の供給が常に需要を上回っているAが正しい。次に，引取料がかかるゴミの需要曲線と供給曲線について考察する。本問では，引取料を支払えばゴミを捨てることが可能なので，需要と供給が一致する点（均衡点）がある。さらに，引取料がかかるとは供給者が対価を支払うことを意味するので，その均衡点での価格（均衡価格）がマイナスとなっているDが正しい。

したがって，正答は**2**である。

正答　2

●本書の内容に関するお問合せについて

本書の内容に誤りと思われるところがありましたら，まずは小社ブックスサイト（jitsumu.hondana.jp）中の本書ページ内にある正誤表・訂正表をご確認ください。正誤表・訂正表がない場合や訂正表に該当箇所が掲載されていない場合は，書名，発行年月日，お客様の名前・連絡先，該当箇所のページ番号と具体的な誤りの内容・理由等をご記入のうえ，郵便，FAX，メールにてお問合せください。

〒163-8671　東京都新宿区新宿 1-1-12　実務教育出版　第2編集部問合せ窓口

FAX：03-5369-2237　　E-mail：jitsumu_2hen@jitsumu.co.jp

【ご注意】

※電話でのお問合せは，一切受け付けておりません。

※内容の正誤以外のお問合せ（詳しい解説・受験指導のご要望等）には対応できません。

公務員試験　合格の500シリーズ

国家一般職［大卒］〈教養試験〉過去問500［2022年度版］

2021年２月10日　初版第１刷発行　〈検印省略〉

編　者　資格試験研究会
発行者　小山隆之

発行所　株式会社 実務教育出版
〒163-8671　東京都新宿区新宿１-１-12
☎編集　03-3355-1812　販売　03-3355-1951
振替　00160-0-78270

印　刷　精興社
製　本　ブックアート

ISBN 978-4-7889-6463-1 C0030　Printed in Japan

実務教育出版の通信講座
2021年度試験対応
公務員
通信講座
通信講座の
お申し込みは
巻末はがきか
インターネットで！
通信講座で
公務員に！
忙しくても
通信講座ならできる！
講座の詳細は
こちら
2022年度試験対応は、2021年4月1日開講です。

「公務員合格講座」の特徴

64年の伝統と実績

実務教育出版は、64年間におよび公務員試験の問題集・参考書・情報誌の発行や模擬試験の実施、全国の大学・専門学校などと連携した教室運営などの指導を行っています。その積み重ねをもとに作られた、確かな教材と個人学習を支える指導システムが「公務員合格講座」です。公務員として活躍する数多くの先輩たちも活用した伝統ある「公務員合格講座」です。

時間を有効活用

「公務員合格講座」なら、時間と場所に制約がある通学制のスクールとは違い、生活スタイルに合わせて、限られた時間を有効に活用できます。通勤時間や通学時間、授業の空き時間、会社の休憩時間など、今まで利用していなかったスキマ時間を有効に活用できる学習ツールです。

取りくみやすい教材

「公務員合格講座」の教材は、まずテキストで、テーマ別に整理された頻出事項を理解し、次にワークで、テキストと連動した問題を解くことで､解法のテクニックを確実に身につけていきます。初めて学ぶ科目も、基礎知識から詳しく丁寧に解説しているので、スムーズに理解することができます。

実戦力がつく学習システム

「公務員合格講座」では、習得した知識が実戦で役立つ「合格力」になるよう、数多くの演習問題で重要事項を何度も繰り返し学習できるシステムになっています。特に、eラーニング[Jトレプラス]は、実戦力養成のカギになる豊富な演習問題の中から学習進度に合わせ、テーマや難易度をチョイスしながら学習できるので、効率的に「解ける力」が身につきます。

eラーニング

[Jトレプラス]

豊富な試験情報

公務員試験を攻略するには、まず公務員試験のことをよく知ることが必要不可欠です。受講生専用『Jサイト』では、各試験の例年の試験日程、構成（科目）など、試験の全体像を把握でき、ベストな学習プランが立てられます。また、実務教育出版の情報収集力を結集し、最新試験ニュースや学習対策記事などを随時アップ！　さらに直前期には、最新の時事を詳しく解説した「直前対策ブック」もお届けします。

※KCSMのみ

親切丁寧なサポート体制

受験に関する疑問や、学習の進め方や学科内容についての質問には、専門の指導スタッフが一人ひとりに親身になって丁寧にお答えします。模擬試験や添削課題では、客観的な視点からアドバイスをします。そして、受講生専用『Jサイト』やメルマガでの受講生限定の情報提供など、あらゆるサポートシステムであなたの自宅学習を強力にバックアップしていきます。

受講生専用『Jサイト』

受講生を24時間サポート

受講生専用『Jサイト』では、公務員の基礎知識や最新の試験情報など充実のコンテンツが自宅学習を強力にバックアップします。質問や各種お手続きは専用フォームでいつでも送信でき、スピーディな対応が可能です。受講生だけが活用できる『Jサイト』で、安心感もケタちがいです。

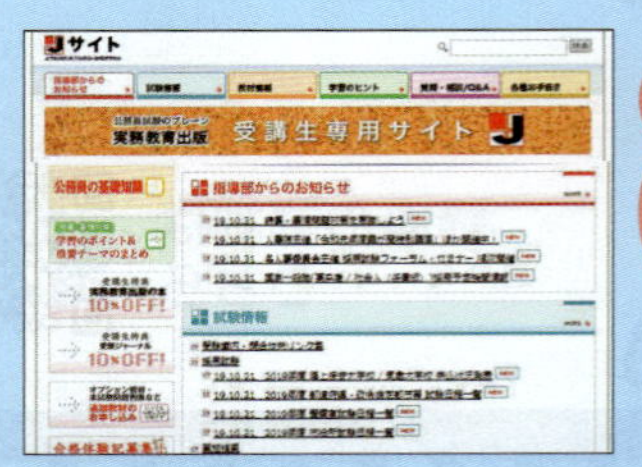

コース選び

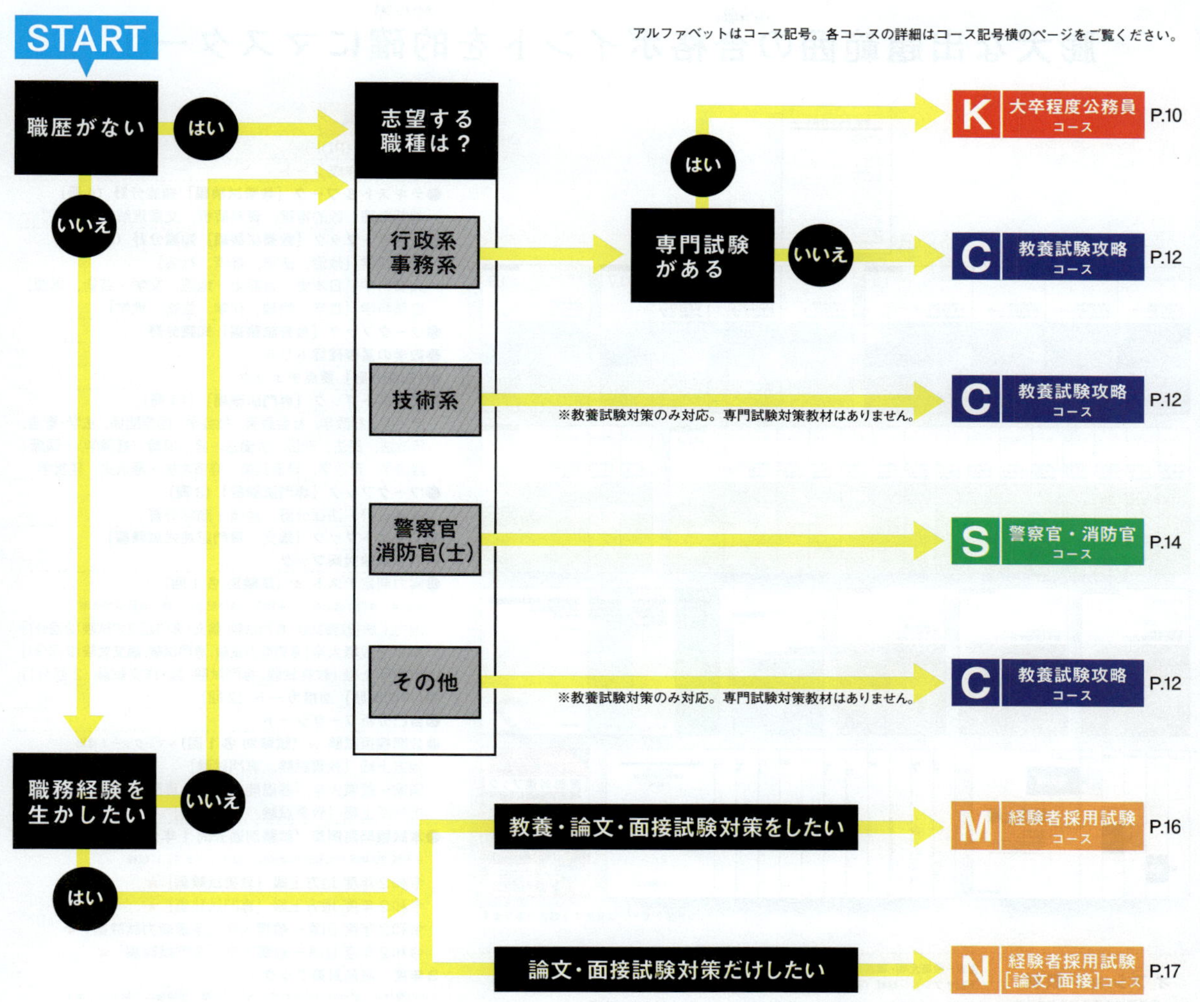

コース別　教材構成一覧

各コースの教材構成をご確認いただき、あなたの対策に最適なコースをお選びください。

	教材構成			
	教養対策	専門対策	論文対策	面接対策
K 大卒程度公務員コース	●	●行政系	●	●
C 教養試験攻略コース［大卒程度］	●		●	●
S 警察官・消防官コース［大卒程度］	●		●	●
M 経験者採用試験コース	●		●	●
N 経験者採用試験［論文・面接］コース			●	●

大卒程度公務員コース

［地方上級・国家一般職大卒・市役所上級］

膨大な出題範囲の合格ポイントを的確にマスター！

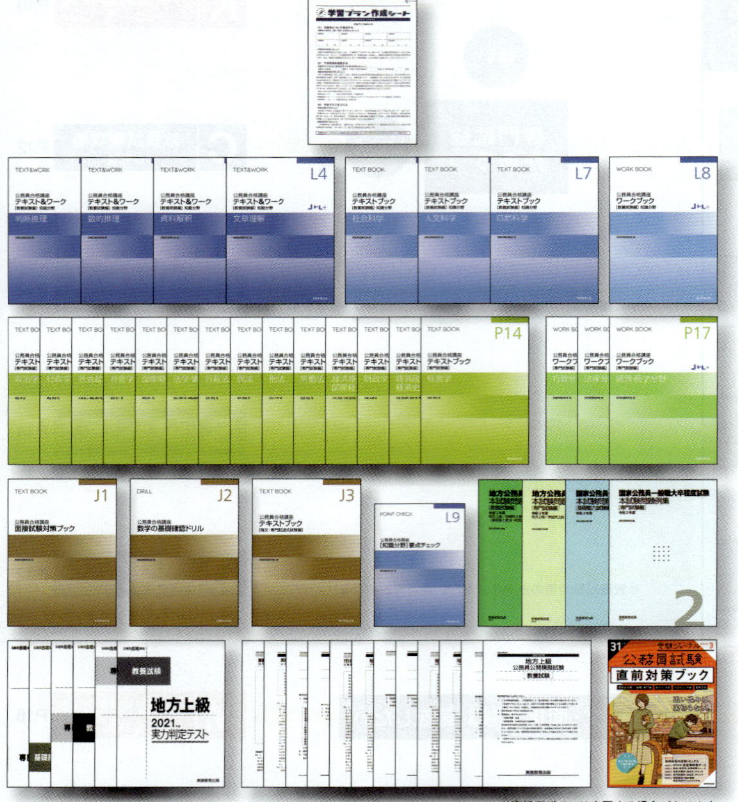

※表紙デザインは変更する場合があります

教材一覧

受講ガイド（PDF）
学習プラン作成シート

- **テキスト＆ワーク［教養試験編］知能分野（4冊）**
  判断推理、数的推理、資料解釈、文章理解
- **テキストブック［教養試験編］知識分野（3冊）**
  社会科学［政治、法律、経済、社会］
  人文科学［日本史、世界史、地理、文学・芸術、思想］
  自然科学［数学、物理、化学、生物、地学］
- **ワークブック［教養試験編］知識分野**
- **数学の基礎確認ドリル**
- **［知識分野］要点チェック**
- **テキストブック［専門試験編］（14冊）**
  政治学、行政学、社会政策、社会学、国際関係、法学・憲法、行政法、民法、刑法、労働法、経済原論（経済学）・国際経済学、財政学、経済政策・経済学史・経済史、経営学
- **ワークブック［専門試験編］（3冊）**
  行政分野、法律分野、経済・商学分野
- **テキストブック［論文・専門記述式試験編］**
- **面接試験対策ブック**
- **実力判定テスト★（試験別 各1回）**
  ＊教養、専門は自己採点　＊論文・専門記述式・作文は計6回添削
  地方上級［教養試験、専門試験、論文・専門記述式試験（2回分）］
  国家一般職大卒［基礎能力試験、専門試験、論文試験（2回分）］
  市役所上級［教養試験、専門試験、論・作文試験（2回分）］
- **［添削課題］面接カード（2回）**
- **自己分析ワークシート**
- **公開模擬試験★（試験別 各1回）**＊マークシート提出
  地方上級［教養試験、専門試験］
  国家一般職大卒［基礎能力試験、専門試験］
  市役所上級［教養試験、専門試験］
- **本試験問題例集（試験別過去問1年分 全4冊）**
  ※平成20年度～令和元年度分は、［Jトレプラス］に収録
  令和2年度 地方上級［教養試験編］★
  令和2年度 地方上級［専門試験編］★
  令和2年度 国家一般職大卒［基礎能力試験編］★
  令和2年度 国家一般職大卒［専門試験編］★

3年度　直前対策ブック★

★印の教材は、発行時期に合わせて送付（詳細は受講後にお知らせします）。

オプション教材
※受講開始後にご注文できます

国家一般職大卒・国家専門職・市役所試験対策として活用できる、下記オプション教材（有料）を用意しています。
英語／心理学／教育学／会計学セット／適性試験練習ノート

教養・専門・論文・面接まで対応

行政系の大卒程度公務員試験に出題されるすべての教養科目と専門科目、さらに、論文・面接対策教材までを揃え、最終合格するために必要な知識とノウハウをモレなく身につけることができます。また、汎用性の高い教材構成ですから、複数試験の併願対策もスムーズに行うことができます。

出題傾向に沿った効率学習が可能

出題範囲をすべて学ぼうとすると、どれだけ時間があっても足りません。本コースでは過去数十年にわたる過去問研究の成果から、公務員試験で狙われるポイントだけをピックアップ。要点解説と問題演習をバランスよく構成した学習プログラムにより初学者でも着実に合格力を身につけることができます。

受講対象	**大卒程度 一般行政系・事務系の教養試験および専門試験対策** ［都道府県、政令指定都市、特別区（東京23区）、市役所、国家一般職大卒など］	申込受付期間	2020年1月1日～2021年3月31日		
		学習期間のめやす 右記のように学習を進めた場合のめやすです	短期集中：4か月 問題演習を中心に得点力アップを図る場合	標準：6か月 頻出事項のポイントを押さえ問題演習に進む場合	じっくり：12か月 基礎知識のインプットから始め問題演習に進む場合
受講料	**91,300円** （本体83,000円＋税　教材費・指導費等を含む総額） ※受講料は2020年1月1日現在のものです。	受講生有効期間	2021年度試験終了まで		

★本コースにオプション教材「会計学セット」（有料）をプラスすると、国税専門官、財務専門官の試験にも対応可能です（ただし国税専門官の商法は対応しません）。

step 1 **基礎固め**
基本教材で、頻出事項を理解！

step 2 **トレーニング**
演習教材を中心に解き方をマスター！

step 3 **仕上げ**
実戦力を養成！

テキストで知識を身につけワークや［Jトレプラス］で演習　間違えた問題はテキストに戻って知識の再確認

教養対策
- テキスト&ワーク 知能分野（4冊）
- テキストブック 知識分野（3冊）
- ＋［Jトレプラス］
- 数学の基礎確認ドリル
- ワークブック ＋［Jトレプラス］
- ［知識分野］要点チェック
- ［過去問］本試験問題例集 ＋［Jトレプラス］

専門対策
- テキストブック（14冊）
- ワークブック（3冊） ＋［Jトレプラス］

論文・面接対策
- テキストブック［論文・専門記述式試験編］
- 面接試験対策ブック
- 自己分析ワークシート

模擬試験
- 実力判定テスト（3種類）
- 公開模擬試験（3種類）

時事対策
- 時事・事情対策ダウンロード教材（PDF／『Jサイト』）
- 直前対策ブック

- 実力判定テスト（添削6回）
- 面接カード（添削2回）

公務員合格！

受講生専用
『Jサイト』最新試験情報や出題情報、時事・事情問題対策、受験生面接レポートをチェック！　学習上の疑問は質問フォームから（P28）
［Jトレプラス］eラーニングでワークの演習問題や過去問を学習！　進捗状況やテスト結果を即座に確認（P24・25）
「面接レッスンVideo」映像を通して面接官と受験生とのやりとりをリアルに体感！　［Jトレプラス］で動画を配信（P22）

success voice!!

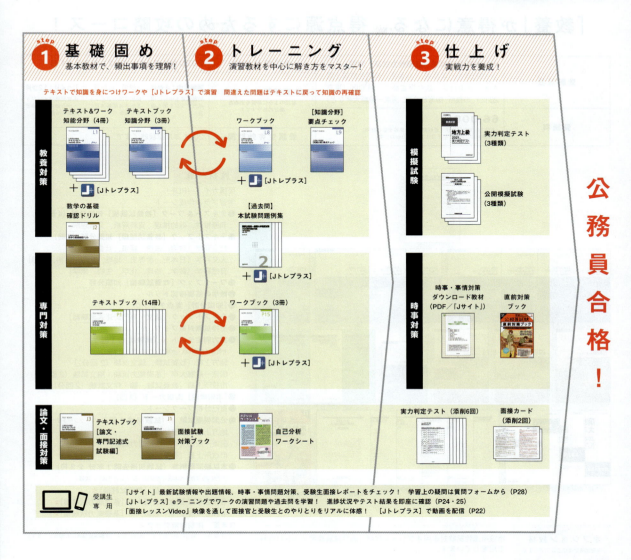

学習プランを定期的に見直しながら、教材を効率よく活用することができました

中村 茜 さん
駒澤大学卒業

所沢市役所 事務職（大学卒）合格

私はアルバイトを続けながら、大学の授業も活用し、自分のペースで学習を進めたいと思っていたので、通信講座を選びました。実務教育出版の通信講座の教材は、出題範囲をきちんとカバーしており、予備校と比較すると安価で手にいれることができたのも魅力的でした。

まず得意な科目はワークブックに取り組み、理解が浅い科目はテキストブックを利用して学習しました。スキマ時間は、手軽に取り組めるＪトレプラスでより多くの問題に触れるようにしていました。苦手な数的推理は、数学の基礎確認ドリルを活用しながら一つの問題をじっくり解くようしました。

学習ペースを維持するは大変ですが、私は公開模擬試験や本試験問題例集を小さな目標にしました。また、学習プランが自分に合っているかをチェックし、修正していました。Ｊサイトには学習開始月別のモデルプランも紹介されていたため、一度学習プランが崩れてしまっても立て直すことができました。

時事対策については、定期的にメールで配信される時事問題のチェックを活用していました。そのメールが時事に関心を持つきっかけになり、政策の動向を意識するようになったことは論文や面接の話題にもつながったと思います。

公務員試験は民間企業の就職活動に比べるとスタートが遅く、焦ることが多いと思います。しかし、教材を地道に進めていれば、必ず力はついてきます。公務員として働く自分を思い浮かべながら、最後まで諦めず、粘り強く取り組むことが大切です。

教養試験攻略コース

［大卒程度］

「教養」が得意になる、得点源にするための攻略コース！

受講対象	大卒程度 教養試験（基礎能力試験）対策 ［一般行政系（事務系）、技術系、資格免許職を問わず、都道府県、政令指定都市、特別区（東京23区）、市役所、国家総合職、国家一般職大卒など］	申込受付期間	2020年1月1日～2021年3月31日		
		学習期間のめやす 右記のように学習を進めた場合のめやすです	短期集中：4か月 問題演習を中心に得点力アップを図る場合	標準：6か月 頻出事項のポイントを押さえ問題演習に進む場合	じっくり：12か月 基礎知識のインプットから始め問題演習に進む場合
受講料	66,000円 （本体60,000円＋税　教材費・指導費等を含む総額） ※受講料は、2020年1月1日現在のものです。	受講生有効期間	2021年度試験終了まで		

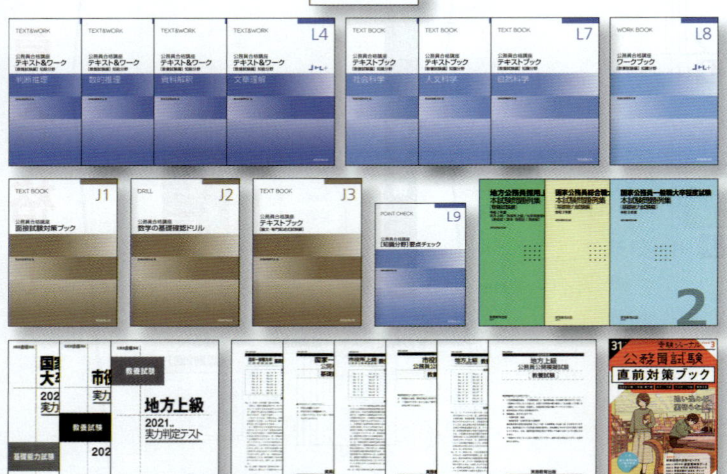

※表紙デザインは変更する場合があります

教材一覧

受講ガイド（PDF）
学習プラン作成シート
●テキスト＆ワーク［教養試験編］知能分野（4冊）
　判断推理、数的推理、資料解釈、文章理解
●テキストブック［教養試験編］知識分野（3冊）
　社会科学［政治、法律、経済、社会］
　人文科学［日本史、世界史、地理、文学・芸術、思想］
　自然科学［数学、物理、化学、生物、地学］
●ワークブック［教養試験編］知識分野
●数学の基礎確認ドリル
●［知識分野］要点チェック
●テキストブック［論文・専門記述式試験編］
●面接試験対策ブック
●実力判定テスト★（試験別 各1回）
　＊教養は自己採点　＊論文・作文は計6回添削
　地方上級［教養試験、論文試験（2回分）］
　国家一般職大卒［基礎能力試験、論文試験（2回分）］
　市役所上級［教養試験、論・作文試験（2回分）］
●［添削課題］面接カード（2回）
●自己分析ワークシート
●公開模擬試験★（試験別 各1回）＊マークシート提出
　地方上級［教養試験］
　国家一般職大卒［基礎能力試験］
　市役所上級［教養試験］
●本試験問題例集（試験別過去問1年分 全3冊）
　※平成20年度～令和元年度分は、［Jトレプラス］に収録
　令和2年度 地方上級［教養試験編］★
　令和2年度 国家総合職大卒［基礎能力試験編］★
　令和2年度 国家一般職大卒［基礎能力試験編］★
3年度　直前対策ブック★

★印の教材は、発行時期に合わせて送付します（詳細は受講後にお知らせします）

オプション教材 ※受講開始後にご注文できます	市役所適性試験対策用オプション教材「適性試験練習ノート」（有料）を用意しています。

success voice!!

面接や論文の対策もでき、Jトレプラスや Jサイトを有効活用することでより合格に近づけました

伊原 芳則さん
中央大学卒業

千葉県 上級試験 化学 合格

私が公務員試験に向けて本格的に勉強を始めたのは大学3年生の2月頃で、非常に遅いスタートでした。そのため、自分のペースで勉強を進めていける通信講座を選びました。また、空き時間を有効に活用でき、卒業研究と両立することもできました。

最初に数的推理の勉強から始め、間違えた問題はきちんと時間をかけて完全に理解するように努めました。それがひと通り終わったら次は専門科目の勉強に取りかかりましたが、こちらは一度大学で勉強した内容だったため、あまり時間をかけずに終わらせました。試験までの期間が非常に短かったため、教養科目の知識分野は範囲を絞り、その内容を確実に覚えるようにしました。また、テキストブックやワークブック以外にも追加で問題集を解いたりもしました。

この通信講座の特徴として、教養対策だけでなく面接や論文の対策もできることが魅力的でした。送られてくる教材だけでなく、JトレプラスやJサイトを有効活用することで志望先の過去の面接情報などを知ることができ、より合格に近づくことができました。

技術系の公務員を志望する人は比較的少なく、まわりに同じような人がいなくて不安になることもあるかもしれません。しかし、自分を信じて最後まで粘り強く努力し続けることが何よりも重要です。あきらめなければ必ず結果をつかみ取れます。

大卒程度公務員【basic】セット

教養＋専門が効率よく攻略できる

受講対象	大卒程度 一般行政系・事務系の教養試験および専門試験対策 ［都道府県、政令指定都市、特別区（東京23区）、市役所、国家一般職大卒など］
受講料	60,500円 （本体55,000円＋税 教材費・指導費等を含む総額）※受講料は2020年1月1日現在のものです。
申込受付期間	～2021年3月31日
学習期間のめやす	6か月 これはあくまでもめやすです。受験生の学習状況により長くも短くも設定できます。試験本番までの期間を考慮し、ご自分にあった学習計画を立ててください。

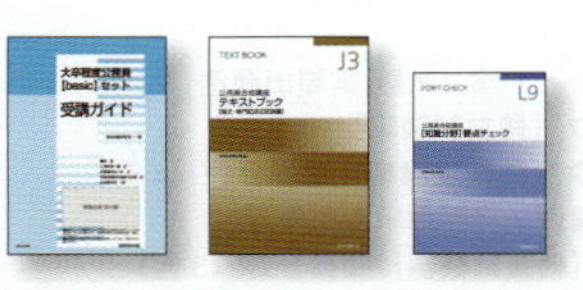

教養・専門の教材は
K コースの教材と同じものです

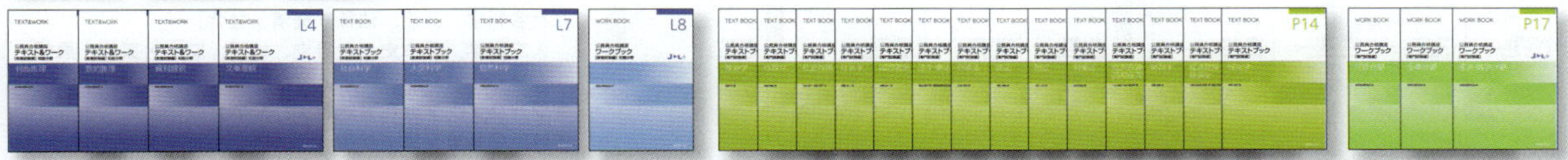

教材一覧

受講ガイド
- テキスト＆ワーク［教養試験編］知能分野（4冊）
  判断推理、数的推理、資料解釈、文章理解
- テキストブック［教養試験編］知識分野（3冊）
  社会科学［政治、法律、経済、社会］
  人文科学［日本史、世界史、地理、文学・芸術、思想］
  自然科学［数学、物理、化学、生物、地学］
- ワークブック［教養試験編］知識分野
- 数学の基礎確認ドリル ●［知識分野］要点チェック
- テキストブック［専門試験編］（14冊）
  政治学、行政学、社会政策、社会学、国際関係、法学･憲法、行政法、民法、刑法、労働法、経済原論（経済学）・国際経済学、財政学、経済政策・経済学史・経済史、経営学
- ワークブック［専門試験編］（3冊）
  行政分野、法律分野、経済・商学分野
- 過去問（10年分）
  ［Jトレプラス］に収録

※表紙デザインは変更する場合があります

D 教養試験攻略【basic】セット

教養のみ効率よく攻略できる

受講対象	大卒程度 教養試験（基礎能力試験）対策 ［一般行政系（事務系）、技術系、資格免許職を問わず、都道府県、政令指定都市、特別区（東京23区）、市役所、国家総合職、国家一般職大卒など］
受講料	44,000円 （本体40,000円＋税 教材費・指導費等を含む総額）※受講料は2020年1月1日現在のものです。
申込受付期間	～2021年3月31日
学習期間のめやす	6か月 これはあくまでもめやすです。受験生の学習状況により長くも短くも設定できます。試験本番までの期間を考慮し、ご自分にあった学習計画を立ててください。

教材一覧

受講ガイド
- テキスト＆ワーク［教養試験編］知能分野（4冊）
  判断推理、数的推理、資料解釈、文章理解
- テキストブック［教養試験編］知識分野（3冊）
  社会科学［政治、法律、経済、社会］
  人文科学［日本史、世界史、地理、文学・芸術、思想］
  自然科学［数学、物理、化学、生物、地学］
- ワークブック［教養試験編］知識分野
- 数学の基礎確認ドリル
- ［知識分野］要点チェック
- 過去問（10年分）
  ［Jトレプラス］に収録

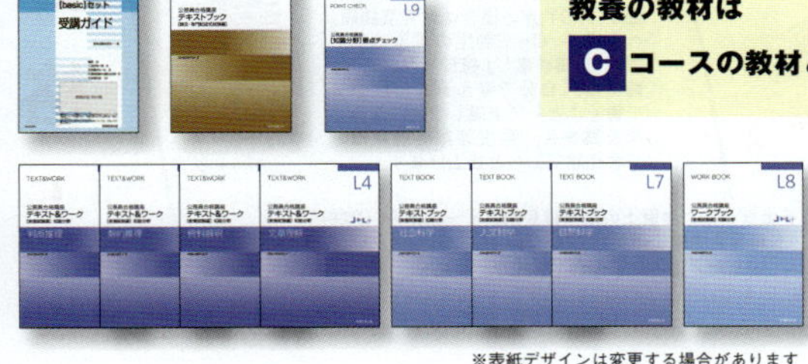

教養の教材は
C コースの教材と同じものです

※表紙デザインは変更する場合があります

経験者採用試験コース

職務経験を活かして公務員転職を狙う教養・論文・面接対策コース！

POINT

広範囲の教養試験を頻出事項に絞って効率的な対策が可能！

8回の添削で論文力をレベルアップ

面接は、本番を想定した準備が可能！

受講対象	民間企業等職務経験者・社会人採用試験対策		
受講料	77,000円（本体70,000円＋税　教材費・指導費等を含む総額）※受講料は、2020年1月1日現在のものです。		
申込受付期間	2020年1月1日～2021年3月31日		
学習期間のめやす 右記のように学習を進めた場合のめやすです	短期集中：3か月 問題演習を中心に得点力アップを図る場合	標準：6か月 頻出事項のポイントを押さえ問題演習に進む場合	じっくり：12か月 基礎知識のインプットから始め問題演習に進む場合
受講生有効期間	2021年度試験終了まで		

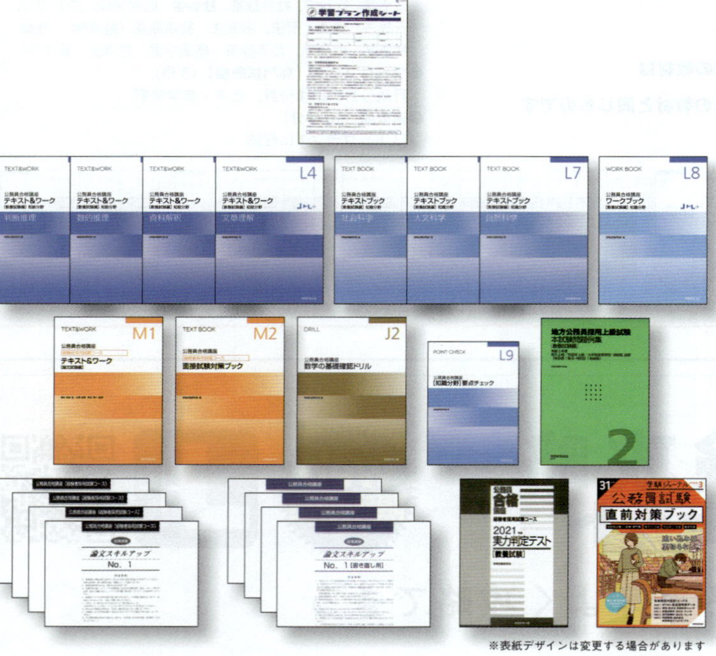

※表紙デザインは変更する場合があります

教材一覧

- 受講ガイド（PDF）
- 学習プラン作成シート／論文試験 実際出題例
- ●テキスト＆ワーク［論文試験編］
- ●テキスト＆ワーク［教養試験編］知能分野（4冊）
  判断推理、数的推理、資料解釈、文章理解
- ●テキストブック［教養試験編］知識分野（3冊）
  社会科学［政治、法律、経済、社会］
  人文科学［日本史、世界史、地理、文学・芸術、思想］
  自然科学［数学、物理、化学、生物、地学］
- ●ワークブック［教養試験編］知識分野
- ●数学の基礎確認ドリル
- ●［知識分野］要点チェック
- ●面接試験対策ブック
- ●提出課題1（全4回）
  ［添削課題］論文スキルアップ No.1（職務経験論文）
  ［添削課題］論文スキルアップ No.2、No.3、No.4（一般課題論文）
- ●提出課題2（以下は初回答案提出後発送　全4回）
  ［添削課題］論文スキルアップ No.1、No.2、No.3、No.4
  （書き直し or 発展課題）
- ●実力判定テスト［教養試験］★（1回）＊自己採点
- ●［添削課題］面接カード（2回）
- ●本試験問題例集（試験別過去問1年分 全1冊）
  ※平成20年度～令和元年度分は、［Jトレプラス］に収録
  令和2年度 地方上級［教養試験編］★
- 3年度　直前対策ブック★

★印の教材は、発行時期に合わせて送付します（詳細は受講後にお知らせします）。

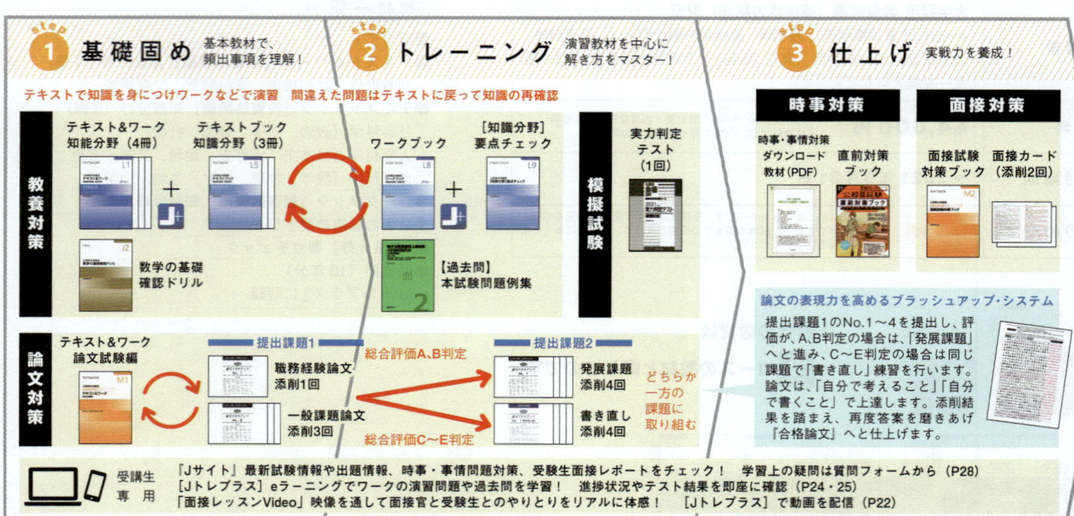

経験者採用試験［論文・面接試験対策］コース

経験者採用試験の論文・面接対策に絞って攻略！

POINT

8回の添削指導で論文力をレベルアップ！

面接試験は、回答例を参考に本番を想定した準備が可能！

受講対象	民間企業等職務経験者・社会人採用試験対策		
受講料	38,500円（本体35,000円＋税　教材費・指導費等を含む総額）※受講料は、2020年1月1日現在のものです。		
申込受付期間	2020年1月1日～2021年3月31日		
学習期間のめやす 右記のように学習を進めた場合のめやすです	短期集中：3か月 提出課題にすぐにとりかかり、実戦力を磨く場合	標準：4か月 論文のポイントを押さえ、提出課題に進む場合	じっくり：5か月 論文の基礎知識を学んでから提出課題に進む場合
受講生有効期間	2021年度試験終了まで		

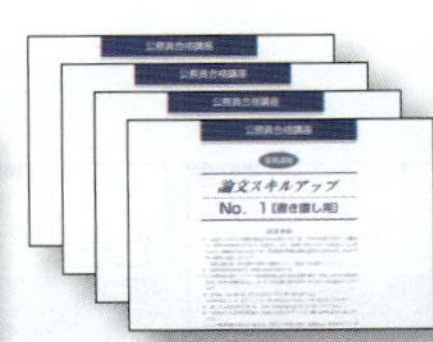

教材一覧

受講のてびき／論文試験 実際出題例
- ●テキスト＆ワーク［論文試験編］
- ●面接試験対策ブック
- ●提出課題1（全4回）
  - ［添削課題］論文スキルアップ No.1（職務経験論文）
  - ［添削課題］論文スキルアップ No.2、No.3、No.4（一般課題論文）
- ●提出課題2（以下は初回答案提出後発送　全4回）
  - ［添削課題］論文スキルアップ No.1、No.2、No.3、No.4（書き直し or 発展課題）
- ●［添削課題］面接カード（2回）

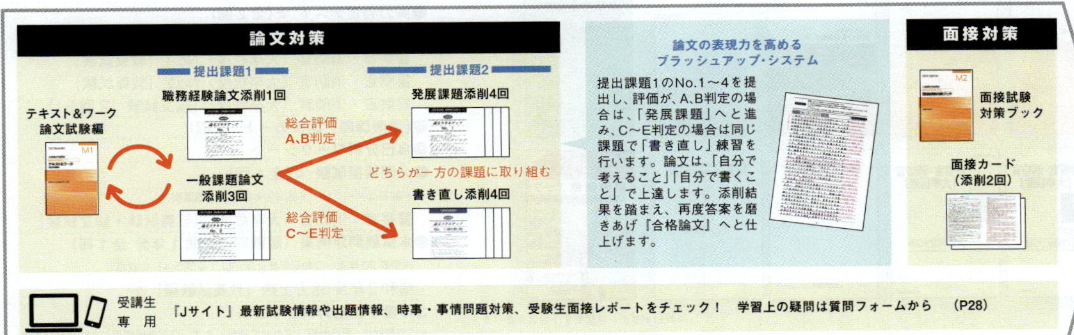

公務員合格！

※『経験者採用試験コース』と『経験者採用試験［論文・面接試験対策］コース』の論文・面接対策教材は同じものです。両方のコースを申し込む必要はありません。どちらか一方をご受講ください。

success voice!!

市役所 事務職（社会人）合格

短期間の学習でも、ポイントが絞られているこの教材ならしっかり実力がついてきます

私が公務員を目指そうと決めたのは、移住の検討がきっかけでした。東京の民間企業で働いていましたが、結婚をして子供が産まれると、もっと子育てに恵まれた環境に住みたいと移住を考えるようになりました。その中で移住をするからには仕事を通じてもっとその街を良くしたいと思い、それならば公務員として働くのが一番有効だという話になりました。

そして、公務員試験に臨むため実務教育出版の通信講座を受講しました。主な理由は3つ、仕事と家庭のために勉強時間が限られること、時間の融通が利きやすいこと、合格実績の多い教材を使いたかったことです。

勉強を始めて1か月が経った頃、移住希望先の自治体で急遽、民間経験者の募集がありました。筆記試験まで残り1か月とあまり時間がなかったため、その日から、夜は数的推理と判断推理をテキスト&ワークで、通勤電車の中では知識分野を［知識分野］要点チェックで、会社の昼休みには文章理解と資料解釈をテキスト&ワークで、それぞれ勉強しました。ほぼ毎日3～4時間はやっていたと思います。

面接対策には、論文の添削や面接試験対策ブックを使用しました。それを踏まえ、面接試験では素のままの自分を出すことに徹しました。仕事を一緒にやりたいかどうかを見極めてもらうためです。

お陰さまで、私は短い時間で公務員試験に合格でき、移住が実現しました。仕事さえ決まればすぐに移住したいという方は多いと聞いています。移住先の仕事に公務員をお考えでしたら、実務教育出版の通信講座はとてもお勧めです！

警察官・消防官コース
［大卒程度］

警察官・消防官試験を基礎から効率よく攻略！

受講対象	大卒程度 警察官（男性・女性）、大卒程度 消防官（士）の試験対策	申込受付期間	2020年1月1日～2021年3月31日		
		学習期間のめやす 右記のように学習を進めた場合のめやすです	短期集中：3か月 問題演習を中心に得点力アップを図る場合	標準：6か月 頻出事項のポイントを押さえ問題演習に進む場合	じっくり：12か月 基礎知識のインプットから始め問題演習に進む場合
受講料	60,500円 （本体55,000円＋税　教材費・指導費等を含む総額） ※受講料は、2020年1月1日現在のものです。	受講生有効期間	2021年度試験終了まで		

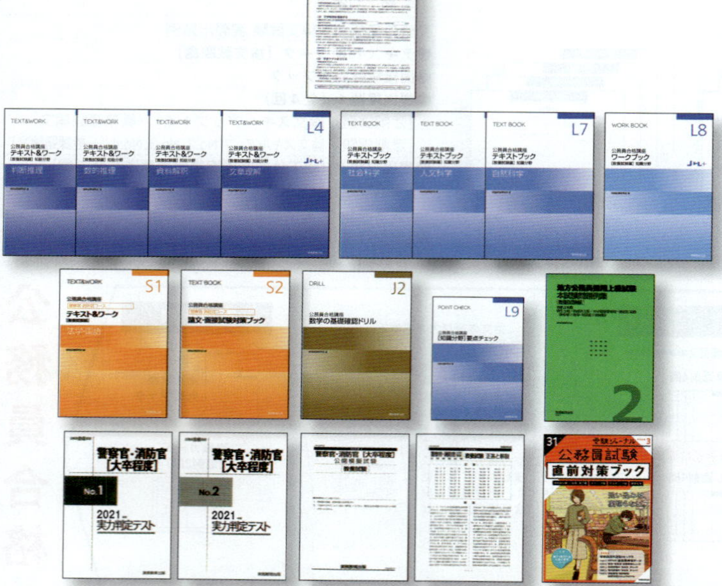

※表紙デザインは変更する場合があります

教材一覧

受講ガイド（PDF）
学習プラン作成シート
- **テキスト＆ワーク［教養試験編］知能分野（4冊）**
  判断推理、数的推理、資料解釈、文章理解
- **テキストブック［教養試験編］知識分野（3冊）**
  社会科学［政治、法律、経済、社会］
  人文科学［日本史、世界史、地理、文学・芸術、思想］
  自然科学［数学、物理、化学、生物、地学］
- **ワークブック［教養試験編］知識分野**
- **テキスト＆ワーク［教養試験編］法学・国語**
- **数学の基礎確認ドリル**
- **［知識分野］要点チェック**
- **論文・面接試験対策ブック**
- **実力判定テスト★（全2回）**
  ＊教養は自己採点　＊論文は計2回添削
  警察官・消防官（大卒程度）No.1［教養試験］
  警察官・消防官（大卒程度）No.2［教養試験］
  警察官・消防官（大卒程度）［論文試験（2回分）］
- **［添削課題］面接カード（2回）**
- **自己分析ワークシート**
- **公開模擬試験★（全1回）**
  ＊教養はマークシート提出　＊論文は1回添削
  警察官・消防官（大卒程度）［教養試験・論文試験］
- **本試験問題例集（試験別過去問1年分 全1冊）**
  ※平成20年度～令和元年度分は、［Jトレプラス］に収録
  令和2年度 地方上級［教養試験編］★

3年度　直前対策ブック★

★印の教材は、発行時期に合わせて送付します（詳細は受講後にお知らせします）。

success voice!!

働きながらでもスマートフォンを利用してスキマ時間に効率よく学習を進められます

小林 翔人さん
名桜大学卒業

大分県 警察官A（大学卒業程度）合格

私は今年の1月頃、働きながら警察官を目指すべきか、退職して地元の公務員予備校に通いながら警察官を目指すのかで迷っていました。そのとき友人や恩師から、自分がやる気があれば働きながらでも警察官を目指せると言われ、たまたまネットで調べていた時に、この通信講座と出会いました。値段も手ごろであったこと、過去問がスマートフォン上でも解ける［Jトレプラス］に魅力を感じ、通信講座を申し込みました。

本格的に勉強を始めたのが1月の終わりだったことに、初めはあせりもありました。しかし、仕事の休憩時間や休日にスマートフォンで問題を手軽に解くことができたり、テキスト自体が初心者でもわかりやすい内容になっていたので、モチベーションを落とすことなく勉強を続けることができました。

一次の対策としては、あれもこれもと色々な参考書に手をつけるのではなく、1つの教材を何度も何度も解くことで、自信にもつながりますし、パターンもわかってきます。また、スマートフォンでゲーム感覚で問題を解くことができたので、飽きることなく進められ、とても良かったと思います。

面接の対策としては、あらかじめ聞かれそうな質問を40個ほど考え、自分の考えを伝えられるように何度も練習をしました。近くのハローワークなどでも面接の練習をしてくれるので、有効に活用するといいと思います。

最後に私がこの半年で合格できたのは通信講座のおかげです。そして自分が後悔しないように準備をしっかりすれば自信につながり、それがいい結果につながります。諦めず最後まで走り抜けてください。

いつでもどこでも学べる学習環境を提供！

eラーニング 

［Jトレプラス］

時間や場所を選ばず学べます！

いつでもどこでも学習できるよう、eラーニングサービス「Jトレプラス」を提供しています。公務員試験対策においては、過去問に繰り返し目を通し　、知識や解法を身につけることが最も重要で効果的な学習法です。「Jトレプラス」は、さまざまな試験の過去問を科目別・テーマ別に編成してあるだけでなく、難易度、重要度での抽出も可能なので、学習進度に合った問題に取り組むことができます。また、学習の進捗状況や弱点把握もできるので、明確な目標に向かって学習を続けることができるのです。

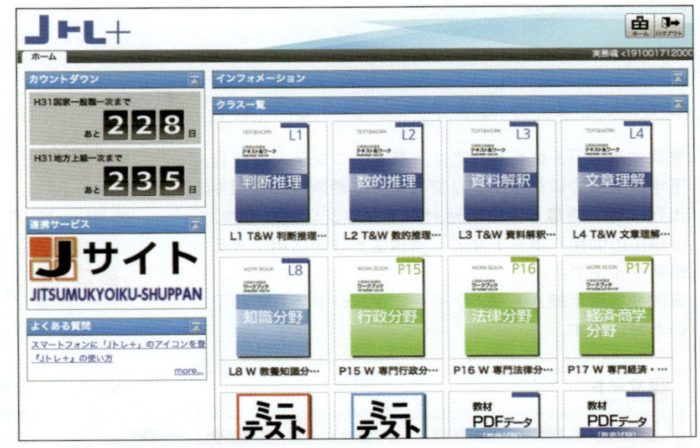

▲［Jトレプラス］ホーム画面

教材リスト　ホーム画面に学習できる教材を表示

mobile-learning

スマホで「いつでも・どこでも」学習できるツールを提供します。本番形式の「五肢択一式」のほか、手軽な短答式で重要ポイントの確認・習得が効率的にできる「穴埋めチェック」や短時間でトライできる「ミニテスト」など、さまざまなシチュエーションで活用できるコンテンツをご用意しています。外出先などでも気軽に問題に触れることができ、習熟度が UP します。

ホーム

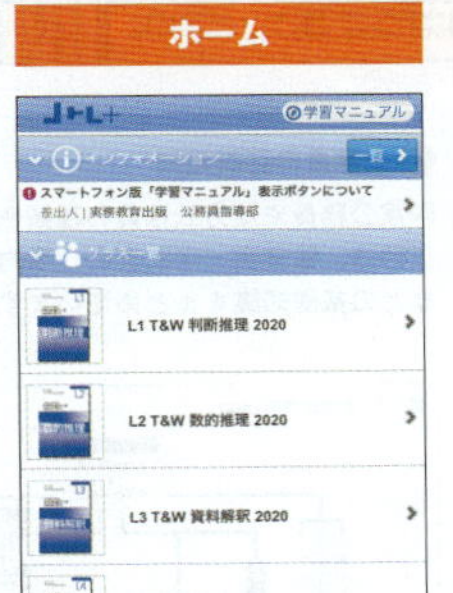

五肢択一式

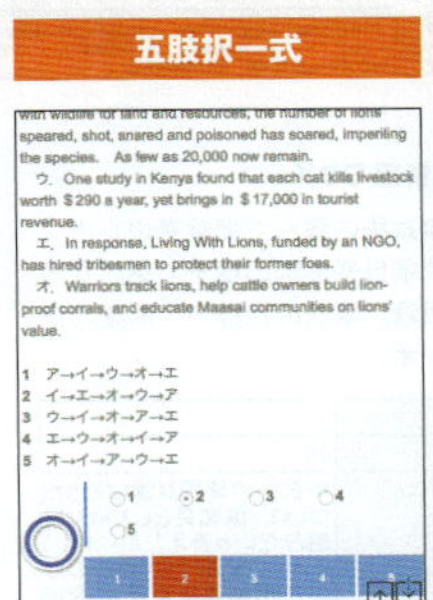

穴埋めチェック

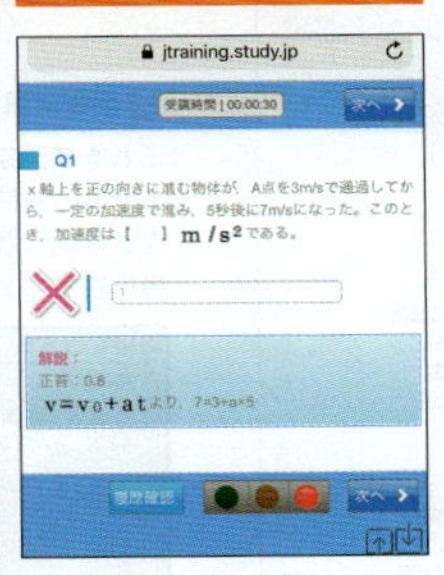

ミニテスト

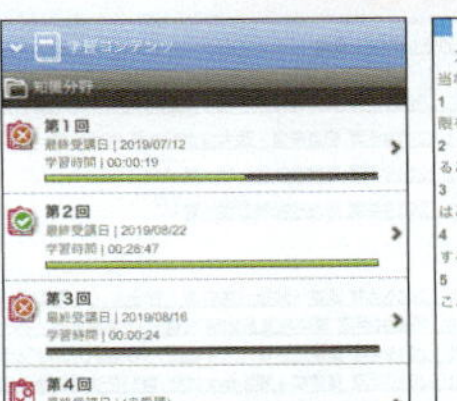

［Jトレプラス］収録問題

●教養対策 KCLDMS
テキスト＆ワーク［教養試験編］知能分野 判断推理
テキスト＆ワーク［教養試験編］知能分野 数的推理
テキスト＆ワーク［教養試験編］知能分野 資料解釈
テキスト＆ワーク［教養試験編］知能分野 文章理解
ワークブック［教養試験編］知識分野
○×式チェック

●本試験問題例集（教養試験編）
（平成 20 年度～令和元年度　過去問）
穴埋めチェック（短答式問題　教養／時事）
ミニテスト（択一式問題）

●専門対策 KL
ワークブック［専門試験編］行政分野
ワークブック［専門試験編］法律分野
ワークブック［専門試験編］経済・商学分野
○×式チェック

●本試験問題例集（専門試験編）
（平成 20 年度～令和元年度　過去問）
穴埋めチェック（短答式問題　専門）
ミニテスト（択一式問題）

教材 PDF データ

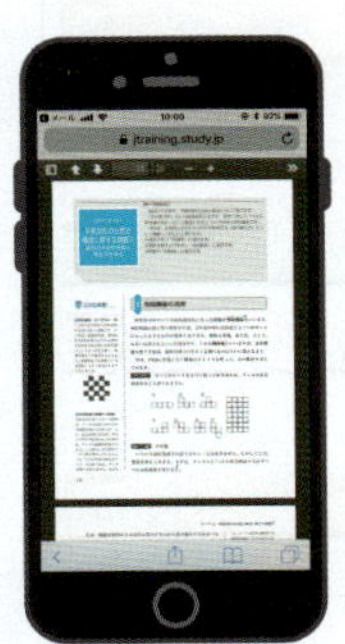

※スマホでの教材表示イメージ

PC、スマホ、タブレットなどで教材各ページを見ることができますので、外出先でも手軽に教材チェックが可能です。

●教養試験編 KCLDMS　＊9 冊収録
テキスト＆ワーク［教養試験編］知能分野（4 冊）
テキストブック［教養試験編］知識分野（3 冊）
ワークブック［教養試験編］知識分野（1 冊）
［知識分野］要点チェック（1 冊）

●専門試験編 KL　＊17 冊収録
テキストブック［専門試験編］（14 冊）
ワークブック［専門試験編］（3 冊）

対応コースを記号で明記しています。

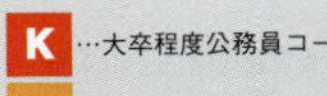

K…大卒程度公務員コース　C…教養試験攻略コース　L…大卒程度公務員【basic】セット　D…教養試験攻略【basic】セット
M…経験者採用試験コース　N…経験者採用試験［論文・面接試験対策］コース　S…警察官・消防官コース

スムーズに学習を進めるための情報提供と

受講生専用『Jサイト』

受講生を24時間サポートするJサイト

受講生専用『Jサイト』では、充実のコンテンツが自宅学習を強力にバックアップします。最新試験情報や出題情報、時事・事情問題対策用ダウンロード教材、受験生の面接レポートなど、受講生だけが活用できる情報サイトです。

質問や各種手続きも『Jサイト』からいつでもご利用いただけます。

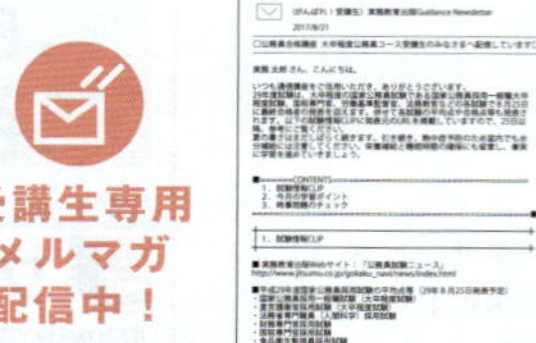
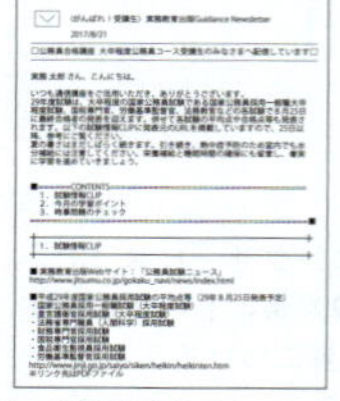

twitter
通信講座
公式アカウント
情報発信中！

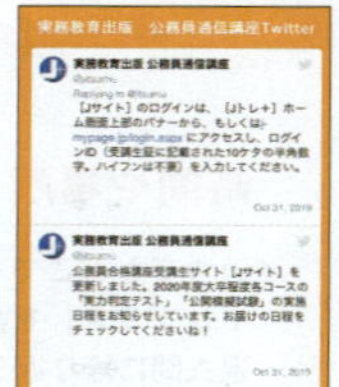

※LDセットにメルマガ配信はありません

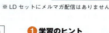

❶ 学習のヒント

「学習のヒント」には、各コース別に［開始月別　学習のモデルプラン］を掲載しています。試験本番までの期間を考慮し、自分に合った学習計画を立てましょう。

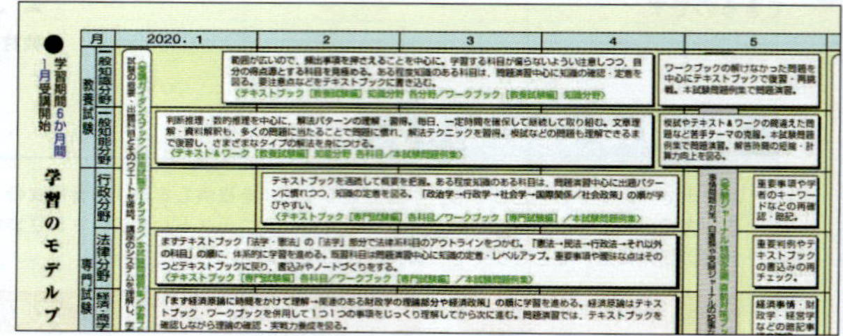

❷ 面接試験情報BOX

これまで面接試験に臨んだ受験者のレポートから、質問項目や実際の様子、感想などを試験別に収録。事前の把握で、的確な準備に役立ちます。

面接官の人数	3
面接時間〔分〕	25
質問項目・概要など	午前中の集団討論はどうだついて/県職員として取り組みたいと答えたのに対し）るか/なぜ国でなく県なのかので)労働基準監督官(国)の仕事内容を知っているか/最対し)ソフト面、ハード面それ部、コース、ゼミの専攻したを生活のなかでどのようにうタイプの人が多いか。なぜバイトに選んだのか/(生徒とことがあってそう感じるのか

❸ 公務員の基礎知識

国家公務員や地方公務員の種類や組織および待遇、警察官・消防官の仕事内容や待遇などの基礎知識をまとめています。

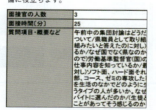

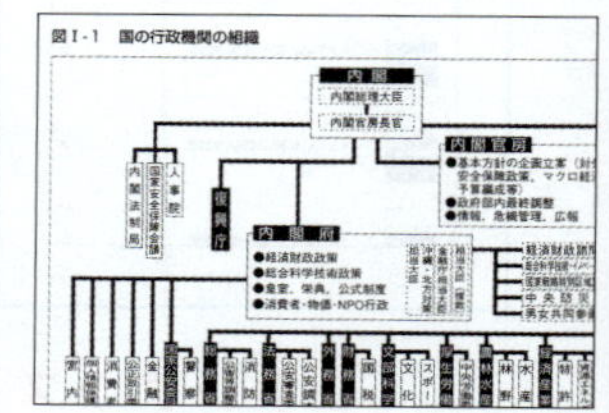

❹ 指導部からのお知らせ

「指導部からのお知らせ」には、受験生に役立つトピックス、学習を進める上での大切なお知らせを掲載します。定期的にチェックしましょう。

❺ 試験情報

「試験情報」では、例年の試験日程や試験構成（科目）など、学習開始時に知っておきたい採用試験情報や、試験日程、申込状況、実施結果、過去の出題情報など、準備に役立つ試験情報をお伝えしています。

❻ 質問・相談／Q&A

学科質問、一般質問の入力フォームはこちらから。また、受講生の皆さまから多く寄せられるQ&Aも掲載していますので、困ったときは、まずご覧ください。

❼ 各種お手続き

住所・氏名・電話番号・Eメールアドレスなど登録内容の変更、「受講生割引書籍注文書」などのご請求はココから。

その他	ダウンロード教材（PDF）［時事・事情対策］ 学習ポイント＆重要テーマのまとめ	時事対策のスタートに！ 基礎知識や流れをつかめる！	合格体験記	先輩の体験談には、 ためになる情報が詰まっています。

対応コースを記号で明記しています。 K …大卒程度公務員コース  C …教養試験攻略コース 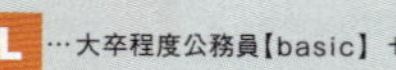 L …大卒程度公務員【basic】セット  D …教養試験攻略【basic】セット

サポート体制！

質問回答

K C L D M N S

学習上の疑問は、指導スタッフが解決！

マイペースで学習が進められる自宅学習ですが、疑問の解決に不安を感じる方も多いはず。
でも「公務員合格講座」なら、学習途上で生じた疑問に、指導スタッフがわかりやすく丁寧に回答します。
手軽で便利な質問回答システムが、通信学習を強力にバックアップします！

	学科質問	一般質問
質問の種類	通信講座教材内容について わからないこと	志望先や学習計画に 関することなど
回数制限	**10 回まで無料** 11 回目以降は有料となります。 詳細は下記参照	**回数制限なし** 何度でも質問できます。
質問方法	J サイト　郵便　FAX J サイト、郵便、FAX で受け付けます。	J サイト　電話　郵便　FAX J サイト、電話、郵便、FAX でどうぞ。

学科質問

教材内容に関する質問は、10 回まで無料で受け付けます。11 回目以降は有料となります（1 回 200 円）。受講生専用『J サイト』の質問フォームから、教材名や問題番号、質問個所を明記の上、指導部までお気軽にご質問ください。学科質問は、郵便、FAX でも受け付けます。

学科質問入力フォーム

個人情報入力
受講生番号*
氏名(漢字)*　姓　名（全角）
例：実務　太郎
郵便番号*　（半角数字）例：123-4567
都道府県*　--　例：東京都
住所*
例：新宿区大京町25-1千駄ケ谷ヒルズ101号室
Eメールアドレス*(パソコン)
※Eメールアドレス(携帯メールは不可)を正確にご入力ください。（半角英数字）
Eメールアドレス確認*(パソコン)
※Eメールアドレス(携帯メールは不可)を正確にご入力ください。（半角英数字）
お問い合わせ内容
年度*　--
コース名*　--
※「市役所教養トレーニングセット」受講生の方は、「教養試験攻略コース」を選んでください。
教材名*　--

一般質問

公務員の仕事や試験の内容、あるいは学習途中の疑問や受験勉強の不安などに関する質問については、何回でも受け付けます。
一般質問は、受講生専用『J サイト』の質問フォームのほか、電話、郵便、FAX でも受け付けます。

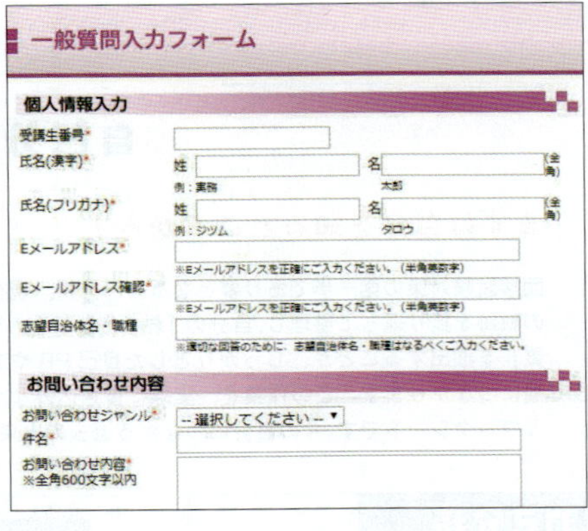

K C L D M N S

受講生特典

受講後、実務教育出版の書籍を当社に直接ご注文いただくとすべて 10%割引になります！！

公務員合格講座受講生の方は、当社へ直接ご注文いただく場合に限り、
実務教育出版発行の本すべてを 10% OFF でご購入いただけます。もちろん送料は無料です！
書籍の注文方法は、受講生専用『J サイト』でお知らせします。

面接対策教材も充実！

面接レッスン Video

面接試験をリアルに体感！

実際の面接試験がどのように行われるのか、自分のアピール点や志望動機をどう伝えたらよいのか？
面接レッスン Video では、映像を通して面接試験の緊張感や面接官とのやりとりを実感することができます。面接試験で大きなポイントとなる「第一印象」も、ベテラン指導者が実地で指南。対策が立てにくい集団討論やグループワークなども含め、準備方法や注意点をレクチャーしていきます。
また、動画内の面接官からの質問に対し声に出して回答し、その内容をさらにブラッシュアップする「実践編」では、「質問の意図」「回答の適切な長さ」などを理解し、本番をイメージしながらじっくり練習することができます。
[J トレプラス] サイト内で動画を配信していますので、何度も見て、自分なりの面接対策を進めましょう。

指導者 Profile

坪田まり子先生

有限会社コーディアル代表取締役、東京学芸大学特命教授、プロフェッショナル・キャリア・カウンセラー®。
自己分析、面接対策などの著書を多数執筆し、就職シーズンの講演実績多数。

森下一成先生

東京未来大学モチベーション行動科学部コミュニティ・デザイン研究室 教授。
特別区をはじめとする自治体と協働し、まちづくりの実践に学生を参画させながら、公務員や教員など、公共を担うキャリア開発に携わっている。

自己分析ワークシート

まずは自分を知るところから！

K C S

面接試験対策の第一歩であり要（かなめ）となる自己分析。現在までの軌跡を振り返って整理し、自分の「軸」となるものや「特質」を抽出することが、しっかりとした自己PRや志望動機につながります。この作業を、実際に書き込みながら行うワークシートです。今の自分につながる過去の出来事を、順を追って振り返るように設定された設問に添って、思いついたことをどんどん書き込んでいきます。１つの項目が終了するごとに、書き上げた内容を解説に従って丁寧に分析します。後から気づいたことも随時書き加えて、真の自分らしさを発見していきましょう。

対応コースを記号で明記しています。

K …大卒程度公務員コース 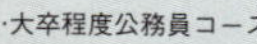
C …教養試験攻略コース 
L …大卒程度公務員【basic】セット 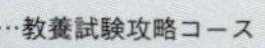
D …教養試験攻略【basic】セット
M …経験者採用試験コース
N …経験者採用試験［論文・面接試験対策］コース 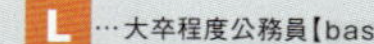
S …警察官・消防官コース 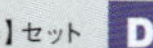

お申し込み方法・受講料一覧

インターネット

実務教育出版ウェブサイトの各ページ右上にある「各種お問い合わせ」をクリックし「公務員合格講座 受講申込方法」ページへ進んでください。

●受講申込についての説明をよくお読みになり【申込フォーム】に必要事項を入力の上［送信］してください。
●【申込フォーム】送信後、当社から［確認メール］を自動送信しますので、必ずメールアドレスを入力してください。

■お支払方法

コンビニ・郵便局で支払う
教材と同送の「払込取扱票」でお支払いください（払込手数料無料）。お支払い回数は「1回払い」のみです。

クレジットカードで支払う
インターネット上で決済できます。ご利用いただけるクレジットカードは、VISA、Master、JCB、AMEXです。お支払い回数は「1回払い」のみです。

※クレジット決済の詳細は、各カード会社にお問い合わせください。

■複数コース受講特典

コンビニ・郵便局で支払いの場合
以前、公務員合格講座の受講生だった方（現在受講中含む）、または今回複数コースを同時に申し込まれる場合は、受講料から3,000円を差し引いた金額で「払込取扱票」をお送りします。
以前、受講生だった方は、以前の受講生番号を【申込フォーム】の該当欄に入力してください（ご本人様限定）。

クレジットカードで支払いの場合
以前、公務員合格講座の受講生だった方（現在受講中含む）、または今回複数コースを同時に申し込まれる場合は、後日当社より直接ご本人様宛に図書カード3,000円分を進呈いたします。
以前、受講生だった方は、以前の受講生番号を【申込フォーム】の該当欄に入力してください（ご本人様限定）。

詳しくは、実務教育出版ウェブサイトをご覧ください。
「公務員合格講座 受講申込方法 インターネット」

https://www.jitsumu.co.jp/contact/kouza_app/

はがき

受講申込券に必要事項を記入したら、きりとり線で切り取り、ポストへ投函してください（切手不要）。

●申込記入例を参考に、必要事項を黒ペンでご記入ください。

■お支払方法

●教材と同送の「払込取扱票」をお使いください（払込手数料無料）。
●払込取扱票の納入期日（当社受付日からおおよそ3週間後）までに全国のコンビニエンスストア・ゆうちょ銀行からご送金ください（その他の銀行からの振込はできません）。
●お支払い回数は「1回払い」のみです。

FAX

受講申込券に必要事項を記入し、FAX番号（0120-226099）まで送信してください。送信料は無料です。

● FAXでお申し込みになる場合は申込券を切り取らず指定の方向で送信ください。
●受付が二重になりますのでFAX送信後は『受講申込券』を投函しないでください。

■複数コース受講特典

以前、公務員合格講座の受講生だった方（現在受講中含む）、または今回複数コースを同時に申し込まれる場合は、受講料から3,000円を差し引いた金額で「払込取扱票」をお送りします。
以前、受講生だった方は、以前の受講生番号を受講申込券にご記入ください（ご本人様限定）。

教材のお届け

あなたからのお申し込みデータにもとづき受講生登録が完了したら、教材の発送手配をいたします。

＊教材一式、受講生証などを発送します。　＊通常は当社受付日の翌日に発送します。
＊お申し込み内容に虚偽があった際は、教材の送付を中止させていただく場合があります。

受講料一覧［インターネット・はがき・FAXの場合］

※大学生協・書店（取扱い店）は、各店舗に備え付けの受講料一覧でご確認ください。

コース記号	コース名	受講料	申込受付期間
K	大卒程度公務員コース［地方上級・国家一般職大卒・市役所上級］	91,300円（本体83,000円＋税）	2020年1月1日～2021年3月31日
C	教養試験攻略コース［大卒程度］	66,000円（本体60,000円＋税）	
M	経験者採用試験コース	77,000円（本体70,000円＋税）	
N	経験者採用試験［論文・面接試験対策］コース	38,500円（本体35,000円＋税）	
S	警察官・消防官コース［大卒程度］	60,500円（本体55,000円＋税）	
L	大卒程度公務員【basic】セット	60,500円（本体55,000円＋税）	～2021年3月31日
D	教養試験攻略【basic】セット	44,000円（本体40,000円＋税）	

＊受講料には、教材費・指導費などが含まれております。　＊お支払い方法は、一括払いのみです。　＊受講料は、2020年1月1日現在の税込価格です。

公務員受験生を応援するwebサイト ―――― www.jitsumu.co.jp

実務教育出版は、64年の伝統を誇る公務員受験指導のパイオニアとして、常に新しい合格メソッドと学習スタイルを提供しています。最新の公務員試験情報や詳しい公務員試験ガイド、国の機関から地方自治体までを網羅した官公庁リンク集、さらに、受験生のバイブル・実務教育出版の公務員受験ブックスや通信講座など役立つ学習ツールを紹介したオリジナルコンテンツも見逃せません。お気軽にご利用ください。

あなたに合った公務員試験と対応コースがわかる！ 公務員クイック検索！

この画像をクリック

志望理由や年齢など選択条件を設定するとあなたに合った公務員試験を検索することができます。

検索結果の試験名をクリックすると、各試験の概要と通信講座の対応コースがわかります。

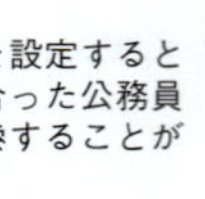

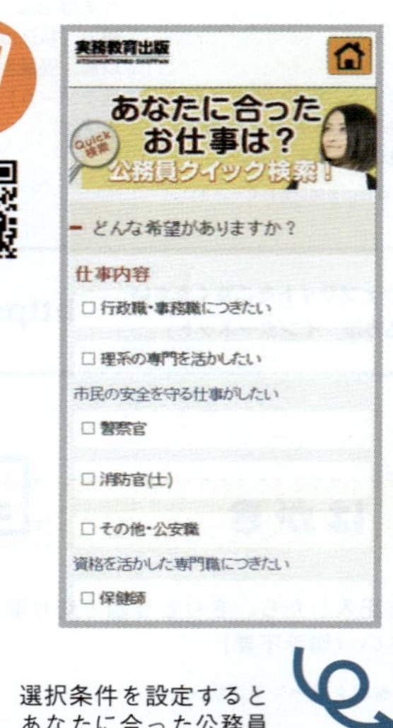

選択条件を設定するとあなたに合った公務員試験を検索することができます。

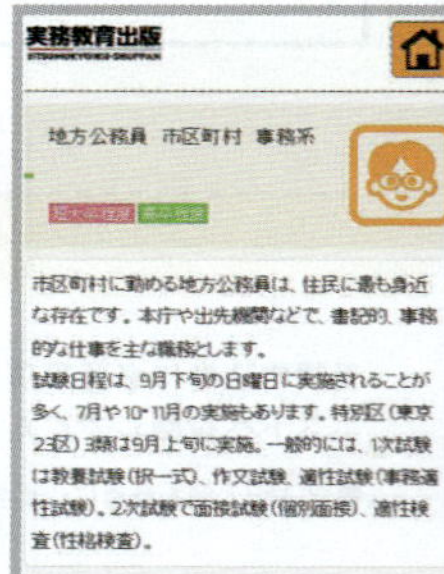

公務員合格講座に関するお問い合わせ

実務教育出版 公務員指導部

「どのコースを選べばよいか」、「公務員合格講座のシステムのここがわからない」など、公務員合格講座についてご不明な点は、電話かwebのお問い合わせフォームよりお気軽にご質問ください。公務員指導部スタッフがわかりやすくご説明いたします。

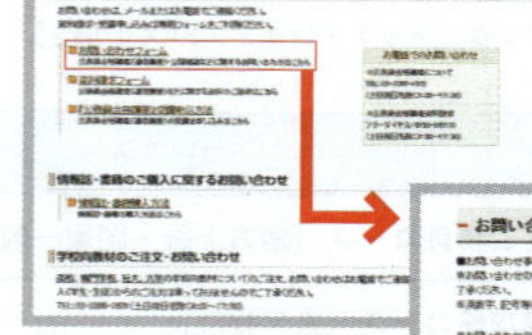

電話 **03-3355-1822** (土日祝日を除く 9:00～17:00)

web **https://www.jitsumu.co.jp/contact/index.html** (お問い合わせフォーム)

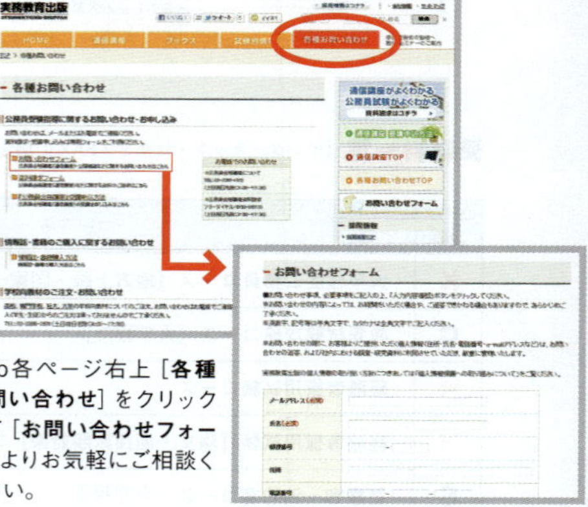

web各ページ右上［**各種お問い合わせ**］をクリックして［**お問い合わせフォーム**］よりお気軽にご相談ください。

公務員試験のブレーン
実務教育出版
www.jitsumu.co.jp
〒163-8671 東京都新宿区新宿1-1-12 / TEL：03-3355-1822 (土日祝日を除く 9:00～17:00)

 1T12-101